Max Weber
Zur Russischen Revolution von 1905

Schriften und Reden 1905–1912

Studienausgabe
der Max Weber-Gesamtausgabe
Band I/10

herausgegeben von

Wolfgang J. Mommsen

in Zusammenarbeit mit

Dittmar Dahlmann

J.C.B. Mohr (Paul Siebeck) Tübingen

Zitiervorschlag:

MAX WEBER, Rußlands Übergang zum Scheinkonstitutionalismus, MWS I/10, S. 105 ff.

Die Deutsche Bibliothek – CIP-Einheitsaufnahme

Weber, Max:
Studienausgabe der Max-Weber-Gesamtausgabe / Max Weber. –
Tübingen : Mohr.
Abt. 1, Schriften und Reden.
NE: Weber, Max: [Sammlung]

Bd. 10. Zur Russischen Revolution von 1905: Schriften und
  Reden 1905–1912 / hrsg. von Wolfgang J. Mommsen in
  Zusammenarbeit mit Dittmar Dahlmann. – 1996
  ISBN 3-16-145625-4
NE: Mommsen, Wolfgang J. [Hrsg.]

© 1996 J. C. B. Mohr (Paul Siebeck) Tübingen

Das Werk einschließlich aller seiner Teile ist urheberrechtlich geschützt. Jede Verwertung außerhalb der engen Grenzen des Urheberrechtsgesetzes ist ohne Zustimmung des Verlags unzulässig und strafbar. Das gilt insbesondere für Vervielfältigungen, Übersetzungen, Mikroverfilmungen und die Einspeicherung und Verarbeitung in elektronischen Systemen.

Das Buch wurde von Gulde-Druck in Tübingen aus der Times Roman gesetzt, auf archivfähiges Werkdruckpapier der Papierfabrik Niefern gedruckt und von der Großbuchbinderei Heinr. Koch in Tübingen gebunden. Den Umschlag entwarf Alfred Krugmann in Freiberg/Neckar.

Zu dieser Ausgabe

Die *Max Weber-Studienausgabe* (MWS) will die Schriften und Reden Max Webers auf der gesicherten Textgrundlage der *Max Weber-Gesamtausgabe* (MWG) allgemein zugänglich machen, unter Verzicht auf den editorischen Apparat. Doch ist sie so angelegt, daß dem Benutzer der Rückgriff auf die MWG jederzeit möglich ist. Deshalb folgt die Studienausgabe in Textkonstitution und Anordnung der Texte durchgängig der MWG. Um dem Leser darüber hinaus das Aufsuchen von Fundstellen zu erleichtern, sind am Fuß jeder Seite die entsprechenden Seitenzahlen der MWG angegeben. Außerdem wird auf die gängigen Ausgaben verwiesen, die bisher in der Sekundärliteratur gebräuchlich sind. Dabei werden in diesem Band die folgenden Abkürzungen verwendet:

MWG I/10 = *Max Weber-Gesamtausgabe*, Abt. I: Schriften und Reden, Bd. 10: Zur Russischen Revolution von 1905. Schriften und Reden 1905–1912, hrsg. von Wolfgang J. Mommsen in Zusammenarbeit mit Dittmar Dahlmann, Tübingen 1989.
GPS^3 = *Gesammelte Politische Schriften*, 3. Aufl., hrsg. von Johannes Winckelmann, Tübingen 1971 – und folgende Auflagen.

In der Beilage wird S. G. Giwagos Rezension des 1905 in Paris erschienenen „Loi fondamentale de l'Empire Russe" mitgeteilt, die den Anstoß zur Beschäftigung Max Webers mit der russischen Revolution gegeben hat (vgl. den Hinweis Webers am Anfang des Textes, S. 1f.). Ferner enthält diese Ausgabe in zusammengefaßter Form Verständnis- und Erschließungshilfen auf der Grundlage der MWG.

Zunächst gibt der Herausgeber in einem *Nachwort* eine Übersicht über Max Webers Interesse an Rußland, seine Beschäftigung mit dem revolutionären Geschehen sowie die Intention und Rezeption seiner Rußlandschriften.

Es folgen ausführliche Informationen über die Textgrundlage dieser Ausgabe und über die Entstehung der Schriften. In dem Abschnitt *Zur Textkonstitution* werden die editorischen Grundsätze der MWG dargelegt und die für die Studienausgabe notwendigen Ergänzungen. Insbesondere wird mitgeteilt, wann und in welcher Weise Emendationen an dem Text vorgenommen wurden. Unter der Überschrift *Zur Entstehung und Überlieferung der Texte* berichten die Herausgeber über den historisch-politischen Kontext der hier abgedruckten Schriften und deren quellenkritischen Status. Am Ende des Bandes folgen Verzeichnisse, eine chronologische Übersicht der Ereignisse in Rußland, ein Glossar und Register.

Inhalt

I. Schriften

Zur Lage der bürgerlichen Demokratie in Rußland 1

Rußlands Übergang zum Scheinkonstitutionalismus 105

    Inhalt 105 – I. Die allgemeine Politik des Interimsministeriums 106 – II. Analyse der allgemeinpolitischen Gesetzgebung des Interimsministeriums 119 – III. Die Vollendung der Bureaukratisierung der Selbstherrschaft 165 – IV. Die „Konstitution" 172 – V. Analyse des Dumawahlrechts 188 – VI. Die gesellschaftlichen und politischen Bedingungen des Wahlausfalles 213 – VII. Analyse der Dumawahlen 291 – VIII. Nach den Wahlen 302 – Nachträge 328

Über Deutschland und das freie Rußland 329

    O Germanii i svobodnoj Rossii 329 – Über die Erneuerung Rußlands 331

II. Berichte über Reden und Diskussionsbeiträge

Zur Rede Alfred Hettners über „Das europäische Rußland. Volk Staat und Kultur" 333

Zum 50jährigen Jubiläum der Heidelberger Russischen Lesehalle 334

Beilage: S. J. Giwago, Rezension von „Loi fondamentale de l'Empire Russe" 335

Nachwort des Herausgebers 339

    I. Das universalhistorische Interesse Max Webers an Rußland – 339
    II. Die Intention der Abhandlungen zur Russischen Revolution von 1905 – 341
    III. Die Abhandlung „Zur Lage der bürgerlichen Demokratie in Rußland" – 344
    IV. Die Abhandlung „Rußlands Übergang zum Scheinkonstitutionalismus" – 349
    V. Max Webers fortbestehende Beschäftigung mit Rußland – 354
    VI. Die Rezeption der Rußlandschriften Max Webers – 356

Anhang 361

1. Chronologische Übersicht über die Ereignisse in Rußland 362
2. Parteien und Verbände in Rußland 1905/1906 368

Zur Textkonstitution 375
Zur Entstehung und Überlieferung der Texte 377
Personenverzeichnis 396
Verzeichnis der von Max Weber zitierten Literatur 417
Verzeichnis der von Max Weber zitierten Zeitungen und Zeitschriften 424
Glossar 428
Siglen, Zeichen, Abkürzungen 435
Personenregister 437
Sachregister 445

I. Schriften

Zur Lage der bürgerlichen Demokratie in Rußland

Die vorstehenden, uns in liebenswürdiger Weise zur Verfügung gestellten, Darlegungen sei es mir gestattet durch einige Bemerkungen über die politische Strömung zu ergänzen, welcher der Entwurf s. Z. entsprungen ist.[1]) Welche praktische Bedeutung er in den kommenden politischen Erörterungen etwa gewinnen könnte, bleibt dabei dahingestellt: es genügt ja für unser Interesse, daß er Symptom einer bestimmten politischen Denkweise hervorragend tüchtiger und idealistischer russischer Patrioten ist, denen persönlich unsere ganze

---

[1]) Sie sind mit Hilfe der hier zugänglichen Zeitungen (bes[onders] der Russj und der Russkija Wjédomosti, zuweilen der Nowosti, des Jushny Kurjer, gelegentlich des Ssyn Otjétschestwa, des Natschálo und des Nowoje Wremja), – die mir aber nur höchst lückenhaft zur Verfügung standen, ferner des „Prawo", des „Osswoboshdjenije" und der Zeitschriften der hiesigen „russischen Lesehalle", – deren Gründung an Iwan Turgeniews ehrwürdige, mir, von einer gelegentlichen Begegnung bei Julian Schmidt her, unvergeßliche Persönlichkeit anknüpft, – endlich und namentlich durch die, unter Beiseitesetzung aller Rücksichten vorgenommene, schonungslose Plünderung der Sach- und Personenkenntnis des Herrn Dr. Th. Kistiakowski, sehr eilig zusammengestellt und bieten natürlich nichts als eine notdürftig gegliederte Notizensammlung, so gut eine solche von hier aus herzustellen ist. Ich lasse sie, trotz aller naheliegenden Bedenken wegen eines so abnorm „kurzen Gedärms", abdrucken, da schließlich auch die unvollkommenste Zusammenstellung manchem, der die Dinge überhaupt nicht zu verfolgen in der Lage ist, willkommen sein kann, und da unsere russischen Mitarbeiter zurzeit anderes zu tun haben, als das Ausland zu informieren. Ich würde aber freilich die lächerlichste Figur machen, wenn man in ihr die Prätension wirklicher „Sachkenntnis" finden und sie als etwas anderes als ein vorläufiges Surrogat eines ernsthaften sozialpolitischen Berichts ansehen würde, der hoffentlich künftig von russischer Seite gegeben werden wird. Unerwartet erschwert wurde selbst diese Zusammenstellung, – „journalistisch" (in Gänsefüßchen), wie sie ist, – durch die Abschneidung jeder Kommunikation mit Rußland infolge des gerade die Zeit ihrer Niederschrift umfassenden Poststreiks. – Für etwas einer inneren Geschichte der Bewegung Nahekommendes ist wohl der Zeitpunkt noch nicht gekommen und fehlt mir hier z.Z. auch das Material: es können vorerst nur chronikartige Notizen über einige Stadien ihres äußeren Verlaufs, der hervorgetretenen Ziele und eine provisorische Analyse gewisser charakteristischer Züge der allgemeinen Situation, mit der sie zu rechnen hat, gegeben werden. Auf die „Vorgeschichte" versuche ich hier, von wenigen Andeutungen abgesehen, schon des Raumes wegen gar nicht einzugehen. Eine „Geschichte" dieser denkwürdigen Zeit wird künftig nur möglich sein, wenn man in Rußland sich *jetzt* zur Pflicht macht, die vielen Protokolle, Resolutionen, Zirkulare, Zeitungsberichte usw. über die einzelnen Vorgänge, vor allem *alle* offiziellen Äußerungen der Verbände, die im Ausland ja gar nicht zugänglich sind, alsbald zu *sammeln*.

Sympathie gehört, welches auch immer, bei den ungeheuren Schwierigkeiten ihrer Lage, die schließlichen Erfolge ihrer Arbeit sein mögen. Daß sie im allgemeinen keineswegs Freunde deutscher Kultur sind, – auf russischem Boden oft bittere Feinde, – und daß sie auch politisch Deutschland überwiegend feindlich gegenüberstehen,[2]) kann daran nichts ändern.

Der Entwurf ist ausgearbeitet von Mitgliedern des „Befreiungsbundes" (Ssojus Osswoboshdjenija) und formell eines der Projekte, welche auf den Kongressen der Semstwo- und Dumamitglieder beraten wurden. Über beide Organisationen, die Träger der liberalen und demokratischen Bewegung, einige Worte.

Der „Befreiungsbund" ist im Sommer 1903 auf einer angeblichen gemeinschaftlichen Erholungsreise im Schwarzwald unter Vorsitz des von Plehwe mit dem Twer'schen Semstwo gemaßregelten Gutsbesitzers Petrunkjewitsch[3]) ge-

[2]) Während die verschiedenen demokratischen Kongresse die Kultur nicht nur der Polen, Kleinrussen, Lithauer, Letten, Esthen, Armenier, sondern auch der Tataren und (vgl. Russj vom 14./27. Nov. Nr. 18 S. 2) der Kirgisen, insbesondere ihre Sprache in Schule und Verwaltung, zu schützen versprachen und ihnen lokale Autonomie und, nach Entwicklung einer „eigenen, höheren Kultur" unter Umständen eigene Landtage nach dem Muster des Zartums Polen versprachen, – finde ich die Deutschen in allen diesen Kongressen, Resolutionen und Debatten ohne Ausnahme mit absolutem Stillschweigen übergangen. – Die reaktionären Beamten heißen nicht selten einfach Ostseeritter (ostseejskij ryzar), und schon Dragomanow bezeichnete in den 80er Jahren die Petersburger Bureaukratie schlechthin als „deutsche Partei". Zur Diskreditierung des Redakteurs der (ehemals Katkowschen) „Moskowskija Wjedomosti", Gringmut, benutzt die demokratische Presse regelmäßig die Verwendung seines ursprünglichen deutschen Vornamens („Karl Amalie", den er in „Wladimir Andrejewitsch" verwandelt hat). Die Rolle, welche die baltische deutsche Aristokratie als einstmals treueste Stütze des Zarentums gespielt hat, die Tatsache ferner, daß unter den scheußlichsten Henkern des absoluten Regimes Leute mit deutschem Namen sich besonders hervorgetan haben, der Umstand endlich, daß der Deutsche, soweit er nicht zur Aristokratie gehört, der Masse in Stellungen entgegenzutreten pflegt, in welchen man sich unbeliebt zu machen die meisten Chancen hat (Gutsverwalter, Hauslehrer, technisch überlegener Nachbar der Bauern) – dies alles, verbunden mit den Vasallendiensten, welche die deutsche Polizei, nach Art eines Balkankleinstaats, jenem Regime geleistet hat, erklärt die akut feindselige Stimmung der Demokratie im gegenwärtigen Moment doch nur zum Teil. Denn entscheidend für diese ist augenblicklich neben dem reaktionären Charakter der deutschen inneren Politik der Glaube, daß bei der beiderseitigen Neigung zum „persönlichen Regiment" eine Solidarität der dynastischen Interessen bestehe, welche ev[entuell] den deutschen Kaiser, dessen Entschlüsse den Eindruck des Unberechenbaren machen, bestimmen könnte, die Rolle Nikolaus I. zu spielen. (So komisch es wirkt, so ist es doch bezeichnend, daß der „Slavenbund" in Zuschriften an die Zeitungen die „Zerreißung des Zusammenhangs mit Berlin" verlangt und begrüßt). – Fest steht jedenfalls, daß uns der gleiche Haß, wie seit dem Berliner Kongreß von der russischen Bureaukratie, auch von der russischen Demokratie ohne Ausnahme der Schattierungen gewidmet wird, und daß diese Stimmung dauernd bestehen wird, weil Deutschlands äußere Machtstellung dem bureaukratischen Nationalismus, sein territorialer Besitzstand dem demokratischen Föderalismus ein dauerndes Ärgernis bleiben muß.

[3]) Petrunkjewitsch gehörte zu den an Jahren ältesten Mitgliedern des Bundes. Ein alter Liberaler, hatte er sich als Gutsbesitzer im Tschernigowschen Gouvernement Ende der 70er Jahre den Resolutionen des dortigen Semstwo für eine Verfassung angeschlossen, war seitdem aus ganz Kleinrußland ausgewiesen, dann im Twerschen Gouvernement

gründet worden (offizielle Konstituierung erst Januar 1904 in Petersburg). Die beteiligten Persönlichkeiten gehörten, von den Semstwo-Konstitutionellen bis zu den „Sozialrevolutionären" reichend, sehr verschiedenen Lagern an; – nur die offizielle Sozialdemokratie hatte sich ausgeschlossen. Etwa ⅓ waren Semstwomitglieder. Der Rest entstammte den verschiedenen Gruppen der „Intelligenz". Das vom Bunde pekuniär gestützte Hauptorgan der Bewegung war Peter

---

ansässig und, als Schwiegersohn des bekannten Großindustriellen Malzow, zweifellos, mit Fürst Peter Dolgorukow und N. Ljwow, eine der pekuniären Stützen des Befreiungsbundes. Er ist der konservativen Presse: Moskowskija Wjédomosti, Grashdanin usw., die gern der Dynastie Romanow die „Dynastie" Petrunkjewitsch gegenüberstellte, ebenso wie dem Hofe besonders verdächtig und verhaßt. – Von den anderen erheblicheren Persönlichkeiten seien zur Illustrierung des „sozialen" Charakters erwähnt: die beiden Fürsten *Dolgorukow*, der „radikale", Peter, in Kursk ansässig, nach seiner Beteiligung an der Witteschen Landwirtschafts-Enquete-Kommission durch besonderen kaiserlichen Erlaß seines Amtes als Vorsitzender der Uprawa des Semstwo entsetzt, immer wiedergewählt, aber erst 1904 wieder bestätigt, – der „gemäßigtere" Paul, Bezirks-Adelsmarschall im Moskauer Gouvernement, – Fürst *Ljwow*, ein äußerst radikales Mitglied, während der Großgrundbesitzer N. N. *Ljwow* aus Ssaratow zu den entschieden gemäßigten Mitgliedern gehörte, – der radikale Gutsbesitzer *Spasskij* aus dem Gouvernement Kostromà, bekannt durch seine monatelange Untersuchungshaft 1904/5, – der ebenfalls äußerst radikale Gutsbesitzer *Brjuchatow*, – Fürst D. J. *Schachowskoj*, der offenbar zu den geistig erheblichsten Persönlichkeiten gehörte, ansässig im Jaroslawljschen Gouvernement, – *Róditschew*, Gutsbesitzer im Twerschen Gouvernement, 1895 als Semstwomitglied abgesetzt und seitdem Rechtsanwalt in Petersburg, – *de Roberty*, Gutsbesitzer und soziologischer Publizist, bekannt durch seine Teilnahme an den Kundgebungen des Twerschen Semstwo 1894 und 1904. – Die Akademiker repräsentierten z. B. *Wjernadski*, Professor der Geologie und jetzt Prorektor in Moskau, *Bulgakow*, Professor der Nationalökonomie in Kiew, – der Moskauer Rechtsphilosoph *Nowgorodzew*, – *Grews*, Dozent der allgemeinen Geschichte in Petersburg, 1899 gemaßregelt, seitdem zuerst am Polytechnikum, dann wieder an der Universität habilitiert, – der auch in Deutschland bekannte Kulturhistoriker *Miljukow*, der, als Professor in Moskau Anfang der 90er Jahre gemaßregelt, Mitte des Jahrzehntes als Nachfolger Dragomanows nach Sophia ging, aber auch dort gemaßregelt wurde und seitdem im Ausland lebte, – dazu die unseren Lesern wohlbekannten Herren P. *Struve*, Theodor (russisch: Bogdan) *Kistiakowski*, v. *Tugan-Baranowski*, ferner der Moskauer Geschichtsprofessor und Publizist S. A. *Kotljarewskij* und (wahrscheinlich) der frühere Moskauer Professor des Zivilrechts S. A. *Muromzew*, der, in den 80er Jahren seiner Professur entsetzt, als Rechtsanwalt in Moskau Präsident der „Moskauer Juristischen Gesellschaft" bis zu deren ministerieller Auflösung war, wissenschaftlicher und politischer Gesinnungsgenosse des auch in Deutschland wohlbekannten positivistischen Wirtschaftshistorikers Maxim *Kowalewskij*, – der unter dem Namen „Bogutscharskij" bekannte Schriftsteller *Jakowljow*, – *Shukowskij*, Inhaber eines bedeutenden philosophischen Verlages, S. N. *Prokopówitsch*, der u. a. auch über deutsche Sozialpolitik gearbeitet hat, und seine (bürgerliche) Frau Jekat. *Kuskow*, Verlegerin in Petersburg, und andere. – Von den Sozialrevolutionären gehörten insbesondere *Schrejder* und *Pjeschechónow*, ferner *Annenskij* (Autorität auf dem Gebiet der Semstwostatistik), *Koroljenko* (Chefredakteur der Michailowskijschen Zeitschrift „Russkoje Bogatstwo"), N. D. *Ssokolow* und andere dazu.

Einige Zeit, seit Mitte der 90er Jahre bis in die ersten Jahre dieses Jahrhunderts[,] war übrigens die von Katharina II. gegründete „Kaiserliche freie ökonomische Gesellschaft" stark mit Marxisten durchsetzt, und ihr Vorsitzender, der gemäßigt-konstitutionelle Graf *Heyden*, deckte sie nach oben. Schließlich jedoch wurde sie „kaltgestellt". Graf Heyden war nicht Mitglied des Befreiungsbundes, wohl aber der Semstwo-Bewegung.

Struves Halbmonatsschrift „Osswoboshdjenie", seit 1902 anfangs in Stuttgart, dann, nach dem traurigen Schergendienst der deutschen Polizei, in Paris erscheinend, deren ausländische Abonnentenzahl in der Zeit der Verfolgung man auf etwa 4000, die russische auf etwa das doppelte(?) geschätzt hat. Die Kosten, besonders diejenigen des Schmuggels nach Rußland, müssen sehr bedeutende gewesen sein. Ihr konsequent im Sinne der – in der breitesten Bedeutung des Worts – „bürgerlichen Demokratie" geübter Einfluß muß, namentlich für die Verdrängung der „volkstümlerischen" Romantik aus den Köpfen der Sozialreformer sehr hoch angeschlagen werden. Peter Struve selbst, der den Lesern dieser Zeitschrift ja von früher her (Band V S. 498, VI S. 172, 630, VII, 350, XIV, 221) wohl bekannt ist, hat, mit seiner ursprünglich stark an Marx orientierten, gründlich geschulten Kenntnis des Kapitalismus, sein eigentlichstes Lebenswerk in der Bekämpfung jener romantischen Illusionen gefunden.[4]) Der Bund hatte das Kapital zur Gründung einer eigenen Tageszeitung nicht, dagegen unterstützte er moralisch, und zweifellos auch durch Zuschüsse, bestehende

---

[4]) Die erste größere Arbeit von *Struve,* welche alsbald die öffentliche Aufmerksamkeit auf ihn lenkte und Gegenstand der heftigsten Angriffe der „Volkstümler" wurde, seine „Kritischen Bemerkungen zur sozialen Entwicklung Rußlands", fallen in das Jahr 1894. 1897 trat er mit dem unseren Lesern wohlbekannten *Tugan-Baranowski* in die Redaktion des „Nowoje Slowo" ein, welches, – bis dahin „volkstümlerisch", – die erste ausgesprochen marxistische Zeitschrift in Rußland war, an der sich auch Plechánow, Uljanow (jetzt meist „Ljenin" genannt) und andere Sozialisten beteiligten. Nach 8 Monaten wurde die Zeitschrift unterdrückt. 1899 waren Struve und Tugan-Baranowski an der Monatsschrift „Natschalo" beteiligt, die jedoch ebenfalls nur 3–4 Hefte erlebte. 1901 wurden beide nach den Petersburger Straßendemonstrationen ausgewiesen, nachdem Tugan-Baranowski schon 1899 seiner Dozentur entsetzt war. Beide waren jedoch andererseits schon damals den marxistischen Orthodoxen verdächtig geworden, und in der Tat bezeugt die Sammlung von Struves Aufsätzen „Na rasnyja temy", 1893–1901 (Petersburg 1902) deutlich seine allmähliche Entwicklung vom reinen Marxismus zu einem an Fichte und der Idee der „Menschenrechte" orientierten, Ssolowjows milden und ethischen Nationalismus in geistreicher Weise uminterpretierenden spezifisch „sozialliberal"-naturrechtlichen Standpunkt, wie ihn, – in der Hauptsache – auch Kistiakowski teilt. Ein weit erheblicherer Einschlag von „Realpolitik" ist jedoch bei Struve unverkennbar. – Struve lebt, nach Miljukows Ausscheiden, zeitweise in die Redaktion des „Mir Boshij" ein und lebte teils in Berlin, teils in Stuttgart, zuletzt, nach der dortigen polizeilichen Beschlagnahme der Adressen der Osswoboshdjenije-Abonnenten im russischen Interesse, in Paris. (Er übernahm das „Osswoboshdjenije"[,] nachdem Miljukow sie abgelehnt hatte.) – v. Tugan-Baranowski hat zweifellos eine stärkere spezifisch marxistische Färbung behalten als Struve, der den Russen als „Metaphysiker" gilt; gleichwohl gehörte er, mit den Semstwokreisen verschwägert, der konstitutionell-demokratischen Gruppe an. – Das „Osswoboshdjenije" ist jetzt, nach der Auflösung des Befreiungsbundes, in eine Wochenschrift: „Poljarnaja Swjesda" umgewandelt worden. Die Annonce nennt als regelmäßige („engere") Mitarbeiter: Wjernadskij, Grews, Shukowskij, Kistiakowski, Kotljarewskij, Nowgorodzew, Petrunkjewitsch, Frank, als gelegentliche Mitarbeiter u. a. Jollos, Hessen (den angeblichen – wie man mir sagt: nicht wirklichen – Verfasser des Verfassungsentwurfes und Mitherausgeber der Wochenschrift „Prawo", in welcher 1904 die ersten, die konstitutionelle Bewegung förmlich einleitenden Artikel erschienen), – A. Kaufmann (unseren Lesern aus Band IX p. 108f. des Archivs bekannt) – A. Tschuprow (bekannt durch seine vortreffliche Arbeit Band XVIII der Straßburger Abhandlungen), – Fürst E. Trubezkój.

Preßunternehmungen. Dabei hat die Ungleichartigkeit seiner Elemente und seine notgedrungen „konspirative" Organisation[4a]) zweifellos zu Kraftvergeudung geführt,[5]) die indes ohne seinen Zusammenhalt wohl noch größer gewesen

---

[4a]) Die Persönlichkeit der (10) Mitglieder des Vorstandes war z. B. den Bundesmitgliedern nicht bekannt gegeben.

[5]) So hatte Professor Chodskij (Herausgeber der liberalen wissenschaftlichen Zeitschrift „Narodnoje Chasjaistwo") die Zeitung „Nasha Shisnj" zur Vertretung der Ansichten des Verbandes gegründet, auf der anderen Seite aber traten zwei Unternehmungen des Verlegers Jurizyn: der „Ssyn Otjétschestwa" und die „Nashi Dni" ins Leben, von denen jedes sozusagen suppletorisch in Funktion trat, wenn nämlich das andere der zeitweisen Unterdrückung verfallen war, und deren ersteres der dem Bunde angehörige Sozialrevolutionär Schrejder mit Zustimmung und Unterstützung von Bundesmitgliedern redigierte. Bei der Frage des Verhaltens zur Bulyginschen Duma z. B. aber vertrat Chodskij den Standpunkt der Teilnahme, Schrejder denjenigen des Boykotts. Nach dem Oktobermanifest, am 15. November, erklärte sich der „Ssyn Otjétschestwa" zum Organ der sozialrevolutionären Partei. Inzwischen hat die „Russj", obwohl unter der Leitung Ssuworins jun., des Sohnes des bekannten nationalistischen Redakteurs des „Nowoje Wremja" stehend, in den letzten Monaten dieses Jahres sich dem Standpunkt der demokratischen Semstwokonstitutionellen zur Verfügung gestellt, und schließlich kündigte Miljukow die Umwandlung der Petersburger „Birshewyja Wjédomosti" in ein demokratisches Organ unter seiner Leitung an. In Moskau sind die „Russkija Wjédomosti", deren Blüte der in Deutschland wohlbekannte Dr. Jollos durch seine s. Zt. viel beachteten Berliner Korrespondenzen herbeigeführt hat, ausgesprochenes Organ der Struveschen Richtung. – Von den nicht strikt wissenschaftlichen Zeitschriften, die in Rußland dem Charakter und Inhalt nach, bei etwas einfacherer Ausstattung, etwa zwischen der „Deutschen Rundschau" und den „Süddeutschen Monatsheften" die Mitte halten (Gedichte und belletristische Leistungen neben belehrenden Artikeln, politisch-ökonomischen und literarischen Chroniken, dabei stets beträchtlich über 20, oft 30–40 Bogen *monat*lich bei ziemlich engem Druck), bei bedeutendem Absatz (12–16000 Abonnenten bei den bekanntesten) vielfach sehr billig sind (das von dem demokratischen Pädagogen Ostrogorski herausgegebene marxistische „Obrasowanije" z. B. kostet pro Monatsheft 50, die anderen meist 75 Kopeken) und gute Honorare zahlen („engere" Mitarbeiter meist 80, „gelegentliche" Mitarbeiter 60 R. pro Bogen, Belletristik 100 und mehr)[,] steht der „Mir Boshij" (Herausgeberin zuerst Frau Alexandra Davydow, jetzt deren Tochter, die Schwester der ersten Frau Tugan-Baranowskis; – der merkwürdige Name: „Gotteswelt", rührt von seinem ursprünglichen Charakter als Kinderzeitschrift her) wohl am entschiedensten auf dem auch von Struve vertretenen, mit einem immerhin noch ziemlich starken Einschlag von Geschichtsmaterialismus getränkten „sozialliberalen" Standpunkt. In dieser Zeitschrift erschienen zuerst die bekannten „Otscherki" Miljukows, der zeitweise, von etwa 1900 an, die Redaktion führte. Organ der liberalen „Idealisten", deren Programmbuch das von Nowgorodzew 1902 herausgegebene Sammelwerk „Problemy Idealisma" war, ist die von Shukowsky als Herausgeber und Losski als Redakteur geleitete Monatsschrift „Woprossi Shisni", Organ der Marxisten das schon erwähnte „Obrasowanije", daneben die Monatsschrift „Prawda". Die „sozialrevolutionäre" Richtung (über den Begriff weiter unten) verfügt über Schrejders Wochenschrift, „Ekonomitscheskaja Gasjeta" (nach Zeitungsannoncen jetzt in die Wochenschrift „Trud" umgewandelt) und das später zu erwähnende „Russkoje Bogatstwo" (Herausgeber: Koroljenko). – Es fällt dem Deutschen bei all diesen Zeitschriften sofort auf, in wie starkem Maß darin Philosophie und speziell Erkenntnistheorie getrieben wird, und es ist charakteristisch für den „Hunger nach Prinzipien", der diese Publizistik und, offenbar, auch ihr Publikum beseelt, daß Redakteure und Klientel sich, neben der politischen Richtung, doch auch sehr entschieden danach schieden, an welchen Philosophen ihre Erkenntnistheorie angelehnt ist: Windelband, Simmel, Avenarius und Mach,

wäre. Neben dem „Befreiungsbund" stand, endgültig seit Herbst 1904, die Organisation der Semstwos und Dumas.⁶) Beide Arten von Körperschaften sind heute, wie bekannt, durch periodische (dreijährige), ständisch und nach Zensus abgestufte, Wahlen zusammengesetzte Vertretungen der besitzenden Klassen des Landes bzw. der Städte, zweistufig, als Kreis- (Ujesd-) und darüber als Gouvernementssemstwos, organisiert und durchweg – mit Ausnahme der ständigen, unseren Magistraten entsprechenden, „Uprawa", des von der Semstwoversammlung gewählten Bureaus (Vorsitzender und 2–5 besoldete Mitglieder), – im Ehrenamt versehen.⁶ᵃ) Trotz des selbstverständlich bestehenden gesetzlichen Verbotes begann man seit Herbst 1904[,] jene „allrussischen Kongresse" der Gouvernementssemstwos und der Dumas der größeren Städte zu organisieren, welche bis jetzt die Träger der sie zunehmend beherrschenden konstitutionell-demokratischen Bewegung geblieben sind. Der erste Semstwokongreß fand – unter Beteiligung von nur 20 Gouvernements – im November 1904 in Petersburg statt, weil die in ihrer Haltung schwankende Regierung Swiatopolk-Mirskis zunächst zugesagt hatte, ihn verhandeln zu lassen, falls er dort, unter ihren Augen, und nicht in Moskau tagen werde. Im letzten Augenblick verbot sie ihn dennoch, aber ohne Erfolg, da in diesem Fall wie bei den folgenden Kongressen in Moskau die Teilnehmer sich trotzdem versammelten, sich weigerten, ausein-

---

Stammler, der Marxismus usw. finden je mindestens eine Zeitschrift, welche sich an ihnen beständig orientiert, und eine ganze Reihe anderer, welche sie eben so beharrlich kritisieren. In der von Koschewnikow herausgegebenen „Prawda" z. B. kam es zu einem Konflikt, der mit Bogdanows Austritt endigte, weil dieser sozialistische Anhänger Machs nicht in dies marxistische Ensemble paßte. Die Entwicklung der verschiedenen Schattierungen des Neo-Idealismus in Rußland wird hoffentlich demnächst in dieser Zeitschrift von berufener Seite kritisch analysiert werden. – Natürlich hat auch diese erfreuliche Vielseitigkeit die Kräftezersplitterung der Reformbewegung stark begünstigt. Die einzelnen Träger der liberalen Intelligenz müssen durch die gleichzeitige Beteiligung an zahlreichen Zeitschriften und Zeitungen nicht nur, sondern überdies auch an mehreren politischen Organisationen mit unter sich ähnlichen, aber nicht immer ganz gleichen Zielen und mit der Neigung, trotz teilweiser Personalunion gelegentlich auch gegeneinander zu operieren, einer „Ubiquität" entfalten, welche den Leistungen, die Lassalle der Bourgeoisie in dieser Hinsicht zuschreibt, nahekommt. – Es wird jetzt abzuwarten sein, welchen Einfluß die neuen Verhältnisse (Preßfreiheit, politische Tätigkeit) auf den alten Typus der Zeitschriften ausüben werden. Denn: die Zeitung ist der Feind des Lesens.

⁶) Die Vorgeschichte dieser Organisation reicht bis in den Mai 1902 zurück, als Schipow eine Versammlung von Uprawa-Vorständen und -Mitgliedern und anderen Semstwo-Honoratioren zu einer Besprechung von (damals) reinen Korporationsangelegenheiten der Semstwos einberief; es handelte sich um die, mit Umgehung der Semstwos, von Witte organisierte „besondere Konferenz über die Bedürfnisse der Landwirtschaft". Plehwe, im Beginne seines Ministeriums stehend, verhandelte damals, in Kenntnis von dem „Kongreß", mit Schipow, – bald aber schlug der Wind um, und die Teilnehmer erhielten durch die Gouverneure einen „Allerhöchsten Verweis", der jedoch „konfidentiell" sein sollte, zugestellt. Diese ganz ungewöhnliche Form führte zu Protesten, und im Jahre 1903 fand trotz jenes „Verweises" eine zweite Versammlung statt.

⁶ᵃ) Ausgeschlossen von der Semstwoorganisation sind, außer Kongreßpolen, auch die 9 angrenzenden weiß- und kleinrussischen („westlichen") Gouvernements und die Ostseeprovinzen.

anderzugehen und die Polizei ihr Protokoll aufnehmen ließen. Wie unsicher damals noch die liberale Bewegung sich fühlte, und wie gewaltig die Kongresse seitdem sich entfaltet haben, beweist der Umstand, daß man vor dem ersten Kongreß nicht auf mehr als 14 Stimmen für eine Verfassungsresolution zu hoffen wagte. Tatsächlich wurden die „11 Punkte"[6b]) einschließlich der Forderung einer Volksvertretung nur gegen die Stimme des Grafen Stenbok-Fermor (Cherson) angenommen: nur daß die von Schipow geführte Minderheit die letztere nur als eine „an der Gesetzgebung teilnehmende" bezeichnen wollte. Die Resolution wurde nicht an den Zaren direkt, sondern an den Minister (Swiatopolk-Mirski) gerichtet, und zwar, da der Kongreß selbst ja illegal war, seitens der Gouvernementssemstwos, denen sie vom Kongreß zur Beratung übermittelt wurde. Die entsprechende Resolution des Gouvernementssemstwo von Tschernigow wurde dann vom Zaren bekanntlich als „frech" bezeichnet. Ein fernerer Semstwokongreß fand im Februar 1905 statt, ein weiterer im April (von ⅔ der Gouvernements beschickt). Für den Mai hatten die beiden Parteien – die konstitutionelle Demokratie und die Slawophilen – Sonderkongresse ihrer Gruppen einberufen; unter dem Eindruck der Tsushima-Schlacht vereinigten sie sich zu dem „Koalitionskongreß" (24. u[nd] 25. Mai a. St.), welcher die bekannte Deputation nach Peterhof (6. Juni) schickte. Der Julikongreß, dessen Teilnehmer der Zar eigenhändig als „Schwätzer" bezeichnete, war zugleich der letzte derjenigen Kongresse, welche von der Polizei in gewissem Sinne als „illegal" behandelt wurden.[6c]) Der alsdann folgende Semstwokongreß zur Beratung über das Bulygin'sche Dumaprojekt tagte unbehelligt im September, ebenso, nach Erlaß des Oktobermanifests, der Kongreß vom 6.–13. November, welcher das „Vertrauen" zum Grafen Witte an bestimmte allgemeine „Bedingungen" knüpfte und über den auch die deutsche Presse eingehend berichtet hat. Die ersten Kongresse waren reine Semstwovertretungen. Die Städtevertreter hatten zeitweise gesonderte Kongresse gehalten, erst im Julikongreß war ihre Vertretung eine – mit Ausnahme einiger reaktionärer Dumas – allgemeine. Regelmäßig vor – nur im Juli 1905 nach – dem Kongreß hielt die konstitutionell-demokratische Gruppe der Semstwoleute ihre Sitzung ab. – Die Anlehnung der liberalen Bewegung an die Semstwoorganisation hatte den großen Vorteil, daß erstens ein legaler Stützpunkt gesichert war, von dem, – nach den noch zu erwähnenden Erfahrungen des Moskauer Semstwos, – feststand, daß die Regierung, wenigstens im gegenwärtigen Moment, ihn gänzlich zu beseitigen nicht wagen würde. Zweitens stand in dem vom Gesetz vorgesehenen ständigen Ausschuß („Uprawa") des den

---

[6b]) Persönliche, Vereins-, Versammlungs- und Preßfreiheit, bürgerliche Gleichheit, insbesondere für die Bauern (Punkt 8), Beseitigung des ständischen Elements in der Semstwoverfassung, der Schranken ihrer Zuständigkeit und Selbständigkeit und Schaffung kleinerer Semstwobezirke (Punkt 9), Berufung frei gewählter Vertreter (Punkt 11), welche – Mehrheitsansicht: – an der gesetzgebenden Gewalt (60 gegen 38 Stimmen), der Festsetzung des Budgets (91 gegen 7) und der Kontrolle der Verwaltung (95 gegen 3) beteiligt sein sollten (Punkt 10). Die Minderheitsfassung: „Beteiligung an der Gesetzgebung" erhielt 27 Stimmen.
[6c]) Ein „Beamter in besonderem Auftrag" wohnte dem Kongreß bei.

Kongreß vorbereitenden Semstwo ein ständiges, auch außerhalb der üblicherweise alljährlich einmal (im Spätherbst) tagenden Versammlungen der einzelnen Semstwos bestehendes Organ jederzeit zur Verfügung, welches für die Kongresse und in der Zeit zwischen den Kongressen als Bureau fungierte und die Resolutionen der Versammlungen vorbereitete und einbrachte. Dies war um so wichtiger, weil die gesetzlichen Vorsitzenden der offiziellen Gouvernements- und Kreis-Semstwoversammlungen, die vom Adel gewählten Adelsmarschälle, im allgemeinen reaktionär gesinnt waren. Die Leitung der „allrussischen Kongresse" übernahm die Moskauer Uprawa, welche schon 1902/3 unter Schipow die damals noch unpolitischen Erörterungen zwischen den Semstwos vermittelt hatte. Daß sie zur Leitung der politischen Bewegung hervorragend befähigt war, dafür hatte wider Willen Plehwe gesorgt, als er den „gemäßigt liberalen" Slawophilen Schipow anläßlich jener Widersätzlichkeiten des Semstwos gegen das Willkürregiment absetzte. Auf dieser Absetzung beruhte Schipows zeitweilige Popularität. An seiner Stelle wurde aber der Radikale Golowin gewählt, und da Plehwe kurz vorher erst das Twersche Semstwo wegen ähnlicher Widersätzlichkeiten seiner führenden Mitglieder (Petrunkjewitsch, de Roberti und anderer) gänzlich gesprengt hatte, wagte er es im gegebenen Augenblicke nicht, einzuschreiten. Unter Schipow als Leiter der Uprawa wären aber die großen radikalen Semstwokongresse in Moskau, nach Annahme Beteiligter, gar nicht in der Art möglich gewesen, wie unter Golowin. – Was nun die soziale Zusammensetzung dieses Semstwoliberalismus anlangt, so werden die stimmberechtigten Mitglieder der Semstwos und Dumas zwar teils nach Besitz, teils nach ständisch gegliederten Wählerklassen gewählt und müssen selbst den Vermögenszensus haben. Allein wie die Sozialdemokraten in Berlin die Hausbesitzerqualifikation durch Zession z. B. von ein Hundertstel Hausanteil künstlich zu schaffen gelernt haben, so hat man ganz regelmäßig durch fiktive Vermögensübertragung für Vertreter der „Intelligenz" das passive Wahlrecht geschaffen, wenn man z. B. in einer städtischen Verwaltung einen wissenschaftlichen Spezialisten an bestimmten Verwaltungsreformen aktiv beteiligen wollte. Wir finden daher in den Semstwokongressen neben den liberalen Grundbesitzern die Blüte der russischen akademischen Intelligenz und politischen Publizistik,[7] soweit sie liberal

---

[7] Die meisten früher als Mitglieder des Befreiungsbundes angeführten Liberalen gehörten auch den Semstwokongressen an. Von spezifischen Semstwopolitikern seien, außer den im Text und sonst gelegentlich erwähnten noch genannt: die beiden Brüder, Fürsten Ssergjej und Jewgenij *Trubezkój*, ersterer der jüngst verstorbene Rektor der Universität Moskau, letzterer Professor der Enzyklopädie und Rechtsphilosophie in Kiew. Ihr Stiefbruder Fürst Peter Trubezkój, der Adelsmarschall von Moskau, steht am weitesten „rechts", er gilt für ihn noch „gemäßigter" als der liberale Slawophile Schipow, hat aber nach dem Peterhofer Empfang (6. Juni) die Denkschrift für den Zaren über die allgemeine Lage verfaßt, deren pessimistischer Ton bei seiner politisch gemäßigten Stellung auffiel. Fürst Jewgenij Tr[ubezkoj] ist ein konstitutioneller Demokrat, der jedoch nur sehr allmählich die Forderung z. B. des allgemeinen Wahlrechts sich aneignete. – Prof. *Lutschizkij* in Kiew ist ein gemäßigter Vertreter des liberalen (nicht nationalistischen) Kleinrussentums. – Endlich möge noch der auch in deutschen Zeitungen öfter erwähnte, nur der Semstwobewegung, nicht dem Befreiungsbunde angehörige konstitutionelle Politiker

sind, vertreten, und die Art der Zusammensetzung der Kongresse erinnert, soweit solche Vergleiche möglich sind, am ehesten an das 1848er Vorparlament und die Frankfurter – nicht die Berliner – Nationalversammlung. Außerhalb der 34 Gouvernements, in welchen die Semstwoorganisation besteht, schuf man sich für die Zwecke der Kongreßvertretung ad hoc Wahlkörper durch die bestehenden landwirtschaftlichen und anderen Vereine, – wie, ist für mich im einzelnen nicht feststellbar. Jedenfalls waren auf den letzten Semstwokongressen auch die nicht organisierten Gebiete nebst Sibirien und Transkaukasien und auf dem Novemberkongreß auch die Polen vertreten. Wirkliche Lückenlosigkeit hat freilich nie bestanden, da bis zuletzt manche Semstwos und Dumas die Beteiligung entweder ablehnten (so Kiew) oder nur durch einzelne Repräsentanten vertreten waren (so Petersburg). (Von den Ujesd-Semstwos vollends sind eine nicht geringe Anzahl direkt reaktionär.)

Die ehrenamtlichen gewählten Semstwomitglieder (Djéjateli, amtlich: „Glassnyje") repräsentieren mithin in der Hauptsache „bürgerliche" Intelligenz, wenn man dies Wort nicht im Sinn der ökonomischen Klasse, sondern im Sinn der allgemeinen Lebenshaltung und der Bildungsstufe nimmt. Die eigentliche „Bourgeoisie", speziell die Großindustriellen, sind dagegen in den Semstwos relativ einflußlos. Schon in einer Erklärung vom 11. März 1905 protestierten daher die Vertreter des Zentralrayons unter Führung Morosows (Moskau), des Petersburger Großkapitalismus unter Führung Nobels, des südrussischen Bergbaus unter Führung Awdakows bei dem Minister Bulygin, der sie in Audienz empfing, gegen die Kompetenz der Semstwo- und Duma-Vertreter zur Repräsentation der „öffentlichen Meinung." Ökonomisch betrachtet, waren die Semstwo-Liberalen im allgemeinen „Nicht-Interessenten", Träger daher eines politischen und sozialpolitischen Idealismus, wie er bei uns, – das Geschick der Nationalsozialen zeigte es, – augenblicklich als Macht im öffentlichen Leben nicht leicht zu organisieren ist. Nach der russischen Ausdrucksweise bilden sie das „zweite Element" der Semstwos, im Gegensatz zu der proletaroiden Intelligenz der angestellten Semstwobeamten, welche – daher jene Bezeichnung – durch Plehwe gelegentlich mißmutig und warnend als das „dritte Element" bezeichnet wurden und, wie wir später noch sehen werden, mit anderen Schichten ähnlichen sozialen Gepräges hauptsächlich, wenn auch nicht ausschließlich, in dem „Verband der Verbände" organisiert sind. Dies „dritte Element" bildet eine sehr zahlreiche (angeblich gegen 50 000 Personen umfassende) Bureaukratie und auf ihm liegt, gemeinsam mit der „Uprawa", die reguläre Arbeitslast in den Semstwos.[7a]) Man pflegt über die Neigung zum „Systematischen", welche

---

Kreis-Adelsmarschall *Nowossilzew* und der Gutsbesitzer, Literarhistoriker und Publizist *Jakuschkin,* der sehr radikale Tschernigower Gutsbesitzer *Chishnjakow* und der sehr gemäßigte N. N. *Kowaljewskij* aus Charkow, Hauptgegner des Frauenstimmrechts, genannt sein. (Letztere beide auch im Befreiungsbund.)

[7a]) Die Beziehungen der beiden „Elemente" untereinander beleuchten die Verhandlungen der konstituierenden Versammlung des „Bundes der Semstwoangestellten" („Prawo" 1905, 19 S. 1594f.). Es wurde betont, daß das Arbeitsverhältnis dieser Angestellten

die radikalen Ideologen dieser Schicht beseelt, zu spotten, und wer als Ausländer seufzend vor dem Ozean der Semstwo-Statistik steht, wird zuweilen die Fähigkeit der Scheidung von Wichtigem und Unwichtigem vermissen. Gleichwohl gehört offenbar der Idealismus und die Opferbereitschaft dieser einzigen wirklich „in und mit dem Volke" lebenden Beamtenkategorie zu dem ethisch Erfreulichsten und Achtungswertesten, was das heutige Rußland zu bieten hat. –

Aus dem „Befreiungsbunde" und den Semstwokonstitutionellen ist die konstitutionell-demokratische Partei erwachsen. Der Julikongreß der Semstwos nahm den Vorschlag an, 40 Mitglieder zur Verhandlung mit den Delegierten des „Befreiungsbundes" und des „Verbandes der Verbände" zu nominieren, der Befreiungsbund beschloß entsprechend, und in der Zeit vom 12.–18. Oktober a. St. fand die Parteikonstituierung in Moskau statt. Da die Stadt damals von der Außenwelt durch die Streiks abgeschlossen war, liegen mir leider zurzeit hier keinerlei nähere Berichte über den Vorgang vor.[7b]) Sicher ist, daß der „Verband der Verbände" der, für die Anschauungen seiner Mitglieder, zu gemäßigten Partei nicht beitrat. Der „Befreiungsbund" löste sich zwar auf, aber nicht ohne daß die Petersburger Gruppe, als Professor Miljukow und Struve den Beitritt zur konstitutionell-demokratischen Partei beantragten, unter heftigen Angriffen auf den letzteren als „vornehmen Ausländer"[7c]) den Antrag ablehnte. Sie bestand zuerst als Rumpf weiter und verwandelte sich dann im Dezember in einen sozialpolitischen Klub,[8]) dem Struve, nach Zeitungsnachrichten, die Gründung einer den „Fabiern" nachgebildeten Gesellschaft gegenüberstellte. Die bis dahin im „Befreiungsbund" geeinigten Elemente fielen also nun auseinander, und

---

nicht, wie in der Privatunternehmung, einen Interessengegensatz zwischen Kapital und Arbeit in sich schließe, sondern auf gemeinsamem Arbeiten beider „Elemente" im Dienst idealer Ziele beruhe. Die gewählten Semstwomitglieder seien im allgemeinen keine Interessenten, sondern „Rentner" oder ökonomisch unabhängige Leute, nur der immerhin häufige Wechsel im Personalbestand der Gewählten auf der einen und die hierarchisch-bureaukratische Gliederung der Angestellten auf der anderen Seite seien in dieser Hinsicht Mißstände. Neben materieller Besserstellung wurde gefordert: regelmäßige Zulassung von Vertretern des „dritten Elements" mit beschließender Stimme (kommt schon jetzt nicht selten vor und bildet einen der Hauptanstoßpunkte der Regierung), Anstellung durch gemischte Kommissionen der Uprawa und des dritten Elements, Entlassung nur auf Grund eines – wie das Mittelalter gesagt hätte: – „judicium parium" (des zu Entlassenden), daneben Pensionskasse und Zwangsversicherung. – (Was die materielle Lage betrifft, so finde ich in den Zeitungen Annoncen von Semstwos, welche Ärzte für 2000, Agronomen für 1200 Rubel nebst bestimmten Reisespesen suchen.)

Die Reaktionäre, z. B. die Kursker „Nationale Ordnungspartei"[,] werfen ihrerseits den Liberalen vor, im Semstwo „gemieteten Leuten" den ausschlaggebenden Einfluß einräumen zu wollen (Abt. II, Punkt 5 der Kursker Proklamation). Das Semstwo solle zwar wieder „unabhängig" werden, aber nur unbewegliches Eigentum vertreten.

[7b]) Das Parteiprogramm ist im „Prawo" Nr. 41, S. 3424f. abgedruckt. Auf seinen Inhalt kommen wir bei Erörterung der einzelnen Probleme fortlaufend zurück.

[7c]) Soweit ersichtlich, trat namentlich Frau Jek. *Kuskow* sehr energisch gegen Struve auf.

[8]) Russj v[om] 30. Nov. Nr. 32 S 3.

die „proletaroide" Intelligenz, im „Verband der Verbände" vertreten, ging neben der „bürgerlichen", welche dem Schwerpunkt nach Semstwo-Partei war, ihren eigenen Weg. –

Der erwähnte Aprilkongreß der Semstwos nun nahm den hier besprochenen Entwurf einiger „Osswoboshdjenzi" als Beratungsgrundlage an, und es wurde gleichzeitig durch das Bureau ein Komitee mit seiner Umarbeitung beauftragt. Das Ergebnis derselben liegt (russisch) vor unter dem gleichen Titel wie der hier besprochene Entwurf.[9]) Die Abweichungen beziehen sich auf die Beseitigung des „höchsten Gerichtshofes" und die Ausschaltung der finnländischen Frage, die darin, ebenso wie die polnische, garnicht erwähnt ist, sonst auf Einzelheiten. Dies so umgestaltete Projekt wurde vom Julikongreß prinzipiell und vorbehaltlich der Besprechung in den lokalen Selbstverwaltungskörperschaften gegen 7 Stimmen angenommen. Von liberaler Seite ist ein weiteres Verfassungsprojekt inzwischen nicht vorgelegt worden, ein angeblich von der später zu erwähnenden „Partei der Rechtsordnung" verfaßtes ist mir z. Z. unzugänglich. –

Dem hier besprochenen Entwurf wird man nun zunächst nachsagen, daß er durchaus „unhistorisch" sei, und dies trifft bei einem solchen Extrakt des modernen internationalen Verfassungsrechts, wie er ihn darstellt, in der Tat zu. Aber was ist eigentlich in dem heutigen Rußland „historisch"? Die Kirche und die bäuerliche Feldgemeinschaft, von denen wir noch reden werden, ausgenommen, – schlechthin garnichts, außer der aus der Tatarenzeit übernommenen absoluten Gewalt des Zaren, welche heute, nach Zerbröckelung aller jener „organischen" Gebilde, die dem Rußland des 17. und 18. Jahrhundert das Gepräge gaben, in völlig unhistorischer „Freiheit" in der Luft schwebt. Ein Land, welches vor kaum mehr als einem Jahrhundert in seinen „nationalsten" Institutionen starke Ähnlichkeiten mit der Monarchie Diocletians aufwies, kann in der Tat keine „historisch" orientierte und dabei doch lebensfähige „Reform" vornehmen. Das lebensvollste, in der öffentlichen Meinung am meisten festgewurzelte und in seiner Leistungsfähigkeit erprobte Institut des russischen öffentlichen Lebens, das Semstwo, ist zugleich dasjenige, welches dem altmoskowitischen Gedanken ständischer Gesamthaft für die ständisch verteilten Pflichten am fremdesten ist: es ist ein moderner Selbstverwaltungskörper, ganze 40 Jahre alt und dabei bereits einmal – aus einer rein den Grundbesitz als solchen (einschließlich der Bauern) vertretenden in eine wesentlich ständisch gegliederte Körperschaft – umgestaltet worden. Seine Leistungen zu beurteilen ist mir natürlich nicht möglich. Sie am Zustand der Brücken und Wege zu messen, wie westeuropäische Reisende zu tun pflegen, geht hier offenbar so wenig wie in Amerika an, aus den gleichen ökonomischen Gründen. Der Glaube an die Bedeutung des „Systematischen" und allgemeiner Theorien ist in Rußland, wie jeder weiß, ungleich größer als in Amerika, mit dessen Lokalverwaltung man sie am besten vergleicht, die Überzeugung von der fundamentalen Bedeutung der Volksbildung ist in den Selbstverwaltungen beider Länder gleich groß, und der

---

[9]) Verlag des Ossowoboshdjenije, Paris (jetzt aufgelöst).

Idealismus in der Übernahme pekuniärer Opfer für derartige „ideale" Zwecke in den Kreisen der meisten Semstwos der allerhöchsten Achtung wert und dem Verhalten unserer ostpreußischen Ständevertreter 1847 durchaus ebenbürtig. Auch in seiner verkümmerten jetzigen Gestalt und angesichts der unerhörten Vielseitigkeit seiner von der Volksschulgründung durch Statistik, Medizinal-, Veterinärwesen, Straßenbau, Steuerverteilung und landwirtschaftlichen Unterricht bis zu dem wichtigen Gebiet des „Verpflegungswesens" (bei Hungersnöten) sich erstreckenden Tätigkeitsgebiets hat es – das wenigstens läßt auch das im Ausland zugängliche Material ersehen – immerhin Leistungen aufzuweisen,[9a]) welche angesichts der Schwierigkeit seiner Lage, jedenfalls das noch immer häufige Urteil über die „Unreife" der Russen für eine freie Verwaltung verstummen lassen sollten. Die „Staatsgewalt" erscheint, ganz begreiflicherweise, ihm gegenüber trotz aller Überlegenheit der büreaukratischen „Technik",[9b]) als ein nur der Erhaltung der bestehenden politischen Machtverteilung dienender Parasit, fast ohne sachliche Interessen anderer als etwa finanzpolitischer Art, und deshalb vom tiefsten Mißtrauen gegen den Konkurrenten erfüllt.[10]) Seine Erfol-

---

[9a]) Jedenfalls ist nicht bestritten, daß gerade in den Westbezirken *ohne* Semstwos sowohl das Volksbildungs- wie das Medizinalwesen das Minimum der Fortschritte aufweisen. Auch die strikten Reaktionäre – z. B. das Manifest des Grafen Dorrer und Kons[orten] – sind daher für die Herstellung der Semstwounabhängigkeit.

[9b]) Und – wie ausdrücklich hinzugefügt sein möge – trotzdem jede unbefangene Betrachtung sich hüten wird, Männer wie etwa Plehwe als eine Art Theaterbösewichte oder Finsterlinge sich vorzustellen. Davon ist keine Rede: die eherne Konsequenz des *Systems*, dem sie dienten, die rationalistische Regierungspragmatik dieser „aufgeklärten" Büreaukratie, welche ganz naturgemäß auf den „Schlendrian" und unpraktischen „Eigensinn", die „Sonderinteresssen", den „Unverstand" und Egoismus, die „utopischen Träume" der „Intelligenz" und Selbstverwaltungskörper und die „Phrasen" der Presse, zornig als auf Elemente blickte, welche die Vereinigung utilitarischer Volksbeglückung von oben mit dem entsprechenden Respekt vor der Autorität, den die „Staatsräson" forderte, immer wieder hemmten und durchkreuzten, – dies System war es, welches das Leben „zur Hölle werden" und bei der Nachricht von Plehwes Ermordung stille weltfremde Stubengelehrte in eine Art von Taumel wilder Freude geraten ließ. Wer das mit ansah, dem ist es zunächst einmal „Kritik" genug. – Aber nicht nur würde die Bilanz dieses Systems, unter *utilitarischer* Bewertung aufgemacht, ganz bedeutende Aktiven aufzuweisen haben, sondern namentlich war der Weg zu jener „Hölle" auch hier, wie immer, mit den allerausgezeichnetsten Vorsätzen gepflastert, die sich, vor allem, sämtlich *„bei den Akten"* befinden. Und wenn auf Grund dieser Akten ein künftiger Historiker die Geschichte dieses ancien régime schreibt, so wird es sicherlich, ebenso wie nach der jetzigen Mode das – übrigens höchst wesentlich anders geartete – französische von vor 1789, in den freundlichsten Farben erstrahlen: der Historiker hat ja nicht unter ihm zu *leben* brauchen. – Innerhalb der staatlichen Büreaukratie, zumal der unteren, aber auch der höchsten Stellen, stehen sich politische Ansichten der allerverschiedensten Art, bis zu den allerradikalsten, gegenüber. Nur die Entscheidung der „maßgebenden" Stelle fällt seit 25 Jahren konsequent nach der Seite der Polizeiinteressen aus. Unter den heutigen Bedingungen ist ein „aufgeklärterer" Absolutismus – und vielleicht ist gerade dies der entscheidende Punkt für die Kritik des ganzen Systems – einfach deshalb unmöglich, weil, höchst wahrscheinlich, das bisher bestehende Regime so „aufgeklärt" war, wie der Absolutismus unter den modernen Verhältnissen, im Interesse seiner Selbsterhaltung, überhaupt sein kann.

[10]) Und zwar stehen hier große Teile der „liberalen" Büreaukratie nicht wesentlich

ge hat daher das Semstwo zu erkämpfen gehabt gegen die ständige Obstruktion der staatlichen Polizei, an deren Zwangsgewalt es für die Vollziehung seiner Beschlüsse gewiesen war, und es erzielte sie, trotzdem die Eifersucht der Regierung seine Arbeit immer fühlbarer und schließlich ganz systematisch hemmte, ihm die Erhöhung der Abgaben, speziell für Schulzwecke, verbot, im letzten Kriege z. B. die charitative Semstwoorganisation, zugunsten des heillos korrupten staatlichen „roten Kreuzes", unterdrückte und das „Verpflegungswesen" zu verstaatlichen suchte. Nachdem dadurch dem Semstwo mehr und mehr der Charakter eines nur passiven Zweckverbandes für die Aufbringung von der Regierung vorgeschriebener und von ihr zu verwendender Lasten aufgezwungen und die Ausdehnung der Semstwoverfassung auf die klein- und weißrussischen Gouvernements hintertrieben worden war,[10a] machte Plehwe in seiner letzten Zeit ernstlich Miene, die Semstwos gänzlich zu zertrümmern und durch die staatliche Bureaukratie zu ersetzen.

Nach dem allem muß es nun freilich auffallen, daß im Entwurf jeder Versuch, verfassungsmäßig bestimmte Kompetenzen und Zwangsbefugnisse der Selbstverwaltung festzulegen, fehlt, also die politische Zentralfrage der letzten 25 Jahre: ob die Semstwos bodenständige Interessentenkorporationen bleiben oder aber Delegatare staatlicher Rechte oder endlich passive Zweckverbände werden sollen, – was alles auch unter einer „demokratischen" Regierung möglich bleibt, – ganz ausgeschaltet ist. Daß der Entwurf garnicht den Versuch macht, die Stellung der Selbstverwaltung zu sichern, ist um so auffallender, als in dem Projekt des kleinrussischen demokratischen Publizisten Dragomanow von 1884 diese Aufgabe bereits in recht geistreicher Weise zu lösen versucht war:[11] grundgesetzlich garantierte Aufgaben der Dorf-, Stadt-, Wolost-, Kreis- und Länder- („Oblast"-) Vertretungen mit ausdrücklich festgestellter Zwangsgewalt und eventueller eigener Verfügung auch über das Militär, vorbehaltlich des *gerichtlich* geltend zu machenden Vetos des Statthalters bei *Verfassungs*widrigkeiten; – Recht aller Wahlkörper, ihren Deputierten in der Selbstverwaltung, und ebenso Recht der 19 Oblastvertretungen, ihren Deputierten im Oberhaus der zweigliederig gedachten Reichsduma, der „Bundesversammlung", imperative Mandate zu geben und sie jederzeit abzuberufen; – Recht der gerichtlichen Anfechtung der Verfassungsmäßigkeit der Reichsgesetze durch die Selbstver-

---

anders als die strikt bürokratischen hochkonservativen Zentralisten. Die „konfidentielle Denkschrift" Wittes von 1899, welche das Ossowoboshdjenije s. Z. veröffentlichte, legte den Grund zu dem unauslöschlichen Mißtrauen der Semstwoleute gegen ihn.

[10a] Denn das Surrogat der Semstwoverfassung, welches Plehwe hier einführte, – aus von der Regierung *ernannten* Vertrauensleuten bestehend, – und welches offenkundig als „Modell" auch für die „Reform" der innerrussischen Semstwos dienen sollte, hat mit der letzteren nichts gemein. (Die spezielleren Grundlagen dieser Organisation sind für mich z. Z. nicht feststellbar. In Korkunows Russischem Staatsrecht (4. Aufl. 1903) finde ich darüber noch nichts.)

[11] Abgedruckt in der jetzt vom „Ossowoboshdjenije" (im Auftrage und mit den Mitteln der „ukrainischen Demokraten") unter Mitwirkung speziell Kistiakowskis veranstalteten Ausgabe der „Politischen Schriften M. P. Dragomanows" Bd. I S. 279ff.

waltungskörper usw. Die „Bundesversammlung" („Ssojusnaja Duma") dieses Entwurfs war so als ein, teils dem Senat der Vereinigten Staaten, teils dem Schweizer, teils dem deutschen Bundesrat verwandtes Gebilde gedacht. Unser Entwurf kennt dagegen nur die beiden Häuser der Duma, von denen jedes auf „viergliedrigem", d. h. „allgemeinem gleichem direktem geheimem" Wahlrecht ruht, das Unterhaus direkt, das Oberhaus indirekt durch Wahl seitens der Semstwos, die hier aber als Kommunalkörperschaften ohne eine gegen die Zentralgewalt gesicherte Kompetenz gedacht sind. Den Entwurf interessierte auch für die Semstwos offenbar nur jene Art des *Wahl*rechts. – Wir werden später sehen, daß diese Zurückhaltung mit dem Hineinspielen des *Nationalitäten*-Problems in die Dezentralisationsfrage zusammenhing. Immerhin ist der Umstand, daß der Entwurf an das Semstwo überhaupt anknüpft, derjenige Grad von „Historismus", den man von ihm nach Lage der Dinge billigerweise allein erwarten konnte.[11a] – Das Parteiprogramm der konstitutionellen Demokraten hat dagegen insofern auf die Dragomanowschen Gedanken – vielleicht ohne sie zu kennen[11b]) – zurückgegriffen, als der Selbstverwaltung hier grundsätzlich alle Gebiete der Staatsverwaltung „mit Ausschluß nur derjenigen Verwaltungszweige, welche bei den Bedingungen des gegenwärtigen Staatslebens unbedingt in den Händen der Zentralgewalt konzentriert sein müssen", zugewiesen (Punkt 22) und (Punkt 23) die Tätigkeit des örtlichen Vertreters der Zentralgewalt auf das Veto wegen Gesetzwidrigkeit beschränkt ist, über dessen Berechtigung dann die *Gerichte* entscheiden sollen, – mit der wichtigste Grundsatz, welchen die Partei überhaupt zu vertreten haben wird. –

Die bedingungslose Durchführung des Prinzips des „viergliedrigen"[,] d. h. des allgemeinen gleichen direkten geheimen[,] *Wahlrechts* scheidet die hinter dem Entwurf stehende Partei der konstitutionellen Demokraten nach rechts von anderen konstitutionellen Gruppen, welche das Zensus- oder indirekte Wahlrecht vertreten,[12]) und von der Schipowschen antibureaukratischen Slawophilengruppe mit ihrem Gedanken, eine beratende und die Finanzen kontrollierende Volksvertretung aus den bestehenden Semstwos hervorgehen zu lassen.[12a])

[11a]) Das endgültige Parteiprogramm, Punkt 14, läßt die Frage, ob Ein- oder Zweikammersystem, offen.

[11b]) D[ragomanow] scheint in Rußland z. Z. fast vergessen zu sein.

[12]) Zensuswahl war der ursprüngliche Standpunkt Fürst E. Trubezkójs und Prof. Kusmin-Karawajews, den sie jedoch, zugunsten des gleichen Wahlrechts, unter dem Druck der Bewegung aufgaben. Indirektes Wahlrecht befürworteten z. B. auch der in Pskow ansässige Graf Heyden (russ[isch] „Gejden"), der Slawophile Stachowitsch u. a. – Auf dem Novemberkongreß der Semstwos stand hauptsächlich Gutschkow (mehrfach als Ministerkandidat genannt) auf einem besonderen Standpunkt gegenüber den radikalen Forderungen. In Wahrheit ist der Zensuswahlstandpunkt natürlich auch jetzt in den Kreisen der Semstwos weit stärker vertreten. Es stimmten für das direkte (und gleiche) Wahlrecht: 174, für das „zweistufige" (indirekte) Wahlrecht 32, für die Anwendung des ersteren in der Stadt, des letzteren auf dem Lande 28 Teilnehmer.

[12a]) Neben dem Programm der „Minderheit" des Novemberkongresses von 1904 kam dieser Standpunkt besonders deutlich in dem Aufruf der Adelsmarschälle nach dem Manifest vom 18. Februar zum Ausdruck: Erhaltung der unbeschränkten Selbstherrschaft

Die Forderung jenes Wahlrechts, der meist umstrittene Punkt des Entwurfs, ist für die Demokraten zunächst das konsequente Ergebnis des Fehlens anderer „historischer" Anknüpfungspunkte, nachdem die Regierung nunmehr 25 Jahre lang an der Diskreditierung der Semstwos gearbeitet hat. Dazu tritt natürlich jener Umstand, der heute überall den Vertretern prinzipieller Reformen es unmöglich macht, mit voller innerer Aufrichtigkeit für ein abgestuftes Wahlrecht einzutreten: die Wirkung des Kapitalismus mit seiner klassenbildenden Macht. Der ökonomische Interessengegensatz und der Klassencharakter des Proletariats fällt den spezifisch bürgerlichen Reformern in den Rücken: das ist das Schicksal ihrer Arbeit hier wie überall. Nur solange die Vorherrschaft des Handwerks wenigstens in der Theorie den Massen der Arbeiter die Gelegenheit gab, „selbständig" zu werden, konnte jemand eine Zensuswahlvertretung subjektiv aufrichtig als eine Vertretung auch der noch nicht Selbständigen auffassen. In Rußland ist nicht nur aus historischen Gründen die Entwicklung des städtischen „Mittelstandes" im westeuropäischen Sinn an sich sehr schwach, sondern heute hat überdies der Kapitalismus auch dort längst seine Kreise zu ziehen begonnen, und jeder Versuch des Eintretens für Zensuswahl bedeutet für den reformerischen Agitator: Offiziere ohne Soldaten. Es fiele in den Städten den Arbeitern begreiflicherweise gar nicht ein, sich darauf einzulassen. Auf dem Lande wäre überdies ein Zensuswahlrecht in den Gebieten der Obschtschina (Feldgemeinschaft) kaum ohne die größten Willkürlichkeiten durchführbar: Hier ist in der Dorfgemeinde das *gleiche* Stimmrecht der Haushaltungsvorstände das „Historische". Trotzdem hätte eine bisher autokratische Regierung, wenn sie es *rechtzeitig* tat, irgend ein Schema der Wahlberechtigung (etwa mit Bildungszensus oder Pluralstimmrecht) oktroyieren können, – eine Reformpartei konnte aus der Situation kaum andere Konsequenzen ziehen als im Entwurf geschehen. Täte sie es, so würde – und das ist der letzte durchschlagende Grund – die Autokratie es in der Hand haben, bei der ersten Widersetzlichkeit der Duma die Arbeiter ebenso gegen sie auszuspielen, wie es jahrelang das vergangene Regime zur Einschüchterung der des Liberalismus verdächtigen besitzenden Klassen mit wenigstens scheinbarem Erfolge getan hat. Und in dem Augenblick, wo die demokratische Partei sich mit dem Zensuswahlrecht, d. h. dem Ausschluß oder der offenkundigen Zurücksetzung der Masse der Bauern von der Wahl, abfinden würde, hätte die Reaktion auch diese geschlossen hinter sich, denn die Besitzer von zensusfähigem Privateigentum, die Gutsbesitzer und vor allem die Kulaki („Fäuste", d. h. reich gewordene Bauern und ländliche Kleinkapitalisten) und die sonstige „Dorfbourgeoisie" sind es ja, gegen die sich der Haß der ländlichen Massen richtet. Der Zar ist für die Bauern unter keinen Umständen an ihrem Elend schuld. Wie bisher die Beamten, so würde es künftig eine Duma sein, in der die große Masse von ihnen, die ja im Zensus *hinter* allen städtischen Proletariern rangieren würden, unbeteiligt wäre. Schon jetzt ver-

---

bei Einführung einer Gesetze beratenden, mit Petitionsrecht versehenen, das Budget kritisierenden und die Rechnungsabschlüsse prüfenden Volksvertretung und Beseitigung der „Beamtenwillkür".

breiteten die Vertreter des reaktionären Adels und staatlichen Beamtentums beharrlich die Nachricht, Ziel der Liberalen sei es, keinen Bauern in die Duma zu lassen.[13]) Und frappant trat diese demagogische Politik der Regierung vor allem in dem Bulyginschen Dumaprojekt hervor. Die Gesetze beratende und die Staatsrechnung kontrollierende Versammlung des Manifests vom 6. (19.) August soll nach der beigegebenen Wahlordnung in 26 Großstädten einerseits und in Gouvernementswahlversammlungen andererseits durch Wahlmänner, und zwar, um die Kandidaturen von Vertretern der „Intelligenz" möglichst zu beschränken, aus deren Mitte, gewählt werden. Die Wahl dieser ist in den Gouvernements auf die drei Klassen 1. des größeren privaten Grundbesitzes, 2. der Städte, 3. der Bauern, und zwar in jedem Gouvernement verschieden, verteilt.[14]) Während aber die beiden ersten Klassen ein Zensuswahlrecht ziemlich plutokratischer Art[15]) haben, – die Arbeiter sind stets völlig ausgeschlossen, – werden die Bauernwahlmänner von den Wolostversammlungen gewählt, welche ihrerseits auf der Gleichstellung aller Wirte im Dorfe beruhen. Mit anderen Worten: die einzigen, für die keine Zensusgrenze besteht, sollen die meist schreibunkundigen Bauern sein. Und überdies sollen die so gewählten Bauernwahlmänner im Gegensatz zu den anderen Klassen das Recht haben, vor der Wahl der übrigen Dumadeputierten einen Abgeordneten aus ihrer Mitte zu

[13]) Eine Proklamation des Kursker Adelsmarschalls Grafen Dorrer, welche in der Regierungsdruckerei gedruckt und von der Kanzel der Dreieinigkeitskirche verlesen wurde, – abgedruckt in der Russj vom 14. November Nr. 18 S. 3, – erhebt gegen die Demokraten vor allem den Vorwurf, sie seien bestrebt[,] „in die Reichsduma keinen einzigen Bauern kommen zu lassen, wie es in England und Frankreich ist". – Vielfach läßt sich übrigens das z. Zt. typische Bündnis der Polizei und des adeligen Beamtentums mit der Hefe des Volkes zum Zweck der Bildung der „schwarzen Banden" ziemlich exakt verfolgen. Über die Personalien des von jenem Kursker Adelsmarschall engagierten und in die „Gesellschaft" introduzierten Klopffechters haben die Zeitungen eingehende Angaben gemacht. – Die starke Zahl der Zuhälter unter dieser zum Teil ganz unzweifelhaft von den Interessenten des alten Regimes besoldeten Schutztruppe, und nicht etwa ein Aufflammen puritanischen Eifers, kam z. B. in der mehrfach beobachteten Zerstörung der ihnen, als „Konkurrenz", verhaßten Bordelle zum klassischen Ausdruck. Im übrigen aber enthalten jene gefürchteten Banden doch offenbar keineswegs nur besoldete Leute, sondern auch zahlreiche „Volontäre": z. B. die Fleischer mancher größeren Städte, allerhand anderes Kleinbürgertum, endlich viele Bauern. Bekanntlich sind ganze Dörfer zur Belagerung der Moskauer Universität ausgerückt.
[14]) Um z. B. die Zahlen der kleinrussischen Gouvernements Kiew, Podolien, Wolhynien, Poltáwa, Tschernígow herauszugreifen: sie wählen zusammen 64 Abgeordnete durch 946 Wahlmänner, von denen 317 von den bäuerlichen Wolostversammlungen, 395 von den privaten Grundbesitzern (mit Zensus), 234 von den städtischen (Zensus-)Wählbaren ernannt werden sollen. Die privaten Grundbesitzer sind dabei teils (bei einem bestimmten Minimalzensus) zum persönlichen, teils (bei einem bestimmten niedrigeren Minimalzensus) zum Kurienwahlrecht berufen. – Innerhalb ganz Rußlands bilden die 26 größten Städte selbständige Wahlbezirke, sonst sind überall die ländlichen und städtischen Wahlmänner in denselben Wahlkörper kombiniert.
[15]) Gegen die bestehende Kommunal-Wahlordnung in den Städten nur insofern ein Fortschritt, als nicht nur Hausbesitzer, sondern, – was Plehwe auch für die Petersburger Duma durchgeführt hatte, – auch Mieter zur Wahl zugelassen sind.

ernennen, worauf sie, zusammen mit den anderen, die übrigen wählen: m[it] a[nderen] W[orten] die Vertreter der Bauern haben ein ständisch privilegiertes Wahlrecht für mindestens 51 Abgeordnete (Zahl der europäisch-russischen Gouvernements) und bilden für den Rest mit dem Zensusgrundbesitz meist mehr als zwei Drittel der Wahlmänner. Das Manifest vom 17. (30.) Oktober, welches die „unerschütterliche Regel" aufstellt, daß fortan kein Gesetz ohne Zustimmung der Duma in Kraft treten sollte, fügte die allgemeine Zusage hinzu, daß, soweit bei der Kürze der Zeit dies möglich, das Wahlrecht den „bisher desselben beraubten" Klassen gegeben werden sollte[,] und der „neugeschaffenen gesetzgeberischen Ordnung" überlassen bleiben würde die „weitere Entwicklung" des „Grundsatzes" des „gemeinen"[16]) Wahlrechts. Es ist nach alledem,[16a]) wie Peter Struve in seiner Einleitung zu dem hier besprochenen Entwurf ganz richtig sagt, für jedes andere liberale Wahlrechtsprogramm heute in Rußland „zu spät" geworden. Der Gedanke der „Menschenrechte" und die Forderung des „vierstufigen Wahlrechts" waren es denn auch, welche die radikale bürgerliche mit der „proletaroiden", darunter selbst einem Teil der sozialrevolutionären, Intelligenz im „Befreiungsbunde" geeinigt hatte. Das unverbrüchliche Festhalten daran schien allein die Möglichkeit zu bieten, eine Teilung der Intelligenz im Kampfe zu verhindern.

Wollte – und könnte – man von dieser Situation absehen, *dann* würde natürlich auch ein noch so überzeugter Demokrat oder Sozialdemokrat über die Frage der Neueinführung gerade dieses Wahlrechts als ersten gerade in diesem Lande und gerade im *jetzigen* Moment sehr zweifelhaft sein können.[17])

---

[16]) „Obschtschij", nicht „wssjeobschtschij" war verwendet. Die Beratungen im Ministerkonseil ergaben, soviel aus den Beratungen bekannt, zwei Vorschläge: allgemeines Wahlrecht mit Pluralstimmen oder Beifügung einer neuen Wählerklasse der Arbeiter mit ebenfalls – für eine Zahl von 10–12 Deputierten – privilegiertem Wahlrecht (Standpunkt Wittes). –

[16a]) Der Ukas vom 11. (24.) Dezember – ich habe nur den Abdruck Russk[ija] Wjed[omosti] Nr. 324 – erweitert, unter Aufrechterhaltung der Zensusklassen-Einteilung und des bäuerlichen ständischen Vorwahlrechts, die Wahlberechtigung 1. in den Städten auf alle, die von Grundbesitz, Gewerbebetrieb, Wohnung (als Miether), Steuer zahlen oder staatliche oder korporative Besoldung beziehen (nach dem offiziellen Communiqué bedeutet das: statt 18876 jetzt „2 Millionen" Wähler, – ausgeschlossen bleiben: Kleingewerbetreibende der untersten Schichten und alle nicht unter Nr. 3 fallenden Arbeiter und „Unselbständigen") – 2. auf dem Lande das selbständige Zensuswahlrecht auf Verwalter und Pächter, das Kurienwahlrecht auf alle Eigentümer oder lebenslänglichen Nutznießer von Land (ausgeschlossen bleiben Arbeiter, Häusler, überhaupt Landlose), – 3. wird eine Wahlkurie für die in Fabriken, Berg- und Hüttenwerken und Eisenbahnwerkstätten je mit über 50 Personen beschäftigten Arbeiter geschaffen, in welcher Bevollmächtigte aus jedem Werk (1 auf 1000) gewählt werden, welche die zur Teilnahme an den städtischen oder ländlichen Wahlkörperschaften berechtigten Wahlmänner ernennen (also kein Vorwahlrecht, aber ev[entuell] Doppelwahlrecht der Arbeiter; die Zahl ihrer Wahlmänner ist nur in Moskau, Wladimir, Petersburg, Lodz so erheblich, daß sie ernstlich mit ins *Gewicht* fallen kann).

[17]) Vgl. die von sozialdemokratischer Seite geübte Kritik an dem Eintreten Lassalles für das allgemeine Wahlrecht in den 60er Jahren in der Einleitung zu der (parteioffiziellen) Ausgabe seiner Schriften (Band I S. 124).

Denn über den entscheidenden Punkt: die voraussichtliche Wirkung dieses Wahlrechts, urteilen die russischen Demokraten unter sich nicht gleichmäßig. Am ehesten pflegen die Bedenken gegen die Überlieferung der *Semstwos* in die Hände gänzlich ungeschulter Analphabeten zugegeben zu werden, so entschieden die Notwendigkeit einer weit stärkeren Vertretung der jetzt zur einflußlosen Minderheit verurteilten Bauern betont wird.[17a]) In der Tat würde die völlige Bureaukratisierung der Semstwoverwaltung die unmittelbare Folge sein, und bei aller Anerkennung der hervorragenden Leistungen des Semstwobeamtentums, des sog. „dritten Elements" („trety element"), würde dies doch nur der Vorläufer einer Zentralisierung nach französischem Muster sein können. Die „ökonomische Unabhängigkeit" der ehrenamtlichen Semstwomitglieder war es, welche die Selbständigkeit des Semstwo „nach oben" garantierte und, unter unserer Wirtschaftsordnung, auch und erst recht gegenüber einer etwaigen parlamentarischen Parteiregierung der Zentrale gewährleisten könnte, solange die Bauern an den Agrarkommunismus ihrer Gemeinden gefesselt sind. – Über die voraussichtliche Wirkung des allgemeinen gleichen Wahlrechts für die *Duma* gehen die Ansichten auseinander. Ich kenne russische Demokraten mit etwa dem Standpunkt: „fiat justitia, pereat mundus. Möge die Masse allen Kulturfortschritt ablehnen oder vernichten: wir können nur nach dem fragen, was gerecht ist, und wir haben unsere Pflicht getan, wenn wir ihr das Wahlrecht geben und ihr damit die Verantwortung für ihr Tun zuschieben." „Auch die äußerste Ochlokratie – wird allenfalls hinzugefügt – kann es nicht so arg treiben wie die von den in ihrer Machtstellung bedrohten Beamten gemieteten ‚schwarzen Hunderte'. Aber wie dem sei: lieber generationenlange kulturliche Finsternis leiden als politisches Unrecht tun. Und vielleicht wird doch auch irgendwann in der Zukunft die erzieherische Macht des Wahlrechts das Ihre tun." Es liegt in solchen Ansichten unbewußt doch wohl auch etwas von Ssolowjows Glauben an die ethisch-religiöse Eigenart der politischen Aufgabe des Russentums, auf die mich übrigens auch ein Vertreter dieser Meinung direkt verwies. Die absolute Ablehnung der „Erfolgsethik" auch auf politischem Gebiet bedeutet hier: nur das unbedingte ethische Gebot gilt überhaupt als möglicher Leitstern positiven Handelns, es besteht nur die Möglichkeit des Kampfes um das Recht *oder* der „heiligen" Selbstentsagung. Ist nun das als positive „Pflicht" Erkannte getan, so tritt, weil *alle* anderen als die ethischen Werte ausgeschaltet sind, unbewußt jener biblische Satz wieder in Kraft, der sich am tiefsten in die Seele nicht nur Tolstojs, sondern des russischen Volkes überhaupt geprägt hat: „Widerstehe nicht dem Übel". Der jähe Wechsel zwischen stürmischer Tatkraft und Ergebung in die Situation ist die Folge der Nichtanerkennung des ethisch Indifferen-

---

[17a]) Die entscheidende Forderung ist hier die „kleinere Semstwozelle" (der Ujesd, die heute kleinste *Selbst*verwaltungseinheit, hat mindestens die Größe eines preußischen Regierungsbezirks) und, – was dasselbe bedeutet – des „allständischen Wolost." Heute ist der Wolost rein ständisch nur für *Bauern* organisiert, und in seinen Versammlungen und Gerichten gilt der mittelalterliche Grundsatz: „Gewohnheit bricht Landrecht". Überdies ist er, durch die „Semskie Natschalniki", streng büreaukratisch überwacht.

ten als existent oder doch als möglichen „Wertes", welche dem Panmoralismus der Ssolowjowschen „Heiligkeit" ebenso wie der rein ethisch orientierten Demokratie eignet. – Indessen neben solchen extremen Ideologen stehen – und zwar zweifellos in der Mehrzahl – andere, welche die Chancen günstiger ansehen, als diejenigen Ausländer es meist tun, die geneigt sind, einen gewissen Grad von Ehrlichkeit der konstitutionellen Absichten des gegenwärtigen Regimes gerade daraus zu entnehmen, daß es das arithmetisch gleiche Wahlrecht im gegenwärtigen Moment *nicht* in die Hände politisch unerzogener Volksmassen gibt. Die Russen berufen sich zunächst auf gewisse später eingehender zu erörternde, weil nach Meinung einiger Führer der Demokratie besonders wichtige *ökonomische* Gründe dafür, daß die Massen, mit dem Wahlrecht in der Hand, politisch und kulturell freiheitlichen Idealen folgen *müßten*. Von rein politischen Argumenten findet sich, – neben dem allgemeinen Hinweis auf die „erzieherische" Funktion des Wahlrechts, die aber, wenn sie für das *gleiche* Wahlrecht in Anspruch genommen wird, doch gewisse „entwicklungsgeschichtliche" Voraussetzungen haben dürfte, – eigentlich, auch in der „Begründung" des Entwurfs, nur der Hinweis auf die in Bulgarien mit der Einführung des allgemeinen Wahlrechts gemachten, nach Ansicht der Verfasser günstigen, Erfahrungen. Dabei ist, von anderem abgesehen, denn doch wohl der Unterschied eines Kleinstaates von einer – auch nach Ansicht von Leuten wie Struve – zur „Weltpolitik" genötigten großen Nation, und erst recht der überlieferten Stellung des national und religiös geweihten Zaren von der eines bis auf weiteres gemieteten und importierten Duodezmonarchen unterschätzt.

Es sei übrigens ausdrücklich betont, daß der Entwurf im übrigen sehr weit davon entfernt ist, einen staatsrechtlich „radikalen" Charakter an sich zu tragen. Die Verfasser lehnen zwar mit Recht das heute modische Gerede von der „Überlebtheit" des Parlamentarismus ab.[18]) Aber ihr Entwurf schont, im ganzen, sorgsam die Stellung des Zaren.[18a]) Er kennt keine gewählten Beamten,

---

[18]) Dies Gerede ist zurzeit schon deshalb deplaziert, weil es zu kritischer Vergleichung der gegenwärtigen Leistungen der Länder mit parlamentarisch-demokratischem und derjenigen mit „persönlichem" Regiment auffordert und dabei selbst auf dem eigensten Gebiet der angeblichen spezifischen Leistungsfähigkeit der letzteren: der auswärtigen Politik, diese doch wohl stark den Kürzeren ziehen. Die Leistungen unserer deutschen Diplomatie zu beurteilen ist nur berechtigt, wer die Akten kennt. Aber jeder kann sehen, daß die konsequente Führung und das Erzielen dauernder Erfolge für sie schlechthin unmöglich gemacht werden muß, wenn ihre Arbeit beständig durch geräuschvolle Intermezzi, Reden, Telegramme und unerwartete Entschließungen des Monarchen gestört wird und so ihre ganze Kraft darin aufgeht, die dadurch verfahrene Situation wieder zurechtzurücken, oder sie gar schließlich auf die Idee verfällt, selbst jene theatralischen Mittel benützen zu wollen.

[18a]) Das endgültige Parteiprogramm erwähnt den Zaren nicht, sondern stellt nur Budgetrecht, Gesetzesinitiative und unbedingte Notwendigkeit der Zustimmung der Duma zu allen Verordnungen irgendwelcher Art der Regierung und Verantwortlichkeit der Minister fest. Eine Resolution des Parteikongresses verlangte, nach Zusammentritt der Duma, ein Majoritäts-Ministerium.

außer den „Friedensrichtern".[18b]) Er kennt ebensowenig die Parlamentssouveränität nach englischer Art wie die parlamentarische Majoritätsherrschaft französischen Gepräges. Diese Rücksicht auf die Stellung des Monarchen scheidet die Anhänger der konstitutionell-demokratischen nach links von den radikalen Gruppen, welche, soweit sie nicht Republikaner sind, doch das Prinzip der Volkssouveränität durch Einberufung einer „Konstituante" gewahrt wissen und die parlamentarische Bestimmung des Ganges der Politik ausdrücklich festgelegt wissen wollen.[19]) Für die Konstitutionellen sind offenbar nicht nur zwingende „realpolitische" Erwägungen, sondern auch der Gedanke maßgebend gewesen, daß nur der Monarch die Einheit des Reiches wirksam repräsentiert, wenn – wie bald zu erwähnen – den Einzelnationalitäten weitgehende Autonomie gegeben werden soll. Mit Rücksicht auf die Stellung des Zaren konnte der Entwurf daher auch nicht die amerikanische gänzliche Trennung der Exekutive von der Legislative durchführen. Daher versuchte er nun etwas, wie schon der Herr Referent betont hat, in der Tat in mancher Hinsicht Neues in der Gestalt des gänzlich außerhalb des gerichtlichen Instanzenaufbaues stehenden „höchsten Tribunals" zu schaffen. Dessen Funktionen sollten umfassen: 1. die Kassation verfassungswidriger Regierungshandlungen und Gerichtsurteile einschließlich solcher, die auf formal korrekten, aber materiell unkonstitutionellen Gesetzen beruhen, auf Anrufen privater Interessenten, einer der beiden Kammern, oder einer der konstitutionellen höchsten Reichsbehörden. In dieser Funktion fassen ihn die Verfasser merkwürdigerweise als eine Kopie des amerikanischen Supreme Court auf, – ein Irrtum, der bei der großen Vertrautheit der Russen mit dem bekannten Buche von James Bryce wundernehmen muß, – 2. sollten die Wahlprüfungen vor das Tribunal gehören, – 3. aber sollte dasselbe – verstärkt durch die Richter des Kassationshofs – die Instanz sein für die seitens einer der Kammern zu erhebenden politischen Ministeranklagen. Diese politische Anklage, welche selbständig neben der gegen alle Beamten zulässigen Verfolgung vor den ordentlichen Gerichten stehen und nur auf Absetzung und 5jährige Amtsunfähigkeit gehen soll, kann, nach dem Entwurfe, auf a) absichtliche Verletzung der Verfassung und b) „schwere Verletzung der Staatsinteressen" durch Mißbrauch, Kompetenzüberschreitung und Nachlässigkeit gestützt werden. Diese

---

[18b]) Die Wolostgerichte und die Semskie Natschalniki will das Programm der konstitutionellen Demokraten abschaffen. (Zu ihren Gunsten waren s. Z. die gewählten „Friedensgerichte" beschnitten worden).

[19]) Die, soviel bekannt, im November konstituierte „radikale" Partei fordert, im Gegensatz zu den Konstitutionellen, die Konstituante, die Trennung von Staat und Kirche und das Prinzip der Majoritätsherrschaft. Aus den Zeitungsberichten ist sonst nicht allzuviel über sie zu ersehen, ebensowenig über die, trotz eingestandener Geringfügigkeit ihrer Zahl, als Sonderpartei konstituierte Gruppe der „Freisinnigen" („Sswobodomyssliaschtschie"), welche zwar, „für später", die Republik erstrebt, aber, da sie „gewaltsame Mittel" als „inhuman" verwirft, „für jetzt" auf dem Boden des Konstitutionalismus steht (Vorsitzender Herr Romanowskij-Romanjko). Sie alle tragen wesentlich nur zur Zersplitterung bei. Über die noch weiter links stehenden Gruppen sowie über die Stellung der Semstwoleute zur Frage der „Konstituante" später.

Prozedur sollte also ganz offenbar auch das parlamentarische „Mißtrauensvotum" in die Form eines nach „objektiven" Maßstäben zu entscheidenden Prozesses überführen. Nun läßt sich aber der sachliche Inhalt der „Staatsinteressen" nicht „objektiv", d. h. ohne Rücksicht auf jene Ideale und Interessen, also auf jene „Werturteile", welche auch der Scheidung der politischen und sozialen Parteien zugrunde liegen, feststellen. Die streng formale Aufgabe der Hütung der Verfassung und der Abgabe juristisch zu begründender Urteile über das, was „gilt", wäre also mit der Aufgabe der Abgabe politischer Sentiments über das, was „gelten soll", in dieselben Hände gelegt: ein an sich recht bedenklicher Gedanke. Freilich würden die Verfasser sich z. B. darauf berufen können, daß auch die formale Entscheidung von Verfassungsfragen faktisch ähnlich zu verlaufen pflegt: bei dem Schiedsspruch der Richter des amerikanischen Bundesgerichts in der strittigen Präsidentenwahl zugunsten von Hayes teilten sich die Stimmen bekanntlich strikt nach der Parteiobödienz, niemand bezweifelt heut, daß das Urteil ein krasser Fehlspruch war, dennoch aber hat es einen Bürgerkrieg verhindert. – Der zweite Entwurf hat die Institution gestrichen, und der konstituierende Kongreß der konstitutionell-demokratischen Partei begnügte sich, gegenüber dem Manifest vom 17. (30.) Oktober, die Feststellung der Ministerverantwortlichkeit und das Recht der Duma, nicht nur die Rechtmäßigkeit, sondern auch die Zweckmäßigkeit ihrer Handlungen zu diskutieren, zu fordern. – Indessen statt des Versuchs staatsrechtlicher Kritik an einem Entwurf von durchaus problematischer Bedeutung sei an dieser Stelle lieber auf einiges hingewiesen, was dem ausländischen Leser an ihm in politischer Hinsicht auffällt. Interessanter nämlich, als das[,] was er enthält, ist manches, was er *nicht* enthält.

Auf das Stillschweigen über das *Nationalitätenproblem,* speziell die *polnische Frage,* hat der Herr Referent schon hingewiesen. Es ist um so auffallender, als an diesem Problem bisher immer wieder die Einheit der freiheitlichen Parteien Rußlands in Splitter ging. Diese Situation war eine Hauptstütze der Regierung, und eine der bleibenden politischen Leistungen speziell der russischen Semstwobewegung ist es, daß sie die Einigung auch des *bürgerlichen* Liberalismus über diese Schranken hinweg zum mindesten ein sehr bedeutendes Stück gefördert hat. Zur Zeit der Abfassung des Entwurfs war diese Einigung noch im Werden und die Ansichten geteilt. Der Entwurf enthält daher lediglich das Recht der Semstwos, sich für irgendwelche bestimmte, der Lokalverwaltung zugehörige Zwecke zu Verbänden zusammenzuschließen (Art. 70), und die „Begründung" meint, daß dies der Weg sei, den 10 Gouvernements Kongreßpolens die Mittel zur selbständigen Schaffung desjenigen Maßes nationaler Autonomie, welches man ihnen gewähren könne, an die Hand zu geben. Das in Peter Struves „Osswoboshdjenie"[20]) veröffentlichte Programm des „Befreiungsbundes" enthielt jedoch darüber ganz andere Zusagen. Hier wurde die „Autonomie"[21]) allen

---

[20]) Nr. 69/70 vom 20. Mai 1905.
[21]) Für Finnland war Herstellung seiner Verfassung in Form eines Bundesvertrags, für

Teilen des Reichs von einer „scharf ausgeprägten geschichtlichen Eigenart" versprochen, insbesondere ausdrücklich den Polen, Litthauern, Kleinrussen und Transkaukasiern. Ferner sollten alle die Volksstämme, welche nicht in solchen scharf abgegrenzten Gebieten, sondern vermischt mit den Russen leben, das Recht – wie es ganz glücklich formuliert war – auf „kulturliche Selbstbestimmung" haben. Insbesondere war das Recht auf Unterricht in der Muttersprache für die Volksschulen und ihr Gebrauch bei allen örtlichen Behörden unbedingt anerkannt. Von dem allen enthält der Entwurf nichts. Da die Versuche zur Lösung innerstaatlicher Nationalitätsprobleme auf demokratischer Basis für absehbare Zukunft an sehr vielen Stellen „praktisch" werden müssen, so mag hier die auf diesem Gebiet von der russischen liberalen Bewegung geleistete Arbeit vorerst einmal etwas eingehender *registriert* werden, unter dem Vorbehalt, künftig eine eingehendere wissenschaftliche, die sozialen Schichtungsverhältnisse berücksichtigende, Darstellung zu bringen.

Es interessiert nun zunächst, mit welchen Gründen Peter Struve seinen bezüglich der *Polen* entgegengesetzten Standpunkt in der dem Entwurf selbst vorgedruckten Kritik dieses Punktes vertritt (S. XIV ff.): Die Anerkennung der Konstitution von 1815 für Kongreßpolen sei das Mindestmaß dessen, womit sich die polnischen Liberalen zufrieden geben würden. Eine solche Herstellung der vollen innerpolitischen Selbständigkeit Polens bedeute für Rußland keine Gefährdung und befördere insbesondere keine wirkliche Loslösung Polens von ihm. Polen sei – unter Berufung auf Rosa Luxemburgs bekannte Broschüre – an Rußland als Absatzmarkt seiner Industrie ökonomisch gebunden, und Rußland habe daher in der Wiederaufrichtung der seit 1851 verschwundenen Zollgrenze das Mittel, alles, was es politisch von Polen verlangen müßte, bei ihm durchzusetzen, zumal Polen, nach Jasnopolskis Nachweis, Zubußegebiet der russischen Finanzverwaltung sei.[22]) Die politische Autonomie Polens sei aber auch das Mittel, beim Slaventum – wie wir vor 50 Jahren gesagt hätten – „moralische Eroberungen" zu machen. Ganz ähnlich habe jene Lösung schon Tschitscherin als das einzige Mittel bezeichnet, Deutschland Schach zu bieten, Katkow – dieser übrigens nur vor 1863! – volle innere Verwaltungsautonomie, Aksakow sogar den Verzicht auf Polen gefordert. Wohl gemerkt, bezieht sich alles dies auch bei Struve nur auf Kongreßpolen: was östlich jener Grenze liege, sei, so meint selbst er, „durch die Geschichte endgültig Rußland zugesprochen"[22a]).

---

die übrigen Gebiete durch Gesetz vorgesehen, – was Struve für *Polen* nicht weit genug, für die anderen Gebiete zu weit ging (cf. seine Kritik in der gleichen Nummer).

[22]) Dies ist indessen lediglich Folge der Armeeanhäufung an der Westgrenze.

[22a]) Es entspricht dies dem Wort Alexanders II. an die Wilnaer Grundbesitzer: „Meine Herren hier ist nicht Polen". Tatsächlich hat die Russifizierungspolitik in den neun „westlichen" Gouvernements: Kiew, Podolien, Wolhynien, Minsk, Mohilew, Witebsk, Wilna, Kowno und Grodno bedeutende Erfolge aufzuweisen. Nach dem Verbot an die Polen, Rittergüter zu erwerben, in Pfand oder Pacht auf mehr als 12 Jahre oder in lebenslängliche Nutznießung zu nehmen, hat sich der Anteil der Russen an dem Güterbesitz dort von (angeblich) nur 1/70 in den 60er Jahren auf: 14% im Gouvernement Kowno (Polen 75%) und auf 20% im Gouvernement Wilna (Polen 73%) vermehrt und beträgt im

Dazu ist historisch immerhin das Eine zu bemerken, daß die Polen Kongreßpolens diesen Wahrspruch „der Geschichte" bekanntlich seinerzeit in keiner Weise anerkannt und eben dadurch eine der größten geschichtlichen „Gelegenheiten" für ihre Nation verpaßt haben. Die heutigen Parteiverhältnisse und die Entwicklung der politischen Ansichten in Polen wären ein Thema für sich. Die politisch erheblichste Tatsache scheint das Auftreten und Erstarken der, in ihren Programmen mit dem russischen Liberalismus verwandten, nationale Autonomie auf der Basis der Zugehörigkeit zum russischen Reich vertretenden, „progressiv-demokratischen Partei" zu sein.[22b]) Jedenfalls aber sprachen die polnischen

---

Gouvernement Grodno 40,8, Minsk 41, Witebsk 42,3, Wolhynien 45,4, Podolien 49,8, Kiew 59,3, während die Zahl der polnischen Besitzer in diesen Gebieten zwischen 53 und 40% schwankt, – in Mohiljów endlich 63% (Polen 33%). Der kleine Rest der Besitzer sind Lithauer, Weiß- und Kleinrussen. – Stark sind in all diesen Gouvernements die Protestanten und Altgläubigen vertreten, welche die Regierung, da auch hier, wie im deutschen Osten, „polnisch" und „katholisch" identifiziert werden, – auch für die katholischen *Bauern* bestanden bisher Grunderwerbsbeschränkungen: sie durften nicht über 60 Dessjätinen (66 Ha) erwerben (seit 1901) – als *Gegner* des Polentums in Anschlag bringt. Die Denkschrift des, mittelst Punkt 7 des Ukas vom 12. Dezember 1904 eingesetzten, Ministerialkomitees, welcher auch die vorstehenden, etwas mit Vorsicht aufzunehmenden, Zahlen entnommen sind, hält nunmehr den Zeitpunkt für gekommen, den Polen wenigstens Kauf und Pachtung von Grundbesitz *polnischer* Besitzer zu gestatten, da der Separatismus zurückgegangen, der „von Natur" konservative Bauernstand, besonders der Altgläubigen, der Hauptlanderwerber sei und auch der polnische Adel dieser Gebiete politisch konservativ gesinnt und also seine Bundesgenossenschaft gegen den jetzt weit gefährlicheren „inneren Feind" erwünscht sei. Das allzustarke Sinken der Bodenpreise infolge der Beschränkung der Käuferzahl schrecke auch viele Russen vom Landerwerb ab. Vor allem sei die Identifikation der katholischen mit der polnischen Bevölkerung zu verwerfen. Der relativ dünnen Schicht der Polen: 5,84% (angeblich) in den 9 Gouvernements zusammengenommen, stehe eine katholische Bevölkerung (Lithauer, Weißrussen) von 35,4% gegenüber. Die Gefahr des Entstehens einer katholischen, antirussisch gesinnten Grundbesitzerklasse aus den Bauern heraus sei jetzt nicht dringend, wünschenswert aber die Lösung der Interessen der nichtpolnischen katholischen Bauernschaft von denen der polnischen Grundbesitzer. Daher empfahl das Komitee neben dem Versuch einer Organisation des *Adels* (jedoch mit ernanntem Kreisadelsmarschall) die Abschaffung der 60-Desjätinen-Schranke für die nichtpolnischen Katholiken. Ebenso wurde Freigabe der lithauischen und polnischen Sprache da, wo die Mehrheit der Bevölkerung es wünsche, als Unterrichts*objekt,* – nicht: Unterrichts*sprache* – in den zweiklassigen und den höheren Schulen, *nicht* in den Volksschulen, empfohlen, da ihr absoluter Ausschluß den Separatismus stärke und zwecklos sei. Die amtliche Anwendung der russischen Sprache, auch in der Wolostverwaltung, „begegne keinen Schwierigkeiten". Im inneren Verkehr von Privatgesellschaften solle die Ortssprache, außer für die der Kontrolle der Behörden unterstehenden Buchungen und Protokolle, gestattet sein. – Der Bericht fand die Billigung des Zaren am 1. Mai 1905.

[22b]) Die überlieferten polnischen Parteien waren die Nationalisten: „stronnictwo narodowo-demokratyczne" („S.N.D.") und die Sozialdemokraten: „polska partya socialistyczna" („P.P.S."). Die ersteren waren – so scheint es – in ihrer sozialen Zusammensetzung trotz der Bezeichnung als „Demokraten" doch ziemlich ungleichmäßig, in ihren sozial- und verwaltungspolitischen Prinzipien nicht geklärt und nicht einig, in ihrem nationalpolitischen Verhalten schwankend zwischen weitgehenden „historischen" Ansprüchen und dem Versuch, durch Gefügigkeit nach oben Konzessionen zu erlangen. Die Entwicklung der „progressiven Demokratie" datiert, scheint es, wesentlich aus dem Jahre

Resolutionen noch im Frühjahr 1905 von der kongreßpolnischen Autonomie[,] ebenso wie Struve, als von dem „Minimum".[23] – Dieses „Minimum" haben die Polen bei den Verhandlungen mit der russischen Demokratie nun allerdings erheblich ermäßigen müssen. Nach dem Julikongreß der Semstwos und Städte begann das Komitee dieses Kongresses die Konferenzen mit den Vertretern der Polen über deren Teilnahme an den weiteren Semstwokongressen. Die Polen, d. h. Delegierte der progressiv-demokratischen Partei und der national-demokratischen Partei, verlangten nach dem von russischer Seite publizierten Protokoll[24] vor allem, daß in einem Zusatz zu dem erwähnten zweiten Verfassungsprojekt des Julikongresses die verfassungsmäßige Trennung der Kompetenzen des Reichs von derjenigen der autonomen Gebiete erfolge, unter Feststellung des Grundsatzes, daß Reichsgesetze nur für die von der Kompetenz der letzteren ausdrücklich ausgeschlossenen Materien Wirkung haben. Dazu sollte verfassungsmäßige Schulautonomie jeder Nationalität und Gleichstellung der Landessprachen in allen gemischt-sprachlichen Bezirken treten. Politisch sollte Polen nach Einführung der eigenen Verfassung und des selbständigen Landtages mit dem Reich durch die Person des Kaisers „und Königs" und die Beteiligung von Deputierten an der Zentralduma vereinigt bleiben und unter einem kaiserlichen Statthalter und einem dem polnischen Landtag verantwortlichen Staatssekretär stehen. Reichsangelegenheiten sollten sein die Gesetzgebung über Münzwesen, Heer, Zölle, Akzise, Eisenbahnen, Posten, Telegraphen und Telephon, jedoch in Polen unter nationalpolnischer Verwaltung; Einnahmen und Ausgaben der hiernach gemeinsamen Verwaltungen sollten nach der Volkszahl verteilt werden. Die Annahme dieser Bedingungen im Prinzip bezeichneten sie als Voraussetzung ihrer Teilnahme an den Semstwokongressen.

Das Bureau des Kongresses beriet nun über diese Forderungen und ähnliche Ansprüche anderer Nationalitäten und legte das Ergebnis in einer überaus klaren und sachlichen Denkschrift zur Vorbereitung der Resolutionen des folgenden Kongresses nieder.[24a] Ein ungenanntes Mitglied hatte dabei Vorschläge eingereicht, welche noch über Dragomanows Gedanken hinausgingen: Zerlegung des Reichs in „Länder" auf ökonomisch-geographisch-nationaler Grundlage; nationale Proportionalwahlen in den einzelnen Ländern; ein höchster Gerichtshof, welcher über das Veto des Statthalters gegen verfassungswidrige Beschlüsse der Landtage und über Streit zwischen den Ländern befindet; imperatives Mandat und Abberufbarkeit der Vertreter der Länder im Oberhause der Zentralduma; Änderung der Verfassung nur mit Zustimmung von ⅔ der Länder

---

1904 und hat, infolge der entstehenden Konkurrenz, eine Entwicklung auch der Nationaldemokraten nach der gleichen Richtung: Abstoßung der konservativen Elemente, Präzisierung des nationalpolitischen Programms in einem den „progressiven" Prinzipien ähnlichen Sinn, zur Folge gehabt.

[23] So das von der Pariser Gruppe der polnischen „progressiven Demokratie" ausgearbeitete und am 18. März angenommene Programm, welches ausdrücklich an das „Statut organiczny" der Union von 1815 anknüpft.

[24] Abgedruckt im Osswoboshdjenije Nr. 77 vom 26. (13.) Sept. 1905.

[24a] Publiziert u. a. im „Prawo" Nr. 40 v[om] 8. Oktober.

und der Mehrheit der Duma auf Grund des Beschlusses einer alsdann einzuberufenden Konstituante; ebenso sollten auch alle Fälle behandelt werden, in denen das Oberhaus einen Beschluß der Duma als die Rechte der Länder verletzend beanstandete. Eine präzise Abgrenzung der Zuständigkeit war nicht versucht. – Das Bureau des Kongresses stellte sich dem gegenüber auf den Standpunkt, daß die Frage der Dezentralisation und Selbstverwaltung sich mit dem Nationalitätenproblem zwar kreuze, an sich aber die Organisation von „Ländern" mit nationalem Druck sehr vereinbar, beide Fragen also an sich getrennt zu behandeln seien: Sibirien z. B. verlange die Autonomie[24b]) keineswegs aus nationalen Gründen, in Österreich bestehe der Nationalitätenkampf trotz, zum Teil wegen, der Länderverfassung. – Rein nationalen Charakters sei im wesentlichen nur das *Sprachen*problem. Die Aufrechterhaltung der russischen Sprache als „Staatssprache" sei absolut unentbehrlich in der *Armee* und den Zentralbehörden, nicht unentbehrlich, aber im eigenen Interesse der Einzelnationalitäten wichtig, im Zentralparlament; in den Gerichtshöfen und Verwaltungen müsse die innere Amtssprache im wesentlichen der Verfügung dieser Behörden selbst überlassen bleiben: was also bedeutete, daß die Behörden, über welche der Zentralverwaltung die Verfügung zusteht, russisch, die anderen untereinander in der Ortssprache verkehren, im Verkehr mit dem Publikum aber die örtliche Sprache dieses letzteren und, bei Verschiedenheit der Sprachen der beteiligten Parteien, Dolmetscher anwenden. Die örtlichen Beamten müssen die verschiedenen in betracht kommenden Sprachen beherrschen. (Ein eingehendes Studium des österreichischen Sprachenproblems würde den Verf[assern] zeigen, daß hier wichtige Seiten der praktischen Schwierigkeiten, namentlich die Beschränkung der Freizügigkeit der Beamten beim Zwang zur Mehrsprachigkeit, ihnen noch nicht ganz deutlich geworden sind.) – Den Zentralpunkt bilde die *Schule*. Grundsatz solle hier sein: daß die russische Sprache überall Unterrichts*objekt* ist, daß in Privatschulen jeden Ranges die Unterrichtssprache Sache des Leiters ist, daß jedermann im Reich, prinzipiell, Gelegenheit haben muß, in seiner Muttersprache (als Sprache des Unterrichts, nicht nur als Objekt desselben) unterrichtet zu werden und zwar auf öffentliche Kosten. Also: 1. nationale Unterrichtssprache, überall auch für die Minoritäten, in der Volksschule, 2. Zuschüsse für Parallelklassen der nationalen Minderheiten auch in den höheren Unterrichtsanstalten.

Was die Frage der *Dezentralisation* anlangt, so verhehlt die Denkschrift die in dieser Hinsicht bestehende Meinungsverschiedenheit in den Kreisen der führenden Semstwoleute nicht. Allgemeine Dezentralisation der *Verwaltung* oder allgemeine *„politische"* Dezentralisation (auch der Gesetzgebung), die ja übrigens beide nicht in absoluter Schärfe geschieden werden könnten, seien ebenso vertreten wie eine „mittlere" Meinung, welche neben allgemeiner Verwaltungsautonomie die politische Autonomie bestimmter einzelner Teile des Reiches

---

[24b]) Das Autonomieprojekt der Sibirier ist abgedruckt im „Prawo" Nr. 25 S. 2096 und gleicht dem Dragomanowschen. Wesentlich ist gerade hier das Verlangen der autonomen Verfügung über das *Siedelungsland*.

zulassen wollte, in erster Linie natürlich Polens. Das Bureau hat sich auf diesen vermittelnden Standpunkt gestellt, der eingehend und klar begründet wird. Die „Verwaltungs-Dezentralisation" solle bedeuten, daß nicht nur 1. der Kreis der Aufgaben der Lokalverwaltung fortan sich auf alles das zu erstrecken habe, was nicht nach der „Natur der Sache" nur vom Zentrum aus verwaltet werden könne, wie Zölle, Post, Telegraphie, Akzise, Eisenbahnen,[24c]) sondern daß auch 2. die Vertreter der Zentralgewalt – also die Gouverneure – gegenüber den Selbstverwaltungskörpern – also den Semstwos und ihren Uprawas – nur Aufsichts- und Vetorecht wegen Gesetzwidrigkeit, aber keine aktiven Verwaltungskompetenzen haben sollen (Gedanken Dragomanows). Überdies sei eine ganze Anzahl jetzt gewöhnlich gesetzlich geordneter Verhältnisse, darunter namentlich die Agrarfrage, geeignet dazu, unter gesetzlicher Festsetzung lediglich der allgemeinen Prinzipien, der Regulierung der Selbstverwaltungskörper überlassen zu werden.[24d])

Das Bureau verhehlt nicht, daß dies Maß lokaler Selbständigkeit den spezifisch *politisch*-nationalen Forderungen gewisser Gebietsteile nicht genügt. Die gänzliche Umwandlung Rußlands in einen Bundesstaat aber sei nicht nur wegen der „Neuheit" des ganzen Problems für die öffentliche Meinung jetzt nicht diskutabel, sondern auch deshalb, weil man zwar „auf dem Papier" eine rein mechanische „Teilung" leicht vornehmen, dabei aber weder an historische noch – ohne weit eingehendere Erfahrungen – an, den Bedürfnissen der Bevölkerung entsprechende, „natürliche" Grenzen zwischen den einzelnen Gebietsteilen würde anknüpfen können: nur für wenige Länder des Reiches – so für Polen –, lägen die Dinge in dieser Hinsicht hinlänglich einfach. Eine generelle Erklärung für das „föderative" Prinzip könne überdies leicht den Chauvinismus wecken, und man schlage deshalb folgende Grundsätze vor: Die Gewährung der Autonomie an die einzelnen Gebietsteile dürfe prinzipiell nur auf Grundlage der durchgeführten konstitutionellen Reichsverfassung, nicht vorher, erfolgen, da für deren Erkämpfung alle Kräfte des Reiches gemeinsam wirken müßten; sie solle also die Form eines gesetzgeberischen Aktes des Reiches annehmen, der zu erfolgen habe, wo immer die Bevölkerung eines Gebietsteiles ihrerseits die Autonomie verlange und, etwa in Form einer Massenpetition, darum einkommen werde. Man könne dann entweder den Weg beschreiten, in jedem einzelnen Fall die inhaltlichen und regionalen Grenzen der Autonomie durch besonderes Gesetz festzustellen oder, wie ein Teil des Bureaus vorschlug, ein für allemal ein gesetzliches Schema, ein „Normalstatut" der Autonomie schaffen, auf Grund dessen – es ist wohl an amerikanische Analogien gedacht – sich ein Gebiet jederzeit nach eigenem Gutdünken konstituieren und dann die Anerken-

---

[24c]) Wozu der deutsche Leser den Kopf schütteln wird, da von diesen Dingen die meisten in Deutschland in der *Verwaltung*, einige auch in der ausschließlichen *Gesetz*gebung der Einzelstaaten sich befinden.

[24d]) Darüber später. – *Nicht* eingehend erörtert, aber keineswegs einfach, ist die *finanz*politische Seite des Dezentralisationsproblems bei den enormen regionalen Unterschieden der Steuerkraft.

nung seiner Autonomie verlangen könne. Die Mehrheit des Bureaus halte den ersteren Weg für den richtigen, da der Umfang der Autonomie nicht notwendig überall der gleiche sein müsse. Allgemeingültiger Grundsatz müsse nur die Durchführung der demokratischen Verfassungs-Prinzipien, die Geltung der bürgerlichen „Grundrechte" und die Teilnahme des autonomen Gebiets an der Reichsduma sein. Alles Nähere könne zurzeit nicht programmatisch festgelegt werden. Für das „Zartum Polen" solle[,] bei der historischen Bedeutung und Spruchreife der „polnischen Frage", die Durchführung der Autonomie auf dieser Grundlage alsbald erfolgen, für andere Gebietsteile die Gewährung von Fall zu Fall vorbehalten bleiben.

Der Kongreß der Semstwos und Städte in Moskau im September 1905 nahm demgemäß neben allgemeinen Resolutionen für die Kulturselbständigkeit der Sondernationalitäten eine spezielle Resolution betreffend der polnischen Autonomie an. Das Programm der konstitutionellen Demokratie (Punkt 25) fordert, damit übereinstimmend: die „Abteilung des Königreichs Polen als besondere Einheit mit gewähltem Landtag (Ssejm)... unter der Bedingung der Aufrechterhaltung der Reichseinheit" als sofort, gleichzeitig mit Einberufung der russischen Duma, zu gewährende Konzession und überdies die „Möglichkeit der Grenzberichtigung zwischen dem Königreich Polen und den Nachbargouvernements", und zwar „entsprechend dem Bestand der Stammeszugehörigkeit und den Wünschen der örtlichen Bevölkerung", unter Wahrung der „Kulturselbständigkeit" und der Rechte der nationalen Minoritäten auch innerhalb des polnischen Gebiets. Der Sach-Inhalt der Polen zugestandenen Autonomie wurde vorerst nicht näher angegeben. Die Stellung Finnlands zu Rußland sollte, nach Herstellung der finnischen Verfassung, durch Vertrag zwischen beiden Reichen geregelt und für die übrigen ethnographisch gesonderten Gebietsteile sollte *nach* Einführung der russischen Verfassung ein „Weg gefunden" werden, „im Rahmen der Reichsgesetzgebung" ihnen „örtliche Autonomie" und „Länder-(Oblast-)Volksvertretungen" mit bestimmten gesetzgeberischen Funktionen, „dem Bedürfnis der Bevölkerung" entsprechend, zu schaffen.[24e] Dem Vernehmen nach haben von denjenigen (angeblich) ca. 300 Kreissemstwos, welche, auf die Aufforderung des Septemberkongresses der Semstwos, in den folgenden Wochen über den Gegenstand berieten, nur etwa zwei Dutzend gegen dessen Stellungnahme protestiert. Weit lebhafter war der Widerspruch in der Presse gegen die Resolutionen dieses Kongresses und das konstit[utionell]-demokratische Programm. Man warf ihnen die Absicht der Teilung Rußlands vor, und die später zu erwähnende „Partei der Rechtsordnung" trat damals mit ihrem Gegensatz zu den Liberalen schärfer hervor und erhob Bedenken gegen den Parlamentarismus als Gefährdung der Reichseinheit.[24f] Die Liberalen (so Kusmin-Kara-

---

[24e] Das Recht der Selbstverwaltungskörper, sich zu Verbänden zusammenzuschließen, wollte Punkt 21 des Programms daneben beibehalten.

[24f] Die Beschuldigungen, welche die spezifischen Reaktionäre erhoben: Herausdrängung der Großrussen aus ihrer Stellung als des herrschenden „Staatsvolkes", Überweisung des für die russischen Bauern zur Besiedelung verfügbaren Landes an die Völker der

wajew in mehreren Artikeln in der „Russj"[25])) legten dem gegenüber den Nachdruck darauf, daß die „Autonomie" nur Kongreßpolen, den anderen Gebietsteilen nur lokale Selbstverwaltung für bestimmte „einzelne Objekte", also unter Aufrechterhaltung der „Kompetenz-Kompetenz" des Reiches, gewährt werden solle. Auf der anderen Seite steigerten aber die polnischen Nationalisten ihre Ansprüche. Der „Goniec", das Organ der polnischen Nationaldemokraten, verlangte noch im November 1905 ein eigenes polnisches Heer, während bis dahin nur die Garnisonierung der polnischen Rekruten in Polen verlangt worden war. Ebenso wurde die polnische Sprache auch bis hinauf zu den polnischen Zentralbehörden verlangt. Demgegenüber stellte die „Russj" (welche damals des öfteren als Organ der Petersburger Demokraten fungierte) sehr bestimmt fest, daß Militärpflicht, Finanzen und Staatssprache gemeinsame Reichsangelegenheiten seien. Auch in einer Polemik gegen den Petersburger Privatdozenten Dr. Pilenko, der im „Nowoje Wremja" an Ungarn als abschreckendes Beispiel erinnert hatte, wurde liberalerseits betont, daß von einem besonderen Indigenat, eigenen Eisenbahnen, Post- und Zollbeamten und vollends von Honveds für Polen ja gar keine Rede sein könne und solle. – Die Regierung Wittes schob beim Empfang polnischer und anderer Delegierter die ganze Frage der künftigen Duma zu, wohl wissend, daß sich hier am leichtesten die Geister der Demokratie scheiden können und die Chance der Stärkung der russisch-nationalistischen Elemente der Regierung politisch zugute kommen muß. Die Furcht vor dem Erwachen des russischen Chauvinismus mußte aber auf der anderen Seite der Verständigung der russischen mit den polnischen Demokraten förderlich sein. Eine solche hat der Semstwokongreß vom 6.–13. (19.–26.) November, auf welchem die weitaus meisten Gouvernements, Gebiete und Städte durch Deputierte vertreten waren und dem 23 polnische Vertreter beiwohnten, in der Tat vorläufig gebracht, wesentlich dank dem sehr weitgehenden Entgegenkommen der Polen. Die vom Bureau des Kongresses eingebrachte Resolution verlangte für Polen: 1. sofort: Aufhebung des Kriegszustandes (ist – zeitweise – erfolgt) und Einführung der örtlichen Sprache in den Volksschulen, Gemeinde- und Friedensgerichten, – was nach Roditschews Vorschlag dahin gemildert wurde: „in dem Umfang, als es aus technischen Gründen möglich ist",[26] – 2. die ausdrückliche Aufnahme der Einführung einer autonomen Ordnung im Zartum Polen in den Kreis der Aufgaben der ersten Volksvertretung, „unter der Bedingung der Aufrechterhaltung der Einheit des Reiches". Nr. 2 wurde einstimmig bei einer Enthaltung angenommen. – Die Polen antworteten durch eine unter Führung von Henryk Sienkiewicz von (angeblich) 30000 Angehörigen der

---

„Grenzgebiete" usw., sind z.B. in der Kursker Proklamation der nationalen Ordnungspartei formuliert. (Prawo Nr. 45/46 S. 3737.)

[25]) Russj Nr. 243/4.

[26]) In der Verfügung vom 1. Mai war die Zulassung der polnischen und lithauischen Sprache als Unterrichts-*Objekt* in den zweiklassigen Unter- und den Mittelschulen da, wo die Mehrheit diese Sprache redet, zugestanden, *nicht* aber in der Volksschule (dieselbe gilt für die 9 „West"-Gouvernements, *nicht* für das Zartum Polen. S[iehe] Anm. 22[a]).

verschiedenen Parteien unterzeichnete Proklamation, welche gegen die ihnen untergeschobene Absicht einer Trennung von Rußland protestiert. – Widerspruch hatte auf dem Semstwokongreß nur ein Vertreter von Ssaratow erhoben, der den Polen jedenfalls keine eigene ökonomische Gesetzgebung, z. B. Eisenbahntarifhoheit zugestehen wollte, da dies Rußland ökonomisch schädigen könne. Fürst Peter Dolgorukow und Maxim Kowaljewski vertraten in ihren Reden die Idee der slawischen Föderation auf demokratischer Basis: der erstere erinnerte an die große Zeit der ersten Slawophilen, und: wenn Österreich und die Türkei zerfallen werden, meinte der letztere, dann „müssen wir Freunde an der Westgrenze haben".

Die Gedanken über die Nationalitätenfrage, auf welchen in vollkommenster Weise das Programm des „Befreiungsbundes", in vorläufig noch fragmentarischer Form aber auch diese Verständigung beruht, sind verschiedenen Ursprungs. Auch nach der extrem nationalistischen und hochkirchlichen Wendung des Slawophilentums, welche in Katkow und Leontjew ihren Höhepunkt erreichte und bei dem letzteren direkt zu einer Abwendung von den korrumpierten Westslaven und zu dem Gedanken führte, daß die Frontstellung nach Osten zur Unterwerfung der an Autorität gewöhnten Asiaten im Interesse der Selbstherrschaft erfolgen müsse, – hat wenigstens Wl. S. Ssolowjow's irenisch-religiöse Natur den Gedanken des freien friedlichen Slaven- oder eigentlich, als letzten Zieles, Weltbundes zu vertreten nicht aufgehört.[26a] Und während innerhalb der Sozialisten, namentlich von korrekt marxistischer Seite, noch bis in die neueste Zeit die Existenz des Nationalitätenproblems als einer selbständigen „Frage" nicht selten verneint wurde, hatte schon Anfang der 80er Jahre Dragomanow die Einheit der allrussischen Kultur mit dem Ideal der Kulturselbständigkeit der Einzelvölkerschaften auf demokratischer Basis zu versöhnen gesucht.[27] Er ist so auch für seine eigene Nationalität, das Kleinrussentum, eine Art von Deak oder Fischhof auf kulturlichem Gebiete geworden. Seine große Stärke lag offenbar in der Kombination der ökonomischen mit nationalen Idealen und einem starken Sinn für das unter den ethnographischen Verhältnissen Rußlands und den ökonomischen Bedingungen der Gegenwart Mögliche. Gegen den zentralistisch-großrussischen Charakter der revolutionären Bewegung und gegen ihre ausschließlich ökonomisch orientierten Programme hielt er die Bedeutung der nationalen Kulturgrundlagen gerade für den „plebejischen" Grundstock der Nationalitäten fest, gegen den Separatismus der extremen Nationalisten die realpolitische Notwendigkeit des föderalistischen Zusammenhalts des Reiches; den „historisch" an irgendwelchen „Grenzen" der Nation in der Vergangenheit orientierten „nationalistischen Legitimismus" bekämpfte er durch

---

[26a] „Die nationale Frage in Rußland", Werke, Bd. V, S. 1ff. und Vorrede S. I–IV. Wie einsam er sich darin fühlte, zeigt seine Bemerkung gegen Miljukow (1893) das. S. 458f.

[27] S[iehe] seine in dieser Hinsicht grundlegende Arbeit über „Das historische Polen und die großrussische Demokratie" (1881, jetzt in der Neuausgabe seiner Werke Bd. I neu abgedruckt), welche den historisch-politischen durch den ethnisch-kulturlichen Begriff des Polentums zu verdrängen sich zur Aufgabe macht.

seine Grundthese: die Idee der nationalen *Kultur*selbständigkeit; den strikten Revolutionismus endlich lehnte er ab mit dem Hinweis auf die Notwendigkeit des Zusammenschlusses der Bauern und Arbeiter mit den „plebejischen" bürgerlichen Kulturträgern gegen den Adel und die Autokratie, die beiden Gegner der Freiheit und der volkstümlichen Kulturselbständigkeit. So wurde er von einem Sozialisten zu einem nationalen Demokraten. – Von seinem bereits früher einmal erwähnten Programm einer Zerlegung Rußlands in „Länder"[28]) mit garantierter Autonomie haben nun die Semstwokongresse für *Polen* – auf welches sich ihr ganzes Programm zuspitzte – die Autonomie mit eigenem Landtage grundsätzlich acceptiert und sind dabei sogar über das hinausgegangen, was er für erforderlich hielt.[29]) Für Kleinrußland und andere nationale Sondergebiete dagegen bewilligen sie mit der früher dargelegten Motivierung für *jetzt* nur seine beiden „naturrechtlichen" Grundforderungen: „Kulturselbständigkeit"[29a]) und demokratische Selbstverwaltung und auch diese bisher nicht in der klar gegliederten Art und mit den Garantien, wie er sie, wie wir sahen, gefordert hatte, und wie sie noch das Programm des „Befreiungsbundes", der alle geschlossen zusammen lebenden Nationalitäten mit den Polen gleichstellte, enthielt. Nun scheint freilich die Stellung der Kleinrussen selbst keine einheitliche zu sein. Die früher (etwa 1890) von der inzwischen eingegangenen „Prawda" vertretenen und neuestens wieder in der Wiener „Ruthenischen Revue" (3. Jahrg[ang] Nr. 13) unter heftigen Angriffen auf die russischen Liberalen aufgestellten radikalen Forderungen, insbesondere die verlangte Rückkehr zur Personalunion des Vertrages von 1654, gehen über das hinaus, was die oberen Schichten der Intelligenz der Ukraine beanspruchen. Diese stellen im allgemeinen nicht nur die Reichseinheit, d.h. die Hegemonie der Großrussen, nicht in Frage, sondern viele von ihnen, darunter gerade auch Anhänger Dragomanow-

---

[28]) Die von ihm vorgeschlagenen ethnographisch-ökonomischen Teilgebiete waren: 1. Norden, 2. Seengebiet, 3. Baltische Provinzen, 4. Lithauen, 5. Polen, 6. Weißrußland, 7. Poljessien, 8. Kiew, 9. Odessa, 10. Charkow, 11. Moskau, 12. Nischnij Nowgorod, 13. Kasan, 14. Uralgebiet, 15. Ssaratow, 16. Kaukasus, 17. West-, 18. Ost-Sibirien, 19. das Kosakengebiet. Das ist in der Tat „Teilung auf dem Papier".

[29]) Seine Ansichten sind darin eben nicht absolut konstante. Die unbedingte Heiligkeit der nationalen Unterrichtssprache ist der bleibende Grundgedanke. Aber selbst die nationale Sprache der Gerichts- und Verwaltungsbehörden erscheint – im Gegensatz zu anderen Äußerungen – wenigstens a.a.O. S. 265, 266 als „sekundären Interesses". Auch insofern ist jene Resolution kein ganz echtes Kind Dragomanowscher Gedanken, als sie – begreiflicherweise – an historisch-politische Erinnerungen (Kongreßpolen) anknüpft, während Dragomanow nicht nur den Gedanken an das Polen von 1771, sondern überhaupt jede derartige Motivierung verwarf und nur ethnographisch-kulturelle Grenzen kannte.

[29a]) Freier Gebrauch der Muttersprache im öffentlichen Leben, Freiheit der Gründung von Unterrichtsanstalten jeder Art zum Zweck der Förderung der nationalen Sprache, Litteratur und Kultur, nationale Unterrichtssprache in den Volksschulen, Regulierung der Gleichstellung der örtlichen Sprache mit der – in den Zentralbehörden, der Armee und Flotte gebrauchten – „Staatssprache" in den übrigen Instanzen durch die Gesetzgebung und die eigenen Verfügungen der Selbstverwaltungskörper, – war (Punkt 11, 12) das Programm der konstitutionell-demokratischen Partei. Man erkennt leicht die Abschwächung, welche der Semstwokongreß vornahm.

scher Gedanken, nehmen auch das Maß von Dezentralisation, welches die „Ukrainische Demokratie" fordert (s. u.), nicht unbedingt in Anspruch und scheinen sich vorläufig sogar mit nationaler „Kulturselbständigkeit" – d. h. nationaler Unterrichtssprache in den unteren Schulen, wo die Staatssprache nur Unterrichtsobjekt sein soll, Zulassung der nationalen Sprache als gleichberechtigt in den lokalen Verwaltungsbehörden und ihrer wissenschaftlichen Behandlung an der Universität[29b]), bei weitgehender lokaler Selbstverwaltung – begnügen zu wollen.[30]) Die Städte Kleinrußlands (Kiew, Poltawa), die Sitze der Intelligenz, *sind* eben de facto mit Erfolg *russifiziert*.[31]) Immerhin sind von den Vertretern der Ukraine innerhalb der demokratischen Gruppen doch auch wesentlich weitergehende Forderungen erhoben und gelegentlich auch durchgesetzt worden. Der Kongreß des „Befreiungsbundes" Ende März (Anfang April) 1905 hatte die Anerkennung der genuinen Dragomanowschen Idee: – Teilung Rußlands in Länder – zwar als generelles Prinzip verworfen, dagegen die Autonomie, wie für Polen, Lithauen und Transkaukasien, so auch, allerdings erst nach langer Debatte, für Kleinrußland verlangt. Dem Bureau des Julikongresses lagen bei Vorbereitung der Verhandlungen über die Nationalitätenfrage aus Kleinrußland zwei Programme vor, von denen das allein sachlich interessierende ausführlichere den Antrag der „Ukrainischen Demokratischen Partei" darstellte und bezüglich der beabsichtigten Verfassungsstruktur sich an die Grundsätze des Dragomanowschen Verfassungsprojekts anlehnt, – nur in weniger fein durchgeführter Konsequenz, – bezüglich des Grades der Dezentralisation darüber hinausgeht: eigener Landtag („Narodnaja Rada"), zuständig für alle Gegenstände außer der auswärtigen Politik (Krieg, Handelsverträge) und des Budgets der Zentralverwaltung, die Zentralinstanz bestehend aus einer Deputiertenkammer und einem Bundesrat von Vertretern der autonomen Gebiete. Allein das Problem der Autonomie der gegen 30 Millionen Kleinrussen ist der Punkt, an dem auch den konsequentesten Demokraten der Atem ausgeht. Der

---

[29b]) Die Ministerial-Denkschrift über die 9 „West"-Gouvernements hielt den Unterricht in der *weiß*russischen Sprache (ca. 7 Millionen) für unmöglich infolge des Fehlens einer Literatur, den Unterricht im *Klein*russischen für unnötig wegen der großen Ähnlichkeit mit dem Großrussischen, während sie das Polnische und Lithauische, wie wir sahen, zuließ. Tatsächlich scheint sich das Kleinrussische vom Großrussischen mehr als das Plattdeutsche, aber weniger als das Holländische vom Hochdeutschen zu entfernen. Seit 1876 ist bekanntlich *jeder* Import ruthenischer Bücher, *jede* Publikation von anderen als belletristischen und Memoirenwerken und selbst Drucklegung von Texten zu Musiknoten und zahlreichen Dramen in kleinrussischer Sprache *verboten*.

[30]) Kistiakowski insbesondere lehnte (im Osswoboshdjenije Nr. 77 vom 26./13. Sept. 1905) den kleinrussischen Separatismus, als unerreichbar, sehr bestimmt ab.

[31]) Kiew so sehr, daß nicht nur seine (korrupte) Duma jetzt sehr wesentlich mehr als z. B. die Petersburger reaktionär ist: – sie lehnte die Teilnahme am November-Kongreß durch Vermittlung des Moskauer Gradonatschalnik, zum Ärger der Liberalen, ab, – und eins der bestgediegenen konservativen Organe, der Kiewljánin, dort unter der Redaktion des früheren Prof. Pichno (Nachfolger Bunges auf dem ökonomischen Lehrstuhl der Universität) erscheint, sondern daß man selbst mit der Möglichkeit einer Wahl des letzteren (gegen Fürst Trubezkój) rechnet.

Kongreß der Semstwos und Städte vom November 1905 beschloß lediglich die Befürwortung der Sprachfreiheit und des Gebrauches der örtlichen Sprache in den niederen Schulen „nach Möglichkeit" für die Letten, Lithauer, Esthen und Kleinrussen. Dies genügt nun den lokalen Führern der Kleinrussen, speziell auf dem Lande, schwerlich.[31a]) Aber die „Realpolitiker" unter den Demokraten gehen eben in diesen Fragen ebenso, wie, nach Friedrich dem Großen, der Schlachtengott, mit „den großen Bataillonen" – der Polen.[32]) Struve hat z. B. 1901 seinen auf den strikten Individualismus der „Menschenrechte" gegründeten Nationalismus wesentlich an Fichtes Kulturbegriff verankert. Aber gegenüber den praktischen Problemen der Gegenwart ist für seine politische Gesamtanschauung charakteristisch, daß er die Gleichstellung der Kleinrussen, Letten und (selbstverständlich) der Transkaukasier mit den Polen, im Gegensatz zu dem Programm des Befreiungsbundes, ausdrücklich ablehnt. Seine besondere Stellung zur polnischen Frage fügt sich eben bei ihm einem weiter reichenden „weltpolitischen" Programm: – Entente mit den liberalen Mächten, speziell mit

---

[31a]) Bei den Verhandlungen mit den Semstwoliberalen am 18. August in Moskau verlangte unter Berufung auf den Perejaslawler Vertrag von 1654 eine auf einem „allukrainischen Nationaltage" in Poltawa angenommene Denkschrift (in Übersetzung in der ruthenischen Revue 1905 Nr. 17): föderativ zusammengesetzte erste Kammer neben der Reichsduma, eigenen Landtag mit Kompetenz für alle, außer den „zentralen Staatsangelegenheiten". Als solche sollten nach dem Programm der „ukrainischen radikalen Partei" nur gelten: a) die auswärtigen Beziehungen, b) die Reichsfinanzen, c) Zoll- und Handelspolitik, d) die Reichsarmee. Ferner wurde, selbstverständlich, unbedingte Freigabe der nationalen Sprache, und zwar als lokaler Staatssprache in allen Behörden verlangt. (*Endziel dieser* Partei ist: Separation.)

[32]) Es finden sich seit Dragomanow immer wieder, – so noch im November in der Russj bei der Erörterung der „Lithauer-Frage", – Versuche, Maßstäbe zu finden, nach denen festgestellt werden könne, wann eine Nationalität eine, ihr den ethischen Anspruch auf eine – je nach dem verschieden zu bemessenden – Sonderstellung verleihende, Kultur besitze. Der Besitz einer belletristischen Literatur genügt manchen Demokraten nicht, – obwohl sie doch im Gegensatz zur Wissenschaft das „Nationale" ist. Neben dem Besitz einer eigenen politischen Presse (bei Nichtberücksichtigung der Qualität ein sehr billiger Befähigungsnachweis) wird zuweilen der Besitz „bürgerlicher Gesellschaftsklassen", zuweilen auch der von eigenen nationalen Parteien, ebenso wie das Vorhandensein des „Willens" zur politischen Erhaltung der eigenen Nationalität für entscheidend erachtet. Der prinzipiell anerkannte Grundsatz des Minoritätenschutzes zeigt da, wo es sich um eine aristokratische Kulturschicht handelt, wie z. B. bei den baltischen Deutschen, die Neigung, dem demokratisch uminterpretierten Grundsatz: Cujus regio, ejus religio Platz zu machen, d. h. den Anschluß an die „Masse" zur Pflicht zu erheben. Als vorbildlichen Gegensatz zu den Balten, die noch immer nicht „Esthen (bzw. Letten) deutscher Zunge" werden wollen, pflegen Schüler Dragomanows die von diesem (a.a.O. S. 108f.) zitierte „Beichte" des ukrainischen Schlachtizen Wl. Antonowitsch dafür anzuführen, wie sich Angehörige einer „privilegierten Klasse" inmitten fremder Nationalitäten zu verhalten hätten.

Daß ich übrigens die uns hier nahe berührende Frage des Deutschtums in den Ostseeprovinzen hier völlig ausschalte, hat nur teilweise seinen Grund darin, daß ich als Deutscher gegenüber dieser Kulturverwüstung, erst von oben, dann von unten, nicht unbefangen bleiben könnte. Sondern es tritt dazu, daß dies ein Problem für sich bildet, über welches man nicht ohne Kenntnis der lettischen und esthnischen Publizistik berichten kann.

England, Frontstellung Rußlands nach Kleinasien usw. – ein.[33]) – Dem Ergebnis nach ist also die Lösung der Nationalitätenfrage der Duma zugeschoben, und die Schwierigkeiten werden hier – wenn sie überhaupt lebensfähig wird – nicht geringe sein.[33a]) Aber immerhin ist festzustellen, daß eine prinzipielle Einigung durchaus möglich ist, und daß sie bezüglich der Polen durch die erfolglose deutsche Polenpolitik, bezüglich der Kleinrussen durch die erfolgreiche Russifizierungspolitik der Regierung, und bezüglich der nicht deutschen Ostseevölkerschaften durch die geschichtlich bedingte Anlehnung ihrer radikalen Parteien an den russischen Radikalismus mehr als jemals früher erleichtert ist.[34])

Ebenso wie die Nationalitäts- und Sprachenfrage ist auch die mit ihr zusammenhängende *Schulfrage* in dem Entwurf mit Stillschweigen übergangen. Das Programm des Befreiungsbundes enthielt in dieser Hinsicht weitgehende Forderungen: Wiederherstellung der Universitätsautonomie (inzwischen konzediert), dazu Autonomie auch aller örtlichen Verbände im Schulwesen, absolute Unentgeltlichkeit allen öffentlichen Unterrichts, – welch letzteres Struve damals als undurchführbar und ungerecht bekämpft hatte.[35]) Der Entwurf schweigt, obwohl (oder vielleicht weil) zurzeit zwischen Semstwoschulen, privaten A-B-C-Schulen, und Schulen der Geistlichkeit der heftigste, von der Regierung seit zwei Jahrzehnten geschürte Kampf tobt.[36]) Und dies Schweigen hängt wohl des

---

[33]) Vgl. seinen offenen Brief an Jaurès in Nr. 72 (21. Juli) des Ossowoboshdjenije 1905 und den Leitartikel Nr. 76 das.

[33a]) Vom 19. bis 21. November tagte in Petersburg ein Kongreß der „Föderal-Autonomisten", dessen Gründung auf die Interessenten der fremdsprachlichen *Presse* in Rußland zurückgeht. Er war von Tataren, Armeniern, Weißrussen, Grusiern, Juden (die bekanntlich ein korruptes Deutsch mit hebräischen Lettern schreiben, in New York existieren drei Zeitungen und ebensoviele Theater dieser Mundart), Kirgisen, Letten, Lithauern, Polen, Kleinrussen und Esthen besucht und forderte: nationalen Minoritätenschutz, insbesondere durch nationale Proportionalwahl in allen Wahlkörpern, gründete ein Bureau für den Zusammenschluß aller nichtrussischen Nationalitäten im Reich, betonte aber, daß er die Reichseinheit nicht antasten werde. Gleichwohl befürchtete die Presse (Molwa vom 15./28. Dezember) Gegenschläge des russischen Chauvinismus.

[34]) Daß damit der Separatismus nicht etwa aus der Welt geschafft ist, haben die Ereignisse gezeigt. Aber der prinzipielle Fortschritt zur Einigung der *bürgerlichen* Elemente auf der Basis der Reichseinheit ist nicht gering. – Über das schier desparate Problem des russischen *Judentums,* welches mit jeder Art von „Emanzipation" natürlich erst eröffnet würde, kann hier nicht gehandelt werden. – Ebensowenig gehe ich, wie gesagt, auf die Lage der *Deutschen* ein. Möchte doch unser Neo-Aristokratismus, der den Großbesitz und -betrieb durch Fideikommisse und Getreidezölle stützt, aus dem, was in den Ostseeprovinzen vor sich geht, lernen, wie wenig, *heute*, für die Behauptung einer Position für eine Nationalität, das Vorhandensein „aristokratischer" Schichten, speziell einer Gutsbesitzerklasse, bedeutet.

[35]) Auf dem später zu erwähnenden (ersten) Moskauer Kongreß des „Allrussischen Bauernbundes" wurde unentgeltlicher, rein weltlicher, obligatorischer Schulunterricht, unentgeltliche Lehrmittel und Speisung, im Notfall auch Nachtunterkunft und Bekleidung (nach einem Vorschlag: unentgeltliche Internate bei allen Schulen) verlangt. Die Forderung der obligatorischen Volksschulen enthalten sämtliche mir bekannten Bauernadressen.

[36]) Das Programm der konstitutionellen Demokraten fordert 1) „Unterrichtsfreiheit",

weiteren damit zusammen, daß der Entwurf auch das Verhältnis zur *Kirche* keines Wortes würdigt, sondern sich begnügt, innerhalb der Schranken der öffentlichen Ordnung bedingungslose Toleranz und Kultusfreiheit zu versprechen. Das Programm des „Befreiungsbundes" hatte dagegen „Befreiung der Kirche vom Staat und des Staats von der Kirche" verlangt, also die Vernichtung des Werkes, welches Iwan der Schreckliche und das politische Mönchtum des 16. Jahrh[underts] begründet und Peter der Große durchgeführt hatte. Den Verfassern des Entwurfs erscheint das Verhältnis des Staats zur Kirche zu komplex, um es „in einigen Paragraphen" regeln zu können. Indem aber der Entwurf den Kaiser den Verfassungseid auch vor dem heiligen Synod ablegen läßt, erkennt er sogar diese cäsaropapistische[36]) Institution direkt an. Das konstitutionell-demokratische Programm begnügt sich, Befreiung der orthodoxen (und jeder anderen) Kirche *vom Staate* zu fordern (Punkt 2), ohne näher zu sagen, was die Konsequenzen sein sollen. Wie wird sich nun die Kirche ihrerseits zur Verfassungsbewegung und innerhalb des eventuellen Verfassungsstaats verhalten?

Schon die vielen Tausende neu gegründeter geistlicher Schulen zeigen, weit deutlicher als die seinerzeit hauptsächlich im Kampf gegen die Stunda neu belebte innere Mission, daß die neue Situation die orthodoxe Kirche, die sich dem Vernehmen nach im Sommer zum ersten Mal wieder zu einem Konzil versammeln soll[36a]), auf dem Kampfplatz finden wird, mögen die Schwierigkeiten für sie, die entnervenden Traditionen des Oberprokuroren-Regimes abzustreifen, noch so große sein. Es fragt sich nur, wie intensiv und in welcher Richtung sie wirken wird.[37]) Daß innerhalb wie außerhalb der Kreise der Bischöfe und selbst in den Reihen der hohen staatlichen Bureaukratie der Gedanke an eine Wiederaufrichtung des seit 200 Jahren verwaisten Patriarchenstuhls nicht schläft, ist nicht unbekannt geblieben.[38]) Bischof Isidor, der Vikar der

---

2) unentgeltlichen, obligatorischen Volksschulunterricht, durch die Selbstverwaltungsbehörden organisiert und kontrolliert. Die entscheidende „Berechtigungsfrage" (für die Examina) hat er nicht berührt, obwohl eben hier die Probleme der „Unterrichtsfreiheit" erst beginnen.

36) Der Begriff bedarf für die russische Kirche bekanntlich der Begrenzung. Einen Eingriff in dogmatische Fragen nach Art der Komnenen hat selbst Iwan der Schreckliche nicht gewagt, und die Grenzen des staatlichen Einflusses auf das religiöse Leben sind durch die Rücksicht auf die Gemeinschaft mit dem Morgenland und die Gefahr eines Schismas gezogen. Nach Art des preußischen summus episcopus selbst Predigten vorzulesen, dürfte der Zar schwerlich wagen, ohne – trotz allem – das Selbstgefühl der Kirche zu reizen.

36a) Inzwischen durch das Reskript vom 27. Dezember 1905 bestätigt.

37) Leidliche, nur ziemlich summarische Berichte bringt im Ausland namentlich die jesuitische „Civiltà cattolica".

38) Man vergleiche etwa die in der „Russj" vom 5. Mai rekapitulierte Auseinandersetzung zwischen zwei (ungenannten) hohen Staatsbeamten. Von dem Reformer wurden als Hauptschäden angeführt: die „Verdrängung" des Repräsentationsprinzips aus der zentralen und Eparchialverwaltung der Kirche; das Verbot selbst der Provinzialsynoden (seit 200 Jahren ca. 3–4); die „Verdrängung" des Prinzips der *Wahl* der Bischöfe und Presbyter; die Belastung der Geistlichen mit rein staatlichen Aufgaben; die Notwendigkeit, von Abga-

Eparchie Nishnij Nowgorod, hat ihm in scharfer Abweisung der Quertreibereien der Moskauer Zeitung öffentlich Ausdruck gegeben.[38a] Freilich findet die Aufrichtung des Patriarchenstuhls andererseits gerade bei den politisch liberalen Teilen der „weißen" Geistlichkeit gelegentlich auch Widerspruch, indem u. a. statt des zum Druck nach unten, zur Devotion nach oben neigenden Patriarchen eine gewählte (statt der jetzt ernannten) Synode, gewählte Bischöfe und Zulassung eines weltlichen Sekretärs zur Synode nur in beratender Funktion verlangt wird.[38b] – Aber, von ihrem nationalen Charakter ganz abgesehen, macht es schon die Vergangenheit und Organisationsform der orthodoxen Kirche, vollends angesichts der Gesamtlage, in die sie sich hineinzufinden hätte, ganz unwahrscheinlich, daß sie – wie immer sie umgestaltet werde – jemals nach Art der römischen Kirche sich zur Vertreterin von Freiheitsrechten gegenüber der Macht des Polizeistaats würde aufwerfen können. Sie würde sich mit einem größeren Maß von Selbstverwaltung und Emanzipation von der Bureaukratie begnügen. Die Idee des „dritten Rom" ist cäsaropapistisch von ihrer Geburt an. Dagegen könnte sie ein immerhin respektables Machtinstrument in der Hand des Zaren werden. Denn es ist ganz unwahrscheinlich und widerspricht dem Interesse und den Traditionen der russischen Kirche, daß sie sich einem *parlamentarischen* Cäsaropapismus nach Art der griechischen oder gar der rumänischen Kirche fügen würde. Freilich, ein Ausländer kann nicht beurteilen, welche Kräfte die Kirche überhaupt angesichts der tiefen persönlichen Mißachtung der Popen[39]) und bei dem unleugbaren Gegensatz dieser zur „schwarzen Geistlich-

---

ben zu leben; das ungeheure Schreibwerk (ca. 20000 „Nummern" von Eingaben pro Konsistorium und Jahr) als Folge der stetig fortschreitenden Zentralisation und der Vernichtung der selbständigen Verwaltung der Pfarreien.

[38a]) Seine Erklärung ist abgedruckt im Prawo, Nr. 13 S. 1002.

[38b]) Erklärung einer Versammlung von Popen der Jekaterinoslawschen Eparchie (Prawo Nr. 47). Die Bischöfe sollen aus beiden Kategorien der Geistlichkeit wählbar sein. Auf dem Nationalkonzil sollen die weißen Geistlichen ½, die Laien ⅓, die schwarze Geistlichkeit ⅙ ausmachen usw. Selbst das von Führern der Reaktion, wie dem Grafen Dorrer, Fürst Kassatkin-Rostowskij und zahlreichen Adelsmarschällen etc. unterzeichnete Manifest der slawophilen „Nationalen Ordnungspartei" in Kursk verlangt (Abt. I, Punkt 2): „Wiederherstellung der Kirchengemeinde" und Wahl des Pfarrers statt der Besetzung durch die Konsistorien, zweifellos um so die Macht der Kirche zu stärken.

[39]) Man darf diese Erscheinung freilich nicht einfach generalisieren, andererseits auch die Qualität des russischen Popentums nicht an dem höchststehenden katholischen Pfarrklerus Europas, etwa dem deutschen, messen. Die Popen haben in den Notstandsdistrikten während der Hungerjahre seiner Zeit ganz Erhebliches geleistet. Auf die Stellung der Massen zu ihnen trifft es wohl im Prinzip zu, daß die magischen Kräfte, über welche die Popen verfügen, und die man zur Rettung vor den ewigen Strafen nicht entbehren kann, geschätzt werden, ohne daß dieses irgendwie auf die Meinung über die Personen, welche deren Träger sind, Einfluß übte, und ohne daß andererseits jene Schätzung von deren persönlichen Qualitäten beeinflußt wird. Aber auch damit steht es im einzelnen sehr verschieden. Auf dem später zu erwähnenden ersten allrussischen Bauernkongreß wurde gegen die „Geldgier" der Popen scharf losgezogen, allein es waren dabei offenbar auch Sektierer beteiligt. Das „göttliche Gesetz" (Katechismus) sollte, so wurde hier ebenso wie in vielen radikalen Wählerversammlungen der Städte verlangt, aus den obligatorischen Lehrfächern der Schulen gestrichen, nach Meinung mancher durch Naturwissenschaft

keit" und zum Mönchtum, – der ja einer der Gründe der Macht des Staates, als des einzig möglichen Beschützers der Popen gegen den Druck der Cölibatäre ist, – zu entfalten vermöchte.³⁹ᵃ) Und noch weniger ist von außen her abzuschätzen, welche für das Zarentum positive oder negative Bedeutung eventuell den hie und da hervortretenden christlich-sozialen und christlich-demokratischen Bewegungen in der Popenschaft und unter dem Nachwuchs mancher Seminare zukommen könnte.⁴⁰) Aber andererseits muß es, nach den anderwärts gemach-

---

ersetzt oder als jüdische Geschichte gelehrt werden. Andererseits trat auf dem zweiten Bauernkongreß ein sehr radikaler Pope als gewählter Vertreter einer Anzahl Dörfer auf. Eine Adresse von 140 Chersoner Bauern enthielt den Vorschlag, die Kosten des Krieges aus dem Klosterbesitz, der ja „Besitz des Volkes" sei, zu bezahlen. „Mag auch die Geistlichkeit für die Regierung opfern: sie hat zur Zeit des Krieges nur gebetet, und auch das wahrhaftig nicht sehr eifrig." Andererseits trat auf jenem ersten Kongreß ein Bauernvertreter dafür ein, die Klöster bei der Bodenexpropriation eher günstiger zu behandeln als private Grundherrn, denn sie seien „kommunistische" Institutionen und „beteten für das Volk". Dem widersprachen freilich andere sehr lebhaft: „das Kloster sei ein Bienenstock, aber die Mönche seien von fremder Arbeit lebende Drohnen". Eine vermittelnde Ansicht wollte die Pfründenklöster von den Arbeitsklöstern unterscheiden, in denen die Mönche durch Handarbeit ihren Unterhalt erwürben. Als auf dem Kongreß das Kirchspiel als die, von den Semstworeformern seit langem gesuchte, „kleinste Zelle" der Selbstverwaltung vorgeschlagen wurde, erhob sich Protest wegen des zu befürchtenden Einflusses der Geistlichkeit. Andererseits wurde der Einwand gegen das Frauenstimmrecht, daß die Frauen dem Einfluß der Popen unterlägen, „angesichts der allgemeinen Verachtung" gegen diese letzteren als unerheblich angesehen. – Wie die Büreaukratie denkt, geht deutlicher als aus anderem wohl daraus hervor, daß die Semstwo-„Reform" von 1890, welche dem Adel die Mehrheit und dem Beamtentum die Kontrolle der Wahlen der bäuerlichen Vertreter für die Semstwos sicherte, die *Wählbarkeit* der *Geistlichen* gleichzeitig gänzlich *ausschloß*. Als Grund wurde das kanonische Verbot an die Kirche, sich in weltliche Fragen zu mischen, angegeben, – aber gleichzeitig die Teilnahme vom Konsistorium *ernannter* Vertreter angeordnet, und (wie Korkunow nachwies, unwahrerweise) behauptet, es sei „kaum je" ein Geistlicher gewählt worden (in einzelnen Ujesd's hatten sie als Bauern-Vertreter fast die Mehrheit).

³⁹ᵃ) In vielen Städten – z. B. Moskau, Jarosslawlj, Ssaratow, haben die Metropoliten bzw. Bischöfe und Konsistorien unmittelbar vor dem Manifest sich in den Dienst der Reaktion gestellt, um es zu hintertreiben. So wurde in einer Eparchialverfügung vom 14. Oktober in Moskau ein Aufruf zur Verlesung von den Kanzeln an die Pfarrer versendet, welcher zum Schutz der bedrohten Selbstherrschaft aufforderte und den Gebrauch von Gewalt gegen die Feinde des Zaren mindestens nahelegte, – eins der Vorspiele der Metzeleien der „schwarzen Banden": 72 Moskauer Pfarrer erklärten darauf im „Russkoje Slowo", daß ihr Gewissen ihnen, als Verkündern des Friedens, nicht gestatte, dieser Verfügung nachzukommen.

⁴⁰) Eine Gruppe antiautokratischer christlicher Sozialisten Rußlands ist seit kurzem in der „Christlichen Kampfesbruderschaft" (Christianskoje Bratstwo Borjby) organisiert. Das „Osswoboshdjenije" druckte mehreremal Kundgebungen derselben ab, darunter (1905 Nr. 73 S. 386) eine theoretische Darlegung der Aufgaben der Bruderschaft, einen „offenen Brief an die Bischöfe" und einen „Aufruf zum Kampf". Es soll hier nicht versucht werden, dieser formal vom Boden der *Orthodoxie* ausgehenden Bewegung im Kreise der ungemein differenzierten religiösen Strömungen Rußlands den Platz anzuweisen – schon deshalb nicht, weil mir sowohl ihre Urheber wie die Zahl und Art ihrer Anhänger durchaus unbekannt sind. Immerhin sei ihr für gewisse innerkirchliche Strömungen und für die Nachwirkung des Auftretens Gapons und des tiefen Eindruckes der Metzeleien des

ten Erfahrungen, immerhin auch unsicher erscheinen, ob ein moderner liberaler Russe die hier gegebenen Möglichkeiten richtig einzuschätzen und das religiöse

---

9. (22.) Januar 1905 charakteristischer Inhalt wiedergegeben: Das historische Christentum habe, heißt es, in allen seinen Ausprägungen ausnahmslos nur eine Seite der Lehre Christi gepredigt und zu verwirklichen gestrebt: das Gottesreich im einzelnen Menschen, die christliche Einzelpersönlichkeit, denn es habe nur gefragt, wie es zu machen sei, um im Jenseits in das Reich Gottes zu gelangen, nie aber: was denn das diesseitige Gottesreich, – das Corpus Christi, würde man s. Z. westeuropäisch gesagt haben, der „Menschheitskörper", sagen die „soziologisch" orientierten Verfasser – eigentlich sei. So habe es dem in Wahrheit widerchristlichen Gedanken der „Selbstrettung" (Ssamospassenije) des einzelnen durch eine wesentlich nur innerliche Umwandlung Vorschub geleistet. Aber die Apostel hätten nicht nur von der Heiligung des Fleischs des einzelnen, sondern (2. Petri 3, 13) auch von einem neuen Lande, „in welchem die Wahrheit wohnt", gesprochen; der einzelne sei kein „Atom", sondern Glied eines großen Individuums, der Kirche, die das „objektive Reich Gottes" sei und die fleischliche Begierde nicht nur in der Einzelpersönlichkeit zu überwinden habe, sondern in der Menschheit, deren zu heiligendes „Fleisch" die gegenseitigen ökonomischen, sozialen und politischen Beziehungen darstellen. Daran habe jeder einzelne die Pflicht mitzuarbeiten und also „den allerwirksamsten Anteil zu nehmen am gesellschaftlichen und politischen Leben des Landes, und hier, auf dem Gebiet des Lebens, von welchem sich das historische Christentum mit dem Schrecken des Einsiedlers abgewendet hat, zu verwirklichen die weltumfassende Wahrheit des Gottmenschentums". Die erste grundlegende Aufgabe aber sei dabei heute in Rußland der Kampf gegen die Selbstherrschaft, deren unumschränkter Machtanspruch Gottes Wort, daß es unmöglich sei, zwei Herren zu dienen, zuwider, im Verstoß gegen das erste Gebot und eine gotteslästerliche Kreaturvergötterung sei. Denn eine solche Macht komme nur Gott selbst zu. Die Ereignisse des 9. Januar hätten gezeigt, daß auch de facto immer wieder die Gewissensfrage entstehe: der Zar oder Christus, solange der Zar rechtlich in der Lage sei, zu befehlen was ihm beliebe, auch das Schießen auf Unschuldige. Gespräche mit Offizieren werden als Beispiele dieses Konflikts angeführt. Mit diesem Kampf gegen die „papistische Häresie" habe sich zu verbinden die Lösung der Kirche aus ihrer Verflechtung mit dem Staat, welche sie fremden Zwecken dienstbar gemacht, erniedrigt, Christus entfremdet und „zur Beschönigung von Schandtaten, wie denen des 9. Januar" gezwungen habe. Sie „schlafe geistig" und beruhige sich, abseits stehend, gegenüber den unermeßlichen Entwicklungen des Lebens, welche sie an sich vorbeigleiten lasse, mit „Formeln, die vor einem Jahrtausend geprägt" seien. Eine Änderung sei nur durch erneute Besinnung auf die Vorschrift 1. Petri 2, 9 möglich, wonach der Klerus nur ein Glied der Kirche sei, deren Laienmitglieder alle ebenfalls zur Würde des königlichen Priestertums berufen seien. In diese Rechte müssen sie wieder eingesetzt, die einzige kanonische Einheit der Kirche, die Gemeinde, wiederhergestellt, der Pfarrer nicht von Petersburger Kanzleien aus in die Gemeinde geschickt, sondern von ihr gewählt werden. Der Ssobor der Gemeindepfarrer solle aus ihrer Mitte oder aus den Mönchen den Archierej und der Ssobor der Archierej ebenso den Patriarchen wählen. Die Geldgeschäfte der Gemeinde sollen im Interesse der Würde des geistlichen Amts in den Händen gewählter Vertrauensmänner, nicht der Geistlichen, ruhen, der Unterhalt der Kirche allmählich vom Staatsbudget auf die Gemeinden übernommen werden: man solle nicht warten, bis der Staat seinerseits sich[,] wie in Frankreich, des Kirchenbudgets entledige. (Diese Ausführungen könnten von „Jedinowjerzi", d. h. unierten Schismatikern, herrühren, da Laienverwaltung und Pfarrwahl heute Grundsteine des Raskol sind.) Die so befreiten Kirchengemeinden erst werden der Kirche Autorität und Machtmittel zur Christianisierung des Lebens darbieten. Diese schließe, organisatorisch, die Wiederbelebung der apostolischen männlichen und weiblichen Diakonie, dann aber, vor allem, den Kampf der Gläubigen als solcher gegen soziale Ungleichheit in sich. Die innere Freiheit der Persönlichkeit könne nur in der

Fundament der Selbstherrschaft nicht unterschätzen wird, gerade weil, nach Miljukows Bemerkung am Schluß des zweiten Bandes seiner „Otscherki", die

„Emanzipation von allem was bindet", vor allem also vom Hängen an Privateigentum, nach dem Muster der apostolischen Gemeinde, erkämpft werden. Das Mönchtum sei der Kirche heute „in zu starken und deshalb schädlichen Dosen" eingegeben: es habe das königliche Priestertum der Laien erdrückt und die allgemeine Christenpflicht des Kampfs gegen den Eigentumsegoismus zur Angelegenheit eines besonderen Standes gemacht. Freilich, die apostolischen Vorschriften seien nur für die Gläubigen verpflichtend: im Verhältnis zu denjenigen, welche als „gottlose Parasiten" ihr Privateigentum nicht „der Gemeinde zur Verfügung halten", sondern zur Ausbeutung der Besitzlosen gebrauchen wollen, gelte es daher nicht Propaganda, sondern Kampf, der mit den „bewährten friedlichen Mitteln" des Streiks und der Organisation, „und nur mit diesen", geführt werden soll. Dieser Kampf gegen den Druck des Kapitals werde so aus einem „grauen Streiten um ökonomische Interessen" verwandelt in „eine gottesdienstliche Handlung und religiöse Pflicht". Ziel des Strebens nach Gesundung des „Menschheitskörpers" sei „ein Weib, in die Sonne gekleidet" (Offenbarung Joh[annes] 12,1). – Der Bund fordert von dem zu berufenden Nationalkonzil Zulassung der Laien zu gleichen Rechten, Absage an die Selbstherrschaft, Begründung der Kirche auf ihre kanonische Einheit: die Gemeinde, und erinnert in seinem Kampfaufruf die Gläubigen daran, daß man Gott mehr gehorchen müsse als den Menschen und daß in der Gestalt hungriger Bauern und Arbeiter Christus selbst nach seinem eigenen Wort unter uns wandle: es sei schwere Sünde, solche Menschen nach dem Gebot „gottloser Beamten" als angebliche „Bunt-Leute" zu prügeln oder zu erschießen.

Gesetzt, daß ähnliche Anschauungen, die offenbar städtischen Ursprungs sind, irgend erhebliche Verbreitung besitzen oder gewinnen, so dürfte man sich durch den radikalen Ton darüber nicht täuschen lassen, daß, gegenüber der Macht kirchlicher Autoritäten, gerade in dem Bündnis derartiger Bewegungen mit bestimmten sozialen Interessen ihre „kirchenpolitische" *Schwäche* liegt. Derartiges führt in hierarchischen Kirchen nicht zu einem inneren Bruch mit der kirchlichen Autorität: wie der Katholizismus, so würde auch die orthodoxe Hierarchie sozialpolitisch *anti*individualistisch orientierte Richtungen in ihrer Mitte zu kastrieren und für sich zu fruktifizieren verstehen. Die katholische Kirche hat derartiges und alles mögliche andere: ethischen Relativismus, naturalistische und soziologische „Entwicklungs"-Gedanken und ökonomische Geschichtsdeutung zu assimilieren vermocht. Eine *rein* religiöse, biblizistisch-*asketi*sche Bewegung könnte dagegen freilich für die orthodoxe Kirche und damit für das autoritäre Regime in einem Moment äußerer Schwäche eine ernstliche Gefahr werden, aber im Zeitalter des voll entwickelten Kapitalismus ist dafür schwerlich Boden vorhanden: die Elemente, welche Träger des aufsteigenden Lebensstils wären, würden ihr fehlen. – Mehr Beachtung verdienen die kirchenorganisatorischen Forderungen, weil sie, wie das frühere Zitat zeigt, in ziemlich einflußreiche Kreise hinaufreichen.

Alle Probleme der Regeneration der russischen Kirche sind offensichtlich mit dem Cäsaropapismus und der bäurisch-proletarischen Stellung der weißen Geistlichkeit und ihrem sozialen Gegensatz gegen die zölibatäre, im übrigen meist nur der Form nach durch ein Kloster gegangene, schwarze Geistlichkeit verknüpft, der bekanntlich alle höheren Stellen kanonisch vorbehalten sind. Dieser Gegensatz tritt auch in dem zitierten Schriftstück der „christlichen Kampfesbrüderschaft" deutlich genug hervor, ebenso in der Note wiedergegebenen Resolution. – Es mag als Symptom der Verbreitung solcher Ansichten noch eine Auseinandersetzung in den Petersburger Zeitungen in der zweiten Hälfte des November angeführt werden, welche sich an einen Aufruf von 32 Geistlichen anschloß. Die an ihn anknüpfende Zuschrift eines Kandidaten der Theologie in der Russj vom 1. Dezember präzisierte als Forderungen für die weiße Geistlichkeit 1. Beseitigung der Konsistorialverfassung, Wahl eines Eparchialrats mit richterlicher und administrativer

Geschichte den gebildeten Russen nicht, wie den Franzosen, zum Feinde, noch, wie den Engländer, zum Anhänger seiner Kirche erzogen hat, sondern zu „absoluter Gleichgültigkeit".[40a] – Die von Nikolai K. Leontjew besonders konsequent entwickelte Theorie, wonach die Selbstherrschaft, als göttlichen Rechts, auch vom Zaren selbst nicht beseitigt werden, ein entgegenstehender Eid Sünde und weder für den Schwörenden selbst noch vollends für seine Nachfolger verbindlich sein würde, – ganz analog den Anschauungen Karls I. von England, – mag zurzeit, nach dem Rücktritt Pobjedonosszews, eine stumpfe Waffe geworden sein: ob sie ihre Rolle im Kampfe für die Selbstherrschaft ausgespielt hat, steht dennoch dahin. Die Demagogie im Beichtstuhl und in der Seelsorge, in Wallfahrten und Prozessionen, in wirtschaftlichen Genossenschaften[41] und Vereinen, ist heute ja das eigentlichste erfolgreichste Operationsgebiet moderner absolutistischer Kirchen. Die weit summarischere, jeder Kasuistik und auch aller eigentlichen Gewissenserforschung entbehrende, mehr an die altlutherische Praxis erinnernde, Art der Beichte, welche mit dem Fehlen des Zölibats zusammenhängt, das Fehlen einer einheitlichen autoritären Jurisdiktionsgewalt religiös geweihten Charakters nach Art des Papsttums, vor allem das Fehlen eines Mönchtums, welches zum Wirken in der „Welt" befähigt wäre, und der Mangel des Ordenswesens mit seiner Rationalisierung der Askese überhaupt, erschweren der orthodoxen Kirche den Kampf mit dem Liberalismus unzweifelhaft. Wie dem nun aber sei: der Zar könnte im Interesse der Stützung seiner Autorität wahrscheinlich gar nichts besseres tun, als, zumal wenn etwa wirklich eine Periode liberalen Regimes bevorstehen sollte, die Kirche von der Beamtenherrschaft zu befreien und ihr den Patriarchen wiederzugeben.

Entschieden auf den Boden des Manifests vom 17. (30.) Oktober hat sich der Raskol, – das dogmatisch orthodoxe, aber seit der zugleich papalistischen und hellenistischen „Renaissance" des Patriarchen Nikon im 17. Jahrh[undert] von der Kirche getrennte Schisma – gestellt, dem in der Praxis bisher allein das

---

Gewalt, in dem der Bischof nur vorsitzt, – 2. ebenso soll ein Rat der Pröbste gewählt werden und ebenso selbständig sein, – 3. Teilnahme der Laien an der Kirche, – 4. „kanonisches" Verhältnis zwischen schwarzer und weißer Geistlichkeit, – 5. Besserung des „knechtischen" Verhältnisses der Psalmleser und Diakonen zum Pfarrer, – 6. Witwenversorgung der weißen Geistlichkeit. Ein „Kongreß" der letzteren solle einberufen werden. (Im Anschluß an das Oktobermanifest soll eine Synodalverfügung vom 18. November die Freiheit der kirchlichen Versammlungen und Kongresse proklamiert haben. Mir ist sie im Original nicht bekannt. Jedenfalls hat aber gegen Ende Dezember der Hl. Synod den Geistlichen die Teilnahme an Bewegungen gegen die bestehende Ordnung ausdrücklich von Neuem verboten). Ein „Verein der kirchlichen Erneuerung" mit liberaler Tendenz ist eben (Ende Dezember 1905) in Bildung begriffen.

[40a] Wie erheblich die Hoffnungen und Befürchtungen der Liberalen der verschiedenen Schattierungen auseinandergehen, zeigt die Polemik zwischen Fürst Jewgenij Trubezkoj und Miljukow im „Prawo", Nr. 15, 16, 19, von denen der erstere die „Auferstehung" der Kirche aus der Staatssklaverei erhofft, der letztere sie fürchtet.

[41] Hier ergibt sich für die Popen ein breites Aktionsfeld. Vgl. Belgien, wo die Genossenschaften das Mark der klerikalen Partei bilden, und Italien, wo mehrfach Vorlegung des Beichtzettels vor der Kreditgewährung verlangt wurde.

Toleranzedikt zugute gekommen ist. Als die „Moskowskija Wjédomosti" einen anonymen Aufruf eines angeblichen „Bundes von Altgläubigen" zur Anhänglichkeit an den Zaren und zum Kampf gegen den Liberalismus brachten, erfolgte alsbald in den liberalen „Russkija Wjédomosti" eine Proklamation der Altgläubigen, welche die Existenz dieses Bundes bestritt. Da sie von den „Erinnerungen des Rogoschschen Friedhofs" spricht, handelt es sich um die ritualistischen, also religiös-konservativen Schismatiker. Von den nicht hierarchischen Sekten werden die spezifisch protestantischen natürlich erst recht der Schaffung von Rechtsgarantien zugetan sein. Die pneumatischen Sekten dagegen sind teils direkt apolitisch oder antipolitisch, teils haben sie, bisher wenigstens, nur als Kirchen „unter dem Kreuz" geblüht. Sank die Verfolgung unter ein gewisses Mindestmaß, so verflog ihr Idealismus oft merkwürdig rasch. In den zentralrussischen Bauerngebieten haben die als Träger individualistischer Ideale in betracht kommenden, dem Wesen nach „protestantischen", Sekten vorerst relativ wenig Anhänger gewinnen können. Ob sich die Hoffnungen, welche die Liberalen Klein- und Süd-Rußlands auf eine beschleunigte Entwicklung der Stundisten setzen, erfüllen werden, muß man abwarten.

Der politische „Individualismus" der westeuropäischen „Menschenrechte", wie ihn z. B. Struve konsequent vertritt, wurde, soweit er „ideell" bedingt war, zum einen Teil geschaffen durch religiöse Überzeugungen, welche menschliche Autoritäten als widergöttliche Kreaturvergötterung bedingungslos verwarfen,[42]) – Überzeugungen, wie sie die heutige Form der „Aufklärung" überhaupt nicht mehr als Massenerscheinung aufkommen läßt; und zum andern Teil war er Produkt eines optimistischen Glaubens an die natürliche Interessenharmonie der freien Individuen, der heute durch den Kapitalismus für immer zerstört ist. Diese Entwicklungsstadien lassen sich also für das heutige Rußland schon aus „ideellen" Gründen nicht nachholen: der spezifisch bürgerliche Individualismus ist innerhalb der Klassen von „Bildung und Besitz" selbst bereits überwunden und wird das „Kleinbürgertum" sicherlich nicht mehr erobern können. Und vollends fragt es sich, wo bei den „Massen", denen das allgemeine Wahlrecht die Macht in die Hand drücken würde und, nach ausgesprochener Absicht der Liberalen, auch soll, die Impulse sich finden sollen für die Teilnahme an einer über rein materielle Forderungen hinausgehenden Bewegung, wie sie von Politikern bürgerlich-demokratischen Gepräges mit dem Programm des „Befreiungsbundes": 1. garantierte Frei-

---

[42]) Vgl. Jellineks bekannte Schrift über die „Menschen- und Bürgerrechte", meine Abhandlung in diesem Archiv Band XX, 1, XXI, 1, jetzt aber: E. Tröltschs Darstellung des Protestantismus, in dem Hinnebergschen Sammelwerk „Die Kultur der Gegenwart". – Struve ist von Jellineks Arbeiten, die er wiederholt zitiert, angeregt. – Die Verwandtschaft der ökonomischen und politischen Ethik der russischen rationalistischen Sekten mit dem Puritanismus (im weiten Sinne des Wortes) ist schon Leroy-Beaulieu und anderen nicht entgangen. Aber wenigstens bei dem zahlmäßig bedeutendsten Teil, dem eigentlichen „Raskol", stehen Dem tiefe Unterschiede in der Eigenart der „innerweltlichen Askese" gegenüber.

heitsrechte des Individuums, 2. konstitutioneller Rechtsstaat auf Grundlage des „viergliederigen" Wahlrechtes, 3. Sozialreform nach westeuropäischem Vorbild, 4. Agrarreform, ins Leben gerufen ist.

In den Großstädten blüht jetzt die sozialistische Agitation. Bekanntlich hatte die russische Sozialdemokratie sich schon vor Eintritt jener Ereignisse, die ihr die offene Wirksamkeit in Rußland selbst gestatteten, in die beiden von Plechánow, Axelrod, Martow und Starowjer (A. Potressow) einerseits, von „Ljénin" (Uljanow) andererseits geführten Gruppen gespalten.[42a]) Die erstere blieb dabei im Besitz des bisher gemeinsamen Parteiorgans, der Genfer „Iskra"[,] und fand ihre offizielle Vertretung in der 1905 zum erstenmal abgehaltenen „Allrussischen Arbeiterparteikonferenz". Sie lehnte – wenigstens zur Zeit des Schismas – den bewaffneten Aufstand, mindestens zurzeit, ab und ebenso prinzipiell die Beteiligung an einer eventuellen revolutionären Regierung, stellte dagegen die Entwicklung der Gewerkvereine in den Mittelpunkt ihrer Tätigkeit. Die andere, seit 1903 in Ljenins „Vpjeriód" vertreten gewesene Gruppe, welche die weitere Anerkennung der „Iskra" als Parteiorgan ablehnte und sich, da sie innerhalb der Gesamtpartei die Mehrheit bildete, in dem „dritten Kongreß der russischen sozialdemokratischen Arbeiterpartei" als Fortsetzung der gemeinsamen Organisation gerierte und den „Proletarij" als ihr Organ gründete, setzte an Stelle der Gewerkvereinsbildung die Forderung des Achtstundentags, predigte den Aufstand und die Beteiligung an einer eventuellen revolutionären Regierung, lehnt alle legalen Agitationsformen ab und verlangt, im Gegensatz zu den Anhängern der „Iskra"gruppe, für die Bauern die sofortige „Konfiskation" alles nicht bäuerlichen Landes. Letzteres steht in striktem Gegensatz gegen das offizielle Programm der Sozialdemokratie[42b]), welches für die Bauern die Überweisung der „Obrjeski" verlangte, d.h. die Zuweisung des bei der Befreiung ihnen genommenen Landes (ca. ⅕)[42c], die sozialrevolutionäre Forderung der Konfiskation allen Landes aber stets als „Utopie" verhöhnte und z.B. noch im Frühjahr 1905 sich von dem „allrussischen Ingenieurkongreß" ostentativ entfernte,

---

[42a]) Der Streit begann mit einem Kampf um die bis 1903 von Axelrod, „Ljenin," Martow, Plechánow, Wjera Sassulitsch und „Starowjer" in Genf redigierte „Iskra" auf dem zweiten Parteitage (1903). Es wurden nur Plechánow, Martow und Ljenin wiedergewählt. Zwischen den beiden letzteren bestand persönlich, sowie bezüglich der Parteiorganisation (L[jenin] war „Zentralist") und Taktik (L[jenin] galt als „Jakobiner", M[artow] als „Girondist") der schärfste Gegensatz, während P[lechánow] zu vermitteln suchte, schließlich jedoch ebenfalls die Partei M[artow]s ergriff. L[jenin] schied darauf aus und gründete den „Vperiod", aber auch Plechánow verließ die „Iskra"-Redaktion 1905 und gab seitdem nur (allein) den „Dnjewnik Ssozialdemokrata" (je 1½ Bogen Oktav, in unregelmäßigen Zeiträumen erscheinend) heraus, „über den Parteien" stehend.

[42b]) Wir verfolgen für diesmal die Geschichte dieses Programms nicht.

[42c]) Die Ljeninsche Gruppe scheute sich zunächst, am Programm formell etwas zu ändern, trotz ihrer Resolution. Erst im Dezember wurde Streichung des Passus über die „obrjeski", statt dessen: „Unterstützung der revolutionären Maßnahmen der Bauern bis zur Konfiskation" auch des Privatlandes, „selbständige Organisation des Dorfproletariats" und „unversöhnliche Feindschaft gegen die Dorfbourgeoisie" proklamiert.

als diese Forderung überhaupt nur diskutiert wurde.[43] „Unter Aufrechterhaltung ihrer Selbständigkeit" hielt denn auch die Ljeninsche Partei im Gegensatz zu der Plechánowschen Gruppe „Gelegenheitsbündnisse" mit den Sozialrevolutionären für nützlich. Beide Gruppen erklären es aber für Pflicht der Partei, die gegen die Selbstherrschaft gerichteten Bestrebungen der Liberalen zwar zu unterstützen, zugleich aber alle liberalen Gruppen, einschließlich des „Befreiungsbundes" und des „Verbandes der Verbände" bei den Arbeitern zu diskreditieren. Der zweite Kongreß, vor der Scheidung, hatte dagegen einer Resolution „Starowjers" zugestimmt, welche ein Zusammengehen mit den bürgerlichen Demokraten für möglich und unter Umständen für nützlich erklärte. Diese Resolution ist von der Ljeninschen Gruppe ausdrücklich aufgehoben worden. Aber auch die Plechánowsche Gruppe beachtet sie praktisch nicht mehr. Die Anlässe der Spaltung sind, wie man sieht, nicht prinzipieller, sondern teils persönlicher, teils taktischer Natur, sie hat aber auch Gründe, die in der geistigen Eigenart des russischen Sozialismus liegen.[44] Augenblicklich hat sie eine sehr natürliche Quelle in dem Gegensatz, in welchen die bisher wesentlich im Ausland lebenden und von den Traditionen der westeuropäischen sozialdemokratischen Parteien beeinflußten Führer der Orthodoxie gegen den „Putschismus" gerieten, welcher die in Rußland selbst, jetzt, nach Eintritt der Preßfreiheit, massenhaft entstehenden Organisationen ergriffen hat. Auch Bebels Vermittlung schlug deshalb fehl: Ljénin lehnte die Annahme von Ratschlägen nicht sachverständiger Ausländer ab. Diese Putsch-Stimmung selbst aber ist unzweifelhaft nicht nur Ergebnis der aus der Situation des Augenblicks geborenen, stürmischen Hoffnung, daß jetzt der große Tag gekommen sei, jedenfalls die Selbstherrschaft endgültig politisch umzustürzen und die sofortige Verwirklichung wenigstens des „Minimalprogramms" des Sozialismus zu erzwingen. Der Revolutionarismus und die Gegnerschaft gegen die „Entwicklungsgesetze" liegt vielmehr dem spezifisch russischen Sozialismus seit seinen Vätern, Herzen und Lawrow, als Nachwirkung bestimmter Hegelscher Gedanken, tief im Blut. Der erstere hat es bekanntlich als „Unsinn" abgelehnt, daß der Sozialismus nur auf dem Wege über den Kapitalismus entstehen könne, der letztere, ganz ebenso wie die älteren Vertreter des „Narodnitschestwo", die „schöpferische" Natur des menschlichen Gedankens, – des „zu sich selbst gekommenen" Geistes, – betont. Dieser pragmatische Rationalismus ist niemals gänzlich durch den naturalistischen Rationalismus irgend einer „Entwicklungstheorie" überwunden worden. Und er fand natürlich sein stärkstes Argument in dem faktischen Bestehen des Kommunismus der russischen Dorfgemeinde, deren lebendige

---

[43] Nach sozialdemokratischer Darstellung war es die Frage der Republik, welche den Streitgegenstand bildete.
[44] Natürlich fügen sie sich dem generellen „Zweiseelen"-Charakter, den der Marxismus schon in Marx' eignem Verhalten zur Pariser Kommune und bei ähnlichen Gelegenheiten zeigte, und den *Sombart* eben wieder (Sozialismus, 5. Auflage S. 957) mit Recht betont hat, aber für Rußland kommen doch bestimmte geistige Traditionen und der Resonanzboden der bestehenden Feldgemeinschaft dazu.

Gegenwart nicht nur die Anschauungen der zum großen Teil noch jetzt rechtlich ihrer Heimatgemeinde zugehörigen Arbeiter prägt, sondern bis tief in die Reihen der Liberalen hinein die Ansichten über die entscheidenden agrarpolitischen Fragen beeinflußt, wie wir gleich näher sehen werden. Jener Putschismus ist also insoweit nicht nur Ergebnis der augenblicklichen Situation. Aber natürlich wirkte diese ungemein in der Richtung seiner Verstärkung. Der „Ökonomismus" der „entwicklungsgeschichtlich" geschulten Ausländer geht, bei der jetzigen, scheinbar so hoffnungsvollen Machtlage, den organisierten Arbeitern nicht in den Kopf. Die Ljéninsche Richtung verwarf ihn denn auch prinzipiell in einer eigenen Resolution, welche besagt, daß die Ansicht: „die Organisation sei ein Prozeß", im Proletariat die „Elemente des revolutionären Bewußtseins zu schwächen" geeignet sei. Übrigens solle die „ökonomistische" Richtung von Lokalorganisationen kein Hindernis der Zugehörigkeit derselben zur Partei sein, falls sie sich der Disziplin fügen. Beide Gruppen gehen demgemäß praktisch vielfach zusammen – es besteht in Petersburg ein „Föderativrat", – zumal auch die Plechánowsche Gruppe bei Übersiedelung ihrer Führer nach Petersburg die weitgehendsten Konzessionen an den Gedanken der baldigen „Diktatur" des Proletariats hat machen müssen und dies, angesichts dessen, was wir in der deutschen Sozialdemokratie erleben, auch mit gutem „orthodoxen" Gewissen tun kann. Beide besitzen jetzt eine Petersburger Tageszeitung, die Plechánowsche Gruppe den „Natschalo", die Ljéninsche Gruppe die „Nowaja Shisnj". Beide Blätter erschienen trotz der Aufschriften: „Organ der sozialdemokratischen Arbeiterpartei" und „Proletarier aller Länder vereinigt euch" zuerst ungehindert. Nur wurde ein Redakteur der „Nowaja Shisnj", dann auch ein solcher des „Natschalo", angeklagt, weil die Programme der Blätter die Republik forderten, welche die Leitartikel übrigens nach wie vor vertraten. Der Ljéninschen Gruppe hatten sich auch die „erkenntnistheoretisch" von der Orthodoxie verworfenen oder ignorierten Richtungen, – so die „Empiriokritiker" wie Bogdanow u[nd] A[ndere] – angeschlossen. In der Redaktion des „Natschalo" befanden sich andererseits fast alle bekannteren Führer: Plechánow, Axelrod, Martow, „Starowjer", Totomianz, Rappoport, „Parvus" (Helphant), Wjera Sassúlitsch usw., von Ausländern: V. Adler, Bebel, Kautsky, Mehring, Rosa Luxemburg, Klara Zetkin, – mithin ist dieses Blatt auch international als „orthodox" anerkannt. (Die „Nowaja Shisnj" habe ich noch nicht zu Gesicht bekommen. Inzwischen sind sie jetzt beide unterdrückt). – Die Frage, wie stark die sozialistischen Organisationen heute politisch sind, was sie namentlich im Fall von Wahlen bedeuten würden, ließe sich wohl selbst in Rußland nicht sehr bestimmt beantworten. Genug, daß ihr Eifer im Werben und in der Detailarbeit gegenüber den Liberalen zweifellos weitaus größer ist und daß sie diesen an Zahl der Organisationszentren in den Städten nicht nachstehen, an Geschlossenheit der letzteren sie wahrscheinlich übertreffen. Aber dies ist nicht das allein Entscheidende: weit wichtiger ist, daß mit dem offenen Auftreten des – bei allen Seitensprüngen doch der Absicht nach – „korrekten" Sozialismus ein weiteres höchst wirksames „Element der Dekomposition" in die noch vor wenigen Monaten, im „Befreiungsbunde", immerhin weitgehend geeinigte antiautoritäre Bewegung getragen ist infolge des an scharf präzisierte *Dogmen* gebundenen spezifischen *Sekten*-Charakters der Sozialdemokratie. Wie dem konsequenten Jesuiten, so verleiht dem gläubigen Marxisten sein Dogma jenes Hochgefühl und jene nachtwandlerische Sicherheit, die jedes Schielen nach dem dauernden politischen Erfolge vermeidet, den Zusammenbruch aller Hoffnungen, – auch der eigenen, – auf Überwältigung des ihm mit anderen Richtungen gemeinsamen Todfeindes gleichmütig und, im Bewußtsein der eigenen Tadellosigkeit, höhnisch lächelnd hinnimmt, stets ausschließlich bedacht auf die Erhaltung des reinen Glaubens und – wenn möglich – die Vermehrung der eigenen Sekte um einige Seelen, und auf die „Entlarvung", der „Auchkatholiken" dort, der „Verräter des Volks", in den Nachbargruppen, hier. Genau dies ist das Verhalten der sozialdemokratischen Presse gegenüber dem „Block" (der Ausdruck ist nach Rußland übernommen worden). Eine Verständigung unter den oppositionellen Elementen ist damit unmöglich gemacht, während die – weiterhin noch zu erwähnenden – Programme der Sozialrevolutionäre gerade wegen der größeren Verschwommenheit ihrer dogmatischen Grundlage eine solche nicht ausschlossen, manche Sozialrevolutionäre, wie wir sahen, dem „Befreiungsbunde" zusammen mit radikalen Fürsten usw. angehörten.[44a])

Die am meisten hervortretende von den auf sozialistischem Boden stehenden

---

[44a]) Auch sonst ist das Verhalten ganz das uns wohlbekannte und trivial gewordene. Die „Revolution" forderte der unter Plechánows Mitredaktion erscheinende Natschalo (Nr. 3) und griff wütend die „bürgerlichen" Liberalen an, weil diese dafür nicht zu haben seien, – wissend, daß die Massen unter „Revolution" etwas sehr Konkretes verstehen. Schlagen nun die „Massen" los und schlägt der Putsch fehl, liegen, wie heute (27. Dezember)[,] in Moskau tausend bartlose Ideologen nutzlos auf dem Pflaster, – dann erklärt man den Aufstand für eine „unglückliche Leichtfertigkeit" und ist der Ansicht, daß nur im Falle der Sympathie des Bürgertums eine Revolution Erfolg haben könne. Frügen die „Massen" nun aber erstaunt, was denn dann die Forderung der „Revolution" bedeutet habe, – dann würden sie erstaunt hören, daß sie etwas höchst Abstraktes bedeute, weit abliegend von Dem, was sie sich darunter gedacht haben: ja, hätte man auf die Orthodoxie statt auf die Sozialrevolutionäre oder die Ljeninschen Ketzer gehört! Genau so flüchtet sich der in die Enge getriebene Apologet des Wunders dahinter, daß das eigentliche, und schließlich das einzige „Wunder" eben – die „Entwicklung" und das Alltägliche sei. Solche Amphibolien sind nicht etwa das Produkt irgendwelcher Unehrlichkeit. Plechánow hat ganz das gleiche schon in der November-Nummer seines „Dnjewnik" (3, S. 16 und 21) gesagt und an die „Kampfbereitschaft" des Ministers Lebœuf 1870 erinnert. Zurzeit fallen, führte er aus, die Ziele der Arbeiter und der Bourgeoisie zusammen. Sein eigener Angriff und die Resolution, welche die „Diskreditierung" der Liberalen forderte, hätten ihren Grund nur darin gehabt, daß Struve noch immer als „Marxist" gegolten habe. Das ist es: Sektierer sind Pfaffen: die Calvinisten in Holland verfolgten auch weder die Katholiken noch die Täufer so heftig wie die „Remonstranten". Im übrigen lagen die Dinge eben so, daß Plechánow, da er neben den geistig bedeutenden Theoretikern der Partei auch den ganzen Schwarm von Schwadroneuren (und Schwadroneusen) mit in den Kauf nehmen mußte, gar nicht die Macht besaß, dem Bedürfnis nach Phrasen und starken Worten innerhalb seiner Redaktion den Mund zu verbinden. Diesen Subalternen gegenüber ist *heute* in der Partei die „Intelligenz" machtlos.

(wenn auch nicht von der Partei geschaffenen) Arbeiterorganisationen ist zurzeit der „Arbeiterdeputiertenrat" (Ssowjet rabotschich deputatow) in Petersburg.[44b]) Er entstand, als nach den Metzeleien des 9. (22.) Januar die Regierung durch einen Senator (Schidlowskij) Fühlung mit den Arbeitern suchte und zu diesem Zweck zur Wahl von Deputierten aufforderte.[44c]) Die Arbeiter lehnten, da ihre politischen Bedingungen nicht akzeptiert wurden, die Verhandlungen ab, behielten aber die Vertretung – zunächst zu lokalen Zwecken – bei. Der „Arbeiterdeputiertenrat" besteht jetzt, nach den Ende November 1905 angenommenen Bestimmungen, aus Deputierten von jeder Fabrik mit mindestens 400 Arbeitern, ist also eine Vertretung der spezifisch großindustriellen Arbeiterelite auf lokaler, nicht fachvereinlicher Basis.[45]) Er hat jedoch in seiner Sitzung vom 28. November beschlossen, mit dem Verband der Fachvereine sich derart zu verbünden, daß Delegierte desselben zu den Sitzungen zugelassen werden. Die Frage, ob diese beschließende Stimme haben sollten, blieb bei der Abstimmung zweifelhaft und wurde, anscheinend, vertagt. Dagegen wurde beschlossen, dem später zu erwähnenden radikalen Bauernbund Sitz und Stimme im Ar-

---

[44b]) Über die entsprechende Organisation in Moskau und sonst ist mir nichts Näheres bekannt.

[44c]) Die Schidlowskische Kommission „zur Aufklärung der Ursachen der Unzufriedenheit der Arbeiter" schlug vor: Wahl von 15 Vertretern der Arbeitgeber, von 54 der einzelnen Branchen der großindustriellen Arbeiterschaft, zu verteilen auf die Werkstätten mit über 100 Arbeitern, zwecks Verhandlung miteinander unter Leitung der Regierungsvertreter. – Die Petersburger Fabrikanten lehnten am 27. Januar a. St. die Vorschläge mit dem Hinweis darauf ab, daß die Industrie „keine Wohlfahrtseinrichtung" sei und ihren Arbeitern „von selbst konzediere, was jeweils möglich sei". Die Einmischung des Staats stifte nur Schaden, zumal wenn die Regierung tumultuarischen Demonstranten konzediere, was sie Bürgern, die sich auf dem Boden des Gesetzes halten, abschlage. Reformen in der Staatsverfassung seien das einzige Beruhigungsmittel. – Andere Fabrikantenversammlungen antworteten ähnlich und schärfer, so die von Kostromà (Prawo Nr. 16, S. 1290): man solle statt alles anderen den Arbeitern das Koalitionsrecht und allen Bürgern Freiheit des Worts und Sicherheit der Person geben, dann würde ohne Staatseinmischung durch freie Vereinbarung alles geregelt werden. Die Regierung aber wolle, indem sie die Rolle des „Unparteiischen" bei den Verhandlungen spiele, den Haß der Arbeiter, der ihr, und nicht den Fabrikanten, gelte, auf die letzteren abwälzen. – Die Petersburger Arbeiter wählten ihre Vertreter, – aber *alsbald* und ohne daß diese irgend etwas „Staatsgefährliches" *getan* hätten, wurde ein Teil von ihnen verhaftet. Als dann die übrigen Deputierten protestierten, die Freilassung verlangten und die vorherige Verhandlung ablehnten, hob ein Ukas die Kommission auf.

[45]) Als charakteristisch für seine Gesamtauffassung sei etwa noch angeführt: dem Arbeiterdeputiertenrat wurde eine Bitte von 15 Arbeitern einer Instrumentenwerkstatt vorgelegt, welche diese als „Kooperativwerkstatt" unter der Ägide des Deputiertenrats „gründen" wollten. – Antwort: dies sei für Sozialisten unzulässig, da die Anteilhaber alsdann Aktionäre werden und Lehrlinge beschäftigen könnten, wenn sie das Eigentum daran besäßen. Anders, wurde gesagt, würde die Sache liegen, wenn die Werkstatt als Eigentum der sozialdemokratischen Partei, „wie in Belgien", oder des Arbeiterdeputiertenrats gelten solle. – In charakteristischem Gegensatz hierzu verfolgt die „American Federation of Labour" mit Feuer und Schwert jede Genossenschaftsgründung in den Reihen der Gewerkvereine, welche nach dem „Belgium Scheme" und nicht nach dem „Rochdale Scheme" gegründet wird.

beiterdeputiertenrat zu geben. Was seine allgemeine Haltung anlangt, so verhielt er sich zunächst unschlüssig zur Frage des *abermaligen* politischen Generalausstandes (Ende Nov.)[45a]. Es wurde in der Sitzung vom 28. November geltend gemacht, daß er zuviel koste. Vor ziellosen Revolten und Provokationen wurde in den „Iswjestija" des A.-D.-R. wiederholt gewarnt. Abgesehen davon, daß hier die ökonomisch und politisch entwickeltste, deshalb berechnendste, Schicht der Industriearbeiter vertreten ist, mag hierin auch eine Nachwirkung der ursprünglichen Haltung der Plechánowschen Richtung, welche an der Bildung der Organisation stark beteiligt war, zu erblicken sein. Inzwischen hat sich dies geändert. Die Verhaftung seines Präsidenten, des Advokaten Chrustaljow-Nóssarj, – einer bisher, soviel bekannt, politisch nicht hervorgetretenen Persönlichkeit,[46]) – wegen aufrührerischer Propaganda, veranlaßte eine scharfe Resolution zugunsten des alsbaldigen bewaffneten Aufstands. Gleichzeitig trat der radikale *„Verband der Verbände"* („Ssojús Ssojúsow") an den Arbeiterdeputiertenrat und, durch eine öffentliche Kundgebung, gleichzeitig auch an alle übrigen isolierten Verbände innerhalb Rußlands mit dem Vorschlag der Bildung eines „Allgemeinen Verbandes" („Obschtschij Ssojús") heran, welcher den Arbeiterdeputiertenrat, den Bauernbund, die Fachvereine, namentlich diejenigen der Eisenbahner und der Post- und Telegraphenbeamten und alle zum „Verband der Verbände" gehörigen Organisationen umfassen sollte. – Den Kern des anscheinend Anfang Mai konstituierten „Verbandes der Verbände" bildeten die freien Vereinigungen *liberaler* Berufe, welche im Laufe der ersten Monate des Jahres 1905, speziell seit dem Manifest vom 18. Februar, sich massenhaft zum Zweck der Verfolgung in erster Linie politisch-demokratischer Ziele gebildet haben: die „allrussischen" Verbände der Advokaten, Ärzte, Ingenieure, Journalisten, Buchhändler, Volksschullehrer, Mittelschullehrer, Agronomen und Statistiker, Pharmazeuten, Veterinäre, auch staatlicher Beamter: – z. B. ist Graf Tolstoj, Sekretär des Reichsrats, wegen Zugehörigkeit gemaßregelt worden, – wozu ferner Vertreter von Versicherungsangestellten, Comptoiristen, Schauspieler sowie der Frauenrechts- und Judenrechtsbund traten. Die Gesamtzahl der Organisationen, welche sich dem „Verband der Verbände" angeschlossen haben, betrug anfangs 14, ist offenbar im Fluß und im Ausland nicht festzustel-

---

[45a]) Beim *ersten* Generalstreik (Oktober) wandte er sich an die Unternehmer mit einem Aufruf, der sie zur Schließung der Fabriken aufforderte mit dem Hinweis, daß ja auch ihre Interessen an Freiheit und Rechtssicherheit von der Arbeiterschaft verfochten würden. – *Dies* sei, meinte Plechánow in seinem „Dnjewnik", „der richtige Ton, mit der Bourgeoisie zu verkehren".

[46]) Sein Lebenslauf in der Russj (2./15. Dezember) ergibt, daß er aus der Ukraine stammt und, nachdem er die Universität absolviert hatte und „vereideter Anwalt" geworden war, in einer Druckerei als Arbeiter eintrat, – der Tradition des alten radikalen „Narodnitschestwo" treu. Nach dem Ende der Verhandlungen mit dem Senator Schidlowskij war er es, der die Arbeiterkommission veranlaßte, zusammenzubleiben. – Die Berechtigung, den Namen Chrustaljow zu tragen, spricht ihm der in den „Nowosti" abgedruckte Ministerialbericht ab.

len.⁴⁶ᵃ) (Auch ein Aufruf der *Polizei*beamten von Moskau z. B. forderte unter Hinweis auf die „gewaltige Macht" dieses Verbandes die „Genossen" zur Organisation auf.) Ebenso ist der allgemeine Zweck und Charakter dieser Verbände offenbar kein gleichmäßiger. Manche verfolgten tatsächlich, wenigstens *auch*, fachliche Interessen, andere aber und die Mehrzahl, wesentlich allgemeinpolitische. Es konnte im Verlauf des letzten Jahres keine Lehrerkonferenz oder dgl. tagen, ohne eine Verfassungsresolution anzunehmen. Inzwischen hat aber der Verband, gleichzeitig mit seinem endgültigen Übergang in das „proletarische" Lager, seine Absicht bekundet, auf dem für Mitte Dezember einzuberufenden Kongreß den Charakter seiner Gliedverbände: ob rein professionell oder „professionell-gesellschaftlich", oder „professionell-politisch", einer Prüfung zu unterziehen. Trotz seines radikalen Charakters galt er eben den Proletariern noch immer als zu „bürgerlich" – der Ingenieur-Verband z. B. hatte die Republik als unpraktikabel ausdrücklich abgelehnt – und dem sollte wohl abgeholfen werden. Die im „Verband der Verbände" ursprünglich organisiert gewesene außerhalb der Semstwos stehende „Intelligenz" hatte aber schon von Anfang an einen überwiegend proletaroiden Charakter⁴⁶ᵇ), das „dritte Element" insbesondere ist zum sehr erheblichen Teil Träger teils „volkstümlerisch"-sozialrevolutionärer, teils modern-sozialistischer Ansichten, und dem entsprach seine Haltung. Der Verband boykottierte z. B. im Gegensatz zum „Befreiungsbund" die Bulyginsche Duma, und, was wichtiger ist, er trat in die konstitutionell-demokratische Partei nicht ein. Wie dieser, für die politische Lage der russischen „Intelligenz" wichtige Vorgang sich vorbereitet und abgespielt hat, bleibt für den ausländischen Beobachter vorerst im Dunklen,⁴⁶ᶜ) wie es überhaupt zurzeit unmöglich ist, von hier aus den Gang der inneren Entwicklung des „Verbandes der Verbände" auch nur in ihren Hauptzügen aus den widerspruchsvollen Zeitungsnotizen

---

⁴⁶ᵃ) Über die maßgebenden Persönlichkeiten der Bewegung ist hier kein genügendes Material zu gewinnen. In Petersburg treten neben Mjäkotin (früher Privatdozent in St. Petersburg und Professor am Lyceum, Schüler eines der Hauptvertreter der „volkstümlerischen" Richtung, Michailowskijs, 1904 nach mehrjähriger Verbannung aus Sibirien zurückgekehrt), *Annenskij* (s[iehe] Note 3), Grusenberg, Ssokolow, Miklashewskij und andere (die meisten davon wohl sozialrevolutionär gerichtete Rechtsanwälte) hervor. – Was die Finanzen anlangt, so hat z. B. der Verband der Veterinäre eine Besteuerung seiner Mitglieder in Höhe von 1% ihres Einkommens eingeführt.

⁴⁶ᵇ) Die ursprünglichen 14 Verbände waren: Akademiker, Advokaten, Agronomen, Statistiker, Ärzte, Veterinäre, Eisenbahnbedienstete, Journalisten und Schriftsteller, Semstwoangestellte, Frauenrechtsbund, Judenrechtsbund, Ingenieure, Kontoristen und Buchhalter, Lehrer und Pharmazeuten (Prawo, 24. Mai S. 1664). Der Verband hatte ein aus je 2 Delegierten jedes Verbandes bestehendes, mit weitgehender Vollmacht ausgestattetes Exekutivkomitee und eine mindestens alle 2 Monate zusammentretende, nach Verbänden abstimmende Generalversammlung. An der Beratung des Zentralkomitees vom 5. Dezember nahmen teil: Frauen- und Judenrechtsbund, die Verbände der Ingenieure, Mittel- und Volksschullehrer, Ärzte, Kontoristen, Pharmazeuten, Advokaten, Förster, Schriftsteller, staatlicher Beamter, Bühnenangestellten und der polnische Verband der Verbände.

⁴⁶ᶜ) Es ist hier z. Z. nicht einmal feststellbar, daß und in welcher Form seitens der anderen Gruppen an den „V[erband] d[er] V[erbände]" herangetreten wurde.

zusammenzustellen. Ein innerer Antagonismus des in ihm so wichtigen „dritten Elementes", welches sich als intellektueller Träger der Leistungen der Semstwos fühlt, gegen die allein die entscheidende Stimme führenden Ehrenamtsmitglieder aus den besitzenden Klassen liegt in sehr verständlicher Art in den Verhältnissen. Der politische Umschwung, den Witte im Oktober durchsetzte, kam, zumal er als Wirkung des Streikes erschien, so rasch, daß er die materielle Schwäche des alten Regimes wesentlich größer erscheinen ließ, als sie ist: Die Unmasse von professionellen Verbänden, welche sich auf Grund der plötzlichen Freiheit bildeten,[47]) stand durchweg unter dem Einfluß der jubelnden Hoffnung auf die endgültige Abwerfung des furchtbaren Druckes der Selbstherrschaft. Die Bedeutung der Bundesgenossenschaft eines Teiles des „Besitzes" liegt in solchen Momenten nicht so an der Oberfläche, um politisch gewürdigt werden zu können.[47a]) Nach der Auflösung des „Befreiungsbundes" wuchs vielmehr der Einfluß der putschistischen Elemente der Sozialdemokratie, welche das Bündnis eines Teiles der Sozialrevolutionären mit dem Bürgertum mit tiefer Antipathie angesehen hatten und je länger je entschiedener bekämpften, auf die radikale Intelligenz innerhalb des Verbandes. Der „radikale" Charakter hing im übrigen bei ihm, wie bei anderen freien Organisationen[,] von Beginn an damit zusammen, daß bis zum Oktobermanifest manche „gemäßigten" Elemente in den liberalen Berufen sich von jeder Organisation, weil sie gesetzlich ja illegal war, fernhielten.[48])

Die vom Verband der Verbände vorgeschlagene Vereinigung der radikalen

---

[47]) Darunter mancherlei Tragi-Komik: Die Mitglieder des Petersburger Konservatoriums z. B. vereinigten sich, um dafür einzustehen, daß die „Zukunftsmusik" (sic) nicht, wie jetzt, durch „die Bourgeoisie" (?nur?) in Café-Chantants und Operetten erniedrigt werde (Protokoll in der Russj). – Das Motiv ist wesentlich idealistischer als die Forderung, mit der 1848 die als Zunft konzessionierte einzige Göttinger Musikkapelle an die Universität herantrat: in einer Zeit der Abschaffung aller Privilegien auch auf das Recht der Universität, Kapellen von auswärts kommen zu lassen, zu verzichten (Gewährsmann: mein hochverehrter väterlicher Freund Prof. F. Frensdorff). – Die Verbände der Mittelschüler, welche die Wahl ihrer Lehrer in Anspruch nahmen, entsprachen italienischen Vorgängen ähnlicher Art. – Die *rein* professionellen Verbände und Gewerkvereine bleiben einer besonderen Darstellung vorbehalten.

[47a]) Trotzdem erklärte der „Allrussische Verband der Eisenbahnbediensteten" bei seiner Gründung (Nr. 17 des Prawo), daß *er infolge der sozialen Differenzierung* seiner Mitglieder (Arbeiter, Maschinisten, Ingenieure, Verwaltungsbeamte) nicht auf dem Boden einer einzelnen Partei stehen könne, wohl aber, den gemeinsamen Grundsätzen der demokratischen Parteien gemäß, das „viergliedrige" Wahlrecht vertreten wolle. Der „Bund der Eisenbahnbediensteten des Moskauer Netzes" dagegen bekannte sich *exklusiv* zur Ljeninschen Sozialdemokratie und stellte sich als Ziel, die Revolution durch den Eisenbahnausstand zu stützen. Die Plechanowsche Gruppe endlich zog sogar die Pflege des „Nurgewerkschaftlertums" dem Eintreten in ein Bündnis mit der bürgerlichen Demokratie vor.

[48]) Die Liberalen pflegten im übrigen jedes Einschreiten der Polizei gegen einzelne Mißliebige wegen illegaler Vereinsbildung mit massenhaften Selbstdenunziationen zu beantworten. Trotz aller Illegalität wurden die Sitzungen in den Zeitungen annonciert, oder durch Anschlag bekannt gemacht. Gerade das war das prinzipiell Bedeutungsvolle bei der Bildung der zum „V[erband] d[er] V[erbände]" gehörigen Fachverbände, daß sie

Intelligenz mit den politisch organisierten Arbeitern und dem Bauernbunde sollte wesentlich auf der Grundlage der Forderung der „konstituierenden" Reichsduma, des Prinzips der Volkssouveränität also, erfolgen. Und zwar sollte, auf Verlangen der Polen, nach dem, die Sache äußerst „einfach" lösenden, Beschluß vom 20. November sowohl eine Reichsduma, wie je eine konstituierende Duma für Polen, Finnland und alle Gebiete, welche es wünschen, jedoch: „unter Wahrung der Reichseinheit", zusammentreten. – Die Frage, ob die erste Duma eine „konstituierende" sein sollte, hatte auch die Semstwokonstitutionellen beschäftigt. Das konstitutionell-demokratische Parteiprogramm hielt an ihr fest. Die Moskauer Uprawa hatte noch, als das Telegramm des Grafen Witte um Entsendung von Parteivertretern an ihn eintraf, beschlossen, von der Stellung von Einzelforderungen abzusehen, da „die einzige Forderung die Einberufung der Konstituante sein könne". In dem Novemberkongreß hatte die von Miljukow vertretene Resolution des Bureaus in Übereinstimmung mit dem ursprünglichen Programm des „Befreiungsbundes" ebenfalls eine konstituierende Versammlung verlangt, welche „mit Genehmigung des Herren" die Verfassung „ausarbeiten" sollte.[49] Man hatte aber, u.a. auf Grund einer Rede Maxim Kowaljewskis, der erklärte, an sich sehr gern, wie in Paris, in einer Republik leben zu wollen, aber nach Lage der Verhältnisse in Rußland Monarchist zu sein, diese „nach Republik schmeckende" Wendung beseitigt.[49a] Die Sozialdemokraten ebenso wie die radikalen Elemente des Befreiungsbundes, die Sozialrevolutionären und der Verband der Verbände, schon seit seiner konstituierenden Versammlung, bestanden dagegen auf dem „konstituierend" als einem Kardinalpunkt. Der Riß zwischen „bürgerlicher" und „proletarischer" Intelligenz, der natürlich nicht auf diesem läppischen Einzelpunkt beruht, verbreitete sich dann unter dem Eindruck des Mißerfolges der ersteren, von Witte „Garantien" zu erhalten. Je weiter auf der einen Seite die Anarchie um sich griff, und je häufiger die polizeilichen und militärischen Eingriffe der Regierung wurden, je länger vor allem die Verkündung des Wahlgesetzes und die Ausschreibung der Wahlen auf sich warten ließ, desto höher schwoll, zumal nach der äußerst kühlen unverbindlichen Antwort des Ministerkonseils an das Bureau der Semstwovertreter,[50] die Flut des republikanischen Radikalismus. Der „Verband der Verbände" sprach schon in der erwähnten öffentlichen Kundgebung betreffend die Gründung des „allgemeinen Verbandes" die Überzeugung aus, daß nur bewaffneter Aufstand das Mittel zur Erlangung der Freiheit sei. Er publizierte gleichzeitig das Projekt einer konstituierenden Versammlung, welche, in 968 (!) Wahlkreisen des Reichs[,] von allen über 21jährigen Bürgern beiderlei Geschlechts gewählt, die gesamte gesetzgebende, ausführende *und richterliche* Gewalt in

---

politische *Verbände waren und doch nicht „konspirativ", sondern in voller Öffentlichkeit, sich bildeten und tagten.*

[49]) Russj vom 10. November Nr. 15.

[49a]) Die Forderung der Konstituante wurde auf dem Novemberkongreß mit 137 gegen 80 Stimmen abgelehnt. Die erste Reichsduma sollte „konstituierende Funktionen" erhalten.

[50]) Abgedruckt in der „Russj" v[om] 2. Dezember.

sich vereinigen sollte: die Diktatur der „*Masse*" also und die Schaffung eines monströsen zentralen Revolutionstribunals. Kurz darauf erschien ein „Manifest" des Arbeiterdeputiertenrats, welches zur Entnahme aller Sparkassenguthaben und Depots, zur Zurückweisung aller papiernen Zahlungsmittel und zu deren Präsentation zur Einlösung aufforderte, da der Staatsbankerott vor der Türe stehe.[51]) Die Regierung antwortete auf diese und einige ähnliche Publikationen mit der Verhaftung des Vorstandes des „Verbandes der Verbände" und aller Redakteure der Zeitungen, welche die Manifeste abdruckten. Der darauf proklamierte Generalstreik kann nur der Anfang des Rückschlags sein. Aber die starke Diskreditierung, welche auf der Demokratie nach solchen Fehlschlägen lasten wird, trifft natürlich nicht nur diejenigen, welche die aussichtslose Kraftprobe inszeniert haben, sondern wirkt auf die Gesamtlage auch der konstitutionellen Bewegung zurück, deren Nichtteilnahme von den Massen der Mißerfolg zugeschoben wird.

Innerhalb der städtischen Arbeiterschaft, die auf der anderen Seite ja auch von den christlichsozialen[52]) und sozialrevolutionären Anhängern des äußersten Radikalismus bearbeitet wird, und innerhalb der Gruppe der „freien Berufe" sind also die Chancen der bürgerlichen Demokratie im Falle eines demokra-

---

[51]) Abgedruckt z. B. Russj vom 2. Dezember.

[52]) Freilich z. Z. wohl ohne Erfolg. In den Zeitungen (z. B. in Nr. 19 der Russj vom November 1905) wurde ein Aufruf der „Gaponschen Organisationsgruppe" an die „Genossen" zur Wiederaufnahme ihrer Tätigkeit abgedruckt. Alsbald aber verurteilten die Sozialrevolutionäre Gapon als „Volksverräter und Agenten der Regierung" zum Tode. Er selbst ist z. Z. im Ausland. Die Versammlungen seiner Parteigenossen werden von der Polizei auf der einen Seite, von den „korrekten" Sozialdemokraten auf der anderen Seite gesprengt. – G[apon]s Beurteilung pflegt auch im Ausland eine ungünstige zu sein, – mit immerhin zweifelhaftem Recht, soweit sein Charakter in Frage kommt. Jedenfalls wurde die Ansicht der Sozialrevolutionäre, wie die sozialistische Presse zeigte, trotz bitterer Feindschaft nicht allseitig geteilt. Daß er von der Autokratie mißbraucht worden ist, scheint kaum fraglich. Daß er aber seinerseits andere als aufrichtig „christlich-soziale" Ziele verfolgte, ist durchaus nicht nachgewiesen. Man denke an den Schaden, welchen so manche „königstreue" Ideologen christlich-sozialer Färbung bei uns der Arbeiterbewegung zugefügt haben. – Er selbst scheint – wie in ähnlichen Fällen sehr oft – keine sehr feste Ansicht zu haben. Gleichwohl hat er der Einigung der revolutionären Parteien Dienste geleistet. Der Versuch Gapons, nach den Januarvorgängen die Vertreter der Sozialrevolutionäre und Sozialdemokraten der verschiedenen russischen Gebietsteile zu einer Einigung zu bringen, hat s. Z. – nachdem sich die orthodoxe Sozialdemokratie der Teilnahme versagt hatte – die Einigung einer erheblichen Anzahl von sozialrevolutionären Gruppen: Russ[ische] Sozialrevolutionäre Partei, Polnische Sozialisten, Grusische Partei der Sozialistisch-Föderalistischen Revolutionäre, Lettischer Sozialdemokratischer Bund, Weißrussische Sozialistische Gromada, Armenische Revolutionäre Föderation, Finnländische Partei des aktiven Widerstandes, auf einen Aufruf hin gezeitigt, welcher den bewaffneten Aufstand mit dem Ziele der Einberufung einer Konstituante in Rußland, Polen, Finnland verlangte. Die Ljeninsche Gruppe, der „Bund", die Lettische Sozialdemokratische Arbeiterpartei und die Armenische Sozialdemokratische Organisation verließen die Konferenz, weil der Vertreter des Lettischen Sozialdemokratischen Bundes nicht von der Teilnahme ausgeschlossen wurde. – Eine Darstellung der Geschichte und Eigenart dieser Organisationen wird hoffentlich in absehbarer Zeit von berufener Seite erfolgen.

tischen Wahlrechts wohl auch nach ihrer eigenen Meinung äußerst problematisch, obwohl ihr Programm alle Forderungen der westeuropäischen radikalen Sozialreformer enthält.[53]) Was anderseits die dünne Schicht der eigentlichen „Bourgeoisie" anlangt, so sind die Fabrikanten – die alten Träger des Nationalismus, wie sie uns v. Schulze-Gävernitz geschildert hat – ganz naturgemäß unter den Verhältnissen der letzten Jahre, wo die Plehwesche Regierung die Arbeiter zu gewinnen und gegen die „Intelligenz" auszuspielen suchte: – die elf Baracken, welche die Mittelpunkte der Gaponschen Bewegung bildeten, waren ja auf Regierungskosten gebaut, – zum Teil den Liberalen und selbst den Demokraten sehr nahe gerückt.[53a]) Indessen in der konstitutionell-demokratischen Partei vermißt man doch *alle* bekannteren Namen aus ihrer Mitte. Der Semstwo-Bewegung standen sie, wie wir sahen, ablehnend gegenüber, und das Programm des antiprotektionistischen „Befreiungsbundes" vollends konnte für sie nichts Anziehendes haben. Sozialpolitisch verhielt sich wohl die Masse ihrer Vertreter auch zu Anfang 1905 wesentlich reaktionär und hoffte auf Repression, – immerhin keineswegs einheitlich. Es finden sich nicht wenige Eingaben von Fabrikanten für Gewährung des Koalitionsrechtes.[53b]) Politisch scheinen sie jetzt sehr vielfach der später zu erwähnenden „Partei der Rechtsordnung" oder dem dieser nahestehenden „Bunde des 17. Oktober" anzugehören. Immerhin sind sie nach den gemachten Erfahrungen nicht ohne weiteres für die Regierung gegen die Liberalen und für die Reaktion verfügbar. Als in einer Versammlung des „Verbandes der Händler und Industriellen" in Petersburg ein Vertreter der „Rechtsordnungspartei", Philin, zum Anschluß an die Regierung im Kampfe gegen den „Arbeiterdeputiertenrat" aufforderte, lehnten andere Redner dies scharf ab: die „Gesellschaft" müsse den Kampf allein führen. Suche der Verband jetzt Schutz bei der Regierung, so werde der Tag kommen, wo andere *gegen* ihn ebendort und mit demselben Erfolge Schutz suchen würden.[54])

Das Kleinbürgertum endlich, dessen voraussichtliche Haltung, wie immer, am undurchsichtigsten ist, wird durch seine Judenfeindschaft doch wohl überwiegend am Anschluß an die Liberalen behindert sein, – darauf läßt seine immerhin starke Beteiligung an der Bewegung der „Schwarzen Banden" schließen. Freilich ist nicht zu vergessen, daß in den Großstädten und in einigen „verdächtigen" anderen Orten[55]) die gegenwärtige Organisation der Polizeispionage, die z.B. in allen Häusern einen mit der Kontrolle der Bewohner betrauten Hausmeister (Dwornik) verlangt, den Hausbesitzern solche Verantwortlichkeiten und auch Kosten[56]) auferlegt, und daß überall der Paßzwang, die

---

[53]) Zwangsversicherung, Zwangsschiedsgerichte, Achtstundentag (als Prinzip) etc.
[53a]) Die größten Petersburger Firmen erklärten dem Ministerium am 31. Januar a. St. in einer Eingabe, daß nur „gründliche Reformen allgemeinpolitischen Charakters", nicht aber administrative Einmischung in das Arbeitsverhältnis, die Arbeiter „auf den Weg des Gesetzes" zurückbringen könnten. Ebenso die Moskauer Großindustrie (Prawo S. 588).
[53b]) So aus Warschau (Prawo Nr. 7 S. 505), Moskau (das. Nr. 8 S. 590) und sonst.
[54]) Russj vom 1./14. Dezember.
[55]) Odessa, Charkow, Wilna z.B.
[56]) Ein Dwornik (oft eine größere Zahl) ist freilich in den großen Mietshäusern schon

„administrative" – d. h. der Rechtsform entbehrende – Verschickung und die mangelnde Sicherheit der Wohnung vor jederzeitiger, mit Vorliebe nächtlicher, Durchsuchung ein solches Maß grenzenlos gehaßter Abhängigkeit von bestechlichen und willkürlichen Subalternen schafft, daß für die nächsten Jahre der Protest hiergegen wohl stärker sein wird als alle anderen Rücksichten. Mit einem System, welches dies Mittel benötigt, ist ein *dauerndes* Kompromiß faktisch unmöglich geworden.

Aber die für die Zukunft nicht nur der konstitutionell-demokratischen Bewegung, sondern, was wichtiger ist, ihrer fundamentalen Programmpunkte und darüber hinaus für die Chancen einer, im westeuropäischen Sinn, freiheitlichen „Entwickelung" entscheidende Frage ist und bleibt doch die Stellung der *Bauern*. Sie bleibt es auch dann, wenn ein Zensuswahlrecht den Liberalen die Mehrheit geben sollte: dann hätte, falls die Bauern reaktionär sind, eine reaktionäre Regierung sie jederzeit als Rute für eine widersetzliche Duma zur Verfügung. Tatsächlich ist denn auch das Programm der bürgerlichen Demokratie ganz wesentlich auf die Bauern zugespitzt, gerade den Bauern möchte auch Peter Struve durch die Gewöhnung nicht nur an „Recht" im objektiven[,] sondern an „Rechte" im subjektiven Sinne, d. h. bei ihm: an die „Menschenrechte" des englischen Individualismus, zur „Persönlichkeit" machen.[56a]) Mit dem größten Nachdruck wird immer wieder betont, daß im Zentrum aller Fragen die Agrarreform stehe, daß die politischen Reformen wesentlich ihr und sie wieder der politischen Reform zugute kommen werde und müsse. Aber freilich: damit ist noch nicht gesagt, daß die Bauern selbst demokratisch sein werden. Peter Struve und ebenso die Verfasser des Entwurfs verlassen sich in dieser Hinsicht wesentlich auf die ökonomischen Interessen der Bauern, deren Forderungen in dieser Hinsicht eine reaktionäre Regierung gar nicht befriedigen *könne*. Man fragt also, welches denn jene Forderungen der Bauern selbst und welches diejenigen der demokratischen Agrarreformer in deren Interesse sind. – Schon die Februar-Versammlung der Semstwos hatte sich mit der Agrarfrage befaßt und dabei das seitdem für die liberale Agrarreform charakteristisch gebliebene Schlagwort von der „Vervollständigung" (dopolnjénije) des bäuerlichen Landanteils (nadjél) ausgegeben, alles weitere aber einer Spezialberatung vorbehalten.[56b]) – Das Programm des „Befreiungsbundes" vom März 1905 stellte alsdann folgende unter agrarpolitischen Gesichtspunkten erhebliche Forderungen auf: 1. Abschaffung der Loskaufszahlungen der Bauern (inzwischen von der Regie-

---

für das Schleppen des Heizholzes usw. unentbehrlich. Versammlungen des Verbandes der Dworniks in den Hauptstädten protestieren jetzt gegen die Übernahme jener Polizeifunktionen.

[56a]) Mit dieser Forderung giebt er auch den gemeinsamen Grundgedanken zahlreicher Erklärungen aus den Semstwokreisen an Wittes „besondere Kommission" wieder. Die Forderung der „Menschenrechte" für den Bauern bildete ebenso Punkt VI, Nr. 1 der Resolutionen der früher erwähnten Schipowschen Semstwokonferenz von 1902.

[56b]) Auch hier bleibt die Vorgeschichte außer Betracht. Auf die Formulierung des Agrarprogramms hatten Darlegungen *Bulgakows* im „Osswob[oshdjenije]" erheblichen Einfluß.

rung – zur Hälfte für 1906, ganz für 1907 – beschlossen,[57]) – 2. Ausstattung der landlosen und mit ungenügendem Landanteil versehenen Bauern mit Land durch Aufteilung der Domänen-, Apanagen- und Schatullgüter und, in Ermangelung solcher, durch *Expropriation* privater Grundbesitzer, – 3. Bildung eines staatlichen Landfonds behufs planmäßiger innerer Kolonisation, – 4. Reform des Pachtrechtes, derart, daß dem Pächter die Meliorationen gesichert werden, und Schiedsgerichte „zur Regulierung der Pachtzahlungen im Interesse der Arbeitenden" und für Streitigkeiten zwischen ihm und dem Verpächter. – 5. Ausdehnung der Arbeitergesetzgebung auf die Landarbeiter „nach Maßgabe der Grundbedingungen der Landwirtschaft". – Dazu treten folgende weitere offensichtlich „physiokratisch" gefärbte Programmpunkte: stufenweise Abschaffung der indirekten Besteuerung und Entwickelung der direkten Steuern auf Grundlage der progressiven Einkommensteuer,[57a]) Abschaffung der protektionistischen Begünstigung einzelner Unternehmer unter gleichzeitigem „kräftigen Schutz der Entwickelung der Produktivkräfte des Volkes": eine stufenweise Herabsetzung der Zölle werde – so wird gesagt – „der Verbesserung der Lage der Landwirtschaft, ebenso aber der Blüte der Industrie zugute kommen". Die völlige Abschaffung der indirekten Steuern lehnte Peter Struve in einer Kritik des Entwurfes wegen ihrer budgetmäßigen Bedeutung als ein „redaktionelles Versehen" ab. Indessen scheint gerade dieser Punkt bei denjenigen Landwirten, welche einer liberalen Führung eventuell folgen würden, populär zu sein. Eine den Eindruck der „Echtheit" machende Eingabe von 56 „schreibkundigen" und 84 analphabetischen „bürgerlichen" Landwirten des Kreises Cherson z.B. forderte ebenfalls die Abschaffung der Abgaben auf Tee, Zucker, Maschinen und Streichhölzer, ebenso andere ähnliche unzweifelhaft bäuerliche Petitionen, die man in Massen in Zeitungen und Zeitschriften wiedergegeben finden kann. Daß die progressive Einkommensteuer heute in Rußland finanzell keinen Ersatz für Finanzzölle und Verbrauchsabgaben liefern würde, liegt, – um wenigstens dies zu bemerken – auf der Hand: es fehlen, von den ökonomischen abgesehen, vorerst auch die moralischen Voraussetzungen einer wirklich wirksamen derartigen Besteuerung, die heute bekanntlich aus dem gleichen Grunde selbst in den Vereinigten Staaten unmöglich ist. Es bleibt auch durchaus dunkel, mit welchen

---

[57]) Man hat gelegentlich darauf hingewiesen, daß die Höhe dieser Zahlungen, pro Kopf berechnet, nicht die Ausgaben pro Kopf für Branntwein übersteigen. Allein der Druck liegt bekanntlich darin, daß sie, und zwar sehr stark, progressiv „nach unten" sind, d.h. die erste Dessjätine Land bei der Ablösung mit der höchsten Rente belastet wurde. Diese Bestimmungen waren ein Interessenkompromiß zwischen den Gutsbsitzern der „schwarzen Erde", welche die Bauern *ohne* Land eventuell selbst gratis freigeben, und den Gutsbesitzern des mageren Zentrums, welche von dem gewerblichen Arbeitsverdienst ihrer auf „Obrok" gesetzten Leibeignen lebten und das Land, nicht aber die Personen, eventuell gratis hergeben wollten.
[57a]) Das Programm der konstitutionellen Demokraten (Punkt 30–35) fordert Entwicklung der direkten Steuern (progressive Einkommens-, Vermögens-, Erbschaftssteuer) auf Kosten der indirekten unter Beseitigung der Besteuerung und Bezollung der Massenkonsumartikel.

Geldmitteln die gewaltigen Reformen, welche hier verlangt wurden, bei einem derartigen Finanzprogramm durchgeführt werden sollten. – Doch, kommen wir zu jenen Reformen selbst zurück.

Es muß deutschen Lesern zunächst aufgefallen sein, daß hier mit keinem Wort des charakteristischen Institutes der russischen Agrarverfassung, der Obschtschina (Mir) gedacht ist. Nun besteht die gegenwärtige Bauernfrage freilich ganz und gar nicht etwa nur in den Gegenden mit Feldgemeinschaft,[57b] d. h. im Zentrum und in den östlichen Schwarzerdegebieten und allem, was davon nördlich und nordöstlich liegt. Im Gegenteil: sie durchzieht das ganze weite Reich von der Ostsee bis in die Steppe und ist in einigen Gebieten Kleinrußlands ebenso brennend, wie etwa im Moskauer Gebiet. Aber allerdings sind die agrarpolitischen Probleme des zur Hegemonie berufenen großrussischen Stammes sämtlich mit der Feldgemeinschaft direkt oder indirekt verknüpft und umfaßt ihr Ausbreitungsgebiet ebenso die kompakteste Masse der Bauern wie die hauptsächlichsten Verbreitungsgebiete chronischen Massenelends. Vor allem aber ist ihr „ideelles" Verbreitungsgebiet ein durchaus universelles: die ganze sozialpolitische Parteibildung Rußlands ist mit dem seit Jahrzehnten leidenschaftlich umstrittenen Problem ihres weiteren Schicksals aufs engste verknüpft, sie beschäftigt die Phantasie der Massen ebenso wie der Sozialpolitiker aller Schattierungen und bestimmt ihr Empfinden entschieden weit über das Maß ihrer unmittelbaren realen Bedeutung hinaus. Eben dies gibt freilich wohl auch Aufschluß über einen der Gründe, aus welchen das Programm der Liberalen von ihr schweigt. Es unterliegt keinem Zweifel, daß darin auch eine Konzession, auf der einen Seite an politisch liberal gewordene Slawophile und „Volkstümler", auf der anderen an die Sozialisten, Sozialrevolutionäre und Bodenreformer liegt, welche alle aus entgegengesetzten Gründen einem ausdrücklichen Angriff auf die Feldgemeinschaft nicht zustimmen könnten, während andererseits die spezifischen ökonomisch Liberalen, zumal gerade solche Individualisten, die, wie Struve, eine streng marxistische Schule durchgemacht haben, eine Anknüpfung agrarpolitischer Reformvorschläge an sie als „utopisch" bekämpfen müßten.

Im übrigen erklärt sich dieses Schweigen aber natürlich daraus, daß die gesetzgeberische Behandlung dieses Problems, in welcher Richtung immer sie erfolgen mag, ein Jahrzehnt in Anspruch nehmen muß und daß für praktische Politiker heute sehr viel dringlichere agrarpolitische Aufgaben im Vordergrund stehen. Immerhin muß schon der erste Schritt einer irgendwie großzügigen Agrarpolitik mit der Feldgemeinschaft zusammenstoßen. Deshalb und bei dem erwähnten prinzipiellen Interesse, welches die Frage bietet, sei es gestattet, die Stellungnahme der Parteien zu ihr hier wesentlich *stärker* in den Mittelpunkt zu rücken, als dies, ganz natürlicherweise, im Augenblick in Rußland geschieht.

[57b] Unter „Feldgemeinschaft" ist hier stets jenes System (der sog. „strengen F[eld]-G[emeinschaft]") verstanden, bei welchem der Einzelne seinen Anteil (Ackerland etc.) nicht von der Familie erbt, sondern von der Gemeinde (durch Umteilung) zugewiesen erhält.

Eine von Prof. M. Hertzenstein, Prof. A. Manuilow, Fürst Peter Dolgorukow unterzeichnete Einladung zu einem Kongreß über die Agrarfrage auf den 30. April 1905 nach Moskau stellte u. a. folgende Vorschläge zur Diskussion auf demselben: 1. Zwangsenteignung von privatem Gutsland und Verwendung aller Domänen und eines Teiles der Apanagen-, Schatull- und Klostergüter als „Landfonds" zur Vermehrung des Besitzes der mit geringen Anteilen, insbesondere dem sog. „Bettellandanteil", ausgestatteten Bauern, 2. staatliche Regulierung der Pachtbedingungen, 3. staatlich organisierte mit Staatskredit und durch Korporationsbildung unterstützte Um- und Auseinandersiedelung und 4. gründliche Umgestaltung der Landvermessungs- und Feldbereinigungsgesetzgebung.

Die Resolutionen dieses Agrar-Kongresses,[58]) an welchem auch einige der jüngeren russischen Agrarstatistiker: Tschuprow, Kaufmann u. a., teilnahmen, forderten: Maßregeln für ein „Landarrangement" zugunsten aller Schichten der landlosen Bevölkerung, welche (auch als Pächter) einen selbständigen Landwirtschaftsbetrieb führen (Punkt 6). Und zwar sei nur durch Ergänzung des heutigen Landanteils der Bauern eine bauernfreundliche Agrarpolitik möglich. Das Land, welches diesem Anteil zuzufügen sei, solle nicht nur aus dem Domänenareal, sondern auch aus Teilen des Apanagen- und Klosterguts und des privaten Grundbesitzes genommen werden. Denn wegen der ungenügenden Quantität des zu einer Umsiedelung großen Stils überhaupt zur Verfügung stehenden Landes (Punkt 3)[59]) seien nur durch den Ankauf eines Teiles der Privatbesitzungen „fühlbare Resultate" zu gewinnen (Punkt 7). Demgemäß solle das erforderliche Privatland vom Staat gekauft und dem staatlichen Landfonds zugeschrieben werden, um dann vom Staat an die Bauern „auf der festzustellenden Grundlage" abgegeben zu werden (Punkt 8).[59a]) Denn die Tätigkeit der gegenwärtig bestehenden, von der Regierung geschaffenen „Bauernbank", – welche dem Zweck dient, den Übergang von Gutsland in die Hände der Bauern durch Kauf zu vermitteln[,] und deren Befugnisse soeben (November) wieder erweitert worden sind, – führe, schon wegen ihres „kommerziellen" Charakters, nur zur spekulativen Steigerung der Bodenpreise (Punkt 5), eine

---

[58]) Leider fehlen mir gerade hier wieder die gleichzeitigen Zeitungsberichte oder anderes authentische Material und war dies auch aus Rußland zurzeit nicht rechtzeitig zu beschaffen. Die programmatischen Ansichten der Referenten sind in dem von Fürst P. Dolgorukow und J. J. Petrunkjewitsch herausgegebenen Sammelwerk „Agrarnyj Wopross" niedergelegt, welches ich in späteren Heften, – wenn ich es erhalten habe, – zu besprechen hoffe. –

[59]) Diese Desillusionierung bezüglich der Chancen einer Massenkolonisation in Sibirien oder dem Südosten ist im wesentlichen das Verdienst der Arbeiten A. Kaufmanns. Er weist, im Jeshenjedjelnyj Shurnal dlja wssjêch, 1905 Nr. 10 darauf hin, daß die Illusionen in dieser Beziehung bei vielen Liberalen noch Anfang 1905 bestanden haben.

[59a]) Hierzu ist zu bemerken, daß die Vorschläge der Referenten einen *unveräußerlichen* staatlichen Landfond schaffen wollten, der also nur der Nutzung nach an die Bauern abgegeben werden sollte: also wenigstens partielle *dauernde* Bodenverstaatlichung. Der Kongreß lehnte dies ab.

"allgemeine Bodenverstaatlichung" aber sei „zurzeit" eine Utopie (Punkt 3). – Als quantitatives Ziel stellte, soweit aus der Zeitungspolemik einigermaßen Zuverlässiges zu entnehmen ist, Tschuprow als Referent die Zuteilung eines „Nadjéls" an die einzelnen Bauernfamilien auf, welcher dem Umfang des im Manifest von 1861 versprochenen gleich komme: er dachte also die neue Bodenteilung historisch als Fortsetzung und Durchführung der unvollendeten Agrarreform des „Zar-Befreiers" zu motivieren, – was in der Tat ja den Vorstellungen der Bauern entgegenkäme, die nach wie vor der Meinung sind, daß sie um das vom Zaren Versprochene durch Beamte und Gutsbesitzer betrogen seien. Zugleich aber dachte er sie auf diese Weise auch zu *begrenzen*. Denn unter dem „Ukasnyj Nadjél" verstand Tschuprow, – wie aus der Zeitungspolemik wenigstens mit ziemlicher Sicherheit hervorzugehen scheint, – den bäuerlichen Maximalanteil der Befreiungsgesetzgebung, welcher in je nach den Rayons verschiedener Größe von 3½–8 Dessjätinen (3,8–8,7 ha) festgestellt war. Als Minimum des bei der Enteignung den Gutsbesitzern zu belassenden Landes sah er, auf der anderen Seite, ein Drittel ihres heutigen Besitzstandes an. Wie man sieht: ein Kompromißvorschlag mit einer notwendigerweise, und auch nach seinem eigenen Zugeständnis, willkürlichen Grenzziehung. Wie sich dies Programm der „dopolnjenije" zu der sozialistischen Forderung der „obrjeski" quantitativ verhalten würde, kann ich zurzeit nicht angeben. Bei der ziemlich erheblichen Verschuldung des adligen Grundbesitzes (über 1½ Milliarden) nahm man an, daß eine starke Verminderung des effektiven Aktivvermögens der bestehenden Grundeigentümerklasse durch jene Operation eigentlich nicht herbeigeführt werden würde. Nach den von Tschuprow vorgelegten Berechnungen würde, – wenn die Wiedergabe der Zahlen richtig ist, – die Durchführung seines Vorschlags von insgesamt 160 von ihm durchgerechneten Kreisen in 50 die Wegnahme von weniger als ¼, in 80 von ¼ bis zu ½, in 26 von mehr als ⅔ allen Privatlandes bedeuten, in 4 Kreisen würde selbst damit der Bedarf nicht gedeckt, hier also eine staatlich geleitete Umsiedelung unbedingt nötig sein, welche also in zusammen 30 Kreisen *dann* nötig würde, wenn man seinen Vorschlag, den Gutsbesitzern ein Drittel des Landes zu lassen, festhält. Die radikalen Mitglieder des Kongresses hatten den Maßstab des 1861 versprochenen Anteils nicht gelten lassen wollen, sondern gemäß der alten populären Idealforderung die Zuteilung von jedenfalls soviel Land verlangt, als die einzelne Familie, ohne Lohnarbeiter, bearbeiten könne: die unbedingte Anerkennung also des „Rechts auf Land". Dies entspricht den Traditionen der alten „Volkstümler", welche hofften, durch Zuteilung allen Landes nach dem „Seelen-Nadjél" (dem Bedarf) der Bauern, den ja, nach ihrer Theorie, nur die Peitsche des Hungers als Arbeiter in die Fabrik jagte, von dieser zu emanzipieren und damit dem verhaßten Todfeind, dem Kapitalismus, auch außerhalb der Landwirtschaft das ersehnte Ende zu bereiten. – Dagegen meinten liberale Adlige (Fürst Trubezkoj), das vorgeschlagene Mittel sei „palliativ für die Bauern, radikal für die Grundbesitzer": nach 12 Jahren – der seit 1893 gesetzlichen (wenn auch nicht faktischen) Frist zwischen zwei Umteilungen – würden die

Bauern den Rest des Landes verlangen. Auch von einer dem Projekt im ganzen freundlich gesinnten Seite wurde die Annahme ausgesprochen, daß in einigen Jahrzehnten der nicht bäuerliche ländliche Gutsbesitzer „nur noch eine Erinnerung" sein werde. – Von radikaler Seite wurde ferner geltend gemacht, daß die Regulierung der *Pacht*verhältnisse gerade den ökonomisch „stärksten" Bauern – die eben allein zur Pacht befähigt seien – zugute käme, und dadurch indirekt die Massen schädige: die kommunistische „Ethik" protestierte gegen die „ökonomische Auslese".

Eine bestimmte Meinung über die zukünftige Entwicklung der Obschtschina scheint auch hier nicht ausgesprochen oder doch nicht programmatisch festgelegt worden zu sein, wenigstens soweit die Berichte reichen, die mir bisher zugänglich waren.[59b]) Und dies würde auch durchaus den sonst bekannten Anschauungen der auf dem Kongreß hervorgetretenen Gelehrten, namentlich Kaufmanns und Tschuprows, entsprechen. Der erstere hat das große Verdienst, die spontane Bildung von Feldgemeinschaften aus dem durch Okkupation entstandenen Privatbesitz bei zunehmender Besiedelungsdichte in Sibirien festgestellt und analysiert zu haben. Der andere hat in seiner ausgezeichneten „morphologischen Studie" über die Feldgemeinschaft deren Anpassungsfähigkeit an die allerverschiedensten Betriebssysteme nachgewiesen und ist zu dem Ergebnis gelangt, daß die Obschtschina „eigentlich durch keine in ihrem Wesen liegenden Momente zum Verschwinden verurteilt" sei und daß der Stillstand in der Entwicklung der Landwirtschaft da, wo er bestehe, weniger der Feldgemeinschaft, als anderen Gründen: dem Mangel an technischen Kenntnissen und Bildung, – und, dürfen wir zweifellos in seinem Sinn hinzufügen: dem zu geringen Umfang des Landanteils und der durch den Abgaben- und Steuerdruck erzwungenen einseitigen Export-Getreide-Produktion – zuzurechnen sei. Man könne also, meint er, die Feldgemeinschaft vollkommen „frei" (nämlich von rein betriebstechnischen Rücksichten und ebenso von dem Glauben an „Entwicklungsgesetze") werten und danach seinen Standpunkt zu ihr wählen. – Es wäre für einen Ausländer, der die russische Feldgemeinschaft aus eigener Anschauung erst kennen zu lernen hofft, höchst mißlich, hiergegen Bedenken zu erheben. Immerhin mag, unter Beiseitelassung mancher ökonomischer Erwägungen,[60]) unter allem Vorbehalt geltend gemacht werden, daß die Frage der Weiterent-

---

[59b]) Dies also unter Vorbehalt der Berichtigung nach Eingang authentischen Materials.

[60]) Tschuprow erörtert lediglich die Frage, ob, sozusagen „evolutionistische" Zersetzungskeime in der Feldgemeinschaft liegen, scheidet dagegen die Frage der „epigenetischen" Entwicklung unter dem Einfluß der Marktproduktion, des Absterbens des „Hausfleißes", der Differenzierung des beweglichen Besitzes in der Obschtschina aus, wie dies die von unserem Meister G. F. Knapp beeinflußten Arbeiten meist tun, welche sich stets durch die sorgsame Klassifikation, saubere Beachtung der Bedeutung des Rechtes, vorsichtige und eindeutige Prägung der Begriffe auszeichnen, wofür Tsch[uprow]s Arbeit ein hervorragendes Beispiel ist. Aber eben wegen jener (methodisch ganz gerechtfertigten) Ausscheidung der spezifisch „modernen" Entwicklungsmächte scheint mir seine im Text zitierte Ansicht – deren vielleicht ja trotzdem erweisliche Richtigkeit ich ganz dahingestellt lasse, – wenigstens zurzeit von ihm nicht erschöpfend bewiesen.

wicklung der Obschtschina doch sofort praktisch werden muß, wenn die Agrarreform vor dem Problem steht: welches rechtliche Schicksal denn den neu an die Bauern zu verteilenden Ländereien bevorstehen soll. Die Zuteilung als reines Individualeigentum hielten selbstverständlich auch ökonomisch-liberale Mitglieder des Kongresses – so Fürst Wolkonski – für untunlich. Gegen die Zuweisung an die Feldgemeinschaften wendete sich andererseits sehr entschieden Koljubakin, der auf die Verhältnisse im Nowgorod'schen verwies, wo die innere Kolonisation, meist in Form von pachtweiser Ansiedlung, sich durch Zuwanderung Ortsfremder vollziehe, die von den örtlichen Obschtschina-Verbänden ausgeschlossen sein würden. Die Monopolisierung des neuen Landes durch die Ortsangehörigen würde aber überall die Folge der Verquickung der Reform mit der Obschtschina sein und jeden Zugewanderten schädigen. Und in der Tat scheint es, wenigstens vom Ausland her gesehen, klar, daß im Fall einer liberalen politischen Reform die Obschtschina schon in rein rechtlicher Hinsicht notwendig ziemlich tiefgehenden Umwandlungen entgegensieht. Heute ist sie noch immer zugleich Genossenschaft und Zwangsverband, Realgemeinde und politische Gemeinde, der Einzelne ist an sie, prinzipiell, ebenso gebunden, wie – normalerweise – sie an ihn. Er hat, im Prinzip, das Recht auf seinen Landanteil, sie, im Prinzip, das Recht auf seine Arbeitskraft. Er kann, grundsätzlich, jederzeit in ihre Mitte zurückkehren, sie, grundsätzlich, jederzeit ihn in ihre Mitte zurücknötigen, indem sie ihm den Paß nicht verlängert, dessen Erteilung an ihre Zustimmung neben derjenigen der staatlichen Behörde gebunden ist. Auch nach Aufhebung der Solidarhaft für die Steuern (1904) bleibt also, wenigstens dem Grundsatz nach, der Einzelne, der nach der Aufhebung der Leibeigenschaft aufgehört hat, dem Gutsherrn verknechtet zu sein, „seiner Gemeinde verknechtet".[60a] Nach dem Programm des „Befreiungsbundes" soll nun unbedingte Freizügigkeit und freies Niederlassungsrecht für jedermann gelten, auch für den Bauern, und das Paßwesen soll beseitigt werden. Würde damit und würde ferner mit der unbedingten Durchführung des allgemeinen Wahlrechts, auch in den Gemeinden, ernst gemacht, – und dies müßte doch geschehen, wenn man nicht gerade auf der untersten Stufe eine rechtlich gebundene und privilegierte Gemeinschaft bestehen lassen will, – dann wäre doch wohl die Scheidung zwischen Realgemeinde und politischer Gemeinde die unmittelbare Konsequenz und die Aufrechterhaltung des „Rechts auf Land" in der Heimatgemeinde auch formell und schon aus verwaltungsrechtlichen Gründen eine Unmöglichkeit. Was schon mehrfach de facto im Werden ist, muß sich – so scheint es – auch formal-rechtlich vollziehen: die Obschtschina wird, dem Recht nach sofort, der Sache nach in nicht allzuferner Zeit, eine ökonomische Sondergemeinschaft innerhalb der Dörfer. Soll einer solchen Gemeinschaft nun das neue Bauernland zugewiesen werden? Ich kann, wie gesagt, aus den ganz lückenhaften Nachrichten, welche mir zu Gebote stehen, nicht ersehen, ob und was in jenem Kongreß darüber gesagt worden ist,

---

[60a] Daß das „Prinzip" schon stark durchlöchert ist, darf hier beiseite gelassen werden.

und ob des weiteren die Frage erörtert wurde, wie dem Wiedereintritt der Übervölkerung in den Dörfern, welche ja durch die Verteilung nach der Zahl der „Esser", d.h. nach dem Kinderreichtum, entschieden befördert wird, Einhalt geboten werden könnte. Der Ausländer würde etwa an die Festsetzung von Minimalanteilen denken, unter deren Ausmaß die Umteilung nicht heruntergehen dürfte usw., ohne doch beurteilen zu können, ob irgend etwas derartiges Aussicht hätte praktisch zu werden. So sicher es ist, daß Agrarpolitiker wie Manuilow, Herzenstein, Tschuprow, Kaufmann u.a. über dies ihre Ansichten haben, so deutlich zeigt sich doch auch bei jeder Gelegenheit, daß bei den radikalen Parteien, bis weit in die Reihen der bürgerlichen Demokratie hinein, über alle mit der Feldgemeinschaft zusammenhängenden Fragen das größte Chaos der Meinungen herrscht.

Wir müssen, um uns dies einigermaßen zu verdeutlichen und zu erklären, einen Blick auf die „links" von den Liberalen stehenden Gruppen von Agrarreformern tun, speziell die verschiedenen Auszweigungen der „sozialrevolutionären" Richtung. In ihrer heutigen Organisation und mit ihrem jetzigen Programm ist sie als Partei ziemlich jungen Ursprungs. Es darf nach den schönen Arbeiten von v. Schulze-Gävernitz und Simkhowitsch als bekannt vorausgesetzt werden, wie auf der Unterlage der Existenz der Feldgemeinschaft und der gewerblichen Marktproduktion der Bauern (Kustar) die Theorie des „Narodnitschestwo" in der öffentlichen Meinung Rußlands erwachsen war, mit ihrem Glauben, daß in Rußland die Trennung des gewerblichen Produzenten vom Produktionsmittel durch den Kustar und die Entstehung eines von der Scholle losgelösten Proletariats überhaupt durch das Recht auf Land in der Obschtschina dauernd gehindert werden, der Kapitalismus und ebenso der „Individualismus" des Westens ihm also erspart bleiben werde. Die autoritäre Orthodoxie und das imperialistische Slawophilentum sah hierin die Gewähr für die ewige Dauer der inneren Einheit Rußlands unter dem Zepter des Zaren: der demütige Mushik war ihr der siegreiche Zukunftstypus des die Welt beherrschenden und zugleich der Kirche und dem Zaren unterwürfigen russischen Menschentums. Der radikale Anarchosozialismus sah umgekehrt in ihm den Mann, welcher die qualvollen Zwischenglieder der westlichen Entwicklung überspringen und – wenn die Parole: „Bauer, nimm das Land, Arbeiter, nimm die Fabrik", durchgeführt sein werde – alsbald die freie Zukunftsgesellschaft ins Leben einführen werde. Dem irenischen Slawophilen endlich war er der, noch unentwickelte, Träger der ethischen Qualitäten des Russentums, speziell der heiligen Selbstverleugnung. Neben dem mehr entwicklungstheoretischen, spezifisch unpolitischen, auf staatlichem Gebiete wesentlich die Dezentralisation gegen die Bureaukratie vertretenden „Narodnitschestwo" der „russischen Soziologenschule" standen friedlich revolutionäre Richtungen, wie der „tschernyj peredjel" (die „schwarze Umteilung", anknüpfend an den Glauben der Bauern, daß die Bureaukratie die volle Zuteilung des Landes, die der Zar versprochen gehabt, hintertrieben habe), andere Richtungen, welche die Gewalt nicht unbedingt verwarfen, und endlich die „narodnaja wolja", welche den Terror zur Desorganisation der herrschenden

Klassen als Vorläufer ihrer gewaltsamen Expropriation verwendete. Ihre Geschichte gehört nicht hierher. –

Schwere Zeiten brachten nun für alle direkt oder indirekt auf dem Boden jener Gedankenwelt stehenden Richtungen, – außer der extremnationalistischen, – die 80er und 90er Jahre. Der politische Druck wurde ärger als je, und der Kapitalismus zog in Rußland ein mit allen seinen ökonomischen und intellektuellen Begleiterscheinungen. Keine der verschiedenen Richtungen konnte sich der Stellungnahme zu dieser Tatsache entziehen, und zugleich machte sich neben Marx der Einfluß von Henry George ganz naturgemäß gerade in Rußland, wo der Boden noch nicht voll appropriiert war, besonders stark geltend. Aus dem so entstehenden Chaos der Meinungen kristallisierten sich seit Beginn des neuen Jahrhunderts die immer noch ziemlich verschwommenen jetzigen volkstümlerischen und jetzigen sozialrevolutionären Parteiprogramme wesentlich dergestalt, daß die „Volkstümler" die sozialpolitische, die „Sozialrevolutionären" die politische Seite der Befreiung von dem durch den Kapitalismus verstärkten Druck in den Vordergrund stellten, beide aber der Tatsache, daß Kustar und Obschtschina eben doch Das nicht gehalten hatten, was sie zu versprechen schienen, in ihren Gedankengängen Rechnung tragen mußten.[60b])

Während die radikalen Parteien noch in den 90er Jahren sich dergestalt in die Arbeit teilten, daß die Sozialdemokraten das städtische Proletariat, die Volkstümler (Narodniki) die Bauern *sozial*politisch bearbeiteten, und zwar unter durchaus entgegengesetzten theoretischen und praktischen Gesichtspunkten, und daß daneben einerseits die in ihren Mitteln rein politische Tätigkeit der Terroristen (Narodnaja Wolja) gegen die Selbstherrschaft und alle Willkür-„Verbrechen" der Beamten, andererseits die wesentlich städtische revolutionäre „Intelligenz", mit abweichenden Theorien, aber dem gleichen Arbeitsgebiet wie die Sozialdemokraten, standen, versuchte die um die Jahrhundertwende reorganisierte „Partei der Sozialisten-Revolutionäre" eine Synthese[60c]) dieser verschiedenen Wirksamkeitssphären und -mittel: Agitation, Putsch oder systematisierter Terror je nach den Umständen, Arbeitsgebiet sowohl unter den Bauern wie unter der Arbeiterschaft, wie auch – und auf dieses Spezifikum legten sie erhebliches Gewicht, – unter der „gebildeten Gesellschaft". Endziel ist „die volle Verwirklichung der sozialistischen Gesellschaft", unbedingte Voraussetzung seiner Verwirklichung für Rußland aber, wie in konstanter Polemik[60d]) gegen die sozialdemokratische „Sarja" und „Iskra" betont wurde, eine

---

[60b]) *Beide* Bezeichnungen aber sind offenbar ganz flüssig, und auch in der Sache ist der Übergang vom reaktionären Slawophilen rechts bis zum Terroristen links ein stufenweiser. Auch der unpolitische „Narodnik" Woronzow hat wohl ein Dutzend Haussuchungen bestanden, und Michailowskij galt wegen persönlicher Beziehungen zur „Narodnaja Wolja" stets für „verdächtig". *Gemeinsam* war nur der Gegensatz gegen die modernen Mächte 1. der Büreaukratie, 2. des Kapitalismus.

[60c]) Die Richtlinien für ihre Agitation sind in Nr. 8 der „Revoljuzionnaja Rossija" eingehend dargelegt.

[60d]) Vgl. besonders Nr. 10 der „Rev[oljuzionnaja] Ross[ija]".

politische, demokratische Revolution und eine daran anschließende antikapitalistische Agrarreform auf der Grundlage des „Rechts auf den vollen Arbeitsertrag". Diese Revolution darf nicht, wie die korrekten Sozialdemokraten es als unvermeidlich ansahen, eine Bourgeois-Revolution werden, da sonst infolge der weiteren Entwicklung des Agrarkapitalismus „die Kaufkraft des Landes geschwächt" – ein spezifisches *modern-*„volkstümlisches" Argument – und so ein moderner „politischer Überbau" unmöglich gemacht würde, und da ferner im Fall einer rein bürgerlichen Revolution die Bauern wieder dem Zaren zufallen würden. Die Bauern, wie die Sozialdemokratie tut, als Kanonenfutter für die unvermeidlich zunächst rein bürgerliche Revolution anzusehen, gehe deshalb nicht an. Der russische Bauer sei im Gegensatz zum westeuropäischen nicht antikollektivistisch: beim Kampf gegen die Gutsherrn und Kulaken, bei der Besiedlung neuen Landes (Sibirien) und bei den Umteilungen verfahre er anti-individualistisch, und dies werde mit dem Wachstum der Kultur wachsen. Wenn dem die Sozialdemokraten entgegenhalten, daß der Gedanke der „gleichen" oder „gerechten" Teilung, jeder „Teilungs"-Gedanke überhaupt, kleinbürgerlichen und zünftlerischen Charakters, in Wahrheit dem technischen und ökonomischen „Fortschritt" widersprechend und also reaktionär sei, so wird auf den „sozialrevolutionären", gegen das Eigentum als solches gerichteten Charakter dieses Gedankens und die Notwendigkeit, ihn, schon aus realpolitischen Gründen, zu berücksichtigen, verwiesen. Die Gefahr liege allerdings in der Unklarheit über den Sinn der „Vergesellschaftung" des Landes, die für die Bauern mit dem Dorf-Kommunismus identisch sei, und in ihrer Hoffnung auf den Zaren, die durch etwaige Agrarreformen der Regierung leicht gestärkt werden könne. Aber die Regierung Alexander III. mit ihrer bureaukratischen Vernichtung der Selbständigkeit des Mir, und der zunehmende Landmangel der an ihr Dorf gefesselten Bauern, hätten hier der Revolution in die Hände gearbeitet: die Semstwo-Schule, der Einfluß der Millionen als Arbeiter oder gewerbliche Kleinproduzenten wandernder Bauern, welche die Welt und die soziale Differenzierung sehen, und daneben auch die Sekten hätten aus dem Bauern einen anderen Menschen zu machen begonnen, als er vor 30 Jahren war, als der „Intelligente", der „unter das Volk" ging, der „Mann mit den weißen Händen" blieb. Man müsse jetzt „Bruderschaften" der überzeugten Genossen in den Dörfern bilden, die sich bei allen Gemeindebeschlüssen bemerklich machen, den Boykott der Gutsbesitzer und Kulaki, den Kampf um Herabsetzung der Pachtrente und Erhöhung des Lohnes für die bäuerliche Arbeit auf den Gütern organisieren und den Gedanken, daß das Land niemandem als der „Gesellschaft" gehöre, und nur dem, der es mit seinen Händen bearbeite, zur Nutznießung überlassen werden dürfe, daß er das Recht auf das Erzeugnis seiner Hände habe, daß dies schon im heutigen „Mir" seinen (unvollkommenen) Ausdruck finde, propagieren, alle diese ökonomischen Momente aber nur als Argumente für die Forderung politischer Freiheit als einzigen Mittels der Verbesserung benutzen und mit der demokratisch gesinnten „Intelligenz" aller Schichten zusammengehen. Dem Bauern müsse klar werden, daß er in seiner Praxis schon heute „Sozialrevolutionär" *sei,* und daran, nicht aber an die falsche und ihm unverständliche „Entwicklungstheorie" der Sozialdemokraten, welche das Privateigentum als unvermeidliche „Durchgangsstufe" predige, müsse man anknüpfen.

Dem entspricht das später in Nr. 46 der „Revoljuzionnaja Rossia"[60e]) vom 5. Mai 1904 im Entwurf vorgelegte Programm der „Partei der Sozial-Revolutionäre" (Partija Ssozialistow-Revoljuzionerow).[60f]) Es geht von der Anerkennung der kapitalistischen Entwicklung als Tatsache aus, mit dem Vorbehalt, daß die Wirkung des Kapitalismus nach Volksschichten und Ländern eine verschiedene, in den „Ländern der Industrie und des klassischen Kapitalismus" relativ günstige, in den „agrarischen und für den internationalen Wettbewerb mindest begünstigten Ländern", speziell in Rußland, ausschließlich nachteilige sei, auch an rein produktionstechnischen Maßstäben gemessen (Gegensatz gegen die Sozialdemokratie). Demgemäß müsse der Kampf um die Abschüttelung des Jochs der ausbeutenden und müßigen Klassen in Rußland und die Verwandlung des Volkes in einen einzigen großen Bund von Arbeitenden, diese Vorbedingung der „allseitigen harmonischen Entwicklung der menschlichen Persönlichkeit", hier besonderen historischen Bedingungen angepaßt werden und anknüpfen an das Gegebene. Die fortschrittliche, sozialrevolutionäre Minderheit müsse vor allem den Sturz der Selbstherrschaft anstreben, um dann, falls die Minderheit sich noch nicht in eine Mehrheit verwandelt habe, als „Minimalprogramm" zu verlangen: für die Arbeiter den Achtstundentag, Minimallohn, Zwangsversicherung, Teilnahme der Arbeiterschaft an der Fabrikverwaltung, in der Agrarfrage aber „die Traditionen und Lebensformen der russischen Bauernschaft" im Kampf gegen die Landbourgeoisie, die Gutsbesitzer und Kulaken, auszubauen: alles Land im privaten Besitz einzelner Personen soll konfisziert – oder, falls dies nicht alsbald erreichbar wäre, durch die Gemeinden expropriiert – und den Dorfgemeinschaften und den zu bildenden Territorialverbänden zum Zweck der Verfügung darüber nach dem Prinzip der *Gleichheit* des Nutzungsrechtes (Hauptanstoßpunkt der Sozialisten) überwiesen werden (sog. „Sozialisation" des Landes). Als Übergangsmaßregeln: Besteuerung des den „normalen Arbeitsertrag" überschreitenden Ertrags der Wirtschaften, Ersatz der Meliorationen beim Übergang von Boden aus einer Hand in die andere, spezielle Besteuerung der Rente zugunsten der Gemeinden. Betreffs der „Vergesellschaftungs"-Frage erklärt das Projekt, daß die „Nationalisation" von „Teilen der Volkswirtschaft" unter dem Regime der Bourgeoisie nur insoweit zu erstreben sei, als der demokratische Charakter des betreffenden Regimes und die getroffenen Einrichtungen Garantien dagegen bieten, daß dieser „Staatssozialismus" nicht faktisch ein „Regierungskapitalismus" zur Vermehrung der Macht der herrschenden Klassen würde.

[60e]) Die R[evoljuzionnaja] R[ossija] erscheint seit 1901 in Quartformat, ¾–2 Bogen stark, bis jetzt einige 70 Nummern (jetzt halbmonatlich), anonym (die Londoner Deckadresse ist wohl fiktiv).

[60f]) Wann es formell akzeptiert ist, weiß ich bei der Lückenhaftigkeit meines derz[eitigen] Materials nicht.

Man erkennt leicht, daß hier der Standpunkt des „Narodnitschestwo", der Dorfkommunismus, eine Verbindung mit Gedanken von H. George⁶⁰ᵍ), Marx u. a. einzugehen versucht hat, und daß in der „fortschrittlichen Minderheit" der Glaube an die „schöpferische" Leistungsfähigkeit des „Volkes" seinen Ausdruck findet und die Führerrolle der „Intelligenz" proklamiert, trotz der Konzessionen an den „Entwicklungs"-Gedanken. Das, für den Augenblick, wesentlich *politisch*-demokratische Ziel der Bewegung: Niederwerfung der Selbstherrschaft als Voraussetzung alles Weiteren, machte ein weitgehendes Einvernehmen mit den Führern der „bürgerlichen" Demokratie möglich, welche ihrerseits im „Befreiungsbund" direkt physiokratische und selbst in den Semstwos weitgehend dem „Landhunger" der Bauern entgegenkommende Ziele akzeptierte. Wie wir sahen, gehörten tatsächlich einige der Sozialrevolutionäre dem „Befreiungsbund" an. Als freilich das Programm des erwähnten liberalen Agrarkongresses erschien, wiesen die Sozialrevolutionäre der „Revoljuzionnaja Rossija", da inzwischen die Chancen der Revolution günstiger geworden zu sein schienen, dasselbe als ganz ungenügend zurück⁶⁰ʰ): ihre Partei verlange „alles Land" und „ohne neue Loskaufsgelder", und von einer Umwechslung der durch die Revolutionäre entwerteten Grundrente in Staatspapiere, welche dann das Volk zu verzinsen habe, könne keine Rede sein.⁶⁰ⁱ) –

---

⁶⁰ᵍ) Dies würde wohl bestritten werden, – die S[ozial]-R[evolutionäre] wollen ja die „eigentlichen" *Marxisten* sein. Es verhält sich aber, wie hier nicht weiter ausgeführt werden kann, dennoch so.

⁶⁰ʰ) Anders noch gegenüber dem wesensgleichen Programm des Befreiungsbundes im Leitartikel von Nr. 61 der „R[evoljuzionnaja] R[ossija]".

⁶⁰ⁱ) Aus dem neueren Entwurf eines „theoretischen Teils" – ein solcher scheint für den russischen Radikalismus überall unentbehrlich – des *taktischen* Programms der S. R. P. (Beilage zu Nr. 67 der „R[evoljuzionnaja] R[ossija]", Mai 1905) sei noch mitgeteilt: neben den Fabrikarbeitern gelten die „unteren Schichten" der „Intelligenz" und die feldgemeinschaftlichen Bauern als günstigstes Agitationsgebiet, minder günstig stehe es einerseits um die „höhere Intelligenz", weil sie „klassenlos" sei, andererseits um das „Lumpenproletariat" (die meisten Termini des extremen Radikalismus sind deutscher Import). Die Partei verschmähe auch jetzt keinerlei, „auch kein noch so friedliches", Mittel. Der „Terror" könne niemals das einzige Kampfmittel sein, aber, in historischer Perspektive betrachtet", gebären nur die Heroenzeitalter (cf. Carlyle!) mit spezifisch „revolutionärer Stimmung" die Helden des Terrorismus, während auf diese Epochen andere folgen, in denen die „Dickbäuchigkeit" (tolstowstwo) und der „ultraevolutionistische Sozialismus" herrschen. Der „Zentralterror" gegen Personen, die sich durch Gesetzlosigkeit und Bedrückung hervorgetan haben, sei geeignet, die Regierung zur Übertragung der Macht an den „gesamtvolkstümlichen Semskij Ssobor" zu veranlassen. Gegen Produktionsmittel und Produktionsleiter dagegen führe die Partei keinen Kampf, es sei denn, daß sie als Werkzeuge der Unterdrückung dienen. – Vom Parlamentarismus allein sei jedenfalls infolge der „Trägheit der Massen" nichts zu erhoffen. Ein Zusammengehen mit den Sozialdemokraten sei trotz des sehr verschiedenen Agrarprogramms möglich, – jedoch mit Ausnahme derjenigen von der Richtung der „Iskra". Ebenso seien zeitweilige Bündnisse mit den fortschrittlichen Liberalen im gemeinsamen Kampf gegen die Selbstherrschaft angebracht, der jetzt allem andern voranzustellen sei. – Das Zutrauen auf die Kraft des Terror (einschl[ießlich] lokaler Aufstände) zeigt infolge der gelungenen Anschläge eine merkliche Steigerung, dagegen die Klarheit und Nüchternheit der Erörterung eine augenfällige

Nicht minder verdächtig aber war die Unvollständigkeit jener Reformvorschläge den außerhalb der Partei stehenden Narodniki, deren bisheriger Führer Michailowskij gerade bei Ausbruch des Krieges im Osten gestorben war. Die mächtige politische Bewegung, welche zugleich die Sozialrevolutionäre aus einer vom Ausland her konspirierenden Gruppe in eine Inlandspartei verwandelte, zwang diese wie die anderen Gruppen zur erneuten programmatischen Stellungnahme vor der Öffentlichkeit, und es mögen hier zwei Programme etwas näher analysiert werden, – das eine ein solches des „Narodnitschestwo", das andere ein „sozialrevolutionäres," – welche einander gerade in betreff des uns interessierenden Punktes, der Feldgemeinschaft, in charakteristischer Weise entgegenstehen und für solche deutschen Leser, denen diese Probleme der russischen Agrarpolitik weniger bekannt sind, immerhin ein gewisses Interesse haben mögen.[61])

Als eine besondere Gruppe radikaler Bauernpolitiker hat sich in letzter Zeit wieder das „Jung-Volkstümlertum" („Molodoje Narodnitschestwo") der Öffentlichkeit vorgestellt, eine demokratische Abwandlung des alten, von Michailowskij, Woronzow und anderen geführten, in erster Linie theoretisch-wissenschaftlichen und unpolitischen Volkstümlertums. Nachdem das alte Dogma der wissenschaftlichen „Narodniki", daß der Kapitalismus in Rußland eine „Unmöglichkeit" sei, durch die Tatsachen widerlegt ist, suchen die „Jung-Volkstümler" ihre Eigenart gegenüber dem ökonomischen Liberalismus einerseits, dem Marxismus andererseits, wenigstens auf dem Gebiet der Agrarpolitik zu behaupten. Ihr „Programm" hat neuerdings recht präzis G. Nowotórshskij in einem offenen Brief an Pjeschechónow, den Mitherausgeber des einstigen Hauptorgans der wissenschaftlichen Volkstümler, der jetzt, der Sache nach, „bodenreformerischen" Monatsschrift „Russkoje Bogatstwo", welcher in diesem Blatt (August 1905, 2. Hälfte S. 98f.) abgedruckt ist, zusammengefaßt. Die „Jung-Volkstümler" sind, im Gegensatz zu der unpolitischen und in praxi, schon infolge ihrer starken Betonung der „schöpferischen" Fähigkeiten planvoller

---

Abschwächung gegen die immerhin respektable Leistung in den Nr. 8 und 46 der „R[evoljuzionnaja] R[ossija]". Anscheinend war der Redaktor ein anderer, – vor allem aber: die Stimmung. – Die Geschichte der inneren Entwicklung der Partei und der mit ihr verbundenen Gruppen (speziell des „Bund") zu schreiben, wäre ich jetzt hier nicht in der Lage. Die Aufstandsbewegung muß ebenfalls, schon weil authentisches Material fehlt, hier ausgeschieden werden.

[61]) Weder ihrer sachlichen noch parteipolitischen Bedeutung nach würden die hier analysierten „Programme" eine so eingehende Erörterung verdienen, wie sie nachstehend erfahren, dies geschieht hier, weil, einmal, der Einfluß des Eindringens des Kapitalismus auf die Umgestaltung der Gedankenwelt des „Narodnitschestwo" und der „Sozialrevolutionären" an sich nicht uninteressant und auch von erheblicher faktischer Bedeutung ist, und weil, ferner, gerade solche Erörterungen „im luftleeren Raum" oft gewisse prinzipielle Probleme, so hier dasjenige der Feldgemeinschaft, recht gut zu beleuchten geeignet sind: sie sind eine Art Kinderfibel dafür. Auch interessieren uns in unserem Zusammenhang eben mehr diese durch den Siegeszug des Kapitalismus geschaffenen hybriden Zwischenwelten des Denkens zwischen der bürgerlichen und modern-proletarischen Gedankenwelt und dem romantisch-revolutionären Utopismus als dieser letztere selbst.

Reformen, der Selbstherrschaft wenigstens nicht *prinzipiell* feindlichen älteren Richtung Michailowskijs und Woronzows, Gegner des „Polizeistaats", Anhänger des demokratischen „Rechtsstaats", dessen weitere Entwicklung zum „Arbeitsstaat" sie der Zukunft anheimgestellt sein lassen. Ihre noch jetzt von „Apolitismus" nicht ganz freie demokratische Richtung findet ihren Anknüpfungspunkt an die alten Volkstümler-Gedanken in deren anti-imperialistischem Zuge, der in der ganz berechtigten Meinung begründet war, daß die Expansionspolitik mit ihren Eisenbahnen, Anleihen usw. ebenso wie Alexanders III. Züchtung der „nationalen Industrie" den Kapitalismus an Stelle der alten nationalen Produktionsformen setzte. Die „Nationalisation" des Landes, welche neben anderen Richtungen auch die Jung-Volkstümler vertreten, kann nun, nach Nowotórshskij, eins von drei Dingen bedeuten: 1. Verpachtung des verstaatlichten Landes an Kapitalisten zur Nutzung mit Lohnarbeit, – was natürlich nicht in Frage kommt, – 2. Verpachtung an Kleinbauern zur Bearbeitung nur mit der eigenen Arbeitskraft der Familie, also unter Verbot der Benutzung von Lohnarbeitern, – 3. „Sozialisierung" des Landes, welche sie vertreten. Diese ist nicht „Sozialismus", sondern bedeutet: „die freie Obschtschina im freien Staat", d. h. Überlassung des Landes an die einzelnen Dorfgemeinschaften zur gemeinschaftlichen Verfügung über die Nutzung. Dabei soll innerhalb des Dorfs aber verboten sein sowohl die Aufteilung des Landes zu dauerndem Eigentum (dies wäre eben durch das Obereigentum des Staates juristisch auszuschließen), als die Pacht von Land, als, endlich und namentlich, die Benutzung von Lohnarbeitern.[62]) Die Entstehung kapitalistischer Abhängigkeitsverhältnisse nach außen hin soll durch Organisation der Dörfer als Kreditgenossenschaften einerseits, als Konsumvereine andererseits hintangehalten werden. Abgesehen von der erwähnten Funktion, die Entstehung von veräußerlichem Privatbesitz zu verhüten, soll dabei nun aber die praktische Bedeutung des staatlichen Bodeneigentums in folgenden Aufgaben des Staates sich äußern: der Staat soll, erstens, im Fall der Übervölkerung einer Obschtschina und des Landüberschusses in einer anderen, die Aufgabe haben, den Bevölkerungsüberschuß des armen Dorfs in das reiche zu überführen. M[it] a[nderen] W[orten]: die heutige Geschlossenheit des Dorfes, in welches ohne Beschluß der Gemeinde kein nicht Ortsangehöriger als Teilhaber hineingelangen kann, wird gesprengt, wo es der Staat für angebracht hält. Der Staat soll, zweitens, Land zurückbehalten für die erforderlich werdende Ansiedelung des Überschusses des Bevölkerungsnachwuchses. Der Staat soll, drittens, feststel-

---

[62]) Besteht schon heute, namentlich in den Neusiedelungsgebieten[,] innerhalb der Obschtschina nicht selten – nach Analogie der zünftlerischen Beschränkung der Zahl der Gesellen und Lehrlinge. – Die Forderung ist durchaus konsequent, da die ärgsten ökonomischen Sklavereiverhältnisse innerhalb der Obschtschina mit deren Bestehen und mit den, jede Besitzkonsolidation hindernden, Umteilungen sehr wohl vereinbar, ja oft durch die Umteilungen gefördert sind. Vgl. eine vortreffliche Schilderung der Wirkung der Umteilungen bei Differenzierung des Vieh- und Geldbesitzes bei v. Schulze-Gävernitz Volksw[irtschaftliche] Stud[ien] S. 407/8.

len, um welchen Preis sich ein Einzelner, der aus dem Dorfe fortziehen will, von der Obschtschina loskaufen kann, damit der Mir nicht die Summe beliebig erhöhen und so, – wie dies jetzt vielfach geschieht, – ein durch auswärtigen Erwerb reich gewordenes Mitglied pekuniär ausbeuten kann. Das Prinzip der Gebundenheit an die Obschtschina bleibt also, nur vom Staat stärker, als schon bisher, kontrolliert, bestehen, als Korrelat natürlich auch das Recht des Einzelnen auf Land, solange er aus der Obschtschina *nicht* ausgeschieden ist. Die Lösung des Einzelnen von ihr kann sich daher natürlich umgekehrt auch in der Weise vollziehen, daß der Mir einem Mitglied, damit es ausscheide, eine Entschädigung zahlt, z. b. einem Angehörigen, der Fabrikarbeiter werden will, einen Betrag zur Bezahlung seiner Ausstattung gibt, worauf N[owotorshskij] speziell exemplifiziert. Dies entspräche den Auswanderungsbilletten und -zuschüssen, welche Allmendgemeinden in Süddeutschland s. Zt. ihren Angehörigen als Abfindung zu zahlen pflegten. – Dies alles setzt natürlich die Aufrechterhaltung wenn nicht des Paßzwanges, dann einer dem Wesen nach ähnlichen Institution und der damit verbundenen Schranken der Freizügigkeit: des Rechts des Mir, jedenfalls wenn die Behörde den Loskauf *nicht* gestattet, den Einzelnen zurückzurufen, voraus. Die „freie" Obschtschina ist also das dem *Einzelnen* gegenüber prinzipiell souveräne, „von oben" aber durch die Polizei kontrollierte Dorf. Im übrigen halten die „Jung-Volkstümler", oder doch dieser Repräsentant ihrer Anschauungen, die heutige Obschtschina keineswegs mehr, wie das „alte" Narodnitschestwo einst tat, für den „Repräsentanten des Naturrechts, die Negation der Entwicklung", vielmehr für ein „Übergangsstadium" zu zwei gleichmöglichen künftigen Gestaltungen: entweder zu einer Produktivgenossenschaft des Dorfs: – dies ist offenbar die von ihnen gewünschte Entwicklung, – oder zu einer individuellen Landverpachtung seitens des Staats an die einzelnen Kleinbauern unter Ausschluß der Veräußerung und der Benutzung von Lohnarbeit, im Fall die Obschtschina sich tatsächlich „zersetzen" sollte. Diese letztere Form sei, meint N[owotorshskij], schon jetzt wohl die richtige für die Einzelhöfner und in den Gegenden ohne Obschtschina, wie z. B. Kleinrußland. – Ihr Programm, so meint er, knüpfe an das gegebene und lebendige: die Obschtschina, an. Sie jetzt aufzulösen bestehe bei den Bauern selbst keinerlei Wunsch, oder, wo er bestehe, sei er die Folge des überlieferten Zusammenhangs mit der jetzt endlich beseitigten Solidarhaft für Steuern und Auflagen. Feindin ihrer Bewegung sei auf dem Lande nur die Dorfbourgeoisie, d. h. die Kulaken, Schenken- und Ladenbesitzer, die Vertreter also des ländlichen Kleinkapitalismus.

Das ökonomisch Charakteristische an diesem Programm ist neben dem Glauben an die Möglichkeit, Pacht und Lohnarbeit durch Verbote am Entstehen zu hindern, die Festhaltung des Standpunktes, daß das Dorf Zwangsverband und Genossenschaft zugleich bleiben, ja beides, in gewissem Sinn, erst recht werden, und daß der Einzelne daher an die Gemeinde gebunden bleiben soll, teils passiv, durch die Notwendigkeit über sein Ausscheiden mit ihr zu verhandeln, teils aktiv, durch den dauernden Anspruch auf Landanteil. An diesem Punkte setzt die Kritik der sozialrevolutionären Bodenreformer ein, einer Abspaltung des radikalen Narodnitschestwo, welche unter dem Einfluß von H. George und Marx sich wesentlich modernisiert hat und deren Organ heute die erwähnte Monatsschrift „Russkoje Bogatstwo" ist. – Das jetzige Dorf ist ein Produkt der Ständescheidung, ein „Bauern-Ghetto", welches die freie und „natürliche" Bewegung der Bevölkerung zwischen den einzelnen Gebieten und zwischen Stadt und Land, ihre Um-, Zusammen- und Auseinandersiedelung gemäß den durch natürliche und ökonomische Momente bedingten Verhältnissen des „Markts", hemmt. Das Landeigentum den Dörfern zuteilen, heißt nicht nur an Stelle einer privilegierten Minderheit (der privaten Grundbesitzer) eine privilegierte Mehrheit (den Mir) setzen, sondern, in Verbindung mit der Aufrechterhaltung des Verbots des Bodenverkaufs, würde es vor allem heißen, dem bodenreformerischen Grundprinzip: „freier Zutritt zum Lande", allen Boden abzugraben. Und dabei würde der „Ghetto"-Charakter des Dorfs noch verstärkt werden durch das Recht des Staats, „Zwangseinsiedlungen" in die Gemeinde vorzunehmen: das wage nicht einmal der heutige russische Polizeistaat, bemerkt Pjeschechonow in seiner Erwiderung auf den erwähnten „offenen Brief" Nowotorshskijs mit Recht.[63] Jede neue Eisenbahn, jedes Anwachsen einer Stadt, das Entstehen von Industrie und Bergwerken ändern ja die für die Rentabilität der Bauernwirtschaften entscheidende Lage ihrer Wirtschaft zum Absatzmarkt und müßten daher zu ungezählten derartigen Zwangseinsiedlungen führen, sollen nicht Differenzialrenten der jeweils begünstigten Dorfgemeinschaften entstehen, indem diese die Neuaufnahme von hohen Einzahlungen abhängig machen. Besonders deutlich zeige sich ferner das Fortbestehen der Grundrente in dem von Nowotorshskij ausdrücklich vorgesehenen Fall, daß das Dorf Fortwanderungsprämien auszahle, um die Zahl der Anteilhaber zu vermindern: eine Befugnis, die übrigens mit dem „Zwangseinsiedelungsrecht" des Staates, welches die durch solche Zahlungen „erworbenen" Rechte ja ignoriere, schlechterdings nicht in Einklang zu bringen sei. Aber weiter – und damit trifft die Kritik erst den prinzipiell wundesten Punkt der „volkstümlerischen" Vorstellungswelt – seien die Voraussetzungen dieses Zwangseinsiedelungsrechtes auch auf eine ökonomisch hinfällige Basis gestellt: Der Begriff des für eine Gemeinde „ausreichenden", mit ihren eigenen Kräften bearbeitbaren Areals sei ja gar nicht ökonomisch eindeutig: die für die Bestellung des Landes erforderliche Arbeit richte sich ja nicht nur nach Bodenumfang und Bodengüte, sondern vor allem danach: 1. was produziert werde, 2. und namentlich: mit welchen technischen Mitteln es produziert werde. Die Erlaubnis, Fortwanderungsprämien zu zahlen, bedeute die Schaffung des Anreizes für die Gemeinde, sich dem Übergang zu einem rationellen Wirtschaftssystem oder zu intensiverer Kultur zu entziehen. Wolle der Staat nicht den landwirtschaftlichen Fortschritt zugunsten der Rentenbildung hemmen, so müßte er also, um „Aussiedelungen" gestatten oder

---

[63] Russk[oje] Bogatstwo 1905, VIII, 2 p. 116ff. In der Tat bedeutete dieser Vorschlag lediglich eine verstärkte Fortsetzung der Gesetzgebung von 1893, welche den bis dahin souveränen Mir der Polizeikontrolle unterwarf.

„Einsiedelungen" vornehmen zu können, die gesamte Bauernwirtschaft kontrollieren und reglementieren. Ganz unmöglich sei, aus dem gleichen Grunde, das Verbot der Lohnarbeit, – es sei denn, daß die ganz unentbehrliche nachbarliche Aushilfe gegen Lohn oder Naturalentgelt durch eine unendliche Kasuistik ausgenommen werde. Auch sei (z. B. bei der Miete von Spanndiensten seitens der nicht spannfähigen Bauern) keineswegs immer der formal als Arbeitgeber Auftretende der Ausbeuter (dies Beispiel Pj[eschechonow]s handelt allerdings von der Miete *sach*licher Produktionsmittel und ist also: Kapitalleihe). – Das alles ist, im wesentlichen, richtig und Pj[eschechonow] hätte seine Kritik noch durch weit prinzipiellere theoretische Erwägungen stützen können: der Gedanke, daß das landwirtschaftliche Produkt zum einen Teil Ergebnis natürlicher Bodenqualität, zum andern aber Arbeitsprodukt der Landwirte und nur dieser sei, wird ja mit jeder Einschaltung von Produktionsmitteln, die nicht der Bauer selbst produziert, also von verbesserten Werkzeugen, modernen Gebäuden, künstlichem Dünger in den landwirtschaftlichen Produktionsprozeß hinfällig. Nicht nur der Ertrag, sondern sogar der Gehalt des Bodens selbst an Nährstoffen wird ja alsdann zu einem stets wachsenden Teil gar nicht mehr vom Landwirt mit Hilfe der im gewachsenen Boden steckenden Gaben der Natur produziert, sondern weit draußen in Maschinen- und Werkzeugfabriken, Kalibergwerken, Thomas-Hochöfen, Installationswerkstätten usw. Ein stets wachsender Teil der für die Erzielung des Bodenertrags „gesellschaftlich erforderlichen Arbeit" – alle Narodniki pflegen mit Abschattierungen marxistischer Begriffe zu operieren – wird also vom Lande weg in jene Bergwerks- und Industriezentren verschoben. Und nicht nur die Aussiedelung durch Fortwanderungsprämien, sondern ganz ebenso die Einsiedelung in und jede Bindung an ein Dorf muß also den „technischen Fortschritt" im üblichen Sinn des Worts hemmen. Denn dieser bringt nicht nur eine relative, sondern gegenüber den Kleinbauernwirtschaften eine absolute *Verminderung,* nicht aber eine Vermehrung der landwirtschaftlich tätigen „Hände", auf die gleiche Fläche berechnet, hervor: – eine Verdrängung dieser „Hände" durch „Kapital".[63a]) Welche Schranken – technisch und ökonomisch – dies in der Landwirtschaft je nach dem Anbauobjekt und je nach der Sozialverfassung hat, ist hier nicht zu erörtern – sicher ist, daß in einem *Getreide* für den Fernmarkt bauenden Lande gegenüber den mit ihren Händen das Land beackernden Kleinwirtschaften eine gewaltige Verminderung der heutigen landwirtschaftlichen Bevölkerung die einzig mögliche Konsequenz ist, *wenn* man den „technischen Fortschritt" als Ziel festhält.[63b]) Auch in der kapitalisti-

---

[63a]) Für breite Distrikte des inneren Rußland schätzt man, daß nur *ein Fünftel* der im Dorf verfügbaren Arbeitskräfte dort heute landwirtschaftliche Verwendung finden können, – selbst bei Innehaltung des „Nahrungsstandpunktes".

[63b]) Ein Vertreter der – wie man in Süddeutschland früher gesagt hätte: – „Vereinödung" der Bauern ist in Rußland z. B. W. E. Postnikow, dessen Ideal der Meierhof (Chutorskoje Chasjaistwo) mit etwa durchschnittlich 60 Desjätinen (66 Ha.) Land, nach Art des großen deutschen Kolonistenhofes, als die der betriebstechnischen Optimalität entsprechende Betriebseinheit, ist. Prof. Manuilow machte auf dem Moskauer Agrarkongreß dagegen geltend, daß dann in Rußland nur für ca. 1½ Millionen Betriebseinheiten

schen Privateigentumsgesellschaft ist dies überall da der Fall, wo das Land wirklich „ländlich" bleibt, wo also nicht die Entstehung zahlreicher kaufkräftiger lokaler Märkte, insbesondere die Entwicklung von Industrie, für die Kleineigentümer und Kleinpächter unter den Bedingungen des *privaten Bodeneigentums* günstige privatwirtschaftliche Existenzbedingungen schafft, oder wo nicht umgekehrt der Bauer durch Steigerung des naturalwirtschaftlichen Charakters seiner Wirtschaft, also namentlich durch Einschränkung der nur durch Kauf zu befriedigenden Bedürfnisse, sich der Verflechtung in das Getriebe des Markts, damit aber auch dem „technischen Fortschritt" entzieht. Das Programm der „Jung-Volkstümler" nun ruht auf dem zünftlerischen „Nahrungsstandpunkt", d. h. es fragt nicht: wie kann ich mit einem Minimum von Arbeit von der gegebenen Fläche ein Maximum von Produkten erzielen (Devise des Agrarkapitalismus), sondern: wie kann ich auf der gegebenen Fläche einem Maximum von Menschen Unterhalt durch Verwertung ihrer Arbeitskraft im Dorf verschaffen? Es wäre *nur* bei entschlossener Verneinung des „technischen Fortschritts" konsequent, da es die steigende Bedeutung der „Produktion von Produktionsmitteln" und der Verdrängung von Handarbeit durch Werkzeuge bekämpfen müßte. Wenn nicht, dann ist die Obschtschina als Glied in den Wirbel des kapitalistischen Vergesellschaftungsprozesses eingefügt, in welchem das „Nahrungsprinzip" keinen Raum hat. Die Schwäche der Jung-Volkstümler liegt nun aber eben darin, daß sie in „technischer" Hinsicht „modern" sein möchten: sie sprechen z. B. von der „steigenden Kaufkraft", welche ihr Programm den Bauern geben werde, und geben damit den genuinen Gedanken des alten Narodnitschestwo auf, welchen Michailowskij dahin formulierte: daß die Annäherung an die „Einheitlichkeit" der Individuen das Ziel sein solle, daher der „allseitigen Arbeitsteilung zwischen den menschlichen Organen" die möglichst *geringe* Arbeitsteilung zwischen den Menschen entsprechen müsse: die Glorifizierung des Kustar (Hausindustrie) und der bäuerlichen gewerblichen Eigenproduktion wurde ja eben hierauf begründet, ja, Woronzow sah in dem hohen Pachtgeld der Bauern – also in ihrer Ausbeutung – den Schutzwall gegen die kapitalistische Entwicklung in der Landwirtschaft. Das gemeinsame solcher „romantischen" Richtungen ist eben, daß sie gegen den Kapitalismus kämpfen wollen, ohne sein Wesen theoretisch durchschaut zu haben. Deshalb ersteigt er hinter ihrem Rücken ihr Lager, während sie sich draußen mit Windmühlen herumschlagen. Sie haben zu ihrer Information über das Wesen des Kapitalismus meist nur

---

Raum sei und ca. 32 Millionen Arbeitskräfte freigesetzt würden. Gleichviel ob diese Rechnung genau ist, so zeigt sie jedenfalls, welche bevölkerungspolitische Revolution der konsequent durchgeführte Agrarkapitalismus bedeuten würde. – Wie sich in manchen Gebieten Deutschlands der Gegensatz des produktionstechnisch-kapitalistischen und des Nahrungsprinzips in der Art der Besiedelung (abnehmende Siedelungsdichte bei zunehmender Bodengüte) ausspricht, habe ich in meinem Aufsatz „Zur preußischen Fideikommißfrage" (dieses Archiv Bd. 19, Heft 3) an einigen Zahlen zu illustrieren gesucht.

allenfalls Marx gelesen und ihn ungenügend verstanden, da sie ihn mit der steten Frage nach „der Moral von der Geschicht" durchblätterten.[63c])

In der Kenntnis des kapitalistischen Getriebes sind nun die Bodenreformer, namentlich soweit es sich um die Aufspürung und Analyse des Rentenbildungsprozesses, der ja ihre Spezialität ist, handelt, jenen Reaktionären entschieden überlegen. Die Bedeutung der Marktproduktion für die Entwicklung der Bodenbesitzformen und die Vorgänge der Differenzialrentenentwicklung sind ihnen, im ganzen, durchaus vertraut. So auch dem Referenten des „Russkoje Bogatstwo". Sehen wir uns nun ihr positives Programm an. – Journalistisch vertreten war es jüngst in dem Petersburger „Ssyn Otjétschestwa", einem früher die Gedanken des „Befreiungsbundes" im allgemeinen propagierenden Organ, welches seit 15. November Parteiorgan der „sozialrevolutionären" Volkstümler unter der Redaktion von G. J. Schrejder, N. Kudrin, W. A. Mjäkótin, A. W. Pjeschechónow – dessen Ansichten eben analysiert wurden – und W. M. Tschernow geworden war. In seinem Programm knüpfte er sowohl an Tschernyschewski, wie an Lawrow, wie endlich an Michailowski an, und trat ausdrücklich für den „Sozialismus" im Sinn der „Vergesellschaftung aller Produktionsmittel und aller wirtschaftlichen Tätigkeit des Menschen" ein. Als Unterscheidungsmerkmal gegenüber dem Marxismus bezeichnet er die Ablehnung der Entwicklungslehre: „Unsere Partei hat nicht die Neigung, sich vor der Wirklichkeit zu beugen und aus Tatsachen Fetische zu machen. Ihr ist fremd der Gedanke, daß neue Prinzipien der Gesellschaftsordnung nicht früher ins Leben gerufen werden können, als bis die bestehende Gesellschaftsordnung ihre Evolution vollendet habe. Der „Rahmen" derselben hat für sie nichts Heiliges ..." – Es ist, wie man sieht, immer wieder der gleiche, den Sozialismus Lawrows, ebenso wie die „Soziologie" Michailowskis beherrschende pragmatisch-rationalistische Gedanke, der die „Planlosigkeit" der sozialen Entwicklung Westeuropas darauf zurückführt, daß die Wissenschaft und das „Wissen von den sozialen Dingen" in der Vergangenheit noch nicht existierte. – Nächste Aufgaben der Partei sollen sein: Herbeiführung politischer Freiheit auf dem Boden der unbedingten Herrschaft des „Volkswillens", – „in welcher Form er sich auch äußern möge", – eine Anknüpfung an die alte „Narodnaja Wolja". Erstrebt wird der demokratische Föderativstaat mit Proportionalwahl und Referendum. Soziale Grundforderung ist „die Sozialisation" des Bodeneigentums in der Hand von „Territorialverbänden", der Bodennutzung in der Hand „aller Arbeitenden". Die Frage einer allgemeinen Vergesellschaftung („Nationalisation" oder „Munizipalisation") aller Produktionsmittel werde, heißt es, zurzeit „nicht aufgeworfen", aber die Partei werde jeder Übernahme von wirtschaftlicher Tätigkeit auf die Gemeinschaft, wann und wo immer sie „möglich" sei, speziell in der Form der Kommunalbetriebe, das Wort reden. Für jetzt fordert sie den 8stündigen Arbeitstag, Verbot der Kinder- und der weiblichen Nachtarbeit und Zwangsversicherung. –

[63c]) Dies gilt insbesondere auch für das s. Z. viel beachtete Buch von Nikolajon (= Danijlsson).

Daß gerade diese Gruppe unter den Bauern Boden gewinnen sollte, ist bei ihrem stark „intellektuellen" Charakter nicht sehr wahrscheinlich. Immerhin wollen wir zur näheren Veranschaulichung des Begriffs „sozialrevolutionär" zunächst noch einmal zu den agrarpolitischen Erörterungen Pjeschechónows zurückkehren, der ja als Mitredakteur der Zeitung ihre Ansichten zu interpretieren berufen erscheint.

Die Bodennutzung durch „alle Arbeitenden" setzt, wenn sie nicht Knechtschaft sein soll, den „freien Zutritt zum Lande", – für denjenigen nämlich, der das *Kapital* zu seiner Bearbeitung *besitzt,* müssen *wir* dabei freilich hinzufügen –, voraus, und dieser wieder bedingt die Sprengung des „Bauern-Ghettos", die Gewährung voller ökonomischer Freizügigkeit. Eine „freie Obschtschina" könne – bemerkt Pj[eschechonow] gegen Nowotorshskij – nur eine „freiwillige" sein, also eine Genossenschaft ohne allen Zwangscharakter. Westeuropa habe freilich den gleichen Zweck durch die Veräußerlichkeit des Bodens zu erzielen gesucht. Aber diese sei ja die Mutter der Rente und – bei Auftauchen der Konkurrenz billigerer Böden – der Agrarkrisis, gegen welche Rußland, schon weil es Exportland sei, nicht zu dem Mittel der Zölle, sondern statt ihrer nur zu dem offenbar unmöglichen Gedanken barer Zuschüsse greifen könne. Die Zulassung der Bodenrente an sich und also des Privateigentums am Boden sei aber überhaupt nicht diskutabel: „ein Naturprozeß möge das Bodeneigentum schaffen", meint Pj[eschechonow] höchst charakteristisch, – bewußt aber die Proletarisierung, welche in seinem Gefolge auftrete, herbeiführen zu helfen, sei „eine sittliche Unmöglichkeit". Was aber dann? – fragt man angesichts dieser ein starkes Maß von Resignation gegenüber dem „Naturprozeß" der Entwicklung des Kapitalismus verratenden Bemerkung. Die Differenzialrente, heißt es darauf, welche durch Unterschiede der natürlichen Bodenqualität und der Lage zum Markt entsteht, „gebührt der Gesellschaft" und muß also von den Begünstigten an sie abgeführt werden. Dies kann natürlich nicht in Form einer festen Grundsteuer, sondern, da ja jeder Eisenbahnbau, jede lokale Industrie-Entwicklung und Marktverschiebung neue Renten schafft, nur durch eine „elastische Grundabgabe" geschaffen werden. (Diese ist übrigens nicht als „Single tax" gedacht, diesen Gedanken lehnt vielmehr Pj[eschechonow] ausdrücklich ab.) Die Abgabe muß in Krisenfällen erniedrigt, bei Entstehung von neuen Differentialrenten – dürfen wir wohl hinzufügen – in Gestalt einer Wertzuwachsabgabe auf die begünstigten Landwirte erhöht werden. Dies durchzuführen, ist also der wesentliche Zweck der „Sozialisation" des Bodens, und die Beseitigung des Privateigentums dient lediglich der Eröffnung des „freien Zutrittes zum Lande". – Daß hier der demokratische Zukunftsstaat als ein „von der Interessen Gunst und Haß" unbewegtes, nach „objektiven" Gesichtspunkten verfahrendes Wesen gedacht ist, gereicht diesen Reformern kaum allzusehr zum Vorwurf, da auch sehr hervorragende deutsche Nationalökonomen, und gerade solche, welche auf ihre Eigenschaft als „Realpolitiker" das größte Gewicht legen, zuweilen ähnlichen Anschauungen selbst für den preußischen Gegenwartsstaat vortragen. Aber die Frage ist nun: wie kommt der Staat erstmalig in den Besitz des Bodens und der Abgabe? Durch einfaches Dekret nicht: Pj[eschechonow] ist sich darüber klar, mit welchem Erstaunen seine Reformen von den Beteiligten aufgenommen würden, wenn die verelendeten Bauern der schwarzen Erde auf der einen, die fortschrittlichen Bauern in der Nähe der Städte, Häfen und Eisenbahnen auf der anderen Seite darüber informiert würden, daß sie im wesentlichen: – neue Steuern, gerade auf ihr Land, bedeuten solle. Sondern er will „organisch" vorgehen: der Staat soll in drei Fällen zum Landerwerb schreiten: 1. zur Förderung der natürlichen Bevölkerungsverteilung soll er dem Bauern Hilfe für die Übersiedelung gewähren und sich dafür dessen Anteil (Nadjel) in seiner bisherigen Gemeinde abtreten lassen, ebenso soll er 2. bei jedem sonstigen Austritt eines Bauern aus einer Dorfgemeinschaft den betreffenden Anteil kaufen, endlich soll 3. jedem Fall eines Übergangs zur „kapitalistischen" Wirtschaft die Expropriation auf dem Fuße folgen. Je nach der Höhe der in Aussicht stehenden Abkaufsummen könnte dies in all diesen Fällen natürlich ebensowohl ein Mittel zur beschleunigten Sprengung der Dorfgemeinschaften wie ein solches zur Verhinderung der Entwicklung technisch „fortschrittlicher" Wirtschaft werden. Welches übrigens die Merkmale „kapitalistischer" Wirtschaft sein sollen, bleibt bei dem weiten Umfang, den man in Rußland dem Begriff zu geben pflegt, zweifelhaft: ob außer den Gutsbesitzern und den Kulaki, welche Kauf- oder Pachtland bewirtschaften, auch alle Einzelhofbesitzer oder alle Bauern, welche Lohnarbeit verwenden. – Als Zwangsverbände will Pj[eschechonow] nicht mehr die Dorfgemeinschaften, sondern nur Gebietskörperschaften öffentlichen Charakters anerkennen. Denn: zur (sozialistischen) „Volkswirtschaft" führe besser, als jede Organisation in Berufsverbänden mit deren notwendigen privatwirtschaftlichen Interessenkonflikten, die „Munizipalisation", die Reglementierung also durch öffentlichrechtliche Herrschaftsverbände und zwar solche von möglichst großem Umfang, welche den „gesellschaftlichen Geist" zu entwickeln geeignet seien. Denn, heißt es, wie heute die lokalen Semstwos weniger demokratisch sind, als die Gouvernementssemstwos, so sind überhaupt große Verbände fortschrittlicher als kleine Gemeinden. Nur in großen Verbänden betätigt sich eben die Intelligenz, und nur wo sie ist, ist Demokratie. Wo es also auf „Ideale" ankommt, da muß man *zentralisieren,* und nur wo die Interessen der Masse, die keine Ideale kennt, direkt in Frage kommen, da sollen die örtlichen Verbände die Verfügung haben, – mit diesem, aus der Verwaltungsgeschichte des französischen Konvents wohlbekannten, den ursprünglichen Idealen aller Kategorien des „Narodnitschestwo", ebenso aber auch der föderalistischen Sozialrevolutionäre[63d]) und ebenso der Sozialisten vom Gepräge Dragomanows gleich entgegengesetzten Jakobinerspruch verteidigt Pj[eschechonow] die Pragmatik der Staatsallmacht: – ein bedenklicher Vorgeschmack

---

[63d]) Einer der Hauptvorwürfe der sozialrevolutionären Organisationen gegen die Sozialdemokraten ist ihre zentralistische Tendenz, vgl. z.B. Punkt 7 der Resolutionen der grusischen Sozialrevolutionären Partei in Nr. 46 S. 9 der „Revoljuzionnaja Rossija" (5. Mai 1904).

der *zentralistisch-bureaukratischen* Entwicklung, welche Rußland unter dem Einfluß radikaler Theoretiker nur allzu leicht nehmen könnte. – Die heutige Obschtschina soll also, nach Pj[eschechonow], ihres Charakters als Landbesitzerin entkleidet werden, – dennoch aber soll der Staat bei der von ihm vorzunehmenden Landvergebung entweder nur oder doch vornehmlich mit „Genossenschaften" von Landwirten verhandeln, – was freilich wieder mit dem über die Verwerflichkeit der Berufsverbände Gesagten schwer zu vereinbaren ist. Auch hier also schließlich doch die Anknüpfung an die Dorfgemeinschaft, der nur jeder Zwangscharakter genommen werden soll. Die Obschtschina ist eben in der Tat, nicht nur technisch, sondern auch psychologisch, da, wo sie besteht, nicht so einfach zu beseitigen. Denn darin haben die „Jung-Volkstümler" offenbar ganz recht, und darin liegt auch die Zurückhaltung der Demokraten gegenüber dem Problem begründet: die *Bauern selbst* in ihrer Masse sind ohne allen Zweifel für ein im westeuropäischen Sinn „individualistisches" Agrarprogramm keineswegs zu gewinnen. – Zunächst ist zweifellos, daß bei der Aufrechterhaltung der Feldgemeinschaft – so sehr die Umteilungsbeschlüsse Produkt eines höchst erbitterten Klassenkampfes sein können, – keineswegs *nur* ökonomische Klasseninteressen, sondern auch festgewurzelte „naturrechtliche" Vorstellungen mitwirken. Denn es steht offenbar durchaus fest,[64]) daß der erforderliche Beschluß für eine Neuumteilung des Landes keineswegs nur mit den Stimmen von Leuten gefaßt zu werden pflegt, welche von ihr eine Besserung ihrer Lage zu erhoffen haben oder die man durch Prügel oder Boykott gefügig machte. Auf der anderen Seite freilich steht auch ein anderes fest: gerade die Neuumteilung des Landes, dies dem äußeren Anschein nach wichtigste agrardemokratische Element dieser Sozialverfassung, steht gar nicht selten, soweit es als „sozialpolitisch" wirkend gedacht wird, nur auf dem Papier. Die vermögenden Bauern verpachten, veräußern, vererben ihr Land (natürlich nur innerhalb der Gemeinde), vertrauend, daß keine Umteilung beschlossen werde, – oder umgekehrt: sie haben die Gemeindegenossen als ihre Schuldner in der Hand, und die Umteilung stärkt faktisch ihre Übermacht. Und da ja die Umteilung zwar Land, aber kein Vieh und Wirtschaftskapital zuteilt, ist sie mit der rücksichtslosesten Ausbeutung der Schwachen vereinbar. Aber mit steigendem Wert des Landes und steigender Differenzierung wächst dann natürlich der zornige Radikalismus der Massen gerade infolge der Diskrepanz von Recht und Tatsachen. Und – das scheint das Entscheidende – dieser kommunistische Radikalismus müßte nun offenbar, gerade *wenn* die Lage der Bauern gehoben, wenn also ihre Lasten erleichtert und das der Gemeinde verfügbare Land vergrößert wird, nach menschlichem Ermessen unbedingt stark *steigen*. Denn während in den Gegenden, wo die auf die Bodenanteile gelegten Lasten den Ertrag übersteigen, – es sind dies bekanntlich nicht wenige, – der Landbesitz noch heute als eine Pflicht gilt, der sich jeder Dorfgenosse zu entziehen sucht, wird umgekehrt die

---

[64]) Gegen eine Überwertung dieser Momente vgl. Tschuprow, Feldgemeinschaft S. 32 ff.

Umteilung von den Massen überall da erstrebt, wo der Bodenertrag die Lasten übersteigt. Die Gegenden besten Bodens sind deshalb die Gegenden, wo die Masse das zwingendste Umteilungsinteresse hat, und wo die wohlhabenden Bauern das stärkste Gegeninteresse haben. Jeder Erlaß von Steuern und Lasten, so jetzt der Erlaß der Loskaufgelder, muß also, – *wenn* dabei die Feldgemeinschaft bestehen bleibt, – diese Herde kommunistischer Interessen und des sozialen Kampfes *vermehren*. Es ist ferner bekannt, daß z.B. die deutschen Bauern in Südrußland vielfach die strenge Feldgemeinschaft erst eingeführt haben, als ihnen die Regierung den Landbesitz vermehrte: aus höchst begreiflichen Gründen. Der Effekt einer „Nadjél-Ergänzung" kann, generell gesprochen, nicht wohl ein anderer sein: der Glaube an den Kommunismus muß mächtig anschwellen. Mit dieser Hoffnung werden die Sozialrevolutionäre, soweit man von außen her urteilen kann, Recht behalten. –

Und doch ist für ehrliche Agrarreformer dies Programm der Nadjél-Ergänzung *heute* ganz unabweisbar. Die konstitutionell-demokratische Partei hat denn auch in ihrem Agrarprogramm (Punkt 36–40) sich auf die betreffenden Forderungen des „Befreiungsbundes" und des liberalen Agrarkongresses festgelegt, mit teilweise noch weitergehenden Konzessionen an die Einwendungen der Sozialrevolutionäre. Dahin gehört: 1. die Forderung, daß die Entschädigung der zu enteignenden Grundbesitzer *nicht nach dem Marktwert,* sondern nach dem „gerechten Preis" zu erfolgen habe (Punkt 36), 2. die ausdrückliche Forderung der gesetzlichen Garantie der Pachterneuerung, eventuell des Rechtes des Pächters auf Ersatz der Meliorationen, und, vor allem, der Schaffung *gerichtlicher* Instanzen (nach irischem Vorbild) für die Herabsetzung „unverhältnismäßig hoher" Pachtrenten (Punkt 39), 3. die Schaffung einer Landwirtschafts-Inspektion zur Kontrolle der Handhabung der auf die Landwirtschaft auszudehnenden Arbeiterschutzgesetzgebung. Die Prinzipien, nach denen den Bauern das enteignete Land zuzuweisen ist (persönliche oder feldgemeinschaftliche Zuteilung zu Eigentum oder Nutzung), sollen „gemäß der Eigenart des Bodenbesitzes und der Bodennutzung in den verschiedenen Gebieten Rußlands" festgestellt werden. Wir sahen ja früher, daß die Regulierung der Agrarverhältnisse Angelegenheit der demokratisierten Selbstverwaltungskörper sein sollte, – eine sichtliche Annäherung an den sozialrevolutionären Gedanken der „Territorialverbände" als Träger des Rechts am Lande.[64a])

[64a]) Die Ukrainische demokratische Partei faßt den Sachverhalt auch ausdrücklich so auf („Prawo" Nr. 40 S. 3326). Sie fordert (Punkt 6) stufenweisen Aufkauf des privaten Landes und alsbaldige Konfiskation alles Domänen-, Apanagen-, Schatull-, Kirchen-, Kloster-Besitzes zugunsten des „Landes" behufs Verpachtung an Einzelne oder Dorfgemeinschaften. Ebenso sollte der Landtag Fabriken, Manufakturen und andere „kapitalistische Unternehmungen" aufkaufen „zum Zweck der Sicherung der arbeitenden Klassen". – Die (ihrem Endziel nach separatistische) „Ukrainische Radikale Partei" fordert (Programm in der Ruth[enischen] Revue 1905 Nr. 13 S. 318) einerseits (Punkt 6) Expropriation alles Privatlandes auf Kosten des „Landes" behufs Ausstattung der Landlosen, andererseits (weiter unten), daß dem Bauer freistehe, über seinen Boden nach Lostrennung desselben vom gemeinschaftlichen Boden, zu verfügen, – wonach also unter

Dies immerhin kräftig radikale Agrarprogramm bleibt im Grunde nicht sehr weit hinter dem zurück, was die Revoljuznonaja Rossija vor wenigen Jahren für zunächst erreichbar hielt, – aber es genügt, da es das Privateigentum am Boden immerhin bestehen läßt, heute, unter dem Eindruck der unerwarteten Erfolge der Revolution, natürlich weder den politisch radikal gewordenen Volkstümlern, noch den bodenreformerischen Sozialrevolutionären, noch den Ljéninschen Sozialdemokraten, – noch endlich den breiten unteren Schichten der Bauern selbst, soweit sie „erwacht sind". Dies ist an sich leicht verständlich. Denn daß den Bauern und ebenso den radikalen Sozialreformern bei ihrem Verlangen, das Land der Gutsbesitzer solle als „ungerechtes Gut" konfisziert und ihnen zugeteilt werden, der zuweilen gehörte praktische Einwand nicht imponiert: sie könnten ja dieses Land ohne Vermehrung ihres Inventars gar nicht bewirtschaften, ist sehr begreiflich. Die Bauern haben, wenn ihr eigenes Land, wie in der Regel, nicht ausreicht, nur die Wahl, entweder Pächter (oft Teilpächter) oder Arbeiter des Gutsherrn zu sein, im zweiten Falle in breiten Gebieten gerade der Getreideexport-Produktion sehr regelmäßig mit ihrem eigenen Inventar. Sie sind also, soweit diese Verhältnisse bestehen, diejenigen, mit deren Inventar das Gutsland auch jetzt bearbeitet wird. Zu mehr als ⅘ soll (angeblich) das auf dem Markt erscheinende Getreide „bäuerlicher" Arbeit entstammen, obwohl m[eines] W[issens] für das Gebiet der schwarzen Erde das Privateigentum auf ⁵⁄₁₂ des Gesamtareals und ⅓ des besäten Landes angegeben zu werden pflegt. Die Konfiskation des Gutslandes kann also den Bauern schlechterdings nur als Enteignung einer monopolistischen Rentnerklasse erscheinen.⁶⁵) – Den kommunistischen Charakter der Bauernbewegung, der in der Agrarverfassung begründet ist und aus Gründen, die schon erwähnt wurden, steigen zu müssen scheint, noch weiter zu steigern, hat nun die Regierung selbst das ihrige getan, vor Jahrhunderten ebenso wie noch in letzter Zeit. Der Gedan-

---

„Privatland" *nur* Rittergüter verstanden werden; im übrigen soll durch ein *Grundbesitzmaximum* provisorisch der Bodenanhäufung entgegengetreten und alle Steuern außer einer zu schaffenden progressiven Einkommen- und Erbschaftssteuer beseitigt werden.

⁶⁵) Sehr viel unentwickelter ist die soziale Bewegung auf dem Lande da, wo der kapitalistische Großbetrieb mit der Bauernarbeit gänzlich gebrochen hat und lediglich mit frei gemieteten und *nicht* ortsansässigen Arbeitern wirtschaftet. So bei den gänzlich proletarisierten Arbeitern z. B. der westlichen Gouvernements. Für sie besteht seit 1886 – im Gegensatz zum gemeinen Recht – das Arbeitsbuch und die Kontraktbruchstrafe, bei sehr beschränkter Möglichkeit der Anrufung der öffentlichen Gerichte. Trotzdem zeigen sie, im Gegensatz zu dem wilden Aufruhrcharakter der alten „Bunt"-Bewegungen, Anfänge einer sozialistischen Organisation, welche trotz ihrer Schwäche eine gewisse Einschüchterung der Besitzer erzielt zu haben scheint. Während der Landwirte-Kongreß in Moskau 1895 sich absolut ablehnend gegen den Gedanken der Errichtung eines Arbeitsbüreaus (sollte in erster Linie dem Arbeitsnachweis dienen), gegen jede sanitäre Kontrolle und alle Versuche, irgendwie, sei es auch durch freiwillige Tätigkeit, in das Arbeitsverhältnis einzugreifen, verhielt, regten im letzten Sommer Landwirte ihrerseits selbst (in der „Nasha Shisnj" vom 19. August) die Schaffung einer Inspektion nach dem Muster der Fabrikinspektion an. Schroff reaktionär ist freilich wieder der Moskauer Landwirte-Kongreß Dezember 1905 (vgl. übrigens L. Kleinbort im „Obrasowanije" 1905 Heft 9).

ke, daß der Bodenbesitz der, jedes noch so „wohl erworbene" Privatrecht austilgenden, souveränen Verfügung der Staatsgewalt unterliege, hat ja im altmoskowitischen Staat sein historisches Heimatsrecht, ganz ebenso wie die Feldgemeinschaft, gleichviel ob sie – was immer wieder angezweifelt wird, – der Moskauer Steuergesetzgebung und der glebae adscriptio ausschließlich ihren Ursprung verdankt. Bestehen bleibt aber auch für unser Jahrhundert – mögen einzelne liberale Beamte darin anders verfahren sein – die Tatsache, daß die Austilgung der „erworbenen" Rechte und die Überführung in die Feldgemeinschaft zum Regierungsprogramm des Grafen Kisseljew unter Nikolaus I. gehörte, und daß diesem Programm entsprechend auch ihre Propagierung erfolgt ist. Die Politik des letzten Jahrzehnts hat dann den „historischen" bäuerlichen Kommunismus, der im Sinne des Bauern bis dahin „Dorfkommunismus" geblieben war, d. h., dem bestehenden Rechtszustand entsprechend, das Land des Heimatsdorfes als Eigentum der Dorfgenossen und nur dieser beansprucht und daneben auf das Gutsland, als eigentlich den Bauern vom „Zarbefreier" versprochen, hinüberblickte, – in die Bahn der Parole: „*staatliche* Versorgung aller Bauern mit Land" gedrängt.[66]) Denn die Regierung selbst hat, zumal seit dem Gesetz von 1893, den Mir seines aktiv genossenschaftlichen Charakters zunehmend entkleidet und ihn in ein autoritär kontrolliertes und geleitetes passives Objekt der Tätigkeit ihrer Beamten zu verwandeln sich bemüht. Die Bodenumteilung erfolgt zunehmend unter Kontrolle, und das wird im großen und ganzen heißen, nach Anweisung von Behörden, mag auch der Umteilungsbeschluß selbst Produkt eines internen Klassenkampfes im Dorfe gewesen sein. Und vor allem hat die Regierung das bereits auf Grund bestehender Gesetze und Versprechungen durch Leistung der Loskaufszahlungen gültig *erworbene* bäuerliche Privateigentum 1893 als „Luft" behandelt, indem sie seine Verwertung willkürlich zugunsten der Gemeinde beschränkte. Wenn nun die Bauern, nachdem der Staat so den Eigentumssinn geschwächt und für sich Recht und Fähigkeit der Kontrolle in Anspruch genommen hat, ihrerseits dem Staate die Pflicht zuschreiben, die Verantwortung für ihre Versorgung zu tragen und Land zu schaffen, es sei woher immer, – dann ist dies die einzig mögliche Konsequenz der staatlichen Politik. –

Alles in allem würde also die Durchführung des Reformprogramms der bürgerlichen Demokraten aller Wahrscheinlichkeit nach einer gewaltigen Steigerung des agrarkommunistischen und sozialrevolutionären „Geistes" unter den Bauern zugute kommen, der heute schon so stark ist, daß wenigstens die Masse der Bauern für ein individualistisches Programm, wie z. B. Struve es seinerzeit vertrat, sicherlich nicht zu haben sein würde.[66a]) Das Eigenartige der Situation

---

[66]) Dies hat niemand schärfer als Witte in den „Spezialberatungen" über die „Bedürfnisse der dörflichen Wirtschaft" betont.

[66a]) Das (orthodoxe) *sozialdemokratische* Parteiprogramm von 1903 (Punkt 2) trat den agrarkommunistischen Ideen, durch die Forderung der „Abschaffung aller Gesetze, welche den Bauern in der Verfügung über sein Land beschränkten", in aller Form entgegen. Denn wenn nicht etwa in dem Ausdruck „sein" Land doch eine Zweideutigkeit stecken

Rußlands scheint eben zu sein, daß dort eine Steigerung der „kapitalistischen" Entwicklung, bei dem gleichzeitig mit ihr steigenden Werte des Bodens und seiner Produkte, *neben* der weiteren Entwicklung des industriellen Proletariats und also des „modernen" Sozialismus, auch eine Steigerung des „unmodernen" *Agrar*kommunismus mit sich führen *kann.*[67]) – Und auch auf dem Gebiet der „geistigen Bewegung" scheinen die „Möglichkeiten" der Entwicklung noch nicht eindeutig.

Der Dunstkreis des Narodnitschestwo, der noch immer durch alle Schattierungen der „Intelligenz" aller Klassen und politischen Programme sich hinzieht, wird zwar durchbrochen werden, – aber es fragt sich, was an die Stelle tritt. Einer so rein sachlichen Auffassung der Dinge, wie dem sozialreformerischen Liberalismus, würde es nicht ohne harten Kampf gelingen, den „breiten" Charakter des russischen Geistes zu fesseln. Denn bei der „sozialrevolutionären" Intelligenz hat dieser romantische Radikalismus noch eine andere Seite: es ist von ihm aus, seines dem „Staatssozialismus" trotz aller Proteste nahestehenden Charakters wegen, der Sprung ins autoritäre und reaktionäre Lager äußerst leicht. Die relative Häufigkeit der rapiden „Mauserung" äußerst radikaler Studenten in höchst „autoritäre" Beamte, von der namentlich ausländische, aber auch gewissenhafte russische, Beobachter uns zu erzählen pflegen, braucht – die Richtigkeit der Tatsache vorausgesetzt – durchaus nicht, wie man wohl gesagt hat, angeborene Eigenart oder schnöde Brotkorbstreberei zu sein. Denn auch der umgekehrte Vorgang: plötzlicher Übergang vom überzeugten Anhänger des durch Plehwe und Pobjedonosszew vertretenen pragmatischen Rationalismus der Bureaukratie ins extrem sozialrevolutionäre Lager hat in den letzten Jahren mehrfach stattgefunden. Sondern es ist der pragmatische Rationalismus dieser Richtung *überhaupt,* welcher nach der im Dienst der absoluten sozialethischen Norm stehenden „Tat" lechzt und, auf dem ideellen Resonanzboden des noch bestehenden Agrarkommunismus, zwischen der „schöpferischen" Tat von „oben" *oder* von „unten" hin- und herschwankt, daher bald reaktionärer, bald revolutionärer Romantik verfällt. – Doch kommen wir nunmehr zu den gegenwärtig *vorliegenden* Äußerungen der *Bauern selbst.*

Soweit die Forderungen der Bauern spontan zum Ausdruck kommen,[67a]) wie

---

sollte, so bedeutet jene Forderung im *Effekt* notwendig: Auflösung der heutigen Obschtschina. Dem entspricht es, daß das Programm die „obrjeski" zwar (Punkt 4) den „Dorfgesellschaften" zuweisen wollte, aber dabei den technischen Ausdruck „obschtschina" durch den neutralen „obschtschestwo" ersetzte.

[67]) Auch außerhalb Rußlands ist ja in gewissem Sinn etwas Analoges der Fall: die landwirtschaftliche *Genossenschafts*bewegung ist Reflexerscheinung des Kapitalismus. Aber der große Unterschied ist, daß *sie selbst* mit dem Geist der „Rechenhaftigkeit" durchtränkt ist, einen ökonomischen Ausleseprozeß bedeutet und, letztlich, den Bauern zum „Geschäftsmann" erzieht. Vielleicht würde gerade die Ausgestaltung der Obschtschina nach der genossenschaftlichen Richtung die Bresche schlagen, durch welche der „Geist" des Individualismus in sie eindringen kann.

[67a]) Im „Prawo", welches während des letzten Jahres fortlaufend bäuerliche „Prigowors" aus den verschiedensten Gegenden brachte, hat (Nr. 33) Kornilow eine gute Zusammenstellung ihres wesentlichen Inhalts gegeben. Er ist in den Hauptpunkten stark typi-

in den zahlreichen Resolutionen ihrer Versammlungen und bereits in Adressen, wie eine z. B. im Frühjahr gelegentlich der Tagung einer Landwirtschaftsgenossenschaft im Charkower Gouvernement improvisiert wurde, handelt es sich, neben der Herabsetzung der Steuern und Abgaben und der immer wiederkehrenden Forderung des Schulzwanges, stets um zwei sehr einfache Dinge. 1. Fort mit der Einmischung der subalternen sowohl wie, erst recht, der adeligen ländlichen Staatsbeamten, speziell der Semskie Natschalniki (der von der Regierung als polizeiliche Kontrollinstanz geschaffenen Landhauptleute): „Wir bitten dich, Herr, erspare uns unser Beamtentum, diese Aufseher,[68]) Gendarmen und Landhauptleute. Sie kommen dich, Herr, und uns teuer zu stehen, und Ordnung geben sie uns keine, sondern sie hindern uns zu leben und zu arbeiten und kränken uns ... Frage sie, Herr, streng, wer schuld ist, daß das Volk verdummt ist, warum bei uns keine guten Schulen sind, warum wir die Bücher und Zeitungen lesen müssen, die ihnen passen,[69]) warum wir alle so geschlagen sind. Sie sind an allem schuld Herr. Laß, Herr, uns unsere Beamten wählen, wir haben verständige Leute, mit guten Gedanken, die unsere Bedürfnisse kennen, sie werden uns und dich nicht viel Geld kosten und mehr Nutzen stiften."[70]) Damit verbindet sich stets das Verlangen, sich zur Besprechung ihrer eigenen Angelegenheiten wieder wie ehemals frei versammeln zu dürfen. – 2. Die zweite schlechthin allgemeine Forderung ist die nach *mehr Land:* „Das Land, welches dein Großvater gab, blieb das gleiche, aber das Volk vermehrte sich ohne Zahl. Die, welche die Anteile erhielten, haben schon 5–6 Enkel, und diese haben auch schon heranwachsende Kinder, und alle diese sind ohne Land." – Mit elementa-

---

scher Art[,] und, da es durchaus feststeht, daß sehr viele dieser Resolutionen unter Beihilfe eines sozialrevolutionären „Intelligenten" abgefaßt sind, so wird man natürlich ihnen gegenüber, sofern sie als Ausdruck autochthoner Wünsche der Bauern gelten sollen, ähnlich kritisch sein, wie gegenüber den bäuerlichen Cahiers des Jahres 1789. Immerhin fehlt das Lokalkolorit und zahlreiche Anknüpfungen an ganz konkrete Verhältnisse nicht, und es wäre natürlich höchst verkehrt, sie wegen jener häufigen, aber übrigens durchaus nicht durchgängigen Beihilfe einfach als „Parteifabrikate" anzusehen. Jedenfalls kommt die elementare Macht, deren die schöne Sprache fähig ist, in vielen von ihnen eindrucksvoll zur Geltung. – In den Westgouvernements steht in den Prigowors das Verlangen nach Gewissensfreiheit, im Süden das nach politischer Befreiung voran, Zentrum und Schwarzerderayon stellen die radikalen agrarischen Forderungen an die Spitze. Das Verlangen nach unentgeltlichen Volksschulen wird überall mit in die erste Reihe gestellt, und es kommt oft in sehr wirksamer Weise das Gefühl zum Ausdruck, den großen Ereignissen und vermeintlichen „Chancen" der Gegenwart blind und hilflos, weil des Lesens unkundig, gegenüberzustehen. Hie und da schritten die Bauern direkt zur Ausscheidung von Landbesitz für die Gründung von Schulen.

[68]) Die von Plehwe geschaffenen Dorf-Urjadniki, deren Zahl mehrere Zehntausende beträgt.

[69]) Es findet sich in den Eingaben der Bauern nicht selten das Verlangen, der Zar sollte für eine gute Zeitung sorgen, in welcher „nur die reine Wahrheit" stehe.

[70]) Auch die Nowgoroder Bauern verlangten (im Dezember 1905 nach Zeitungsnachrichten) den Ersatz der Ujesd-(Kreis-)Uprawa durch die, von der Kontrolle der Semskije Natschalniki zu befreiende, Wolost-Versammlung und eine aus ihr zu wählende Uprawa. Die „kleinere Semstwo-Zelle" ist gerade in ihren Kreisen populär.

rer Wucht kam dieser Generalnenner, auf welchen alle populären Strömungen ohne Ausnahme die Agrarfrage zu bringen pflegen, in dem konstituierenden Kongreß des „allrussischen Bauernbundes" vom 31. Juli und 1. August a. St. 1905 in Moskau – oder, eigentlich, in einer abseits von der Landstraße gelegenen großen Scheune bei Moskau – zum Ausdruck.[70a]) Er stellte die erste förmliche Heerschau der sozial-revolutionären Partei und ihrer agitatorischen Erfolge dar. Seine Verhandlungen bieten immerhin symptomatisches Interesse, zunächst für den Stand der Bewegung. Im Mai hatten die von den Sozialrevolutionären geleiteten Organisationen sich erst über 40 Wolosts in 7 Gouvernements verbreitet. Auf dem Kongreß waren 28 Gouvernements durch etwa 100 Deputierte[70b]) vertreten, darunter der Nordwesten und Westen fast garnicht, der äußerste Norden, Süden und Südosten kaum, dagegen Zentrum und Schwarzerdegebiet einschließlich der östlichen Ukraine leidlich. Nach den Angaben der Deputierten zu schließen, war die von Moskau aus angeregte Organisation besonders weit in einigen Teilen der Ukraine und des Gouvernements Kursk (Schwarzerde) vorgeschritten. Für Wladímir, Tula (beide Industriegebiete), Kasánj (Osten), Wólogda (Norden) wurde ihre Schwäche ausdrücklich konstatiert und für die Industriegebiete mit dem Fehlen der Einheitlichkeit der Interessen in der Bauernschaft motiviert; in Orjól war sie trotz ihrer Schwäche immerhin schon damals imstande gewesen, an einer Stelle eine Herabsetzung der Pachten auf ½ herbeizuführen. Diese letztere Art der Organisation der Bauern zum Zweck der Durchsetzung rein praktisch ökonomischer Ziele innerhalb der gegebenen sozialen Ordnung – meist freilich mit der politischen identisch – hat seitdem, nach den zahlreichen Einzelnotizen in der Presse zu schließen, außerordentlich bedeutende Fortschritte gemacht,[71]) allerdings, wie es scheint, besonders in den

---

[70a]) Was die Vorgeschichte dieser Organisation anbetrifft, so ging die Anregung, soviel bekannt, von den Moskauer Kreisen der im „Verband der Verbände" vereinigten radikalen „Intelligenz" aus. Anlaß war der von seiten einiger Moskauer Slawophilen (Ssamarin) im Frühjahr 1905 begonnene Versuch, mit Hilfe der ländlichen Beamten eine antiliberale Bauernorganisation ins Leben zu rufen. Diese Versuche mißlangen damals, wie es scheint, blieben aber den Bauern sowohl wie der „Intelligenz" nicht unbekannt, und daraufhin trat ein Kongreß von Bauern und „Intelligenten" aus dem Gouvernement Moskau im Mai zusammen, welcher die agitatorische Vorbereitung des „allrussischen" Kongresses in die Hand nahm.

[70b]) Die bäuerlichen Deputierten schildert S. Bleklow in einem sehr objektiv gehaltenen Artikel in Nr. 38 des „Prawo" als überwiegend den mittleren und kleineren, sehr selten den ärmsten und niemals den reichsten Schichten der Bauern angehörig und meist mittleren Alters. Gewählt waren sie nach seinen Ermittlungen teils vom Sschod (der Gemeindeversammlung), teils von den gemäß dem Programm der Rewoljuzionnaja Rossija gebildeten „Bruderschaften" und „Kreisen". Einige waren ohne formale Vollmacht. Auch er hebt die durch zahlreiche Beispiele zu belegende Tatsache hervor, daß in den bäuerlichen Versammlungen sehr oft, wie aus dem Nichts, einzelne bäuerliche Agitatoren mit einer urwüchsigen Beredsamkeit von hinreißender Gewalt sich entwickeln.

[71]) Ein Beispiel statt vieler für den Verlauf solcher Verhandlungen mit den Besitzern: Im Donezgebiet war (Russj vom 14. November Nr. 18 S. 3) ein Kongreß des Adels (50 Personen) und der Bauernvertreter (200) zusammengetreten, nachdem die meisten Kasaken zu den Bauern übergelaufen waren. Als die Bauern ihre Forderungen stellten,

nicht streng feldgemeinschaftlichen Gebieten des Südens und Kleinrußlands, weniger anscheinend im Zentrum und in Weißrußland, wo wohl der rein zerstörende Charakter der „Kramola" überwiegt. Überall gab das durch die Zeitungen und die überall gleich eifrige Tätigkeit der proletarischen Intelligenz den Bauern bekanntgemachte Reskript vom 18. Februar 1905 den Anstoß. Speziell der fast ausnahmslos konstatierte Umstand, daß die Beamten es zu verheimlichen gesucht hatten, war Anlaß zu rücksichtslosem Vorgehen gewesen. Man hatte sich gegen die polizeilichen Versammlungsverbote auf jenes Reskript berufen, hatte überall begonnen[,] Zeitungen zu lesen oder sich vorlesen zu lassen (besonders den Ssyn Otjetschestwa), im Sschod (der Dorfversammlung) „Prigowors" (Resolutionen) gefaßt, Proklamationen und Petitionen an den Zaren aufgesetzt. Überall versuchten die Behörden, oft – aber keineswegs immer – auch die Popen, regelmäßig die Gutsherrn und die Kulaken, die Bewegung zu hemmen. Vorgeschlagen wurde daher im Kongreß, für die Zugehörigkeit zum Bauernbund einen Maximalzensus (50 Deßjätinen) aufzustellen und keinen Nichtbauer zuzulassen, auch die „Intelligenz" nicht; doch blieb, nach heftiger Debatte, dies den örtlichen Organisationen überlassen. Das Mißtrauen gegen jede Autorität, demgemäß allen Komitees des Verbandes „nur ausführende" Mandate gegeben werden sollten[,] und die stark demokratische Temperatur[72]) des Kongresses,

---

„ergrünten" (sic) – erzählte der Vertreter auf dem Bauernkongreß – „die Adeligen vor Bosheit". Ein Kasakenchargierter unter ihnen aber „versuchte" die Bauern: „Darf man euch fragen, wo ihr in euren Resolutionen den Zaren gelassen habt?" – Antwort: „Wir sind mit dem Zaren und sprachen nicht von ihm, – aber wo habt ihr euren Zaren hingetan?" – Schweigen –. „Aha!, auch ihr, ihr Herren Adeligen, habt euren Herrn umgebracht". – Die Forderungen der Bauern wurden nun bewilligt, und der betreffende Kreis war „reorganisiert", d.h. es waren die Pachtraten usw. festgestellt. Zahlreiche Zeitungsnachrichten berichten Verwandtes aus anderen Kreisen.

[72]) Das Wahlrecht sollte mit 20 Jahren beginnen und auch den Frauen zustehen (aktives Wahlrecht einstimmig, mit der Begründung, daß die Männer in Rußland viel auf der Wanderschaft und die Frauen die einzigen zuverlässigen Gegner des Alkohols seien, – passives gegen 5 Stimmen, von denen eine nur die Ehefrauen davon ausnehmen wollte). Bei der üblichen barbarischen Art der Behandlung der Frauen durch die Bauern und die Wolost-Gerichte (authentisches Material z.B. im Ssbornik Prawowjedjenija I, 1893 S. 268f.) erscheint die „Echtheit" dieser bäuerlichen Frauenrechtlerei etwas „verdächtig". – Die freie Rechtslage der russischen Frau hat nur in den Schichten der „Intelligenz", unter dem gemeinsamen Druck, zu jener Kameradschaft der Geschlechter geführt, welche hier die aktiv mitkämpfende Frau zu einer Stellung erhob, die derjenigen der Amerikanerin ähnlich ist und hoch über der völligen Nichtigkeit der für die allgemeinen öffentlichen Interessen indifferenten deutschen „Hausfrau" steht. Dies spricht sich auch in der in diesen Kreisen verbreiteten Sitte aus, die Ehe gänzlich formlos, ohne irgendwelche Legalisierung, einzugehen, um so der für Orthodoxe unentbehrlichen Einmischung der Kirche und dem „sakramentalen" Charakter der Beziehungen zu entgehen. Gesellschaftlich wird die freie Ehe der legalen Ehe durchaus gleichgestellt und gilt als gleich „heilig", die (dem Recht nach unehelichen) Kinder werden durch Testament versorgt: ein Hindernis bildet diese Eheform – unter bigotten Monarchen – nur für jemanden, der Minister werden will, wie ein Fall unter Alexander III. zeigte. Auch sonst scheint übrigens die freie Ehe nicht selten irgendwann legalisiert zu werden, namentlich aus Kreisen des Adels werden solche Fälle erzählt. (Eine eingehende Darstellung von russischer Seite wäre

endlich der Umstand, daß er sich als eine Vertretung ausschließlich solcher Leute betrachtet wissen wollte, die „von ihrer Hände Arbeit leben", im scharfen Gegensatz gegen den Besitz und seine Vertretung in den Semstwos, – dies alles hinderte nicht, daß von verschiedenen Deputierten, unbeschadet ihrer eigenen radikalen Überzeugungen, vor persönlichen Angriffen auf den Zaren *dringend gewarnt* wurde. Ebenso trat, neben Haß und Verachtung gegen die Popen und den Klosterbesitz, doch auch Furcht vor ihrem Einfluß und, wenigstens vereinzelt, auch Sympathie mit den Klöstern, als Organisationen des Altruismus und Kommunismus, hervor. – In der Landfrage nun, die im Mittelpunkt der sachlichen Erörterungen stand, war eine Meinungsverschiedenheit nur über 2 Punkte vorhanden; 1. zu wessen Gunsten formell das Land enteignet werden solle? – was kurzerhand, gegen eine Stimme, zugunsten der „Gesamtheit" entschieden wurde. Die Frage sollte jedoch noch in den Dorfversammlungen erörtert werden. Entschieden gegen jede Theorie der „Nationalisation" hatte ein Vertreter des Tschernigower Gouvernements gesprochen, ein anderer aus Wladimir war zugunsten der bäuerlichen Gemeinde als künftiger Trägerin des Eigentums aufgetreten, – beide aber für Expropriation in gleichem Umfang wie die übrigen. Prinzipiellen Widerspruch gegen die Bodenenteignung erhob nur der, wie andere „Intelligenten", mit beratender Stimme anwesende Vertreter der *Sozialdemokratie,* durchaus im Einklang mit den früheren Theorien der Plechanowschen Richtung, aber allerdings im Gegensatz zu ihrer jetzigen Praxis.[73]) Die Beseitigung des Privateigentums, nicht nur an Fabriken und industriellen Produktions-

---

erwünscht.) – Der „Befreiungsbund" spaltete sich in der Frage des Frauenstimmrechts, welches z. B. Struve ablehnte. Der Semstwo-Liberalismus lehnt es aus „realpolitischen" Gründen ab. Die Spaltung wiederholte sich bei dem Programm der konstitutionellen Demokraten.

[73]) Es verdiente immerhin als charakteristisch notiert zu werden, daß die „Neue Zeit" (Nr. 10 vom 2. Dezember) die Debatten des Bauernkongresses zwar abdruckt, diese Äußerung des Sozialdemokraten aber, – im Gegensatz zu anderen Äußerungen desselben Redners – mit der Begründung unterdrückt, es komme ihr nur auf die Reden der Bauern an und seine Anschauungen seien „nicht besonders klar wiedergegeben". Tatsächlich sind sie so unzweideutig wie nur möglich und überdies in vollstem Einklange mit den „Grundsätzen" der Partei. Allerdings liegt mir der Bericht in der „Tribune Russe", welche die „N[eue] Z[eit]" zitiert, nicht vor; aber sollte er gerade in diesem einen Punkt von dem Abdruck im Osswoboshdjenije, nach dem ich zitiere, verschieden sein? – Seinen eigenen Standpunkt legt Kautsky in der soeben ausgegebenen Nummer vom 23. Dezember dahin fest, daß man die Bauern an der Aneignung des Gutslandes nicht hindern solle und dürfe, aber ohne Illusion darüber, daß dies kein Schritt in der Richtung der sozialistischen „Vergesellschaftung der Produktionsmittel" sei, sondern ein solcher in der Richtung der Durchführung des Privateigentums am Boden(?). Er eignet sich dabei auch das sozialrevolutionäre Argument von der „Kaufkraft" der Bauern an, deren Stärkung für die Entwicklung der Industrie und damit des Kapitalismus in Rußland erforderlich sei. Der Sozialpolitiker wird, im Ergebnis, K[autsky] beipflichten – aber wie er vor dem Thron seiner eigenen Orthodoxie Gnade finden kann, – darüber will ich mir seinen Kopf nicht zerbrechen. – *Plechánow* (Dnj[ewnik] Ssoz[ialdemokrata] Nr. 3) meint, der Bauer werde durch die Landaneignung zwar nicht „Sozialist", aber doch „Revolutionär". Gut! – aber doch wohl einer von jener Art, wie sie *Plechánow* seit 20 Jahren als „Utopisten" und „Reaktionäre" verspottet? –

mitteln, sondern auch an bäuerlichem Lande, sei zurzeit unmöglich, weil dazu die kapitalistische Entwicklung der Landwirtschaft nicht hinlänglich vorgeschritten sei. Der Boden sei nur in demselben Sinn „Gabe der Natur", – die andern Redner sagten meist: „Gabe Gottes", – wie Holz, Baumwolle, Wolle, welche alle erst durch Arbeit und Werkzeuge, also „Kapital", zu Gebrauchsgütern würden: Kapital bedürften heute die Bauern, Kapital könne sich aber heute nur auf dem Boden des Privatbesitzes bilden.[74]) Nur eine politische Revolution, keine ökonomische, sei heute in Rußland möglich.[75]) – Allein von „entwicklungsgeschichtlichen" Deduktionen wollte diese Versammlung nichts hören.[76]) Sie suchte nach allgemeinen Prinzipien für eine gerechte Entscheidung nur der Frage 2: ob das Land, d. h. stets: alles landwirtschaftlich nutzbare Land, gegen Entschädigung oder ohne solche enteignet werden solle. Zur Charakteristik des „frei bewegten ethischen Denkens" sind ihre Erörterungen immerhin ganz interessant. Einmütig war man darüber, daß der Zar, die Großfürsten, die Kirche und – nach einigen anfänglichen Einwendungen wegen ihres „kommunistischen" Charakters – die Klöster ihr Land umsonst hergeben müßten, da dies dem Wesen nach öffentlicher Besitz sei und vielfach auch gar nicht wirklich genutzt werde. Das Prinzip des Entgelts für alles Privateigentum wurde von einzelnen Vertretern aus dem Norden (Wologda), dem Schwarzen Meer-Gebiet und der Ukraine festgehalten, derjenigen Gebiete also, wo wegen des Fehlens der Feldgemeinschaft der Eigentumssinn relativ am entwickeltsten ist. Die große Mehrzahl und namentlich die Vertreter des Schwarzerdegebietes, daneben auch solche aus dem Nordosten (Wjatka), wo das Land noch heute vielfach keinen Kaufwert besitzt, dachte anders, und suchte nur auf diejenigen Bauern

---

[74]) Wie gesagt, hatten die Sozialdemokraten sich der Abstimmung in dem (wesentlich sozialrevolutionären) Allrussischen Journalisten-Kongreß enthalten, als die Nationalisation des Landes verlangt wurde. Ohne „Vergesellschaftung" der Produktionsmittel bedeute sie Auslieferung des Landes an die Bourgeoisie, meinten sie damals.

[75]) Sein eigener Vorschlag war: allgemeine Bildung von Dorfgenossenschaften, die alsdann, offenbar aus öffentlichen Mitteln, mit Kapital versorgt werden sollten. Ob dieser Vorschlag als „orthodox" gelten kann, ist Sache der Orthodoxie zu entscheiden. Vermutlich gehört er in das Gebiet der „opiniones temerariae" –, nach kirchlichem Sprachgebrauch, – aber ein festes Agrarprogramm hat die marxistische Orthodoxie hier so wenig wie irgendwo in der Welt. Masslow in Nr. IX der Prawda (1905, S. 256f.) kritisiert lebhaft und richtig das kleinbürgerliche Programm der Jungvolkstümler: „Teilung ist Teilung", d. h. ein ethisches, nicht entwicklungsgeschichtliches Prinzip. Die „Nationalisation" andererseits ist seit Kautskys Argumentation: daß sie die Staatsgewalt stärke, bei allen russischen Marxisten in Mißkredit gekommen. M[asslow] selbst weiß nur die „Übernahme" des Gutsbesitzes durch die *örtlichen* Gemeinschaften: Semstwo und Landtag, vorzuschlagen, also im Wesen etwas ähnliches wie Pjeschechonow, dem gegenüber er unter heftiger Kanonade die Priorität beansprucht. Auf diese Art würde die (unentbehrliche) Entwicklung des landwirtschaftlichen Kapitalismus nicht gehemmt, und die Grundrente derjenigen Wirtschaften, welche überhaupt Rente tragen – was bei den Bauern nicht der Fall sei – für die Gemeinschaften beschlagnahmt, was finanziell zur Entlastung der Massen wichtiger sei als alle Einkommenssteuern.

[76]) Wenn unsere Brüder in der Fabrik noch warten wollen, mögen sie es tun, – wir können es nicht mehr, wurde geantwortet.

Rücksicht zu nehmen, welche Land gekauft haben und deren Interessen sehr energisch vertreten wurden. Man suchte demgemäß zunächst ererbtes und gekauftes Land zu scheiden, wobei das ererbte als das minder heilige galt. Denn die ursprüngliche Aneignung von Land, die allem Erbrecht zugrunde liege, sei stets ein Gewaltakt, jedenfalls aber ein Akt unentgeltlichen Erwerbs gewesen, – es wurde an Katharinas Landschenkungen an ihre männlichen Maitressen erinnert, – also ebenso unrechtmäßig wie die Aneignung von Luft und Licht sein würde. Daher könne die bloße Tatsache des Erbens keinen Rechtstitel bilden, – eine vollkommen der Sachlage in feldgemeinschaftlichen Gebieten, wo nicht die Familie, sondern das Dorf dem Einzelnen seinen Besitz verleiht, entsprechende Auffassung. Dagegen sei der entgeltliche Erwerb aus eigener Kraft an sich nicht illegal: Auch die spontanen „Prigowors" der Bauern, wurde von einem Gegner der entgeltlichen Enteignung zugegeben, hätten für gekauftes Land Entschädigung vorbehalten. Natürlich aber müsse dafür eine Zeitgrenze nach rückwärts festgelegt werden, hieß es demgegenüber. Nach einem gewissen Zeitraum, sei es von 20 oder von 30 Jahren, habe der gekaufte Boden den Kaufpreis oder die Kapitalanlage dem Besitzer wieder hergegeben oder doch hergeben können, und müsse also dann entschädigungslos enteignet werden dürfen – eine Art Umkehr der Usukapion in ihr Gegenteil.[76a]) Auch dies aber entspricht durchaus der Rücksicht, welche die Feldgemeinschaft, wo ihre Technik hinlänglich verfeinert ist, bei ihren Umteilungen zugunsten von Besitzern, welche ihr Land melioriert haben, zuweilen zu nehmen pflegt. Allein: das gekaufte Land der größeren Besitzer, auch der Kulaken, sei doch überhaupt kein sittlich gerechter Erwerb, wurde gegen alles dies eingeworfen: „mit schwieligen Händen" erwerbe man nicht das Geld, um Land zu kaufen, – und der Vertreter der Sozialrevolutionären erinnerte an das gegen die Kulaki gerichtete Sprichwort: „Von ehrlicher Arbeit lebst du nicht in steinernen Häusern". Jedenfalls, einigte sich die Mehrheit schließlich, erwerbe man aus seinem Arbeitsverdienst – und dieser allein sei ja gerechtes Einkommen, – niemals viel Land, also sei ein Maximum der Fläche festzustellen, über welches hinaus nichts bezahlt werde. Teils wurden 50, teils 100 Deßjätinen vorgeschlagen. Bei der verschiedenen Qualität des Bodens schlug ein Deputierter schließlich vor, das Existenzminimum eines

---

[76a]) Das konsequente „Naturrecht" kehrt eben das Prinzip der „erworbenen Rechte" um. –
Das (orthodoxe) *sozialdemokratische* Agrarprogramm (angenommen auf dem 2. Parteitag 1903) ist eine eigentümliche Mischung von Prinzipien der „wohlerworbenen" und „historischen" Rechte mit dem „Naturrecht". Es fordert in dem hier in Betracht kommenden Punkt (Beilage zu Nr. 53 der „Iskra" vom 25. Nov. 1903 Spalte 3) „Enteignung" (expropriazija) derjenigen „obrjeski", welche sich noch in den Händen der gleichen Besitzer oder ihrer Erben befinden, und „Loskauf" (wykup) derjenigen, welche seitdem die Hand gewechselt haben, „durch den Staat auf Kosten des großen adligen Besitzes", ferner Rückerstattung aller von den Bauern geleisteten Loskaufs- und Obrokzahlungen an diese, endlich Spezialsteuer auf diejenigen Grundbesitzer, welche von den staatlichen Kaufdarlehen Gebrauch gemacht haben (unter Verwendung des Ertrages zu landwirtschaftlichen Zwecken).

„Kulturmenschen" zur Grundlage zu machen und also einen Ertrag von 600 Rbl., der einen Kapitalwert von 10 000 Rbl. bedeute, als Maximum der Entschädigung festzustellen. Der Vertreter der Sozialrevolutionären hielt es demgegenüber zwar für der Humanität nicht entsprechend, wenn man die Gutsbesitzer (die ja vom Arbeiten nun einmal nichts verstehen) der Not und dem Hunger preisgebe und schlug daher ihre lebenslängliche Pensionierung vor. Aber von einer Entschädigung für den Landbesitz als solchen könne überhaupt keine Rede sein. Das fand lebhaften Beifall. Man einigte sich schließlich auf die unbestimmte Formel: daß das Land „teils mit teils ohne Entschädigung" enteignet werden solle. – Der etwas weitschweifige Aufruf des Bundes fordert zum Kampfe für Recht, Freiheit, Land im Bunde mit den Arbeitern und der Intelligenz auf, weist auf die Polizei als auf den Hauptfeind und auf die Notwendigkeit hin, sich nicht von anderen Klassen „die Tür der Duma zuschlagen zu lassen", und stellt als Ziel auf: „das Land dem, der es mit seinen Händen bearbeitet". –

Wie weit nun dieses sozialrevolutionäre Programm heute schon bewußter Besitz der Bauern ist – wer wollte es sagen? Soweit sie politisch „denken", wäre ihre Gewinnung für einen antiliberalen Bund mit dem Adel allerdings unmöglich: dies ist eine Eigenart der Lage in Rußland, im Gegensatz zu Deutschland. Ganz gewiß aber sind sie andererseits nicht „liberal". Unbekannt bleibt, wie stark für die „bürgerliche" Demokratie etwa der Einfluß der ökonomisch entwickelteren, z. B. der südlichen und südöstlichen Bauern oder der Schicht der „Dorfbourgeois" bei den Wahlen zur Geltung kommen könnte und welche Rolle die Popen, die ja, ihrem Wesen nach, auch Bauern sind, spielen würden.[76b] Die Schwierigkeiten jeder antiautoritären Agitation[,] soweit sie sich nicht mit der Aufreizung zu Gewalttätigkeiten begnügt, sondern Parteibildung bezweckt, müssen natürlich ungeheure sein, da auch Witte die Preßzensur für das platte Land nicht beseitigt hat, große Teile des Adels, die Beamten und, was wichtiger ist, des orthodoxen Klerus die Organisation der Bauern im konservativen Sinn von Moskau aus begonnen haben. Wenn aus Zeitungsnachrichten hervorgeht, daß in manchen Gouvernements, so in Wladimir, Bauernorganisationen sich der konstitutionell-demokratischen Partei, nur unter Vorbehalt der „Interpretation" des liberalen Agrarprogramms, angeschlossen haben, so wird man bezüglich der Bedeutung solcher Nachrichten etwas stutzig, wenn man gleichzeitig liest, daß der dortige konstitutionell-demokratische Kongreß nicht nur vom Adel und der Geistlichkeit, sondern auch von dem staatlichen Beamtentum mit Einschluß der Semskie Natschalniki besucht wurde, denn diese Beamtenklasse steht, wie wir sahen, den Bauern als ihr Hauptfeind vor Augen. In engster Fühlung mit den Bauern steht dagegen das radikale Semstwobeamtentum, das „dritte Element", und es wurde auf dem Bauernkongreß ausdrücklich die Geneigtheit ausgesprochen, mit ihm zusammenzugehen.[77] Das „dritte

---

[76b] Nach Zeitungsmeldungen haben in manchen Eparchien (z. B. nach meiner Erinnerung in Ssaratow und Jekaterinoslaw) Versammlungen der Popen erklärt, auf dem Boden des konstitutionell-demokratischen Programms zu stehen.

[77] Die Zeitungsnachrichten (vgl. z. B. „Kiewskije Otkliki" vom 6./19. Dezember S. 5)

Element" steht aber im allgemeinen auf dem Boden des „Verbandes der Verbände", d. h. teils der Sozialrevolutionären, teils der Sozialdemokraten. Unter den Zeichen des äußersten Radikalismus stand denn auch der zweite „allrussische Bauernkongreß". Über diese Versammlung, welche vom 6.–13. November in Moskau tagte, und von 500 Delegierten, diesmal, wie es scheint, aus fast allen Gebieten, besucht war, liegen mir nur ganz lückenhafte Notizen vor.[78]) Es wurde von manchen Blättern auf Grund von Angaben der „Petersb[urger] Telegr[aphen] Ag[entur]" behauptet, daß diesmal in wesentlich verstärktem Maße es sich um einen Kongreß der Intelligenz, also um eine Veranstaltung „für" Bauern, weniger um eine solche „von" Bauern, gehandelt habe. Dies bestritt der Kongreß in einer Aufforderung an die Presse zum Boykott der Agentur. Er bestehe in seiner Mehrheit aus Bauern. Jedenfalls zeigt sich in den Berichten ein ganz unbezweifelbarer Fortschritt auch der eigentlichen bäuerlichen Berufsvereinsorganisation, namentlich freilich wiederum in den Distrikten Kleinrußlands und anderen Gegenden relativ individualistischer Struktur, so auch im Kosakengebiet, weit weniger, scheint es, bei den gedrückten und deshalb teils fatalistisch, teils eschatologisch revolutionären Bauern der zentralen Feldgemeinschaftsdistrikte. Die Bauernbewegung, welche teilweise – aber durchaus nicht überall – gegen den energischen Widerstand der Popen zu kämpfen hat, scheint im Norden und in den Gegenden weniger drückenden Landmangels entweder überwiegend politisch oder – so im Süden – umgekehrt von Tolstojschen Ideen beeinflußt zu sein; überwiegend aber ist sie agrarrevolutionär. Der Kongreß empfahl den Boykott der Beamten und Gerichte durch passive Resistenz und Ignorieren aller behördlichen Anweisungen, Verweigerung aller Zahlungen und Arbeitsleistungen an die Gutsbesitzer. Charakteristisch für die numerisch unsichere Lage der Bewegung war aber, daß bei Erörterung der Frage: wer denn die Tätigkeit der Gerichte inzwischen ersetzen solle, der Antrag, in den Gemeindeversammlungen Richter wählen zu lassen, abgelehnt wurde, weil dann doch die Gefahr bestehe, daß Anhänger der „schwarzen Hundert" gewählt würden, – man solle sich lieber in jedem einzelnen Fall auf Schiedsrichter einigen. Ziemlich scharfe Gegensätze bestanden über die Frage: friedliche Agitation oder Aufstand. Unter stürmischem Beifall rief ein Tschernigower Geistlicher, gewählter Vertreter von 5 Dörfern, der als Kampfmittel seinerseits nur den „friedlichen allgemeinen Streik" empfahl, leidenschaftlich nach dem sofortigen Erlaß des „Landmanifestes" durch den Zaren, damit der sonst im Frühjahr bevorstehende „große Scheiterhaufen" vermieden werde. In der Tat ist bekannt, daß an sehr vielen Stellen, auch an solchen mit keineswegs ungenügendem Landbesitz, die Bauern im letzten Sommer die Parole ausgaben: noch ein Jahr, oder: noch bis zum Frühjahr, auf das Wort des Zaren zu warten, dann aber „loszubrechen". – Heftige Auseinandersetzungen gab es mit den Sozialdemokraten. Als entscheidend legte man ihren Vertretern

---

ergeben, daß das „dritte Element" überall die „Prigowors" der Bauern mitredigiert und sie stetig berät, ungeachtet aller Abmahnungen der Semstwo-Uprawas.

[78]) Prawo, Nr. 44.

die Frage vor: ob sie für die Landenteignung seien oder nicht. Darauf erfolgte keine klare Antwort. Auf die Theorie von dem allmählichen „Prozeß" wollte der Kongreß sich nicht einlassen und den Vertretern der Partei vorerst nur gestatten, auf an sie gestellte Fragen Auskunft zu geben, aber ohne beschließende Stimme. Dies rief Protesterklärungen der Moskauer Sozialdemokratie hervor, welche vollberechtigte Zulassung verlangte und vor den Liberalen warnte, welche den Kongreß in ihrem Interesse veranstaltet hätten. Hierauf erfolgten wieder heftige Proteste des Kongresses und auch aus der Mitte der Sozialisten selbst.[78a]) – Der Kongreß erklärte alle, die sich an den Dumawahlen beteiligen würden, für „Feinde des Volkes" und verlangte seinerseits die Konstituante. Nach Schluß des Kongresses wurde das Bureau verhaftet. Daraufhin erst, – scheint es, – hat sich die Vertretung des Bauernbundes, wie früher erwähnt, formell mit den sozialistischen Organisationen des Arbeiterdeputiertenrates und mit dem „Verband der Verbände" verbündet.

Was werden nun die Bauern bei den Wahlen tun? Die Widerstandskraft der Bauern gegen die Beeinflussung durch Beamte und konservative Geistliche ist offenbar verschieden stark, am stärksten, wie es scheint und auch begreiflich wäre, nicht in den eigentlichen Notstandsdistrikten, sondern z.B. im Süden, in den Kasakendörfern, im Tschernigowschen und Kurskschen Gouvernement. In diesen und außerdem in manchen Gebieten des Industrierayons haben die Bauern nicht selten die schärfsten Resolutionen trotz der Anwesenheit, sei es der staatlichen polizeilichen Kontrollbeamten, sei es der Adelsmarschälle gefaßt, und Petitionen mit Tausenden von Unterschriften bedeckt um Beseitigung der bureaukratischen Beaufsichtigung und um die Gestattung der Wahl von Volksvertretern, welche – das ist ihre entscheidende, *mit dem modernen Parlamentarismus freilich durchaus nicht verwandte* Vorstellung dabei, – *direkt mit dem Zaren* verkehren sollten, statt daß sich jetzt das bezahlte Beamtentum dazwischenschiebe. Sie wünschen m[it] a[nderen] W[orten], daß die Büreaukratie der Selbstherrschaft verschwinde, aber, – darin sind die Slawophilen im Recht, – sie hegen keinen Wunsch nach ihrem Ersatz durch eine parlamentarisch geleitete Büreaukratie.[78b]) Die Energie dieser antibüreaukratischen Strömung ist zurzeit nicht unbeträchtlich. Es sind nicht ganz wenige Fälle bekannt, in welchen die Bauern die von den Beamten für den „Sschod" vorbereiteten „loyalen" Resolutionen abgelehnt, andere, wo sie sie in Anwesenheit der Beamten angenommen, nachträglich aber widerrufen, oder die ihnen zugesandten Publikationen der reaktionären Verbände zurückgesendet haben. Allein es ist wenig wahrscheinlich, daß diese Stimmung die Kraft haben sollte, bei den Wahlen sich gegen die Autorität und Vergewaltigung der Beamten durchzuset-

---

[78a]) Der Bericht über die Fortsetzung der Erörterungen liegt mir leider nicht vor.

[78b]) „Direkter Verkehr des Zaren mit der Reichsduma" ist deshalb auch die wahrscheinlich zugkräftigste Parole reaktionärer Organisationen (z.B. Punkt 6 der Kursker Proklamation des Grafen Dorrer und Kons[orten]). – Das ist eine Utopie, genau so wie ihr konträrer Gegensatz: das „aufgeklärte" büreaukratische Regime unter Wahrung der persönlichen Freiheitsrechte in Wittes „konfidentieller Denkschrift".

zen. Das Wahlgesetz, auch in der Fassung vom 11. Dezember, sucht jede freie Wahlagitation auszuschließen, indem es Wähler- und Wahlmännerversammlungen, welche „vorbereitend" über die Person der Kandidaten beraten wollen, zwar, unter Ausschluß der Polizei, zuläßt, den Zutritt zu ihnen aber prinzipiell nur den Wahlberechtigten des Bezirks bzw. den betreffenden Wahlmännern gestattet (unter Kontrolle des Zutritts der Teilnehmer durch die Polizei!). Von diesem Prinzip wird nun aber überdies (unglaublicher Weise) eine Ausnahme zugunsten des die Wahl als Präsident *leitenden Beamten* (Adelsmarschall oder sein Vertreter), *auch wenn er nicht selbst Wähler oder Wahlmann ist,* gemacht. Daneben ist der Grundsatz der Wahl „aus der eigenen Mitte" bzw. „aus der Zahl der Teilnahmeberechtigten" aufrecht erhalten, dessen (faktische) Anwendung bei den Wahlen in den Vereinigten Staaten dort bekanntlich das Niveau der Legislaturen tief herabdrückt, – zweifellos einer der Zwecke dieser Bestimmung. In den Städten hat all dies mehr formale Bedeutung, was aber die Beaufsichtigung der Wählerversammlungen auf dem Lande, speziell bei den Bauern, bedeutet, wird sich jeder, *vor allem* auch die Bauern selbst, deren *Kardinalforderung* ja die Beseitigung der Beamtenaufsicht ist, sagen. Die Regierung, der es offenbar *nur* auf den *momentanen* Effekt ankommt, hat damit den Radikalen *dauernd* das bequemste (und legitimste) Agitationsargument in der Hand gegeben. Sie wird, höchst wahrscheinlich, konservative Bauernvertreter „erzielen", – aber jeder Bauer wird wissen, daß sie *ihn* nicht vertreten: die Zahl der Gründe, um deren willen er die Büreaukratie haßt, ist um einen vermehrt. –

Niemand kann danach sagen, wie die bäuerlichen Wahlen zur Duma ausfallen werden. Im allgemeinen pflegen Ausländer eher auf eine extremreaktionäre, Russen eher auf eine, trotz alle dem, extremrevolutionäre Zusammensetzung der Duma zu rechnen, soweit die Bauern in Betracht kommen. Beide könnten recht behalten, und, was wichtiger ist, das eine könnte mit dem andern für den Erfolg identisch sein. Bei den europäischen Revolutionen der Neuzeit sind die Bauern im allgemeinen vom denkbar weitgehendsten Radikalismus zur Teilnahmslosigkeit oder geradezu zur politischen Reaktion abgeschwenkt, nachdem ihren unmittelbaren ökonomischen Ansprüchen Genüge geschehen war. Es unterliegt in der Tat wohl keinem Zweifel, daß, *wenn* ein ganzer oder halber Gewaltakt der Autokratie den Bauern den Mund mit Land stopfte oder wenn sie in der Anarchie das Land sich selbst genommen haben würden und man es ihnen, schließlich, so oder so, ließe, alles weitere für die Masse von ihnen erledigt und das Interesse an der Regierungsform erloschen sein würde.[79]) Die

---

[79]) Dies stimmt überdies mit dem, was Leo Tolstojs immer noch mächtige Stimme verkündet. Ihm sind Konstitution, Freiheit der Persönlichkeit u. dgl. im Grunde westliche Greuel, jedenfalls indifferent. Dagegen ist ihm Henry George in die Hände gefallen, und er verkündet nun in der „Russkaja Mysslj" in einem Artikel über „die große Sünde" (wjelikij grjêch), daß diese einzig und allein im privaten Bodeneigentum bestehe, bei dessen Beseitigung sich schlechthin alles übrige von selbst finden werde. Natürlich hält er dabei seinen alten Standpunkt fest: daß alle andere als bäuerliche Arbeit schlechthin verwerflich sei.

Ansicht der Vertreter der bürgerlichen Demokratie – speziell Struves – ist nun demgegenüber, daß das Verlangen der Bauern nach Land von einer reaktionären Regierung gar nicht erfüllt werden könne, da das die ökonomische Depossedierung nicht nur des Adels, sondern auch der Großfürstenschaft und schließlich des Zaren selbst bedeute. Die Interessen der Bauern seien mit dem Selbsterhaltungsinteresse dieser Mächte unvereinbar. Allein trotz der, an sich betrachtet, gewaltigen Ausdehnung der Güter des kaiserlichen Hauses ist ihr Umfang gegenüber dem Privatbesitz nicht sehr erheblich, und der Haß der Bauern richtet sich gerade gegen diesen letzteren. Dann aber fragt es sich, was und wieviel von den Bauernforderungen denn die Demokratie ihrerseits würde erfüllen können. Gegen eine einfache Landkonfiskation hat sich Struve natürlich mit der größten Energie ausgesprochen. Natürlich aber enthält die Erklärung des konstitutionell-demokratischen Programmes, daß den Enteigneten *nicht* der Marktwert des Landes vergütet werden sollte, vom „bürgerlichen" Standpunkt aus eine „Konfiskation": das „Ertragswert-Prinzip" unserer Anerben-Politiker ist hier einmal revolutionär gewendet. Und schon von dem Vorschlag Tschuprows fürchtete Fürst Trubezkój, daß er den liberalen Adel in das Lager Schipows treiben werde. Immerhin ist allem Anschein nach ein Teil des Adels, dieser in sich so höchst ungleichartigen Schicht, – sie reicht, nach dem Ausspruch eines Unterrichtsministers Nicolaus I., „von den Stufen des Throns bis in die Reihen der Bauern" – der Hergabe seines Landes in den gegenwärtigen Zeitläuften nicht abgeneigt: man lebe „lieber frei auf einem Landhaus ohne Land, als, wie jetzt, mit dem Lande in einer Festung," sagte Fürst Dolgorukow auf dem liberalen Moskauer Agrarkongreß. Der hinter verschlossenen Türen abgehaltene Kongreß der landwirtschaftlichen Unternehmer in Moskau im Dezember 1905 aber verlangte bedingungslose Repression.[79a]) – Jedenfalls kostet das Land für eine nicht gewaltsame Regierung ungeheueres *Geld*. Kolonisierbares Land ist, namentlich im Südosten, dann auch im Nordosten des weiten Reichs, zu gewinnen, – wenn gewaltige Kapitalien für Bewässerung und (in Sibirien) Waldrodung flüssig gemacht werden. Die Beseitigung der Loskaufsgelder, die Steuererleichterung der Bauern, *die Zivilliste,* welche an Stelle des Landbesitzes der kaiserlichen Familie zu treten hätte, die Verluste an Domänenrente, die Meliorationskapitalien, dies alles bedeutet eine gewaltige staatliche Mindereinnahme und einen ebenso gewaltigen Mehrbedarf, in toto Geldbeschaffungsprobleme noch nicht dagewesener Art. Und da schließlich mit der Landvermehrung allein das Agrarproblem ja schlechterdings nicht erledigt ist, dieser Weg vielmehr, als *einziges* Mittel gedacht, sehr wohl eine Gefährdung des

---

[79a]) Umsiedelung der Bauern mit Staatshülfe, Auseinandersiedelung der zusammengepferchten Riesendörfer, beschleunigte Separation der Gemengelage zwischen Gutsbesitzern und Dörfern, gesteigerte Tätigkeit der Landbank, dagegen Aufrechterhaltung der ständisch bäuerlichen (Wolost-) Gerichte, der Unveräußerlichkeit des Nadjel und seiner Unangreifbarkeit im Exekutionswege, – dies etwa stellt das „Agrarprogramm" der Reaktionäre, z. B. der „Nationalen Ordnungspartei" dar (Kursker Proklamation Abt. I, Nr. 8, Abt. II Nr. 7).

„technischen Fortschrittes" bedeuten kann,[80]) da also mit einer schweren Enttäuschung der Bauern auch nach Erfüllung aller ihrer Forderungen gerechnet werden müßte, und da vor allem endlich die Bauern nach dem Maß ihrer heutigen Entwicklung schwerlich als „Träger" oder „Stützen", sondern wesentlich als „Objekte" der Agrarpolitik in Betracht kommen können, – so ist die Partei, welche jene Reform auf *legalem* Wege durchführen sollte, nicht um ihre Aufgabe zu beneiden.

Die Regierung hat demgegenüber bisher lediglich den Erlaß der Loskaufszahlungen, die Erweiterung (durch 30 Millionen neuen Kapitals) der Tätigkeit der Landbank zur Überführung gutsherrlichen Landes in die Hand der Bauern[81]) und endlich in ziemlich unbestimmten Worten die Inangriffnahme einer Agrarreform zugesagt, welche die Interessen der Gutsbesitzer mit denjenigen der Bauern „vereinigen" solle. – Es ist, trotz aller „Komitees" der vergangenen Jahre, recht fraglich, ob sie über das „Wie?" auch nur die allerallgemeinsten Vorstellungen hat. – Von ganz hervorragender und entscheidender Bedeutung aber wird die Frage werden, wie die Regierung einerseits, die Bauern andererseits sich mit dem – nach Wegfall der Loskaufsgelder – gesetzlich *jedem* Bauern zustehenden *Recht, die Zuweisung seines Anteils zu privatem Eigentum zu verlangen,* abfinden werden. –

Die Pfade der sozialreformerischen russischen liberalen Demokraten sind entsagungsvoll. Sie haben keine Wahl, – nach ihrer Pflichtauffassung sowohl wie nach Erwägungen, die durch das demagogische Verhalten des alten Regimes bestimmt sind, – als bedingungslos das allgemeine gleiche Wahlrecht zu fordern. Und doch könnten ihre eigenen Ideen, wahrscheinlich, nur bei einem dem Semstwowahlrecht ähnlichen Wahlverfahren zu politischem Einfluß gelangen. Sie müssen, pflichtgemäß, eine Agrarreform mit vertreten, welche, der Wahr-

---

[80]) Alle spezifische Bauernpolitik läßt, vor allem, in den Getreideexportgebieten das durch die Kürze der Vegetationsperiode gegebene *Betriebs*problem ganz unberührt. Das Absterben des Kustar wie des bäuerlichen Hausfleißes durch den Kapitalismus und die geldwirtschaftliche Bedarfsdeckung berührt hier – darin haben die „Volkstümler" ganz recht – direkte Existenzfragen der Bauernwirtschaften.

[81]) Unter dem Druck der sozialen Bewegung ist übrigens in den entwickelteren Gebieten, speziell, scheint es, Kleinrußland, aber auch der Wolga-Gegend, mehrfach eine Einigung der Gutsbesitzer mit den Bauern über beschleunigte und erleichterte Ablösung mit Hilfe der Landbank erfolgt. – Bei der Landbank selbst sollen Verkaufsangebote für ca. 120 Millionen Rubel liegen. Ihr wird vorgeworfen, daß sie das Land weniger nach seiner Eignung zur Ansiedlung, als nach den Interessen einflußreicher Verkaufslustiger (speziell z. B. des Grafen Woronzow-Daschkow, des Fürsten Schtscherbatow, des Exministers Durnowo) zu kaufen pflege und erhebliche Spekulationsgewinnste für die Beamten abwerfe, falls nicht ein Petersburger Taxator deren Kreise störe. Augenblicklich erwirbt, nach Zeitungsnachrichten, die Bank zwar, infolge der Unruhen, sehr billig. (Sie kauft mit dem Boden auch die Kunstschätze und Schloßmobiliare der eingeschüchterten Gutsherren, so nach den Zeitungen auf der Akssakowschen Besitzung im Ssamaraschen Gouvernement). Was aber die Bauern anlangt, so ergeben die Zeitungen, daß sie – ganz begreiflicherweise – seit dem Manifest vom 17. (30.) Oktober den Erwerb durch die Bank zunehmend ablehnen, da sie hoffen, durch die Duma oder „sonstwie" billiger in den Besitz des Landes zu kommen.

scheinlichkeit nach, nicht einen ökonomisch-technisch „fortschrittlichen" voluntaristischen Sozialismus, sondern den seinem Wesen nach archaistischen Kommunismus der Bauern, – nicht ökonomische Auslese der, im „geschäftlichen" Sinn, Leistungsfähigsten, sondern „ethische" Ausgleichung der Lebenschancen, – als ökonomische Praxis sowohl wie als ökonomische Anschauung der Massen gewaltig stärken und damit die, nach Ansicht der meisten von ihnen doch unvermeidliche, Entwicklung westeuropäischer individualistischer Kultur verlangsamen muß. – Auf eine solche Bewegung wird jener Typus des „satten" Deutschen, der es unmöglich erträgt, nicht mit der jeweils „siegenden Sache" zu sein, mit seinem von dem erhebenden Bewußtsein seiner Qualität als Realpolitiker[82]) geblähten Busen, nur mit Mitleid blicken können. Denn überdies sind natürlich ihre äußeren Machtmittel gering, worauf auch die extremen Sozialrevolutionäre immer wieder mit Hohn hinweisen. In der Tat: niemand weiß, wo man heute ohne die Einschüchterung der Autokratie durch den Tod Plehwes und des Großfürsten Ssergjej stände. Das einzige Machtmittel ähnlicher Art, welches die Liberalen hatten, lag in dem Umstand, daß die *Offiziere* auf die Dauer nicht gewillt bleiben konnten, gegen Familien, denen sie zum großen Teil selbst entstammen, als Henker zu fungieren. Tatsächlich hat die von liberaler Seite empfohlene Taktik: nicht, wie dies ein Teil der Sozialrevolutionäre immer wieder tat, die Truppen durch Bomben und bewaffneten Widerstand zum Kampf zu reizen, sondern sich ihnen unbewaffnet in den Weg zu stellen, recht häufig gewirkt.[83]) Freilich, einer entschlossenen militärischen Führung gegenüber hätte all dies seine Schranken, und der augenblickliche Aufstand in Moskau wird der Disziplin des Heeres *sehr* förderlich sein. Dazu tritt nun freilich ein anderes, spezifisch „bürgerliches" Machtinstrument, – aber es liegt nicht in der Hand der russischen Liberalen: Ohne das sehr ernste Wort, welches die fremden Geldmächte – nicht expressis verbis, aber der Sache nach – gesprochen haben, wäre das Patent vom 17. Oktober vielleicht gar nicht erfolgt oder doch bald widerrufen worden. Alle Angst vor der Wut der Massen und vor der Meuterei der Truppen und die Schwächung des autoritären Regimes durch die Niederlage im Osten wirkte doch nur in Verbindung mit der Abhängigkeit von der kühlen harten Hand der Banken und Börsen auf die Autokratie. Darauf beruht die Stellung von Politikern wie Witte und Timirjasjew. Denn wenn der sozialdemokratische „Natschalo" den Grafen Witte als „Agenten der Börse" bezeichnete, so steckte hinter dieser primitiven Vorstellung natürlich etwas richtiges. Witte hat auf dem Gebiet der konstitutionellen Frage und der inneren Verwaltung schwerlich bestimmte Überzeugungen irgend welcher Art. Jedenfalls stehen

---

[82]) Übrigens ist dieser Ausdruck in Rußland zurzeit sehr populär. Nicht nur die Demokraten und Bodenreformer, sondern auch sozialrevolutionäre Richtungen und die Jungvolkstümler wollen durchaus „realnye politiki" sein. Sollte der schöne Begriff dadurch in Deutschland etwas entwertet werden, so hielte ich das bei seiner jetzigen Entwicklung für keinen großen Verlust.

[83]) Auch Kasaken-Dörfer haben Befreiung der Kasaken vom Dienste als Polizei und Gendarmerie verlangt (vgl. z. B. den Kertscher „Jushnij Kurjer" vom 12. November).

seine verschiedenen Erklärungen darüber im offensichtlichsten Widerspruch miteinander und hat er überdies auch jetzt die Gepflogenheit, Äußerungen, die von unverdächtigen Leuten als von ihm getan referiert werden, als „Mißverständnisse" zu dementieren, auch wenn es sich um Verhandlungen mit Parteidelegierten, also nicht um vertrauliche Gespräche, handelt. Sein Interesse ist ganz wesentlich wirtschaftspolitisch orientiert. Er hat z. B., wie man sonst von ihm denken mag, den „Mut" – von seinem Standpunkt aus gesprochen, – gehabt, das in den Augen der reaktionären Bureaukratie wie der revolutionären Demokratie gleich schwere Odium einer Verteidigung des bäuerlichen Privatbesitzes auf sich zu nehmen, ebenso wie er jetzt den gesteigerten Haß der Slawophilen und überdies die durch seine „Unentbehrlichkeit" nur gesteigerte persönliche Abneigung des Zaren trägt. Ohne allen Zweifel ist sein Denken „kapitalistisch" orientiert, – wie das der Liberalen von Struves Gepräge es auch ist. An die Stelle der Plehweschen Versuche, mit den autoritär geleiteten Massen gegen das „Bürgertum" zu regieren, würde er zweifellos sehr gern eine Verständigung mit den besitzenden Klassen gegen die Massen setzen. Er und vielleicht nur er ist in der Lage, den Kredit und die Valuta Rußlands im gegenwärtigen Moment zu erhalten, und es ist sicher, daß er den Willen dazu besitzt. Daß dazu die Umwandlung Rußlands in einen Rechtsstaat mit gewissen konstitutionellen Garantien unbedingtes Erfordernis ist, weiß er zweifellos[83a]) sehr wohl und würde voraussichtlich, wenn er die Möglichkeit dazu hätte, in der inneren Politik danach handeln, um sein Lebenswerk, die finanzielle Machtstellung Rußlands, nicht preiszugeben. Selbstverständlich tritt dazu der Gedanke, daß ein, bis zu einem gewissen Grade, „aufrichtig" liberales Regime das Bündnis mit Frankreich auch politisch festigen würde. Aber: unbeschränkte Tragkraft haben diese Motive zugunsten einer liberalen Politik natürlich für Witte – und vollends für den Zaren und seine Umgebung – nicht, und es fragt sich nur, bei welchem Grade der Belastung sie zerbrechen und der Gedanke, es mit einer Militärdiktatur als Vorläufer irgend eines Scheinkonstitutionalismus zu versuchen, die Oberhand gewinnt. Ein solcher Gedanke ist für die nächste Zukunft natürlich durchaus praktikabel. Bleibt auch nur der zehnte Teil des Offizierskorps und der Truppen zur Verfügung der Regierung, – und der Bruchteil würde gegebenenfalls näher an 9/10 liegen,[83b]) – so wollen demgegenüber noch so viele Aufständige gar nichts besagen. – Die Börse begrüßte das erste Blut in den Straßen Moskaus mit einer Hausse, – und alles, was seitdem geschah, zeigte, wie mächtig dies das Selbstvertrauen der Reaktion gestärkt und Witte umgestimmt hat. Die wirtschaftliche Not, welche infolge der furchtbaren Verwüstungen in der Industrie eintreten muß, wird hier, wie überall, nach Enttäuschung der politischen Illusionen den Kampfesmut des Proletariats lähmen. Und eine Regierung, welche, der Sache nach, die Machtstellung des zentralistischen *Beamtentums,* – darauf

---

[83a]) Zeitungen wie „Nowoje Wremja" operieren fortwährend mit diesem Gesichtspunkt.
[83b]) Der Verlauf des soeben tobenden Moskauer Aufstandes zeigt es. – Nur ein unglücklicher *europäischer* Krieg würde die Selbstherrschaft endgültig zertrümmern.

kommt es an, – erhält, muß dem ausländischen Beobachter trotz allem vorläufig sehr wohl möglich erscheinen. Denn auch die sozialen Mächte, welche das bisherige Regime trugen, sind zweifellos schon jetzt stärker organisiert, als es äußerlich scheint. Ihre Renaissance hatte um so größere Chancen, je mehr, selbst angesichts der organisierten Mordbrennerbanden des in seiner Existenz bedrohten Polizeibeamtentums, der sektenhafte Krämergeist der „Berufs-Sozialisten" die Frontstellung ihrer Anhänger wesentlich gegen die mit ihnen „konkurrierenden" bürgerlichen demokratischen Parteien richtete und gerade nach dieser Richtung ihrem, wie wir in Deutschland am besten wissen, politisch so impotenten und, vor allem, jede Erziehung zur politischen Tatkraft vernichtenden, „menschlich" ja durchaus begreiflichen Schimpfbedürfnisse freien Lauf ließ.[84]) Sie können sehr wohl den Triumph erleben, daß entweder die Reaktion ganz die Oberhand gewinnt, oder daß breite Schichten der Besitzenden in das Lager der „gemäßigten" Parteien übergehen, und sie werden damit das Recht erlangen, eine weitere Generation lang in gewaltigen Worten schwelgend – wie bei uns – sich an dem Gedanken zu berauschen: „was es doch für schrecklich schlechte Menschen gibt".

Wie stark, neben der konsequenten Obstruktion des reaktionären Beamtentums und der höheren Offiziere, auch die Parteiorganisation der Konservativen schon jetzt ins Gewicht zu fallen vermöchte, könnte nur die Probe zeigen. Die Altkonservativen („monarchistische" Partei) haben ihre Zentrale in Moskau, ihr Bureau ist dasjenige der „Moskowskija Wjédomosti". Ihr Programm war bislang bedingungslos der Status quo ante und die gewaltsame Niederwerfung der Opposition. Über ihre innere Organisation und Verbreitung ist es schwierig, jetzt im Ausland etwas zuverlässiges zu erfahren. Jedenfalls ist die Zeit der ersten Verlegenheit, in welcher ein angesehener Konservativer dem Zentralbureau der monarchistischen Partei schrieb, er sehe nicht ein, wie man ohne „Mobilmachungsorder" des Zaren selbst ihm zu Hilfe kommen dürfe (Mosk [owskija] Wjed[omosti] 7. Mai), und wo Fürst Meschtscherski im „Grashdanin" (9. Mai) den Gedanken entrüstet zurückwies, daß die Macht des Zaren „von der Hilfe des Herrn Gringmut abhänge"[,] und bedauerte, daß das Manifest der Konservativen beim Volk diesen Eindruck erwecken müsse, – charakteristische Seitenstücke zu den Empfindungen mancher preußischer Royalisten im Jahre 1848, – jetzt längst vorüber. Auch das gesetzliche Verbot der Gründung politischer Vereine, welches viele Konservative zurückgehalten hatte, ist jetzt kein Hindernis mehr. Der „Bund russischer Männer in Moskau",[84a]) mit vielen

---

[84]) So brachte z. B. schon die dritte Nummer des „Natschalo" (vom 16./29. Nov.) einen leidenschaftlichen Angriff auf Struve, der im Verlauf von 2–3 Jahren Sozialismus mit Liberalismus, Liberalismus mit Selbstherrschaft, Revolution mit Semstwotum und sittliche Ideale mit politischer Verräterei vertauscht habe! – Als Streitobjekte gegenüber den Liberalen waren *lediglich* genannt: die „konstituierende" Duma, die „Republik", die „Revolution". – In der gleichen Nummer wurden die Sozialrevolutionären ganz ähnlich behandelt, weil sie im Verdacht standen, sich mit den Liberalen unter Umständen verständigen zu wollen.

[84a]) Das Programm des „Bundes russischer Männer" (Prawo Nr. 22 S. 1820) besagt, daß

Filialen, daneben zahlreiche ähnliche Verbindungen in anderen Städten, waren schon im März, nach dem Manifest vom 18. Februar gegründet, ebenso die „patriotische Liga" in Petersburg. Fast alle tagten unter Ausschluß der Öffentlichkeit, im Gegensatz zu den Semstwokongressen, so auch der Moskauer konservative, die strengste Repression vertretende, Kongreß der Landwirte Ende November 1905. – Nachdem der Zar der Deputation der „russischen Männer" und anderer konservativer Vereine, welche ihm ihre Bedenken über die „Bedrohung der Selbstherrschaft" vortrugen[84b]), im Dezember seinen „unerschütterlichen" Willen, an dem Versprechen vom 17. (30.) Oktober festzuhalten, erklärt hat, wird die Organisation der Konservativen als einer politischen parlamentarischen Partei wohl um so raschere Fortschritte machen.

Aber auch „freikonservative" Parteien haben sich im Laufe des Jahres 1905 entwickelt. Dahin gehört z.B. die „Partei der Rechtsordnung", unter deren Petersburger Führern neben dem auch in Deutschland bekannten Prof. Janshul u.a. speziell Herr Krassowski[85]) hervortritt, welcher anscheinend zur Kategorie der enttäuschten und frondierenden Exbeamten und gewesenen Ministerkandidaten zählt. Ebenso gehört dahin wohl der von Gutschkow, Graf Heyden, Schipow u.a. gegründete „Bund des 17. Oktober" in Petersburg, von, wie es scheint, etwas „liberalerer" Färbung und Witte nahestehend.[85a]) Von selbstän-

---

der Bund die „Einheit von Kirche, Thron und Volk" vertreten, den Willen des Zaren ausführen, den „inneren Feind" und alle Versuche des Imports von „Richtungen", die Rußland „fremd" seien, bekämpfen und auf Verlangen des Zaren prinzipientreue Männer wählen werde. Zu seinen Gründern gehören: Archimandrit Anastasij, mehrere Grafen Scheremetjew, D.A. Chomjakow, mehrere Fürsten Golizyn, W. Arssenjew, Professor Tarassow, Fürst Meschtscherskij, Privatdozent Stratonizkij, mehrere Grafen Oljssufjew, Fürst A. Schtscherbatow, ein Fürst Trubezkoj, Graf W.W. Orlow-Dawydow, A.M. Katkow, Fürst S. Putjatin, Fürst Kurakin, Fürst Gagarin, Graf Tatischtschew, Fürst Druzkoj-Ssokolinskoj u.a.

[84b]) Beteiligt waren an der Audienz: 1. der „Bund russischer Männer" (Führer Fürst Schtscherbatow), – 2. die „monarchistische Partei" (Führer Redakteur Gringmut), – 3. der Moskauer Grundbesitzerkongreß, – 4. der Verein der Moskauer Kirchenfahnenträger (Kleinbürgerverbände), – 5. Vertreter des Bauernblattes „Rußkoje Krestjanstwo", – 6. die Vertreter des reaktionären Bauerndorfes Worobjewa Gora bei Moskau, – 7. als Vertreter der inneren Mission der Igumen Arsenij. – Die Adresse der „russischen Männer" verlangte Einberufung des „großen Semskij Ssobor", der „slawophilen" Volksrepräsentation, bestehend aus Vertretern der „in Glauben und Abstammung Echten", nach Moskau, und versicherte den Kaiser, dessen Thron am Rande des Abgrunds stehe, ihrer unbedingten Unterstützung. Die Grundbesitzer verlangten, daß den Zweifeln, welche das Manifest vom 17. Oktober und die Schaffung des Ministerkonseils über den Fortbestand der Selbstherrschaft errege, ein Ende bereitet werde und unbedingte Repression. Die Kirchenfahnenträger überreichten ein Heiligenbild. – Die Antwort des Zaren war „konstitutionell", aber zweideutig, nach Art mancher Antworten Friedrich Wilhelms IV. in ähnlichen Situationen.

[85]) Er spielte zurzeit der „frechen" Eingabe des Tschernigower Semstwo dort eine ziemlich zweideutige Rolle.

[85a]) Der baltische deutsche Liberalismus steht auf dem Boden des „gemäßigten" Semstwo-Liberalismus. Die „baltische konstitutionelle Partei (Düna-Zeitung Nr. 238 Beilage, Nr. 266) steht auf dem Boden des „viergliedrigen" Wahlrechts, „falls solches von der

digen sozialpolitischen Programmen dieser und ähnlich gerichteter Verbände ist hier vorerst nichts sicheres in Erfahrung zu bringen[85b]). Die Rechtsordnungspartei offerierte dem Grafen Witte (20. November) Streikbrecherhilfe für den Fall des bevorstehenden Post- und Telegraphen-Ausstandes. Es haben sich solchen Gruppen teils die gemäßigten Duma- und Semstwomänner, teils die eigentliche Bourgeoisie, Bankiers und Großindustrielle, teils Leute angeschlossen, die, wie Krassowski, bei Beginn der Bewegung der Semstwokongresse den Standpunkt vertraten, daß keine Konstitution zu erreichen, aber eine gesetzliche Garantie der persönlichen und Preßfreiheit zu fordern sei, – ohne freilich angeben zu können, was diese, ohne Konstitution, praktisch bedeuten würde. Gemeinsam ist diesen Kategorien neben der Anerkennung des Manifests vom 17. Oktober, welches die altkonservativen Beamten bekanntlich mit den Metzeleien der schwarzen Hundert beantworteten, vielleicht auch zu hintertreiben gehofft hatten, die unverhohlenere religiöse Indifferenz.[86]) Fest steht im übrigen von ihnen allen wohl nur, daß sie unbedingt für „Ruhe" sind und allem zustimmen, was diese auf irgend eine Weise herbeiführen kann: – der Petersburger „Rechtsordnungsverband" ist für das Judenwahlrecht, „damit sie sich beruhigen",[86a]) die Petersburger Zensuswähler waren, nach langer Debatte, für die Autonomie Polens aus dem gleichen Grunde, in anderen dortigen Zensuswählerversammlungen wurde, gegen die radikale Forderung der Trennung von Staat und Kirche, die Aufrechterhaltung des Unterrichtes im „göttlichen Gesetz" (Katechismus) als für die Ordnung unentbehrlich bezeichnet usw. Sie alle werden daher auch schließlich mit allem zufrieden sein, was der Zar ihnen zu konzedieren für gut findet. Es versteht sich, daß unter dem Druck der Bauern- und Militärrevolten, der Drohung mit dem Generalstreik und des in der Sozialdemokratie herrschenden Putschismus die Zahl dieser Leute in entschiedenes rasches Steigen geriet. Und es war selbstverständlich auch die Hoffnung der Regierung

---

Regierung und den anderen Parteien verlangt wird", hält aber das Bulyginsche Wahlrecht unter Erweiterung des Zensus und Schaffung einer Arbeiterkurie für vorerst „zweckmäßiger". Sie verlangt im übrigen die demokratischen Persönlichkeitsgarantien, Dezentralisation, Gleichberechtigung der verschiedenen Sprachen, Sozialpolitik, Einkommensteuer und eine „feste Staatsgewalt". – Einzige Ausnahme von der Note 2 angeführten Regel war, wie nachträglich bemerkt sei, soviel mir *bisher* bekannt: auf dem Semstwokongreß, Abendsitzung vom 12. Nov. 1905 sprachen je ein Deutscher: – Rechtsanwalt Moritz, Vorsitzender des Ausschusses der „Baltischen Konstitutionellen Partei" – und ein lettischer Vertreter von Riga nacheinander und unter Betonung der Übereinstimmung ihrer Ansichten(?) für die Gewährung lokaler Selbstverwaltung. – Aber die deutsche Kultur der *Dorpater Universität*, von welcher Herr Moritz sprach, würde die russische Demokratie schwerlich wieder aufrichten.

[85b]) Zuweilen verweigerten die Drucker den Satz ihrer Programme.

[86]) Damit soll nicht etwa behauptet werden, daß skeptische Bureaukraten, wie Pobjedonosszew und Plehwe, oder Journalisten wie Gringmut und Pichno, oder die Grafen Scheremetjew u.a., in irgend einem Sinn persönlich „gläubig" wären. – Aber ebenso wie die preußischen Konservativen heutigen Schlages sind sie es „offiziell" und das „genügt" natürlich, hier wie dort.

[86a]) Konfessionsunterschiede macht das Wahlgesetz nicht.

und speziell Wittes, daß die Anarchie in dieser Richtung wirken, und daß, wie Witte es aussprach, schließlich „die Gesellschaft selbst" verlangen werde, daß man Ordnung schaffe, und – dürfen wir wohl hinzufügen, – Platz werde für die Parole: „enrichissez vous!" So geschah es. Natürlich aber vollzog sich diese Entwicklung auf Kosten der konstitutionellen Semstwodemokratie. Die Zeit der Semstwokongresse sei vorüber, bemerkte Fürst Dolgorukow resigniert. In der Tat: die Stunde der ideologischen Gentry war vorüber, – die Macht der materiellen Interessen trat wieder in ihre normale Funktion. Ausgeschaltet wird bei diesem Prozeß auf der Linken der politisch denkende Idealismus, auf der Rechten das auf die Erweiterung der alten Semstwo-*Selbstverwaltung* bedachte gemäßigte Slawophilentum. Beides würde Witte wenig schmerzen. Trotzdem ist es im Effekt wahrscheinlich, daß Wittes zuwartende Politik die Geschäfte anderer besorgt hat oder vielmehr, daß er nicht die Macht besaß, etwas anderes zu tun. Er ist in den Augen des Hofes im wesentlichen wohl in der Tat lediglich ein Platzhalter, den man wegen des Eindrucks nach außen, speziell auf die Börsen, und außerdem seiner Intelligenz wegen, jetzt nicht entbehren kann. – Denn über die Stellungnahme der dem *Hofe* nahestehenden Elemente in der Regierung hat wohl nie ein Zweifel obgewaltet. Die höheren Verwaltungsbeamten jener Gebiete, in denen nach ganz unverdächtigen, und überdies gänzlich unbestrittenen, Nachrichten die Polizei die Initiative zur Organisierung des Bürgerkrieges ergriffen hat, sind zwar in einzelnen Fällen, aus Rücksicht auf das Ausland, gemaßregelt worden, aber sie sind dabei, ebenso wie unsere preußischen „Kanalrebellen", „die Treppe heraufgefallen". Graf Witte aber hat keinerlei ernstlichen Versuch gemacht, vielleicht gar nicht machen können, die rücksichtslose Obstruktion des Provinzialbeamtentums zu brechen, welches vorerst garnicht daran denkt[,] an die Dauer eines konstitutionellen Regimes zu glauben. Wenn das die Liberalen als mangelnde „Ehrlichkeit" empfanden, so ist das begreiflich, aber vielleicht nicht ganz genau: „ein Schelm gibt mehr als er hat", – das Hindernis liegt an einer höheren Stelle. Zahlreiche Maßregeln des Ministeriums des Innern, die man in den Zeitungen zu verfolgen imstande war, konnten gar keinen anderen *Effekt* haben, als abwechselnd die Masse zu reizen und dann ostensibel die Zügel am Boden schleifen zu lassen, bis der rote Schrecken so weit gestiegen wäre, daß die Zeit für den weißen reif würde. Es ist *nicht* zu glauben, daß diese Politik *ausschließlich* Produkt der Schwäche und Verwirrung gewesen sei: Man brauchte eine „Revanche für den 17. Oktober."[86b]) Was sie daneben

---

[86b]) Den Nerven des jetzigen Ministers des Innern ist ein solcher Kollaps in keiner Weise zuzutrauen. Durnowo hat, als Polizeichef, eine notorische Routine in der Bekämpfung sowohl, wie in der Provokation von Revolten an den Tag gelegt. Die anscheinend typische Nervosität, oder geradezu: Neurasthenie, großer Teile der russischen Intelligenz, die übrigens nicht etwa Folge einer gesetzmäßigen „gesamtpsychischen" Entwicklung zur „Reizsamkeit" hin, sondern einfach ihrer konkreten, speziell ihrer „polizeilichen" Existenzbedingungen war und ist, gab der Polizeibureaukratie hierin immer ziemlich leichtes Spiel. – Daß andererseits die Ljeninsche Gruppe und ein Teil der Sozialrevolutionären den törichten Aufstand seit längerem *vorbereitet* haben, zeigt schon, was oben Note 47 a[m] Ende gesagt ist.

herbeiführte und doch wohl auch herbeiführen sollte, mußte, bei längerer Dauer, zweifellos die Diskreditierung aller freiheitlichen Bewegungen, speziell aber des bürgerlich-konstitutionellen *antizentralistischen* Liberalismus, sein, dessen Bedeutung in der öffentlichen Meinung und dessen Stellung in den Selbstverwaltungskörpern seit Jahrzehnten Gegenstand des Hasses des reaktionären ebenso wie der rationalistischen staatlichen Bureaukratie ist. Zweifellos hätte er im Falle zeitweiliger völliger Anarchie noch weniger zu hoffen, als im Falle des Wiedererstarkens der Selbstherrschaft, deren Vorläufer ja, nach Lage der gegebenen Bedingungen, die Anarchie sein würde.

Es ist nun sicherlich richtig: die Erbtorheit nicht nur, wie man gesagt hat, jeder radikalen, sondern jeder ideologisch orientierten Politik überhaupt, ist die Fähigkeit, „Gelegenheiten zu versäumen". Als Vincke sich s. Z. weigerte[,] privatim mit den Ministern der „neuen Ära" in Preußen über die einzubringende Militärvorlage zu verhandeln, da dies einem Volksvertreter moralisch nicht erlaubt sei, und ebenso, als 1893 die Liberalen um den Bruchteil einer Stunde zu spät zu dem Entschluß kamen, den sie nach der Reichstagsauflösung dennoch faßten, – da bedeutete dies beide Male einen verhängnisvollen Wendepunkt für die Sache des Liberalismus. Man wird geneigt sein, anzunehmen, und manche Äußerungen Wittes suggerieren direkt dieses Urteil: daß die Liberalen ein – vom Standpunkt ihrer Parteipolitik aus gesprochen – ähnlicher Vorwurf treffen müsse. Auch ich hatte im Herbst prima facie diesen Eindruck. Allein je näher man die Lage der Dinge überdenkt, desto mehr wird man zu der Vermutung gedrängt, daß die liberalen Politiker das, was sie zu gewärtigen hatten, zutreffender beurteilten, als jene Bemerkungen Graf Wittes.[87]) In jenen eben zitierten beiden Beispielen handelte es sich eben um zweifellos „aufrichtig" gemeinte Unterhandlungen. Im gegenwärtigen Fall aber ist auch dem „allergemäßigtsten" konstitutionellen Semstwoliberalismus überhaupt *keine* „Gelegenheit" geboten worden, und es lag daher offenbar garnicht in seiner Macht, das Schicksal zu wenden, ebensowenig als dies 1877 in Bennigsens Hand lag, der damals mit weit besserem Grund, als unsere Historiker anzunehmen pflegen, den Eintritt in das Bismarcksche Ministerium ablehnte. Denn, wie Ludwig XVI. auf keinen Fall gerade von Lafayette „gerettet" sein wollte, so scheint nichts sicherer, als daß die Hofkreise und das Beamtentum lieber mit dem Teufel als gerade mit dem Semstwoliberalismus paktieren würden. Politische Gegnerschaften innerhalb der gleichen sozialen Schicht oder zwischen gesellschaftlich rivalisierenden Schichten sind eben oft die subjektiv intensivsten.

---

[87]) Damit soll *nicht* etwa gesagt sein, daß die Liberalen *keine* „taktischen" Fehler gemacht hätten. Was auf Grund des Materials heut behauptet werden kann, ist nur: daß aus Dem, was wir im Ausland wissen, solche nicht ersichtlich sind. Von den Resolutionen des Oktoberkongresses der konstitutionellen Demokraten ist die über den Generalausstand zweifellos von nur phraseologischer Bedeutung. Aber gegenüber dem grausigen Phrasendunst der zarischen „Manifeste" ist sie doch fast erfrischend. Und vollends die „heiligen" Beschwörungen des Herrn Gringmut und der Konservativen in der Mosk[owskija] Wjed[omosti] können vor dem Geschmack keines Gottes oder Menschen bestehen.

Von seiten der Regierung war der weiteste „Schritt entgegen" die Einladung des Grafen Witte an die Moskauer Uprawa, Repräsentanten der Semstwopartei zu ihm zur Beratung zu schicken.[87a]) Diese fand am 27. Oktober a. St. zwischen Witte und den Delegierten Golowin, Fürst Ljwow und Kokoschkin statt. Die entscheidende Meinungsverschiedenheit blieb damals, daß Graf Witte die Durchführung des allgemeinen gleichen geheimen Wahlrechts der durch Vertreter der Arbeiterklasse zu ergänzenden Reichs-Duma überlassen wollte und dafür ausdrücklich seine Mitwirkung in Aussicht stellte, die Delegierten dagegen auf der Einberufung einer konstituierenden Duma auf Grund jenes Wahlrechts als einzigen Mittels, die Ruhe zu sichern, bestanden.[88]) Allein hinter dieser angeblichen Differenz stand, abgesehen von dem alten Mißtrauen der Semstwoleute, der *jeder* Verständigung offenbar hinderliche Umstand, daß damals Trepow noch im Besitz seiner Vollmachten war, später Durnowo, den angesehene Personen in offenen Briefen an die Zeitungen, unter detaillierter Angabe der Fälle beschuldigten, Geld, „selbst in kleinen Posten" (1200–1500 Rubel) für Vergünstigungen genommen zu haben,[89]) an seine Stelle trat und darin blieb, und daß die verlangte präzise Deklaration des Manifestes vom 17. Oktober im strikt konstitutionellen Sinn *ausblieb*. Die Versicherung Wittes, daß er sich der konstitutionell-demokratischen Semstwopartei „am nächsten stehend" fühle, konnte unter diesen Umständen, zumal nach seiner „konfidenziellen Denkschrift" vom Jahr 1899,[90]) welche die Unvereinbarkeit der Semstwos mit der Autokratie hervorhob und so die beabsichtigte Verallgemeinerung der Semstwoverfassung durchkreuzte, unmöglich genügenden Glauben finden. Und vor allem: die Lage Rußlands „schreit" zwar nach einem „Staatsmann", – *aber:* die dynastischen Ambitionen des „persönlichen Regiments" lassen dort so wenig Platz für einen großen Reformer – wenn er sich fände – wie anderwärts, etwa bei uns.

Es hat – soviel scheint vorläufig durchaus sicher, – nicht einen einzigen Augenblick gegeben, in welchem von seiten des *Zaren* eine wirklich dauernde und aufrichtige Verständigung mit diesen, von ihm noch vor 6 Monaten mit

---

[87a]) Von den Semstwo-Vertretern, welche zu den ministeriellen Beratungen der Wahlrechtserweiterung Ende November zugezogen wurden, waren Gutschkow und Fürst E. Trubezkoj „die radikalsten", die übrigen „liberale" Slawophilen.

[88]) Vgl. das Communiqué der Delegierten in der „Russj" vom 23. Oktober a. St. S. 4.

[89]) Auch privatim werden ganz konkrete Fälle mit allen Einzelheiten und Angabe völlig unverdächtiger Gewährsmänner erzählt. Trotzdem nun Durnowo den auch in öffentlichen Versammlungen erhobenen Vorwurf offenbar *nicht* gerichtlich ablehnen *kann,* – ist er soeben dekoriert und befördert worden. Es ist die Stärke – *und* Schwäche – des Zarismus gegenüber den „Ideologen", daß er, im Gegensatz zu ihnen, auch für diese Art von „Gentlemen" „Verwendung" hat und – haben *muß*. Er kann wie er ist, die verschmitzte Bauern-Tücke solcher Getreuen keinen Moment entbehren, und der Zar *muß* daher Leuten die Hand drücken, denen jeder unabhängige „Bürger" den Gruß verweigern würde.

[90]) Diese Denkschrift, in 2. Ausgabe 1903 (Stuttgart, Dietz) mit den beiden Vorreden Struves erschienen, giebt – nach Inhalt und *Form* – die auffallendsten Einblicke in das „innere Leben" der zentralen russischen Büreaukratie.

äußerst unparlamentarischen Worten bezeichneten Männern überhaupt beabsichtigt war. Wenn man dieses „Moment" als „schlechthin gegeben" in die Rechnung einstellt, dann allerdings ist es unzweifelhaft wahr, daß Rußland für eine aufrichtig konstitutionelle Reform „nicht reif" ist, – aber dies liegt dann nicht an den Liberalen. Denn unter diesen Verhältnissen – wird man dann doch auch urteilen müssen, – konnte, solange nicht ganz andere „Garantien" gegeben wurden, der Gedanke einer „Verständigung" mit der Regierung für den Semstwo-Liberalismus in der Tat nicht den geringsten politischen Sinn haben. Seine Vertreter konnten nichts anderes tun, als „ihren Schild rein erhalten", nachdem sie ihrer „Mission" in dem Umfang und Sinn, in welchem dies im gegenwärtigen Moment überhaupt möglich war, gewaltet hatten. Es ist durchaus möglich – wenn auch nicht sicher, – daß sie für die nächste Zukunft sich damit abzufinden haben werden, daß die in ihrer Art glänzende Bewegung des Semstwoliberalismus, auf welche Rußland ebensogut Grund hat stolz zu sein, wie wir Deutschen auf das Frankfurter Parlament, vorerst vielleicht – in ihrer bisherigen Form – „der Geschichte angehört". Und es wäre dies für ihre Zukunft vermutlich besser als ein „Märzministerium". Nur so kann der „ideologische" Liberalismus eine, auf seinem ideellen Gebiet, von äußerer Gewalt unerreichbare „Macht" bleiben, und nur so scheint es auch möglich, die im Laufe der letzten Zeit zerrissene Einheit zwischen der durch Besitz, umfassende Bildung und politische Erfahrung mächtigen „bürgerlichen" und der durch ihre Zahl, ihre enge Fühlung mit den „Massen" und ihren rücksichtslosen Kampfesmut wichtigen „proletaroiden" Intelligenz wieder herzustellen, nachdem diese ihre heutige Unterschätzung der faktischen Bedeutung, welche das ihr „empfindungsmäßig" antipathische „bürgerliche" Element nun einmal hat, infolge der Enttäuschungen, die ihr bevorstehen, abgelegt haben wird. Für die Zersetzung der „volkstümlerischen" Romantik wird die weitere Entwicklung des Kapitalismus sorgen. Zweifellos wird an ihre Stelle zumeist der Marxismus einrücken.[90a]) Aber die Arbeit an dem gewaltigen und grundlegenden Agrarproblem ist mit seinen geistigen Mitteln nun einmal absolut nicht zu bestreiten, und gerade sie kann beide Schichten der „Intelligenz" wieder zusammenführen. Sie kann offenbar nur von den Organen der Selbstverwaltung gelöst werden, und schon deshalb scheint es Lebensfrage, daß der Liberalismus seinen Beruf nach wie vor darin findet, den bureaukratischen ebenso wie den jakobinischen *Zentralismus* zu bekämpfen und an der Durchdringung der Massen mit dem alten individualistischen Grundgedanken der „unveräußerlichen Menschenrechte" zu arbeiten, welche uns Westeuropäern so „trivial" geworden sind, wie Schwarzbrot es für den ist, der satt zu essen hat.

[90a]) Man braucht nur den wöchentlichen „Knishnij Wjestnik" des russischen Verlagshandels anzusehen, um jetzt, nach Beseitigung der Zensur, die Massenüberschwemmung mit Übersetzungen deutscher „orthodoxer" Schriften – fast nur diese werden von Rußland in Massen aufgenommen – zu erkennen, darunter sowohl die wertvolleren Sachen, wie der absolute „gläubige" Schund. Es erscheint sehr naheliegend, daß die enttäuschte, sozialrevolutionäre Pragmatik entweder reaktionärer Staatssozialismus wird, oder sich nunmehr der „Entwicklungslehre" anbequemt.

Diese „naturrechtlichen" Axiome geben ebensowenig *ein*deutige Weisungen für ein soziales und ökonomisches Programm, wie sie selbst ganz und gar nicht *ein*deutig durch irgendwelche – am wenigsten die „modernen" – ökonomischen Bedingungen *allein* produziert werden.

Im Gegenteil: so sehr der Kampf für solche „individualistischen" Lebenswerte auf Schritt und Tritt mit den „materiellen" Bedingungen der Umwelt zu rechnen hat, – so wenig könnte ihre [„]Verwirklichung" der „ökonomischen Entwicklung" überlassen werden. Es stünde heute äußerst übel um die Chancen der „Demokratie" und des „Individualismus", wenn wir uns für ihre „Entwicklung" auf die „gesetzmäßige" Wirkung *materieller* Interessen verlassen sollten. Denn diese weisen so deutlich wie möglich den entgegengesetzten Weg: im amerikanischen „benevolent feudalism", in den deutschen sog. „Wohlfahrteinrichtungen", in der russischen Fabrikverfassung, – überall ist das Gehäuse für die neue Hörigkeit fertig, es wartet nur darauf, daß die Verlangsamung im Tempo des technisch-ökonomischen „Fortschritts" und der Sieg der „Rente" über den „Gewinn" in Verbindung mit der Erschöpfung des noch „freien" Bodens und der noch „freien" Märkte die Massen „gefügig" macht, es endgültig zu beziehen. Und zugleich schafft die zunehmende Kompliziertheit der Wirtschaft, die partielle Verstaatlichung oder „Verstadtlichung", die territoriale Größe der Volkskörper stets neues Schreibwerk, weitere arbeitsteilige Spezialisation und Berufsschulung in der Verwaltung, d. h. aber: – Kaste. Jene amerikanischen Arbeiter, welche *gegen* die „Civil Service Reform" waren, wußten, was sie taten: sie wollten lieber von Emporkömmlingen zweifelhafter Moral als von einem patentierten Mandarinentum regiert werden, – aber ihr Protest ist vergebens. –

Möchten doch angesichts dessen diejenigen, welche in steter Angst davor leben, es könnte in Zukunft in der Welt *zu viel* „Demokratie" und „Individualismus" geben und zu wenig „Autorität", „Aristokratie" und „Schätzung des Amts" oder dergleichen, sich endlich beruhigen: es ist, nur allzusehr, dafür gesorgt, daß die Bäume des demokratischen Individualismus nicht bis in den Himmel wachsen. „Die Geschichte", gebiert, nach aller Erfahrung, unerbittlich „Aristokratieen" und „Autoritäten" neu, an welche sich klammern kann, wer es für sich oder – für das „Volk" für nötig findet. Käme es *nur* auf die „materiellen" Bedingungen und die durch sie direkt oder indirekt „geschaffenen" Interessenkonstellationen an, so würde jede nüchterne Betrachtung sagen müssen: alle *ökonomischen* Wetterzeichen weisen nach der Richtung zunehmender „Unfreiheit". Es ist höchst lächerlich, dem heutigen Hochkapitalismus, wie er jetzt nach Rußland importiert wird, und in Amerika besteht, – dieser „Unvermeidlichkeit" unserer wirtschaftlichen Entwicklung, – Wahlverwandtschaft mit „Demokratie" oder gar mit „Freiheit" (in *irgend* einem Wortsinn) zuzuschreiben, während doch die Frage nur lauten kann: wie sind, unter seiner Herrschaft, alle diese Dinge überhaupt auf die Dauer „möglich"? Sie sind es tatsächlich nur da, wo dauernd der entschlossene *Wille* einer Nation, sich nicht wie eine Schafherde regieren zu lassen, dahinter steht. „Wider den Strom" der materiellen Konstellationen sind wir „Individualisten" und Parteigänger „demokratischer" Institutionen. Wer Wetterfahne einer „Entwicklungstendenz" sein will, der möge, so schnell wie nur möglich, diese altmodischen Ideale verlassen. Die historische Entstehung der modernen „Freiheit" hatte einzigartige, niemals sich wiederholende Konstellationen zur Voraussetzung. Zählen wir die wichtigsten davon auf: Zunächst die überseeische Expansion: in den Heeren Cromwells, in der französischen Konstituante, in unserem gesamten Wirtschaftsleben, noch heute, weht dieser Wind von jenseits des Meeres: – aber ein neuer Erdteil ist nicht mehr zur Verfügung; große Binnengebiete, des nordamerikanischen Kontinents einerseits, Rußlands andererseits, sind es, auf deren monotone, den Schematismus begünstigende Flächen der Schwerpunkt der Bevölkerung der westlichen Kultur unaufhaltsam vorrückt, wie einst in der Spätantike. Zweitens die Eigenart der ökonomischen und sozialen Struktur der „frühkapitalistischen"[90b]) Epoche in Westeuropa und drittens die Eroberung des Lebens durch die Wissenschaft, das „Zusichselbstkommen des Geistes": – aber die rationale Gestaltung des äußeren Lebens hat, zweifellos nach Vernichtung unzähliger „Werte", heute wenigstens „im Prinzip" ihr Werk getan: die Uniformierung des äußeren Lebensstils an der Hand der „standardization" der Produktion ist, unter den heutigen Bedingungen des „geschäftlichen" Lebens, ihre universelle Wirkung, – und „die Wissenschaft", rein als solche, schafft heute keine „Universalität der Persönlichkeit" mehr. – Endlich: gewisse aus der konkreten historischen Eigenart einer bestimmten religiösen Gedankenwelt herausgewachsene ideale Wertvorstellungen, welche, mit zahlreichen ebenfalls durchaus eigenartigen politischen Konstellationen und mit jenen materiellen Voraussetzungen zusammenwirkend, die „ethische" Eigenart und die „Kulturwerte" des modernen Menschen prägten. Die Frage, ob irgend eine materielle und gar die heutige hochkapitalistische Entwicklung als solche diese einzigartigen historischen Bedingungen zu erhalten oder gar neu zu schaffen vermöchte, braucht nur gestellt zu werden, um die Antwort zu wissen. Und kein Schatten von Wahrscheinlichkeit spricht dafür, daß die ökonomische „Vergesellschaftung" als solche entweder die Entwicklung innerlich „freier" Persönlichkeiten oder aber „altruistischer" Ideale in ihrem Schoße bergen müsse. Finden wir etwa irgendwelche Keime von irgend etwas Derartigem bei Denen, welche, nach ihrer Ansicht, von der „materiellen Entwicklung" zum unvermeidlichen Siege getragen werden? In den Massen drillt die „korrekte" Sozialdemokratie den geistigen Parademarsch und verweist sie, statt auf das jenseitige Paradies (welches, im Puritanismus, doch *auch* recht respektable Leistungen im Dienste der diesseitigen „Freiheit" aufzuweisen hatte), auf das diesseitige, – und macht dabei aus ihm eine Art von Schutzpockenimpfung für die Interessenten der

---

[90b]) Was darunter zu verstehen ist, hat *Sombart* in wichtigen Punkten m.E. durchaus zutreffend charakterisiert. „Endgültige" historische Begriffe gibt es nicht. Die heutige Schriftsteller-Eitelkeit aber, einer von einem anderen gebrauchten Terminologie gegenüber sich ebenso zu verhalten wie etwa gegenüber seiner Zahnbürste, mache ich nicht mit.

bestehenden Ordnung. Sie gewöhnt ihre Zöglinge an Gefügigkeit gegen Dogmen und Parteiautoritäten, an erfolglosen Massenstreiksspektakel und an den tatenlosen Genuß jenes entnervenden, in den Augen der Gegner ebenso harmlosen wie schließlich lächerlichen, Wutgebrülls ihrer Preßpfründner, – an einen „hysterischen Affektgenuß" also, welcher ökonomisches und politisches Denken und Handeln ersetzt und verdrängt. Auf diesem sterilen Boden kann, wenn das „eschatologische" Zeitalter der Bewegung vergangen ist und Generation auf Generation vergebens die Faust in der Tasche geballt oder die Zähne gen Himmel gefletscht hat, nur geistige Stumpfheit wachsen.

Und dabei drängt die Zeit, „zu wirken solange es Tag ist". Was jetzt, im Laufe der nächsten Generationen, solange die ökonomische und geistige „Revolution", die vielgeschmähte „Anarchie" der Produktion und der ebenso geschmähte „Subjektivismus" noch ungebrochen bestehen, dem durch sie, und *nur durch sie,* auf sich selbst gestellten Individuum der breiten Massen nicht als „unveräußerliche" Persönlichkeits- und Freiheitssphäre gewonnen wird, das wird ihm, – wenn die Welt erst einmal ökonomisch „voll" und intellektuell „satt" ist, – *vielleicht* niemals erobert werden, soweit unsere schwachen Augen in den undurchdringlichen Nebel der Zukunft der Menschengeschichte zu dringen vermögen. –

Rußland tritt, so schwer die Rückschläge in nächster Zeit auch sein mögen, dennoch endgültig in die Bahn spezifisch europäischer Entwicklung: die mächtige Einwanderung der Ideen des Westens zersetzt den patriarchalen und den kommunistischen Konservatismus hier, wie umgekehrt die gewaltige Einwanderung europäischer, gerade auch osteuropäischer, Menschen in die Vereinigten Staaten dort am Werke ist, die alten demokratischen Traditionen zu durchlöchern, – in beiden Fällen im Bunde mit den Mächten des Kapitalismus. In gewissen Beziehungen ist, – wie später einmal ausgeführt werden mag, – trotz der ungeheuren Unterschiede, die ökonomische Eigenart der kapitalistischen Entwicklung der beiden „kommunizierenden" Bevölkerungsreservoirs doch vergleichbar: das Losgelöstsein vom „Historischen" zumal ist bei beiden gleich unvermeidlich und wirkt mit dem „kontinentalen" Charakter des fast schrankenlosen geographischen Schauplatzes zusammen. An beiden Entwicklungen aber – und das ist das Wichtigere – hängt gleichviel: es sind, in gewissem Sinn, in der Tat vielleicht „letzte" Gelegenheiten für den Aufbau „freier" Kulturen „von Grund aus". – „Jahrtausende mußten vergehen, ehe du ins Leben tratest, und weitere Jahrtausende warten schweigend, was du mit diesem deinem Leben beginnen wirst", – dieser Satz, den Carlyles leidenschaftlicher Persönlichkeitsglaube jedem neuen Menschen zurufen wollte, kann ohne Übertreibung, wie auf die jetzige Lage der Vereinigten Staaten, so auf diejenige Rußlands, wie sie teils jetzt ist, teils nach einer weiteren Generation voraussichtlich sein wird, angewendet werden. Und deshalb vermögen wir, über alle Unterschiede der nationalen Eigenart und, – verschweigen wir es uns nicht, – wahrscheinlich auch vieler nationaler Interessen hinweg, unmöglich anders als mit tiefer innerer Bewegung und Anteilnahme auf den russischen Befreiungskampf und seine Träger, – gleichviel welcher „Richtung" und „Klasse", – zu blicken.

Dafür, daß ihre Arbeit nicht erfolglos bleibe, wird das bevorstehende System des Scheinkonstitutionalismus selbst sorgen. Denn allerdings: soweit es auf die *negative* Seite des Problems ankommt, wird die Auffassung der „Entwicklungstheoretiker" stimmen: die bisherige russische Selbstherrschaft, d. h. die zentralistische Polizei-Büreaukratie, hat gerade dann, wenn sie jetzt über die verhaßten Gegner siegt, nach aller menschlichen Voraussicht keine Wahl, als ihr eigenes Grab zu graben. Einen sogen. *„aufgeklärten"* Despotismus gibt es für sie im Interesse ihrer Selbsterhaltung nicht, und doch muß sie, im Interesse ihres unentbehrlichen Prestiges, mit jenen ökonomischen Mächten sich verbrüdern, die, unter den *russischen* Verhältnissen, Träger unaufhaltsamer „Aufklärung" und Dekomposition bedeuten. Sie ist – darin haben Struve und Andere augenscheinlich recht – nicht imstande, die Lösung irgend eines der großen sozialen Probleme zu versuchen, ohne sich selbst dabei tödlich zu verletzen.

Wenn diese Zeilen gedruckt sind, werden sie zweifellos bereits veraltet sein. Niemand weiß heute, wieviel bis dahin von den Hoffnungen der Liberalen darauf, daß *jetzt* die Grundlage einer freiheitlichen, den bureaukratischen Zentralismus brechenden Reform gelegt werde, noch übrig ist und wieviel von ihnen sich, wie eine Fata Morgana, in nichts aufgelöst haben wird.[90c]) Dies letztere

---

[90c]) Nachdem nunmehr endlich wieder regelmäßig Zeitungen nach Deutschland dringen, beginnt das Dunkel der Lage sich etwas zu lichten. Die Wahlagitation ist im Gange. Das Interesse an den Wahlen ist verschieden stark, in Moskau z. B., wie die kleine Zahl der Anmeldungen zur Wählerschaft beweist, bisher sehr gering; in Petersburg haben von ca. 150000 Berechtigten sich etwa 22000, und von diesen sehr viele auf Veranlassung ihrer Behörde, eintragen lassen. Die Frist vor 3 Wochen seit Erlaß des neuen Wahlgesetzes war tendenziös kurz; in Moskau (und anderwärts) glauben die Wahlberechtigten überdies, nach Zeitungsberichten, die Anmeldung zur Eintragung sei als politische Handlung strafbar! – Jetzt, wo es vermutlich zu spät ist, fordert auch die sozialdemokratische Partei die Genossen auf, noch unmittelbar vor Torschluß ihre Eintragung zu beantragen. – Die drei von der Regierung offensichtlich protegierten „monarchisch-konstitutionellen" Parteien: die „Rechtsordnungspartei", der „Bund des 17. Oktober" und die eben begründete „Handels- und Industriepartei" (welche die Arbeiter und Angestellten ziemlich rücksichtslos zum Beitritt zwingt, vgl. Russk[ija] Wjed[omosti] vom 4. Jan. S. 3 u[nd] 4) schlossen unter Gutschkows und Schipows Leitung ein Kartell. (Über ihr Programm soll nach den Wahlen berichtet werden.) – Dagegen läßt die Regierung gegen die konstitutionelle Demokratie alle Minen springen: Nicht nur ihre Wahlversammlungen werden möglichst verhindert, sondern zeitweise waren, mit einer Ausnahme alle, jetzt noch die meisten, ihrer Zeitungen unterdrückt, in Kiew z. B. die Neuherausgabe einer Zeitung wegen ihres föderalistischen Programms verboten, das Affichieren selbst in Petersburg für sie, im *Gegensatz* zu anderen Parteien, verhindert, in Kostromà die Wahl eines Altgläubigen zum Wahlmann als „verboten" bezeichnet (der Kongreß der Altgläubigen hat inzwischen, 4. Januar, einen Aufruf erlassen, der die monarchische Treue der Altgläubigen betont, im übrigen aber ein Programm gutheißt, welches, auch bezüglich der Bauern, dem konstitutionell-demokratischen wesensgleich ist). – Ein Kongreß der Adelsmarschälle und ebenso ein Semstwokongreß – beide auch über die Agrarfrage – stehen bevor. Ein Kongreß der konstitutionellen Demokraten ist eben eröffnet. Zwischen dem „Verband der Verbände" und der Semstwo-Linken schweben – endlich – wieder Verhandlungen

braucht durchaus nicht gerade in Form einer unverhüllten Restauration zu geschehen. Es kann vielmehr wohl als, wenigstens annähernd, sicher gelten, daß so etwas wie eine „Konstitution" und zugleich ein größeres Maß von Latitüde für Presse und persönliche Bewegung geschaffen bzw. aufrechterhalten werden wird.[90d]) Denn es dürften auch die entschiedensten Anhänger des alten Regimes sich überzeugt haben, daß die Bureaukratie, wenn sie alle Fenster und Türen verrammelt, auch selbst im Finstern zu tappen genötigt ist. Und aus den anderweit gemachten Erfahrungen könnten sie ferner die Hoffnung entnehmen, daß der Scheinkonstitutionalismus, verbunden mit irgend einer ökonomisch orientierten „Sammlungspolitik", ein weit geeigneteres Werkzeug für die möglichste Behauptung der eigenen Machtstellung darbieten könne, als die plumpe sogenannte „Selbstherrschaft". Ein gewisses Maß von Vermehrung der Bewegungsfreiheit würde dann wohl immerhin als unvermeidlich herauskommen und, nach einem Willkürregiment, welches notorisch Angehörige von sprichwörtlich „friedlichen" Bevölkerungsschichten in wildem Zorn auf die Straße trieb, um, nicht irgend einen von den „Großen", sondern irgend einen armseligen Polizisten über den Haufen zu schießen, – ist das ja für moderne Menschen immerhin etwas. Aber die charaktervollen und selbständigen Elemente der sozialreformerischen bürgerlichen Intelligenz würden dabei natürlich politisch beiseite geschoben, sowohl was ihr Programm, wie, was ihre Person anlangt. In dieser Hinsicht also würde die Bureaukratie des autokratischen Regimes allerdings auch jetzt die Früchte ihrer langjährigen, einerseits den Kapitalismus züchtenden, andererseits jede geordnete Entwicklung bürgerlicher Selbständigkeit un-

---

über gemeinsames Vorgehen. Die Regierung geht gegen die professionellen Verbände politischer Richtung und gegen ihnen nahestehende Politiker rücksichtslos vor. Soeben ist z. B. der Rektor der Charkower Universität Prof. Reinhardt verhaftet worden; Verhaftungen und Maßregelungen von Mitgliedern des dritten Elements werden von überall her massenhaft gemeldet. – Für Moskau gilt, außer in zwei Wahlkreisen, die Wahl von Vertretern des „Bundes des 17. Oktober" als wahrscheinlich und auch in Petersburg sind die Chancen der konstitutionell-monarchischen Parteien wohl die günstigsten.

[90d]) Ein offiziöses Communiqué (Nowoje Wremja 4. Januar S. 2) kündigt die Umwandlung des Reichsrats, dieses von Speranski unter Alexander I. zur Beratung der „Gesetze" geschaffenen, von der „aufgeklärten" Büreaukratie (speziell Witte) seit Jahren kalt gestellten Sammelbeckens von Exministern und anderen hohen Würdenträgern (ca. 70)[,] in ein „Oberhaus" an. Seinem Bestand sollen hinzutreten: 51 Gouvernementsvertreter, gewählt von den Semstwos und, in deren Ermangelung, von den Reichsduma-Wahlversammlungen, 18 Vertreter der Adelskorporationen, 12 Vertreter der Börsen, Handelskammern usw., 6 Vertreter des heiligen Synod (3 weiße, 3 schwarze Geistliche), 6 gewählte Vertreter der polnischen Gouvernements. – In seinen Rechten soll der Reichsrat der Duma gleichgestellt werden, jedoch soll keine von dieser abgelehnte „Frage" an den Reichsrat gelangen. (Das Manifest vom 17. Oktober sagte: „Gesetz" – sakón – ein ziemlich eng begrenzter Begriff.)

Im übrigen soll über Meinungsverschiedenheiten der beiden Körperschaften durch Komitees verhandelt, mangels Einigung aber dem Zaren der Entscheid vorbehalten werden. Darin liegt, *was der deutsche Kapitalmarkt zu beachten haben wird, kein* Budgetrecht der Duma. – *Diese* Enttäuschung offenbar hat selbst das Komitee der vereinigten „konstitutionell-monarchischen" Parteien veranlaßt, zur Regierung eine „abwehrende" Haltung anzunehmen (Now[oje] Wr[emja] 6. Januar).

terbindenden, die Klassen gegeneinander ausspielenden demagogischen Politik ernten, als eine für irgendwelche Dauer berechnete, irgend jemanden befriedigende konstitutionelle und anti-zentralistische Reform unter Beteiligung der liberalen Intelligenz *heute* vielleicht selbst dann schwierig wäre, wenn der Monarch Beruf und Neigung dazu fühlen würde, als liberaler Reformer aufzutreten. Und daß gar jene der Bureaukratie verhaßte Gruppe das Heft in die Hand bekommt, ist durchaus unwahrscheinlich. – Aber allerdings: ein Sieg der bureaukratischen Machtinteressen, wie er, für *jetzt*, dem Außenstehenden nach Lage der Dinge möglich und – wenn auch wohl unter konstitutionellen Formen – sehr wahrscheinlich erscheinen muß, würde in Rußland so wenig das letzte Wort sein wie seinerzeit die preußische „Landratskammer". Die Wahlen mögen die willfährigste „Volksvertretung" ergeben, – das sagt nichts. Jeder Bauer im weiten Reiche wird daraus nur erneuten Haß gegen die „Tschinowniki" saugen, mag auch Grabesstille sich über das Land breiten.[90e] Denn, was auch geschehen möge: vergessen werden die Ereignisse, Versprechungen, Hoffnungen des vergangenen Jahres schwerlich. Jeder Augenblick der Schwäche dieses auf dem Seil tanzenden Staatsmechanismus muß die Bewegung wieder aufleben lassen. Jene erschreckende Dürftigkeit des „Geistes", in welcher dieses vermeintlich so „starke" Regime, trotz des scheinbaren Raffinements seiner Regierungstechnik, sich vor der Öffentlichkeit zeigte, haftet sicherlich sehr fest in der Erinnerung der breitesten Volksschichten. Das jetzige System kann aber auch seine *Verwaltungs*methode im Interesse seiner eigenen Sicherheit nicht prinzipiell ändern. Es muß, seinen politischen Traditionen gemäß, auch die *politischen* Kräfte weiter wirken lassen, durch die es sich selbst zersetzt und seinen ökonomischen Verbündeten, den Besitz, immer wieder auf die Seite seiner Gegner treibt: die Büreaukratisierung der Verwaltung und die Polizei-Demagogie. Aber die Illusionen und der Nimbus, mit dem es sich umgab und welche diese Entwicklung verhüllten, sind gründlich zerstört. Es wird ihm doch schwer fallen, nach allem dem, was zwischen dem Zaren und seinen Untertanen vorgefallen ist, „sein Gesicht zu wahren" und das alte Spiel ganz von neuem in der alten Art wieder aufzunehmen. Allzugroß ist die Zahl derer, die es in seiner Blöße sahen, und die ihm ins Gesicht lächeln müßten: „Taschenspieler! – Du wirst keinen Geist mehr rufen".

[90e] Das möge doch auch der deutsche „Bürger", dem die Anlage von Kapital in russischen Staatspapieren zugemutet wird, sich hinter die Ohren schreiben. Die Liste der Haftbefehle und Versammlungsverbote ist für ihn geschäftlich *unendlich wichtiger* als das mit Hilfe der (geborgten) russischen Auslandsguthaben „stilisierte" Kursblatt.

Rußlands Übergang zum Scheinkonstitutionalismus.

Inhalt*)¹)

I. **Die allgemeine Politik des Interimsministeriums.** Der Moskauer Putsch und seine Niederwerfung, S. 106. Wirkung auf die Politik der Regierung. Ihre Motive, S. 109. Die Politik des weißen Schreckens und ihre Ergebnisse, S. 116.
II. **Analyse der allgemeinpolitischen Gesetzgebung des Interimsministeriums,** S. 119. 1. Die „Preßgesetzgebung", S. 120. 2. Die „Gewissensfreiheit["]. Toleranzedikte vom 17. April 1905 und 14. März 1905, S. 123. Wirkungen. a) Die Altgläubigen, S. 128. b) Die Katholiken, S. 131. c) Orthodoxe Kirchenreform, S. 132. 3. Die „Sprachenfreiheit" und die Nationalitäten, S. 139. 4. Die „akademische Freiheit", S. 143. Analyse des Reformprojekts der Professoren, S. 146. 5. Die „Vereinsfreiheit", S. 153. 6. Die „Versammlungsfreiheit", S. 159. 7. Die Garantien der persönlichen Freiheit, S. 161. Ergebnis, S. 164.
III. **Die Vollendung der Bureaukratisierung der Selbstherrschaft.** Bisheriger Zustand, S. 165. Ukas vom 21. Oktober 1905, S. 167.
IV. **Die „Konstitution",** S. 172. 1. Die Bulyginsche Duma, das. 2. Die Manifeste vom 17. Oktober 1905 und vom 20. Februar 1906, S. 175. Analyse der Reichsrats- und Dumaordnungen vom 20. Februar 1906, S. 176. Das „Budgetreglement" vom 8. März 1906, S. 179. 4. Die Neuredaktion der „Grundgesetze des Reichs" vom 12. April 1906, S. 182. Praktische Bedeutung dieser Gesetzgebung, S. 186.
V. **Analyse des Dumawahlrechts,** S. 188. Praktische Bedeutung des Wahlrechts, Art der Wahlbewegung, S. 206.
VI. **Die gesellschaftlichen und politischen Bedingungen des Wahlausfalles,** S. 213. 1. Allgemeine Lage der Demokratie nach dem Moskauer Putsch, das. Die professionelle Arbeiterbewegung und die Sozialdemokratie, S. 215. 2. Innerer Zustand der demokratischen Partei, Januarkongreß, S. 222. Analyse des Agrarprogramms, S. 224. 3. Die Konservativen und die Mittelparteien, S. 252. 4. Die Reaktion in der „Gesellschaft". Agrarpolitische Projekte der Regierung, S. 263. Die Bewegung in den Semstwos, S. 279. Reichsratswahlen, S. 287.
VII. **Analyse der Dumawahlen,** S. 291.
VIII. **Nach den Wahlen,** S. 302. Die erste Duma, S. 310.

---

¹) Die nachfolgende Chronik ist im wesentlichen eine Fortsetzung der im Beilageheft zu Band XXII Heft 1 dieser Zeitschrift versuchten Darstellung der Schicksale der „Befreiungsbewegung" in Rußland. Nur schien es diesmal nötig, umfassend auf die Analyse der gesetzgeberischen Akte, in denen der Tätigkeit der Regierung sich in dem hier behandelten Zeitraum geäußert hat, einzugehen. Im übrigen gilt für diese Darstellung ähnliches wie für die frühere. „Geschichte" kann ein Vorgang der fast unmittelbaren Gegenwart uns nicht sein, weil wir nicht wissen können, was dauern wird. Es handelt sich um ein Festhalten des dem *vorläufigen* Eindruck nach Wesentlichen und Charakteristischen. Bei Benutzung von Zeitungen als Quellen habe ich die Leistungen des heute auch in Rußland umfassend arbeitenden amtlichen „Berichtigungs"apparates zu beachten gesucht, – hoffe, daß mir nichts davon entgangen ist und bemerke übrigens, daß dort so wenig wie bei uns eine amtlich geleugnete Behauptung objektiv unrichtig zu sein braucht.

I. Die allgemeine Politik des Interimsministeriums

Die zwei Monate von dem Erlaß des Oktobermanifestes und der Bildung des Witteschen Ministeriums bis Mitte Dezember (russischer Rechnung)[1]) sind eine Periode äußerster Verwirrung und fortwährenden Schwankens, ein Durcheinander spontaner Usurpationen von Freiheitsrechten, dem die Regierung ziellos und über ihr endgültiges Verhalten unsicher zuschaut. Das Aufflammen und die Niederwerfung des Moskauer Aufstandes und der Zusammenbruch des mit ihm zusammenhängenden dritten Generalstreiks bezeichnen dann die entschlossene Wendung der russischen inneren Politik nach der Seite der schärfsten Reaktion. Dies gibt dem an sich törichten Putsch ein historisches Interesse. Quantitativ waren die wüsten Bürgerkriege in den Ostseeprovinzen und in den südlichen Zentralgouvernements wohl erheblicher[2]), qualitativ schienen die Truppenemeuten von Kronstadt und Sewastopol ungleich bedenklicher, – dennoch war die Wiederunterwerfung einiger Straßenviertel Moskaus von weitaus größerer „moralischer" Bedeutung an sich und hatte die weitaus erheblicheren politischen Folgen. Erinnern wir uns zunächst der Vorgänge selbst. Leiter der über alles erwartete Maß gewaltigen Streikbewegungen war während des ganzen Herbstes 1905 der Petersburger „Arbeiterdeputiertenrat", Ssowjet Rabotschich Deputatow („S. R. D.")[,] gewesen. Er war zur Zeit des Typographenstreiks im September zuerst von den Typographen und nur für sie geschaffen[3]). Anfang Oktober wurde deren Organisation von anderen Arbeiterkategorien nachgeahmt, die alsdann sich mit den Buchdruckerdelegierten vereinigten. Die Zusammensetzung war ganz nach dem Schema der früher seitens der Regierung selbst angestrebten Arbeitervertretungen organisiert: Die Repräsentanten wurden werkstättenweise gewählt, zuerst 1 auf 20, schließlich, im Oktober, 1 auf 500. Als der große politische Ausstand, der das Verfassungsmanifest eroberte, ausbrach (15. Oktober), vermehrte sich die Zahl der von ihm geleiteten Arbeiter in Petersburg innerhalb von zwei Tagen auf 113000. Es folgte in zahlreichen Provinzialstädten die wilde Konterrevolution der „schwarzen Hundert"[4]), wel-

---

[1]) Die Daten sind stets in julianischer Rechnung gegeben, eventuell die gregorianischen in Klammern.

[2]) Wir lassen jede nähere Schilderung dieser durch ihre barbarische Wildheit ausgezeichneten Vorgänge hier ganz beiseite, ebenso die Heeresrevolten.

[3]) Näheres darüber später.

[4]) Die gelegentlich immer wieder bestrittene Tatsache, daß die „schwarzen Hundert", deren Auftauchen (mit Drohbriefen an liberale Politiker, Durchprügeln von wirklichen oder angeblichen Sozialisten, blutigen Judenmassacres) zuerst 1905 in der Zeit des Februarmanifestes des Zaren bemerkt wurde, *polizeilich* mit Wissen auch der zentralen Instanzen organisiert wurden, ist jetzt gegen jeden Zweifel gesichert, so plausibel es ist, daß auch „Volontärs" sich ihnen anschlossen. Daß es sich nicht etwa um eine „breite Volksbewegung" handelte, zeigen schon die Wahlresultate in den Orten, wo sie ihre größten Erfolge gehabt hatten, für sich allein: gerade dort sind ausnahmslos, und zwar seitens der „Massen", Demokraten gewählt worden. – Daß sich das polizeilich geworbene Gesindel schließlich, wie noch zu erwähnen, auch gegen die Zentralregierung wenden konnte, wo *„Klasseninteressen" der unteren Polizeiorgane* bedroht waren, ist nichts Wunderbares.

che die Notwendigkeit festen Zusammenhaltes der Arbeiterschaft ad oculos demonstrierte. In Rostow a[m] Don, Kiew, Jekaterinoslaw, Charkow, Moskau, Ssaratow, Smolensk, Krementschug, Bjelostok, Taganrog, Noworossijsk, Baku, Krassnojarsk bildeten sich reißend schnell entsprechende Verbände, die mit den Petersburgern durch Korrespondenz Fühlung hielten. Schon sehr bald nach dem siegreichen Ende des Oktoberstreiks wurde nun der Petersburger S. R. D., durch das zunächst eigenmächtige Vorgehen der Arbeiterschaft, wider oder doch ohne seinen Willen in die Bewegung für den Achtstundentag gezogen. Am 29. Oktober wurde durch Beschluß dessen Einführung „auf revolutionärem Wege", d. h. durch einseitige Erklärung der Arbeiter für die Petersburger Fabriken vom 31. Oktober ab obligatorisch gemacht. Tatsächlich gelang seine Erzwingung nur in 29 Fabriken, die übrigen blieben unnachgiebig. Inzwischen hatten aber die ersten Anfänge der Reaktion in den Regierungskreisen schon eingesetzt. In den Zeitungen war bekannt geworden, daß entgegen der trotz aller Dementis gut beglaubigten Äußerung Wittes: „Von heut an gibt es in Rußland keine Selbstherrschaft mehr", der Zar sich entschieden geweigert hatte, den Titel „Ssamodershez" abzulegen. Wichtiger als dies war die am 28. Oktober, elf Tage nach dem Manifest, erfolgende Verhängung des Kriegszustandes über Polen, die in ihren Motiven und in der Art ihrer Entstehung durchaus unaufgeklärt und durch die offiziösen Zusammenstellungen einiger lokaler „revolutionärer Handlungen", wie sie in Polen seit Jahren alltäglich erfolgen, in keiner Weise erklärt ist. Polen antwortete mit dem Generalstreik, der aber schon am 4. November, wenigstens für den Eisenbahnverkehr, beendet war, fast zur selben Zeit, als der für den 2. November vom S. R. D. verfügte Sympathiestreik in Petersburg *begann*. Dieser schlug nunmehr völlig fehl; am 7. November mußte der S. R. D. ihn einstellen, am 12. auch seine Verfügung betreffs des Achtstundentages zurücknehmen. Inzwischen hatten D. N. Schipow und Fürst E. Trubezkoj die ihnen angebotenen Portefeuilles in Wittes Ministerium abgelehnt. Das Ministerium hatte sich dann in ziemlich disparatem Bestande konstituiert[5]), Trepow war aus dem Ministerium des Innern zwar ausgeschieden, aber Durnowo hatte, vorerst als Verweser, die Leitung übernommen. Es begannen bald nach Erlaß des sehr unbestimmt gehaltenen Agrarmanifestes (3. November) die ersten Bauernunruhen, die mit der Verhängung des Zustandes des „verstärkten Schutzes" beantwortet wurden, während anderseits, als Konzession an die Liberalen, der Kriegszustand in Polen – zeitweise – aufgehoben wurde. Die Anarchie griff langsam um sich[6]). Irgendwelche Schritte

---

[5]) Neben Anhängern der konstitutionellen Demokratie, wie dem Landwirtschaftsminister Kutler und einigen ehrlichen Konstitutionellen, enthielt es verbissene Reaktionäre wie den Justizminister Akimow.

[6]) Die kurze und anschauliche Schilderung der Jakobinerherrschaft, welche z. B. in Charkow mit dem 23. November begann, im „Nowoje Wremja" Nr. 10704 S. 7 (von Fürst Michail Schachowskoj) sich findet (die Sitzungen der Duma von Arbeitern umringt, welche *offene* Abstimmung verlangten, Forderung der Entfernung der Polizei und Truppen aus der Stadt, der Bildung einer Stadtmiliz, der Hergabe von 10000 Rubeln für die Streikkasse), dürfte für die Provinzstädte typisch sein. Für Kiew hat Professor Pichno, der

gemäß dem gegebenen Versprechen, die Duma auf Grund des erweiterten Wahlrechtes einzuberufen, wurden nicht bekannt. Alles schien unsicher. Am 14. November erfolgte, wegen bedingter Empfehlung der Steuerobstruktion, die Verhaftung des Vorstandes des sozialrevolutionären Bauernkongresses[6a]) in Moskau, dessen Komitee daraufhin sich mit dem S. R. D. verbündete. Am 15. November trat in Moskau ein Kongreß von Delegierten der Post- und Telegraphenangestellten zusammen, Polizei und Militär schritten, da es sich um „Beamte" handelte, ein, aber der Streik wurde noch vor Sprengung des Kongresses erklärt und dehnte sich zwischen dem 15. und 19. November auf alle Städte des Landes aus, sie voneinander und der Welt abschneidend. Eben begann er, seit 1. Dezember, abzubröckeln, da wurde der Vorsitzende des S. R. D. in Petersburg, Chrustaljow-Nossarj, wegen Einmischung des Rates in diesen Poststreik verhaftet, es folgte am 1. Dezember das Manifest des S. R. D. und des mit ihm verbündeten Bauernbundes, unterfertigt auch von der sozialdemokratischen Partei, welches zur Ablehnung der Annahme von Papiergeld, zur Entnahme der Guthaben aus den Sparkassen – tatsächlich sind nach offizieller Angabe 140 Millionen Rubel erhoben worden[7]) – und – mit ebenfalls sehr großem Erfolg – zur Einstellung aller Steuer- und Abgabenzahlungen aufforderte. Die Verhaftung des gesamten S. R. D. in Petersburg war die Antwort. Darauf ergriff der Moskauer S. R. D. die Führung und erklärte Moskau für den 7. Dezember in Generalstreik. Auf den gleichen Termin setzte das Allrussische Komitee der Eisenbahner, welches sich, nach mehrfachen Einzelausständen gegen Ende November, am 5. Dezember in Moskau konstituiert hatte, den Beginn eines neuen allgemeinen Eisenbahnerstreiks an. Beide Streiks breiteten sich rasch aus und erreichten vom 9.–12. etwa ihren Höhepunkt. Am 19. waren sie zu Ende. Zu *keiner Zeit* hatten sie an räumlicher Ausdehnung und Zahl der Beteiligten die Ziffern des siegreichen politischen Oktoberstreiks erreicht[8]), obgleich diesmal die starken Organisationen des Bauern-, des Eisenbahner- und des Post- und Telegraphisten-Bundes und die zahlreichen Arbeiterdeputiertenräte die Leitung in der Hand hatten. Es zeigte sich an diesem Beispiel zur Evidenz, was die Macht einer die Klassen *verbindenden* „Idee", die Mitwirkung breiter Schichten des Bürgertums für den Erfolg bedeutet und *wie wenig* – man mag dies bedauern oder nicht – der „starke Arm", auf dessen Wink „alle Räder

---

Redakteur der weitaus besten von den reaktionären Zeitungen („Kijewljanin"), seine Artikel aus jener Zeit gesammelt herausgegeben (Titel: „W ossadje", – „Belagert"), jedenfalls die beste Beleuchtung der Hergänge vom strikt contrarevolutionären Standpunkt aus.

[6a]) Über diese Organisation s[iehe] Beilagenheft zu Bd. XXII, 1.

[7]) Der Heilige Synod mußte die Geistlichen anweisen, die Dorfbevölkerung über die Unbegründetheit der Gerüchte von der Unsicherheit der Anlagen in den staatlichen Sparkassen zu belehren, „Russk[ija] Wjed[omosti]" Nr. 24 S. 1 Sp. 3.

[8]) Es streikten 33 Städte gegen 39 im Oktober, zwei Drittel der Petersburger Arbeiter (99000) im Maximum, weniger als am letzten Tage des zweiten Generalstreiks. Die Sperrung der Eisenbahnen war niemals allgemein, gerade die wichtigsten Linien blieben offen. Prokopowitsch, „Bjes saglavija" Nr. 3 f.

stillstehen", ohne die, durch jene Mitwirkung bürgerlicher Elemente geschaffene, Unsicherheit in den festen Kadres der gegebenen gesellschaftlichen Organisation bedeutet. Ein Überlaufen nicht proletarischer Elemente zur Revolution, aber wesentlich von Vertretern aus allerhand zusammengewürfelten Ideologen und Dilettanten der Revolutionsromantik[,] begann erst wieder, als diesmal der Generalstreik in Moskau zur Revolte umschlug, nachdem die Sozialrevolutionäre mit dem poesievollen Wort: „woorushennoje wosstanije" schon lange gespielt hatten. Der militärischen Leitung, diesmal unter die rücksichtslose Führung Dubassows[9]) gestellt, kam dies äußerst gelegen. Am 9. Dezember nachts fielen in Moskau die ersten Revolverschüsse gegen das Militär, welches eine Versammlung umzingelte, Barrikaden erstanden und zehn Tage lang dauerte ein zuerst ziemlich planloses Auffahren von Geschützen, Bombardieren von Häusern, aus denen von irgend jemand geschossen wurde, und ein allgemeines Schießen auf irgendwie Bewaffnete oder Verdächtige, welches erst mit der Ankunft des Ssemjenowschen Regiments aus Petersburg zur Verstärkung der (6000 Mann zählenden) Garnison mit einer systematischen Einkreisung des Restes der Revolutionäre endete (19. Dezember). Die Ziffern der Krankenhäuser für die Zeit vom 7.–17. Dezember weisen immerhin 548 Getötete, 1065 Verwundete auf[10]), leicht Verwundete sind zahlreich, selbst bis an deutsche Universitäten, entkommen, außerdem aber fehlen gerade die Zahlen für die letzten Tage und diejenigen für die massenhaft brevi manu niedergeschossenen Gefangenen. Die Zahl der effektiven Kämpfer ist, da es sich zum Teil um Gelegenheitskämpfer[11]) handelte, nicht feststellbar. 8000 Leute dürfen wohl als Maximum der jemals *gleichzeitig* aktiv am Kampfe Teilnehmenden gelten. Daß die Truppen einem so plan- und aussichtslosen Aufstand gegenüber treu blieben, war, zumal bei der erbitternden Taktik, welche die amtlichen „Iswjestija" des S. R. D. vom 11. Dezember anempfahlen: – Bildung kleiner Trupps (bis höchstens 4), Schießen möglichst nur unerwartet, wo möglich aus dem Hinterhalt und in die vollen Kolonnen – gewiß nicht erstaunlich. Aber für einen wichtigen Faktor der russischen Verfassungsentwicklung war die Tatsache doch eine große und angenehme Überraschung: für die fremden *Börsen* nämlich.

Um das Verhalten der russischen Regierung zu verstehen, ist die Berücksichtigung des Umstandes, daß Rußland Schuldnerstaat ist, durchaus unumgänglich. Daß „die Juden" die russische Verfassung erzwungen, erschlichen oder doch mitfabriziert hätten, wie die Reaktionäre behaupten, ist ganz richtig, nur

---

[9]) Er hatte sich bekannt gemacht durch seinen Tagesbefehl, der das Niederbrennen aller Dörfer androhte, aus denen heraus irgendeine Gewalthandlung erfolgen werde.
[10]) Einzige Ziffer, die einen leidlichen Anhaltspunkt gibt. Was die Regierung publizierte, war hier, wie fast immer, Schwindel.
[11]) Über die Zusammensetzung der Kämpfenden: Von 213 in einem Moskauer Gefängnis internierter Gefangenen waren Anfang Februar 193 „politische". Davon: 46 Arbeiter, 32 Eisenbahnbedienstete, 23 Post- und Telegraphenbedienstete, 21 Studenten, 15 Anwälte, 11 Ärzte, 11 Handlungsgehilfen, 10 Semstwobedienstete, 9 Techniker, 8 „Litteraten", 6 Schüler, 4 „Pädagogen", 1 Fabrikant, 1 Geistlicher, 1 Musiker usw. Mittleres Alter: 28½ Jahre, aber 30 unter 20 Jahren („Russk[ija] Wjed[omosti]" 2. Februar S. 4).

sind es natürlich nicht die furchtbar geschändeten Bewohner der russischen Ghettos, sondern ihre zum Teil geadelten Stammesvettern aus der haute finance in Berlin und Paris, denen die Kontrolle der Kurse russischer Staatspapiere anvertraut ist. Dies konnte man sehr deutlich auch in jener Periode heftigster Reaktion bemerken, die dem Siege in Moskau und der sich daran anschließenden Niederwerfung der Aufstände in den Ostseeprovinzen und in den inneren Gouvernements parallel ging und folgte. Das Manifest vom 17. Oktober hatte Beruhigung verbreiten sollen. Es gelang nicht. Die Kurse sanken also wieder. Die blutige Tragi-Komödie in Moskau führte dagegen zu steigenden Tendenzen: die Besitzer russischer Papiere wünschten also „Ordnung", und Graf Witte ließ zweideutige Worte von der Möglichkeit einer „Rücknahme" der kaiserlichen Versprechungen fallen. Dieser Ballon d'essai fand aber seinerseits auch keine freundliche Aufnahme. „Nowoje Wremja" ließ Anfang und Mitte Januar sich tagelang hintereinander aus London telegraphieren, die Bankkreise hielten Rußlands Kreditwürdigkeit nur im Fall der Durchführung der „konstitutionellen" Regierungsform für gesichert. Ähnlich wird es ja wohl auch gestanden haben. Folglich war, nach außen hin, Vorsicht geboten, und das bekamen nun die Reaktionäre zu fühlen. Am 23. Dezember (a. St.) hatte der Zar – es war das zweite Mal – eine Deputation der „russischen Leute" empfangen. Leidenschaftliche Reden gegen die Zerreißung von Zar und Volk, den Umsturz der Jahrhunderte alten Ordnung, die Vernichtung der unbeschränkten Gewalt brachten, so scheint es, schließlich auch sein dünnes Blut in Wallung: in etwas phantastischen Wendungen redete er davon, daß [„] bald, bald die Wahrheit wieder ihr Licht über der russischen Erde leuchten lassen werde" und dergl. Begeistert und entzückt setzte die Deputation dies im Januar in die Zeitungen zum Trost aller echt russischen Herzen, – und alsbald erfolgte die offiziöse Ankündigung, daß sie in Anklagezustand versetzt sei wegen unerlaubter Anfertigung eines Hofberichtes. Der Hinweis Wittes auf das Deplacierte solcher Romantik angesichts des leeren Beutels hatte offenbar genügt, das etwas zu früh den Kopf erhebende Gottesgnadentum wieder kollabieren zu lassen und fortan in einer der Lage entsprechenden Oboedienz gegenüber der unpersönlichen, aber um so unentrinnbareren Macht des Geldmarktes zu erhalten. Dies zeigte sich in mannigfacher Art: Daß an den Judenkrawallen im Spätherbst und Winter Polizeifunktionäre beteiligt gewesen seien, wurde offiziös bestritten, aber man sah sich doch genötigt, als die neue große Anleihe dicht vor Ostern zur Auflage gelangen sollte, durch eine in der Tat unzweideutige, geradezu drakonische Verfügung die Provinzialbeamten für ihr etwaiges Entstehen persönlich haftbar zu machen. Die Folge war, daß sie in der Tat absolut unterblieben[12]). Schriftsteller, die, wie

---

[12]) Dies beweist zwar nicht, wie ein Teil der deutschen Presse annimmt, daß die Bauern aus eigener Initiative überhaupt *keinesfalls* Judenkrawalle veranstalten würden. Vielmehr gelangten festgestelltermaßen an das Ministerium gar nicht wenige (spontane) Eingaben von Bauerngemeinden, welche, zur Abhilfe ihrer Not, um eine *Konzession* zur Judenplünderung flehten, insbesondere auch eine solche aus den Kreisen der *eben erst* selbst der Verfolgung durch die Staatskirche entronnenen Altgläubigen. Aber es beweist allerdings –

Gorkij, im Auslande bekannt sind und deren allzu harte Behandlung dort „verstimmen" konnte, hatten sich, trotz stärkster „Kompromittierung", eines immerhin wesentlich anderen Schicksals zu erfreuen als solche, bei denen das nicht der Fall war.

So sah sich die Regierung, angesichts der Finanzlage, in der inneren Politik überhaupt zur Anlegung eines „doppelten Kontos" genötigt. Daß es von seiten des Zaren persönlich mit einer Umwandlung Rußlands in einen „Rechtsstaat" mit – wie es im Oktobermanifest etwas naiv hieß – *„wirklicher"* Garantie der Persönlichkeitsrechte zu *keiner* Zeit aufrichtig gemeint war, versteht sich von selbst und trat bei jeder Gelegenheit hervor[13]), die dazu irgend Anlaß gab; für ihn gab es nur Polizeiinteressen. Das stimmte vortrefflich mit den Machtinteressen der Polizeibureaukratie alten Stils zusammen, und durch schonungslose Repression konnte ja wohl auch „nach außen", auf die Börsen, der Eindruck einer „starken" Staatsgewalt hervorgebracht werden. Auf der anderen Seite aber zeigten wiederholte erfolglose Sendungen von Finanzbeamten ins Ausland, daß trotz allem die Bankiers schlechthin darauf bestehen zu müssen glaubten, daß die Duma wirklich gewählt und einberufen werde, ehe an die Emission einer Anleihe großen Stils gedacht werden könne. Also mußte die „Verfassung", unter formeller Wahrung der Versprechungen vom 17. Oktober, so weit ausgeführt werden, daß für das ausländische Publikum, mit dessen Eindrücken die Bankiers rechneten, wenigstens der äußere Anschein „konstitutioneller" Garantien vorhanden war. Es mußte daher der Versuch gemacht werden, die inländische „Bourgeoisie" mit den Interessen der Regierung zu versöhnen, womöglich Parteien zu finden, welche in der Duma ihr zur Verfügung ständen und ihnen bei den Wahlen zum Siege zu verhelfen. Dabei ergaben sich nun aber Komplikationen dadurch, daß einmal innerhalb der Bureaukratie selbst, bis in den Reichsrat und in das Ministerium hinein und ebenso innerhalb des Heeres,

---

und diese Gesuche beweisen es erst recht –, daß, *wenn* die Regierung *nicht* will, die Hetzen unterbleiben. Es wird also das „Kausalverhältnis" ähnlich liegen, wie in jener Zeit, wo der Burggraf von Nürnberg und der Bischof von Würzburg einen Vertrag darüber schlossen, wie die, für eine bestimmte Zukunft sicher *„vorauszusehenden",* Judenhetzen ihrem beiderseitigen Geldbeutel nutzbar gemacht werden könnten.

[13]) Nur ein Beispiel: beim Vereinsgesetz hatten sowohl der Ministerrat wie zwei untereinander dissentierende Gruppen des Reichsrats *gerichtliche* Verhandlung über das Vorhandensein der Voraussetzungen der Registrierung eines Vereins zulassen wollen, die eine Gruppe die ordentlichen Gerichte, die andere Administrativgerichte. Beides war natürlich, so wie die russischen Gerichte *heute* – im Gegensatz zu früher – sind, politisch *gleich* absolut unschädlich für die Polizeiinteressen. Dem Zaren wurden die verschiedenen Gutachten, außerdem aber ein von einer ganz kleinen hochreaktionären Gruppe im Reichsrat (20 Mitglieder) ausgearbeitetes Amendement, welches die vom Gouverneur de facto ganz abhängige verstärkte „Prissutstwije" für zuständig erklärte, vorgelegt. Der Zar verwarf die Projekte des Reichsrats und des Ministeriums und sanktionierte das letztere Projekt nur deshalb, weil es (nach seinem dumpfen Empfinden) die Vereine am prekärsten von allen stellte (Russk[ija] Wjed[omosti] 19. Februar S. 2). Die Konsequenz war nur, daß die Radikalen nun auch den *formellen* Beweis für das Fehlen der Rechtsgarantien hatten.

vorwiegend in den unteren, aber auch in den oberen Chargen überzeugte Anhänger einer entschieden liberalen Umgestaltung des Staatswesens saßen, anderseits die Zeiten des demagogischen Plehweschen Regimes die tiefste Verstimmung und ein schwer zu überwindendes Mißtrauen der „bürgerlichen" Kreise erregt hatten. Man konnte schließlich nur hoffen – und dies war der Standpunkt Wittes –, daß der rote Schrecken der Generalstreiks, Revolten und Bauernkriege über alle diese Reminiszenzen siegen werde. Innerhalb der Bureaukratie und des Heeres aber mußte sich, wenigstens in den leitenden Stellungen, langsam, aber systematisch die Spreu vom Weizen sondern, nachdem die Haltung des Zaren feststand. Der demokratische Landwirtschaftsminister Kutler und der mittelparteiliche Handelsminister Timirjasjew schieden nacheinander aus. Im Ministerium war seit dem Dezemberaufstand der Minister des Innern, Durnowo, der Vertrauensmann des Zaren, die leitende Persönlichkeit. Schon die fieberhafte Tätigkeit seines Ministeriums stach im Januar und Anfang Februar von den Zuständen der anderen Ressorts sichtbar ab. Die Repressionspolitik leitete er persönlich, indessen war dies Geschäft dadurch sehr erleichtert, daß die meisten Gouverneure sie als Sport auf eigene Faust betrieben, in dem richtigen Bewußtsein, dem Zaren um so sicherer zu gefallen, je mehr sie sich darin auszeichnen würden. Für sie galt kein Gesetz; Beamte wie Neidhardt (Odessa) und Kurlow (Minsk), deren strafrechtliche Verfolgung der mit der Revision ihrer Tätigkeit beauftragte Senator Kusminski für notwendig erklärt hatte, wurden vom I. Departement des Senats, auf Drängen des *persönlich* anwesenden Ministers des Innern, außer Verfolgung gesetzt, „da ihre Handlungen den Absichten der Regierung entsprochen hätten"[13a]). Selbst auf Abmahnungen oder Verbote der Minister, insbesondere Wittes, oder in einzelnen Fällen selbst Durnowos, reagierten die eifrigen Gouverneure nicht; in einem solchen Falle erklärte der Minister im Konseil entschuldigend: Der Gouverneur habe sich offenbar in der Ansicht befunden, er habe nur dem Ministerkonseil, nicht einem seiner einzelnen Mitglieder, Gehorsam zu leisten: in bezug auf die administrative Willkür zerfiel Rußland im Januar de facto in regionale Satrapien. Eine Preßnachricht – in den Einzelheiten nicht sicher beglaubigt – behauptet, daß in einer Konseilsitzung Witte auf Einschränkung der Repressionspolitik und speziell der unkontrollierbaren Willkürherrschaft der Beamten gedrungen habe, Durnowos Erklärung darauf: dann sei es für ihn Zeit zu gehen, sei mit eisigem Schweigen aufgenommen worden. Einige Tage später aber führte eine Unterredung beider eine „Verständigung" herbei. Tatsächlich war es nur die erneute Unterwerfung Wittes: er erreichte, daß *formell* seine Stellung als Konseilpräsident durch Mitteilung der Ressortverfügungen an ihn anerkannt wurde; in der Sache blieben die Dinge so, daß er gelegentlich erklärte: Durnowo sei allmächtig, wolle er ihn (Witte) hängen lassen, so könne er das jeden Augenblick

---

[13a]) Ähnlich später, trotz klaren Beweises der Schuld (Art. 341 der Ul[oshenije] o nakas[aniach]: „Untätigkeit der öffentlichen Gewalt") der Gouverneur von Stawropol, ferner der Graf Kotzebue (Rostow), v[on] d[er] Launitz (Tambow) u. a. (Sitzung vom 25. April).

tun. Die – hier nicht näher zu erörternde – Änderung der Polizeiorganisation, die Purifikation der Post-, Telegraphen- und Eisenbahnangestellten[14]) – unter gleichzeitiger nicht unerheblicher Erhöhung der Bezüge – war die erste Maßregel der wieder erstarkenden Bureaukratie. Für Polizeizwecke wurde eine Mehrausgabe von über drei Millionen Rubeln (zu den 21 Mill. Rubeln, welche die staatliche Polizei ohnedies schon kostete) ausgeworfen. Alsdann aber mußte das *Heer* in Angriff genommen werden. Die Zeitungsnotizen über die *Zahl* der Generale und Obersten (über 300), die im Laufe der drei Monate vom 1. Dezember bis 1. März entlassen worden sein sollen, kann ich nicht nachprüfen. Gleichwohl dauerte es lange, bevor die noch im Januar häufigen Erklärungen von Offiziersversammlungen, für den Zaren, aber auf dem Boden des Manifestes vom 17. Oktober[15]) zu stehen, – denen wieder andere Erklärungen, die von jeder Politik in den Kasinos abrieten, Zustimmungserklärungen zu beiden usw. in den großen Zeitungen gegenüberstanden, – ein Ende nahmen. Noch gegen Mitte Januar erklärte – nach m[eines] W[issens] nicht widersprochenen Zeitungsnachrichten – ein Kosakenregiment, auf dem Boden des Konstitutionalismus gemäß dem Manifest vom 17. Oktober zu stehen[,] und protestierte gegen seine Verwendung zu Polizeizwecken[16]). Die Regierung selbst aber leistete, indem sie demgegenüber die Propagierung des „Bundes russischer Männer" im Offizierkorps begünstigte[17]), dem Eindringen der Politik und damit vor allem der Heuchelei einen nach allen geschichtlichen Erfahrungen auf die Dauer für sie selbst bedenklichen Vorschub. Aber bei den Offizieren stehen zu bleiben, war unmöglich. Man mußte, außer der im ganzen hinlänglich sorgfältig filtrierten Garde, vor allem der Kosaken sicher sein. Das schien nicht mehr unbedingt zweifellos, nachdem immerhin auch aus ihrer Mitte Proteste gegen die polizeiliche Verwendung des Heeres vorgekommen waren, zumal die ökonomischen Veränderungen, die in den Existenzbedingungen des Kosakentums eingetreten sind, dessen Grundlage überhaupt bedrohen[18]). Dem letzteren Umstand ließ

---

[14]) Für diese wurde – nach berühmtem Muster – ein *Revers* eingeführt betreffend Nichtzugehörigkeit zu irgendwelchen nicht von der Verwaltung gestatteten Organisationen.

[15]) Vergl. den Bericht über eine solche (von vielen) im „Nowoje Wremja" vom 13. Januar S. 2 (Offiziere der Mandschureiarmee).

[16]) „Russk[ija] Wjed[omosti]", 12. Januar, S. 2 Sp. 5.

[17]) „Russk[ija] Wjed[omosti]", 27./1. S. 2 Sp. 3.

[18]) Die Lage der Kosaken hat sich (vergl. den Artikel Schtscherbakows im Prawo 1906 Nr. 7) im Laufe der letzten Dezennien in zwei wesentlichen Beziehungen verändert: 1) durch Umgestaltung ihrer Verwaltung: Zurückdrängung der Bedeutung der alten, alle Erwachsenen umfassenden Kosakengemeinde (Stanitschny Sschod) durch Repräsentantenversammlungen nach Art der üblichen russischen Wolost-Sschods, Ersatz der gewählten Atamane durch ernannte (in der untersten Einheit, der „Stanitza", durch Auswahl aus drei von der Gemeinde vorgeschlagenen Kandidaten, wobei aber immer häufiger die Verwerfung der ganzen Liste so lange, bis ein der Regierung genehmer Kandidat sich mit darauf befand, praktiziert worden ist) und durch Übernahme der Kontrolle aller wichtigen Verwaltungsakte, namentlich aber der Verfügung über die Gelder, auf die russischen Zentralbehörden in Petersburg, deren Organ, der „Kreis-Ataman", ganz ebenso mit der

sich nun so schnell nicht abhelfen, aber für den Augenblick mußte Rat geschafft werden. Man griff zu dem Mittel der römischen Imperatoren des sinkenden Kaiserreiches: großartige Donative für ihre Leistungen im Bürgerkrieg. Nicht weniger als 7½ Million Rubel (über 17 Millionen Mark), für jeden Kosaken 100 Rubel, beantragte diese auf Kredit lebende Regierung *bar* an diese Stützen des Thrones zu verteilen, was der Reichsrat um zirka 1,6 Million Rubel kürzte[18a]). Manche Kosakengebiete übrigens quittierten über dieses demagogische Mittel, wie hier gleich vorweggenommen werden mag, durch *demokratische* Wahlen! In den Zeitungen (z. B. im „Nowoje Wremja" Nr. 10825 und sonst) nach Eröffnung der Duma bombardierten sich die Kosaken-Abgeordneten mit Auseinandersetzungen über eine gegen die Aufrechterhaltung der spezielleren Kosakenwehrpflicht gerichtete öffentliche Äußerung eines aus ihrer Mitte. Die Atamane

Stanitza umspringt, wie die russischen Semskije Natschalniki mit den Dorfgemeinden. Die alte Kosakenfreiheit verfällt. – 2. Durch Umgestaltung der ökonomischen Grundlagen. Der Kosak ist ursprünglich ein angesiedelter Grenzer, der als Entgelt für das verliehene Land sich sein Pferd und seine Equipierung selbst beschafft, sich selbst, in den überkommenen Verbänden, wie ein Bürger einer antiken Polis, einexerziert und jeden Augenlick des Rufs des Zaren gewärtig ist. Heute ist seine „Dienstpflicht" dem Militärdienst der übrigen Bevölkerung qualitativ sehr angenähert, nur quantitativ weit umfassender. Die 20 Jahre, die sie dauert, beginnen mit der „Vorbereitungszeit", in der der Kosak sich im Lauf von zwei Jahren Bewaffnung, Montierung und Pferd zu beschaffen hat, was durchschnittlich etwa 300 Rubel Barauslagen macht. Dann kommt die Dienstzeit im Heere, während deren er, falls nicht dem Pferde oder der Montierung etwas passiert, „kostenlos" lebt. Dann ist er, nach Hause entlassen, bis zum 38. Jahr verpflichtet, jederzeit „beritten und bewaffnet" beim Heer zu erscheinen. Sein Pferd zur Arbeit zu verwenden ist ihm verboten. Ursprünglich wurde die Ausrüstung *natural*wirtschaftlich durch Arbeit in der eigenen Wirtschaft beschafft und das Pferdematerial selbst gezüchtet. Heute muß die Ausrüstung (einschließlich Stiefel) aus dem staatlichen Magazin bezogen werden. Die Preise für die gesamte Ausrüstung und das Pferd stellten sich vor 15 Jahren noch auf ca. 120 Rubel in barem Gelde. Heute kostet ein Pferd allein 130 Rubel. Die Barausgaben der *Gesamt*dienstzeit werden für den berittenen Kosaken auf 1100, für den Fußkosaken auf 550 Rubel berechnet. Dazu tritt, daß er infolge seiner Dienstpflicht de facto weder freizügig noch in der Berufswahl frei ist, da seine „Bereitschaft" jährlich kontrolliert, während der ersten fünf Jahre auch durch „Lagerversammlungen" erprobt wird. Gegenüber einer effektiven Wehrpflichtleistung der übrigen Bevölkerung von 1,7% der Männer leisten die Kosaken 4,5%, im Kriege können von ihnen ca. 12½%, (gegen ca. 5% der übrigen) ausgehoben werden. Den ausschlaggebenden Einfluß übt aber auch hier die *Land*frage. Die Hufe des Kosaken betrug seinerzeit, bei den alten Siedlungen, 30 Dessjätinen (33 ha) Land. Heute ist im Gebiet des Donschen Heeres, infolge der Bevölkerungsvermehrung der durchschnittliche Umfang 12 Dessjätinen, auf gutem Boden 7. Der – durch die Steigerung der Barausgaben einerseits, die Landenge anderseits – gegebene Zwang zu intensiverer Wirtschaft ist mit den Ansprüchen des Heeresdienstes nicht in Einklang zu bringen, und überdies ist seit dem Beginn der 80er Jahre das Bestreben der Regierung einseitig darauf gerichtet, durch Beschneidung aller von Alexander II. gewährten Bildungsmöglichkeiten die „Wildheit" der Kosaken zu erhalten, in vermeintlich militärischem Interesse (vgl. Rom in der späten Kaiserzeit), – was natürlich erst recht nicht zur ökonomischen Lage stimmt.

[18a]) Es blieb nicht bei diesem Donativ allein. Noch im Mai wurden den sibirischen Kosaken Anrechte auf die Fossilien unter ihren Höfen usw. gewährt usw. Die zahllosen, geradezu kriechenden, Erlasse des Zaren bald an diesen, bald an jenen Teil „unseres teuren Kosakenheeres" wirken wenig erhebend.

unter ihnen waren darüber entrüstet, aber offenbar keineswegs die Gemeinen in der Kosakenwählerschaft[19]). – Nun aber trafen die Reservisten aus der Mandschurei allmählich in der Heimat ein und, bemerkend, daß sie Versicherungen, die ihnen in betreff der Sicherstellung der Existenz ihrer daheimgelassenen Familien gegeben worden waren, aus den bekannten spezifisch russisch-bureaukratischen Gründen zur größeren Hälfte nicht erfüllt seien, drohten sie in gefährliche Wut auszubrechen. Man mußte abermals tief in den Beutel greifen, ohne daß dadurch etwas anderes erzielt wurde, als die Festigung der Überzeugung der Massen, daß dieser Staatsmechanismus nur unter dem Druck der Furcht seine Pflichten erfülle. Ähnliche Ergebnisse mußte die, unter dem Druck der Meutereien, für das aktive Heer verfügte Aufbesserung in der Verpflegung usw. haben. Immerhin, das aktive Heer stand in absehbarer Zeit, nachdem eine Wiederholung von so plan- und sinnlosen Revolten, wie die in Kronstadt und Sewastopol, zunächst nicht zu erwarten stand, zur Verfügung. Und nunmehr, nach Niederwerfung der Bauernaufstände, begann man von den gegebenen Machtmitteln Gebrauch zu machen. Noch am 1. März befanden sich – nach einer spezifizierten Tabelle im „Prawo" – im Zustand des „verstärkten Schutzes"[20]) 8 Gouvernements ganz, 18 andere teilweise, im Zustand des „außerordentlichen"[21] Schutzes" 5 Gouvernements ganz, 10 teilweise, im *„Kriegszustand"*[22]) aber 17(!) Gouvernements ganz und 22 teilweise; nur 27 von im ganzen 87 Gouvernements und „Territorien" des Reiches waren im normalen Status, während in zwei Drittel des Reiches die regulären Verwaltungsgrundsätze[23]) mehr oder minder stark alteriert waren, in etwa zwei Fünftel aber Kriegszustand

---

[19]) Inzwischen haben Kosaken*regimenter* bei der Duma gegen die Wehrpflicht für Polizeizwecke protestiert (31. Mai a[lter] R[echnung]).

[20]) Gestattet den Gouverneuren bezw. Stadthauptleuten Reglements „zur Aufrechterhaltung der Ordnung" zu erlassen unter *administrativer* Bestrafung der darin genannten Personen bis zu 3 Monaten Arrest oder 500 Rubeln Geldstrafe, ferner öffentliche und private Versammlungen aller Art zu verbieten, Fabriken, Werkstätten und Läden zu schließen, verdächtige Personen nach Ermessen auszuweisen, politische Vergehen direkt vor die höhere Instanz zu ziehen, welche Strafen die Kriegsgerichte (darunter die Todesstrafe) verhängen kann.

[21]) Gestattet den in der vorigen Anmerkung genannten Beamten außer den dort angegebenen Maßregeln noch die Beschlagnahme von Eigentum eines Verdächtigen, die Sistierung aller Druckpublikationen, Schließung der Lehranstalten, Entlassung aller unteren Chargen der Beamten und Androhung noch erhöhter Strafen für Übertretung ihrer Verordnungen.

[22]) Bedeutet die Unterstellung der Zivilpersonen unter das Kommando eines in dem betreffenden Erlaß bekanntgegebenen Militärbefehlshabers und die Anwendbarkeit des Kriegsrechts.

[23]) Es ist freilich heute fast unmöglich, festzustellen, *was* eigentlich die „regulären" Verwaltungsgrundsätze sind. Die Bestimmungen über den „verstärkten Schutz" usw. sind bekanntlich 1881 auf drei Jahre als zeitweilige Maßregel gegen die *Terroristen* erlassen. Die von diesem Reglement eingeführten administrativen Machtbefugnisse werden aber heute ganz generell für alle denkbaren Polizeiübertretungen angewendet. Es ist allmählich absolut unklar und fast in jedem einzelnen Landesteil unsicher geworden, *welche* Befugnisse eigentlich die Polizei gegenüber dem einzelnen besitzt.

galt. Man muß, um die Bedeutung der russischen Wahlen für die Charakteristik des russischen Volks zu erfassen, sich immer gegenwärtig halten, daß dies etwa den Verhältnissen entspricht, die bei den Wahlen 1871 in Frankreich herrschten und daß – wie noch zu erwähnen – die Regierung keinen Zweifel darüber ließ, daß die Wiederkehr der normalen Verhältnisse von dem politischen „Wohlverhalten" der „Gesellschaft" bei diesen Wahlen *abhing*.

Den „weißen Schrecken" hier im einzelnen[24]) zu schildern, hätte keinen besonderen Wert. Charakterisiert wird sein Umfang schon dadurch, daß eine Reihe von Änderungen der Gerichtsverfassung eigens dafür notwendig wurden, um lediglich die *physische Möglichkeit* der erforderlichen Anzahl von Strafurteilen herbeizuführen[25]). Die Gefängnisse wurden im Laufe des Januar und Anfang Februar dergestalt überfüllt, daß die Verwaltungen sich vielfach an die Semstwos um Beschaffung von Lokalitäten wendeten, was regelmäßig abschlägig beschieden wurde. Die möglichste Steigerung der „administrativen Verschickungen" – Internierungen in entlegene Gouvernements *ohne* gerichtliches Verfahren und Urteil und überhaupt ohne Rechtsweg[26]) – konnte dem Übel

---

[24]) In Brest-Litowsk schlug die Schulverwaltung den *Frauen* der massenhaft arretierten – aber monatelang nicht unter Anklage gestellten – Schullehrer die Auszahlung der Gehaltsraten ab (R[usskija] W[jedomosti], 4/2 S. 3). Die Verteilung von Unterstützungen an Bauern, die der Beteiligung an Unruhen verdächtig waren, untersagte der Minister Durnowo in besonderer Verfügung. Geistliche, die streikenden Bauern Brot verteilt hatten, wurden verhaftet (Prawo S. 1258). Alle *Freitische*, die für die Arbeitslosen und Mittellosen von irgendwie politisch verdächtigen Personen, *nicht* etwa nur von Parteipolitikern, sondern z. B. auch – 2 Fälle sind mir bekannt – von Söhnen von liberalen Universitätsprofessoren in den Hungergebieten organisiert waren, wurden *sistiert*. Massenhaft waren vollends, in einem Zeitpunkt, in welchem Nowoje Wremja 30000 Arbeitslose in Petersburg zählte, die Sistierungen von Freitischen und Volksküchen, wenn ihre Gründer als politisch interessiert galten (s[iehe] z. B. Now[oje] Wr[emja] 3. Februar S. 4 und folg[ende]).

[25]) Dazu trat das Brigantaggio der polizeilich organisierten „Schwarzen Hundert" auf eigene Faust. Im März erhielten mehrere Reichsratmitglieder, die Gegner der Todesstrafe waren, Drohbriefe. Und schon im Februar war, *mit Genehmigung der Zensur*, ein Aufruf gedruckt worden, welcher zur Tötung der Juden und ihres „Helfers Witte" aufforderte. Erst im April wurde der betreffende Zensor (Ssokolow) – „ein sehr tüchtiger Beamter, Kenner Kants und dichterisch begabt" (!), wie die Zensurbehörde auf Reklamation Wittes betont hatte – unter Anklage gestellt. (Vgl. „Russk[ija] Wjed[omosti]" 58, 2; 61, 2; 62, 2; 100, 2: Notiz über die betr. Sitzung des Ministerrats vom 28. Februar, in der beschlossen wurde, die „Schwarze Hundert" zu unterdrücken und jedenfalls ihre Aufrufe nicht mehr in der Regierungsdruckerei zu drucken. Aber noch im März wurden in Kiew ganz ähnliche Aufrufe mit Genehmigung der Zensur gedruckt: R[usskija] Wj[edomosti] 89, 3.) Als die Bewegung Anfang Juni wieder inszeniert wurde und zu dem scheußlichen Gemetzel von Bjelostok führte, hielt der Deputierte Fürst Urussow, der – die Machtlosigkeit der regulären Verwaltung gegen diese Banden der politischen Polizei erkennend – als Ministerialassistent unter Durnowo demissioniert hatte, in der Sitzung der Duma vom 8. Juni seine eindrucksvolle, das Treiben dieser von Hofkreisen aus begünstigten, von den unteren Polizeibehörden organisierten „Nebenregierung" scharf beleuchtende Rede.

[26]) Die Verhängung dieser Maßregel erfolgt nach dem geltenden Recht auf Bericht der örtlichen Polizeibehörde, *ohne* daß die Anhörung des Betroffenen erforderlich wäre, durch den Minister des Innern nach Anhörung einer aus 4 Mitgliedern bestehenden

ebensowenig abhelfen wie die in den Gegenden mit „Kriegszustand" vielfach auf amtliche Anweisung für bestimmte Fälle revolutionärer oder „verdächtiger" Handlungen vorgenommenen Füsilladen brevi manu, *ohne* jegliches vorhergegangene, auch nur formelle kriegsgerichtliche Verfahren. Und während sonst auf der einen Seite die Gefängnisbehörden gegen die „Politischen" innerhalb des Erlaubten und darüber hinaus, oft „Vorsicht" üben, da sie die Unannehmlichkeiten, welche ihre entschlossene Solidarität ihnen bereiten kann, scheuen, und anderseits für den russischen Revolutionär gewöhnlich, wenn er erst einmal festgenommen ist, die Abnahme der furchtbaren Last der Verantwortung für seine Sache und das Aufhören der unausgesetzten geistigen Anspannung, wenigstens zunächst, eine psychische Erleichterung zu bedeuten pflegt, und *kurze* Freiheitsstrafen direkt als „Erholung" gelten, – waren diesmal, bei der beiderseitigen Erbitterung und schon infolge der allgemeinen Verhältnisse in den überfüllten Lokalitäten, Selbstmordversuche oder Nervenzerrüttung der Gefangenen oder Hungerstreik[27]) gegen die Administration wegen unwürdiger Behandlung von seiten der Beamten und barbarische Roheiten, namentlich auch gegen Frauen an der Tagesordnung. Eine Feststellung der *Zahl* der ohne Gericht Niedergeschossenen, Eingekerkerten, Verschickten scheint ganz unmöglich, die Angaben der Presse schwanken bezüglich der letzteren beiden Kategorien zwischen 17000 und 70000[28]). Wichtiger ist für die politische Beurteilung der Entwicklung die Frage, was denn nun durch dies Regime *erreicht* wurde. Größere gemeinsame Aufstände sind natürlich überall niedergeschlagen. Das massenhafte Niederbrennen der Gutshöfe hörte auf, nach Verlusten, deren Höhe nur sehr entfernt schätzbar ist (für 17 europäische Gouvernements (von 61) wurden *amtlich* s. Z. 31,3 Millionen Rubel, in Ssaratow das Maximum von 9½ Millionen Rubel, ermittelt) und für welche die Versicherungsgesellschaften die Zahlung unter Berufung auf die Kriegsklausel ablehnten, – in grellem Kontrast gegen Amerika nach dem Erdbeben von San Franzisko. Aber noch im April mußte, gegen die erneut drohenden Bauernunruhen, eine Umgarnisonierung von 159 Bataillonen Infanterie und den entsprechenden Quantitäten anderer Waffengattungen mit Kosten von mehreren Millionen Rubel vorge-

---

Kommission. Der Verschickte steht unter Polizeiaufsicht, darf irgendeiner Privatgesellschaft nicht angehören, an einer Versammlung (auch wissenschaftlichen) nicht teilnehmen, nicht als Arzt, Lehrer, Buchhändler oder Schankwirt tätig sein. Die Korrespondenz darf revidiert oder ihm ganz verboten werden.

[27]) Auch der bekannte Verleger Jurizyn z. B. verweigerte, „wegen unwürdiger Behandlung", acht Tage die Nahrung und so zahllose andere (vgl. z. B. Russk[ija] Wjed[omosti] 15. Februar S. 4). Die Sozialdemokratische Partei mußte einen eignen Beschluß fassen, um den inhaftierten Genossen die Beteiligung an einem beabsichtigten „Generalhungerstreik" zu untersagen.

[28]) Amtliche Angaben aus dem April (jedoch nicht alle Gefängnisse enthaltend) gaben gegen 11000 Gefangene, bei einer zugestandenen Überfüllung um ca. 60–65%[,] an, was für die damalige Zeit noch etwa 7000 „extraordinäre" Inhaftierte in *diesen* Gefängnissen bedeuten würde (cf. „Now[oje] Wr[emja]" 10787 S. 5). Die Zahl der *Verhaftungen* von Januar bis Mai wurde in der Duma auf 23000 beziffert. Im Mai wurden rund 12000 „Politische" als inhaftiert oder verschickt amtlich zugegeben.

nommen werden[28a]). „Wir werden die Revolution nicht nur vernichten, sondern zu Staub pulverisieren," hatte Durnowo gesagt. Zum heilsamen Schrecken für die Bourgeoisie veröffentlichte der „Prawitjelstwennyi Wjestnik" wöchentlich die Liste der revolutionären Gewalttaten, übrigens, wie man sich leicht überzeugen kann, unvollständig. Die Liste zeigt von Januar bis Mai ebensowenig eine wirklich zweifellose Tendenz zum Sinken, wie die ständige, eine halbe bis eine Spalte lange tägliche Rubrik: „Unordnungen", z. B. im „Nowoje Wremja". Der April wies bis zum Zusammentritt der Duma die übliche Zahl von Hinrichtungen auf, aber auch der Durchschnitt von etwa 5 politischen Mordanfällen pro Tag blieb – natürlich von Tag zu Tag stark schwankend – doch im wesentlichen auf dieser, übrigens schon seit einiger Zeit gewohnten Höhe. Taganzew führte im Reichsrat (27. Juni) an, daß von 1863 bis 1903: 15, vom 1. Januar bis 1. Juni 1906: 180 Todesurteile ausgesprochen worden seien. Die Zahl kann sich nur auf die „ordentlichen" Gerichte beziehen. Wie viele der Raubanfälle auf Bankkassen wirklich dem Zweck, Geld für die Zwecke der Revolution zu schaffen, dienten, ist natürlich nicht feststellbar. Sie wurden im März und April epidemisch, nachdem der zweifellos politische, beispiellose Raub von 850000 Rubel baren Geldes bei einer Moskauer Bank geglückt war und die Täter unentdeckt blieben. Die höchsten Beamten zwar gelang es vorerst persönlich gegen Attentate zu sichern, meist auch die mittleren, nur ein kleines Dutzend Gouverneure bez. Stellvertreter von solchen fiel der Klassenrache zum Opfer. Aber um so mehr mußten die unteren Instanzen im alltäglichen Kleinkrieg ihre Haut zu Markte tragen[29]). Von den höheren Beamten sind, soviel mir bekannt, nur solche „hingerichtet" worden, welche sich erwiesenermaßen entweder gesetzlich nicht gebotener Grausamkeiten schuldig gemacht hatten oder gegen die kein Recht gewährt wurde. Die Revolutionäre reagierten prompt, als der Dichter und Herausgeber des „Russkoje Bogatstwo", Koroljenko, in einem offenen Brief die schmachvolle Verletzung der Menschenwürde einer Bauernschaft durch Staatsrat Filonow an den Pranger stellte, ebenso als – nach Preßnachrichten – die *Frauen* eines Kosaken-Offizierkorps den Kosakenoffizier Abramow wegen Schamlosigkeiten gegen die Attentäterin Spiridonowa brandmarkten[29a]) Ein eigenes Gesetz gegen die Verbreitung „lügnerischer" Nachrichten über Handlungen von Beamten suchte diese gegen solche Pronunciamentos[30]) zu

---

[28a]) Dabei aber wurden damals Gesuche der Gutsbesitzer um Verlegung von Truppen auf das Land abgelehnt, weil dann die Soldaten zu den Bauern übergehen würden. Den Gutsbesitzern wurde das private Mieten von Kosakenwachen angeraten.

[29]) Der Minister des Innern zählte für das erste Halbjahr 1906 827 Anfälle auf Polizeibeamte, davon 156 erfolglos (Dumasitzung vom 8. 6.).

[29a]) Nach der Ermordung Abramows suchte sich das Justizministerium von dem Vorwurf, durch die Unterlassung jeden Einschreitens gegen ihn, selbst die Schuld an seinem Tode zu tragen, durch ein langes, ihre Mädchenehre verleumdendes Communiqué zu entlasten, dessen Sachdarstellung alsbald der Verteidiger der Spiridonowa scharf entgegentrat. (S[iehe] beide Schriftstücke in „Prawo" Nr. 15.) Abramow hatte die schwindsüchtige, bei der üblichen Prügelfolter *haarsträubend* mißhandelte Gefangene vergewaltigt.

[30]) Offene Briefe nach Art des Koroljenkoschen waren häufig. Vgl. z. B. den offenen

schützen. Während einerseits die Unterdrückung der Mord-, speziell auch der Bombenanschläge schlechterdings nicht gelang, übten aber diese andererseits auf die Praxis der Verwaltung keine ersichtliche, einschüchternde Wirkung mehr aus: es tobte einfach der chronische Bürgerkrieg in der furchtbarsten Form der Guerilla: Pardon wurde von beiden Seiten nicht gegeben, die Mitvernichtung Unschuldiger nicht beachtet. Jede Bombenexplosion tötete ganz Unbeteiligte mit, – auf einen Schuß oder eine Bombe antworteten die Truppen, wenn sie selbst betroffen oder zufällig in der Nähe waren, ganz regelmäßig mit einer Salve blind in das Gewühl der Passanten hinein. Erst nach den Wahlen, in der Osterzeit, als die Anleihezeichnung beginnen sollte, begann man, des guten Eindrucks wegen, dem schier unerträglichen Platzmangel der Gefängnisse[31]) durch zahlreiche Freilassungen von, teilweise 4–5 Monaten *ohne* Zustellung *irgend einer Anklage* im Gefängnis steckenden, „Politischen" etwas abzuhelfen[32]). Gegenüber der unbeugsamen Energie der Gefangenen war inzwischen die Schroffheit der Gefängnisverwaltungen bereits wieder soweit erlahmt, daß sie vielfach mit Ausschüssen aus ihrer Mitte Kompromisse schloß über das, was ihnen erlaubt sein sollte.

II. Analyse der allgemeinpolitischen Gesetzgebung des Interimsministeriums

Neben diesen mit barbarischer Wildheit[33]) dennoch aber nicht wirklich erfolgreich gemachten Versuchen, der „Kramola" Herr zu werden, im Interesse der Selbsterhaltung sowohl wie in dem der Wiederherstellung der Kreditwürdigkeit, lief nun das andere Konto: die Versuche, Institutionen zu schaffen, welche im Auslande den äußeren Eindruck einer Durchführung des Manifestes vom 17. Oktober erwecken mußten, ohne doch die Machtstellung der Bureaukratie ernstlich zu gefährden. Das Manifest hatte versprochen: 1. die Gewährung der „effektiven" (djejstwitjelnaja) Unantastbarkeit der Person, der Freiheit des Gewissens, des Wortes, der Versammlungen und Vereine; 2. Ausdehnung des Wahlrechtes, wovon wir später zu sprechen haben; 3. Durchführung des Grund-

---

Protestbrief von 24 Mitgliedern des Twerschen Semstwo gegen das Erscheinen des gewesenen Tomsker Vizegouverneurs Asantschejew in ihrer Mitte, der in Tomsk während der Oktoberkämpfe der Selbstverbrennung einer Schar von Einwohnern, die ihre Frauen nicht in die Hände der „Schwarzen Hundert" und der Kosaken fallen lassen wollten, untätig zugesehen hatte, im „Prawo" Nr. 4.

[31]) Die Zahl der *politischen* Gefangenen betrug in der Stadt Moskau am 7. Mai, nachdem massenhafte Freilassungen längst erfolgt waren, noch 1337 („Russk[ija] Wj[edomosti]" 8. Mai).

[32]) Von den am 12. Dezember verhafteten 137 Arbeitern einer Charkower Fabrik wurden am 15. März 10 freigelassen, 55 angeklagt, 48 wurde ohne weiteren Kommentar erklärt: sie müßten noch sitzen, das Schicksal des Restes war nicht feststellbar.

[33]) Der natürlich eine entsprechende Wildheit von der anderen Seite antwortete. Es sind Fälle bekannt geworden, wo kleine Kinder von ihren Vätern an Kosakenabteilungen herangeschickt wurden, um Bomben in sie zu schleudern: Erwachsene hätten die Soldaten sich nicht nahe kommen lassen.

satzes, daß kein Gesetz ohne Genehmigung der Duma in Kraft tritt, und einer „effektiven" Beteiligung der Duma „an der Beaufsichtigung der gesetzlichen Wirksamkeit" der Staatsgewalt. Es lohnt immerhin, die Ausführung dieser Versprechungen durch das alte Regime, welches sich selbst als bis zum *wirklichen Zusammentritt* der Duma fortbestehend betrachtete und den altersschwachen und sonst so schläfrigen Reichsrat in wahrhaft fieberhafter Hast bis zu seiner formellen Schließung (17. April/1. Mai 1906) arbeiten ließ, etwas näher zu verfolgen und überhaupt das Schicksal der einzelnen „Freiheiten", um die sich dieser in seiner verzweifelten Hartnäckigkeit an die Zeit Karls I. erinnernde Kampf dreht, an der Hand der Dokumente der letzten beiden Jahre im Umriß zu analysieren.

Wir beginnen mit den unter Nr. 1 des Manifestes versprochenen bürgerlichen Freiheitsrechten.

1. Von diesen war die *„Freiheit des Wortes"* diejenige, deren Regelung sich der Regierung von selbst aufdrängte. Nach dem Manifest vom 17. Oktober usurpierte die Presse faktisch volle Zensurfreiheit. Die vorgeschriebene Einlieferung der Exemplare zur Prüfung fand nicht statt, die Zirkulare, in welchen in bisher üblicher Art bestimmte Gegenstände von der Erörterung ausgeschlossen wurden, beachtete man einfach nicht, und die Regierung wagte damals nicht einzuschreiten. Erst die – übrigens in Anbetracht der gegebenen Machtlage unglaublich törichten – republikanischen Provokationen der neuentstandenen sozialistischen Presse veranlaßten sie, im Interesse ihrer Selbsterhaltung, zum Einschreiten, und die Erschöpfung der Massen durch den fruchtlosen zweiten Generalstreik im November gab ihr den Mut, einen ersten Schritt in der Richtung der Reaktion zu tun. Das „zeitweilige Reglement über die Presse" vom 24. November (7. Dezember) 1905 hob die Präventivzensur für die Mehrzeit der periodischen Preßerzeugnisse, nämlich für die *in den Städten* erscheinenden, auf (Nr. I), unterstellte die Presse im Falle von Vergehen oder des Verdachts solcher ausschließlich den Gerichten (Nr. II, IV), schaffte die Konzessionspflicht der Preßverleger ab (Nr. III), beseitigte das Recht des Ministers des Innern, die Behandlung bestimmter Gegenstände „von staatlicher Bedeutung" in der Presse zu untersagen (Nr. V) und führte statt des Konzessionssystems offiziell den „javotschnyj porjadok" (die Anzeigepflicht) bei beabsichtigter Gründung von Preßorganen ein. Aber dies ist nur Schein, denn sie forderte, daß mit der Anzeige neben anderen Angaben auch ein „Programm" der Zeitung oder Zeitschrift eingeliefert werde (Nr. VII, 1), und gibt der Behörde das Recht, falls das Programm der „Sittlichkeit oder den Strafgesetzen" widerstreite, das Erscheinen durch Versagung des Zeugnisses über die erfolgte Anzeige zu hindern. Da vor der Erteilung des Zeugnisses die Zeitung nicht erscheinen darf[34]), ist faktisch die größte Willkür möglich. Tatsächlich sind auf diesem Wege massenhaft Zeitungen wegen „regierungsfeindlicher" Richtung inhibiert worden; z.B. gilt offenbar ein für allemal das *Wort* „sozialistisch" als genügend zur Ablehnung,

---

[34]) Dafür sind (nach Nr. VII des Reglements) die Druckereien verantwortlich.

ebenso sind ukrainophile Blätter wegen ihres Programms nicht zugelassen worden usw. Wie sich der Senat, an den Beschwerde zulässig ist, zu dieser Praxis gestellt hat, ist mir zurzeit nicht bekannt. Ferner muß von jeder Nummer beim Erscheinen ein Exemplar eingeliefert werden (VII, 8), worauf, im Fall darin die „Anzeichen einer verbrecherischen Handlung" enthalten sind (VII, 9), Arrest auf dieselbe gelegt werden kann[35]), und zwar – was eine Verschlechterung gegenüber dem bestehenden Zustande bedeutete – nicht mehr nur durch die kollegialen Zensurkomitees, sondern durch Einzelbeamte, und ferner, ohne eine Frist festzusetzen, innerhalb deren, bei Vermeidung des Erlöschens des Arrestes, ein Gerichtsbeschluß herbeigeführt werden muß (es soll „unverzüglich" geschehen, Nr. VII, 11)[36]). Aufrechterhalten wurde die Zensur, außer für *alle nicht in Städten erscheinenden Blätter,* für Hofnachrichten, ferner für Verhandlungen der Versammlungen des Adels, der *Städte* und Semstwos, aber auch – was für den *Wahlkampf* seine erhebliche Bedeutung hat – für *Annoncen* (Art. 41 des Zensurstatuts, Nr. XI des Reglements)! Gegenüber amtlichen „Berichtigungen" darf nach wie vor nur im Falle des Vorliegens „dokumentarischen" Beweises die „berichtigte" Behauptung aufrechterhalten werden (Art. 1039 des Str. G. B.). Neben der kriminellen Bestrafung kann vom Gericht die Inhibierung des weiteren Erscheinens der Zeitung verhängt werden. Der Rest des Reglements bietet teils kein spezielles politisches Interesse, teils entspricht es unserer eigenen Gesetzgebung. – Der Ukas vom 18. März (31. März) 1906 verschärfte – neben anderen unerheblichen Bestimmungen – diese Gesetzgebung 1. durch die (einer partiellen Wiedereinführung der Zensur praktisch gleichkommende) Bestimmung, daß *Illustrationen* jeder Art – getroffen sollten speziell die Witzblätter werden – 24 Stunden vor Erscheinen des Blattes einzureichen sind und das Gericht auch *ohne* Gerichtsverfahren gegen eine *Person* (also im „objektiven" Verfahren) die Vernichtung verfügen kann, falls die „Merkmale eines Vergehens" vorliegen; 2. durch strafrechtliche Haftbarmachung der *Druckerei* (eventl. bis zur Schließung derselben) für die Innehaltung der Vorschriften über die Einlieferung der Exemplare. Für die *nicht*periodische Presse bestand die Zensur auch nach dem Oktobermanifest und dem Preßreglement vom November fort. Die Buchhändler, welche sie einfach als nicht mehr vorhanden betrachtet hatten – im „Verband für die Freiheit der Presse" war beschlossen worden, die Verleger und Sortimenter zu boykottieren, welche noch die vorgeschriebenen Pflichtexemplare einliefern oder von der Zensur nicht abgestempelte Bücher nicht verkaufen würden – wurden massenhaft straf-

---

[35]) Für die Zeit vom 12. Dezember bis 12. Januar z. B. gab eine Zusammenstellung die Zahl der in 17 Städten unterdrückten Zeitungen auf 78, der arretierten Redakteure auf 58, der von bedingt freigelassenen Redakteuren gestellten Kautionen auf 386 500 Rubel an. („Russk[ija] Wjed[omosti]" 16 S. 2 nach dem „Wjetschernyj Goloss".)

[36]) Gleichwohl klagte die Zensurbehörde beim Ministerium noch über die Schwierigkeiten, welche bei *Versendung* von periodischen Publikationen vor rechtzeitiger Arrestlegung für sie entstünden („N[owoje] Wr[emja] 10811, 2).

rechtlich zur Verantwortung gezogen[37]); ihre Berufungen auf Äußerungen Wittes ihren Vertretern gegenüber, aus denen als Rechtsansicht der Regierung der Fortfall der Zensur durch das Manifest selbst hervorgehen sollte, scheiterten an der eidlichen Ableugnung Wittes in einem der entstandenen Prozesse. Der Versuch, die Zensur durch die Veranstaltung von Lieferungswerken und Serien von Abhandlungen in der Form von monatlich erscheinenden „Zeitschriften" zu umgehen (vgl. Russk[ija] Wjed[omosti] 59, 2) führte zu einem Spezialverbot hiergegen (1. März). Als endlich eine Vorlage behufs allgemeiner Beseitigung der Zensur an den Reichsrat kam, hielt dieser die Erledigung der Sache vor Zusammentritt der Duma für inopportun und stimmte lediglich der Kürzung der der Zensur zur Durchsicht gegebenen Frist auf zwei Tage und der Einführung des Preßreglements auch für die nicht periodische Presse zu. Das trotzdem sanktionierte neue Reglement in seiner endgültigen Redaktion erschien mit der Unterschrift vom 26.(!) April erst nach dem am 27. erfolgenden Zusammentritt der Duma[37a]). Es unterscheidet nichtperiodische Druckschriften von unter und über fünf Bogen. Von letzteren werden gleichzeitig mit der Ausgabe aus der Druckerei Pflichtexemplare den jetzt in „Inspektoren für Preßangelegenheiten" umtitulierten Zensoren eingereicht. Drucksachen *unter* fünf Bogen dürfen aus den Druckereien überhaupt erst 2 Tage (bei Umfang bis zu einem Bogen) bezw. 7 Tage (1–5 Bogen) nachher ausgegeben werden. Arrestlegung durch die Inspektoren ist zulässig und ergreift alle nicht schon in das Eigentum Dritter übergegangenen Exemplare. Bei Drucksachen unter fünf Bogen ist „objektives" Verfahren auf Vernichtung der Drucksachen, wie bei Zeitungen, zulässig, auch wenn *kein* Strafverfahren begründet ist, *dennoch* aber „die Merkmale einer Strafhandlung" in der Broschüre enthalten sind.

Faktisch wird Rußland zurzeit, wie jeder Blick in die Zeitungsannoncen oder in den „Knishnij Wjestnik" zeigt, geradezu überschwemmt mit Übersetzungen der ausländischen, besonders sozialistischen, Literatur, fabelhaft billig, weil durch das Fehlen des Autorrechtsschutzes für fremde Autoren alles im Wege des literarischen Diebstahls importiert wird. Die Auflagen der bekannten sozialistischen Arbeiten betragen nicht selten 30 000 Exemplare und folgen sich Schlag auf Schlag. Was für Geistesspeise dabei in Massen verschlungen wird, lehrt zumal das Gebiet der „Ethik". Solche primitiven Produkte, wie Kautskys „Ethik" oder Anton Mengers letztes, in Deutschland doch von niemandem ohne ein ärgerliches Lächeln über diese Kindlichkeiten durchblättertes Buch, haben den kolossalsten buchhändlerischen Erfolg. Die Kauflust für radikale Literatur überhaupt scheint schier unerschöpflich. Rückgängig zu machen wäre hier, bei einem so in die Hunderttausende von Exemplaren gehenden, überall hin verbreiteten Besitzstand an diesen Schriften selbst durch die denkbar extremsten

---

[37]) Ebenso die Druckereien, die massenhaft geschlossen wurden, „Now[oje] Wr[emja]", 7. Februar. Die Provinzialsortimenter gerieten durch jenen von den hauptstädtischen großen Verlegern strikt durchgeführten Beschluß in nicht geringe Verlegenheit, (Vgl. „Russk[ija] Wjed[omosti]", 16. Januar, S. 2 Sp. 6.

[37a]) Seine Gültigkeit wurde deshalb – juristisch wohl mit Unrecht – bezweifelt.

Repressions- und Konfiskationsmaßregeln gar nichts mehr. Nur Schikanen aller Art, die den Haß gegen das bestehende Regime stets neu entfachen, sind hier noch möglich und werden reichlich geübt.

2. Von den im Manifest vom 17. Oktober versprochenen Freiheiten war die *„Gewissensfreiheit"* in gewissem Umfang schon durch den Ukas vom 17. April 1905 verliehen worden. Das „Toleranzedikt" selbst beruhte auf den durch Ukas vom 12. Dezember 1904, Punkt 6, angeregten eingehenden Beratungen des Ministerkomitees (25. Januar, 1., 8. und 15. Februar 1905), in denen, wie die veröffentlichten Protokollauszüge deutlich erkennen lassen, die Ansichten des *Metropoliten von Petersburg,* Antonij, in den wichtigsten Punkten ausschlaggebend gewesen sind, während der Oberprokuror des Heiligen Synod, Pobjedonosszew, offenbar stärker als gewohnt, zurückzutreten hatte[38]). Die Gewaltsamkeit, hatte der Metropolit ausgeführt, widerspreche dem Wesen der orthodoxen Kirche, und unter Berufung auf Tit[us] 3, 10 und Matth[äus] 18, 17 hatte er auf die unerträgliche Lage hingewiesen, in welche die Kirchendiener gerieten durch die ihnen jetzt durch Art. 1006 der Strafgerichtsordnung (Band XV des „Sswod" in der Ausgabe von 1892) auferlegte Pflicht, mit dem „bracchium saeculare" im Falle der Apostasie oder Häresie zusammenzuwirken: – Gewaltmaßregeln, so beschloß demgemäß das Komitee, seien fortan überhaupt im Falle des Glaubenswechsels nicht mehr anzuwenden, und bei Übergang von einem (auch dem orthodoxen) christlichen Glauben zu einer andern Form desselben müsse also das Prinzip der völligen Freiheit der Konfessionswahl gelten, – nur der Abfall zu nicht christlichen (genannt wurden: das mohammedanische und jüdische) Bekenntnissen müsse, bei dem christlichen Charakter des Staates und der Seltenheit des Vorkommnisses, zwar ebenfalls jeder gewaltsamen Repression entzogen sein, aber nach wie vor die bürgerlich-rechtlichen Folgen (s[iehe] unten) nach sich ziehen, welche aus der Unmöglichkeit der Anerkennung dieses Vorganges als eines rechtlich überhaupt möglichen seitens des Staates folgten. – Sehr eingehend wurde sodann die Mischehenfrage besprochen und die Ansicht des Metropoliten akzeptiert, wonach die bestehende Bestimmung, daß bei Beteiligung eines orthodoxen Teiles an der Ehe die Kinder orthodox zu erziehen seien – unter Ausschluß abweichender Abmachungen der Eltern – aufrecht zu erhalten sei, „da die Zulassung der Mischehen selbst durch die Kirche schon eine Konzession an den Staat sei" und ja den Kindern der Austritt nach erreichter Volljährigkeit freistehe[39]). – Die Verhältnisse des „Raskol" (der im 17. Jahrhun-

---

[38]) Das bedeutet indessen nicht, daß ein wesentlicher Unterschied in den Auffassungen bezüglich der Toleranz oder in den allgemeinpolitischen Ansichten zwischen beiden Personen bestände. Der Metropolit stimmte im Reichsrat mit der äußersten Rechten *gegen* die Amnestie. Nur in *kirchenstaatsrechtlicher* Hinsicht sind der erste russische Metropolit und der Oberprokuror, der ja die Macht der Bureaukratie *über* die Kirche zu vertreten hat, „natürliche" und im „Prinzip" unversöhnliche Feinde.

[39]) Der gültige Vollzug der Mischehe setzt nach wie vor voraus, daß orthodoxe Trauung (ev[entuell] neben und dann vor der andern) stattfindet. Beseitigt wurde Art. 33 Bd. X Teil 1. „Sswod Sak[onow]", welcher speziell für „Schismatiker" und „Sektanten" bisher den *Übertritt* zur Orthodoxie zur Bedingung der Ehe mit Orthodoxen macht.

dert abgetrennten „altgläubigen" Schismatiker) litten wesentlich unter der Unvollendetheit der schon bestehenden Gesetzgebung, welche 1874 für sie besondere standesamtliche Listen geschaffen, 1883 – unter dem ihnen sehr gewogenen Alexander III. – ihren Gemeinden bürgerlich-rechtliche Anerkennung und ebenso Anerkennung ihres Rituals als einer geistlichen *Amts*handlung gebracht hatte. Insbesondere die infolgedessen eingetretene Abschwächung ihres Gegensatzes gegen die orthodoxe Kirche führte der Metropolit als Argument für die Beseitigung der Reste der alten gegen sie gerichteten Gesetzgebung an. Schwieriger war die Lage gegenüber den „Sekten", schon weil der *Begriff* jeder gesetzlichen oder gewohnheitsrechtlichen Bestimmtheit entbehrte, ferner, weil die Gesetzgebung in ihrem Verhalten ihnen gegenüber noch in der letzten Generation geschwankt hatte. Das Gesetz von 1874, betreffend die Kirchenbücher, hatte sie, laut Vorverhandlungen, mit umfassen wollen, dies aber nicht zum Ausdruck gebracht, erst recht nicht das Gesetz von 1883, und so herrschte hier die administrative Willkür. Dazu trat, daß zuerst 1878, dann durch Allerhöchst bestätigte Ministerialverfügung vom 4. Juli 1894 den „Stundisten" die Errichtung gemeinsamer Betstunden *untersagt* worden war, die Administration aber dies Verbot, infolge seiner sachlich ganz unzutreffenden Charakterisierung der Eigenart der „Stundisten", auf alle möglichen Sekten ausgedehnt und anderseits die Stundisten (pietistische Protestanten) mit allerhand anderen Sekten, z. B. den pneumatischen Duchoborzen[,] zusammengeworfen hatte. Das Ministerkomitee empfahl die Abschaffung der 1894er Verfügung als wirkungslos und auch unnötig, da das Wesen des Stundismus jetzt besser erkannt sei. Im übrigen schlug das Komitee vor, die Gesamtheit der einerseits nicht rechtgläubigen, anderseits zurzeit nicht (wie z. B. die lutherische Kirche) schon anerkannten religiösen Gemeinschaften nicht mehr, wie bisher, nach dem Maße der „Schädlichkeit" abzustufen, sondern in die Gruppen zu teilen: 1. solche, welche die Grundlagen der Orthodoxie annehmen, aber im Ritual von ihr abweichen: diese sollen fortan Staroobrjadschiki (Altritualisten) genannt[40]) werden, – 2. rationalistische und mystische (zu duldende) Sekten, – 3. abergläubische, nicht zu duldende, weil den sittlichen Grundlagen des Staates zuwiderlaufende, Lehren, deren Bekenntnis nach wie vor strafbar sein soll (dahin gehören unzweifelhaft die Skopzen, welche andern Bekenntnisse aber? – das sollte offenbar der „Praxis" überlassen werden[41]). Ferner sollte den Gemeinden der „Altritualisten"

---

[40]) Die *Benennung* ist deshalb nicht gleichgültig, weil die Anerkennung der Kirchenbücher durch das Gesetz von 1874 vielfach dadurch wirkungslos blieb, daß die Altgläubigen sich weigerten, zu Protokoll zu geben, daß sie „Raskolniki" (Schismatiker) seien.

[41]) Daß eine Ehe eines Rechtgläubigen mit Chlysten, „Judaisten" oder Duchoborzen zu vollziehen dem Gewissen des rechtgläubigen Priesters zuwiderlaufe, – da von diesen Sekten „die Kirche" geleugnet wird, – erkannte die „besondere Kommission für Glaubenssachen" noch im Januar 1906 ausdrücklich an („Now[oje] Wr[emja]"10716 S. 3). – Sonst fühlte man gerade bei der Eheschließung, angesichts der unter der Intelligenz starken Verbreitung „freier Ehen", das Bedürfnis, entgegenzukommen. Für Petersburg schrieb ein Erlaß des Heil. Synod für die Trauungen vor, daß hinfort nicht nur von der Feststellung der Militärverhältnisse des Bräutigams und der Prüfung seiner Polizeiverhält-

und „Sektanten" die Rechtspersönlichkeit zuerkannt werden (der bestehende Rechtszustand war, da ein entscheidendes antisektiererisches Gesetz, die Allerhöchste Verfügung vom 13. Februar 1837, nicht in die Gesetzsammlung aufgenommen war und die Gerichte dessen Unkenntnis vorschützten, anderseits das Gesetz vom 3. Mai 1883 die Fähigkeit, Eigentum zu besitzen, bei den Raskolgemeinden als vorhanden voraussetzte, die Ministerien aber das erstere Gesetz bald beachteten, bald nicht, unerhört verworren). Die Erlaubnis zum Bau neuer schismatischer oder sektiererischer Gebetshäuser wurde bisher nur nach Anhörung der orthodoxen Geistlichkeit und Nachweis des „Bedarfs" und der „Mittel" gegeben[42]); wie die Wiedereröffnung geschlossener Gebethäuser zu gestatten sei, war Gegenstand langjährigen Streites. Das Komitee schlug vor, die Schismatiker und Sektanten den übrigen „andersgläubigen" Konfessionen auch hierin anzuschließen, ebenso ihre Kirchendiener, die bisher die Standesrechte der Geistlichen (auch nach dem Gesetz von 1883) nicht genossen, den anderen gleichzustellen, – nur sollte, da der Metropolit auf das Fehlen der gültigen apostolischen Sukzession, auch bei den Schismatikern österreichischer Observanz, hinwies, die technische Bezeichnung für den orthodoxen Pfarrklerus (Swjätschenniki) vermieden werden. Die Zulassung der Gründung von schismatischen und sektiererischen *Schulen* war seit dem Jahre 1861 immer wieder angeregt, aber nie effektuiert worden. Formell versucht – aber mißglückt – war sie in zwei Fällen. Geheimunterricht resp. nur de facto geduldeter Unterricht war daher die Regel. Das Komitee schlug vor, die Schulgründung zuzulassen: 1. bei Unterwerfung unter die allgemeinen Volksschulnormen bezüglich der Lehrobjekte und Lehrmittel, sowie unter der Bedingung 2. der obrigkeitlichen Bestätigung der gewählten Lehrer, und 3. der Aufbringung der Mittel durch die Gemeinden selbst, endlich – um der Gefahr der Propaganda entgegenzutreten – 4. nur in Orten, wo eine zahlreiche schismatische bezw. sektiererische Bevölkerung schon *existiert*. Bei Besuch der allgemeinen Volksschule sollten ihre Kinder von dem Besuch des Religionsunterrichts entbunden sein. Die Preßtätigkeit der Schismatiker war bisher so geregelt, daß *nur* die Herstellung und der Vertrieb der den alten Typen entsprechenden Ritualbücher in einer einzigen Druckerei gestattet war. Dieses Monopol sollte beseitigt werden. Für den *öffentlichen Dienst* der Sekten bestanden Beschränkungen insofern, als 1. wenn der (gewählte) Wolost-Schulze Schismatiker ist, sein Gehilfe orthodox sein muß; dies soll bestehen bleiben, – 2. Molokanen sollten nach Verfügung des Heiligen Synod nur nach besonderer Prüfung ihres Charakters und ihrer Gesinnung und nur im äußersten Notfalle zum Staatsdienst zugelassen werden, – 3. gewisse Verdienstmedaillen sollen den Sektierern schwerer als anderen zugänglich sein, – 4. endlich und namentlich war die Offizierslaufbahn und der Unteroffiziersrang

---

nisse Abstand genommen und statt dessen nur die Berechtigung zur Eingebung der Ehe durch notarielle Beglaubigung zweier Zeugen geprüft werden, sondern auch die Forderung des Beicht- und Abendmahlszettels von dem „Taktgefühl" des Pfarrers abhängig sein solle.

[42]) 1883 bestanden 1257, seitdem, bis 1904, wurden nur 283 neue zugelassen.

nur gewissen „minderschädlichen" Sekten offen. Diese Beschränkungen (2–4) schlug das Komitee vor zu streichen. – Die Anerkennung besonderer standesamtlicher *polizeilicher* Listen für die Schismatiker und Sektierer hatte sich zu einem fast völligen Fehlschlag gestaltet: 1899–1903 waren in zehn Gouvernements von 29 431 für die Behörden nachweislich geschlossenen Ehen nur 1840 registriert, von 131 730 Geburten nur 1340, von 91 634 Todesfällen nur 552. Das Komitee schlug daher die Übertragung der Führung dieser Listen auf die Geistlichkeit der Schismatiker und Sektanten vor, – unter Umständen ein nicht geringes Hindernis für die Entstehung neuer Sekten innerhalb der alten, und vielleicht eine Quelle endlosen Streites. – Von diesen Vorschlägen realisierte das „Toleranzedikt" einen Teil alsbald, andere verwies es an „besondere Kommissionen", welche zum Teil jetzt noch nicht mit ihren Arbeiten zu Ende gekommen sind. Seine eigenen Bestimmungen bedurften, da seine generell gehaltenen Verfügungen mit den bestehenden Strafgesetzen im Widerspruch standen und, solange diese nicht aufgehoben oder abgeändert waren, in zahlreichen Fällen Konflikte entstanden, der Interpretation. Diese ließ endlos auf sich warten und erfolgte schließlich in dem allerhöchst bestätigten Reichsratsgutachten vom 14. März 1906. Sein wesentlicher Inhalt ist folgender: Das geltende religionspolitische Strafrecht der Uloshenije o nakasaniach ugolownych (Strafgesetzbuch) Teil II, Kapitel 1, war bereits durch die (in diesem Teil noch nicht in Kraft getretene) Ugolownoje Uloshenije (Kriminalordnung) vom 22. März 1903, Kapitel II, modernisiert worden. Wesentlich die Bestimmungen dieses Gesetzes sind es, welche, mit einigen Änderungen, nunmehr, nur teilweise umrediziert, in Kraft gesetzt werden. Das Gesetz vom 14. März 1906 ist mithin wesentlich *Straf*gesetz und dabei in der *Hauptsache* Inkraftsetzung schon kodifizierten Rechts! Die wichtigste Neuerung des Ukas vom 17. April 1905 war die Bestimmung (Nr. 1), wonach künftig der Abfall von der rechtsgläubigen Kirche zu einem andern *christlichen* Glauben – also nicht der formelle Abfall vom Christentum überhaupt – keinerlei, sei es persönliche oder bürgerliche, Nachteile für den Betreffenden mit sich bringen und er fortan als zu der von ihm, bei Volljährigkeit, erwählten Glaubensgemeinschaft gehörig behandelt werden solle. Bis dahin hatte der „Abfall" von der Orthodoxie nach Art. 188 der Ul[oshenije] o Nakas[aniach] die „Überweisung der Häretiker an die Kirchenbehörde zur Verwarnung, Belehrung und Behandlung nach den kirchlichen Regeln" zur Folge, und wurden bis zu ihrer Wiederbekehrung „zur Behütung" ihrer minderjährigen Kinder vor der Abwendigmachung die „gesetzlichen Mittel" (betr. deren Erziehung) angewendet, ihre etwaigen, von Rechtgläubigen besiedelten Besitzungen aber mit Beschlag belegt und ihnen das Wohnen darauf verboten, Schismen- (Raskol-) und Sektenbildung und Propaganda dafür war (Art. 196 des[selben]) mit Verlust aller Rechte und Verschickung zur Ansiedlung bestraft. Schon die Ugolownoje Uloshenije vom 22. März 1903 schwieg von diesem Vergehen überhaupt, ebenso schweigt nun ihre Umredaktion in der Verfügung vom 14. März 1906. Soweit entspricht alles dem Ukas vom 17. April 1905, der ausdrücklich auch den Grundsatz enthielt, daß bei Änderung der Konfession die Kinder unter 14 Jahren den Eltern folgen. Allein nach den Gewohnheiten des Polizeistaates ist es natürlich mit dem Erlaß eines Gesetzes noch lange nicht getan: es käme nun darauf an, die Übertritte von einem Glaubensbekenntnis zum andern auch „polizeitechnisch" zu ermöglichen. Mit nicht geringem Erstaunen (vgl. „Now[oje] Wremja" vom 2. März Nr. 10770 S. 3) erfuhr man im März, daß im Februar ein Projekt des Justizministers im Reichsrat eingeführt sei, welches die Einholung der „Entscheidung" (rasrjeschenije) des Gouverneurs für die *formelle* Überführung einer Person aus der orthodoxen Kirche in eine andere vorschrieb. Das Toleranzedikt schrieb den „jawotschnyi porjadok" expressis verbis vor[43]), – aber ein Mittel, den Gouverneur zu zwingen, seine „Entscheidung" dementsprechend einzurichten und also der einseitigen Erklärung des zur Häresie Abfallenden Folge zu geben, würde natürlich nicht gegeben sein. Für die Praxis wäre dies eine Zurücknahme des Edikts in seiner entscheidenden Bestimmung. Man muß abwarten, wie sich die Entwicklung in dieser Hinsicht weiterhin gestalten wird[44]).

Ausdrücklich – nur mit etwas herabgesetzter Strafsanktion – aufrechterhalten ist, offenbar mit unter dem Eindruck, den der starke (?) Abfall von der Orthodoxie im Westrayon machte (N[owoje] Wr[emja] 10788,3), Art. 90 der Ugolownoje Uloshenije, welcher die *Propaganda* einer an sich erlaubten heterodoxen (christlichen) Lehre auf Kosten der Orthodoxie durch öffentliche Predigt, Rede oder Verlesen von Schriften oder durch Verbreitung oder öffentliche Ausstellung (also z. B. im Schaufenster eines Buchladens) von Werken oder Abbildungen (!), welche den Abfall zur Heterodoxie anregen, wenn dieser Zweck dabei verfolgt wird, bedroht. Das öffentliche Bekenntnis zu einem „vom Gesetz verbotenen Schisma" wird (Art. 92) mit Geldstrafe geahndet. Apostasie vom Christentum (rechtgläubigen oder „andersgläubigen") überhaupt ist nach wie vor gesetzlich unmöglich: den Begriff der „Konfessionslosigkeit" kennt das russische Recht nicht[45]). Bestehen geblieben ist ferner Art. 84 des gleichen Gesetzes, welcher die „Bekehrung" eines Orthodoxen – also die Verleitung zum Abfall – bei Anwendung ungesetzlicher Mittel zu einer andern (christlichen) Religion mit bis zu 3 Jahren Festung bestraft, und speziell die Strafbestimmungen gegen „andersgläubige" Geistliche, welche rechtgläubige Minderjährige katechisieren, ihnen die Beichte abhören, sie taufen oder irgendeinen Ritus ihrer Glaubensgemeinschaft auf sie anwenden (Art. 91, 93 a.a.O.). Eine Neuerung der Verfügung vom 14. März 1906, im Anschluß an den Ukas vom 17. April 1905, liegt in der Beseitigung des Begriffs „Raskol" für die bestehenden Ge-

---

[43]) Nr. 1 des Ukas v[om] 17. 4. 1905. Nr. 3 gestattete speziell den zur Orthodoxie „Bekehrten" die Rückkehr zu ihrer alten Religionsgemeinschaft.

[44]) Mir liegt leider hier bisher nichts von den inzwischen ergangenen Verfügungen vor.

[45]) Nach der „Ulosh[enije] o Nakas[aniach]" Art. 185 entbehrt der Apostat aller bürgerlichen Rechte und bleibt sein Vermögen beschlagnahmt, bis die geistlichen „Ermahnungen", denen er zu überweisen ist, ihn wieder bekehrt haben. – Die „Ugolownoje Uloshenije" schweigt davon.

meinschaften der „Altgläubigen" (Staroobrjadshik's), die jetzt als selbständige christliche Religionsgemeinschaft unter diesem ihrem Namen (Nr. 7 des Ukas vom 17. 4. 1905) anerkannt und den übrigen „andersgläubigen" christlichen Gemeinschaften gleichgestellt sind. Ebenso werden ihre Geistlichen und die der erlaubten Sekten mit dem Titel „Vorsteher" (Nastojatel) belegt und in bezug auf Rang, Stand und Militärpflicht den übrigen Geistlichen gleichgestellt, ihnen auch alle Amtshandlungen (nur, in bestimmten Fällen, nicht im Ornat) gestattet. Auch für sie gilt aber, daß die Errichtung eines Klosters (Skit) ohne staatliche Genehmigung verboten und strafbar ist (Nr. V der Verf[ügung] v[om] 14. 3. 1906). – Der Bau von Kirchen setzt für jede nicht unerlaubte Religionsgemeinschaft nur den Nachweis des Vorhandenseins des Kapitals und die Erlaubnis der geistlichen Behörde der betreffenden Religionsgemeinschaft voraus. – Strikt *verboten* bleiben „unsittliche" Sekten, insbesondere die Kastratensekte (Skopzen), unsicher die Lage der Duchoborzen, Judaisten, Chlysten. Dagegen hat der Senat die gegenüber den *Stundisten* bestehenden Beschränkungen als *nicht mehr* zu Recht bestehend anerkannt. Ebenso sind die Einschränkungen der Verwendung von Sektierern im Schuldienst vom Unterrichtsministerium aufgehoben worden.

Vergleicht man die Verfügung vom 14. März 1906 mit dem Amnestie-Edikt, das (expressis verbis)[46]) *infolge* des Ukas vom 17. April 1905 am 25. Juni 1905 für Religionsverbrechen erlassen wurde, so zeigt sich, daß der Kreis der jetzt endgültig beseitigten religiösen Strafhandlungen mit dem Kreise der damals von der Amnestie umfaßten nicht identisch, sondern erheblich kleiner ist[47]). Die Bestimmungen gegen die öffentliche Propaganda von „Irrlehren" sind geeignet, alle alten Verfolgungen der Vergangenheit eventuell wieder aufleben zu lassen: nur die Werbung der kleinen *Sekten* von Person zu Person ist durch sie faktisch privilegiert.

Den wesentlichsten Vorteil aus der „Toleranz"-Gesetzgebung zogen die *Altgläubigen* und werden ihn noch ziehen. Zwar im Jahre 1905 wimmelte die Presse

---

[46]) S[iehe] den Wortlaut der Einleitung im „Prawo" 1905 S. 2226.

[47]) Näheres in einem Artikel Shishilenkos im „Prawo" 1906 S. 1316 (Nr. 15). Die sehr bedenkliche, oben erwähnte neue Bestimmung gegen die Ausstellung von den Glauben gefährdender Schriften in Buchläden ist offenbar durch den in Aussicht stehenden Wegfall der Präventivzensur veranlaßt. Bestehen geblieben sind im übrigen: 1. Die Strafen für Gotteslästerung und alle möglichen Verletzungen der Ehre der Kirche und ihrer Diener (Art. 73–77, 97, 98); 2. für Beerdigung eines Christen ohne kirchlichen Ritus (Art. 78) und Leichenschändung (Art. 79); 3. für Nötigung zur Vornahme oder Unterlassung religiöser Handlungen (Art. 80, 81); 4. für Veranlassung zur Apostasie vom Christentum (Art. 82) und von der Orthodoxie (Art. 83, 84), insbesondere von seiten christlicher Eltern und Vormünder, die ihre unter 14 Jahre alten Kinder nicht taufen und christlich erziehen oder, wenn sie rechtgläubig sind, sie einem anderen Tauf- oder sonstigen Ritus unterwerfen (Art. 88, 89); 5. gegen Geistliche nicht rechtgläubiger Gemeinschaften für religiöse Handlungen an Rechtgläubigen (Art. 93, 94); 6. gegen die Hinderung des Übertritts zur Orthodoxie (Art. 95); 7. gegen Zugehörigkeit zu „abergläubischen" Lehren (Art. 96); endlich 8. gegen jede Art gewaltsamer oder betrüglicher oder mit dem Versprechen von Vorteilen verknüpfter Abwendigmachung einer Person von ihrem Glauben.

noch von Beschwerden der Altgläubigen über Verstöße gegen das Toleranzedikt vom 17. April. Aber nach dem Oktobermanifest änderte sich das. Der Zar empfing altgläubige Deputationen, die Regierung und alle Parteien buhlten um ihre Gunst, auch die Zyniker des „Nowoje Wremja" fanden plötzlich Töne der höchsten Ehrfurcht vor diesen Hütern des „nationalsten" Glaubens. Manche Zeitungen („Sslowo") meinten sogar, man sollte sie zu den Beratungen über das orthodoxe Kirchenkonzil zuziehen. Ein Kongreß, alle Parteien der Altgläubigen einschließlich der „Priesterlosen" umfassend, fand statt[48]), es wurde eine eigene altgläubige Tageszeitung („Narodnaja Gasjeta") geschaffen, und obwohl der Kongreß die Unterstützung irgend eines Vertreters des „ancien régime" bei den Wahlen streng untersagte, zeigte sich doch alsbald eine Wendung im Verhalten der altgläubigen Bourgeoisie nach der „staatserhaltenden" Seite. Ein Teil der Altgläubigen hat hier und da sich dem „Bund des 17. Oktober" angeschlossen und später für ihn gestimmt (s[iehe] z. B. Now[oje] Wr[emja] 10779). Die zahlreichen Altgläubigen der Westprovinzen namentlich begannen sich nunmehr als Russen im Gegensatz zu den katholischen Polen und Litauern zu fühlen. Und zwar sind es gerade die ihrer Kirchenverfassung nach Radikalern, die „Priesterlosen", welche im Nordwesten im Kampf für ihre Nationalität stehen[49]). Ein altgläubiger Bauernkongreß wurde nach Moskau zusammenberufen, mit dem offenbaren Ziele, eine nicht radikale Bauernbewegung zu schaffen.

---

[48]) Der „Zweite allrussische Kongreß" der Altgläubigen am 2. u[nd] 3. Januar in Moskau stellte fest, daß die Altgläubigen den verschiedensten Parteien angehören, aber in folgenden Punkten einig seien: 1. Erhaltung der Einheit des Reichs; 2. Erhaltung der Monarchie in konstitutioneller Form; 3. Beseitigung aller ständischen Schranken; 4. Beseitigung der Herrschaft der Bureaukratie; 5. allgemeine Volksschule; 6. Landenteignung, soweit sie für die landlosen oder landarmen Bauern erforderlich ist, gegen gerechten Preis. Auf dem Kongreß waren *alle* Richtungen der Altgläubigen vertreten, Ritualisten mit Priestern, Priesterlose, Affiliierte der österreichischen Hierarchie usw. Die Bjelokrinizaer Organisation bildete jedoch unter den 200 Deputierten die entschiedene Mehrheit. Der gemäßigte Ritualismus und eine mittelparteiliche Stimmung überwogen. Sowohl einen Antrag zugunsten der „Selbstherrschaft", den ein Vertreter der Bjeglopopowzyje (der regelmäßig aus übergetretenen Priestern der Orthodoxie ihren Klerus rekrutierenden opportunistischen Schismatiker) einbrachte, wie einen äußerst „roten" Antrag eines „Priesterlosen" (welche naturgemäß die radikalsten sind), lehnte die Versammlung ab, anzuhören. – Inzwischen, Anfang Juni, ist das Schisma der "Okrushniki" (Anhänger des opportunistisch-patriotischen „Rundschreibens" von 1862 anläßlich des polnischen Aufstandes) und „Rasdorniki" (Intransigenten) auf einer Konferenz in Moskau beigelegt worden.

[49]) Sie hielten ihren Sonderkongreß in Wilna am 25. Januar ab, 500 Delegierte aus ganz Rußland, besonders aber aus dem Nordwestrayon, wurden vom Generalgouverneur begrüßt und beschwerten sich alsbald über die Zurücksetzung der russischen Nationalität in den Lokalverwaltungen, aber auch beim Bauernmanifest (der Erlaß der Loskaufzahlungen kam ihnen nicht zugute), verlangten russische Schulen und nationale Proportionalwahl, ferner Landzuweisung an die Landarmen, wie derzeit alle russischen Bauern, und vertieften sich alsdann in die für alle russischen Sektierer „ewig junge" Frage nach der Art der Eheeingehung: die bloße häusliche Segnung der Ehe wurde wiederum, wie schon so oft, verworfen und kirchliche Einsegnung gefordert (Bericht in „Now[oje] Wr[emja]" S. 13).

Man forderte Gelehrte verschiedener Parteien zu Vorträgen auf. Einem konstitutionell-demokratischen Gelehrten (Manuilow) wurde dabei die Bedingung auferlegt, von seiner Parteizugehörigkeit „keinen Gebrauch zu machen", – worauf er ablehnte (Russk[ija] Wjed[omosti] 36, S. 5). Aber der Bauernkongreß selbst geriet alsbald in das Fahrwasser der typischen Bauernforderungen, seine Resolutionen stellten sich in allen wesentlichen Punkten, einschließlich der Enteignung des privaten Grundbesitzes, auf den Boden des demokratischen Agrarprogramms[50]).

Der Ukas vom 14. März enttäuschte die Altgläubigen, trotz allen Entgegenkommens gerade gegen sie, tief, weil die „Religionsverbrechen" der Konversion und Propaganda bestehen blieben, und seinem Osterglückwunsch: „Christ ist erstanden" an den General Ignatiew fügte einer ihrer gesellschaftlich hervorragendsten Vertreter (Morosow) harte Worte über den noch immer bestehenden Glaubensdruck bei (s[iehe] Russk[ija] Wjed[omosti] 102, S. 2). Die Moskauer

---

[50]) Der Kongreß war angeregt durch den Vorsitzenden des „Rates der Altgläubigen" D. W. Ssirotkin. Er begann am 20. Februar mit 350 Teilnehmern aus allen Gebieten Rußlands und sollte speziell die Frage der *Landnot* beraten. Da dies bisher die einzige *nicht* von politischen Parteien beherrschte Beratung von Bauern über die Agrarfrage war, hat sie immerhin ein gewisses Interesse. (Eingehender Bericht D. Pestrzeckis im „Now[oje] Wr[emja]" 10784, 10785, außerdem in den „Russk[ija] Wjed[omosti]" Nr. 60 S. 3.) Das Bestehen der Landnot wurde, mit einer einzigen Ausnahme, bejaht. Die Einzelangaben über die Höhe des Ertrags (z. B. zweites bis drittes Korn bei Roggen, drittes bis viertes bei Kartoffeln im Bogardschen Kreise) standen mit den Angaben der Landschaften oft nicht im Einklang. Auch Bauern, die 10 Dessjätinen (1 Dessjätine = 1,1 ha) im Durchschnitt besaßen, verlangten Land. Die Bemerkungen der Wolokolamschen Bauern, daß sie durch Kleeanbau ihren Ertrag vervierfacht hätten, wurden mit „Schluß-(‚dowoljno'-)Rufen" unterbrochen. Die meisten hatten bestimmte, ihnen benachbarte Ländereien, so die des Fürsten Woronzow-Daschkow im Gouvernement Ssaratow, als Objekt im Auge; namentlich mit den anwesenden altgläubigen Kosaken erhob sich Streit: diese erkärten rundweg, daß „Auswärtige" von ihnen niemals Land erhalten würden, und es wurde so die für das ganze Landproblem entscheidendste Frage: ob die *örtliche* Bevölkerung auf das zu expropriierende Land eines gewissen Gebiets das Vorrecht haben solle oder wie sich Zusiedelnde und Ansässige teilen sollten, gestreift, – aber natürlich nicht entschieden. Der Kongreß wollte von „Übersiedlung" nichts wissen, nur im äußersten Notfall, wenn gar kein Land in der Nähe sei, sollte man dazu greifen. Die Expropriation sollte umfassen: Staats-, Apanage-, Kloster-, Kirchenländereien, das von Kleinbürgern, Kaufleuten und Großgrundbesitzern innegehabte Land. – Weiterhin fragte es sich: welche *Norm* sollte für die Größe des durch Expropriation zu ergänzenden Landesteiles (Nadjel) gelten? Die Mehrheit war für die Norm des Jahres 1861. Die Forderungen anderer schwankten zwischen 4 und 15 Dessjätinen *(pro ortsanwesende Seele!)*. Als „gerechten" Preis dachten sich die Bauern z.B. für das Ssaratowsche Gouvernement 50 Rubel pro Dessjätine als Maximum, die Bauernbank zahle 100% zu hoch. Für die Regulierung der Pachten wurde die unbefristete Pacht mit Festsetzung des Maximalpreises durch die Gerichte – nicht über 12% des Bodenpreises – gefordert; dabei sollte die Zwischenpacht und die Großpacht überhaupt verboten sein und 30 Dessjätinen das Maximum der Pachtparzelle darstellen. Im Gegensatz zu einem Teil der Referenten sprach sich die überwiegende Mehrzahl für die Obschtschina, unter Beseitigung der Gemengelage mit Privatbesitz, aus. Einstimmig wurde Reform des Semstwos im Sinne der Beseitigung der Begünstigung des Adels bei den Semstwowahlen und Abschaffung der Landhauptleute (Semskije Natshalniki) gefordert, ebenso möglichste Beseitigung aller indirekten Konsumsteuern.

Altgläubigen schickten alsbald eine Petition an die Duma wegen Abschaffung des Ukas, den, speziell Art. 90 der Ug[olownoje] Ul[oshenije] (Propaganda gegen die Orthodoxie durch Schriften, Abbildungen usw.), sie als einen Rückfall in die schlimmsten Zeiten der Verfolgung bezeichneten. Die Altgläubigen sind, alles in allem, heute eine kulturell und ökonomisch sehr stark differenzierte Schicht. In ihren untern Schichten finden sich noch immer Reste des Glaubens, daß der Antichrist die Welt regiere, und demgemäß absoluter Apolitismus, es findet sich, besonders breit, Ablehnung aller Gewalt gegen das „Übel", es finden sich kräftig individualistische Elemente und endlich, – entsprechend der kapitalistischen Befähigung, die das „Staroobrjadschestwo" mit den meisten Sekten teilt – heute eine stets wachsende *opportunistische* Oberschicht. Als dauernd sichere Stütze der Demokratie kommt der Raskol heute noch weit weniger in Betracht als in jener Zeit, wo Herzen an ihm seine Enttäuschungen erlebte.

Die Beziehungen zur *römisch-katholischen* Kirche in ihrer verwickelten Kasuistik kann ich hier im einzelnen nicht darlegen. Der staatlichen Regelung der Anstellungsbedingungen und dem Bestätigungsrecht des Staats hat sich die Kirche gefügt. Die Streitigkeiten betrafen in der letzten Zeit vor allem die Priesterseminare, speziell die russifikatorischen Zumutungen, welche seit dem Jahre 1895 in verschärfter Durchführung der Staatsaufsicht und einem staatlicherseits in Anspruch genommenen Prüfungsrechts in russischer Sprache und Geschichte, sowohl bei den Versetzungen als beim Abgang, sich geltend machten, nachdem im übrigen die Konvention mit der Kurie von 1882 dem Bischof weitgehende Freiheit in der Gestaltung der Seminare gelassen hatte. Die Kurie hatte hier im Jahre 1897 im Prinzip nachgegeben, 1900 aber hatte das Ministerium und der Warschauer Generalgouverneur die Vorschriften abermals verschärft, durch Inanspruchnahme des Rechts, staatlicherseits Themata für die schriftliche Prüfung zu bestimmen. Da die Bischöfe die Annahme dieser Themata verweigerten, hatte der Generalgouverneur alle Genehmigungen zur Anstellung von Kandidaten, die ohne Beachtung seiner Vorschriften geprüft waren, versagt. 1902 hatte der Staat, der entstandenen Erbitterung gegenüber, versucht entgegenzukommen und ein besonderes *staatliches* Examen *nach* der Seminarprüfung eingerichtet. Indessen zu diesem Examen hatten sich natürlich vollends keine Kandidaten gemeldet. Infolgedessen bestanden bis 1905 263 Vakanzen und waren 156 nicht anstellungsfähige Kleriker vorhanden. – Die früher zitierte Ministerialkonferenz schlug nunmehr die Abschaffung des staatlichen Kulturexamens und die Rückkehr zu dem Rechtszustande von vor 1902 vor. – Auch die scharfe Kloster- und Ordensgesetzgebung, welche im Jahre 1866 nach dem polnischen Aufstand einsetzte und in dem „West-Rayon" der 9 national gemischten Gouvernements zur völligen Untersagung aller Kongregationen außer einer einzigen, im Königreich Polen, 1874, zum Verbot der Vermehrung über den Stand von damals hinaus geführt hatte, war faktisch undurchführbar geblieben. Statt 731 waren 1871 Kongregationen vorhanden. Die Klöster allerdings waren im wörtlichen Sinne „auf den Aussterbeetat" gesetzt worden, und in der Tat existierten in Polen 1905 nur 5 Männer- und 8 Frauenklöster. Das Ministerium schlug nunmehr vor, diese zu erhalten und also ihnen die Aufnahme von Novizen zu gestatten. Nicht minder sollte für die Erbauung neuer Kirchen und die Errichtung neuer Parochien eine *gesetzliche* Norm an die Stelle der jetzt gänzlich der Willkür der Behörden anheimgestellten Erlaubnis dazu gesetzt werden[51]). Wie viel von diesen einer „besonderen Kommission" überwiesenen Direktiven inzwischen in geltendes Recht und, was in Rußland nicht dasselbe ist, geltende Praxis umgesetzt ist, ist mir zurzeit noch nicht bekannt. Die im Februar in der Presse angekündigten weiteren Vergünstigungen für die katholische Hierarchie: Beseitigung des Rechts des Generalgouverneurs zur Schließung von Klöstern, der Beschränkung der Prozessionen, des Gebrauches des Kreuzes, Erweiterung der Rechte des Bischofs bei Anstellung und (namentlich) Entlassung von Geistlichen, Erweiterung der Befugnisse dieser letzteren, namentlich auch in bezug auf Ausstellung von Legitimationspapieren usw. – sind mir bisher noch nicht zu Gesicht gekommen.

Jedenfalls hat trotz allen Entgegenkommens die Duma ihre, wenn auch sehr kleine „Zentrumspartei"[52]) mit dem Wilnaer Bischof Baron von Ropp an der Spitze, trotzdem der Generalgouverneur diesem, „nachdem er in Erfahrung gebracht habe, daß seine Tätigkeit der Politik der Regierung nicht entspreche", ein scharfes Verbot der Einmischung in die Wahlagitation zugehen ließ[53]). Baron Ropp wurde gewählt. Der Staat revanchiert sich durch eine – im Gegensatz zu der früheren, stets für die traditionelle Obrigkeit eintretenden Praxis stehende – offenbare Begünstigung der asketischen Sekte der *Mariaviten,* welche in Polen dem Klerus sehr zu schaffen macht und gegen die der Papst bisher nur in sehr vorsichtiger Form einzuschreiten gewagt hat, während in Polen blutige Kämpfe um die Kirchen tobten.

Was die *orthodoxe Kirche* selbst anlangt, so hatte das Reskript des Zaren vom 27. Dezember 1905 (10. Januar 1906) an den Metropoliten Antonij von Peters-

---

[51]) Diese Erleichterung kam natürlich auch der lutherischen Kirche zugute, von der im übrigen, da ihre „Behandlung" technisch die geringsten Schwierigkeiten macht, sonst fast niemals in dem Bericht die Rede ist.

[52]) Forderungen – außer der Durchführung der Freiheiten des Manifestes –: Teilungsverbot für Bauernhöfe, Beschaffung von Gelegenheit zu „billigem Landerwerb" für landarme Bauern, Sonntagsruhe, Arbeiterversicherung, Arbeiterwohnungsbeschaffung, Handwerkerverbände in Form von Unterstützungskassen, unentgeltlicher durchweg christlicher Schulunterricht usw. Selbstverständlich wurde freier Verkehr mit der Kurie, freie Verfügung über das kirchliche Eigentum und Wiedergabe des konfiszierten, volle „Freiheit der Kirche", Recht der Polen in ihrer Heimat zu dienen, gefordert, im übrigen aber die Einheit des Reiches unter Voraussetzung „breitester" Selbstverwaltung nicht angetastet. (Programmauszug in „Now[oje] Wr[emja]" 10733 S. 5). Die Partei nannte sich „konstitutionell katholische Partei für Litauen und Westrußland". Ihr „bürgerlicher" Charakter liegt zutage, besonders in der heute gänzlich „unbäuerlichen" Forderung des Teilungsverbots.

[53]) „Russk[ija] Wjed[omosti]" 17./2. S. 2.

burg[54]), den alten Gegner Pobjedonoszews im Heiligen Synod, welches die Vorbereitung der Einberufung eines „Ssobor" der orthodoxen Kirche anordnet, zunächst nur die weitläufigsten bureaukratischen Verhandlungen im Gefolge. Die erste Sitzung der für jene „Vorbereitung" bestimmten Kommission, zu welcher u. a. Dm. Chomjakow, Ssamarin, N. Akssakow von den Konservativen, Prof. Fürst E. Trubezkoj von den Liberalen zugezogen wurden, fand erst am 6. März statt. Alsbald schlug Ssamarin eine *Begrenzung* der Aufgaben des Konzils vor, was aber die Kommission ablehnte. Man bildete Sektionen für: 1. Kirchenverwaltungsreform, 2. Reform der Eparchialverwaltung, 3. die Gemeindeverfassung, 4. die kirchliche Gerichtsbarkeit, 5. die Angelegenheiten der Sektanten und Schismatiker, 6. Glauben und Kultus, 7. die kirchlichen Schulen. Die Nachricht, daß diese letzteren von der Kirche an die weltliche Schulbehörde abgetreten werden sollten, – wogegen sich alsbald Proteste von Familien der Schulstifter erhoben („Russk[ija] Wjed[omosti]" 62, 2), – ist bisher nicht bestätigt und unwahrscheinlich (vgl. „Now[oje] Wr[emja]" 10788, 3). Die Beratungen dieser Subkommissionen zogen sich bis Mitte Mai hin. Die Stimmung der Geistlichkeit draußen im Lande, bis in ziemlich hohe Kreise hinauf, blieb inzwischen widerspruchsvoll, teilweise kirchenpolitisch und, erst recht, politisch äußerst radikal. Dies gilt nicht nur für einen Teil der Popen, sondern erst recht für ihren Nachwuchs: die Seminaristen; bei ihnen überwog, wie bei den Studenten, das rein politische Interesse. Den Geistlichen Akademien war durch Verfügung des Heiligen Synod vom 26. Februar 1905 die „akademische Freiheit", d. h. das Recht der Rektorwahl und der eignen Bestimmung der Unterrichtsordnung, im Prinzip zugestanden. Fortgesetzte Studentenstreiks hatten aber immer wieder den Gang des akademischen Lebens unterbrochen. Nachdem Anfang Januar 1906 die Kurse in Gang gekommen waren, wurde die Verfügung durch Erlaß vom 25. Januar 1906, vorläufig bis Zusammentritt des Konzils, in Kraft gesetzt. Aber schon Mitte des Monats hatten die damals nur 60 Petersburger Studenten einen Sympathiestreik wegen der Relegation von 12 Kommilitonen in Kijew begonnen. Und so ging es nun weiter. Der Synod drohte Anfang Februar mit Relegation aller der Seminaristen, welche nach zweimaliger Aufforderung nicht die Studien aufnehmen würden. Nun kamen sie, aber nur um Politik zu treiben. Die Hinrichtung des Führers der Sewastopoler Meuterei, Leutnant Schmidt, beantworteten die Zöglinge der Petersburger Geistlichen Akademie mit einem Requiem für ihn, an dem auch der Rektor, Bischof Ssergjej von Jamburg, teilnahm, um sich so die Aufhebung des über ihn verhängten Boykotts zu erkaufen. Er erhielt dafür vom Synod einen strengen Verweis, („Russk[ija] Wjed[omosti]" 75, 2). Aber im März demonstrierten die Seminaristen wiederum, indem sie sich mit den politischen Gefangenen in dem unmittelbar benachbarten Gefängnis mit Flaggensignalen und Liedern in Verbindung setzten, ohne

---

[54]) Das Schreiben von 32 Petersburger Pfarrern, die zum großen Teil dem stark demokratischen „Bund der kirchlichen Erneuerung" angehörten, an diesen Prälaten hatte s. Z., März 1905, die Frage der Einberufung des Konzils ins Rollen gebracht, da der Metropolit sich in dieser Hinsicht alsbald auf ihre Seite gestellt hatte.

daß der Rektor es hindern konnte („Russk[ija] Wjed[omosti]" 89,3). Im Tomsker geistlichen Seminar setzten die jungen Leute durch, daß man für sie Kurse über Politik, Konstitutionalismus und dergl. einrichtete („Now[oje] Wr[emja]" 25. I., S. 3)[54a]. Zahlreich waren die Proteste von *Popen* gegen die Todesstrafe als widerchristlich. Die Orjolsche Geistlichkeit beschloß zwar, sich von demonstrativ politisch motivierten Totenmessen für Schmidt fernzuhalten, sich aber zu beteiligen, wo sie „aus christlicher Liebe" stattfänden. In Jarosslawlj mußten die oberen drei Klassen des Seminars durch den Synod geschlossen werden (28. März), da der Konflikt mit ihrem zum reaktionären „Bunde russischer Männer" gehörigen Jeromonach Iliodor nicht beigelegt werden konnte („Now[oje] Wr[emja]" 10790). In Charkow hatte die Relegation von 23 Zöglingen (Ende Februar) „chemische Obstruktion" zur Folge („Now[oje] Wr[emja]" 10762), und am 20. April mußte auch in Poltawa das Seminar wegen „Unordnungen" geschlossen werden. Ein Delegierten-Kongreß der Seminaristen von Petersburg, Moskau, Kijew, Kasanj beriet Anfang April über die infolge der prinzipiellen Gewährung der akademischen Freiheit zu verlangende Abänderung der Statuten: man verlangte, wie dies in Moskau schon geltendes Recht ist, die Ausschaltung der Eparchialgewalt (des Bischofs und Konsistoriums) und die Unterstellung der Seminare direkt unter den Synod; die Studenten machten sich zur Ausarbeitung des Statuts und Unterbreitung desselben an den Synod anheischig.

Aber nicht nur ein Teil der Popenschaft und die Mehrzahl der akademischen Jugend der Kirche rief – jede in ihrer Art – nach „Freiheit", auch die Sprache kirchlicher Würdenträger blieb wenigstens teilweise eine äußerst „liberale". Alte Gedanken des westeuropäischen Konziliarismus tauchen hier wieder auf. In einer Auseinandersetzung mit Professor Akwilonow im (gemäßigt-konservativen) „Sslowo" vertrat Bischof Antonin von Narwa die Ansicht[55]), daß *nur* eine konstitutionelle Regierung der Kirche göttlichen Rechtes sein *könne:* „göttliche Wahrheit könne nicht mit dem Verstand nur eines Individuums zusammenfallen," – das sei Paganismus – und die Frage der Konzilien sei daher keine Zweckmäßigkeitsfrage, sondern sie seien „mystisch notwendig" (näheres vgl. „Now[oje] Wr[emja]" 10762,3). Ähnlich äußerte sich Ssokolow von der geistlichen Akademie in Moskau über das Prinzip der Ssobornostj (Konziliarismus) („Now[oje] Wr[emja]" 10781,1). Beseitigung der bureaukratischen Knechtung der Kirche und „Ssobor-Prinzip" war das allgemeine Feldgeschrei. Im Beisein des Oberprokurors und Metropoliten sprach sich eine Versammlung der Peters-

---

[54a]) Auch zur Erzwingung der Aufnahme von „Philosophie" in den Lehrplan wurde mehrfach gestreikt.

[55]) Sie stimmt mit den Ansichten überein, welche der „Bund der kirchlichen Erneuerung" vertrat. Eine neuere Kundgebung aus seiner Mitte im „Rjetsch" stellt als Grundlage aller Ethik den Grundsatz: „Tue nicht, was du nicht willst, daß dir getan werde", auf und mißt daran – wie einst die Täufer – die Parteiprogramme. Sklavische Unterwerfung sei widerchristlich, nur der Rechtsstaat könne christlicher Staat sein. Demokraten und Sozialisten gehen zwar nicht von christlichen Prinzipien aus, vertreten aber de facto solche.

burger Geistlichkeit am 3. Februar, trotz der Bedenken wegen des möglichen Einflusses der Radikalen in den Gemeindeversammlungen, für die Umgestaltung der Gemeinden im parlamentarischen Sinne aus. In Moskau stellte der Metropolit im Januar die Bestätigung der Statuten von Kirchspiel-Komitees aus Geistlichen und Laien in Aussicht („N[owoje] Wr[emja]" 10719 S. 1), – dagegen wurden die Versammlungen und Verbände der Psalmsänger unterdrückt. In der heftigsten Weise stießen ferner die Konsistorialgewalten an den verschiedensten Orten (so in Smolensk, „Now[oje] Wr[emja]" 5. Jan. S. 5) mit dem wachsenden Selbstgefühl der mit der Verwaltung der Kircheneinkünfte betrauten Kirchenstarosten zusammen, wobei sich der Synod natürlich auf die Seite der kirchlichen Oberen stellte. Anders nicht selten die Popen. Die Eparchialsynode von Kursk sprach sich – ebenso wie so manche andere – ausdrücklich für den Ersatz des bischöflichen Konsistoriums durch einen gewählten Eparchialrat aus („N[owoje] Wr[emja]" 10734 S. 3). Der „Zerkownyj Wjestnik" brachte andererseits lebhafte Artikel gegen den Cäsaropapismus (7. Januar z. B.). Eine Kasaner „Pastorenversammlung" beriet ein Projekt der Professoren der dortigen Akademie und einiger Mitglieder des Konsistoriums, welches die Herstellung des Patriarchates, Stellung des Patriarchen als (lediglich) „primus inter pares", Wahl der Bischöfe und ihrer Räte, verlangt („N[owoje] Wr[emja]" 10744, 3). Die Verwaltung des Fürsten Oboljenskij als Oberprokuror des Heiligen Synod ließ diesen Dingen – soweit nicht direkte Disziplinwidrigkeiten oder politische Gründe zum Einschreiten zwangen – im ganzen ihren Lauf. Auch die Programme aller überhaupt in Betracht kommenden linken, mittleren oder rechten Parteien stimmten in dem Verlangen nach 1. Einschränkung der bureaukratischen Knechtung zugunsten des Wahl- und „Ssobor"-Prinzips, 2. *obligatorischer* – statt der jetzt nur gelegentlichen – Beteiligung der Laien an der Gemeindeverwaltung[56]), überein. Der „Zerkownyj Wjestnik" nahm den gleichen Standpunkt ein: er legte den Geistlichen ans Herz, vor allem ihre materielle Sicherstellung und die Beseitigung der unwürdigen Bettelei des Popen bei den Bauern zu betreiben[57]) und dann „volkstümliche Leute", keinesfalls aber Vertreter des „ancien régime", speziell der Bureaukratie, bei den Wahlen zu unterstützen. Das Ausscheiden des Oberprokurors aus dem Synod müsse durch den Eintritt gewählter Vertreter der Laien kompensiert werden: nur dann werde die Kirche wirklich frei von der Bureaukratie. Auch der im übrigen streng *konservative*

---

[56]) In *erster* Linie der *materiellen* Verwaltung. Es wird die materielle Grundlage auch der Eparchien wohl stark revidiert werden müssen. In Charkow z. B. werden alle Kirchen der Eparchie in 1–3 Klassen geteilt und haben je nach der Klassifikation 700, 500 oder 300 Rubel jährlich an die Eparchie abzuführen, daneben aber müssen sie ein ihre Bedürfnisse oft erheblich übersteigendes Quantum Kerzen aus der Kerzenfabrik der Eparchie beziehen. Dabei wird über die Buchführung selbst der Eparchie, vollends aber der Parochien, auf das bitterste geklagt (s[iehe] „Now[oje] Wr[emja]", 10819 S. 6).

[57]) Die Smolensker Geistlichkeit verlangte demgemäß: 36 Dessjätinen Kirchenhufe, 1000 Rubel für den Popen und 500 für den Psalmleser aus der Staatskasse („Now[oje] Wr[emja]", 13. Febr., S. 3). – Umgekehrt beschloß die Geistlichkeit des Balaschewschen Kreises, auf ihr Kirchenland zugunsten der Bauern zu verzichten („Prawo" 1906 S. 48).

Wahlerlaß des Heiligen Synod an die Geistlichen enthielt, bei aller Betonung der großen Bedeutung, welche das innige Bündnis mit dem Staat für die orthodoxe Kirche gehabt habe und habe, doch, in vorsichtiger Form, Vorbehalte gegenüber der allmächtigen Bureaukratie des alten Regimes[58]). Jedenfalls zeigt das alles, wie stark die Ablehnung des Cäsareopapismus in der Kirche ist. Im Synod selbst spielte der Oberprokuror offenbar eine gegenüber den bisherigen Gepflogenheiten höchst untergeordnete Rolle. Es wird sich zeigen müssen, inwiefern die mit dem Rücktritt des Ministeriums Witte zusammenfallende Entlassung Oboljenskijs und seine Ersetzung durch einen Beamten der Pobjedonosszewschen Schule[59]) dieser Entwicklung Halt gebieten wird. Der erste Schritt scharfer Reaktion ist wohl die Entlassung von 300 (!) Seminaristen der geistlichen Akademie in Petersburg (9 ganze Klassen von 11) wegen Fortbleibens vom Unterricht am 1. Mai. Aber von den Kijewer Seminaristen erhielt die Duma noch eins der stereotypen Begrüßungstelegramme („Russk[ija] Wj[edomosti]" 114, 3). Im übrigen war die orthodoxe Geistlichkeit, wie sich von selbst versteht, keineswegs einmütig oder auch nur überwiegend auf seiten des „neuen Kurses". Im Gegenteil: es ist wahrscheinlich, daß das quantitative Übergewicht in der Geistlichkeit sofort auf seiten der Reaktion sein würde[60]), sobald die materielle

---

[58]) Der Erlaß (Wortlaut z. B. im „Now[oje] Wr[emja]" 10751, 18. Februar, S. 1) verwirft die Gewalt als Mittel des politischen Kampfes und überhaupt die Verachtung der Staatsgewalt, fordert die Geistlichen auf, Gott zu bitten, daß er den Zaren erleuchte, gedenkt des Entschlusses des Zaren, dem Volk Gelegenheit zu geben, sich in „Frieden, Freiheit und Recht" an seiner Arbeit zu beteiligen, erwähnt die Bestrebungen „russischer Männer", sich zur Wahl in Verbände zusammenzuschließen und stellt dann fest, daß der „Pastor" als solcher zu *keiner* organisierten Partei gehören dürfe, daß er aber alles unterstützen solle, was für „Frieden, Liebe, Ordnung, den wahren Glauben, den rechtgläubigen Zaren, die Einheit des Vaterlandes" einträte, sich auch nicht durch die politischen Freiheitshoffnungen allzusehr in die weltlichen Angelegenheiten hineinziehen lassen solle; sonst sei er kein Geistlicher mehr. Dagegen soll er selbst von seinen staatsbürgerlichen Rechten Gebrauch machen und seine Herde jedenfalls davon abhalten, durch Verweigerung der Teilnahme an der Wahl Feinde des Zaren zu werden. Am Eingang des Schreibens war eingehend das Auftreten Philipps gegen Iwan den Schrecklichen erwähnt, als Beispiel dafür, daß die russische Kirche sehr wohl zuzeiten gewagt habe, der weltlichen Gewalt entgegenzutreten (vom Patriarchen Nikon und seinem Schicksal schweigt des Schreibers Vorsicht begreiflicherweise). – Deutlicher sprach sich der „Zerkownyj Wjestnik" (24./2.) dahin aus: Die Geistlichen sollten sowohl die Ansicht des Archierej Prokopowitsch, welcher die Selbstherrschaft, wie diejenige des Bischofs Antonin, welcher die Konstitution als *göttliches Recht* bezeichnete, ablehnen und sich darüber entscheiden, ob sie für das Wohl der *Kirche* die Herrschaft des orthodoxen Zaren oder eine aus Polen, Lutheranern, Armeniern, Mohammedanern, mit der jüdischen Intelligenz an der Spitze, zusammengesetzte Parteimajorität für ersprießlicher hielten.

[59]) Ssamarin hatte das Angebot der Würde abgelehnt.

[60]) Der Rektor des Seminars von Kostroma, ein Heißsporn der Reaktion, sprach in öffentlicher Rede die Ansicht aus, daß 1. Abfall von der Orthodoxie die Todesstrafe verdiene, 2. das Toleranzversprechen gegen das Kirchenrecht sei, 3. die bürgerliche Gewalt, sobald sie in die Rechte der Kirche eingriffe, ihre Sphäre überschreite und ihre Gesetze insoweit nichtig seien. („Prawo" 1906, S. 735). – Ob etwas darauf erfolgte[,] ist mir unbekannt. Dagegen wurde der Igumen Arssenij, der von der Kanzel das Anathem gegen alle „Intelligenz" verkündet hatte, in ein Kloster am Weißen Meer verschickt.

Stellung der Popen gebessert und – was freilich schwierig genug sein würde – ihre erniedrigende Lage gegenüber den die Kirche beherrschenden Zölibatären[61]) geändert würde. Schon jetzt war die Haltung der Popen in den Westprovinzen, wo sie sich im Kampf mit den Katholiken befanden, erzreaktionär[62]). Selbst mit Gewalt isolierten sie die unter ihrem Druck gewählten analphabetischen Wahlmänner der podolischen und wolhynischen Bauern an den Wahltagen von denen der städtischen Wahlmänner, brachten sie in einem Gouvernement zu diesem Zweck in einem Kloster unter, ließen sie eidlich geloben, keine Demokraten zu wählen[,] und setzten dort wirklich die Wahl nur von konservativen Gutsbesitzern und absolut schreibunkundigen Bauern in die Duma durch[63]). In Moskau verlangten Eparchialversammlungen ein Einschreiten gegen den populären Popen Petrow wegen seiner erfolgreichen Publizistik in seiner „Prawda Boshija": der Oberprokuror Fürst Oboljenskij lehnte es ab. Die Beschlüsse der Woronesher Eparchialversammlung („R[usskija] Wj[edomosti]" 14./2.): außerhalb der Parteien zu stehen, aber für die Ausführung des Manifestes vom 17. Oktober einzutreten, dürfte dem Durchschnitt der *offiziellen* Stellungnahme entsprechen. In den östlichen und südlichen, auch großen Teilen der zentralen Gebiete, war allerdings die Popenschaft sehr oft entschieden liberal oder demokratisch[64]). Die Bischöfe verhielten sich verschieden, aber auch die liberalen unter ihnen mußten gegen die Unterzeichner von Protesten gegen die Todesstrafe einschreiten[65]). Die Polizei sprang anfangs mit den radikalen Popen rücksichtslos genug um; erst auf Einschreiten des Synods erfolgte ein Erlaß des Ministers des Innern[66]), welcher den Behörden anbefahl, Arretierungen von Geistlichen –

---

[61]) Es wurde in dieser Hinsicht als ein Novum begrüßt, daß der Synod den Bischof von Ssaratow anläßlich eines Streitfalles in scharfer Form anwies, „sich bei der Leitung und namentlich bei der Entlassung der Kirchenbediensteten nicht von seinen persönlichen Wünschen und Belieben leiten zu lassen".

[62]) Auch im Gouvernement Nischnij-Nowgorod trieben einzelne Popen den Kampf gegen die Steuerobstruktion der Revolutionäre so weit, daß ein Pope die Taufe des Kindes eines Bauern verweigerte, weil der Bauer mit 40 Kopeken im Rückstand war. („Russk[ija] Wj[edomosti]" 89, 3.) Aber auch die Bauern waren zuweilen aufsässig. Ein im „Now[oje] Wr[emja]" 10707 S. 13 abgedruckter „Prigowor" von 155 Bauern der Jekaterinoslawschen Eparchie verlangte die Absetzung des Popen wegen (eingehend spezifizierten) lieblosen Verhaltens gegen die Gemeindemitglieder.

[63]) Eingehend über die Technik des geistlichen Wählerfangs auch: „Russk[ija] Wj[edomosti]" Nr. 89, 3.

[64]) „Russk[ija] Wj[edomosti]", 9. Jan., S. 2: Versammlung von Popen im Ssaratowschen Gouvernement mit der Forderung: Allgemeines Wahlrecht, Beseitigung der Stände, Toleranz, „Landmanifest". Die Geistlichkeit von Jalta, welche äußerst scharfe Resolutionen gegen die soziale Untätigkeit des Kirchenregimentes faßte („Prawo" Nr. 8 S. 709), geriet in scharfen Konflikt mit dem Bischof, in dem sie jedoch schließlich nachgeben mußte („Now[oje] Wr[emja]" 10748 S. 3). Die Geistlichkeit in Woronesch sprach sich in ihrer Synode für die „Befreiungsbewegung" aus: „wo so viele Opfer fallen, müssen die Hirten rufen: ,hier ist Christus.'" („Prawo" S. 738).

[65]) Absetzung von fünf Geistlichen in Charkow dieserhalb: „Russk[ija] Wj[edomosti]" 20./1.

[66]) Abgedruckt im „Prawo" Nr. 14 S. 1287.

welche immerhin ziemlich häufig erfolgten⁶⁷) – nur dann vorzunehmen, wenn die kanonischen Maßregeln des Bischofs fruchtlos geblieben seien[,] und dann nur gemäß den Anordnungen der oberen Verwaltungsbehörde, nicht der unteren Polizeiorgane, und in schonender Form, da es in anbetracht der Zeitumstände nötig sei, die Autorität der Geistlichen und ihren Einfluß „besonders auf die dumme (sic!) bäuerliche Bevölkerung" zu unterstützen. – Hier finden wir also Kirche und Bureaukratie in schönster Eintracht.

Die entscheidende Frage ist eben, wie weit denn die Kirche selbst die Loslösung von den immerhin zugleich auch sie tragenden Fesseln der Bureaukratie zu fordern schließlich den Mut haben wird, namentlich die Bischöfe, gegen deren Autorität von unten das „Gemeindeprinzip" mächtig anstürmt. Die Frage, wie sie sich zu diesem letzteren Gedanken stellen, hat schon jetzt ihre ziemlich deutliche Antwort gefunden. Am 4. Mai kam die erste und wichtigste Frage: nach der Zusammensetzung des „Ssobor" in Moskau im September vor das Plenum der Vorbereitungsversammlung. Die Beschlüsse der mit der Vorberatung betrauten ersten Abteilung lauteten bezüglich der Zulassung von Priestern und Laien neben den Bischöfen zum Konzil mit einer Mehrheit von 12 gegen 7 auf Beschränkung der Priester und Laien auf lediglich *beratende* Stimme, mit 10 gegen 7 Stimmen auf Teilnahme derselben *nur* an den Arbeiten der Kommissionen, nicht an den allgemeinen Versammlungen des Konzils. In dieser Eigenschaft sollten aus jeder Eparchie 2 Priester, 2 Laien, 1 Fachtheologe und 1 Mönch zum Ssobor geladen werden. Bezüglich der Art der Wahl hatten sich 9 Mitglieder für direkte, 10 für dreistufig indirekte Wahl (von den Kirchspielen an aufsteigend) ausgesprochen, ferner war die nächst der Frage der beschließenden Stimme wichtigste: ob freie oder durch den Bischof der Eparchie zu bestätigende Wahlen, mit einer Stimme Mehrheit und zwar in einem durch den vorsitzenden Bischof verfälschten Abstimmungsverfahren⁶⁸) zu gunsten des Bestätigungsrechtes des Bischofs entschieden worden⁶⁸ᵃ). Das Präsidium[,] schlugen 9 Stimmen vor, dem Metropoliten von Petersburg zu übertragen, 7 dem Heiligen Synod in der Person seines Rangältesten, 1 dem vom Konzil zu Bestimmenden. Ungezählte persönliche Kabalen verbergen sich natürlich in diesen, wie in allen Abstimmungen derartiger hierarchischer Körperschaften. Die *Patriarchen*-Frage wurde in der Sitzung vom 3. Juni nach langem Streit, ob er „Vorsitzender" (predsjedatel) oder „Vorstand" (predstojatel) sein solle, im episkopalistischen Sinne entschieden: Der Patriarch soll nur *Exekutiv*beamter sein und untersteht der Jurisdiktion des Konzils. Der Oberprokuror und das jus circa sacra des Zaren sollen *fortbestehen,* nur soll die Geschäftsführung an den Synod jetzt auch effektiv übergehen.

---

⁶⁷) Vgl. z. B. „Russk[ija] Wj[edomosti]", 1. Februar, S. 3.

⁶⁸) Näheres über die angewandten Kniffe s[iehe] „Now[oje] Wr[emja]" 10828. Der Kampf war ein äußerst hartnäckiger gewesen.

⁶⁸ᵃ) Ganz konsequenterweise. Ssamarin hob mit Recht hervor, daß der *Bischof* das prius gegenüber der Gemeinde sei. Döllingers bekannter historischer Irrtum ist auch auf dem Boden des orientalischen Katholizismus nicht haltbar.

Man kann nach diesen Proben schon jetzt voraussehen, was aus der „Kirchenreform" unter diesen Händen werden wird, und wenn die bürgerlichen Zeitungen („Nowoje Wremja" usw.) drohen: „die Gesellschaft" werde wissen, woran sie sei, so wird dies die hierarchischen Interessenten wenig schrecken: die „Gesellschaft" kann ihnen ziemlich gleichgültig sein. Es fragt sich für sie, wie ihre Position unter den *Bauern* sich auf die Dauer gestalten wird, und das weiß heute niemand.

Das alles ist nichts Erstaunliches. Einen archimedischen Punkt außerhalb der Staatssphäre, in Gestalt eines Papstes, hat die Kirche nicht und wird ihn auch nicht bekommen. Vor die Wahl aber gestellt zwischen der durch die „Ssobornostj" zu schaffenden Abhängigkeit „nach unten" und der Abhängigkeit „von oben", wird die Hierarchie nicht zweifeln, was – von ihrem Interessenstandpunkt aus – vorzuziehen sei, oder vielmehr, sie ist sich schon klar darüber. Das etwaige Wiedererstehen des Patriarchen wird nur bedeuten, daß Rußland, welches bisher nur Superstition und – hier und da – intensive religiöse Gefühlsinhalte auf der einen Seite, hierarchische Bureaukratie auf der andern kannte, jetzt ein neues Spezifikum des Westens importiert: den höfischen „Klerikalismus".

3. Das Toleranzedikt hatte (Nr. 14) den Grundsatz des Religionsunterrichtes in der *Muttersprache* durch Geistliche der betreffenden Gemeinschaft und, in Ermangelung solcher, durch weltliche Lehrer aus derselben aufgestellt. Schon das Dezemberedikt von 1904 hatte eine Durchsicht der Sprachengesetzgebung in Aussicht gestellt. Dieser Beginn einer generellen Revision der Sprachengesetzgebung hat von allen Versprechungen die weitestgehenden Schritte nach sich gezogen. Am 1. Mai 1905 wurde das Ministerialgutachten, betreffend den Gebrauch der litauischen und polnischen Sprache für den „West-Rayon" (die neun Gouvernements Weiß- und Kleinrußlands und der polnisch-russischen Grenzgebiete) im inneren Verkehr privater Gesellschaften, ausgenommen in den der behördlichen Kontrolle unterliegenden Buchungen und Protokollen genehmigt, und ihre Freigabe als Unterrichts*objekt* (nicht: Unterrichts*sprache*) in den zweiklassigen und höheren Schulen verfügt. Im Laufe der ersten Monate des Jahres 1906 ist generell die Einführung des Polnischen als Unterrichtssprache im „Zartum Polen", des Deutschen und der übrigen örtlichen Sprachen (außer für russische Geographie, Geschichte und Literatur) für die lediglich aus *Privat*mitteln[69]) unterhaltenen Schulen der baltischen Provinzen und ebenso des Litauischen erfolgt.

Da von den *nationalen* Problemen bei früherer Gelegenheit eingehender die Rede war, mag auf diese Sprachenprobleme, die ja zurzeit noch im Fluß sind, nicht weiter eingegangen werden; es sei hier nur kurz auf die *faktische* Gestaltung der nationalen Beziehungen, soweit die russische hauptstädtische Presse

---

[69]) Anfänglich war die Fassung eine weitere, die Gewährung von Gemeindezuschüssen an derartige Schulen nicht ausschließende. Die deutschfeindliche Polemik (namentlich des „Now[oje] Wr[emja]") hat offenbar auf den Reichsrat eingewirkt. S[iehe] Protokoll „Now[oje] Wr[emja]" 10787, 2.

davon etwas erkennen läßt, hingewiesen. Nach Wiederbeginn des geordneten Eisenbahnverkehrs klagten die russischen Blätter – und wahrscheinlich nicht ohne Grund[70]) – alsbald darüber, daß die Polen im Westrayon die russischen Arbeiter und Stationsbeamten entweder durchprügelten oder durch unauffälligen, aber unzweifelhaften Boykott verdrängten. Nicht nur die polnischen Gutsbesitzer wurden systematischer Konversionsversuche an rechtgläubigen Bauern unter nationalen Gesichtspunkten geziehen, sondern es wurde auch behauptet, daß die Eisenbahnarbeiter in den Grenzgebieten nach Polen hin Bekenntnis zum Katholizismus, eventuell also Austritt aus der orthodoxen Kirche, als Bedingung der Zulassung zu ihren Organisationen forderten („Now[oje] Wr[emja]" 29./1. S. 6), und in den mittelparteilichen Blättern („Nowoje Wremja" u. dergl.) erhob sich ein ununterbrochenes Gezeter über die Art, wie von der Regierung aus, infolgedessen auch von der örtlichen „fremdvölkischen" Gesellschaft[,] über die russische Bauernschaft des West-„Krajs" zur Tagesordnung übergegangen werde[71]). Von dem Verhalten der Altgläubigen ist schon die Rede gewesen. Anderseits ist bekannt geworden, daß der Minister des Innern nicht nur auf die Entfernung der jüdischen, sondern auch, in etwas weniger bestimmter Form, der katholischen Arbeiter aus dem Eisenbahndienst gedrängt hat. Der latente ökonomische Kampf der Nationalitäten nahm also an Kraft nicht ab, sondern zu.

Es sei auch vorgreifend bei dieser Gelegenheit die nationalpolitische Seite der *Wahlen* gleich mit erledigt. Die Wahlpolitik der Regierung in *nationaler* Hinsicht war keine einheitliche und sich gleichbleibende. Das Wahlgesetz kennt – außer in Mittelasien und in den südöstlichen Gebieten des „Zartum Polen", wo man den Russen nationale Sondervertretung durch je einen eigenen Abgeordneten gegeben hat – prinzipiell nationale Unterschiede *nicht,* aber die später zu besprechende Verteilung der Wahlmänner auf einzelne Klassen und Stände hat selbstverständlich nationale Konsequenzen. Verhältnismäßig einfach lagen in dieser Hinsicht die Verhältnisse in Polen und den Ostseeprovinzen. In Polen hatte man nur zwischen mehreren spezifisch polnischen Parteien, den Juden, den Sozialdemokraten und den (stark jüdisch durchsetzten) Sozialrevolutionären die Wahl. Die Begünstigung des großen Grundbesitzes und der Boykott der Wahl durch die äußerste Linke hatte hier das Ergebnis, daß von 33 Abgeordneten Polens 30 strikte Nationalisten („nationale Demokraten", d. h. bedingungslose Anhänger der *alsbaldigen* Autonomie mit eignem Landtag) gewählt wurden, – ein Ergebnis, welches von der Petersburger Bourgeoispresse („Nowoje Wremja") in ihrem Haß gegen die dezentralistische Demokratie als ein Bekenntnis gegen den Kosmopolitismus mit Jubel begrüßt wurde. In den Ostseeprovinzen war klar, daß die Bauern national-lettisch bzw. esthnisch wählen würden, die Grundbesitzerkurie aber deutsch. Nach dem Bulyginschen Zensus-Wahlgesetz hätten die Städte sicher zugunsten der Deutschen gestimmt, das Wahlgesetz vom 11. De-

---

[70]) Vgl. z. B. „Now[oje] Wr[emja]" 10711 S. 3.

[71]) Es bildete sich ein besonderer „Verein gegen die Verdrängung der Russen aus den Grenzländern". „Now[oje] Wr[emja]". 2. Febr., S. 1.

zember war ihnen viel ungünstiger. Vergebens suchte die baltisch-konstitutionelle (deutsche) Partei das lettische Bürgertum auf ihre Seite zu ziehen. Nur eine verschwindend kleine Gruppe spezifischer Bourgeoisie stimmte mit dieser, dem russischen „Bunde des 17. Oktober" entsprechenden Partei. Nachdem ein Kartell der lettischen und esthnischen Parteien (Bürgerlichen und Radikalen) mit den Juden *und Russen* zustande gekommen war, wählten die Städte ohne Ausnahme, auch Riga infolge des numerischen Übergewichts der Vorstädte, antideutsch, und das Resultat war mithin, daß *kein einziger* Deutscher aus den baltischen Provinzen in die Duma kam. Von den gewählten Esten und Letten gehört ein Teil (darunter die Vertreter von Riga) der „bürgerlichen" Richtung, die Mehrzahl aber der Demokratie an. Komplizierter war die Lage in dem „West-Kraj" (den neun Gouvernements: Kowno, Grodno, Minsk, Witebsk, Wilna, Podolien, Wolhynien, Kijew, Poltawa), in dem die Mischung von Litauern, Polen, Weißrussen, altgläubigen und rechtgläubigen Großrussen, endlich Kleinrussen, die kompliziertesten Russifikationskünste und die erbarmungsloseste Unterdrückung, namentlich der literarisch hochentwickelten kleinrussischen, aber auch der literarisch noch ganz unentwickelten weißrussischen Sprache, gezeigt hatte, die Semstwo-Institution *fehlt,* das Analphabetentum infolgedessen, im Verhältnis zu Großrußland, geradezu erschreckend ist und die „herrschende" Klasse auf dem Lande von den – durch das Verbot alles neuen polnischen Grunderwerbs allmählich zu gunsten der Russen zurückgedrängten – polnischen Grundbesitzern gestellt wird, in den Städten aber die Juden vielfach die absolute Mehrheit, überall, auch in Kijew, ein sehr einflußreiches Element bilden. Der russischen Politik galt[72]) seit Anfang 1905 die Grundbesitzerklasse, einschließlich der Polen, als das zuverlässigste Element[73]). Mithin wurde sie bei der Verteilung der Wahlmänner unter die Klassen überall begünstigt. Zugleich gestattete das Fehlen der Selbstverwaltungskörper hier die rücksichtsloseste Wahlkorruption. Das Resultat war ein im Verhältnis zu ihrer Zahl ganz unverhältnismäßiger Erfolg der Polen und der „konstitutionell-katholischen Partei" des Wilnaer Bischofs von Ropp, ein leidlicher Erfolg der Litauer, ein fast gänzliches Ausfallen der Vertretung der Weißrussen, Altgläubigen und Orthodoxen in der nördlichen Hälfte des „Kraj", Sieg des Zionismus in der Stadt Minsk, der Demokratie und der mit ihr verbundenen jüdischen Intelligenz (Dr. Jollos von den „Russk[ija] Wjed[omosti]") in Poltawa, anderseits Sieg der extremsten, analphabetischen Bauern-Reaktionäre unter Führung der Popen in Wolhynien, – also ein buntes, durch die tollsten Wahlkabalen hergestelltes Zufallsergebnis –, im Süden (Kleinrußland) dagegen zwar eine relativ etwas schwächere Vertretung des – im Gegensatz zu den Tendenzen der ruthenischen Separatisten, aber in Übereinstimmung mit den Ansichten der Anhänger Dragomanows – fast ganz in der russischen Demokratie aufgegangenen ukraini-

---

[72]) Vgl. die in diesem Archiv Bd. XII S. 259 Anm. 22a im Auszug wiedergegebene Ministerialdenkschrift.
[73]) Auch in den Städten (Schitomir, Mohilew) wurden Polen als Bürgermeister bestätigt.

schen Nationalismus[73a]), aber dafür, trotz allem, der fast völlige Triumph der Demokratie in Kijew und Poltawa, wie später zu erwähnen sein wird. In Südrußland haben die Deutschen (Kolonisten) immerhin 4 Kandidaten in die Duma gebracht, dank ihrer vorzüglichen Wahldisziplin und der Indifferenz der russischen privaten kleinen Grundbesitzer dort. Die nationalen Verhältnisse des Kaukasusgebietes, in welchem die Regierung den wilden Kämpfen der Tataren und Armenier, unter Begünstigung der ersteren, als tertius gaudens zusah, – ebenso wie die Türkei – und Zentralasiens interessieren uns hier nicht, da ihre Entwirrung weit eingehendere Auseinandersetzungen erforderte, als hier gegeben werden können. Die „muselmännische Partei", die sich auf einem Kongreß in Petersburg im Januar nach endlosen Schikanen der Regierung konstituiert hatte und wesentlich religiöse Autonomie fordert, dürfte (einschließlich der zurzeit noch schwebenden Wahlen) etwa 10 Abgeordnete in der Duma haben, sie hat sich („Russk[ija] Wjed[omosti]" 28./1.) der konstitutionell-demokratischen Partei assoziiert[74]), ebenso wie die Kirgisen, denen, wie den Kalmücken, je 1 Abgeordneter gesetzlich zugebilligt ist.

In schreiendem Widerspruch zu ihrer Gleichstellung im Wahlrecht steht und ist bisher geblieben die rechtliche Lage der *Juden*. Sie brachten in die Duma, und zwar infolge des Wahlboykotts der jüdischen Sozialrevolutionäre[,] 11 (oder 12) jüdische nationalistische Abgeordnete und eine Anzahl von Mitgliedern (darunter Führer wie Winawer, Jollos usw.) der Demokratie, mit der sie gemeinsam, z.B. auch in der Stadt Kischinew (Bessarabien) siegten, wie sie denn überhaupt überall in den Städten, oft ausschlaggebend, in die Wagschale der Opposition fielen, da sich ihre breiten kleinbürgerlichen Schichten an die Boykottparole der äußersten Linken nicht banden und sie durchweg von alters her brillant organisiert waren. Es wird sich hoffentlich Gelegenheit bieten, auf das Stück entlegensten Mittelalters, welches die russische Ghetto-Gesetzgebung noch jetzt bildet, demnächst in dieser Zeitschrift speziell zurückzukommen. Hier sei nur konstatiert, daß, aller jener Versprechungen, die zur Beruhigung des Auslands, namentlich der Amerikaner, von Witte gemacht wurden, ungeachtet, bisher *lediglich* gewisse Erleichterungen der Zulassung zu den Universitäten konzediert worden sind, solche zwar, die, nach der eigenen Ansicht des Reichsrats, deshalb ganz „unschädlich" waren, weil ja die Kontingentierung des Maximums der Zulassung zu den Unterrichtsanstalten, die für die Universität *vorbereiten,* auch weiterhin in Kraft geblieben ist. Eine Milderung auch der Zulassungsbedingungen für die Mittelschulen wurde letzthin in der Presse angekündigt. Das Problem des Schicksals dieser zwischen 5 und 6 Millionen Menschen könnte im übrigen im Rahmen dieser Skizze durch keine Worte hinlänglich in seinem fürchterlichen Ernst geschildert werden.

[73a]) Immerhin sitzen über 60 Kleinrussen in der Duma. Ihr „Klub" zerfiel jedoch bald, indem ein Teil sich der radikalen „trudowaja Gruppe" anschloß.

[74]) Obwohl übrigens auch die Konservativen sich an sie herangemacht hatten („Now[oje] Wr[emja]", 2. Februar, S. 2). – In Kasanj erschien, wohl zuerst, eine tatarische liberale Zeitung (Anfang Februar), seitdem auch anderwärts.

4. Die *akademische Freiheit* in dem vierfachen Sinn: Universitätsautonomie, Lehrfreiheit, Lernfreiheit, Freiheit der studentischen Lebensformen, spielt zwar in der Bewegung der letzten 20 Jahre eine gewaltige Rolle. Aber es ist deutlich zu erkennen, daß das eigentlich „Akademische" daran jedenfalls vor dem großen Studentenstreik vom Jahre 1899, der gegen das, in diesem Falle ohne jeden Grund, erfolgte polizeiliche Prügeln friedlicher Studenten (denen die Polizei Demonstrationsabsichten zutraute) protestierte[75]), eine bedeutendere Rolle spielte als nachher. Denn mit Fragen der „akademischen Freiheit" im deutschen Sinne des Wortes standen seitdem diese nunmehr jahraus jahrein auftretenden Unruhen nur noch in indirekter loser Beziehung. – Den russischen Universitäten war durch Alexander III. 1884 die bis dahin unbestritten ihnen – vorbehaltlich, wie bei uns, der regelmäßig rein formalen Bestätigung durch das Ministerium – zustehende Wahl des Rektors durch die Gesamtheit der Professoren, der Dekane durch die Fakultäten genommen worden: die akademischen Funktionäre wurden *ernannt,* das bis dahin bestehende akademische, aus gewählten Professoren bestehende Gericht wurde beseitigt zugunsten einer aus den ernannten Würdenträgern (Rektor, Dekan) mit Zuziehung des ebenfalls ernannten und nicht mehr wie bisher dem Rektor, sondern dem staatlichen Kurator unterstellten „Inspektor", bestehenden Behörde. De facto also wurde auch das bis dahin obligatorische förmliche gerichtliche Verfahren beseitigt zugunsten rein administrativer Verfügungen, nach Analogie der „Verschickungen auf administrativem Wege". Der „Inspektor der Studenten" wurde zugleich Richter, Staatsanwalt und Chef der Detektivabteilung der Universität, ihm standen die Pedelle zur Verfügung und mit Hilfe von deren Angaben fertigte er die dem Kurator einzureichenden Listen von unzuverlässigen Studenten an, die alsdann vom Kurator in administrativem Wege weiter „behandelt" wurden. Die Lehrstuhlbesetzung wurde bis gegen Ende des Jahrhunderts – im Gegensatz zu dem bis 1884 ausnahmslos geltenden Vorschlagsrecht – durch einseitige Ernennung vollzogen, der Studienplan von der Regierung reglementiert, auch ganz formelle Eingriffe in die Lehrfreiheit durch Vorschrift eines bestimmten „russischen Geistes" der Vorlesungen immer wieder versucht. Diese Vorgänge diskreditierten das Professorenkollegium auf das schwerste bei der Studentenschaft, – aber weit weniger dies, als die Unterbindung jedes korporativen Lebens der Studenten bildete den Ausgangspunkt der unerhört mächtigen und erfolgreichen Revolutionierung der Universitäten. Studentenvereine und überhaupt jede Handlung korporativen Charakters galten nach dem Ministerialreglement von 1885 als schlechthin verboten. Selbstverständlich entstanden sie trotzdem, da bei den ungeheuren Dimensionen des Reichs und der Armut der meisten Studenten schon rein materielle Notwendigkeiten neben Hilfskassen, Krankenkassen, Auskunftsstellen aller Art vor allem den persönlichen Anschluß und Zusammenschluß der in eine ihnen wildfremde Welt versetzten Einzelnen hier

---

[75]) Der Streik von 1901, der ebenfalls alle russischen Universitäten ergriff, war die Folge davon, daß 150 Studenten wegen Teilnahme an verbotenen Vereinen in die Disziplinarbataillone gesteckt wurden.

wie überall unumgänglich machte und selbstredend das an sich unzuverlässige und überdies mit der Rolle der politischen Polizei betraute *offizielle* Unterstützungswesen von Studenten, die ihre Selbstachtung bewahrten, so viel wie möglich gemieden wurde[76]). Die so entstandenen „Landsmannschaften" gerieten schon in den achtziger Jahren ganz unvermeidlich in die Bahn der *geheimen* Verbindung, da die offene verboten oder an ganz unwürdige Bedingungen geknüpft war. Ende 1896 umfaßte der „Bundesrat" der Moskauer Universität nach offiziellen Angaben[77]) fast die Hälfte der dortigen Studentenschaft. Nachdem alsdann eine Technik des geheimen Verkehrs zwischen den einzelnen Universitäten, geheime Verbandsorgane usw. geschaffen waren, war – allen Einzeleingriffen, Verhaftungen usw. der Behörden zum Trotz – die Unterdrückung dieser illegalen Studenten-Autonomie zu einer physischen Unmöglichkeit geworden, wie die Erfahrung zeigte. Die Verbände terrorisierten vielmehr ihrerseits die Universitäten, bewachten jeden ihnen mißliebigen Schritt der Professoren, erteilten ihnen – oft in optima forma im Auditorium – Rügen, sistierten den Unterricht, ohne daß irgendein Mittel, ihre Macht zu brechen, zu finden gewesen wäre. Die Regierung begann nun etwas nachzulassen, stellte das Professorengericht wieder her[78]), besetzte die Stellen wieder auf Grund von Vorschlägen, – allein es war zu spät. Die Professoren lehnten die Funktion als politischer Gerichtshof ab, die ihnen denn auch bald, unter Beschränkung auf die disziplinäre Seite der Sache, wieder abgenommen wurde. Und was die Studenten anlangt, so hatte nunmehr bereits die Neuorganisation der radikalen russischen Parteien begonnen und zog die geheimen Studentenverbände mit in sich hinein. Sie lösten sich seitdem vom Boden der speziell akademischen Interessen zunehmend ab, Konzessionen auf dem Gebiet der „akademischen Freiheit" *allein* waren es nicht mehr, die sie befriedigen konnten, jede solche galt eher als Zeichen der „Schwäche" der Regierung und als Etappe im politischen Kampf. Vergebens suchte Wannowski während seines kurzen Regimes durch die Erlaubnis, Versammlungen der einzelnen Jahreskurse unter Assistenz von Professoren abzuhalten, entgegenzukommen. Auch die von ihm verweigerte Befriedigung der Forderung, „Generalversammlungen" *aller* Studenten abzuhalten, hätte den Frieden nicht hergestellt, denn die Studenten beanspruchten in den letzten Jahren das „Versammlungsrecht" in der Universität nur noch, um hier ein Asyl polizeilich unangreifbarer *politischer* Versammlungen unter Beteiligung auch von *Nicht*-Studenten im Dienst der universellen Befreiungsbewegung veranstalten zu können. Alle denkbaren Mittel wurden dagegen in Bewegung gesetzt, aber vergebens: das akademische Leben konnte überhaupt nicht mehr seinen Gang gehen, ohne daß die Auditorien Stätten politischer Demonstrationen wurden. Von einer Autorität des Professorenkollegiums gegenüber

---

[76]) Vgl. für das Folgende Fürst E. Trubezkojs Artikel „Die Universitätsfrage" in dem Sammelwerk: „Russen über Rußland", – wohl der zur sachlichen Orientierung wertvollste Bestandteil dieses Buches.
[77]) Zitiert a.a.O.
[78]) Reglement vom 27. August 1902.

den Studenten war, sobald es hier Schranken zu schaffen suchte, keine Rede mehr. Seit dem Herbst 1904 und endgültig seit dem 9. Januar 1905 war der Streik 1½ Jahre in Permanenz. Die Universitäten blieben seitdem geschlossen. Die liberale Professorenschaft schloß sich zu dem „Akademitscheskij Ssojus" zusammen, der seinerseits dem radikalen „Verband der Verbände" (Ssojus Ssojusow) beitrat. Die Regierung verfiel nun auf das Äußerste: nachdem zahlreiche Entlassungen von Professoren, darunter ein Teil der hervorragendsten Vertreter der russischen Wissenschaft erfolgt, einige verhaftet waren, *drohte sie* offiziell für den Fall, daß im Herbst 1905 die geordnete Tätigkeit nicht wieder beginne, mit der Entlassung *sämtlicher Studenten und sämtlicher Professoren* der betreffenden Universitäten und oktroyierte zugleich den Fakultäten detaillierte Lehrpläne und Vorschriften über den Lehrgang und die Vorlesungsfolge von Kurs zu Kurs.

Also: eine Aussperrung großen Stils und der Versuch, die Universitätsstudien der Behandlung des Unterrichts an den Mittelschulen gleichzustellen. Daß das Herbstsemester (offiziell 20. August bis 10. Dezember) unter diesen Verhältnissen *nicht* wieder beginnen werde, stand völlig fest. Da plötzlich sank der Regierung das Herz, und fast unmittelbar nach dem offiziellen Termin des Semesterbeginns erschien der Ukas vom 27. August 1905, welcher das Reglement Alexanders III. aufhob und verfügte: der Rektor und sein „Gehilfe" sowie die Dekane werden durch den Rat (d. h. die Versammlung der Ordinarien) bezw. die Fakultäten gewählt (Nr. 1) und von der Regierung bestätigt. Der Rat (der „Große Senat", würden wir sagen) hat Recht und Pflicht, für „den geregelten Gang des Universitätslebens" zu sorgen, im Fall von Unordnungen soll er um Sistierung der Studien einkommen (2b), ihm ist der „Inspektor" unterstellt (2w), das Professorengericht als einzige Disziplinarinstanz für die Studenten bleibt wiederhergestellt (2g). – Der Schritt war halb und unklar: z. B. war das Disziplinargericht zwar 1902, wie erwähnt, wieder hergestellt, ein „konfidentielles Zirkular" aber hatte die Behandlung von „Massenunordnungen" dem (ernannten) Rektor *allein* übertragen, die Rechte, welche dem „Rat" gewährt waren, waren nicht aufgezählt, sondern (2a) nur generell von „Maßregeln" gesprochen, die er selbst oder durch gewählte Kommissionen ergreifen solle, um den geordneten Gang des akademischen Lebens zu sichern usw. Natürlich war von Erneuerung des akademischen Lebens keine Rede. Die Oktobervorgänge warfen dann alles über den Haufen, die Universitäten öffneten sich, aber nur um als Freistätten radikaler Versammlungen zu dienen. Die Regierung tat nun nichts mehr. Sie hoffte, daß das Brotinteresse die Studenten schließlich mürbe machen werde. Erst nach Vollzug der Dumawahlen aber unternahm es die Moskauer Universität, im April ihre Hörsäle zu öffnen, und wendete sich eine Studentenbewegung in Aufrufen an die Kommilitonen, nunmehr die Politik der Duma zu überlassen und in den akademischen Betrieb wieder einzutreten. Aus dem „Verband der Verbände" war der „Akademische Bund" der Professoren inzwischen, nach den Vorgängen im Dezember, ausgetreten. In der Tat gelang es, eine größere Anzahl Vorlesungen, bei zunächst freilich schwachem Besuch, zustande zu bringen, trotz starker Proteste und heftiger Debatten in den Studentenversammlungen[79]). Es war damit zugleich zum erstenmal ein „Sommersemester" in das russische akademische Leben eingeführt, an Stelle der bisherigen beiden, vom 20. August bis 20. Dezember und vom 15. Januar bis 31. Mai dauern sollenden Studienhalbjahre, die aber de facto kaum ein halbes Jahr effektiver Arbeitszeit umfaßten. Aber anderwärts, in Kasanj z. B., dauerte der Boykott der Universität fort.

Die Frage der Neuordnung des Universitätslebens hatte inzwischen den im Januar 1906 auf Anregung des Unterrichtsministers Grafen Tolstoi zusammengetretenen Akademischen Kongreß[80]) beschäftigt. Der Kongreß beschloß, „ganze Arbeit" durch eigne Aufstellung eines Statutenentwurfs zu machen: ein von dem Unterrichtsminister schon einige Zeit vor dem Zusammentritt des Kongresses verschicktes Reform-Projekt wurde vor Eintritt in die eigentlichen Verhandlungen ohne Debatte en bloc abgelehnt und mag daher auch hier auf sich beruhen. Die Beratungen des Kongresses betrafen die Fragen 1. der „Autonomie", – 2. der Art der Besetzung der Professorenstellen, – 3. der Lage der Privatdozenten und übrigen nicht etatsmäßigen Lehrer, – 4. der akademischen Grade – endlich, 5. der studentischen „akademischen Freiheit". In der Autonomiefrage legte der Kongreß die heute durchgehends in Rußland akzeptierte Formel für die Beziehungen von „Selbstverwaltung" und Staatsaufsicht zugrunde: Aufsicht nur über die *Gesetz*mäßigkeit, nicht über die *Zweck*mäßigkeit der Amtshandlungen der autonomen Korporation[81]). Also: Entscheidung aller die Lehrtätigkeit und die Wirtschaftsverwaltung der Universität betreffenden Gegenstände *endgültig* durch den aus allen Professoren bestehenden „Rat", Wegfall des staatlichen Kurators (popjetschitjel), Beschränkung des Rektors auf die Stellung eines ausführenden Organs des Rates. Der Bestätigung des Ministers sollte nur die Wahl des Rektors und der ordentlichen Professoren – letzteres gegen eine bedeutende Minderheit – bedürfen und überdies auf die rein *formale* Prüfung der Ordnungsmäßigkeit des Hergangs der Wahl, innerhalb zwei Monaten nach deren Vollzug, beschränkt sein, die Habilitation und Anstellung aller übrigen Dozenten und Assistenten sowie des ganzen Beamtenpersonals der Universität sollte die Universität bzw. die Fakultäten ganz allein in der Hand haben. Bei dieser Stellung zu der Frage des formalen *Rechts* der Stellenbesetzungen war das Problem um so dringlicher, durch welche Mittel die sachgemäße Besetzung, angesichts der Gefahr des Nepotismus, gesichert werden sollte. Die Ansichten über die Regelung des Hergangs einer Berufung waren geteilt: „Kon-

---

[79]) Die demokratische Presse („Russk[ija] Wj[edomosti]" Nr. 119) mahnte sehr entschieden zur Aufnahme der Studien. Inzwischen (Juni) ist der Zudrang stärker geworden. Am 15. Juni (a. St.) schloß das Semester.

[80]) Der Rektor und gewählte Vertreter jeder Universität.

[81]) Man muß sich des *„historischen Rechts",* welches gerade diese Formel in Rußland besitzt, erinnern. Das Verhältnis zu den internen Beschlüssen des Mir z. B. für die Angelegenheiten der Dorfgemeinschaft war bis zu den Eingriffen der Reaktion auf dieser Basis geordnet.

kurs-" oder „Vorschlags"-Verfahren? Schwerpunkt der Entscheidung in der Fakultät oder im „Rat"? Die verschiedensten Ansichten traten sich gegenüber: Ballotierung *aller* Kandidaten, die in der Fakultät *genannt* sind, im Rat oder aber *gleichzeitige* Ballotierung aller derjenigen, die in der Fakultät mehr als die Hälfte der Stimmen für sich hatten, Verfügung des „Rats" darüber, ob die Fakultät Konkurs ausschreiben müsse oder nicht, – durch solche Mittel hoffte man der Gefahr des Eindringens „persönlicher" Gründe vorzubeugen, jedenfalls aber den *Schwerpunkt* der Entscheidung in den „*Rat*" zu schieben. Dem schloß sich der Kongreß an: Die Fakultät beschließt zwar endgültig, ob sie einen Konkurs ausschreibt oder ohne solchen über Vorschläge ihrer Mitglieder Beschluß faßt, aber sie ist im übrigen nur die Instanz, welche über die *Nominierung* von Kandidaten beschließt, der „Rat" (große Senat) ballotiert alsdann zwar an erster Stelle den mit der höchsten Stimmenzahl von der Fakultät Präsentierten (bei Stimmengleichheit gleichzeitig die mehreren so Präsentierten), eventuell aber, wenn dieser (resp. einer der mehreren) die absolute Mehrzeit im „Rat" *nicht* erlangt, alle übrigen, welche die Mehrheit der Stimmen in der Fakultät hatten, nacheinander, – hat aber niemand diese Mehrheit in der Fakultät oder fallen alle mit Fakultätsmehrheit Präsentierten im Senat nacheinander durch, dann ballotiert er *gleichzeitig* alle nicht mit Fakultätsmehrheit präsentierten Kandidaten.

Diese Einzelheiten wurden hier nur angeführt, um den die russischen Herren Kollegen beseelenden Glauben an die Leistungsfähigkeit einer guten *Abstimmungstechnik,* auch da, wo es sich um *persönliche* Qualitäten handelt, zu charakterisieren, – wünschen muß man ihnen nur, daß sie sich dabei ihrer besonderen Schätzung der Leistungsfähigkeit des „Rats" („großen Senats", wie wir sagen würden) entschlagen. Er ist – soweit ich Hergänge von Berufungen unter Beteiligung einer solchen vielköpfigen Versammlung kenne – für sachliche Entscheidungen solcher Fragen des wissenschaftlichen Wertes eines Gelehrten eines konkreten *Faches* äußerst unbrauchbar und sollte nur allenfalls auf direkten *Antrag* einer bestimmten Mindestzahl von Fakultätsmitgliedern in Bewegung gesetzt werden dürfen. *Gegen* das Votum der Fakultäten – so wenig „unfehlbar" sie nach allen Erfahrungen sind – sollte es verständigerweise überhaupt nur ein *Veto, niemals* aber ein Recht zur Oktroyierung geben, und dies sollte man in die Hand eines möglichst *nicht* zu großen[81a]) Gremiums (etwa des, nach den Vorschlägen, aus Rektor, Prorektor, Dekanen und je zwei von den Fakultäten zu wählenden Mitgliedern bestehenden Verwaltungsausschusses: „kleiner Senat", würden wir sagen) geben, wenn man, wie in Rußland, seine Gründe dafür hat, es der Regierung nicht anzuvertrauen. Wirkliche „*Lehrfreiheit*" im Sinne – soweit menschliche Schwäche dies erlaubt – der Berücksichtigung nur der wissenschaftlichen (und pädagogischen) Qualitäten des Kandidaten ist gerade durch Ballotage in einer großen Versammlung von zum überwiegenden Teil sachlich Nichtin-

---

[81a]) Mir bekannte Fälle, in denen der „große Senat" (da wo dies zulässig ist) *seinerseits* in Deutschland eine Vorschlagsliste *gegen* die Fakultät aufstellte, sprachen sehr zuungunsten dieses Verfahrens.

formierten ebensowenig zu erreichen wie etwa durch oktroyierende Einmischung politischer Partei-Patronage oder „staatserhaltender" bureaukratischer Instanzen[82]). Für die „Dozenten" (Extraordinarien, nach unserem Sprachgebrauch)[83]) ist dagegen die Wahl durch die Fakultät (nach Gutbefinden mit oder ohne Konkurs) und Bestätigung durch den „Rat", also das allein Sachgemäße, akzeptiert worden, mit der Motivierung, daß – nach der Mehrheitsansicht – diese „jüngeren Lehrkräfte" dem „Rat" der Universität nicht angehören sollen.

– Eben mit dieser Frage aber hatten sich die lebhaftesten Debatten, Zeitungspolemiken, Eingaben und Protestversammlungen der Extraordinarien und Privatdozenten beschäftigt. Was zunächst die Extraordinarien („Dozenten") anlangt, so wurde ihre Beteiligung an den Fakultätsberatungen mit *beschließender* Stimme ohne weiteres für alle Angelegenheiten, *außer* den Vorschlägen zur Professorenwahl, nicht angefochten[84]).

Zweifel bestanden nur über ihre Beteiligung, eventuell durch von ihnen zu wählende Deputierte, an den Beratungen des „Rats" (großen Senats) und eventuell darüber, ob beratend oder auch beschließend. Die gleiche Frage bestand aber auch für die übrigen Kategorien von Universitätslehrern, d. h. also die *nicht* etatsmäßig Angestellten: Privatdozenten, Assistenten, Prosektoren usw. Sie hing mit der Frage der künftigen Stellung des Privatdozenten überhaupt zusammen. Während bezüglich der Berufung in eine etatsmäßige Stelle wenigstens über das zu fordernde Bildungspatent (Doktorgrad einer russischen Universität) kein Zweifel existierte, war eine der schwierigsten Fragen die nach der für die Privatdozentur und die anderen nicht etatsmäßigen Stellungen zu for-

---

[82]) In den amerikanischen Universitäten ist die „Kaltstellung" z. B. eines wirtschaftspolitisch „freihändlerischen" Nationalökonomen durch eine protektionistisch gesonnene Professorenschaft sehr wohl praktikabel und praktiziert worden (durch die Art der Feststellung des Lehrplans seitens der darin „souveränen" Universitätsinstanzen). Die Einmischung der ökonomischen, agrarischen oder industriellen Interessenten (direkt oder indirekt, z. B. neustens in Zürich in einem durch die widerliche Unbildung des „Erziehungsdirektors" auffälligen Fall) oder der politischen Parteien (der Sozialdemokratie z. B. früher in Basel mehrfach, freilich „hinter den Kulissen", wie bei uns reaktionärer Parteien) ist bekanntermaßen das für die „Unbefangenheit" der Erledigung Gefährlichste. In dynastischen Staaten aber ist der politische *Polizei*gesichtspunkt natürlich überall der entscheidende Punkt. Die preußische skandalöse „lex Arons" gilt stillschweigend in Deutschland wohl überall, auch z. B. für solche Universitäten, welche – nach unwidersprochenen Zeitungsnachrichten – großartige, an die *Bedingung* der „Lehrfreiheit" geknüpfte Stiftungen annahmen (für *Jena* mußte in einem mir bekannten Fall der Fachvertreter es für „ausgeschlossen" erklären, daß das Gesuch eines Gelehrten, der „organisierter" Sozialdemokrat ist, „den Instanzenzug passieren" würde).

[83]) Der heutige gesetzliche Sprachgebrauch kennt 1. „ordentliche" und „außerordentliche" Professoren, d. h. *etats*mäßige Lehrer, sodann 2. Privatdozenten, die zwar aus einem dazu bestimmten Fonds Entschädigung erhalten können, aber im übrigen, wie bei uns, auf das Honorar der Studenten (soll laut Gesetz durchschnittlich 1 Rubel per Wochenstunde betragen) angewiesen sind, 3. Lektoren (für Sprachen usw.), wie bei uns, 4. Personen in wissenschaftlichen Instituten (Prosektoren, Assistenten usw.). Vgl. Unterrichtsstatut, „Sswod Sakonow", Bd. XI, Teil 1 Art. 491 t.

[84]) Dabei ist zu beachten, daß die „Dozenten", nach deutscher Terminologie, nicht Titular-, sondern *etatsmäßige* außerordentliche Professoren sind.

dernden Qualifikation, zumal sie mit der Frage der künftigen Umgestaltung des russischen Promotionswesens überhaupt eng zusammenhing[85]). Der Kongreß schlug für die akademischen Grade eine Umgestaltung dahin vor, daß künftig im wesentlichen eine Annäherung an das als allmählich zu erreichendes „Ideal" angesehene *deutsche* Muster stattfinden sollte: der erste Grad, dem deutschen „Doktor", wie er zurzeit (leider!) sich entwickelt hat, entsprechend, sollte der des „Kandidaten" sein – der durch das Statut von 1884 abgeschafft worden war –; er sollte von den Fakultäten auf Grund einer gedruckten „Dissertation" nach Absolvierung der Kurse erteilt werden. Der *Doktor*grad sollte erteilt werden auf Grund 1. einer Prüfung in einer Anzahl von der Fakultät bestimmter Fächer und 2. eines *selbständigen* wissenschaftlichen Werkes, welches jedoch auch durch eine Anzahl selbständiger wissenschaftlicher Einzeluntersuchungen ersetzt werden kann[86]) und welches nach erfolgter Genehmigung in öffentlicher Sitzung der Fakultät gegen Opponenten zu verteidigen ist. *Abgeschafft* werden sollte also der bis jetzt für die Habilitation unentbehrliche „Magister"-Grad. Die Schäden des bisherigen Zustandes lagen nach Ansicht der Mehrheit darin, daß die Erfüllung der vollen Anforderungen für die Qualifikation zur Professur 12–15 Jahre, von Absolvierung der Kurse ab gerechnet, in Anspruch nehme und infolgedessen – von der plutokratischen Wirkung dieser Karenzzeit abgesehen – von ihrer wirklichen Erfüllung wegen des Bedarfs an Lehrkräften in zahlreichen Fällen in Widerspruch mit dem geltenden Recht bei der Stellenbesetzung Abstand genommen werde, trotzdem aber – und gerade deshalb – der Nachwuchs geeigneter Kräfte für die Professuren ständig in Frage gestellt bleibe. Zu „Privatdozenten" werden außer Doktoren und Magistern seit 1884 (Unterrichtsstatut § 509 Nr. 3) auch „Magistranten", d. h. solche Personen zugelassen, welche seit Abschluß der Studien drei Jahre hinter sich haben, ihre Magister-Dissertation noch nicht geliefert, aber das Magisterexamen bestanden und zwei Probevorlesungen an der Fakultät zu deren Zufriedenheit gehalten haben. Ein russi-

---

[85]) Das geltende Recht kennt (Unterrichtsstatut, „Sswod Sakonow", Bd. XI, Teil 1 Art. 482f.) als *Fakultäts*examina (im Gegensatz zu den aus dazu ernannten Professoren bestehenden Staatsprüfungskommissionen) für die Unterrichtsbefähigung: 1. den Magistergrad (außer in der medizinischen Fakultät, wo statt seiner der Doktortitel gegeben wird), dessen Erlangung den Besitz des Universitätsabschlußdiploms (in besonderen Fällen genügt statt dessen ein fremdländisches Doktordiplom), mündliche Fakultätsprüfung und eine (publice zu verteidigende) von der Fakultät zugelassene Dissertation voraussetzt, 2. den Doktorgrad, der – außer, mit Konsens des Ministers, für Leute von wissenschaftlichem Ruf – den Besitz des Magisterdiploms und die öffentliche Verteidigung einer von der Fakultät zu genehmigenden wissenschaftlichen Arbeit voraussetzt: bei ganz besonders hervorragender Qualität der Magisterdissertation kann die Fakultät „beim Rat" (großen Senat) die direkte Beförderung des Magisterkandidaten zum Doktor beantragen. Im übrigen tritt die Erwerbung des Doktorgrades oft erst in höheren Lebensjahren, nach längerer Lehrtätigkeit als Privatdozent, ein, und ist die öffentliche Disputation bekannter Gelehrter ein Ereignis, über welches die Zeitungen häufiger berichten.
[86]) Dies schien deshalb wichtig, weil die bisherige Formulierung zur Publikation dicker Bücher Anlaß gab, die leicht den Charakter überwiegend kompilatorischer Arbeiten annahm.

scher „Privatdozent" hat also seine, für die formale Qualifikation zur Professur erforderlichen Leistungen nicht, wie in Deutschland, hinter sich, sondern zum wesentlichsten Teil: eine Magister-Dissertation und dann die Doktorarbeit, noch vor sich. Zahlreiche Lehrstühle sind heute – infolge der hohen Ansprüche an die Professorenqualifikation – von beauftragten Privatdozenten versehen, immer jedoch mit dem Vorbehalt, daß innerhalb von elf Jahren der Lehrstuhl an einen Qualifizierten übertragen werde. – Die Subkommission des Kongresses wollte seltsamerweise diesen Zustand nicht nur fortsetzen: zur Habilitation als Privatdozent sollte die *Kandidaten*-Prüfung genügen, im übrigen aber jeder Universität die Stellung weiterer Anforderungen für die Habilitation überlassen bleiben[87]), – sondern sie wollte auch die Privatdozenten, die sie als „Leute" definierte, „denen die Universitäten die *Benutzung ihrer (!) Unterrichtsmittel und -räume gestatten*"[88]), rechtlich *völlig prekär* stellen, indem die Fakultät sie jederzeit nach ihrem Ermessen sollte aus den Listen der Universität *streichen* dürfen[89]). Das Plenum schloß sich diesen Vorschlägen nicht an, sondern einigte sich dahin, daß der Privatdozent den gleichen Bildungszensus wie der Professor haben müsse (also den – reformierten – russischen Doktorgrad), strich die Zulassung von besonderen Bedingungen seitens der einzelnen Fakultäten, ebenso die wunderliche Definition der Privatdozenten als außerhalb des Lehrkörpers stehender Privatleute[90]), ebenso das arbiträre Recht der Streichung von Privatdozenten seitens der Fakultät[91]), und stellte für ihre Vorlesungen „Vergütung" nach Maßgabe der von den Fakultäten aufzustellenden Normen in

---

[87]) Der Grund dafür war offenbar, daß man die Aufrechterhaltung eines einheitlich hohen Niveaus für die Privatdozenten an den russischen Universitäten nicht für möglich hielt und daher die provisorische Füllung der Lücken des Lehrkörpers mit „Kandidaten" den Universitäten, die in Notlage waren, zugestehen wollte.

[88]) Wie bekannt, ist dies in praxi durchaus der Standpunkt auch zahlreicher deutscher akademischer „Institutsdirektoren", welche die *Staats*institute höchst naiv und gemütlich als „ihre" Institute ansehen, aus denen sie andre Dozenten nach ihrem Belieben ausweisen. An manchen Universitäten spaziert z.B. der physikalische oder mathematische Privatdozent, der den *Anspruch* nur auf die Belegung eines *Hör*saals hat, bis zum Beginn seines Unterrichts auf der Straße auf und ab, da er in die übrigen Institutsräume nur precario vom Ordinarius zugelassen würde. In all *diesen* auf Benutzung von Laboratorien oder Instituten beruhenden Disziplinen hat die „Lehrfreiheit" zurzeit auch bei uns nur einen sehr begrenzten Inhalt und ist mit der widerlichsten Paschawirtschaft der Ordinarien vereinbar, und es muß durchaus zugestanden werden, daß – schon weil der Direktor z.B. eines chemischen Laboratoriums mit seinem Vermögen für das Staatsinstitut haftet – eine *absolute* Beseitigung der hiermit verknüpften Mißstände nicht leicht technisch durchführbar ist. Die *heutigen* Zustände sind damit freilich noch lange nicht gerechtfertigt.

[89]) Heute haben die (bisher *ernannten*) Rektoren und Dekane sie zu beaufsichtigen und im Falle „schädlicher Richtung" behufs ihrer Verwarnung und eventuellen Streichung an den Minister zu berichten.

[90]) Dagegen wurde ausdrücklich gesagt, daß die Benutzungs der Universitätsinstitute die Einigung darüber mit dem Direktor voraussetze.

[91]) Auch die Lehrfreiheit der Privatdozenten soll voll hergestellt werden. Heute ist sie dadurch eingeschränkt, daß der Kurator auf Antrag der Fakultät im Falle der „Konkurrenz", wie der unschöne Terminus in Deutschland heißt, eine bestimmte Verteilung der Kollegien oktroyieren kann.

Analyse der allgemeinpolitischen Gesetzgebung

Aussicht[92]). Auf dem – bereits vom bisherigen Regime beschrittenen – Wege systematischer Erweiterung der sogenannten „anempfohlenen Vorlesungen" hoffte man so auch ohne Schaffung neuer Professuren den Lehrstoff erweitern zu können. Und – vor allem! – war das Institut der Privatdozenten nur so überhaupt noch haltbar, wenn, wie vorgeschlagen wurde, die gänzliche *Abschaffung des Kollegienhonorars*[93]) in Aussicht stand[94]). Die große Schwierigkeit genügender *Auswahl* unter dem akademischen Nachwuchs im Gegensatz zu Deutschland wurde ohnehin nachdrücklich betont.

Die Frage der Beteiligung der nicht etatsmäßigen Universitätslehrer an der Verwaltung der Korporationen zeitigte die verschiedensten Vorschläge. Teilweise wurde *persönliche* Beteiligung der Privatdozenten, Prosektoren und Assistenten usw. an den Fakultätssitzungen mit beratender Stimme, teilweise Bildung einer Korporation der nicht etatsmäßigen Lehrer mit dem Recht, über die neue Zulassung solcher (also über Habilitationen) *neben* der Fakultät zu *beschließen*[95]) und außerdem Deputierte mit beschließender Stimme in die Fakultät zu entsenden, oder Teilnahme der „*ältesten*" Prosektoren usw. – bis zu ⅕ der Fakultätsmitgliederzahl – mit *beschließender* Stimme gefordert. Das Plenum entschied sich schließlich für Ablehnung aller dieser Vorschläge und Zulassung nur von Einzel- oder Kollektiv*petitionen* der „jüngeren Lehrer" an die Fakultät mit dem Zusatz, daß sie zur Abgabe von Erläuterungen und zur *beratenden* Teilnahme[96]) an den Sitzungen im Einzelfall von der Fakultät zugelassen wer-

---

[92]) Als Gehaltsätze für die *etats*mäßigen Lehrer wurden vorgeschlagen: 6000 und 4000 Rubel für die Professoren, 2000 für die Dozenten (Extraordinarien).

[93]) Die Studenten sollen 40 Rubel pro Semester Pauschale zahlen.

[94]) Es scheint recht fraglich, ob nicht der Weg des preußischen Privatdozentenstipendiums, welches auf eine bestimmte Reihe von Jahren, innerhalb deren normalerweise die Berufung zum Professor im Falle wirklicher Qualifikation des Dozenten erwartet werden kann, *und nicht länger*, vergeben wird, der richtigere wäre. Die „Lehrfreiheit" der Privatdozenten wird bei dem in Rußland jetzt vorgeschlagenen Mittel offenbar, soweit sie nicht reiche Leute sind, fast ebenso stark beschränkt, wie diejenige der amerikanischen teachers. Anderseits hat es gar keinen Sinn, eine Schar älterer Privatdozenten künstlich über Wasser zu halten, die jüngeren Kräften im Wege stehen. Rücksichtslose Auslese ist erste Voraussetzung der Leistungsfähigkeit der Hochschulen. (Das geltende russische Recht schreibt die Pensionierung jedes Professors nach 25jähriger, in Ausnahmefällen nach 30jähriger Lehrtätigkeit vor. Er bleibt dabei zum Lehren berechtigt und Mitglied der akademischen Körperschaften.)

[95]) Eine offenbar zünftlerische und, vom wissenschaftlichen Interesse wie vom Lehrinteresse aus gesehen, gleich unmögliche Forderung. Es ist schon schlimm genug, daß der „Zunft"-Charakter der *Fakultäten* unvermeidlich ist, – weil es nun einmal technisch kein anderes Mittel gibt, die Autonomie der Universitäten nach *oben* zu wahren.

[96]) Die Moskauer medizinische Fakultät – ich weiß nicht, ob auch noch andere – zog zu ihrer Sitzung am 24. Januar zum erstenmal (aus eigener Initiative) einige Prosektoren und Privatdozenten mit beratender Stimme heran. Die beiderseitigen Ansprachen s[iehe] in den „Russk[ija] Wjed[omosti]", 25. Januar, S. 3. Die Privatdozenten sprachen die Hoffnung aus, daß bald aus diesem Provisorium wirklich „gerechte" Beziehungen zwischen den drei Trägern des Universitätslebens: Professoren, Privatdozenten und Studenten, erwachsen werden.

den können[97]). Bei der geforderten *absoluten* Autonomie der Fakultäten wurden diese Vorschläge von den „jungen Lehrern" *nicht* für ausreichend angesehen, und es erfolgten lebhafte Proteste in den Zeitungen.

Die Art der Unterrichtseinteilung, den Lehrplan, die obligatorischen Kurse und Prüfungsfächer zu bestimmen – was bis jetzt dem Unterrichtsminister nach Anhörung der Fakultät oblag –[,] soll der Fakultät unter Bestätigung durch den „Rat" überlassen werden. Die hier im Hintergrunde liegenden wichtigen Fragen der Lehrmethode können an dieser Stelle nicht erörtert werden[98]). Die Zulassung von Frauen zur Dozentur, Streichung der theologischen Professur und Ersatz derselben durch eine solche für Religionsgeschichte[99]) usw. verstand sich von selbst. – Die Bildung studentischer Verbindungen soll den allgemeinen Vereinsgesetzen unterliegen, in den Universitätsgebäuden sollten nur Versammlungen wissenschaftlicher Studentenvereine mit vom „Rat" genehmigten Statuten stattfinden. Der „Studenteninspektor" soll abgeschafft, das Disziplinargericht mit dem Recht der Relegation als höchster Strafe wiederhergestellt werden. –

Das Verhalten der Unterrichtsverwaltung gegenüber diesem Bukett von Vor-

---

[97]) Dies erscheint durchaus sachgemäß. Denn die Ersprießlichkeit genereller Regeln hierüber muß entschieden bezweifelt werden. Ein Privatdozent, der nach längeren Jahren keine Professur erhält, *will* entweder keine solche haben, sondern freier Gelehrter und Lehrer bleiben, oder aber es liegen Gründe vor, welche ihn für eine solche nicht geeignet erscheinen lassen (denn von dem Fall, daß für sein Spezialfach keine Professur existiert, muß abgesehen werden: ihm ist durch Schaffung von etatsmäßigen Stellen abzuhelfen). In keinem der beiden anderen Fälle aber liegt ein genereller Anlaß vor – soweit die Fakultät nicht im konkreten Fall dies für *nützlich* hält – ihn zu der Fakultätsberatung zuzuziehen, am wenigsten im zweiten. Fakultäten sind zweifellos fehlbar und irren – unbewußt oft, „bewußt" zuweilen: Jedermann kennt bei uns Beispiele davon –, aber es läßt sich nicht behaupten, daß sie *überwiegend* irren oder befangen sind in der Beurteilung des wissenschaftlichen Nachwuchses. Die Beeinflussung der Fakultätsbeschlüsse durch sog. „gescheiterte Existenzen" wäre im Interesse eben jenes Nachwuchses sicherlich so ziemlich das Ungünstigste, was sich denken läßt. „Auslese" der Leistungsfähigsten ist das Prinzip, welches allein das Niveau der Leistung hochhält. Neben den „Zunft"-Charakter der Fakultäten organisatorisch noch Privilegien sog. „älterer und verdienter" Privatdozenten zu stellen und so die Verjüngung zu hemmen, wäre geradezu verderblich. Der Privatdozent aber, der sich als „freier Gelehrter" fühlt oder der von der „Zunft" oder der Regierung ungerecht mißhandelte bedeutende Gelehrte, würde auf jenes Privilegium im allgemeinen wenig Wert legen. Es könnte sich also *nur* um besonders liegende Ausnahmefälle handeln, und ob ein solcher vorliegt, kann letztlich nur der Fakultät im *Einzelfall* zur Entscheidung anheimgestellt werden. Jede generelle Regel aber, die eine Art „Anspruch" verleiht, ist vom Übel. Daß die Frage für *etats*mäßige Lehrer durchaus anders liegt und in Rußland sehr richtig entschieden worden ist, wurde schon gesagt.

[98]) Die *Lern*freiheit der Studenten soll durch Übergang zum Fach-(predmjetnyj-)System an Stelle des reinen Kurssystems und entsprechende Umgestaltung der Examina (Kombination deutscher und amerikanischer Vorbilder) gewährleistet werden.

[99]) Der eine „Professor des Gotteswortes", den jede Universität haben muß und der außerhalb der Fakultäten steht, ist wesentlich Dekoration, seine Streichung hat absolut nicht die „Bedeutung" wie eine etwaige Streichung unserer theologischen Fakultät. Drei Stunden „Theologie" ist aber z. B. für Juristen des ersten Semesters obligatorisch.

schlägen bleibt abzuwarten⁹⁹ᵃ). Warum Kenner der deutschen Universitätsverhältnisse einerseits, der amerikanischen anderseits sich bezüglich des Erfolges einiger dieser in der Theorie fast ausnahmslos vorzüglichen Vorschläge etwas skeptisch verhalten werden, will ich hier nicht weiter ausführen.

5. Die im Manifest versprochene *Vereinsfreiheit*[100]) hinkte den Tatsachen der Entwicklung des Jahres 1905 von Anfang an nach. Die Zahl der im Oktober faktisch bestehenden Vereine, namentlich der „professionellen" Verbände, war Legion, und sie vermehrten sich ständig. Aber ihre Rechtslage war und blieb, wie sie immer wieder erfahren mußten, prekär. Das Reglement des Ministers des Innern vom 26. April 1905 hatte, „bis zur Abänderung" des Art. 441 des Gesetzes über die öffentliche Armenpflege (in *diesem* Gesetz waren bisher die Bestimmungen über die Gesellschaften zu gegenseitiger Hilfe oder zu andern wohltätigen oder gemeinnützigen Zwecken – die einzigen generell zugelassenen Vereine – untergebracht!), die Konzessionierung von Vereinen in einer Anzahl von Fällen dem Gouverneur (resp. gleichstehenden Beamten) übertragen und folgende allgemeine Regeln aufgestellt: Betroffen werden 1. Geselligkeitsvereine, 2. Künstlervereine, 3. Mäßigkeitsvereine, 4. Sportvereine, 5. Wohltätigkeits- und Kinderpflegevereine (unter Beschränkung auf *physische* Pflege der Kinder), 6. Tierschutz- und Veterinärvereine, 7. Bibliotheksgesellschaften, falls sie weder der Mehrzahl nach aus Juden bestehen, noch[,] außer ihrem statutenmäßigen Zweck, auch Gewinn zu erzielen beabsichtigen; in diesen Fällen kann sie nur der Minister selbst genehmigen. Sie müssen ein Statut von gesetzlich bestimmtem Inhalt vorlegen, dürfen Militär, Frauen, unter 18jährige Personen und Schüler nicht zulassen, billige Wohnungen, Freitische, Arbeiterheime und Volksbibliotheken nur nach Genehmigung und im Einklang mit den bestehenden Bestimmungen errichten, private (aber nicht öffentliche) Kollekten veranstalten und haben Rechtspersönlichkeit. Ort, Zeit und Zweck ihrer Versammlungen müssen in jedem Falle der Polizei mitgeteilt werden. Öffentlich sichtbare Abzeichen dürfen sie in keinem Falle tragen. Der Minister des Innern kann sie jederzeit schließen, in gewissen Fällen auch der Gouverneur. –

Inzwischen aber hatte die „Sozialpolitik" des ancien régime bereits begonnen, das geltende Vereinsrecht zu durchlöchern. Einerseits hatte die stets zunehmende Streikbewegung die Unmöglichkeit der Aufrechterhaltung der bestehenden Strafen für Kontraktsbruch (Art. 54⁴ des Statuts für die friedensrichterliche Strafrechtspflege) und für nicht durch Gewalt oder Drohung qualifizierten Streik (Art. 1358 der Ulosh[enije] o Nakas[aniach]) erwiesen. Trotzdem behielt die neue (1902) Ugolownoje Uloshenije (Art. 367–369) die Kontraktbruchstra-

---

⁹⁹ᵃ) Die Zulassung des Vorschlags neben dem Konkursverfahren bei der Stellenbesetzung und die Erweiterung der Zulassung zur Immatrikulation (nach deutschem Muster) will das Ministerium, nach Zeitungsnachrichten, konzedieren. Im übrigen sollen die Reformfragen der *Duma* vorgelegt werden.

[100]) Bis zum Beginn der Umwälzungen galt als „Vereinsrecht" lediglich Art. 118 des Ust[aw] o pred[upreshdenii] i press[etschenii] prest[uplenija], welcher jeden Verein verbot, der nicht die Genehmigung der Regierung gesucht und erhalten hatte.

fe bei und bedrohte den Streik immer noch in allen Fällen mit Strafe, wo er „die Interessen der örtlichen Bevölkerung nachteilig beeinflußt". Die Aufforderung der Arbeiter zum Streik in diesem Falle galt ihr als „Aufwiegelung" (ssmuta) im Sinne des Art. 125[101]). Anderseits ging die Plehwesche Verwaltung bekanntlich systematisch darauf aus, durch Provokation der Arbeiter zum Streik und darauffolgenden Druck von oben die Fabrikanten gefügig zu machen[102]).

---

[101]) Liebhaber von Streikrepressionen seien auf die im Jahre 1905 erschienene erste offizielle russische Streikstatistik für die Zeit von 1895–1904 (also mit Ausschluß der Revolutionszeit) verwiesen. Diese ergibt: Von denjenigen im Jahresdurchschnitt rund 18 000 Betrieben mit – je nach dem Bezirk – über 10 oder 15 Arbeitern, über welche berichtet wird (nicht mit behandelt sind die Bergwerke, die Staatswerke und die Eisenbahnen!), sind 1/10: 1782, von Streiks betroffen worden, von ihren durchschnittlich 1 600 000 Arbeitern haben 431 254, jährlich 43 100[,] gestreikt. Das durchschnittliche jährliche Streikprozent betrug also 2,7% der beschäftigten Arbeiter und stand regelmäßig höher als die Ziffern für England 1899: 2,1%, Frankreich (1,6%) Deutschland (1,5%). Dabei stufte sich die Zahl der während der Gesamtperiode in Streik getretenen von den Betrieben mit unter 20 Arbeitern, wo sie 2,7% der durchschnittlichen Arbeiterschaft betrug, bis zu 89,7% in den Betrieben mit über 1000 Arbeitern ab. Über 75% des Arbeiterbestandes haben während des Jahrzehnts im Kaukasus (Batum 350%, Baku 119%, Tiflis 98%) und im Gouvernement Kalisch (285%), in Petersburg 52%, in den anderen Industriegebieten zwischen 27 und 41%, in Moskau und Lodz nur je etwa über 16% gestreikt. 54,9% aller Streiks entfielen auf die Textil-, 27,1 auf die Maschinenbau- und Metallindustrie. Obwohl Lohnhöhe (48,6%) und Arbeitszeit (30,0%) als „hauptsächliche" Ursachen den übrigen weit voranstehen, spielten in den Jahren 1900–1904 die bis dahin an Zahl stark schwankenden Streiks sozialen Charakters (Abzüge, Strafen, Verhalten des Personals, Arbeits- und Unterkunftsräume u. dgl.) eine stetig steigende Rolle (Zahl der daran beteiligten 1900 bis 1903: 707, 7111, 8009, 9433, und 1904: 10 619, mehr als aus irgendeiner anderen Ursache), offenbar dank der Agitation der sozialistischen Parteien, welche das Persönlichkeitsgefühl der Arbeiter weckte. Dies ist besonders in den Metallindustrien der Fall (21% aller Streiks). Am hartnäckigsten umstritten, nach der durchschnittlichen Dauer der Streiks zu schließen, sind nächst der Arbeitszeit (7,4 Tage pro Kopf gegen versuchte Verlängerung der Arbeitszeit, 5,2 Tage zur Erkämpfung der Verkürzung) die Fragen der Strafen und Abzüge (6,9 Tage pro Kopf). Gerade solche sozialen Streiks, speziell diejenigen wegen: erstens: Strafen und Abzügen, zweitens: Verhalten des Personals und drittens: Arbeitsordnung fallen aber überwiegend (mit ad 1: 69,2, ad 2: 58,4, ad 3: 66,6%) zu ungunsten der Arbeiter aus, – das „Herrenrecht" wird auch hier am hartnäckigsten verteidigt. Im ganzen waren, infolge des relativ ungünstigen Verlaufs gerade der großindustriellen Massenstreiks, auf die Zahl der Arbeiter gerechnet, 51,8% völlige Mißerfolge (gegen 39,7 in England, 37,3 in Frankreich, 35,3 in Österreich, 1894 bis 1898) zu verzeichnen, während, auf die Zahl der Streiks gerechnet, die Mißerfolge nur 45,4% betragen (gegen 35,2 in England, 46,9 in Frankreich, 44,7 in Österreich 1894–1898 und 30,3 bzw. 37,6 in Deutschland 1892–1897 bzw. 1901–1905). Die für die Arbeiter ungünstigere Ziffer in Rußland war durch die Organisationsverbote und die Antistreikgesetzgebung wesentlich mit bedingt. Denn obwohl in über 50% der Fälle die Regierung sich ungeachtet jener Gesetze passiv verhielt, so ist doch äußerst gründlich „gewirkt" worden: 269mal griff die bewaffnete Macht ein, in 164 Fällen erfolgten Verhaftungen und Verschickungen, 31 gerichtliche Verfolgungen usw. (Bearbeiter der Statistik: W. E. Warsar.)

[102]) Diese Praxis der bureaukratischen Streikorganisation ist unter dem Namen „Subátowschtschina" bekannt, nach dem Agent provocateur Subátow, der kürzlich im „Wjestnik Jewropy" (März 1906) recht interessante Erinnerungen über seine Beziehungen zu Plehwe, dessen Schwanken, Hoffnungen und Enttäuschungen bezüglich dieses Mittels

Analyse der allgemeinpolitischen Gesetzgebung

Die Einführung der „Arbeiterausschüsse" (towarischtschestwo rabotschisch, Komitee von Arbeitern derselben Fabrik, im Gegensatz zu obschtschestwo, Gewerkverein) durch das Gesetz vom 10. Juni 1903 war – wie bei uns – toter Buchstabe geblieben. Der Finanzminister Kokowzew (der nach Wittes Sturz in diese Stelle wieder eingetreten ist) hatte daher in seinem ersten Ministerium ein Projekt ausarbeiten lassen, welches 1. die Streiks legalisieren, ihre Strafbarkeit auf Arbeitseinstellung in Wasserleitungs-, Kanalisations- und öffentlichen Beleuchtungsanstalten und im übrigen auf die Fälle von Gewalt, Drohungen und Beleidigungen beschränken, 2. für die *Gewerkvereine* ein *privilegiertes* Spezialrecht einführen wollte:

Arbeiter in unter sich gleichartigen Bergwerks- und Industriebetrieben sollten, im Gegensatz zu allen andern Staatsbürgern, befugt sein, im „jawotschnyi porjadok" (d. h. ohne vorherige Erlaubnis) Vereine zu gründen, welche (ausschließlich) ökonomische Interessenvertretung, insbesondere auch die Verbesserung der Arbeitsbedingungen, auch durch Streik, erstrebten; diese Vereine sollten Eigentum aller Art besitzen und Verbände bilden dürfen. Freilich: der Verein sollte nur in Kraft treten, wenn die Behörde nicht innerhalb zwei Monaten nach Einreichung der Erklärung an die Prissutstwije (Gouvernementsrat) Widerspruch erhob, der „jawotschnyj porjadok" blieb also ein verhülltes Konzessionssystem. – Das Justizministerium widersprach der Beseitigung des Streikverbotes, da jeder Streik die öffentliche Ordnung gefährde, die Unternehmer dagegen, denen das Projekt zur Begutachtung vorgelegt wurde, stimmten der Beseitigung zu, „da man 40000 Streikende doch nicht einsperren könne", wünschten aber 1. zivilrechtliche[103]) Garantien gegen Kontraktbruch (Recht der

---

und seine (Subátows) schließliche Abdankung veröffentlicht hat. Bekannt ist im übrigen von ihm, daß seine eigentliche „Karriere" mit der Krönung des Zaren Nikolaus II. begann: Der damalige Minister des Innern hatte für diese Feierlichkeit in üblicher Art ein Dynamitattentat provozieren lassen, um es dann rechtzeitig zu „entdecken", Subátow aber das Spiel für zu gefährlich gehalten und dem Großfürst Ssergej davon Mitteilung gemacht, was für den Minister schleunigen Sturz, für Subátow eine feste Vertrauensposition zur Folge hatte. Den großen Odessaer Streik zettelte ein ähnlicher Gentleman im Dienst der Polizei an, und noch jetzt ist Uschakow in Petersburg in der Arbeiterbewegung im Dienst der Regierung tätig. – Man muß sich bei all diesen betrogenen Betrügern, ebenso wie bei Gapon, sehr hüten, das Urteil über ihre persönlichen *Absichten* mit dem über das Regierungssystem, in dessen Dienst sie gerieten, zu vermengen. Wer die Infamien, die das Puttkamersche System bei uns züchtete, das ganze Getriebe der „politischen Polizei" noch jetzt, die demoralisierende Wirkung „politischer" Prozesse überhaupt, die Einwirkung des Sozialistengesetzes z.B. auf die Staatsanwaltschaften: den Neid der Kollegen auf den „Dusel" desjenigen, in dessen Ressort der betreffende Prozeß zufällig fiel, mit allem eklen Drum und Dran kannte oder gar einmal persönlich gesehen hat, – der kennt diese korrumpierenden Einflüsse, die naturnotwendigen Begleiterscheinungen eines in die Form der „Monarchie" gekleideten Partei- und Cliquenregiments, auch außerhalb Rußlands.

[103]) Das bestehende russische „Streikrecht" – welches eben in Wahrheit ein Recht ist, für welches der Streik juristisch einfach nicht existiert – kam z.B. im Januar 1906 in folgender, die Moskauer Streiks betreffenden Senatsentscheidung (Auszug: „Now[oje] Wr[emja]", 1./2., S. 3) zum Ausdruck: 1. Der Arbeitgeber hat keinen Lohn für Streiktage

teilweisen Lohneinbehaltung), 2. Gewährung des Rechtes der Aussperrung in Fällen, wo der Streik eines Teils der Arbeiter sie technisch notwendig machte, 3. – ein Teil von ihnen – die Aufrechterhaltung der Strafbarkeit „plötzlichen" Streiks, welcher das Eigentum des Unternehmers schädige. Die letzteren beiden Vorschläge wurden tatsächlich in das Projekt aufgenommen. Trotz allem wären nach dem Projekt die Gewerkvereine die *einzigen* gesetzlich generell zulässigen Vereine Rußlands gewesen.

Die Bewegung des Jahres 1905, nach dem Oktobermanifest, wuchs nun der Regierung über den Kopf, und Rechtslage und faktische Situation klafften weit auseinander.

Erst im Februar 1906 aber kamen die langwierigen Beratungen über die Frage der *Vereinsgesetzgebung*[104]) zum (vorläufigen) Abschluß in Gestalt des „zeitweiligen" Gesetzes vom 4. März 1906, während die Verhandlungen über die zivilrechtlichen Folgen des Streiks vor dem Zusammentritt der Duma überhaupt nicht zu einem positiven Resultate führten.

Das von Kokowzew beabsichtigte relativ weite Entgegenkommen gegenüber den Gewerkvereinen hatte inzwischen einer wesentlich andern Stimmung Platz gemacht. Zu Ende 1905 hatte die ungeheure politische Streikbewegung im Oktober und November, der Eintritt des Post- und Telegraphenstreiks und das Bevorstehen des zweiten allgemeinen Eisenbahnstreiks die Regierung zur Festlegung ihrer An- und Absichten bezüglich einer Anzahl qualifizierter Kategorien von Ausständen veranlaßt. Der Ukas vom 2. Dezember 1905 traf Bestimmungen über die Streiks von Bediensteten und Arbeitern bei 1. Eisenbahnen (auch privaten), 2. Telephonen (auch privaten), 3. staatlichen Anstalten (wozu alle Telegraphen und die Post gehören). Bei diesen Bediensteten (seien sie nun rechtlich angestellte Beamte oder frei geworbene Arbeiter) ist die „eigenmächtig im Einverständnis miteinander" erfolgende Arbeitseinstellung unter Verwendung von Drohung, Gewalt und Verruf mit Gefängnis von 4–16, sonst mit Arrest, und die Zugehörigkeit zu einer „Gemeinschaft", welche auf Erregung von Streiks gerichtet ist, mit Festung von 16–48 Monaten strafbar; auch werden Dritte, die sie in der angegebenen gesetzwidrigen Art zum Streik veranlassen, mit Gefängnis bestraft. Besondere Entschädigungen werden für solche Arbeiter dieser Kategorien ausgesetzt, die infolge ihrer „Arbeitswilligkeit" zu physischem oder materiellem Schaden gekommen sind. So hatte der Gesetzgeber, eben im Begriff, den Streik zu legalisieren, vorerst ein „Zuchthausgesetz" für bestimmte Arten von Streiks geschaffen. Da das Manifest vom 17. Oktober die

---

zu zahlen; 2. der Arbeitsvertrag wird durch Streik nicht alteriert, er besteht weiter; 3. der Unternehmer hat keinen Klageanspruch gegen den Arbeiter wegen Streikens. – Das Charakteristische ist ad 1 wesentlich, *daß* dies überhaupt streitig war.

[104]) Daß darüber im Reichsrat heftige, gelegentlich selbst leidenschaftliche Auseinandersetzungen stattgefunden haben („Now[oje] Wr[emja]", 20. Januar, und vorher), wurde zwar („Now[oje] Wr[emja]", 22. Januar) offiziös dementiert, ist aber dennoch sehr glaublich. (Fraglich ist nur, ob auch Timirjasjews Rücktritt damit zusammenhängt.) Den offiziellen Bericht über die Beratungen s[iehe] im „Now[oje] Wr[emja]" vom 31. Januar.

Vereinsbildung überhaupt – nicht nur, wie Kokowzew gewollt hatte, die Gewerkvereine – zu legalisieren versprochen hatte, so wirkte dieser Schritt durch die Art, wie dies schließlich geschah, in sehr fühlbarer Weise auf die allgemeine Vereinsgesetzgebung zurück.

Zwar wurde am 23. Januar im Reichsrat ein vom Ministerkonseil eingebrachter Entwurf eines Gesetzes betreffend die *Berufsvereine* beraten und fast unverändert angenommen. Dieser Entwurf stellte den „jawotschnyj porjadok" für Berufsvereine, bei Vorschrift eines bestimmten Minimalinhalts des Statuts und der Anmeldungspflicht zwei Wochen vor ihrer Eröffnung fest, gab ihnen Rechtspersönlichkeit, das Recht, Abteilungen und Filialvereine zu gründen, sich in Verbände zusammenzuschließen, ließ Frauen und, wenn das Statut es nicht ausschloß, auch Minderjährige zu. Aber zwischen diesen Beratungen und der Publikation lagen volle 6 Wochen der schärfsten Reaktion: der Rücktritt des Handelsministers Timirjasjew, steigende Macht des Ministers des Innern (Durnowo), und überdies geriet der Gesetzentwurf in die Gemeinschaft mit der Beratung über das zu schaffende allgemeine Vereinsgesetz, bei dessen Redaktion die rein polizeilich orientierten persönlichen Meinungen des *Zaren* zu berücksichtigen waren.

Das „bis zur Erlassung eines allgemeinen Gesetzes" gemäß dem Manifest vom 17. Oktober 1905 geltende *Vereinsgesetz* vom 4. März 1906 unterscheidet „Verein" (Obschtschestwo), als Verbindung von Personen zu anderen als direkten Erwerbszwecken[,] und „Verband" (Ssojus), als Verbindung von „Vereinen". Dem „Verband" rechtlich gleichgestellt sind „Vereine", in denen mehrere „Abteilungen" gebildet werden (Nr. I, 3): beide *müssen* in einem Vereinsregister zu registrierende Statuten haben, einfache „Vereine" *können* sie haben. Die statuten*pflichtigen* „Vereine" und also auch alle „Verbände" können jederzeit vom Minister des Innern aufgelöst werden, „wenn ihre Wirksamkeit ihm bedenklich für die öffentliche Ruhe und Sicherheit scheint". Abgesehen von dem Verbot von Vereinen mit gesetzwidrigen Zwecken und von ausländischen politischen Gesellschaften bestehen ferner folgende Schranken: 1. Ausschluß der Minderjährigen, Schüler und Studenten, 2. Beamte und *Arbeiter* staatlicher und *privater* Eisenbahnen und Telephone und in allen Staatsanstalten dürfen für ihre „geistigen und materiellen Bedürfnisse" Vereine, *nicht* aber „Verbände", bilden, deren Statut jedoch der Genehmigung der Behörde bedarf (I, 9), sie dürfen keine politischen oder mit ihrer Dienstpflicht unvereinbaren[105]) Ziele verfolgen (I, 10), keine Außenstehenden ohne Zustimmung der Behörde zulassen und können jederzeit administrativ geschlossen werden. Andrerseits werden „religiöse" und nach den Universitätsstatuten zulässige Lehrer- und Schülerverbände nicht betroffen. Der Unterschied zwischen Vereinen mit und solchen ohne „Statuten" (ustaw) ist, daß die letzteren nach geschehener, in sehr weitläufigem Verfahren zu erreichender Registrierung, wie nach dem deutschen BGB.,

---

[105]) Das Reglement betr. Streiks vom 2. Dezember 1905 besteht natürlich weiter in Kraft.

Rechtspersönlichkeit genießen. Aber sowohl für die einen wie für die anderen gilt, daß sie *de facto* der administrativen Willkür unterliegen. Zwar ist, dem *Wortlaut* nach, der „jawotschnyj porjadok" hier ebenso an die Stelle des Konzessionssystems gesetzt wie bei der Presse. Aber der Widerspruch zwischen Rechtsform und Sinn des Gesetzes ist hier weit schreiender als im Preßgesetz. Leute, die einen Verein (sei es mit oder ohne „Statut") gründen wollen, müssen dies dem Gouverneur bezw. dem Stadthauptmann schriftlich anzeigen, unter Angabe des Zwecks, des Wahlmodus für die Vertreter, des Wirkungsbereiches und der Ordnung des Ein- und Austritts von Mitgliedern. Die, *de facto* vom Gouverneur resp. Stadthauptmann gänzlich abhängige, „Prissutstwije", d. h. der halbbureaukratische „Gouvernementsrat", kann innerhalb von zwei Wochen „unter genauer Angabe der Gründe" erklären, der Anzeige „keine Folge zu geben" (im Gesetz – I, 16 – höchst verzwickt ausgedrückt), ebenso aber, von besonderen Fällen gesetz- oder statutenwidrigen Handelns ganz abgesehen, den Verein wegen einer „die gesellschaftliche Sicherheit und Ruhe bedrohenden Wirksamkeit" auflösen[106]). Beschwerde gegen Ablehnung oder Auflösung kann an den Senat gerichtet werden, an den auch der Gouverneur, durch Vermittlung des Ministers des Innern, gegen die Entscheidung der „Prissutstwije" appellieren kann. Über den Wert dieser „Administrativjustiz" hat sich (woran Kaminka im „Prawo" S. 1188 erinnert) das Ministerkomitee selbst noch im Dezember 1904 äußerst skeptisch geäußert.

Im Reichsrat war das Verlangen nach Unterstellung unter die *Gerichte* nachdrücklich gestellt worden, doch hatte der Zar persönlich das Votum einer verschwindenden Minderheit gutgeheißen und zugunsten der Polizeiinteressen entschieden, und das Ministerkomitee motivierte die getroffene Entscheidung damit, daß die Gerichte durch die Übertragung von Aufgaben „politischen Charakters" leicht „in ihrer hohen Stellung gefährdet" werden könnten. – Daß alle „Verbände", zu denen auch Vereine mit mehreren „Abteilungen" gehören, gänzlich dem Gutbefinden des Ministers des Innern überliefert sind, wurde schon erwähnt. –

Eine etwas – aber nur wenig – abweichende Rechtsstellung genießen nunmehr alle *Arbeitergeber-* und *Arbeitnehmervereine* in *Industrie und Handel* (Nr. II des Gesetzes). Erlaubte Gegenstände ihrer Wirksamkeit sind (II, 2): 1. Schlichtung von Arbeitsstreitigkeiten durch Schiedsgerichte, 2. Erhöhung des Lohnes, 3. Hilfskassen, 4. Sterbe-, Aussteuer- und Unterstützungskassen, Gründung von Bibliotheken, Schulen, Kursen, 5. Arbeitsmittelbeschaffung, 6. Arbeitsnachweis, 7. Rechtshilfe. Ihnen ist – im Gegensatz zu anderen Vereinen – die Errichtung von „Abteilungen", jedoch nicht unter abgetrennter Verwaltung,

---

[106]) Der (rechts von den Konstitutionellen-Demokraten stehende) „Klub der Unabhängigen" (Leiter: Fürst E. Trubezkoj) wurde in Moskau zur Registrierung *nicht* zugelassen, obwohl in der betr. Sitzung nicht nur der Bürgermeister und Upraważorsitzende, sondern auch der Staatsanwalt dafür stimmte. Die Mehrheit motivierte ihr Votum lediglich dahin: der Klub fordere, wie sein Programm erkennen lasse, „Teilung der Gewalt zwischen Zaren und Volksvertretung" („Now[oje] Wr[emja]" 10791, 2).

erlaubt (II, 5), dagegen – im *Gegensatz* gegen die Absichten des ancien régime vor dem Oktobermanifest – die *Gründung von Verbänden* absolut *verboten* (II, 6); sie dürfen durch ihr Statut Minderjährige, dagegen keine außerhalb des betreffenden speziellen Berufs stehende Personen zulassen. Sie müssen 14 Tage vor Beginn ihrer Tätigkeit ihr Statut – welches alle für Verwaltung, Aufnahme, Ausschluß, Beitragsleistung, Beschlußfassung usw. entscheidenden Bestimmungen enthalten muß – beim Fabrikinspektor einreichen (II, 11). Dieser tritt behufs Beschlußfassung über die Registrierung dem Bestande der „Prissutstwije" hinzu (II, 13). Im übrigen unterliegen sie der Auflösung nach den gleichen Grundsätzen wie andere Vereine. – Man sieht sofort, wie stark der Wind auch in bezug auf die Gewerkvereine wieder umgeschlagen ist. Die Hoffnung, sie durch Bestimmungen, welche auf Schritt und Tritt zur Einmischung der Polizei führen müssen, mit „Staatsgesinnung" zu erfüllen, ist in Rußland ebenso kindlich wie bei uns, aber in „autoritär" regierten Staaten nicht auszurotten. Sieht man von der Schaffung der Statutenschemata ab, so hat das ganze Gesetz *de facto* an dem Rechtszustand *vor* der Revolution nur insofern etwas geändert, als die Zuständigkeit zur Registrierung bzw. zur Quittung über die Anzeige, welche jetzt das „Verbot" ersetzt, *dezentralisiert* ist zugunsten der lokalen Polizeibehörden. – Scharfe Strafbestimmungen sanktionieren die in den Gesetzen enthaltenen Verbote.

6. Die ersten, freilich noch recht kümmerlichen Anfänge von garantierter „*Versammlungsfreiheit*" brachte Rußland das Bulyginsche Wahlgesetz, welches *in den Städten* „vorbereitende" Versammlungen der in einem Wahlkörper Wahlberechtigten (Urwähler, Bevollmächtigte, Wahlmänner) unter Ausschluß der Polizei, aber unter Leitung des Vorsitzenden der Wahlkommission (d. h. also: des Adelsmarschalls bzw. Bürgermeisters oder seines Vertreters) einführte, um (ausschließlich) über die *Person* der Kandidaten für die Wahl zu beraten. Denn der Ukas an den Senat vom 18. Februar (aufgehoben gleichzeitig mit Erlaß des Bulyginschen Dumagesetzes) gab kein Versammlungsrecht, sondern nur das (für Private schon seit 1811 bestehende, dagegen den Selbstverwaltungskörpern bis dahin bestrittene) *Petitions*recht. – Da dies für eine Wahlagitation, die den wenigstens äußerlichen politischen Erfolg der Dumawahlen gewährleistete, natürlich nicht genügte, erließ das „ancien régime" unter dem 12. Oktober 1905, ein „zeitweiliges" Versammlungsreglement, welches, mit einer – relativ – liberalen Ausführungsverordnung Trepows zusammen publiziert, zuerst den „jawotschnyj porjadok", wenigstens der Form nach, *generell* für Versammlungen einführte. Das „zeitweilige" *Versammlungsgesetz* vom 4. März 1906 ist lediglich eine Um- und teilweise Rückwärtsrevidierung jenes Reglements. Es kennt den Unterschied zwischen Stadt und Land nicht mehr und unterscheidet: 1. Private Versammlungen, welche weder konzessions- noch anzeigepflichtig sind und zu denen auch Versammlungen gesetzlich konstituierter Vereine gehören, *falls keine* anderen Personen als die aktiven Vereinsmitglieder – also weder Ehrengäste noch z. B. *Abgesandte von anderen*

Vereinen – dabei *anwesend* sind[107]); – 2. *öffentliche* Versammlungen, d. h. a) solche, bei denen dem Veranstalter der Versammlung *persönlich nicht bekannte* Leute *anwesend* sind *oder* b) welche – gleichviel ob jenes Merkmal zutrifft und ob die Zahl der sich Versammelnden groß oder klein ist –, in Theatern, Konzert- oder Ausstellungssälen, Gebäuden von öffentlichen Körperschaften oder in Räumen, die eigens für Versammlungen hergerichtet werden oder in concreto für eine solche *gemietet* wurden (gleichviel ob sie z. B. Privatwohnräume sind), abgehalten werden. *Nicht öffentlich sind also nur* Versammlungen in solchen *Privat*räumen, die *weder* ein für allemal für Versammlungen hergerichtet sind *noch* für die Versammlung gemietet wurden, wenn *alle* Teilnehmer dem Veranstalter *persönlich* bekannt sind. Und dabei sind „öffentliche" Versammlungen – was für die Wahlbewegung in kleinen Städten und auf dem Lande von einschneidendster Bedeutung ist – *verboten* in Restaurants (III, 4 des Gesetzes); in Unterrichtsanstalten sind sie nur gemäß den betr. Statuten, unter freiem Himmel – was für die Dörfer wichtig ist – nur mit Zustimmung des Gouverneurs gestattet. – Jede „öffentliche" Versammlung muß unter Angabe des Gegenstandes der Erörterung und, wenn ein Vortrag gehalten werden soll, auch der Person des Vortragenden drei Tage vorher angemeldet werden, und es muß der Polizei Zutritt zu ihr gestattet werden[108]). *Verboten* werden können Versammlungen, wenn sie „die öffentliche Sicherheit und Ruhe bedrohen"; *aufgelöst* werden sie u. a.: [„]falls sie sich vom Gegenstand ihrer Beschäftigung entfernen"; falls „Äußerungen, die zum Haß eines Teils der Bevölkerung gegen einen anderen aufreizen, fallen",

---

[107]) Die großes Aufsehen erregende polizeiliche Sprengung einer Sitzung der Petersburger „Freien ökonomischen Gesellschaft" vom 24. April erklärte der Gradonatschalnik (Stadthauptmann) in der Presse („Now[oje] Wr[emja]" 10817) 1. damit, daß Nichtmitglieder zugegen gewesen, 2. daß die Versammlung in einem für Versammlungen eigens hergerichteten Hause stattgefunden habe, also (s[iehe] weiter im Text) aus zwei verschiedenen Gründen eine „öffentliche" im Sinne des Gesetzes vom 4. März gewesen sei.

[108]) Aus der Versammlungs-„Praxis": Am 13. Dezember verbot der Minister des Innern *jede* Zulassung von Versammlungen zu politischen und ökonomischen Zwecken. Auf Remonstration der konstitutionellen (Centrums-)Parteien erging am 22. Januar eine Verfügung, welche dies Verbot aufhob und das Oktoberreglement wieder in Kraft setzte. Aber am 31. Januar konnte Nasha Shisnj wieder eine Verfügung des Ministers des Innern publizieren, welche den Gouverneuren einschärfte, die Zahl der Versammlungen derart zu beschränken, daß wirksame Aufsicht möglich sei, und alle solche zu verbieten, welche, nach ihrer Meinung, „die Ruhe gefährden könnten". Im Februar remonstrierte die konstitutionell-demokratische Partei mit dem Hinweis darauf, daß in den allerverschiedensten Gegenden des Reiches ihre Versammlungen von den Behörden unterdrückt würden. Der Minister (Durnowo) erwiderte in persönlicher Rücksprache, das entspreche nicht seiner Absicht, er stehe der Partei nicht übelwollend gegenüber, sondern interessiere sich nicht für Politik. Auf eine erneute Remonstration der Partei gegen ein Versammlungsverbot eines Gouverneurs erwiderte er, die Entscheidung in diesen Dingen liege bei der örtlichen Verwaltungsbehörde. Bei Beginn der Wahlen erließ er alsdann die weiter unten zu erwähnende unglaubliche Verfügung. – Selbst der konservativ-mittelparteiliche Bürgermeister von Petersburg sah sich („Russk[ija] Wj[edomosti]" 57, 3) veranlaßt, in seiner amtlichen Eigenschaft gegen die Versammlungsverbote in der Hauptstadt zu protestieren.

falls die „Ordnung" durch aufrührerische Rufe oder Äußerungen „gestört wird", – alles Gründe, die einer der Regierung ergebenen Partei oder den agents provocateurs der Polizei gestatten, jederzeit jede Versammlung der Gegner der Regierung auflösungsreif zu machen. Tatsächlich ist das Gesetz der Vorwand für jede denkbare Willkür geworden, soweit man – wovon unten – sich eine solche gestatten zu können glaubte, – wie wir das ganz natürlicherweise neustens in einer Anzahl deutscher Staaten mit ähnlich formulierten Gesetzen auch erlebt haben. – „Kongresse" – der Begriff ist (III, 17) nicht näher definiert – bedürfen der Genehmigung des Ministers, ihre öffentlichen Versammlungen unterliegen der allgemeinen Regel. Die auch von dem Wahlgesetz vom 11. Dezember 1905 (XII, 1–6) ausdrücklich, unter Beschränkung der Teilnahme auf die *Wahlberechtigten,* der Aufsicht der Polizei *entzogenen* „vorbereitenden Versammlungen" der Dumawähler sind (III, 16, V) ziemlich zweideutig behandelt, und nur für die Wahlmänner-Versammlungen – ebenso wie für religiöse Versammlungen und für die *herkömmlichen* (also nicht für neue, etwa sektiererische) Prozessionen – ist das Gesetz (Nr. IV) nicht gültig.

7. Die im Manifest vom 17. Oktober versprochene „effektive" Unantastbarkeit der *Person* und der *Wohnung* wurde *nicht* geschaffen, es waren bei Zusammentritt der Duma nicht einmal gesetzgeberische Ansätze dazu vorhanden. Schon eine Justizministeriumsverfügung vom 25. November 1905 sprach lediglich davon, daß der Zar im Manifest vom 17. Oktober eine „bedeutende *Verminderung*" der administrativen Verschickungen zugunsten der gerichtlichen Aburteilung in Aussicht gestellt habe. Auch davon war in der Praxis keine Rede, im Gegenteil, die Verschickungen blühten wie niemals vorher. Von Beseitigung der Ausnahmegesetze war alles still. Zwar hatte sich eine „besondere Kommission" mit der Frage des Schutzes der „persönlichen Unantastbarkeit" befaßt, – allein die Beratung war im Februar auf unbestimmte Zeit „vertagt" worden („Russk[ija] Wjed[omosti]" 14. Januar)[109]. Nach den Wahlen, Ende März, tauchte die Frage in andrer Form wieder auf. Ein Kommissionsbericht (vgl. „Russk[ija] Wjed[omosti]" 81, 3) über die Abänderung der „Ausnahmegesetze" schlug zunächst die Schaffung einer *Liste* der „die gesellschaftliche Sicherheit gefährdenden Personen", welche, nach *gerichtlicher* „Verwarnung" und Verurteilung (durch die örtlichen Gerichte) unter Polizeiaufsicht zu stellen seien, vor. Für die als „unbedingt gesellschaftsgefährlich" erklärten Personen sollte das *Zwangsdomizil* bestehen bleiben. Diese letzte Maßregel sollte von der „Prissutstwije" des Gouverneurs bezw. staatlichen Stadthauptmanns, unter Hinzutritt einer Minorität von drei Semstwo- bezw. Dumamitgliedern (von denen zwei zur Gültigkeit der Entscheidung in der Sitzung sollten anwesend sein müssen) verhängt werden. Auf diese Art hoffte man offenbar – und dieser Gedanke war gar nicht übel – die in jenen Selbstverwaltungskörpern dominierenden *besit-*

---

[109]) Ein vom Justizministerium ausgearbeitetes Projekt war „unbefriedigend" ausgefallen und daher ad acta gelegt. „Gegenwärtig werden im Justizministerium andere Projekte über diesen Gegenstand nicht bearbeitet," besagte lakonisch eine offiziöse Notiz (Wiedergegeben „Now[oje] Wr[emja]", 2. Febr., S. 4.)

zenden Klassen zugleich *mit an den Verschickungen zu interessieren* und ihnen die *Verantwortung* mit aufzuladen. Wie wenig ihre Mitwirkung als *Garantie* gedacht war, erhellt daraus, daß Beschwerde – natürlich auch seitens der Polizei – an die berüchtigte erste Abteilung des *Senats* zulässig sein sollte. Die Unumgänglichkeit der Beseitigung des alten *Paß*systems entlaste, so meinte im übrigen die Kommission, die Polizei soweit von „*papierner*" Kontrolle, daß nunmehr unbedingt die effektive *persönliche* Beaufsichtigung *aller* unter ihre Aufsicht gestellten Personen von ihr gefordert werden könne. – In dieser charakteristischen Weise stellten sich die Repräsentanten des alten Regimes die Herstellung des „Vertrauens" zwischen „Gesellschaft" und Bureaukratie vor. Von irgendeiner „Habeas corpus"-Gesetzgebung war im übrigen keine Rede, und es verstand sich von selbst, daß dieses Regime sich dazu auch, im Interesse seiner Selbsterhaltung, unter *keinen* Umständen bereitfinden lassen konnte. Sie setzt eine wirksame Kontrolle der Verwaltung durch Instanzen von *verfassungsmäßig* garantierter Unabhängigkeit voraus, wie anderseits jede wirkliche „Konstitution" eine Habeas-corpus-Gesetzgebung als erste Frucht zeitigen müßte.

Das Interimsministerium Graf Witte-Durnowo brachte vielmehr eine erhebliche Anzahl von Verschlechterungen des Rechtsschutzes der „Persönlichkeit" selbst gegen den bisherigen Zustand. Von den Umgestaltungen des Personals der Gerichte und allerhand anderen Änderungen der Zuständigkeitsverhältnisse (Erweiterung der Tätigkeit der Einzelrichter) ist schon flüchtig die Rede gewesen, die Einzelheiten interessieren hier nicht und würden die Erörterung des gesamten Gerichtsverfassungswesens voraussetzen. Hervorgehoben sei nur die Erweiterung der Zuständigkeit der Schöffengerichte (Gerichtshöfe, zu deren Verhandlung gemäß Art. 1105–1106^2 der Strafgerichtsordnung *ständische* Vertreter zugezogen werden) auf das durch die allerhöchste Verfügung vom 9. Februar 1906 neu geschaffene Delikt des *Besitzes* von Explosivkörpern, welches, wenn nicht ein unschädlicher Zweck nachgewiesen wird, Einreihung in die Besserungsarrestantenabteilung bis zu eventuell 15 Jahren nach sich ziehen sollte, und vor allem auf die neu gestalteten Delikte des wirklichen oder (auf Seite des *Beamten*) *putativen*[110]) Angriffs und Widerstands gegen die Staatsgewalt und eine ganze Serie andrer Aufruhr- und Gewaltsamkeitsdelikte, namentlich auch gegen das Eigentum, aufgezählt in dem allerhöchst bestätigten Reichsratsgutachten vom 18. März 1906 Nr. II: das Gehässige liegt hier darin, daß diese, zum großen Teil einen *Klassen*charakter tragenden Delikte *Klassen*gerichten übertragen werden, in denen jene Leute Richter sind, deren Klasseninteressen bei jenen Delikten in Frage stehen, was bei der schier unglaublichen Hast, die für das Verfahren vorgeschrieben wird, mit unerhörter Schwere ins Gewicht fallen muß. Und ferner verdient Aufmerksamkeit die Allerhöchste Verfügung vom 13. Februar 1906, wodurch 1. die Verbreitung „offenbar trügerischer Behauptungen" über die Tätigkeit von Behörden, durch welche die Bevölkerung zu feindlichem Verhalten ihnen gegenüber veranlaßt wird, 2. die „Erre-

---

[110]) Die betreffende Formulierung ist geradezu grotesk.

gung von Haß zwischen den verschiedenen Teilen und Klassen der Bevölkerung, den Ständen oder zwischen Unternehmern und Arbeitern" durch Schrift oder Rede (also ein Surrogat eines Sozialistengesetzes) bedroht wird. – Es würde aufs äußerste ermüdend sein, herzuzählen, wie diese Zusätze zu den bereits bestehenden Gesetzen gewirkt haben. Das Unglaublichste bleibt doch die für jedes rechtliche Empfinden, gleichviel welchen Parteistandpunkts, den denkbar autoritärsten und konservativsten nicht ausgenommen, *maßlose Keckheit,* mit welcher nach den Versprechungen des 17. Oktober das Prinzip der *willkürlichen administrativen Verfügung* über die Person des „Untertanen" durch Beschränkung der Freizügigkeit, Anweisung von Zwangsdomizilen in entfernten Gebieten des Reiches und Massen-„Verschickung" nicht etwa nur faktisch aufrechterhalten und weiter praktiziert, sondern noch in einer kaum durch irgendeinen Ausdruck hinlänglich zu qualifizierenden Weise verschärft wurde. Schon ein Erlaß des Ministers Durnowo vom 30. November 1905 schrieb den Gouverneuren u. a. vor, daß im Falle „notorische Agitatoren" *durch die Gerichte freigelassen* werden sollten, sie zu verhaften und administrativ zu verschicken seien (Punkt 3), daß dabei (Punkt 4) „keinerlei Beachtung etwaiger Proteste von Verbänden und Delegierten" stattfinden dürfe und daß (7.) „überhaupt keinerlei Schwanken bei Ausführung der beabsichtigten Maßregeln zulässig" sei. Telegraphische Antwort in der Fassung: „wird ausgeführt", war im Erlaß (Schluß) vorgeschrieben. Aber damit nicht genug. In demselben Zeitpunkt, in welchem man – wie noch weiterhin zu erwähnen – an die Zersprengung der bäuerlichen Obschtschina ging, benutzte man das mittelalterlichste aller ihrer Rechte: das Recht, ihr nicht genehme und bestrafte Mitglieder durch Gemeindebeschluß nach Sibirien zu exportieren, indem man durch besondere Verordnung die staatlichen Zuschüsse zu den Transportkosten erhöhte. Daß endlich an den *Paß*reglements, deren Untauglichkeit für die Zwecke, denen sie dienen sollten, längst feststeht, nichts geändert wurde, bedarf kaum der Erwähnung; es kostete z. B. der Behörde beträchtliche Schwierigkeiten, und es bedurfte einer besonderen Ministerialinstruktion, um die zur Rettung ihres Lebens (vor den Bauern) ins Ausland Geflüchteten, die versäumt hatten, sich den erforderlichen *Paß* zu beschaffen, wieder ins Inland hineinzupraktizieren[110a]).

[110a]) Der Duma gegenüber hat die Regierung die Beseitigung der *Inlands*pässe in Aussicht gestellt. Fertiggestellt ist ferner (nach Zeitungsberichten) ein Gesetzentwurf, welcher die persönliche Verantwortlichkeit der Beamten regelt. Er beruht auf dem Prinzip, daß man „die kleinen Diebe hängt, die großen laufen läßt": Subalternbeamte und Arbeiter sollen ganz frei verfolgbar sein, andere, bis zur vierten Rangklasse, durch den Staatsanwalt, vorbehaltlich jedoch des bei besonderen Verwaltungsgerichtshöfen (der „gemischten Prissutstwije" gemäß Art. 242 Ust[aw] grashdanskawo ssudoproizwodstwa) zu erhebenden „Kompetenzkonflikts" (nach preußischer Terminologie). Für die vom Kaiser selbst ernannten Beamten soll die bisherige Ordnung *bestehen bleiben.* Diese ist jetzt insofern modifiziert, als nach Art. 68 der revidierten Reichsratsordnung vom 24. April 1906 über die Frage, ob Minister, Statthalter, Generalgouverneure und Beamte der ersten drei Rangklassen vor Gericht gestellt werden sollen, das erste Departement des Reichsrats, gebildet *jährlich* durch kaiserliche Ernennung, und zwar nur aus dem Kreise der *ernannten* Mitglieder, zu befinden hat. – Wertvoll ist dagegen das Projekt über die

Blicken wir zurück, so zeigte sich immer wieder bei *allen* einzeln betrachteten Fragen, daß dasjenige Maß an „Freiheiten", welches bei Eröffnung der Duma *rechtlich* verwirklicht war, mit ganz unerheblichen Ausnahmen bereits das Werk des Ancien régime *vor* dem Ministerium Witte war, entstanden in der Angst vor der aufgeregten öffentlichen Meinung, unter dem Eindruck des im Kriege verlorenen Prestiges und in der Hoffnung[,] irgendwie den Besitz auf die Seite der Bureaukratie hinüberziehen zu können, *ohne* deren unumschränkter Macht für die Zukunft etwas zu vergeben. *Nachdem* die Errichtung der gesetzgebenden Gewalt im Oktobermanifest versprochen war, hat das Interimsministerium nichts Neues in der von diesem versprochenen Richtung mehr getan, es hat mit allen denkbaren juristischen Manipulationen den formal konzedierten „jawotschnyj porjadok" für Presse, Vereine, Versammlungen, Religionszugehörigkeit der administrativen Willkür wieder unterstellt und vor allem zur Beseitigung des gänzlich arbiträren, an keinerlei Rechtsschranken gebundenen Schaltens über die Person des Staatsbürgers *nichts* getan. Man muß bedenken, was es eigentlich besagen will, wenn *an dem gleichen Tage,* an welchem der ganze ungeheure Zorn sich in der Duma bei Gelegenheit der Adreßdebatte entlädt und die Forderung der Amnestie der sogenannten politischen Verbrecher beraten wird, wo die Gefängnisverwaltungen nicht hindern können, daß Manifestationen und *Begrüßungstelegramme* der Inhaftierten an die Duma gelangen, jedes Dorf im weiten Reich auf das entscheidende Wort harrt, wenn an diesem Tage die trockene Nachricht sich in der Zeitung findet, daß aus dem Petersburger Gefängnis ein Transport von 240 Gefangenen, ohne Gericht und Urteil natürlich, zur administrativen Versendung „bereit stehe". Die Maschinerie arbeitet weiter, als ob nichts passiert wäre. Und dennoch: es waren eben Dinge geschehen, die nicht rückgängig zu machen waren. Gerade die Unaufrichtigkeit, mit welcher die Freiheiten offiziell gegeben, mit der anderen Hand im Augenblick, da man sie gebrauchen will, illusorisch gemacht werden, *muß* ja die Quelle unablässig sich wiederholender Konflikte und grimmigen Hasses werden, unendlich aufreizender als das alte offene, niederdrückende Repressionssystem. Man kann mit einer Nation und politischen Freiheitsrechten nicht ein Hasch-Haschspiel veranstalten, indem man sie ihr wie einem Kinde einen Ball hinhält und, wenn sie darnach greift, sie hinter den Rücken verschwinden läßt. Und ähnlich verhält es sich mit jener *„Konstitution",* die das Manifest vom 17. Oktober, sei es auch in noch so zweideutigen Worten, versprochen hatte. Bevor wir uns jetzt der Behandlung dieses Versprechens durch die Bureaukratie zuwenden, haben wir uns zu vergegenwärtigen, daß in jenen Oktobertagen der Führer des bureaukratischen Rationalismus, Witte, dem Zaren neben dem zweideutigen Verfassungsmanifest, welches für die Zukunft dunkle Versprechungen gab,

---

Neugestaltung der Stellung der von den Semstwos zu wählenden *Friedensrichter* (s[iehe] seinen Wortlaut „Now[oje] Wr[emja]" 10854). Es bedeutet, wie die längst verlangte Beseitigung der heutigen Stellung der Semskije Natschalniki, ein Zurückgreifen auf die Reformgedanken Alexanders II. Vor 10 Jahren hätte es befreiend gewirkt. Über den Inhalt soll berichtet werden, wenn erst etwas zustande gekommen ist.

noch eine *alsbald* in Kraft tretende Änderung der konkreten Maschinerie der sogenannten „Selbstherrschaft" abnötigte, welche deren innerstes Wesen endgültig wandelte.

III. Die Vollendung der Bureaukratisierung der Selbstherrschaft

Der eigenartige Charakter des russischen Staatswesens äußerte sich bis zum Oktober 1905 formal in den höchsten Sphären des Staatslebens in zwei äußerlich wahrnehmbaren „Lücken": 1. dem Fehlen der ministeriellen Kontrasignatur bei kaiserlichen Erlassen und 2. in dem Fehlen eines „Ministerkabinetts" im westeuropäischen Sinn. Die kaiserlichen Erlasse, Ukase, Gesetze waren bis zu dem Grundgesetz vom 23. April 1906, welches die „Sskrjepljenije" verfügte, entweder nur vom Kaiser namentlich unterzeichnet[,] oder es fand sich an der Spitze die Notiz: „auf dem Original ist Höchsteigenhändig vermerkt: ‚so sei es (bytt po ssjemu),'" oder endlich, es war dem meist eingehend begründeten, Erwägung und Verfügung nebeneinander enthaltenden Ministerialbericht oder Reichsratsgutachten am Schlusse die Bemerkung zugefügt, daß der Kaiser unter dem und dem Datum den Bericht Allerhöchst genehmigt habe. Die persönlichen Ukase und Manifeste und alle Gesetze pflegten einleitend allerhand schwülstige, angebliche Betrachtungen des Monarchen nach Art der preußischen aus dem Anfang des 19. Jahrhunderts zum besten zu geben. Dies müßte nun eigentlich ein Ende nehmen. Allein dem ist nicht so. Der erste, *nach* dem Zusammentritt der Duma sanktionierte Erlaß – vom 8. Juni (Verlängerung des Belagerungszustandes in Moskau) – trug keine Kontrasignatur. Auf die Reklamationen der Presse erfolgte ein Communiqué im „Prawit[jelstwjennyj] Wjestnik" (17. Juni), welches besagte, daß der *Senat,* der ja schon unter dem ancien régime die Authentizität der Erlasse vor der Publikation zu prüfen hatte, auch die ordnungsmäßige „sskrjepljenije" – der Wortsinn schwankt zwischen „Bestätigung" und „Beglaubigung" – prüfe. Also eine Art Kontrasignatur mit Ausschluß der Öffentlichkeit, um jeden Anklang an „den Westen" zu vermeiden. Überdies ist für „Gesetze" nicht die „sskrjepljenije" des Ministeriums, sondern – da sie nach ihrer Annahme in den beiden Kammern direkt durch den Reichsratspräsidenten dem Zaren präsentiert werden – durch den „Staatssekretär" vorgeschrieben (Art. 65 der definitiven Reichsratsordnung vom 24. April 1906), auch hier also die Intervention des „verantwortlichen" Ministers *formell* ausgeschaltet. Es handelt sich hier ganz offensichtlich um lauter Rückwärtsrevidierungen des Sinnes des gleich zu erwähnenden Ukas vom 21. Oktober 1905. Allein trotz dieser kleinen Erschleichungen sind durch diesen Ukas Dinge geschaffen, welche de facto nicht wieder rückgängig zu machen sind, und durch welche schon vor der „Konstitution" die Art des Zustandekommens der Gesetze sich zu ändern wenigstens *begonnen* und die Art des Ineinandergreifens der höchsten Staatsorgane wirklich in weitttragendster Art geändert hat. Fast mehr als die

Schaffung der Duma durch das Gesetz vom 6. August und selbst als die Zusage, daß ohne ihre Zustimmung kein Gesetz in Kraft treten solle, fuhr den Slawophilen konservativer Richtung die Umgestaltung des „Ministerrates", seine Annäherung an ein „Kabinett" mit dirigierendem Premierminister, durch den Ukas vom 21. Oktober 1905 in die Glieder. Bis dahin existierten neben dem, aus für Lebenszeit ernannten Mitgliedern, meist Exbeamten, oft abhängigen und gelegentlich halb verblödeten „vergangenen Größen" bestehenden „Reichsrat", dessen Begutachtung alle „Gesetze" zu passieren hatten, die beiden Institutionen 1. des Ministerkomitees, 2. des Ministerrates. Ersteres bestand nicht nur aus den jeweiligen Ministern, sondern daneben aus verschiedenen anderen Beamten, und sein „Präsident" war ein Sinekurist, der bis in die letzte Zeit gar kein Bureau besaß und auch keines solchen bedurfte. Seine Geschäfte waren nicht etwa Entschließungen hochpolitischer Art, sondern umgekehrt 1. die Erledigung bestimmter laufender inter-departementaler Geschäfte und 2. besondere, ihm durch Gesetz zugewiesene Zuständigkeiten, wie z. B. Konzessionierung von Aktiengesellschaften und dergleichen. Der Ministerrat dagegen war, nach preußischer Terminologie, ein Kronrat, präsidiert vom Monarchen oder, wenn dieser für einen Gegenstand „nähere Beratung in seiner Abwesenheit" wünschte, vom ältesten anwesenden Minister. Einberufen auf kaiserlichen Befehl, zur Beratung von Gesetzesänderungen und anderen politisch besonders wichtigen Verfügungen eines Ressorts, Entschließungen über die Berichte der so beliebten „besonderen Kommissionen", welche konkrete Probleme von allgemeiner politischer Bedeutsamkeit beraten hatten, oder für andere, vom Monarchen bestimmte Angelegenheiten, bestand er aus allen Ressortchefs *und anderen* ad hoc vom Monarchen berufenen Personen, unter Teilnahme des Sekretärs des Reichsrates. Im übrigen gab es weder einen Premierminister, der die Vorträge seiner Kollegen beim Monarchen ein für alle Mal zu kontrollieren das Recht hatte, noch überhaupt geregelte Beratungen eines Staatsministeriums im Sinne z. B. der preußischen Praxis. Die Beziehungen des Ressorts hingen – außer in den Fällen, wo das Gesetz oder das Gebot des Monarchen ein anderes bestimmt vorschrieb – von dem persönlichen Gutbefinden der Chefs und ihren Beziehungen untereinander ab. Die Folge war jener Zustand, den man in der Tat mit nicht allzu großer Übertreibung dahin charakterisieren konnte, daß das Reich in eine Vielheit von *Satrapien* zerfiel, deren Gebiete nur nicht regional, sondern nach sachlichen „Ressorts" abgegrenzt und konstant streitig waren und welche miteinander in einem ständigen Wechsel von Kriegszustand, mühsam hergestelltem Waffenstillstand, Bündnissen und wieder beginnenden Intrigen lebten. Die Bombardements zwischen diesen Potentaten im Fall des ausbrechenden Kriegszustandes erfolgten in Gestalt oft dickleibiger, zuweilen Hunderte von Druckseiten füllender Staatsschriften, zu deren Ausarbeitung für das angreifende oder angegriffene Ressort dessen nicht selten in Deutschland geschulte wissenschaftliche Hilfskräfte im Schweiße ihres Angesichts alle denkbare in- und ausländische staatsrechtliche, ökonomische und historische Literatur zu wälzen hatten, und die in den Fällen, wo sich einmal ein Einblick in sie eröffnet, eine höchst ergötzliche, zuweilen sogar eine, wenn auch nicht kurzweilige, so doch sachlich ganz interessante Lektüre bilden. Es ist gar nicht selten von guten Kennern, Russen und anderen, die Frage, ob dabei die Interessen des Landes gut gefahren seien, aus ganz den gleichen Gründen entschieden *bejaht* worden, aus denen man die Bestechlichkeit und den Schlendrian mancher Schichten der russischen Beamtenschaft als ein positives Gut gewertet hat. Denn ein Versuch, sich in die russische Maschinerie von Reglements inner- und außerhalb der 16 Bände des „Sswod" zu vertiefen, muß den Eindruck erwecken, daß das Unternehmen, diesen Wust ernstlich für effektiv geltendes *Recht* zu nehmen, das Leben nicht nur für den „modernen" Menschen zur Unmöglichkeit machen, sondern ähnlich wie es die „technischen Obstruktionen" der Eisenbahner in Italien erfolgreich versuchten, diese ganze Maschinerie selbst ad absurdum führen müßte. Und jedenfalls: *ausschließlich* vom Standpunkt der individuellen Bewegungsfreiheit der „bürgerlichen" Kreise aus betrachtet, konnte jede Hemmung, die sich das „System" des selbstherrlichen Regimes selber bereitete, jeder – mit Leroy-Beaulieu zu sprechen – noch so schmutzige Kanal, durch den ein Entschlüpfen aus den Netzen dieses furchtbaren bureaukratischen Rationalismus möglich blieb, für einen Schutz der Menschenwürde der Untertanen gelten: die tiefst gehaßten Beamten waren nicht zufällig die „pedantischen" Deutschen, welche ehrlich an die „Weihe" der „Reglements", welche dies „System" aus sich gebar, glaubten, oder unbestechliche zentralistische Rationalisten großen Stils wie Plehwe. Die alte patriarchale Selbstherrschaft war nur als ein System des möglichst wenig wirklich „regierenden" Schlendrians überhaupt rein technisch durchführbar.

Der Ukas vom 21. Oktober 1905 nun bedeutete das Schwinden des noch vorhandenen Scheins der „Selbstherrschaft" im alten Sinn und die definitive Errichtung der zentralisierten Herrschaft der modernisierten Bureaukratie. Zwischen den Monarchen und die Ressortchefs tritt der „Ministerrat" und sein Präsident, der stets selbst Minister, wenn auch ev[entuell] ohne Portefeuille, ist (Nr. 3). Natürlich sind sowohl der bekannte Streit zwischen dem Monarchen und dem Ministerpräsidenten gelegentlich der Entlassung Bismarcks wie jetzt namentlich die unlängst näher bekannt gewordenen Vorgänge bei der *erstmaligen* Schaffung des „Kabinetts" in Preußen (1848) und das Verhalten Friedrich Wilhelms IV. dazu zu vergleichen. Die Teilnahme ad hoc vom Monarchen einberufener Personen, ebenso diejenige des Reichsratssekretärs an den Sitzungen dieses fortan nur aus den Ressortchefs bestehenden Ministerrates fällt fort, nur der Ministerpräsident kann andere sachkundige Personen zur Teilnahme mit beratender Stimme ad hoc einladen, (Nr. 9). Der Monarch *kann* dem Ministerrat präsidieren, aber dies ist als Ausnahme gedacht (Nr. 5). Über die der Allerhöchsten Bestätigung bedürftigen Beschlüsse des Ministerrats hält der Ministerpräsident allein dem Monarchen Vortrag (Nr. 7), ebenso über alle im Ministerrat entstehenden und nicht innerhalb seiner beigelegten Meinungsdifferenzen (Nr. 16). Er hat das Recht, von allen Ressortchefs die ihm notwendig scheinenden Aufklärungen und Berichte zu verlangen, ihm sind alle Berichte der Ressortchefs an den Monarchen vorher zur Kenntnis zu bringen (Nr. 17); er hat auch das Recht, beim Vortrag zugegen zu sein. Er ist berufen, eventuell neben dem Ressortchef jedes Ressort im Reichsrat und in der Duma zu vertreten. Er hat neben dem Ressortminister das Recht, eine Angelegenheit vor den Ministerrat zu ziehen (Nr. 11). Alle vor den Reichsrat und die Duma kommenden Angelegenheiten *müssen* vor den Ministerrat gebracht werden (Nr. 12), und es darf überhaupt keine, eine „allgemeine Bedeutung" besitzende, Angelegenheit ohne Passierung des Ministerrats vom Ressortchef erledigt werden (Nr. 13); nur bezüglich der Angelegenheit des Kaiserlichen Hofes und der Apanagen, der Staatsverteidigung und der auswärtigen Politik ist dies auf die Fälle beschränkt, in denen die Ressortchefs es für notwendig halten (Nr. 14). Die Vorschläge für die Besetzung der obersten Stellen in der Zentral- und Provinzialverwaltung haben die Ressorts an den Ministerrat zu bringen, ausgenommen die Ressorts des Kaiserlichen Hofes und der Apanagen, des Heeres und der Flotte und der Diplomatie. Das bisherige Minister-*„Komitee"* wurde Schritt für Schritt aufgelöst und verlor bei Einberufung der Duma den letzten Rest seiner Kompetenzen.

Jeder sieht sofort, was hier geschaffen ist: die definitive bureaukratische Rationalisierung der Autokratie auf dem ganzen Gebiete der inneren Politik, welche heute nun einmal den *Fachmann,* und das heißt, bei mangelnder Selbstverwaltung: *ausschließlich* den Bureaukraten fordert. Der Autokrat – auch eine weniger nichtige Persönlichkeit als der regierende Zar – erhält die innerpolitischen Fragen nur vom Premierminister und Konseil „vorgekaut"; die bureaukratischen Interessen sind in dem letzteren Organ zu einem mächtigen Trust vereinigt, er ist, um das für den parlamentarischen Ministerverbrauch Frankreichs aufgekommene Bild zu gebrauchen, auf die Rolle eines Keglers beschränkt, der, wenn er *will,* jedes Mal „alle Neun" wirft, dann aber auch selbst die Mühewaltung des Kegeljungen auf sich nehmen muß. Die Anträge an die liberalen Politiker, in „sein" Kabinett einzutreten, ergingen denn auch ganz in westeuropäischer Art vom *Premierminister,* Grafen Witte, aus, und obwohl diese sämtlich ablehnten, wurde doch fast das gesamte Ministerium neu gebildet[111]). Da auch der Reichsrat, wie noch zu erwähnen, in eine parlamentarische, daher zur intimeren *Beratung* des Zaren nicht fähige Körperschaft verwandelt

---

[111]) Und auch ein anderes unentbehrliches Mittel bureaukratischer Regierungskunst schuf sich Witte: ein großes offiziöses Blatt: das „Russkoje Gossudarstwo", ausgestattet mit 600000 Rubel Kapital. Die wahrhaft hündische Gemeinheit dieses Organs erinnerte an die schlimmsten Zeiten Bismarckscher Presse. Leistungen wie der Schmutzartikel, den das Blatt dem Minister Timirjasjew bei seinem Rücktritt nachwarf: mit seiner fetten Pension beladen, gehe er nur, um in Aufsichtsräten Geld zu verdienen[,] und spiele dabei noch den charaktervollen Liberalen, – hätten der deutschen offiziösen Presse etwa 1888 alle Ehre gemacht. Ähnlich stand es mit den schnöden Artikeln, in welchen Witte nach der schweren Wahlniederlage der von ihm protegierten Mittelparteien diesen „Jesuitismus, Charakterlosigkeit, bürgerliche Klasseninteressen" usw. vorwerfen und die Demokraten als einzig ehrliche Männer rühmen ließ.

worden ist, bleibt vor der Hand dem Zaren – mit Bismarck zu sprechen – als einziges „Bekleidungsstück" *nur* das Ministerkonseil. Die daraus folgende Wehrlosigkeit des Monarchen gegenüber der Bureaukratie wird auch dadurch natürlich nicht gemindert, daß er in noch so vielen Einzelfällen immer einmal wieder rücksichtslos *gegen* das Konseil durchzugreifen sich entschließen und dies sicherlich eventuell sehr erhebliche politische Folgen haben kann: er ist aus dem Taktschritt des „Dienstes" ausgeschaltet und sein Tun dem Wesen der Sache nach zur *Systemlosigkeit* verurteilt, während auf der anderen Seite auch hier gilt, daß „die *Maschine* nicht müde wird". Seinem faktischen Einfluß kam der Krieg der Ressort-Satrapien zugute; jetzt ist er de facto wesentlich auf eine *Veto*gewalt beschränkt, soweit der Bereich der Tätigkeit des Konseils sich erstreckt; auch wenn er eine private „Nebenregierung" aus den Großfürsten oder anderen „Vertrauensleuten" bildet, wie es angeblich auch jetzt der Fall ist, ist sein Eingreifen ein entweder durch die Interessen bestimmter Cliquen dirigiertes oder ein ganz zufälliges. Zu ungeheuerlichen Dimensionen würde aber die monopolistische Stellung des Konseils bei einem System des *Schein*konstitutionalismus anschwellen müssen, wo die Minister mit einem von ihrer Verwaltungsmaschinerie fabrizierten, des *rechtlich* gesicherten Einflusses entkleideten Schattenparlament schalten und walten würden. Ganz anders – und dies wäre, so seltsam es heute manchem klingt, das sicherste Mittel für den Monarchen, faktischer *Herr* der Bureaukratie zu bleiben – *könnte* sich das Verhältnis entwickeln bei *rechtlich* voller Durchführung des „konstitutionellen" Systems; denn dann ist eventuell die Bureaukratie auf den Monarchen *gegenüber* dem Parlament angewiesen und steht mit ihm in Interessen*gemeinschaft.*

So wenig sich über diese Dinge, bei denen dem Wesen der Sache gemäß stets „alles im Flusse" ist, generelle Sätze aufstellen lassen, so ist doch aus dieser Möglichkeit heraus die faktisch oft so viel stärkere Position *formell*-rechtlich strikt konstitutioneller Monarchen (Preußen, Baden) zu erklären. Ja, das rein *parlamentarische* „Kingdom of influence" *kann, gerade* infolge seiner bewußten *Bescheidung* ein Maß von positiver systematischer Arbeit im Dienste seines Landes leisten[112]), welches dem „Kingdom of prerogative" nicht erreichbar ist,

---

[112]) Witte freilich machte bei einer Audienz von „Kleinbürgern" (Bericht im „Prawo" Nr. 4) die bei der Lage seiner Regierung doppelt erstaunliche Bemerkung: der König von England sei „von jüdischen Bankiers abhängig". Nun, man braucht die heutigen Behauptungen hervorragender englischer Publizisten, daß eine starke faktische Steigerung der englischen Kron-Prärogative bevorstehe, nicht allzu wörtlich zu nehmen (hier wie bei Herrn Th. Roosevelt ist vorerst dafür gesorgt, daß die Bäume nicht in den Himmel wachsen), – aber fest steht, daß bisher dieser König, dank seinem, bei heutigen Monarchen nicht durchgängig zu beobachtenden, sicheren Taktgefühl und seiner, jedem äußerlichen Aufprotzen abgeneigten Fähigkeit, sich in der Form *zu bescheiden,* seine Würde *ebenso* bestimmt gewahrt hat wie nur irgendein anderer (auch in Formsachen: vergl. die Unterredung mit John Burns), und, vor allem, den Machtinteressen seines Landes wahrscheinlich *sachlich* wesentlich *bedeutendere* Dienste geleistet hat als irgendein anderer, mit Prärogativen formell-rechtlich stärker als er ausgestatteter Potentat.

weil die dynastische Eitelkeit oder die Schwellung des Selbstbewußtseins, welche durch das rechtlich anerkannte Bestehen seiner Kronprärogative so leicht in Bewegung gesetzt werden, ihn zu persönlichen Ambitionen verleitet, die nun einmal mit der Realität des heutigen Staatslebens, welches mit dem Dilettantismus des Herrschers, wie ihn die Renaissancezeit kannte, nichts anfangen kann, nicht ohne schweren Schaden vereinbar sind. Für das Zarentum darf man – welches auch das weitere Schicksal der „Konstitution" für den Augenblick sein mag – gespannt sein, welche Wege es einschlagen wird.

Der in seiner Wurzel slawophile Vorschlag Schipows vom April 1906, den Reichsrat lediglich oder doch gänzlich überwiegend aus Vertretern der Semstwos und ähnlicher Korporationen zusammenzusetzen und ihn dann – im Gegensatz zu der bald zu besprechenden jetzt bestehenden Neuerung – *nur* als eine den Zaren unmittelbar *beratende* Körperschaft, unabhängig von der allein an der Legislative zu beteiligenden Duma, bestehen zu lassen, beruht, *theoretisch* betrachtet, auf einem teilweise richtigen Gedanken: so wie er durch die Gesetze vom 26. Februar 1906 (s. u.) geworden ist, ist der Reichsrat *nur* eine Bremse für die Duma und nur im Sinne und Interesse der kraft Gesetzes in ihm die absolute Stimmen*mehrheit*[113]) besitzenden *Bureaukratie*. Der Zar seinerseits dagegen hat an einer solchen Körperschaft, die nach parlamentarischer Geschäftsordnung verhandelt und beschließt, für sich nicht die geringste Stütze. Dagegen ein rein beratendes, *nicht zu großes* Gremium, mit dem er direkt verkehrte[114]), könnte – so nimmt diese Theorie offenbar an – nicht nur für die „positive" Arbeit *einflußreicher* (im Sinne der darin vertretenen Kreise), sondern auch für Zaren, die es zu gebrauchen verständen, eine starke Stütze gegen die Bureaukratie sein. Bei der mangelnden „Intimität", die ein notwendig *mindestens* 60–80 Mitglieder umfassender Körper bedingt, dürfte der Erfolg immerhin stark bezweifelt werden.

Wie dem nun sei, soviel steht fest, daß die Ordnung, die der Ukas vom 29. Oktober geschaffen hat, die Akme der bureaukratischen Machtstellung Wittes bedeutete. Die darin von ihm für sich geschaffene Position des Premierministers wirklich zu behaupten, ist ihm nicht gelungen: wie im „Fall Miquel" bei uns, zeigte sich auch hier, daß *nur* mit, noch so großem, Intellekt und *gänzlich* ohne das, was man „politischen Charakter" nennt, ein maßlos ehrgeiziger Mann (wie beide Staatsmänner es waren) schließlich doch nur dazu gelangt, dem Besitz des Portefeuilles schlechthin alles zu opfern und ohne Ehre vom Schauplatz abzutreten. Nachdem er für die *Börsen* lange genug an seinem Platze

---

[113]) Stichentscheid des (ernannten) Präsidenten!

[114]) Ansätze dazu finden sich in dem vorgeschriebenen direkten Verkehr des Reichsrats*präsidenten,* der dem Zaren *alle* parlamentarischen Beschlüsse zur Sanktion unterbreitet, mit ihm. Es ist in dem Ukas vom 21. Oktober 1905 Nr. 10 ausdrücklich ausgesprochen, daß der Ministerrat die der Beschlußfassung des Parlaments unterliegenden Angelegenheiten *nicht* „entscheidet", was – da die *Vorberatung* derselben im Ministerrat ausdrücklich vorgeschrieben ist, sich nur auf die *Sanktion* beziehen kann, bei der also der Zar sich von den Polypenarmen des bureaukratischen Trustes freizuhalten versuchen möchte. Ob all diese Bestimmungen *Erfolg* haben, darf freilich stark bezweifelt werden.

gestanden hatte und die Anleihe im Hafen war, verschwand er, und nicht einmal die Behauptung des Staatskredits war ihm gelungen in dem Sinne, den sicherlich er selbst damit verband. Anstatt im Januar, wo er *noch* unentbehrlich war, die Kabinettsfrage gegen Durnowo zu stellen, fügte er sich diesem Individuum, dem einzig bestechlichen Mitgliede des Konseils, verdammte sich zu absoluter Einflußlosigkeit und gab sich dem Haß und der Verachtung der „Gesellschaft" preis, ohne das Vertrauen des Zaren zu gewinnen; er machte sich so auch als etwaiger künftiger „Retter" unmöglich (oder doch nur sehr schwer möglich). Allein hier ist nicht von Witte persönlich die Rede. Fest steht, daß wenn jetzt die Rationalisierung des Bureaukratismus in Rußland weiterhin unvermeidlich um sich greift und nach unten fortschreitet, alle slawophilen Ideale an der Wurzel getroffen werden.

Das aber ist der Krieg der „Gesellschaft" gegen die Bureaukratie in Permanenz. Wie „Nowoje Wremja" das meines Wissens einzige große Blatt war, welches dem Grafen Witte zum Bleiben zuredete, mit der in diesem Falle besonders geschmackvollen Devise „Noblesse(!) oblige", so ist die Schicht der modernen großkapitalistischen Unternehmerschaft und der Banken die einzige, außerhalb des Beamtentums stehende Schicht, welche mit einer Herrschaft der Bureaukratie in scheinkonstitutionellen Formen und unter der Voraussetzung, daß dem Gelderwerb freie Hand gegeben wird und die staatliche „Subatowschtschina" verschwindet[115]), sich ganz gern einverstanden erklären würde[116]). Nun hat aber, wie noch zu erzählen sein wird, die Bureaukratie bei ihren *Wahl*gesetzen sich dergestalt in ihre eigenen Netze verstrickt, daß sie diesen ihren Lieblingen nicht helfen konnte: die „Handels- und Industriepartei": wie wir sehen werden, die Klassenvertretung der Bourgeoisie im strikten Sinne dieses Wortes, hat *einen* einzigen Abgeordneten durchgebracht. Die ganze übrige russische Gesellschaft steht wie ein Mann *gerade* gegen die Entwicklung der alten Selbst-

---

[115]) Über diese s[iehe] oben Anm. 102. Gegen die Duma werden die Großkapitalisten natürlich *immer* zur Bureaukratie stehen und sich selbst die weitgehendsten *formalen* Rechte dieser gefallen lassen. Auch bei uns flehten z.B. vor den Verhandlungen des Vereins für Sozialpolitik, Herbst 1905, manche Kartell-Vertreter in förmlich ergötzlicher Weise darum, daß „der Staat" mit ihnen eine Interessengemeinschaft eingehen, sie „*erziehen*" (sic!) solle usw., – wohl wissend, daß bei dieser so ersehnten Umarmung die Kartelle die Brunhilde sein und der „Staat", falls er sich zu viel herausnehmen sollte, das Schicksal König Gunthers erfahren würde.

[116]) Zur Charakteristik dieser Leute: bei den Beratungen über die Arbeitergesetzprojekte des (inzwischen zurückgetretenen) Ministers Fedorow, unmittelbar vor der Duma-Eröffnung, erklärte der Minister, daß seiner Meinung nach die russische Industrie den *Zehnstundentag nicht* ertragen könne. *Einstimmig* aber forderten ihn die zur Beratung geladenen Großindustriellen. Grund: weil die „Gesellschaft" ihn bestimmt verlange und es ein schwerer „taktischer Fehler" sein würde, sich dem nicht zu fügen. – Um das zu verstehen, genügt es, wenn man in dem Verhandlungsbericht bis zu dem Punkte liest, wo von den *Überstunden* die Rede ist. Hier wurde mit köstlicher Naivität verlangt, daß die Einlegung solcher jeweils „freier *Vereinbarung*" überlassen bleiben solle, ohne Einmischung der Fabrikinspektion. Gesetzlicher Zehnstundentag – beliebige Einlegung von Überstunden: man sieht, diese Leute haben von den Fabrikanten der Vereinsgesetze, Toleranzedikte usw. gelernt.

herrschaft zu einer modernen rationalen Bureaukratie, einerlei welche Parteistellung sie sonst einnimmt. Der rote Schrecken scheucht die Besitzenden zeitweilig in ihren Schatten, aber wir werden uns bald zu überzeugen haben – das ist das Interessante der Entwicklung zur Zeit des Interimsministeriums –, daß selbst er nicht imstande ist, das in der Konsequenz der Technik der modernen bureaukratischen Arbeit liegende System des „aufgeklärten", d. h. bureaukratisch rationalisierten, Absolutismus der Aktenstube der russischen Gesellschaft aufzuerlegen, die Kluft sich vielmehr derart erweitert, daß, nach endgültiger Vernichtung der patriarchalen Ideale der Staatstheorie des Slawophilentums, nur um den Preis des chronischen Bürgerkrieges die *rechtliche* Einschränkung der Bureaukratie vermeidbar wäre: wir sahen schon, daß das Interims-Regime nicht einmal rein äußerlich die Herstellung der „Ruhe" erzwingen konnte. Jetzt wollen wir zunächst verfolgen, in welcher Art es seinerseits sich mit dem Versprechen der Teilung der gesetzgebenden Gewalt abfand.

IV. Die „Konstitution"

Die bei Zusammentritt des ersten russischen „Parlaments" (27. April/10. Mai 1906) für dessen Rechte und Geschäftsführung geltenden Bestimmungen beruhen zum wesentlichen Teil auf den Formulierungen des Bulyginschen Dumagesetzes vom 6. August 1905, welches nur, gemäß dem Manifest vom 17. Oktober 1905, abgeändert worden ist. Es ist daher zweckmäßig, auf das erstere Gesetz zurückzugehen. – Das Manifest vom 6. August 1905 erklärte, daß die Vorfahren des Monarchen „nie aufgehört hätten" (?), über die Stiftung von Harmonie zwischen den Wahlkörperschaften des Reiches und der Staatsgewalt und die „Ausrottung der Zwietracht zwischen ihnen" „nachzusinnen" und daß nunmehr gewählte Männer des ganzen russischen Landes berufen werden sollten zur dauernden „und effektiven" Teilnahme an der Feststellung der Gesetze, indem eine Gesetze *beratende* Versammlung „zur vorbereitenden Ausarbeitung und Beratung von Gesetzentwürfen und zur Durchsicht des Budgets" in „die höchsten Staatsinstitutionen eingereiht" werden solle. Die Beteiligung *finländischer* Deputierten an der Duma sollte durch besonderes Gesetz geregelt werden. Die beigelegte Allerhöchst bestätigte Urkunde, betitelt „Gründung der Reichsduma", schuf diese Versammlung zu dem Zweck der Beratung der Gesetzentwürfe, welche nach den „Grundgesetzen"[117] durch den Reichsrat an die Krone gelangen. Sie wird – vorbehaltlich des Rechts jederzeitiger Auflösung – auf fünf Jahre gewählt und der Zeitpunkt ihrer *jährlichen* Einberufung durch den Kaiser

---

[117] Über den Begriff später. Der „Sswod Sakonow" Buch I Abt. 1 Art. 50 verfügt: „Alle Entwürfe von Gesetzen werden im Reichsrat durchgesehen, gelangen dann zur Allerhöchsten Entscheidung und erlangen Kraft nicht anders als kraft einer Handlung der selbstherrlichen Gewalt." (*Ausgenommen* sind laut Anm. 1 und 2: rein technische Anordnungen des Kriegsdepartements und der Marine, sie gelangen an den Kaiser direkt vom Kriegsrat und Admiralitätsrat.)

bestimmt. Sie ist bei Vorhandensein der Hälfte der Mitglieder beschlußfähig. Ihr Präsident und dessen „Gehilfe" wird auf ein Jahr von der Duma gewählt. Den Mitgliedern steht (Art. 14) „volle Freiheit der Meinungen und Ansichten in Dingen, die der Beratung der Duma unterstehen", zu, sie sind ihren Wählern nicht verantwortlich. Sie können (Art. 15) einer Freiheitsbeschränkung nur „kraft Verfügung der Gerichtsgewalt" unterworfen werden und einem Schuldarrest gar nicht. Sie haften wegen *in ihrem Amt* als Volksvertreter verübter Verbrechen nach den gleichen Regeln wie die Reichsratsmitglieder (d. h.: nach Art. 105–113 der – alten – Reichsratsordnung beschließt ein besonderes Reichsratsdepartement über ihre gerichtliche Verfolgung oder die Unterlassung einer solchen; bei Meinungsverschiedenheiten innerhalb des Departements über die Unterlassung *entscheidet der Kaiser persönlich*. Im Fall der Erhebung der Anklage ist der höchste Strafgerichtshof zuständig). Die Deputierten verlieren ihre Stellung 1. dauernd: durch Verlust der Staatsangehörigkeit, Vergehen im aktiven Militärdienst, Ernennung zu einem festbesoldeten Staatsamt, Verlust ihres Wahlzensus und bei gewissen, von der Wahlberechtigung ausschließenden kriminellen und staatlichen Verbrechen und Vergehen; 2. zeitweilig: bei *Einleitung* einer Untersuchung wegen gewisser schwerer gemeiner Verbrechen und solcher Vergehen, die den Verlust der Ehrenrechte *oder die Ausschließung vom Staatsdienst* zur Folge haben, oder im Fall des Konkurses. Darüber entscheidet das erste Departement des Senates. Abgesehen von dem – wie aus den früheren Beispielen über den heutigen Charakter gerade dieser Behörde hervorgeht – illusorischen Charakter dieser „richterlichen" Garantie fällt die höchst enge Umgrenzung dieser Immunitätsrechte sofort in die Augen. Es sei hier gleich vorweg bemerkt, daß sie in die späteren Redaktionen überging mit Änderungen in folgenden Punkten: 1. die Verhaftung eines Dumamitgliedes ist – wie fast nach allen Konstitutionen der Welt – nur nach Zustimmung der Duma zulässig, *außer* a) bei Delikten, die sie *in Ausübung ihres Berufes als solchem* begehen[118]) und b) bei Verhaftung auf frischer Tat *oder am folgenden Tage* (Art. 14, 22 des Dumareglements vom 20. Februar 1906). Man sieht, daß gerade in den entscheidensten Punkten die Übernahme der westeuropäischen Grundsätze *nicht* erfolgt ist. Der Verlust der Dumamitgliedschaft findet dagegen nach der Dumaordnung vom 20. Februar 1906 *nicht* statt im Fall der Ernennung zum *Minister*, worin seinerzeit „Optimisten" eine Annäherung an das parlamentarische System erkennen wollten! – Über Anfechtungen der *Wahlen* der Dumamitglieder sollte ebenfalls ursprünglich das erste Departement des Senates entscheiden (abgeändert, s. u.). Die Dumamitglieder erhalten 10 Rubel tägliche Diäten und einmal im Jahr (!) Reisegeld von 5 Kopeken pro Werst von ihrem Wohnort nach Petersburg und zurück (blieb unverändert). Die Sitzungen der Duma können auch durch einseitige Verfügungen des Präsidenten für „geheime" erklärt werden. Geschieht

---

[118]) Solche gibt es also auch jetzt. Die endgültige Redaktion der Reichsratsordnung vom 24. April 1906 hat dafür auch den zuständigen *Gerichtshof* geschaffen: das erste Departement des Reichsrats, bestehend ausschließlich aus *ernannten* Mitgliedern.

dies nicht, so ist Preßberichterstattung „nach Genehmigung des Präsidenten" zulässig.

Die verfassungsmäßigen Rechte der Duma waren von vornherein durch das Fortbestehen des auf *Ernennung* beruhenden *Reichsrats* sehr eng begrenzt. Die Duma sollte bei Vorliegen eines Antrags von 30 Mitgliedern das Recht der Initiative zur Gesetzesänderung haben (Art. 34), jedoch mit Ausnahme von Anträgen auf Änderung der, u. a. die unumschränkte Gewalt des Zaren enthaltenden „Grundgesetze des Reiches", und ferner *nur* in der Weise, daß – wenn ein von 30 Mitgliedern unterzeichneter, genau formulierter Antrag auf Erlaß oder Abänderung eines Gesetzes zur Erörterung steht – zunächst dem *Minister* die Mitteilung von dem Beschluß zu machen war und die Duma alsdann zunächst seine Initiative oder seine innerhalb eines Monats (!) zu gebende Antwort abzuwarten hatte, ehe sie, im Fall seiner Ablehnung, mit Zweidrittelmehrheit ihrerseits beschließen konnte, den *Zaren* um Vorlegung des Projekts anzugehen, der dann endgültig entschied, ob der Minister dasselbe vorlegen solle oder nicht. Auf begründeten Antrag von 30 Mitgliedern kann die Duma den Ministern und den „dem Senat gesetzlich unterworfenen höchsten Beamten" Mitteilungen über nach ihrer Ansicht ungesetzliche Handlungen „melden", worauf die Minister innerhalb eines Monats (!) antworten oder mit Angabe der Gründe die Antwort ablehnen, die Duma aber, falls sie sich nicht damit zufrieden gibt, die Angelegenheit durch den Reichsrat zur Allerhöchsten Erwägung bringen kann. Diese Bestimmungen sind durch die neue Dumaordnung, wie später zu erörtern, teilweise modifiziert worden, doch schließt sich deren Fassung immer noch eng an die des älteren Gesetzes an. Auch die Bestimmung der Beratungsobjekte war im Gesetz vom 6. April 1905 Art. 33 schon die gleiche wie später in der Dumaordnung vom 20. Februar 1906, ebenso fanden sich die später zu erwähnenden Bestimmungen über Einbringung und Rücknahme von Gesetzesanträgen schon im Gesetz vom 6. August (Art. 46 in Verb[indung] mit Art. 34 und 36); dagegen kam ihr nur „beratender" Charakter in folgenden Bestimmungen zum Ausdruck: Die Beschlüsse der Duma über vom Ministerium eingebrachte Projekte gehen immer, Gesetzesinitiativen der Duma, wenn der Minister ihnen nach Monatsfrist nicht zustimmt, nur im Fall ihrer Genehmigung mit Zweidrittelmehrheit, an den Reichsrat (Art. 48, 56, 57) und von dort an den Kaiser. Findet sich jedoch der Reichsrat nicht in der Lage, ihnen beizutreten, so kann er beschließen, sie an eine aus Mitgliedern beider Körperschaften gemischte Kommission zu verweisen, die unter dem Präsidium des Reichsratspräsidenten oder eines Departementspräsidenten des Reichsrats tagt (Art. 50). Wird hier eine Übereinstimmung erzielt, so geht die Angelegenheit an die Duma und von dort an das Reichsratsplenum, wird sie aber nicht erzielt oder bleibt die Duma beschlußunfähig oder bindet sie sich nicht an die, in Fällen, wo der Kaiser es veranlaßt, vom Reichsrat ihr gestellte Frist zur Beschlußfassung (Art. 53), dann geht die Angelegenheit direkt an das Reichsratsplenum. – Diese Duma war, wie man sieht, rechtlich nur eine Vermehrung des ohnehin schon sehr erheblichen Apparates von beratenden Zentralinstanzen, aus freier Entschließung des Kai-

Die „Konstitution" 175

sers geschaffen und ebenso eventuell auch wieder zu beseitigen. Das Bulyginsche Zensuswahlgesetz wird weiterhin, so weit zur Erklärung des späteren Rechts erforderlich, Erwähnung finden.

Das Manifest vom 17. Oktober warf nun nicht nur dies Zensuswahlrecht zum Teil über den Haufen, sondern gab das Versprechen, daß hinfort „kein Gesetz ohne Zustimmung der Duma in Kraft treten" sollte. Während die Bulyginsche Duma eine Änderung der „Grundgesetze des Reiches" in dem bald zu erörternden Sinn dieses Wortes überhaupt nicht erforderlich machte[119]) bedeutete dies zweifellos eine Alterierung derselben, indem an der Teilung der gesetzgebenden Gewalt, die der Art. 1 des Sswod Sakonow dem „selbstherrlichen" Monarchen „unbeschränkt" zuweist, nicht zu zweifeln war. Indessen begnügte sich die Regierung damit, zunächst das neue Wahlgesetz vom 11. Dezember und dann am 20. Februar 1906, in Begleitung eines abermaligen Allerhöchsten Manifestes, einen Ukas über die Umgestaltung des Reichsrats und ein Gesetz, betitelt „Gründung der Reichsduma", in die Welt zu schicken, so daß man annahm, es werde eine besondere Neuredaktion der „Grundgesetze", wenn überhaupt, dann nur in Gemeinschaft mit den neuen gesetzgebenden Körperschaften, stattfinden. Wir wenden uns zunächst jenen Gesetzgebungsakten zu.

Als eine Verletzung des „Geistes" des Manifests vom 17. Oktober erschien – und zwar nicht nur der Demokratie, sondern auch den gemäßigten Slawophilen, wie Schipow – die Einsetzung des Reichsrats, einer bisher rein beratenden Instanz, in die gleichen Rechte mit der Duma. Zwar wurde der Reichsrat durch Mitglieder ergänzt, die vom Adel, der Geistlichkeit, den Semstwos, den Universitäten und von Gewerbe- und Industriekörperschaften zu wählen waren, aber der Kaiser konnte eine ihrer Zahl zusammengenommen *gleichkommende* Anzahl von Mitgliedern ernennen, und der von ihm *ernannte* Reichsratspräsident hatte den Stichentscheid. Da die ernannten Reichsratsmitglieder nur auf eigenen Antrag entlaßbar sind, ein Pairsschub durch ein etwaiges, der Duma entnommenes Ministerium also unmöglich ist, bedeutete das *formal* die Obstruierung des Fortschritts der Gesetzgebung durch die *ernannte* Reichsratsbureaukratie[120]). Die gesamten, der Duma zugewiesenen Befugnisse erweisen sich, bei Licht besehen, in der Tat nur als eine mäßige Änderung des Gesetzes vom 6. August, strikt in dem Sinn, daß der Duma – aber ebenso dem erweiterten Reichsrat – ein *Veto* gegen neue *dauernd* gelten wollende „Gesetze" eingeräumt

---

[119]) Sie hätte in dem zweiten Teil des ersten Bandes des „Sswod Sakonow" Platz gefunden; allenfalls wäre eine weitere „Anmerkung" zu Art. 49 der „Grundgesetze", der die Beratung aller Gesetze durch den Reichsrat vorschreibt, erforderlich geworden.

[120]) Tatsächlich zeigten die ersten Sitzungen des neuen Reichsrats, daß der dort sich bildenden Fraktion der „Linken" (d. h. der bürgerlichen Mittelparteien mit Schipow an der Spitze) zahlreiche ernannte Mitglieder beitraten, wie ja die russische Bureaukratie zwar in dem vom Selbstherrscher strikt festgehaltenen *System*, aber nicht in der persönlichen *Gesinnung* etwas einfach in sich Einheitliches ist. Allein dafür gewann das bureaukratische Machtinteresse Parteigänger aus den Gewählten. Und für den *Eindruck* sowohl wie für das Prinzip war die Rechtsregel doch das Entscheidende.

war. Die gesamten Beziehungen zwischen Regierung und Volksvertretung wurden unter der axiomatischen Voraussetzung geordnet, daß *die Volksvertretung der natürliche Feind der Staatsgewalt ist und immer bleiben wird.* Es ist von vornherein klar, daß darauf die bekannte, mit vieler Entrüstung oft der Demokratie (namentlich der deutschen) vorgeworfene Anschauung: daß die Regierung der natürliche Feind „des Volkes" sei, die *einzig mögliche* Reflexempfindung gewesen wäre, – wenn sie nicht ohnedies seit Jahrzehnten durch das Verhalten der Bureaukratie den Massen beigebracht wäre. Ehe wir uns den Mechanismus dieser „Verfassung" im einzelnen vergegenwärtigen, seien nur folgende Modifikationen in den allgemeinen Bestimmungen über die Duma und ihre Mitglieder gegenüber dem Gesetz vom 6. August 1905 notiert. Die Erwähnung der Teilnahme finnländischer Deputierter fehlt, da inzwischen Finnland seine eigene Verfassung zurückerhalten hatte. Das Quorum der Duma ist (Art. 7) auf ⅓ herabgesetzt, für die erste Duma, deren „Boykott" man fürchtete und deren Wahlen zum Teil (für den Kaukasus und Asien, auch einige polnische Bezirke) erst nach der Eröffnung der Session stattfanden, auf 150 (von rund 500). Die Prüfung der Wahlen hatte schon das Wahlgesetz vom 11. Dezember der Duma selbst vorbehalten, die Ungültigkeitserklärung soll aber (Gesetz vom 20. Februar Art. 48) Zweidrittelmajorität erfordern. Die Änderungen in den Bestimmungen über die Immunität der Abgeordneten wurden schon erwähnt: es ist – von allem anderen abgesehen – klar, daß eine solche im westeuropäischen Sinn mindestens nicht in eindeutigen Worten gegeben ist, ein „Fall Twesten" vom Gesetz vielmehr geradezu *provoziert* wird. Fest stand nur, daß die bekanntlich der *reinen* Willkür der Behörde überlassene, ohne jede formulierte Begründung zu verhängende und nur im Bittgesuchswege antastbare „administrative Verschickung" von der Immunität des Gewählten gebrochen wird, wie sie übrigens auch kein Wahlhinderungsgrund ist. Zwar haben trotzdem bei den Wahlen einige Behörden versucht, sie als solchen geltend zu machen, allein der klare Wortlaut der Gesetze schnitt diese Möglichkeit ab, und da die Bauern, wie noch zu erwähnen sein wird, sowohl bei den Wahlen zur Duma wie zu den Präsidentenstellen mit großer Vorliebe „Verschickte", als in ihren Augen spezifisch zuverlässig, wählten, so hatte dies erhebliche praktische Bedeutung: es kam u. a. sowohl dem nach Sibirien verschickten sozialrevolutionären Bauer Uljanow wie dem nach Archangelsk verschickten, sehr gemäßigt demokratischen, Kasanjschen Professor Gredeskul zugute, der seine Wahl zur Duma und dann zum Vizepräsidenten seiner unmittelbar während der Wahlen erfolgten Verschickung wohl allein zu verdanken hatte.

Nunmehr zu den eigentlich konstitutiven Bestimmungen der beiden Gesetze. Die Gesetze vom 20. Februar behandeln beide Häuser als in allen Rechten durchaus gleichstehend und stellen fest: 1. Jede von beiden Körperschaften hat, außer bezüglich der „Grundgesetze", das Recht der Gesetzesinitiative. Jedoch ist auch jetzt noch bestimmt (Art. 57 der Dumaordnung, Art. 17 der Reichsratsordnung), daß, wenn die Duma oder der Reichsrat eine Gesetzesänderung oder ein bestimmtes neues Gesetz wünscht, auf ihren Antrag der *Minister* des betreffenden Departements eine entsprechende Vorlage machen soll und nur für den Fall einer Ablehnung seinerseits die Körperschaft selbst eine Kommission bildet. Den Vorschlag des Ministers kann die Körperschaft natürlich amendieren; 2. daß jede von einem der beiden gesetzgebenden Körper nicht mit Mehrheit[121]) angenommene Gesetzesvorlage als abgelehnt gilt; – 3. daß von beiden Körperschaften gleichmäßig angenommene Vorlagen dem Kaiser durch den Reichsratspräsidenten zur Sanktionierung vorzulegen sind; – 4. daß eine Gesetzesvorlage, welche auf Initiative eines der gesetzgebenden Körper zur Beschlußfassung gestellt ist, überhaupt nicht ohne Zustimmung der betreffenden Körperschaft, und eine von einem Minister aus eigener Initiative eingebrachte ohne sie nur bis zu einer Beschlußfassung darüber zurückgenommen werden kann (Art. 40 der Dumaordnung, Art. 10 der Reichsratsordnung); – 5. daß ein vom Kaiser abgelehntes Gesetzprojekt keinesfalls, ein von einer der Kammern abgelehntes nur mit kaiserlicher Bewilligung in *derselben Session* abermals eingebracht werden kann; – 6. daß in Fällen, wo eine der gesetzgebenden Körperschaften den von der anderen gebilligten Vorschlag amendiert, entweder direkte Zurückverweisung des abgeänderten Projekts an die andere Kammer zur Beratung des amendierten Vorschlags oder vorherige Beratung in einer gemischten Kommission beider zu erfolgen hat, an die sich die abermalige Beratung in der Kammer, deren Beschlüsse abgeändert wurden, anzuschließen hat; – 7. daß keine der beiden Körperschaften Deputationen, mündliche oder *schriftliche* Erklärungen oder *Petitionen* entgegennehmen darf (Art. 61 Dumaordnung, Art. 19 Reichsratsordnung); es fehlt also eines der ältesten und Grundrechte aller Staatsbürger im Verhältnis zum Parlament: das Recht, bei ihm Petitionen einzubringen; – 8. daß jede Körperschaft[122]) das Recht der Interpellation hat. Sie kann sich um Aufklärungen über Fragen, die mit dem gerade zur Beratung stehenden Gegenstand in *unmittelbarem Zusammenhang* stehen (Art. 40 der Dumaordnung), an die Minister wenden, welche ihrerseits die Beantwortung dann ablehnen dürfen, wenn es sich um Gegenstände handelt, die „aus Erwägungen der staatlichen Ordnung" der Mitteilung sich entziehen. Von Handlungen der Minister oder der ihnen unterstellten Beamten ferner, welche *Gesetzesverletzungen* enthalten, kann, wenn 30 Mitglieder dies schriftlich beantragen, jede Körperschaft den Ministern durch Mehrheitsbeschluß Mitteilung machen. Innerhalb eines Monats hat dann – ganz wie schon im Gesetz vom 6. August bestimmt – der Minister entweder die entsprechenden Nachweise und Aufklärungen zu geben oder aber die Gründe mitzuteilen, aus denen ihm dies unmöglich ist (Art. 55 Dumaordnung), beruhigt sich die Duma (bezw. der Reichsrat) nach Zweidrittelmehrheitsbeschluß damit nicht,

---

[121]) Stichentscheid des Präsidenten bei *zweimaliger* Stimmengleichheit über das gleiche Objekt: Art. 10 der Reichsratsordnung, Art. 48 Dumaordnung. Die Notwendigkeit von 30 Stimmen für Initiativanträge besteht in der Duma fort.

[122]) Der Reichsrat ist durch Art. 17 der Reichsratsordnung der Duma auch darin gleichgestellt.

so hat der Reichsratspräsident die Angelegenheit dem Zaren persönlich zu unterbreiten (Art. 60 das.)

Art. 31 der Dumaordnung bezeichnet, übrigens in Übereinstimmung mit dem Gesetz vom 6. August 1905, außer Gesetzen[122a]) und Behördenorganisationen[122b]) (litt. a) folgende Gegenstände als solche, die notwendig das Parlament passieren müssen: litt. b: den Staatshaushaltetat, die Etats der einzelnen Ministerien und die im Etat nicht vorgesehenen Anweisungen von Staatsgeldern, – „nach Maßgabe", wie es in einem ominösen Zusatz heißt, „der festgestellten Regeln", von deren Inhalt weiterhin zu reden sein wird; – litt. w: die Rechnungslegung des Staatskontrolleurs über die Ausführung des Etats; – litt. g: Veräußerungen von Staatsgütern, welche gesetzlich der kaiserlichen Ermächtigung bedürfen; – litt. d: Anlage von Staatsbahnen; – litt. e: Gründung von Aktiengesellschaften, falls dabei Ausnahmen gegenüber den bestehenden Gesetzen nachgesucht werden; – litt. sh: auf Allerhöchsten Befehl der Duma vorgelegte Angelegenheiten; eine Anmerkung besagt, daß auch die Etats und die Repartierungsvorschläge der Lokalsteuern in den Gegenden, in welchen keine Semstwos bestehen und die etwaigen Zwangsetatisierungen von Posten gegen die Beschlüsse der Semstwos und Stadtdumas der Reichsduma zu unterbreiten sind (der Ausdruck „wjedjenije" läßt dabei zweifelhaft, ob zur Kenntnisnahme oder zur maßgeblichen Beschlußfassung). Bezüglich der „Grundgesetze des Reichs" bleibt den Kammern die Initiative *entzogen.*

Es ist klar, daß folgende Punkte hier offen gelassen waren: 1. die Frage, *welche* Bestimmungen zu den „Staatsgrundgesetzen" gehören und also der Initiative der parlamentarischen Körperschaften *entzogen* sein sollten. Die gesetzliche Terminologie verstand darunter die 179 Artikel (und VI Beilagen) des ersten Bandes der systematischen Sammlung der russischen Gesetze (Sswod Sakonow), welche handeln: in einer ersten Abteilung von dem Wesen der selbstherrlichen Macht (I), der Thronfolgeordnung (II), der Volljährigkeit des Kaisers (III), der Thronbesteigung und dem Untertaneneid (IV), der Krönung und Salbung (V), dem Titel und Wappen des Kaisers (VI), der Staatskirche und dem Glauben (VII), den Gesetzen (VIII, darin: Art. 47: Grundsatz der Regierung gemäß festen Gesetzen, Art. 48–52: Entstehung und Änderung von Gesetzen, Art. 53–56: Form der Gesetze und Art der Aufrechterhaltung des Grundsatzes der Regierung gemäß Gesetzen, Art. 57, 58: Publikation der Gesetze, Art. 59–61: Inkrafttreten der Gesetze, Art. 62–71: Geltung der Gesetze, Art. 72–79: Abschaffung von Gesetzen), endlich der höchsten Exekutivgewalt

---

[122a]) Die Frage ist, was ein „Gesetz" (sakón) ist, und wann ein solches erforderlich wird. Nach der herrschenden Meinung (auch Korkunows) galten als „Gesetz" alle Erlasse der höchsten Gewalt, die den *Reichsrat* passieren mußten. Da die (alte) Reichsratsordnung wiederum vorschreibt, daß dies für alle *Gesetze* erfordert wird, ist dies ein Zirkel: es käme also, auch nach dem Wortlaut des Bulyginschen Gesetzes, darauf an, welche Verfügungen *nach der bisherigen Praxis* den Reichsrat passierten. Vgl. aber S. 241 [77]. Der erste formal *inkonstitutionelle* Erlaß wäre danach wohl das Wechselmoratorium für Bjelostok gewesen. Er hätte, nach der „alten" Ordnung, wohl zweifellos den Reichsrat zu passieren gehabt.

[122b]) „Schtaty".

(IX), und in einer zweiten Abteilung von der kaiserlichen Familie und ihrer Rechtslage, während VI Beilagen die Form des Wappens und Siegels und die verschiedenen Eidesformeln regulieren. Es ist offenbar, daß die Abschnitte I und VIII von dem Gesetzgebungsakt des 20. Februar aufs tiefste berührt werden mußten, – 2. war offengelassen die Frage, *wie* sich die Feststellung des *Budgets* zu vollziehen habe und welche Rechte den parlamentarischen Körperschaften dabei eingeräumt werden würden. – Das „Budgetgesetz" ist nach der auch in Rußland allgemein akzeptierten Unterscheidung zwar formell, aber nicht materiell „Gesetz" (sakon), und schon die Aufzählung der Objekte der parlamentarischen Beratung zeigte, daß dieser Unterschied auch für das russische konstitutionelle Zukunftsrecht seine Bedeutung behalten sollte, – 3. blieb, ohne daß dies direkt aus dem Gesetz hervorging, doch der Sache nach überdies fraglich, ob ein Recht der Privilegienerteilung und ein Notverordnungsrecht der Krone bestehen bleiben sollte. Der Ausdruck „sakón" soll zwar nach Art. 53 der *bisherigen* Grundgesetze *alle* Formen von Äußerungen der legislativen Gewalt decken, es werden ausdrücklich aufgezählt: uloshenije (kodifikatorische Verordnung), ustav (Statut), utschreshdjenije (etwa dem Begriff „sanctio pragmatica" entsprechend), gramota (Generalreskript), poloshjenije (Verordnung), nakas (in Klammern: Instruktionen), Manifest, Ukas, Allerhöchst bestätigte Reichsratsgutachten und Vorträge, wozu eine Anmerkung besagt, daß im Bereich der *Verwaltung* „außerdem" Allerhöchste Beliebungen (powjeljenije) durch Reskript und prikas (Befehl) erklärt werden, und Art. 54 schreibt für jedes neue Gesetz („sakon") die kaiserliche Unterschrift als unbedingtes Erfordernis vor. Indessen ergibt schon die Unterscheidung des Art. 57 (Gesetze, die neue *Regeln* enthalten, gegenüber dem „sogenannten Separat-Ukas" im Art. 67 (Privilegium)), daß das Wort nicht eindeutig ist, und die Aufzählung der Gegenstände der parlamentarischen Beratungen zeigt erst recht, daß, selbstredend, durchaus *nicht* alles, was bisher nach Art. 53 der Grundgesetze „sakón" genannt werden konnte, der einseitigen Verfügung des Zaren entzogen sein sollte. War diese nun wenigstens an die Gesetze gebunden? Es kam darauf an, was die neu zu redigierenden Grundgesetze hierüber aussagen würden.

Die öffentliche Diskussion der Akte des 20. Februar stieß sich allerdings vorerst weniger hieran, als an der Gleichstellung des zur Hälfte auf Ernennung, zur anderen auf ständischer Repräsentation beruhenden Reichsrats mit der allein aus (relativ) allgemeinen Wahlen hervorgehenden Duma in bezug auf die Teilnahme an der Gesetzgebung, – es war klar, daß die ernannten Vertreter nach aller Voraussicht aus der hohen *Bureaukratie* hervorgehen und diese den Präsidenten stellen[123]) würde – und ferner an der Verweigerung des Rechts, Petitionen entgegenzunehmen.

Die weiteren verfassunggebenden Akte bildeten eine Kette weiterer Enttäuschungen. Zunächst erschien das Reglement vom 8. März „betreffend die Beratung des *Staatsbudgets* und die Anweisung solcher Ausgaben aus der Staatskas-

---

[123]) Dies ist auch tatsächlich geschehen, wie die Liste der Ernannten zeigt.

se, die im Budget nicht vorgesehen sind". Der Ukas, welcher das Reglement in Kraft setzte, verfügte zunächst auch hier die *Gleichstellung* der beiden gesetzgebenden Körper: das Budget soll beiden gleichzeitig bis zum 1. Oktober zugehen. Vorher bereits sollten vorgelegt sein: die Etats der Eisenbahnverwaltung und der außerordentlichen Ausgaben bis zum 25. September, die Etats der „außeretatsmäßigen" Steuern, des staatlichen Verkaufs von Getränken, der Zolleinnahmen, der Hauptverwaltungen des Ingenieurwesens, der Artillerie, der Staatshauptkasse, der Eisenbahnangelegenheiten, des Kriegssanitätswesens, der inneren Wasserstraßen und Chausseen, der Seeschiffahrt und Häfen, der Bergwerke, des Umsiedelungsdepartements, der Hauptintendantur und der Kriegskanzlei bis 15. September, alle anderen schon bis 1. September. Die Etatsfeststellung erfolgt (Nr. 3) bezüglich der Einnahmen nach „Paragraphen", bezüglich der Ausgaben nach „Nummern" (in Klammern: „Hauptunterabteilungen"), m[it] a[nderen] W[orten], es sind in dem Streitpunkt, in welchem Bismarck bei seinem Regierungsantritt dem Abgeordnetenhaus der Konfliktszeit sofort freiwillig entgegenkam: „Spezialisierung des Etats", die modernen konstitutionellen Forderungen *abgelehnt:* die Etatsposten sind „leges saturae", nach römischer Terminologie. – Beide Körperschaften beraten nebeneinander das Budget, zunächst in ihren dazu eingesetzten Kommissionen, welche auch vor Eröffnung der Session die bereits vorliegenden Etats in Angriff nehmen können (Nr. 2 des Regl[ements]), und sie müssen bis 1. Dezember die Beratung abgeschlossen haben (Nr. 10). Meinungsverschiedenheiten zwischen beiden sind an eine gemischte Kommission beider Körperschaften zu verweisen, von wo die Etats an die Duma zurückgelangen, um nunmehr, ebenso wie alle Anträge einer der Körperschaften auf Änderung der Gesetze und Verfügungen, auf denen die Etatsansetzung beruht oder auf Einstellung neuer, bisher nicht angewiesen gewesener Posten, in der für die Beratung von Gesetzen vorgeschriebenen Weise geschäftlich behandelt zu werden (Nr. 9, 11). Bleibt dabei zwischen den beiden Körperschaften eine Meinungsverschiedenheit unausgeglichen bestehen, dann wird in den Etat diejenige Ziffer eingesetzt, welche die Höhe des bisherigen Etatsposten am wenigsten über- oder unterschreitet (Nr. 12). Ist der Etat nicht bis zum Beginn des Etatsjahres (1. Januar) gültig in Kraft getreten, – sei es, daß die parlamentarischen Körperschaften ihn nicht rechtzeitig fertigstellen oder daß der Kaiser ihn in der schließlich aus ihrer Beratung hervorgegangenen Form nicht unterzeichnet hat, – dann bleibt der vorjährige Etat, mit den aus „gültig" erlassenen Gesetzen hervorgehenden Änderungen, in Kraft und wird in Gestalt von Zwölfteln monatlich von dem betreffenden Ministerium angewiesen (Nr. 13). Es bedarf keines Kommentars, daß schon durch diese Bestimmungen der Nervus rerum jedes Konstitutionalismus: das *Ausgabe*bewilligungsrecht – von der „Einnahmebewilligung" (im parlamentsrechtlichen Sinne des Worts) ganz zu schweigen – ausgeschaltet ist. Die Duma kann nur eine *Erhöhung* der Etatsposten *über* den bisherigen Etat hinaus durch den – nach dem Gesetz in der Majorität (inkl. des Stichentscheids des ernannten Vorsitzenden) aus ernannten Mitgliedern bestehenden – Reichsrat hindern und auf die Einnahmeseite des Etats durch Verweigerung der Zustimmung zu *neuen Steuer*gesetzen einwirken: die Höhe des Branntweinpreises, der Tarife usw. steht aber selbstredend im Belieben der Verwaltung. Überdies ist aber nicht nur bestimmt (Nr. 4), daß die Kredite für den kaiserlichen Hof und diejenigen für die kaiserliche Familie, die ersten, wie sie im Budget für 1906 bestehen, die letzten auch, wie sie durch diesbezügliche, anderweit notwendig werdende Festsetzungen bedingt sind, von jeder *Beratung* ausgeschlossen sind, sondern es sind auch die Ausgaben für die kaiserliche persönliche Kanzlei und die Kanzlei für Bittgesuche und, vor allem, für nicht im Etat vorgesehene außerordentliche Ausgaben, soweit sie die Posten des Etats für 1906 nicht überschreiten, sogar der *Beratung* entzogen (Nr. 5), es sind ferner die Ausgaben für den Staatsschuldendienst und alle „gültig übernommenen Verpflichtungen des Staates" und überhaupt alle auf Grund gültiger Gesetze, Verordnungen, Statuten und Tarife eingesetzten Posten der Herabsetzung durch die parlamentarischen Körperschaften entzogen. Zum Überfluß ist (Nr. 16) bemerkt, daß im Fall „*unaufschiebbarer*" Ausgaben der Ministerrat außerhalb, aber *auch während der Session*, die erforderlichen Kredite anweisen kann und nur verpflichtet ist, der Duma darüber einen begründeten Spezialbericht zu erstatten. *Selbst von dieser* Verpflichtung ist aber in dem Fall das Ministerium entbunden, wenn die *Geheimhaltung* des Grundes der Anweisung nötig ist. In Kriegszeiten endlich tritt das ganze „Budgetrecht" einfach zugunsten des Reglements vom 26. Februar 1890 außer Kraft.

Man sieht: dies Budgetrecht ist eine Farce, und es wäre aufrichtiger gewesen, der Duma bezüglich des Etats einfach nur *beratende* Funktionen zuzugestehen und festzustellen, daß neue Abgaben und eine Erhöhung der ordentlichen Ausgaben über das Maß des letzten Etats hinaus ohne ihre Zustimmung nur erfolgen sollen für Zwecke der kaiserlichen Familie oder auf Grund gültig eingegangener Verpflichtungen des Staates, der außerordentlichen aber in Friedenszeiten auch für solche Bedürfnisse, die der Ministerrat für dringlich erklärt. Denn dies ist der sachliche Inhalt des Gesetzes.

Aber freilich: selbst diese bescheidene Beteiligung der Volksvertreter an der Feststellung des Staatshaushalts stand auf prekärer Unterlage: es fragte sich des weiteren, wie „gültige" Verpflichtungen des Staates eingegangen werden könnten und ob nicht etwa die Regierung auch für die Zukunft den Erlaß außerparlamentarischer Notverordnungen in Anspruch nehme, die alsdann – für die Zeit ihres Bestehens – sowohl Einnahmequellen, wie durch die parlamentarischen Körperschaften im Etat nicht kürzbare, „Verpflichtungen kraft gültiger Gesetze und Verordnungen" (Nr. 8) schaffen könnten. Das hing von der Neuredaktion der „Grundgesetze" ab.

Und in der Tat zeigte sich, daß die Regierung selbst diese letzte Schranke der bureaukratischen Budgetwillkür wieder niederzureißen und nicht nur die Mitwirkung der Duma bei der Feststellung des Etats, sondern auch das Versprechen des 17. Oktober, daß kein Gesetz ohne ihre Zustimmung in Kraft treten solle, in einen toten Buchstaben zu verwandeln entschlossen war.

Am 12. April, zwei Wochen vor dem Zusammentritt der Duma, publizierte der demokratische „Rjetsch" ein „Projekt der Grundgesetze des russischen Reiches". Man erfuhr dann (Now[oje] Wremja 10 804 S. 2), daß das Projekt seit Februar in der Arbeit und in der Hauptsache von P. A. Charitonow redigiert, dann, dem Auftrag des Ministerrats gemäß, von einer „besonderen Kommission" unter Graf Ssolskijs Vorsitz beraten und mehrfach umredigiert worden war. So hatten die Redaktoren zunächst den Ausdruck „ssamodershawnyj" (selbstherrlich) und den ersten Artikel der bestehenden Grundgesetze[124]) gestrichen, – was nicht aufrechterhalten wurde. Jedoch blieb das Wort „unumschränkt" (njeogranitschennyj) gestrichen[125]). Im elften Artikel des Entwurfs hatten die Redaktoren gesagt: „Der Herr und Kaiser erläßt zur Ordnung der obersten Verwaltung, *entsprechend den Gesetzen,* die Ukase und Verfügungen, welche unentbehrlich sind für" usw., der Minister Durnowo aber sich gegen die Zulassung des unterstrichenen Passus, als „überflüssig und möglicherweise zu verschiedenen Mißverständnissen führend", ausgesprochen. Für Art. 15 war eine Mehrheits- und eine Minderheitsredaktion vorgelegt. Erstere sprach dem Kaiser das Recht der Ernennung aller Beamten, *sofern das Gesetz nicht* eine andere Art der Ernennung vorschreibt, und *„die Entlassung aller Personen ohne Ausnahme",* – also auch ohne Ausnahme *der Richter* – „aus dem Staatsdienst" zu, während die Minderheitsansicht auch für die Entlassung den Vorbehalt machen wollte, daß das Gesetz anders darüber verfügen, also die Unabsetzbarkeit der Richter (außer auf gerichtlichem Wege) auch gegen den Zaren feststellen könne[126]). Schon diese Proben zeigten, was beabsichtigt war, und es erhob sich in der Presse ein Sturm. Es schien, als ob die Regierung dem Druck der öffentlichen Meinung und dringlichen Vorstellungen einflußreicher Kreise in diesem Punkte weichen werde, und die Entlassung des Ministeriums Witte schien das zu bestätigen. In der Tat soll der Zar bis zum letzten Augenblick geschwankt haben. Allein nachdem das Projekt von einigen der alleranstößigsten Klauseln, teils der Sache, teils der Form nach, gereinigt war, erschien es dennoch, mit dem Datum des 23. April am 25., *zwei Tage vor dem Zusammentritt der Duma.*

Die erheblichen Punkte in seinem Inhalt sind die folgenden: Die einleitenden

---

[124]) Wortlaut: „Der Allrussische Kaiser ist ein selbstherrlicher und unumschränkter Monarch. – Seiner höchsten Gewalt zu gehorchen, nicht nur aus Furcht, sondern auch im Gewissen, gebietet Gott selbst."

[125]) Demgemäß heißt der Artikel im endgültigen Entwurf und auch in den publizierten Grundgesetzen jetzt: (Art. 4) „Dem Allrussischen Kaiser steht selbstherrliche Macht zu. – Seiner Gewalt zu gehorchen, nicht nur aus Furcht, sondern auch im Gewissen, gebietet Gott selbst."

[126]) Die Frage war von um so größerem praktischen Belang, als tatsächlich die Regierung des Interimsministeriums den bis dahin in Rußland nicht erhörten Schritt der einfachen „Zwangsversetzung" eines Richters (nach Sibirien) im Verwaltungswege gewagt hatte.

Art. 1–3 bestimmen die „Einheit und Unteilbarkeit Rußlands und die Unabteilbarkeit Finnlands", welches jedoch „in seinen inneren Angelegenheiten sich durch besondere Bestimmungen auf Grund besonderer Gesetzgebung verwaltet", und sichert der russischen Sprache die Qualität als „allgemein für alle staatlichen und gesellschaftlichen Verfügungen und ebenso für Armee und Flotte obligatorische Staatssprache", während „der Gebrauch der örtlichen Sprache und Dialekte durch besondere Gesetze geregelt wird".

Im „ersten Hauptstück" folgen alsdann die Bestimmungen über die höchste Gewalt, und es heißt, nächst dem erwähnten, die rechtliche Stellung des Kaisers betreffenden Artikel, unter Nr. 7: Dem Kaiser steht die gesetzgebende Gewalt „*in Gemeinschaft* mit dem Reichsrat und der Reichsduma" zu[127]), wobei er bei allen Gesetzvorschlägen ebenso wie jene Körperschaften das Recht der Initiative, für Abänderung der Grundgesetze aber das *ausschließliche* Recht der Initiative hat (Art. 8). Es folgen die Bestimmungen, daß die „Exekutive" (wlastj uprawljenija = „Verwaltungsgewalt") dem Kaiser zustehe, daß kraft seiner Autorität, „den Gesetzen gemäß", die örtlichen Beamten verfahren, und er seinerseits kraft seiner Exekutivgewalt Ukase und Verfügungen betreffs der Einrichtung der Verwaltung erläßt, „entsprechend den Gesetzen", wie es dem von Durnowo beanstandeten ersten Entwurf gemäß heißt (Art. 11). In bezug auf die Ernennung und Entlassung der Beamten ist in Art. 17 ebenfalls die Minderheitsfassung (Art. 15 des ursprünglichen Entwurfs, s. o.) akzeptiert. Von den vier folgenden Bestimmungen fällt nur Art. 23 auf, der dem Kaiser neben dem Begnadigungsrecht auch das Recht der Niederschlagung von Kriminalprozessen zuspricht, ebenso von Zivilprozessen des Fiskus, dies alles unter der Voraussetzung, daß dadurch niemandes durch die Gesetze gewährleistete Interessen und bürgerliche Rechte gekränkt werden[128]). Es kann immerhin fraglich erscheinen, inwieweit dadurch neben Schadenersatz- auch Ehrenbeleidigungsklagen gegen Beamte betroffen werden. Die verlangte Einführung unbedingter gerichtlicher Verantwortlichkeit der Beamten für unrechtmäßige Amtshandlungen würde, um effektiv sein zu können, vielleicht erst die Änderung des Art. 23 voraussetzen, also der Initiative des Parlaments *entzogen* sein. Weiterhin werden die Bestimmungen über das kaiserliche Haus, die Thronfolge usw. aufrechterhalten und ihre Änderung dem Kaiser allein vorbehalten, sofern nicht allgemeine Gesetze oder der Etat dadurch berührt werden. Art. 26 enthält alsdann, wie schon bemerkt, die allgemeine Vorschrift der Kontrasignatur kaiserlicher Verfügungen durch einen Minister oder Ressortvorstand (glawnyj uprawljajuschtschij)[,] gegenüber dem Entwurf eine Neuerung, die dem Herzen der Slawophilen sicherlich wehe getan hat[128a]). – Das zweite Hauptstück enthält in Art. 27–41 den Katalog der Bürgerpflichten und -Rechte. Es sind wesentlich die

---

[127]) Auch der Ukas, welcher die Gesetze einführt, spricht davon, daß der Kaiser beabsichtige, „genauer abzugrenzen das Gebiet der Uns ungeteilt gebührenden Gewalt der höchsten Staatsverwaltung von der gesetzgebenden Gewalt."
[128]) Letzteres gegenüber dem ursprünglichen Entwurf zugefügt.
[128a]) S[iehe] jedoch das weiter oben darüber Gesagte.

z. B. auch in der preußischen Verfassung als „Rechte der Preußen" aufgezählten. Eine Bestimmung über das Selbstverwaltungsrecht der *Kirche* – nach Art der bekannten Klausel der preußischen Verfassung – fehlt, und ebenso wurde mit Grund darauf aufmerksam gemacht, daß die Nichterwähnung des *Brief*geheimnisses für Rußland nicht gleichgültig sei. Daß alle diese Rechte im übrigen natürlich nicht im Sinne von absoluten, das positive Recht brechenden, die Richter bindenden, unentziehbaren Individualrechten gemeint sind, wie in den amerikanischen Verfassungen, ist nicht nur in dem stetigen Zusatz „gemäß der Bestimmung der Gesetze" ausgedrückt, sondern auch darin, daß Art. 41 überdies ausdrücklich „Ausnahmen" für Gebiete, die in Kriegszustand oder, „gemäß den Gesetzen", in Ausnahmezustand erklärt sind, zuläßt. Die ursprüngliche Fassung des Artikels (= Art. 36 des Entwurfs), welche ausdrücklich auch die Weitergeltung der bestehenden Ausnahmegesetze bis zu ihrer gesetzlichen Beseitigung feststellte, ist – was aber sachlich ohne Bedeutung ist – fortgefallen[128b]). Das dritte Hauptstück handelt von den Gesetzen. Nach Übernahme des „Rechtsstaats"-Begriffes aus dem Sswod Sakonow[129]) wird (Art. 44) festgestellt, daß kein Gesetz ohne Zustimmung des Reichsrats und der Reichsduma und ohne Unterschrift des Kaisers in Kraft tritt, Art. 49 hält die bisherige Art der Publikation – durch den Senat – aufrecht, und Art. 50 bestimmt, daß kein Gesetz publiziert werden darf, wenn es nicht ordnungsgemäß erlassen ist, während Art. 54 die Bestimmungen über Gliederung, Technik und Wirtschaft des Heeres und der Flotte und die Kommandogewalt, vorausgesetzt, daß keine allgemeinen Gesetze und keine Staatshaushaltsetatsposten berührt werden, dem Kaiser vorbehält und Art. 55 die Art des Erlasses von Bestimmungen für die Kriegsgerichte den dafür bestehenden besonderen Gesetzen gemäß geregelt sein läßt. Das erste *und einzige* unter der neuen Ordnung publizierte „Gesetz" (über die Anweisung von 15 Mill. Rubel „Verpflegungskapital" gegen die Hungersnot) enthält am Kopf den vom 3. Juli datierten, vom Reichssekretär unterschriebenen Vermerk, daß auf dem Original sich die eigenhändige kaiserliche Sanktion („bytt po ssjemu") befinde, alsdann, im Eingang des Texts, die Erwähnung, daß Reichsrat und Duma das Gesetz genehmigt haben, am Schluß desselben die Unterschrift des Reichsratspräsidenten, der ja, nach der „Konstitution", den Entwurf dem Kaiser zu unterbreiten hatte. – Da die *Erlasse* des Kaisers, wie im Text erwähnt, bei der Publikation eine Unterschrift der *Minister,* denen ihre „sskrjepljenije" obliegt, nicht aufweisen, so hat man auf diese Weise nach Möglichkeit zum Ausdruck gebracht, daß die „sskrjepljenije" nach Meinung der Regierung eine bloße „Beglaubigung" *geblieben* sei und sich nicht zu einer „Bekräftigung" (auctoritas), wie in konstitutionellen Staaten, entwickelt habe,

---

[128b]) Es ist zweifellos, daß die Änderung jener speziellen Gesetze, auf welche die Artikel dieses Kapitels Bezug nehmen, nicht einer Änderung der Grundgesetze und also nicht der kaiserlichen Initiative vorbehalten ist.
[129]) Art. 42 der neuen = Art. 47 der alten „Grundgesetze": „Das Russische Reich wird gemäß den festen Regeln der in der festgestellten Ordnung erlassenen Gesetze regiert."

daß vielmehr – da der Senat als Publikationsbehörde schon nach der alten Ordnung eine Beglaubigung der kaiserlichen Unterschrift verlangen konnte und verlangte (obwohl dies in den alten „Grundgesetzen" nicht ausdrücklich bestimmt war) – „im Prinzip" alles beim alten geblieben sei. Soweit wäre alles in Ordnung: – nun aber findet sich inmitten dieser Bestimmungen der Art. 45, welcher besagt, daß, wenn außerhalb der Zeit des Zusammenseins der parlamentarischen Körperschaften „außergewöhnliche Umstände die Unumgänglichkeit einer Maßregel hervorrufen, welche gesetzgeberische Behandlung erfordert", auf Immediatbericht des Ministerrats solche vom Kaiser angeordnet werden können, vorausgesetzt, daß sie weder in den Grundgesetzen, noch in dem Bestand des Reichsrats und der Duma, noch in der Wahlordnung einer von beiden Körperschaften eine Änderung herbeiführen. Sie treten außer Kraft, wenn sie nicht innerhalb zwei Monaten (!) nach Einberufung des Parlaments vom Ministerium als Gesetzentwürfe *eingebracht (!)* oder daraufhin von einer der beiden Körperschaften *nicht* angenommen worden sind. Nun ist zwar die jährliche Einberufung des Parlaments obligatorisch, aber die Dauer der Budgetberatung beträgt nach dem Budgetreglement vom 8. März 1906 in maximo zwei Monate (1. Oktober bis 1. Dezember), und es ist – so etwa dürfte die „maßgebliche" Erwägung gewesen sein – klar, daß gesetzlich alsdann kein Hindernis besteht, das Parlament nach Hause zu schicken und so das Notgesetz zu perpetuieren. Etwaige Etatsposten, *aktive und passive,* die auf Grund des Notgesetzes – welches ja, so wird man argumentiert haben[130]), auch ein Steuergesetz sein kann – in den Voranschlag eingestellt werden, sind nach der Fassung (s. o.) des Art. 8 des Budgetreglements vom 9. März 1906 *der Anfechtung durch das Parlament entzogen,* da ja das Notgesetz bis zu seinem etwaigen Erlöschen ein „gültiges" Gesetz ist. Die gedachte Bestimmung des Budgetreglements ist übrigens, im Gegensatz zu dem erwähnten „Entwurf"[131]) in die schließliche Fassung der „Grundgesetze" nicht formell aufgenommen worden, ohne dadurch natürlich außer Kraft gesetzt zu sein, da die Aufnahme in die „Grundgesetze" rechtlich ja nur bedeutet, daß die Abänderung der betreffenden Bestimmung der Initiative des Parlaments entzogen ist. Auch die Bestimmung über die Eintragung der von dem letztjährigen Etat am wenigsten abweichenden Ziffern in den Voranschlag im Falle der Nichteinigung der Duma mit dem Reichsrat ist nicht zu einem „Grundgesetz" gemacht. Dagegen sind in die Grundgesetze aufgenommen und also der Abänderung auf Kroninitiative hin vorbehalten, dagegen dem Notgesetzrecht der Krone ebenso wie der Abänderung auf Parlamentsinitiative hin entzogen: die jährliche Berufung der parlamentarischen Körperschaften, die Bestimmung, daß nicht mehr als die Hälfte der Reichsratsmitglieder ihm kraft kaiserlicher Ernennung angehören dürfen, das Recht der parlamentarischen Körperschaften auf Prüfung der Wahlen ihrer Mitglieder, die Bestimmung, daß

---

[130]) Eine ganz andere Frage ist: ob diese Argumentation selbst bei *dieser* Fassung des Gesetzes schlüssig sein würde.
[131]) Art. 57 des Projekts.

jemand nicht gleichzeitig beiden Körperschaften angehören kann, das Recht der Krone, sie aufzulösen und die Pflicht, dabei gleichzeitig Neuwahlen anzuberaumen, das Initiativrecht in der schon mehrfach erwähnten Begrenzung (65), das Interpellationsrecht (66), aber ohne Bestimmung der Pflicht zu antworten, die Feststellung, daß die Nichtannahme eines Gesetzesvorschlages durch eine von beiden Körperschaften seine Ablehnung bedeutet (69), die früher erwähnten Beschränkungen der abermaligen Erörterung eines vom Kaiser oder einem der beiden Häuser abgelehnten Vorschlages (70), der Ausschluß der aus Staatsschulden oder anderen Verpflichtungen herrührenden Etatsposten von der Streichung aus dem Budget (72), die Vorbehalte betreffend der Kredite für das kaiserliche Haus und die kaiserliche Familie (73), die Fortgeltung des alten Budgets, verändert gemäß etwaigen inzwischen erlassenen Gesetzen, im Fall des Nichtzustandekommens eines sanktionierten Etats bis zu Beginn der Periode und das Verfahren der Etatszwölftel (74), die Kriegskredite (75), endlich folgende beiden, in den Gesetzen vom 20. Februar nicht enthaltenen Bestimmungen: Art. 76: „Staatsanleihen für die Deckung etatsmäßiger wie außeretatsmäßiger Ausgaben werden in der für die Behandlung des Etats vorgeschriebenen Ordnung erledigt. Staatsanleihen zur Deckung von Staatsausgaben in den Fällen und Schranken des Artikel 74" – also im Fall des Nichtzustandekommens eines unterfertigten Voranschlags bis zum Beginn der Etatsperiode – „und ebenso zur Deckung der in Art. 75 genannten Ausgaben" – Kriegsbedarf – „werden vom Herrn und Kaiser gemäß der Ordnung der höchsten Verwaltung genehmigt": – man hat sich also die (formal-rechtliche) Möglichkeit der Kreditwirtschaft im Fall des Budgetkonflikts gewahrt, – ferner für alle Anleihen die Bestimmung, daß Zeit und Bedingungen im Verwaltungswege festgestellt werden. Schließlich bestimmt Art. 77, daß das jährliche Aushebungskontingent, falls nicht bis zum 1. Mai ein entsprechendes Gesetz erlassen sei – jährliche Feststellung der Präsenzstärke durch Gesetz gilt also, wie indirekt daraus hervorgeht, als Regel – vom Kaiser in der unumgänglichen Höhe, jedoch nicht höher als im letzten Jahr, festgesetzt werde.

Am 26. April – dem Tage vor der Dumaeröffnung – erschien dann schließlich noch die revidierte *Reichsratsordnung* (vom 24. April). Neben einer Kodifikation der schon verfügten Umgestaltungen enthielt sie als Neuerung die Schaffung zweier „Reichsratsdepartements" *ausschließlich* aus dem Kreise der *ernannten* Reichsratsmitglieder, die *jährlich* vom Kaiser als Mitglieder des Departements bezeichnet werden. Während das zweite derselben die Rechnungslegung der höchsten Behörden entgegenzunehmen und gewisse Verfügungen über den Domänenbesitz und die Eisenbahnen gutzuheißen hat, hat das erste Departement – neben einigen anderen unerheblicheren Angelegenheiten – laut Art. 68 Nr. 4 in Fällen von in ihrer Stellung als solcher begangenen Vergehen von *Reichsrats- und Dumamitgliedern,* bei Amtsverbrechen von Ministern und Beamten bis zur dritten Rangklasse die Vorfrage, ob eine gerichtliche Verfolgung eintreten solle, unter Einholung der *Genehmigung des Kaisers* zu seinen Beschlüssen (Art. 92 und 93) – eine äußerst bedenkliche Bestimmung[131a]) – zu entscheiden. So hatte man glücklich auch einen exklusiv bureaukratischen Reichsrat neben dem neuen wieder geschaffen, – das gerade Gegenteil der slawophilen, z. B. von Schipow vertretenen Ideale.

In der Tat: wenn ein „Grünschnabel", von jenem aller Welt sattsam bekannten Typus des Nachwuchses der Petersburger Bureaukratie[132]), sich hier in Heidelberg dahin äußerte: „wir lachen über die Verfassung", so hatte er formell sicherlich ganz recht. Und trotzdem fragt es sich eben, wer „in the long run" die Lacher auf seiner Seite haben wird. Das russische „Budgetrecht" z. B. hat den äußeren Vorzug, daß es die bekannte „Lücke" formal nicht kennt und daher die „Lückentheorie" ausschließt. Es kennt auch die andere für den Parlamentarismus bedenkliche „Lücke" nicht, welche z. B. in Deutschland für die Friedenspräsenz besteht, falls ein Gesetz nicht zustande kommt, und deren geschickte Ausnutzung zu einer schweren Demütigung der Zentrumspartei noch in aller Erinnerung ist: eine *Erhöhung* der Präsenzziffer ohne Gesetz ist nach den „Grundgesetzen" selbst, die auch der Kaiser nicht suspendieren kann, ausgeschlossen. Es kennt auch *keine* Möglichkeit einer Budgetverwaltung, wie sie in Preußen 1862–66 bestand, sondern *nur* das Entweder–Oder: legales Budget *oder* Budgetzwölftel *im Rahmen* des letztjährigen Budgets *oder* Benutzung eines formalen „Rechts auf Willkür" (Art. 45), welches, *als solches,* alle besten Instinkte eines selbstbewußten Volkes immer wieder in Bewegung setzen muß. – Die *Kodifikation* der Karikatur eines immerhin heute so mächtigen Rechtsgedankens, wie der Konstitutionalismus es ist, kann auf die Dauer sehr anders wirken, als die Kodifikatoren erhoffen. Mit einer Art von Bauernschlauheit sucht die verschmitzte Mongolentücke dieser – bei aller Tüchtigkeit vieler einzelner und bei allem Raffinement der Technik – doch *politisch* unendlich stupiden Bureaukratie klüglich alle Maschen des *juristischen* Netzes zu schließen, auf daß das Parlament sich in ihnen verfange und gefesselt bleibe. Aber wie die „Heuchelei die Verbeugung des Lasters vor der Tugend" ist, so ist die ausdrückliche Kodifikation eines derart tief unwahrhaftigen Scheinkonstitutionalismus eine ebenso tief erniedrigende „Verbeugung der ‚Idee' der Autokratie vor dem konstitutionellen Prinzip", sie schädigt auf die Dauer nicht die Achtung vor diesem Prinzip, sondern sie schädigt die Autorität der Krone, die so offensichtlich sich zwingen läßt, „Konzessionen" an ein ihrer Eitelkeit und ihrem Herrenkitzel widerliches System zu gewähren, statt offen und ehrlich eine *Probe* mit ihm zu machen. Wenn eine solche „ehrliche Probe" tatsächlich zur Phrasenherrschaft, Verkennung der durch das Entwicklungsstadium gegebenen „Möglichkeiten" und zu Versuchen einer pseudoparlamentarischen Cliquenherrschaft geführt hätte, *dann* hätte diese alte Krone mit ihrer – trotz allem – noch

---

[131a]) Bedenklich, weil sie den Kaiser persönlich in einem politischen Prozeß, z. B. gegen Abgeordnete, engagiert.

[132]) „Aller Welt bekannt" deshalb, weil wir das entsprechende Unkraut, nur etwas spießbürgerlicher zugeschnitten und glücklicherweise nicht so häufig, bei uns ebenfalls kennen.

immer tief im Bewußtsein der Masse wurzelnden religiösen Weihe neben den Bajonetten auch die Macht „ideeller" Kräfte – und seien diese noch so „illusionistischen" Charakters – auf ihrer Seite gehabt, wenn sie alsdann über das formale Recht hinwegschritt und die „Probe" für mißlungen erklärte: ihr Ansehen wäre auf Kosten ihrer wirklich gefährlichen Gegner auf lange hinaus gestärkt aus dem Kampfe hervorgegangen. Jetzt, wo jede Bewegung des Parlaments auf juristische Stacheldrähte stößt, ist die Sachlage aber offenbar genau die umgekehrte: das Parlament ist in der Lage, die Massen mit der Überzeugung zu erfüllen, daß die Probe, mit der *Krone* zu regieren, „mißglückt" sei, und, wenn man es auseinanderjagt und mit Gewalt und Trug eine „Landratskammer" erzwingt, so hat die *„Idee"* des Zarismus die Kosten zu tragen. – Gerade die Schliche und Kniffe, durch die man den neuen Grundgedanken verfälschte, werben ihm im öffentlichen Bewußtsein Anhänger. Juristische Finessen vermögen manches, aber in diesen Dingen doch nicht allzu vieles. Schon die erste Sitzung der Reichsduma schritt z. B. über die Bestimmung des Art. 61 des Dumareglements vom 20. Februar: – Verbot der Entgegennahme schriftlicher Erklärungen an die Duma – mindestens dem „Geiste" nach einfach hinweg. Endlos war die Zahl der Begrüßungstelegramme, die Muromzew vorlas. Da die Regierung nicht, wie Bismarck in einem seiner kleinlichen Momente, die Begrüßung der Duma seitens der Tschechen als unkonstitutionell sistiert hatte, mußten auch alle anderen zugelassen werden, ja, der Staatstelegraph beförderte die Begrüßungstelegramme politischer Häftlinge und ihrer Familien mit der Bitte um Herbeiführung der Amnestie, und die Duma nahm sie unter stürmischen Kundgebungen entgegen.

Doch damit ist der Erörterung weit vorgegriffen. Es ist nunmehr zunächst zu berichten, in welcher Weise denn die Zusammensetzung der parlamentarischen Körperschaften sich vollzogen hat, und wie das, für die Regierung ebenso wie für alle Welt, die russischen Radikalen selbst nicht ausgenommen, so unerwartete Resultat der ersten parlamentarischen Wahlen in Rußland sich erklärt.

Zur Würdigung der ganzen verblüffenden Wucht dieses Mißerfolges muß aber noch ein letztes Hauptkunstwerk der Bureaukratie, das *Wahlgesetz für die Duma,* erörtert werden.

V. Analyse des Dumawahlrechts

Das Bulyginsche Wahlgesetz (Wahlverordnung vom 6. August 1905) beruhte auf dem Gedanken einer im Anschluß an das bestehende Semstwowahlrecht ziemlich kompliziert konstruierten Klassen- und Ständevertretung. Innerhalb jedes Wahlbezirks – der normalerweise mit dem Umfang eines Gouvernements zusammenfällt – sollten einerseits die Vertreter des privaten Grundbesitzes, die großen persönlich, die kleinen, bis zum Minimalzensus von ein Zehntel desjenigen der großen durch Bevollmächtigte, anderseits die Vertreter des städtischen

Hausbesitzes und mit ihnen zusammen aller anderen Arten „beweglichen" Besitzes: Handels- und Industriekapitalien und desjenigen „beweglichen" Vermögens, welches sich in der Innehabung besonders wertvoller Wohnungen äußert, in zwei gesonderten Sitzungen zur Wahl von Wahlmännern schreiten; als dritte Klasse hatten, wiederum gesondert, die Bauern (im *ständischen* Sinne des Wortes, also die in die bäuerlichen Steuerlisten Eingetragenen) Wahlmänner zu wählen. Bei der Deputiertenwahl war dann den „Bauern" das Privileg gegeben, in jedem Bezirke Einen aus ihrer Mitte in die Duma zu schicken, alsdann wählten sie mit den Wahlmännern der beiden anderen Klassen zusammen den Rest. Der Zensus in den städtischen und ländlichen Zensusklassen war etwa so bemessen, daß Besitz im Werte von 30000–50000 Rubel oder ein Einkommen in Höhe von mindestens wohl 3000 Rubel dazu gehörte, um denjenigen Bedingungen (Zahlung bestimmter Steuern, Minimalumfang des Grundbesitzes) zu genügen, an die der Besitz einer eigenen Stimme bei der Wahl der Wahlmänner geknüpft war: die kleinen Eigentümer auf dem Lande (*nur* dort) hatten, wie gesagt, Kurienwahlrecht. Man schloß also nicht nur das Proletariat (außer dem bäuerlichen), sondern auch den „unteren Mittelstand" (Handwerker, mittlere Beamte), vor allem aber die nicht mit erheblichem Besitz verknüpfte *Intelligenz* aus, diese noch speziell durch Aufstellung des gegen populäre „Leader" gerichteten Prinzipes der Wahl „aus der Mitte" des *(örtlichen)* Wahlkörpers selbst, Verbot der Doppelkandidatur und andere Kautelen. So hoffte man die Interessenten des Besitzes auf der eine Seite, die für „autoritär" gehaltenen Bauern auf der anderen mit den Interessen der Bureaukratie zu verbinden. Die Wahlmänner des „beweglichen" Besitzes waren dabei überall in die Wahlgemeinschaft mit den beiden anderen Klassen hineingebannt und nur eine Anzahl größere Städte als selbständige Wahlbezirke konstituiert. Großgrundbesitz und Bauern sollten sich also in die Macht teilen, daneben die „Bourgeoisie" im spezifischen Sinne des Wortes und die „Hausagrarier" der Städte eine warme Ecke reserviert erhalten.

Nach einer Mitteilung im „Prawitjelstwjennyj Wjestnik" war bei der Bestimmung der Verteilung der Deputierten und der Wahlmänner (= ca. 50 auf jeden zu wählenden Abgeordneten) folgendermaßen verfahren worden: Die auf die einzelnen Gouvernements (mit Ausschluß der selbständig wählenden Städte) und innerhalb dieser auf die einzelnen Kreise entfallende Anzahl von Wahlmännern sollte sich nach der Volkszahl bestimmen[133]). Die Verteilung der Wahlmänner auf die einzelnen Wählerklassen *innerhalb* des gleichen Kreises: „städtische" Klasse, ländliche Privatbesitzer, Bauern, sollte bestimmt werden nach der

---

[133]) Diese Verteilung auf die Gouvernements nach der Bevölkerungsziffer (offenbar auf Grund der im „Jeshegodnik Rossii" 1904 gegebenen Zahlen) ist nicht exakt durchgeführt. Es hätten (anscheinend) auf je eine Million Einwohner vier Dumamitglieder kommen sollen. Aber z. B. die Gouvernements Esthland und Olonetz haben, danach bemessen, je ein Mandat zu viel, Pskow und Chersson je zwei zu wenig erhalten, und auch sonst stimmt die Rechnung für 16 weitere Gouvernements nicht. Alles aus gänzlich unbekannten Gründen.

Verteilung der *Steuerkraft* zwischen ihnen. Zu diesem Behuf wurden die Semstwoabgaben von unbeweglichem Besitz, Handels- und Industrieunternehmungen und die staatliche Wohnungssteuer zugrunde gelegt und danach zuerst die Steuerleistung der „städtischen" Wähler einerseits, der „ländlichen" andrerseits bestimmt, derart, daß dem „städtischen" Wahlkörper die Leistungen für Besitz jeder Art innerhalb der Stadt, ferner für Gewerbescheine und Gewerbeanlagen *außerhalb* der Stadt und endlich für Wohnungssteuer zugute geschrieben wurde, dagegen den ländlichen Wahlkörpern die Steuer vom Bodenbesitz. Zwischen privaten Grundbesitzern einerseits, Bauern andrerseits sollte die Zahl der Wahlmänner proportional der Zahl der Deßjätinen bestimmt werden, die einerseits im Privatbesitz sich befinden, andrerseits den Dorfgemeinden als „Nadjelland" zugewiesen sind, so jedoch, daß auf jede Kategorie von Wählern im Kreise mindestens ein Wahlmann entfiel.

Das Manifest vom 17. Oktober versprach nun Ausdehnung des Wahlrechts auf die nach diesem System unvertretenen Klassen, – und dies schien alle jene Finessen über den Haufen zu werfen. Die Bureaukratie suchte jedoch mit Geschick die Wirkungen der starken Verbreiterung der Wahlrechtsbasis, zu der sie sich genötigt sah, dadurch für sich unschädlich zu machen, daß sie den Strom der neu hinzukommenden Wähler fast ganz in einen einzigen Kanal hineinströmen ließ: in die, gegenüber den beiden Wählerklassen der ländlichen Grundbesitzer und der Bauern, in hoffnungsloser Minderheit befindliche Klasse der den *beweglichen* Besitz vertretenden Wähler. Die Zahl dieser *Wähler verzwanzigfachte* sich mindestens, – *die Zahl der von ihnen zu ernennenden Wahlmänner blieb die gleiche.* Sehen wir uns das gesetzgeberische Produkt dieses einfachen Kunstgriffes etwas näher an.

Die für die im Frühjahr vollzogenen Dumawahlen maßgebend gewesenen Bestimmungen muß man sich aus der kaiserlichen „Verordnung" (Poloshenije) vom 6. August 1905 (Bulyginsches Wahlgesetz), den Allerhöchst bestätigten „Wahlreglements" vom 18. September 1905 und 11. Oktober 1905 (für Polen), dem „besonderen Allerhöchsten Ukas" vom 20. Oktober 1905 (für Sibirien), dem „besonderen Allerhöchsten Ukas" vom 11. Dezember 1905 (neues, ergänzendes Wahlgesetz), der Ministerialinstruktion vom 17. Dezember 1905 betr. die Wählerlisten, dem Allerhöchst bestätigten Wahlreglement für den Kaukasus vom 2. Februar 1906, dem Ukas über die Wahltermine vom 12. Februar 1906, der ministeriellen Wahlinstruktion vom 24. Februar 1906, dem Ukas vom 7. März 1906 über das Wahlverfahren, dem Allerhöchst bestätigten „Reglement" für die Wahlen der südöstlichen Viehzüchter vom 25. März 1906 und den erst im April erschienenen Bestimmungen über die Wahlen in Zentral- und Ostasien zusammensuchen. Danach gilt – unter Ausschaltung der letztgenannten, und hier nicht interessierenden Gebiete – folgendes:

1. Eigene Deputierte, zusammen 35, wählen 26 große Städte, und zwar: Petersburg 6, Moskau 4, Warschau 2, ferner je 1: in Großrußland: Jekaterinoslaw, Kursk, Orjól, Tula, Woronesh, Charkow, Jarosslawlj, Nishnij-Nowgorod, – im Osten: Kasanj, Ssamara, Ssaratow, Astrachanj, – im Süden: Odessa und

Rostow am Don, – im Westen und Südwesten: Wilna, Kiew, Kischinew, – in den Ostseeprovinzen: Riga, – in Polen: (außer Warschau) Lodz, – im Kaukasusgebiet: Tiflis und Baku, – in Mittelasien: Taschkent, – in Sibirien: Irkutsk. Das aktive Wahlrecht haben in diesen Städten alle Personen, welche dort entweder 1. zu Eigentum oder lebenslänglicher Nutzung Immobilien besitzen, die mit Staats- oder Gemeindesteuern belegt sind, oder 2. seit einem Jahr ein zur Entnahme eines Gewerbescheines verpflichtendes Gewerbe betreiben, oder 3. seit einem Jahr Wohnungssteuer zahlen, oder 4. seit einem Jahr Gewerbesteuer von persönlicher gewerblicher Beschäftigung zahlen, oder 5. seit einem Jahr *eine selbständige Wohnung innehaben,* oder endlich 6. seit einem Jahr in der Stadt leben und Gehalt oder Pension vom Staat oder Semstwo oder einer städtischen oder ständischen Korporation oder von Eisenbahnen beziehen (jedoch unter Ausschluß der niederen Bediensteten und Arbeiter). Alle diese Personen müssen russische Untertanen[134]), weder aktive Militärs noch Schüler oder Studenten, männlichen Geschlechts[135]), wahlmündig (25 Jahre alt), der russischen Sprache mächtig und ferner nicht durch die allgemeinen Ausschließungsgründe (§§ 7 u[nd] 8 der Verordnung vom 6. August 1905) behindert sein. Diese Behinderungsgründe betreffen (§ 7) neben Personen, welche wegen gewisser *gemeiner* Verbrechen in gerichtlicher Untersuchung sich befinden, Entmündigten und Bankerotteuren auch solche Personen, die wegen eines zur Amtsentsetzung führenden Vergehens oder überhaupt wegen einer Handlung, welche zur *Beschränkung* der Verfügung über das Vermögen führen *kann* – und dazu gehören gewisse wichtige politische Verbrechen – nicht etwa nur verurteilt sind, sondern auch sich nur in *Untersuchung* befinden. Das hat die Handhabe geboten, zahlreiche politisch „verdächtige" Personen in der Zeit der Wahlbewegung durch *Einleitung* einer Untersuchung auf Grund irgendeines wirklichen oder angeblichen politischen Preßvergehens von der Wahlqualifikation auszuschließen, so Miljukow und Hessen in Petersburg. Des weiteren sind (§ 8) die Gouverneure und Vizegouverneure und alle eine polizeiliche Funktion ausübenden Beamten am Ort ihrer Tätigkeit ausgeschlossen. Andere staatliche Beamte sind wählbar, müssen aber nach § 53 – eine auf Herabdrückung des Niveaus der Duma abzielende sehr fühlbare Beschränkung bei der großen Zahl tüchtiger und sachkundiger liberaler Staatsbeamter – ihr Amt im Falle der Wahl niederlegen. Endlich – diese Bestimmungen sollten die Chancen populärer Kandidaten und der hauptstädtischen Intelligenz möglichst herabsetzen, überhaupt ebenfalls das geistige Niveau der Duma tunlichst drücken – verbietet § 54 Kandidaturen einer Person zur Abgeordnetenwahl an mehr als einem Ort und hält das Gesetz durchweg den Grundsatz fest, daß das *passive* Wahlrecht in einem Wahlkörper nur hat, wer *in*

---

[134]) Aber ohne Unterschied der Rasse und Konfession. Ausgeschlossen sind die „umherschweifenden Fremdvölker" (Zigeuner und nordsibirische Naturvölker).

[135]) Nur Frauen, die die *Immobiliar*besitzqualifikation besitzen, können (nach § 9 der Verordnung vom 6. August und § 8, 11, 12, 13 des Reglements vom 18. September 1905) ihre Gatten oder Söhne in die Listen eintragen lassen. – Von Männern sind *Vollmachten* nur zugunsten von Söhnen zugelassen.

demselben Wahlkörper das aktive besitzt. Nicht nur also kann niemand zum Wahlmann in einem Bezirk gewählt werden, in dem er nicht selbst wahlberechtigt ist, sondern auch zum Abgeordneten kann nur ein zum Wahlmann in dem *betreffenden Wahlkreis Gewählter* kandidieren. So hervorragende Vertreter der Mittelparteien wie Schipow und Gutschkow sind auf Grund dieser Bestimmung nicht in die Duma gekommen, ebenso der Vorstand des Zentralkomitees der konstitutionellen Demokraten Fürst Paul Dolgorukow, da man in Moskau nur die Wahl zwischen ihm und Professor Herzenstein hatte und den letzteren vorzog, weil – eben infolge jener „staatserhaltenden" Bestimmungen – die Partei sonst über *keinen* fachmäßig gebildeten Finanz- und Agrarpolitiker in der Duma verfügt hätte. Da gerade unter den Demokraten eine ganze Fülle der allertüchtigsten akademischen Fachmänner auf dem Gebiet der Agrarfragen sich findet, zeigt jene Begründung allein schon, was mit jener Bestimmung faktisch erreicht worden ist. Im übrigen hat sie allerdings hier und da die Wirkung gehabt, daß die *Wahlmänner* bezüglich der Persönlichkeit des zu wählenden Abgeordneten einen gewissen Einfluß ausüben konnten. Wo sie, wie in den größten Städten oft, einer einzigen Partei angehörten, fügten sie sich meist der Parteiorder und spielten nur selten eine ausschlaggebende Rolle: sie akzeptierten die in Parteiversammlungen vorher nominierten Kandidaten[136]). *Der Kampf innerhalb ihrer Kollegien diente vielmehr den Wahlkabalen zwischen* den Parteien, wo mehrere Gruppen sich um die Mandate zu streiten hatten. Bei der – außer bei der Demokratie – noch ganz in den Windeln steckenden Parteiabgrenzung waren dabei Zufallsergebnisse aller Art an der Tagesordnung, die überdies durch das später noch zu erörternde *Wahlverfahren* begünstigt wurden. Daß ein Wahlmännerkolleg zugleich revolutionäre und extrem konservative Deputierte entsendete, ist auf dem *Lande* mehrfach vorgekommen[137]).

Das Wahlrecht ist ferner kein allgemeines: nicht nur Haussöhne und Dienstboten, auch alle Handwerksgesellen und Arbeiter, soweit sie nicht das Arbeiter-Sonderwahlrecht oder „selbständige" Wohnungen besaßen, – was bei den russischen Arbeitern bekanntlich seltener als bei uns der Fall ist[,] – waren ausgeschlossen. Dagegen ist das Wahlrecht in den Städten für die Berechtigten unter

---

[136]) Es wurde, nach der Niederlage der Mittelparteien in Petersburg, als ein schwerer Fehler bezeichnet, daß sie ihre Deputiertenkandidaten nicht *vor* der Wahl der Wahlmänner nominiert hatten, wie die Demokraten es taten. Ein guter Teil persönlicher Zugkraft sei ihnen damit verloren gegangen.

[137]) Die Frage, ob man die Wahlmänner der Partei etwa als Vertrauensmännerkollegien in den einzelnen Wahlkreisen brauchen könne, wurde nach der Wahl auf dem Aprilkongreß der Demokraten bestimmt verneint: sie seien allzu oft nur Streber, von denen jeder selbst Deputierter werden wolle – eventuell durch Schacher auch auf Kosten der Partei – oder – dürfen wir wohl hinzufügen – Lokalgrößen, die zu systematischer Arbeit unbrauchbar wären. Das *persönliche* Moment spielte eben – darin hatte die Regierung ganz richtig gerechnet – in diesem Wahlkampf noch eine bedeutende Rolle und hinderte hie und da die elementare Stimmung der Massen, so voll zum Ausdruck zu kommen, wie ohne die indirekte Wahl. Am Ergebnis wurden dadurch, aus Gründen, die sich weiterhin ergeben werden, doch nur gewisse Prozente „abdividert", aber nichts Entscheidendes geändert.

sich *gleich* und *geheim.* – Zu den Wahlmännern, die auf Grund dieses Wahlrechts ernannt wurden, treten nun hinzu diejenigen, welche auf Grund des eben bereits beiläufig erwähnten, später noch eingehender zu schildernden *Sonderwahlrechts* gewisser Kategorien von *Fabrikarbeitern* durch deren in den Fabriken ernannte Bevollmächtigte gewählt werden. Nur in den Städten St. Petersburg, Moskau, Lodz und allenfalls Warschau konnten jedoch diese Arbeiterwahlmänner eine zahlenmäßig in Betracht kommende Rolle spielen. Die dergestalt wahlberechtigten Arbeiter haben also in den Städten, wenn sie eine selbständige Wohnung oder – was freilich kaum vorkommen dürfte – eigenes steuerpflichtiges Bodeneigentum besitzen, ein Doppelwahlrecht. Bei den Wahlen hat sich das insofern geltend gemacht, als die von ihrer Partei zum „Boykott" der Duma genötigten sozialdemokratischen Arbeiter vielfach die Ausübung ihres Sonderwahlrechts als Fabrikarbeiter abgelehnt, von ihrem Wahlrecht als Wohnungsinhaber aber Gebrauch gemacht haben.

Die Geltendmachung des Wahlrechts der lediglich auf Grund des Innehabens einer „selbständigen *Wohnung*" Qualifizierten – dies ist die weitaus wichtigste der nach dem Manifest vom 17. Oktober durch das Gesetz vom 11. Dezember neu zugelassenen Wählerkategorien – ist nun aber dadurch erschwert, daß sie, im Gegensatz zu den anderen von Amts wegen auf Grund der Angaben der Steuerbehörde bezw. der die Gehälter zahlenden Instanzen ermittelten und registrierten Wähler, *nur* auf Grund einer von ihnen innerhalb drei Wochen nach Publikation des Ukases vom 11. Dezember 1905 abzugebenden schriftlichen Erklärung in die Wählerlisten eingetragen werden und ihr Recht durch Vorlegung des Mietsvertrages erweisen müssen. Die „örtliche Polizei", welche nach der Ministerialinstruktion vom 17. Dezember ebenfalls zur „Mitteilung" von Listen solcher Personen an die Wahlbehörde berechtigt ist, kann dabei natürlich „mit Auswahl" verfahren. Jene verschiedene Behandlung der Wähler wurde mit der notwendigen Beschleunigung der Fertigstellung der Wählerlisten motiviert, hatte aber daneben natürlich wahlpolitische Zwecke. Ihr zufolge schlossen sich alle jene radikalen Elemente, welche die Duma zu „boykottieren" beabsichtigten, freiwillig von der Eintragung in die Wählerlisten aus. In Moskau, wo man seitens der Stadt alle eventuell Wahlberechtigten amtlich ermittelt und ihnen die Wählerkarten ins Haus geschickt hatte, sollen nach einer Zeitungsnachricht, die ich nicht kontrollieren kann, 7000(?) Wähler die Zettel mit dem Vermerk: „ich boykottiere" zurückgeschickt haben.

2. Die sämtlichen übrigen Deputiertenmandate[137a]) sind auf die 51 Gouvernements des europäischen Rußland mit 384, die 10 Gouvernements des Zartums Polen mit 33, nebst 1 für das „Cholmsche Rußland", die 4 sibirischen mit 13, die 10 Gouvernements und „Territorien" (oblasti) des Kaukasus mit 27 und mit je 1 auf die Kirgisen und Kalmücken verteilt. Die Deputierten werden in *Gouvernements*-Wahlmännerversammlungen in geheimer Abstimmung gewählt. Die Zahl der Abgeordneten, die auf ein Gouvernement bezw. ein „Territorium"

[137a]) Die Art der Wahlen in Zentral- und Ostasien bleibt hier unerörtert.

entfällt, schwankt zwischen 2 (Archangel) und 15 (Kiew ohne die Stadt). In den europäisch-russischen Gouvernements, auf die wir uns hier beschränken wollen, ist nun das Wahlrecht – für welches die gleichen allgemeinen Ausschließungsgründe gelten, die früher besprochen wurden – folgendermaßen geregelt[137b]). Die gesetzlich festgestellte Zahl der *Wahlmänner* des Gouvernements ist auf die *Kreise* (Ujesds) verteilt. Sie werden innerhalb dieser von folgenden Wahlkörpern nach den folgenden Wahlsystemen ernannt: 1. für die *städtischen* Wähler des Kreises besteht jetzt[138]) dasselbe, gleiche, geheime, indirekte Zensuswahlrecht wie in den Städten mit selbständiger Deputiertenwahl. Aber einerseits gehören zu den *„städtischen"* Wählern hier *neben* solchen Gewerbetreibenden mit Gewerbeschein, Wohnungssteuerzahlern, Gewerbesteuerzahlern und Emp-

---

[137b]) Die Art der Gestaltung des „ländlichen" Wahlrechts ist eine Modifikation der bestehenden Semstwowahlordnung („Sswod Sakonow", Bd. II Teil 1, Poloshenije o gubernskich i ujesdnych semskich utschreshdjenijach, Kap. III Abt. 1 Art. 15ff.). Nach den seit 1890 geltenden Bestimmungen werden die Kreissemstwomitglieder folgendermaßen gewählt: 1. Personen, Gesellschaften (insbes[ondere] Handelsgesellschaften) oder Genossenschaften, als „nützlich" anerkannte Vereine, Lehranstalten, welche a) entweder steuerpflichtigen landwirtschaftlichen Grundbesitz in einem (je nach dem Kreise) zwischen 125 und 300 Deßjätinen schwankenden Umfang oder b) anderen Grundbesitz im Schätzungswert von 15000 Rubel besitzen (zu Eigentum, auf Lebensdauer oder zu Possessionsrecht), wählen persönlich bzw. durch ihren gesetzlichen Vertreter (Direktoren der Gesellschaften usw.). 2. Nicht zum Bauernstande gehörige (physische) Personen, welche $\frac{1}{10}$ des Grundbesitzzensus ad 1 besitzen, entsenden einen Bevollmächtigten in die Wahlversammlung der Klasse 1. In *jeder* dieser beiden Zensusklassen wählen gesondert: a) die Adligen, b) die übrigen. – Die Zahl der von der *Klasse* Nr. 2 zu ernennenden Bevollmächtigten richtet sich nach dem Steuerzensus, welchen die jeweils *erschienenen* Wähler repräsentieren, im Verhältnis zu dem für das persönliche Wahlrecht der Klasse 1 erforderlichen Zensus. Die Verteilung der zu wählenden Semstwomitglieder zwischen Adlige und Nichtadlige dagegen ist für jeden Kreis gesetzlich („Sswod Sak[onow] a.a.O., Beilage zu Art. 14) geordnet, und zwar so, daß, mit ganz vereinzelten Ausnahmen, die Vertreter der Adligen überall in der Mehrheit sind, in den meisten Fällen ihre Zahl sich zu der Klasse b wie 3:1 verhält; 3. die Bauern wählen in den Wolosts je einen Bevollmächtigten, aus denen der Gouverneur die im Gesetz für jeden Kreis vorgeschriebene Anzahl von Mitgliedern des Semstwo (mit vereinzelten Ausnahmen die entschiedene Minderheit gegenüber den Vertretern der beiden anderen Klassen) *ernennt.* (Außerdem gehören dem Kreissemstwo an die Bürgermeister der Landstädte und Vertreter der Domänen- und Apanagenverwaltung und, als gesetzlicher Präsident, der Adelsmarschall.) Man erkennt leicht die insbesondere durch Wegfall der nicht physischen Personen, ferner der Adelsvorrechte und, bei den Bauern, des Ernennungsrechts des Gouverneurs, ferner durch Ausscheidung aller nicht landwirtschaftlichen Elemente aus der Gouvernementswählerschaft in die besondere „städtische" Wählerklasse und die Beseitigung des Zensus der 2. Klasse ländlicher Privatbesitzer und endlich durch die Privilegierung der Bauern verursachten Abweichungen in der Gestaltung des Dumawahlrechts. Die Zulassung von Administratoren in der oberen Zensusklasse bestand ebenfalls schon für die Semstwos in einigen nördlichen Gebieten (Wjatka, Wologda), die Zulassung der Pächter in der Oberklasse ist neu. Ebenso ist die Verteilung der Wahlstimmen zwischen Grundbesitz und Bauern für die Duma eine etwas andere, den Bauern günstigere. – Auch das Prinzip der Wahl nur „aus der eigenen Mitte der Wahlberechtigten" entstammt der Semstwowahlordnung.

[138]) Das Bulyginsche Gesetz hatte für die selbständig wählenden Großstädte einen anderen, höheren, Zensus festgesetzt als für die innerhalb der Kreise wählenden Städte.

fängern öffentlicher Gehalte oder Pensionen, die in diesen Städten selbst Gewerbe treiben bezw. wohnen, auch solche, die auf dem *Lande* in dem betreffenden Kreise Gewerbe mit Gewerbeschein treiben oder Gewerbesteuer oder Wohnungssteuer zahlen oder Gehalte und Pensionen empfangen; – die Innehabung einer „selbständigen" Wohnung genügt dagegen zum Wahlrecht *nur*, wenn diese innerhalb der *städtischen* Ansiedelungen liegt. Die von diesen „städtischen" Wahlversammlungen gewählten Wahlmänner, deren Zahl für jedes Gouvernement besonders bestimmt ist, treten alsdann mit den von den ländlichen Wählern des betreffenden Gouvernements ernannten zur Wahl der Abgeordneten zusammen, – 2. die ländlichen Wähler jedes Kreises sind wiederum in zwei ständische Klassen geschieden: a) „Bauern" und b) private Grundbesitzer und ihnen gleichstehende Wahlberechtigte, wozu dann noch – 3. auch hier die „Arbeiter" treten. Was zunächst die Kategorie 2a („Bauern") anlangt, so hat man sich gegenwärtig zu halten, daß der Begriff „*Bauern*" in Rußland *formell* mit denjenigen Personen zusammenfällt, welche nach den Bauernordnungen und andern speziellen Gesetzen der Zuständigkeit der speziellen bäuerlich-ständischen Institutionen, speziell der „Wolost", unterstehen und zu deren Versammlungen wählen. Welches diese Personen sind, ergibt sich also nicht aus ihrem Wohnsitz oder Beruf oder aus dem Maß oder der ökonomischen Qualität des Grundbesitzes, sondern lediglich daraus, ob der Betreffende einer Dorfgemeinde oder, falls er zu keiner Gemeinde gehört, direkt[139]) einer Wolost „zugeschrieben" *und* zum Wolost-Sschod wählbar ist. Ob dies aber der Fall, ist wesentlich von der *historischen* Frage abhängig: ob er bezw. seine Vorfahren von der Emanzipationsgesetzgebung Alexanders II. betroffen worden oder durch spätere Gesetze (besonders die Übersiedlungsgesetze) der durch diese Gesetzgebung s. Z. emanzipierten Bevölkerung rechtlich gleichgestellt worden ist, es sei denn, daß er seitdem in gültiger Weise aus dem bäuerlichen *Stand* ausgeschieden ist (was außer im Fall bestimmter Diplome[140]) regelmäßig die Zustimmung seiner Gemeinde voraussetzt). Selbstverständlich sind also diese „Bauern" im *ständischen* Sinn nicht etwa identisch mit „Bauern" im *ökonomischen* Sinn[141]), mögen diese auch (sofern man die „Büdner" und „Häusler"

---

[139]) Das *passive* Wahlrecht aber ist an die Zugehörigkeit zu einer Dorf*gemeinde* geknüpft (Art. 17 der Wahlverordnung). Dies hat zur Folge, daß alle Bauern, welche einer Gemeinde nie zugehört haben und direkt der Wolost unterstehen, des passiven Wahlrechts entbehren.

[140]) Insbesondere hatte nach dem Statut von 1884 die Vollendung der Universitätskurse das Recht – also nicht die Pflicht – zur Folge, aus dem Stande der Bauern auszuscheiden. (Aber die Ergreifung des Studiums selbst konnte die Gemeinde für ihre Angehörigen eventuell verhindern.) Nach der Redaktion des „Sswod Sakonow" von 1903 Bd. V Art. 5 der Beilage zum Art. 586 des Status betr. die direkten Steuern hängt die Streichung aus den Steuerlisten und damit aus der „podatnoje ssostojanie" (der steuertechnische Ausdruck für „Bauernstand") von der Vollendung der Universitätsstudien und einem Antrag des Betreffenden ab, welchem dann willfahren wird, wenn er sich dem staatlichen Dienst oder dem Lehr- oder kirchlichen Beruf widmet.

[141]) So waren von den *Arbeitern* der Emil Zindelschen Manufaktur nach der Untersuchung Schestakows nur 10,8% ohne jedes Band mit dem Dorf, 3,6% hatten Häuser im

unseres Sprachgebrauchs ebenfalls als „Bauern" bezeichnen will) natürlich die große Mehrheit der den Dörfern zugeschriebenen und darin stimmberechtigten Bevölkerung bilden. Unter den bis zum 17. April ihren Personalien nach bekannten 152 gewählten „Bauern" befanden sich: 7 Vorsteher und Mitglieder von Semstwo-Uprawas, 1 Semstwomitglied, 1 Gutsbesitzer, 2 Anwälte, 10 Pädagogen, 1 Volksschullehrer, 1 Seminarist, 1 Eisenbahnschüler, 1 Student, 1 Verleger, 5 Wolostschreiber, 8 Wolostvorsteher, 3 Wolostrichter, 1 Arzt, 1 Versicherungsagent, 3 Semstwobedienstete, 2 Redaktionsbedienstete, 1 Eisenbahnbediensteter, 2 Schmiede, 1 Hausindustrieller (Kustar), 1 Kutscher, 1 Müller, 2 Kleinhändler, 4 Arbeiter, 69 wirkliche „Getreidebauern", der Rest war noch unbekannt. – „Wählerlisten" für diese bäuerlichen Wähler existieren nicht, denn die Wahl erfolgt durch die bäuerlichen ständischen Selbstverwaltungskörper. Das Wahlrecht, auf welchem diese ruhen, ist letztlich das bäuerliche Gemeindestimmrecht, und dieses ist rein gewohnheitsmäßig fixiert und steht regelmäßig allen „Hauswirten" zu. In Polen hat man, da hier die russischen Institutionen nicht bestehen, für die Wahlen der bäuerlichen Gemeinden (Gmina) die Wahl durch den Sschod (die Gemeindeversammlung) angeordnet, dabei aber eine obere *Besitz*grenze gezogen: alle diejenigen, welche 10 Deßjätinen (11 ha) Land besitzen, scheiden dadurch für die Wahl aus der Gmina aus und wählen in der Klasse der „Grundbesitzer". Für die europäisch-russischen Gouvernements wird dagegen das Wahlrecht nicht direkt in den einzelnen Dorfgemeinde-Versammlungen, sondern so ausgeübt, daß die zu Zwecken der bäuerlich-ständischen Selbstverwaltung (oder richtiger Quasi-Selbstverwaltung) bestehenden Wolost-Versammlungen[142]), – welche ihrerseits aus je 1 auf je 10 Höfe gewählten und auf Verlangen der Gemeinden vor Beginn der Dumawahlen neu zu wählenden Bauerndeputierten bestehen, – je 2 Bevollmächtigte in geheimer Abstimmung wählen und diese Bevollmächtigten ihrerseits ebenso die für jedes Gouvernement besonders bestimmte Zahl von Wahlmännern in die Wahlmännerversammlung des betreffenden Gouvernements entsenden. Hier wählen alsdann die Wahlmänner der Bauern jedes Gouvernements bezw. Territoriums *vorweg einen* Abgeordneten aus ihrer Mitte und beteiligen sich dann an der gemeinsam mit den Wahlmännern der Städte und den von den anderen ländlichen Wahlberechtigten gewählten Wahlmännern vorzunehmenden Wahl der übrigen auf das Gouvernement entfallenden Abgeordneten. Das ständische Sonderwahlrecht der Bauern geht also durch einen vierfachen Filter. Charakteristisch ist dabei noch, daß im Gegensatz gegen die generelle Disqualifizierung

---

Dorf, 12,3% einen Nadjel, den sie verpachteten, 61,4% einen Nadjel, den ihre Familie bewirtschaftete, 11,9% gingen zur Bestellung ihres Nadjel periodisch auf das Land. (Die Zahlen hat auch Tugan-Baranowski in die 2. Auflage seiner „Fabrik" übernommen). Im Ganzen pflegt man für 50% der Arbeiter anzunehmen, daß sie das „Band mit dem Dorf" rechtlich verloren haben.

[142]) Der Wolost-Sschod ist eine so gut wie *nur* zur Wahl der ständisch-bäuerlichen Beamten und zu Besteuerungszwecken zusammentretende Körperschaft, die Wolost selbst heute im wesentlichen ein lebloser passiver Zweckverband.

aller mit Polizeifunktionen betrauter Beamten, gerade die, bei der heutigen Kontrolle der bäuerlichen Gemeindewahlen durch die Semskije Natschalniki, fast immer von ihnen abhängigen Dorf-Starosten und Wolost-Starschinen *nicht* von der Wahl ausgeschlossen wurden. Tatsächlich bildet das Maß, in welchem solche Gemeindebeamten von den Bauern gewählt wurden, einen ziemlich exakten Gradmesser für den Druck „von oben", – wo immer die Bauern „frei" wählen konnten, haben sie fast ganz regelmäßig gerade diese Funktionäre *nicht* gewählt. – Die privaten *Grundbesitzer* und die ihnen gleichgestellten ländlichen Wahlberechtigten (Kategorie 2b) sind unter sich wieder in zwei Klassen geschieden. Die Zugehörigen der oberen (Zensus-) Klasse sind direkt in Person an der Wahl der Wahlmänner in den in jedem Kreise (Ujesd)[143] stattfindenden Wahlversammlungen der privaten Grundbesitzer beteiligt, die der unteren wählen Bevollmächtigte in diese Wählerversammlung. Der Zensusklasse (Großgrundbesitzer und Großlandwirt) gehören Eigentümer oder Nutznießer auf Lebenszeit, ferner Administratoren oder Pächter (seit mindestens einem Jahre) von ländlichem Grundbesitz, Bergwerksbesitzer zu Possessionsrecht, Eigentümer oder lebenslängliche Nutznießer von anderem Immobilienbesitz, jedoch mit *Ausnahme* des zu Handels- und Industriezwecken benutzten Bodens – der zur Wahl in der *städtischen* Wählerklasse qualifiziert – unter der Voraussetzung an, daß der Umfang des betreffenden Besitztums ein für jeden Kreis (Ujesd) besonders festgestelltes Mindestmaß an Fläche, bei nicht landwirtschaftlichem oder bergwerklichem Besitz aber den Wert von 50000 Rubel erreicht. Das Mindestmaß *der Fläche* für den landwirtschaftlich genutzten Boden schwankt zwischen 100 und 800 Deßjätinen (letzteres in einem Kreise des Gouvernements Archangelsk) und beträgt im Mittel etwa 250–300 Deßj. Das Wahlrecht der zu dieser Klasse gehörenden ländlichen Zensuswähler ist also geheim, unter sich gleich und zweistufig „indirekt": sie sind persönlich an der Wahl der Wahlmänner der Grundbesitzerklasse beteiligt. Der unteren Klasse der ländlichen Wähler (Kleingrundbesitzer) gehören an: 1. alle Eigentümer oder lebenslängliche Nutznießer von Immobilien im Kreise, welche nicht den Census der Oberklasse erreichen, 2. Geistliche oder Vorsteher von Kirchen und Bethäusern (aller Konfessionen), sofern die betreffende Kirche usw. mit Land im Kreise bewidmet ist. Diese Unterklasse entsendet, wie schon gesagt, in geheimer Abstimmung zu wählende Bevollmächtigte in die Versammlung, welche die Wahlmänner der ländlichen privaten Grundbesitzer zu ernennen hat, und zwar in einer Anzahl, welche dem Gesamtumfang des nicht den Zensus der Oberklasse erreichenden privaten Immobilienbesitzes im Verhältnis zu dem Gesamtumfang dieses letzteren entspricht. Das Wahlrecht dieser Kategorie ist also unter sich gleich, geheim und dreistufig indirekt, sie hat ebenso wie die Städte und die Großgrundbesitzer und im Gegensatz zu den Bauern, kein Recht auf Sonderwahl eines Deputierten aus ihrer Mitte. – Das Wahlrecht der großindustriellen

---

[143] Es ist üblich, „Ujesd" mit „Kreis" zu übersetzen. Richtiger wäre, das Wort mit „Bezirk" zu übertragen. Dem Umfang nach entspricht dieser „Bezirk" weit mehr unseren „Regierungsbezirken" in Preußen als den „Kreisen".

Arbeiter (Kat[egorie] 3) endlich, welche in 46 Gouvernementswahlversammlungen Wahlmänner entsenden, ist, ebenso wie das der Kleingrundbesitzer, geheim und dreistufig indirekt und ebenfalls ohne Anspruch auf gesonderte Wahl von Abgeordneten aus ihrer Mitte. Dies Wahlrecht steht aber nicht jedem Fabrikarbeiter als solchem zu, sondern ist an die Voraussetzung, seit einem Jahre als Arbeiter in einer Werkstatt (d. h. Fabrik, Bergwerk, Hüttenwerk, Eisenbahn) mit mindestens 50 Arbeitern beschäftigt zu sein, geknüpft. Dabei ist es nun – wohlgemerkt – ganz gleichgültig, wieviel *wahlberechtigte* Arbeiter in der betreffenden Werkstatt vorhanden sind. Wenn eine Spinnerei mit 50 weiblichen Arbeitskräften daneben einen einzigen männlichen Arbeiter beschäftigt, fällt seine Stimme ebenso stark ins Gewicht wie die von je 1000 Wählern aus einem Hüttenwerk, welches mehrere Tausend erwachsener Arbeiter beschäftigt, oder von 1999 Arbeitern aus einer Fabrik, die etwa gerade diese Anzahl beschäftigen würde. Denn dies wunderliche Sonderwahlrecht, welches einerseits nur großindustriellen Arbeitern zustehen soll, unter diesen aber wieder die Arbeiter in den kleineren Fabriken begünstigt, wird ausgeübt durch die geheime Wahl von „Bevollmächtigten" innerhalb der einzelnen Fabrik[144]): von 50–1000 je einer, ein weiterer je auf jedes weitere (volle!) Tausend, welche alsdann die für jedes Gouvernement festgesetzte Zahl von Wahlmännern in die Gouvernementsversammlung entsenden. Ein Doppelwahlrecht hat also der Arbeiter für die Gouvernementswahlen 1. dann, wenn er in einer Stadt wohnt und eine selbständige Wohnung hat, 2. wenn er, was in Kleinstädten und namentlich auf dem Lande immerhin hier und da vorkommen kann, städtisches oder ländliches steuerpflichtiges Grundeigentum besitzt, 3. indirekt auch dann, wenn er als Haushaltungsvorstand im Dorf wahlberechtigt zur Wolostversammlung ist. Diese Fälle sind wohl die einzigen praktisch in Betracht kommenden. Für die übrigen Wählerklassen ist – während die Wahlgesetzgebung ein „Pluralstimmrecht" einer Person in einem und demselben Wahlkreise (abgesehen von demjenigen der Arbeiter) ausdrücklich ausschließt – die Häufung von Stimmrechten in *verschiedenen* Wahlkreisen natürlich etwas nicht Ungewöhnliches, da jemand in den verschiedensten Kreisen Grundbesitz haben, in wiederum anderen Inhaber von Gewerbebetrieben sein, in noch anderen Wohnungssteuer zahlen und endlich in einer Stadt, die in keinem von all diesen Kreisen liegt, seit Jahresfrist eine abgesonderte Wohnung innehaben oder, ohne eine solche, dort leben und Gehalt oder Pension beziehen kann. Die unteren Staffeln der Wahlen – Wahl der „Bevollmächtigten" und „Wahlmänner" – finden nach Gutbefinden der Lokalbehörden und daher an sehr verschiedenen Tagen statt, und da auch die ursprüngliche Fassung des Wahlgesetzes, wonach die Wahlen im ganzen Reich am selben Tage stattfinden sollten, (in welchem Falle nur durch die zulässige Bevollmächtigung von *Söhnen* eine Ausübung des mehrfachen Wahlrechts möglich gewesen wäre) wieder beseitigt worden ist: – kaiserliche Ukase beraumen

---

[144]) Es bedurfte eines besonderen Senatsbeschlusses, um festzustellen, daß auch für die Arbeiter die Wahlqualifikation des männlichen Geschlechts und wahlmündigen Alters gilt.

jeweils für die einzelnen Gouvernements die Wahltage an – so ist in thesi in allen Instanzen die Ausübung dieses mehrfachen Stimmrechts möglich. Gleichwohl fällt es ziffernmäßig keineswegs ins Gewicht. Seine praktische Bedeutung liegt vielmehr fast ausschließlich auf dem Gebiet des *passiven* Wahlrechts, indem sie den wahlpolitischen Zweck der Beschränkung der Wählbarkeit auf Personen, die in dem betreffenden Bezirk aktives Wahlrecht besitzen, teilweise wieder aufhebt. Fürst E. Trubezkoj war z. b. an mindestens drei Orten (Kijew, Tula, Moskau) aus untereinander verschiedenen Gründen zur Wahl qualifiziert. Die Bedeutung dieser passiven mehrfachen Wahlqualifikation wird jedoch wiederum durch das Verbot, *gleichzeitig* in mehreren Wahlkreisen für die Duma zu kandidieren, stark geschwächt.

Die Gouvernementsversammlung setzt sich also – um zu resumieren – aus Wahlmännern zusammen, welche gewählt worden sind 1. von den „städtischen" Wählern, d. h. der Bewohnerschaft der Städte *und* den qualifizierten Gewerbetreibenden und den Wohnungs*steuer*zahlern des platten Landes, 2. von den großen Landwirten (Eigentümern, Administratoren, Pächtern, Nutznießern) und den Bergwerks-Possessions-Besitzern in gemeinsamer Sitzung mit den Bevollmächtigten der privaten Kleingrundbesitzer und der Geistlichkeit, 3. von den Bevollmächtigten der von den Bauern gewählten Wolostversammlungen, 4. von den Bevollmächtigten der Arbeiter der qualifizierten industriellen Großbetriebe.

Nun fällt zunächst in die Augen, daß bei dem großen Landwirt der Umfang seines Besitzes bezw. Betriebes ihm ein überaus stark bevorzugtes Wahlrecht gewährt, ja daß den kleinen Besitzern gegenüber der große Besitz sogar noch *stärker* ins Gewicht fällt, als der Besitzverteilung entsprechen würde (da der Eigentümer *und* ein oder mehrere seiner Großpächter und Administratoren, letztere allerdings nur nach persönlicher Anmeldung und Nachweisung ihres Wahlrechts, wie die Klasse der „Wohnungsinhaber" in den Städten, persönliches Stimmrecht haben, die abhängigen Administratoren aber de facto jedenfalls bequeme „Träger" der Stimme des Eigentümers sind[145]), während im schroffen Gegensatz dazu der *bewegliche* Besitz (außer dem ländlichen Pächterkapital) *gar nicht* privilegiert ist. Der Großindustrielle ist vielmehr, auch bei Ansässigkeit auf dem Lande, des Zensuswahlrechts beraubt und in die städtische Wählerschaft eingereiht, dort aber mit jedem, der eine „selbständige Wohnung" innehat, auf die gleiche Stufe gestellt. Des weiteren ist zwar in der oberen Zensusklasse der ländlichen Wähler die Großpächterschaft den Eigentümern gleichgestellt, in der unteren Klasse des privaten Grundbesitzes dagegen sind außer den Geistlichen, welche die Kirchengüter vertreten, nur *Eigentümer* (und lebenslängliche Nutznießer) stimmberechtigt. Die ganze ungeheure Masse der

---

[145]) De jure wird das relative Gewicht der Klasse des Großbesitzes durch die Zulassung dieser Personen nicht vermehrt, – da dies ja von der Bodenverteilung zwischen den beiden Klassen abhängt, wohl aber wird durch die Zulassung von Pächtern und Administratoren der faktische *Präsenzstand* der agrarkapitalistischen Klasse bei der Wahl günstig beeinflußt und, wie gesagt, de facto absentistischen Besitzern eine Vertretung geschaffen.

Kleinpächter ist also vom Wahlrecht ausgeschlossen. Die Gewährung des Wahlrechtes an sie würde allerdings, da die Bauern das Hauptkontingent zur Kleinpacht stellen, de facto sehr vielfach ein Doppelwahlrecht von *Bauern* bedeutet haben, und zwar, bei dem furchtbaren Pachtwucher und dem proletarischen Charakter des bäuerlichen Pächterstandes, sehr vielfach ein solches ihrer ökonomisch bedrücktesten Schichten: der Bauer mit seiner chronischen „Landknappheit" in der feldgemeinschaftlichen Dorfgemeinde hat ja nur die Wahl, ob er beim Grundherrn als Arbeiter dienen oder ihm das Land abpachten will. Auch das private Klein*eigentum* befindet sich freilich zu einem immerhin beträchtlichen Teil in den Händen von Bauern, welche Land gekauft haben, dabei aber in der Obschtschina geblieben sind: – in *diesem* Falle besteht also „Doppelwahlrecht", – oder welche nie einer Obschtschina angehört haben, oder aus dieser in den gesetzlich zulässigen Fällen ausgeschieden sind: diese Schichten der Bauernschaft sind umgekehrt im allgemeinen die ökonomisch kräftigsten innerhalb der unteren Schichten der Landbevölkerung, der Masse der eigentlichen Bauern oft feindlich gegenüberstehend. Ganz ausgeschlossen vom Wahlrecht sind außer den Kleinpächtern nicht nur diejenigen *Landarbeiter,* welche nicht zugleich „Bauern", d.h. Mitglieder einer Dorfgemeinde und als solche stimmberechtigt sind, sondern auch die unterhalb der Wohnungssteuerpflicht stehenden Inhaber „selbständiger Wohnungen" auf dem Lande. Die überhaupt wahlberechtigten Gewerbetreibenden und die wichtige und einflußreiche Schicht der ländlichen „Intelligenz", das sog. „dritte Element", sind – soweit sie nicht irgendeinen Fetzen Land besitzen – aus den ländlichen Wählerklassen ausgeschaltet und in die städtische Wählerschaft überführt, – was wiederum nicht nur für ihr aktives, sondern auch für ihr passives Wahlrecht entscheidend ist, d.h. die Konsequenz hat, daß sie auf dem Lande nicht kandidieren können. Aber auch für das aktive Wahlrecht ist diese Bestimmung, welche das offizielle Communiqué derart motivierte, daß eben die Leute „ohne Ar und Halm" – wie man bei uns sagen würde – auf dem Lande auch keine „ländlichen" Interessen hätten, von großer Tragweite und höchst charakteristisch. – Das Gesetz vom 6. August hatte das Prinzip des Zensuswahlrechts für die *„städtische"* ebenso wie für die „ländliche" Wählerschaft aufgestellt. Infolge der Schaffung nur *einer* Zensusklasse der städtischen, d.h. der in Stadt *und* Land ansässigen *nicht* landwirtschaftlichen Zensuswählerschaft war der plutokratische Charakter des „städtischen" Wahlrechts als Bourgeoisiewahlrecht eher noch stärker ausgeprägt als auf dem Lande, wo für das private Grundeigentum jenes Gesetz zwei Zensusklassen geschaffen und den Minimalzensus der unteren Klasse der privaten Grundbesitzer auf $\frac{1}{10}$ desjenigen der persönlich wahlberechtigten großen Besitzer festgesetzt hatte. Das Gesetz vom 11. (24.) Dezember hat nun, um dem Wortlaut des Manifestes vom 17. (30.) Oktober: Erweiterung des Wahlrechts „in der Richtung auf das allgemeine" Wahlrecht, formell Genüge zu tun, die Zahl der *„städtischen"* Wähler weit mehr als verzehnfacht und, wenigstens für die in den Städten selbst wohnenden Wähler dieser Kategorie, das Wahlrecht dem geltenden englischen Recht angenähert. Aber: diese derart verstärkte

Wählermasse wählt keine größere Anzahl Wahlmänner, als nach dem Gesetz vom 6. August der kleinen Schar städtischer Zensuswähler *allein* zustand. Es ist also das relative Gewicht der „ländlichen" Wähler im ganzen unvermindert, und innerhalb dieser Wählerschaft ist eine „Demokratisierung" *nur* in Gestalt der Zulassung *aller Kleineigentümer* in der unteren Klasse erfolgt. Das relative Gewicht des in der Oberklasse vertretenen *Groß*besitzes ist zwar durch diese Erweiterung der unteren Wählerklasse, da sich die Vertretung der Wahlmänner zwischen beiden Schichten nach dem Verhältnis des beiderseitigen Grundbesitzes regeln sollte, in einem gewissen (jedenfalls aber nicht sehr erheblichen) Grade eingeschränkt, was aber durch die Zulassung der Großpächter und namentlich der Administratoren in der Oberklasse, wie schon erwähnt, wieder ausgeglichen wird. Alles aber, was zur „Intelligenz" und zu den modernen „bürgerlichen" Klassen gehört, ist, gleichviel ob es in der Stadt oder auf dem Lande sich befindet, in den allgemeinen Topf des „städtischen" Wahlrechts hineingepfropft. Sicherlich sehr gegen die Neigung des Gesetzgebers ist dabei neben der verhaßten Intelligenz auch die eigentliche kommerzielle und industrielle „Bourgeoisie" unter die demokratische Walze geraten: das war die Folge des Umfangs, den das Gesetz vom 6. August dem Begriff „städtische" Wählerschaft nun einmal gegeben hatte. Dagegen ist sorgsam den Interessen des Agrarkapitalismus und daneben – in relativ freilich weit geringerem Maße – den Instinkten der untersten agrarkommunistischen Schichten der Bevölkerung der dominierende Einfluß gesichert.

In welcher Relation nun des weiteren zwischen den persönlich stimmberechtigten großen Landwirten einerseits, den durch Bevollmächtigten wählenden Kleingrundbesitzern andererseits in den einzelnen Gouvernements die Stimmenzahl verteilt worden ist, kann ich, da dies der Regelung durch die Vollzugsorgane überlassen war und ich nur vereinzelte zufällige Notizen darüber habe, zurzeit nicht angeben. Daß der *private* Kleingrundbesitz – also unter Ausschluß der Dorfbauern – dem Großgrundbesitz an Areal überlegen war, dürfte nicht allzu häufig, weit häufiger dagegen ein starkes Überwiegen des letzteren sein. Nur bei schlechter Wahlbeteiligung der Großen und pünktlichem Erscheinen der Bevollmächtigten der Kleinen würden die letzteren *gegen* die ersten bei den Wahlmännerwahlen des privaten Grundbesitzes zu siegen imstande sein. Immerhin sind gerade solche Fälle vorgekommen, und jedenfalls haben die „Kleinen" oft zwischen den Parteien der „Großen" den Ausschlag geben können. Die Folge der Art der Wahl*formalitäten* aber mußte sein, daß die nicht zur Zensusklasse gehörenden Grundbesitzer sich der Mühe der Wahl ihrer Bevollmächtigten zum größten Teil überhaupt nicht unterzogen. Dies ist um so mehr geschehen, als die wahlleitenden Behörden, namentlich solche konservativer Richtung, die Wahltermine zumeist nur in die amtlicherseits dazu benutzte Zeitung gerückt, nicht aber – wie dies bei dem enormen Umfang der „Ujesds" (etwa gleich einem preußischen Regierungsbezirk) notwendig gewesen wäre – in allen einzelnen Ortschaften amtlich bekannt gegeben oder aber, – wie dies einige liberale Behörden getan haben – allen Berechtigten persönlich mitgeteilt haben.

Das Ergebnis war, daß die Wahlbeteiligung des privaten Kleingrundbesitzes meist eine geradezu lächerlich geringe war, der Regel nach unter 10%, zuweilen erheblich unter 1 pro Mille. Nur die gesamte Geistlichkeit war in dieser Kurialklasse regelmäßig pünktlich zur Stelle, ferner zeichneten sich die deutschen Kolonisten und ebenso andere „Fremdvölker" (speziell die Polen) und die freilich meist geringe Zahl der grundbesitzenden Juden durch Pünktlichkeit aus. Die häufige Wahl grundbesitzender Kaufleute und anderer nicht landwirtschaftlichen Existenzen, vereinzelt auch Juden, vor allem aber massenhafter Kleriker, war das regelmäßige Ergebnis. Wo die Termine sorgfältig zur Kenntnis der Beteiligten gebracht wurden, und wo eine wirkliche Agitation möglich gewesen war, gestaltete sich die Beteiligung wesentlich günstiger, und – was recht charakteristisch ist – *sank* gleichzeitig rapide die Zahl der zu Bevollmächtigten gewählten Geistlichen (und natürlich auch der Geschäftsleute) zugunsten der Wahl von kleinen „Landwirten" und grundbesitzenden „Intelligenten". In welcher Weise – gemäß den (weiter oben wiedergegebenen) Grundsätzen – die Zahl der zu ernennenden *Wahlmänner* zwischen die drei in den Gouvernementswahlversammlungen vertretenen Wahlkörper, 1. städtische Wähler, 2. Grundbesitzer, 3. Bauern, in den einzelnen Gouvernements verteilt sind, ergeben die den Wahlverordnungen beigefügten Listen. Danach haben die Wahlmänner der „städtischen" Wähler die absolute Mehrheit in den beiden industriellen Gouvernements Moskau (wohlgemerkt: *ohne* die Stadt Moskau) und Wladimir, über 40% haben sie ferner in den Gouvernements Jekaterinosslaw und Pjetrokow (Lodz). Der Großgrundbesitz und -Betrieb ist in drei polnischen Gouvernements, besonders in Warschau (ohne die Stadt) und in Esthland sehr stark bedacht, ebenso in Bessarabien, im „West"-Rayon hat er in den Gouvernements Minsk und Poltawa die absolute Mehrheit und ist sehr stark auch im Gouvernement Wilna, in Wolhynien, Mohilew und Witebsk ausgestattet. Dies hing zwar, da die Verteilung der Wahlmänner zwischen Bauern und Grundbesitzern nach dem Grundbesitzstande erfolgte, mit der westlichen Agrarverfassung zusammen. Die russisch-nationalistische Presse aber fand in der Begünstigung der Zensusklasse gerade in diesen Westgebieten eine Begünstigung der polnischen Rittergutsbesitzer auf Kosten der recht- oder altgläubigen russischen Bauern. (Das von der nicht demokratischen Presse vertretene Verlangen, daß den Nationalrussen überall in den Grenzländern [den Kraj's] ein Recht auf nationale Sondervertretung gegeben werden solle, drang nur teilweise durch in Gestalt der Ausdehnung des Sonderwahlrechts des „Cholmschen Rußland" auf die in den Gouvernements Lublin und Sjedlec vorhandenen Russen. Es gelangte bei der Gestaltung des Wahlrechts für Mittelasien in der betreffenden „besonderen Kommission" – gegen die Stimme des Grafen Witte – zum Siege.)[146]) Die kleinrussischen Bauern wiesen ihrerseits auf die Unterschiede gegenüber dem Stimm-

---

[146]) Das Wahlgesetz, welches den Militärgrenzlern 1, den Russen 1, den „Fremdvölkischen" 1, ferner den transkaspischen, samarkandschen und fergansschen Territorien je 2,

verhältnis in Großrußland hin[147]). Eine absolute Mehrheit der *Bauern*vertreter besteht, außer in Sibirien, in den nördlichen Gouvernements und in den östlichen und südöstlichen Kolonisationsgebieten, also in: Olonetz, Archangel, Wjatka, Wologda, Ufa, Ssamara, Kasan, Astrachan, Stawropol, in Altrußland in Woronesh, Pensa, Kursk, Tambow. Sehr vielfach, fast regelmäßig, haben sie die relative Mehrheit (etwa 40% der Stimmen). Die Kosaken sind in den Gouvernements ihres Hauptsiedelungsgebiets (Astrachan, Orenburg, Bezirk des Donschen Heeres, ebenso in zwei Kaukasusgebieten) stets mit gesondertem Wahlrecht und dem Privileg, einen Vertreter aus ihrer Mitte vorweg in die Duma zu senden, ebenso wie die Bauern und neben ihnen bedacht. Im ganzen entfallen im europäischen Rußland (einschließlich der baltischen Provinzen, aber ausschließlich Polen und Kaukasusgebiet) in den Gouvernementswahlversammlungen auf die Bauern (mit Kosaken) rund 42, auf den privaten Grundbesitz rund 31½, auf die städtischen Wähler rund 24% der zu ernennenden Wahlmänner, ferner auf die von den Bevollmächtigten der großindustriellen Arbeiter zu wählenden etwa 2½%[148]). Nur in den Gouvernements Moskau und Wladimir ist deren Zahl (17 von 109 bezw. 16 von 108) groß genug, um wenigstens überhaupt ins Gewicht zu fallen; doch haben in diesen Gouvernements die „städtischen" Wähler, wie wir sahen, ohnedies die absolute Mehrheit. Die *ziffern*mäßige Proportion des Wahlrechts der Arbeiter zu ihrer Anzahl, wenn man nur die wahlberechtigten Arbeiter in Werkstätten mit über 50 Personen in Betracht zieht, ist zwar trotzdem günstiger als der Anteil der Bauern, welche ja, nach Abzug der gesondert wählenden großen Städte, fast überall, auch wenn man nur die in den Dörfern stimmberechtigten „Hauswirte" in Betracht zieht, die bedeutende Mehrheit der gesamten Bevölkerung bilden, aber die Arbeiter entbehren, wie gesagt, des den Bauern zustehenden Rechts, einen Deputierten aus ihrer Mitte vorweg zu wählen, während den Bauern durch dieses Recht und durch die absolute Majorität der Wahlmänner, über die sie in den oben angeführten 13 russischen und außerdem in allen 4 sibirischen und in 6 Kaukasus-Gouvernements verfügen, bei festem Zusammenhalt immerhin die Möglichkeit gegeben ist, auch in dem ganz undenkbaren Fall einmütigen Widerstandes aller nicht bäurischen Wahlmänner, 181 Deputierte[149]) in die Duma zu entsenden. Bei Dissens innerhalb der übrigen Wahlmänner gaben sie über-

---

den Syr-Darjaschen 4 (2 aus Taschkent) Mandate zusprach, gelangte erst am 16. April zur Schlußberatung („N[owoje] Wr[emja]" 10809 S. 4).

[147]) Zwei Millionen kleinrussischer Bauern im Gouvernement Poltawa haben 23 Wahlmänner gegen 110 des Großgrundbesitzes, in Tambow haben 1200000 großrussische Bauern die absolute Mehrheit in der Wahlmännerversammlung. Dies ist indessen Folge der Teilung der Wahlmännerzahl nach der Steuerkraft.

[148]) Der von der Gesamtzahl (236 unter rund 7000) der Arbeiterwahlmänner auf jedes Gouvernement entfallende Bruchteil war in denjenigen 19 Gouvernements, wo die betreffende Gouvernementshauptstadt selbständig Deputierte wählte, von der Verwaltungsbehörde zwischen Stadt und Gouvernement zu verteilen. Die betreffenden Zahlen sind mir nur teilweise bekannt.

[149]) In Wahrheit waren schon am 27. April mehr „Bauern" in der Duma. S. u. 297 f.

all den Ausschlag. Tatsächlich ist nun ein solches „geschlossenes" Vorgehen der Bauernwahlmänner auffällig oft zu beobachten gewesen, wo immer ihre Wahl eine (wohlgemerkt: relativ!) „freie" gewesen war. Die Bauern, selbst in den „Wolostversammlungen", gingen, wo sie sich überlassen waren, – freilich nicht die Regel! – von einer ganz bestimmten Parole aus. Zu „Bevollmächtigten" wurden alsdann regelmäßig *nur* Leute gewählt, die 1. kein Gemeindeamt bekleideten und 2. die keinerlei *Privat*land in ihrem Besitz hatten und unter den Nur- „Bauern" wiederum mit Vorliebe die Ärmsten: die Bauern glaubten, daß der Zar nur aus deren Munde zuverlässig über den „Landhunger" informiert werden könne. Auch die Bauernwahlmänner ihrerseits hielten, scheint es, sehr oft fest zusammen und stimmten, wo immer ein Bauer gegen einen anderen zur Wahl stand, natürlich mit Vorliebe für ersteren, im übrigen möglichst gegen Beamte, Gutsbesitzer, Kaufleute. Es wurde so ein sehr fühlbares Element der – parteipolitisch gesprochen – Zufälligkeit in die Wahlen getragen, welches natürlich zu den verschiedensten Wahlmanövern ausgenutzt werden konnte. Den „städtischen" Wählern wären bei ähnlich geschlossenem Zusammenhalt durch die 35 großstädtischen Deputierten und durch die absolute Mehrheit in 2 Gouvernements im ganzen 48 Mandate sicher. Schon der Wahlhergang im Moskauer Gouvernement, mit seiner ⅔-Mehrheit der „städtischen" Wahlmänner (ohne die Arbeitervertreter), zeigte aber, daß von solcher inneren Geschlossenheit bei ihm gar keine Rede sein konnte. Der gesamte Prozentanteil der „städtischen" Wahlmänner (31½%), zusammengerechnet mit dem Sonderwahlrecht der großen Städte, übersteigt ihren Prozentanteil an der Bevölkerung, wobei immerhin zu berücksichtigen ist, daß „städtische Wähler" auch alle auf dem Lande lebenden wahlberechtigten Nichtlandwirte bzw. Nichtgrundbesitzer sind. Das Zensuswahlrecht der ländlichen Grundbesitzer und der großen Landwirte steht außerhalb jeder Proportion und Beziehung zu ihrer Anzahl, und auch die Geistlichkeit ist stark begünstigt.

Äußerst verschieden ist endlich auch – trotz der Modifikation des im ursprünglichen Gesetz, mit Ausnahme der Großstädte, ausschließlich, zugelassenen Wahlverfahrens durch Ballotage nominierter Kandidaten – das Maß der *Bequemlichkeit* bei Ausübung des Wahlrechts. Die Urwähler aller Städte mit Sonderwahlrecht und – seit dem Ukas vom 11. Dezember – auch in anderen Bezirken mit über 500 eingetragenen Wählern, – also in der Hauptsache den städtischen und denjenigen des privaten Kleingrundbesitzes dort, wo er stark vertreten ist – haben es ziemlich bequem: sie geben ihren Stimmzettel ab, der die Namen der von ihnen zu wählenden Wahlmänner in der vorgeschriebenen Anzahl enthält, und damit ist die Sache für sie erledigt. Dagegen müssen die übrigen Wahlkörper, also die Fabrikarbeiter, Bauern und eventuell die privaten Kleingrundbesitzer zur Wahl der „Bevollmächtigten" und ebenso die „Bevollmächtigten" der Bauern und Arbeiter je unter sich und die der Kleingrundbesitzer mit den Großwirten zur Wahl der Wahlmänner und endlich die Wahlmänner zur Wahl der Abgeordneten je zu einer „Sitzung" zusammentreten und mit Kugeln ballotieren; die Sitzung muß, wenn am ersten Tag keine absolute Mehrheit für die erforderliche Zahl der Abgeordneten bezw. Wahlmänner oder Bevollmächtigten erzielt wird, am folgenden Tage, nunmehr unter Geltung des Prinzips der relativen Mehrheit, fortgesetzt werden, bis die vorgeschriebene Anzahl gewählt ist. Gemäß der bei allen russischen Wahlen eingebürgerten Sitte wird im übrigen so verfahren, daß zunächst durch Zettelabstimmung die überhaupt zur Wahl zu stellenden Kandidaten festgestellt und über jeden von diesen dann, bis zur Erreichung der vorgeschriebenen Zahl, durch Kugeln ballotiert wird. Dies Verfahren ermöglicht natürlich die allerverschiedensten Manöver. Zunächst hat die jeweilig relativ stärkste Partei stets das Interesse daran, am ersten Tage möglichst überhaupt keine Wahlen zustande kommen zu lassen, um an dem folgenden mit relativer Mehrheit zu siegen. Die Wahlen verliefen denn auch sehr häufig demgemäß. Andererseits suchten die schwächeren Parteien möglichst die von ihnen am meisten gehaßten oder gefürchteten Führer der stärksten Partei schon am ersten Tage zur Ballotage gelangen zu lassen, wo die absolute Mehrheit erforderlich war, um sie so zu Falle zu bringen (so z. B. bei den Gouvernementswahlen in Kischinew, wo es den gemäßigten Parteien gelang, durch Stimmzettelabgabe für einige führende „Kadetten" diese am ersten Tage zur Ballotage zu bringen, sie dann – mit Hilfe der gegen jeden Nichtbauern mißtrauischen Bauernwahlmänner – niederzuballotieren und mit Hilfe der so erzeugten „Stimmung" wenigstens einen ihrer Kandidaten durchzusetzen). Alle Arten von „Kompromissen" wurden natürlich geschlossen – und ebenso leicht gebrochen (so im Gouvernement Moskau, wo die „Handels- und Industriepartei" den „Bund des 17. Oktober" bei der Wahl mit relativer Mehrheit im Stich ließ und erfolgreich mit der Rechten paktierte). – Und diese verzwickten Prozeduren und Kabalen wiederholten sich für den gewissenhaften Wähler, der Wahlmann wurde, in den Kurien der Arbeiter und des Kleingrundbesitzes dreimal (Bevollmächtigten-, Wahlmänner- und Abgeordnetenwahl). Da das Prinzip der Wahl aus der eignen Mitte (bezw. der Zahl der Teilnehmerberechtigten) galt, jedoch oft schon die Arbeiter in derselben großen Fabrik, vollends aber ihre Bevollmächtigten und ebenso die Bevollmächtigten des Kleingrundbesitzes und der Wolosts einander persönlich natürlich regelmäßig absolut unbekannt waren, – die Großgrundbesitzer waren darin besser gestellt, – so hätte nur eine allgemeine lebhafte öffentliche Agitation fest organisierter Parteien mit allgemein bekanntem Programm einen auch nur technisch sachgemäßen Ablauf dieser Wahlen gewährleisten können. Allein ob diese möglich war, hing gesetzlich, wie schon erwähnt, von der absoluten Willkür der örtlichen Polizeibehörden ab, von deren Verhalten noch zu sprechen sein wird. So mußte denn von dem gesetzlich gewährten Recht[150], „vorbereitende" Versammlungen der zu der betreffenden Wahl Befugten, bei denen alle nicht Teilnahmeberechtigten ausgeschlossen, der Vorsitz aber in den Händen des Vorsitzenden des Wahlkomitees, d. h. eines Verwaltungsbeamten, lag, Gebrauch gemacht werden, um

---

[150] Reglement vom 18. Sept. 1905 Art. 24f.

erstmalig überhaupt zu einer Nominierung von Wahlmänner- resp. Bevollmächtigten-Kandidaten zu gelangen. Nicht selten haben infolgedessen die Wahlsitzungen – namentlich für die Wahl von Wahlmännern, aber auch für die Wahl von Abgeordneten – länger als zwei Tage gedauert, und es hat sich erst allmählich aus allgemeiner Ratlosigkeit und Konfusion und nachdem Dutzende von allgemein „unbekannten" Kandidaten niederballotiert waren, im Gefolge der Müdigkeit die Wahl entwickelt, von solchen Schwierigkeiten noch ganz abgesehen, wie sie entstanden, wenn z. B. – was vorkam – die Bauern einmal die zum Ballotieren verwendeten gefärbten Nüsse, ehe die Abstimmung begann, verzehrt hatten oder sich, aus Gott weiß welchen Superstitionen heraus, hartnäckig weigerten, von ihrer herkömmlichen Art der öffentlichen Abstimmung im Sschod abzugehen usw. Es liegt auf der Hand, daß schon an sich nur ein ganz ungewöhnliches Interesse oder eine eherne Parteidisziplin eine erhebliche Beteiligung an solchergestalt eingerichteten Wahlen erzwingen kann. Dazu tritt, daß zwar auf Verlangen den Wahlmännern und Bevollmächtigten der Arbeiter in bestimmter Höhe Reiseentschädigung gewährt wird, ebenso auch, aber nur laut Beschluß der Wolostversammlungen, den Delegierten dieser letzteren (hier ohne Bestimmung der Höhe), daß aber weder entgangener Lohn – die Fabrikanten scheinen ihn ziemlich überall gekürzt zu haben – noch sonstige Ausgaben ersetzt wurden. Wie oft das Beispiel der Moskauer Stadtverwaltung, welche den Arbeiterbevollmächtigten Unterkunft und Unterhalt bot, Nachahmung gefunden hat, ist mir im einzelnen unbekannt geblieben, – wo es geschah, waren die freundlichen Wirte meist Instanzen, welche die Wahl für die Obrigkeit zu beeinflussen suchten. Jedenfalls schaltet ein solches Wahlverfahren die Teilnahme des an sein Geschäft gebundenen „Mittelstandes" und der von ihrem Arbeitsertrag Lebenden normalerweise geradezu aus, es begünstigt in maßloser Weise die Klassen, deren Zeit niedrig im Werte steht, also Rentiers, große Besitzer und Geistliche, daneben allenfalls die schon infolge ihres Landmangels nicht vollbeschäftigten Dorfbauern, während sonst nur in striktester Parteidisziplin stehende Wähler das Opfer bringen werden.

Es schien notwendig, einigermaßen ausführlich bei diesem wunderlichen Produkt aus allerhand „wissenschaftlichen" Prinzipien, wahlpolitischer Verschmitztheit und Willkür einerseits und anderseits dem, von der Pragmatik der Bureaukratie aus gesehen, „zufälligen" Zwischenfall des Manifests vom 17. (30.) Oktober etwas näher zu verweilen, um an einem charakteristischen Beispiel zu zeigen, was diese Bureaukratie, von ihrem eigenen Standpunkt aus gesprochen, zu „leisten" und was sie nicht zu „leisten" vermag. Sicherlich lagen der Verteilung der Macht unter die Wahlberechtigten die allersublimsten statistischen Erwägungen und wahlpolitischen Absichten zugrunde. Zweifellos hat ferner die Eintragung der Wähler in die verschiedenen Listen – jede Klasse von Wahlberechtigten in den Städten z. B. gesondert, auch *nach* dem Gesetz vom 11. Dezember –, ebenso die Erhebung der Zahl der Werkstätten mit über 50 Personen, der Zahl der wahlberechtigten Arbeiter usw.

recht interessantes Material ergeben, auf dessen Publikation man aus anderweitigen, rein wissenschaftlichen Gründen gespannt sein darf. *Formell* sind die Wahlen im allgemeinen wohl jedenfalls korrekter verlaufen, als die Bureaukratie selbst erwartet hatte[151]). Der gesetzliche Vorbehalt, daß schon nach Vollzug von 150 aller Wahlen die Duma solle einberufen werden dürfen, erwies sich als nicht erforderlich. Nur in *einem* Fall (Dagestan) kam es vor, daß die Wahlmänner einstimmig(!) die Wahl eines Deputierten ablehnten, und die Zahl der Kassationen von Wahlen war keine übergroße. Aber gibt es anderseits unter den Umständen, in denen sich die Regierung befand, etwas politisch Monströseres, als folgende Zeitspannen: 1. die Frist vom Reskript des 18. *Februar* 1905, welches die Berufung von Volksvertretern in Aussicht stellte, bis zur Publikation des ersten entsprechenden Gesetzes (6. August) und dann den ihm entsprechenden Wahlreglements vom 18. *September*, eine Frist, welche von jenen schätzenswerten statistischen und sonstigen „Erwägungen" erfüllt wurde, so daß es zur Ausschreibung der Wahlen auf Grund dieses Gesetzes gar nicht erst kam, – 2. die Frist vom Erlaß des Manifestes vom 17. *Oktober* bis zu der ihm entsprechenden Änderung des Wahlgesetzes durch den Ukas vom 11. *Dezember* und der neuen Ministerialinstruktion vom 17. Dezember, welche wiederum mit „Erwägungen" und Konferenzen angefüllt war, – 3. die Frist vom Manifest des 17. *Oktober* oder selbst vom Ukas des 11. Dezember bis zur Ausschreibung und zum effektiven Beginn der Wahlen, Ende *Februar* 1906, welche mit der „Ergänzung" der Wahllisten hinging. 4. Endlich die Frist von der Ausschreibung und effektivem Beginn der Wahlen bis zu deren Beendigung, die bei Eröffnung der Duma (27. April) in großen Gebieten noch nicht erfolgt war, eine dreimonatige Frist also, innerhalb deren täglich zahllose einzelne Wahlnachrichten aus den verschiedensten Bezirken des Reiches eintrafen, die Wahlkomitees in Atem gehalten waren, Beratungen, Hin- und Herreisen der Kandidaten, Wahlreden, Verleumdung, Hetzerei, Polizeirepression und Wahlschnüffelei das Reich verpesteten und die Bevölkerung in steter Erregung, Spannung und schließlich wütender Ungeduld erhielten und die politische Lage des Reiches in Dunkelheit gehüllt blieb? Immer wieder glaubte die Regierung, durch Hinhalten der verschiedenen Schritte „billiger" fortzukommen, und immer wieder verlief die Sache ähnlich wie bei den „sibyllinischen Büchern", wie man ihr mit Recht geweissagt hatte.

---

[151]) Die Zahl der Werkstätten, deren Arbeiter, gemäß der sozialdemokratischen Parole, die Wahl ablehnte, war allerdings nicht unbedeutend, um so mehr wenn man berücksichtigt, welches unmittelbare Risiko mit einem solchen offenen Parteibekenntnis verbunden war. An sehr vielen Orten hat aber *nur* ein Teil der Arbeiter „boykottiert" und ist die Wahl reaktionärer Arbeiterkandidaten die Folge gewesen. Die Vertreter der großen Werke mit ihren sogenannten „Wohlfahrtseinrichtungen" zur Knebelung der Arbeiter waren besonders oft reaktionär, so die den Putilow-Werke. Die strikteste Parteidisziplin hielten überall die höchstentwickelten Arbeiterschichten, so namentlich die *Typographen*, die ganz überwiegend strikt boykottierten. Wo sie dies nicht taten, wurden regelmäßig sie, als die geistig entwickeltsten, gewählt. – Die Zahl der Boykottierungen durch Wolostversammlungen ist natürlich ganz unerheblich, da ja die abhängigen Wolostbeamten stets zur Stelle waren.

Wäre im Herbst 1904, vor dem Fall Port Arthurs, oder wenigstens statt des dem Zaren offensichtlich abgerungenen und ganz unbestimmt gehaltenen „Reskripts" vom 18. Februar 1905 eine „Konstitution" mit Zensus- oder Klassenwahlrecht oktroyiert und alsbald durch Wahlausschreiben und Einberufung der Volksvertretung in Kraft gesetzt worden, so war eine zu weitgehendstem Entgegenkommen bereite „dankbare" bürgerliche Duma höchst wahrscheinlich. Dynastische Eitelkeit und die Interessen der Bureaukratie ließen den Zeitpunkt verpassen. Hätten nun wenigstens für die Zensusduma des Bulyginschen Entwurfs die Wahlen alsbald Anfang August ausgeschrieben und der Zeitpunkt des Zusammentritts bekannt gegeben werden können, dann war die Möglichkeit immerhin nicht ausgeschlossen, daß man ein Parlament bekommen hätte, mit dem Witte bei seinem damaligen Nimbus hätte regieren können. So aber kam der Oktoberausstand dazwischen, und nun lagen nach dem Manifest vom 17. Oktober – einer reinen und offenkundigen schmählichen persönlichen Niederlage des Zaren – alle Chancen auf Seite der Demokratie. Vom *egoisti*schen Standpunkt der Bureaukratie aus war „Abwarten" nunmehr das „taktisch Richtige", wenn man eben den Scheinkonstitutionalismus und nicht eine „ehrlich" konstitutionelle Politk *wollte*. Als nun aber die Dezembervorgänge und die Bauernunruhen ihre Wirkung getan hatten, wäre der Moment gegeben gewesen. Wäre man damals, Ende Dezember, im Besitz eines Wahlgesetzes und der Wählerlisten und also in der Lage gewesen, jetzt alsbald, und natürlich auf Grund einer politischen Verständigung mit den führenden Kreisen des „Besitzes", Wahlen abzuhalten, dann ist mit einem sehr hohen Grade von Wahrscheinlichkeit anzunehmen, daß das Ergebnis sehr wesentlich „günstiger" ausgefallen wäre als zwei Monate später. Aber nun schwankte man, wie wir sahen, wieder, ob denn dieser „Kelch" nicht doch vielleicht ganz vorübergehen könne, und dann kam die *Technik* der Wahlen dazu, um abermals eine Frist von mehreren Monaten bis zum Vollzug der wichtigsten Wahlen zu schaffen. Dieser lange Zwischenraum kontrekarrierte alles, was man mit dem Gesetz zu erzielen gehofft hatte.

Wenn der Gesetzgeber etwa geglaubt hatte, die Hitze der Wahlagitation oder die exklusive Bedeutung des Parteiwesens herabzusetzen, so wurde er trotz des törichten Boykottes der äußersten Linken gründlich enttäuscht. Nicht nur war gerade bei diesem Wahlverfahren, wie gezeigt, die Prämie auf die Parteidisziplin *sehr* hoch, sondern überdies mußte gerade die mit der Verzwicktheit des Systems zusammenhängende *lange Dauer* der Wahlkampagne die Agitation, wo sie nicht überhaupt einfach gänzlich unterdrückt werden konnte – und das zeigte sich schwieriger als man geglaubt hatte –, schließlich bis zur Siedehitze ansteigen lassen. Tatsächlich ist dies das Eigenartige an der gegenwärtigen russischen Entwicklung, daß alle Erscheinungen der westeuropäischen ökonomischen und staatlichen „Zivilisation" plötzlich und ganz unvermittelt in das – mit Ausnahme der obersten Schicht – noch immer archaistische Milieu dieser Gesellschaft hineintreten. Die Abschwächung der Fesseln des Vereinswesens hat nicht nur die ungeheure Flut der „professionellen" Verbände entfesselt, sondern es entstanden auch alsbald auf russischem Boden Pendants solcher Blüten unserer deutschen Kultur, wie ein „Bund der Landwirte", ein „Zentralverband der Industriellen", diverse „Schutzverbände" gegen den roten Schrecken, es entstand sogar ein „Verein der nationalliberalen Jugend" (wenn man den „Bund des 17. Oktober" mit den deutschen „Nationalliberalen" gleichsetzen will) mit schönem Klubhaus in Petersburg, besondere „Frauenbünde" (namentlich bei den Reaktionären beliebt, so der Frauen-Rechtsordnungsbund in Petersburg[152]). Alle Parteien veranstalteten zur Reklame angeblich „lediglich" wissenschaftlich „belehrende" Vortragsabende aller denkbaren Art, sie setzten Enqueten durch Fragebogen ins Werk: so die „konstitutionellen Demokraten" über Landmangel der Bauern und Agrarfrage, sie gründeten Bauernbünde: so den Bauernbund des 17. Oktober, den Bund des Volksfriedens (ein Produkt Durnowos), interessierten sich für alle Arten von Genossenschaften, gründeten – wenn auch nicht parteioffiziell, so doch parteioffiziös – massenhafte Freitische, die, wenn ihre Gründung „von links" ausging, stets wieder dem Verbot der Regierung verfielen (und dann erst recht und kostenlos der Reklame dienten), befaßten sich mit der Gründung, Beratung, Beeinflussung von Gewerkvereinen, gründeten „neutrale" Arbeiterzeitungen, und sie brachten es – last not least – sogar fertig, Interesse für die Kirche und die in ihr sich vollziehende Bewegung zu heucheln. Die Anzahl der, in stetem Kampf mit den ganz ebenso massenhaften Verboten, vollzogenen Zeitungsgründungen in den Haupt- und Provinzialstädten zu ermitteln und von ihren Schicksalen berichten zu wollen, wäre einfach sinnlos: die davon handelnde, oft sehr stattliche Rubrik „Presse" fehlt seit Oktober in keiner Nummer z. B. des „Nowoje Wremja". Das Hin- und Hereisen der verschiedenen „leader" und zumal der akademisch-wissenschaftlichen Autoritäten der Parteien – die durch die Studentenunruhen erzwungenen, nun schon anderthalbjährigen Ferien gaben ihnen dazu ja die schönste Zeit – grenzt nahezu an das Eichhörnchenhafte, wenn man es einmal einige Zeit in der Presse verfolgt und erwägt, daß es neben verschiedenen Arten von „University extension" herlief. Die Wahlversammlungen der Demokraten wurden in der Stadt Petersburg – von Gegnern – auf 200 geschätzt[153]). Ungleich größer als die Zahl der abgehaltenen ist aber, wenigstens für die Linke, die Zahl der infolge des ganz dem Ermessen der lokalen Behörde (Gouverneur) anheim gegebenen Verbotes – welches übrigens gelegentlich auch Versammlungen der Mittelparteien traf – wieder abgesagten Versammlungen, Vortragsabende und Zyklen. Und diese letzteren waren für die Parteiagitation nicht etwa wertloser als die ersteren, – im Gegenteil. Für die Massen in den Städten und ebenso für die Bauern stand es ja –

---

[152]) Auch die „monarchistische Partei" des Redakteurs Carl Amalie (Wladimir Andrejewitsch) Gringmut („Mosk[auer] Zeitung") nahm jeden ohne Unterschied des Geschlechts als Mitglied auf, mit alleiniger Ausnahme nur der Juden („Now[oje] Wr[emja]" 22./1. S. 2 Sp. 1).

[153]) Daß Mitte Februar eine Zuschrift eines Begeisterten an die Presse ausführte, Rußland habe nunmehr, da es „schon" 16 Parteien besitze, „Deutschlands politische Entwicklung überflügelt", wird auf Deutsche vielleicht nicht ganz überzeugend wirken.

wen sollte das eigentlich wundern? – völlig fest, daß, was die Bureaukratie verbietet, notwendig etwas Vortreffliches sein müsse, das sie „dem Volke" nicht gönnt. Die Behörde übte auf diese Art im Effekt nur eine Art Sanitätspolizei für die Nerven der Agitatoren aus, besonders unserer russischen Kollegen, deren Leistungsfähigkeit ohnehin die Begriffe eines an eine gewisse Gemächlichkeit gewöhnten deutschen Professors weit hinter sich läßt: neben der rednerischen „Kraftentfaltung" geht die publizistische her, und es ist wiederum unglaublich, welche Flut von jeweils auf den umfassendsten, wenn auch stets einander unvereinbarlich widersprechenden, statistischen Rechnungen beruhenden Artikeln, namentlich über agrarpolitische Fragen, nicht nur zwischen den verschiedenen Parteirichtungen, sondern auch in unausgesetzter Kanonade *innerhalb* ein und derselben Zeitung zwischen Parteigenossen aus den Universitätskreisen gewechselt worden sind. Ein Versammlungsverbot war für den halbtoten Redner dann eine Wohltat, und überdies verschaffte er der betreffenden Partei die denkbar wirksamste Reklame, sicher oft eine weit bessere, als der Vortrag selbst es hätte tun können, und dabei *kostenlos*. Und das bedeutet bei diesem Wahlsystem auch etwas. Denn auch die Kosten der Wahlkampagne sind relativ ganz unverhältnismäßig. Schon die Ausgaben der Regierung müssen sehr bedeutende sein. Im Gegensatz zu Frankreich und England und im Einklang mit Deutschland hat man – hier das erste Mal natürlich notgedrungen, aber nach dem Gesetz auch für die Zukunft – das System der Schaffung von Wählerlisten ad hoc, für die einzelne Wahl, adoptiert. Ein Teil der Arbeit, für die Masse der Wähler, ist scheinbar auf diese selbst abgewälzt, da die Eintragung, wie erwähnt, von ihrer Meldung abhängt: aber dafür muß die Berechtigung dieser sich Meldenden nun in concreto geprüft werden, statt daß man eine brauchbare Liste durch periodische Fortschreibung auf Grund der polizeilichen An- und Abmeldungen präparieren[154]) und dann nur die Berichtigung im Falle der Wahl den Wählern resp. – wie in Ländern mit entwickeltem Parteiwesen – den Parteifunktionären überlassen kann. Die Arbeit drängt sich, zumal zufolge der Kürze der Beschwerdefristen, enorm zusammen, und da, wie erwähnt, für jede Wählerkategorie je eine Liste geführt, ferner bei Zugehörigkeit eines Wählers zu mehreren Kategorien innerhalb desselben Wahlkreises (mit Ausschluß des Sonderwahlrechtes der Arbeiter) die Pluralität der Eintragung beseitigt, sodann aber nicht nur die ca. 7000 Wahlmänner, sondern die um ein Vielfaches größere Zahl der „Bevollmächtigten" der Bauern, privaten Kleingrundbesitzern und Arbeiter, und zu dem letzteren Behuf die Arbeiterzahlen der Werkstätten jedesmal registriert und verifiziert werden müssen, so ist, trotz der Ersparnis aller Wählerlisten für die Bauern, die Arbeit recht beträchtlich und kostspielig. Welche bedeutenden Kosten bei einer so komplizierten Wahltechnik für die Parteien entstehen müssen[155]), liegt auf der Hand. Es ist ja unter anderem auch der Wunsch, die

---

[154]) Die Moskauer Stadt-Duma hat – aber durchaus aus eigenem freien Willen – die stetige Fortschreibung der Wählerlisten eingerichtet.
[155]) Die technisch hoch entwickelten Parteien haben natürlich feste Parteibeiträge, die

Wahlkampagne zu vereinfachen und mit geringeren Kosten – geistigen sowohl wie materiellen – zu bestreiten, was die Presse und die bestorganisierten Parteien – Sozialisten und Klerikale – des Westens auf den Ersatz der indirekten durch die direkte Wahl drängen läßt. Das Interesse der Massen an der Wahl und damit die Stoßkraft der „Demagogie" ist bei der letzteren Form der Wahl mit weit geringerem Aufwand von Mitteln zu erhöhen als bei der ersteren, und die badischen Wahlen z. B. haben gezeigt, daß die direkte Wahl deshalb – ceteris paribus! (was freilich hier nicht unbedingt, aber doch in relativ starkem Maße zutraf) – anders, in *diesem* Falle mehr zugunsten der *reaktionären* Demagogie[,] auszufallen die Tendenz hat als bei der indirekten Wahl. Allein dies setzt voraus, daß die Wählerschaft sich in ihren Beziehungen zum Staatsleben sozusagen im „Alltagszustand" befindet, d. h. konkrete Einzelfragen, nicht aber die sozialen und politischen Grundlagen des Staatswesens zur Diskussion stehen. Unter Verhältnissen wie den russischen ist daran auf eine Generation hinaus nicht zu denken, – das *heutige* bureaukratische Regime müßte erst abgedankt haben, und eine vor der barbarischen Willkür der Polizei wirklich gesicherte, in dieser Hinsicht „satte" Schicht entstanden sein, ehe in dieser Hinsicht die westeuropäische bürgerliche Wählerpsyche entstehen könnte. Von welchem Effekt die Technik der Wahl speziell für die *Bauern* war, ist schwer zu sagen. Wie sie bei direkter Wahl, mit ländlichen Wahlbezirken, etwa von der *Mindest*größe eines durchschnittlichen preußischen Regierungsbezirkes, welche dann unvermeidlich geworden wären, sich *subjektiv* zu den Wahlen verhalten hätten, ist äußerst problematisch. Ihr Standpunkt war sehr regelmäßig der, daß prinzipiell aus *jedem Dorf* ein Deputierter nach Petersburg müsse, um etwas Sachdienliches durchzusetzen; es gelangten Bittschriften an das Ministerium, in denen die Bauern sich bereit erklärten, für die 10 Rubel täglicher Diäten, die dem Deputierten zustehen sollten, ein ganzes Dutzend statt eines einzelnen zu schicken, da der Betrag dazu vollkommen hinreiche und es auch unbillig sei, einen einzelnen so viel „verdienen" zu lassen[156]). Bei einem etwa nach dem Muster des deutschen Reichstagswahlrechtes eingerichteten Wahlverfahren wäre die Haltung der Bauern schwer zu berechnen gewesen, so rapide, auch nach der Ansicht sehr nüchterner Berichterstatter, ihr immerhin noch sehr primitives „politisches Denken", d. h. ihre Anpassung an den ganzen Gedankenkreis, den die Idee der modernen sogenannten „Volksvertretung" voraussetzt, sich in vielen Gegenden vollzogen hat. Irgendeiner „Parole" eines ihnen Unbekannten würden sie haben folgen müssen, und es steht *nicht* fest, ob dann nicht die Reaktionären ihre Stimmen erschlichen hätten. Ein nicht aus reinen *Bauern*wahlen hervorgegangener Deputierter aber würde den Bauern jedenfalls stets verdächtig, der Rückhalt einer nach Parteiparolen und Anweisungen von Parteikomitees gewählten Du-

---

bei den konstitutionellen Demokraten nach Prozentsätzen (25%) der von den Mitgliedern gezahlten Wohnungssteuer bemessen wurden.
[156]) Da jener Bitte nicht entsprochen werden konnte, nahmen viele Bauernversammlungen in ihre cahiers die Verpflichtung der Deputierten auf, ihnen 8 oder selbst 9 Rubel von den Diäten heimzusenden.

ma bei ihnen sicherlich weit schwächer sein als derjenige der jetzigen. Man darf demgegenüber freilich eins nicht übersehen: die Zahl der aus der Mitte der Bauern selbst hervorgegangenen, zu ihrem Stand gehörigen und nunmehr im ganzen Lande bekannt gewordenen „Intelligenten" ist nicht gering, und der Verlauf der Wahlen zeigte, daß die Bauern gerade sie sehr gern zu wählen bereit waren. – Die indirekte Wahl „aus der eigenen Mitte" stellte den Wahlhergang allerdings stärker unter die Kontrolle der örtlichen Polizei. Allein dies wirkte unter den russischen Verhältnissen schon an sich und vollends *gerade* angesichts jener demagogischen Parole des Gesetzes: „nur wirkliche Bauern in die Duma!" unvermeidlich in der Richtung einer Stärkung des antibureaukratischen Empfindens der Bauernmasse. Die Bauern hätten ja auch ohne alle Kontrolle der Regierung zweifellos möglichst jener Parole entsprechend gewählt. Aber durch den Formalismus, mit dem die Regierung künstlich die Intelligenz, namentlich das gefürchtete „dritte Element", von der Wählbarkeit durch die Bauern auszuschließen suchte, und durch ihr Filtriersystem konnte sie zwar den Durchschnitt des geistigen Niveaus der Deputierten herabdrücken, aber die Wahlkandidaturen gerade der ihr gefährlichsten Klasse, der „Bauernintelligenz", *nicht* treffen, sondern deren Stellung nur festigen. Soweit sie sich nicht durch den törichten Boykottbeschluß selbst von der Teilnahme an den Wahlen ausschlossen, konnte gegen sie – nach den Vorstellungen der Polizeibureaukratie – nur Gewalt helfen, und diese wieder wirkte, wo immer sie angewendet wurde, als *Reklame*. Verhaftete Bauernbevollmächtigte haben aus der Haft heraus der Polizei telegraphisch für die Arbeit gedankt, die sie für ihre Wahl geleistet habe, – und sie hatten, wie sich herausstellte, allen Grund dazu. Die Anwendung polizeilicher Gewalt verletzt das Gerechtigkeitsempfinden des russischen Bauern überall und immer, obwohl und, zum Teil, weil er gewohnt und geneigt ist, sich ihr äußerlich zu fügen, in wahrscheinlich weit stärkerem Maße als in anderen Ländern; denn er sieht eben darum in ihr schlechterdings nichts „Sittliches", nichts als die rein „zufällige" brutale, sinnlose Faktizität der Macht, die in den Händen von Leuten liegt, die seine geschworenen Feinde sind. Man konnte sich nur das eine fragen, ob jenes trotzig-verschwiegene Gerechtigkeitsgefühl oder die Furcht vor der Polizei bei der Wahl das stärkere Motiv abgeben würden. Die Regierung setzte das letztere voraus, und man wird ihr zugestehen müssen, daß sie wenigstens in dieser Hinsicht „das Ihre" getan hat. Eine Verfügung des Ministers des Innern an die „Semskije Natschalniki" anläßlich der Wahlen, abgedruckt zuerst im „Rjetsch", dann im „Prawo" (Nr. 9), von der demokratischen Presse anfangs für apokryph gehalten, aber in ihrer Authentizität nicht anfechtbar, verfügt u. a. (Nr. 6), daß in den *Wahllokalen* „die Namen von Leuten, welche *ihrer Unerwünschtheit halber (!)* nicht kandidieren können, ausgehängt werden sollen und, falls die Wahlberechtigten solche dennoch zu wählen wünschen sollten, ihnen zu sagen ist, daß solche Wahlen, als *unrichtig (!)* verlaufen, unzulässig seien und angefochten werden". Ferner (Nr. 7) soll nicht nur, falls Agitatoren die Wahlversammlungen „in Komitees zur Verteilung des Landes zu verwandeln trachten", sofort die bewaffnete Macht einschreiten, sondern (Nr. 5) es sollen auch

Leute, deren „Unerwünschtheit" bekannt ist, von den Wahllokalen gewaltsam ferngehalten werden. Die Semskije Natschalniki haben im übrigen (Nr. 2) privatim die Bauern über die Wahlen „aufzuklären" und durch zuverlässige Leute (Nr. 3) sich über alle bedenklichen Unterhaltungen und Versprechungen behufs Ergreifung der angegebenen Maßregeln zu informieren.

Der gänzliche Mißerfolg bei den Wahlen kam nach solchen Vorkehrungen der Regierung selbst und ihren Gegnern gleich unerwartet und ist auch objektiv betrachtet eine so merkwürdige Erscheinung, daß er in seinen Peripetien wohl der Interpretation wert erscheint.

VI. Die gesellschaftlichen und politischen Bedingungen des Wahlausfalles

Die Lage der Demokratie war, als die Wahlkampagne begann, allem äußeren Anschein nach eine äußerst ungünstige. Die Sozialrevolutionäre, sowohl die offizielle Partei und der jüdische „Bund", wie die freien Organisationen, speziell der „Verband der Verbände", hatten die Duma boykottiert, die offizielle Sozialdemokratie tat desgleichen[157]). Die Bauern wurden in barbarischen Formen gestraft und gezwungen – vielfach ganze Dörfer auf den Knien liegend – Abbitte zu tun: massenhaft liefen Eingaben von Dorfgemeinden bei den Semstwos ein, in denen die vom Bauernbund angeregten Resolutionen widerrufen wurden. Die Anmeldungen der breiten unteren, kraft selbständiger Wohnung qualifizierten, Wählerschaft zu den Wahllisten in den Städten gingen zunächst langsam und in geringem Umfang ein. Die Macht der revolutionären Stimmung schien gebrochen. Der Beschluß, den Sozialrevolutionäre, Sozialdemokraten und konstitutionelle Demokraten gemeinsam faßten, den 9. Januar als allgemeinen Trauertag zu begehen[158]), ergab, wenigstens äußerlich betrachtet, einen Fehlschlag: „Nowoje Wremja" stellte mit Genugtuung fest, daß die Physiognomie der Stadt und der Besuch der Theater und Restaurants der gewöhnliche sei. Fast sämtliche Führer der radikalen Verbände der Arbeiter und Bauern, alles irgend Verdächtige auf dem Lande saß in Gewahrsam. Die zu plötzlicher mächtiger Blüte gelangten professionellen Verbände[159]), die Träger der radikalen Bewe-

---

[157]) Der Boykottbeschluß unterlag in seiner Interpretation und auch in der Ausführung fortgesetztem Schwanken. In Charkow beschloß der „Verband der Verbände" (7. Januar) Eintragung in die Wählerlisten, unter Vorbehalt weiterer Verhaltensmaßregeln. Der schlecht besuchte allgemeine Kongreß desselben Verbandes Mitte Januar beschloß den Boykott gegen eine aus dem Judenrechtsbund, den Lehrerverbänden, dem Ingenieurverband und dem Verband der Staatsbediensteten bestehende erhebliche Minderheit („Russk[ija] Wj[edomosti]" 19. Januar). Nicht minder schwankten einzelne sozialdemokratische Organisationen hin und her. Aber immerhin: der Beschluß bestand doch.
[158]) Mitteilung in den „Russk[ija] Wj[edomosti]" Nr. 6 S. 2.
[159]) Über den „Verband der Verbände" habe ich in dem Beilageheft zu Band 22 gehandelt. Im Februar schlug er seinen Mitgliedern vor, das Projekt einer Versicherung

gung, waren aufgelöst und wenn man auch, darin unbefangener als das stupide Puttkamersche Regime bei uns, die eigentlichen Gewerkschaften schonender behandelte[160]), so schuf doch der furchtbare Druck, der auf der Industrie lag, eine unerhört starke Reservearmee von Arbeitslosen, so daß diejenigen Fabriken, in welchen die Arbeit wieder aufgenommen wurde, mit der größten Bequemlichkeit eine gründliche „Filtrierung" der Arbeiterschaft vornehmen konnten, die Stimmung des Proletariats tief sank und es im Begriffe schien, selbst die rein ökonomischen Früchte der Revolution gänzlich wieder einzubüßen. Über-

---

gegen Arretierung und Dienstentlassung zu beraten, gleichzeitig aber auch, über die „Zulässigkeit" der Abhaltung nicht konspirativer Versammlungen zu beschließen. Ich weiß nicht, was aus diesen Vorschlägen geworden ist. Systematisierter Boykott von Lokalitäten und Personen war sein bevorzugtes Kampfmittel. – Was die eigentlichen *Gewerkschaften* im westeuropäischen Sinne anlangt, so führen sie ihr Entstehen fast alle auf den Eindruck des 9. Januar 1905 zurück. (Über die typische Art ihrer Entwicklung vgl. den guten pseudonymen Aufsatz in den „Russk[ija] Wj[edomosti]" vom 2. Februar dieses Jahres, S. 4.) Bis zu jenem Tage hatte die Arbeiterbewegung nur unter der Flagge der hie und da von alters her bestehenden „Hilfskassen" schüchterne Versuche gewerkschaftlicher Tätigkeit entwickelt. Nach allen vorliegenden Selbstzeugnissen hat sie die Metzelei am Winterpalais „zum bewußten Leben erweckt". Die Kommission des Senators Schidlowskij (s[iehe] darüber im Beilageh[eft] zu Heft 1 des vorigen Bandes) provozierte die ersten Organisationen, einige führende Gewerbe, namentlich die Typographen, gaben das Beispiel eigener Initiative. Der Fehlschlag der Maifeier ergab einen Rückschlag. Grundlage der Einigung bildeten in den Fabriken zuerst die bestehenden Institutionen der „Fabrikstarosten" im Norden, der Fabrikkommissionen im Süden. Von ihnen aus organisierte man interprofessionelle *Lokal*kommissionen, so in Charkow, wo in ihren Händen 1905 der Streikfonds, die Arbeitsbörsen und die Organisation des Schiedsgerichts sich befand. Die „Arbeiterdeputiertenräte" sind dann die höchste Form dieser sindakalistischen Art von Arbeitervertretung, die zwar teilweise professionell, aber, im Prinzip, nur „zufällig" professionell war. Die Vereinigung zu Gewerkvereinen war in den polygraphischen Gewerben mit der Organisation von Arbeiterdeputiertenräten parallel gegangen. In Petersburg funktionierten im Sommer 1905 der Bund der Drucker und der Bund der Kontoristen (dieser zum „Verband der Verbände" gehörig), dem Bund der Metallarbeiter trat dazu, Schuster, Schneider, Uhrmacher folgten. In Moskau gingen die städtischen Arbeiter, die Tischler und die Eisenbahner voran, in Charkow die Typographen. Ende November gab es in Moskau 60 Gewerkvereine mit 25000 Mitgliedern, in Charkow 3000 organisierte Arbeiter, in Wilna gegen 5000, ebenso bestanden Vereine in Nischni-Nowgorod, Ssaratow, Rybinsk, Jekaterinosslaw, Odessa und sonst. Nach Nr. 1 des Verbandsorgans der Gewerkschaften: „Professionalnyj Ssojus" vom 27. November[,] vereinigte das Petersburger „Bureau der professionellen Verbände", damals 18, nach Nr. 3 desselben vom 25. Dezember an diesem Tage 35 Gewerkvereine.

[160]) Erheblich waren auch die direkten Repressionen trotzdem: massenhafte Schließung von Gewerkvereinsversammlungen („R[usskija] W[jedomosti]" 2. Februar), Verhaftungen (ebenda 9. Februar S. 3) usw. Immerhin: ein Verbot der Versammlung der Moskauer professionellen Verbände Anfang März deklarierte der Minister des Innern als nur auf Moskau und die unmittelbare Gegenwart bezüglich („Russk[ija] Wj[edomosti]" 59, 3). Das Statut des Petersburger „Arbeiterbundes auf professionellem Boden", der die polizeioffiziösen Bewegungen der „Gaponzy", „Subatofzy", „Uschakowzy" scharf ablehnte als Usurpationen von „Entrepreneurs", bestätigte er trotzdem, schon vor dem neuen Vereinsgesetz, freilich wohl aus politischen Gründen.

all begannen die Fabriken, soweit sie überhaupt brbeiteten – die Schließungen dauerten zum Teil bis zum pril – den Arbeitstag wieder auszudehnen[161]), es schien, als ob nur etwa das „Sie" statt des „Du" in der Anrede[162]) an die Arbeiter als Frucht der Revolution übrig bliebe[163]). Allein dieser ökonomische Druck zeitigte nun unter den russischen Verhältnissen eine Frucht, die mit dem Agrarkommunismus eng zusammenhängt. Die Reservearmee der Arbeitslosen blieb nur zu einem, allerdings bedeutenden, Teil in den Städten[164]), zum anderen strömte sie in das heimische Dorf zurück, und die von den Fabriken „herausfiltrierten" Agitatoren und Sozialisten wurden nun hier Propagandisten des Radikalismus unter den Bauern[165]). Die Arbeiterbewegung selbst aber erhob trotz der schweren Lage mit einer ganz erstaunlichen, wohl noch nirgends erhörten Elastizität ihr Haupt von neuem, so sehr den Führern die faktische Macht der bestehenden Gewalten in die Glieder gefahren war[166]).

Für den Januar[166a]) liegen über ihren Stand nur wenige Zahlen vor, welche ein Bild weitgehender, wenn auch keineswegs vollkommener Zertrümmerung zeigen. Der „Verband der Verbände", im Herbst der mächtige Vertreter eines revolutionären, über die Klassenscheidungen hinweg Intelligenz und Arbeiter verbindenden Sindakalismus, fristete damals, von Finnland aus agierend, ein

---

[161]) 11 Stunden Arbeitszeit, statt wie in der Revolutionszeit 10 Stunden, führte ein Teil der Moskauer Fabriken Mitte Januar wieder ein („R[usskija] W[jedomosti]" 18. Januar), Abschaffung der dritten Arbeitspause in Petersburg („R[usskija] W[jedomosti]" 1. Februar), Reverse von den staatlichen Fabrik- (nicht nur Eisenbahn-) Arbeitern, sich „unbedingt jeder Verfügung zu unterwerfen" („R[usskija] W[jedomosti]" 1. Februar) usw.

[162]) Schon das ist ja durchaus keine solche Kleinigkeit, wie es manchem, auch bei uns, zunächst scheint. Wie vieler sozialistischer Wahlstimmen in Deutschland wird es bedürfen, bis der Kaiser die Anrede „ihr" an die Arbeiter aufgibt und ihnen wenigstens die äußeren Verkehrsformen konzediert, die nun einmal jeder Bürger schlechthin beansprucht? Bis jetzt ist nur eine Rede bekannt geworden, die das „Sie" verwendete: unmittelbar nach der letzten Wahl, auch die Courrières-Deputation wurde gedutzt.

[163]) In Moskau sah sich angesichts der Bedrohlichkeit der Stimmung der Arbeiter der Stadthauptmann genötigt, am 20. Februar die Fabrikanten für den Fall weiteren Fortschreitens auf diesem „gewissenlosen" Wege darauf hinzuweisen, daß sie sich eventuell keinerlei Schutzes von seiten der Staatsgewalt zu erfreuen haben würden („Now[oje] Wr[emja]" 21. Februar S. 1).

[164]) In den größeren Städten waren die Arbeitslosen durchweg organisiert mit Komitees an der Spitze, welche mit den Behörden und privaten Hilfsorganisationen verhandelten.

[165]) Der Zusammenhang tritt deutlich hervor z.B. in einer Notiz der „Russk[ija] Wjed[omosti]" vom 12. Februar, S. 2 Spalte 7. – Diese Folge der Struktur der russischen Fabrikarbeiterschaft kann kaum hoch genug angeschlagen werden. Aus Petersburg allein gingen im Januar 13000 „fortfiltrierte" Arbeiter in ihr Dorf zurück.

[166]) Dies ist auch der Broschüre von „Parvus" über „Die jetzige politische Lage und die Zukunftsaussichten" (Januar) anzumerken.

[166a]) Über die Streiks unter dem ancien régime s[iehe] oben Anm. 101.

kümmerliches Dasein¹⁶⁷), die Arbeiterdeputiertenräte waren aufgeflogen¹⁶⁸), von den eigentlichen Gewerkschaften waren vielfach nur noch leere Kadres vorhanden¹⁶⁹). Nur in den Hauptstädten und ihrer Umgebung stand es besser, im Moskauer Rayon konnte schon am 25. Januar ein Streik von 32 000 Arbeitern über die Frage der von ihnen geforderten Jahreskontrakte beginnen. Aber auch hier konnte an Eintreibung regelmäßiger Beiträge nicht gedacht werden, und ging die Zeit vielfach mit Kämpfen zwischen den sozialdemokratischen und den halb oder ganz offiziösen (Gaponschen, Uschakowschen) Arbeiterorganisationen hin¹⁷⁰). Ganz anders war das Bild schon zwei Monate später¹⁷¹).

---

¹⁶⁷) Der Petersburger Verband der Verbände stellte am 22. Januar fest, daß die leitenden Organisationen des Bauernbundes, des Eisenbahnerbundes, der Veterinäre, Ärzte, Agronomen fast vollständig in Haft saßen oder zersprengt waren. Der Professorenbund war ausgeschieden, die Existenz des Bundes der Semstwoleute war zweifelhaft. 17 Verbände gehörten dem „Verband der Verbände" noch an („R[usskija] W[jedomosti]" 24. Januar).

¹⁶⁸) Der Petersburger A. D. R. löste sich am 26. Januar auf, da eine gedeihliche Wirksamkeit zurzeit unmöglich sei.

¹⁶⁹) In Ssamara z. B. war von den Verbänden der Typographen, Tischler, Schuster, Bäcker, Konditoren, Müller, die im Verlauf von 1–1½ Monaten nach dem Oktobermanifest sich gebildet hatten, nur der Typographenverband übrig, der überdies mit der älteren „Gesellschaft der Buchdrucker", die sein Statut nicht anerkannte, in Fehde lag. Ähnlich stand es anderwärts. – Äußerlich stattlich nahm sich dagegen selbst Ende Januar noch die Zahl der Moskauer Gewerkvereine aus: die Bevollmächtigten folgender professioneller Verbände: der Handlungsgehilfen, Schneider, Schneiderinnen, Dienstboten, Brauer, Riemer, Modelleure, Maler, Bauschlosser, Buchbinder, Ornamentisten, Pharmazeuten, Stellmacher, traten am 22. Januar zu einer Sitzung zusammen, die speziell der Schaffung von Agitationsliteratur gewidmet war. Die Frage der obligatorischen Beiträge mußte aber angesichts der gedrückten Lage damals noch offen gelassen werden („Russk[ija] Wj[edomosti]" 24. I. S. 4). Es mußte festgestellt werden, daß der Bäcker- ebenso wie der Tischlerverband nur noch dem Namen nach existierten, die Tabakarbeiter von ihren 1000 Mitgliedern 700 verloren hatten, in fast allen anderen Verbänden die Beiträge nicht eingingen. Zahlreiche Gewerkvereinsführer waren im Dezemberaufstand gefallen oder saßen im Gefängnis („Now[oje] Wr[emja]" 30.I.). Die Zahl von 32 000, welche für Petersburg Anfang Januar als Mitgliederzahl der professionellen Verbände angegeben wurde („Now[oje] Wr[emja]") ist für mich unkontrollierbar. In Nishnij-Nowgorod waren nur zwei Gewerkschaften übrig geblieben: der Verband der Handlungsgehilfen, der in zähem Kampf gegen die Unternehmer um Aufrechterhaltung der im Oktoberstreik errungenen Positionen lag, und der vorläufig wesentlich Volksbildungszwecke verfolgende Schneiderverband. Aus der Sitzung des Bureaus der Gewerkvereine in Moskau vom 5. Februar notiere ich folgende lückenhaften Angaben aus den Zeitungen: Bäcker 2000 (?) Mitglieder, Beiträge gingen 970 Rubel ein, freiwillige Zuschüsse 1000 Rubel; Tischler: 800 Arbeitslose; Typographen: 1500 Arbeitslose; die Zustände überall trostlos, Gelder nicht vorhanden, die Arbeitgeber überall geneigt, die Gewerkvereinsleiter zu entlassen.

¹⁷⁰) Über das Schicksal der Gaponschen Arbeiterbewegung, der in den Wintermonaten 1905/06 von der Polizei und vom Minister des Innern alle denkbaren Hindernisse bereitet

Über den faktischen Stand der professionellen Verbände zu Ende März ergeben die Notizen in der von Peter Struve und anderen Demokraten gegründeten Arbeiterzeitung „Rabotscheje Sslowo" (Preis pro Nummer 2 Kopeken, pro Jahr 3 Rbl. 60) und andere Zeitungsnotizen mancherlei Einzelheiten, welche jedenfalls das eine erkennen lassen, daß die blutjunge Vereinsbewegung schon damals sich in einer Art wiederzuentwickeln begonnen hatte, als ob die vernichtenden Schläge des Winters gar nicht gewesen wären. In Moskau beriet das Bureau der professionellen Verbände über sein Verhalten zu dem oben analysierten Gewerkvereinsreglement vom 4. März, protestierte gegen seinen Inhalt, beschloß aber nach langen Debatten, die Vereine aufzufordern, von der Registrierung Gebrauch zu machen[172]). In der Tat wurden alsbald ein halbes Dutzend Gewerkschaften zur Registrierung angemeldet. In Ssaratow bestanden bereits wieder 10 professionelle Verbände, darunter namentlich: Komptoiristen, Fuhrleute, Müller (200 Mitglieder, Kassenbestand 120 Rbl.) und vor allem der Verband der Wolgaarbeiter (namentlich Schiffer), welcher mit einem Streik von 180000 Arbeitern drohen konnte, obwohl natürlich seine eigene eingeschriebene Mitgliederzahl gering war. Gegenstand der Betätigung war der Kampf um die Arbeitsbedingungen (erfolgreich z. B. bei den Müllern), der Arbeitsnachweis und die Unterstützung Arbeitsloser: so bei den Schneidern durch Subventionierung einer sich bildenden Produktivgenossenschaft. Schon

---

wurden, und über das düstere Drama ihres Schöpfers mich hier eingehender zu äußern, fehlt mir das authentische Material. Durchaus fest steht, daß breite und gut unterrichtete Schichten seiner Anhänger den Glauben an ihn nicht verloren haben. Gapon seinerseits – das steht wohl fest – hat zwischen ganz radikalen Ansichten (im Sommer 1905 in Paris auch in dynastischer Hinsicht) und dem immer wiederkehrenden Glauben an die Macht und den Willen des Zaren hin- und hergeschwankt, bis er der Polizei und den Revolutionären gleich verdächtig und den letzteren direkt gefährlich erschien, ein „betrogener Betrüger", wobei aber auf das „betrogen" der Nachdruck fällt. – Die Organisationen Gapons („Vereinigung der Fabrikarbeiter"), und Uschakows („Unterstützungsgesellschaft der mechanischen Arbeiter", gegründet Ende 1904) konkurrierten miteinander und unterschieden sich im wesentlichen durch die etwas stärkere Betonung des Professionellen in der Uschakowschen gegenüber der die höchstqualifizierten Arbeiter und einfache Tagelöhner in dieselbe Organisation zusammenstopfenden Gaponschen Bewegung. Aus der Uschakowschen Organisation wuchs die sogenannte „unabhängige sozialistische Arbeiterpartei" heraus, die in dem Blatt „Rabotschaja Gasjeta" ihr Organ fand. Grenzen zwischen Partei und Gewerkschaft sind aber auch hier nicht zu finden, auch herrschte die größte Konfusion, versuchte Gewerkschaftsgründungen standen neben der Gründung von interprofessionellen „Rechtsschutzvereinen" (Charkow). Von Redefreiheit in den Versammlungen war keine Rede. Die Gruppe ist voraussichtlich zur völligen Nichtigkeit verurteilt. Bei den Wahlen spielte sie nur da, in reaktionärem Sinne, eine Rolle, wo die Sozialdemokraten die Wahlen boykottierten.

[171]) Die Entwicklung begann bereits Anfang Februar durch konspirative Verbreitung von Aufrufen zur Verbandsgründung („Now[oje] Wr[emja]" 1.II. S. 2).
[172]) „Russk[ija] Wj[edomosti]" 111, S. 4.

diese und die weiter oben gegebenen Notizen zeigen, daß die Gewerkschaftsbewegung nach der einen Seite in das reine Volksbildungsvereinswesen, nach einer anderen in das überkommene Hilfskassenwesen[173]), nach der dritten in die historischen Artjel-Organisationen hinein verwebt ist. Diese letztere Seite ist vorläufig noch stark entwickelt. Insbesondere die Gründung von Kooperativgesellschaften ist, teils unter der Nachwirkung des „Narodnitschestwo", teils unter dem Einfluß Lassallescher Gedanken, in ungemeinem Aufschwung: die flaue Geschäftszeit veranlaßt nicht selten Unternehmer, Arbeitern, die, von jenen Idealen erfüllt, Genossenschaften gründen wollen, ihre Fabriken zu überlassen. Aber auch liberale und sozialrevolutionäre Ideologen handeln ebenso: in Moskau z. B. überließ Pustoschkin seinen Arbeitern seine Druckerei. In Odessa zählte man Ende März ca. 100 Artjels, von ganz kleinen mit 6 bis zu solchen mit 3000 Mitgliedern, von denen eins eine Fabrik landwirtschaftlicher Maschinen, ein anderes eine Stahlgießerei käuflich erworben hatte[174]). Ebenso zeigte sich der Fiskus bereit, ihm gehörige, aber mit Verlust betriebene Fabriken, z. B. in der Gegend des Ural und in Jekatherinburg den Arbeitern, die einen Verwaltungsrat aus ihrer Mitte wählten, zu überlassen[175]). Die Bedingungen derartiger Übernahmen müßten erst genauer bekannt sein[176]), um eine Prognose zu stellen: eventuell könnte die feste Hypothekenrente oder der Pachtzins, den die Genossenschaft nun an einen mit seiner geistigen Arbeit an der Leitung des Betriebes nicht mehr Beteiligten zu zahlen hat, dem Idyll sehr bald ein Ende

---

[173]) Diese Kassen sind zum Teil älteren Datums. Zu den reinen Unterstützungskassen gehört z. B. die 39 Jahre alte Hilfskasse der Petersburger Drucker, die am 1. Januar 1906 über 88000 Rubel Kapital verfügte und 1905 ca. 19000 Rubel ausgegeben hatte (4500 Rubel Krankengeld an 104 Mitglieder, 2274 Rubel an 91 Waisen, Sterbegeld 610 Rubel, 26 Invalidenpensionen 3175 Rubel, 65 Witwenpensionen 4060 Rubel). Die Kasse hat einen Arzt und verfügt über Betten im Krankenhaus. Mitgliederbeiträge 10755 Rubel, Zahl der Mitglieder in dem mir zugänglichen Bericht („Now[oje] Wr[emja]" 10789, S. 4) nicht angegeben. Die politische Bewegung hat bei ihr nur die Einrichtung eines „Familienabends" gezeitigt. – Aus dem Jahre 1898 stammt und ist also nicht, wie Bjelokonskij in den „Russk[ija] Wj[edomosti]" 80, S. 4 meint, eine der ältesten professionellen Unterstützungsgesellschaften, die Charkower „Gesellschaft zur gegenseitigen Unterstützung von im Handwerk beschäftigten Arbeitern", über welche Bielokonskij (a.a.O.) lehrreich gehandelt hat.

[174]) Erstere verlangte dann im Juni ein Darlehen von 250000 Rubel vom Staat. Die Regierung erklärte, die Frage der Duma vorlegen zu wollen.

[175]) Den Antrag des Verbandes der Telephonisten, ihm das Petersburger Telephonnetz zu kooperativer Verwaltung zu übertragen, – was, wie die Eingabe versicherte, der Stadt erhebliche Kosten ersparen würde – mußte die Stadtverwaltung ablehnen, da ihr nur die „Konzession" gehöre und diese nicht übertragbar sei („Now[oje] Wr[emja]" 28. Januar, S. 13).

[176]) Nur für ein bisher staatliches Hüttenwerk im Ural liegen mir die Bedingungen vor: 1% vom Bruttoertrag Pachtzahlung, Leistung von 10% Kaution für Erhaltung des Werkes in gutem Zustande (5000 Rubel sofort, der Rest durch Abzüge vom Ertrag), Pachtdauer 12 Jahre, Übernahme der Steuern und der Kurkosten für kranke Arbeiter durch das Artjel. Das Artjel beabsichtigt, probeweise zunächst, Schieneneisen zu produzieren. Über seine innere (soziale) Konstitution weiß ich nichts zu sagen (vergl. „Now[oje] Wr[emja]" 10853, S. 4).

bereiten. Soweit die Arbeiterschaft auf „korrekt" sozialistischem Boden steht, lehnt sie diese Experimente ab und pflegt als Surrogat der politischen Tätigkeit einstweilen die Gewerkschaftsbewegung. An deren Spitze marschieren, wie überall, die typographischen Gewerbe, die einzigen, welche gerade infolge der politischen Erregung und Unruhe im Aufsteigen begriffen waren[177]). In der letzten Märzwoche konnte in Moskau der Vorstand des Bundes der Arbeiter des Preßgewerbes bereits dazu schreiten, die sämtlichen Mitglieder bei Strafe des unweigerlichen Ausschlusses an die Leistung ihrer Beiträge zu mahnen; rund 2000 zahlten alsbald. Diese Beiträge dienten hier wie sonst zum großen Teil einer grandiosen Erfüllung von Klassensolidaritätspflichten: die Arbeitslosenunterstützung (ohne Unterschied der Profession) stand in erster Linie. Auch der Buchbinderverband errichtete 40 Freitische für Arbeitslose, und der Eisenbahnerverband verwendete seine gesamten Kassenbestände für sie. Das „Bureau der professionellen Verbände" in Moskau beschloß feste Monatsabzüge vom Lohn für die Arbeitslosen durchzuführen. Die Verbände der Zeitungsdrucker, welche bisher der Sonntagsruhe entbehren, begannen daneben überall einen zähen Kampf um diese, die in Petersburg wesentlich an dem Widerstand des

---

[177]) Der „Ssojus rabotschich petschatnawo djela" entstand in Petersburg nach dem 9. Januar 1905, anfangs ohne feste Ziele. 200 Arbeiter hatten 12 Vertreter in eine Tarifkommission gewählt. Die Verhandlung lehnten die Prinzipale ab, der Streik mißglückte. Nunmehr suchten die Arbeiter einen legalisierbaren Verein zu gründen und setzten eine Statutenkommission ein. Dabei war das Klassenbewußtsein noch so schwach, daß die Leute anfangs den Namen „Arbeiter" (rabotschij) im Statut ablehnten, da sie etwas anderes (und besseres) als Fabrikarbeiter seien. (An solchen Kleinigkeiten kann man erkennen, was dies eine Jahr aus den russischen Arbeitern gemacht hat.) Das Statut wurde von 1500 Leuten unterschrieben, und, nachdem noch mit bedeutender Mehrheit politische Parteilosigkeit festgestellt war, dem Stadthauptmann eingereicht. Vorerst blieb ganz im ungewissen, was der Verband eigentlich zu unternehmen gedenke. Im Juni 1905 aber griff er die Frage der Sonntagsruhe auf, und es gelang ihre Durchsetzung in der Mehrzahl der Druckereien. Die Unterstützung, die er dem Moskauer Typographenstreik angedeihen ließ, hob seine Mitgliederzahl von 600 auf 4000 (von 20000 polygraphischen Arbeitern überhaupt). Man mußte von dem System der allgemeinen Mitgliederversammlungen zu dem der Distriktsversammlungen, dann zum Repräsentativsystem übergehen. – Im September entstand dann, wie früher erwähnt, unter Leitung der Typographen der interprofessionelle „Arbeiterdeputiertenrat" zum Zwecke des sozial*politischen* Kampfes. Daß dieser Kampf von Anfang an auf revolutionärem Boden stand und von der Idee der Volkssouveränität ausging, ergeben die eingehenden Darlegungen der soeben, im Juni, publizierten Anklageschrift gegen seine Mitglieder. Der Gewerkverein seinerseits, welcher mit dem A.D.R. nicht die Fühlung verlor, gründete nun Filialen in Moskau, Charkow, Riga, begann planmäßig Streikfonds und Kapitalien für die Gewährung von Wegegeldern an abgewiesene Arbeitsuchende zu sammeln. Im Oktober stand er mit an der Spitze der russischen Arbeiterbewegung. Im November bereits, schon vor dem Moskauer Aufstand, war in seiner Mitte die Bewegung für die Loslösung von den Beziehungen zum politischen Kampfe und für den Übergang zu rein ökonomischen Aufgaben: Tarifvertrag, Einigungskammer, Sonntagsruhe, stark. Dabei blieb die streng sozialdemokratische Gesinnung seiner einzelnen Mitglieder zweifellos und hat sich bis zur Evidenz bei jeder Gelegenheit, namentlich durch den strikten Wahlboykott, bewährt. Man dachte sich also ein Nebeneinander von revolutionärem Sindakalismus und davon formell geschiedenen ganz unpolitischen Gewerkschaften.

"Nowoje Wremja" scheiterte. Die Bewegung ist zurzeit noch im Gange. Ebenso hob sich die Machtstellung der Verbände der Maurer gegen das Frühjahr wieder. Im Moskauer Baugewerbe versuchten die Unternehmer, sich mit den Arbeitern über eine gemeinsam einzurichtende Unfallversicherung zu verständigen[178]. In Petersburg gelang es, als die großen Fabriken Anfang März allgemein ihren Betrieb voll wieder aufnahmen, den alten Arbeitern, binnen kurzem die Streikbrecher herauszudrängen ("N[owoje] W[remja]" 10 762,4)[179]), in Moskau gelang es im Juni den Typographen, die Unternehmer zur fast völligen Kapitulation einschließlich der Kriegskostenzahlung (halber Lohn für die Zeit des Streiks) zu zwingen ("R[usskija] W[jedomosti]" 146, 4).

Die ungemein sorgsamen Vorbereitungsmaßnahmen, welche die Moskauer Druckereiarbeiter gegenüber der drohenden – in Rußland eventuell *ersten* – Aussperrung trafen: Lokalisierung des Kampfes auf die dem Arbeitgeberverband angehörigen Betriebe, Vorkehrungen gegen die Möglichkeit, Aufträge an auswärtige Filialen zu geben, Organisation der Arbeitslosen einerseits, der Ausgesperrten anderseits unter sorgsamer Abwägung des Stimmenverhältnisses, Fernhaltung von Zuzug, Abschiebung der Reservearmee in die Heimatdörfer (man beachte hier die Wirkung der Agrarverfassung!), Modus der Verhandlung mit den Prinzipalen, Maßregeln zur Gewinnung der Sympathie des

---

[178]) Ich gehe an diesem Orte nicht auf die außerhalb der Klassenbewegung der Arbeiterschaft stehenden Neubildungen sozialpolitischer Richtungen ein, unter denen jedenfalls die in Petersburg am 11. März unter Planssons Vorsitz gegründete "Liga der Arbeit" Beachtung verdient: ein Klub aller derjenigen, welche gewisse Minimalforderungen (wesentlich des konstitutionell demokratischen Programms) akzeptieren, der aber nicht lediglich theoretisch, und auch nicht nur in dem Sinne, wie z.B. unsere "Gesellschaft für soziale Reform", praktisch, arbeitet, sondern auch in aktuelle Tagesfragen (so gelegentlich der Verhaftung Mischtschenkos am 16. April) durch Proteste usw. eingreift, und die Bildung von allen auf dem Boden der Selbsthilfe stehenden kooperativen Gemeinschaften fördern will. – Ebenso können die beginnenden Erörterungen der in Rußland, wo Massen von Arbeitern entweder einfach in den Fabriklokalen nächtigen oder in Fabrikwohnungen hausen, so einschneidend wichtigen Arbeiterwohnungsfrage hier nicht näher besprochen werden. Die Vorschläge der Emil Zindelschen Gesellschaft in Moskau an die Stadt, die Fabrikanten zu freiwilligen Beiträgen behufs Erwerb von 100 Deßjätinen Land für 400 zweistöckige Arbeiterwohnhäuser aufzufordern und selbst dabei mitzuwirken, ist eine Kombination und Abwandlung bekannter Versuche bei uns, deren Kritik ziemlich naheliegend ist (vergl. darüber z.B. auch "Russk[ija] Wj[edomosti]" 88, 2, den Plan selbst "Now[oje] Wr[emja]" 10782, 2). Die komplizierte, an England erinnernde Rechtslage ergibt sich z.B. aus dem Verlangen des am 14. März gegründeten Vereins der Moskauer Häuser-Arrendatoren (d.h. befristeter Superfiziare) auf Schaffung eines tenant right für sie gegen die Grundherrn: 48 Jahre bei Steinhäusern, 36 bei Holzhäusern als Minimalvertragsfrist, Zwang zur Erneuerung nach Ablauf unter Erhöhung der Grundrente um jedesmal höchstens 5% unter der Bestimmung, daß der Grundherr, wenn er die Erneuerung des Vertrages auf dieser Basis nicht will, das Haus zu einem von einer Kommission aus den beiderseitigen Interessenverbänden, den Kreditinstituten und Versicherungsgesellschaften vorzunehmenden Taxe kaufen muß.

[179]) In den Mittelstädten scheint im Frühjahr auch in Tula eine eigentliche Gewerkvereinsbewegung eingesetzt zu haben. (Etwas undeutliche Nachrichten des "Now[oje] Wr[emja]" 10811.) Im Sommer häufen sich die Angaben darüber.

Publikums (Zeitungsdruckerstreik) usw. s[iehe] in der „Torg[owo]-prom[yschlennaja] Gasj[eta]" Nr. 158. Das. Nr. 161 die Basis, auf welcher, wie es scheint, eine Einigung mit dem Arbeitgeberverband zustande kommt (die Prinzipale haben insbesondere die Anerkennung des Gewerkvereins und Zulassung der Beratung *auch politischer* Fragen innerhalb ihrer Werkstätten zugestanden).

Ende April verschickte das Bureau der professionellen Verbände gleichzeitig mit der Einberufung eines allrussischen Delegiertenkongresses ein Programm, wonach beraten werden soll über: 1. Staat und öffentliche Institutionen als Unternehmer, 2. Berufsstatistik, 3. Achtstundentag, 4. Arbeitslosigkeit, 5. Gewerkvereinsrecht, 6. nationale Gewerkschaften, 7. Verhältnis der Gewerkschaften zum politischen Kampf. Man wird diesen Kongreß abwarten müssen, um ein wirkliches Bild vom Stande der Bewegung zu gewinnen und darf namentlich auf die Antwort auf die letztgenannte Frage gespannt sein: Wiederaufleben des revolutionären Sindakalismus? Strikt neutrale Gewerkschaften oder offizielle Beziehungen zur Parteiführung? Für den diesmaligen Kongreß sind offiziell zwei Delegierte der Sozialdemokratie eingeladen. Fest steht, daß die Verbandsgründungen des Jahres 1905 fast durchweg entweder vom sozialrevolutionären Sindakalismus ausgingen, oder von den „Mjenschewiki", d. h. den von der (in Sachen der Dogmen maßgebenden) deutschen Sozialdemokratie als orthodox anerkannten Anhängern der „Minderheit" der zerspaltenen sozialistischen Partei (Plechanowgruppe)[180]), gegründet waren. Die Ljeninsche „Mehrheit" (Bolschewiki) sah mit Verachtung darauf herab. Durchweg sind die intellektuell höchst stehenden Gruppen der Gewerkschaften, z.B. die Typographen, die eifrigsten und auch die orthodoxesten Sozialdemokraten. Bei entschieden sozialdemokratischer Gesinnung empfahl aber doch die Sitzung des Bureaus der professionellen Verbände in Moskau vom 4. Juni, dem die Delegierten der Verbände der Preßarbeiter, Bäcker, Schachtelmacher, Metallarbeiter, Marmorarbeiter, Hutmacher, Schuster, Klempner, Techniker, Buchbinder, Drogisten, Tabakarbeiter, Schirmmacher, Dienstboten beiwohnten, dringend, den ökonomischen Kampf „nicht auf die Straße zu tragen" („R[usskija] Wj[edomosti]" 146, 4). Die Maifeier, in Polen nach dem gregorianischen, in Rußland nach dem julianischen Kalender (eine sehr fühlbare Trennung!) gefeiert, scheint reichlich in dem relativen Umfang innegehalten worden zu sein, wie in Deutschland; anscheinend haben die Unternehmer auch dem Ausfall der Arbeit eher geringeren Widerstand als bei uns entgegengesetzt. Sie haben eben vorerst noch keinen Anlaß, in den Augen der Herrschenden als politisch besonders „beflissen" zu glänzen. Die jetzt (Juni) aller Orten mit erstaunlicher Heftigkeit wieder ausbrechenden Streiks scheinen fast überall politisch *mit*bedingt zu sein, ihr Gepräge ähnelt dem des Herbstes 1905.

Die inzwischen Anfang Mai auf dem lange geplanten gemeinsamen Kongreß in Stockholm wenigstens der Form nach zustandegekommene Einigung der

---

[180]) Dieselbe ist keineswegs immer zahlenmäßig eine Minderheit gewesen und ist es auch jetzt nicht, sie war nur auf bestimmten Kongressen der früheren Partei.

sozialdemokratischen Gesamtpartei Rußlands muß ihre Dauerhaftigkeit erst bewähren. Da die ausländische sozialdemokratische russische Presse eingegangen, die einheimische erst jetzt wieder im Entstehen ist, bleibt es vorerst schwierig, über die Vorgänge seit Dezember Sicheres in Erfahrung zu bringen. Nach den bis jetzt vorliegenden Berichten ist auf dem Kongreß in Stockholm 1. mit Mehrheit das Prinzip der „Munizipalisation" des Bodens angenommen worden mit dem Zusatz, daß, wenn die Bauern die Verteilung des konfiszierten Landes unter lokale Bauernkomitees verlangen sollten, sie darin zu unterstützen seien. Jede weitere Erörterung über die Gegenwartslage wurde abgelehnt. 2. Gegen den heftigen Widerspruch der „Bolschewiki" und auch fast aller Nationalitätengruppen wurde der Boykott der Dumawahlen für die Zukunft aufgehoben. 3. Mit Stimmenmehrheit wurde das Prinzip der Parteilosigkeit der Gewerkschaften angenommen. 4. Es wurde anerkannt, daß der bewaffnete Aufstand unumgänglich, aber nur bei Beteiligung der Bourgeoisie möglich, bis zum Zeitpunkt seiner „Möglichkeit" aber zu unterlassen sei. 5. Der Grundsatz der Nationalitätenautonomie wurde angenommen. – Vorläufig hat der Boykott der Duma die Partei um so schwerer diskreditiert, als er sich wesentlich in Sprengungsversuchen gerade gegen die demokratischen Agitationsversammlungen geltend machte, so daß die Regierung ihre Versammlungsverbote mit dem Hinweis auf diese Benutzung zu Brandreden gegen die Duma und Radau durch die Sozialisten begründen konnte. Während der ganzen Wahlbewegung jedenfalls bildete ihre Haltung für die Demokratie nicht nur eine ernste Verlegenheit, sondern eine stete Hemmung. Dafür, daß die Dumawahlen nicht reaktionär ausfielen, ist die Sozialdemokratie jedenfalls in keiner Weise verantwortlich: sie hat schlechthin alles getan, um der Regierung in die Hände zu arbeiten[181]).

Aber bedrohlicher mußte zurzeit des Beginns der Wahlbewegung eine gewisse, innerhalb der bürgerlichen Demokratie selbst herrschende Zerfahrenheit erscheinen.

Am 5. Januar trat die konstitutionell-demokratische Partei[182]), in der Presse (nach den Anfangsbuchstaben K–D) gewöhnlich die „Kadetten" genannt, zu ihrem zweiten Kongreß (bis 11. Januar) zusammen. Die Stimmung war nach dem Eindruck, den die Verhandlungen machen, infolge der befürchteten Rückwirkung des Moskauer Aufstandes eine ziemlich gedrückte. Und dazu tritt der

---

[181]) Dabei bestand die Uneinigkeit auch nach der Dumaeröffnung weiter. Das radikale Petersburger Komitee lag mit dem Zentralkomitee im ewigen Streit. „Gelernt" haben die „Bolschewiki" aus dem Dezember gar nichts. Plechanows nachdrückliche Mahnungen fruchteten nichts. – Kehrseite: Im Juni verfügte das Petersburger Komitee eine monatliche Auflage von 10 Kopeken, „da die Geldunterstützungen aus den Kreisen der Bourgeoisie zu versiegen beginnen" („Russk[ija] Wj[edomosti]" 166 S. 3).

[182]) Über ihre Vorgeschichte siehe die Beilage zu Band XXI Heft 1. Es sei hier nur daran erinnert, daß ihre Hauptprogrammpunkte 1. das „viergliedrige" (allgemeine, gleiche, geheime, direkte) Wahlrecht, 2. die Verwaltungsautonomie der Einzelgebiete und die politische Autonomie Polens, 3. die „Nadjel"-Ergänzung für die Bauern, soweit nötig, unter Enteignung auch des privaten Grundbesitzes waren, und daß ihr Kern neben der Semstwolinken aus der liberalen akademischen Intelligenz bestand.

Eindruck organisatorischer Unsicherheit[183]) und der Neigung zu theoretischen Begriffspaltereien und Zukunftsspekulationen[184]). Man wird es kaum begreiflich finden, daß in einem so ernsten Moment die Frage, ob die Duma im Prinzip eine „konstituierende" Versammlung sein müßte, wie man dies und den Protest gegen die Art des Wahlrechtes zum Ausdruck bringen solle, ob man also – wenn man in die Duma gehe – sich aller sachlichen Arbeit in der Duma enthalten oder welche Objekte man dort meritorisch mitberaten dürfe – die Frage des sogenannten „inneren Boykottes" der Duma – langwierige Debatten hervorriefen, bis schließlich die Teilnahme an den „unaufschiebbaren" Reformarbeiten der Duma beschlossen wurde (mit 91 von 102 Stimmen). Im übrigen wurde die damals in der Provinz noch sehr im argen liegende Parteiorganisation und die Wahltechnik erörtert, eine Anzahl Protestresolutionen allgemeinen Charakters gefaßt, die Partei in Partei der Volksfreiheit („Partija narodnoj sswobody") umgetauft – was neben dem üblichen „K[a]-D[et]-ten" keinen Anklang im Sprachgebrauch fand –, die Erwähnung des Minderheitsvotums gegen das Frauenstimmrecht im Parteiprogramm gestrichen, die dezidiert nationalistischen Anträge tatarischer, kirgisischer und jüdischer Vertreter abgelehnt und namentlich eine Resolution gefaßt, welche ein strikt *parlamentarisches* Regime verlangte. Alle diese Beschlüsse, soweit sie nicht rein technischer Art waren, deuteten darauf hin, daß die Partei von der Voraussetzung ausging, sie werde in der Duma günstigenfalls eine kleine Oppositionsgruppe darstellen. Im übrigen wurden die allgemeinpolitischen und sozialen Programmpunkte meist in der bisherigen Redaktion beibehalten. In bezug auf das *Agrarprogramm* fanden eingehende, vorerst aber zu keiner Einigung führende Debatten statt. Nur über den Begriff des „gerechten Preises", zu welchem, nach dem im Oktober angenommenen Programm, das Privatland expropriiert werden solle, wurde eine Resolution

---

[183]) So lehnten von den 16 Preßorganen, welche die Partei für sich in Anspruch nahm, die beiden bedeutendsten: „Russkija Wjedomosti" und „Birschewyja Wjedomosti", die Parteiobservanz für sich ab.

[184]) Solche treten auch in der Presse der Partei auf, namentlich in bezug auf die auswärtige Politik. Sollte man es für möglich halten, daß in einem solchen Moment, wo wahrlich noch schlechthin alles im eigenen Hause zu tun blieb, Kotljarewskij in der „Poljarnaja Swjesda" – im Anschluß an mehr gelegentliche Bemerkungen Struves – die Zukunftsabsichten der Partei in bezug auf die so notwendige Vertreibung der Türken aus Europa mittels eines Bündnisses mit England zu entwickeln sich bemühte (auch der Aprilkongreß der Partei sandte bekanntlich ein Begrüßungstelegramm an Campbell-Bannermann). Da für den angegebenen Zweck ein *Bündnis* mit England für Rußland militärisch durchaus bedeutungslos und keine Steigerung seiner Macht wäre, so ist daran nur der von der ganzen russischen Gesellschaft geteilte mißtrauische Haß gegen Deutschland bemerkenswert, welches ja – trotz Kotljarewskijs Verwahrung – natürlich der ins Auge gefaßte *Gegner* sein würde. – Man weiß, daß die Parole: „Befreiung der geknechteten Völker" seitens der französischen Revolution die großen Militärmonarchien der Gegenwart hat schaffen helfen; auch die russische Revolution wird, wenn erfolgreich, im *Ergebnis* ein ehernes Zeitalter und eine ungeheure Steigerung aller, namentlich der deutschen, Rüstungen im Gefolge haben. Der Gedanke „selbstloser" Befreiungskriege ist heute, wo der Kapitalismus dabei kichernd im Hintergrund steht, eine politische Utopie gefährlicher Art.

(Nr. V) dahin angenommen, daß dieser sich nach dem für die betreffende Gegend „normalen" Ertrage „bei Voraussetzung sachkundiger Wirtschaftsführung und ohne Berücksichtigung der durch den Landhunger erzeugten Pachtpreise" berechnen solle. Auf dem Kongreß trafen offensichtlich zwei diametral entgegengesetzte Ansichten aufeinander: die eine hielt jede Zwangsenteignung privaten Landes zur Befriedigung der bäuerlichen Landnot für unerwünscht und war – neben Zuweisung des nicht privaten Landes an die Bauern – nur zur Regulierung der Pachtbedingungen und einer progressiven Bodenbesitzsteuer geneigt, um zugunsten der bäuerlichen Landnachfrage auf die Bodenpreise zu drücken. Die entgegengesetzte Richtung – die Mehrheit – war im Prinzip für „Nationalisation" des Landes in der Form der Bildung eines möglichst umfangreichen, durch möglichst ausgedehnte Enteignung zu schaffenden staatlichen Landfonds, aus dem das Land den Bauern zur Nutzung gegen einen mäßigen Entgelt zugewiesen werden sollte. Professor Lutschizkij (Kiew) protestierte jedoch auf das heftigste gegen jeden Gedanken der Nationalisation: die Bauern des Südwestens und Südens, welche nicht in voller Feldgemeinschaft, sondern im Erbhufensystem (podwornoje semljewladjenije) leben, würden der Partei sofort den Rücken kehren, wenn sie derartiges beschlösse, nur die Gewährung vollen privaten Grundeigentums könne sie befriedigen. Zwischen diesen äußersten Polen in der Mitte bewegten sich zahlreiche, durch Einzeldifferenzpunkte getrennte Ansichten, und es zeigte sich, daß der Kongreß, trotz eines eingehenden Vortrags von A. A. Kaufmann, alle wichtigen Fragen auf diesem Gebiet vorerst offen zu lassen genötigt war, vor allem weil über den Umfang einerseits der beabsichtigten Expropriation, anderseits der den Bauern zu gewährenden Landzuweisung keine Einigung über feste *Normen* zu erreichen war. Die strittigen Fragen wurden schließlich einer Kommission überwiesen, die alsdann dem dritten Kongreß ein ausgearbeitetes Programm vorlegte, in allen wesentlichen Stücken übereinstimmend mit dem Gesetzesantrag, den die Partei später in der Duma einbrachte.

Es ist vielleicht richtig, dies Agrarprogramm und die darüber zutage getretenen Meinungsverschiedenheiten hier wenigstens in gedrängter Skizze zu erörtern, um einen Begriff von den unerhörten Schwierigkeiten zu gewinnen, mit denen der Versuch, zurzeit in Rußland in dieser wichtigsten Frage überhaupt irgend etwas zu „wollen", zu rechnen hat. Vorerst einige allgemeine Vorbemerkungen[185]).

Fest steht für fast alle Gegenden des Reiches, den äußersten Norden und die

---

[185]) Auf die Ansichten der russischen Agrarpolitiker, einschließlich der Sozialrevolutionäre, haben in den 90er Jahren auch die *deutschen* Arbeiten, welche die „Konkurrenzfähigkeit" des ländlichen *Klein*betriebs vertreten, einen tiefen Einfluß geübt, der heute noch – neben den Traditionen des Narodnitschestwo – nachwirkt. Man glaubte und glaubt vielfach an die *technische* „Gleichwertigkeit" von Groß- und Kleinbetrieb, wie viele Deutsche es auch ganz generell taten. Ich habe diese Ansicht in *dieser* Form nie geteilt: Eigenarten unserer privatwirtschaftlichen Ordnung in erster Linie, nicht aber technische Leistungsfähigkeit, sind es, die den Kleinbetrieb halten und auf Kosten des Großbetriebs voranschreiten lassen, so richtig es ist, daß die „Konkurrenz" der Betriebsgrößen in der

Neulandgebiete ausgenommen, das Vorhandensein der zunächst „subjektiven" Erscheinung des akuten „Landhungers" der Bauern, der am stärksten, aber keineswegs nur, in einer Zone besteht, welche die rein oder fast rein agrarischen, und zwar *Getreide* bauenden, Gebiete der „schwarzen Erde" und der an sie angrenzenden, vom Westufer der Wolga durch das südliche Zentralgebiet bis an und über den Dnjepr, umfaßt. „Objektiv" äußert sich diese drückende Landnachfrage am deutlichsten darin, daß seit zwei Jahrzehnten trotz beinahe unaufhörlich *sinkendem* Getreidepreis und – relativ! – stabiler Technik die Pachten und Güterpreise in konstantem, zum Teil geradezu exorbitantem *Steigen*[185a]) begriffen sind: die Nachfrage nach Boden ist nicht eine solche zum Zweck der geschäftlichen Verwertung von „Anlagekapital" als Erwerbsmittel, sondern zum Zweck des Besitzes des Landes als gesicherter Gelegenheit zur Verwertung der eigenen persönlichen Arbeitskraft für den eigenen Lebensunterhalt; nicht Profit, sondern Deckung des unmittelbarsten Bedarfs ist ihr Zweck, und daher gibt es eine Obergrenze für den Bodenpreis *nur* in den jeweiligen, wie immer erworbenen, Geldvorräten der Nachfragenden[186]).

Zunächst einmal rein „betriebstechnisch" angesehen, ergibt sich als Unterlage dieser Nachfrage der Umstand, daß auf dem vorhandenen ländlichen Areal bei der *zurzeit bestehenden Technik* in den von der bekannten „Zentrumskommission" bearbeiteten Gebieten nur etwa 21–23% der vorhandenen Arbeitskräfte verwertbar sind, drei Viertel bis vier Fünftel, zuweilen noch mehr, also brach liegen. Das ist selbst bei Berücksichtigung der winterlichen Zwangsferien der Landwirtschaft – „grenznutztheoretisch" ausgedrückt – eine geradezu ungeheuerliche Diskrepanz der beiden „komplementären" Produktionsmittel, deren mit der Volkszunahme steigende Schärfe in der steigenden Entwertung der Arbeit, der „Zurechnung" des „Produktionsertrages" immer mehr allein zum Boden ihren theoretisch durchaus verständlichen Ausdruck findet. Verschärft wird dies Mißverhältnis noch dadurch, daß das Maß der – bei unter sich gleicher Betriebstechnik – in den einzelnen Gebieten auf die gleiche Fläche verwertbaren Arbeitskräfte nach Süden zu infolge der Zunahme der Vegetationsperiode *ab*nimmt. Im Norden des Moskauer Gebietes, wo die gesamte Arbeit sich in wenig über drei Monate drängen muß, rechnet man, daß eine volle männliche Arbeitskraft für 4 Deßjätinen (4,4 ha) nötig sei, nach Süden zu vergrößert sich diese Fläche bis auf 8 Deßjätinen in der südlichen Schwarzerde (bei der „üblichen" Technik): es ist also gerade da das *Mindest*maß von Arbeitskräften technisch erforderlich, wo die Zusammendrängung der Bauern die größte ist.

Landwirtschaft nicht mit derartigen Unterschieden der technischen Leistungsfähigkeit zu rechnen hat, wie in der Industrie. Dies nur in Kürze zur Feststellung des Standpunktes.

[185a]) In 12 Gouvernements um rund 100%, in 22 ferneren um 50% in den letzten 10 Jahren (Kaufpreise).

[186]) Die Russen haben für diese Pacht den guten Ausdruck „prodowolstwennaja arenda", „Versorgungspacht" im Gegensatz zur „kapitalistischen Pacht" geprägt. Man darf das natürlich nicht mit „Parzellenpacht" identifizieren, denn der Parzellenpächter kann sehr wohl Kleinkapitalist und seine Pacht kapitalistische „Erwerbspacht" sein.

Diesem Mißverhältnis kann auch nur in begrenztem Umfange durch Abfluß der überschüssigen landwirtschaftlichen Arbeitskräfte auf das Neuland im Norden und in Sibirien abgeholfen werden, aus den von A. A. Kaufmann in seinem Werk über die Übersiedlungsfrage und, skizziert, in dieser Zeitschrift entwickelten Gründen, deren wichtigster in der fast unüberwindlichen Schwierigkeit einer Anpassung der aus dem dichtbevölkerten Süden stammenden Bauern an die sehr exzentrischen Existenzbedingungen nordischer Siedlungsgebiete liegt.

Es fragt sich nun zunächst, ob nicht die *betriebstechnische* Umgestaltung der Bauernwirtschaft das überhaupt *allein* in Betracht kommende Mittel für eine Sanierung dieser unerträglichen Lage ist. Das ist, in letzter Instanz, schwerlich zu bestreiten und tatsächlich auch von niemand bestritten[187]). Allein es ist dabei

---

[187]) Man rechnet z. Z. (nach Schätzungen des Petersburger Semstwos) 39½ Deßjätinen *Brache* auf je 100 Deßjätinen bestelltes Land (in Deutschland 6). Dabei ist in den Landnotgegenden der Schwarzen Erde das Bauernland generell zu etwa 9/10 unter den Pflug genommen und *fast lediglich mit Getreide* bestellt. Schon das ergibt: 1. Stoppelweide und 2. ganz unzulängliche Düngung, daher 3. ausgedehnte Brache und dennoch Bodenerschöpfung als unvermeidliche Folgen. Als durchschnittlichen bäuerlichen Rohertrag, dem *Geld*werte nach, für die 34 Semstwogouvernements rechnet man jetzt 11 Rubel 78 Kopeken per Deßjätine, als „Reinertrag" ein *Minus* von etwa 7 Rubel. Solche geldwirtschaftlichen Schätzungen sind freilich aus bekannten Gründen stets problematisch. – Was die Entwicklung der *Ernte*erträge anlangt, so haben sich diese im Lauf der letzten 40 Jahre gerade in einigen relativ sehr kleinen bäuerlichen Landanteilen am meisten gehoben: Tschernigow 65%, Kijew 64%, Podolien 58%: alles Gebiete mit Erbhufenbesitz (ohne Obschtschina) und sehr bedeutenden, relativ modern bewirtschafteten Großbetrieben. Im Anschluß an S. S. Bjechtjejew sucht jetzt Pestrzecki, ein eifriger Vertreter der rein betriebstechnischen Lösung des Bauernproblems (s[iehe]) seinen „Opytt agrarnoj programmy" und zahlreiche Artikelserien von ihm im „Now[oje] Wr[emja]"), die (relative) Irrelevanz des „Landmangels" der Bauern dadurch zu erweisen, daß er die 50 europäischrussischen Gouvernements nach der Größe des Durchschnittsnadjil in eine Reihe ordnet und dann je eine Hälfte dieser Reihe zusammenfaßt: es ergibt sich dann („Now[oje] Wr[emja]" 10877), daß 1. von 1891 bis 1902 für die land*reiche* Hälfte *mehr* „Verpflegungsfonds" (wegen Mißernte) aufzuwenden waren (102,5 Mill. Rubel gegen 85,7 Mill. bei der landarmen), daß 2. trotz der relativ höheren Steuerbelastung pro Deßjätine der landarmen Hälfte die Steuer*rückstände* derselben (3 Rubel pro Seele) 1898 *geringer* waren als in der landreichen (3,40 Rubel), und zwar in den landärmsten am geringsten (Podolien und Poltawa 0,10 Rubel), daß 3. der Schnapsverbrauch und die Zahl der Detailhandlungen pro Seele bei den landarmen Gebieten *größer* war, endlich 4. daß die Schweinehaltung der landarmen Gebiete mit 32,6 Stück auf 100 Deßj. (109 Hektar) die der andern (mit 6,6) um das Fünffache, die gesamte Viehhaltung (157 Stück gegen 91) um 70% übertraf. Es ist dabei immerhin das eine wohl zu beachten, daß es fast durchweg auch hier die Gouvernements des Westens, namentlich das westliche Kleinrußland, sind, welche bei diesen Zahlen den Ausschlag geben. Die Eigentümlichkeit der agrarpolitischen Lage Rußlands beruht zum Teil darin, daß die in ihrer Agrarverfassung ökonomisch (vom kapitalistischen Standpunkt aus) „modernsten" und betriebstechnisch entwickeltsten Gebiete die *nicht* nationalgroßrussischen sind. Das „Ostelbien" Rußlands ebenso wie die Gebiete mit (relativ) intensiv genutztem kleinbäuerlichen *Privat*eigentum sind die westlichen Grenzländer mit polnischer Junker- und klein- bzw. weißrussischer Bauernschicht, in bezug auf Volksbildung, Selbstverwaltung, politische Kultur das Aschenbrödel des Reichs. Anderseits stecken unter den als „landreich" zusammengefaßten 25 Gouvernements Gebiete wie die Astrachaner und Orenburger Steppe und die Nordgouvernements Perm, Olonetz,

folgendes zu beachten: Theoretisch formuliert, kämen als Mittel einer Umgestaltung der Relation zwischen Arbeitsbedarf und Arbeitskräften, wenn man an dem bäuerlichen Betriebs*ausmaß* festhält, in Betracht: 1. die Einschaltung bezw. wesentliche Verstärkung des jetzt auf ein Minimum beschränkten Faktors „produzierte Produktionsmittel": moderne, speziell auch tiefer gehende Pflüge und andere ertragsteigernde Werkzeuge, künstlicher Dünger usw. Dies würde unzweifelhaft die von der gegebenen Fläche zu gewinnende *Produktmenge* in ganz bedeutendem Maße steigern. Keineswegs in gleichem Maße dagegen die auf der gegebenen Fläche *betriebstechnisch erforderlichen Arbeitskräfte*. Wie sich der Bedarf an solchen, unter Voraussetzung gleichbleibender Produktions*richtung* – also, für die Hauptgebiete der Landnot, des fast ganz ausschließlichen Getreidebaues – gestalten würde, ist schlechterdings mit dem vorhandenen Material nicht zu berechnen; für breite Gebiete würde, da die technische Optimalität des Betriebsausmaßes außerordentlich hoch *über* dem Durchschnittsumfang der bäuerlichen Betriebe liegt, betriebstechnisch angesehen, eine gewaltige Übersättigung mit landwirtschaftlichen Arbeitskräften erst recht *gerade dann* vorliegen, *wenn* zum „kapitalintensiven" Betrieb übergegangen würde[187a]. Es käme also ferner 2. die Einschaltung neuer Produktions*richtungen* in die bäuerliche Fruchtfolge in Betracht, d.h. also Verlassen der heute gerade bei den Bauern der Notstandsgegenden ganz einseitigen (meist dreifelderwirtschaftlichen) Getreideproduktion. Kein Zweifel, daß die Steigerung der *Vielseitigkeit* der Produktion den betriebstechnischen Bedarf an landwirtschaftlichen Arbeitskräften in ganz außerordentlichem Maße, jedenfalls *über* das jetzige Quantum von solchen, zu steigern geeignet wäre. Die betriebstechnische Voraussetzung für die Einschaltung neuer Produktions*richtungen* aber würde in einem nicht a priori zu bestimmenden Maße doch auch wieder die Einschaltung neuer „produzierter Produktionsmittel", besserer Arbeitswerkzeuge insbesondere, sein. Und weiterhin müßte auch gefragt werden[,] a) ob die natürlichen Bodenqualitäten die Viel- oder doch Mehrseitigkeit der Produktion begünstigen, z.B. durch Vorhandensein von *Wiesen*[188]), ferner b) ob die hiernach etwa möglichen, neu

---

Wologda, sowie die Neusiedelungsgebiete Neurußlands. – Was die Zahlen trotzdem illustrieren, ist die unzweifelhafte Tatsache, daß die Größe des Nadjel *allein* noch nichts über die Lage der Bauern besagt. Gegenüber den Versuchen (ebenfalls Bjechtjejews, vgl. Pestrzecki a.a.O. Nr. 10877, 2), durch Vergleichung des Erntequantums mit der Zahl der Bauern das Maß der Deckung ihres Lebensbedarfs in seiner Entwicklung zu verfolgen, ist – soweit es sich dabei nicht um lokale Untersuchungen, sondern um große Durchschnitte handelt – natürlich zu betonen, daß nicht in dem jeweils geernteten Getreidequantum, sondern in der Umgestaltung der *Art* der bäuerlichen Bedarfsdeckung nach der geldwirtschaftlichen Seite hin (*zum Teil* erzwungen durch den mittelst Steuerdrucks forcierten Getreideexport) die wesentlichen Momente der Krisis beschlossen sind.

[187a]) Die Bauern könnten alsdann an Ort und Stelle nur als Arbeitskräfte der vorhandenen *Groß*betriebe zunehmende Verwendung finden, wenn *diese letzteren* derart intensiviert würden, daß ein Plus von Arbeitsnachfrage entstünde. Bauernwirtschaft beim Export-*Getreide*bau bedeutet Arbeitsvergeudung.

[188]) Was diese anlangt, so steht unzweifelhaft fest, daß gerade an ihnen die Bauernwirtschaften vieler Notstandsdistrikte den äußersten Mangel leiden.

einzuschiebenden Produktionsrichtungen betriebstechnisch dem Ausmaß von *Bauern*wirtschaften adäquat sind (was z. B. für Zuckerrüben nur sehr bedingt zuträfe), endlich aber und namentlich c) an welche „*volkswirtschaftlichen*" Bedingungen jene „betriebstechnischen" Möglichkeiten gebunden sind. Für die Produktionsvermannigfaltigung wäre entscheidend, *welches* von den in den Produktionsprozeß neu aufzunehmenden Produkten Marktprodukt ist und sein kann, und dies wieder hinge zu einem Teil unter anderem auch mit der Frage zusammen, ob der Markt, für den produziert werden soll, ein lokaler, auf der Kaufkraft nicht landwirtschaftlicher Schichten an Ort und Stelle oder in der Nachbarschaft ruhender, ist oder ob es ein Fernmarkt sein muß. Für *alle* Reform-Möglichkeiten aber ist ferner entscheidend, in welchem Maß dem Bauern „Kapital" (im ökonomischen Sinne) entweder als Eigenbesitz zur Verfügung steht oder aber er über jene „geschäftlichen" Qualitäten und rechtlichen Voraussetzungen verfügt, welche ihn *kreditwürdig* machen. In den Hauptnotstandsgegenden *fehlen* nun teils aus natürlichen, teils aus historischen Gründen 1. kräftige Lokalmärkte sehr häufig. Diese Gebiete sind zum sehr großen Teil landwirtschaftliches *Export*gebiet, und zwar speziell Getreideexportgebiet, und dies bedingt eine besonders starke, betriebstechnische sowohl wie ökonomische, Überlegenheit größerer Betriebe. Es fehlt ferner 2. der breiten Schicht der Bauern unstreitig sowohl das Kapital als die, nur im Wege eines „geschäftlichen" Erziehungsprozesses zu erwerbende Qualität der „Kreditwürdigkeit". Dabei spielt die bestehende Agrarverfassung teils direkt infolge Unveräußerlichkeit, Unverpfändbarkeit und Exekutionsfreiheit des bäuerlichen Bodens, teils und namentlich indirekt: zufolge der allgemeinen „Lebensstimmung", die sie begünstigt, eine, wenn auch in ihrer Tragweite vielleicht oft überschätzte, so doch unverkennbare Rolle mindestens insofern, als sie den geschäftlichen „Erziehungsprozeß" immerhin hemmt. Hierüber später. Aber davon ganz abgesehen, fehlt gerade den Bauern mit der größten Landnot eben *wegen* dieser Landnot unter den heutigen Bedingungen, *generell* gesprochen, auch die Möglichkeit, irgendwelche Kapitalbeträge zu *ersparen*[189]). Auch die – selbstverständlich aus anderen Gründen höchst wichtige – Einschränkung des Trunkes und die Erleichterung der Steuern könnte in dieser Hinsicht erst nach langen Jahren erhebliche Geldbeträge für die Masse der Einzelwirtschaften ergeben, die umfassendsten und verzweigtesten Personal-Kreditorganisationen einerseits, Absatzorganisationen für das Getreide anderseits, genossenschaftliche Erziehung des Bauern und alle ähnlichen Mittel würden erst in zwei bis drei Dezennien wirklich fühlbare Ergebnisse zeitigen können, und zwar für eine durch Differenzierung zu gewinnende Elite – in „geschäftlicher", nicht etwa „ethischer", Wertung gesprochen – aus der Bauernschaft. Inzwischen aber stiege die Not der sich stetig vermehrenden Masse derselben in unerhörtem Maße, zumal der Bauer überdies durch das nicht zu hindernde Absterben des alten Hausfleißes in stetig zuneh-

---

[189]) Die Kapitalien der „Kulaki" stammen regelmäßig nicht direkt aus landwirtschaftlichen Überschüssen.

mendem Maße auf geldwirtschaftliche Bedarfsdeckung angewiesen wird, zu der die Masse sich immer weniger imstande zeigt. Rechnet man nun mit den heute gegebenen geschäftlichen und ökonomischen Qualitäten des Bauern als mit einer jedenfalls nur höchst allmählich umzugestaltenden gegebenen Größe, dann allerdings erscheint die Vermehrung ihres Landbesitzes um jeden Preis als die für die Gegenwart schlechthin nicht zu umgehende Voraussetzung alles weiteren, insbesondere auch der Möglichkeit der „Selbsthilfe".

Diese Vermehrung findet nun heute im Wege des freien oder durch die Bauernlandbank[189a]) vermittelten Verkehrs zwar in bedeutendem Umfang[190]),

---

[189a]) Auf dies der Vermittlung des bäuerlichen Landerwerbes dienende Institut kommen wir erst später zu sprechen.

[190]) Es haben nach den oft zitierten Zahlen der „Materialien zur Statistik der Bodenbewegung", Band IV, welche auf den registrierten materiellen Urkunden fußen, von 1863–1892 in 45 europäischen Gouvernements Grund und Boden:

	verkauft für 1000 Rubel	gekauft für 1000 Rubel	mehr (+) oder weniger (−) ge- als verkauft für 1000 Rubel
Adlige, Beamte, Offiziere	1 459 000	821 081	− 637 919
Die Geistlichkeit	6 901	12 141	+ 5 240
Ehrenbürger*)	20 075	90 367	+ 70 292
Leute bürgerlichen Berufs ohne festgestellten Stand	20 075	24 013	+ 3 938
Kaufleute	135 312	318 239	+ 112 927
Kleinbürger und Handwerker	58 799	82 435	+ 23 636
Bauern: Einzelne	66 537	158 414	+ 91 877
Genossenschaften**)	16 506	129 733	+ 113 227
Dörfer	9 750	46 976	+ 37 226
Bauern: Im ganzen	92 783	335 123	+ 242 340
Kosaken	14 022	27 799	+ 13 777
Andere Dorfbewohner	30 176	80 686	+ 50 510
Fremde	20 636	24 701	+ 4 065

*) D. h. Kommerzienräte, Inhaber bestimmter Grade und Tschins usw.
**) Für den Ankauf und die Übersiedlung kraft besonderer gesetzlicher Bestimmungen gebildet.

Man sieht: die großen Posten der Mehr*käufer* werden dargestellt einerseits durch die Kaufleute mit Einschluß der „Ehrenbürger", anderseits durch die Bauern, während als Mehrverkäufer allein der Adel dasteht. Dieser verlor nach den Rechnungen Sswjätlowskijs in jenen 30 Jahren 24,2 Millionen Deßjätinen oder etwa ein Drittel der Landfläche, die er nach der Reform von 1861 besaß. Kaufleute erwarben davon 9,6 Millionen, „Ehrenbürger" und Kleinbürger 2,5 Millionen Deßjätinen. –

Das den drei Kategorien von Bauern, Staats-, gutsherrlichen und Apanagenbauern bei der Befreiung zugewiesene „Nadjel"-Land umfaßte rund 112 Millionen Deßjätinen, Kolonisten, und früher freigelassene Bauern hatten zusammen 7½ Millionen Deßjätinen, ebensoviel betrug das Apanagenland, alle Arten anderer nicht bäuerlicher Besitzer, außer

aber doch zu Preisen[191]) statt, welche die Herauswirtschaftung von „Mehrerträgen" aus dem gekauften oder gepachteten Land generell zweifellos ausschließen, weil 1. die Ertragsergebnisse der bäuerlichen Wirtschaften schon an sich 20% unter derjenigen der Gutswirtschaft stehen, von der sie Land kaufen; der Bauer steht sich vielfach als Arbeiter des Grundherrn besser wie als Pächter[192]) oder Käufer, selbst wenn dabei nur der „Ertragswert" des Gutslandes zugrunde

---

dem Staat, hatten an 100 Millionen Deßjätinen, der Staat endlich 151½ Millionen (davon noch nicht 4 Millionen urbares Land). Zu ihren 112 Millionen Deßjätinen hatten nun die Bauern bis 1893 9½ Millionen, bis jetzt mindestens etwa 15 Millionen kaufweise dazuerworben. Bei dem Übergang des adligen Landes an nichtadlige Besitzer war für die Zeit von 1863 bis 1892 noch die entsprechende Erscheinung zu beobachten, wie neuerdings bei der deutschen Parvenü-Fideikommißbildung: das Kapital suchte den *Rente* tragenden Boden (Schwarzerde) mit Vorliebe auf: hier hatten die Bauern ihren Besitz am wenigsten vermehrt. Dagegen auf dem Nicht-Schwarzerde-Land stand der Erwerb durch Kaufleute hinter dem bäuerlichen zurück, der zumal in den *industriellen* Rayons ein relatives Maximum erreichte: die „rentenlose" *Arbeits*wirtschaft breitete sich hier aus, die Kaufkraft der Bauern für den Landerwerb aber ruhte auf industriellem Verdienst, der auf der schwarzen Erde fehlt, der Kleinbetrieb war durch die Kaufkraft der *lokalen* gewerblichen Märkte begünstigt, im Gegensatz zu den überall den Großbetrieb begünstigenden Exportgegenden des Südens. Eine Auseinandersetzung mit den vielfach höchst willkürlichen Bemerkungen von Masslow, Agrarnyj Wopross v Rossii S. 221 f. (der approbierten marxistischen Erörterung der russischen Agrarfrage) über diese Fakta muß für eine andere Gelegenheit verspart werden. Hinzugefügt seien dem Gesagten nur noch die Hauptergebnisse der jetzt von Lossitzkij vorzüglich bearbeiteten neuesten Bodenumsatzstatistik (für 1898, erschienen 1905). Für 1898 ist der *Mehrerwerb* an Land bei den Bauern (Einzelnen, Genossenschaften und Gemeinden) auf der schwarzen Erde 34,3 (Kauf) – 7,2 (Verkauf) = 27,1% der *umgesetzten* Bodenfläche, außerhalb der schwarzen Erde dagegen nur 13,7 (Kauf) – 6,2 (Verkauf) = 7,5% der umgesetzten Bodenfläche. Das Verhältnis war also das *umgekehrte* wie in den Jahren 1863–1892, infolge des akut gewordenen Landhungers der Bauern, dem die Umgestaltung des Statuts der Bauernbank 1895 die Bahn geöffnet hatte, sich geltend zu machen. Der Erwerb der „Kaufleute und Ehrenbürger" ist innerhalb wie außerhalb der schwarzen Erde in einen *Verlust* umgeschlagen, der freilich außerhalb der schwarzen Erde (−6,0%) größer ist als im Schwarzerdegebiet (−2,0%), dort jedoch durch den sehr starken Bodenerwerb (13%) „juristischer Personen" (hat hauptsächlich im Gouv[ernement] Perm im Norden stattgefunden) wieder wettgemacht wird. Das *Steigen* des bäuerlichen Bodenerwerbes ist, wie Lossitzkij nachweist, konstant, und es ist ein starkes Stück, 1. daß Masslow, a.a.O., diese neueren Statistiken ignoriert; 2. daß er das von den bäuerlichen *Gemeinden* 1863–1892 erworbene Land allein dem gesamten Bodenumsatz, und zwar verkauftes Land und gekauftes Land *addierend*(!), gegenüberstellt, um so zu zeigen, daß „weniger als 2%" des Bodenumsatzes den Bauern(!) zugute gekommen sei. Der Anteil der Bauern an den Land*käufen* stieg in 44 Gouvernements von 12,7% im Jahrzehnt 1863–1872 auf 17,7% 1873–1882, 29,2% 1883–1892, 27,1%, 1893–1897, 34,9% 1898. Von allem Land, welches *zwischen den Ständen* den Besitz wechselte, gingen an die Bauern 1863–1872 22,0%, 1873–1882 32,7%, 1883–1892 63,7%, 1983–1897 52,2%, 1898 66,4% über. Es waren unter 19 Gouvernements mit dem größten Zuwachs bäuerlichen Landes 1863–1897 nur 8 Schwarzerdegouvernements, in der 15jährigen Periode 1883–1897 10, 1898 aber 11.

[191]) In der Gegend von Kijew z. B. wurden selbst in diesem Frühjahr 450 Rubel pro Deßjätine gefordert, d. h. rund 1000 Mk. pro Hektar.

[192]) Die Pachten schwankten in den Gouvernements nach den Erhebungen der Kutlerschen Agrarkommission zwischen 60 Kopeken (Wologda) und 14½ Rubel pro Deßjätine.

gelegt würde¹⁹³), und vor allem weil 2. die ungeheure Konkurrenz der pacht- und kaufbedürftigen Bauern um das Land die Preise weit über den kapitalisierten Ertragswert selbst des Gutslandes, man kann sagen: ohne jede fixierbare Obergrenze, in die Höhe treibt. Überdies aber sind es natürlich keineswegs die Bedürftigsten, die bei diesem rasenden Wettlauf in den Besitz des ihnen nötigen Landes gelangen¹⁹³ᵃ). Aus dieser Situation ist der Gedanke, die Preise *zwangsweise* zu fixieren, dem Bodenwucher ein Ende zu machen und den bäuerlichen „Nadjel" der wirklich Landbedürftigen planmäßig auf eine Höhe zu bringen, welche dem Bauern wenigstens den konstanten Druck des Hungers von den

---

¹⁹³) Dies pflegt den nach Landzuweisung verlangenden Bauern stets entgegengehalten zu werden, allerdings meist in Übertreibungen, – so vom Min[isterial]-Assist[enten] Gurko in der Dumasitzung vom 19. Mai, der den Arbeitsverdienst der Bauern pro Deßjätine Gutsland auf 11 Rubel, den Reinertrag pro Deßjätine Bauernland auf 5 Rubel, den Verlust also auf 6 Rubel pro Deßjätine für den Fall der Verteilung des Privatbesitzes unter die Bauern berechnet. Dabei waren nun allerdings einige „Kleinigkeiten" vergessen. Aber Professor Herzensteins Erwiderung war auch kaum ganz stichhaltig, und der Satz, daß die Verwendung der gleichen Quantität Arbeit im Kleinbetrieb *(bei gleicher Produktionsrichtung),* ökonomisch betrachtet, Arbeitsvergeudung bedeuten kann, wird dadurch nicht beseitigt. Beim russischen Bauernbetrieb liegt nach den Materialien der „Zentrumskommission" die Sache in der Tat so, daß in 11 von 26 untersuchten Gouvernements der Arbeitsverdienst der Bauern von einer besäten Deßjätine Gutsland in Geld bedeutend *höher* steht als der in Geld veranschlagte Produktenertrag einer Deßjätine Nadjel-Land, – Folge der umfassenderen Kapitalverwendung und rationelleren Arbeitsnutzung der Großbetriebe.

¹⁹³ᵃ) *Welche* Kategorien von „Bauern" es sind, die den Hauptanteil von dem Landerwerb im Wege des privaten Kaufes haben, will Lossitzkij, a.a.O. p. XXII aus der von ihm festgestellten Tatsache schließen, daß die bäuerlichen Landkäufe im Jahre 1898 in denjenigen Gebieten am *stärksten* waren, welche 1897 die schwerste *Mißernte* gehabt hatten. Die Mißernte der „Schwarzen Erde" wurde auf – 23% gegen das Mittel berechnet, der Prozentsatz der bäuerlichen Landerwerbungen betrug 262% des Mittels. Innerhalb der Schwarzen Erde hatte die stärkste Mißernte das „Zentrale Landwirtschaftsgebiet" mit – 34% gegen Mittel, der Prozentsatz bäuerlicher Landerwerbungen betrug hier 485% des mittleren. Es ist – so folgert er – die besitzende Schicht der Bauern, die „Dorfbourgeoisie", welche von der Notlage des von der Mißernte betroffenen Privatbesitzes Vorteil zieht, denn im Nicht-Schwarzerde-Gebiet wurde eine Mittelzahl (100%) verzeichnet: der ländliche Landkauf stand 30% *unter* Mittel (Folge der Industriekrisis, welche auf den Kustarbauern lastete). Allein beachtenswert scheint, daß innerhalb des „zentralen Industrierayons" sowohl wie des „zentralen Landwirtschaftsrayons" der Adel fast gleichmäßig mit gegen ein Drittel des Gesamtumsatzes am Land*verlust* beteiligt war (30,1 bzw. 32,7%, während sich für die Bauern die Zahlen wie folgt stellten: Gesamt*umsatz* des Industrierayons 480 000 Deßjätinen; davon erwarben (in runden Zahlen) die Bauern *mehr*, als sie verkauften: Einzelne: 11 600 Deßjätinen (5,2% des Umsatzes), Genossenschaften 50 700 Deßjätinen (10,6%), *Dorfgemeinden* 10 000 Deßjätinen (2,0%). – Gesamtumsatz des Landwirtschaftsrayons: 291 000 Deßjätinen; davon erwarben die Bauern mehr, als sie verkauften: Einzelne: 10 400 Deßjätinen (3,6% des Umsatzes), Genossenschaften 36 000 Deßjätinen (12,4%), *Gemeinden* 25 500 Deßjätinen (8,8%). Also war gerade in dem Mißerntegebiet auch die Beteiligung der *Gemeinden* am Kauf besonders stark, woraus man geneigt sein könnte, im Gegensatz zu Lossitzkij, auf den *Not*charakter wenigstens eines Teiles der Käufe zu schließen: die Bauern kaufen, scheint es, auch deshalb Land (auf Kredit durch die Bank), weil gerade die Mißernte sie zur Verbreiterung ihres Landbesitzes aufpeitscht.

Schultern nimmt, der Expropriationsgedanke also, geboren. Sehen wir kurz die *Probleme* an, in die er sich verstrickt: 1. entsteht die Frage, welche Norm für die – soweit möglich – durch Landzuteilung zu erreichende Größe des bäuerlichen Nadjel gelten soll. An Vorschlägen und Forderungen standen sich gegenüber: a) das Verlangen, der Bodenbesitz jedes Bauern solle so groß sein, daß er seine *Arbeitskräfte* voll darauf verwerten könne. „Das Land ist Gottes, es muß nur den selbst Arbeitenden überlassen werden, jedem aber so viel, als er bearbeiten kann." Die Unmöglichkeit, dieses Ziel in Rußland zu erreichen, ist statistisch absolut außer Zweifel gestellt[194]). Es ist so viel Land schlechthin nicht verfügbar; gleichwohl hat nicht nur die sozialrevolutionäre Bauern- und Arbeiterpartei auch in der Duma daran ausdrücklich festgehalten, sondern sind gelegentlich auch bekannte Agrarpolitiker für diese „*trudowaja norma*" eingetreten. b) Das „Bedarfsprinzip" *(„potrebitjelnaja norma")*: der Bauernwirtschaft ist so viel Land zuzuteilen, als sie für die Deckung der elementaren Lebensbedürfnisse (Essen, Wohnung, Kleidung) bedarf: es versteht sich dabei, daß diese Norm nur unter Berücksichtigung aller konkreten Verhältnisse, also lokal verschieden, feststellbar wäre. Die „trudowaja norma" geht vom „Recht auf Arbeit", die „potrebitjelnaja norma" vom „Recht auf Existenz" aus. Die erstere setzt, wie das „Recht auf Arbeit" selbst, den Gedanken voraus, daß Zweck der Wirtschaft der Erwerb sei, sie ist ein revolutionäres Kind des Kapitalismus; die letztere behandelt als Zweck der Wirtschaft die Gewinnung des „Bedarfs", ihre gedankliche Grundlage ist der „Nahrungs"standpunkt. Das Prinzip der „potrebitjelnaja norma" kann nun in der doppelten Formulierung auftreten: α) daß maßgebend sein solle ein Bodenausmaß, welches bei Hebung der Technik des Bauern auf das für ihn normalerweise *erreichbare* Niveau moderner Bauernwirtschaften ausreicht[195]), oder β) daß die *heutige* Technik des Bauern, also, da man die Faulen und Dummen nicht direkt *begünstigen* kann, die in den einzelnen Gegenden „ortsübliche" durchschnittliche Leistungsfähigkeit zugrunde gelegt wird[196]). Endlich c) hat man, da diese Normen, ganz besonders diejenige ad bβ, die minutiösesten Erhebungen erfordern würden und der Schein der Willkür unvermeidlich wäre, eine „historische" Norm, und zwar entweder α) die des in den einzelnen Gegenden verschieden bemessenen bäuerlichen Maximallandanteils von 1861[197]) oder β) den heute vorhandenen *mittleren* Bodenanteil der einzelnen

---

[194]) Die Größe der „trudowaja norma" berechnet die Bauernbank auf die *Familie:* in der mittleren Schwarzen Erde auf 23–33 Deßjätinen (7⅓ bis 10⅓ Deßjätinen pro männliche Seele), Poltawa 25 Deßjätinen (8⅓ pro männliche Seele), Taurien 30–35 Deßjätinen (10–11⅔ pro männliche Seele), Orenburg 67 Deßjätinen (22⅓ Deßjätinen pro Seele), auf reinen Wiesenländereien 3 Deßjätinen (1 pro Seele). „Now[oje] Wr[emja]" 10833, 2. (Über die Rechnung pro volle Arbeitskraft siehe weiter oben im Text). Mit diesen Ziffern sind die Angaben über die vorhandene Nutzfläche und die Zahl der landwirtschaftlichen Bevölkerung (Anm. 207) zu kombinieren.

[195]) In etwas sorgsamerer Formulierung als der hier gegebenen der Standpunkt A. A. Kaufmanns.

[196]) Standpunkt A. A. Tschuprows.

[197]) Standpunkt Manuilows.

Landesgebiete[198]) als *Minimal*-Nadjel vorgeschlagen. Gegen α wurde geltend gemacht, daß die ungeheueren Umwälzungen der Wirtschaft Rußlands seit 1861 die Anwendung dieser Norm heute zu einer höchst willkürlichen, ganz ungleichartig wirkenden[199]) machen müßten. – Das von der Agrarkommission der k[onstitutionell]-d[emokratischen] Partei ausgearbeitete Projekt[200]) hat das *Bedarfs*prinzip akzeptiert.

Es verlangt (Nr. 2), daß für jedes in sich einheitliche Gebiet ein Normalumfang des Landbesitzes festgestellt werde, auf welchen, nach Maßgabe der verfügbaren und durch freiwillige Umsiedlung zu gewinnenden Bodenvorräte, die effektiven Landnutzung *aller* bäuerlichen Wirtschaften durch Neuzuteilung von Land gebracht werden soll. Dies soll prinzipiell jener Umfang sein, welcher nach Maßgabe der örtlichen Bedingungen und unter Einrechnung von sicheren gewerblichen Nebenbezügen, wo solche vorhanden sind, die Deckung von Verpflegung und Kleidung und die Tragung der öffentlichen Lasten ermöglicht.

Nun entsteht aber zunächst die Frage, wer denn zum Anspruch auf diesen Landanteil zugelassen werden soll? Sie ist deshalb nicht so einfach, weil ja die rechtliche Zugehörigkeit zur heutigen bäuerlichen Gemeinde *nicht* mit der ökonomischen Qualität eines Bauern, ja überhaupt eines irgendwie landwirtschaftlich Erwerbstätigen zusammenfällt. Wir sahen ja früher, daß in der Zindelschen Manufaktur nur ein Zehntel der Fabrikarbeiter *nicht* mehr einer Bauerngemeinde „zugeschrieben" waren und daß man im Durchschnitt 50% der Arbeiter als noch mit dem Dorf verbunden schätzt. Es bedeutet jedenfalls einen ganz gewaltigen Unterschied, ob man allen Bauern im *Rechts*sinn das „Recht auf Land" in dem nunmehr neu zu regulierenden Umfang zugesteht, oder nur den faktisch vorhandenen landwirtschaftlich Erwerbstätigen oder gar nur den vorhandenen „Hofbesitzern". Und dazu kommt, daß andrerseits ganz *außerhalb* des *rechtlichen* Bauernstandes „landarme" Parzellenbesitzer (Eigentümer oder Pächter) bestehen. Das k[onstitutionell]-d[emokratische] Projekt schlug vor, das „Recht auf Erweiterung der Landnutzung" (Nr. 1) anzuerkennen für: „landarme landwirtschaftliche Familien, sei es, daß sie auf Nadjelland[201]), sei es, daß sie auf ihnen zu Eigentum gehörigem oder auf Pachtland die Wirtschaft führen["] – also alle *heutigen* landarmen Landwirte –, wozu in einer Anmerkung gesagt war, daß da, wo „eine besondere Klasse landloser Landarbeiter" bestehe, sie den genannten Kategorien gleichgestellt werden sollten, und dann weiterhin

---

[198]) Tugan-Baranowski. In höchst konfuser Form wollte auch das ursprüngliche sozialdemokratische Programm eine „historisch" definierte Norm: alles den Bauern 1861 abgenommene Land sollte zurückgegeben werden.

[199]) Von Tschuprow eingehend und überzeugend begründet „Russk[ija] Wj[edomosti]" Nr. 107, S. 3, Feuilleton.

[200]) Siehe dasselbe in „Russk[ija] Wj[edomosti]" in Nr. 107, und „Prawo" Nr. 18, S. 1686/87.

[201]) D. h. auf dem bei der Bauernemanzipation für die Bauern zu unveräußerlichem Besitz ausgeschiedenen, in Groß- und Neurußland meist in den feldgemeinschaftlichen Dorfgemeinschaften liegenden, im Westen in erblichem Hufenbesitz, meist mit Gemengelage, befindlichen Land.

sehr unbestimmt vermerkt wurde, daß die Zuweisung von Land an „Familien, welche die Landwirtschaft infolge Landarmut (NB!) aufgegeben haben", einer „besonderen Regelung" vorbehalten bleiben, auch den zu schaffenden örtlichen Kommissionen die Erweiterung „oder überhaupt Änderung" des berechtigten Kreises gestattet sein solle. Damit war die schwierige Frage im wesentlichen offen gelassen und nur festgestellt – was allerdings wichtig genug war –, daß die Partei die spezifisch *bäuerlichen* Reformideale *ablehnte,* und zwar *nicht* nur die „trudowaja norma", das Prinzip der Landzuweisung nach Maßgabe der Arbeitskräfte, sondern auch das alte volkstümlerische Ideal des „Seelen-Nadjel", d. h. der Feststellung eines Landquantums, welches, als *Mindestmaß,* auf je ein lebendes männliches Mitglied einer Familie verfallen müsse. Demgegenüber war das Programm der K.D.P., bei allem Radikalismus lediglich auf eine den akuten Landmangel der untersten Schichten der Bauernschaft durch Landzuschüsse stillende Operation angelegt.

Es fragte sich nun weiter, woher das zu dieser Landzuteilungsoperation erforderliche Land zu gewinnen sei, oder einfacher, da ja die Wegnahme der Schatull-, Apanagen-, Domänen-, Kirchen- und Klostergüter längst Parole war, in welchem Umfange auch *privater* Besitz der Enteignung unterliegen sollte. Welche ungefähre ziffernmäßige *Bedeutung* mußte dann eine Enteignungsoperation der vorgeschlagenen Art annehmen? Dieser Frage gegenüber befand sich nun die Partei in einem Zustand fast vollkommener Ratlosigkeit, da eine unmittelbar verwertbare Statistik fehlte[202]) und die Schätzung der vorzüglichen Gelehrten, über die sie verfügte, in geradezu grotesker Weise differierten. Daß man bei jedem Versuch einer irgend erheblichen Erweiterung des Bauernlandes um eine Enteignung privaten Grundbesitzes nicht herumkam, war statistisch nicht im mindesten zweifelhaft. Die ungeheure Ausdehnung des *Domänen*areals bedeutete für die Zwecke der Landversorgung der Bauern teils seiner Lage wegen –

---

[202]) Es stehen lediglich zur Verfügung auf der einen Seite für die *Boden*verteilung: die Erhebungen von 1877/86 und von 1887 über das Grundeigentum, von denen die letztgenannte auch die Boden-Kulturverhältnisse umfaßt. Die Erhebung von 1887, in 46 „Tetraden" in der Zeit bis 1901(!!) erschienen, reicht an Exaktheit anerkanntermaßen an diejenige von 1877/78 (4 Bände, 1884–86) nicht heran. Aus der 1877-78er Erhebung ist die Größe des Nadjels in den Dörfern und also das Maß der damaligen Landversorgung zu ermitteln. Über die *Bevölkerung* auf der anderen Seite steht jetzt die Publikation der (einzigen) Volkszählung von 1897 zur Verfügung, daneben die der Art ihrer Erhebung nach nicht kontrollierbaren Ziffern über die den Dörfern (rechtlich) „zugeschriebene" Bevölkerung, welche die Gouvernements der bekannten Kommission „ob oskudjenija zentr" („über die Verarmung des Zentrums", 1900) angaben, endlich das Meer der untereinander sehr verschiedenwertigen und verschiedenartigen Semstwostatistiken für die Gouvernements mit Semstwos. Die Zahl der nach dem Projekt das „Recht auf Land" Besitzenden ist statistisch nicht feststellbar, in wirklich einwandsfreier Weise auch *weder* der genaue Umfang des außerhalb des Nadjellandes von Bauern besessenen Grundbesitzes, *noch* der Umfang und ökonomische Charakter des nicht bäuerlichen Grundbesitzes: ein wahrhaft haarsträubender Zustand angesichts des Ernstes des Problems. Ergänzt wird jenes Material teils durch die Zusammenstellungen des Steuerdepartements, teils durch diejenigen der Kriegspferdeverzeichnisse, mit denen die Regierung zurzeit argumentiert (mir hier unzugänglich).

die große Masse liegt in den vier Nordgouvernements –, teils deshalb nicht sehr viel, weil es ganz überwiegend *Wald*land ist; für die Schatullgüter und die Apanagegüter, soweit sie im europäischen Rußland liegen, gilt das gleiche, Domänen- und Apanagenland könnten in denjenigen 44 Gouvernements des europäischen Rußland, welche bei Ausschluß des Nordgouvernements Archangel, Polens, der Ostseeprovinzen und der beiden Kosakengebiete (Gebiet des Donschen Heeres und Orenburg) übrig bleiben, zusammen etwa 5,3 Millionen Deßjätinen (à 1,1 ha), die Domänen allein 3,5, höchstens 4,17 Millionen Deßjätinen landwirtschaftlich nutzbare Fläche (mit Ausschluß der Forsten) bieten. Die gewaltigen, zu diesen Gütern gehörigen Waldflächen, 58½ Millionen Deßjätinen, kämen nur zu einem sehr unbeträchtlichen Bruchteil in Betracht, wenn man die für eine Übersiedlung aus den Notstandsgebieten im Süden nicht in Betracht kommenden Nordgebiete beiseite läßt und die Erhaltung eines Waldbestandes von mindestens 25% der Fläche als Mindestmaß festhält – ein Bestand, der in den spezifischen Landhungergebieten schon heute bei weitem nicht erreicht wird. Dagegen sollte das Areal des *privaten* Grundbesitzes nach *Ausschluß* des *Waldes* nach Manuilows Annahme[203]) im europäischen Rußland 55 Millionen Deßjätinen betragen, während Manuilow s. Z. auf dem ersten Agrarkongreß (Mai 1905) den Zuschuß*bedarf* der Bauern behufs Erreichung der 1861er Norm, die er vertrat, auf insgesamt 32–33 Millionen Deßjätinen – bei einem Bestande des Nadjellandes der Bauern von 112 Millionen Deßjätinen – bezifferte, also auf etwa drei Fünftel des Gebietsumfanges Deutschlands, wobei jedoch – wie er ausführte – zu beachten sei, daß die Semstwostatistik für 180 Ujesds eine Pachtfläche der Bauern von 10 Millionen Deßjätinen angibt und auch von dem Areal, welches die Bauern durch die Landbank gekauft haben, noch ein Bruchteil den Landarmen zugute gekommen sein möge, also den Bedarf vermindern würde. Allein diese Zahlen sind, und zwar gerade auch innerhalb der zur Partei haltenden Gelehrtenkreise, auf das leidenschaftlichste bestritten. A. A. Kaufmann suchte im „Prawo" (1906, Nr. 1) vermittelst einer auf komplizierten Rechnungen und Schätzungen ruhenden Zahlenkombination[204]) darzutun, daß für die Versorgung der heute vorhandenen Bauern nach

---

[203]) Über die Schätzungen der Regierung siehe weiter unten.

[204]) Kaufmann sucht zunächst die Zahl der Land*empfänger* zu berechnen. Er zieht aus den Materialien der „Kommission für das Zentrum" die Zahl der den Dörfern *zugeschriebenen*, d. h. nicht der dort wohnenden, sondern der rechtlich noch mit dem Dorfe verbunden gebliebenen männlichen Seelen und den Bevölkerungszuwachs der einzelnen Gouvernements aus und zwar für die einzelnen Gruppen, in welche, je nach dem Maße der Landversorgung, die Besitzzählung von 1877/78 die Dorfgemeinschaften zerlegt hatte, und ermittelt so den jährlichen Volkszuwachs in Prozent der landarmen bäuerlichen Bevölkerung für die 44 Gouvernements, die er bearbeitet. Er berechnet danach den Gegenwartsstand dieser Bevölkerung und daraus das gegenüber der 1861er Norm bestehende Grundbesitzdefizit, ebenfalls nach den Daten der genannten Besitzzählung, und ermittelt auf der anderen Seite – hier unter Benutzung ministerieller (nicht unbestrittener) Daten – die vorhandene landwirtschaftliche Nutzfläche des nicht bäuerlichen Grundbesitzes. Wo diese für die Deckung des Defizits nicht ausreicht, zieht er die Waldfläche, jedoch nur bis zum Verbleiben eines Minimums von 25% Waldbestand, heran und gelangt so zu

der 1861er Norm 73 Millionen Deßjätinen (80 Millionen Hektar, eine Fläche wie die von Deutschland und Zisleithanien zusammen genommen) erforderlich sein würden, wofür – wenn man das schon im Kaufbesitz von Bauern befindliche Land und das unbedingt aufrecht zu erhaltende Maß von Waldfläche, sowie endlich die zur Kolonisation überhaupt nicht geeigneten Flächen in Abzug bringe – der ganze im europäischen Rußland vorhandene Landvorrat, der sich im Besitz von Staat, Krone, Kirche, Klöstern und privaten Grundbesitzern befinde, nicht ausreichen würde. – Was die pekuniäre Seite der Sache anlangt, so würde bei Zugrundelegung der von der Landbank gezahlten oder der bei der Expropriation zu Eisenbahnzwecken festgesetzten Preise die nach Kaufmann für die Durchführung der Absichten Manuilows erforderliche Expropriation des *gesamten* privaten Grundbesitzes wohl auf ca. 6 Milliarden Rubel[205]), also auf etwa 12½ Milliarden Mark, zu stehen kommen, eine Expropriation in dem von Manuilow als genügend vorausgesetzten Umfang (38 Millionen Deßjätinen im ganzen, einschließlich Pachtland) dagegen vielleicht nur etwa 2⅗ Milliarden Rubel[206]) (ca. 6 Milliarden Mark), wenn man die Expropriation zum „Ertragswert" voraussetzt. Das wäre also, nach der ersten Rechnung, nach dem Stande des jetzigen Zinsfußes 360 Millionen Zinsen jährlich, nach der letzteren etwa 170 Millionen. Dabei wäre zu beachten, daß die Bauern an Pacht an die Grundbesitzer wahrscheinlich zurzeit schon mindestens die Hälfte – nach Herzensteins Annahme mehr als *das ganze*(?) – dieses Betrages zahlen, also *höchstens* etwa 100 Millionen jährlicher Zinsen neu zugunsten der Grundbesitzer aufzubringen wären, von denen übrigens ein Teil auf die für den ganzen Grundbesitz etwa 1⅔ Milliarden Kapital (auf 42 Millionen Deßjätinen) betragende gegenwärtige Verschuldung entfiele. Die Verschuldung des Grundbesitzes bei den Kredit*instituten* wird jetzt vom Finanzministerium auf fast genau 2 Milliarden Rubel angegeben (Adelsbank 714 Millionen, Bauernbank 450 Millionen, der Rest bei anderen Banken). Dies sind die beiderseitigen Extreme. Kaufmann zog aus seiner Rechnung natürlich den Schluß, daß eine Landversorgung in dem von Manuilow

---

dem Ergebnis, daß von den 73 Millionen Grundbesitzdefizit der Bauern 5,4 Millionen aus Staats- und Apanagenländereien, 39 Millionen aus nicht bäuerlichem, privatem Grundbesitz, das danach verbleibende Defizit von 28 Millionen Deßjätinen aber, da von den Wäldern nur 32,8 Millionen Deßjätinen außerhalb der Gouvernements des äußersten Nordens gelegen und im Süden durchweg unter 25% der Fläche Waldbestand vorhanden sei, die südlichen Bauern aber in die nördlichen Wälder nicht zu übersiedeln vermöchten, schlechthin *nicht* gedeckt werden könne. – Der schwache Punkt dieser Rechnung liegt darin (cf. Dehn im „Prawo" Nr. 15, S. 1359), daß die Vermehrung der den Dörfern „*zugeschriebenen*" Bevölkerung – welche keineswegs nur auf *natürlichem* Wege erfolgt und der eine „künstliche *Verminderung* gegenübersteht – tatsächlich gar nicht feststellbar ist.

[205]) „6–10 Milliarden" rechnet Pestrzecki, ebenso der Minister (s. u.) in Anlehnung an Bjechtjejew in „Now[oje] Wr[emja]" Nr. 10836, S. 2. In der Duma rechnet man 4 Milliarden. Der *Steuer*wert des (steuerpflichtigen) russischen *Gesamt*grundbesitzes wurde bei Erörterung der neuen Steuerprojekte auf 16,8 Milliarden Rubel angegeben.

[206]) Manuilow selbst hat keine Geldrechnung vorgelegt.

vorgeschlagenen Umfang (Norm von 1861)²⁰⁷) unmöglich sei. Die Grundlagen

---

²⁰⁷) Ganz im Rohen kann man sich die Tragweite dieser Forderung ungefähr an folgenden *deutschen* Zahlen vergegenwärtigen (von den russischen soll nachher die Rede sein): Deutschland hatte 1895 an *haupt*beruflich landwirtschaftlichen Erwerbstätigen männlichen Geschlechtes (Arbeitgeber und Arbeiter) nicht ganz 5½ Millionen. Der mittlere Seelennadjel des Jahres 1861 in Rußland betrug nun, je nach der Rechnung 4,8 oder 5,2, im Mittel der Rechnungen 5 Deßjätinen = 5½ ha – bei Staatsbauern ca. 7, bei gutsherrlichen ca. 3 Deßjätinen. Wollte man alle hauptberuflich landwirtschaftlich *Erwerbstätigen* Deutschlands mit einem solchen Landausmaß *land*wirtschaftlich nutzbarer Fläche ausstatten, so würde das etwas über 30 Millionen Hektar ausmachen, also nicht ganz die landwirtschaftliche Fläche Deutschlands mit 32½ Millionen Hektar. Allein nun soll nicht nur auf jeden männlichen *Erwerbstätigen* (sei er nun Arbeitgeber oder Arbeitnehmer), sondern auf jede männliche *Seele,* auch den männlichen *Säugling* der Bauernfamilie eine solche Minimalfläche kommen. Das würde für Deutschland rund 10½ Millionen männliche Seelen bedeuten, also ca. 57 Millionen Hektar. Und hierzu müßten, da die *neben*beruflich landwirtschaftlich Erwerbstätigen an der Zuteilung – wenn sie wollen – ebenfalls partizipieren, noch reichlich 10 Millionen Deßjätinen hinzugefügt werden, woraus sich ein Bedarf von 67 Millionen Hektar, also etwas über das Doppelte der gesamten landwirtschaftlich nutzbaren Fläche Deutschlands, ergibt. – 1891 betrug für die *gesamten* landwirtschaftlich Hauptberuflichen in Deutschland der faktische „Seelennadjel" wohl etwa 3⅔ Hektar, also allerdings mehr wie der bäuerliche Seelennadjel in den europäischen Gouvernements Rußlands, wo man ihn auf 2,6 Deßjätinen = 2,8 Hektar im Durchschnitt zu berechnen pflegt. Allein in dieser Rechnung steckt der deutsche landwirtschaftliche Großbetrieb, der ja – russisch gesprochen – nicht nach der „potrebitjelnaja norma", sondern nach der „trudowaja norma" (und zwar derjenigen, die für *Groß*betriebe gilt) seine Arbeitskräfte bemißt. Ein direkter Vergleich ist also nicht möglich. Die aus verschiedenen Gründen mit der unserigen nicht direkt vergleichbare *russische* Berufsstatistik für 1897 (erschienen 1905!), Bd. II, S. 264 gibt für die Landkreise des europäischen Rußlands (außer Polen) 10,95 Millionen männlicher, 1,57 Millionen weiblicher landwirtschaftlich Erwerbstätiger, dazu 21,44 Millionen männliche, 33,6 Millionen weibliche Angehörige an, insgesamt 66,56 Millionen Seelen, davon 32,4 Millionen männliche. Die entsprechenden Zahlen für die Stadtgebiete, und die Viehzucht dazu gerechnet, ergibt ca. 33 Millionen männliche Seelen, und mit Polen 35½ Millionen. Für diese würde also 1897 ein Areal von 177½ Millionen Deßjätinen ausgereicht haben, wenn man jede männliche Seele mit 5 Deßjätinen hätte ausstatten wollen, während die Gesamtnutzfläche Rußlands von der Regierung auf 308 Mill. Deßj., außerhalb der fünf Nordgouvernements 209 Mill. Deßj., wovon aber 56 Mill. Deßj. Wald, angegeben wird. Allein dazu wäre nun noch eine unbestimmt große Anzahl anderer, nicht *haupt*beruflich landwirtschaftlicher Familien zu zählen. – Man muß, um Vergleiche zwischen Deutschland und Rußland zu ziehen, fragen: bei welchem Landausmaß kann in Distrikten vorwiegend *agrarischen* Charakters in Deutschland eine Bauernfamilie – je nach der Bodenergiebigkeit – selbständig ohne dauernde Nebenarbeit existieren. Dies ist, wie bekannt, auf den *„mittleren* Sandböden" des deutschen Ostens bei etwa 5 Hektar, d.h. bei einem Besitzausmaß von ca. 1¾–2 Hektar auf jede männliche Seele einer solchen Familie der Fall, also bei demselben Ausmaß, bei welchem die russische Bauernschaft – deren „Seelennadjel" (wohlgemerkt: *alle* land*losen* Bauern immer *eingeschlossen)* selbst auf der Schwarzen Erde heute etwa 1,8 Hektar beträgt – hungernd verkommt, revoltiert und Wucherpreise für jeden Fetzen Land zahlt, wenn sie irgend kann. Die ganze gewaltige Differenz der *Arbeitsergiebigkeit* spricht sich darin aus, der Unterschied der *Arbeitsintensität* aber in dem Umstand, daß ante 5 Hektar pro Familie resp. 2 Hektar pro männliche Seele den kleinen deutschen Bauern des Ostens und seine Familie auch annähernd vollständig beschäftigen, während der entsprechende Seelennadjel in Zentralrußland nur 21–23% der vorhandenen Arbeitskräfte in

der Berechnungen Kaufmanns, der seinerseits die „potrebitjelnaja norma" nach Maßgabe der ökonomisch *möglichen* Betriebsintensität vertritt, sind von Tschuprow, dem Vertreter der „potrebitjelnaja norma" nach Maßgabe der zurzeit durchschnittlich *vorhandenen* Betriebsintensität, in den „Russkija Wjedomosti" auf das schärfste kritisiert[208]), von Kaufmann ebendort erneut verteidigt und die Ansichten beider alsdann im „Prawo" von W. E. Dehn einer, so viel ich urteilen kann, sehr sorgfältigen Kritik unterworfen worden: das Ergebnis bleibt eine sehr starke Unsicherheit, immerhin mit der Möglichkeit, daß Tschuprows bei früherer Gelegenheit erwähnte Rechnung[209]) über die vorhandenen Bodenwerte, wonach im Maximum durchschnittlich nur etwa zwei Drittel des privaten Grundbesitzes zur Erreichung der 1861er Norm nach Maßgabe des *jetzigen* Kulturstandes nötig seien, vielleicht doch zu günstig ist. Dies deshalb, weil die nicht zum Bauern*stande* gehörigen Kleinbesitzer ebenfalls in die Rechnung der Landbedürftigen einbezogen werden müssen, während andrerseits allerdings der heuti-

---

Anspruch nimmt. Die *Einseitigkeit* (nur Getreide) und die technische Rückständigkeit der zentralrussischen Bauernproduktion bedingen den Unterschied. Wenn überdies darauf hingewiesen wird, daß das mittlere Landausmaß des russischen „Hofs" (ca. 11 Deßj.) *über* dem Betriebsumfang fast aller Länder der Welt, selbst der Vereinigten Staaten stehe, so ist immerhin zu bedenken, daß 1. dabei die nördlichen und die Steppengebiete mitzählen, 2. der russische „Hof" gerade bei den *Bauern* eine wesentlich stärkere Familie zu tragen hat.

[208]) „Russk[ija] Wj[edomosti]" 93 S. 8, Feuilleton. Für die 10 Gouvernements, die er seinerzeit durchgerechnet hatte, beziffert Tschuprow den Bedarf auf rund 10 Mill. Deßjätinen, Kaufmann auf 15,5 Mill. Die Polemik zog sich durch eine Anzahl Nummern der „Russk[ija] Wj[edomosti]" hin.

[209]) Da das Sammelwerk „Agrarnyj Wopross" erst jetzt wieder in zweiter Auflage erscheint, und, bei den sehr langsamen Verbindungen, mir hier erst in einigen Wochen zugänglich sein wird, kenne ich von Tschuprows Rechnungen nur, was er selbst, Kritiker (Kaufmann, Dehn) oder Gesinnungsgenossen (Herzenstein im „Wjestnik sselskawo chasjaistwa" 1906, Nr. 25) an anderen Stellen wiedergegeben haben. Danach sollte für das Gouvernement Poltawa außer dem nicht privaten (staatlichen, kirchlichen, Apanagen-) Eigentum 70% des privaten Besitzes, für die Gouvernements Tula, Woronesh, Nishnij Nowgorod und Orjol dagegen nur $1/3 - 1/5$ und für die Gouvernements Kaluga, Kursk, Nowgorod, Ssaratow zwischen $1/2$ und $2/3$ desselben zur Erreichung der 1861er Norm erforderlich sein (diese letztere Norm nahm Tschuprow für seine Proberechnungen zum Ausgangspunkt, weil die von ihm vertretene „potrebitjelnaja norma" in ihrem Ausmaß vorerst generell vollkommen unbekannt ist). – Tschuprow berechnet die Zahl der in Betracht kommenden Land*empfänger* (landlose und landarme Bauern) dergestalt, daß er die Zahl der im Kreise (Ujesd) 1897 außerhalb der Städte *ortsanwesend* gewesenen, dem Stande nach bäuerlichen männlichen Bevölkerung nimmt, und alsdann aus den Semstwostatistiken einer Anzahl von Kreisen herausrechnet, wie sich das Land *innerhalb* der Bauernschaft dort verteilt, da ja eine erhebliche Anzahl Bauern schon heute *mehr* als die 1861er Norm besitzen, und nach dem Agrarprogramm diesen Besitz auch behalten sollen, folglich das Ausmaß des erforderlichen Landes für die Landlosen entsprechend verändert wird. Er kam zu dem Ergebnis, daß in jenen Kreisen der erforderliche Zuschlag zu der durch Multiplikation der männlichen bäuerlichen Kreisbevölkerung mit den Normen für 1861 sich ergebenden Landfläche jedenfalls nicht über 10% betrage, und generalisiert dies für alle zehn von ihm in Betracht gezogenen Gouvernements. Durch Abzug der faktischen Nadjelfläche von der hiernach erforderlichen ergab sich ihm das Maß der erforderlichen „dopolnjenije" (Ergänzung).

Bedingungen des Wahlausfalles 239

ge Besitz der Bauern an Kaufland das erforderliche Maß der Expropriation nicht bäuerlicher Besitzer herabsetzt und der im Vergleich zu einer dem kapitalistischen „Reinertrag" des zu enteignenden Bodens entsprechenden Rente wohl mindestens drei- bis sechsmal – Herzenstein behauptete in der Duma: etwa siebenmal – höhere Pachtzins der Bauern weit mehr als den Gegenwert für den Kaufzins und die Amortisation des jetzt von ihnen gepachteten Landes darstellen würde. Alles in allem bleibt jedenfalls recht problematisch, ob und welcher Teil des privaten Grundbesitzes etwa nach Durchführung des Prinzipes der „potrebitjelnaja norma" noch übrig bliebe und wie stark die Vermehrung des bäuerlichen Besitzes bei Expropriation eines bestimmten Bruchteiles oder auch des ganzen Privatbesitzes sein würde[210]). Für das Gouvernement Wladimir hat

---

[210]) Nach den Zahlenangaben des Chefs des Landwirtschaftsministeriums, Stischinski, in der Dumasitzung vom 19. Mai berechnet die *Regierung* die Landvorräte, nach *Ausschluß der Wälder*, folgendermaßen:
Nutzfläche des Grundbesitzes von Privatpersonen: 22–35(!) Millionen Deßjätinen, nach den verschiedenen Berechnungen, –

Maximum jedenfalls	35 Mill. Deßj.
Nutzfläche der Staatsdomänen	4 „ „
„ „ Apanagengüter	1,6 „ „
„ „ Kirchen- und Klostergüter ca.	2 „ „
zusammen ca.	43 Mill. Deßj.

Darin sind jedoch eingeschlossen auch alle privaten, von der Enteignung nach dem demokratischen Projekt, bis zur „trudowaja norma", nicht erfaßten Kleinbesitzer. Annähernd genau bekannt ist nur, daß die Besitzungen unter 100 Deßj. Umfang 6 200 000 Hektar umfassen. Danach schätzt der Minister das Areal der Besitzungen bis zur „trudowaja norma" auf 2 Millionen, so daß zwischen 40 und 41 Mill. Deßj. im Maximum zur Enteignung zur Verfügung ständen, welche etwa 4 Milliarden Rubel kosten würden. Demgegenüber steht die von der „Zentrumskommission" geschätzte Minimalfläche des Besitzes der Bauern mit 112 Mill. Deßj. Die Minimalziffer des vorhandenen und die Maximalziffer des zu seiner Vermehrung eventuell verfügbaren Landes miteinander verglichen, ergeben, daß die Expropriation *alles* die „trudowaja norma" übersteigenden privaten Landbesitzes eine Vermehrung des heutigen Bauernlandes um höchstens 35,7%, oder, wenn man mit dem Minister das vorhandene Nadjelnaja auf 2,66 Deßjätinen pro männliche Seele berechnet, um 0,95 Deßjätinen pro männliche Seele herbeiführen würde, so daß er alsdann 3,61 Deßjätinen (3,94 Hektar statt fast 2,94) betrüge, was auf die Bauernfamilie mit 3 männlichen Seelen eine Landversorgung von 10,83 Deßjätinen (11,92 Hektar) darstellen würde (die zentralrussische Bauernfamilie ist natürlich weit größer). Ministeralsekretär Gurko vom Ministerium des Innern rechnete (Dumasitzung vom 19. Mai) auf das europäische Rußland nach *Ausschluß* der für die Übersiedelung nicht in Betracht kommenden Nordgouvernements (Archangel, Olonetz, Wologda, Wjatka) 91 Mill. Deßj. Nadjelland, 19 Mill. Deßj. sonstigen Bauernbesitz, zusammen 110 Mill. Deßj. Bauernland, und, nach Ausschluß der Wälder, 43 Millionen Nutzfläche im nicht bäuerlichen Besitz. Bei *gleichmäßiger* Verteilung des gesamten nutzbaren Landes auf die bäuerliche Bevölkerung – es ist wohl auch hier die 1897 ortsanwesende (nalitschnoje) gemeint – würden 4 Deßjätinen auf die männliche Seele herauskommen. – Der frühere Landwirtschaftsminister Jermolow (in seinem soeben erschienenen Buch „Nasch semeljnyj wopross") rechnet, ebenfalls nach den 1877er Daten und der Bodenumsatzstatistik, für alle 50 europäischen Gouvernements folgendermaßen: 142,6 Mill. Deßj. Nadjelland, 105,6 Mill. Deßj. Privatland, von denen schon damals 12,5 Mill. Deßj. den Bauern gehörten, weitere 9 Mill. Deßj. seitdem durch die Bauernbank erworben wurden, 38,3 Mill. Deßj. Wald, 11,3 Mill. Deßj. Ödland, 14,2

man den durch Enteignung der gesamten landwirtschaftlich nutzbaren Fläche Mill. Deßj. im hohen Norden gelegen sind, – sodaß 35 Mill. Deßj. zur Expropriation in Frage kommen. Dazu 8 Mill. Deßj. hierfür brauchbares Staats-, Apanagen-, Kirchen- und Klosterland, gibt 43 Mill. Deßj., also eine Vermehrung des heutigen Bauernbesitzes um 30%, des Seelennadjels von 2,6 auf 3,4 Deßjätinen, – ein dem Ergebnis des gegenwärtigen Chefs der Landwirtschaftsverwaltung ähnliches Resultat. Weitere Zahlen hat die Landwirtschaftsverwaltung, offenbar auf Grund von Erhebungen im militärischen Interesse (Kriegspferde), welche sich auf die Zahl der *Höfe* und das verfügbare Land beziehen, zusammengestellt, aus denen Auszüge in den Zeitungen zu finden waren. Danach berechnet sich der gesamte *private* Besitz in 44 europäischen Gouvernements auf 96 Mill. Deßj., wovon 12,5 Mill. den Bauern zu Privateigentum gehören, 32,5 Mill. Wald, 8,5 Mill. Ödland sind, so daß ein Rest von 40,3 Mill. Deßj. verbleibt. Die Verteilung unter die bestehenden Bauern*höfe* würde auf *den Hof* 3,9 Deßj. mehr ergeben, und zwar Vermehrungen von mehr als 5 Deßjätinen in 11 Gouvernements (Schwarze Erde: Taurien 14,9 Deßj., Cherson 10,5, Jekaterinoslaw 8,5, Ssaratow 6,5, Orenburg 6,3, Ssamara 6,2, Tula 5,3, außerhalb der Schwarzen Erde: Kowno 7,4, Perm 6,0, Minsk 5,4, Wilna 5,3)[,] 3½–5 in 11 (Schwarze Erde: Bessarabien 4,7, Wolhynien 4,5, Tambow 4,4, Poltawa 4,4, Charkow 4,1, Woronesch 4,0, Orjol 3,7, außerhalb der Schwarzen Erde: Grodno 4,4, St. Petersburg 4,3, Witebsk 3,5), 2–3½ in 11 (Schwarze Erde: Kursk 3,4, Ssimbirsk 3,3, Tschernigow 3,3, Rjäsan 3,3, Kiew 3,3, Podolien 3,2, Ufa 2,4, Nishnij Nowgorod 2,0, außerhalb der Schwarzen Erde: Smolensk 3,4, Mohilew 3,1, Kaluga 2,1), im Rest von ebenfalls 11 Gouvernements unter 2 Deßjätinen. Die Domänen würden 4420000 Deßj. Nutzland, unter die Gouvernements sehr ungleich verteilt, ergeben, die Verteilung auf die Bauernhöfe ergäbe in Astrachan 14,8, in Ssamara 4,0, in Orenburg und Taurien 1,7 Deßjätinen, im Rest unter 1 Deßj. mehr per *Hof*. Die *Apanagen*güter haben 1650000 Deßjätinen Nutzfläche, sie könnten nur in Ssamara und Ssimbirsk mehr als 1 Deßj. per Hof hergeben. Nur ganz geringe Beträge per Hof ergäben die übrigen Kategorien. Die *Kirchen*güter umfassen 1,6 Mill., die *Kloster*güter 585600 Deßj., anderes *Corporations*land 5,84 Mill. Deßj., ferner 3,2 Mill. Deßj. Militärland im Gouvernement Orenburg. Von der Waldfläche mit zusammen 149,17 Mill. Deßj. würden, bei 60jährigem Umtrieb, auf jeden Hof schon jetzt nur 0,1 Deßj. jährlicher Waldschlag kommen, so daß sie als unverminderbar zu gelten hätte. Der heutige mittlere Nadjel eines *Hofes* in den 44 Gouvernements wird auf 8,7 Deßj. (9½ Hektar)[,] der nach Maßgabe der Landvorräte in maximo mögliche Zuschlag an Land auf 5,1 Deßj. (5,6 Hektar) angegeben. Auf die männliche *Seele* wird der mittlere Nadjel der 44 Gouvernements auf 2,6 Deßj. (2,8 Hektar) und der in maximo erreichbare Zuschlag auf 1,36 Deßj. (1,5 Hektar) berechnet, also eine Vermehrung um 58%. Der Seelennadjel könnte also in den 44 Gouvernements nur auf 3,96 Deßj. in maximo gebracht werden, gegen 4,7 Deßj. im Jahre 1861. Zur Hebung der *unter* dem Niveau des *jetzigen* Durchschnitts stehenden Höfe auf diesen (jetzigen) Durchschnitt würde *alles* Land in den Gouvernements Orenburg, Taurien, Ssamara und Cherson *mehr* als ausreichen, in Moskau, Jaroslawlj, Kostroma, Wladimir, Twer, Podolien *nicht* ausreichen, in den übrigen 28 Gouvernements *knapp* ausreichen. – Man darf auf die nähere Substanzierung der *Quellen* des Ministeriums für seine Zahlen gespannt sein. Wie man sieht, kommen sie A. A. Kaufmanns Rechnung im Ergebnis nahe. – Pestrzecki endlich will mit Hilfe der Kriegspferdeerhebungen folgende, von mir nicht nachprüfbare Zahlen errechnen („Now[oje] Wr[emja]" 10852): Die Zahl der Höfe habe sich von (1878) 8,4 auf 10½ Mill. gehoben. 1878 seien 240000 Höfe mit weniger als 3 Deßj., 651000 mit 3–5 Deßj. ausgestattet gewesen. Von der Landwirtschaft *lebten* 1858: 22,396 Mill., 1897: 29,99 Mill. Bauern (?). Das Nadjelland habe sich 1877–1900 um 9,68 Mill., das Kaufland der Bauern um 12,78 Mill. Deßj. vermehrt, so daß die Bauern der 50 europäischen Gouvernements jetzt 141½ Mill. Deßj., auf 10½ Mill. Höfe verteilt, besäßen, also 14½ (?? soll heißen 13½, – hoffentlich stecken in den anderen Zahlen nicht ebensolche Rechenfehler!) Deßj. per Hof. „Wahrscheinlich" nur 11% der Höfe, etwa 1200000, haben *weniger*

des nicht schon in der Hand von Bauern und Kleinbesitzern befindlichen Privatbesitzes zu erzielenden Zuwachs des *örtlichen* Bauernlandes auf 6% berechnet[211]). Für andere Gebiete gab Tschuprow selbst das Bestehen eines Defizits gegenüber der Norm selbst bei Expropriation des gesamten Privatbesitzes zu[212]). Eine ganz umfassende Umsiedlung der Bauern würde also, soll nicht der Zufall der gegenwärtigen lokalen Besitzverteilung die größten Willkürlichkeiten schaffen, unvermeidlich sein[213]). Aber gegen diese Umsiedlung sträuben sich die Bauern der beteiligten Gebiete entschieden. Zunächst diejenigen, welche umgesiedelt werden sollen. Ferner aber, und erst recht, würde das gleiche von den Bauern der Gebiete gelten, welche die Umsiedler aufnehmen sollten. Die Wirtschaft der Bauern in den dünn besiedelten Gegenden ist eben durchaus dieser dünnen Besiedlung angepaßt, und in sehr anschaulicher Weise wurde aus der Praxis der Übersiedlungsbehörden heraus[214]) geschildert, auf welche

---

als 5 Deßj. Land, um deren Versorgung (durch vom Staat vermittelten Landzukauf) könne es sich allein handeln. Die – sehr optimistische – Rechnung steht natürlich insofern auf einer prinzipiell ganz anderen Grundlage als das k[onstitutionell]-d[emokratische] Projekt, als sie die bestehenden *Höfe,* nicht die vorhandenen *Seelen,* als Objekt der Versorgung in Betracht zieht. Da der „Hof" im Durchschnitt etwa 3,4 männliche Seelen enthält, wäre eine Ausstattung mit 5 Deßjätinen übrigens äußerst kümmerlich. – Man sieht: Zahlen genug, – aber von geringer Zuverlässigkeit.

[211]) S[iehe] die Untersuchung N. J. Worobjews im „Wjestnik sselskawo chasjaistwa" Nr. 8 und 9. Dabei würde (unter den dortigen Verhältnissen) natürlich zu beachten sein, daß dieser Zuschuß sich eben auf die – zwischen 25 und 50% schwankende – Zahl der Höfe mit *unter* drei Deßjätinen besäten Landes verteilen würde. Das Beispiel dieses Gouvernements ist insofern sehr lehrreich, als es zeigt, wie wenig man Umfang des Nadjellandes mit Umfang des Bauernbesitzes identifizieren darf, und wie sehr die Größe der eventuell für die Bauern durch Enteignung verfügbar zu machenden Nutzfläche hinter derjenigen der nicht im Nadjelland enthaltenen Besitzungen zurücksteht. Diese letztere würden dort über ein Drittel des Nadjellandes ausmachen. Die erstere, wie gesagt, 6%.

[212]) Das Landwirtschaftsministerium (Kutlers, s. u.) hatte im Januar die Befriedigung des bäuerlichen Landhungers aus dem anderweitigen „Landvorrat" in den Gouvernements: Moskau, Podolien, Jarosslawlj, Kasan, Rjäsan, Poltawa, Twer, Kijew, Wladimir für verhältnismäßig *leicht* erklärt. In Nishnij Nowgorod, Kursk, Kostroma, Tula, Orjel, Kaluga, Ssimbirsk, Charkow, Pensa, Mohijew, Tambow dagegen reichte der „Landvorrat" *nicht,* in Wolhynien, Nowgorod, Bessarabien, Smolensk, Grodno, Pskow, Petersburg sei ein Vorrat für die Ergänzung bis zur „mittleren" Norm vorhanden. Alle bisher angeführten Gebiete sind Gegenden mit heute *unter*durchschnittlichem Nadjel. – Von den Gouvernements mit heute *über*durchschnittlichem Nadjel haben Orenburg, Astrachan, Taurien überschüssiges Land, Chersson, Perm, Jekaterinoslaw, Kowno, Minsk, Ssaratow, Wjatka, Woronesh, Ufa, Ssamara, Witebsk, Wilna nicht. („Wjestn[ik] Ss[elskawo] Chasj[aistwa]" Nr. 3 S. 16. Nähere Zahlenangaben sind nicht bekannt geworden, auch ist die „Norm", welche die Kommission zugrunde legte, nicht bekannt. Die jetzige Rechnung des Ministeriums s[iehe] in Anm. 210.)

[213]) Herzenstein, in der Dumasitzung vom 19. Mai, empfahl statt dessen die feldgemeinschaftliche Neuumteilung. Das würde der ganze Westen ablehnen, und H[erzenstein] gibt damit indirekt zu, daß eben doch auch die über die Norm mit Land ausgestatteten *Bauern* würden bluten müssen.

[214]) N. Digo, Zur Frage der Umsiedelung innerhalb des Gebiets des europäischen Rußland. „Wjestnik sselskawo chasjaistwa" 1906 Nr. 7. Vgl. insbesondere das. S. 10 die Beispiele von Bauern, die, mit 7, 5–9 Deßj. (8, 2–10 Hektar) pro männliche *Seele* (NB.!)

Schwierigkeiten die Einschiebung neuer Ansiedler selbst in äußerst dünn besiedelten und extensiv bewirtschafteten Gebieten stößt, wenn sie z. B. den Weide- und Waldnutzungsgepflogenheiten der schon wohnenden Ansiedler widerspricht. Hier würde eben das Prinzip der „potrebitjelnaja norma" in dem Sinne, daß die Ortsansässigen bei ihrer ortsüblichen Plunderwirtschaft bleiben dürfen, den Nachschub weiterer Ansiedler selbst bei der allerdünnsten Besiedlung geradezu ausschließen. Wenn vollends, nach dem Prinzip der Dezentralisation, welches die Demokratie aufstellt, die Landfrage Sache der lokalen Instanzen der einzelnen Rayons würde, dann würde – darauf hat A. A. Kaufmann in dieser Zeitschrift schon hingewiesen – es mit jeder Umsiedlung größeren Stiles wohl überhaupt bald ein Ende haben. – Das demokratische Projekt (Art. 8) wollte das enteignete Land *zuerst* zur Versorgung der *örtlichen* Bevölkerung und nur den Überschuß für etwaige in ihrem Heimatsort nicht zu versorgende Zusiedler verwenden. Unter der örtlichen Bevölkerung sollten wiederum die Landlosen und Landärmsten den Vortritt haben, – also, mag gleich hier eingeschaltet werden, diejenigen, welche weder nach ihrem Kapital-(Inventar-)besitz noch nach ihrer Übung zur Führung einer selbständigen Wirtschaft *ökonomisch* qualifiziert sind: das ist Folge des ethisch-sozialrevolutionären (naturrechtlichen) Prinzips, welches die „ökonomische Auslese" umkehrt. Ein sehr starker Rückgang der Kulturintensität, der auch bei umfassendster Aufbietung aller nur denkbaren Mittel, wie sie die Semstwos, trotz ihrer beschränkten Finanzkraft, zur Hebung der bäuerlichen Kultur mit bekanntlich höchst respektablen Erfolgen anwenden, doch erst in Jahrzehnten wieder eingeholt werden könnte, wäre schon aus diesem Grunde unausbleiblich, ebenso sorgsamste Schonung der Steuerkraft der Bauern, Verzicht auf das heute in der Handelsbilanz unentbehrliche Ausmaß der Getreideausfuhr, Rückgang der im Budget die ganze Rüstung Rußlands deckenden Schnapsbrennerei und wohl auch der Zuckerproduktion[215]). Ein starker *zeitweiliger* Rückgang der *Geld*wirtschaft wäre die, vom volkshygienischen Standpunkte aus ja nur erwünschte, aber für die ökonomische Machtstellung und Zahlungsfähigkeit Rußlands für die Zeit seiner Dauer natürlich immerhin präjudizierliche Folge. Geht alles glatt und gelingt die *Erziehung* der Bauern, dann mag nach einer Generation ein freies, mächtig blühendes Rußland erstehen, auf wesentlich festerer Basis stehend als das heutige System. Aber damit dies denkbar sei, müßte das Land für etwa ein Menschenalter

---

ausgestattet, dennoch infolge ihrer extensiven Wirtschaft vom Staat Land dazu pachten und dadurch mit allen etwaigen Neusiedlern in Interessenkonflikt geraten müßten. Ihre „potrebitjelnaja norma" auf Grund der *bestehenden* Technik ist vielleicht 12–15 Deßjatinen per Seele, während schon der erste Schritt einer Intensivierung – der sie aber entschieden abgeneigt sind – diese Norm auf die Hälfte und weniger herabdrücken würde.

[215]) Dies muß, trotzdem das Projekt für Land, welches zu diesen Zwecken genützt wird, „besondere Bestimmungen" vorsah, welche, wie Herzenstein in der Duma annahm, die „allmähliche Anpassung" der Bauern an diese Produktionen ermöglichen würden, dennoch als höchst wahrscheinliches Ergebnis gelten. Was den Schnaps anlangt, so wäre, *ethisch* und hygienisch betrachtet, eine sehr starke Reduktion seines Konsums natürlich nichts Beklagenswertes.

aufhören, Großmachtspolitik in der Welt spielen zu wollen, – und das wollen ja die Demokraten selbst nicht[216]). Zu diesen sachlichen Schwierigkeiten und Unsicherheiten über die Tragweite des Problems, die bisher nur zum Teil in den Verhandlungen zur Sprache kamen, tritt nun für die Demokratie der für ihr politisches Schicksal wichtige Umstand, daß die Mehrheit ihrer Anhänger aus den Semstwokreisen überhaupt keinesfalls so weit gehen wollte, im Falle selbst des allerdringendsten Bedarfes wirklich das *gesamte* private Grundeigentum zu expropriieren. Zunächst hätten sie damit den gesamten privaten Kleingrundbesitz gegen sich in Harnisch gebracht. Aber auch die Kulturbedeutung der Großbetriebe und die zu befürchtende starke plötzliche Senkung der landwirtschaftlichen Produktion in einem Augenblick, wo man ein gewaltiges Kapital aufnehmen müßte, wurde in Betracht gezogen. Demgemäß waren, unter dem Protest der Sozialrevolutionären, schon auf dem Agrarkongreß im April 1905 die offiziellen Redner für Konservierung eines Teiles des Großbesitzes eingetreten. Tschuprow hatte seine Berechnungen auf Grund der Annahme aufgestellt, daß ein Drittel des jetzigen Bestandes überall das Minimum des zu Erhaltenden darstellen werde. Die weitere Diskussion der Frage hatte zur Scheidung von verschiedenen Großbesitzkategorien je nach der verschiedenen *Kultur*bewertung geführt. Demgemäß wurden in dem Projekt von der Expropriation *ausgeschlossen,* abgesehen von städtischem Besitz, gewerblichem Grundbesitz usw.: Gärten, Weinberge und ähnliche Anlagen (Art. 5, III d), Besitzungen „innerhalb der Grenzen der ‚trudowaja norma'", deren Umfang für jedes Gebiet bestimmt werden sollte (das. litt. a), endlich Besitzungen, deren Erhaltung wegen ihres „besonders ausgeprägten Musterwirtschaftscharakters" als im öffentlichen Interesse liegend angesehen werde (das. litt. w)[217]). *Unbedingt* expropriiert werden sollten (Art. 5 Nr. I) andrerseits: 1. Besitzungen von einer, das für jeden Bezirk gesetzlich festzustellende Maximalmaß des Privatbesitzes übersteigenden Größe, 2. verpachtete oder in Teilpacht oder Akkord vergebene Ländereien und solche, welche vorzugsweise mit gemietetem bäuerlichen Inventar bestellt werden[218]), 3. unbestelltes kulturfähiges Land. Expropriiert werden *können* außerdem (das.

---

[216]) S[iehe] oben Anm. 184.

[217]) Seit zehn Jahren sammelt das Landwirtschaftsministerium Daten über Wirtschaften (d. h. Großbetriebe), die auf der Höhe (wenigstens einer relativ erheblichen Höhe) der Kultur stehen. Nach neuesten Daten sind deren 2135 gezählt mit 7 810 000 Deßjätinen (8 600 000 Hektar) Fläche, die wenigsten (5) im Gouvernement Wologda, die meisten (69) im Gouvernement Smolensk. Es wird hervorgehoben, daß ein sehr beträchtlicher Teil davon *Adels*besitz sei, – obwohl die Masse des Adels ökonomisch sehr niedrig qualifiziert ist. Die Zahl dieser Musterwirtschaften ist aber äußerst bescheiden, wenn man bedenkt, daß der Adel seit der Bauernbefreiung in Gestalt von Loskaufsgeldern und Kaufpreisen für verkauftes Land reichlich 3 Milliarden Rubel verschluckt hat, die ganz überwiegend zu „Luft" geworden sind.

[218]) Dies ist infolge der Kapitalsarmut des Adels namentlich auf dessen Gütern der Fall und einer der Hauptgründe der technischen Rückständigkeit auch der „großbetrieblichen" Leistungen. Immerhin ist für die ökonomische Beurteilung der russischen Bauernwirtschaft bedeutsam, daß *trotzdem* die Erzeugnisse dieser „Großbetriebe" pro Flächen-

litt. II) *alle* nicht laut litt. III (siehe oben) von der Expropriation unbedingt ausgeschlossenen Ländereien, wenn 1. dadurch schädliche Gemengelage beseitigt wird, 2. die Bedürfnisse der *örtlichen* landlosen oder landarmen Bevölkerung nicht anders befriedigt werden können[219]). Die Enteignung sollte (Art. 8) seitens des Staates „gegen Hingabe von zinstragenden Papieren an Zahlungsstatt zum Nennwert" erfolgen. Das enteignete Land geht in den Besitz des Staates als „Landfonds" (Art. 4) über und wird vom Staat gegen eine, „entsprechend dem Ertrag und dem allgemeinen Plan der Bodenbesteuerung" (Art. 7) zu bemessende Abgabe in langfristige und *unübertragbare* „Nutzung" (Art. 6) vergeben unter Zugeständnis des Ersatzes der Meliorationen an den abziehenden Nutznießer[220]). Damit wäre sowohl neben dem erblichen Landbesitz der Bauern in den Gegenden seiner Herrschaft, wie neben dem feldgemeinschaftlichen Besitz der altrussischen Gemeinden eine *dritte,* nur für einen *Teil* der Bauern-Gemeinden (die landarmen), und bei diesem wiederum nur für einen Teil ihres Landes – das neu zugeteilte – geltende Form des Bodenbesitzes gesetzt[220a]). Nun aber geht die prinzipielle Frage: ob überhaupt Vergebung zu *Pacht* oder zu (beschränktem) *Eigentum,* wie eben wieder die Dumaverhandlungen zeigen, als Riß durch *alle* Reformparteien: noch die Agrarkommission der Duma spaltete sich mit 30 gegen 26 Stimmen, unter den letzteren (für Eigentum) ein Mitglied der äußersten Linken („trudowaja gruppa") und mehrere „Kadetten". Der ganze Westen ist aus sehr begreiflichen *national*politischen Gründen gegen den staatlichen Landfonds: er fürchtet,

---

einheit, soweit Material darüber vorliegt, meist *höhere* sind als die, welche *dieselben* Bauern auf ihrem eigenen Lande erzielen.

[219]) Speziell für *Wald* wurde (Art. 11) vorgeschlagen, daß in Gegenden mit „Waldüberfluß" auch der Wald zur Besiedlung enteignet werden dürfe, in Gegenden mit Land*mangel* aber sollte er zugunsten des Staatsbesitzes enteignet werden können in dem Umfang, als dies für die Bedürfnisse der örtlichen Bevölkerung an Holz erforderlich sei. In der Tat war mit Recht von Tschuprow sowohl wie von Dehn geltend gemacht worden, daß nächst dem Mangel an Wiesen und Weiden gerade der Holzbedarf der bäuerlichen Bevölkerung im Schwarzerdegebiet am dringlichsten sei.

[220]) Dieser „staatliche Landfonds" ist naturgemäß einer der umstrittensten Punkte des ganzen Projekts. Auch Professor Manuilow stand, im Gegensatz zu zahlreichen Mitgliedern der Partei *und* – mit wenigen Ausnahmen – *dem ganzen Westen und Südwesten des Landes,* auf dem Standpunkt („Russk[ija] Wj[edomosti]" 139,2), daß *nur* Pacht, nicht Überweisung zu Eigentum, in Betracht komme, da sonst – wie die Parzellierung des Bodens in den Gegenden mit Erblichkeit der Bodenanteile (podwornoje semljewladjenije) *trotz* der bestehenden Teilungsgrenze beweise – Proletarisierung eines Teiles der Landbevölkerung unausbleibliche Folge sei. Dann habe man nur das „ôte-toi, que je m'y mette" erzielt. Der „ethische", die ökonomische Differenzierung als das Übel an sich ansehende, Standpunkt der Reformer manifestiert sich eben überall wieder. – Demgegenüber hat Fürst Wolkonskij die Vergebung zu *Erbpacht* in einem, mir dem Wortlaut nach bisher unbekannten, Entwurf befürwortet, schon um der Notwendigkeit der Beschaffung der unerschwinglichen *Kauf*kapitalien zu entgehen. Immerhin müßte auch hier die Ausgabe von börsengängigen Rentenpapieren damit Hand in Hand gehen, denn – die preußischen Erfahrungen zeigen es – ein Privatmann wird keine Rentengüter vergeben.

[220a]) S[iehe] die Bedenken, die A. N. Miklaschewskij im „Prawo" Nr. 26 gegen dies „moskowitische Projekt" erhebt.

daß bei der Pacht die Großrussen bevorzugt und so die Boden-„Nationalisation" einfach russifikatorischen Bestrebungen dienen würde. Aus dem gleichen Grunde ist er überhaupt für die Reservierung des Landes für die *örtliche* Bevölkerung. Die Verhandlungen über das ganze Projekt im Kongreß[221]) waren eingehend und teilweise leidenschaftlich. Ein eigentlicher Beschluß in der Sache selbst kam *nicht zustande.* Man befürchtete, daß über diesen Entwurf keine Übereinstimmung mit den *Bauern* zu erzielen sein werde, und es wurde sogar der – mehr parteiopportunistische als charaktervolle – Grundsatz ausgesprochen, daß man auf *keinen* Fall mit ihren Wünschen in Konflikt geraten dürfe (Gurjewitsch-Tula u. a.). Das Projekt selbst schon war ein Kompromiß zwischen den Anhängern der „Nationalisation" des Landes und den behutsameren Sozialpolitikern: der Kommission hatten u. a. A. A. Kaufmann und der ausgezeichnete Agronom und Reformator der bäuerlichen Landwirtschaft im Wolokolamschen Kreise A. A. Subrilin angehört. Miljukow und Struve bezeichneten es als das „Maximum dessen, was im Wege der Gesetzgebung – d. h. also friedlich – überhaupt zu erreichen wäre", und sahen in ihm für den Fall seiner Durchführung „die größte Reform, welche die Welt jemals gesehen hat", während die Radikalen es ein „bureaukratisches Produkt" nannten. Private Grundbesitzer hatte man in die Kommission nicht gewählt, – aber es darf doch nicht vergessen werden, daß die Partei auch mit ihren zahlreichen Anhängern unter diesen zu rechnen hatte. Schließlich wurde das Projekt mit einer Resolution, welche als „leitenden" Gesichtspunkt der Partei die Überführung des Bodens „in die Hände der Arbeitenden" feststellte, der künftigen Parlamentsfraktion zur Verwertung und eventuell Umarbeitung überwiesen[222]).

Die Projekte der *systematischen* Enteignung und Aufteilung des privaten

---

[221]) Siehe das Protokoll im „Prawo" Nr. 18. Das Projekt ist daselbst S. 1686 bis 1688 abgedruckt.

[222]) Es sei hier gleich hinzugefügt, daß die von 42 Mitgliedern der „Partei der Volksfreiheit" in der Duma eingebrachte, zur Direktive für die zu wählende Kommission bestimmte „Erklärung" über die Richtlinien der Agrarpolitik (abgedruckt „Russk[ija] Wj[edomosti]" Nr. 123, S. 2) mit nicht sehr wesentlichen Modifikationen durchaus auf den Grundlagen dieses Projektes ruht. Im einzelnen ist folgendes bestimmter formuliert: 1. der Enteignungs*preis* soll sich nach den „ortsüblichen Erträgnissen" richten und die durch Landnot hervorgerufene Pachthöhe unberücksichtigt lassen (Nr. I, Schluß); 2. die „potrebitjelnaja norma" umfaßt Deckung des „durchschnittlichen" Bedürfnisses an Nahrung, Wohnung, Kleidung und öffentlichen Lasten. Es soll, so heißt es, offenbar um den Bauern verständlicher zu sein, ausdrücklich, die Zahl der „Esser" (jedoki) zugrunde gelegt werden, nicht also, wie in den Gegenden mit hohen Bodenlasten früher, die Leistungsfähigkeit (Nr. II, Schluß); 3. für die Zugehörigkeit zu den (unbeschränkt expropriierbaren) *Pacht*ländereien (siehe oben) soll der 1. Januar 1906 der entscheidende Zeitpunkt sein (Nr. IV a); 4. das gesetzlich festzulegende Maximal-Betriebsausmaß (siehe oben) wird näher definiert als „bei Führung der Wirtschaft mit eigenem Vieh und eigenen Werkzeugen" (daselbst); 5. für Land, welches zu landwirtschaftlichen Verarbeitungsbetrieben (z. B. Zuckerfabriken) gehört, soll eine bestimmte Übergangsfrist festgesetzt werden (Nr. IV, w, 4); 6. „das Gesetz" soll bestimmen, wer zur „örtlichen" Bevölkerung gehört (Nr. VII).

Bodenbesitzes werden zweifellos nicht leicht zur Ruhe kommen[223]). – Aber es ist

---

[223]) Bei dieser Gelegenheit mag auch das Agrarprojekt, welches die „trudowaja gruppa" des Parlamentes, die sozialrevolutionäre Linke, am 23. Mai in der Duma einbrachte, registriert werden. Es verlangt Bildung eines „nationalen Landfonds" (§2), in welchen *alle* nicht zum Nadjelland gehörigen und die „trudowaja norma" *überschreitenden* Privatbesitzungen übergehen sollten; für das hiernach im Besitz der Bauern und Kleingrundbesitzer verbleibende Land – und das ist, da das Nadjelland 112 Millionen Deßjätinen beträgt und die „trudowaja norma" auf, je nachdem, 8–20 Deßjätinen pro *Seele* geschätzt wird, der weitaus größte Teil des Landes – wird jede Kommassation über die trudowaja norma hinaus *verboten,* auch soll es „stufenweise"(?) in „Volkseigentum" verwandelt werden (§ 3). Der Preis der Enteignung wird durch die im „viergliedrigen" Wahlrecht zu ernennenden örtlichen Komitees, welche auch die Feststellung des Landbedarfes und Landvorrates und die Verwaltung des Landfonds im Rahmen des Gesetzes, ferner, für die Übergangszeit, Normierung der Pacht- und Lohnpreise (§ 4) in Händen haben, festgesetzt. Alle privatrechtlichen Verfügungen über Grund und Boden hören sofort auf (§ 5) und existieren künftig gesetzlich nicht mehr (§ 13 a. E.). Der aus dem Landfonds zugeteilte Nadjel fällt im Falle der Einstellung der Wirtschaft ganz, oder, wenn der Bewirtschaftende sie einzuschränken wünscht, zum entsprechenden Teil an den Landfonds, jedoch unter Vergütung der Meliorationen, zurück (§ 13). „Entgelt" wird für den Nadjel nicht geleistet, dagegen eine mit dem Umfang und der Ertragsfähigkeit des Nadjel steigende besondere *Steuer* von diesem Land erhoben (§ 14). Was das *Recht* auf Land nach Voraussetzung und Umfang anlangt, so besagt § 9, daß aus dem Landfonds Land angewiesen wird *allen,* die es durch eigene Wirtschaft zu bearbeiten wünschen, mit Kapital dazu nicht Versehenen unter Gewährung staatlicher Darlehen und Verpflegung (§ 15). Dabei geht die örtliche Bevölkerung der nicht ortsansässigen, die landwirtschaftliche der nicht landwirtschaftlichen vor (§ 9), *jedenfalls* hat aber *jeder* ohne Ausnahme 1. das Recht auf Ansiedlung in seinem *Wohnort,* 2. das Recht auf Nadjel da, wo freies Land vorhanden ist. Der *Umfang* der Nadjel soll (§ 10) der „trudowaja norma" als Ideal entsprechen (und, so lange sie für die Ortsbevölkerung *nicht* erreicht ist, soll also, nach § 9, kein Auswärtiger zur Ansiedlung zugelassen werden, was wohl bedeuten würde, daß *alles* Land außer Ost- und Nordsibirien, Archangel, Wjatka, Perm, Olonetz als besetzt gilt); erhielt bei der Verteilung des Landes an die örtliche Bevölkerung jemand, infolge Landmangels, nicht einmal die prodowolstwennaja norma (bäuerliches Existenzminimum, = potrebitjelnaja norma), *dann* und *nur* dann hat er *neben* dem (jedermann zustehenden) Recht auf den Nadjel im Gebiete mit Landüberschuß auch das Recht, dorthin auf Staatskosten befördert zu werden (§ 11). *Beide* Landnormen werden örtlich festgesetzt und sind (§ 12) *wandelbar* mit wechselnden ökonomischen Bedingungen. Man merkt diesem Projekt einerseits die Skepsis an, welche die Verfasser in bezug auf das Vorhandensein unermeßlicher Landvorräte und der Durchführbarkeit der „trudowaja norma" erfaßt hat, andrerseits die ängstliche Scheu, die selbst diese Radikalen vor der Verletzung desjenigen Maßes von bäuerlichem Eigentumssinn, welcher immerhin auch in Rußland schon vorhanden ist, hegen. Der Entwurf ist schlecht und recht ein Kompromißprodukt zwischen Naturrecht (Recht eines jeden auf Land) und erworbenen Rechten (Vorzug der Einheimischen). In Wahrheit bliebe von dem Recht eines jeden auf Land nach der „trudowaja norma" durchaus *nichts* übrig, was nicht schon heute bestände. – Bezüglich der Fossilien und nutzbaren Wässer soll die Enteignung sofort stattfinden, wenn sie vom Besitzer nicht genutzt werden, sonst nach „besonderem" Gesetz. – Gegenüber dem k[onstitutionell]-d[emokratischen] Projekt ist wesentlich nur die Beseitigung *aller* nicht rein kleinbäuerlichen Besitzungen und die (durch die Bestimmung des § 13, der unter „Einstellung" der Wirtschaft wohl Einstellung der Bewirtschaftung „mit eigenen Händen" verstehen will, offenbar beabsichtigte) Verhinderung der auch nur zeitweisen Entstehung größerer Betriebe eigenartig, daneben die (sicherlich von den zur Beratung zugezogenen Mitgliedern des „Russkoje Bogatstwo",

sehr ernstlich zu bezweifeln, ob schließlich irgendeines von ihnen in einer den jetzigen Idealen in den entscheidenden Punkten auch nur annähernd entsprechenden Weise von irgendeiner russischen Regierung durchgeführt werden wird. Selbst das recht maßvolle k[onstitutionell]-demokratische Projekt ist der Antrag auf eine Art von Auto-Vivisektion; es macht Vorschläge, deren Ausführung einen „leidenschaftsleeren Raum" voraussetzen würde. Wenn man die furchtbaren Leidenschaften und vor allem das Chaos der Interessenkonflikte *innerhalb* der Bauernschaft, die jeder Versuch einer *systematischen* und *allgemeinen* Landzuteilung hervorrufen würde, sich einen Augenblick vergegenwärtigt, so wird man sagen müssen: dies müßte eine *zugleich* von streng demokratischen Idealen beseelte *und* mit eiserner Autorität und Gewalt jeden Widerstand gegen ihre Anordnungen niederzwingende[224]) Regierung sein. Die Durchführung der Reformen selbst, ebenso aber die periodische Neuverpachtung so ungeheurer Areale an eine riesige Zahl von Einzelinteressenten ist, soweit wenigstens geschichtliche Erfahrung reicht, nur durch die Hand despotischer Regierungen unter *stabilen* ökonomischen Verhältnissen möglich. Die Millionen kleiner Staatspächter würden einen Kolonenstand bilden, wie ihn in dieser Art und diesem Umfang nur etwa das alte Ägypten und das Römerreich kannten. – Dem bureaukratischen Regiment fehlt jede Möglichkeit, jenen Idealen nachzugehen, überhaupt rücksichtslos gegen den Adel und die Grundbesitzerklasse zu regieren, einem demokratischen Ministerium würde dagegen die undemokratische „eiserne" Autorität und die Rücksichtslosigkeit gegen die Bauern fehlen. Eine Zwangsenteignung ganz großen Stils also ist jedenfalls nicht sehr wahrscheinlich, was auch weiterhin in Rußland geschehen möge. Freiwilliger Landaufkauf ist, so lange die Bauern politisch so unruhig bleiben wie jetzt, zu relativ billigem Preise möglich: die Kosakenwachen kosten den Gutsherren Geld, und ihre Lage ist äußerst unbehaglich, – aber der dazu erforderliche Kredit ist gerade dann für eine ganz große, eine Milliardenaktion, kaum erschwinglich, und die Bauern kaufen nicht[225]). Wenn aber das Land erst wieder „ruhig" ist, so wird der Landpreis bei konstanter Kaufnachfrage des Staates oder der Landbank noch ganz anders als bei uns in der Provinz Posen emporschnellen: eine Verfünf-, gelegentlich eine Verzehnfachung hat schon jetzt in *einzelnen* Gebieten im Laufe von etwa 15 Jahren (trotz sinkender Produktenpreise) stattgefunden.

Nicht weil die Idee des dopolnitjelnyj nadjel etwas in sich besonders „Unmögliches" enthielte – davon ist gar keine Rede! –, sondern weil nach der historisch

---

speziell wohl von Pjeschechonow hineingebrachte) „Sonderbesteuerung mit wechselnder Höhe je nach den Wirtschaftsbedingungen" (modifizierte H. Georgesche Gedanken). – Ein Teil der Gruppe brachte später – wie weiter unten zu erwähnen – ein strikt revolutionäres Gegenprojekt (Abschaffung jedes Privateigentums) ein.

[224]) So auch der Demokrat N. N. Ljwow in der Dumasitzung vom 19. Mai.
[225]) Das Dumamitglied Schuwalow erhielt von Bauern seines Kreises die telegraphische Anfrage, ob sie (durch die Bank) kaufen sollten, – er antwortete *verneinend,* da die Duma schon für sie sorgen werde! („Russk[ija] Wj[edomosti]" 133, S. 4.)

gegebenen Lage der Dinge die Klippen, an denen ein ernstlicher Versuch, sie zur Tatsache werden zu lassen, scheitern *kann,* in so ungeheurer und ganz unübersehbarer Zahl sich dem – wie der skizzierte status controversiae zeigte – statistisch ins Dunkle steuernden Schiff in den Weg stellen würden, erscheint ihre Verwirklichung – leider! – sehr wenig wahrscheinlich. Denn zu jenen Schwierigkeiten gesellt sich vor allem noch der Umstand, daß die Bauern auch politisch „erwacht" sind und starke revolutionäre Parteien, von den glühendsten Hoffnungen erfüllt, ihre Phantasie mit Beschlag belegen. Eine sachliche und unbefangene Arbeit, wie sie jede wirkliche „Lösung" dieser unerhört komplizierten Frage auf so breiter Basis, wie sie das k[onstitutionell]-d[emokratische] Programm will, erfordert, ist unter dem Temperaturgrad, den heute neben den sozialen auch die rein politischen Leidenschaften erreicht haben, in deren Dienst die Führer der äußersten Linken die Hoffnungen der Bauern stellen, ganz ausgeschlossen: es ist dazu, wie zu so vielem, dank der Politik der letzten 20 Jahre, „zu spät" geworden. Und bei allem Respekt vor den intellektuellen Fähigkeiten der Bauern – von denen auch antidemokratische russische Beobachter einen für sie offenbar überraschenden Eindruck gewonnen haben[226]) – wäre es eben doch eine verhängnisvolle Selbsttäuschung, ihnen *heute* die Fähigkeit zuzutrauen, *selbst* eine große Agrarreform zu *machen.* Ein genialer Parvenü wie Napoleon oder ein Bürger wie Washington könnten im sicheren Besitz der militärischen Gewalt und vom Vertrauen der Nation getragen, vielleicht ein neues Rußland auf kleinbäuerlicher Basis aus dem Boden stampfen, – legitime Monarchien sind dazu ebenso wenig imstande, wie voraussichtlich eine mühsam nach rechts und links um ihre Existenz kämpfende blutjunge parlamentarische Körperschaft.

Würde die Agrarreform in der Art, wie die Partei sie vorschlägt, auch nur teilweise durchgeführt, so wäre – wie ich schon an früherer Stelle[226a]) ausführte – eine mächtige Steigerung des auf „kommunistischer" Grundlage ruhenden „naturrechtlichen" Geistes und eine auf längere Zeit hinaus höchst eigenartige, politische, soziale und geistige Physiognomie Rußlands die wahrscheinliche Folge, etwas wirklich „noch nicht Dagewesenes" – aber was? das scheint unmöglich im voraus zu deuten. Ein starker ökonomischer *Kollaps* aber auf die Dauer von 1–2 Jahrzehnten, bis dieses „neue", kleinbürgerliche Rußland wieder vom Kapitalismus durchtränkt wäre, scheint ganz sicher: man hat hier *zwischen „materiellen" und „ethischen" Zielen zu wählen.*

Schon wesentlich anders würde eine Enteignungsaktion unter Beschränkung auf das schon faktisch im Besitz von Bauern befindliche *Pacht*land wirken, etwa in der Form der obrigkeitlichen Pachtregulierung für das am 1. Januar 1896 verpachtete Land, dann der Pachtablösung und Überweisung an die Gemeinden oder (wie schon jetzt bei der Bauernbank) freigebildete Genossenschaften von Bauern, eine Verbindung also einer „Regulierungsgesetzgebung" mit der Ar-

---

[226]) So Pestrzecki in seinem früher zitierten Bericht über den altgläubigen Bauernkongreß im „Now[oje] Wr[emja]".

[226a]) Beilageheft zum „Archiv", Bd. XXII, 1.

beit der Bauernbank. Sie fügte sich ökonomisch durchaus ebenso und noch sehr viel leichter in das Fachwerk der „heutigen Gesellschaftsordnung" ein als etwa die irische Landgesetzgebung, aber sie würde eben – wie das starke Überwiegen des individuell und frei-genossenschaftlichen Landaufkaufs über den gemeindlichen bei der Bauernbank zeigt[227]) – auf „ökonomischer Auslese" ruhen, deshalb dem naturrechtlich-ethischen, von den Sozialrevolutionären herrührenden, Charakter, der – wenn auch verdünnt – auch dem Agrarprogramm der „Kadetten" zugrunde liegt, strikt zuwiderlaufen und daher von ihnen, erst recht aber von der Masse der Bauern und ihren Ideologen in der radikalen Intelligenz abgelehnt werden. Tatsächlich wäre eine solche Agrarpolitik, *auch wenn* man die skizzierte Maßregel ferner auf alles am 1. Januar 1906 nur mit Bauerninventar bearbeitete Gutsland erstreckte, in Form etwa der gesetzlichen Umgestaltung des Arbeitsverhältnisses zunächst in ein Arbeiterpachtverhältnis mit amtlich fixierten Gebührnissen, welches weiterhin abgelöst werden könnte – ebenso „konservativ", wie der „Kadetten"-Gedanke der systematischen Versorgung der Landlosen und Landarmen als *solcher* mit Minimalland dem Wesen nach sozialrevolutionär ist (und auch sein will). – Allein vielleicht wird keiner von beiden Wegen beschritten, und der russische Bauer hat seinen Calvariengang in Qual und Zorn weiter zu gehen, bis teils der moderne Agrarkapitalismus, teils der moderne, an die gewerblichen Märkte sich anschmiegende Kleinbauernbetrieb auf erblich eigener Scholle auch in Rußland endgültig gesiegt hat und damit die letzte Zufluchtsstätte des Kommunismus und des ihm entsteigenden bäuerlichen revolutionären Naturrechts in Europa endgültig verschüttet ist. Die Politik derjenigen jedenfalls, welche heute die physische Macht in Händen haben, bewegt sich in dieser Richtung, trotz starker Konzessionen an die Gedankenkreise des Narodnitschestwo[227a]). –

---

[227]) Siehe oben Anm. 191. Übrigens wechselt dies Verhältnis. Im Jahre 1898 waren nach der 1905 erschienenen, von Lossitzkij bearbeiteten Statistik auf dem *Schwarzerdegebiet* die einzelnen Bauern mit 6,7, die Genossenschaften mit 18,8, die Gemeinden mit 8,0% der Fläche am *Kauf* von Boden beteiligt, aber auch der Verkauf war bei den beiden ersten Kategorien (5,2 bzw. 2,2%) stärker als bei der letzten (0,2%). Absolut betrachtet gewannen bei dem Umsatz Land: einzelne Bauern 30400 Deßjätinen, Genossenschaften 384700 Deßjätinen, Gemeinden 177700 Deßjätinen (Materialien zur Statistik des Immobilienbesitzwechsels Heft XII, 1905), die beiden ersten also das 2½fache der letzteren.

[227a]) Das *vom Landwirtschaftsministerium ausgearbeitete Agrarprojekt* ist jetzt endlich – 13. Juni – im „Prawit[jelstwjennyj] Wjestnik" (Nr. 23) erschienen. Auf den ersten, die Feldgemeinschaften betreffenden Teil kommen wir noch im folgenden Abschnitt zu sprechen, ebenso auf den dritten, der die Bildung und Aufgaben der Agrarkommissionen in den Kreisen und Gouvernements (semljeustroitelnaja kommissija) und des zentralen Agrarkomitees (komitet po semljeustroitelnym djelam) betrifft. Der zweite Teil (Art. 40ff.) befaßt sich mit der „Vergrößerung des bäuerlichen Grundbesitzes". Für diesen Zweck sollen verwendet werden (Art. 40): 1. die Staatsländereien des europäischen Rußlands (die Übersiedlung nach Asien bleibt besonderer Gesetzgebung vorbehalten); 2. Land, welches die Bauernbank *oder der Fiskus* im Wege des freien Verkehrs erwirbt; 3. zur Rodung geeignete Staatswaldungen, soweit sie nicht als Schutzwälder oder aus hydrographischen oder gewerblichen Gründen erhalten werden müssen (Art. 42). Dieser Landfonds soll (Art. 43) verwendet werden im Interesse 1. der land*armen* Bauern und Klein-

Wie dem nun sei, jedenfalls war die Haltung der Partei in der wichtigsten grundbesitzer, „für welche Landwirtschaft die *Haupt*quelle des Lebensunterhaltes" ist; und 2. von den land*losen* Bauern derjenigen, welche das zur selbständigen Wirtschaftsführung erforderliche *Inventar besitzen*. (Man erkennt sofort die Einschränkung gegenüber den naturrechtlichen Forderungen.) Diese Kategorien von Bauern sollen *bis zu einem Maximalbesitzumfang (einschließlich* des ihnen schon als Nadjel- oder als Kaufland gehörigen Besitzes) mit Land versorgt werden, welcher für jede Ortschaft durch die dafür eingesetzten Agrarkommissionen (von denen später zu reden sein wird) festgestellt wird (Art. 69) und *von dem Maße des „tatsächlichen Bedarfs"* abhängig sein soll. Das Land wird diesen Kategorien entweder 1. zu *Eigentum* (jedoch unter Festhaltung der später zu erwähnenden Schranken, die für das Bauernland auch weiterhin bestehen bleiben) oder 2. in *Pacht* auf nicht länger (warum?) als 12 Jahre übertragen (Art. 44), und zwar, je nach den örtlichen Bedingungen, den Gemeinden, den frei gebildeten Genossenschaften oder Einzelnen (Art. 47), im ersteren Falle eventuell unter der Bedingung einer Feldbereinigung oder Auseinandersiedlung der bestehenden Gemeinden (Art. 48). Im Falle des Verkaufs an Genossenschaften (Art. 49) wird der Anteil jedes Genossen festgestellt, und ist die *Konzentration von mehr Land,* als der gemäß Art. 45 und 69 (siehe oben) festgestellte Maximalbesitzumfang beträgt, in den Händen eines Genossen *unzulässig.* Der *Preis* bezw. die Pachtrente soll (Art. 53) 1. für das vom Fiskus erworbene Land der Reinertragsfähigkeit gemäß den örtlichen Bedingungen entsprechen; 2. bei Erwerb von der Landbank dem Preise, den diese hat zahlen müssen; jedoch sollen die Preise bezw. Renten „in wichtigen Fällen" (Art. 55) mit Genehmigung des zentralen Agrarkomitees auch *unter* das hiernach innezuhaltende Niveau heruntergehen dürfen. Gegenseitige Bürgschaft der gemeinsam Erwerbenden findet nicht statt, sonst finden auf die Pacht die Regeln der staatlichen Obrok-Ländereien Anwendung, und es werden den Erwerbern alle Rechte und Vergünstigungen gewährt, welche die Umsiedlungsgesetzgebung den Kolonisten zur Verfügung stellt. Etwaige nach Deckung des Landbedarfs der in erster Reihe zu versorgenden Schichten übrig bleibende Bestandteile des Landfonds können anderen, den Minimalbesitzstand schon innehabenden Bauern, auf nicht mehr als 6 Jahre, in Pacht gegeben werden (Art. 60). Man sieht, vom Regierungsstandpunkt aus bedeutet dies Projekt, so weit es hinter den naturrechtlichen Postulaten des k[onstitutionell]-d[emokratischen] Programms zurückbleibt, doch ein weitgehendes Entgegenkommen gegen dessen Gedankenkreis, namentlich in bezug auf das Prinzip des Vorzugsrechtes der land*armen* Schichten der Bauernschaft auf den staatlichen Landfonds und auf die Festsetzung des Land*preises* (wir werden sehr bald sehen, wie sehr gerade dieser Punkt mit den Klasseninteressen des Adels kollidiert). Nur die *Expropriation* hat man (von einzelnen Fällen der Gemengelage in Separationsfällen abgesehen) zu meiden gesucht. Aber die Frage ist dann eben, ob der Staat bei seiner Finanzlage etwas wirklich Erkleckliches zur Schaffung eines umfangreichen Landfonds in den *inneren* Gouvernements wird leisten können. Nach Zeitungsnachrichten soll die Apanagenverwaltung zum Verkauf von Teilen ihres landwirtschaftlichen Besitzes an den Fiskus bereit sein. Die Kirche dagegen – in Gestalt der Konferenz zur Vorbereitung des Konzils – hat eben jetzt dringend um *Erhaltung* ihres Landbesitzes petitioniert, während umgekehrt in der Dumakommission gegen eine Anregung zur Erhaltung wenigstens der Kirchen*hufen alle* Bauerndeputierten ohne Unterschied der Partei protestierten. Domänen- und Apanagenland ergibt zusammen erst 5,6 Millionen Deßjätinen Nutzfläche; über das Maß von Waldland, dessen Abgabe der Forstfiskus für in maxima zulässig hält, liegen keine eindeutigen Angaben vor. Einige hunderttausend Deßjätinen hat der Fiskus, wie noch zu erwähnen, im Südosten erworben. Über die Chancen der Landbankkäufe wird noch zu sprechen sein. Sollte, wie in einem Teil der „bürgerlichen" Presse („Now[oje] Wr[emja]") gefordert wurde, der Landfonds auf 20 Millionen Deßjätinen gebracht werden, wovon reichlich 12–15 Millionen zu kaufen wären, dann würde das, wenn das Land innerhalb oder doch in der Nähe der Notstandsgebiete liegen sollte, wohl 2¼ *Milliarde* Rubel kosten (Landpreis pro Deßjätine 1899 nördli-

praktischen Frage auch bei Eröffnung der Duma nicht endgültig und vollends bei Beginn der Wahlen noch gar nicht klargestellt. Bei den Erörterungen zeigte sich, daß das Maß von Expropriation, welches das Projekt voraussetzte, selbst bei Führern der Partei auf den entschiedensten Widerstand stieß. Es war ferner offenbar, daß sie mit dem von ihr akzeptierten Reformvorschlag, oder mit ähnlichen, die von den Sozialrevolutionären in die Lehre genommenen, zu politischem Selbstbewußtsein erwachten Schichten der Bauern keineswegs befriedigen würde. Anderseits mußte es bei Beginn der Wahlbewegung, wo das weniger durchdachte, aber ähnliche ältere Projekt vorlag, ganz unvermeidlich scheinen, daß die dezidierte Neigung der Mehrheit der organisierten Partei, in dieser Frage die Rolle der Klassenvertretung der Bauernschaft zu übernehmen, sie die Anhängerschaft der großen Masse der größeren und mittleren Grundbesitzer kosten müsse. Und endlich schien nicht nur die *damals* – im Januar – zugestandenermaßen noch höchst ungenügende Organisation der Partei außerhalb der ganz großen Städte, sondern vor allem die innere Unfertigkeit und Unsicherheit, die Neigung, rein theoretische Fragen in größter Breite zu diskutieren und bei der Formulierung der praktisch wichtigsten Programmpunkte schließlich – wie in der Agrarfrage – alles offen zu lassen, unbedingt ihre Chancen tief herabdrücken zu müssen. Dazu trat der Austritt einiger der angesehensten Mitglieder des rechten Flügels, Fürst Eugen Trubezkoj an der Spitze, denen eben diese Schwächen, namentlich aber die zwecklose Erörterung der Frage der „Constituante" und ähnliches Anstoß gaben[228]). Auch Maxim Kowaljewskij hatte sich einer mehr rechts stehenden Gruppe, der „Partei der demokratischen Reform", angeschlossen. So schienen sich die Schwierigkeiten zu häufen. Die Mängel der Organisation hatte die Partei zwar durch hingebende Arbeit ihrer Mitglieder bis zum Beginn der Wahlen glänzend wett gemacht, – aber die

---

che schwarze Erde: Gouvernement Kursk 122,75 Rubel, Orjol 102,55 Rubel, Tula 114,98 Rubel, Tambow 114,98 Rubel, Rjäsan: 101,99 Rubel, im Wolgagebiet: Ssaratow 76,28 Rubel, Pensa 75,91 Rubel, Ssimbirsk 64,02 Rubel, Ssamara 38,07 Rubel, Astrachan 71,73 Rubel [allerdings abnorm hoch], Orenburg 15,81 Rubel, in Kleinrußland: Tschernigow 74,57 Rubel, Charkow 121,89 Rubel, Poltawa 126,20 Rubel, Kijew 132,99 Rubel, Podolien 148,38 Rubel, seitdem überall gewaltig gestiegen, ohne daß bisher offizielle Durchschnittszahlen vorliegen). Es ist tatsächlich – wie noch einmal wiederholt werden mag – gar nicht einzusehen, auch vom Standpunkt der „Staatsinteressen", wie die Regierung sie auffaßt, aus, warum die ca. 10 Millionen Deßjätinen an Bauern *verpachteten* Landes nicht der Expropriation unterworfen werden, wenn man etwas wirklich Erhebliches beginnen will. Die weitgehende Annäherung auch der Regierung an die sozial*revolutionären* Gesichtspunkte durch das Verbot der Landanhäufung und die Art, wie dies mit der Privateigentumsordnung zu kombinieren gesucht wird, werden wir später, bei Betrachtung ihres Gesetzentwurfs über das Nadjelland (Anm. 272a) kennen lernen.

[228]) Es knüpfte sich daran eine eingehende Polemik mit Miljukow in den „Russk[ija] Wj[edomosti]", Trubezkoj und andere gründeten einen „Klub der Unabhängigen" zur parteilosen Vertretung demokratischer Ansichten. Die Registrierung auf Grund des neuen Vereinsgesetzes stieß auf Schwierigkeiten. – Nach der Eröffnung der Duma scheint sich der Klub mit dem k[onstitutionell]-d[emokratischen] Klub wieder vereinigt zu haben („Now[oje] Wr[emja]" 10841).

inneren Disharmonien waren nicht eigentlich beseitigt, und es waren ihr inzwischen Parteiorganisationen gegenübergetreten, welche, angesichts des den Besitz, speziell den Grundbesitz, stark begünstigenden Wahlrechts als höchst gefährliche Gegner gelten mußten. Werfen wir einen kurzen Blick auf sie.

Die nach ihren intellektuellen und materiellen Kräften bedeutendste Gegnerin der „Kadetten", die Partei des „Bundes des 17. Oktober", entwickelte sich zuerst als Sondergruppe aus den Meinungsverschiedenheiten, die der Septemberkongreß 1905 der Semstwos und Städte über die *nationalen* Fragen zutage treten ließ. Er entstand, wie sein Name zeigt, formell unmittelbar nach dem Manifest, nach welchem er sich nennt, in Moskau durch Zerfall der alten „nationalen Fortschrittspartei" D. N. Schipows, welche bis dahin das Prinzip einer aus den – ihres ständischen Charakters zu entkleidenden – Selbstverwaltungskörpern hervorgehenden, die Gesetze und das Budget nur *beratenden* Volksvertretung festgehalten hatte. Schipow und A. J. Gutschkow übernahmen die Führung. Auf dem Novemberkongreß der Semstwos und Städte, auf welchem die konstitutionell-demokratische Partei die überwältigende Mehrheit hatte – nur gerade ein Dutzend Mitglieder standen mit Gutschkow abseits –, trat der Gegensatz gelegentlich der Beratung über die Verfügung des Kriegszustandes in Polen, die Gutschkow verteidigte, in besonders scharfer Form zutage, aber auch in der Frage der „konstituierenden Funktion" der Duma, des Wahlrechts (G[utschkow] war für das „zweistufige" Wahlsystem) und der Autonomie der Grenzländer (speziell Polens), stimmten die Mitglieder des eben in diesen Tagen sich bildenden Bundes gegen die konstitutionellen Demokraten. Am 4. Dezember konstituierte sich die Partei unter Führung von Schipow, Gutschkow, Stachowitsch, Graf Heyden und den gemäßigten Semstwomitgliedern. Weit überwiegend aus den Kreisen der liberalen ländlichen Bourgeoisie[229]), daneben der städtischen (speziell Petersburger) bemittelten Klasse, eines Teiles der akademischen Intelligenz (Miljutin, Piljenko) und liberalen Beamten, Geistlichen und Offizieren[230]) rekrutierten sich ihre leitenden Elemente. Die Deutschen traten sowohl in Moskau als in Petersburg (Baron Meyendorf) dem Bunde bei, die „baltische konstitutionelle Partei", unter rein deutscher Führung, mit geringer Beimischung lettischer Bourgeoisie, rechnete sich als mit ihr solidarisch. Die Beziehungen zu Witte waren anfangs ausgezeichnet; Gutschkow hätte zweifellos ein Ministerportefeuille jederzeit erlangen können; der Zar ersuchte ihn noch im April, die Ernennung zum Reichsratsmitglied von ihm anzunehmen, was er ablehnte. Gegen Ende Januar, nachdem Wittes zweideutige Äußerungen über den Fortbestand der Selbstherrschaft bekannt geworden waren, kühlten sich die Beziehungen ab[231]): die vereinigten Moskauer und Petersburger Komitees sprachen unter Schipows Vorsitz die Überzeugung aus, daß der Kaiser

---

[229]) Einige Kreissemstwos traten geschlossen dem Bunde bei (vgl. z. B. „Now[oje] Wr[emja]" 10723 S. 1).

[230]) Der ernannte Kosakenataman, General Koljubakin, z. B. stellte sich direkt zum Vertrieb der Literatur des Bundes zur Verfügung („Now[oje] Wr[emja]" 10713, 2).

[231]) Vgl. „Now[oje] Wr[emja]" vom 21. Januar.

aus eigenem Willen seine Macht beschränkt *habe,* daß die Grundlage einer „Konstitution" damit gegeben sei und der Bund die Aufgabe habe, diese Grundlage weiter zu entwickeln. Ähnlich sprach sich, unter scharfen persönlichen Angriffen auf Witte, eine glänzend verlaufende Versammlung in Petersburg am 29. Januar aus. Der Bund begann sich als Macht zu fühlen, er zählte nach seiner Angabe gegen Ende Januar in Moskau ca. 10000 Mitglieder; der „Bauernbund auf dem Boden des Manifestes vom 17. Oktober", der sich als Gegengewicht gegen den radikalen Bund einerseits, die „schwarze Hundert" anderseits gebildet hatte, lehnte den Beitritt zur monarchistischen und zur Rechtsordnungspartei ab und knüpfte Beziehungen zum „Bunde des 17. Oktober" an[232]). Das spezifische Organ der Dividendenkonsumenten in Petersburg, „Nowoje Wremja", gerierte sich völlig als sein Organ, ebenso „Sslowo". „Moralisch" war die Unterstützung der ersteren Zeitung, so ziemlich des – wenn nicht Geldinteressen auf dem Spiel stehen – gesinnungslosesten Preßprodukts, welches Rußland aufzuweisen hat, und selbst von Blättern wie der „Schlesischen Zeitung" oder den „Hamburger Nachrichten" an ordinären Protzenzynismus nicht „übertroffen", kein Gewinn[232a]), aber es gehört zu den gelesensten Organen des Landes. Den Höhepunkt der Entwicklung bildete der allrussische Parteikongreß in Moskau, welcher am 8. Februar mit gegen 600 (anfangs 464) Delegierten aus 78 Abteilungen eröffnet wurde. Der Bund zählte damals 38 Gouvernements- und 86 Kreiskomitees, er verfügte in der Provinz über 16 Zeitungen, 18 Einzelparteien im Lande hatten sich ihm angeschlossen[233]). Im ganzen waren Broschüren und Aufrufe in 4½ Millionen Exemplaren verteilt worden. Als Aufgaben des Kongresses galten besonders: Frage der Stellung zum Kabinett Witte, zum Prinzip des Konstitutionalismus, der Ausnahmegesetze und der Todesstrafe, zur nationalen Frage, Kirchenfrage, Agrarfrage, Arbeiterfrage. Die ersten Fragen zeigten sofort, daß die unter Schipows Einfluß stehende Moskauer Gruppe die am weitesten „links" stehende war[233a]), demnächst Petersburg; die Provinzabteilungen waren fast alle nur in der Negation der Grundsätze der „Kadetten"

---

[232]) „Russk[ija] Wj[edomosti]", 29. Januar, S. 3. Freilich konnte dabei nicht allzuviel herauskommen, da auch dieser Bauernbund auf dem Boden der Expropriation stand, im „Now[oje] Wr[emja]" aber nur Menschikow gelegentlich Seitensprünge nach dieser Richtung machen durfte, im übrigen die „Unverletzlichkeit des Privateigentums" zu den Grundthesen dieses Hauptorgans des Bundes gehörte.

[232a]) Es hat es u. a. fertig gebracht, in Nr. 10744 sich eingehend „berichten zu lassen", *Kaiser Wilhelm* habe Herrn Kokowzew gegenüber, als er ihn auf der Durchreise durch Berlin empfing, sein Bedauern ausgesprochen, als dieser die Frage, ob ein Expropriationsprojekt vorbereitet werde, verneinte: „Schade, das hätte mir die Hände freigemacht. Ihr in Rußland vergeßt, daß das eine Frage von internationaler Bedeutung ist." Das Blatt vertritt nur Coupon- und Dividendeninteressen. Augenblicklich (Juni) druckt es mit Wonne die Äußerungen deutscher Sykophantenblätter ab, daß Rußland „nicht reif" für eine Verfassung sei.

[233]) Am ersten März wurden 63 Gouvernements-, 150 Kreiskomitees und 20 Parteizeitungen gezählt.

[233a]) Dies trat in den Komiteeberatungen über die betreffende Resolution zutage. Aus Petersburg war nur Privatdozent Dr. Piljenko ein wirklich unbedingter Konstitutionalist.

einerseits, der administrativen Willkür anderseits einig, aber vielfach weit davon entfernt, auf die konstitutionelle Frage so entscheidendes Gewicht zu legen, wie die Komitees der Hauptstädte. Die vorgelegten Resolutionen verlangten: sofortige Schaffung von Habeas-corpus-Garantien, Abschaffung der Ausnahmegesetze, Zulässigkeit des Kriegszustandes nur bei bewaffnetem Aufstand und der Todesstrafe nur nach gerichtlichem Urteil, Feststellung, daß das Ministerium das Manifest vom 17. Oktober nicht ausführt[234]), Verlangen sofortiger Feststellung des Termins zur Einberufung der Duma auf Ende April. Zur Frage der Beseitigung der Todesstrafe äußerten sich verschiedene Provinzredner skeptisch. Die von Stachowitsch vorgelegte Resolution, welche alle eben erwähnten Punkte umfaßte, erlangte nur 16 Stimmen Mehrheit. Man zerlegte darauf die Resolution in einzelne Teile, und es wurde das Verlangen nach Einberufung der Duma – welches ja tatsächlich zwei Tage später erfüllt wurde – einstimmig, nach Habeas-corpus-Garantien und Beseitigung der Ausnahmegesetze nach eingehenden „Erläuterungen" Schipows ebenfalls einstimmig angenommen, das Verlangen nach Verhängung des Kriegszustandes nur im Falle von Revolten und der unbedingten Beseitigung der Todesstrafe ohne Gericht aber erst, nachdem ein besonders scharfer Passus besonders ballotiert und „mit Mehrheit" angenommen war, gegen zwei Stimmen, und auch dann in offenbarem Widerspruch mit der Stimmung vieler Mitglieder[235]). Die Behandlung der wichtigsten aller Fragen, der *Agrarfrage,* wurde gar mit 155 gegen 113 Stimmen von der Tagesordnung abgesetzt, worauf das Bureau eine Beratung wenigstens zum „Meinungsaustausch" einsetzte. Bezüglich der nationalen Frage schlug das Bureau vor: in den staatlichen Volksschulen im ersten Jahre ausschließlich die Ortssprache, schon im dritten aber (mit Ausschluß des Religionsunterrichts) die „Staatssprache" als Unterrichtssprache zu verwenden, in allen anderen Staatsunterrichtsanstalten, einschließlich der Universitäten, *nur* die Staatssprache zuzulassen, die polnische Sprache in Polen als Unterrichts*objekt,* in den Privatschulen sollte der Gebrauch der örtlichen Sprache „im weiteren Umfang" frei sein. Scharfe Konflikte entstanden über die Forderung der russischen Delegierten der Grenzrayons, ihnen gesonderte nationale Vertretung zuzubilligen. Die Deutschen (Baron Meyendorf) widersprachen entschieden, und der Kongreß formulierte schließlich seine Ansicht dahin, daß 1. die Frage der örtlichen Schulsprache der Duma überlassen werden müsse, 2. eine nationale Minoritätenvertretung durch die Billigkeit gefordert werde. Die Resolution über die Arbeiterfrage bewegte sich, abgesehen von der Forderung der Anerkennung der Gewerkschaften, in ziemlich vagen Allgemeinheiten (Ausdehnung des Arbeiterschutzes auf die Handwerker, Ausdehnung der Arbeiterversicherung, Fachschulen, Reform der

---

[234]) Auch weiter rechtsstehende Redner geißelten den Schwindel der massenhaften, meist von Beamten ausgehenden Ergebenheitstelegramme an Witte. „Now[oje] Wr[emja]" 10744, 2.

[235]) Die beantragte Entsendung einer Deputation an den Zaren wurde aus dem „korrekt" konstitutionellen Grunde abgelehnt, weil der Zar jetzt über den Parteien stehen müsse und nur die Partei mit ihm verkehren dürfe, die in der Duma die Mehrheit habe.

Fabrikinspektion durch Verwendung fachlich geprüfter Beamten[236]). Charakteristisch war, daß, als dabei vorgeschlagen wurde, in die Resolution einen Passus hineinzubringen, der die Hebung der Arbeiter als von der Hebung der Existenzbedingungen der Industrie selbst abhängig bezeichnete, der Kongreß in seiner Mehrheit dahinter eine Empfehlung des Protektionismus witterte und sich *ablehnend* verhielt, bis Schipow ausdrücklich erklärte, daß damit keine Forderung von Zollerhöhungen gemeint sei. Für die Kirchenfrage sollte eine besondere Kommission gebildet werden. – Als Vorbedingungen der Aufnahme anderer Parteigruppen in den Bund und also als „Grundprinzipien" wurden statutenmäßig festgestellt, daß dieselben 1. das Prinzip der Teilnahme der Duma an der gesetzgebenden Gewalt annehmen, 2. der Verwirklichung der „Freiheiten" des Oktobermanifestes „nicht widerstreben", 3. bei Gleichstellung aller Nationalitäten des Reiches die Einheit und Unteilbarkeit Rußlands festhalten, 4. nicht die Forderung einer konstituierenden Versammlung erheben. Obligatorische Parteibeiträge von Vereinswegen festzusetzen hielt der Kongreß für „verfrüht", die Lokalkomitees sollten durch freiwillige Zuschüsse das Zentralkomitee unterstützen. Die für die Agrarfrage eingesetzte Kommission formulierte im April das Programm im wesentlichen dahin („N[owoje] W[remja]" 10810,2): Aufhebung der ständischen Sonderstellung der Bauern, Verwendung der Apanagen- und Domänenländereien zur Landausstattung, Übersiedlung stets auf Staatskosten.

Alles in allem mußte auch dieser Kongreß – wie der demokratische – auf Außenstehende den Eindruck machen, daß in den Grundzügen ziemlich verschieden gesinnte Elemente mit einiger Mühe unter einen Hut gebracht worden waren. Die Front aber wurde in den Debatten wesentlich gegen die „Kadetten" genommen. Außer zahlreichen Provinzialen war namentlich auch das Petersburger Komitee – mit Ausnahme von Dr. Piljenko –, weil es wohl schon damals die Unterstützung durch die Rechte in der Wahl für sich für unentbehrlich ansah, derart gestimmt, wie Tschistiakows Reden zeigten; in Moskau blieb Gutschkow trotz gelegentlicher scharfer Reden ein politisch ganz unzuverlässiger „Durchgänger", und nur Schipow, der sich nach dem Oktobermanifest sofort endgültig auf den Boden des einmal gegebenen Wortes gestellt und seine slawophilen Reminiszenzen über Bord geworfen hatte, garantierte hier durch seine charaktervolle Persönlichkeit eine klare Haltung der Partei in der konstitutionellen Frage. Im übrigen trat nur das tiefe Mißtrauen gegen die Regierung Wittes hervor, dessen Enttäuschung denn auch in der offiziösen Presse deutlich zum Ausdruck kam. In der Provinz kam sogar an einer Stelle ein Versammlungs-

---

[236]) Den heutigen „Geist" der Handhabung der Fabrikinspektion da, wo sie den „Intentionen" der Regierung entspricht, kennzeichnet es, daß einem auch als Schriftsteller hervorgetretenen Fabrikinspektor durch Publikation von Aktenstücken im „Rjetsch" nachgewiesen wurde, daß er sich nicht nur als Polizeiagent der Regierung verwenden ließ, sondern sogar dazu hergab, bei Vernehmung von Arbeitern durch ein Loch in der Tür zu ihrer Identifikation zu helfen, da man eine offene Konfrontation mit ihnen als für seine „Wirksamkeit" schädlich ansah.

verbot gegen den „Bund" vor. Immerhin blieb ein Ministerium, welches die „Unverletzlichkeit des Privateigentums" zu einer der entscheidenden Wahlparolen machte, auf ein leidliches Verhältnis zum „Bunde" angewiesen, und auch umgekehrt. Denn bei dem Fehlen eines entschlossenen Agrarprogramms konnte der „Bund" auf Bauernstimmen unbedingt nicht zählen. Dagegen mußte man erwarten, daß alle „klassenbewußten" privaten Grundbesitzer, mindestens die großen, für ihn eintreten würden, und ebenso in den Städten das gesamte „klassenbewußte" Bürgertum, soweit es nicht der, mit dem „Bunde" eng verbündeten „Handels- und Industriepartei" angehörte. Angesichts der großen Indifferenz der unteren Massen, wie sie im Januar und Februar von fast überallher gemeldet wurde, schien daher seine Lage eine überaus günstige zu sein.

Der „Bund des 17. Oktober" war im wesentlichen die Partei der konstitutionellen *Semstwo-Rechten*. Außerhalb desselben standen daher von Anfang an diejenigen ökonomischen Gruppen, welche in den Semstwos überhaupt nach Maßgabe der Art der Zusammensetzung dieser letzteren sich nicht vertreten fanden. Dies galt besonders für die spezifisch modernen Klassen des beweglichen Besitzes, welche der Kapitalismus geschaffen hatte, und die in den 80er und 90er Jahren entschieden auf seiten der Bureaukratie standen, weil nur diese ihre Interessen gegen die liberalen Grundbesitzerinteressen gestützt hatte. Die *Handels- und Industriepartei* entwickelte sich aus dem im Juli 1905 geschaffenen „Handels- und Industriebund", dessen geistiger Leiter der Vorsitzende des Moskauer Börsenkomitees, G. A. Krestownikow, war und blieb. Sie war die eigentliche und spezifische Vertreterin der „Bourgeoisie" im strikt ökonomischen Sinne dieses Wortes. Großindustrielle und Händler gaben das Geld für ihre ziemlich lebhafte Agitation, und benutzten mit rücksichtslosem Eifer ihre Machtstellung, um ihre Handlungsgehilfen, Beamten, überhaupt das von ihnen abhängige Proletariat der *geistigen* Arbeiter mit sanfter Gewalt zum Eintritt in den Verband zu veranlassen[237]): der Erfolg zeigte, daß diese Mitglieder wider Willen bei den Wahlen der Partei zwar ihre Unterschriften und Geldbeiträge, nicht aber ihre Stimme gaben. Die Partei fühlte sich als Klassenvertretung, und ihre Mitglieder, welche Marx ebensoviel (und auch ebensowenig) studiert und begriffen hatten wie ihre sozialistischen Gegner, hatten die Aufrichtigkeit, dies auch offen in einer Moskauer Versammlung auszusprechen: jede Partei *müsse* „Klasseninteressen" vertreten, alles andere sei Illusion. Immerhin gelang es ihr, auch unter den Kleinbürgern – nachdem der Versuch, eine besondere „Handwerkerpartei" zu gründen, gescheitert war[238]) – Rekruten zu werben, und

---
[237]) S[iehe] z. B. „Russk[ija] Wj[edomosti]", 5./1., S. 4.
[238]) Der Versuch wurde im Januar zunächst in Petersburg gemacht. Einer ersten Vorversammlung am 23. Januar, unter Vorsitz T. A. Sagrebins, wurde ein Aufruf vorgelegt, den sie aber als „zu radikal" verwarf („Now[oje] Wr[emja]", 25./1., S. 3) und ein Komitee einsetzte, um ihn umzuredigieren. Die Moskauer Handwerker hatten unterdessen sich zusammengeschlossen und („Now[oje] Wr[emja]", 27./1., S. 2) der Handels- und Industriepartei eine Serie von Forderungen: „Abgrenzung" der Fabrikindustrie von Handwerk und „Handwerkergesetzgebung" mit Umbildung der ständischen Institutionen der Handwerker in *Zünfte,* Handwerksgericht, Normalarbeitstag, Handwerkerbank, Fachschulen,

ebenso wirkten gewisse protektionistische Interessen, die in einzelnen Arbeiterverbänden[239]) und unter den Hausindustriellen hier und da hervortraten, auch in den unteren Schichten zu ihren Gunsten. Ein allrussischer Kongreß der Partei fand am 5. Februar 1906 und den folgenden Tagen statt. Damals besaß, nach dem Bericht des Komitees, die Partei 60 Abteilungen und verfügte über 30 Zeitungen mit einer Auflage von 3 Millionen. In den Debatten zeigte sich die wesentliche Übereinstimmung der Partei mit dem „Bunde des 17. Oktobers", – nur daß die konstitutionelle Frage wesentlich vorsichtiger behandelt, die Ausführung der Persönlichkeitsgarantien des Manifestes vom 17. Oktober mehr in den Vordergrund gestellt wurde, das allgemeine gleiche Wahlrecht, als zurzeit rein „theoretische" Frage beiseite geschoben und der *zentralistische* Einheitsgedanke noch schärfer betont wurde. Die Partei sprach sich auf das entschiedenste gegen die „Regulierung der Arbeit", also für die Beseitigung der bureaukratischen Kontrolle des Kapitals, aus und betrachtete die Sozialisten, außerdem aber, wegen ihrer dezentralistischen (und natürlich auch ihrer antiprotektionistischen) Tendenzen, die konstitutionelle Demokratie, als ihre spezifischen Feinde. Obwohl der anfängliche Versuch (März und Juli 1905), die Gesamtheit der Großindustrie politisch *und* ökonomisch zu verbinden, sich als nicht ausführbar erwiesen und man also die ökonomische Interessenvertretung von der politischen Parteibildung getrennt hatte, bildeten dennoch den eigentlichen Rückhalt auch der politischen Bourgeoispartei die starken *Unternehmerverbände*, welche im Lauf des letzten Jahres in Rußland entstanden sind. So ist, nach anfänglichem Sträuben der Lodzer Industrie einerseits, der Moskauer Industrie anderseits, gegen die zentralistische Leitung von Petersburg aus[240]) eine Ver-

---

Ausstellungen usw. – vorgelegt, – während die Petersburger Handwerker einstweilen ein „Heim" ankauften und einrichteten. Indessen ein ökonomisch einheitliches „Handwerk" gibt es auch in Rußland teils nicht mehr, teils war es nie vorhanden. Schon Mitte Februar zeigte sich, daß die Interessen der Meister und Gesellen nicht unter einen Hut zu bringen waren. In Moskau spaltete sich aus diesem Grunde der Verein. Anderseits weichen die Interessen der Hausindustriellen, welche an die Schaffung eines „allrussischen Bundes" dachten (Vorschlag der „Handwerker" von Woronesh an die von Orjol, „Now[oje] Wr[emja]" 10762, 2), von denen der wirklichen Handwerker ab.

[239]) So namentlich unter den Arbeitern der Leinenindustrie, welche – ebenso wie übrigens auch die Arbeiter mancher Metallbranchen – die Beschränkung der staatlichen Aufträge auf den inneren Markt forderten.

[240]) Die erste konstituierende Versammlung des rein *ökonomische* Forderungen verfolgenden „Handels- und Industriebundes" fand in Petersburg am 12. Januar statt. Die bestehenden Interessenvertretungen – 52 „Börsen", von denen nur 5–6 diesen Namen verdienten, 12 „Handels- und Manufakturkomitees", 14 beratende Organisationen – wurden für ganz ungenügend angesehen, um politischen Einfluß zu gewinnen. Man wollte ganz Rußland mit einem Netze scharf zentralisierter Ortsgruppen des Bundes überziehen. Die Moskauer sowohl als die polnische Industrie – beide oft in scharfem Interessenkampf liegend – lehnten den Beitritt unter diesen Bedingungen ab. Der Bund solle nur eine Föderation von Einzelverbänden sein und namentlich nicht über deren Kopf hinweg bei der Regierung Eingaben machen dürfen, die Zentralleitung dürfe überhaupt nur ausführendes Komitee sein (Erklärung von 26 großen Moskauer Firmen „Now[oje] Wr[emja]" 10716 S. 3). Der Kongreß vertagte darauf die Organisationsfrage unter Übertragung der

einigung der Großindustriellen des ganzen Reiches vorbereitet, welche einerseits dafür zu sorgen hat, daß der Regierung gegenüber bei den bereits geführten und noch bevorstehenden Verhandlungen über die Umgestaltung der Sozialgesetzgebung die Ansichten der Unternehmer geschlossen zur Geltung kommen, anderseits den Import der modernsten Kampfmittel gegen die Arbeiter in die Wege leitet. Ein Streikversicherungsverband der Unternehmer für den Moskauer Rayon ist konstituiert und dürfte in kurzem das ganze Land überziehen[241]; die Schaffung der verschiedenen „Wohlfahrtseinrichtungen" zu sozialen Herrschaftszwecken hat hier und da ebenfalls begonnen. Man sieht, das Land springt auch hier mit einem Satz mitten in die modernsten Formen des ökonomischen Kampfes, ohne irgendwelche Übergangsglieder der westlichen Entwicklung zu wiederholen. Der erste große Lockout als Gegenschlag gegen einen Typographenstreik schien in Moskau bevorzustehen. – Ökonomisch stand die Großindustrie mächtig gerüstet da, die Frage war nur, ob dies bei der Art der Gestaltung des Wahlrechts auch bei den Wahlen sich würde äußern können.

Die sogenannte „Rechtsordnungspartei" (Partija prawowowo porjadka) war im Gegensatz zur Handels- und Industriepartei nicht durch Unterschiede in der ökonomischen Unterlage der von ihr vertretenen Schichten, sondern durch den Zufall ihrer frühzeitigeren Entstehung von dem „Bunde des 17. Oktober" geschieden. Sie trat mit einer prinzipiellen Kundgebung zuerst nach den Beratun-

---

Ausarbeitung eines Entwurfes an ein besonderes Komitee, und die Moskauer gründeten inzwischen ihren eignen Verband mit Tschetwerikow an der Spitze. Der spezifisch großindustrielle Charakter geht aus dem Programm für den Kongreß in Moskau, Mitte März, hervor, welches nur Unternehmungen mit 500 Arbeitern mindestens zuließ. – Am 20. Februar fand, unter Ljebjedjews Vorsitz, abermals eine Versammlung des „Allrussischen Bundes" in Petersburg statt. Es wurde, in ökonomischer Beziehung, scharf gegen die Konkurrenz, welche die Privatindustrie durch die, auch bei Verlusten, weiterbetriebenen Staatsbetriebe erfahre, gesprochen, ebenso allgemeine Volksbildung, Arbeitsversicherung, Verkürzung des Arbeitstags verlangt, im übrigen aber führte der politische Druck der Durnowoschen Verwaltung auch hier zu einer politischen Resolution gegen die Verwaltungswillkür und für die Durchführung des Manifestes vom 17. Oktober. – Die Scheidung ökonomischer und politischer Organisation ließ sich nicht scharf durchführen.

[241]) Finanzielle Basis angeblich: Einzahlung des zwanzigfachen(?) Betrages des zu versichernden täglichen Verlusts und feste Jahresbeiträge („Now[oje] Wr[emja]" 10817, 3). Der Arbeitgeberverband der Fabrikanten Mittelrußlands soll nach den Absichten seiner Stifter, insbesondere Tschetwerikows, im Oktober dieses Jahres seine Tätigkeit beginnen, falls bis dahin das Kapital von 1½ Mill. Rubel beisammen ist. Aussperrungen sollen nach den am 27. Juni („N[owoje] Wr[emja]" 10880) angenommenen Satzungen mit einfacher Stimmenmehrheit der eventuell beteiligten Betriebe beschlossen werden können. Ein erheblicher Teil der Fabrikanten scheint, wie der Bericht a.a.O. ergibt, Bedenken gegen die Teilnahme am Verbande zu haben, denn in der Sitzung vom 28. Juni erschienen von 102 Teilnehmern nur noch 31. Als Grund wurde die Besorgnis vor einer starken *Gegenbewegung der Arbeiterschaft* angegeben, welche, nachdem das Land eine Konstitution erhalten habe, nun auch der Ansicht sei, daß die wichtigsten Angelegenheiten der Fabrikleitung nur unter Zuziehung ihrer Deputierten geregelt werden dürfen (Bericht in der „Torg[owo]-prom[yschljennaja] Gasjeta" vom 30. Juni). Der Bund – der übrigens sich als Nachahmung *deutscher* Muster bezeichnete – wird also wohl „ruhigere" Zeiten abwarten, ehe er gegen die Arbeiterschaft vorgeht.

gen des Septemberkongresses der Semstwos und Städte über die nationale Frage an die Öffentlichkeit. Sie trennte sich, wie es in dem betreffenden Aufruf[242]) hieß, von den übrigen Semstwovertretern, trotzdem sie den Hauptanstoßpunkt anderer Gruppen von Gemäßigten, ihr radikales Agrarprogramm, nicht unbedingt ablehnte[243]), wesentlich weil sie 1. auch das geringste Experimentieren mit dem Gedanken der Autonomie der „Kraj's" für höchst gefährlich ansah: sie selbst war nur zur unbedingten Gleichstellung aller Nationalitäten in bezug auf bürgerliche Rechte und Staatsdienst, Konzessionen in der Schulsprache und voller Durchführung der religiösen Toleranz geneigt; 2. weil sie die unbedingte Aufrechterhaltung einer „starken Staatsgewalt" für unumgänglich, aber durch das liberale Programm für gefährdet hielt. Im übrigen forderte jene erste Kundgebung: Gleichheit aller vor dem Gesetz, Beseitigung der semskije natschalniki; „zweistufiges" Wahlrecht auf dem Lande (über die Frage der Allgemeinheit und Gleichheit wird nichts gesagt); Erhaltung der Einheit und Macht Rußlands und der Stärke der Armee, über deren Hebung mancherlei ziemlich allgemeine Bemerkungen gemacht werden. Der Zentralismus, Militarismus und ökonomische Individualismus läßt die Gruppe als das agrarische Pendant zu der „Handels- und Industriepartei" erscheinen. Ihrem Zentralkomitee gehörten seit dem im Dezember abgehaltenen Kongreß[244]) u.a. N. L. Klado, Prof. Janshul, F. R. Rajljan, W. P. Eggert, A. A. Tarassow, später D. J. Pestrzecki u.a. an. M. W. Krassowskij, der Leiter der „freikonservativen" Partei in der Petersburger Duma, war ihr leitender Geist. Im Lande schlossen sich ihr erhebliche Teile des Adels, dann auch Bauern[245]), besonders die begüterten, an, ebenso agitierte sie überall unter den Arbeitern[246]). Ihre antidezentralistische und – namentlich gegenüber den Streiks – stark autoritäre Haltung drängte sie, gegenüber den Dezembervorgängen, unwillkürlich immer weiter nach rechts, und diese auf dem Dezemberkongreß deutlich zutage getretene Haltung[247]) führte schon Mit-

---

[242]) Liegt mir im Original nicht vor. Vgl. Pichno, W ossadje, S. 13f. und M. Kowaljewskij in der Revue de Paris, Februar 1901.
[243]) Ihr Kongreß nahm vielmehr („Now[oje] Wr[emja]", 13./2., S. 4) die „Nadjel"ergänzung durch Enteignung, auch von Privatland, im Prinzip an, bekannte sich dabei übrigens als Gegner der Obschtschina und Anhänger des „chutorskoje chasjaistwo".
[244]) „Now[oje] Wr[emja]", 1./1., S. 6.
[245]) So in Wjatka, wo sie mit scheinbarem Erfolg agitierte, ebenso in Poltawa.
[246]) Ihr „sozialpolitisches Programm" wich wesentlich nur durch weniger präzise Formulierung und Vorbehalt des Streikverbots für öffentliche Bedienstete und Eisenbahner von dem der K.D.P. ab.
[247]) Namentlich wurde sowohl zu der bedenklichen Judenfrage wie zu dem von den Bauern aufgestellten Agrarprogramm keine klare Stellung genommen, die Vertreter der konstitutionell-monarchischen Arbeiterpartei aber und des „Bauernbundes der Rechtsordnung" – beides Gründungen von Mitgliedern der Partei – vom Stimmrecht ausgeschlossen, auch die Schulfrage im Sinn des ancien régime behandelt. Vor allem aber war die Stellung zur konstitutionellen Frage ziemlich unklar. Wie S. W. Lawrow in der Sitzung der Petersburger Parteigruppe hervorhob, entsprach die – nach seiner Meinung nur scheinbare – geringere Bestimmtheit der Ausdrucksweise in bezug auf den Begriff der „Selbstherrschaft" dem „Wunsch der Provinz, d. h. der Mehrheit des Volkes". Auch hier waren die Mitglieder außerhalb der Hauptstädte die in ihrer Stellung unsichereren.

te Januar zu einem Schisma. Es traten eine Anzahl von angesehenen Mitgliedern (Graf Tiesenhausen, A. W. Bobrischtschew-Puschkin u. a.) aus und gründeten den „konstitutionell-monarchischen Rechtsbund", welcher alsbald Fühlung mit dem „Bund des 17. Oktober" nahm.

Die drei, in gemeinsamem Gegensatz gegen die national-dezentralistische Demokratie befindlichen, konstitutionellen Parteien wichen im Grunde in ihren Programmen so wenig voneinander ab[248]), daß eine Einigung selbstverständlich schien. Anfang Februar bildeten sich, zuerst in Petersburg[249]), dann auch in der Provinz, zuerst lokale Kartelle für die Agitation, aus denen dann das allgemeine Kartell der *„vereinigten konstitutionell-monarchischen Parteien"* hervorging, in welches außer den drei Hauptparteien noch ein Rest kleinerer Parteibildungen, so die „ökonomische Fortschrittspartei" (Professor Oserow), der „demokratische Bund der Konstitutionellen", der „Bund der friedlichen Erneuerung" u[nd] a[ndere] m[ehr], aufgingen, während andre Gruppen, so die „Partei der demokratischen Reform" (Maxim Kowaljewskij u. a.), weil der nationalen Dezentralisation geneigter, draußen blieben und mit den „Kadetten" gemeinsame Sache machten. Die kartellierten Mittelparteien versprachen gemeinsames Vorgehen und haben auch tatsächlich an vielen Orten, darunter fast alle größeren Städte, die Wahlmännerlisten gemeinsam aufgestellt.

Da ihre Hauptfront, wie immer wieder betont wurde, nach links gerichtet war, hätte ein Abkommen mit den *Konservativen* nahe gelegen. Tatsächlich hat auch, stillschweigend wenigstens, an manchen Orten eine gegenseitige Unterstützung dieser Gruppen stattgefunden. Allein dies blieb die Ausnahme, da jene zahlreichen konservativen Verbände, welche sich in der „Versammlung der russischen Leute" zusammenfanden und schließlich eine Art Kartell der „monarchischen" Parteien schlossen, gerade auch die Mittelparteien als Verräter an der „Selbstherrschaft" auf das denkbar schärfste befehdeten. Man konnte zweifeln, wie stark die konservativen Parteien selbst im Lande seien. Auch nach der Angabe der Gegner waren die zahlreichen Versammlungen, die sie veranstalteten, sehr stark besucht und herrschte dort die leidenschaftlichste Begeisterung, obwohl an positiven Zielen eigentlich nur die Ausschließung der Juden vom Wahlrecht und die Erhaltung der herrschenden Stellung des russischen Volkes im Reiche wie-

---

[248]) Die Unterschiede bestanden im wesentlichen darin, daß die Parteien der Rechtsordnung und die Handels- und Industriepartei sich betreffs des Wahlrechts in Schweigen hüllten, während der „Bund des 17. Oktober" das allgemeine gleiche *indirekte* Wahlrecht verlangte, daß ferner der „Bund des 17. Oktober" der Obschtschina freundlicher als die beiden anderen Parteien gegenüberstand und ebenso in der Frage der eventuellen Bodenenteignung sich dem demokratischen Programm näherte. In bezug auf die „Gleichstellung aller Nationalitäten" machte die Rechtsordnungspartei bezüglich der Juden Vorbehalte; die Beseitigung der ständischen Differenzen forderten sie alle; in bezug auf die Persönlichkeitsgarantien war das Programm des „Bundes des 17. Oktober" präziser formuliert, das der Handels- und Industriepartei ließ namentlich jede Forderung in bezug auf die Verantwortlichkeit der Beamten bei illegalen Handlungen vermissen.

[249]) Hier wurde das Kartell zwischen der Handels- und Industriepartei, dem „Bunde des 17. Oktober" und der „progressiv-ökonomischen Partei" abgeschlossen: je 40 Wahlmänner von jeder sollten auf die Liste gesetzt werden („Now[oje] Wr[emja]" 10768, 4).

derzukehren pflegten[250]). Sie hatten, ebenso wie die andern Parteien, ihre „Bauernbünde", die mit dem im Auftrage von Durnowo offiziös bestätigten „Narodnyj Mir" Hand in Hand gingen. Der letztere war ein Bund, welcher von Geistlichen geleitet wurde und Bauern durch feierliche Eidesformeln, die, vorgedruckt auf einem Blankett(!), von jedem Eintretenden zu unterzeichnen waren[251]), zu binden suchte, – ebenso suchten sie unter den Arbeitern, namentlich den „arbeitswilligen" Eisenbahnern, Fuß zu fassen und in Moskau die Kleinbürgerorganisationen für sich zu gewinnen. Da ihnen die volle Gnade des Zaren immer wieder bezeugt wurde, glaubten sie, die sehr dezidierte Zurückhaltung Wittes verschmerzen zu können, ebenso das gelegentliche Einschreiten des Synods (unter Oboljenskijs Regime) gegen allzu rabiate Äußerungen von Popen.

Nicht zu verkennen war die nicht überall straffe Organisation aller dieser rechts von den „Kadetten" stehenden Gruppen, ihre geringere „Technik" in der Wahlagitation und das geringere Maß von agitatorisch begabten und *zugleich* wissenschaftlich gebildeten, rücksichtslos opferfähigen Kräften. Die geistigen Kosten der Agitation des „Bundes des 17. Oktober" haben zu einem sehr erheblichen Teil Dr. Piljenko, die der progressiv-ökonomischen Partei Prof. Oserow allein bestritten, die vornehmen Politiker des „Zentrums", wie Schipow, hielten sich zurück, und vollends die Handels- und Industriepartei und die Rechtsordnungspartei glaubten sich auf die soziale und ökonomische Machtstellung ihrer Mitglieder, die Rechte auf ihre nationalistisch-antisemitische Demagogie verlassen zu können. Gleichwohl mußte ihre Lage im Wahlkampf den äußeren Anzeichen nach als günstig gelten gegenüber den endlosen Hemmungen, mit denen die Demokratie zu kämpfen hatte und die so stark waren, daß das Zentralkomitee der „Kadetten" noch unmittelbar vor den Wahlen in Erwägungen darüber eintrat, ob nicht angesichts derselben der Boykott der Duma für sie rätlicher sei.

Schwerer als alle diese Hemmungen von seiten der Verwaltungsbehörden schien nun aber gegen die Demokratie und zugunsten der Mittelparteien und Konservativen der Umschwung in der Stimmung derjenigen Kreise ins Gewicht fallen zu müssen, welche durch das Wahlgesetz besonders begünstigt waren: der *privaten Grundbesitzer*.

Nach Niederwerfung des Moskauer Aufstandes und unter dem Eindruck der Bauernunruhen begann die Reaktion aus der Sphäre der Bureaukratie in die „Gesellschaft", d. h. in erster Linie in die *Semstwos* einzudringen. Es versteht sich, daß hierbei die Bauernunruhen und die schwere Bedrohung der ökonomi-

---

[250]) So auch auf dem gegen Mitte Februar abgehaltenen monarchistischen Kongreß in Moskau (cf. „Now[oje] Wr[emja]", 14./2.).
[251]) Das Blankett ist in den „Russk[ija] Wj[edomosti]" 85,3 abgedruckt. Es wurde an die Starosten verschickt mit dem Ersuchen, im Fall des Nichteintritts von Bauern über die Gründe Auskunft zu geben. Freier Verkehr mit allen Behörden, bis zum Ministerium hinauf, direkt und ohne Vermittlung, war der Bundesleitung (Korjenew) gestattet. – Welche Frucht die Regierung von dieser Gründung erntete, davon unten Abschnitt IV.

schen Unterlagen des privaten Grundbesitzes, dessen Vertreter ja die besten Köpfe des Semstwoliberalismus stellten, die ausschlaggebende Rolle spielten. Der Vorgang ist ein gutes Beispiel für die Bedingungen ideologischer Arbeit seitens einer besitzenden Klasse und für das Maß von Tragfähigkeit humanitärer Ideale gegenüber den ökonomischen Interessen. Solange die ökonomische Unterlage der in den Semstwos herrschenden Grundbesitzer im wesentlichen unerschüttert stand, fügten sie sich der Führung der zahlreichen, aus ihrer Mitte hervorgegangenen politischen und sozialen Ideologen[252]). Nun aber drohte ihr unmittelbar physischer und ökonomischer Untergang, die ganze Wucht der latent gebliebenen Interessengegensätze stürmte auf sie ein, und es konnte nicht ausbleiben, daß, aus ihrem Alltagsdasein herausgerissen und an die materiellen Grundlagen der eigenen Position empfindlich erinnert, sie ihre Stellung nicht unerheblich modifizierten. Und es darf nicht vergessen werden: auch ganz abgesehen von der Vernichtung privaten Eigentums hatten die stürmischen Forderungen der Bauern die Semstwobehörden in die schwierigste Lage gebracht. In zahlreichen Gouvernements hatten z. B. die desperaten Bauern im Dezember die Herausgabe der für die Fälle von Hungersnot zur Verfügung stehenden „Verpflegungs"kapitalien[253]) seitens der Semstwos verlangt. Die eingeschüchterten Uprawas hatten zumeist versprochen, dem Verlangen zu willfahren, die erforderliche Zustimmung der Gouvernements-Prissutstwije war aber meist verweigert worden. Die drohende Haltung der Bauern hatte jedoch nicht wenige Uprawas veranlaßt, eigenmächtig die Gelder ganz oder teilweise herauszuzahlen. Damit war zwar in vielen Fällen Beruhigung erzielt worden, die betreffenden Uprawas aber wurden nun vom Gouverneur wegen unbefugter Verfügung über öffentliche Gelder zur Verantwortung gezogen[254]).

Nachdem nun Mitte Januar die Flut im wesentlichen abgelaufen war, zeigte sich die veränderte Stimmung der von ihr Betroffenen: Der Wirkungsspielraum für die Ideologen hatte sich bedeutend verengt. Diejenigen Kreise des Adels und der privaten Großgrundbesitzer, welche sich bis dahin entweder der Führung der fortgeschrittenen Liberalen untergeordnet oder sich einfach der politischen Betätigung enthalten hatten, begannen die Semstwoversammlungen des Januar zu überfluten, und während infolge jener Zurückhaltung der „Gemäßigten" die von Gutschkow geführte Minderheit auf dem Oktoberkongreß geradezu verschwindend gewesen war – 15–20 Köpfe –, gingen die materiellen „Klasseninteressen" jetzt auf der ganzen Linie zur Offensive über.

Es lohnt immerhin, diese Bewegung etwas näher zu verfolgen, zu diesem

---

[252]) Nicht etwa restlos, versteht sich. Es ist nicht im mindesten zu bezweifeln und wird weiterhin noch an Beispielen sich zeigen, daß natürlich die „Klasseninteressen" *immer* eine nicht unerhebliche Rolle in den Semstwos gespielt haben, wie dies in der russischen Literatur gerade neuerdings scharf beleuchtet worden ist.

[253]) Das System dieser „Verpflegungsgelder" mit seiner Prämiierung der zur Führung ihrer Wirtschaft technisch und ökonomisch am wenigsten Fähigen wirkt seinem ganzen Gedanken nach revolutionierend, so unentbehrlich es selbstredend heute ist.

[254]) S[iehe] z. B. in einer Reihe von Fällen im Gouvernement Kaluga („Russk[ija] Wj[edomosti]" 30. Januar, S. 2).

Zweck aber in Kürze auf gewisse innerpolitische Wandlungen in der *Regierung* einzugehen. Anlaß zur Mobilmachung der antidemokratischen Gesellschaftsschichten gaben nämlich wesentlich die in den ersten Tagen des Januar in die Presse gelangenden Nachrichten über *radikale agrarpolitische* Absichten des *Landwirtschaftsministeriums,* welches damals unter Kutlers Leitung stand.

Nach der Ankündigung der Konstitution durch das Manifest vom 17. (30.) Oktober hatte ein weiteres Manifest vom 3. (16.) November neben der Erweiterung der Tätigkeit der Bauernbank[255]) in ziemlich unbestimmten Worten ein den

---

[255]) Zur flüchtigen Orientierung über dies schon mehrfach erwähnte Institut nur folgendes: Die Bauernlandbank (Krestjanskij posemelnyj bank) ist seit der Revision ihres Statuts vom 27. November 1895 befugt, den Übergang von Gutsbesitzerland in die Hände der Bauern nicht nur – wie schon vorher – durch Kreditunterstützung des kaufenden Bauern im Falle direkten Abschlusses des Vertrages mit dem Gutsherrn zu fördern, sondern zu diesem Zweck auch selbst auf eigenen Namen Land zu kaufen, es zu parzellieren und alsdann den einzelnen Bauern oder den gemäß Gesetz vom 30. Mai 1888 behufs Ankauf von Land gebildeten Genossenschaften oder (gemäß dem Reglement vom 29. Juni 1889) den Dorfgemeinden gegen bar oder unter Kreditierung von bis zu 90% des Kaufpreises zu verkaufen. Sie gibt dafür Pfandbriefe aus, und es sollten ihr, neben anderen Einkünften, 1% des effektiven Eingangs der bäuerlichen Loskaufsgelder, bei einem Eingang von mehr als 9/10 derselben aber 33% des letzten Zehntels zufließen. Die Amortisationsrate der Darlehen sollte sich nach den Bestimmungen von 1895 zwischen ½ und 6% bewegen, die Tilgungsfrist demgemäß zwischen 13 und 51 Jahren (Gesamtzinspflicht inkl. Amortisation im letzteren Falle 6%). Das *Maximal*maß dessen, was die Bank pro Kopf des einzelnen Bauern an Land verkaufen darf, *wurde für jede Ortschaft festgesetzt unter Zugrundelegung der „trudowaja norma",* d. h. nach den Arbeitskräften der Familie; in den Semstwoprovinzen war es die zur Teilnahme an den Semstwowahlen berechtigende Landfläche bei Individualkauf, ein viertel davon bei gemeinsamem Kauf. Die Repartierung und Eintreibung der Rückstände geht durch die Hände der Dorfgemeinden. – Es kann hier nicht die Einzelmodifikation der Banktätigkeit und der Bankstatuten näher verfolgt werden. Festzustellen ist nur, daß, auch von jenem verdünnt-sozialrevolutionären Standpunkt aus, den die russische Demokratie in der Agrarfrage vertrat, der Bank zum Vorwurf zu machen war: 1. die indirekte Mitwirkung an der ungeheuren Preishausse des Bodens durch „künstliche" Schaffung von Kaufkraft für die Bauern, s. u.; 2. die geschäftliche Notwendigkeit für die Bank, die *Kreditwürdigkeit* des Käufers zu prüfen und also eine anti-ethisch wirkende „Auslese" zu vollziehen, was sich bei den Landumsätzen der Bank im wesentlichen in dem Überwiegen der Einzelkäufer und frei gebildeten „Genossenschaften" (towarischtschestwo) vor den Dorfgemeinden als Käufer äußerte: ihre Tätigkeit kam so – wie der private Bodenumsatz überhaupt – nicht den bedürftigsten und landärmsten, sondern den ökonomisch kräftigsten Elementen der Bauernschaft zugute: das gerade Gegenteil einer „Lösung" der Agrarfrage im Sinne nicht nur der Masse der Bauern selbst, sondern auch der Demokratie. Den Grundbesitzern, dem allmählich sein Land abtretenden Adel einerseits, den Landspekulanten andrerseits, war sie höchst lästig wegen ihrer im *konkreten* Fall immerhin den Bodenwucher und die volle Ausbeutung des bäuerlichen Landhungers kreuzenden Wirksamkeit. – Erworben sind bis 1903 durch die Landbank seitens der Bauern 7,3 Millionen Deßjätinen (8 Millionen Hektar) für 537 Millionen Rubel, wovon 415 Millionen Darlehen. Der *Anteil* der Vermittlung der Landbank an dem gesamten Erwerb von Land durch die Bauern betrug im Schwarzerdgebiet 1883–97 45%, im Nichtschwarzerdgebiet 32%, stieg aber seitdem bedeutend (für 1898 auf 70 und 67%, die späteren Zahlen kenne ich nicht). Die *Angebote* an die Landbank beziffern sich vom 3. November 1905 (Agrarmanifest) bis 10. April 1906 auf 3½ Millionen Deßjätinen für 446½ Millionen Rubel (à 127 Rubel), vom 10. April bis 10. Mai auf 376000 Deßjätinen für

Interessen der Bauern ebenso wie denjenigen der privaten Grundbesitzer entgegenkommendes Projekt in Aussicht gestellt. Zu Anfang Januar wurde dann bekannt, daß der Chef des Departements für Landwirtschaft, Kutler, einen Entwurf ausgearbeitet und der unter seinem Vorsitz tagenden Kommission zur Beratung der Bauernfrage vorgelegt habe, in welcher tatsächlich eine partielle *Expropriation* des privaten Grundbesitzes vorgesehen sei. Sicheres über den Inhalt ist nicht bekannt geworden, denn diejenigen Exemplare des Entwurfs, welche zur Verteilung gelangt waren, wurden alsbald zurückgefordert.

Soviel bekannt, wollte das Projekt für die verschiedenen Gebiete des Reiches Normalgrößen für drei Typen von Landwirtschaftsbetrieben ermitteln: kleine, die ohne Lohnarbeit existieren, mittlere, bei denen der Leiter neben Lohnarbeitern persönlich mitarbeitet, und große. Der die Normalgröße der Klasse, in welche der Betrieb eingereiht ist, überschreitende Landbesitz sollte expropriiert und aus dem daraus mit Zuziehung der staatlichen und Apanageländereien gebildeten „Landfonds" die landlosen und landarmen Bauern ausgestattet werden. Die auf den 7. (20.) Januar angesetzte Beratung des Projektes im Ministerrat unterblieb jedoch, weil inzwischen der Sturm der bedrohten Interessenten begonnen hatte: der in aller Eile zusammengetretene Adelskongreß[256]) in Moskau (4./17. bis 11./24. Januar) protestierte gegen jede Expropriation[257]) außer für Eisenbahnzwecke und gegen jeden Erlaß irgendeines Agrargesetzes vor Zusammentritt der Duma, lehnte ebenso auch die Einsetzung einer besonderen Kommission aus Vertretern des Adels, der Semstwos und Bauern zur Ausarbeitung eines Agrargesetzentwurfs ab, und sein Vorsitzender Fürst P. N. Trubezkoj, Adelsmarschall von Moskau, eilte (15. Januar) nach Petersburg, um die Ansichten des Adels dort zu vertreten. Gleichzeitig läuteten „Nowoje Wremja" und ähnliche Blätter Sturm gegen die Regierung wegen eines Zirkulars[258]) des Finanzministers, welches im Interesse der Durchführung des durch die Bauernbank zu vermittelnden Landankaufs unter Hinweis auf die Unumgänglichkeit der Beruhigung der Bauern den Gouverneuren anempfahl, einen Druck auf die privaten Grundbesitzer auszuüben, um sie zur Ermäßigung ihrer Preisansprüche zu veranlassen, da andernfalls die Verhältnisse sich so verschärfen könnten, daß sie „kaum noch durch die Vermittlung der Bauernbank zu lösen sein würden".

44,2 Millionen Rubel (à 132 Rubel) und 9,87 Millionen Deßjätinen für 490 Rubel (à 49,8 Rubel). *Abschlüsse* hat die Landbank (nach den Notizen im „Wjestn[ik] ss[elskawo] chas[jaistwa]" Nr. 23) in letzter Zeit gemacht: vom 3. November bis 10. April 1394 über 206000 Deßjätinen zum Preise von 24½ Millionen Rubel (119 Rubel pro Deßjätine), vom 10. April bis 10. Mai 215 über 55800 Deßjätinen für 6,85 Millionen Rubel (122 Rubel pro Deßjätine). – Ihr Gesuch, das erworbene Land künftig auch in *lang*fristige *Pacht* geben zu dürfen, steht mit dem Regierungsprojekt, welches nur Eigentum und *kurz*fristige Pacht zulassen will (siehe oben Anm. 227a), im auffallenden Widerspruch.

[256]) Offizieller Bericht im „Now[oje] Wr[emja]" Nr. 10720, S. 4. Es waren 120 Adelsmarschälle aus 34 Gouvernements anwesend.

[257]) Das Land für die Bauern sollte eventuell aus den Staatsdomänen beschafft werden. Ein Teil des Kongresses war, unter Protest der Mehrheit, der Ansicht, daß auch die Apanagengüter (des kaiserlichen Hauses) hinzugezogen werden sollten.

[258]) Abgedruckt z. B. im „Wjestnik sselsk[awo] chas[jaistwa]" Nr. 5, S. 17.

Diese allerdings ziemlich unverhüllte Drohung mit der Zwangsenteignung wurde von den Interessenten als „Subatowschtschina"[259]) auf dem Gebiet der Agrarpolitik mit Entrüstung aufgenommen. Der Adelskongreß griff überdies in einer Resolution (10. Januar) die Bauernbank wegen ihrer Landpreispolitik heftig an: trotzdem der von der Bank entsandte Vertreter, K. N. Nardow, eingehend darlegte, daß die Bank nach ihrer Bestimmung Land nur kaufen dürfe, wenn es für die Bauern nötig und brauchbar sei, daß sie den Bauern nur einen der Ertragsfähigkeit und der Leistungsfähigkeit *bäuerlicher* Wirtschaften entsprechenden Preis anrechnen könne, nicht aber die Rente eines kapitalistischen Betriebs, blieb der Kongreß dabei, die Bank wirke – ein vorher wie nachher von seiten der Interessenten immer wieder erhobener Vorwurf – durchweg im Sinne künstlicher Baisse[259a]) der Bodenpreise[260]), sie müsse sich auf den Boden der „faktischen" örtlichen Bodenpreise stellen und möglichst viel Land vorläufig auf ihre eigene Rechnung zur Verfügung der Menge der Landlosen und Landarmen erwerben (Resolution XVII a), und die Regierung solle den Bauern mindestens 1% der Kapitalamortisation abnehmen (Resolution XVII b), – was eine Erweiterung der Nachfrage und also für die verkaufenden Adligen eine entsprechende Verbesserung der Verkaufschancen im Gefolge haben müßte, – und endlich (Resolution XVII w) möge man den Bauern gesetzlich den Austritt aus der Obschtschina erleichtern, den Austretenden den Verkauf ihres Landes an die Bank, allen aber, auch den nicht Austretenden, die Verpfändung ihres Anteils (Nadjel) in den Feldgemeinschaften bei der Bank gestatten, – damit sie Geld zum Bezahlen der vom Adel geforderten Preise aufbringen könnten. Diese Erlaubnis wäre mit der gewaltsamen Sprengung der Obschtschina gleichbedeutend gewesen, da sie auch für die formell in der Gemeinschaft Bleibenden die Möglichkeit des Zwangsverkaufs der Anteile aus der Obschtschina heraus mit sich führen mußte.

Man sieht, diesen Hütern der nationalen Traditionen stand – wie bei uns – die

---

[259]) Über diesen Begriff siehe Anm. 102.

[259a]) In Wahrheit steht es damit folgendermaßen: Der Erwerbspreis pro Deßjätine hat sich für die Bauern bei der Bauernbank gestellt 1890 für Dorfgemeinden auf 32,4 Rubel, Genossenschaften 37,6 Rubel, einzelne 52,9 Rubel, 1897 auf bezw. 56–76,9–68,7 Rubel, 1900 auf bezw. 81,7–82,7–90,4 Rubel, 1903 auf 103,6–108,4–134,9 Rubel. (Die Unterschiede der Preise für die drei Kategorien erklären sich dadurch, daß die Dörfer die wenigst kaufkräftigen sind, der teurere Boden daher an die eine „ökonomische Auslese" bildenden Einzelbauern oder frei gebildete Genossenschaften überging). Überdies wird von demokratischer Seite die Tatsache hervorgehoben, daß in 18 von den 23 Gouvernements, auf welche sich die Tätigkeit der Bank besonders stark konzentrierte, die Preissteigerung das Mittelmaß *übertraf,* und daß ferner in 29 von 43 Gouvernements, in denen sie überhaupt tätig war, sie zu *teureren* Preisen kaufte bezw. vermittelte als sonst gezahlt wurden.

[260]) Im Kasanschen Semstwo („Now[oje] Wr[emja]" 10772, 13) wurde die Ungleichmäßigkeit der von der Bank gezahlten Landpreise in den einander benachbarten Bezirken gerügt (für gleiches Land im Kreise Stawropol 125–130, in einem Nachbarkreise 100 Rubel, Privatpreise 175 Rubel), welche die Folge der Kombination finanzieller mit agrarpolitischen Zwecken sei.

Erzielung einer Hausse der Bodenpreise über alle anderen Rücksichten[261]). Und in der Hauptsache siegten die Interessen des Agrarkapitalismus: das Schicksal der Expropriationsidee im Ministerium entschied sich schnell. In der zur Beratung eingesetzten „besonderen Kommission" sprachen sich die Vertreter sämtlicher anderen Ressorts kategorisch gegen jeden Gedanken einer Expropriation aus, das Projekt wurde nur von Kutlers eigenen Beamten sowie von dem Vertreter des Kolonisationsdepartements, G. W. Glinka, und der Domänenverwaltung, A. A. Rittich, sowie dem „in besonderem Auftrag" zugezogenen A. A. Kaufmann und einigen anderen unterstützt[262]). Kutler trat zurück, er wurde bald darauf Mitglied der konstitutionell-demokratischen Partei; seine sämtlichen Zirkulare und Verfügungen wurden den unterstellten Instanzen wieder abgefordert und für nichtig erklärt, eine neue Kommission zur abermaligen Beratung der Kutlerschen und fünf weiterer inzwischen eingelaufener Projekte, darunter angeblich je eines solchen von den Professoren Migulin und Issajew, eingesetzt. Der Zar legte sich in wiederholten Äußerungen, besonders scharf (18./31. Januar) in einer Ansprache an die Bauerndeputation aus dem Kurskschen Gouvernement, die dann offiziell im ganzen Reiche bekannt gegeben wurde, in längerer Ausführung *für die absolute Unverletzlichkeit des Eigentums*[263]) fest.

Die Klassengegensätze zwischen Adel und Bauern traten nun mit großer Schärfe hervor. Der Schreck war dem grundbesitzenden Adel so in die Glieder gefahren, daß alsbald umfassende Vorbereitungen für einen Zusammenschluß womöglich des ganzen Standes getroffen wurden, um dauernd im Sinn schärfster Bekämpfung der sozialen wie der politischen Demokratisierung des Landes zu wirken. Die Bewegung wurde durch die Wahlkampagne verzögert, und erst am 21. Mai trat unter den Auspizien der hochreaktionären Führer: Fürst Kassatkin-Rostowskij, Graf Bobrinskij (als Präsident) ein Kongreß in Moskau, besucht von 150 Delegierten aus 34 Gouvernements, zusammen, um eine dauernde geschlossene Vertretung des konservativen Adels mit jährlichen Versammlungen und breiten Agitationsmitteln zu schaffen. Ebenso bereiteten die gleichen Kreise einen „Bund der Eigentümer" vor, der ebenfalls erst nach den Wahlen (2. Juli) sich endgültig konstituierte[263a]).

[261]) Das Jelissawetgrader Semstwo verlangte Herabsetzung des Zinsfußes der Bank auf 3½% (! das Bankdiskont stand auf 9%, die Regierung erhielt damals Geld für 5½–6%), im Interesse der Erhöhung des bei der Kapitalisierung der Erträge der Güter zu berechnenden Preises. Zahlreich waren die Adligen, welche im Laufe des Winters, ohne irgend ökonomisch dazu genötigt zu sein, ihre Güter bei der Adelsbank hoch verpfändeten und das so erlangte bare Geld (Fürst W. L. Naryschkin angeblich 2 Millionen Mark) über die Grenze brachten. Die Gesetzgebung, welche für die Adels- ebenso wie für die Bauernbank (s. u.) Beleihungen mit Obligationen statt in bar vorschreibt, sollte u. a. auch diesem Treiben im Ende machen.

[262]) „Now[oje] Wr[emja]" 10724 vom 21. Jan. (3. Febr.).

[263]) Die Erklärung des Ministerpräsidenten Goremykin vom 13. Mai ergab später, daß unter „Privateigentum" auch der Besitz der *kaiserlichen Familie, der Kirchen und Klöster* einbegriffen war.

[263a]) Führer: A. S. Jermolow, Graf A. P. Ignatiew, Fürst Schtscherbatow, A. B. Neid-

In höchst charakteristischer Weise zeigte sich dabei auch bezüglich der *Obschtschina* der gewaltige Umschwung der Stellungnahme der herrschenden Klassen gegenüber der Zeit Alexanders III. Einst der Liebling der slawophilen und reaktionären Romantiker und die vermeintliche Stütze der „Autorität", galt sie jetzt den Adelskongressen ebenso wie schon seit Jahren der Witteschen Bureaukratie als eigentlicher Herd der revolutionären Stimmung der Massen. Der (erste) Adelskongreß hatte, außer der schon erwähnten Resolution, die zwangsweise Feldbereinigung und Servitutablösung (Resolution XV), ferner aber auch besonders (Resolution XVI) die Erleichterung des Übergangs zum System des Hoferbrechts (podwornoje wladjenije) und zur Einzelhofsiedlung (chutorskoje semljedjelije) empfohlen, mit dem Recht des freien Verkaufs des Bodens im Fall des Fortwanderns[264]). Und tatsächlich gewann auch diese Anschauung nunmehr Boden im Ministerium. Der 1. Januar 1907 mußte ja ohnedies ein Wendepunkt in dem Schicksal der Obschtschina werden, weil die Loskaufszahlungen, deren Nichtabtragung die Bindung des Einzelnen an die Obschtschina – seit 1893 auch dann, wenn er selbst seinen eigenen Anteil daran voll abzahlte – bedingte, mit diesem Datum nach dem Manifest vom 3. November 1905 in Wegfall kommen[265]). Die Frage war, ob wirklich und eventuell unter

---

hardt, Präsident: Fürst Kassatkin-Rostowskij. Erstmaliger Mitgliedsbeitrag: ¹/₁₀% des Besitzes, Jahresbeitrag ¹/₁₀₀%: offenbare Analogie der erwähnten industriellen „Streikversicherungsverbände". (Torg[owo]-prom[yschljennaja] Gasj[eta] 151, 5). In Polen besteht bereits ein Antistreikverband der Grundbesitzer, der den Mitgliedern private Verhandlungen mit den Arbeitern verwehrt (T[orgowo-] pr[omyschljennaja] g[asjeta] 152, 2). In Kleinrußland steigert sich die Entwicklung und Autorität der ländlichen Streikkomitees trotzdem zunehmend (das.).

[264]) Auf dem zweiten Adelskongreß (23. Mai) standen sich nach einem Vortrag Pestrzeckis, eines Vertreters der „Vereinödung", als des allein in Betracht kommenden Mittels zur Sanierung der Agrarfrage, Anhänger dieser Lösung und eine andere Partei gegenüber, die jede Notwendigkeit staatlichen Eingreifens und jede Landnot leugnete.

[265]) Dieser einfache Erlaß der 90 Millionen Rubel jährlich – die Zinsen von (unter normalen Verhältnissen) 2 Milliarden Rubel – betragenden Loskaufsgelder durch das kaiserliche Manifest gehört – wenn man, wohlgemerkt, sich einmal in den, ja weiß Gott nicht sentimentalen, *Standpunkt der Regierung* versetzt – zu den Unbegreiflichkeiten dieses in der Demagogie doch sonst hinlänglich erfahrenen Regimes. Kein Mensch sagte auch nur „danke!" dafür, und es gehörte doch sehr wenig „Massenpsychologie" dazu, um das vorauszusehen. So billig lassen sich die Bauern nicht kaufen. Wenn man statt dessen diese – bei den Bauern allerdings in gewaltigen, stets zunehmenden Summen rückständig gebliebenen – Verpflichtungen dazu benutzt hätte, um sie als Gegenwert gegen eine Expropriation wenigstens des derzeit verpachteten *Gutslandes* und der Kirchen- und Klosterländereien, die schließlich doch anderwärts mit dem sogenannten Prinzip der „Unantastbarkeit des Eigentums" sich verträglich erwiesen hat, zugunsten der Bauern zu benutzen, so wäre das eine agrarpolitische Maßregel gewesen, um wenigstens einen Teil der fassungslosen Verlegenheit zu beseitigen, in der sich die Regierung jetzt befindet, wo sie gar kein Kompensationsobjekt mehr besitzt, welches sie gegen Konzessionen „in Kauf geben" könnte, und wo sie außerdem, durch jene einfache Kassierung dieser im Gefolge von *Tausch*akten „erworbenen Rechte" des Staates jede mit Vergebung des Landes an die Bauern gegen *Rente* verknüpfte Agrarreform in den Augen der Bauern selbst alsbald mit dem Makel belastet hat: daß es sich hier wiederum um „Loskaufsgelder" handle, die der Zar irgend wann, wenn man sie einfach nicht zahle, erlassen müsse, weil er ja – wie sich bei

welchen Bedingungen die Regierung von diesem Datum an den Austritt aus der Obschtschina gestatten werde[266]). Am 25. Januar (7. Februar) trat eine „besondere Kommission" zur Beratung hierüber zusammen und gemäß ihren Beschlüssen brachte das Ministerium des Innern die Frage am 19. März (1. April) vor den Reichsrat[267]). Graf Witte gab – wie übrigens schon in früheren Jahren – der Überzeugung Ausdruck, daß vor Beseitigung der Sonderstellung der Bauern keine Ruhe eintreten werde, A. P. Nikolskij, der Nachfolger Kutlers, fügte hinzu, je schneller die Obschtschina zerfalle, desto schneller würden auch alle Projekte irgendeiner Zwangsenteignung von Land verschwinden, und ein Mitglied des Reichsrats zog die Konsequenz, indem es empfahl, den Bauern generell das Recht zu geben, beim Austritt die Zuteilung des Landes in *einem* Stück

---

jenen anderen gezeigt habe – selbst nicht an ihre Rechtmäßigkeit glaube. Wie gesagt: dies sind nur Bedenken, die vom Standpunkt einer Regierung aus hätten auftauchen *müssen*, welche den Forderungen der Bauern *jetzt* „die Unverletzbarkeit des Privateigentums" entgegenhalten will. – *Ökonomisch* betrachtet waren die Loskaufsgelder natürlich schon durch die unglaublichen Zahlen ihrer „Rückstände", die einfach, in steigendem Maße, ungetilgt blieben, als auf die Dauer unmögliche Belastungen erwiesen.

[266]) Die Frage der Bedingungen des Austrittes ist um deswillen so kompliziert, weil, infolge der periodischen Umteilungen, das Ausmaß der von dem Bauern und seinen privatrechtlichen „Rechtsvorgängern" (seinen Erblassern resp. seiner und deren Hausgemeinschaften) geleisteten Loskaufsgelder mit dem Ausmaß seines Nadjels im Augenblick des Wegfalles der Verpflichtung in gar keiner Korrelation steht und überhaupt kein Prinzip der individuellen *erworbenen* Rechte eruierbar ist, aus welchem ein Teilungsschlüssel für die Abfindung des Austretenden ableitbar wäre, weil eben die Zuteilung des Nadjel an den einzelnen ein Akt der – im Prinzip – darin durchaus souveränen Gemeinschaft ist, die zwar nach einer „Regel", aber nicht einmal nach einer notwendig *konstant* bleibenden Regel erfolgt. Eine Konstruktion der Rechte des einzelnen in der Obschtschina nach dem Prinzip der „erworbenen Rechte" ist, mag man die Gierkesche Genossenschaftstheorie zu Hilfe nehmen (Pobjedonosszew) oder individualrechtliche Formeln suchen (Isgojew), stets lückenhaft. A. A. Tschuprow (Artikel „Obschtschinnoje semljewladjenije" in dem Sammelwerk „Nushdy djerewni" – einer Bearbeitung der Materialien der bekannten Komitees „o nushdach ss[jelsko-ch[asjaistwennoj] promyschl[jennosti]" – von N. N. Ljwow und A. A. Stachowitsch Bd. II, S. 116 f.) hat mit gewohntem Scharfsinn die Konstruktion der Obschtschina als einer spezifisch geregelten Natural*versicherung* gegen Kinderreichtum durchzuführen gesucht (obwohl übrigens doch die Verteilung nach „jedoki" – Essern – erst neuerdings das unbedingt herrschende System zu werden im Begriff steht) und sucht daraus auch Schlüsse auf die Art, wie der Austritt zu regeln wäre, zu ziehen. Ich hoffe bei anderer Gelegenheit auszuführen, inwiefern mir seine Vorschläge praktisch nicht akzeptabel scheinen wollen und warum die, übrigens heuristisch, für die Aufhellung vieler Einzelbestandteile der Obschtschina höchst wertvolle, Hineintragung des Versicherungsgedankens als *alleinigen* Konstruktionsmittels nicht das Leben der Obschtschina erschöpfen kann. Der Hauptgrund ist: in ihr waltet bäuerliches „Naturrecht", welches durch keine Formel aus dem Gebiet der „erworbenen" Rechte oder der privatwirtschaftlich-ökonomischen Pragmatik erfaßbar ist. – F. Ssamarin wandte sich (Referat im „Now[oje] Wr[emja]" 10779,3) entschieden gegen die Auffassung, daß der Nadjel durch Beseitigung der Loskaufsgelder überhaupt „Privateigentum" werden *könne*, weil er ja „nicht durch Privatvertrag *erworben* sei". Das trifft in der Tat die Sache. – Wie sich die Regierung jetzt zu der Frage gestellt hat, darüber vergl. Anm. 272 a.

[267]) Protokollauszug „Now[oje] Wr[emja]" 10781, S. 1.

zu verlangen: damit werde die Obschtschina für immer vernichtet[268]). Indes der Reichsrat lehnte entschieden ab, ohne Zustimmung der Bauern selbst so weit zu gehen, und gab dem Projekt des Ministers des Innern seine Zustimmung, wonach die Landabteilung nur periodisch, einmal alle vier Jahre, und nur von je mindestens fünf Bauern gleichzeitig solle verlangt werden können. Die Größe des Landanteils sollte sich nach dem faktischen Besitzstand richten; nur wo seit 25 Jahren keine Umteilung stattgefunden hat, sollte ein Gemeindebeschluß ihn feststellen.

Neben diesem letzteren Gedanken, der gewissermaßen eine Abschiedsreverenz vor dem alten „Recht auf Land" enthielt, war an dem ganzen Vorgang politisch charakteristisch die Hast, mit welcher man unmittelbar vor Toresschluß vor der Duma die Propaganda des bäuerlichen Privatbesitzes in den Hafen zu bringen trachtete; den Vorwand mußte die Behauptung abgeben, daß es sich ja lediglich um die „Interpretation" der Folgen eines Aktes der Autokratie: des Novembermanifestes, handle. Nicht nur die Presse der Linken protestierte, sondern auch Wetterfahnen, wie „Nowoje Wremja"[269]), mißbilligten, wenigstens für den Augenblick, den bureaukratischen Angriff auf die „nationale" Institution, und so unterblieb die Sanktion, und das Projekt wurde zu den der Duma zu unterbreitenden Entwürfen gelegt[270]). Es ist klar, daß ganz ähnliche Erwägungen, wie sie für die Regierung maßgebend waren, auch, je schärfer die sozialen Gegensätze sich zuspitzen, desto mehr die privaten Grundbesitzerklassen auf die Seite der Gegner der Obschtschina treiben müssen. Die Stimmen ihrer Vertreter in den bekannten Witteschen Komitees „über die Bedürfnisse der Landwirtschaft" waren gespalten, zum Teil aus einander widersprechenden Erwägungen des eigenen Klasseninteresses heraus (Arbeitskräfte für die Güter), zum Teil aus entgegengesetzten sozial- und allgemeinpolitischen Gesichtspunkten. Es dürfte inzwischen wohl nicht eine plötzliche Einmütigkeit, sondern nur eine allmähliche Verschiebung des Schwergewichts der Meinungen nach der Seite der Gegner der Obschtschina stattgefunden haben. Das Gouvernements-Semstwo von Kasan z. B. faßte in diesem Frühjahr eine scharfe Resolution gegen die Obschtschina, jedoch nicht ohne ebenso entschiedenen Protest einer Minderheit dagegen. Was die Bauern anlangt, so pflegt ihre Stellung zur Obschtschina ebenfalls keine einhellige zu sein; von denjenigen, die jeweils durch eine Neuumteilung erheblich zu *verlieren* hätten – also im allgemeinen von den Leuten mit viel Land, aber kleiner, kinderarmer Familie – pflegt stets ein Teil, wenn ausdrücklich befragt, sich gegen die Obschtschina auszusprechen. Ferner ist natürlich stets eine kleine Schicht von Bauern vorhanden, welche so weit ökonomisch entwickelt ist, um die Obschtschina als Fessel zu empfinden. Allein

---

[268]) Überhaupt würde natürlich die Gestattung des *jederzeitigen* Austrittes mit dem jeweiligen *faktischen* Besitzstand die Folge haben, daß die jeweilig im Verhältnis zur Norm *zu stark* mit Land versehenen Höfe austreten, die anderen schließlich das Nachsehen haben würden.
[269]) Nr. 10779.
[270]) Über ihr weiteres Schicksal s[iehe] unten Anm. 272a.

die ziffernmäßig überwältigende *Mehrheit* der Bauern in den Gegenden, wo sie besteht, ist ihrem Grundprinzip: dem Recht auf Land nach Maßgabe des Bedarfs und also ihrer fundamentalen Institution, der Neuaufteilung des Bodens im Fall der Verschiebung der „richtigen" Relation zwischen Familiengröße und Landanteil, unbedingt zugetan. Die früher oft gehörte Meinung, daß nach Beseitigung der Solidarhaftung der Gemeinde für die Steuern, die ja mit der Feldgemeinschaft eng verknüpft war, ein allgemeines Auseinanderstreben der Bauern eintreten würde, hat sich – nachdem jene Beseitigung 1904 eingetreten ist – bisher *nicht* bewahrheitet, und der Wegfall der Loskaufsgelder hat das Anrecht auf Neuumteilung des Landbesitzes für die besitzlosen oder besitzarmen Massen natürlich nur verlockender gestaltet. Wo immer die Bauern in letzter Zeit öffentlich zu Worte kamen, haben sie sich für die Erhaltung der Obschtschina ausgesprochen. Und endlich ist bekannt, daß gerade unter den tüchtigsten, auch den in deutscher Schule gebildeten „bürgerlichen" Gelehrten Rußlands der Gedanke an eine Gesetzgebung, welche die Obschtschina direkt zerstörte oder ihren Zerfall indirekt begünstigte, auch heute meist sehr entschieden abgelehnt zu werden pflegt[271]). Man wird bei uns – wo übrigens auch das technische Wesen der Obschtschina, die zwar, am Agrarkapitalismus gemessen, ein „archaistisches", aber ganz und gar nicht ein „primitives" oder roh-kommunistisches Institut bildet, oft nicht genügend bekannt ist – sich bemühen müssen, diese Tatsache zunächst in ihren Motiven zu verstehen, ehe man sie beurteilt, und dann weiter sich verdeutlichen müssen, daß eben auch hier „Wert gegen Wert steht"[272]). Eine nähere Auseinandersetzung des Standpunktes der russi-

---

[271]) Ich verweise hier nur beispielsweise auf die Erörterungen in Issajews „Grundlagen der politischen Ökonomie" und auf die Ansichten A. A. Tschuprows, ganz besonders klar in dem Sammelwerk „Nushdy Djerewni" entwickelt. Auch die bedeutendsten der agronomischen Praktiker stehen so.

[272]) Dies kann hier unmöglich eingehend entwickelt werden. Es ist Tschuprow, der am nachdrücklichsten darauf hingewiesen hat, daß das eigentliche Wesentliche an der Obschtschina: die periodische Neuzuteilung von Land gemäß der veränderten Zusammensetzung der berechtigten Familien, weder mit Gemengelage und Flurzwang, noch mit der zur Beseitigung der Schäden dieser vorgenommenen Neu*um*teilung (Feldbereinigung), noch mit einem Verlust der Meliorationen im notwendigen Zusammenhang steht und auch nicht – wie man bei uns es sich vorstellt – eine spezifische stete Unsicherheit des Wirts, ob ihm die Früchte seiner Arbeit zugute kommen, mit sich führen *muß,* durchaus zuzugeben, daß die Obschtschina mit jedem Grade der Intensität der Kultur an sich vereinbar ist. Die auf den Arbeiten der Semstwos ruhenden Untersuchungen auch anderer haben, wie die seinigen, die erhebliche Anpassungsfähigkeit der Feldgemeinschaft, ihre Brauchbarkeit gerade zur Beseitigung der Schäden der Bodenzersplitterung und Gemengelage und zur planmäßigen Durchführung technischer Fortschritte in den Gemeinden betont. (Das bekannteste Beispiel ist die vielfache Durchführung des Kleeanbaues. Die Obschtschina reißt in solchen Fällen die Widerwilligen in ihrer Mitte mit auf die Bahn des Fortschritts.) Andererseits schätzt Tschuprow selbst ihre *sozial*politischen Leistungen (Hemmung der Proletarisierung, Absorption der „Reservearmee", Rückhalt in Streikfällen usw.) weit vorsichtiger ein, als es früher geschah und läßt auch die Frage der Zukunft der Obschtschina offen. Die Frage bleibt[,] 1. ob die Form der Obschtschina dem „ökonomischen Fortschritt" im üblichen Sinne des Wortes ähnlich „adäquat" sein kann, wie die Privateigentumsordnung, ob nicht umgekehrt ihr eine Art der Lebensführung „adäquat" ist,

schen Wissenschaft möge für eine andere Gelegenheit verspart werden; es genüge hier, zu bemerken, daß die Obschtschina unter der Einwirkung des Kapitalismus wahrscheinlich derartige Wandlungen durchzumachen haben wird, daß bei den *Nicht*interessenten vielleicht sowohl der heute in Rußland häufige (übrigens keineswegs alleinherrschende), der Obschtschina günstige[,] als der in Deutschland herrschende, ihr ungünstige „Wert"-Gesichtspunkt ihr gegenüber sich verschieben wird. Hier kam es vorerst nur darauf an, die charakteristische Wandlung der Stellungnahme der *Regierung* festzustellen[272a]). Fast im

---

welche sich im entgegengesetzten Sinne orientiert (eine Frage, die Tschuprow, als keiner exakten Beantwortung fähig, beiseite läßt): die Leistungen der Obschtschina sind doch bisher weit überwiegend teils auf sehr *einfache* Fruchtwechselverbesserungen, teils auf in der Nähe großer Städte belegene Ländereien beschränkt und über die früher (Anm. 187) erwähnten Zahlen, welche ökonomisch immerhin „zugunsten" des Hoferbsystems sprachen, ist nicht ganz leicht hinwegzukommen. Es fragt sich ferner: 2. ob die Umgestaltung der Obschtschina in eine rein privatrechtliche Genossenschaft „fortschrittlichen" Charakters generell anders *möglich* sein wird, als unter Voraussetzung der Differenzierung innerhalb ihrer und so, daß die ökonomisch „Starken" und nicht, wie es die „Idee" der Obschtschina postuliert, alle, die in die Gemeinschaft hinein*geboren* werden, Träger der Genossenschaft sind, und ob also nicht jene Schranken der Auflösung der Obschtschina, welche immerhin auch Tschuprow für wünschenswert hält, den ökonomischen Prozeß, der doch mit überwiegender Wahrscheinlichkeit eintreten wird, zwecklos zu hemmen suchen.

Für die Gegenwart allerdings verdient Beachtung, daß, nach den Zahlen der Bodenumsatzstatistik, daß Maß der Beteiligung der Obschtschina am käuflichen Landerwerb z. B. im Wolgagebiet (Kasanj, Pensa, Ssaratow, Ssimbirsk) am stärksten (1898: 29,6% des Umsatzes) und überhaupt gerade in den landwirtschaftlichen Rayons fast durchweg nicht unbedeutend ist. Auf der andern Seite ist bekannt, daß in den altbesiedelten Schwarzerderayons die Neuumteilungen des Landes seltener geworden sind und, wenn überhaupt, dann in weit längeren Zwischenräumen erfolgen als im Industrierayon. In diesem letzteren ist eben das Nadjelland an sich weniger wertvoll und überhaupt die Landwirtschaft nicht einzige, sehr oft nicht einmal Hauptquelle des Unterhalts seines Besitzers. Es spielt dort etwa nur die Rolle, wie, wenigstens zuweilen, unsere Allmendäcker in Baden auch. Es ist natürlich ein erheblicher Unterschied, ob die feldgemeinschaftliche Nutzung die *Grundlage* der ganzen ökonomischen Existenz des Bauern ist oder eine Nebeneinnahme oder Altersversorgung garantiert. Und auch wo bei uns – was vereinzelt vorkommt – die Allmend die Hälfte und mehr die Flur ausmacht, prägt das von Privatbesitz durchtränkte Atmosphäre der ganzen Umgebung die Eigenart des Bauern. – *Weide*allmenden oder Allmend*wiesen* wirken schon deshalb ganz anders als Feldgemeinschaft am Ackerland, weil hier nicht das Land, sondern das *Vieh* in erster Linie das Objekt der Arbeitsverwertung des Bauern ist.

[272a]) Das im Juni fertiggestellte *Projekt* will im Anschluß an die Reform der örtlichen Selbstverwaltung die Obschtschina als eine dem Wesen nach *private Genossenschaft* unter gänzlicher Beseitigung ihres Charakters als einer öffentlich-rechtlichen Verwaltungseinheit fortbestehen lassen. Es soll also die Tätigkeit der Sschods jetzt rein auf die Wirtschaftsführung begrenzt, ihre Beschlüsse von der administrativen Bestätigung und der gewählte Starost von jeder Unterordnung unter die Verwaltungsbehörde befreit und nur als Geschäftsführer der Gemeinschaft behandelt werden. Die Anfechtung der Beschlüsse des Sschods aus *Rechts*gründen soll zur Zuständigkeit der bald zu erwähnenden Agrarkommissionen gehören. Man sieht, die Verwandlung des administrativen Zwangsverbandes in eine freie Genossenschaft ist im Gange. Die ständische Sonderung der Bauernschaft ganz zu beseitigen, hat man dagegen nicht gewagt; die *Starrheit* der Agrarverfassung bleibt bestehen, wie die nachfolgende Skizze des Inhalts des Entwurfs ergibt:

selben Atemzuge übrigens, in welchem sie den Zerfall der Herrschaft der

---

In seinen *materiellen* Bestimmungen bezieht sich das vom Ministerium des Innern der Duma vorgelegte „Projekt einer Verordnung über die Landgemeinden, welche Nadjelland besitzen, (§ 1) auf solche Gemeinden, welche auf Grund der Bauernbefreiung und der an sie anschließenden Gesetzgebung mit Land ausgestattet sind. Sie haben Rechtspersönlichkeit (§ 18) und sollen registriert werden (§ 19). Der Eintritt in eine solche Landgemeinde erfolgt (§ 9) nur entweder durch Beschluß der Gemeinde oder, ohne solchen, durch Erwerb von Land von einem Dorfgenossen, in Fällen, wo dies rechtlich möglich ist (es ist aber ein Erwerb *nur möglich für Personen bäuerlichen Standes* – § 10 – und nur von solchem *Land*, welches persönliches Eigentum des Dorfgenossen, also *nicht feldgemeinschaftlich* ist). Austritt (unter Verlust des Rechtes auf Land) ist jederzeit, auch trotz Steuerrückständen (§ 15) zulässig. Der Eintritt in einen anderen Stand (z. B. infolge von Graduierung) hat ihn an sich nicht zur Folge (§ 17), dagegen ist bei den feldgemeinschaftlichen Dorfgemeinden (s[iehe] gleich) zehnjährige Abwesenheit, unter Nichtbewirtschaftung des Landes und Nichtteilnahme an den Steuern, ein Grund des Ausschlusses aus der Gemeinde (§ 16). Die Gemeinden können, nach ihrer Eigentumsordnung, 1. Gemeinden mit erblichen Hufen (Utschastkowoje Obschtschestwo) oder 2. Gemeinden mit Feldgemeinschaft (Obschtschinnoje O[bschtschestwo]) oder 3. gemischte sein (§ 4). Gemeinden, welche seit 24 Jahren keine Neuumteilung (Pjeredjel) vorgenommen haben, gelten als zur Kategorie 1 gehörig. Das Nadjelland befindet sich entweder 1. im Eigentum der einzelnen Dorfgenossen; – dies ist der Fall: a) für „vereinödete" Hufen (Einzelhöfe, Chutorskije Utschastky § 58), b) für Garten- und Hofland, c) für zu erblichem Recht erworbene Waldanteile des einzelnen, endlich und vor allem d) für erblich (nach der bisherigen Terminologie: in podwornoje, nach der jetzigen: in utschastkowoje semljewladjenije) besessene Hufen der einzelnen Wirte. Oder 2. sie stehen im Eigentum der Gemeinde; dies ist der Fall: a) bei Land, welches die Gemeinde selbst gemeinsam nutzt oder auf gemeinsame Rechnung verpachtet, b) bei dem feldgemeinschaftlichen, d. h. demjenigen Lande, welches auf Grund der von der einzelnen Gemeinde angenommenen Regeln den einzelnen Wirten zur Nutzung „bis zur Neuumteilung" zugewiesen ist.

Dieser gesamte jetzige Bestand bäuerlichen Landes nun, gleichviel welchem Rechte er unterliegt, bleibt besonderen, von den allgemeinen Regeln des bürgerlichen Rechts abweichenden Bestimmungen unterworfen. Die Motive führen aus, daß nach den „Erfahrungen der westlichen Länder" bei freiem Verkehr des Bodens „der kleine Grundbesitz keinen Bestand habe"(?) (das gerade Gegenteil steht fest), daß dabei vielmehr das Bauerntum Landwirten eines „anderen Typus", den die Motive „Farmertyp" nennen, weichen müsse. Um dies zu verhindern, wird vorgeschlagen, folgendes zu bestimmen: für das Nadjelland soll nach wie vor gelten 1. das *Verbot der Verpfändung* (§ 86) an Private, einschließlich privater Banken, 2. das Verbot jeder Veräußerung (freiwillig oder durch Subhastation) an *Nichtbauern* (§ 72), nur die Gemeinde kann mit ⅔ Mehrheit und Zustimmung der Agrarkommission Nadjelland abveräußern (§ 78); sonst ist nur im Erbgang, durch Enteignung, durch Tausch zwecks Feldbereinigung und, mit Zustimmung der Agrarkommission, durch Veräußerung für Eisenbahn- und Industriezwecke ein Erwerb bäuerlichen Landes durch Nichtbauern rechtlich möglich, 3. soll neu eingeführt werden ein *Verbot des Besitzes von mehr Nadjelland seitens einer und derselben Person* innerhalb einer und derselben Gemeinde, *als* durch das Gouvernementssemstwo für die betreffende Örtlichkeit *für zulässig erklärt* worden ist (§ 75, 76). Aller dies Bodenbesitzmaximum übersteigende Nadjelbesitz eines Bauern ist von ihm, gleichviel wie er ihn erworben hat, innerhalb von drei Jahren zu veräußern (§ 77). Diesen Schranken würde nach den Bestimmungen des Anm. 227a exzerpierten Projektes für die Vermehrung des bäuerlichen Landbesitzes auch alles von jetzt an durch Vermittlung des Staats oder der Landbank von den Bauern gekaufte Land unterliegen. Das Besitzmaximum findet eine (freilich nur schwache) Anknüpfung in den Anm. 255 erwähnten Bestimmungen über den Landerwerb

Dorfgemeinschaft über den einzelnen Bauern auf ihr Programm setzte, des-

durch die Bauernbank. – Die Motive bezeichnen zur Begründung dieser Vorschläge den jetzigen Bestand des Nadjelbesitzes als den „Landfonds" zur Versorgung der *Masse* der Bauern, der daher diesem Zweck nicht im Interesse einzelner entzogen werden dürfe. Wie man sieht, handelt es sich um ein Entgegenkommen gegenüber den Gedanken des Narodnitschestwo, nur im Rahmen der Privateigentumsordnung. Für das „historische" Nadjelland soll mithin, im Gegensatz zum sonstigen Grundbesitz, „Parzellierungszwang" behufs künstlicher Erhaltung des kleinbäuerlichen Charakters der Agrarverfassung in bezug auf die Besitzverteilung bestehen. Die vom Narodnitschestwo fernerhin erstrebte Sicherung der Betriebe der Bauern gegen Ausbeutung ist dagegen nicht versucht: die *Verpachtung* von Nadjelland bleibt zulässig, das Hauptmittel ökonomischer Differenzierung innerhalb der Gemeinden bleibt also bestehen. Anderseits ist, *wenn* solche Vorschriften wie das Besitzmaximum eingeführt werden, kein Grund für das Verbot der Veräußerung an Nichtbauern einzusehen: das „Kulatschestwo" geht dem Schwerpunkte nach ja gerade aus der Bauernschaft selbst hervor, und für die Zwecke des Gesetzgebers würde die zünftige Abschließung des Bauernstandes, wie sie seinerzeit Schäffles „Incorporation des Hypothekarkredits" vorschlug, in Verbindung mit jenem Besitzmaximum, durchaus genügen. – 4. Die Erbfolge im Nadjelland soll sich nach örtlichem Gewohnheitsrecht richten. Das Prinzip des *Familieneigentums* soll aber, weil es der freien Bewegung und *Autorität* (NB!) des Familienhauptes sowohl als *„der Entwicklung richtiger Vorstellungen von der Heiligkeit des Eigentums abträglich"* sei, auch die Kreditwürdigkeit des Wirts beschränke, beseitigt werden. Dahin zielt sowohl die absichtsvolle Konstruktion des Bodenbesitzes als: entweder „Eigentum" der juristischen Person des Dorfs oder der physischen des Einzelwirts, wie die Bestimmung, daß eine Abschichtung aus dem gemeinsamen Haushalt der Deszendent bei Lebzeiten des Aszendenten nie (§ 93), Seitenverwandte dagegen, die in gemeinschaftlicher Wirtschaft leben, jederzeit (§ 94) verlangen können. – Zu erblichem Eigentum besessenes vereinödetes und verkoppeltes (§ 97, 100) Land, ferner Gärten und Hofländereien unterliegen keinerlei Einmischung der Gemeinde in die Wirtschaft; für anderes Land muß, bei Gemengelage, wenn die Gemeinde vom Flurzwang nicht dispensiert, dieser innegehalten werden (§ 101). – Für die Obschtschina speziell werden folgende Bestimmungen vorgeschlagen: Neuumteilung feldgemeinschaftlichen Landes findet durch einen mit zwei Drittel Mehrheit zu fassenden Gemeindebeschluß statt. Den dabei in der Gemeinde bisher üblichen Teilungsschlüssel kann diese zwar ändern, jedoch muß er 1. für alle Wirte der gleiche sein (§ 108) und 2. darf durch die Änderung kein bisher mit Land ausgestatteter Wirt auf weniger als mindestens ein Landloos herabgedrückt werden (§ 190). Recht auf Landzuteilung haben alle Gemeindemitglieder, welche in der Gemeinde eine Hofstätte besitzen (§ 111). Seitenverwandte eines Wirts dürfen nicht aus der Anteilnahme am Besitz gestoßen werden, wenn bei der letzten Landzuweisung an den Wirt sie bezw. ihre Vorfahren in Rechnung gestellt waren (§ 70), – darin äußert sich der Rückstand, welcher von dem zum Untergang verurteilten Familieneigentum bleibt. Dagegen sind Gemeindeglieder, die nicht auf Grund der Bodenregulierungsakte, durch Rechtsnachfolge oder durch Gemeindebeschluß in die Feldgemeinschaftsrechte aufgenommen sind, nicht anteilberechtigt, ebensowenig natürlich die wegen zehnjähriger Abwesenheit aus der Gemeinde ausgeschlossenen (s. o.). Die Gültigkeitsdauer der Umteilung, welche im Umteilungsbeschluß zu bestimmen ist, muß mindestens eine Fruchtwechselperiode betragen, vor ihrem Ablauf kann eine Neuumteilung nur bei Übergang zu einem vollkommeneren Fruchtwechselsystem (§ 114, 3) oder zu einem anderen Besitzrecht stattfinden. Der Nadjel verfällt der Gemeinde im Falle des Todes des Wirts in Ermangelung von Erbberechtigten oder bei Verzicht desselben (§ 122). *Jeder Wirt kann aus der Obschtschina austreten und zum erblichen Besitz seiner Hufe übergehen* (§ 125), nur muß er, wenn sein derzeitiger Landanteil mehr beträgt, als ihm bei einer Neuumteilung auf Grund des bisherigen Teilungsschlüssels zustünde, den Überschuß an Land vergüten oder herausge-

avouierte sie sich – wie schon früher kurz erwähnt – selbst wieder, indem sie eben

---

ben (§ 126). Die Gemeinde kann einen Austretenden zu einem von der Agrarkommission festzustellenden Preise auskaufen. Gegen den Willen einzelner kann die Gemeinde als solche (§ 138) mit zwei Drittel Mehrheit zum erblichen Hufenbesitz, und zwar mit oder ohne neue Landumteilung (§ 139) übergehen. Der Übergang vom erblichen Hufenbesitz zum feldgemeinschaftlichen Besitz dagegen ist nur bei Einstimmigkeit möglich. – Dies, in bezug auf den Fortbestand der Obschtschina wenigstens formal „neutrale" Projekt wird nun ergänzt durch die gleichzeitig ausgearbeiteten Vorschläge einer Verkoppelungs- und Separationsgesetzgebung, welche, in Gemeinschaft mit der Absage an das Familieneigentum, den individualistischen Zug dieser dabei doch, unter dem Druck der populären Ideale, spezifisch antiagrarkapitalistischen Vorschläge verstärken.

Das inzwischen ebenfalls im „Praw[itjelstwjennyj] Wjestn[ik]" veröffentlichte und der Duma zugegangene, vom Landwirtschaftsministerium ausgearbeitete *„Projekt einer Verordnung über die Verbesserung und Vermehrung des Landbesitzes"*, dessen zweiter, die Landversorgung der Bauern betreffender Teil schon oben exzerpiert wurde (Anm. 227a), regelt eingehend die Rechte der an Feldgemeinschaften Beteiligten auf *Verkoppelung.* Kap. II (§ 8–10) stellt das Recht jeder an einer *mehreren* Dörfern gemeinsamen Feldgemeinschaft beteiligten „Ansiedelung" (ssjelenija)[,] durch einfachen Mehrheitsbeschluß ihrer Mitglieder die Zuteilung einer besonderen Dorfflur zu verlangen, fest. Kap. III bestimmt in § 12, daß je 10 „Wirte" eines Dorfes oder, wenn das Dorf weniger als 50 Wirte zählt, ⅕ derselben die Zuteilung des Anteils am Ackerland *an einer Stelle* am Rande der Dorfflur verlangen können, wenn sie bereit sind, dorthin zu übersiedeln, und Kap. IV in §§ 18 und 19, daß 1. im Fall einer Neuumteilung des Landes der Obschtschina jeder, der seinen Anteil zu *persönlichem Eigentum* bereits besitzt oder empfangen zu wollen erklärt, verlangen kann, daß ihm das auf ihn entfallende Land *in einem Stück* ausgewiesen werde, 2. außerhalb einer Neuumteilung aber ⅕ der Wirte oder mindestens 15 von ihnen, welche ihren Anteil zu *persönlichem Eigentum* besitzen, die gleiche Forderung stellen können. Die Dorfgemeinde kann durch Mehrheitsbeschluß derjenigen Wirte, welche beim feldgemeinschaftlichen Besitz *bleiben* wollen, für die persönlichen Eigentümer im Fall einer Neuumteilung auch gegen deren Willen ein Stück an einem Platz ausscheiden (§ 20). Kap. V bestimmt in § 23, daß die vollständige Separation und Verkoppelung (raswjerstanije) einer Dorfgemeinschaft, sei es, daß das Land Privateigentum der Wirte oder feldgemeinschaftlich ist, auf Verlangen von *zwei Dritteln* der „Wirte" zu erfolgen hat, und zwar auf Verlangen der Antragsteller in Verbindung mit „Vereinödung" (Auseinandersiedelung auch der Hofstätten, § 24). Der Umfang der dem Verkoppelung dem einzelnen im Fall bestehender Feldgemeinschaft auszuweisenden Anteile bestimmt sich entweder nach besonderem Zweidrittelmehrheitsbeschluß oder, falls ein solcher nicht zustande kommt, nach dem bei der letzten Neuumteilung zu Grunde gelegten Teilungsschlüssel (§ 25). Die einmal erfolgte Totalverkoppelung ist *endgültig,* Partialverkoppelungen – die unter den gleichen Voraussetzungen zulässig sind – dürfen nicht vor 12 Jahren wiederholt werden. Kap. VI handelt von der Beseitigung der Gemengelage durch Parzellenaustausch, welche im Fall nachgewiesener Schädlichkeit derselben von jedem Beteiligten gefordert werden kann. –

Man erkennt die starke Neigung zur Bevorzugung des chutorskoje chasjaistvo (Einzelhofsystem), welche ebenfalls nicht nur wirtschaftlichen Erwägungen, sondern auch dem Wunsch der Regierung (und, wie wir sahen, des Adels) entspringt, den individualistischen *Eigentumssinn* zu stärken: ein gewaltiger Umschwung gegen die Stimmung noch vor 13 Jahren! Eine nähere Würdigung der Bedeutung des Projekts muß bis zu seiner eventuellen Verabschiedung aufgeschoben bleiben. Wie man sieht, soll die ständische Absonderung der Bauern *in bezug auf ihren Landbesitz* perpetuiert werden und hofft die Regierung nunmehr, auf dem Boden eines zunehmend individualistischen Kleinbauerntums, für welches in der gesetzlichen Festlegung der Besitzverteilung ein festes Gehäuse geschaffen wird, die autoritätsgläubige ländliche Schicht zu finden, welche die Obschtschina ihr nicht mehr sichert.

Bedingungen des Wahlausfalles

diese Machtstellung des Mir, und zwar gerade diejenige ihrer Äußerungen, welche die weitaus gehässigste ist, für ihre Polizeizwecke auszunutzen suchte: das Recht des Mir, sich lästiger Mitglieder unter bestimmten Voraussetzungen durch Verschickung nach Sibirien zu entledigen, wurde dadurch gegen die Revolutionäre nutzbar gemacht, daß man die Bauerngemeinden anregte, Leute, welche „Parteigänger oder Veranlasser von Agrarunruhen" seien, durch Resolution als solche bei der staatlichen Verwaltungsbehörde zu *denunzieren,* worauf der Minister „diskretionär" die alsbaldige Verschickung veranlassen konnte und die Transpostkosten in solchen Fällen ganz auf die Staatskasse nahm[273]), ähnlich wie man seinerzeit die Aufhebung der Solidarhaft für die Steuern (1904) alsbald durch Einführung der Solidarhaft für Schäden, die bei Agrarunruhen entstanden waren, wieder wett machte. Unmittelbar vor seinem Rücktritt im April brachte dann der Minister des Innern noch ein Gesetz ein, welches die zivilrechtliche Haftung der Bauern für Schäden im Fall von Unruhen dadurch „wirksamer" machen wollte, daß in diesen Fällen auch die bisher gesetzlich pfändungsfreien Teile ihres Inventars der Zwangsvollstreckung unterliegen sollten. Allein diese von der Wut eingegebene Maßregel stieß sowohl beim Justizminister wie bei Witte auf Bedenken und wurde abgelehnt.

Dagegen suchte die Regierung den Klasseninteressen der Landwirte wenigstens dadurch etwas zugute zu tun, daß sie, gegenüber der im übrigen in der Richtung auf Beseitigung der Streikstrafen sich bewegenden Gesetzgebung, nach dem Muster Preußens, ein spezielles Antistreikgesetz für *Landarbeiter* schuf, in einer Formulierung, welche auch die Einbeziehung der gutsherrliches Land bearbeitenden Bauern möglich machte, und sie nahm es damit so ernst, daß sie dieses Gesetz am Tage vor der Dumaeröffnung, 26. April, datiert vom 15. April, publizierte unter der rätselhaften, die Hast der Schlußredaktion deutlich verratenden Überschrift: „Betreffend das *Projekt*(!) eines Reglements gegen den Ausbruch von Streiks unter Landarbeitern." Der kontraktbrüchige Streik landwirtschaftlicher Arbeiter und jede, auch erfolglose, Aufforderung dazu wird hier unter Kriminalstrafe gestellt, auch wenn keinerlei gewaltsame Mittel verwendet werden[273a]).

Man kann die hier vorgeschlagene Agrarpolitik am bequemsten sich als eine voluntaristisch-individualistische Abwandlung des Narodnitschestwo in ihrem Charakter verdeutlichen. (Über das genuine Narodnitschestwo s[iehe] Beilageheft zu Bd. XII Heft 1 des „Archiv".)

[273]) Der Humor der Sache war dann, daß die katholischen Bauern des West-Kraj sich dieser Gelegenheit bedienten, um zahlreiche *russische* Bauern, die ihnen in ihrer Mitte „lästig" schienen, brevi manu „verschicken" zu lassen, – wie wenigstens „Nowoje Wremja" (Nr. 10803) behauptete. Den Inhalt des Ministerialreskripts selbst s[iehe] „Wjestnik sselsk[awo] chazj[aistwa]" Nr. 11 S. 19.

[273a]) Die Löhne der Landarbeiter waren (Torg[owo]-Prom[yschljennaja] Gasj[eta], 129) *trotz* der infolge schlechter Heuernte sinkenden Nachfrage um 10–100% (je nach den Gegenden) gestiegen, – lediglich eine Folge des gestiegenen Selbstgefühls und der mehrfach entstandenen, wenn auch nur temporären, Organisation der Leute. Die *Zahl* der „Landarbeiter" betrug nach der 1897er Zählung 2722000. Unsicher bleibt dabei die Abgrenzung des *Begriffs*. – Im Juni häuften sich die Nachrichten, wonach die *Bauern* die Arbeit bei den Gutsbesitzern gemeinsam einstellten, die Gutsbesitzer Militär verlangten,

Gegenüber all diesen Leistungen[273b]) zur Erhaltung der „Unantastbarkeit des Privateigentums" ist – wenn man von pekuniären Erleichterungen der Übersiedlung nach Sibirien[274]) und einer Anzahl Beratungen der verschiedenen Ressorts der Domänen- und Forstverwaltung über Verpachtung von Land an die Bauern absieht – der einzige in irgendeinem Sinne „positive" agrarpolitische Schritt, nach dem mißglückten Anlauf Kutlers, die Ausgestaltung der *Bauernbank* geblieben. Da ihre Tätigkeit in dieser Zeitschrift von seiten einer russischen Autorität analysiert werden wird[274a]), fasse ich mich hier sehr kurz, wesentlich kürzer, als das Interesse an dem Gegenstande an sich rechtfertigen würde. Ein in Begleitung des Manifestes vom 3. November 1905 herausgegebener Ukas vom selben Datum verfügte, 1. daß die Mittel der Bank zum Ankauf von Land durch Erlaubnis zur Ausgabe von Schuldverschreibungen erhöht werden sollten; 2. daß in denjenigen Fällen, wo eine Kreditierung des veräußerten Landes bis zu 90% zulässig war, sie fortan zum vollen Werte zugelassen werden sollten; 3. daß die der Bank noch (aus Rückständen) zufließenden Anteile von den Loskaufsgeldern[275]) zur Tilgung der ad 1 erwähnten Schuldverschreibung dienen sollten. – Die Beschaffung neuer Mittel für die Bank war schon dadurch unumgänglich geworden, daß die unter Nr. 3 erwähnten Loskaufsgelder, an denen sie nach dem Gesetz vom 14. November 1894 Anteil hatte, mit dem 1. Januar 1907 in Wegfall kamen. Die Durchführung der praktisch wichtigsten Bestimmung des Ukas: die Art der Ausgabe der Schuldverschreibungen, zog sich außerordentlich in die Länge. Da die Bank bei Barzahlung an die Verkäufer und Ausgabe von 300 Millionen Rubel Schuldverschreibungen zu (wie bisher) 4½% etwa 60 Millionen verloren hätte, sollte von nun an in unkündbaren 5%igen Papieren, die der Staat garantierte, nicht mehr in bar, gezahlt werden. Über den Zinsfuß

Verhaftungen u. dergl. erfolgten, ohne daß doch der Widerstand der Bauern gebrochen wurde. (S[iehe] auch die „Nachträge" hinten.)

[273b]) Die zarte Rücksicht auf die Interessen der Großgrundbesitzer blieb dabei nicht stehen: Weil die *besitzenden(!)* Klassen „eine schwierige Lage durchzumachen["] hätten, wendete sich der Landwirtschaftsminister *gegen* die Einführung der Einkommensteuer („Russk[ija] Wj[edomosti]" 165, 1).

[274]) Die Einzelheiten interessieren hier nicht. Gestattet ist die Entsendung von „Kundschaftern" (chodoki) behufs Besichtigung der z. Z. (nach offiziöser Mitteilung) 28 945 in Sibirien zur Ansiedelung fertigen „Seelenanteile", so viel ich sehen konnte, nur aus sieben Gouvernements. Für die Dumamitglieder stellte das Ministerium Tabellen über den Umfang der Umsiedelungsbewegung zusammen, welche folgendes ergeben: Hauptfortwanderungsgebiete sind die Departements Poltawa und Tschernigow mit jährlicher Fortsiedelung von 6,5 bezw. 5,4 pro Mille der Dorfbevölkerung. In beiden bilden die großen Besitzungen (über 1000 Deßj.) fast die Hälfte (42,9 bezw. 49,9 %) der Fläche des Privatbesitzes, ein Drittel des Umfangs des Nadjellandes in jedem. Eine derartige Grundbesitzverteilung besteht jedoch *nur* in diesen beiden Gouvernements. Die alljährliche Fortsiedelung aus den 50 europäischen Gouvernements beträgt jetzt 114 000 Seelen im Durchschnitt, d. h. 1,4 pro Mille der Dorfbevölkerung.

[274a]) Vorläufig vgl. oben Anm. 255. Das gegebene Versprechen werden wir nunmehr nicht halten können, da Professor Herzenstein inzwischen ein Opfer der contrarevolutionären Banden geworden ist.

[275]) S[iehe] oben Anm. 255.

und die Amortisationsfristen konnte man sich jedoch längere Zeit nicht einigen[276]); andrerseits war es nötig, in betreff der bei Übernahme von Gütern, die bei privaten Hypothekenbanken verschuldet waren, eintretenden Verhältnisse mit diesen letzteren zu einem Einvernehmen zu gelangen, damit die verschuldeten Güter trotz der Hypotheken durch die Bank *parzelliert* werden könnten[277]). Das nach lebhaften Debatten über die ersteren Punkte im Reichsrat zustande gekommene allerhöchst bestätigte Reichsratsgutachten vom 21. März verfügte alsdann im wesentlichen: die Bauernbank (und ebenso die uns hier nicht näher interessierende, unseren Landschaften entsprechende Adelsbank) gibt Darlehen (bei Vermittlung von Landkauf) und zahlt (bei eigenem Erwerb) nur noch in Obligationen, nicht mehr in bar. Die staatlich garantierten Obligationen der Bauernbank (Nr. III) tragen 5%, doch hat jeder, der Land an die Bank verkauft, das Recht für sich, statt dessen eine ebenso garantierte 6%ige steuerfreie (III, 4) Schuld in den Büchern der Bank eintragen zu lassen (III, 3), deren Tilgung vom 5. Jahre an beginnend mit dem 15. vollzogen sein soll, und welche (III, 8) *nur im Erbgang die Hand wechseln kann*. Die jährlichen Gesamtzahlungen der Darlehensempfänger betragen mindestens 5¾% (bei Tilgung in 45½ Jahren), höchstens 11% (bei Tilgung in 13 Jahren). Nachdem dann der oben erwähnte zweite Punkt durch entsprechende Beschlüsse der in Betracht kommenden Aktienbanken geregelt war, erschien am 12. April der Allerhöchst genehmigte Ministerialvortrag vom 10. April 1906, welcher der Bank die Ausgabe von 100 Millionen Rubel 5%iger Schuldscheine gestattete, unter Garantie des Staates, verwendbar als Kautionsmittel zum Nennwert bei bestimmten Kredit- und Lieferungsgeschäften des Staates, zu tilgen nach Maßgabe der Fristen, auf welche die Darlehen gegeben sind, und der eingehenden Amortisationszahlungen[277a]).

---

[276]) Der Reichsrat teilte sich mit 35 gegen 36 Stimmen. Ich gehe hier auf diese Dinge nicht ein, die hoffentlich bald eingehender in dieser Zeitschrift besprochen werden.

[277]) Bisher löste die Bank, wenn ein übernommenes Gut bei einer Privatbank verschuldet war, bei dieser die Hypothek ab, mußte dafür Obligationen ausgeben und ließ dann den Unterschied gegenüber dem Nominalwert der Schuld dem Verkäufer zugute kommen. Bei sinkenden Kursen der Papiere war dies ein erheblicher Anreiz zum Verkauf durch die Bank, aber ebendeshalb für sie eine Quelle erheblicher Verluste. Das fällt jetzt, wo die Bank die Schuld auf ihren Namen übernehmen – aber nicht notwendig gleich tilgen – soll, fort. Die Folgen der Neuerung bleiben abzuwarten. Einzelne Grundbesitzer baten, sie lieber als mit Obligationen der Bank mit Grundbesitz an der sibirischen Bahn zu entschädigen.

[277a]) Das Gesamtangebot und der Gesamtankauf seitens der Bauernbank seit 5. November 1905 bis 1. *Juni* 1906 wird – was zu Anm. 255 nachzutragen ist – in der Beilage zum „Praw[itjelstwjennyj] W[jestnik]" (Nr. 43) jetzt wie folgt angegeben: Angebot: 4 148 000 Deßjätinen für zusammen 523 676 523 Rubel (= 126 Rubel Deßjätinen) und 284 700 ohne Preisangabe. Endgültig gekauft sind: 815 709 Deßjätinen (= ca. 890 000 Hektar) in 404 Stücken zum Preise von rund 93 Millionen Rubel, also 113 Rubel für die Deßjätine (gegen durchschnittlich 70 Rubel für die Deßjätine bei den Ankäufen der Bank für eigene Rechnung während des Jahrzehnts vom November 1895–1905, welche 935 513 Deßjätinen umfaßten), bei Schwankungen von 8 Rubel (Perm, Orenburg) bis 200 Rubel (Poltawa, Chersson, Bessarabien, Charkow). Die meisten Käufe liegen in den Gouvernements

Schon vorher hatte der Ukas vom 4. März 1906[278]) die Art der *Verwaltung* der Bankgeschäfte auf eine neue Unterlage zu stellen gesucht. Er verfügte die Bildung von „Agrarpolitischen Kommissionen" (semljeustroitjelnija kommissii), bestehend 1. in den Ujesds aus: dem Adelsmarschall, dem Vorsitzenden der Semstwo-Uprawa, einem vom Landwirtschaftsdepartement ernannten Gliede, einem Mitglied des Kreisgerichts oder dem Vorsitzenden des Friedensrichterkongresses, einem Mitglied der Apanagenverwaltung, dem Steuerinspektor, dem Landhauptmann, drei aus dem Semstwo zu wählenden und drei aus einer von den Wolost-Sschods zusammenzustellenden Liste zu erlosenden Bauernvertretern. 2. Für das Gouvernement besteht eine gleichartige Kommission, die entsprechend aus den Gouvernementsbehörden zusammengesetzt war, unter Zuziehung je eines Vertreters der Landbank und der Gouvernements-Prissutswije (des in der Mehrheit bureaukratischen Gouvernementsrats). Der Kreis- (Ujesd-) Kommission sollte (Nr. I, 4) die Begutachtung der Ankaufs- und Parzellierungspläne der Landbank, Beihilfe bei der Feststellung des Maßes der Landnot der Bauern und des „reellen Wertes" (djestwitjelnaja stojmostj) des Landes und die Vermittlung zwischen Verkaufs- und Kauflustigen obliegen. Die Gouvernementskommissionen sollten sie darin beaufsichtigen und für die nötige „Einheit" Sorge tragen. Beim Landwirtschaftsministerium endlich wird ein aus Vertretern der verschiedenen in Betracht kommenden Ressorts (darunter des Ministeriums des kaiserlichen Hofes), der Adels- und Landbank und des Reichskontrolleurs bestehendes ständiges Agrarkomitee gebildet (Nr. II). Dies Komitee hat 1. über die Notwendigkeit der Errichtung der oben (ad 1 und 2) erwähnten Kommissionen in den einzelnen Kreisen zu befinden, 2. ihnen gegebenenfalls Aufgaben zuzuweisen, insbesondere: Aufklärung des Landbedarfes, ferner Mitwirkung bei der Verpachtung der Domänen an Bauern, Verbesserung des Betriebes der Bauernwirtschaften, Vermittlung zwischen Gutsherrn und Bauern über Beseitigung der Gemengelage. Es fällt bei der Betrachtung dieses Schemas sofort auf, daß gar kein Instanzenzug festgestellt, die Art der Betätigung in der denkbar unbestimmtesten Weise umgrenzt, endlich und vor allem – wie sofort in der Presse betont wurde[279]) – gar nicht angedeutet ist, ob die Beschlüsse dieser Kommissionen für die Landbank irgendwie *bindend* sein sollen, oder ob es sich nur um eine Begutachtung handelt, welche den ohnehin für eine erfolgreiche Arbeit oft schon jetzt zu langsamen Geschäftsgang der Landbank noch weiter mit der Produktion von nutzlosem „schätzenswertem Material" belastet. Erst die Praxis wird zeigen können, ob die Kommissionen daneben irgendwelchen positiven Wert gewinnen, oder ob sie im wesentlichen teils Vertretungen der Bureaukratie, teils der gegenüber den Bauern (3) in der

---

Poltawa, Charkow, Chersson, Bessarabien, Ssaratow, Pensa, Ssamara. (S[iehe] ferner „Nachträge".)
[278]) Abgedruckt z. B. im „Now[oje] Wr[emja]" vom 8. März S. 2, „Prawo" Nr. 10. Die entsprechende Zirkularverfügung des Ministeriums s[iehe] im „Prawit[jelstwjennyj] Wjestn[ik]" Nr. 134).
[279]) „Now[oje] Wr[emja]" 10709 S. 14.

Majorität (6) befindlichen Interessen des Adels und des in den Semstwos überwiegenden Grundbesitzes sind, welche an der Hochhaltung der Bodenpreise interessiert sind[279a]). Davon wird insbesondere auch abhängen, welche Haltung die *Bauern* einnehmen gegenüber der Landbank und dem im Laufe des letzten Jahres dringlich gewordenen Landangebot. Je länger die Unsicherheit und die Einschüchterung der Gutsbesitzer dauert, desto mehr wird der auf dem gutsherrlichen Boden liegende Preisdruck die günstigen Kaufchancen der Bauern erhalten, die durch das massenhafte Niederbrennen der sonst stets für jede Bauernkolonisation auf Gutsland ein „psychisches" Hemmnis bildenden Gutsgebäude und durch die Unkosten der Kosakenwachen für die Besitzer noch gesteigert werden[280]). „Socialpolitisch" gewertet sind diese „Vernichtungen von Werten" in concreto im allgemeinen nur von Nutzen gewesen. Fraglich ist nur, inwieweit die Bauern die gegebene günstige Gelegenheit benutzen und sie nicht etwa in Erwartung größerer Dinge seitens der Duma verpassen. – Auf jeden Fall wird der nunmehr in so greller Deutlichkeit zu jedermanns Bewußtsein gekommene Interessengegensatz bezüglich der Preispolitik der Landbank nicht verfehlen, seine politischen Wirkungen auch innerhalb jener *Selbstverwaltungskörperschaften* zu äußern, denen beide Teile: Grundbesitzer und Bauern, angehören. Tatsächlich hat die Verschärfung der Klasseninteressen innerhalb ihrer schon im letzten Winter die erheblichsten Fortschritte gemacht; sie bereitete den am Beginn der Umwälzungsperiode in der Front stehenden Semstwokongressen ein Ende und drohte die politische Physiognomie der Semstwos selbst nachhaltig zuungunsten der Demokratie zu ändern.

Zwar die Parteigänger der erzreaktionären Grundbesitzerkongresse, wie de-

---

[279a]) Inzwischen hat das Gesetzprojekt über die Verbesserung und Vermehrung des Bauernbesitzes, dessen übrige Teile früher (Anm. 227a und 272a) exzerpiert wurden, diese Lücke ausgefüllt. Der Instanzenzug geht von den Kreiskommissionen durch die Gouvernementskommission an das Agrarkomitee. Den Kommissionen ist nunmehr vor allem die Durchführung der *staatlichen* Landzuweisung, wie sie jenes Projekt vorsieht, unterstellt. Sie haben über die Ausführung der in diesem Projekt vorgeschlagenen Maßregeln, insbesondere also: über den Umfang der, als Maximum, zu bewirkenden Landausstattung (§ 45 des Ges[etzes]), ebenso über den Maximalumfang der Enteignung bei der Verkoppelung (§ 32), über die eventuell zu gewährende Herabsetzung des Kauf- oder Pachtpreises, über den Inhalt der Pachtverträge der Domänenverwaltung mit den Domänenpächtern, ferner aber auch über die Frage des Ankaufs und der Kaufvermittlung von Besitzungen durch die Landbank, endlich überhaupt (§ 62) über alle Gesuche um Vergrößerung des Landbesitzes zu beschließen. Jedoch soll in allen wichtigen Fällen ihr Beschluß durch den Widerspruch der Vertreter der Finanz- bezw. Domänenverwaltung bezw. der Landbank an die höchste Instanz: das *rein* bureaukratisch, aus Vertretern der beteiligten Ministerialressorts, zusammengesetzte zentrale Agrarkomitee gezogen werden, so daß ihnen faktisch eine wesentlich vorbereitende und beratende Tätigkeit zufällt, die vermutlich oft mehr zur Verlangsamung des Geschäftsgangs als zur sachlichen Förderung dienen wird.

[280]) Auch der Staat hat übrigens von der ihm durch die Einschüchterung der Besitzer gegebenen Gelegenheit zum Bodenerwerb in recht bedeutsamer Weise Gebrauch gemacht. Er hat u. a. am Kaspischen Meer und im Wolgagebiet Latifundien von mehreren hunderttausend Deßjätinen zur Parzellierung gekauft.

ren einer unter Fürst Schtscherbatows Vorsitz vom 16. und 17. Februar in Moskau stattfand, um für das „nationale" Papiergeld, für Freiheit, die Landbank auch beim Parzellenverkauf in Anspruch zu nehmen, für Überführung der Bauern zum privaten Grundbesitz, nur unter Verbot des Erwerbs von Bauernland durch Nichtbauern, für die absolute Leugnung irgendwelcher Landnot und die Erhaltung der Unverletzlichkeit des Grundeigentums einzutreten[281]), waren in fast allen Semstwos in der entschiedenen Minderheit. Gleichwohl war innerhalb ihrer der Einfluß der Interessen der Grundrente im augenfälligen Steigen.

Gleichzeitig mit dem Umschwung in der Frage des Bodeneigentums im Ministerium äußerte sich die hereinbrechende Reaktion in den Semstwoversammlungen. Wo, wie in Ssimbirsk und Kaluga, Semstwoneuwahlen stattfanden, siegten die Konservativen oder, wie in Charkow, die Mittelparteien, die übrigens schon im Herbst, zur Zeit des Novemberkongresses der Semstwos und Städte, eine große Anzahl von Kreissemstwos – im Gegensatz zu den meist radikalen Gouvernementssemstwos – beherrscht und damals an Witte zahlreiche „Vertrauens"kundgebungen geschickt hatten. Aber auch wo keine Neuwahlen erfolgten, änderte sich die Physiognomie der Selbstverwaltungskörper. In einer Reihe von Semstwos – zuerst in Twer (15./28. Januar) – suchten die nach dem Gesetz präsidierenden Adelsmarschälle die Öffentlichkeit der Verhandlungen einzuschränken, weil das Tribünenpublikum stets der radikalen Richtung Rückhalt gab, und es bedurfte nachhaltiger Proteste, um den alten Zustand herzustellen. Maxim Kowaljewskij suchte in Charkow die Rechte von der Teilnahme auszuschließen, weil er im Frack (statt in der Uniform) erschien[282])! Weiterhin begann der Kampf gegen die Buchläden der Semstwos, welche die faktisch zensurfreie Periode nach dem Manifest des 17. (30.) Oktober ebenso wie andere Buchhändler zur reichlichen Verstärkung ihres Büchervorrats benutzt hatten. Nicht nur die Regierung schritt jetzt überall rücksichtslos gegen die Semstwoläden[283]) ein – so in Wladimir am 6. (19.) Januar, in Jarosslawlj am 21. Januar usw. –, sondern mehrfach auch die Semstwos aus eigener Initiative. So wurde in Ssaratow der Vertrieb des besten der bestehenden Semstwoblätter, der „Ssaratowskaja Semskaja Njedjelja"[284]) einfach eingestellt, anderwärts (in

---

[281]) Bericht im „Now[oje] Wr[emja]" 17. u[nd] 18. Februar. S[iehe] im übrigen über die „Eigentümer" und „Antistreik"verbände der Grundbesitzer Anm. 273a und „Nachträge".

[282]) Die Erörterung dauerte, wie es scheint, zwei Sitzungen! Schließlich entschuldigte er sich: er habe für seinen stattlichen Körper so schnell keine „Montierung" auftreiben können, und damit beruhigte man sich.

[283]) Der dortige Buchladen des Semstwo hatte – wie zur Illustration dieser Institutionen angeführt sein mag – laut Jahresbericht 1903 für 29000 Rubel Bücher und Zeitungen, für 11000 Rubel Schreibmaterialien verkauft, 1904 für 35000 bzw. 15000, 1905 schon bis 1. Oktober mehr als dies – infolge der Demokratisierung des Leserkreises, in welchem jetzt Geistliche, Lehrer, Bauern und andere kleine Subskribenten mit 3–4 Rubel Zeichnungsbetrag überwogen (1904 in der Stadt 8000, 1905 bis 1. Oktober 12000 Käufer). Der Laden brachte dem Semstwo 5–800 Rubel Reinertrag.

[284]) Namentlich auch in den wissenschaftlichen Beiheften finden sich eine Anzahl der wertvollsten agrarstatistischen und agrarpolitischen Arbeiten.

Kostroma) die begonnene Herausgabe eines Semstwoblattes gegenüber den von der Verwaltung erhobenen Schwierigkeiten[285]) wieder sistiert. – Von dem Gebiet der buchhändlerischen und publizistischen Tätigkeit der Semstwos schlug die Welle hinüber auf die oft erörterten Verhältnisse der Semstwo*angestellten,* des sogenannten „dritten Elementes"[285a]), dieser spezifischsten Vertreter des russischen Typus der radikalen Intelligenz. Kraft der Befugnisse, welche der Kriegszustand bezw. der Zustand des außerordentlichen Schutzes verleiht, hatten die Behörden, von den massenhaften Verhaftungen und administrativen Verschickungen von Semstwoangestellten abgesehen, die neben den Maßregelungen von Semstwomitgliedern[286]) parallel gingen, in fast allen Gebieten des Reiches die Entlassung von solchen, namentlich von Ärzten, aus dem Semstwodienst verfügt – ein Vorgehen, wie es in diesem Umfang seit dem Bestehen der Semstwos noch niemals sich ereignet hatte. In Kasanj hatte der Gouverneur jede Anstellung im Semstwodienst von seiner jedesmal einzuholenden Zustimmung abhängig gemacht. Beschlüsse einzelner Semstwos (so des Moskauer), den Entlassenen das Gehalt zeitweise weiterzuzahlen, wurden kassiert. Aber in zahlreichen Semstwos ergriffen die reaktionär gewordenen Semstwomitglieder selbst die Partei der Repression. Die sämtlichen Ärzte des Moskauer Kreissemstwos kündigten am 9. (22.) Februar, weil der Vorsitzende der Uprawa, Richter, die bis dahin in diesem Semstwo bestehende Gewohnheit, wonach bei Entlassung und Neuanstellung von Ärzten der von den Angestellten gewählte „Sanitätsrat" angehört zu werden pflegte, nicht beachtet hatte. Erst nach 1½ monatlichem Streit und unmittelbar vor Ablauf der Kündigungsfrist wurde der Konflikt beigelegt. Die Uprawa in Ssaratow erhielt am 6. Februar ein Mißtrauensvotum, in welchem zugleich die Mißbilligung der politischen Agitation der Semstwobeamten (im vorliegenden Falle speziell der Ärzte) ausgedrückt wurde. Da die Uprawa unter stürmischem Beifall des Tribünenpublikums erklärte, auf ihrem Posten bis zum Ablauf des Trienniums zu verharren, verweigerte die Versammlung die Vornahme der Steuerrepartierung[287]). Bei dieser, freilich nicht gerade der eigenen „parlamentarischen" Theorie entsprechenden Haltung der Uprawa verlief der Anlauf hier, von den schon früher erwähnten empfindlichen Abstrichen vom Budget abgesehen, im Sande[288]). Sehr viel bedenklicher

---

[285]) Der Gouverneur beanstandete die erste Nummer. Auf die Bitte, die beanstandeten Stellen zu bezeichnen, erklärte er schließlich: „Die ganze Nummer passe ihm nicht" („Russk[ija] Wj[edomosti]" 71 S. 2).

[285a]) Über den Begriff s[iehe] Beilageheft zu Band XXII, 1.

[286]) So wurde in Nowgorod der Uprawavorsitzende Koljubakin entlassen, im Kalugaschen Gouvernement Kaschkarow wegen eines im *Oktober* 1905 geschriebenen „offenen Briefs" an den Gouverneur im *März* 1906 gemaßregelt. Kokoschkin trat wegen des willkürlichen Eingreifens der Verwaltung aus dem Swenigorodschen Semstwo aus.

[287]) „Now[oje] Wr[emja]", 7./20. und 8./21. Februar, „Russk[ija] Wj[edomosti]", 11./24. Februar.

[288]) Auch in den städtischen Dumas ging es vielfach ähnlich zu. In Moskau gaben konservative Bürger den liberalen Dumamitgliedern öffentliche Mißtrauensvoten, die dann entgegengesetzte Kundgebungen hervorriefen usw.

für die Liberalen ließ sich der Konflikt zwischen der radikalen Uprawa und den
„gemäßigt" und reaktionär gewordenen Mitgliedern der Semstwoversammlung
gegen Ende Februar im Moskauer Gouvernementssemstwo an. Die Uprawa,
vertreten durch F. A. Golowin, hatte hier eine Resolution eingebracht, welche
die behördlichen Eingriffe in die Verhältnisse der Semstwoangestellten zum
Anlaß nahm, um alsbaldige Aufhebung des Ausnahmezustandes zu petitionie-
ren[289]). Unter der Führung A. J. Gutschkows nahm jedoch die Mehrheit (32
gegen 26) eine Resolution an, welche zwar die behördliche Willkür verurteilte,
aber in „besonderen" Fällen die Anwendung des „verstärkten Schutzes" für
gerechtfertigt erklärte und vor allem die politischen Streiks unbedingt verurteilte, die Teilnahme von Semstwobeamten daran für unvereinbar mit ihren Pflichten erachtete und die Uprawa beauftragte, demgemäß zu handeln. Die Uprawa
reichte alsbald beim Gouverneur, der Vorsitzende beim Minister des Innern,
ihre Entlassung ein (22. Februar a. St.). „Now[oje] Wr[emja]" jubilierte, und
das offiziöse „Russkoje Gossudarstwo" sah in dieser Tat seines bewährten
„Staatsmannes" A. J. Gutschkow den Anfang einer „Reinigung" der Semstwos
von „Elementen, welche durch Mißverständnis der Wähler" in sie gekommen
seien, eines Prozesses, dessen volle Durchführung, wie dabei versichert wurde,
die Regierung durch Zurücknahme aller Repressivmaßregeln quittieren werde.
Graf Witte glaubte jetzt die Früchte seiner zuwartenden, auf die „peur de la
bourgeoisie" berechneten Politik zu ernten. Und in der Tat: der Zusammenbruch des alten Zentrums der frondierenden Semstwoorganisation und die
Herstellung eines Einverständnisses zwischen der Regierung und der Mehrheit
des bisher führenden Semstwos hätte weittragende Folgen haben können. Indessen es zeigte sich alsbald, daß *das Mißtrauen gegen die Regierung* selbst bei
den „Gemäßigten" doch noch erheblich *größer war als sogar der Haß gegen die
Revolution*. Schon die nächste Sitzung zeigte ein anderes Bild, zum Teil – aber
nicht nur – infolge des schleunigen Aufgebots der liberalen Mitglieder – es waren
nur 58 von 92 Glassnyje (ordentliche Mitglieder) anwesend gewesen –, vor allem
aber infolge der Erwägung der Konsequenzen des Rücktrittes der Uprawa: da
kein volles Jahr mehr bis zum Amtsablaufe bevorstand, war gesetzlich die
Regierung befugt, die betreffenden Stellen kommissarisch zu besetzen. Einer
eindrucksvollen Rede D. N. Schipows, des Vorgängers Golowins und Vaters der
konstitutionellen Semstwobewegung, zugleich Parteigenossen Gutschkows im
„Bunde des 17. Oktober", gelang es, vermutlich durch die Drohung mit seinem
Austritt aus der Partei, zunächst einen einstimmigen Beschluß des Semstwo, die
Uprawa um Rücknahme ihres Abschiedsgesuches zu bitten, herbeizuführen, in
dessen Gefolge Gutschkow auf Verlangen Golowins die anstößige Resolution in
einem der Uprawa akzeptablen Sinn „interpretierte"[290]) (27. Februar a. St.).

---

[289]) Ähnliche Resolutionen gaben auch anderwärts zu den lebhaftesten Auseinandersetzungen Anlaß, so in Smolensk, wo schließlich ebenfalls die ganze Aktion fehlschlug,
„Now[oje] Wr[emja]", 13. Februar S. 5.
[290]) Die ganze Charakterlosigkeit dieses zerfahrenen Politikers trat darin abstoßend
zutage. Vgl. den Bericht „Now[oje] Wr[emja]" 10762 S. 2.

Und obwohl der Gouverneur die Abschiedsgesuche der Beisitzer bereits genehmigt hatte, dasjenige des Vorsitzenden aber dem Minister des Innern schon vorlag, wagte die Regierung charakteristischerweise doch nicht, die telegraphische Rücknahme der Gesuche als verspätet abzuweisen. Ähnlich schwankte die Wage in anderen Semstwos zwischen dem Mißtrauen nach unten und nach oben hin und her. In Tula z. B. gelangte im März durch Abschwenkung zahlreicher Mitglieder von der Linken zur Rechten diese zur Majorität. Dreißig „Glassnyje" protestierten unter Führung des Grafen W. A. Bobrinskij in einer Erklärung dagegen, daß das Semstwo Politik treibe, es sei eine rein ökonomische Institution und solle es bleiben. Demgemäß wurde das Sanitätsbureau geschlossen, die Sanitätschronik eingestellt, die bevölkerungsstatistische Tätigkeit des Semstwo der Staatsverwaltung übertragen (!) – alles, um unbequeme Glieder des „dritten Elements" kalt zu stellen. Aber als der Gouverneur, „um das heiße Eisen zu schmieden", nun auch die Schließung der Landwirtschaftsschule, des Buchverlages und der Abteilung für Volksbildung, ferner die Bewilligung von 100 000 Rubel für eine Kosakenmiliz zum Schutze der Gutsbesitzer und endlich die Einführung eines Reverses bezüglich Nichtbeteiligung an politischer Propaganda für die Angestellten anregte, wurde dies abgelehnt[291]). Die letztgenannte Repressivmaßregel wurde auch sonst vielfach erörtert, scheint aber, so viel mir bekannt, nur von relativ wenigen Semstwos durchgeführt worden zu sein. Häufiger war es, daß man, gelegentlich der allgemeinen Einschränkung des Budgets der Semstwos, auch die Beamtenzahl einschränkte – so in Poltawa und vielfach – und dabei dann auch politisch purifizierte. Die Budgeteinschränkung an sich war freilich durch die Finanzlage der Semstwos und Städte zwingend bedingt. Nicht wenige Städte und Semstwos standen infolge des Nichteinganges der Steuern – an dem übrigens die großen Besitzer überall *mindestens* ebenso stark, meist aber wesentlich stärker beteiligt waren wie die Bauern: die letzteren obstruierten mehrfach auf Aufforderung des Bauernbundes[292]), die ersteren zahlten nicht, weil die Bauern (angeblich oder wirklich) nicht zahlten und „weil die Regierung keine Ordnung schaffe"[293]) – direkt vor dem Bankerott. Man sprach schätzungsweise von im ganzen etwa 80 Millionen rückständiger Städte- und Semstwoeinkünfte; die Versuche, von der Regierung Vorschüsse zu erhalten, blieben natürlich vergeblich, und selbst für die Aufnahme von Anleihen war ihre Zustimmung, da sie sich selbst den Geldmarkt nicht verderben wollte, kaum zu gewin-

---

[291]) „Russk[ija] Wj[edomosti]" 71 S. 2.

[292]) Aus den allerverschiedensten Gouvernements wurde gleichmäßig über die schweigende Obstruktion der Bauern gegenüber der Steuerpflicht berichtet. (Vgl. z. B. f[ür] Nowgorod „Russk[ija] Wj[edomosti]" 56 S. 3, ferner „Russk[ija] Wj[edomosti]", 11. Februar, S. 2.) Diese immer wiederkehrende Neigung zum „Steuerboykott" als Kampfmittel gegen die Regierung bedeutet, da das Staatsbudget zu reichlich vier Fünftel auf indirekten Abgaben ruht, für die Schwächung der Staatsgewalt fast nichts, vernichtet dagegen die finanzielle Grundlage der *Semstwos,* welche von den direkten Steuern leben. Gegen die Regierung hülfe nur ein allgemeiner Boykott des – *Schnapses!*

[293]) Vgl. z. B. die Aufzählung der privaten (bes[onders] der hochadligen) Großbesitzer (2–3000 Deßj.) mit teilweise kolossalen Rückständen („Now[oje] Wr[emja]" 10764 S. 5.)

nen. Die Bedingungen, zu denen Geld vom Ausland her erhältlich war, waren die denkbar ungünstigsten: sogar die *Stadt* Moskau z. B. erhielt im März für 4%ige Obligationen nur 71% geboten, während sie 83% verlangte und ihre 5%igen Anleihen auf 93% standen[294]). Bei der demgemäß unvermeidlichen Einschränkung der Semstwotätigkeit spielten die *Bauern* eine charakteristische Rolle. Wo immer Neuwahlen der bäuerlichen Beamten in den Dörfern und Wolosts stattfanden, suchten sie Herabsetzung der Gehälter und Abkürzung der Amtszeit auf ein Jahr durchzusetzen[295]), zuweilen weigerten sie sich schlechthin, überhaupt Gehälter zu bewilligen. Ganz ebenso verhielten sich ihre Vertreter in den Semstwos. Überall suchten sie Etatsherabzudrücken[296]). Ganz überflüssig erschien ihnen die Semstwostatistik, und sie verlangten, wo immer sie zu Worte kamen, direkt deren Streichung. Ebenso hinderte die radikale Bauernfreundschaft des „dritten Elements" die Bauern nicht, ziemlich oft die Kürzung der Gehälter der Semstwobeamten angesichts der allgemeinen Notlage zu verlangen: ein kleines Vorspiel dessen, was geschehen würde, wenn *heute* die Semstwos den Bauern *allein* ausgeliefert würden. Die alten Kämpfe um die Steuerrepartierung, derjenige Punkt, an dem der „Klassen"standpunkt der in den Semstwos herrschenden Grundbesitzer am leichtesten zum Ausdruck kam, schliefen, wo immer sich Anlaß dazu bot, natürlich auch jetzt nicht ein. Nur gegen den Widerspruch des reaktionären Fürsten Meschtscherskij gelang es Prof. Herzenstein, im Moskauer Semstwo die von den Liberalen längst verlangten Reformen des Bodenabschätzungsverfahrens durchzusetzen[297]).

Der schärfer zum Bewußtsein gekommene Klassengegensatz gegen die Bauern und die Angst vor ihnen zog sich durch die Debatten zahlreicher Semstwos. Die Schaffung von Schutzmilizen für die Grundbesitzer auf Kosten der Semstwos, welche, wie wir sahen, in Tula abgelehnt wurde, wurde von manchen andern Semstwos angenommen, im Jekaterinoslawer Gouvernements-Semstwo gegen den Protest der Minderheit, welche diese Subventionierung von Privatinteressen aus der Kasse der Gesamtheit ablehnte, an eine Kommission verwiesen[298]). Strittig war innerhalb der Semstwos die Frage des Verhältnisses zur *Bauernlandbank*. Auch hier spielten die Klasseninteressen eine zunehmende Rolle. Die Beteiligung von Semstwomitgliedern an der Verwaltung und den von der Regierung geschaffenen örtlichen „Kommissionen" wurde aus zwei einan-

---

[294]) „Now[oje] Wr[emja]" 10779.

[295]) Beispiele: Die Notizen im „Now[oje] Wr[emja]", 3. Februar, S. 2 Sp. 4, S. 4 Sp. 5, 21. Februar, S. 5.

[296]) *Gegen* die Bauernstimmen wurden die Anleihen zahlreicher Semstwos aufgenommen. In Nowoarchangelsk („Russk[ija] Wj[edomosti]", 10. Jan.) wollten die Bauern nur 38000 Rubel bewilligen, die Gutsbesitzer setzten 102000 durch. Die Bauern waren um so mehr im Rechte, als auch hier die Rückstände der Gutsbesitzer an Semstwosteuern 160000 Rubel(!) betrugen, einige von ihnen *seit Bestehen* des Semstwo tatsächlich noch keine Kopeke Steuer bezahlt hatten.

[297]) „Russk[ija] Wj[edomosti]", 26. Februar, S. 4.

[298]) „Now[oje] Wr[emja]", 31. Januar, S. 6. (Der endgültige Beschluß ist mir unbekannt.)

der entgegengesetzten Gründen angefochten: die Konservativen und alle Interessenten an hohen Grundrenten fochten im Prinzip die gegenwärtige Art der Tätigkeit der Landbank, als eine künstliche Baisse der Bodenpreise erzeugend, an[299]) – wie wir schon sahen, die sozialreformerische Linke dagegen im Bunde mit den Bauernmitgliedern[300]) sah die Landbank als rein kommerzielles, für die Preishausse des Bodens verantwortliches Institut an und wollte deshalb von einer Beteiligung der Semstwos an ihrer Tätigkeit nichts wissen[301]). Über die Agrarpolitik der Regierung bezüglich der Bank und das Verhalten der Bauern ist schon oben gesprochen worden. So zahlreiche Einzelfälle von Verständigung der Bodenverkaufs- und Kaufinteressenten auch zu verzeichnen sind, so steht doch das Eine fest: eine weitere und sehr starke Verschärfung des bewußten Klassengegensatzes zwischen Grundherren und Bauern hat gerade jetzt teils schon stattgefunden, teils steht sie mit Sicherheit zu erwarten. Dies muß auch die Parteigegensätze in den Semstwos stetig verschärfen, und schon das Verlangen, den Zustand von vor 1890 bezüglich der Semstwos wiederherzustellen, wird daher vielleicht bei den Grundrenteninteressenten auf steigenden Widerstand stoßen. Die Bauern selbst aber verlangen, da sie als Wähler überall in der überwältigenden Mehrheit sind, prinzipiell – soweit sie überhaupt politisch denken – unbedingt, daß jedenfalls die Mehrzahl der Semstwomitglieder aus den Bauern gewählt werden müsse[,] und in letzter Instanz das gleiche allgemeine Wahlrecht. Es unterliegt *objektiv* keinem Zweifel, daß Bauernmajoritäten in den Semstwos in der ganz überwiegenden Mehrzahl der Fälle eine sehr radikale, massiv egoistische Bauernpolitik betreiben würden: so stark z. B. die Begeisterung für die obligatorische Volksschule zurzeit bei den Bauern ist, so wahrscheinlich ist es, daß sie, gegenüber dem furchtbaren Druck, den die rein ökonomischen, elementarsten Lebensbedürfnisse heute ausüben, ebenso versagen würde wie alle andern, auf weiter aussehende Kulturziele abgestellten Interessen, denen die Semstwos heute dienen, – nicht wegen der angeblichen

---

[299]) So z. B. in Pensa, „Russk[ija] Wj[edomosti]", 10. Januar, S. 2. Über diesen Punkt s[iehe] oben Anm. 259a.

[300]) Die Haltung der *Bauern* gegenüber der Landbank und zur privaten Regelung der Landverhältnisse mit den Gutsbesitzern war nach dem Manifest vom 3. November verschieden und hat gewechselt. Während des Aufstiegs der Revolution wollten sie nicht kaufen, nach ihrer Niederwerfung ließen sie sich vielfach auf Verhandlungen ein, die Eröffnung der Duma erweckte ihnen wieder Hoffnungen, die sie hier und da zum Abbruch der Kaufverhandlungen veranlaßten (vgl. oben Anm. 225). – Die Bauernmitglieder des Ssysraner Semstwo verließen am 17. Dezember demonstrativ den Saal, als, trotzdem die Uprawa die Ablehnung der Beteiligung an der Landbank und an der Kaufvermittlung zwischen Gutsherrn und Bauern, deren Tätigkeit nur „den verfügbaren Besitz für eine gerechte Regelung der Landfrage einenge", beantragt hatte, das Semstwo beschloß, dem Vorschlag des Ministers entsprechend Kommissionen für den Zweck jener Vermittlung, halb und halb aus Gutsbesitzern und Bauern, zu bilden. Ähnliches wiederholte sich vielfach, obwohl auch zahlreiche Einzelfälle von Verständigung zwischen bäuerlichen und gutsbesitzerlichen Semstwomitgliedern in den Zeitungen gemeldet wurden.

[301]) Vgl. die eingehenden Verhandlungen im Tschernigower Semstwo Ende Januar (kurzer Bericht „Russk[ija] Wj[edomosti]", 31. Januar, S. 3).

„Dummheit" der Bauern, von der man sich, nach den Eindrücken sehr unbefangener, weil strikt „bürgerlicher" Beobachter, leicht sehr übertriebene Vorstellungen macht, sondern weil die über alle Begriffe entsetzliche Lage ihrer breiten Masse es zurzeit direkt ausschließt, daß sie ihre Ziele überhaupt auf eine Zukunft, die nicht mehr ihnen selbst zugute kommt, abstellen. Denkt man sich den ungeheuren Druck, den die Polizeiwillkür, welche die nackte Existenz und die elementarste Menschenwürde antastet und alles gegen sich in gemeinsamer Gegnerschaft zusammengeschweißt hat, einen Augenblick fort, so scheint es ganz unausweichlich, daß in den Semstwos sich die Klassengegensätze so steigern, daß die Interessenten des privaten Grundbesitzes als eine nahezu geschlossene Masse den Bauern gegenüberstehen. – Zu diesen Klasseninteressen, welche den Grundbesitz mit voller Macht auf die Seite der Reaktion drängen, tritt nun aber noch das Interesse des *ständisch* privilegierten *Adels,* dem die Semstwoordnung von 1890 innerhalb der Semstwos zu einer mit seiner rein ökonomischen Bedeutung und Position im ärgsten Mißverhältnis stehenden Machtstellung verholfen hat. Der soeben beginnende Zusammenschluß des Adels zu einer Gemeinschaft behufs Beeinflussung der Politik wurde schon erwähnt. Er bleibt bedeutungsvoll genug, so wenig er ein geschlossenes Auftreten des gesamten Standes ist. Denn der Adel ist ökonomisch in sich so differenziert, wie nur irgend möglich[301a]). Er ist ferner auch in seinen politischen Traditionen höchst divergierend. Alte Dekabristenfamilien, die heute demokratisch sind, wie die meisten Schachowskoj und andere, stehen neben den Trägern so „historisch" slawophiler Namen wie Ssamarin u. a. Auch entscheidet das Alter des Adels hier in nichts, im Gegenteil: gerade auch die Namen von Parvenus und von Nachkommen jener Liebhaber, die Katharina II. sich aushielt, finden sich auf der Seite der „Monarchisten". Aber die Versorgungsinteressen breiter Schichten des Adels sind allzu eng mit der heutigen Art des Avancements in der Bureaukratie verbunden, als daß dies nicht auf die politische Stellung der Masse seiner Mitglieder zum heutigen System von entscheidendem Einfluß sein sollte. Dieser Umstand machte sich hier und da in extrem reaktionären Kundgebungen geltend. Ein Moskauer Adelsklub war die erste Stelle, an welcher nach den Wahlen der wilde Haß gegen die Demokratie sich offen in einer Resolution, welche die *Militärdiktatur* forderte, entlud. Auch als Ganzes zusammengefaßt nimmt der Adel – wie schon die früher gegebenen Notizen über den Moskauer Adelskongreß zeigen – eine entschieden konservative Stellung ein. Sehr prägnante Ausnahmen davon finden sich immerhin gerade in den altrussischen Gouvernements. In der Adelsversammlung von Jarosslawlj setzte Fürst Schachowskoj

---

[301a]) Der Adel macht einen inneren Differenzierungsprozeß durch: Landverlust der schwachen Hände auf der einen Seite, Landkonzentration in den stärksten Händen auf der andern. Sehr hübsch hat dies Sswjätlowskij im „Vorwort zur Frage der Grundbesitzbewegung in Rußland" S. XXVIII an der Hand der Durchschnittsziffern der adligen Bodenkäufe und -verkäufe illustriert: Der Umfang der von Adligen gekauften Besitzungen steht durchschnittlich um etwa 40% über dem Umfang der von ihnen verkauften. Allmähliche Latifundienbildung auf der einen Seite, allmähliche Deklassierung auf der andern.

nach einer scharf oppositionellen Rede eine Resolution gegen die Willkür der Verwaltung durch. Meist freilich wehte der Wind umgekehrt. Der Tulaer Adel z. B. erklärte sich gegen die Opportunität der Schulen[302]), der Nishnij Nowgoroder bewilligte 50000 Rubel für die Anwerbung von Milizen gegen die Revolution[303]). Wo neue Adelsmarschälle gewählt wurden – so in Ssaratow – fielen die Wahlen konservativ aus. Anderseits: der kecke Antrag de Robertis in der Twerschen Adelsversammlung: zu beschließen, daß die Vertreter des Adels im Reichsrat für Abschaffung der Adelsrechte einzutreten hätten, wurde unter stürmischen Protesten abgelehnt, – aber bemerkenswerterweise gegen eine Minderheit von mehr als ⅓ (28 unter 79 Anwesenden). Die sämtlichen Adelsmarschälle des Moskauer Gouvernements – mit einer Ausnahme – richteten, Fürst P. N. Trubezkoj an der Spitze, an den Fürsten Dolgorukow, Kreisadelsmarschall in Rusa und Vorstand der konstitutionell demokratischen Partei, unmittelbar vor den Wahlen ein Kollektivschreiben[304]), worin ihm die Mißbilligung für sein politisches Verhalten ausgedrückt wurde, welches sich ebensowenig wie sein zugegebenermaßen auch jetzt noch fortgesetzter persönlicher Verkehr mit notorischen Revolutionären mit seiner Stellung vertrage. Dolgorukow wies den Brief scharf ab (und wurde von der Grundbesitzerkurie gegen den Vorstand der Monarchisten, Fürst Schtscherbatow, zum Wahlmann gewählt). In Kostromà wurde sogar der Vorschlag gemacht (aber abgelehnt), die Wahl der Reichsratsdeputierten seitens des Adels zu verweigern[305]).

Alles in allem: Die Verschärfung der Klassengegensätze ebenso wie die Formen des revolutionären Kampfes (Steuerboykott) *schwächen* in erster Linie die *Semstwos* in ihrer bisherigen Machtstellung und streben zugleich ihre politische und sozialpolitische Haltung „nach rechts" zu verschieben.

In der Wahl der Mitglieder des aus dem alten Speranskijschen *Reichsrat* geschaffenen „Oberhauses" trat die seit den Dezembertagen erwachsene Stimmung der privilegierten Klassen, den Adel an der Spitze, am deutlichsten zutage. Sehen wir uns daher zunächst diese Wahlen an.

Nach dem Gesetz über die Begründung des *Reichsrates* vom 20. Februar 1906 und der definitiven Reichsratsordnung vom 24. April 1906 soll der Reichsrat aus auf 9 Jahre, mit Drittelserneuerung alle 3 Jahre, gewählten und ferner aus vom Zaren auf Lebenszeit ernannten (Art. 9 der definitiven Reichsratsordnung, Schluß) Mitgliedern bestehen, welch letztere „die Gesamtzahl der gewählten Mitglieder nicht übersteigen" sollen (Art. 2). Der Kaiser kann Neuwahlen der gewählten Reichsratshälfte jederzeit anordnen. Es werden gewählt: 1. 6 aus „der Geistlichkeit der rechtgläubigen russischen Kirche[„]; 2. je 1 aus den Gouvernements-Semstwoversammlungen und entsprechenden Korporationen, wo Sem-

---

[302]) „Russk[ija] Wj[edomosti]", 10. Februar.
[303]) „Now[oje] Wr[emja]", 19. Februar.
[304]) Wortlaut im „Now[oje] Wr[emja]" 10776, 2.
[305]) Der Adel von Kostromà war es seinerzeit gewesen, der in einer Eingabe den Zaren daran erinnert hatte, daß das Haus Romanow durch Wahl aus seiner Mitte hervorgegangen sei.

stwos fehlen, darunter 6 aus Polen; 3. 18 aus den Adelskorporationen; 4. 6 von der Akademie und den Universitäten; 5. 12 aus Handels- und Industrieverbänden[306]). Die Mitglieder aus der Geistlichkeit ernennt der Synod, und zwar 3 aus der schwarzen, 3 aus Kandidaten, welche eparchienweise von der weißen Geistlichkeit gewählt werden. Über die Persönlichkeiten, die von der weißen Geistlichkeit vorgeschlagen wurden, vermag ich etwas Näheres, was für die darin zum Ausdruck gekommene Stimmung charakteristisch wäre, nicht anzugeben. Die Adelsdelegierten sind so zu wählen, daß 2 aus jedem Gouvernement bezw. Territorium, „wo Adelswahlen stattfinden["][307]), von den Adelskorporationen gewählte Wahlmänner in Petersburg gemeinsam 18 Mitglieder des Reichsrates ernennen. Die Wahlen fielen fast ausnahmslos – trotz der großen sozialen Differenzierung des Adels[307a]) – „staatserhaltend" aus. Mit Mühe setzten in Moskau die Liberalen den weit rechts, etwa auf dem Boden der Rechtsordnungspartei stehenden Fürsten P. N. Trubezkoj als Wahlmann mit durch. Zu Deputierten gewählt wurden nach zweitägiger Verhandlung 4 streng Konservative (darunter F. D. Ssamarin), und 14[308]) Mitglieder des äußersten rechten Flügels der Mittelparteien (darunter P. Trubezkoj, Ssuchomlinow).

Die Wahl der Reichsratswahlmänner aus Handel und Industrie, die in gemeinsamer Sitzung die 12 Deputierten zu ernennen haben, ist in einer hier nicht weiter interessierenden Weise auf die bestehenden Börsenkomitees und Handelsupraws verteilt[309]). Die Wahl der 12 Deputierten für den Reichsrat vollzog

---

[306]) Das *passive* Wahlrecht zum Reichsrat erfordert 1. die Vollendung des 40. Lebensjahres, 2. Vollendung der Mittelschul- (Gymnasial- und gleichwertige) Bildung. Für die Wahl aus den Semstwos sind passiv qualifiziert: 1. Leute, die entweder seit drei Jahren Grundbesitz im dreifachen Umfang des zur persönlichen Teilnahme an den Semstwowahlen berechtigenden Besitzzensus, oder 2. die den einfachen Semstwobesitzzensus haben, aber seit zwei Wahlperioden die Würde eines Adelsmarschalls, Vorsitzenden einer Semstwouprawa, eines Bürgermeisters oder eines gewählten Ehrenfriedensrichters bekleidet haben, endlich 3. für die Petersburger und Moskauer Gouvernementssemstwos, in den Städten Petersburg oder Moskau auf 50 000 Rubel eingeschätztes unbewegliches Eigentum oder solches im Werte von 15 000 Rubel und die ad 2 erwähnten Dienstqualifikationen besitzen. In den Bezirken ohne Semstwo tritt an die Stelle des Semstwozensus der entsprechende Zensus für Wahlen zu den als Surrogate der Semstwos dienenden Grundbesitzerkongressen. Nach diesem Zensus waren z. B. im Gouvernement Jaroslawlj nur 55 Personen, im Landkreis Moskau nur 10 zur Wahl passiv qualifiziert.

[307]) Dadurch war der ganze Westrayon (die neun klein- und weißrussischen Gouvernements) von der Vertretung ausgeschlossen. Dem baltischen Adel, dem Kasaken- und dem Kaukasusgebiet wurde vom Wahlkongreß des Adels je ein Vertreter zugebilligt.

[307a]) In den Adelskorporationen ist *stimm*berechtigt, wer einen bestimmten Bildungszensus oder Tschin hat, *wahl*berechtigt nur, wer über einen bestimmten Grundbesitzzensus verfügt.

[308]) Nach der Rechnung der „Russk[ija] Wj[edomosti]" Nr. 96, 3.

[309]) Die Organisation dieser veralteten Handels- und Industrieverbände hier näher zu erörtern, hat kein Interesse. Sie sollen nach einem in die Presse gelangten Projekt jetzt durch Handelskammern ersetzt werden, denen jedoch die korporativ organisierten Börsen nicht unterstellt werden sollen. Vorgeschlagen wurde, die Errichtung von Handelskammern an einem Platz von einem Referendum der Kaufmannschaft abhängig zu machen, welches bei Antrag von 50 Firmen veranstaltet werden müßte. Die Handelskam-

sich sehr glatt: an der Spitze wurde der zurückgetretene Handelsminister Timirjasjew, im übrigen die Vertreter der großen kapitalistischen Verbände und Unternehmungen, Krestownikow von der Moskauer Börse, Awdakow von der südlichen Bergwerksindustrie usw. gewählt, alle politisch der mit der spezifisch Witteschen modern-kapitalistisch gesinnten Bureaukratie gut befreundeten spezifischen Klassenvertretung der Bourgeoisie, der „Handels- und Industriepartei" angehörig. Die Bitterkeit, mit welcher die viel zu geringe Zahl der Vertreter im Verhältnis zum Adel und den Semstwos beklagt wurde[310]), ist begreiflich: in der Tat war hier ebenso wie bei der schließlichen Gestaltung des Duma-Wahlrechts gerade die „Bourgeoisie" im eigentlichen Sinne dieses Wortes sehr schlecht weggekommen: die Zähigkeit ständisch-politischer Traditionen in Monarchien bewährte auch hier ihre Macht, – sie kann dem „Bürgertum" nur „Hoffähigkeit zweiter Klasse" konzedieren, in Rußland wie bei uns. Daher *fehlt* in diesem russischen Oberhaus jedwede Vertretung der *Städte,* wogegen namentlich Petersburg und Moskau lebhaft protestierten.

Die Wahlen der privilegierten Intelligenz: der Akademie und der 9 Universitäten – je 3 Wahlmänner, die zur Wahl des Deputierten zusammentreten – ergaben ein beinahe genaues Gleichgewicht der Rechten und der Linken: die 6 gewählten Mitglieder gehörten sämtlich der konstitutionell-demokratischen Partei an, wurden aber nur mit 16 gegen 14 Stimmen gewählt.

Im Gegensatz zu den bisher erwähnten Körperschaften haben die Gouvernements-Semstwoversammlungen je einen Deputierten selbständig, *nicht* in gemeinsamer Sitzung durch Wahlmänner, zu ernennen. Ihre Wahlen sind diejenigen, an denen der „Bund des 17. Oktober" am meisten Freude erlebte. In Moskau wurde D. N. *Schipow*, nachdem er vergebens für die Duma kandidiert hatte, in den Reichsrat gewählt und nahm die Wahl an mit dem Programm: Umwandlung des Reichsrates möglichst in eine reine Semstwovertretung unter gleichzeitiger Beseitigung seiner Gleichstellung mit der Duma in der Gesetzgebung und Beschränkung auf die Funktion eines Kronrates[310a]). Anhänger des Bundes des 17. Oktober wählten ferner Wladimir, Riga (baltische konstitutionelle Partei), während z. B. die Semstwos der agrarischen Gebiete Kasanj, Kaluga, Pensa, Charkow ganz konservativ wählten, ebenso Nischni Nowgorod.

---

mern sollten dann einen Verband bilden, der zur Beihilfe des Handelsministers einen „Handelsrat" wählt, („Now[oje] Wr[emja]" 10782, 5.) Ihnen und den Börsen würde dann wohl auch die Wahl der Reichsratsmitglieder übertragen werden. Wie es um das Projekt jetzt steht, ist mir unbekannt. Das Moskauer Börsenkomitee jedenfalls zeigte wenig Sympathie für ein Aufgehen der freiwilligen Organisationen in der ökonomisch ziemlich heterogenen Masse, welche heute dort eine „Handelskammer" umfassen würde. Dieselbe würde „nur fiktiven Bestand haben". Man solle die Großindustrie mit in die Börsenkomitees aufnehmen. Gelange dann das mittlere und kleinere Gewerbe und Händlertum dazu, sich zu organisieren, so könnten auch Bevollmächtigte aus ihrer Mitte eintreten. „Now[oje] Wr[emja]" 10820, 1.

[310]) Das offiziöse „Russk[oje] Gossudarstwo (3. März) bemühte sich vergebens, den Industriellen die Ansicht auszureden, die Agrarier (aus Adel und Semstwo) würden es „mit der Industrie machen, wie der Bauer mit der Henne, welche die goldenen Eier legte".

[310a]) Darüber s[iehe] oben S. 169f.

Konstitutionelle Demokraten entsandten meines Wissens nur vereinzelte Semstwos (Wjatka z. B.), dagegen wurde eine größere Anzahl von „Progressisten", d. h. gemäßigt Konstitutionellen, gewählt (so im Dongebiet, in Simferopol, Jarosslawlj, Perm, Nowgorod). Im West-„Kraj" wurden (Kiew, Wolhynien, Podolien, Wilna) Polen oder Gemäßigte gewählt.

Das Ergebnis war für die Zusammensetzung des Reichsrates, daß nur eine Gruppe von 12 Demokraten (Vertreter der Universitäten und einiger Semstwos) vorhanden war. Auf der anderen Seite – und das hat zunächst etwas Überraschendes – zählte aber auch die Gruppe der entschiedenen, slawophilabsolutistischen, Konservativen mit Ssamarin an der Spitze nur wenig über 40 erklärte Mitglieder, was bedeutet, daß von den vom Zaren *ernannten* Mitgliedern nur etwa 20 dieser Gruppe zugehörten. Die 12 von Handel und Industrie gewählten Vertreter, mit Timirjasjew an der Spitze, schlossen sich, da sie sich isoliert fühlten, anfangs zu einer eigenen Gruppe zusammen. Die zahlenmäßig erheblichste Gruppe, schon anfangs etwa 80–90 Mitglieder zählend, stand auf dem Boden der konstitutionell-monarchischen Parteien und fand in Schipow ihren Führer. Sowohl die meisten Semstwovertreter wie ein immerhin bedeutender Teil der ernannten Mitglieder gehörte ihr an; es bewahrheitete sich wieder, daß die politische Physiognomie des *Ex*beamten nicht selten oppositionell ist. Diese Physiognomie *verschärfte* sich im Lauf der ersten parlamentarischen Campagne. Unter Leitung N. S. Taganzews, A. S. Jermolows (des früheren Landwirtschaftsministers), ferner der Mitglieder Baron Korf, Graf Olsufjew, P. P. Durnowo (senior), des Grafen Ssolskij und anderer („Now[oje] Wr[emja]" 10869 S. 3) bildete sich die „Gruppe des Zentrums", welche die Schaffung eines mit der Duma und dem Reichsrat arbeitenden Ministeriums forderte und wie wir sehen werden, dem Kabinett Goremykin eine empfindliche Niederlage, im Bunde mit der Duma, bereitete.

Es hätte trotzdem „a priori" scheinen müssen, als würde die Einigung der Regierung mit den rechtlich oder faktisch privilegierten Klassen, insbesondere also, da der Adel eine allzu dünne Basis geboten hätte, mit den Kreisen des „gemäßigteren" Semstwo-Konstitutionalismus, für die erstere der gewiesene Weg und auch leicht durchzuführen gewesen sein. Allein dem war keineswegs so. Wie bei den Semstwos – das angeführte Beispiel von Moskau zeigt es – die Furcht vor der Revolution doch durch das Mißtrauen gegen die Regierung im entscheidenden Moment *überwogen* wurde, ebenso der Wunsch nach einer Stütze gegen die Revolution durch den alten Haß gegen die Semstwos bei der Regierung. Wirklich weitgehende Opfer an ihrer *arbiträren* administrativen Gewalt zu bringen – das absolute und erste Erfordernis einer Verständigung mit den besitzenden Klassen – war die Bureaukratie eben schlechthin nicht bereit.

Die leidenschaftliche Eifersucht gegen die Semstwos, die sich in der Zeit des Krieges in dem geradezu unglaublichen Verhalten des „Roten Kreuzes" zu den von den Semstwos für dessen Zwecke zur Verfügung gestellten Organisationen zeigte, blieb die alte. Die zugunsten der Hungerbezirke geschaffene rein karitative gemeinsame Semstwoorganisation z.B. wurde auch jetzt wieder ganz ebenso kleinlich schikaniert, überwacht, gehindert, wie alle anderen aus Semstwokreisen hervorgehenden karitativen Aktionen, seien es auch bloße Freitische: sie unterlagen trotz der schreienden Not massenhaft dem Verbot. Anstatt dem „Klasseninteresse" der besitzenden Schichten, welches, wie wir sahen, immerhin prompt genug im „staatserhaltenden" Sinn funktionierte, die Repression gegen das „dritte Element" zu überlassen, drängte sich die Verwaltung der Gouverneure und Generalgouverneure more solito überall ein in einer schon durch die brüske Form das Selbstgefühl der Semstwos schwer verletzenden Weise; sie konnte sich eben schlechterdings nicht an den Gedanken, überhaupt etwas von ihrer Allmacht, es sei zu wessen Gunsten immer, preiszugeben, nicht gewöhnen. Die Antwort der Gegenseite blieb nicht aus. Die von Witte Ende Oktober angebotenen Portefeuilles hatten auch die gemäßigten Semstwomitglieder (Schipow) abgelehnt, weil ein Zusammenarbeiten mit Trepow oder Durnowo für sie undenkbar war. Im Januar verschickte Witte ein Rundschreiben an die Semstwos, mit der Einladung, ihm zu seiner regelmäßigen Beratung in politischen Fragen geeignete Vertrauensleute aus ihrer Mitte zu senden. Die Semstwos lehnten fast sämtlich ab und Witte blieb nichts übrig, als nach einiger Zeit offiziös erklären zu lassen, die beabsichtigten Beratungen hätten sich als „überflüssig" erwiesen[311]). Beide Teile konnten, wie sie waren, nicht zusammenkommen, und da die Wittesche *ökonomisch* liberale Bureaukratie ihre intimsten Freunde, die Unternehmer-Bourgeoisie, durch die Art der Gestaltung des Wahlrechts und der Vertretung im Reichsrat zur Bedeutungslosigkeit verurteilt, auch ihren charaktervollsten Vertrauensmann im Ministerium, Timirjasjew, in schnödester Weise behandelt hatte und endlich immer wieder sich der Neigung zur „Subatowschtschina" verdächtig machte, so waren für sie auch diese Kreise politisch nicht fruktifizierbar[312]).

VII. Analyse der Dumawahlen

Unter solchen Verhältnissen begannen die Dumawahlen. Die ersten Wahlergebnisse (Wolostwahlen und Wahlen der kleinen Grundbesitzer von „Bevollmächtigten" für die Wahlmännerwahlen) liefen vom 21. Febr. an ein und zeigten

---

[311]) „Now[oje] Wr[emja]", 1. Februar, S. 1. – Worauf ihn die Presse an die Fabel vom Fuchs und den Trauben erinnerte.

[312]) Die einzige *Erweiterung* der Semstworechte brachte das am 31. Januar bestätigte Reichsratgutachten, welches sie zur Schaffung von Semstwoverbänden mit dem Recht der Prozeßfähigkeit ausstattet zum Zweck gemeinsamen Einkaufs landwirtschaftlicher Produktionsmittel. – Die Anträge aus dem Westkraj auf Einführung der Semstwoverfassung dort wurden abgelehnt „bis zur allgemeinen Durchsicht der Semstwoordnung". – Erst das früher erwähnte Projekt der Umgestaltung der Lokalgerichtsbarkeit: Die Wiederherstellung der von den Semstwos zu wählenden Friedensgerichte und die Beseitigung der *richterlichen* – aber damit freilich noch nicht der *administrativen* – Befugnisse der Semskije Natschalniki bedeutete einen wirklichen Schritt entgegen: – *nach* den Wahlen!

zunächst allgemeine Apathie und anscheinend vollkommen zufällige Resultate. Aber schon mit der ersten und zweiten Märzwoche ergaben zahlreiche Wahlen in den Landstädten Siege der demokratischen Wahlmännerlisten. Mit großer Spannung sah man daher den Wahlmännerwahlen in Petersburg (20. März) und Moskau (26. März) entgegen. In beiden Städten hatte der „Bund des 17. Oktober" sich mit den anderen konstitutionell-monarchischen Parteien geeinigt, auch die Bureaukratie trat für seine Liste ein, und man erwartete ihren Sieg mindestens in der Mehrzahl der städtischen Wahldistrikte. Allein zur Überraschung von Freund und Feind siegte in beiden Hauptstädten[313]) die konstitutionelle Demokratie in ausnahmslos allen Distrikten, selbst in den von der Bureaukratie[314]), den Banken und der reichen Rentnerklasse okkupierten, mit ganz unerwarteten Majoritäten ($\frac{2}{3}$–$\frac{3}{4}$) bei einer ebenfalls, angesichts des „Boykottes", unerwartet starken Wahlbeteiligung. Es folgte Kiew, ein Hauptzentrum rücksichtslosester monarchistischer Agitation, wo selbst Prof. Pichno, der Redakteur des „Kijewljanin", nicht zum Wahlmann gewählt wurde, und, mit der einzigen Ausnahme von Jekaterinosslaw, wo der „Bund des 17. Oktober", Minsk, wo ein Zionist, und Riga, wo ein bürgerlicher Lette siegte, *alle* selbständig wählenden Städte des europäischen Rußlands (außer Polen) nacheinander. Die Wahlbeteiligung zeigte, daß die Boykottparole der äußersten Linken von der Mehrzahl der als Quartierinhaber (s. o.) wahlberechtigten Arbeiterschaft, auch von den vielfach ausschlaggebenden Juden und dem radikalen Kleinbürgertum, meist einfach nicht befolgt worden war[315]). Daß Massen sozialdemokra-

---

[313]) In Petersburg traten die *Deutschen* in letzter Stunde vom Bund des 17. Oktober zu den Demokraten über, weil der erstere ihnen zumutete, für den Russifikator der Universität Dorpat, Prof. Budilowitsch, als Wahlmann zu stimmen. (In Moskau stimmten sie antidemokratisch.) Der Petersburger Vorgang beleuchtet die ganze Furchtbarkeit der Situation für die baltischen Deutschen. Denn nicht in dem Niederbrennen von Schlössern und dem Verlust von Eigentum und Menschenleben liegt sie, sondern in dem innerlichen Moment der Unmöglichkeit, – bei der gegebenen nationalen Interessenkonstellation – zu den Idealen der Nation, mit der sie zusammengekettet sind, ein positives Verhältnis zu gewinnen, und anderseits dem kalten Hohn, dem sie von seiten der herrschenden Schichten bei dem Versuch, mit ihnen zu paktieren, begegnen. *Nirgends* ist der rabiateste Deutschenhaß so sehr gepflegt worden wie auf den konservativen Kongressen und in den Spalten der „gemäßigten" Blätter: „Nowoje Wremja", das Bureaukratenblatt, die sonst *jede* Repression gegen die Bauern forderte, besaß die Gemeinheit, die Greueltaten, mit denen die russische Verwaltung auf die Greuel der rasenden Bauern antwortete, den „deutschen feudalen Baronen" in die Schuhe zu schieben. – An diese Lage der Dinge sollten doch auch jene denken, welche *bei uns* geneigt sind, die Hauptfeinde der Balten in den Reihen der Demokraten zu suchen. – Daß ich auf die Lage der Deutschen in dieser Chronik näher einzugehen vermeide, hat die Gründe, welche ich im Beilageheft zu Band XXII Heft 1 darlegte: Es ist unmöglich, dabei „objektiv" zu bleiben.

[314]) Eine, allerdings übertriebene, Schätzung behauptete, daß unter den Petersburger Wahlberechtigten 70–85 000 Tschinowniki seien. In Moskau stimmten von 66 000 Wählern 27 000 für die Kadetten, 12 000 für die Mittelparteien, 2000(!) für die Monarchisten.

[315]) Die Wirkung des Boykotts trat am stärksten bei den städtischen Arbeiterwahlen in den Fabriken hervor. In der Stadt Moskau wurden statt 334 Bevollmächtigten 260 gewählt – *vor* der Wahl aber hatten *alle* Arbeiterversammlungen in den großen Fabriken für Boykott gestimmt, die Gasfabrikarbeiter dagegen erklärt, sie wollten lieber in ihrem

tischer Wähler für den Demokraten gestimmt hatten, ist nicht nur direkt bezeugt[316]), sondern ergab sich auch, als unter dem Eindruck dieser Wahlergebnisse die Sozialdemokratie den Boykott aufgab und bei den nachher noch stattfindenden Wahlen eigene Kandidaten aufstellte; in Tiflis unterlag alsbald die Demokratie der sozialistischen Liste, die 9/10 aller ihrer Wahlmänner durchsetzte. Es zeigt dies zugleich, daß der demokratische Wahlsieg auf nicht sehr festen Füßen steht: im Fall starker Wahlbeteiligung der äußersten Linken würde in einem sehr großen Teil der großen Städte diese der Demokratie wahrscheinlich so stark Abbruch tun, daß – wie bei uns – die Wagschale nur noch zwischen Sozialisten und bürgerlichen Klassenparteien schwanken, die ideologische Demokratie aber ausgeschaltet werden würde.

Nicht minder zeigte sich sehr bald, daß mit zunehmender Wahlagitation die

---

Heimatdorf (als Bauern) wählen. („N[owoje] Wr[emja]" 10762, 2, 10764, 4.) 7% aller Fabriken hatten nach dem ersten Wahltermine die Wahl einmütig abgelehnt, für 10% hatte die Wahl vertagt werden müssen, 65% hatten gewählt, für 18% waren noch keine Protokolle zustande gekommen. In Odessa lehnten von 70 Fabriken 17 ab, darunter (wie fast überall) alle Buchdruckereien, in Kostroma die drei größten Fabriken, in Charkow 11 von 38 Fabriken, in Nishnij Nowgorod eine mechanische Fabrik, eine Mühle, eine Tischlerei. Im Zartum Polen brachen erhebliche Unruhen in Form gewaltsamer Wahlstörungen aus. Auch von den gewählten Bevollmächtigten lehnte alsdann ein Teil die Wahl ab und noch die vom Rest gewählten Wahlmänner stimmten z. B. in Moskau teilweise (3 von 14) für Wahlboykott. Wo die Wahlen zustande kamen, waren natürlich die sozialdemokratischen Elemente – und das waren in diesem Falle fast ausnahmslos die obersten Schichten der Arbeiterschaft, welche ziemlich strikte Disziplin hielten – ausgeschaltet. Daher waren z. B. in Petersburg von 8 Arbeiter-Wahlmännern 4 Monarchisten, in Smolensk wurde ein Antisemit gewählt, dagegen in Moskau 8 Sozialdemokraten, 6 „Kadetten", 1 Mitglied der Handels- und Industriepartei, 2 Unparteiische; in Kijew 2 Sozialdemokraten, 1 Radikaler. Die Wahlen, namentlich der Wahlmänner, waren, da die Arbeiter in Ermangelung einer schon eingeschulten professionellen und politischen Bewegung sich gar nicht persönlich kannten, auch, nach früheren Erfahrungen, die Verhaftung auf Grund der Wahl fürchteten, ein hartes Stück Arbeit (s. o.). In Petersburg wurden zweimal nacheinander sämtliche Bevollmächtigte durchballotiert und keiner erlangte die Mehrheit, bis der „offiziöse Sozialist" Uschakow sich mit seinem Anhang unter Protest entfernt hatte. In Moskau wurden 178 Kandidaten ballotiert und am ersten Wahltage 1(!) gewählt (von 18 zu wählenden). – Wie im übrigen (wenigstens teilweise) die Arbeiter die Wahlen auffaßten, geht daraus hervor, daß der Moskauer Gouverneur es für nötig hielt, am 22. März durch Anschlag in allen Fabriken gegen die Behauptung der gewählten Bevollmächtigten zu protestieren, daß sie für die 5 Jahre der Legislaturperiode zur Vertretung aller Arbeiterangelegenheiten berufen seien und überdies von der Direktion nicht aus dem Dienst entlassen werden dürften („N[owoje] Wr[emja]" 10785, 2). – Der in den Fabriken noch relativ erfolgreiche Boykott versagte aber noch stärker, als die allgemeine Zettelwahl für die städtischen Wahlmänner begann. Die allgemeine Erregung riß alles mit sich fort, und die sozialdemokratischen, als „Quartierinhaber" (s. o.) wahlberechtigten Arbeiter salvierten ihr Gewissen damit, daß sie ja die Parteiparole – die übrigens verschieden *gedeutet* wurde (man nahm teilweise an, daß nur die *Teilnahme* an der Duma oder nur die Wahl der *Deputierten*, nicht der Wahlmänner, verboten sei) – wenigstens in ihrer Klassenqualität als Arbeiterwähler in den Fabriken befolgt hätten.

[316]) Auch z. B. für Moskau von den lokalen Führern der „Kadetten" alsbald selbst hervorgehoben, „Russk[ija] Wj[edomosti]" 95, 4. Die *Mehrzahl* der 27 000 Kadettenwähler gehörte der Partei nicht an.

Boykottparole auch *auf dem Lande* vollkommen ins Wasser fiel. Denn die vielfach erbärmlich schlechte Wahlbeteiligung der kleinen Privatgrundbesitzer[317]) ist – wie früher erwähnt – nicht auf sie zurückzuführen. Die Bauern aber boykottierten nur ganz vereinzelt, im Beginn der Wahlbewegung. Die Demokratie gewann auch hier in der überwiegenden Mehrheit der groß- und kleinrussischen, baltischen und kaukasischen Gouvernements das entschiedenste Übergewicht, in den Neusiedelungsgebieten des Südostens und in Teilen der schwarzen Erde siegte die äußerste Linke. Fast überall waren es hier die *Bauern*, welche gegen die „gemäßigten" Kandidaten, entschieden und unerwarteterweise, mit den „Städtern" gemeinsame Sache machten.

An dem Wahlergebnis der Gouvernementsversammlungen ist zunächst der Unterschied zwischen Gebieten mit und ohne *Semstwo*, und das heißt so ziemlich: mit und ohne Volksschule und mit und ohne sozialpolitische Arbeit der „Gesellschaft" offensichtlich. 28 von den 34 Semstwogouvernements der ersten Wahlkampagne ergaben leidlich glatte *Partei*resultate, nur in 6 (= 17%) war das Ergebnis ein gemischtes. Dagegen war in nicht weniger als 6 (= 46%) von den nur 13 Nicht-Semstwogouvernements das Ergebnis im Parteisinne zweifelhaft. In diesen letzteren wurde teils nach vorwiegend ständischen Gruppen, teils nach persönlichen Rücksichten gewählt resp. um die Wahl gefeilscht und die Mandate geteilt. So vereinigten sich in Minsk, Witebsk und Podolien die Grundbesitzer mit den Städtern gegen die Bauern (= Russen und Ruthenen), in Wilna, Mohilew und Wolhynien umgekehrt mit den Bauern gegen die Städter (hier gleich Juden), in Grodno Städter (= Juden) und Bauern gegen die Grundbesitzer. In diesem West-Rayon ragten eben – das erklärt allerdings auch zu einem erheblichen Teil die Eigenart der dortigen Wahlen – die *nationale* Frage und der konfessionelle Gegensatz in ihrer Kompliziertheit in die Wahlen hinein, und die Art der Gliederung des Wahlrechtes machte die Wahlmänner der drei verschiedenen Gruppen teilweise zu Vertretern verschiedener Rassen und Konfessionen.

Fast durchweg aber hatte das starke Vorwiegen des nationalen Gesichtspunktes eine gewisse Zurückdrängung der *demokratischen* Färbung zur Folge: es überwogen, ebenso wie im „Zartum Polen" so auch in vielen Bezirken der 7 nördlichen Westgouvernements (also außer Kiew und Poltawa), die gemäßigten, teilweise geradezu reaktionäre Elemente[317a]). Im „Zartum Polen" unterla-

---

[317]) Diese kam in allen, mir aus den Zeitungen bekannten Fällen der Wahl entweder von Geistlichen oder von Reaktionären zugute. Wo immer der Kleingrundbesitz zahlreich erschien, war er kaum minder radikal als die Bauern.

[317a]) Von den Vertretern der Westgouvernements waren die polnischen meist noch konservativer als die Vertreter des Zartums Polen. Die letzteren z. B. waren im Gegensatz zu jenen Anhänger der Zwangsenteignung, wenigstens falls sie nach Beseitigung der Gemengelage, Verkoppelung, Servitutenableistung noch nötig sei, nur waren sie Gegner eines staatlichen Landfonds und der Übergabe des Landes zur Pacht. – Merkwürdig genug, hatte die Regierungspolitik der „Heiligkeit des Eigentums" ihre Hauptstütze in den Vertretern des Aschenbrödels unter den russischen Gebieten: des „Westkraj". – Die Stellungnahme der Polen aus dem Zartum gegen die radikale Agrarreform hatte teils, wie

gen die progressiven Demokraten den bürgerlichen Nationalisten, in einem Wahlkreise zufolge der Einigung der Polen mit den Deutschen gegen die Juden und die Demokratie. In Wolhynien konzedierten die polnischen Grundbesitzer lieber einem chauvinistisch-antipolnischen Popen ein Mandat, als daß sie sich mit den radikalen, städtischen Wahlmännern (Juden) verbunden hätten. Die Genugtuung der bürgerlichen, russischen Zeitungen über die Niederlage der zur dauernden Verständigung mit Rußland bereiten Demokratie zugunsten der polnischen, bürgerlichen Chauvinisten schien wirklich – es läßt sich das nicht leugnen – zu besagen: Nationalisten aller Völker, vereinigt euch – gegen die Demokratie[318])! Allein der teilweise Sieg der gemäßigten Elemente beruhte in jenen Bezirken im *wesentlichen* doch auf der ökonomischen Abhängigkeit, der politischen Unerfahrenheit und Unorganisiertheit der Massen in diesem russischen Irland. Im Ergebnis waren die Wahlen, so weit nicht Nationalisten (Litauer, Polen, Ukrainophilen) siegten, ziemlich gleichmäßig zwischen der Demokratie und den „Gemäßigten" geteilt, die letzteren waren zum nicht unerheblichen Teil ganz oder fast ganz schreib- und leseunkundige Bauern.

Anders im Süden des „West-Kraj" (Kijew, Poltawa) und in dem mächtigen Gürtel des Gebietes der „schwarzen Erde", welches sich von der rumänischen Grenze zwischen dem Meer, den Vorländern des Kaukasus und einer südlich von Kijew, Tschernigow, Tula, Rjäsanj, Kasanj vorüberführenden Linie nach dem Ural und der östlichen Steppe zu erstreckt. In diesen Gebieten des landwirtschaftlichen Exports und der Landnot der Bauern sind nur die Gouvernements Tambow und Rjäsanj, das erstere in die Hände der Monarchisten, das letztere in diejenigen der „gemäßigten" Elemente, speziell des Bundes des 17. Oktober, gefallen, während in Bessarabien, dem klassischen Gebiet des Antisemitismus, und in Orjol das Ergebnis ein geteiltes, in beiden Fällen aber mit entschiedenem Überwiegen der „gemäßigten" Parteien war. Sonst ist das ganze Gebiet der Demokratie anheimgefallen, überwiegend der konstitutionellen, aber teilweise auch der sozialrevolutionären. In den kleinrussischen Departements Poltawa und Tschernigow und in Kursk im Westen, und ebenso in Ssaratow, Ssamara, Ssimbirsk, Kasanj im Wolgagebiet, ebenso in Taurien im Süden wurde kein einziger, in den Gouvernements Kijew, Charkow, Jekaterinoslaw, Woronesh, Cherson, Taurien nur ganz vereinzelte rechts von der Kadetten-Partei stehende Deputierte gewählt, nur das Gebiet des Donschen Heeres war geteilt, jedoch

---

früher erwähnt, in nationalpolitischen Befürchtungen, teils in der ganz anderen Agrarverfassung: hohe Entwicklung der landwirtschaftlichen Technik, Vorherrschen der mittleren Bauern, geringe Entwicklung der Pacht (zumal der Bauernpacht), geringerer Absentismus, andere Arbeitsverfassung der großen Güter, (Instverfassung nach Art unserer östlichen Provinzen) ihren Grund. Für die Vertreter des „Westkraj" waren dagegen reine Klassenmotive maßgebend. – Die Polen aus dem „Zartum" entwickelten ihr Programm übrigens bisher nur skizziert und stellten in den Vordergrund desselben ausschließlich und allein die Lösung der Landfrage durch den *polnischen Landtag*.

[318]) Auch in Riga siegte der gemäßigte Lette. Allein dies war die Folge der weit älteren und besseren Organisation und der frischen Erinnerung an die Jakobinerherrschaft der Radikalen.

ebenfalls unter Überwiegen der Demokratie, von den spezifischen Steppengouvernements war Orenburg fast rein demokratisch, Astrachan geteilt. In den nördlichen Schwarzerdgebieten und im südlichen Zentralrayon waren Pensa, Tula, Kaluga zwischen der Linken und den „Progressisten", mit nur vereinzelten Vertretern der Gemäßigten, geteilt. Smolensk im Westen, Ufa im Osten, die ungeheuren nördlichen Kolonisationsgebiete Wjatka und Archangelsk schickten rein oder (Smolensk) fast rein demokratische Vertretung. Nur für Perm im Osten, Wologda im Norden, Nowgorod, Pskow, Olonetz im Nordwesten hatten die Gemäßigten das Übergewicht behauptet, dagegen waren im Nordwesten das Twersche Gouvernement demokratisch, das Petersburger demokratisch-„progressistisch". Im zentralen Industrierayon hatten Jaroslawlj und Kostroma im Norden ein unbedingtes und, wie schon gesagt, die südlichen Kustar-Gebiete (Tula, Kaluga usw.) ein immerhin erhebliches Überwiegen der Demokratie gezeigt, während in Nishnij-Nowgorod die Reaktionäre (Monarchisten, Rechtsordnungspartei) den Demokraten mindestens das Gleichgewicht hielten. Von den eigentlichen Brutstätten des Kapitalismus waren in Wladimir die Erfolge der Mittelpartei (Bund des 17. Oktober) schon erheblicher, im Gouvernement Moskau überwogen sie unbedingt und setzten direkt reaktionäre Kandidaten durch. Man muß sich dabei erinnern, daß in Moskau und Wladimir die „städtische", d.h. die in Stadt *oder Land* ansässige nicht landwirtschaftliche Wählerschaft die Mehrheit der Wahlmänner zu stellen hatte. Dazu trat in diesen Gebieten des nördlichen Zentrums, daß die privaten *Klein*grundbesitzer hier, durch die Expropriationsprojekte erschreckt, für die *Mittel*partei eintraten, im Gegensatz zu den sozialrevolutionären Bauern der Feldgemeinschaften (so z.B. Nishnij Nowgorod: Wjestn[ik] Sselsk[awo] Chasj[aistwa] Nr. 9, S. 18). Diese Erscheinung ist, wie ausdrücklich bemerkt sei, keineswegs allgemein: die privaten Kleinbesitzer sind zwar sehr selten sozialrevolutionär, aber ganz überwiegend politisch radikal und auch für den „Dopolnitjelnyj nadjel"; – fast *durchweg* antidemokratisch sind nur die von jeder Umwälzung im Grundbesitz bedrohten *deutschen* Kolonisten. Da es durchaus feststeht, daß die Erfolge der Reaktionäre in Tambow, der Gemäßigten in Orjol, Rjäsanj und Perm nur dem rücksichtslosesten Druck der Verwaltungsbehörden zu danken sind, so ergibt sich schon aus dieser Übersicht, daß die Demokratie ihre glänzendsten Chancen in denjenigen Gebieten hatte, wo der *industrielle* Kapitalismus am *wenigsten,* dagegen der auf Bauernarbeit oder Bauernpachtgeldern aufgebaute *agrarische* Rentenkapitalismus entwickelt war. Die radikalsten von allen Wahlen – der Mehrheit nach sozialrevolutionäre – hat Ssaratow und überhaupt die nördlichere Wolgasteppe gebracht, mit ihrem Nebeneinander von mächtigen Grundkomplexen, welche die Adeligen seinerzeit mit verpflanzten Leibeigenen bewirtschafteten, und an denen jetzt gewaltige Spekulationsgewinne gemacht werden, und bäuerlicher Kolonisation, wie sie ja auch das Zentrum der Bauernkriege des letzten Winters war, demnächst die kleinrussischen Gouvernements Kijew, Tschernigow und Wjatka im Norden. – Den *Monarchisten,* welche nur 8 offizielle Mitglieder und keinen einzigen ihrer bekannteren Führer in die Duma gebracht haben, ist dies in Tambow und Perm nur durch die Indifferenz der Bauern und den Druck der Behörde, in Bessarabien durch den dort seit alters eingebürgerten Antisemitismus, im Gouvernement Moskau und in Nishnij Nowgorod nur durch den Bund mit dem industriellen Kapitalismus gelungen, nicht anders der Partei der Rechtsordnung (3–4 Deputierte) in Nishnij Nowgorod; in Cherson dürfte die letztere die Unterstützung deutscher Kolonisten genossen haben. Aus eigener Kraft zeigten sich diese Parteien in einem ganz erstaunlichen Maße schwach und unbedeutend, während die gänzliche Niederlage der Bourgeoisie, d. h. der mit gewaltigen Geldmitteln arbeitenden Handels- und Industriepartei (*ein einziger Deputierter aus dem Gouvernement Moskau*)[,] nach der geschilderten Gestaltung des Wahlrechts weniger erstaunlich ist. Die als „gemäßigt" bezeichneten und nicht dem Bunde des 17. Oktober zugezählten Deputierten (22 bei Eröffnung der Duma) stammten überwiegend aus Gegenden mit schwacher Wahlagitation, 8 aus dem ungeheuer ausgedehnten Departement Perm (Ural), 8 fernere aus dem West-Kraj (Wolhynien und Minsk: in letzterem hat der Großgrundbesitz die absolute Mehrheit, in ersterem fast die Mehrheit). Diese Wahlen sind im wesentlichen Fabrikate der Bureaukratie, des Adels und der Geistlichkeit.

Am überraschendsten war, ihm selbst ebensowohl wie seinen Gegnern, die Niederlage des Bundes des 17. Oktober, der nur 13 Deputierte, darunter Graf Heyden und Stachowitsch, in die Duma brachte[319]) welche teils aus einigen Nordwestgouvernements: Pskow, Olonetz, teils aus den beiden zentralrussischen Gouvernements Orjol und Rjäsanj, teils aus dem Moskauer Gouvernement, wo ein Kartell mit der Handels- und Industriepartei und der Rechten bestand, der Rest aus einzelnen verstreuten Gebieten stammten, darunter der einzigen (russischen) nicht demokratischen Stadt Jekaterinoslaw. Die drei „konstitutionell-monarchischen" Parteien, wenn man ihnen die als „gemäßigt" gewählten Deputierten zurechnet, hatten 44 Deputierte, mit den 8 Monarchisten zusammen 52, von 441 bis zur Dumaeröffnung gewählten; Versuche, für sie entweder als „parteilos" gewählte Bauern zu werben, – z. B. zu Protesten gegen die Antwortsadresse der Duma – führten immer nur zu etwa 1–2 Dutzend Unterschriften. Demgegenüber hatte die Linke zunächst 140 offizielle Mitglieder der „Partei der Volksfreiheit" aufzuweisen, und überdies die noch zu erwähnende äußerste Linke (trudowaja gruppa) von zwischen 60 und 100 Mitgliedern, darunter 12–14 Sozialdemokraten. Schon diese beiden Gruppen bildeten also fast die Mehrheit. Es traten dazu etwa 40 als „Progressisten" gewählte, – sie stammten z. B. aus den Gouvernements Nowgorod (5), Kostroma (2), Pensa, Kaluga (je 2), Petersburg (1) und überhaupt aus einer großen Zahl von Gouvernements, in welchen die Demokraten nur die relative Mehrheit hatten und deshalb sich veranlaßt sahen, mit dem linken Flügel der weiter rechts stehenden Elemente zu paktieren. Sie waren daher (außer in Nowgorod) fast durchweg

---

[319]) Also nicht soviel, als zur Stellung eigner Anträge und Interpellationen erforderlich sind.

neben einer Majorität von demokratischen Deputierten gewählt. Der Rest waren entweder Nationalisten (Polen, Letten, Esthen, Litauer, Kleinrussen, Muhammedaner, Zionisten) oder überhaupt ohne bestimmte Parteirichtung[320]). Dies letztere traf besonders auf einen erheblichen Teil der 204 „Bauern" – im *ständischen,* nicht ökonomischen Sinne des Wortes (s. o.) – zu[321]), welche sich unter den bis 27. 4. gewählten Abgeordneten befanden[322]). Ver-

---

[320]) Die Gruppe der „Autonomisten" umfaßte mit anfangs über 100 Mitgliedern auch die Nationalitäten dieser Westkreise. Allein die Ukrainische Gruppe spaltete sich nach kurzem Bestehen wieder infolge der inneren sozialen Gegensätze: ein Teil der kleinrussischen Vertreter wollte mit den Bourgeoisiepolen nicht im Autonomistenklub zusammensitzen und beschlossen ihrerseits, unter Wahrung ihrer Selbständigkeit sich der trudowaja gruppa anzugliedern („Russk[ija] Wj[edomosti]" 146, 3). Die „Gruppe der westlichen Grenzgebiete" spaltete sich, weil ein Teil der dazu gehörigen Polen (Graf Potocki) – die Deputierten des „Zartum Polen" bildeten ihr eigenes davon verschiedenes „Kolo" – gegen die Enteignung von Privatbesitz und gegen die sofortige Einführung des „viergliedrigen" Wahlrechts war, ein anderer (mit Bischof von Ropp) für beides eintrat.

[321]) Die Bauern haben im Nordwesten und den Zentralgouvernements fast regelmäßig strikt ständisch gewählt, d. h. a priori gegen jeden Nichtbauer gestimmt. Konnten sie sich alsdann unter sich nicht einigen, so dauerten, wie in Olonetz und noch mehr in Orjol (wo Stachowitsch der einzige gewählte Nichtbauer ist), die Wahlen oft drei und mehr Tage. In Orjol wurden 36 Kandidaten nacheinander niederballotiert, weil die Bauern sich untereinander die zehn Rubel Diäten nicht gönnten und sich über ihre Kandidaten nicht einigen konnten. Die Wahlen waren in diesem Fall meist reine Zufallswahlen. Die Deputierten hatten – außer den massiven Klassenforderungen – politische Ansichten teils nicht, teils weigerten sie sich, über dieselben Auskunft zu geben (entweder aus Furcht vor der Polizei oder, weil sie in dieser Hinsicht eben – nichts zu verraten hatten). In einem Fall hatte man, da absolut kein Resultat zu erzielen war, zum Lose gegriffen, was freilich die Kassierung der „Wahl" zur Folge haben mußte. In vielen Wahlbezirken aber ballotierten die Bauern solange mit der größten Geduld alles nieder, bis man ihnen den Willen tat und ihre Kandidaten durchdrangen.

[322]) Über die persönlichen Verhältnisse von 448 Dumamitgliedern gibt das – „Wirtschaftskomitee" der Duma folgende Zahlen (es fehlen die sibirischen, mittelasiatischen und die Kaukasus-Deputierten).
1. *Alter:* älter als 60 Jahre: 11, 50–60: 55, 40–50: 167, 30–40: 181, unter 30: 34. Mittleres Alter der „Kadetten": 41, der „trudowaja gruppa": 35 Jahre.
2. *Bildungsgrad:* 189 höchste, 62 mittlere, 111 Volksschulbildung, 84 häusliche und autodidaktische Bildung, 2 Analphabeten.
3. *Konfession:* 339 Orthodoxe, 4 Altgläubige, 63 Katholiken, 14 Lutheraner, 11 Juden, 14 Mohammedaner, 1 Buddhist, 1 Baptist, 1 „Freidenker".
4. *Nationalität:* Großrussen 265 (59%), Kleinrussen 62, Weißrussen 12 (Russen zusammen: 74%), Polen 51, Litauer, Esthen, Letten 20, Deutsche 4, Tataren 8, Baschkiren, Kirgisen, Kalmücken, Tschetschenzen, Mordwinen, Wotjaken zusammen 9, Juden 13, Bulgaren 7, Tschuwaschen, Moldauer 3.
5. *Stand:* 164 Adlige, 9 Ehrenbürger, 14 Geistliche, 11 Kaufleute, 12 Kosaken, 24 Kleinbürger, 204 Bauern, 14 unbestimmt (von den „Kadetten" waren 60% Adlige, dagegen 2,8% bei der trudowaja gruppa, von den „Kadetten" waren Bauern: 23,5%, dagegen 81% der trudowaja gruppa).
6. *Beruf:* Grundbesitzer und Landwirte 176, Viehbesitzer 1, Fabrikanten 2, Händler 24, Arbeiter 25; – Geistliche 14, Staatsdienst 15, Semstwo- und anderer „gesellschaftlicher" Dienst 61, Professoren 10, Privatdozenten 4, Lehrer 23, Semstwoärzte 19, Advokaten 38, Ingenieure 5, Feldmesser 1, Planzeichner 1, Student 1; – Redakteure 6,

gleicht man das Wahlergebnis mit der Verteilung der Wahlmännerzahlen zwischen Bauern und anderen, speziell privatgrundbesitzerlichen Wählern, so haben von den Gouvernements mit Bauernmajorität (oder annähernder Bauernmajorität) Tambow[323]) und Wologda konservativ resp. mittelparteilich, dagegen Woronesh, Kursk, Ssamara, Ssimbirsk, Pensa, Ufa und Stawropol demokratisch oder doch entschieden liberal gewählt. Aber auch das Gouvernement Poltawa mit einer absoluten Majorität von Wahlmännern des privaten Grundbesitzes[324]) wählte demokratisch, während die anderen, durchweg im „Westkraj" gelegenen derartigen Gouvernements (Mohilew, Wilna, Minsk, Wolhynien) autonomistisch und konfessionell wählten. Von den Gouvernements mit überwiegender oder stark vorwiegender Zahl *nicht* landwirtschaftlicher Wahlmänner wählten Jarosslawlj und Jekaterinoslaw demokratisch (die Stadt Jekaterinoslaw, wie erwähnt, mittelparteilich), das große Zentralgouvernement Moskau dagegen reaktionär[325]). Die überwiegende Mehrzahl der nicht landwirtschaftlichen

Literaten 7. – Die Hauptposten bilden: 24,3% Landwirte, 14,4% (größere) private Grundbesitzer, 13,3% Angestellte im Semstwo- und städtischen Dienst, 8,5% Advokaten, 6,5% Arbeiter, 5,4% Händler, 5,1% Lehrer, 4,2% Ärzte. – Nach Gesellschaftsschichten geordnet: Größere Gutsbesitzer, Industrielle, Händler, Gutsbesitzer 92, – Ingenieure, Ärzte, Advokaten, Geistliche, Professoren, Literaten 105, – kleine Landwirte und Arbeiter 136, – Volksschullehrer, Semstwo- und Stadtbedienstete 99. – Von den mit Grundbesitz angesessenen Mitgliedern der Duma (im ganzen 276 = 62%) hatte 1 über 100000 Deßjätinen, 7 von 5–60000, 33 von 1–5000, 72 von 100–1000, 58 von 10–100 und 81 unter 10 Deßjätinen. Ganz landlos: 162. Neben der starken Vertretung des bäuerlichen und Arbeiterproletariats (über 100), aber auch des mittleren und größeren Grundbesitzes (113 über 100 Deßjätinen) und der etwa ein Drittel aller Abgeordneten umfassenden „Intelligenz" – davon als Spezifikum dieses Parlamentes über 100 Vertreter der radikalen „proletarischen" Intelligenz des „dritten Elements" und ähnlicher Angestellter (Ärzte usw.) – fällt das fast völlige Fehlen des staatlichen Beamtentums (durch das Wahlgesetz erzwungen) und der „Bourgeoisie" um so deutlicher in die Augen: die Stützen des alten Regimes fehlen fast völlig.

[323]) In *Tambow* waren am Tage vor der Wahl fünf demokratische Wahlmännerwahlen kassiert worden.

[324]) Der „private Grundbesitz" zeigte sich übrigens keineswegs als eine Einheit in sich. Schon bei den Wahlmännerwahlen dieser Kurie fanden vielmehr die hartnäckigsten Kämpfe zwischen großen und kleinen Besitzern statt, so in Pskow und Nowgorod, wo die kleinen privaten Grundbesitzer siegten und nun mit den *Bauern* zusammen die Wahlen beherrschen (daher wurde in Pskow als einziger Nichtbauer nur Graf Heyden gewählt). In den meisten Fällen hatte aber der große Besitz in der Besitzerkurie die entschiedene Oberhand (s. o.).

[325]) Die Wahlmännerwahlen ergaben in diesem immerhin interessanten Fall bei 109 Wahlmännern:
1. Städtische Kurie: 9 Monarchisten, 22 Industriepartei, 9 Bund des 17./X., 20 Kad[etten], – Soz[ial]-D[emokraten], 4 unbek[annt]
2. Grundbesitzerkurie: 5 Monarchisten, 1 Industriepartei, 4 Bund des 17./X., 2 Kad[etten], – Soz[ial]-D[emokraten], – unbek[annt]
3. Bauernkurie: 6 Monarchisten, – Industriepartei, 6 Bund des 17./X., 3 Kad[etten], – Soz[ial]-D[emokraten], – unbek[annt]
4. Arbeiterkurie: – Monarchisten, 1 Industriepartei, – Bund des 17./10., 3 Kad[etten], 10 Soz[ial]-D[emokraten], 3 unbek[annt].
Von den 20 „Kadetten" aus der Städtekurie stammten 9 aus dem Kreise Moskau, also

Wähler in den Gouvernements hatte in den Bezirken ohne bedeutende Industrie, wo die Juden stets einen sehr bedeutenden Bruchteil der Wähler stellten, demokratisch, in den zentralen Industriegebieten (z.B. Moskau) sehr häufig antidemokratisch gewählt, die Grundbesitzerkurie war fast immer geteilt. Der Sieg der Demokratie wurde regelmäßig durch ein Bündnis der städtischen Wähler mit einem Teil der Grundbesitzer und vor allem mit den *Bauern* herbeigeführt, denen das radikale Landprogramm und die scharfe Gegnerschaft gegen die administrative Willkür in die Augen stach[326]). Denn nachdem die Wahlbewegung in Fluß gekommen war, zerstoben die reaktionären und mittelparteilichen „Bauernbünde", welche der Winter gezeitigt hatte, wie Spreu vor dem Winde. Gegen den von der Regierung und Geistlichkeit gegründeten und mit dem Rechte des direkten Verkehrs mit allen Behörden ausgestatteten Bund „Narodnyj Mir" mußte das Ministerium selbst einschreiten, weil er die Bauernstarosten auf Grund dieser Ermächtigung zur Sammlung aller Klagen über die

---

dessen Vorstädten. In der Bauernkurie sind hier zahlreiche industriell beschäftigte Wähler, unter den großen Grundbesitzern zahlreiche an der Industrie interessierte. Man sieht sofort, wie die intensive kapitalistische Entwicklung dieses Rayons die bürgerliche demokratische Ideologie sozusagen zerdrückt. Zu berücksichtigen ist freilich, daß der Bezirk keine erheblichen, sondern nur *Land*städte umfaßt, die „städtischen" Wähler des platten Landes, auch der großen Industriedörfer, aber ausschließlich der Bourgeoisie angehören, da ja die bloßen „Wohnungsinhaber" auf dem platten Lande der Stimme beraubt sind. Die „Handels- und Industriepartei" wählte einen (von den Arbeitern präsentierten) Arbeiter, ohne daß die Sozialdemokraten ihr Gegendienste geleistet hätten. Eine Verständigung mit den „Kadetten" wiesen ebenso sie wie der „Bund des 17. Oktober" zurück, vielmehr verständigte sich die Handels- und Industriepartei zunächst mit den Monarchisten, die Mandate erhielten, dann mit dem „Bund des 17. Oktober", dem sie, ebenso wie sich selbst, je zwei Mandate zuwendete, dergestalt jedoch, daß nicht die eigentlichen Semstwoleute, darunter *Schipow,* sondern zwei weit rechts stehende Mitglieder des „Bundes" zur Wahl gelangten. Der „Bund des 17. Oktober" selbst spielte dabei, indem er, nur um eine Verständigung mit den verhaßten „Kadetten" zu vermeiden, seinem eigenen glänzendsten Führer die Duma versperrte, im Grunde eine recht dürftige Rolle. – Auch in Wladimir und Jarosslawlj waren, wie in Moskau, die *Bauern* antidemokratisch. Schon auf dem sozialrevolutionären Bauernkongresse 1905 war die ökonomische Interessendifferenzierung der Bauern des zentralen Industrierayons als Grund der Erschwerung der radikalen Agitation unter ihnen betont worden. Die Bauerndemokratie ist also Demokratie des *agrarischen* Proletariats in *agrarischen* Gebieten.

326) Die Bauern hatten in sehr zahlreichen Fällen vollständige „cahiers" für ihre Deputierten ausgearbeitet. So forderten im Gouvernement Poltawa die Prigowors einiger Wolosts: 1. gleiches Wahlrecht, 2. Garantien gegen administrative Willkür, 3. Beseitigung der Ausnahmegesetze, 4. Beseitigung der Todesstrafe, 5. allgemeine unentgeltliche Volksschule, 6. Regelung aller Löhne und Pachten durch Gesetz, 7. Herabsetzung der Gehälter aller Beamten auf das *Niveau des japanischen Beamtengehälter* („Russk[ija] Wj[edomosti]" 76, 3). Im Gouvernement Charkow wurde gefordert: 1. allgemeine Volksschule, 2. Separation, 3. Pachtregulierung (die Pachten sind in den letzten zehn Jahren von 8½ auf 17–18 Rubel pro Deßjätine gestiegen), 4. und namentlich: Minimalnadjel *pro Seele* von 5–10(!) Deßjätinen je nach Fruchtbarkeit. Die Demagogie zeitigte bei der Umwerbung der Bauern bedenkliche Erscheinungen. Miljukow sah sich z.B. (1. Februar) genötigt, einen [„]Wahlaufruf der Kadetten", der *unentgeltliche* Landzuteilung versprach, als „versehentlich" verbreitet zu bezeichnen („Now[oje] Wr[emja]" 10 762, 3)[.]

Gouverneure aufgefordert hatte[327]). Der „Bauernbund des 17. Oktober" erklärte anfangs, er gehe mit den „Kadetten", sobald diese ihre polenfreundliche Haltung aufgeben würden[328]), schließlich aber schwenkte er ohne allen Vorbehalt ins radikale Lager ab, der Bauernbund der Rechtsordnung tat, in sich zerfallend, desgleichen. Bei den Wahlen selbst wurde zwar[329]) beobachtet, daß die Bauern sich gegen *zugereiste* Redner skeptischer verhielten als im Oktober 1905, aber die eigene, aus ihrer Mitte hervorgegangene „Intelligenz" wählten sie mit Vorliebe, keineswegs aber gaben sie den Land bewirtschaftenden Standesgenossen an sich den Vorzug. Alle „Kulaki" stimmten sie nieder, während sie Eisenbahnarbeiter und Semstwobedienstete bäuerlichen Standes, zumal gemaßregelte oder administrativ verschickte, wie Uljanow, mit Vorliebe wählten. Wählten sie bäuerliche Wirte, dann[,] wie früher schon erwähnt, am liebsten die landärmsten[330]), da diese dem Zaren die beste Information über die Landarmut geben könnten, sehr ungern Leute, die außer dem Nadjelland noch etwa aus Ersparnissen gekauften Privatbesitz innehatten[331]). Die Verhaftung mancher ihrer Bevollmächtigten[332]) gleich nach der Wahl machte sie nicht wankend: sie schwiegen und versprachen dem Landhauptmann in den „vorbereitenden Versammlungen" alles Gute, aber bei der *geheimen* Wahl stimmten sie radikal, wo immer sie überhaupt „frei" wählten. Die erhebliche Zahl der zu Wahlmännern gewählten Bauernintelligenten erleichterte den „Kadetten" natürlich die politische Verständigung mit den Bauern, obwohl deren Eigensinn, womöglich niemand anders als Bauern gewählt zu sehen, fast überall Schwierigkeiten veranlaßte. Deshalb ist es, obgleich, wie oben bemerkt, die Semstwogouvernements im allgemeinen weit strenger „parteimäßig" wählten als die Gebiete ohne Semstwos, doch nur ausnahmsweise glatt abgegangen, da nämlich, wo die Demokratie durch gründliche agitatorische Arbeit die Bauern schon vor der Wahl zu einer Einigung auf dem Boden ihres Programms gebracht hatte. Sonst saßen die „Wahlmänner sehr oft 3, zuweilen 4 Tage, bis schließlich eventuell, infolge der geschlossenen Organisation der „Kadetten", das vom zweiten Wahltage ab (s. o.) geltende Prinzip der realtiven Mehrheit ihnen zum Siege verhalf. Diese Umstände wollen bei Prüfung der Position der bürgerlichen Demokratie ebenfalls erwogen werden. So stark, wie sie äußerlich scheint, ist sie nicht: wenn die Sozialdemokratie in den Städten sich an der Wahl beteiligt, wird auch dort das Wahlergebnis sich verschieben, und nicht minder wird das Klasseninteresse der privaten Grundbesitzer alsdann sich zuungunsten der Demokratie steigern. Wieweit die Wege der städtischen Sozialdemokraten und der sozialrevolutionären Bauern zusammenlaufen würden, ist gleichfalls unsicher, ebenso, wie die zweifellos bevorstehende Enttäuschung auf die Bauern wirken wird. Und schon

---

[327]) So z. B. in Kaluga „Russk[ija] Wj[edomosti]" 85, 3.
[328]) „Now[oje] Wr[emja]" 10786, 2.
[329]) „Now[oje] Wr[emja]" 10775, 6, aus Ssamara.
[330]) „Now[oje] Wr[emja]" 10766, 6.
[331]) „Russk[ija] Wj[edomosti]" 56, 4 aus Rusa.
[332]) So in der Tumaschen Wolost, Gouvernement Moskau, und öfter.

eine gar nicht allzu erhebliche Verschiebung in den Wahlkörperschaften kann die konstitutionelle Demokratie aus ihrer jetzigen Machtstellung werfen.

Das diesmalige Wahlergebnis[333]) ist in erster Linie Folge der bis zur Raserei getriebenen Willkür des Durnowoschen Regimes, gegen welches sich alles, was überhaupt Herr seiner politischen Entschließung war, unter der Fahne der Demokratie zum Protest zusammenschloß. Ohne feste Rechtsgarantien, wie sie dies Regime seiner Natur nach nicht gewähren *konnte,* war ein Bündnis mit breiteren bürgerlichen Schichten nicht möglich, und nur die äußerste politische Ermattung könnte die durch diesen, in der Tat kaum zu überbietenden, Druck, der alle Gegensätze der „Klasseninteressen" zum Schweigen brachte, zusammengeschweißte Masse sprengen. Insbesondere die Mittelparteien waren durchaus im Recht, als sie dem Ministerium vorwarfen, sein Verhalten sei der beste Agitator für die Demokratie gewesen. –

VIII. Nach den Wahlen

Obwohl das Wahlgeschäft sich in eine Reihe einzelner Gefechte zersplitterte und nur die Wahl der Deputierten selbst an einigen für Gruppen von Gouvernements gemeinsam festgesetzten Tagen stattfand, ließ sich doch in der letzten Märzwoche ziemlich genau erkennen, welches das Resultat sein werde. Die nächsten Folgen zeigten sich im *Partei*leben. Die „Kadetten" waren, obwohl sie formell zuerst nur ein Drittel der Deputiertenzahl zählten, doch schon kraft ihrer taktischen Geschlossenheit die führende Partei, und die Folge war, daß auf ihrem dritten Kongreß[333a]) – 24.–26. April – von der „konstituierenden" Versammlung kein Sterbenswort mehr geredet[334]), die Frage, ob man sich an „organischer" Arbeit beteiligen solle oder nicht, gar nicht ernstlich aufgeworfen wurde. Das Agrarprogramm der Partei wurde fertiggestellt, wobei die alten

---

[333]) Mitte Juni – vor dem Eintreffen der überwiegend radikalen, kaukasischen, sibirischen und zentralasiatischen Deputierten – zählte man nach den Rechnungen des „Wirtschaftskomitees" der Duma: 105 Partei*lose,* und an Vertretern der einzelnen Parteien (wobei ich in Klammern die Zahl setze, welche durch Hinzurechnung der regelmäßig mit der betreffenden Fraktion stimmenden „Parteilosen" sich ergibt): 153 (178) „Kadetten", 107 (116) radikale Linke (etwa 12 Sozialdemokraten), 63 „Autonomisten", 4 (18) Mitglieder der „Partei der demokratischen Reform", 1 Handels- und Industrie-Partei, 13 (25) Bund des 17. Oktober, 2 (47) „Gemäßigte" und „Monarchisten". Kurz vor der Auflösung war der Bestand der Parteien: „Kadetten" 178, „demokratische Reform" 16, Sozialdemokraten 24, die in Bildung begriffene „Partei der friedlichen Erneuerung" (= Bund des 17. Oktober und andere Gemäßigte) 40, nach der Torg[owo]-prom[yschljennaja] Gasj[eta] 62(?), die radikale „Arbeitsgruppe" 101. Die Organisation der noch verbliebenen „Parteilosen" als eigene Gruppe, d.h. in Wahrheit ihre Angliederung an die „Partei der friedlichen Erneuerung" unter den Auspizien des Grafen Heyden, hatte eben begonnen, als die Auflösung dazwischen kam.

[333a]) Bericht im „Now[oje] Wr[emja]" 10813, 3, Protokoll im „Prawo" Nr. 18.

[334]) Das wurde vom „Rjetsch" selber zugestanden, cf. auch „Russk[ija] Wj[edomosti]" 111 S. 2 Sp. 6.

Gegensätze abermals auftauchten und zu einer sehr allgemein gehaltenen, das Projekt nur als provisorischen „Entwurf" bezeichnenden Resolution führten, welche die Fühlung mit den Bauern wahren sollte, ferner eine Kommission für die Arbeiterfrage eingesetzt und die Rangfolge, in welcher die Partei die einzelnen Reformvorschläge auf die Tagesordnung zu setzen beabsichtigt, erörtert. Über die Taktik im allgemeinen wurde kundgegeben, daß die Partei einem Zusammenstoß mit der Regierung nicht ausweichen, aber darauf bedacht sein werde, daß im Falle eines solchen die letztere allein die Verantwortung zu tragen habe. Taktisch betrachtet, immerhin ein starker „Ruck nach rechts", jedoch bei Aufrechterhaltung alles sachlichen Radikalismus. Anders war die Wirkung auf der gegnerischen Seite. Die „Rechtsordnungspartei" zwar machte sich durch einen „Kongreß" von 23 Leuten lächerlich (24. April)[335]). Dagegen die Handels- und Industriepartei liquidierte[336]) und zog sich auf die rein ökonomische Interessenvertretung zurück. Der „Bund des 17. Oktober" hatte schon während der Wahlen an manchen Orten (Charkow) den Bund mit ihr gelöst, da offenkundig die Wählerschaft durchaus nicht zu bewegen sei, für „Kapitalisten" zu stimmen. Die „Bourgeoisie" also verzichtete formell auf parlamentarische Vertretung. Die allgemeine Stimmung der Fabrikantenkreise einerseits, der Regierung andrerseits trat deutlich hervor, als – es geschah dies gleich nach den Wahlen – die Verwaltung des Handelsministers Fedorow mit ihrem *sozialpolitischen Programm* hervortrat[337]) und sie zur Beratung darüber einlud. Das Programm selbst war das denkbar umfassendste. Aber was das *wesentlich* Neue daran war und den Fabrikanten offenbar am meisten in die Augen stach, war die Freigebung der Industrie von administrativer Kontrolle und Beaufsichtigung, bei gesetzlicher Festlegung bestimmter Rechte der Arbeiter und, dem ersten Anschein nach, relativ weitgehenden gesetzgeberischen Maßnahmen im Sinne der westeuropäischen, speziell der deutschen, Arbeitergesetzgebung. Die Industrie fühlte sich, auf die mächtigen Interessenvertretungen und Arbeitgeberverbände gestützt, die sie zu schaffen im Werke war, stark genug, dem Kampf mit der Arbeiterschaft beruhigt entgegenzugehen[338]). Sie war – wenn auch keineswegs einstimmig – bereit, das wenige in Kauf zu nehmen, was man ihr an „Sozialpolitik" zumutete, wenn nur der Arbeitsvertrag der Kontrolle der Fabrikinspekto-

---

[335]) Cf. „Now[oje] Wr[emja]" 10816, 4.
[336]) „Now[oje] Wr[emja]"10806, S. 2.
[337]) Dasselbe nahm sich ganz leidlich aus: 1. Arbeiterschutz: sechs- (statt acht-) stündiger Arbeitstag für 12–15jährige, zehnstündiger für 15–17jährige Arbeiter und für alle Frauen, Ausschluß der Nachtarbeit für die 15–17jährigen (mit Ausnahmen); 2. Durchführung der allgemeinen Unfall- und Krankenversicherung durch Fabrikkassen bei Betrieben mit 50 und mehr Arbeitern, andere Betriebe werden zu Kassen vereinigt, Altersversicherung bis zu 1500 Rubel Einnahme durch Beiträge von 1–3% des Lohnes unter Mitbeteiligung der Unternehmer; 3. Bildung örtlicher Komitees zur Lösung der Wohnungsfrage unter Gewährung von Darlehen aus öffentlichen Mitteln; 4. Gewerbegerichte nach deutschem Muster; 5. Zwangssparkassen bei jeder Fabrik.
[338]) Das Moskauer Börsenkomitee z.B. protestierte unter Führung Krestownikows. „Now[oje] Wr[emja]" 10807, S. 2.

ren endgültig entrückt und überhaupt die Einmischung des Staates in ihre Betriebsführung in *gesetzliche* Schranken gewiesen wurde. Und dies stellte, im Gegensatz noch zu dem Verhalten der Regierung im Laufe des Winters, das „konstitutionelle" Ministerium in Aussicht[339]). Taktisch war der Schritt, vom Standpunkt der Bureaukratie aus, unbedingt richtig: die russische „Bourgeoisie" in der Verfolgung ihrer ökonomischen Interessen vom Staate befreit, wird eine um so zuverlässigere Stütze der „starken Staatsgewalt" zu sein geneigt sein werden – aber freilich nicht *innerhalb* des Parlaments[339a]).

Der „Bund des 17. Oktober" selbst beabsichtigte, nach den hauptstädtischen Wahlen anfangs ebenfalls zu liquidieren[340]): selbst „Now[oje] Wr[emja]" sprach sich dafür aus. Allein nach weiteren Erwägungen sprach sich das Zentralkomitee nur für Umorganisation und „Abstoßung unliebsamer Elemente"[341]) aus. Man brach jede Beziehung zu den Parteien der Rechten ab, und auf einer Parteikonferenz in Petersburg wurde das Verlangen, daß der Zar die „Grundgesetze" revidieren lassen müsse, einstimmig angenommen, der weitere Antrag, daß das Ministerium aus der Mehrheit zu bilden sei, zwar abgelehnt – was Piljenkos Austritt zur Folge hatte –, aber, wie erklärt wurde, nicht aus prinzipieller Gegnerschaft dagegen. Jedenfalls revidierte die Partei de facto ihr Programm nach links und milderte – wie namentlich Graf Heydens Verhalten in der Duma zeigte – unverkennbar den Gegensatz gegen die „Kadetten"[342]). Ihr nunmehr fertig redigiertes Nationalitätenprogramm näherte sich sichtbar dem demokrati-

---

[339]) Beseitigt werden sollte nach Übereinkunft der Kommission, in welcher die Regierung mit den Industriellen verhandelte: 1. die Bestätigung der Fabrikordnung durch den Fabrikinspektor; 2. die Intervention bei Streiks, außer wenn beide Teile es verlangen; 3. die obligatorische 14tägige Kündigungsfrist (statt dessen obligatorisch 3 Tage, dispositiv 14 Tage), die Arbeitgeber sollten ferner – besonders wichtig! – 4. im Falle des Streiks *Aussperrungsrecht* erhalten, jeder aktiv Streikende (d. h. den Streik positiv mit Herbeiführende) sollte sofort entlassen werden, den „passiv" Streikenden der Lohn für die Nichtarbeitstage abgezogen werden dürfen. 5. Vorgeschrieben sollte, außer den schon erwähnten Schutzbestimmungen, bleiben: Listenführung über Eintritt und Austritt von Arbeitern, Notwendigkeit elterlicher Zustimmung bei Annahme von unter 15jährigen Arbeitern, Verbot des Ausschlusses des Rechtsweges, Lohnzahlung spätestens jeden 16. Tag; sonst sollte jede Einmischung in den Arbeitsvertrag aufhören. Streitig blieb, für welche Schulden Lohnabzüge sollten gemacht werden dürfen (in Fabrikläden und -konsumvereinen bis zu ½). Eine eingehende Erörterung würde die Darstellung der ganzen geltenden Fabrikgesetzgebung voraussetzen und unterbleibt hier in Erwartung der Publikation der Gesetzentwürfe (die Verhandlungen s[iehe] „Now[oje] Wr[emja]" 10807, S. 1; 10810, 4; 10811, 4; 10812, 4). – Der Reichsrat des ancien régime hatte im Winter konsequent alle „sozialpolitischen" Anträge der Ministerien *abgelehnt* (ein Sonntagsruheprojekt, den zwölfstündigen Arbeitstag mit zwei Stunden Unterbrechung im Handwerk und Handel u[nd] a[nderes] m[ehr]).

[339a]) Die Interessen der Syndikate fahren aber dabei – wie schon Anm. 115 dargelegt – sicherlich nicht schlechter. Zur Charakteristik der russischen Fabrikanten ist der oben Anm. 116 wiedergegebene Vorgang aus den Beratungen über den Zehnstundentag wohl genügend.

[340]) „Now[oje] Wr[emja]" 10789.

[341]) Damit war die Handels- und Industriepartei gemeint.

[342]) Auf die Presse freilich trifft dies nur bedingt zu. Aber ein ähnlich charakterloses

schen, mit Ausnahme nur der *politischen* Autonomie Polens: in der Selbstverwaltungs- und Sprachenfrage waren beide fast identisch³⁴³). Schon in den Wahlen waren ferner einige Abteilungen des „Bundes" auch für eventuelle Bodenenteignung eingetreten – jetzt geschah dies in der Duma seitens des Führers, Grafen Heyden, selbst, der erklärte, daß hinter den Rücksichten des „Staatswohls" selbst der Grundsatz der Heiligkeit des Eigentums – allerdings nur, soweit dies unumgänglich nötig sei – zurücktreten müsse³⁴³ª), also ein scharfer „Ruck nach links". Nur die Monarchisten blieben auch nach ihren kläglichen Erfolgen „unentwegt" und hielten einen Kongreß genau mit den alten Reden

---

Organ, wie die „Now[oje] Wr[emja]", ist eben überhaupt selbst in der „unparteiischen" deutschen Presse schwer zu finden.

³⁴³) Siehe das Programm „Now[oje] Wr[emja]" 10817, 3. Andrerseits war die Haltung nicht weniger „Kadetten"-Deputierten gegenüber den *politischen* polnischen Ansprüchen recht zweifelhaft, trotzdem auf eine Anzapfung des „Now[oje] Wr[emja]" das Sekretariat des Zentralkomitees scharf gegen die Unterstellung einer Änderung in der Haltung der Partei als solcher protestiert hatte (s[iehe] „Russk[ija] Wj[edomosti]" 91,4).

³⁴³ª) Das Agrarprojekt, welches die „Progressistengruppe" – im wesentlichen die Vertreter der rechten Seite des alten Semstwoliberalismus (Graf Heyden, N. N. Ljwow u. a.) – in der Duma einbrachte, unterscheidet sich nur in einzelnen (allerdings wichtigen) Punkten von dem k[onstitutionell]-d[emokratischen] Projekt: 1. Die Enteignung des Bodens (erforderlichenfalls auch privaten Besitzes) soll folgende Kategorien von Land umfassen: Land in Gemengelage, zum Verkauf (bereits jetzt) ausgebotenes Land, ferner Land, welches „gewöhnlich" zur Pacht an Bauern vergeben wird, unbearbeitetes kulturfähiges Land, Latifundien bei Überschreitung einer gesetzlich für jede Gegend festzustellenden Grenze, – *nicht* dagegen: Land im Besitze von Institutionen mit gemeinnützigem Zweck, Gartenland, Hofland, Hopfenfelder, Weinland, Waldschonungen, Fabrikland und das zu ihrem Betrieb erforderliche Gelände (es ist an Zuckerfabriken gedacht), Schutz- und Wasserhaltungswald, Besitz, der das festzustellende Maximum überschreitet, dann, wenn die Verwaltung seine Erhaltung für gemeinnützig hält. 2. Der *Preis* soll der „gerechte", d. h. der Ertragswert sein ohne Berücksichtigung der künstlichen Steigerung durch die Notpacht der Bauern. 3. Alles enteignete Land dient den Bedürfnissen der *örtlichen* Bevölkerung. Übersiedlungsrayons werden nur durch Gesetz festgestellt. 4. Gesetzlich ist sowohl die Bodenkonzentration für das Nadjelnaje wie die Entstehung größerer Besitzungen, als (s[iehe] Nr. 1) für örtlich zulässig erklärt worden sind, zu verbieten. 5. Das Land kann im übrigen, je nach den örtlichen Bedingungen, sowohl zu feldgemeinschaftlichem Besitz wie zu *persönlichem Eigentum* (*aber nicht* zu Pacht, wie das k[onstitutionell]-d[emokratische] Programm vorsah) vergeben werden. 6. Die Ausführungsorgane sind Kommissionen, zusammengesetzt aus Grundbesitzern, Bauern und Deputierten der Regierung. 7. Ein Teil des Preises wird auf die Regierungskassen übernommen, den Rest zahlen die Bauern ab. Gleichzeitig soll eine *Regulierung der Pachtpreise* und eine Verkoppelungsgesetzgebung durchgeführt werden. – Man sieht, der *prinzipielle* Unterschied liegt *nur* in der strikten Ablehnung des an die Bodennationalisation erinnernden „Landfonds" des k[onstitutionell]-d[emokratischen] Projekts und in der entschiedeneren Richtung auf das individualistische Bodeneigentum; ferner in der Festhaltung des Grundsatzes, daß, soweit nicht ein anderes ausdrücklich festgestellt wird, das Land für die Versorgung der *örtlichen* Bevölkerung und *nur* für sie da ist. – Man sollte meinen, gerade die Regierung müßte sich mit diesem, dem von ihr selbst eingebrachten (s[iehe] Anm. 272a) so nahe verwandten Projekt befreunden können, – wenn eben nicht die Angst vor der Einschränkung der „Heiligkeit" des Eigentums bei ihr alles andere überwöge.

und Resolutionen[344]). Aber selbst in ihren Reihen gab es keinen Freund der „Bureaukratie". Die Mittelparteien vollends hatten im „konstitutionell-monarchischen Rechtsbund" am Vorabend der Duma-Eröffnung Reden von Arbeitern angehört, welche für den Fall der Nichtrevision[345]) der Grundgesetze, welche die Duma „zu einer rein beratenden Versammlung degradierten", mit dem möglichen Ausbruch der „Revolution" drohten. – Endlich auf die äußerste *Linke* wirkte der Wahlerfolg des Radikalismus, wie zu erwarten, dahin, daß von den Sozialdemokraten, die sich, wie früher erwähnt, nunmehr wieder zu einer einzigen Partei zusammenschlossen, der seinerzeit nur mit den Stimmen von 1168 Urversammlungen gegen 928[346]) gefaßte Boykottbeschluß *aufgehoben* wurde, und die Partei sich an den Kaukasuswahlen, die noch bevorstanden, mit bedeutenden Erfolgen beteiligte. Während bei den „Kadetten" die Besorgnis, die Parlamentspartei könne der Herrschaft des *außer*parlamentarischen „Clubismus" anheimfallen, sofort zu Erwägungen Anlaß gab, wie man dies vermeiden könne[347]), suchte die Sozialdemokratie die parlamentarische Vertretung, die sie vorerst wider Willen erhalten hatte und deren Vermehrung bevorstand, auf das engste an das Leitseil zu nehmen und an die Direktiven der neugeschaffenen Zentralinstanz strikt zu binden[348]). Im übrigen aber hatte mit der Stockholmer Einigung der Streit zwischen „Mjenschewiki" (Plechanow) und Bolschewiki (Ljenin), der alte Streit in der Partei, der während der ganzen Wahlperiode angehalten hatte, keineswegs sein Ende erreicht. Die Taktik des antiparlamentarischen Sindakalismus – ein freilich wohl zu schmeichelhafter Name für ihr blödsinniges Treiben – setzte die letztgenannte Gruppe, offenbar sehr zur Freude der Regierung, die bei dieser Gelegenheit die allerextremsten Reden gern duldete, auch gegen die Duma fort. Als Plechanow mit einem „Aufruf an die russische Arbeiterschaft" zur Unterstützung der Duma mahnte, begannen die Bolschewiki auch die Versammlungen der Mjenschewiki zu sprengen. Man muß angesichts dessen die weitere Entwicklung der offiziellen Parteiverhältnisse abwarten, über die wohl erst der nächstjährige Kongreß Aufschluß geben wird. –

---

[344]) „Now[oje] Wr[emja]" stellt aus den 43 Resolutionen des Moskauer Kongresses vom 11. April u. a. folgende zusammen: 1. Kirchenkongreß, „verständlichere" Redaktion der Liturgie; 2. national gesonderte Vertretung der Russen in den Grenzprovinzen; 3. russische Staatssprache, auch für alle öffentlichen Schulen; 4. gegen jede Autonomie der Grenzländer; 5. gegen die „gefährliche deutsche Kolonisation"(!) in den Ostseeprovinzen; 6. Ausschluß der Juden vom Wahlrecht; 7. Behandlung Finnlands als Teil Rußlands und namentlich 8. „absolute Unverletzlichkeit des Eigentums". – Die „russischen Leute" verlangten in einer Versammlung „Rußland für die Russen" in dem Sinne, daß der Ausbeutung russischer Arbeit durch fremdes *Kapital* ein Ende gemacht werden solle. Dies wäre wenigstens konsequentes „Slawophilentum" à la moderne.

[345]) „Russk[ija] Wj[edomosti]" 113, 3.

[346]) „Russk[ija] Wj[edomosti]" 66, 4.

[347]) Auf Struves Anregung.

[348]) Auf die organisatorischen Einzelheiten gehe ich hier nicht ein. Man kann – zumal der alte Streit um die Frage des „Zentralismus" ja nicht geschlichtet ist – noch nicht sagen, wie sie funktionieren werden. Das radikale Petersburger Komitee begann alsbald Politik auf eigne Faust.

Die Sozialrevolutionären hatten, ebenfalls wider Willen, in den *Bauern* eine Parteivertretung von relativ maßvoller Richtung, aber erheblicher Stärke erlangt. Vergebens hatte die Regierung die bäuerlichen Deputierten in ein eigens für sie hergerichtetes erstaunlich billiges Logierhaus mit Pension eingeladen und ihnen die Fahrkarten schon geraume Zeit vor der Dumaeröffnung zugestellt. Es ereignete sich, daß die Polizei den Koffer eines Bauerndeputierten auf dem Bahnhof auf geheime Schriften hin untersuchte, dann plauderte ein Bediensteter des Logierhauses aus, daß ihm aufgetragen sei, etwas auf das Tun und Lassen der Deputierten zu „passen", – entrüstet zog (21. April) die überwältigende Mehrheit der Bauern aus und hielt von nun an gemäß einer schon vorher an sie verschickten Aufforderung private Zusammenkünfte unter Vorsitz des scharf radikalen F. M. Onipko ab, denen anfangs etwa 80, später 122 und gelegentlich mehr Deputierte beiwohnten. Alsbald gewannen die altgeschulten Agitatoren des radikalen „Narodnitschestwo" – Aladjin, Anikin, Bondarew, Nasarenko, Onipko, Shilkin u. a. – die Oberhand. Unter den Teilnehmern befanden sich auch diejenige nicht geringe Zahl Anhänger der „Kadetten", welche dem Bauernstande angehörten. Ihrem Wunsche entsprechend wurden zwei Mitglieder des Parteivorstands zeitweise zu den Beratungen zugezogen, auch besuchte man auf Einladung anfangs regelmäßig die Sitzungen der „Kadetten" als Zuhörer. Aber zu einem Anschluß an die Partei kam es nicht. Die Bauern fanden das k[onstitutionell]-d[emokratische] Programm „nicht populär genug", es wehe darin der „dworjanskij duch" (Adelsluft); man entnahm aus dem Vorbehalt der Erhaltung eines Teiles der privaten Großbetriebe, daß auch die Kadetten an „hoher Pacht und niedrigen Löhnen" interessiert sein[349]), – das Land aber sei Gottes, und es müsse jedem nach der „trudowaja norma" – so viel also als der Bauer „mit seinen Händen bearbeiten" könne (s. o.) – zugeteilt werden. Scharfe Proteste gegen die Ausweisung von Arbeitern aus Petersburg, die unbedingte Verurteilung der Todesstrafe – „jeder kann sich noch bessern" – schlossen sich an; die radikale Stimmung steigerte sich und der sehr bald feststehende Entschluß, sich keiner anderen Partei anzuschließen, führte weiterhin zur Bildung der „trudowaja gruppa", der anfangs 60–70, schließlich 107 „Bauern" (auch Arbeiter und radikale Intelligente[349a]) beitraten, während die konstitutionell-demokratischen Teilnehmer nun in ihre Partei zurückkehrten, ein Teil der Bauern aber, durch die Schärfe des Tones erschreckt, beiseite blieb und nur faktisch mit der Gruppe stimmte. Auch die „trudowaja gruppa" war (mit ihren 107 Mitgliedern) innerlich nicht so stark wie sie zu sein schien. Aber ihre drei Bestandteile: sozialrevolutionäre Intelligente, radikale Bauern, sozialistische Arbeiter, konnten unmöglich dauernd zusammenhalten. Die Sozialdemokratie erklärte im Juni, daß jetzt, nach Aufhebung des Boykotts der Duma, ihre Anhänger eine Sonderfraktion zu bilden haben (was inzwischen geschehen ist). Den Bauern ferner waren alle über die Landfrage und die Beseitigung der

---

[349a]) „Now[oje] Wr[emja]" 10816 (Sitzung vom 24. April).
[395]) Auch ein Universitätsprofessor (Lokot).

speziell sie betreffenden Polizeiwillkür hinausgehenden politischen Probleme ziemlich gleichgültig; die Gleichberechtigung der Juden, wenigstens in bezug auf das „Recht auf Land", und das Frauenstimmrecht höchst antipathisch[349b]), und das Mißtrauen gegen die „intelligenten" Leiter blieb unaufhörlich rege: schon wenn es sich z. B. um Miete eines Parteilokales handelt, war ihnen die Provenienz des dafür von den „intelligenten" Leitern vorgeschossenen Geldes verdächtig[349c]). Nur die „Landnot" der Bauern und der unerhörte Druck der administrativen Willkür hielten diese Gruppe zusammen. Der Einfluß der Straße und des „Klubismus"[349d]) auf sie war naturgemäß ziemlich fühlbar, an rednerischer Leistungsfähigkeit standen einige ihrer Führer auf ziemlicher Höhe, während allerdings der Erfolg mancher eitlen Schwätzer (Aladjin, Anikin) die Wirkung der Wahlpolitik der Regierung in der Richtung einer Senkung des geistigen Niveaus der Diskussionen in der Duma nur zu sehr verspüren ließ. Alle Parteien hatten eben, um in den Wahlen sich zu behaupten, stets so zahlreiche Bauern mit in ihr Ticket aufnehmen müssen, daß für einen großen Teil ihrer begabtesten Führer kein Raum blieb[350]), zumal ja die Regierung einen bedeutenden Teil derselben behufs Ausschlusses von der Kandidatur unter Anklage gestellt hatte, andere durch die Vorschrift: „Wahl aus der eignen Mitte", vom Kandidieren ausgeschlossen waren (s. o.).

So sah sich die Regierung in allen ihren Erwartungen hinsichtlich des Ausfalles der Wahlen und der Haltung der Bauern enttäuscht und – das ließ sich schon Ende März übersehen – einer überwältigenden Mehrheit schlechthin antibureaukratischer und sozial wie politisch gleich radikaler Elemente gegenübergestellt. Das erste, was sie unter diesem Eindruck tat, war die schleunige

[349b]) J. N. Jeserskij in den „Russk[ija] Wj[edomosti]" 146 S. 2.
[349c]) A.a.O.
[349d]) Die Kreise der „legalen" Sozialrevolutionären, des Narodnitschestwo also, wie es im „Russkoje Bogatstwo" vertreten war (s[iehe] darüber Beilageheft zu Bd. XXII, 1) haben inzwischen (Juni) das Programm einer „volkstümlich sozialistischen Arbeiterpartei" (trudowaja narodno-ssocialistitscheskaja partija) entworfen. Die Gruppe hält das Prinzip der Volkssouveränität fest, legt aber auf die Staatsformen (Republik oder parlamentarische Monarchie) keinen entscheidenden Wert, sofern die weitgehendste örtliche Selbstverwaltung, wenn möglich der politische Föderalismus, die „Volkstümlichkeit" der Regierung garantieren. Sie lehnt die Bildung einer „Kampforganisation" nach dem Vorbilde der regulären Sozialrevolutionäre ab, da der bewaffnete Aufstand „taktische" Frage sei[,] und betrachtet die „Nationalisation des Landes" als Übergangsstufe zum „Sozialstaat" („Strana" vom 1. Juni). Näheres ist mir über diese „Partei" seither nicht bekannt geworden. Auch W. Woronzow hat im Winter im „Jeshenedjelnyj shurnal dlja wssjech" wieder ganz die alten Gedanken des „Narodnitschestwo" (einschließlich der Übernahme der Fabriken durch Arbeitergenossenschaften) vertreten. Die Gruppe hat wenig Chancen, eine breite eigene Bewegung zu schaffen. Dagegen beeinflußte sie, wie wir sahen, den „rechten Flügel" der „Trudowiki".
[350]) Für die „Kadetten" hatten bei der Diskussion des Agrarprogramms Petrazycki und namentlich Herzenstein fast allein die Kosten der Debatte zu tragen. Fürst Paul Dolgorukow, Peter Struve, Miljukow, Hessen fehlten – um nur einige zu nennen – in der Duma, mit ihnen die nicht geringe Zahl tüchtiger älterer und jüngerer wissenschaftlicher Kräfte, über welche die Partei verfügte. Ebenso stand es bei der Gruppe der Gemäßigten, wo *nur* Graf Heyden und Stachowitsch etwas bedeuteten.

Aufnahme einer „Kriegsanleihe" gegen den „inneren Feind" zu denjenigen Bedingungen, die ihr von den Banken diktiert wurden. Diese hatten nun das Spiel in der Hand. Sie hatten zuerst beharrlich die Einberufung der Duma gefordert, nun, da diese bevorstand, hatten auch sie das dringendste Interesse daran, die Anleihe vor ihrem Zusammentritt unter Dach zu bringen, denn daß die Duma ihnen die Bedingungen, zu denen die hilflos in ihre Hände gegebene Regierung abzuschließen geneigt war, niemals konzedieren würde, stand fest, und ein Zusammenbruch der Bureaukratie oder ihre Unterwerfung unter die Duma mußte alle Russenfonds alsbald unabsehbaren Schicksalen aussetzen und das Geschäft gründlich verderben. Jammernd hatte „Nowoje Wremja" fast Nummer für Nummer darauf hingewiesen, daß schon der Wahlsieg der „Kadetten" in Petersburg einen Kurssturz der Rente um 1%, also, nach ihrer Ansicht, einen Verlust für die russische Volkswirtschaft, herbeigeführt habe. Die finanzielle Lage der Regierung aber war derart, daß sie sich entweder der Duma oder den Banken unterwerfen mußte und, das letztere vorziehend, auf schlechthin jede Bedingung einging: trotz eines zeitweise 9% betragenden Ende Januar jeden Augenblick zum Sprung auf 10% bereiten Diskontes sank der Barvorrat der Bank, der Steuerboykott der Bauern war immerhin fühlbar, gewaltige Verschiebungen im Etat durch Erhöhung der Bezüge der Eisenbahn- und Postbediensteten, Besserung der Armeeverpflegung, Donative an die Kosaken, Umgarnisonierungen, erhöhte Polizeikosten, hohen „Verpflegungs"-Etat gegen die Hungersnot, durch Erlaß der Loskaufsgelder, endlich durch die direkten Verluste an Staatseigentum und Steuerkraft waren teils schon in Gestalt des vorjährigen Defizits verrechnet, teils standen sie noch bevor. Mit kurzfristigen Schatzwechseln war nicht weiter zu wirtschaften. So nahm man denn Bedingungen an, welche in fast groteskem Kontrast zu den Kursen standen, welche – zufolge einer allerdings geradezu bewundernswürdigen Taktik in der Behandlung der Börsen durch die großen Finanzinstitute – die russischen Fonds selbst in den ungünstigsten Augenblicken des japanischen Krieges gehabt hatten, und zu den härtesten gehören, die Rußland oder überhaupt eine bisher „unbescholtene" Großmacht sich je hat gefallen lassen; ein, bei Berücksichtigung der Bedingungen, effektiver Zinsfuß von wohl noch etwas über 6%, 682 Mill. Rubel effektiver Ertrag für den Staat bei einer Übernahme einer Nominalschuld von 843 Millionen zu 5%, bei langfristiger Unkündbarkeit. Immerhin: die Anleihe war „im Hafen", – und Graf Witte daher ein vorerst entbehrlicher Mann, ja, – da er das ganze Odium der Wirtschaft des Ministers des Innern mitzutragen hatte, mußte auch den fremden Banken es eher bedenklich scheinen, ihn mit dieser Duma in Berührung kommen zu sehen, und daher genügte der erste Anlaß – welcher Art er war, ist vorerst wohl schwerlich eindeutig feststellbar –, um ihn und sein Kabinett ehr- und ruhmlos verschwinden zu lassen und ein Assortiment von korrekten, auch gegenüber der „Gesellschaft" noch wenig „kompromittierten[351]" konservativen Beamten an die Stelle zu setzen. Das neue Ministerium

---

[351]) Der neue Premierminister Goremykin speziell galt seinerzeit als eine Art bureau-

„milderte" das durch Indiskretion in die Presse gelangte früher besprochene Projekt der „Grundgesetze" an einzelnen Stellen in konstitutionellem Sinne (s.o.), veranlaßte aber den Zaren doch, es zu unterfertigen und damit den alsbaldigen zornigen Protest nicht nur der Demokratie, sondern auch der Mittelparteien hervorzurufen. Im übrigen ging der Taktschritt der bureaukratischen Maschine nach den Wahlen weiter wie vorher. Ein Projekt einer umfassenden Sozialgesetzgebung wurde – wie erwähnt – in den Grundzügen bekannt und zeigte unter anderem, daß von seiten der Regierung nunmehr die Reglementierung der kapitalistischen Entwicklung als aussichtslos aufgegeben, die „Freiheit des Eigentums" gegen Eingriffe von *oben* also dem „Kapital" nunmehr – mit einigen sozialpolitischen Restriktionen – in den Schoß fallen sollte. Ebenso verlauteten Grundzüge einer Lokalverwaltungsreform, welche, in einer teilweise an die preußische Kreisordnung erinnernden Weise, Landgemeinden und Gutsbezirke nebeneinander, und die längst – freilich in etwas anderer Form – erstrebte „allständische Wolost" als unterste Einheit der Verwaltung festlegen, die Semskije Natschalniki voraussichtlich ganz beseitigen und die Verwaltungskontrolle auf dieser untersten Instanz auf die Rechtskontrolle beschränken sollte, – eine Vernichtung des Werkes Alexanders III., die vor 10 Jahren das Land sicher in hellen Jubel versetzt hätte. Auf der anderen Seite sahen wir, wie das Eigentum, speziell das Grundeigentum, gegen Angriffe von *unten* verstärkten Schutz erhielt. – Der 26. April – der Tag der Dumaeröffnung, juristisch also der letzte Tag des ancien régime – muß für den Zaren ein Tag harter „Arbeit" gewesen sein: nicht nur das Landarbeitergesetz, sondern auch verschiedene Ukase betreffend die Bauernbank, finanzielle Verfügungen usw., die erst 10–12 Tage nach Eröffnung erschienen, sind von diesem Tage datiert.

Der Tag der Eröffnung kam, und unter dem mit Feierlichkeit überladenen Gepränge des höfischen Aufzuges stieg der Zar „unsicheren Schrittes" (nach Zeitungsangaben) die Stufen zum Throne hinauf und verlas seine gänzlich inhaltsleere „Begrüßung"; die allseitig sicher erwartete „Thronrede" soll angeblich unter „unverantwortlichen" Einflüssen zurückgelegt worden sein, wahrscheinlich aber einfach deswegen, – weil man sich keines Rates wußte und nicht einigen konnte, was sie enthalten solle. Den stärksten – negativen – Effekt erzielte die Ansprache dadurch, daß in ihr mit keinem Wort von der in allen Gefängnissen des Landes und in all jenen Zehntausenden von Dörfern, in denen Verschickungen und Verhaftungen vollzogen worden waren, erwarteten Amnestie als einem Symbol, daß es mit der Praxis der ohne Rechtspruch erfolgenden Bestrafung ein Ende haben werde, die Rede war, – nachdem die Regierung

---

kratischen Orakels über Agrarverhältnisse und war wegen seiner (natürlich nur sehr relativen) Vorliebe für die „Selbstverwaltung" der Semstwos von Witte seinerzeit durch die früher im Beilageheft zu Band XII, 1 zitierte „konfidentionelle Denkschrift" gestürzt worden. Den Minister des Innern Stolypin interpellierte die Duma alsbald wegen gesetzwidriger Handlungen in seiner Stellung als Gouverneur.

soeben wohl oder übel eine Anzahl Verschickter aus Sibirien und Archangelsk hatte zurücktransportieren lassen müssen, weil sie in die Duma gewählt waren. Ein seinerzeit abgesetzter Professor (Muromzew) wurde zum Präsidenten, ein soeben verschickter aus dem Zwangsdomizil in Archangelsk in die Duma gewählter Professor (Gredeskul) zum Vizepräsidenten der Duma gewählt. Augenblicklich und außerhalb der Geschäftsordnung rollte einer der Veteranen der Befreiungsbewegung, der gewesene Präsident des „Befreiungsbundes" bei seiner konspirativen Konstituierung im deutschen Schwarzwald, Petrunkjewitsch, unter stürmischen Kundgebungen die Amnestieforderung auf. Und nun begann das eigentümliche Schauspiel: keiner von beiden Teilen glaubte, daß etwas anderes als „Pulver und Blei" das Ende vom Liede sein werde[352]). Der offizielle „Prawitjelstwjennyj Wjestnik" hatte die Begrüßungsansprache des Kaisers gebracht. Aber die Existenz der Duma ignorierte er fortan: er schien im Zweifel zu sein, meinte die Petersburger Presse, ob er sie als eine staatliche Institution und nicht vielmehr als einen revolutionären Klub anzusehen habe. Ebenso die „Spitzen" des bisherigen Rußland. Muromzew war, ehe die Sitzungen begannen, der Vorschrift des Gesetzes gemäß vom Zaren empfangen und brachte „gute Eindrücke" mit zurück. Als nun in der stürmischen Amnestiedebatte sich der ganze aufgespeicherte Zorn – übrigens in maßvollen Formen[353]) – entlud und die nach Form und Inhalt scharfe Antwortadresse angenommen worden war, hatte Muromzew wiederum zum Geburtstag des Zaren bei Hofe zu erscheinen. Mit ausgesuchter Höflichkeit auf einen Ehrenplatz gesetzt, wurde er von niemandem, der etwas zu sagen gehabt hätte, angesprochen. Die persönliche Entgegennahme der Adresse lehnte der Zar ab und ersuchte die Adresse an den Hofminister zu senden, – sicherlich ein Vorgang, der im Lande bei den Bauern, welche ja am einmütigsten „direkten Verkehr" ihrer Vertreter mit dem Zaren verlangen, den tiefsten Eindruck machen mußte, – wie denn überhaupt die Zerbröckelung der Zarenromantik bei der Masse der Bauern wohl das bleibendste Ergebnis all dieser Vorgänge bleiben wird.

Aber nicht nur äußerlich blieben die Ministerbänke in der Duma 16 Tage lang leer, sondern bis *Ende Mai* hatte die Regierung, welche seit Dezember die Hinausschiebung der Einberufung stets u. a. auch mit der Notwendigkeit begründet hatte, ihr „vorbereitet" gegenüberzutreten, noch *nicht einen einzigen* sachlichen Gesetzentwurf bei ihr eingebracht[353a]). Ihre ganze Tätigkeit bestand bis dahin in der Beantwortung der Adresse. Diese Adresse, welche die Duma nach langen Beratungen einstimmig – Graf Heyden hatte erklärt, daß er und

---

[352]) Nach Privatbriefen muß ich das auch für die Dumadeputierten annehmen. Für die Regierung zeigt es ihr sonst unbegreifliches Verhalten deutlich genug.

[353]) Alle direkten oder indirekten Angriffe auf den Zaren und die Dynastie sind stets unter Protesten erstickt worden.

[353a]) *Bis 29. Mai* (russ[ischen] Stils) lagen der Duma vor: ein Entwurf betreffend die Verhältnisse einer Orangerie und die Waschanstalt der Dorpater Universität und ein solcher über die Zulassung gewisser Kurse für Damen. *Eine zynischere Verhöhnung einer „Volksvertretung" ist in der Geschichte schwerlich irgendwo zu finden.*

seine Anhänger, da sie nur mit der *Fassung* der Adresse nicht einverstanden seien und die Einstimmigkeit nicht zu gefährden wünschten, den Saal verlassen würden – annahm, hatte als Programmpunkte enthalten: die „viergliedrige" Wahlrechtsformel, Beseitigung der den Zaren vom Volk trennenden Willkür der Beamten durch parlamentarische Kontrolle der Exekutive, Verantwortlichkeit der Minister, parlamentarisches Regime, Beseitigung des Reichsrates, Persönlichkeitsgarantien, Freiheit des Wortes, der Presse, der Vereine, Versammlungen und Streiks, Petitionsrecht, Gleichheit aller vor dem Gesetz, Abschaffung der Todesstrafe, Bodenenteignung zur Landausstattung der Bauern, Arbeitergesetzgebung, unentgeltliche Volksschule, Steuerreform, Umgestaltung der Selbstverwaltung „auf der Basis des allgemeinen Wahlrechts", Gerechtigkeit und Recht in der Armee, „Kulturselbständigkeit" der Nationalitäten, Amnestie für alle religiösen, politischen und Agrarverbrechen. – Die Antwort sagte zu: Änderung des Wahlrechts, jedoch nicht schon jetzt, wo die Duma eben erst zu arbeiten beginne, Arbeitergesetzgebung, allgemeine Volksschule, gerechtere Steuerverteilung, insbesondere Einkommensteuer und Erbschaftssteuer, Reform der Selbstverwaltung unter Berücksichtigung der Eigenart der Grenzländer, Persönlichkeits- und Freiheitsgarantie, jedoch unter Erhaltung „wirksamer" Mittel gegen „Mißbrauch" der Freiheiten, gerichtliche Verantwortlichkeit der Beamten, Abschaffung der Inlandspässe, Aufhebung der ständischen Sonderstellung der Bauern und Mittel für ihre Landausstattung durch die Bauernbank und ferner aus Staatsdomänen und durch Umsiedelung, jedoch unter Ablehnung jeder Expropriation; – alle anderen Forderungen wurden mehr oder minder bestimmt abgelehnt, insbesondere die Amnestie; es wurde nur „sorgsame Prüfung" der Verhältnisse der noch nicht unter Anklage gestellten Inhaftierten[353b]) zugesagt.

Erst um diese Antwort auf die Dumaadresse zu verlesen, am 17. Tage nach der Dumaeröffnung, ergriff der Premierminister zum erstenmal in der Duma das Wort[354]), und nunmehr tauchten die Dumaverhandlungen auch in den Spalten der Abendbeilage zum „Prawit[jelstwjennyj] Wjestnik", welche an Stelle von

---

[353b]) Im Mai begannen die Petersburger Friedensrichter sich ihrer längst vergessenen Befugnis, die *Gefängnisse* zu revidieren, zu erinnern, verlangten von den Gefängnisverwaltungen Einlaß und Vorlegung der Papiere über die Gefangenen und verfügten die Freilassung von Gefangenen, über die kein Ausweis vorlag. Sofort schritt der Staatsanwalt ein und verlangte, daß die Friedensrichter *vor* allem Einschreiten und vor der Revision die Person, um die es sich in concreto handele, schriftlich bezeichnen sollten. Allein der Sjesd (Kongreß) der Friedensrichter gab dem Vorgehen derselben recht, und die Staatsanwaltschaft mußte wohl oder übel nachgeben. Alsbald begann ein geschäftiges Treiben in den Gefängnissen, um unliebsamen Enthüllungen vorzubeugen (s[iehe] über die Vorgänge die „Strana" vom 1., 3., 4., 10. Juni). Der charakteristische Vorgang wird nicht wenig zur Erhöhung der Popularität dieser von den Selbstverwaltungskörpern *gewählten* Richter beigetragen haben, deren Stellung der früher erwähnte Gesetzentwurf der Regierung wieder in integrum restituieren will.

[354]) Vorher hatte nur einmal ein Beamter des Ministers des Innern dessen Abwesenheit bei einer Interpellation über gesetzwidrige Amtshandlungen der Polizei entschuldigt und deren Beantwortung innerhalb der gesetzlichen Frist (1 Monat!) in Aussicht gestellt.

Wittes „Russkoje Gossudarstwo" trat, auf. Aber freilich: Publikation der Stenogramme war in Aussicht gestellt, indessen, vielleicht weil die Reden Aladjins, Nasarenkos und anderer doch zu „wild" erschienen, schrumpften sie wieder zu sachlich inhaltsleeren Aufzählungen der Redner zusammen[355]); die Duma selbst beschloß demgegenüber Massenverbreitung ihrer Verhandlungen durch das Land hin und warf einen Geldbetrag dafür aus. Während die Adresse und mit ihr, vor allem, die Amnestiefrage unter stürmischer Erregung des ganzen Landes in der Duma verhandelt wurde, füllten sich die Spalten des offiziellen Organes mit langen Telegrammen aus allen Enden Rußlands, die gegen die Amnestie protestierten, meist von einer – wie die Zeitungen feststellten – recht verdächtigen Identität des Wortlautes untereinander[355a]), und arbeitete der polizeiliche „Verschickungsapparat" unentwegt weiter. Erst aus der vorletzten Maiwoche liegen stellenweise Meldungen über Einstellung der Verschickungen vor, dem Versprechen der ministeriellen Antwort entsprechend, daß nunmehr die, zum erheblichen Teil seit etwa November, ohne Erhebung einer Anklage im Gefängnis sitzenden administrativ Verhafteten endlich „nach genauer Untersuchung" entweder freigelassen oder – vor Gericht gestellt werden sollten. Der Reichsrat seinerseits hatte inzwischen zwar die radikale Adresse der 12 „Kadetten", der „akademischen" Gruppe, abgelehnt, ebenso aber den reaktionären Adreßentwurf Ssamarins[,] und mit überraschend starker Mehrheit eine Adresse angenommen, welche – unter Ausschluß der Verbrechen gegen Leben und Eigentum – ebenfalls Amnestie erbat. Eine Antwort auf diese Adresse ist nicht verlesen worden, denn der Reichsrat verstummte alsdann zunächst völlig: der altersschwache (ernannte) Präsident vermochte die Verhandlungen nicht zu leiten und trat zurück, der Vizepräsident wurde mit seiner Vertretung beauftragt, – aber wochenlang verlautete nichts von Einberufung einer Sitzung[355b]). Die Duma ihrerseits beantwortete die Erklärung des Ministeriums mit dem nahezu einmütigen Ausdruck „unbedingten Mißtrauens". Eine Antwort hierauf erfolgte nicht. Die Ministerbänke blieben leer. Die Regierung befolgte also der Duma gegenüber zunächst das Rezept der Türkei gegen unbequeme Forderun-

---

[355]) Erst in der Nummer vom 20. Mai (2. Juni) begann die Publikation der Stenogramme mit der am 27. *April* stattgehabten Sitzung, wohl als „historischer" Dokumente. Bald ist auch das wieder fortgefallen.

[355a]) Die Interpellation über die Provenienz lehnte der Ministerpräsident ab. – Ergötzlich war, daß unter den Telegrammen sich (im Juni!) auch solche befanden, welche um „baldige Zusammenberufung der Duma" petitionierten: offenbar stammten sie aus dem Januar. Auf *wen* mit diesen Publikationen – die ja das Publikum nicht zu Gesicht bekam – gewirkt werden sollte, ist klar. – Die ganze Verwirrung in den „leitenden" Kreisen illustriert sich z. B. auch dadurch, daß Anfang Juni der offizielle „Prawit[jelstwjennyj] Wjestn[ik]" die Vertagung der Duma ankündigte, die offiziöse „Agentur" aber diese Nachricht gleichzeitig dementierte („Now[oje] Wr[emja]", 10. Juni).

[355b]) Die oben erwähnte „Gruppe des Zentrums" im Reichsrat, welche aus durchaus konservativen Elementen (darunter auch die Großindustriellen wie Awdakow) bestand, erklärte Mitte Juni („Now[oje] Wr[emja]" 10869) den Zustand, daß die Regierung der Duma erst nach sechs Wochen und dem Reichsrat *überhaupt* keine Vorlagen mache, für unerträglich.

gen: passive Ignorierung. Da nun in der Tat die Gefahr, daß die Duma sich in endloses Reden verstricke und den Rückhalt an den realen Interessen der Masse verliere, vorlag, – im Gouvernement Kostroma sollte, nach Mitteilungen der Deputierten, die *Polizei* die Nachricht verbreiten, die Dumaabgeordneten seien mit je 2000 Rubel bestochen, deshalb redeten sie nur und täten nichts[356]) –, begegneten dieser die Demokraten durch die schleunige Einbringung formulierter Gesetzgebungsdirektiven. Dem setzte nun die Regierung ihr gemäß § 55 f. der Dumaordnung bestehendes Recht, die Initiative zunächst ihrerseits zu beanspruchen und zur Erwägung, ob sie dazu geneigt sei oder nicht, *einen Monat* Frist gewährt zu erhalten, entgegen (so bei dem Antrag auf Abschaffung der Todesstrafe). Aber die konstitutionell-demokratische Partei hatte die Einsetzung einer Parlamentskommission zur Beratung über die entscheidende Zentralfrage: das *Agrarproblem,* erwirkt und ihr, früher analysiertes, Projekt vorgelegt. Das aber brachte die Vertreter des Ministeriums auf den Plan, und da nunmehr bei den Debatten innerhalb der Demokratie die Gegensätze der Agrarverfassung auch in sehr bedeutenden Meinungsdifferenzen über die Agrarprobleme sich äußerten, wäre die Gelegenheit für die Regierung, die Geschlossenheit der Duma in dieser Frage zu sprengen, nicht ungünstig gewesen, falls sie irgendein *prinzipielles* Entgegenkommen hätte in Aussicht stellen können. Aber das Festhalten an der unbedingten „Heiligkeit" des privaten Bodenbesitzes und dann die höhnische Form, deren sich Gurko, der Vertreter des Ministers des Innern, in seiner etwas „ad hominem" gesprochenen Rede bediente, und auf die Herzenstein noch höhnischer erwiderte, spitzte die Gegensätze zwischen Volksvertretung und Regierung weiter zu. Die Deputierten der „trudowaja gruppa" verließen ohnedies fast jedesmal ostentativ den Saal, wenn ein Vertreter des Ministeriums zu sprechen begann[357]). Sie hatten ihrerseits den Antrag auf eine parlamentarische Enquete über die Gesetzwidrigkeiten der Verwaltung und die dafür verantwortlich zu machenden Beamten eingebracht, den die Duma an eine Kommission verwies, welche ihn zu befürworten beschloß. Sie versuchten ferner, als bei Beratung des demokratischen Agrarprogramms die Haltung der Regierungsvertreter die gleiche, ablehnende, blieb, die Duma zur Konstituierung von lokalen Ausschüssen für die Agrarreform, hervorgehend aus „viergliedrigem" Wahlrecht, hinzureißen. Das wurde abgelehnt[357a]), ebenso ohne Debatte die Beratung des rein agitatorischen zweiten[357b]) Agrarprogramms, welches 33 Mitglieder der Gruppe einbrachten und in dem in ganz allgemeinen

---

[356]) „Russk[ija] Wj[edomosti]" Nr. 133, 4. Ebenso wurde ein geheimes Zirkular bekannt, welches die Polizeibehörde anwies, alle tätigen Mitglieder der „Kadetten"-Partei im Lande – deren Tätigkeit die Regierung „vorläufig noch nicht" zu hindern beabsichtige – zu registrieren.

[357]) Sie verlangte sogar, der Präsident solle „nicht dazu gehörigen Leuten" nicht das Wort geben.

[357a]) Mit der zutreffenden Begründung seitens der „Kadetten": daß für sie die Agrarreform eine Regulierung zwischen *privaten Interessenten* sei, kein Akt des souveränen Volkes.

[357b]) Das erste s[iehe] oben Anm. 223.

Ausdrücken die „Abschaffung jeder Art von Bodeneigentum innerhalb des russischen Reiches", das „Recht *jedes* Einzelnen, so viel Land zu verlangen, als nach Bezahlung der Bodenabgabe zur Bestreitung gesunden Lebens für seine Familie nötig ist", die Kontrolle der örtlichen Verwaltung über die ordnungsmäßige Wirtschaftsführung usw. verlangt war. In diesem Projekt sprach sich deutlich der steigende Einfluß der außerhalb des Parlaments stehenden sozialrevolutionären Organisationen auf die Partei der Linken aus. Die sachliche Arbeit trat – als aussichtslos – für sie ganz zurück und die Benutzung der Duma als Zentrum revolutionärer Propaganda in den Vordergrund. Als sich 15 Mitglieder der Gruppe mit einem Aufruf an die Bevölkerung wendeten, in welchem das Verhalten der Regierung gegenüber der Duma als Obstruktion kritisiert wurde, erhob die Regierung Anklage gegen sie wegen Aufreizung, und die Gouverneure versuchten sich in öffentlichen „Widerlegungen" dieser Behauptung, – wobei nicht wenige in ihrem Eifer die Duma selbst ziemlich lebhaft kritisierten[357c]). Die immer ungeduldigere Stimmung im Lande wirkte auf die Temperatur der Duma, und diese wieder – da die Abgeordneten begannen, ihre Wahlkreise behufs Rücksprache mit den Wählern zu bereisen, – auf das Land zurück. – Inzwischen kursierten über die Intrigen behufs Herbeiführung einer Militärdiktatur, über die angeblichen Cliquenkämpfe in Peterhof und die Machenschaften der in der Presse sogen. „Sternkammer" die unkontrollierbarsten Gerüchte. Die Bjelostoker Judenmetzelei zeigte dann die Duma auf der Höhe ihrer Autorität: ihre zur Berichterstattung entsendeten Deputierten schafften sofort Beruhigung, verschärften aber das Verhältnis zur Regierung. Den natürlich ganz einseitigen Berichten der kommandierenden Militärs setzte die Duma den ebenso einseitigen Bericht ihrer Delegierten, die ja zu einem Kreuzverhör der *Beamten* keine gesetzliche Vollmacht hatten, entgegen. Die Interpellationen wegen gesetzwidrigen Verhaltens von Beamten häuften sich zu Hunderten auf, sie wurden gänzlich stereotyp beantwortet. Sobald die Minister und ihre Beamten dabei über streng tatsächliche Angaben hinaus politische Ausführungen machen wollten, wurden sie von der Linken stürmisch unterbrochen und denjenigen von ihnen, „an deren Händen Blut klebte" (General Pawlow), das Sprechen direkt unmöglich gemacht. „Die beiden Rußland" standen ohne Rapport nebeneinander, Militärrevolten, politische Streiks, Bauernaufstände begannen aufs neue. Innerhalb der Duma zeigte sich die Möglichkeit einer doppelten Parteibildung: entweder die „Kadetten" gingen mit dem rechten, „legalen" Flügel der trudowaja gruppa, oder aber sie gingen mit der durch Graf Heyden allmählich organisierten „Partei der friedlichen Erneuerung", welche auch einen Teil der „Parteilosen" an sich zog. Solange nicht ganz feste konstitutionelle Garantien gegeben waren, mußte die dominierende Partei, so sehr die Gemäßigten den Kontakt mit ihr zu wahren bemüht waren, unbedingt das erstere vorziehen, schon weil es ihrer ganzen Vergangenheit entsprach, und ein vorzeitiges Paktieren mit den

---

[357c]) So der Gouverneur von Kasanj, welcher behauptete, die Duma (nicht die Partei) wolle „alles Privateigentum abschaffen".

Gemäßigten sie der Demagogie der Regierung preisgab, welche die Angriffe der radikalen Sozialdemokraten auf die Duma und die „Kadetten" ersichtlich begünstigte. Die „Kadetten" lehnten daher, bei den unter der Hand erfolgten Erörterungen, konsequent den Eintritt in ein nicht aus ihrer Mitte *allein*, allenfalls unter Zuteilung einzelner Portefeuilles an Politiker, wie Schipow, Graf Heyden oder Stachowitsch, gebildetes Ministerium ab. Ob sie selbst im Falle der Übernahme der Regierung lange hätten zusammenhalten können, ist eine andere, wahrscheinlich zu verneinende Frage: Kotljarewskij und manche andere neigten entschieden zu den rechts stehenden, Schtschepkin und andere zu den links stehenden Parteigruppen, und die Entlastung von dem gewaltigen Druck der Polizeiwillkür hätte unter einem liberalen Ministerium nicht nur planlose Ausbrüche der Radikalen, sondern auch alsbald die Klassengegensätze – und dann auch die nationalen – gewaltig anschwellen lassen. – Allein vor allem konnte der Zar, allein für seine persönliche Stellung und Sicherheit besorgt, nicht bewogen werden, sich ihnen anzuvertrauen.

Auf eine Schilderung der *sachlichen* Verhandlungen der Duma hier einzugehen, hat keinen Zweck, da sie ja in das Nichts ausgemündet sind. Sie sind – nachdem sie gegenüber der Obstruktion der Regierung endlich beginnen konnten – mit einer Intensität gefördert worden, wie nur in irgendeinem Parlament der Welt. Denn die eigentliche Arbeit ist natürlich auch hier nicht im Plenum, über welches die Presse allein berichtete, sondern in der Kommission geleistet worden. Ein Blick in die Wochenzettel der Kommissionssitzungen[357d]) zeigt, in welchem Grade die Deputierten hier, hinter den Kulissen, in Anspruch genommen waren. Alle von den Dumadeputierten eingebrachten Entwürfe standen Anfang Juli dicht vor der Fertigstellung, das Agrarprojekt war, nachdem im Plenum 14 Tage lang weit über 100 Mitglieder gesprochen, dann die 91gliedrige Kommission mit zahlreichen Subkommissionen 4 Wochen lang gearbeitet hatten, so weit gelangt, daß die Grundlinien, auf welche sich eine große Mehrheit einigen wollte, fast durchweg feststanden: sie entsprachen fast ganz denjenigen des k[onstitutionell]-d[emokratischen] Projekts. Nicht daß die Duma *zu wenig* zustande zu bringen versprach, sondern daß *sie zuviel,* der Regierung durchweg inhaltlich unbequeme Ergebnisse in Aussicht stellte[357e]), war es, woran die

---

[357d] Sie wurden z. B. in der „Torg[owo]-prom[yschljennaja] Gasj[eta]" abgedruckt.

[357e] Den bis zum 31. Mai eingebrachten Projekten des Ministeriums (betr. die Palmenorangerie, die Waschanstalt, die Damenkurse) standen folgende acht bis zu jenem Tage eingebrachte Gesetzesprojekte von Dumamitgliedern gegenüber: 1. betreffend die Agrarfrage, eingebracht 8. Mai, – 2. betreffend die Sicherung der Unverletzlichkeit der Person, eingebracht 8. Mai, – 3. betreffend die Gewissensfreiheit (12. Mai), – 4. über die bürgerliche Gleichheit (15. Mai). – 5. über die Abschaffung der Todesstrafe (17. Mai), das erste förmlich verabschiedete und an den Reichsrat weitergegebene Projekt, – 6. über die Abänderung der Artt. 55f. der Dumaordnung betreffend die Gesetzesinitiative (20. Mai), – 7. über Abänderung der Gerichtsverfassung und des Gerichtsverfahrens (23. Mai), – 8. über das Versammlungsrecht (29. Mai). Diesen traten alsbald hinzu: 9. Projekt über die Immunität der Dumaabgeordneten (1. Juni), – 10. über das Vereinsrecht (1. Juni). Keines von all diesen Projekten konnte nach dem geltenden Recht *wider* den Willen der Regierung vor dem 10. (23.) Juni, also vor 7½ Wochen nach dem Zusammentritt der Duma, zur

Hofkreise Anstoß nahmen. Man versuchte sie nun in eine schiefe Lage zu manövrieren, indem man ihr das Projekt einer 50-Millionen-*Anleihe* für die Linderung der schweren in Aussicht stehenden Mißernte vorlegte. Allein die Duma bewilligte 15 Millionen für jetzt und behielt sich weitere Bewilligungen vor, bestimmte aber, daß der Betrag aus *Ersparnissen* zu gewinnen sei, da das – übrigens beispiellos undurchsichtige – Finanzexposé Kokowzews den Beweis für die Notwendigkeit einer Anleihe nicht geliefert habe. Da die *Reichsrats*mehrheit, unter Führung der „Zentrums"-Gruppe – nachdem charakteristischerweise der Antrag Ssamarins auf namentliche Abstimmung *abgelehnt* war – dieser Ansicht beitrat, bedeutete das eine schwere Niederlage des Ministeriums. Ihre Lage wurde zunehmend schwieriger: es blieb nur Auflösung oder Unterwerfung.

Die Hoffnung, daß im Verlauf der Agrardebatten die Geschlossenheit der Opposition durch Interessenkonflikte gebrochen werden würde, bewahrheitete sich, wie gesagt, trotz der sehr entschiedenen Meinungsverschiedenheiten in der Duma ebenfalls nicht. Auch die Gemäßigten, Graf Heyden an der Spitze, traten, wie wir sahen, für die Landenteignung ein, nur über den Umfang bestanden Differenzen, aber auch hier, wie die betreffenden, früher erörterten Programme ergeben, lediglich quantitativer Art. Für ihre eigenen positiven Projekte anderseits hätte die Regierung – das war die schon früher berührte Eigentümlichkeit ihrer Situation – sich auf die „Fremdvölker" des Westens *gegen* die altrussischen Bauern stützen müssen. – Eine sehr starke sachliche Annäherung der Duma an das, wie wir sahen, ebenfalls strikt kleinbäuerliche Agrarprogramm der Regierung war trotzdem immerhin möglich, sobald diese letztere sich entschloß, von ihrem Standpunkt *absoluter* Ablehnung jeder Expropriation, auch einer solchen des regelmäßig an Bauern verpachteten und des nur mit Bauerninventar bestellten Landes, abzugehen. Allein die Regierung machte die absolute „Unverletzlichkeit des Eigentums", auf die sich der Zar, wie wir sahen, dem Adel gegenüber festgelegt hatte, direkt zum Angelpunkt ihrer ganzen inneren Politik, dergestalt, daß auch der Synod, nach Zeitungsberichten, die Pfarrer anweisen ließ, neben der Notwendigkeit der Todesstrafe auch die Heiligkeit des Eigentums zu predigen – ein für die Stellung der Kirche innerhalb der Bauernschaft immerhin nicht unbedenkliches Vorgehen. Die Regierung fürchtete offenbar, des letzten Haltes an den Interessen der Besitzenden verlustig zu gehen, wenn sie deren Verlangen nach einer Hausse der Bodenpreise nicht freien Lauf ließe, überhaupt aber mit der Expropriation auf eine Bahn zu geraten, auf der es für sie kein Halten gegenüber der Duma mehr gab und die Kapitulation der Bureaukratie unvermeidlich geworden wäre. Da nun innerhalb der Duma für sie vorerst keinerlei Stütze zu gewinnen war, versuchte sie die Interessen der Grundbesitzer und Bauern gegen die Duma in Bewegung zu setzen und zugleich womöglich die Duma selbst zu sprengen. Gleichzeitig mit

---

Verhandlung kommen (Die Liste der – weiterhin natürlich noch vermehrten – Projekte s[iehe] im „Dwadzatyj Wjek" vom 19. Juni S. 3).

der Einbringung ihrer eigenen Agrarprojekte wandte sie sich (20. Juni) mit einer amtlichen öffentlichen Kundgebung an das Land („Prawit[jelstwjennyj] Wj[estnik]" Nr: 137). Der demagogische Charakter dieser Leistung erhellt schon daraus, daß – obwohl, wie wir sahen, in der Duma auf das nachdrücklichste jede Enteignung des Nadjellandes und des im Kleinbesitz befindlichen Privateigentums abgelehnt war – hier wiederum als „Konsequenz" *jeder* Landenteignung die Aufteilung *alles* Bodens überhaupt in gleiche Stücke, also die Wegnahme alles Privat- und „schließlich auch" des Nadjellandes zum Zweck einer „unbedeutenden" (in Wahrheit, nach der eigenen Rechnung der Regierung, einer im Durchschnitt aller Bauerndörfer, die bestversorgten einbegriffen, *über ein Drittel* des Landbestandes derselben betragenden!) Vermehrung des bäuerlichen Landbesitzes hingestellt wurden. Daß ein solcher Vorgang, wie diese direkte amtliche öffentliche – und noch dazu eine von handgreiflichen Unwahrheiten strotzende – Polemik des Ministeriums gegen die Duma, nicht ruhig hingenommen werden konnte und würde, hat die Regierung sich selbstverständlich selbst gesagt, zumal im wesentlichen die ganz unsachlichen Argumente Gurkos aus der oben erwähnten stürmischen Dumasitzung wiederholt wurden. Daß diese auf die Bauern keinen Eindruck machen würden, wußte sie natürlich ebenfalls. Das für irgendwelche sachlichen Zwecke gänzlich wertlose Pronunziamento konnte, so wie es war, *nur* dann einen *politischen* Sinn haben, wenn beabsichtigt wurde, den „Kadetten" in der Duma durch Aufpeitschung der revolutionären Leidenschaften der Linken Schwierigkeiten zu bereiten, wenn also die Regierung von dem Fortbestande der Duma ein Zerbröckeln ihrer eigenen Machtstellung und der Heeresdisziplin fürchtete und den formellen Konflikt erzwingen wollte, ehe durch Zustandekommen eines Agrarreformprojekts in der Duma der Zar vor die Pistole gestellt wurde. Jener Erfolg wurde in der Tat erzielt. Der Schritt der Regierung war mit allen Gewohnheiten eines geordneten Staatswesens sicherlich unvereinbar. Ähnliches gilt aber natürlich auch von dem Gegenschritt, den nun die Duma tat, indem sie gegen die Stimmen der Gemäßigten (Graf Heyden, Stachowitsch) beschloß, das Regierungscommuniqué zu *beantworten*. Die von der Agrarkommission zu diesem Zweck vorgeschlagene, in Form und Inhalt allerdings sehr maßvolle, aber ebenfalls an die Öffentlichkeit gerichtete „Erklärung" stellte die schon vorliegenden grundlegenden Beschlüsse der Agrarkommission der ministeriellen Erklärung vom 13. Mai (Beantwortung der Dumaadresse) gegenüber, und bemerkte gegenüber dem diese Erklärungen wiederholenden Regierungscommuniqué vom 20. Juni, daß ein Gesetz ohne Zustimmung der Duma nicht in Kraft treten könne, die Duma aber von dem Verlangen der Zwangsenteignung nicht abgehen werde, hob sodann hervor, daß ein Agrargesetz nur nach sorgsamster Beratung zustande kommen könne[,] und ersuchte deshalb die Bevölkerung, auf dies Zustandekommen „ruhig und friedlich zu warten". In der bis 2 Uhr nachts währenden Sitzung vom 6. zum 7. (19./20.) Juli brachte dann Petrunkjewitsch ein nach langen Verhandlungen in der k[onstitutionell]-d[emokratischen] Partei zustande gekommenes Amendement ein – dem auch Graf Heyden zustimmte –, welches die Erwähnung der Kommissionsbeschlüsse, als noch nicht amtlich der Duma bekannt, strich und statt dessen unter scharfem Tadel des Ministeriums, welches „die friedliche Lösung der Agrarfrage untergrabe", auf die Antwortadresse der Duma verwies. Die Erwartung, daß die Bevölkerung „ruhig und friedlich warten["] werde, war in den Eingang der Erklärung gesetzt. Die Linke (Shilkin) griff das Amendement als eine „Abschwächung" scharf an und verlangte statt dessen die Aufforderung an die Bevölkerung, sich zu organisieren und die Duma zu unterstützen. Das wurde abgelehnt. Nach Annahme des Amendements Petrunkjewitsch wurde die Erklärung gegen 53 Stimmen der Sozialdemokraten, – welche die Aufforderung zur Ruhe verwarfen, – und der Rechten, – welche jede „Erklärung" verwarf, – unter Stimmenthaltung von 101 „trudowiki" mit 124 Stimmen der „Kadetten" (die jedoch nicht alle dafür stimmten) angenommen. Es versteht sich, daß jegliche direkte „Flucht in die Öffentlichkeit" seitens einer parlamentarischen Körperschaft – für welche nur etwa die Beschlüsse der französischen Kammer, gewisse Reden „öffentlich anschlagen zu lassen", eine, jedoch staatsrechtlich auf den vorliegenden Fall schwerlich zutreffende Analogie bilden könnten, – den Gepflogenheiten und dem Geist konstitutioneller Regierungen widerstreitet, wie übrigens Petrunkjewitsch ausdrücklich zugab. Sie kontrastierte aus diesem Grunde auch mit dem sonst streng eingehaltenen Prinzip der „Kadetten", *trotz* aller Gesetzwidrigkeiten der Regierung ihrerseits sorgsam den Boden der vorerst nun einmal bestehenden „Ordnung" innezuhalten. Mit dem Beschluß, jene „Erklärung" zu erlassen, war *an sich* dieser Boden allerdings *keineswegs verlassen*. Denn nach Petrunkjewitschs ausdrücklich erklärter Absicht sollte sie *nicht* „dem *Volke*" durch die Presse, sondern dem *Minister* des Innern zum Zweck des Abdrucks im offiziellen „Prawitjelstwjennyj Wjestnik" mitgeteilt werden. Die Duma beanspruchte gewissermaßen das Recht der Preß-„Berichtigung" gegen die Erklärung des Ministeriums. Daß mithin das Stadium formaler Legalität vorerst nicht verlassen war, ändert aber nichts daran, daß der Beschluß, gerade vom Standpunkt der „Kadetten" aus gewertet, ein allerdings nach der Lage der Dinge sehr schwer zu vermeidender politischer *Fehler* war. Er mußte für die Duma schon deshalb zu einer Schlappe führen, weil sie *keine Mittel besaß*, seine irgendwie „ordnungsmäßige" Publikation zu erzwingen. Denn an eine Publikation durch den „Prawit[jelstwjennyj] Wjestnik" glaubte doch Petrunkjewitsch selbst schwerlich. Man hätte also *alsbald wieder vor der Wahl gestanden*, „inkonstitutionelle" Wege einzuschlagen, oder der Presse die Publikation einfach nach deren Gutbefinden zu überlassen. Mithin hätte eine Resolution, welche die Unwahrheit – und man hätte, ohne von der Wahrheit irgendwie abzuweichen, in diesem Falle ja getrost sagen können: die „frivole demagogische Verlogenheit" – des Regierungscommuniqués brandmarkte, ganz dasselbe geleistet, da ihr ja die weiteste Verbreitung durch die Presse sicher war. Die Texte der „Erklärung" und der Amendements selbst waren als eingebrachte Anträge in den Sitzungsberichten auch z.B. der offiziösen „Torgowo-Promyschljennaja Gasjeta" (Nr. 152, 154), enthalten. Die Haltung der Regierung selbst blieb bis zum letzten Stadium zweideutig. Im Leitartikel der Abendbeilage zum offiziellen „Prawit[jelstwjennyj] Wjestnik" vom 7. Juli war der Befriedigung darüber Ausdruck gegeben worden, daß, nach dem bisherigen Gang der Verhandlungen, offenbar die gemäßigtere Form der Erklärung – *dieselbe, die in gemilderter Form später angenommen wurde* – der dritten Lesung zugrunde gelegt werde und die Sozialdemokraten dieserhalb die Teilnahme an den Debatten abgelehnt hätten: hoffentlich siege also die gesunde Vernunft über das Treiben der Linken. Schon am 7. aber, während der Beratung, wurde zuverlässig bekannt, daß das Ministerium des Innern auf die Auflösung der Duma dringe und militärische Maßregeln getroffen seien, und dies steigerte die „Nervosität" der Deputierten. Die, wie angenommen wurde und wird, vom Ministerialassistent Gurko fabrizierte Tatarennachricht eines als „offiziös" geltenden Blattes („Rossija") von der Bereitschaft Österreichs und Deutschlands zur Intervention für das ancien régime, welche unglaublicherweise auch Petrunkjewitsch erwähnte[357f]), steigerte diesen Zustand in der ad hoc in Permanenz erklärten Sitzung, welche unter allgemeiner Ermüdung mit dem erwähnten Beschlusse endete.

Taktisch schien nun der Moment zur Auflösung, auf die niemand vorbereitet war, infolge der Spaltung der Duma und der Isolierung der „Kadetten" günstig, und die Regierung griff zu.

Die Auflösung der Duma und die Vertagung des Reichsrats (mit Ausnahme der beiden rein bureaukratischen Departements) bis zu ihrem Wiederzusammentritt erfolgte unter unmittelbar nachfolgender Bekanntgabe eines kaiserlichen „Manifestes", welches als eine selbst für russische Verhältnisse erstaunliche Leistung bezeichnet werden muß. Es wird darin zunächst behauptet, daß die Duma, „*anstatt* auf dem Gebiete der Gesetzgebung zu schaffen", sich vom Bereich ihrer Zuständigkeit entfernt habe, indem sie sich mit der Untersuchung der Handlungen der „auf unsere Anweisung eingesetzten Lokalbehörden" und ferner mit der Unvollkommenheit der „nur durch unsern kaiserlichen Willen abänderbaren Grundgesetze" beschäftigte. Die letztere Behauptung steht einfach in der Luft, da die Duma keinerlei Versuch gemacht hat, die dem Kaiser vorbehaltene Initiative an sich zu reißen. Das Recht der Interpellation wegen Ungesetzlichkeiten der Behörden steht ihr verfassungsmäßig zu, und was die schöpferische Arbeit auf dem Gebiete der Gesetzgebung anlangt, so hat, da es nicht auf die Reden im Plenum, sondern auf die Tätigkeit der Kommissionen ankommt, bisher kein Parlament der Welt – das sei nochmals wiederholt – mehr Arbeit geleistet als das russische, – nur eben nicht in einem Sinne, der dem Zaren genehm war. Es folgt die (unwahre) Qualifizierung der Duma-Erklärung vom 7./8. Juli als eines „Aufrufs an das Volk", einer „offenbar" ungesetzlichen

---

[357f]) Es erscheint unerhört, daß dieser *Wahnwitz,* über den jeder, der die Lage der Dinge kennt, lediglich lacht, von ernsten russischen Politikern für bare Münze genommen wird. Allein die Schuld trägt – nächst dem törichten Gerede mancher deutscher Sozialdemokraten – die russische Regierung, welche den General Skalon, der wegen der gleichen Behauptung öffentlich als Lügner gebrandmarkt war, *beförderte.* – Die russische Demokratie wird gut tun, sich klar zu machen, daß die *wirkliche* „Auslandshilfe" für den Zaren auch diesmal wieder aus *Paris* kommen wird.

Nach den Wahlen

Handlung. Ihresgleichen an Frivolität sucht die alsdann folgende Behauptung, die Bauern *seien dadurch* – also durch einen noch gar nicht publizierten „Aufruf" – zu Aufständen veranlaßt worden. Weiterhin wird dann versprochen, daß „der russische Arbeiter, ohne fremdes Eigentum anzutasten... ein gesetzliches und gerechtes Mittel zur Ausdehnung seines Landbesitzes erhalten" solle, eine Aufgabe, die von der zukünftigen Duma gesetzlich gelöst werden solle, deren Einberufung auf den 20. Februar (5. März) 1907 angekündigt wurde, – so daß also der *Etat* für 1907 nicht in der gesetzlich vorgeschriebenen Form zustande kommen kann. Sehr schwer dürfte es endlich sein, angesichts der verdächtigen und pompösen Wendung: „wir werden Ungehorsamen unsern kaiserlichen Willen aufzwingen", einen adäquaten Ausdruck für die Charakterisierung des *Schluß*passus zu finden: Der Eingang des „Manifests" bemerkt mit jener unaufrichtigen religiösen Salbung, welche heute die widerliche Zutat aller monarchischen Kundgebungen geworden ist, daß der Kaiser „fest auf die *göttliche Gnade* vertraut" habe, fügt jedoch alsbald hinzu, daß er „in seinen Erwartungen durch eine grausame Prüfung enttäuscht" worden sei, und der Schluß ergibt, daß er nunmehr sein Vertrauen auf *Menschen* zu setzen entschlossen ist: „*Wir glauben (!)*, daß *Helden des Gedankens und der Tat erscheinen werden* und daß, dank ihrer selbstverleugnenden Arbeit, der Ruhm Rußlands erstrahlen wird". Allein selbst wenn ein solches Eingeständnis der eigenen Impotenz jene irgendwo im Hintergrund vermuteten „Helden" soweit erbarmen könnte, daß sie aus ihrer Verborgenheit heraus sich zeigten, – in dem Polizeisystem dieses Regimes wäre für sie ja doch kein Platz, es sei denn, daß Individuen wie der Exminister Durnowo oder der General Trepow oder der gleichzeitig mit dieser Kundgebung zum Premierminister avancierte Minister des Innern Stolypin, dem Redakteur des Manifests als derartige „Helden" galten. Allein von ihnen gilt doch höchstens das Wort, daß „mit dem Säbel jeder Dummkopf regieren kann".

Gegen die bevorstehende konstitutionswidrige Staatswirtschaft ohne Vorlegung des Etats an die Duma und angesichts der Erklärung, daß „der kaiserliche Wille einem jeden aufgezwungen" werden solle, erließen die Duma-Abgeordneten – mit Ausnahme der „Gemäßigten" – von Wiborg aus einen Protest, in dem sie zur Nichtzahlung der Steuern – ein schon oben kritisiertes Mittel – und Nichtstellung von Rekruten[357g]) aufforderten. Der agitatorische Erfolg bleibt abzuwarten. Vor der Hand kann – da die Vorbereitungen noch nicht getroffen sind – alles ruhig bleiben, es sei denn, daß die Massen den Führern, wie letzten Spätherbst, aus der Hand gleiten. Der Kurssturz der Anleihen ist nicht sehr stark: die Banken können nur mit dem absoluten Regime „Geschäfte" machen und müssen nunmehr ihre Bestände abstoßen; der Kurs wird dementsprechend „stilisiert" werden. Wer sich dadurch oder durch ein mittelst Vergewaltigung

---

[357g]) Das Rekrutenkontingent (etwas über 469 000 Mann) ist für dieses Jahr schon vor Zusammentritt der Duma festgestellt und, wie wir sahen, von ihr einseitig nach der „Verfassung" nicht herabsetzbar.

und Fälschung erpreßtes gefügiges Parlament täuschen läßt, – *dem ist nicht zu helfen.* Es erscheint vor der Hand durchaus ausgeschlossen, daß – dies dürften die Darlegungen dieser Chronik doch wohl erkennen lassen – dieses Regime irgendeinen Weg zu wirklich *dauernder* „Beruhigung" des Landes findet: es müßte sich selbst am Schopfe aus dem Sumpf ziehen können – und wollen. Und sehen wir von den „taktischen" Fragen einmal ab, so kann der nachhaltige Effekt des Vorgehens der Regierung nur eine weitere Entwertung des Zaren bei der Bauernschaft sein, sollte diese Wirkung vielleicht auch durch die zu erwartende Wahlfälschung für die nächste Zeit daran verhindert werden, sichtbar in die Erscheinung zu treten. –

Hiermit hat diese Chronik abzubrechen. Sie vermochte den intimeren Zusammenhängen der letzten Ereignisse, namentlich den bei Hofe sich bekämpfenden Anschauungen, nur in sehr rohen Umrissen nachzugehen – auch in Rußland selbst ist man darüber nur unvollkommen unterrichtet. Aber es war hier auch nicht die Absicht, so etwas wie eine „Geschichte" des letzten Halbjahres zu liefern, – hier war es die Aufgabe, die allgemeine gesellschaftliche und politische Situation, in welche der Polizeiabsolutismus der nicht rechtzeitig abgelehnten politischen Erbschaft Alexanders III. und, neustens, die Arbeit des Witteschen Interimsministeriums das Land geführt hat und aus der es sich nun zunächst – wer könnte sagen wie? – herauszufinden hat, zu veranschaulichen, so weit dies nach den hier zur Verfügung stehenden Quellen möglich ist. Prophezeiungen, auch nur für die nächsten Monate, scheinen mir ganz unmöglich, auch von seiten der bestinformierten Politiker in Rußland selbst werden sie nicht gewagt. Das läßt sich heute sagen: die fast unvermeidliche Neigung und Nötigung moderner dynastischer Regimes, auf *Prestige* auch nach Innen zu arbeiten, ihr „Gesicht zu wahren", hatte in Rußland die Regierung dazu geführt, nicht *rechtzeitig* zu geben, was sie geben mußte, und als dann eine Konzession nach der anderen ertrotzt war, suchte und sucht man das verlorene „Prestige" durch schonungslose Polizeiwillkür wieder herzustellen. Eben dies Bewußtsein aber, daß es der Kitzel dieser Eitelkeit ist, dem die Opfer geschlachtet werden, führte dazu, daß die wilde und wüste Form, in welcher die Linke in der Duma die Minister beschimpfte und von ihren Plätzen jagte, keinen schärferen Widerspruch seitens derjenigen Parteien, die an der „parlamentarischen Lösung" festhielten, hervorrief. Es ist nicht abzusehen, durch *welche* Konzessionen von seiten der Regierung überhaupt noch der Duma, angesichts ihrer durch das Verhalten der Regierung zu roter Wut gereizten Wähler, hätte ermöglicht werden können, sich auf irgendein Programm hin mit ihr zu einigen. Es ist nicht abzusehen, mit welchen Elementen in dem von der Bureaukratie geschaffenen Flugsand überhaupt in zivilisierten Formen regiert werden *könnte.* Wir haben uns überzeugt, daß die schroffe Zuspitzung der Klassengegensätze jedem Versuch, sich auf den „Besitz" zu stützen, *reaktionäres* Gepräge geben muß.

Es ist bei uns die lächerliche Sitte in Schwung, bei solchen fürchterlichen Geburtswehen, wie sie Rußland jetzt durchmacht, nach jemandem zu suchen, der „schuld" ist, – und da „natürlich" der Monarch und seine nächsten Diener dafür nicht in Betracht kommen und die – so äußerst billige – „Kritik" des Parlamentarismus Mode ist, so muß es in den Augen des deutschen Philisters ja wohl die Duma sein. Sie sei „politisch unfähig" gewesen und habe nichts „Positives" geleistet, sagt man, und fügt zur Erfrischung des deutschen Lesers hinzu: die russische Nation überhaupt sei nicht „reif" zum konstitutionellen Regime. Nun, – man fragt sich zunächst: wofür denn jene Leute auf und neben dem Thron „reif" sind, welche das Land in diese Lage gebracht haben? – Aber weiter: wie eine eben ins Leben tretende parlamentarische Körperschaft, der die Regierung sechs Wochen lang als Material zu „positiver" Arbeit einen Entwurf, betreffend Damenkurse, und einen anderen, betreffend eine Orangerie und eine Waschanstalt, vorlegt, deren eigene Initiative sie dabei aber, auf eine von ihr geschaffene verrückte Verfassungsbestimmung gestützt, durch das Verlangen der *Vertagung* der Erörterung auf einen Monat obstruiert, eigentlich etwas anderes leisten sollte als die Duma geleistet hat, das ist wirklich etwas schwer zu verstehen: nur die naive Frechheit, ohne jedwede Kenntnis der Tatsachen auf Grund der nur die Knalleffekte enthaltenden Zeitungsmeldungen abzuurteilen oder verbissene konservative Beflissenheit kann mit solchen widerwärtigen Phrasen über die Dinge hinwegreden. Neun lange Monate – das dürfte aus der vorstehenden Chronik doch wohl hervorgehen – hat das bestehende Regime nichts getan, als mit wahrhaft mongolischer Tücke den „Rechten", die es gewährte, hinterrücks ein Bein zu stellen. Erst gegen Mitte Juni (alten Stils) kamen die *ersten* wirklichen bescheidenen Reformvorschläge[357h], *sämtlich* die Spuren ihrer Herkunft aus den Gedankenkreisen des Semstwoliberalismus an der Stirn tragend: der Gesetzentwurf über die Friedensgerichte war der Annahme[357i], die Agrarentwürfe der ernstesten sachlichen Beratung sicher. Aber das Entscheidende hatte die Regierung *nicht* getan: die Garantie gegen die absolute Polizeiwillkür (Be-

---

[357h] Bis 11. *Juni* lagen der am 27. *April* zusammengetretenen Duma folgende Gesetzentwürfe der Regierung vor: 1. Kultusministerium: Forderung von 40029 Rubel 49 Kopeken für den Umbau der Palmorangerie und die klinische Waschanstalt der Dorpater Universität (eingebracht 12. Mai). 2. Kultusministerium: Zustimmung zur Errichtung privater Kurse für Damen (12. Mai). 3. Justizministerium: Projekt eines Lokalgerichtsverfassungsgesetzes (1. Juni), darüber s[iehe] oben Anm. 110a. 4. Justizministerium: Projekt eines Gesetzes betreffend die Änderungen der Bestimmungen über den Ersatz von Schäden infolge von Verfügungen der Beamten (30. Mai). 5. Justizministerium: Projekt eines Gesetzes betreffend die Änderung der strafgerichtlichen Verfolgung wegen Vergehen im Amte (30. Mai) s[iehe] oben Anm. 110a. 6. Ministerium des Innern: Projekt eines Gesetzes betreffend die Landgemeinden mit Nadjelbesitz (6. Juni). Den Inhalt s[iehe] oben Anm. 262a. 7. Ministerium des Innern: Projekt eines Gesetzes betreffend die Verfügung über Nadjelland (6. Juni) den Inhalt s[iehe] a.a.O. Dazu trat dann weiterhin das vom Landwirtschaftsministerium eingebrachte Agrarprojekt (s[iehe] oben Anm. 227a) das Projekt betreffend die Anweisung von Verpflegungskapitalien und Anfangs Juli ein ganzes Bouquet von Steuergesetzen, die nicht mehr zur geschäftlichen Behandlung kamen.
[357i] Die ursprüngliche radikale Auffassung, daß nach dem Mißtrauensvotum keinerlei von *diesem* Ministerium ausgehende Entwürfe beraten werden sollten, war praktisch längst aufgegeben.

seitigung der administrativen Inhaftierung und Verschickung, Verantwortlichkeit ausnahmslos aller Beamten vor unabhängigen Gerichten) gewährte sie nicht, und ohne dies fand sie keinerlei Kreise der Bevölkerung, auf die sie sich stützen konnte. Die Auflösung der Duma aber wird nur dann zu einem ihr günstigen Ergebnis führen, wenn sie – wie allerdings wahrscheinlich – entschlossen ist, die Wahlen in aller Form zu *fälschen*[357k]). Sie beruft sich für das wahnwitzige Willkürregiment der Polizei auf die Taten der Terroristen. Allein es läßt sich ja einfach *statistisch* ersehen, daß die Verhängung des Kriegszustandes, d. h. der Rechtlosigkeit, diese *gesteigert* und ihnen Sympathie verschafft hat[357l]). Wie eine Revolution von unten nicht ohne Mithilfe oder Duldung des Bürgertums, so ist ohne eine Stütze an ihm auch eine Eindämmung der Gewalttaten von oben nicht möglich. An die *Regierung* wendete sich in diesem Falle der bekannte Spruch: „Que messieurs les assassins commencent!"[357m]). Statt dessen rechnet sie offenbar lediglich auf die Erfahrung, daß allerdings gemeinhin „die Maschine" – in diesem Falle der bureaukratische Mechanismus – „nicht ermüdet", während dies auch dem wildesten Enthusiasmus irgendwann zu widerfahren pflegt. Aber es steht nicht fest, ob die unbeugsame Energie des russischen Radikalismus, zumal nachdem die Kadres der sozialdemokratischen und sozialrevolutionären Organisationen einmal geschaffen sind, gegenüber dem *heutigen* oder einem ihm gleichartigen Regime jemals für mehr als nur kurze Pausen erschlaffen wird, – und sicher geschieht das nicht vor dem völligen ökonomischen Ruin des Landes. –

Der russische Freiheitskampf zeigt – das ist richtig – für das übliche Urteil wenig „große", unmittelbar zum „Pathos" des unbeteiligten Beschauers sprechende Züge. Das folgt zunächst aus dem Umstand, daß, mit Ausnahme des schwer verständlichen Agrarprogramms, die Forderungen, um die es sich handelt, zu einem großen Teil für uns im Westen den Reiz des *Neuen* längst verloren haben: sie scheinen der Originalität zu entbehren, die sie zu Cromwells und Mirabeaus Zeiten hatten, und entbehren ihrer, soweit sie rein politischen Inhalts sind, auch wirklich. Sie sind *uns* (meist!) trivial – wie das tägliche Brot es ist. Dazu tritt ein anderes: es fehlen auf beiden Seiten die wirklich „großen Führer",

---

[357k]) Es ist eine Kindlichkeit, wenn aus dem radikalen Ausfall der Wahlen auf ihre „Freiheit" geschlossen wird. Die Wahl ist *geheim,* das wußten die Bauern. Sie schwiegen und stimmten für die Leute ihres Vertrauens. Nur direkter Bruch des Geheimnisses und Fälschung können daran etwas ändern. Zu diesen Mitteln wird das Ministerium Stolypin, wie gesagt, ohne allen Zweifel greifen. *Der deutsche Kapitalist lasse sich daher* – dies sei nochmals bemerkt – *über die Stimmung des Landes durch das, was bei solchen Wahlen herauskommen wird, nicht täuschen!*

[357l]) Die Fälle einer – stets nur ganz kurze Zeit anhaltenden – *Ab*nahme sind durch die Notwendigkeit für die Terroristen, „sich anzupassen", leicht erklärt. Aber diese „Anpassung" ist ihnen *überall* gelungen. Die schlimmsten Zustände der *persönlichen* Sicherheit datieren (so in Polen) direkt vor der Suspension der *Rechts*sicherheit.

[357m]) Die Moskauer *Monarchisten* sammelten im Juni Geld für einen Bauern (Michalin), der wegen Ermordung eines Sozialdemokraten angeklagt (und erstinstanzlich verurteilt) war („Now[oje] Wr[emja]" 10861). Man sieht: Die Verherrlichung des politischen Mordes ist keineswegs Monopol der Revolutionäre und der Polizeibanden.

an die sich ein pathetisches Interesse Fernstehender heften könnte – denn ein noch so ausgezeichneter politischer Publizist oder sozialpolitischer Sachverständiger, an denen wahrlich kein Mangel ist, ist ebenso wenig ein politischer „Führer", wie der mutigste „praktische" Revolutionär ein solcher ist. Das alles erzeugt leicht den Eindruck des Epigonenhaften: alle Gedanken, die hier, von allen verschiedenen beteiligten Seiten, erörtert werden, sind nicht nur der Sache nach, sondern expressis verbis „Kollektivprodukte"[357n]). Und das Auge des Zuschauers, zumal dasjenige politisch und ökonomisch „satter" Völker, ist nicht gewohnt und, von der Ferne aus, auch nicht in der Lage, durch den Schleier aller dieser Programme und Kollektivaktionen hindurch bei solchen Massen das mächtige Pathos der Einzelschicksale, den rücksichtslosen Idealismus, die unbeugsame Energie, das Auf und Ab von stürmischer Hoffnung und qualvoller Enttäuschung der Kämpfer zu unterscheiden. Die oft gewaltige Dramatik jener Einzelschicksale flicht sich zu einem für den Außenstehenden undurchsichtigen Gewühl zusammen. Es ist ein unablässiges zähes Ringen, mit wilden Mordtaten und schonungslosen Willkürakten in einer Zahl, daß selbst diese Gräßlichkeiten schließlich zur Gewohnheit geworden sind. Und wie die moderne Schlacht, des romantischen Reizes der alten Reiterkämpfe entkleidet, als ein mechanischer Prozeß zwischen den in Werkzeugen objektivierten Produkten der Gedankenarbeit der Laboratorien und Werkstätten und – der kalten Macht des Geldes sich darstellt, daneben aber ein furchtbares, unausgesetztes Anspannen in erster Linie der *Nerven*kraft der Führer wie der geführten Hunderttausende *ist*, so steht es auch mit der modernen „Revolution". Alles ist – wenigstens für das Auge des Beschauers – „Technik" und Frage der zähen Ausdauer der Nerven. In Rußland, wo die Polizeigewalt – wie diese Schilderung wohl gezeigt hat – ihre Machtstellung mit allen raffiniertesten Mitteln verschmitztester Asiatentücke ausnutzte, mußte der Kampf mit ihr so viele Kräfte in der bloßen „Taktik" verzehren, auf „parteitechnische Erwägungen" so sehr den Nachdruck legen[358]), daß hier eine Rolle für „große führende Persönlichkeiten" überhaupt nicht leicht zu spielen war. Gegen Ungeziefer sind eben „große" Taten nicht zu verrichten. Und auf der Gegenseite fehlen sie vollends: die zahlreichen ausgezeichneten Einzelkräfte in der russischen Beamtenschaft, von deren Vorhan-

---

[357n]) Damit soll aber nicht etwa gesagt sein, daß solche „Führer" fehlten. Die feste Faust eines Petrunkjewitsch z. B. wäre an sich wie geschaffen, die Rolle Carnots zu übernehmen. Und die geistige Potenz der glänzenden Namen, über welche die demokratische Partei in der Wissenschaft und der Selbstverwaltungspraxis verfügt, wird in keiner ausländischen Partei überboten. Nur waren sie teils durch das Wahlrecht von der Arbeit exkludiert, teils durch das Drahtgeflecht polizeilicher Niederträchtigkeit und die Haltung der Regierung genötigt rein „negativ" zu wirken.

[358]) Das gilt insbesondere auch für die „trudowaja gruppa". Ihr Verhalten bezüglich des Agrarprogramms z. B. war durch rein „taktische" Erwägungen der außerhalb der Duma stehenden Organisationen geleitet, und in „Taktik" löst sich heute, wie seit vielen Jahren, die ganze Arbeit der Sozialrevolutionäre auf. – Das Bedenkliche – vom eigenen Parteistandpunkt aus gesprochen – ist dabei, daß man vor lauter „Parteitaktik" dann „den Wald vor Bäumen nicht sieht".

densein denn doch schon ein flüchtiger Blick von außen jeden überzeugen muß, können unter dem bestehenden Systeme alles, nur keine „Staatsmänner" für große Reformen werden. Dafür sorgen schon die dynastischen Ambitionen, – dort wie bei uns[359]). Auch die Unmasse einer im einzelnen oft erstaunlich sorgsamen Gedankenarbeit, auf die man in den Staatsschriften dieses Regimes stößt, wird aufgebraucht und mündet, wie wir sehen, immer wieder in den Dienst des einen, absolut nicht über sich selbst hinausweisenden Zieles der polizeilichen Selbsterhaltung. Und die fürchterliche, objektive Sinnlosigkeit dieses Zieles, die vollkommene Unmöglichkeit, irgendwelche, und seien es die bescheidensten, „sittlichen" oder „Kulturwerte" als in diesem Regime verkörpert sich vorzutäuschen, verleiht dem Tun und Treiben dieser Machthaber und der „Berufsarbeit" dieser Staatsdiener – gerade der „tüchtigen" unter ihnen – in der Tat etwas von jenem gespenstischen Zug, den Leo Tolstojs Apolitismus in seiner „Auferstehung" so unheimlich empfinden zu lassen verstand. Man hat die russische mit der französischen Revolution verglichen. Abgesehen von zahlreichen anderen Unterschieden genügt es, auf dasjenige entscheidende Objekt hinzuweisen, welches, im Gegensatz zu damals, den heutigen, auch den „bürgerlichen", Vertretern der Freiheitsbewegung *nicht mehr* als „heilig" gilt und in den Katalogen der von der „Befreiung" erhofften Güter *fehlt: das „Eigentum"*. Seine „Heiligkeit" verkündet heute, – etwas verspätet vom Standpunkt seiner eignen Interessen aus – der Zar. Das ist, was auch nun geschehen wird, das Ende aller und jeder slawophilen Romantik und überhaupt des „alten" Rußland. Aber es stoßen in Rußland die importierten allermodernsten großkapitalistischen Mächte auf einen Untergrund von archaistischem bäuerlichen Kommunismus und entfesseln ihrerseits innerhalb ihrer Arbeiterschaft so radikal sozialistische Stimmungen, denen sie alsdann so absolut „freiheitsfeindliche" Organisationen allermodernsten Gepräges entgegensetzen, daß man kaum absehen kann, welches Gepräge die russische Entwicklung gewinnen wird, auch wenn – wie ganz überwiegend wahrscheinlich – die „Heiligkeit des Eigentums" gegenüber der sozialrevolutionären Bauernideologie zuletzt das Übergewicht behält. Es sind alle jene Entwicklungsstadien ausgeschaltet, welche im Westen starke *ökonomische* Interessen besitzender Schichten in den Dienst der bürgerlichen Freiheitsbewegung stellten. Die wenigen Prozente industriellen Proletariates[360]) besagen

---

[359]) Überhaupt lassen sich alle Konsequenzen des modernen spezifischen „Monarchismus", – der eben, wie heute die Dinge liegen, unvermeidlich mit einem Monarchen zu rechnen hat, der ungünstigenfalls ein gefährlicher politischer Dilettant, günstigenfalls ein einseitiger militärischer Fachmann wird, – an dem Gang der Dinge in Rußland studieren. Auf militärischem Gebiet scheint – ich darf das nicht beurteilen – in Rußland im Gefolge der Einführung der dreijährigen Dienstzeit an der Umgestaltung der Offiziersanstellung (Offizierswahl, wie bei uns, aber zweimal: zuerst beim Avancement zum Leutnant, dann beim Avancement zum Stabsoffizier) und zahlreicher Einzelneuerungen fachtechnisch tüchtig gearbeitet zu werden.

[360]) Die Gesamtzahl der russischen Arbeiter (in Bergbau, Industrie, Verkehr und Handel) betrug 1897 nach der eben erschienenen Publikation des Finanz- und des Handelsministeriums (Tschisljenost i ssostaw rabotschich w Rossii 1906) 3 221 565, wovon

vorläufig äußerst wenig, die Ideale der Bauern aber liegen vorerst, trotz allem, in einer irrealen Welt. – Niemals ist, nach alle dem, ein Freiheitskampf unter so schwierigen Verhältnissen geführt worden wie der russische, niemals mit einem solchen Maß von rücksichtsloser Bereitschaft zum Martyrium, für die, scheint mir, der Deutsche, der einen Rest des Idealismus seiner Väter in sich fühlt, tiefe Sympathie besitzen müßte.

Den üblichen deutschen reaktionären „Realpolitikern" aber sei die Frage nahe gelegt, ob sie gut tun, Empfindungen gegen sich in Rußland zu wecken, wie sie Napoleon III. vor 1870 bei uns gegen sich wachrief. Man braucht die reaktionären und offiziösen russischen Zeitungen nur zu lesen, um zu sehen, mit welcher Geschicklichkeit sie die blöde Demokratenfeindschaft unserer „staatserhaltenden" Preßorgane als Mittel der Ablenkung des Hasses der Massen nach außen – gegen uns – verwerten. Gewiß: das erbärmliche Regiment des Zaren, von jedem Krieg in den Grundfesten gefährdet, scheint ein „bequemer" Nachbar. Ein wirklich konstitutionelles Rußland müßte ein stärkerer und, weil gegen die Instinkte der Massen empfindlicher, ein unruhigerer Nachbar sein. Aber man täusche sich nicht: dies Rußland kommt, so oder so, – und man müßte, rein „realpolitisch", auf dem Standpunkt stehen: besser jetzt bald, wo wir, auf unsere Stärke gestützt, uns friedlich-schiedlich über das Chaos von Fragen, welches zwischen uns liegt, verständigen können, – als daß wir diese Probleme auf unsere Enkel abwälzen und inzwischen alle idealen Mächte dieser aufstrebenden Völker gegen uns in Bewegung setzen.

Die beiden großen Nachbarnationen verstehen sich vorerst wenig. Einerseits ist mir persönlich kein russischer Demokrat begegnet, der für die Eigenart der deutschen Kultur innere Sympathie, die nur aus sicherem Verständnis hervorgehen kann, gehegt hätte. Anderseits erschwert der Druck des zunehmenden Reichtums, verbunden mit der zum System gesteigerten Gewohnheit, „realpolitisch" zu denken, den Deutschen die Möglichkeit, das stürmisch erregte und nervöse Wesen des russischen Radikalismus sympathisch zu empfinden. Aber wir unserseits sollten, bei aller Notwendigkeit, inmitten einer Welt von Feinden nüchtern zu sein, doch nicht vergessen, daß wir der Welt das Unvergänglichste in jener Epoche gegeben haben, als wir selbst ein blutarmes weltfremdes Volk waren, und daß „satten" Völkern keine Zukunft blüht.

---

2 776 503 männliche, von diesen 54,7% zwischen 20 und 39 Jahren (von den Frauen nur 48,5%) über 24% unter 19 Jahren, 58% außerhalb ihrer Familie und nur 25% als Familienhäupter lebend, 60% (ein überraschend hoher Prozentsatz) schreibkundig (Maximum davon aber in der Altersstufe 15–16 Jahre), ein Drittel aus anderen Gouvernements als denjenigen der Arbeitsstelle gebürtig.

Nachträge

Zu **S. 160** bei Note 241 und S. 169 Note 263 a und 180 Note 273 a [S. 258, 266, 275]: Schwarze Listen der Grundbesitzerverbände gegen „streiklustige" Arbeiter sind zuerst im Zartum Polen (Gouv[ernement] Petrokow) aufgetaucht („Wjestn[ik] ss[elskawo] chasj[aistwa]" 1906, Nr. 25). Über die umfassenden Streikorganisationen der Bauern im Südwestrayon (es wurde die Schaffung von Streikkomitees in jedem einzelnen Dorfe erstrebt) s[iehe] „Torgowo-promyschl[jennaja] gasj[eta] Nr. 152 S. 2 nach dem „Pridnjepr[owskij] Kraj".

Das **S. 180** (bei Anm. 274 a) [S. 276] gegebene Versprechen werden wir nunmehr nicht halten können, da Professor Herzenstein inzwischen ein Opfer der contrarevolutionären Banden geworden ist.

Zu (S. 166 Note 255 a. E. [S. 263] und) **S. 182** Note 277 a [S. 277]: Bis 8. Juli 1906 sind (seit dem Manifest vom 3. November) nach Mitteilung der Bauernbank („Prawit[jelstwjennyj] Wj[estnik]" Nr. 155 S. 2) 991 Kaufabschlüsse über 1 491 831 Deßjätinen (1 600 000 Hektar, also annähernd die „Wirtschaftsfläche" einer preußischen Provinz) für 188 003 518 Rubel von ihr gemacht worden. Der mittlere Kaufpreis der ersten Juliwoche betrug 126 Rubel für die Deßjätine (243 Mk. pro Hektar).

[Über Deutschland und das freie Rußland]

О Германии и свободной России
[O Germanii i svobodnoj Rossii]

М[илостивый] Г[осударь], господин редакторъ! Въ No. 50-мъ (отъ 3-го марта т[ого] г[ода]) вашей уважаемой газеты (стр[ана] 2-я, столб[ец] 2-й) цитируются мой слова въ такой связи, что можно подумать, будто я изъ „страха" передъ опасностями, грозящими Германии отъ обновления России, недружелюбно отношусь къ носителямъ русскаго освободительнаго движения я даже чуть ли не одобряю роль палача, которую наша полиция неоднократно выполняла изъ расположения къ русским властямъ, – ту самую роль, об унизительности которой для Германии я часто и публично выражалъ свое мнение.

Я, правда, не разделяю того взгляда, будто демократизация политическаго строя народовъ служитъ надежнымъ средствомъ къ смягчению национальныхъ антагонизмовъ: события въ Богемии показываютъ противное. Мне известно, что въ кругу русской демократии, вероятно, такъ же много неприязни къ Германии, какъ и въ кругахъ, ныне правящихъ Россией. Мои русские друзья откровенно говорили мне, что эту неприязнь трудно устранить. Я держусь далее того взгляда, что демократическое обновление России, прежде всего, на некоторое время заставитъ Россию исключительно отдаться решению чрезвычайныхъ задачъ своего внутренняго преобразования, но что затемъ новая Россия представитъ неизмеримо большую политическую и моральную силу, чемъ современная, только ежедневными казнями поддерживаемая машина, которая, **именно потому что она слаба,** пользуется известной популярностью въ господствующихъ реакционныхъ слояхъ Германии.

Эта машина, при техъ трудныхъ задачахъ, съ которыми мы имеемъ дѣло на нашей восточной границѣ, для насъ имеетъ, конечно, больше **политическихъ удобствъ,** чѣмъ правительство единаго и сильнаго русскаго народнаго государства.

Но я стыдился бы отстаивать для Германіи демократическіе идеалы и въ то же время изъ политическаго удобства желать купитъ ихъ цѣною проклятій сто милліоновъ крестьянъ сосѣдняго народа. Я предпочитаю открытую и честную **непріязнь** демократіи той **ненависти** русскихъ реакціонныхъ круговъ, которая лавируетъ между ложными завѣреніями дружбы и отвратительной клеветой. Я держусь далѣе того мнѣнія, что обновленіе Россіи **придетъ** и что поэтому въ интересахъ Германіи, чтобы это обновленіе пришло **какъ можно скорѣе,** чтобы мы какъ можно скорѣе имѣли возможность непосредственнымъ участіемъ обоихъ народовъ (von Volk zu Volk) разрѣшить раздѣляющіе насъ вопросы. Поэтому не только въ виду всѣмъ намъ общихъ высокихъ культурныхъ интересовъ, но и въ силу непосредственныхъ **нѣмецкихъ** интересовъ уже съ давнихъ поръ всѣ мои симпатіи принадлежатъ русскому освободительному движенію. Я считалъ бы политической близорукостью и трусостью, чѣмъ-то совершенно недостойнымъ сильнаго и гордаго народа, если бы **мы желали рѣшеніе тѣхъ вопросовъ взвалить на нашихъ потомковъ,** а теперь ради большаго, но непродолжительнаго удобства сочувствовали бы угнетенію великаго сосѣдняго народа. Мнѣ **совершенно чуждъ** какой-либо „страхъ" передъ послѣдствіями обновленія Россіи.

Съ истиннымъ уваженіемъ профессоръ **Максъ Веберъ.**
Гейдельбергъ, 20-го марта 1909г.

[Über die Erneuerung Rußlands]

In Nummer 50 Ihres geehrten Blattes werden meine Worte in einem solchen Zusammenhang zitiert, daß man glauben könnte, als ob ich aus „Angst" vor Gefahren, die Deutschland von einer Erneuerung Rußlands drohen, gegen die Träger der russischen *Freiheitsbewegung* eine feindselige Gesinnung hege oder gar die Henkersrolle billige, in der unsere Polizei mehrfach aus Neigung für die russischen Machthaber hervorgetreten ist, – jene Rolle, von der ich häufig in aller Öffentlichkeit dargetan habe, wie erniedrigend sie ist.

Ich teile zwar nicht die Anschauung, daß die Demokratisierung der politischen Ordnung der Völker ein zuverlässiges Mittel zur Milderung der nationalen Antagonismen ist: die Vorgänge in Böhmen beweisen das Gegenteil. Es ist mir bekannt, daß in den Kreisen der *russischen Demokratie* wahrscheinlich ebenso viel Feindseligkeit gegen Deutschland herrscht, wie in den Reihen derer, die gegenwärtig Rußland regieren. Meine russischen Freunde haben mir offenherzig gesagt, daß es schwer fällt, diese Feindseligkeit zu vertilgen. Auch ich bin der Ansicht, daß die *demokratische Erneuerung Rußlands* diese zwar vor allem zwingen wird, sich eine Zeit lang ausschließlich mit der Lösung der außerordentlichen Aufgaben seiner inneren Umgestaltung abzugeben, daß aber das neue Rußland sodann eine unvergleichlich größere politische und moralische Kraft darstellen wird, als der gegenwärtige bloß durch *tägliche Hinrichtungsakte aufrechterhaltene Mechanismus*, der, eben weil er schwach ist, einer gewissen Popularität bei den herrschenden Reaktionsschichten Deutschlands sich erfreut. Gewiß, bei den schwierigen Aufgaben, auf die wir an unserer Ostgrenze stoßen, bietet dieser Mechanismus größere politische Bequemlichkeiten, als die Regierung eines einigen und mächtigen russischen Volksstaates sie bieten würde.

Allein ich würde mich schämen, für Deutschland demokratische Ideale zu verfechten und sie zu gleicher Zeit um den Preis der Verwünschungen von hundert Millionen Bauern des Nachbarvolkes erkaufen zu wollen. Ich ziehe die offene und ehrliche Feindseligkeit der Demokratie jenem Haß der russischen Reaktionskreise vor, der zwischen verlogenen Freundschaftsversicherungen und abstoßender Verleumdung herumpendelt. Zudem halte ich an der Ansicht fest, daß die Erneuerung Rußlands *kommen wird* und daß es folglich im Interesse Deutschlands liegt, daß diese Erneuerung *möglichst schnell* kommen möge, damit wir sobald als möglich durch unmittelbare Wechselwirkung von Volk zu Volk die uns trennenden Fragen lösen können. Nicht also nur im Hinblick auf die uns allen gemeinsamen hohen Kulturaufgaben, sondern auch mit Rücksicht auf die unmittelbaren Aufgaben der deutschen Interessen sind alle meine Sympathien seit langer Zeit auf Seiten der *russischen Freiheitsbewegung*. Ich würde es als politische Kurzsichtigkeit und Feigheit, als etwas, das eines starken und stolzen Volkes völlig unwürdig ist, betrachten, *wenn wir die Lösung dieser Fragen auf unsere Nachkommen abwälzen wollten,* jetzt jedoch um einer größeren, aber vorübergehenden Bequemlichkeit halber mit der Unterdrückung eines großen Nachbarvolkes sympathisieren sollten. Diese meine Auffassung habe ich oft und öffentlich vertreten. Irgend welche „Angst" vor den Folgen einer Erneuerung Rußlands ist mir völlig fremd.

II. Berichte über Reden und Diskussionsbeiträge

[Zur Rede Alfred Hettners über „Das europäische Rußland. Volk, Staat und Kultur"]

[Bericht der Heidelberger Zeitung]

Ins politische Fahrwasser kam die Diskussion durch Prof. Max *Weber,* der den zuerst in den „Nowosti" erschienenen Verfassungsentwurf, der von der russischen Fortschrittspartei ausgearbeitet worden ist, kritisierte. Dieser Entwurf weist vieles auf, was in den Verfassungsstaaten längst verwirklicht ist. Dann aber erhebt er Forderungen, die geradezu als unsinnig und dumm bezeichnet werden müssen und selbst solche Adelige, Unternehmer und Bürger, die liberal denken, ins Lager des absolutistischen Zaren treiben müssen; z. B. Abschaffung aller indirekten Steuern einschließlich der Zölle, die allerdings stufenweise beseitigt werden sollen. Dagegen erhebt er nicht die eine Forderung, welche die Grundlage alles Fortschrittes im Volke wäre, nämlich die Überführung des Bauernlandes, das jetzt gemeinschaftlicher Besitz der Gemeindeangehörigen ist, in den Privatbesitz der Bauern. Eine Hauptschwierigkeit, welche der Einführung und Aufrechterhaltung einer Verfassung entgegensteht, liegt auf religiösem Gebiet. Nach der religiösen Vorstellung des Volkes muß der Zar Selbstherrscher sein, wäre es eine schwere Sünde von ihm, ja, es wäre eine Unmöglichkeit, auf die Selbstherrschaft zu verzichten. So lange diese religiöse Vorstellung in dem Bauernstand steckt, der vier Fünftel der Bevölkerung ausmacht, ist es nicht möglich, eine konstitutionelle Einrichtung für die Dauer zu treffen. Sie würde von der Masse des Volkes bald weggeblasen werden. Erst eine reformatorische religiöse Bewegung würde die Bahn zum Konstitutionalismus freimachen. Man dürfe also für die Gegenwart nur einzelne Erleichterungen, Erweiterung der Bewegungsfreiheit für das Volk und dergleichen erwarten. Zum Schluß sprach Redner auch über russische Tendenzen in Deutschland und beklagte, daß der deutschen Diplomatie durch unerwartete Eingriffe, Reden und Telegramme das konsequente Arbeiten unmöglich gemacht werde. Die Mißerfolge in der auswärtigen deutschen Politik seien auf das Konto der Dynastie zu setzen.

[Zum 50jährigen Jubiläum der Heidelberger
Russischen Lesehalle]

[Bericht der Russkija Vedomosti]

Es war interessant, nach der Rede Professor Radbruchs der Begrüßungsansprache des sehr populären Professors Max Weber zuzuhören. Seine Begrüßungsrede wuchs sich zu einer umfassenden Abhandlung der vergleichenden Kulturwissenschaft aus. Es ist bekannt, daß Weber intensiv über Rußland geforscht und eine Monographie über den Übergang Rußlands zum konstitutionellen System geschrieben hat. Er schickte sich in den letzten Jahren an, nach Rußland zu reisen, doch hat er zur Zeit von diesem Vorhaben Abstand genommen. Er bekannte, daß er über das, was augenblicklich in Rußland vorgehe nur geringe Kenntnisse besitze, fügte jedoch ironisch hinzu, daß unsere offiziöse Presse aber gut Bescheid wisse. „Hat doch die Petersburger Rossija die im Ausland studierende Jugend Rußlands, in deren Mitte ich die Ehre habe den heutigen Abend zu verbringen, als eine verbrecherische Horde bezeichnet." Professor Weber streifte an dieser Stelle die Konflikte zwischen deutschen und russischen Studenten und führte ihre Ursachen auf die Unterschiede der Gewohnheiten und der Anschauung zurück. Weber hoffte, daß die Macht der Gewohnheit diese Schwierigkeiten des friedlichen und kollegialen Zusammenlebens beseitigen werde. Aber man darf andererseits nicht leugnen, daß auch die Russen durch ihre einseitigen Anschauungen einiges Befremden in den Beziehungen hervorriefen. Weber werde häufig angesichts der Fremdheit der Fragen, mit denen sich Russen an ihn wendeten, in größtes Erstaunen versetzt. Als auffallendes Beispiel für diese ‚einseitigen Anschauungen' führte er seine enge und vertraute Bekanntschaft mit einem Russen an, der, wie man so sagt, in seinem Hause ein- und ausgehe und ihm eines Tages ungewollt gesagt habe: „Ach wissen Sie, ich habe wahrhaftig nicht gedacht, daß ich außerhalb der deutschen Sozialdemokratie noch einen Deutschen treffen würde, der ein so guter Mensch ist."

Anhang

S. J. Giwago, Rezension von:
„*Loi fondamentale de l'Empire Russe*"

Loi fondamentale de l'Empire Russe. Projet d'une constitution russe élaboré par un groupe de la Ligue de l'Affranchissement (constitutionalistes-démocrates russes). Préface de Pierre Struve, Directeur de l'Oswobojdenie. Paris 1905. Société nouvelle de librairie et d'édition. XXXV, 139 p.

Der vorliegende Entwurf einer Verfassung für das russische Reich ist als wohlerwogenes Ergebnis langer und eifriger Vorarbeit zu betrachten, an der sich sowohl russische Vertreter der theoretischen Staatswissenschaften, wie auch Männer der Tat, die mitten im politischen Leben stehen, mit gleicher zielbewußter Hingebung beteiligt hatten. Wie die Verfasser in ihrer kurzgefaßten einleitenden Vorbemerkung (S. XXXI) selbst angeben, sind sie von der festen Überzeugung ausgegangen, daß für Rußland nicht einzelne Reformen in Frage kommen, sondern nur eine durchgreifende Reform des gesamten politischen Seins und Lebens berufen sein kann, dem unermeßlichen Elend russischer Zustände zu steuern und das russische Volk auf den Weg einer gesunden Entwicklung zu geleiten. Diese Neugestaltung soll auf der Basis des demokratischen Grundgedankens durchgeführt werden, wobei jedoch kein utopischer Staat geschaffen werden soll, sondern die neue Verfassung den geschichtlich gegebenen Besonderheiten des russischen nationalen Lebens Rechnung zu tragen hat, und die leitenden Ideen der nach Jahrhunderten zählenden politischen Erfahrung der westeuropäischen Staaten zu entnehmen sind. Der Entwurf will Rußland nicht als demokratische Republik, sondern als konstitutionelle Monarchie – etwa nach belgischem Vorbild – wissen, und neben der Einführung des allgemeinen und direkten Wahlrechts soll in die zukünftige Verfassung des russischen Reiches auch das Zweikammersystem aufgenommen werden.

Die im Entwurf vorgeschlagene Verfassung besteht aus I–LXXX Artikeln; dem Text der Verfassung ist noch der eines Wahlgesetzes (Art. I–XLV) beigefügt. Die Verfasser des Entwurfes lassen den meisten Artikeln kurzgefaßte Erläuterungen folgen, um dann ihre leitenden politischen Grundsätze und Erwägungen noch in einem besonderen „Mémoire explicatif" (S. 80–139) zusammenzufassen und für ihre praktische Verwendbarkeit für das zu befreiende Rußland in die Schranken zu treten.

Da nun diese Grundsätze eben den politischen Einrichtungen des modernen konstitutionellen Staates entnommen sind, so ist man einer eingehenden Besprechung in dieser Beziehung so gut wie enthoben; auf die redaktionelle Fassung einzelner Artikel kommt es dabei gewiß nicht an. So seien darum in aller Kürze nur wenige Punkte hervorgehoben, welche entweder zu einigen Bedenken Anlaß geben können, oder von dem westeuropäischen Vorbild bemerkenswert abweichen.

Will man dem Text des Verfassungsentwurfes folgen, so ist an erster Stelle zu erwähnen, daß die gegenseitigen Beziehungen der einzelnen Völkerschaften, welche das russische Reich umfaßt, kaum eine hinreichende Berücksichtigung gefunden zu haben scheinen. Mit Recht hält P. Struve den Verfassern des Entwurfes den Umstand entgegen, daß sie der „polnischen Frage" ganz aus dem Wege gegangen sind (Préface, S. XIV ff.). Wir würden auch gerne eine genauere Präzisierung der Beziehungen zwischen dem russischen Reiche und dem Großfürstentum Finnland in einer kommenden russischen Verfassung begrüßt haben. Was der Entwurf in dieser Hinsicht enthält, geht nicht darüber hinaus, daß einerseits die Unzertrennlichkeit der Bande, welche die beiden Länder zu einem nach außen vollständig einheitlichen Gebilde verbinden, behauptet wird, andererseits für die inneren Angelegenheiten dem Großfürstentum Finnland eine ebenso vollständige Unabhängigkeit auf der Basis eigener Verfassung gewährleistet sein soll. Die rechtlichen Beziehungen des Reiches zum Großfürstentum können nicht anders modifiziert werden, als mit Zustimmung der gesetzgebenden Körperschaften beider Länder (Art. V). Aus diesen wenigen Bestimmungen geht eine endgültige Entscheidung der „finnländischen Frage" eigentlich kaum hervor. Wird aber der Art. V in dem Sinne ausgelegt, daß diese Entscheidung einem Kompromiß zwischen den beiden vorerwähnten gesetzgebenden Körperschaften vorbehalten sein soll, so ist damit die Frage auf den so verhängnisvollen Boden des Vertrages gestellt. Gerade die Erfahrungen, welche man in den westeuropäischen Staatenverbindungen gemacht zu haben scheint, sollten als mahnendes Beispiel dienen, um vor einem derartigen Versuche zu warnen, der nicht nur endlose Reibereien, sondern auch ernste politische Verwicklungen, sowie Hader und Zwist zeitigen könnte. So weitherzig und selbstlos die Bestimmungen des Entwurfes in Beziehung auf Finnland lauten, so müßte, und zwar im Interesse Finnlands selbst, als des bei weitem schwächeren Teils, – vielleicht doch eine andere Grundlage für die Entscheidung der „finnländischen Frage" gefunden werden und zwar eine solche prinzipielle Grundlage, welche auch für die Regelung der „polnischen" und anderer „Nationalitäten-Fragen" maßgebend sein müßte.

Art. VI–XXII behandeln die „Grundrechte der Bürger". Das ist eine richtige „déclaration des droits", wie eine solche in vielen Verfassungen üblich ist. Es sei nur hervorgehoben, daß die ausdrückliche Erklärung und Gewährleistung der sogenannten Freiheitsrechte durch die gegenwärtige Sachlage in Rußland nicht nur gerechtfertigt, sondern geradezu gefordert wird; doch ist diese Freiheit nicht schrankenlos gemeint, sondern die nötigen rechtlichen Bestimmungen über die Ausübung dieser Freiheit sind weiteren gesctzgeberischen Akten, d. h. der Selbstbestimmung des Volkes vorbehalten.

Art. XXIII–XXXV enthalten die Bestimmungen über die Rechte des Kaisers (Du pouvoir de l'Empereur) und weisen ihm die Stellung eines konstitutionellen Monarchen, mit den üblichen Befugnissen und Funktionen, zu.

Art. XXXVI–LV sind der Organisation der Nationalversammlung gewidmet. Wie schon erwähnt, ist das Zweikammersystem in Aussicht genommen. Das Bemerkenswerte dabei ist, daß alle beiden Kammern aus gewählten Vertretern bestehen sollen. In die erste Kammer („der Große Rat der Zemstvos") werden die Mitglieder durch die lokalen und gouvernementalen Versammlungen der Zemstvos und die Munizipalitäten der Städte, welche eine Einwohnerzahl über 125 000 aufweisen können, gewählt (im ganzen etwa 269 Mitglieder). Die Dauer des Mandats des Vertreters entspricht der Dauer der Amtsperiode der ihn wählenden Körperschaft. Die zweite Kammer setzt sich aus unmittelbaren Volksvertretern zusammen, die auf Grund eines allgemeinen, direkten Wahlrechtes und durch eine geheime Stimmenabgabe beim Wahlgange ihre Vollmachten aus den Händen des Volkes erhalten. Auf die Einzelheiten der Bestimmungen des Wahlgesetzentwurfes sowie auf die Vorsichtsmaßregeln, welche in der Verfassung selbst (Art. XLV) gegen etwaige Beeinflussung der Kandidaten seitens der Regierung enthalten sind, ist hier nicht einzugehen. Es sei nun abermals auf das Prinzip der allgemeinen, direkten und geheimen Wahlen hingewiesen. Für diese wichtigste Grundlage der politischen Zukunft des russischen Reiches findet P. Struve in seinem Vorwort, sowie auch die Verfasser des Entwurfes in ihren Erläuterungen, Worte der innigsten und wärmsten Überzeugung, die wohl geeignet sind, manchen Zweifel zu beseitigen und manches schwankende Gemüt für den großen demokratischen Gedanken zu gewinnen.

In bezug auf Art. LVI–LXV, welche über „die Minister" handeln, kann man nicht umhin, eine größere prinzipielle Einheitlichkeit oder nähere Präzisierung des geplanten Systems zu wünschen. Zwar ist dabei die Rede von einem Rate der Minister und einem Präsidenten dieses Rates, der den Titel „Kanzler" führt, weiter auch von einer „solidarischen Verantwortlichkeit aller Minister vor der Nationalversammlung für die allgemeine Leitung der Staatsangelegenheiten", doch scheint das parlamentarische Prinzip eines richtigen „Kabinetts", so auch das System der parlamentarischen Regierung überhaupt, nicht durchgeführt zu sein, da es nicht ausgeschlossen ist, daß sogar sämtliche Minister von dem Monarchen außerhalb der Mitglieder beider Kammern gewählt sein könnten (Art. LXIII).

Art. LXVI–LXX enthalten leitende Grundsätze für die Durchführung einer weitgehenden lokalen Selbstverwaltung auch auf derselben Grundlage des allgemeinen und direkten Wahlrechts.

Art. LXXI–LXXIV stellen die unbedingte Forderung auf, daß die richterliche Gewalt eine völlige Unabhängigkeit von der Administration erhalte, und daß die politischen Verbrechen sowie Preßdelikte immer unter Zuziehung von Geschworenen abgeurteilt werden sollen.

Art. LXXV–LXXVIII bilden das, was den Entwurf einer russischen Verfassung von den westeuropäischen Verfassungsurkunden am meisten unterscheidet. Diese Artikel beziehen sich nämlich auf die Einführung eines „obersten Staatsgerichtshofes" (Tribunal suprême). Es soll keine neue oberste Kassationsinstanz geschaffen werden, sondern – nach dem Vorbilde der Vereinigten Staaten von Nordamerika – ein Institut ins politische Leben des Landes eingeführt werden, welches dazu berufen sein soll, die Verfassung selbst gegen widerrechtliche Verletzungen durch die höchsten Organe der Staatsgewalt und seitens der gesetzgebenden Körperschaften zu garantieren. Daß in dieser Forderung ein gesunder politischer Gedanke ausgesprochen ist, kann kaum bestritten werden. Und gerade für das zu befreiende Rußland ist es von größer Wichtigkeit, daß die lang ersehnte persönliche und politische Freiheit nicht anders als Hand in Hand mit der strengsten Gesetzmäßigkeit gehe, und daß der neugestaltete russische Rechtsstaat nicht anders als verfassungsmäßig regiert und geleitet werde.

Freiheit und Gesetzmäßigkeit einerseits und das allgemeine, direkte Wahlrecht andererseits, sind unserer Ansicht nach, eben die drei großen schöpferischen Grundgedanken, welche aus dem Entwurf einer Verfassung für das russische Reich entgegenleuchten.

Es ist eine ausnehmend schwere Aufgabe schöpferisch und neubildend zu wirken, wo die Gegenwart die besten Kräfte der Nation vorerst zum Kampfe gegen das Bestehende so gewaltig in Anspruch nimmt. Umsomehr muß man gerade den „Entwurf" nach seinem positiven Gehalt schätzen und die große und dankenswerte Arbeit derer gebührend würdigen, die ihr bestes Können und Wissen in den Dienst der Sache der Befreiung des russischen Volkes gestellt haben. Was an dem Entwurf vielleicht mangelhaft oder bestreitbar sein mag, das findet seine Erklärung und Rechtfertigung zur Genüge schon in dem Umstand, daß der Entwurf doch das Ergebnis der Arbeit nur einer gewissen Gruppe freiheitlich gesinnter Männer ist. Den Bau einer russischen Verfassung in allen seinen Grundzügen zu vollenden und auszuführen, muß eben die Aufgabe des ganzen Volkes durch seine Vertreter d.h. einer einzuberufenden russischen Konstituante bleiben. Was nun aber den vorliegenden Entwurf mit seinen eingehenden Begründungen einzelner Artikel und Erläuterungen des Ganzen anbelangt, so wird er gewiß, um mit P. Struve (Préface, S. V) zu sprechen, von der größten Bedeutung für die Entwicklung des konstitutionellen Gedankens in Rußland werden und auch den größten Einfluß auf den Gang der politischen Reform gewinnen.

S. J. GIWAGO.

Nachwort

I. *Das universalhistorische Interesse Max Webers an Rußland*

Im ersten Jahrzehnt seiner wissenschaftlichen und politischen Laufbahn hat sich Max Weber so gut wie überhaupt nicht mit Rußland beschäftigt. Sein Interesse an Rußland wurde überschattet von seinem leidenschaftlichen Engagement in der Landarbeiterfrage in den ostelbischen Gebieten Preußens, das seinen Niederschlag insbesondere in den Enqueten für den Verein für Socialpolitik und den Evangelisch-sozialen Kongreß über die Landarbeiterfrage in den polnischen Gebieten Preußens gefunden hatte. Sein kompromißloses Eintreten für eine Politik der Erhaltung des Deutschtums in den Ostprovinzen des Reiches verband sich mit einer zeitweilig äußerst schroffen antipolnischen Einstellung. Allerdings wollte Max Weber dem Denationalisierungsprozeß, den er in den ostelbischen Gebieten im Gange sah, in erster Linie mit wirtschaftspolitischen, nicht mit machtpolitischen Mitteln entgegenwirken. Das zarische Rußland trat dabei nur indirekt in seinen Gesichtskreis, insofern als er damals rigoros eine Sperrung der Ostgrenze für polnische Wanderarbeiter forderte, um der weiteren Zuwanderung von polnischen Landarbeitern in die deutschen Ostgebiete ein für allemal den Weg zu verlegen. Auch für die Jahre nach der Jahrhundertwende dürfen wir bei Max Weber eine unverminderte leidenschaftliche Anteilnahme an den politischen Entwicklungen voraussetzen, obschon sich damals kaum eine Gelegenheit bot, seinen Ansichten in publizistischer oder wissenschaftlicher Form Ausdruck zu verleihen.

Die russische Revolution von 1905, die von spektakulären militärischen Niederlagen Rußlands im Kriege gegen den Neuling in der imperialistischen Arena, Japan, ausgelöst und begleitet wurde, dürfte von Anbeginn die Aufmerksamkeit Max Webers auf sich gezogen haben, obschon uns unmittelbare Zeugnisse dafür in den ersten Wochen und Monaten seit dem japanischen Angriff auf Port Arthur in der Nacht vom 26. auf den 27. Januar (8./9. Februar) 1904 nicht überliefert sind. Die große indirekte Entlastung, die die militärische Schwächung des zarischen Rußland für die Außenpolitik des Deutschen Reiches mit sich brachte, dürfte er nicht zuletzt auch deshalb begrüßt haben, weil dies eine fortschrittliche Entwicklung gerade auch in Deutschland selbst begünstigte. Entscheidend aber war, daß sich im Zuge der revolutionären Ereignisse die Aussicht ergab, daß auch die russische Gesellschaft sich den Prinzipien des westlichen liberalen Systems öffnen und den Anschluß an Europa gewinnen könnte. Allerdings war Max Weber von vornherein nicht besonders optimistisch hinsichtlich der Erfolgsaussichten der revolutionären Bewegung in Rußland. Auf einer Veranstaltung des Nationalsozialen Vereins in Heidelberg am 5. Juni 1905 äußerte er sich eher skeptisch über die Chancen für eine Umgestaltung des zarischen Rußland im liberal-demokratischen Sinne. Die enge Bindung, die zwischen dem Zaren und der Masse der russischen Bauernschaft bestehe, ebenso wie deren tiefverwurzelte religiöse Gesinnung ließen, so meinte er, eine grundlegende Umgestaltung der politischen Verhältnisse als wenig wahrscheinlich erscheinen.

Max Weber verfolgte den Ablauf der Ereignisse in Rußland mit großer Anteilnahme und innerer Sympathie, weil er darin die letzte große „Schlacht" der liberalen Demokratie sah, nachdem diese in West- und Mitteleuropa und vor allem in den Vereinigten Staaten triumphiert hatte. Dies kommt insbesondere in den Schlußbemerkungen der Abhandlung „Zur Lage der bürgerlichen Demokratie in Rußland" zum Ausdruck, in denen er von den unwiederbringlichen Chancen spricht, die ökonomisch noch weithin jungfräuliche und intellektuell noch nicht „satte" Kontinentalreiche wie das amerikanische und jetzt das russische für die Durchsetzung von freiheitlichen Grundsätzen eröffneten, im Gegensatz zu den Verhältnissen in Europa, wo die Erstarrung der Sozialbeziehungen und die „Uniformierung des äußeren Lebensstils" bereits in erheblichem Maße eingesetzt habe. „Die historische Entstehung der modernen ‚Freiheit'", so heißt es dort, „hatte einzigartige, niemals sich wiederholende Konstellationen zur Voraussetzung. Zählen wir die wichtigsten davon auf: Zunächst die überseeische Expansion: in den Heeren Cromwells, in der französischen Konstituante, in unserem gesamten Wirtschaftsleben, noch heute, weht dieser Wind von jenseits des Meeres: – aber ein neuer Erdteil ist nicht mehr zur Verfügung; große Binnengebiete, des nordamerikanischen Kontinents einerseits, Rußlands andererseits, sind es, auf deren monotone, den Schematismus begünstigende Flächen der Schwerpunkt der Bevölkerung der westlichen Kultur unaufhaltsam vorrückt, wie einst in der Spätantike" (s.o., Zur Lage der bürgerlichen Demokratie, S. 99). Max Weber stellte die Entwicklungen in den Vereinigten Staaten und nunmehr auch in Rußland, das sich jetzt dem Siegeszug des westlichen kapitalistischen Systems und der westlichen verfassungspolitischen Ideale zu öffnen schien, in eine grandiose universalhistorische Perspektive: „Es sind, in gewissem Sinn, in der Tat vielleicht ‚letzte' Gelegenheiten für den Aufbau ‚freier' Kulturen ‚von Grund aus'" (s.o., S. 101).

Max Weber war überzeugt, daß, wie immer die Revolution auch ausgehen würde, Rußland „dennoch endgültig in die Bahn spezifisch europäischer Entwicklung" eintreten werde (s.o., S. 101). Jedoch räumte er der liberalen Bewegung, die den Kern der revolutionären Kräfte bildete, von Anfang an nur geringe Erfolgschancen ein, angesichts der gewaltigen Hindernisse, die einer Modernisierung Rußlands nach westlichen Vorbildern im Wege standen. Ihn beschäftigte daher insbesondere die Frage, ob die russische Revolution ein erster Schritt auf dem Wege zur Herstellung europäischer Normalität auch in Rußland sein werde oder ob sie umgekehrt den Ansatzpunkt für eine ganz andere Entwicklung abgebe, welche die Unterschiedlichkeit der wirtschaftlichen, gesellschaftlichen und geistigen Verhältnisse in Rußland, verglichen mit dem übrigen Europa, noch stärker zum Ausdruck bringen werde. Dabei stand für ihn der Gesichtspunkt im Vordergrund, welche gesellschaftlichen Auswirkungen der auch hier zu erwartende Siegeszug des kapitalistischen Systems haben werde. Es stand für ihn außer Zweifel, daß der Kapitalismus über kurz oder lang auch in Rußland eine Modernisierung der Gesellschaft erzwingen werde. Jedoch hielt er es in keiner Weise für begründet, davon auch eine Durchsetzung liberaler und demokratischer Grundsätze erwarten zu wollen. Die naive Ansicht, dem modernen Hochkapitalismus, „wie er jetzt nach Rußland importiert wird, und in Amerika besteht, [...] Wahlverwandtschaft mit ‚Demokratie' oder gar mit ‚Freiheit' [...] zuzuschreiben", wies er entschieden zurück (s.o., S.99). Ganz im Gegenteil, er meinte, daß in Rußland „alle jene Entwicklungsstadien ausgeschaltet" seien, „welche im Westen starke ökonomische Interessen bedeutender Schichten in den Dienst der bürgerlichen Freiheitsbewegung stellten" (s.o., Übergang zum Scheinkonstitutionalismus, S.326). Sein leidenschaftliches Interesse am Schicksal des russischen Liberalismus, dem er sich persönlich eng verbunden fühlte und mit dessen Zielen er sich weitgehend identifizierte, verband sich demnach mit der übergreifenden Fragestellung nach den langfristigen gesellschaftlichen, politischen und geistigen Auswirkungen des modernen industriellen Kapitalismus, dessen Entstehungsbedingungen er nur wenig zuvor in seinen Studien über „Die protestantische Ethik und der ‚Geist' des Kapitalismus" aufzudecken sich bemüht hatte. Insofern besteht zwischen den Schlußbetrachtungen der „Protestantischen Ethik", in denen Weber der Frage nachging, ob am Ende dieses Prozesses „ein neues Gehäuse der Hörigkeit der Zukunft" stehen werde, und den Studien über die russische Revolution von 1905 ein direkter Zusammenhang. Auch hier beschäftigte ihn die brennende Frage, ob und in welchem Umfange es gelingen könne, unter den Bedingungen des Hochkapitalismus die Grundsätze der Freiheit des Individuums und demokratischer Herrschaft für die Zukunft zu behaupten. Auf den ersten Blick zumindest schienen die Zeichen der Zeit in die entgegengesetzte Richtung zu weisen, nämlich einer zunehmenden Bürokratisierung aller Sozialbeziehungen, bis in die private Lebenssphäre des Individuums hinein.

II. Die Intention der Abhandlungen zur russischen Revolution von 1905

Im Rahmen der zeitgenössischen Publizistik über die russische Revolution von 1905/06 nehmen Max Webers Abhandlungen „Zur Lage der bürgerlichen Demokratie in Rußland" und „Rußlands Übergang zum Scheinkonstitutionalismus" eine besondere Stellung ein. Der Anstoß zu ihrer Entstehung kam, wie bereits dargestellt wurde, von russischer Seite; ausschlaggebend war freilich das Motiv, der deutschen Öffentlichkeit ein zutreffendes Bild von dem heroischen Kampf der russischen liberalen Bewegung für mehr Freiheit unter den widrigen

Bedingungen des Systems der zarischen Selbstherrschaft zu vermitteln. Schon die Veröffentlichung einer Rezension des Verfassungsentwurfes des Sojuz Osvoboždenija im „Archiv" ging auf den Wunsch zurück, der russischen liberalen Bewegung im Deutschen Reich ebenso einen direkten Zugang zur Öffentlichkeit zu geben, wie dies im westlichen Ausland gang und gäbe war. Auf diese Weise sollte die Stimme der entschieden konstitutionellen Bewegung in Rußland zumindest indirekt zu Wort kommen. Darüber hinaus sollte der Bericht „Zur Lage der bürgerlichen Demokratie in Rußland" der interessierten Öffentlichkeit in Deutschland ein genaueres und sachgerechteres Bild von den Bemühungen der liberalen Bewegung in Rußland vermitteln, als es in den großen liberalen Zeitungen zu finden war. In Max Webers „Chronik" der Ereignisse in Rußland gingen sachliches Interesse, moralisches Engagement und politische Motivation Hand in Hand. Auch er war anfänglich von der Hoffnung beflügelt, daß die Revolution Bewegung in das russische politische System hineinbringen und womöglich der Selbstherrschaft des Zaren ein Ende setzen werde. In jedem Falle wurde hier, so schien es, der Versuch unternommen, eine Angleichung der russischen Verfassungsordnung an die westeuropäischen Verhältnisse herbeizuführen. Dies konnte nicht ohne Rückwirkungen auch auf die deutschen politischen Verhältnisse bleiben, hatte doch das zarische Rußland den konservativen Kräften im Deutschen Reich und insbesondere in Preußen immer schon als Stütze und ideologisches Widerlager gedient. Insofern besaß die Frage der Bewertung der revolutionären Ereignisse in Rußland auch eine aktuelle politische Dimension. Aber ganz abgesehen von Erwägungen solcher Art hielt Max Weber es für geboten, daß dem Kampf der russischen konstitutionell-demokratischen Bewegung für eine Modernisierung Rußlands gemäß den westlichen Verfassungsidealen schon deshalb Gerechtigkeit widerfahren müsse, weil dieser gleichsam stellvertretend für die westliche individualistische, auf die Grundsätze der Freiheit und Selbstbestimmung gegründete Kultur überhaupt geführt wurde.

Max Weber erachtete es für um so notwendiger, das deutsche Publikum eingehend über die politischen Ziele und Bestrebungen der russischen liberalen Bewegung zu informieren, als es an sachkundigen Stellungnahmen, die die Verfassungsbewegung in Rußland in angemessener Weise würdigten, in der zeitgenössischen Publizistik ansonsten nahezu gänzlich fehlte. Die wenigen wirklichen Kenner Rußlands, wie George Cleinow und Otto Hoetzsch, von Theodor Schiemann ganz zu schweigen, der damals den slawischen Völkern schon aus rassischen Gründen die Fähigkeit absprach, unter parlamentarischen Verhältnissen leben zu können, standen der konstitutionellen Bewegung überwiegend ablehnend gegenüber. Selbst die liberale Tagespresse stellte die russische liberale Bewegung durchaus nicht in dem positiven Lichte dar, wie sie es nach Webers Überzeugung angesichts der weltgeschichtlichen Bedeutung ihres Kampfes der Sache nach verdiente.

Noch stärker als Max Webers erste Abhandlung war seine umfangreiche zweite Studie „Rußlands Übergang zum Scheinkonstitutionalismus" von dem

Bedürfnis bestimmt, die Fehlurteile und Verzeichnungen in der Berichterstattung der zeitgenössischen Publizistik zu korrigieren und ihnen eine Würdigung der Vorgänge entgegenzustellen, die die politischen Ziele der russischen konstitutionell-demokratischen Bewegung, zugleich aber auch die ungeheuren Schwierigkeiten, vor denen sich diese gestellt sah, sachgerecht zur Darstellung brachte. Als Weber mit der Arbeit an dieser zweiten Abhandlung begann, zeichnete sich, wie oben bereits erwähnt wurde, die Niederlage der liberalen Bewegung bereits definitiv ab. Selbst die führenden liberalen Blätter wie die Vossische Zeitung und die Frankfurter Zeitung neigten nunmehr dazu, den Konstitutionellen Demokraten wegen ihrer Intransigenz gegenüber der Regierung Vitte ein erhebliches Maß an Mitschuld am Scheitern der Verfassungsbewegung zu geben. Auch sie sprachen jetzt der russischen liberalen Bewegung vielfach die ideale Gesinnung ebenso wie die Bereitschaft zu nüchterner Anerkennung der Tatsachen ab. Max Weber hielt es in dieser Situation für seine moralische Pflicht, die russische liberale Bewegung gegen eine derartige Kritik sogar aus dem liberalen Lager energisch zu verteidigen. Er wollte ein für allemal klarstellen, welch hohes Maß an idealistischer Begeisterung und Selbstlosigkeit die russischen Liberalen tatsächlich an den Tag gelegt hätten, gerade im Vergleich zu dem in Deutschland so weitverbreiteten politischen Philistertum, das sich vom bequemen Lehnstuhl aus in phrasenhaftem Gerede über „Realpolitik" ergehe. Insbesondere schien es ihm geboten, die Entscheidung der Konstitutionellen Demokraten in aller Form zu verteidigen, unbeirrt an ihrem Programm einer echten konstitutionellen Verfassung für Rußland festzuhalten und nicht auf das Boot vager Versprechungen seitens der Regierung Vitte aufzuspringen. Für noch ungleich wichtiger hielt es Max Weber, die russische liberale Bewegung gegenüber der überheblichen Kritik von seiten der rechtsgerichteten Presse und Publizisten im Deutschen Reich zu verteidigen. Er war äußerst aufgebracht über die, wie er dies späterhin formulieren sollte, „blöde Demokratenfeindschaft unserer ‚staatserhaltenden' Preßorgane" (s. o., Übergang zum Scheinkonstitutionalismus, S. 327).

So gesehen hatten die beiden Abhandlungen Max Webers zur russischen Revolution eine eindeutige politische Zielsetzung. Dies wird auch durch die zahlreichen kritischen Anspielungen auf Sachverhalte bestätigt, in denen eine unmittelbare Parallelität zwischen dem russischen Scheinkonstitutionalismus und den Verfassungsverhältnissen im Wilhelminischen Deutschland bestand. Beide Abhandlungen können als indirekte, aber eindeutige Belege dafür gelten, daß Max Weber schon damals den Übergang zum parlamentarischen Regierungssystem als die einzig akzeptable Lösung der großen politischen Probleme des Deutschen Reiches angesehen hat. Aber sie stellen zugleich umfassende Analysen der zeitgenössischen Vorgänge in Rußland und ihrer historischen und gesellschaftlichen Bedingtheiten dar, die auf einem reichen primären Quellenmaterial sowie der Auswertung der damals erreichbaren einschlägigen wissenschaftlichen Literatur beruhen. Insofern besitzen sie durchaus wissenschaftlichen Charakter, auch wenn Max Weber selbst dieses Kriterium für sie ausdrücklich nicht in Anspruch nehmen wollte.

III. Die Abhandlung „Zur Lage der bürgerlichen Demokratie in Rußland"

Es ist uns nicht genau bekannt, wann sich Max Weber definitiv dazu entschloß, seine Arbeiten über methodologische und theoretische Fragen, insbesondere die Studie über „R. Stammlers ‚Überwindung' der materialistischen Geschichtsauffassung", zu unterbrechen, um sich mit seiner ganzen ungeheuren Arbeitskraft der Analyse der revolutionären Entwicklungen in Rußland zuzuwenden. Der konkrete Anstoß dazu dürfte vermutlich von seiten der russischen Studenten und Wissenschaftler gekommen sein, mit denen Max Weber in Heidelberg in Verbindung stand. Heidelberg war damals eines der wichtigsten kulturellen Zentren der im Ausland lebenden russischen Intelligenz, oder, wie man gesagt hat, „eine russische Gesellschaft en miniature". Schon seit der ersten Hälfte des 19. Jahrhunderts war er ein bevorzugter Studienort für russische Studenten und ein beliebter Aufenthaltsort für russische Schriftsteller und Wissenschaftler. Sie konnten sich auf die im Deutschen Reich zahlreich entstehenden russischen Lesehallen und Klubs als kulturelle Zentren stützen, die seit den 1860er Jahren in Heidelberg, Dresden, Leipzig, Jena und anderen Städten des Deutschen Reiches entstanden waren. Eine der bedeutendsten war die russische Lesehalle in Heidelberg.

Diese Zentren waren nicht nur Stätten der Kultur, sondern auch Orte lebhafter politischer Auseinandersetzung. Hatte in den 1870er und 1880er Jahren die Diskussion zwischen Sozialisten in der Nachfolge Gercens und Slavophilen im Sinne Katkovs die Szene beherrscht, so wurden die Lesehallen und Klubs in den folgenden Jahrzehnten Hochburgen der revolutionären Agitation der russischen Sozialdemokratie und der Partei der Sozialrevolutionäre; sie wurden demgemäß von der Polizei rigoros überwacht. Die revolutionären Ereignisse des Jahres 1905 fanden naturgemäß in den Kreisen der russischen Kolonie in Heidelberg größten Widerhall. Die Sympathien der russischen Studenten, Wissenschaftler und Exilanten galten damals uneingeschränkt den revolutionären Parteien, insbesondere den Konstitutionellen-Demokraten, darüber hinaus aber auch der Sozialdemokratie und den Sozialrevolutionären.

Unter den zahlreichen russischen Wissenschaftlern, die damals, teilweise durch äußere Umstände gezwungen, in Heidelberg ihre Studien fortführten, war Bogdan Kistjakovskij, der bei Wilhelm Windelband und Georg Simmel studiert hatte und in Heidelberg bei dem Staatsrechtler Georg Jellinek arbeitete. Mit ihm stand Max Weber in engen freundschaftlichen Beziehungen. Kistjakovskij war Mitglied des Sojuz Osvoboždenija (Befreiungsbund) und reiste zwischen 1900 und 1905 wiederholt nach Rußland. Es dürfte mit großer Wahrscheinlichkeit in erster Linie Kistjakovskij gewesen sein, der Max Weber in Verbindung mit zahlreichen anderen russischen Studenten im Umkreis der russischen Lesehalle gebracht hat, von denen anzunehmen ist, daß sie ausnahmslos mit der revolutionären Bewegung in Rußland sympathisierten. Dazu gehörten insbesondere Fedor Stepun, Nikolaj Bubnov, Sergej I. Gessen, der Sohn eines der Herausgeber der russischen liberalen Wochenzeitschrift Pravo, Iosif Gessen, sowie Sergej I. Živago (Giwago), der seine Studien nach Abschluß seiner Promotion in Heidelberg fortsetzte und mit Stepun und Kistjakovskij eng befreundet war. Vermutlich hat Kistjakovskij, der, wie bereits erwähnt, im Sojuz Osvoboždenija aktiv mitarbeitete, Max Weber auf den Entwurf einer konstitutionellen Verfassung für Rußland aufmerksam gemacht, den der Sojuz Osvoboždenija ausgearbeitet hatte und der im März 1905 in Paris in russischer und im August 1905 auch in einer französischen Fassung erschienen war. Weber hat augenscheinlich die Bedeutung dieses Verfassungsentwurfs, der bei der Entstehung der Staatsgrundgesetze des Russischen Reiches vom 23. April 1906 eine nicht unwichtige Vorlage darstellte, sofort erkannt. Dieser Entwurf vermittelte ein präzises Bild der politischen Zielsetzungen einer der wichtigsten parteipolitischen Gruppierungen des russischen konstitutionellen Liberalismus, die schon im Juli 1904 die Einberufung einer verfassunggebenden Versammlung gefordert hatte. Vermutlich hat Max Weber daraufhin eine Rezension dieser „Loi Fondamentale de l'Empire Russe" – ein umfänglicher, 139 Seiten umfassender Text –, an dessen Ausarbeitung die beiden Staatsrechtler F. F. Kokoškin und S. Kotljarevskij führend beteiligt waren, im „Archiv für Sozialwissenschaft und Sozialpolitik" angeregt und als Verfasser Sergej I. Živago gewonnen. Offenbar um dieser „Rezension", die eher einem Bericht über die wesentlichen Bestimmungen dieses Verfassungsentwurfs glich, das nötige Gewicht zu verleihen und ihr angemessene Beachtung zu verschaffen, entschloß sich Max Weber, ihr einige „Zusätzliche Bemerkungen" aus seiner Feder beizugeben. Aus diesem bloß ergänzenden Essay – Marianne Weber spricht gar nur von einer „Anmerkung" –, der offenbar nur dazu bestimmt war, die Leserschaft des „Archivs" auf den Artikel Živagos besonders hinzuweisen, wurde dann eine umfangreiche Abhandlung, die alle Vorgaben sprengte und Weber für mehrere Monate voll in Anspruch nahm. Max Weber entdeckte es nun als eine unbedingte Verpflichtung, die Aufmerksamkeit der breiteren Öffentlichkeit auf die dramatischen politischen Ereignisse in Rußland zu lenken und sie auf die große politische Bedeutung hinzuweisen, die dem Verfassungsentwurf des Sojuz Osvoboždenija unter den gegebenen Umständen zukam.

Die direkte Berührung mit den programmatischen Forderungen des russischen konstitutionellen Liberalismus weckte in Max Weber nicht bloß Sympathie und Interesse, sondern leidenschaftliche Anteilnahme. Er identifizierte sich in aller Form mit den politischen Zielen des russischen konstitutionellen Liberalismus, wie sie in dem besagten Verfassungsentwurf zum Ausdruck kamen. Für Max Weber stand jedoch wesentlich mehr auf dem Spiel. Mit der Frage, ob es dem russischen Liberalismus gelingen könne, im Zarenreich liberale und demokratische Grundsätze zu verwirklichen und dessen Anschluß an den Westen zu erreichen, sah er in gewisser Weise die Zukunft der liberalen Demokratie überhaupt verknüpft, in Europa gleichermaßen wie in Amerika. Davon abgesehen war die Frage, welche politischen und gesellschaftlichen Auswirkungen die Übertragung des Kapitalismus nach Rußland haben werde, für Weber von höchstem Interesse. Würde sich unter den russischen Verhältnissen der Kapitalismus mit der Einführung eines liberalen politischen Systems als verträglich erweisen? Dies hinwiederum erlaubte Rückschlüsse auf die Frage, wie sich freiheitliche Ordnungen in gleichviel welchem Sinne des Wortes unter den Bedingungen des Hochkapitalismus und zunehmend bürokratischer Herrschaftsstrukturen würde aufrechterhalten lassen.

Derartige Erwägungen bestimmten Max Weber, sich persönlich der Analyse der Ereignisse in Rußland zuzuwenden. Dabei dürfte zusätzlich eine Rolle gespielt haben, daß er mit der Qualität und der Tendenz der Berichterstattung in der deutschen Presse über die Vorgänge in Rußland äußerst unzufrieden war. Angesichts der grundsätzlichen, weit über Rußland selbst hinausweisenden Bedeutung der Ereignisse hielt er es für unabdingbar, präzise und umfassend darüber zu berichten. Es traf sich gut, daß er ohnehin mit dem Gedanken spielte, im „Archiv" von Zeit zu Zeit „Sozialpolitische Berichte" über wichtige Entwicklungen in anderen europäischen Ländern zu veröffentlichen; sein eigener Beitrag, der zunehmend die Form eines ergänzenden Kommentars zu Živagos „Rezension" sprengte, schien sich dafür als Erstling gut zu eignen. Max Weber lernte mit bewundernswürdiger Energie in wenigen Wochen Russisch und war relativ bald imstande, ohne fremde Hilfe die russische Tagespresse sowie die einschlägigen russischsprachigen Veröffentlichungen für seinen „Bericht" auszuwerten. Nur anfänglich dürfte er dabei in gewissem Umfang auf die Unterstützung Kistjakovskijs sowie anderer russischer Wissenschaftler bzw. graduierter Studenten zurückgegriffen haben.

Max Weber stützte sich in erster Linie auf die russische Tagespresse, die er in der russischen Lesehalle in reichem Umfang vorfand, sowie auf sonstige, ihm zugängliche Flugschriften und Broschüren. Zunehmend ging er freilich dazu über, auch die einschlägige sozialwissenschaftliche Literatur heranzuziehen, um präzisere Informationen über die sozialen Verhältnisse in Rußland zu gewinnen. Außerdem dürfte er vor allem für die Abhandlung „Zur Lage der bürgerlichen Demokratie in Rußland" auf Informationen zurückgegriffen haben, die ihm von seiten seiner russischen Freunde und Gewährsmänner in Heidelberg zugänglich gemacht wurden. In beschränktem Maße erhielt er darüber hinaus Hinweise von russischen Wissenschaftlern, die dem Lager des konstitutionellen Liberalismus angehörten.

Die Abhandlung „Zur Lage der bürgerlichen Demokratie in Rußland" wurde zu einem Zeitpunkt in Angriff genommen, als noch die Aussicht bestand, daß die zarische Autokratie ernsthafte konstitutionelle Reformen zugestehen werde. Doch wurde während der Niederschrift immer klarer, daß die Revolution ihren Höhepunkt überschritten hatte und die Chancen dafür, daß die liberale Bewegung mit ihrem politischen Programm durchdringen werde, immer geringer wurden. Weber beleuchtete die politischen Ereignisse in Rußland im Jahre

1905 wesentlich unter dem Blickwinkel, wieweit unter den bestehenden Umständen gegebenenfalls eine Verfassungsentwicklung nach westlichem Muster möglich sei. Dabei ging es ihm in erster Linie um die Bedingungsfaktoren der Durchsetzbarkeit des Programms des russischen konstitutionellen Liberalismus, mit dessen akademischem Flügel er sich persönlich weitgehend identifizierte. Jedoch nahm er systematisch auch die Programme der anderen oppositionellen Gruppierungen unter die Lupe. Max Weber fand eindrucksvolle Worte insbesondere für die Zemstvo-Liberalen, die „ökonomisch betrachtet [...] im allgemeinen ‚Nichtinteressenten', Träger [...] eines politischen und sozialpolitischen Idealismus" seien (s.o., Zur Lage der bürgerlichen Demokratie, S. 9). Allerdings standen nach seiner Auffassung dem Sieg des konstitutionellen Liberalismus in Rußland große Hindernisse im Wege. Nicht nur war die liberale Bewegung als solche uneinheitlich und zersplittert; vor allem war eine Unterstützung des konstitutionellen Programms durch das Wirtschaftsbürgertum im engeren Sinne nicht zu erwarten. Seiner Ansicht nach waren die gesellschaftlichen Voraussetzungen für eine liberale Politik nach westeuropäischem Muster nicht oder nicht mehr in ausreichendem Maße gegeben. Selbst der Zemstvo-Liberalismus verfüge nicht über eine tragfähige gesellschaftliche Basis; in Rußland habe die lange bürokratische Herrschaft der Autokratie alle naturwüchsigen historischen Formationen zerstört, und daher fehle es der Selbstverwaltung an der erforderlichen historischen Verwurzelung. Ebenso wie die Vereinigten Staaten von Amerika sei Rußland in gewissem Sinne ein unhistorisches Land. Vornehmlich aber habe die Entwicklung des Kapitalismus die Voraussetzungen dafür zerstört, daß der bürgerliche Liberalismus im Alleingang eine grundlegende Reform der russischen Verfassungsordnung durchsetzen könne. An eine Ausschaltung der politisch unberechenbaren Unterschichten durch ein abgestuftes Wahlrecht sei unter den bestehenden Bedingungen nicht mehr zu denken: „Der Klassencharakter des Proletariats fällt den bürgerlichen Reformern in den Rücken" (s.o., S. 15). Gleiches gelte für die ökonomischen Interessengegensätze im bürgerlichen Lager selbst. Der „optimistische Glaube an die natürliche Interessenharmonie der freien Individuen", der die klassischen liberalen Bewegungen des Westens beflügelt habe, sei „heute durch den Kapitalismus überholt", und dies lasse sich im heutigen Rußland auch aus „ideellen Gründen" nicht mehr nachholen. Mit anderen Worten, die bürgerlichen Schichten könnten angesichts ihrer unterschiedlichen gesellschaftlichen Interessen nicht mehr beanspruchen, als Repräsentanten der Gesamtheit des Volkes aufzutreten.

Einen weiteren Faktor, der die Lage der konstitutionellen Demokratie zusätzlich erschwerte, sah Max Weber in den Nationalitätenproblemen. Er wies auf den Tatbestand hin, daß die Nationalitätenfrage innerhalb des zarischen Rußland, insbesondere die Selbständigkeitsbestrebungen der Polen und der Ukrainer, einen Sprengsatz darstellte, der die Einheit und die politische Handlungsfähigkeit der liberalen Bewegung aufs äußerste gefährdete. Unter diesem Gesichtspunkt untersuchte er sorgfältig die zahlreichen, beträchtlich divergierenden Vorschläge im liberalen Lager zur Lösung des Nationalitätenproblems.

Seine Sicht der Nationalitätenfrage wurde entscheidend durch die Lektüre der Schriften des ukrainischen Historikers und Publizisten Dragomanov beeinflußt, die Kistjakovskij in jenen Jahren für den Sojuz Osvoboždenija herausgab.

Alle diese Probleme wurden jedoch aus Max Webers Sicht von der Agrarfrage überschattet. „Für die Zukunft einer im westeuropäischen Sinne freiheitlichen Entwicklung" werde die Haltung der Bauern, die ja die übergroße Mehrheit der russischen Bevölkerung darstellten, entscheidend sein. Angesichts der Struktur der russischen Agrarverfassung und des unersättlichen Landhungers der Bauernschaft erschienen alle agrarpolitischen Lösungsmodelle, die sich im Rahmen der klassischen liberalen Vorstellungen des individuellen Bodeneigentums und des unbedingten Schutzes des Privateigentums bewegten, unvermeidlich zum Scheitern verurteilt. Weber bewunderte die Radikalität des Agrarprogramms des konstitutionellen Liberalismus, welches den Forderungen der Bauern auf Aufteilung alles in adeligem Besitz befindlichen Landes weit entgegenkam, wenn es auch im Prinzip am Grundsatz der Entschädigung zwar nicht zum Marktwert, aber doch zu einem „gerechten Preis" festhielt. Gleichwohl war er hinsichtlich der Auswirkungen dieses Programms, selbst wenn es sich durchsetzen lassen würde, äußerst skeptisch. Er sah die Paradoxie der Lage darin, daß die Durchsetzung liberaler und kapitalistischer Prinzipien in der russischen Gesellschaft auf dem agrarischen Sektor mit einer gleichzeitigen außerordentlichen Steigerung des archaischen Agrarkommunismus der russischen Obščina erkauft werden könnte. An die Stelle der „volkstümlichen Romantik" des Narodničestvo aber werde, so meinte er prophetisch, am Ende der Marxismus einrücken (s. o., S. 98). Im übrigen urteilte er, im Unterschied zu seinen Beobachtungen vom Juni (s. vorne S. 339), über das voraussichtliche Verhalten der Bauern bei den bevorstehenden Dumawahlen vergleichsweise optimistisch: diese würden für ein antiliberales Bündnis mit dem Adel ebensowenig zu haben sein wie für ein Zusammengehen mit der zarischen Bürokratie.

Ansonsten rechtfertigte Max Weber es ausdrücklich, daß sich die Liberalen dem Werben Graf Vittes um Unterstützung eines gemäßigten Reformkurses entzogen hätten, obschon dies am Ende zu dessen Sturz und zur Einsetzung einer rein bürokratischen Regierung unter Goremykin beitragen sollte. Zu keinem Zeitpunkt hätte die zarische Autokratie, so meinte Weber, aufrichtig die Hand zur Verständigung gereicht. Eine Niederlage im Augenblick aber sei einer Kompromittierung der Ideale des konstitutionellen Liberalismus durch das Eingehen von faulen, unaufrichtigen Kompromissen, ähnlich jenen, die der deutsche Liberalismus während der Revolution von 1848/49 durch seine Beteiligung an den scheinkonstitutionellen „Märzministerien" geschlossen habe, politisch entschieden vorzuziehen. Im Moment sei die konsequente Bekämpfung der bürokratischen Herrschaft der zarischen Autokratie bei weitem wichtiger. Es komme darauf an, auch unter widrigen politischen und wirtschaftlichen Bedingungen entschlossen für die Durchsetzung individualistischer Prinzipien in der russischen Gesellschaft zu arbeiten, solange dafür noch Zeit sei. Denn – hier steigerten sich Webers Beobachtungen zu geschichtsphilosophischen Reflexionen von weltgeschichtlichem Zuschnitt – die Zeichen der Zeit wiesen in die entgegengesetzte Richtung. „Überall" sei bereits „das Gehäuse für die neue Hörigkeit" fertig; es warte „nur darauf, daß die Verlangsamung im Tempo des technisch-ökonomischen ‚Fortschritts' und der Sieg der ‚Rente' über den ‚Gewinn' in Verbindung mit der Erschöpfung des noch ‚freien' Bodens und der noch ‚freien' Märkte die Massen ‚gefügig' macht, es endgültig zu beziehen" (s. o., Zur Lage der bürgerlichen Demokratie, S. 19).

Offenbar unter dem Eindruck der nach wie vor unzulänglichen Berichterstattung der deutschen Presse über den Fortgang der Ereignisse in Rußland seit Dezember 1905 entschloß sich Max Weber im Frühjahr 1906 seiner Abhandlung über „Die Lage der bürgerlichen Demokratie in Rußland" eine weitere Analyse folgen zu lassen. Ersichtlich war er über die Geringschätzung aufgebracht, mit der die deutsche öffentliche Meinung den Bestrebungen der russischen konstitutionellen Bewegung begegnete. Zu diesem Zeitpunkt hatte die revolutionäre Bewegung ihren Höhepunkt überschritten. Nach der Niederwerfung der Massenstreiks in den Hauptstädten und der zahlreichen bäuerlichen Aufstandsbewegungen zwischen Oktober 1905 und Ende Januar 1906 saß die zarische Regierung wieder fest im Sattel. Mit dem Ukaz über die Beseitigung der Loskaufzahlungen vom 3. November 1905 hatte die Regierung Vitte zugleich den, wenn auch zögerlichen, Beginn einer neuen Agrarpolitik angekündigt, der eine grundlegende Reform der Agrarverfassung unter schließlicher Beseitigung der Obščina verhieß. Im übrigen ging die Regierung daran, durch eine Serie von Erlassen die im Oktobermanifest in Aussicht gestellten konstitutionellen Reformen einzuleiten, ihnen aber gleichwohl von vornherein eine solche Form zu geben, daß eine ernstliche Gefährdung der Herrschaft der Autokratie davon nicht zu befürchten sein würde. Die Einrichtung eines Reichsrats als einer Ersten Kammer, deren Mitglieder zur Hälfte von diversen gesellschaftlichen Institutionen gewählt, zur Hälfte vom Zaren ernannt werden sollten, mit dem Ukaz vom 20. Februar 1906 gab einen Vorgeschmack dessen, was noch kommen sollte.

IV. Die Abhandlung „Rußlands Übergang zum Scheinkonstitutionalismus"

Auch Max Webers zweite Abhandlung „Rußlands Übergang zum Scheinkonstitutionalismus" war von leidenschaftlicher Anteilnahme geprägt. Für ihn stellte sich die Frage, was an konstitutionellen Freiheitsrechten unter den obwaltenden Bedingungen allenfalls noch zu retten sein würde, als Ausgangspunkt für eine spätere Wiederaufnahme des Kampfes um die Durchsetzung westlicher liberaler Grundsätze in der russischen Gesellschaft. Die Bilanz, die er zog, war vernichtend, und der Gang der Dinge insbesondere seit der Oktroyierung der Grundgesetze vom 23. April 1906 schien dies mehr und mehr zu bestätigen. Im Zuge der Entwicklung verdüsterte sich seine Sicht der Entwicklung gleichsam von Tag zu Tag immer mehr. Weit stärker als in der Abhandlung „Zur Lage der bürgerlichen Demokratie in Rußland" unterzog er nunmehr die Gesetzgebung der zarischen Regierung einer eingehenden kritischen Analyse, vor dem Hintergrund einer umfassenden Darstellung der politischen und gesellschaftlichen Entwicklung in Rußland und ihrer historischen Wurzeln. Er sah darin insgesamt den Versuch, im Interesse der Wiederherstellung der Kreditwürdigkeit des Landes in den Augen des europäischen Auslands eine Fassade konstitutioneller Regierungsweise zu errichten, gleichzeitig aber allen selbständigen politischen Regungen im Lande weiterhin Fesseln anzulegen. Seine Ausführungen waren vor allem darauf gerichtet, diesem „tief unwahrhaftigen Scheinkonstitutionalismus" (s. o., Übergang zum Scheinkonstitutionalismus, S. 349) den Schleier wegzureißen und ihn seinen Lesern in seiner ganzen Erbärmlichkeit vor Augen zu stellen. Er tat dies freilich auf der Grundlage einer eindringlichen Analyse der gesellschaftlichen und ökonomischen Verhältnisse in Rußland sowie einer umfassenden Erörterung des politischen Systems. Insofern sprengte die Abhandlung „Rußlands Übergang zum Scheinkonstitutionalismus" noch stärker den äußeren Rahmen eines „sozialpolitischen Berichts" über die tagespolitischen Entwicklungen von gesellschaftlicher oder politischer Tragweite, als dies bereits in der ersten Abhandlung der Fall gewesen war. Sie wuchs sich vielmehr zu einer detaillierten Studie der politischen Entwicklungen in Rußland vom Oktobermanifest bis zur Auflösung der Duma am 9. Juli 1906 aus, für die er nunmehr in weit größerem Umfang auf die ihm erreichbare russische sozialwissenschaftliche Literatur zurückgriff.

In dieser zweiten Abhandlung schilderte Max Weber zunächst die administrativen Maßnahmen der letzten Monate, die zur weitgehenden Unterdrückung der zahlreichen Streik- und Protestbewegungen geführt hatten, konzis und differenziert. Die eigentliche Achse der Darstellung bildete jedoch die Frage, wie es tatsächlich mit den konstitutionellen Rechten stand, die durch die staatliche Gesetzgebung und die staatliche Verwaltungspraxis im Gefolge des Oktobermanifests gewährt worden waren. Er analysierte systematisch die Methoden der Zensur, die allen Beteuerungen der Freiheit der öffentlichen Meinung zum Trotz weiterhin praktiziert wurde. Aus seiner Sicht war die weitgehende Beschneidung der Freiheit der Presse durch ein Bündel von Verordnungen und Erlassen eines der wesentlichen Merkmale dafür, daß von konstitutionellen Verhältnissen einstweilen in keiner Weise die Rede sein könne. Ebenso wies er nach, daß das Prinzip der Religionsfreiheit weiterhin nur auf dem Papier stehe und von einer Kirchenreform, die die orthodoxe Kirche aus dem Bannkreis der zarischen Autokratie herauslöse, keinesfalls gesprochen werden könne. Besonderes Augenmerk widmete er der Sprachengesetzgebung, sah er doch in der Behandlung der Nationalitätenfrage eines der zentralen Probleme, das sich bei einer wirklichen Liberalisierung der politischen Verfassung Rußlands in großer Schärfe stellen würde. Hier entdeckte er freilich nur kurzfristiges Kalkül, um die Position der Autokratie in der kommenden Duma nach Möglichkeit zu stärken, keinerlei konstruktive Politik. Nur wenig günstiger lautete sein Urteil hinsichtlich des Prinzips der akademischen Freiheit. Eingehend schilderte er die „unerhört mächtige und erfolgreiche Revolutionierung der Universitäten" während der ersten Phase der Revolution und die Rolle insbesondere der Studentenschaft, aber auch des akademischen Lehrkörpers in der konstitutionellen Bewegung, um dann anschließend eindringlich die Versuche zu beschreiben, bei äußerlicher Wiederherstellung des Prinzips der Autonomie der Universitäten doch eine strikte staatliche Kontrolle ihrer Tätigkeit beizubehalten. Auf dem Gebiet der Vereinsgesetzgebung sah er ebensowenig Ansätze für eine konstitutionelle Entwicklung. Die gesetzlichen Regelungen für die Gründung von Vereinen und Verbänden, namentlich der Gewerkschaften und der politischen Parteien, öffneten der bürokratischen Willkür der Behörden Tür und Tor; sie räumten diesen die Möglichkeit ein, jede nicht genehme Gründung derartiger Vereine und Verbände von vornherein zu unterbinden oder doch deren Tätigkeit nach Belieben Beschränkungen aufzuerlegen. Die rechtlichen Bedingungen für die unbehinderte Teilnahme aller gesellschaftlichen Gruppen am politischen Leben, so meinte er, seien in keiner Weise gegeben. Insgesamt sei das Maß an Freiheiten, welches zu Beginn der Ära Vitte faktisch bereits gewährt worden sei, in den folgenden Monaten mit formalen Mitteln wieder erheblich beschnitten worden. Im übrigen laufe die Entwicklung auf eine zunehmende Bürokratisierung der Selbstherrschaft hinaus, ein Prozeß, der auf die Dauer eine rechtliche Selbstbeschränkung der regierenden Bürokratie erfordern werde, wenn anders nicht die persönliche Autorität des Zaren selbst zunehmend in Gefahr geraten solle.

Diese Befunde sah Max Weber durch den Erlaß der Grundgesetze am 23. April 1906 in aller Form bestätigt. Vor dem Hintergrund der westeuropäischen und deutschen Verfassungsentwicklung unterzog er die Grundgesetze einer umfassenden Analyse. Dabei legte er besonderes Gewicht auf den Nachweis, daß ungeachtet des ersten Augenscheins in „entscheidenden Punkten" eine Übernahme der westeuropäischen Grundsätze konstitutioneller Regierung eben nicht erfolgt sei. Überhaupt sei die Verfassungsgesetzgebung von der „axiomatischen Voraussetzung" ausgegangen, daß die Volksvertretung als „natürlicher Feind der Staatsgewalt" zu gelten habe. Seine Darlegungen liefen auf eine vernichtende Abrechnung mit der tiefen Unaufrichtigkeit dieser Verfassungsgesetzgebung hinaus, die die Aktivität der Duma mit juristischen „Stacheldrähten" lahmzulegen bestrebt sei (s. o., S. 176–186). In diesem Zusammenhang widmete er dem komplizierten indirekten Zensuswahlrecht, welches die Regierung ersonnen hatte, um sich eine gefügige Mehrheit zu verschaffen, besondere Aufmerksamkeit. Grundsätzlich war Weber dem Gedanken, die Übermacht der Masse der Bauernschaft mit Hilfe eines beschränkten Wahlrechts zu begrenzen und den bürgerlichen Schichten ein gewisses Übergewicht zu verschaffen, unter den gegebenen sozialen Verhältnissen in Rußland keineswegs ganz abgeneigt. Das vorliegende Wahlgesetz aber bewirke auch in seiner revidierten Form der Sache nach das Gegenteil; zwar sei die Zahl der Urwähler der städtischen Bevölkerung erheblich erhöht und damit die Intelligenz und das gehobene Bürgertum gegenüber den kleinbürgerlichen Schichten in eine Minderheit versetzt worden, aber die Repräsentation der bürgerlichen Schichten in der Duma selbst sei numerisch unverändert geblieben; ihnen gegenüber seien die bäuerlichen Unterschichten, auf deren konservative Gesinnung die Autokratie spekulierte, weiterhin erheblich überrepräsentiert. Von dieser Ausgeburt von Bürokratenhirnen könne, so meinte Max Weber, eine Stabilisierung der politischen Verhältnisse in Rußland unter keinen Umständen erwartet werden. In der Tat brachten die Ergebnisse der Wahlen zur Ersten Duma, die Weber in einer tiefgreifenden Analyse auswertete, keineswegs die behördlich erwünschten Ergebnisse. Er verkannte jedoch nicht, daß sich bereits im Frühjahr ein Umschwung zugunsten konservativerer Positionen abgezeichnet hatte; sowohl die Ergebnisse der Reichsratswahlen wie die veränderte politische Zusammensetzung der Zemstva waren dafür zuverlässige Indikatoren. Max Weber führte dies nicht zuletzt auf die systematische Mobilisierung der materiellen Interessen gegen die konstitutionelle Bewegung durch die Autokratie zurück.

Die Verhandlungen der Ersten Duma, die am 27. April 1906 erstmals zusammengetreten war, unterzog Weber einer eingehenden Erörterung. Er bemühte sich dabei seine Leser über die unterschiedlichen Positionen der zahlreichen politischen Parteien und Gruppierungen von der äußersten Rechten bis hin zu den Sozialrevolutionären und der Sozialdemokratie umfassend und ausführlich zu informieren. Besonderes Augenmerk widmete er wiederum den politischen Parteien und Gruppen der bürgerlichen Mitte, insbesondere dem „Bund des 17. Oktober" und der Konstitutionell-Demokratischen Partei. Dabei stand die Agrarfrage, die in den Verhandlungen der Ersten Duma einen großen Raum einnahm, im Mittelpunkt. Der „Landhunger" der Bauern, die die übergroße Mehrheit der russischen Bevölkerung ausmachten und der selbst unter idealen Bedingungen niemals hätte befriedigt werden können, überschattete nach Webers Ansicht die Zukunftsaussichten der konstitutionellen Bewegung in schlechthin verhängnisvoller Weise. Denn ohne die aktive Mitwirkung der Bauernschaft war weder im Augenblick noch in Zukunft eine Lösung der politischen und gesellschaftlichen Probleme Rußlands im liberalen Sinne zu erreichen. Ihre Befangenheit in einem primitiven Agrarkommunismus, zu dessen Befürworter sich die Sozialrevolutionäre machten, war bei Lage der Dinge ein unüberwindliches Hemmnis für eine fortschrittliche Entwicklung, auch wenn sich die Bauernschaft keineswegs auf die Seite der Autokratie geschlagen hatte, wie allgemein befürchtet worden war.

Max Weber widmete demgemäß den Vorschlägen der Liberalen zur Lösung der Agrarfrage besonders breiten Raum. Ein Großteil der führenden Agrarexperten Rußlands, unter anderem A. A. Kaufman, A. A. Čuprov, V. E. Den, M. J. Gercenštejn und späterhin auch der ehemalige Landwirtschaftsminister N. N. Kutler, hatte an diesen Vorschlägen aktiv mitgewirkt. Doch herrschte weder bei den Konstitutionellen-Demokraten, geschweige denn im liberalen Lager in seiner Gesamtheit, Einigkeit über die zukünftige Politik in dieser Frage. Vor allem war strittig, ob und gegebenenfalls in welchem Umfang zum Mittel der Verstaatlichung privaten Grundbesitzes, auch soweit sich dieser in adeliger Hand befand, gegriffen werden müsse. Davon abgesehen gingen die Meinungen darüber, wieviel Land den Bauern bereits jetzt zur Nutzung zur Verfügung stand und wieviel für die Sicherung ihrer ökonomischen Existenz zusätzlich bereitgestellt werden müsse, weit auseinander. Weber machte sich die Mühe, unter Heranziehung des umfangreichen agrarstatistischen Materials, das er soweit möglich auf seine wissenschaftliche Zuverlässigkeit hin zu überprüfen bemüht war, die unterschiedlichen Konzeptionen und ihre Berechnungsgrundlagen ausführlich nachzuzeichnen. Ihn beschäftigte dabei vor allem der Umstand, daß der Übergang zu einer modernen kapitalintensiven Landwirtschaft bei individueller Aneignung des Grund und Bodens, wie er an und für sich im Interesse einer liberalen Politik gelegen hätte, unter den in Rußland vorliegenden Verhältnissen zu einer noch ungleich größeren Überbevölkerung des flachen Landes geführt und die Schwere des Agrarproblems ins Unermeßliche gesteigert haben würde. Eben deshalb fand er es im Grundsatz richtig, daß auch die Konstitutionellen Demokraten Lösungen in Erwägung zogen, die dem naturrechtlichen Prinzip des gerechten Anteils des einzelnen am Grund und Boden nach der Maßgabe seiner Arbeitskraft (trudovaja norma) oder doch zumindest dem Grundsatz, daß den Bauern das Recht auf eine auskömmliche Existenz auf dem Lande zustehe, zumindest partiell entgegenkamen. Ebenso unterzog Weber auch die Agrarpolitik der Regierung einer eingehenden Analyse. Er fand sie durchaus widersprüchlich, weil sie einerseits durch den Erlaß der Loskaufzahlungen, die noch auf die Bauernbefreiungsgesetzgebung von 1861 zurückgingen, und durch die Erleichterung des Landkaufs mit Hilfe der Bauernbank einer Auflösung der Obščina Vorschub leistete, andererseits aber diese weiterhin als Instrument benutzen wollte, um die Bauernschaft in Botmäßigkeit zu halten. Den „utopischen" Agrarsozialismus der Sozialrevolutionäre hielt er für politisch aussichtslos, aber er verkannte nicht, daß sie dafür bei Lage der Dinge auf die vorbehaltlose Unterstützung der übergroßen Mehrheit der Bauern würden rechnen können. Eine wirkliche Lösung des Agrarproblems hielt er unter den herrschenden Umständen für überhaupt nicht erreichbar; eine durchgreifende Agrarreform könne, wie er, künftige Entwicklungen antizipierend, hinzufügte, nur von absolut „despotischen Regierungen" durchgesetzt werden. Davon ganz abgesehen erschien ihm eine dezentralistische Regelung der Agrarfrage unter weitgehender Aufteilung des in adeligem Besitz befindlichen Grund und Bodens an die Bauern auch unter allgemeinen politischen Gesichtspunkten nicht möglich, es sei denn, Rußland verzichte für absehbare Zeit darauf, „Großmachtpolitik zu treiben".

Unter den obwaltenden Umständen sah Max Weber keine Chancen dafür, daß die revolutionäre Bewegung sich doch noch werde durchsetzen können. Die Auflösung der Ersten Duma am 9. Juli 1906 sah er vielmehr als folgerichtige Fortsetzung einer Entwicklung an, die bereits im Spätherbst 1905 eingesetzt hatte. Dennoch würdigte er die politischen, nicht zuletzt aber die großen menschlichen Leistungen „des russischen Freiheitskampfes" in leidenschaftlichen Worten, in Entgegensetzung zu der selbstzufriedenen Überheblichkeit und der flachen „Realpolitik", die das Urteil der Deutschen über die Vorgänge in Rußland zu bestimmen schienen. Das sozialhistorisch und politisch entscheidend Neue erblickte er in dem Umstand, daß im Zuge der Eindämmung der revolutionären Bewegung die Bürokratisierung der Selbstherrschaft unabweisbar geworden sei. Die „definitive bürokratische Rationalisierung der Autokratie auf dem ganzen Gebiete der inneren Politik" (s. o., S. 168) aber könne nicht ohne Folgen bleiben. Sie müsse den Zaren der Bauernschaft zunehmend weiter entfremden und werde auf längere Sicht das monarchische System vollends unterminieren.

Max Weber war über die aus seiner Sicht äußerst zögerliche Herstellung der Abhandlung „Rußlands Übergang zum Scheinkonstitutionalismus" tief enttäuscht. Dies habe dazu geführt, daß diese bereits bei ihrer Auslieferung am 25. August 1906 veraltet gewesen sei und ihn wissenschaftlich der Lächerlichkeit preisgegeben habe. Die Anregung Paul Siebecks, beide Abhandlungen gemeinsam in selbständiger Form erneut zu veröffentlichen, lehnte Max Weber zunächst ab, teilweise, weil er über die Verzögerung bei der Drucklegung nach wie vor verärgert war, vor allem aber, weil er vor einer erneuten Überarbeitung zurückscheute, die nach seiner Ansicht die Berücksichtigung der in der Zwischenzeit erfolgten Gesetzgebung erfordert haben würde. Als Siebeck dann Ende Januar 1907 erneut mit dem Vorschlag einer Neuausgabe der beiden Abhandlungen an ihn herantrat, reagierte Max Weber ein wenig positiver. Er meinte, an eine Umarbeitung sei zum gegenwärtigen Zeitpunkt wegen anderweitiger Arbeiten nicht zu denken, aber er stellte immerhin zur Erwägung, daß er „bis zum Hochsommer [...] eine kleine Ergänzung liefern" könnte: „Dagegen hätte ich eventuell nichts, aber ich bin im Zweifel, ob es sich verlohnt". Am Ende kam es dann doch nicht zu einer erneuten Veröffentlichung.

V. *Max Webers fortbestehende Beschäftigung mit Rußland*

Auch späterhin verfolgte Max Weber den Gang der Dinge im zarischen Rußland mit großer Aufmerksamkeit, was sich nicht zuletzt aus dem Umstand erschließen läßt, daß er nach wie vor mehrere russische Tageszeitungen im Abonnement bezog. Darüber hinaus unterhielt er weiterhin brieflichen und persönlichen Kontakt zu zahlreichen russischen Wissenschaftlern. Ebenso setzte er sich in der Folge für die Veröffentlichung weiterer sozialpolitischer Berichte auch über Rußland im „Archiv für Sozialwissenschaft" ein. Öffentlich geäußert hat er sich zu den Entwicklungen in Rußland jedoch nur noch gelegentlich, so im November 1908 anläßlich eines öffentlichen Vortrags von Georg Jellinek in Heidelberg. Da seine bei dieser Gelegenheit gemachten Äußerungen über die Machtstellung eines erneuerten Rußland, die für das Deutsche Reich bedrohliche Konsequenzen haben könnte, in der russischen Presse in verzerrter Form wiedergegeben wurden, sah er sich zu einer Zuschrift an die Zeitung Russkija Vedomosti veranlaßt, die an seiner grundsätzlichen Sympathie für die russische konstitutionell-demokratische Bewegung keinen Zweifel ließ (s. den Abdruck, oben S. 329–332).

Über seine letzte öffentliche Stellungnahme zur russischen Freiheitsbewegung, eine Rede zum 50jährigen Jubiläum der russischen Lesehalle in Heidelberg am 20. Dezember 1912, sind uns bloß Bruchstücke, noch dazu nur in indirekter Form, überliefert (s. den Bericht der Russkija Vedomosti, o. S. 705). Diese Rede wurde zu einem Zeitpunkt gehalten, als die Balkankrise vom Spätherbst 1912 ihren Höhepunkt erreicht hatte und in der deutschen Öffentlichkeit scharf antirussische Tendenzen hervorgetreten waren. Den Ausgangspunkt der Darlegungen Webers bildete die bedrängte Lage der russischen Studentenschaft an den deutschen Universitäten. Die Sympathien der russischen Studenten im Deutschen Reich galten in ihrer großen Mehrheit den radikalen Parteien, insbesondere der russischen Sozialdemokratie und den Sozialrevolutionären. Dies stieß in der Öffentlichkeit und nicht zuletzt bei den deutschen Kommilitonen und der Professorenschaft vielfach auf scharfe Kritik; an mehreren deutschen Universitäten kam es zu öffentlichen Demonstrationen gegen die politischen Aktivitäten der russischen Studenten. Dadurch wurden auch die Regierungen der Bundesstaaten auf den Plan gerufen, die jegliche politische Betätigung der im Exil lebenden Russen zu unterbinden suchten. Außerdem wurde den russischen Studenten vorgeworfen, ihren deutschen Kommilitonen die Studienplätze wegzunehmen, woraufhin verschiedene deutsche Bundesstaaten einen Numerus Clausus für russische Studenten erließen. Den spärlichen Nachrichten zufolge, die wir über Webers Rede in Heidelberg besitzen, dürfte er sich nachdrücklich gegen derartige Tendenzen gewandt haben. Im übrigen sprach er über ein Thema, mit dem er sich schon seit geraumer Zeit intensiv beschäftigte, nämlich „die Kulturbedeutung Rußlands für Deutschland".

Max Weber plante damals, einen Aufsatz über „Die Ethik Tolstojs" zu schreiben, den er in der russischen Ausgabe der Zeitschrift Logos zu veröffentlichen beabsichtigte. Marianne Weber berichtet, daß er sich darüber hinaus mit der Absicht trug, ein Buch über Tolstoj zu schreiben, das sich in erster Linie mit dessen geschichtsphilosophischem Denken und seiner radikalen Ablehnung der konventionellen bürgerlichen Moral beschäftigen sollte. Max Weber wollte damit zu der Wiederentdeckung Rußlands und seiner kulturellen und geistigen Traditionen beitragen, die seit der Jahrhundertwende zu beobachten war. Zur Verwirklichung dieser Pläne ist es jedoch schließlich nicht gekommen. Max Weber stand in jenen Jahren, wie wir allerdings nur indirekt erschließen können, in brieflicher Verbindung mit einer ganzen Reihe russischer Wissenschaftler, insbesondere mit Bogdan Kistjakovskij, Sergej Bulgakov und Aleksandr Kaufman. Nachdem frühere Pläne, nach Rußland zu reisen, augenscheinlich gescheitert waren, beabsichtigte er im Winter 1912 Moskau zu besuchen und im darauffolgenden Sommer „nach Petersburg und aufs Land" zu fahren, offenbar um seine persönlichen Kontakte mit russischen Wissenschaftlern zu vertiefen. Vermutlich ist der Plan, sich einer in den beiden großen Abhandlungen zur russischen Revolution von 1905/1906 eher beiläufig behandelten Thematik zuzuwenden, nämlich dem Marxismus, ebenfalls auf Anregungen von russischer Seite zurückzuführen. Max Weber stellte der Redaktion der russischen Ausgabe des Logos 1910 einen Beitrag „Über den Marxismus" in Aussicht, an dessen Veröffentlichung sich diese offensichtlich äußerst interessiert zeigte, war er doch in Rußland aufgrund seiner Rußlandaufsätze, von denen der erstere auch in einer russischen Übersetzung erschienen war, inzwischen eine weithin bekannte Persönlichkeit geworden.

Der Ausbruch des Ersten Weltkrieges hat alle diese Pläne dann endgültig zu Makulatur werden lassen. Max Weber ist späterhin nur im Zusammenhang mit der deutschen Kriegspolitik erneut auf Rußland zurückgekommen, in seinen Aufsätzen über „Rußlands Übergang zur Scheindemokratie" und „Die russische Revolution und der Friede" vom Jahre 1917 (vgl. MWG I/15, S. 236–260 und S. 289–297). Obwohl er hier an seine Abhandlungen von 1905/1906 anknüpfte, waren seine Darlegungen nunmehr weitgehend von taktischen Erwägungen politischer Natur bestimmt; sie standen im Zeichen der Stärkung der inneren Front und des deutschen Kriegswillens und stellten demgemäß die Vorgänge in Rußland in einem überaus einseitigen Lichte dar. Diese politischen Motive verleiteten Max Weber am Ende sogar zu einer Fehlbeurteilung der Oktoberrevolution und der Rolle Lenins und Trockijs. Er meinte, daß der bolschewistischen Herrschaft keine Dauer beschieden sei, und vertrat die These, daß sie im Begriff sei, sich in eine gewöhnliche Militärdiktatur zu verwandeln. Dennoch dürfen Max Webers Abhandlungen über Rußland zu den bedeutendsten zeitgenössischen Studien über das Russische Reich gezählt werden.

VI. Die Rezeption der Rußlandschriften Max Webers

Die zeitgenössische Wirkung der Abhandlungen blieb weit hinter den Erwartungen Max Webers zurück. Dazu mag auch die äußere Form dieser als Beihefte zum „Archiv", mit nicht eben sonderlich wirksamer Titulatur, veröffentlichten „Chroniken", wie Weber selbst sie wiederholt nannte, beigetragen haben. Er selbst ging davon aus, daß sich die Langsamkeit der Herstellung und die dadurch verminderte Aktualität der Berichterstattung auf deren Rezeption nachteilig ausgewirkt habe. Gegenüber Friedrich Naumann hat er späterhin beiläufig, aber bitter bemerkt, daß „die ‚Chroniken' über Rußland [...] keinerlei Beachtung" gefunden hätten. In der Tat stießen Webers Abhandlungen in der zeitgenössischen Publizistik auf nur geringe Aufmerksamkeit. Einige kurze Rezensionen, die die Bedeutung der Rußlandaufsätze würdigten, finden sich in den Grenzboten, den Preußischen Jahrbüchern und den Kritischen Blättern für die Gesamte Staatswissenschaft. Ebenso wurde die Abhandlung „Zur Lage der bürgerlichen Demokratie" in einer Artikelserie des russischen Althistorikers Ervin D. Grimm in den Süddeutschen Monatsheften lobend erwähnt. In der zeitgenössischen wissenschaftlichen Literatur fanden Max Webers Rußlandschriften hingegen kaum Berücksichtigung. George Cleinow scheint sie überhaupt nicht zur Kenntnis genommen zu haben. Ansonsten wurde eigentlich nur Webers These vom russischen Scheinkonstitutionalismus aufgegriffen, freilich durchweg in kritischer Weise. Der Staatsrechtler M. L. Schlesinger beschrieb die russische Verfassung nach der Auflösung der Ersten Duma als ein System, in welchem der Zar sein an sich historisch gegebenes Recht der Gesetzgebung durch Begründung einer Landesrepräsentation selbst beschränkt habe; dieser stehe das Recht zur Mitwirkung bei der Gesetzgebung, der Bewilligung neuer Steuern und der Aufstellung des Budgets sowie der Kontrolle der Staatsverwaltung zu. Demnach sei „die russische Verfassung nicht als ein Scheinkonstitutionalismus zu bezeichnen". Hier also waren die einer solchen Deutung entgegenstehenden, höchst differenzierten Argumente Max Webers auf taube Ohren gestoßen. Auch Anton Palme lehnte in seiner 1910 erschienenen Abhandlung über die russische Verfassung von 1906 die Anwendung des Begriffs des Scheinkonstitutionalismus auf die zeitgenössischen russischen Verfassungsverhältnisse ab. Dagegen hat sich Otto Hoetzsch in seinem Werk über Rußland aus dem Jahre 1913 immerhin explizit mit Max Weber auseinandergesetzt. Er meinte jedoch ebenfalls, daß die These zu weit gehe, daß bei den Auseinandersetzungen über die Verfassung „schließlich nur ein Konstitutionalismus des Scheins herausgekommen wäre". Hoetzschs eigene Haltung in diesen Dingen deckte sich wesentlich mit der Position der Oktobristen, die einen Kompromiß auf monarchisch-konservativer Basis unter weitgehender Erhaltung der Prärogativen des Zaren anstrebten. Unter direkter Bezugnahme auf Max Webers Abhandlungen kam Hoetzsch zu dem Schluß: „Man hat diesen Charakter der Verfassung mit der Bezeichnung Scheinkonstitutionalismus kennzeichnen und damit diskreditieren wollen. Die unbefangene Betrachtung ergibt aber nur, daß in den Machtkämpfen der Jahre 1905 und 1906 das liberale Ideal einer Verfassung nach englischem Vorbild nicht hat erreicht werden können, und daß als Ergebnis und Kompromiß diese Form des konstitutionellen Lebens unter starker Betonung der Monarchie herausgekommen ist, die hier ebenso dem geschichtlich gewordenen Charakter und den Zukunftsaufgaben des Staates entsprach, wie in Preußen." In diesen Formulierungen kommt der Kontrast der politischen Grundeinstellungen von Max Weber und Otto Hoetzsch klar zum Ausdruck. Unter den politischen Verhältnissen des Kaiserreichs hielt die große Mehrheit der Kommentatoren dafür, daß das erstklassige Begräbnis, welches die Autokratie dem Versuch der Jahre 1905/1906 bereitete, dem zarischen Rußland eine wirklich liberale Verfassung zu geben, der „organischen" Entwicklung der staatlichen Verhältnisse in Rußland durchaus entspreche.

Dagegen fanden Webers Abhandlungen in Rußland selbst eine bemerkenswert positive Aufnahme. Dies kommt auch darin zum Ausdruck, daß bereits unmittelbar nach dem Erscheinen der Abhandlung „Zur Lage der bürgerlichen Demokratie in Rußland" eine russische Übersetzung unter dem Titel „Historischer Abriß der Befreiungsbewegung in Rußland und die Lage der bürgerlichen Demokratie" in Kiev herausgebracht wurde. Der Begriff des „Scheinkonstitutionalismus" wurde von den russischen Verfassungshistorikern und Staatsrechtslehrern, soweit sie dem liberalen Lager angehörten, durchweg aufgegriffen. Insbesondere Borodin, Rejsner, Kovalevskij, Kotljarevskij und Miljukov machten sich Webers Auffassungen weitgehend zu eigen. Umgekehrt hat Lenin späterhin Max Weber als prominentes Beispiel für die bürgerliche Tendenz zitiert, den Aufstand im Dezember 1905 in Moskau als etwas „Künstliches" zu bezeichnen, unter wörtlicher Bezugnahme auf dessen Bemerkung, daß „die Leninsche Gruppe und ein Teil der Sozialrevolutionäre" diesen „törichten Aufstand seit längerem vorbereitet" hätten. Lenin fand „diese professorale Weisheit des feigen Bürgertums" freilich vor allem deshalb anstößig, weil Max Weber die These vertreten und mit konkreten Zahlenangaben untermauert hatte, daß „dieser an sich törichte Putsch" gezeigt habe, daß ohne „die Macht einer die Klassen verbindenden Idee", ohne „die Mitwirkung breiter Schichten des Bürgertums" ein durchschlagender Erfolg im revolutionären Kampf nicht möglich gewesen sei (s.o., S. 106 u. S. 108). Im Kern ging es hier um zwei radikal unterschiedliche Strategien zur Niederringung der Alleinherrschaft: Weber sah nur dann die Aussicht auf wirkliche Erfolge gegeben, wenn die Opposition, wie vor dem Erlaß des Oktobermanifestes, geschlossen operiere; nach seiner Überzeugung waren die putschistischen „Ideologen und Dilettanten der Revolutionsromantik" der konstitutionell-demokratischen Bewegung objektiv in den Rücken gefallen (ebd., S. 108). Lenin hingegen setzte, koste es was es wolle, von vornherein auf die Karte des revolutionären Kampfes.

Max Weber selbst hat im April 1917 ziemlich zurückhaltend über den Wert seiner Rußlandaufsätze geurteilt: „Meine eigenen seinerzeit gleichzeitig mit den Ereignissen geschriebenen Chroniken der Revolution von 1905/6 [...] können nur unter dem Vorbehalt noch in Betracht kommen, daß man 1. heute natürlich auch bei uns sehr viel mehr wissen kann, als damals, und den ganz lückenhaften Berichten zu entnehmen war, 2. daß seitdem die Stolypinsche Reform unternommen wurde. Stolypins Bedeutung überhaupt war damals nicht zu erkennen. Für die Orientierung über die (seitdem) teilweise verschobenen Parteiströmungen in Rußland und ihre reale Unterlage können jene anspruchslosen Chroniken vielleicht auch heute noch dem gänzlich Ununterrichteten eine gewisse Stütze bieten [...]" (MWG I/15, S. 242, Anm. 1). Dies wird man gewiß als ein ausgeprägtes understatement bewerten müssen, denn ungeachtet ihrer Zeitgebundenheit enthalten sie ein überaus reiches Quellenmaterial und sind in ihrer gedanklichen Durchdringung der politischen und gesellschaftlichen Prozesse immer noch unübertroffen.

Die Rezeption der Rußlandschriften in der neueren wissenschaftlichen Forschung ist dennoch höchst fragmentarisch geblieben. Sie ging über respektvolle Erwähnungen und Hinweise meist nicht hinaus. Dies gilt selbst für die Max-Weber-Forschung im engeren Sinne. Die in höchst unübersichtlicher Form an relativ abgelegener Stelle veröffentlichten Abhandlungen sind lange Zeit wenig beachtet worden. Von seiten der Rußlandforschung war es eigentlich nur Richard Pipes, der bereits 1955 auf die Arbeiten Max Webers hinwies, wenn auch in überwiegend kritischer Weise. Erst nachdem Wolfgang J. Mommsen den damaligen Editor der Werke Max Webers Johannes Winckelmann darauf aufmerksam gemacht hatte, welche Bedeutung diese Abhandlungen nicht nur für Webers politische Auffassungen, sondern auch für seine geschichtsphilosophischen Grundüberzeugungen besitzen, wurden Auszüge in die zweite Auflage der Gesammelten Politischen Schriften aufgenommen (GPS², S. 40–65 u. 66–108). In den letzten Jahren hat sich die Situation jedoch merklich verändert. Max Weber wird nicht mehr nur als der geistige Vater der These vom „Scheinkonstitutionalismus" der Ära nach 1906 angesehen. Neuerdings haben seine Analysen des Dumawahlrechts von 1905/1906 und der Wahlergebnisse in der Forschung ebenso Beachtung gefunden wie seine detaillierten Untersuchungen zur Programmatik der bürgerlichen Parteien und zur Gesetzgebung der zarischen Regierungen Vitte und Goremykin während der Revolutionsperiode. Eine angemessene Würdigung seiner These, daß die Entwicklung in Rußland vorerst auf eine weitere Polarisierung zwischen der Bauernschaft und den bürgerlichen Schichten hinauslaufen dürfte und der Marxismus vermutlich das Erbe des herkömmlichen Agrarkommunismus antreten werde, steht allerdings noch aus. Gleiches gilt von seiner Auffassung, daß der Aufbau einer modernen zentralistischen Staatsverwaltung, die weder in der lokalen Selbstverwaltung noch in einem zur effektiven Teilnahme an der Herrschaft befähigten Parlament eine Grenze ihrer Macht finde, mit innerer Notwendigkeit die Legitimitätsgrundlagen der Selbstherrschaft untergraben und am Ende zwangsläufig zu deren Sturz führen müsse.

Anhang

1. Chronologische Übersicht über die Ereignisse in Rußland

Die Datierung folgt dem Julianischen Kalender, der im 20. Jahrhundert um 13 Tage hinter dem im übrigen Europa gültigen Gregorianischen Kalender zurückblieb; bei Ereignissen, die sich nicht nur auf Rußland beziehen, folgen in Klammern die Daten des Gregorianischen Kalenders.

1902

18. Juni	Die erste Nummer des Osvoboždenie erscheint unter der Redaktion Petr Struves in Stuttgart
20.–22. Juli	informelle Gründung des Sojuz Osvoboždenija (Befreiungsbund) im Schwarzwald und in der Nähe Schaffhausens

1903

8. November	Gründung des Sojuz Zemcev-Konstitucionalistov (Verband der Zemstvo-Konstitutionalisten)

1904

2.–5. Januar	konstituierender Kongreß des Sojuz Osvoboždenija
26./27. Januar (8./9. Februar)	japanischer Angriff auf Port Arthur; Beginn des russisch-japanischen Krieges
15. Juli	Ermordung des Innenministers Pleve durch Mitglieder der Partei der Sozialrevolutionäre
26. August	Ernennung des Fürsten Svjatopolk-Mirskij zum neuen Innenminister
17.–25. September (30. Sept.–8. Okt.)	Konferenz der revolutionären und oppositionellen Parteien in Paris
2. Oktober (15. Oktober)	Die Zeitschrift Osvoboždenie erscheint nach der Durchsuchung der Stuttgarter Redaktion durch die württembergische Polizei in Paris

6.–9. November	Zemstvokongreß in St. Petersburg, Elf-Punkte-Resolution verabschiedet; Beginn der sog. Bankettkampagne für eine konstitutionelle Ordnung in Rußland, die bis Anfang 1905 andauert
12. Dezember	kaiserlicher Ukaz über Reformen
13.–31. Dezember	Generalstreik in Baku
20. Dezember (2. Januar 1905)	Kapitulation von Port Arthur

1905

3. Januar	Streik in den Putilovwerken in St. Petersburg
7. Januar	Generalstreik in St. Petersburg
9. Januar	Blutiger Sonntag; die Armee schießt vor dem Winterpalais auf eine von dem Priester Gapon geführte prozessionsähnliche Arbeiterdemonstration
16. Januar (29. Januar)	Blutsonntag in Warschau
24. Januar (6. Februar)	Verhängung des Belagerungszustandes in Polen
29. Januar	Bildung der Šidlovskij-Kommission zur Untersuchung der Ursachen der Unruhen in der Arbeiterschaft, am 20. Februar aufgelöst
3. Februar	Entlassung des Innenministers Svjatopolk-Mirskij, Nachfolger wird A. G. Bulygin
4. Februar	Ermordung des Großfürsten Sergej durch Mitglieder der Partei der Sozialrevolutionäre
18. Februar	Reskript an den Innenminister Bulygin über eine Volksvertretung zur Beratung der Gesetzentwürfe, Ukaz an den Senat über Petitionen zur Reichsreform
24.–25. Februar	Zemstvokongreß in Moskau
Mitte Februar	Beginn der Agrarunruhen
24. Februar (9. März)	Ende der Schlacht bei Mukden, Beginn des Rückzuges der russischen Armee
10. März	Konferenz der Industriellen über Reformen in Moskau

(25.–30. April)	Men'ševiki und Bol'ševiki halten getrennte Kongresse in Genf und Paris
17. April	Manifest über religiöse Toleranz für die Altgläubigen
22.–26. April	Zemstvokongreß in Moskau
29.–30. April	Agrarkongreß der Zemstva in Moskau
30. April/1. Mai	Bauernkongreß in Moskau, Gründung des Krest'janskij Sojuz (Bauernbund)
1. Mai	Manifest über religiöse Toleranz für die anderen Konfessionen
8./9. Mai	Gründung des Sojuz Sojuzov (Verband der Verbände)
14./15. Mai (27./28. Mai)	Schlacht von Tsushima; Vernichtung der russischen Flotte
24.–26. Mai	Zemstvokongreß in Moskau
6. Juni	Der Zar empfängt eine Abordnung des Zemstvokongresses
9.–11. Juni (22.–24. Juni)	Streiks und Arbeiterunruhen in Polen
14.–24. Juni	Meuterei auf dem Panzerkreuzer Potemkin
Juni/Juli	Die Agrarunruhen erreichen ihren ersten Höhepunkt
6.–8. Juli	Kongreß der Zemstva und Stadtdumavertreter in Moskau
11. Juli (24. Juli)	Vertrag von Björkö zwischen dem Russischen und dem Deutschen Reich, ausgehandelt von den beiden Monarchen; der Vertrag tritt nicht in Kraft
31. Juli/1. August	Bauernkongreß in der Nähe Moskaus
6. August	Kaiserliches Manifest über die Schaffung einer beratenden Versammlung, sog. Bulyginsche Duma, Erlaß des Wahlreglements für die Dumawahlen
23. August (5. September)	Friede von Portsmouth beendet den russisch-japanischen Krieg
27. August	Erlaß der sog. provisorischen Regeln über die Universitäten, Wiedereröffnung der Universitäten, die ihre Autonomie zurückerhalten

12.–15. September	Kongreß der Zemstva und Stadtdumavertreter in Moskau
20. September–5. Oktober	Streiks der Druckereiarbeiter in Moskau, dem sich zahlreiche Arbeiter aus anderen Branchen anschließen
Oktober	erneuter Ausbruch agrarischer Unruhen in weiten Teilen Zentralrußlands
7. Oktober	Beginn des Streiks der Eisenbahnbediensteten
11. Oktober	Ausweitung des Streiks, Streiks in St. Petersburg, Char'kov und anderen Städten
12.–18. Oktober	Gründungsparteitag der Konstitutionellen-Demokraten in Moskau
13. Oktober	erneute Ausdehnung der Streiks; Bildung des Arbeiterdeputiertenrates (Sovet) in St. Petersburg
14. Oktober	Generalstreik in Moskau
14. Oktober	Ukaz über das Versammlungsrecht
16. Oktober	Generalstreik im Russischen Reich
17. Oktober	Erlaß des Oktobermanifestes, Versprechen bürgerlicher Freiheiten und konstitutioneller Reformen
19. Oktober	Ernennung Vittes zum Ministerpräsidenten, Schaffung des Ministerrates
18.–25. Oktober	Pogrome, hauptsächlich in den südwestlichen Gouvernements, angezettelt von den Schwarzen Hundert
26.–28. Oktober	Truppenmeuterei in Kronstadt
28. Oktober	erneute Verhängung des Kriegsrechtes in Polen, das am 12. November aufgehoben wird
29. Oktober–1. November	Petersburger Sovet ruft Streik für den Achtstundentag aus
3. November	Manifest und Ukaz über den Erlaß der Loskaufzahlungen
6.–10. November	2. Bauernkongreß in Moskau
6.–13. November	Zemstvokongreß in Moskau
8. November	Rückkehr Lenins nach Rußland

10./14. November	Gründung des Verbandes des 17. Oktober (Oktobristen)
10.–15. November	Meuterei der Schwarzmeerflotte
11.–15. November	Aufstand in Sevastopol'
14. November	Verhaftung des Büros des Bauernkongresses
15. November	Beginn des Streiks der Post- und Telegraphenbeamten, der Anfang Dezember endet
22. November	Gründung des Arbeiterdeputiertenrates (Sovet) in Moskau
24. November	Pressegesetz, Abschaffung der Vorzensur
26. November	Verhaftung des Vorsitzenden des St. Petersburger Sovet, G. Chrustalev-Nosar'
2. Dezember	Finanzmanifest des Petersburger Sovet
3. Dezember	Verhaftung des Petersburger Sovet
6. Dezember	Generalstreik in Moskau
7./9.–18. Dezember	bewaffneter Aufstand in Moskau
11. Dezember	Erlaß des neuen Wahlgesetzes für die Duma
29. Dezember– 4. Januar 1906	Erster Parteitag der Partei der Sozialrevolutionäre

1906

5.–11. Januar	2. Parteitag der Partei der Konstitutionellen-Demokraten
7.–10. Januar	Kongreß der Adelsmarschälle in Moskau
8.–12. Februar	Kongreß der Oktobristen
12.–16. Februar	Kongreß des Verbandes der Landbesitzer in Moskau (Sojuz Zemlevladel'cev)
20. Februar	Gesetz über die Schaffung der Reichsduma und des Reichsrates als einer ersten Kammer
4. März	provisorische Gesetze über Versammlungs-, Vereins- und Verbandsrecht
5. März	Beginn der Dumawahlen
8. März	Ukaz über das Budget
10.–25. April (23. April–9. Mai)	sog. Vereinigungsparteitag der russischen Sozialdemokratie

16. April	die russische Anleihe wird aufgelegt
16. April	Rücktritt Vittes und seines Kabinetts
21.–25. April	3. Parteitag der Konstitutionellen-Demokraten
23. April	Oktroyierung der Staatsgrundgesetze
27. April	Zusammentritt der Duma; Ernennung Goremykins zum Ministerpräsidenten, Stolypin wird Innenminister
21.–28. Mai	Gründung des Rates des Vereinigten Adels
4. Mai	Antwortadresse der Duma
13. Mai	Mißtrauensvotum der Duma gegen die Regierung Goremykin
8. Mai–1. Juni	Beratung der Agrarfrage in der Duma, Einbringung der Agrarvorlage der Konstitutionellen-Demokraten
23. Mai	Agrarprojekt der Trudoviki in der Duma eingebracht
1.–3. Juni	Pogrom in Białystok
6. Juni	Schaffung einer Agrarkommission in der Duma zur Ausarbeitung eines Gesetzentwurfs
16. Juni	Gründung der Fraktion der russischen Sozialdemokratie in der Duma
6. Juli	Rücktritt Goremykins, Stolypin wird zum neuen Ministerpräsidenten berufen und behält zugleich sein Amt als Innenminister
9. Juli	Auflösung der Duma
10. Juli (23. Juli)	Viborger Appell von 180 Dumaabgeordneten der Trudoviki und der Konstitutionellen-Demokraten

Parteien und Verbände in Rußland 1905/1906

Dieses Verzeichnis berücksichtigt die Parteien und Verbände, die in den Texten Max Webers erwähnt sind. Die Namen werden in der von Weber verwendeten russischen Form, danach in der heutigen wissenschaftlichen Transliteration wiedergegeben. In den Fällen, in denen Max Weber nur eine deutsche Bezeichnung benutzt hat, erscheint der russische Name nur in der transliterierten Form. Von der deutschen Namensform aus wird auf die russische Namensform verwiesen. Die alphabetische Ordnung der Parteien und Verbände erfolgt in der natürlichen Wortfolge.

Allrussischer Handels- und Industriebund → Vserossijskij Torgowo-Promyschljennyj Ssojus.
Baltische konstitutionelle Partei. Gründung: Okt. 1905; Konservative Partei unter Führung des deutschen Adels im Baltikum; in der Ersten Duma nicht vertreten.
Bauernbund → Krest'janskij Sojuz.
Bauernbund auf dem Boden des Manifestes vom 17. Oktober → Partija krest'jan ob-edinennych na počve manifesta 17-go oktjabrja.
Bauernbund der Rechtsordnung → Krest'janskij Sojuz pravovogo porjadka.
Bauernbund des 17. Oktober → Partija krest'jan ob-edinennych na počve manifesta 17-go oktjabrja.
Befreiungsbund → Ssojus Osswoboshdjenija.
Bund; Tl.: Vseobščij Evrejskij Rabočij Sojuz v Litve, Pol'še i Rossii (Allgemeiner jüdischer Arbeiterbund in Litauen, Polen und Rußland). Gründung: 25.–27. Nov. 1897 in Vil'na. Erstrebte eine föderative, sozialistische Republik; als Massenpartei organisiert, als autonome Körperschaft Mitglied der → Rossijskaja Social-demokratičeskaja Rabočaja Partija/RSDRP.
Bund der friedlichen Erneuerung → Sojuz mirnago obnovlenija.
Bund der Zemstvo-Konstitutionalisten → Sojuz Zemcev-Konstitucionalistov.
Bund des 17. Oktober → Sojuz 17 Oktjabrja.
Bund des Volksfriedens → Narodnyj Mir.
Demokratičeskij Sojuz Konstitucionalistov (Demokratischer Bund der Konstitutionalisten). Gründung: Anfang 1906. Linksliberale Organisation, die sich im Laufe des Jahres 1906 wieder auflöste.
Demokratischer Bund der Konstitutionellen → Demokratičeskij Sojuz Konstitucionalistov.
Fortschrittliche demokratische Partei → Polska progresywno demokratyczna Partia.

Freisinnige Partei → Sswobodomyssliaschtschie.
Gemäßigt-progressive Partei → Umerenno-progressivnaja Partija.
Gruppe der Arbeit → Trudowaja Gruppa.
Handels- und Industriebund → Vserossijskij Torgowo-Promyschljennyj Ssojus.
Handels- und Industriepartei → Torgowo-promyschljennaja Partija.
Handwerkerpartei → Remeslennaja Partija.
Kadetten → Konstitucionno-demokratičeskaja Partija.
Konstitucionno-demokratičeskaja Partija (Konstitutionell-demokratische Partei, offizieller Name: Partija Narodnoj Svobody = Partei der Volksfreiheit; allgemein als Kadety/Kadetten bezeichnet). Gründung: 12.–18. Okt. 1906. Zweiter Parteitag 5.–11. Jan. 1906; trat für eine Neuordnung Rußlands nach westlichem Vorbild auf konstitutioneller Grundlage ein; mit 179 Abgeordneten stärkste Partei in der Ersten Duma.
Konstitucionno-monarchičeskaja partija rabočich (Konstitutionell-monarchische Arbeiterpartei). Entstand Ende des Jahres 1905 als Gründung der → Partija prawowowo porjadka (Partei der Rechtsordnung), schloß sich dann Anfang 1906 dem → Konstitucionno-monarchičeskij pravovoj Sojuz (Konstitutionell-monarchischer Rechtsbund) an. Augenscheinlich zerfiel die Partei im Laufe des Jahres 1906.
Konstitucionno-monarchičeskij pravovoj Sojuz (Konstitutionell-monarchischer Rechtsbund). Gründung: Anfang 1906. Abspaltung von der → Partija prawowowo porjadka (Partei der Rechtsordnung); gemäßigt konservativer Wahlverein, der bereits 1906 wieder zerfiel; die Mehrheit der Mitglieder schloß sich dem → Sojuz 17 Oktjabrja (Bund des 17. Oktober) an.
Konstitutionell-demokratische Partei → Konstitucionno-demokratičeskaja Partija.
Konstitutionell-monarchische Arbeiterpartei → Konstitucionno-monarchičeskaja partija rabočich.
Konstitutionell-monarchischer Rechtsbund → Konstitucionno-monarchičeskij pravovoj Sojuz.
Krest'janskij Sojuz = Vserossijskij Krest'janskij Sojuz (Allrussischer Bauernbund). Entstand im Frühjahr/Sommer 1905 als illegale Organisation, die mit der → Partei der Sozialisten-Revolutionäre (PSR) verbunden war; der Bauernbund veranstaltete Ende Juli/Anfang August und im November 1905 zwei Kongresse in Moskau; aktiv an den bäuerlichen Unruhen vom Herbst 1905 bis zum Frühjahr 1906 beteiligt; verlor im Laufe des Jahres 1906 seine politische Bedeutung.
Krest'janskij Sojuz pravovogo porjadka (Bauernbund der Rechtsordnung). Entstand Ende 1905 als Gründung der → Partija prawowowo porjadka (Partei der Rechtsordnung), schloß sich Anfang 1906 dem → Konstitucionno-monarchičeskij pravovoj Sojuz (Konstitutionell-monarchischer Rechtsbund) an. Der Bauernbund tendierte im Laufe des Frühjahrs 1906 zunehmend zur politischen Linken, trennte sich im Mai von der Mutterpartei und löste sich vermutlich im Sommer 1906 auf.

Liga der Arbeit → Liga Truda.
Liga Truda (Liga der Arbeit). Entstand Anfang 1906 in St. Petersburg; die Liga sollte alle Werktätigen Rußlands umfassen und verstand sich als deren überparteiliche Interessenorganisation; sie löste sich vermutlich bereits im Laufe des Jahres 1906 wieder auf.
Monarchičeskaja Partija (Monarchistische Partei). Gründung: März 1905. Vereinigung der Hocharistokratie und hoher Beamter; forderte das Fortbestehen der Selbstherrschaft des Zaren: Programm im Oktober 1905 veröffentlicht.
Monarchistische Partei → Monarchičeskaja Partija.
Narodnaja Partija (Volkspartei). Gründung: Okt. 1905 in Kursk. Extrem rechtsstehende Partei der Aristokratie; ging 1907 im → Sojuz russkago naroda (Verband des russischen Volkes) auf.
Narodno-Socialističeskaja Partija (Volkssozialistische Partei). Gründung: Frühjahr 1906. Die Gruppe um die Zeitschrift „Russkoe Bogatstvo" trennte sich im Frühjahr 1906 von der → Partija Ssozialistov-Revoljuzionerow (Partei der Sozialisten-Revolutionäre); in der Ersten Duma nicht vertreten; erste Parteikonferenz 16.–20. April 1907; die Partei hörte nach der Auflösung der Zweiten Duma (Juni 1907) faktisch auf zu bestehen.
Narodnyj Mir (Volksfriede). Im Januar/Februar 1906 mit Hilfe des Innenministeriums von Geistlichen gegründete Bauernorganisation. Über die Mitgliederzahlen und die Dauer der Organisation konnte nichts ermittelt werden.
Nationaldemokratische Partei → Stronnictwo narodowo-demokratyczne.
Nationale Ordnungspartei → Narodnaja Partija.
Obščestvo Chorugvenoscev (Verband der Kirchenfahnenträger). Gründung: Ende Januar 1905 in Moskau. Von der Priesterschaft organisierte, weit rechtsstehende Organisation.
Ökonomische Fortschrittspartei → Progressivnaja Ėkonomičeskaja Partija.
Oktobristen → Sojuz 17 Oktjabrja.
Otetschestwjennyj Ssojus; Tl.: Otečestvennyj Sojuz (Vaterländischer Bund). Gründung: April 1905. Rechtsstehende Organisation, die sich aus hohen Beamten rekrutierte; nur geringe Mitgliederzahl; löste sich Ende 1905/Anfang 1906 auf.
Partei der demokratischen Reform → Partija Demokratičeskich Reform.
Partei der friedlichen Erneuerung → Partija mirnawo obnowljenija.
Partei der Rechtsordnung → Partija prawowowo porjadka.
Partei der Sozialisten-Revolutionäre → Partija Ssozialistow-Revoljuzionerow.
Partei der Volksfreiheit → Konstitucionno-demokratičeskaja Partija.
Partija Demokratičeskich Reform (Partei der Demokratischen Reform). Gründung: Anfang 1906. Programm am 18. Jan. 1906 veröffentlicht; politisch zwischen dem → Sojuz 17 Oktjabrja (Bund des 17. Oktober) und der → Konstitucionno-demokratičeskaja Partija (Konstitutionell-demokratischen Partei) angesiedelt; in der Ersten Duma mit 4 Abgeordneten vertreten; 1907 Zusammenschluß mit der → Partija mirnawo obnowljenija (Partei der friedlichen Erneuerung) zur Fraktion der Progressisten.

Partija krest'jan ob-edinennych na počve manifesta 17-go oktjabrja (Partei der auf dem Boden des Manifests vom 17. Oktober vereinigten Bauern). Gegründet Ende Januar 1906. Gemäßigt bäuerliche Partei, die sich anfangs dem → Sojuz 17 Oktjabrja (Bund des 17. Oktober) anschloß, im März 1906 jedoch ein Wahlbündnis mit den → Kadetten einging. Über das Fortbestehen der Partei nach den Wahlen zur Ersten Duma konnte nichts ermittelt werden.

Partija mirnawo obnowljenija; Tl.: Partija mirnago obnovlenija (Partei der friedlichen Erneuerung). Gründung: Juli 1906. Bildung der Fraktion der friedlichen Erneuerung in der Duma aus dem linken Flügel des → Sojuz 17 Oktjabrja (Bund des 17. Oktober) und dem rechten Flügel der → Konstitucionno-Demokratičeskaja Partija (Konstitutionell-demokratische Partei); am 11. Aug. 1906 als Partei konstituiert; in der Ersten Duma mit 29 Abgeordneten vertreten.

Partija narodnoj sswobody → Konstitucionno-demokratičeskaja Partija.

Partija prawowowo porjadka; Tl.: Partija pravovogo porjadka (Partei der Rechtsordnung). Gründung: 15. Nov. 1905 in St. Petersburg. Aus der Stadtduma von St. Petersburg hervorgegangen; konservative Partei, die am äußersten rechten Rand der bürgerlichen Parteien stand; löste sich 1907 wieder auf.

Partija Ssozialistow-Revoljuzionerow; Tl.: Partija Socialistov-Revolucionerov (PSR) (Partei der Sozialisten-Revolutionäre oder Partei der Sozialrevolutionäre). Gründung: Winter 1901/1902. An die Tradition der Narodniki anknüpfende sozialistische Partei; erster Parteitag Ende 1905/Anfang 1906; Boykott der Wahlen zur Ersten Duma.

Polnische Sozialistische Partei → Polska Partia Socjalistyczna.

Polska Partia Socialistyczna (Polnische Sozialistische Partei). Gründung: 1892 in Paris. Forderte einen selbständigen polnischen Staat; von der Arbeiterschaft und der radikalen Intelligenz getragen; das Programm lehnte sich stark an das Erfurter Programm der deutschen Sozialdemokratie an; bis 1918 illegal.

Polska progresywno demokratyczna Partia bzw. Stronnictwo Postępowo Demokratyczne (Fortschrittliche demokratische Partei). Gründung: Januar 1905. Abspaltung des → Stronnictwo narodowo-demokratyczne; linksliberale Partei, die einen Autonomiestatus für Polen im Russischen Reich erstrebte.

Progressiv-ökonomische Partei → Progressivnaja Ėkonomičeskaja Partija.

Progressivnaja Ėkonomičeskaja Partija (Progressiv-Ökonomische Partei). Gründung: 21. Okt. 1905. Von Vertretern des St. Petersburger Industriellenverbandes getragen; vertrat die Interessen der Schwerindustrie; ging für die Wahlen ein Bündnis mit dem → Sojuz 17 Oktjabrja (Bund des 17. Oktober) ein.

Radikale Partei → Radikal'naja Partija.

Radikal'naja Partija (Radikale Partei). Gründung: Ende November 1905. Gemäßigt-bürgerliche Partei, in der Ersten Duma nicht vertreten.

Rat des Vereinigten Adels → Sovet ob-edinennago dvorjanstva.

Rechtsordnungspartei → Partija prawowowo porjadka.

Remeslennaja Partija (Handwerkerpartei). Gründung: 8. Febr. 1906 in St. Petersburg. Kurzlebige Partei der St. Petersburger Handwerkerschaft, die das Manifest des 17. Oktober als Programmgrundlage nahm.

Rossijskaja Social-demokratičeskaja Rabočaja Partija (RSDRP) (Russische Sozialdemokratische Arbeiterpartei). Gründung: 1.–3. März 1898. Spaltung der Partei in Men'ševiki und Bol'ševiki auf dem Parteitag 1903 (London); Wiedervereinigung der Partei auf dem Parteitag in Stockholm April 1906; endgültige Spaltung 1912; anfänglicher Boykott der Dumawahlen; auf dem Parteitag 1906 aufgegeben; im Juni 1906 in der Ersten Duma Konstituierung einer sozialdemokratischen Fraktion mit 16 Abgeordneten.

Russische Einung → Russkoe sobranie.

Russische Sozialdemokratische Arbeiterpartei → Rossijskaja Social-demokratičeskaja Rabočaja Partija.

Russkoe sobranie (Russische Einung). Gründung: Okt./Nov. 1900 in St. Petersburg. Offiziell seit Anfang 1901 genehmigt; hochkonservative, antisemitische Gruppierung mit hauptsächlich adliger Mitgliedschaft; ging Ende 1905 im → Sojuz russkich ljudej auf.

Soedinennyj komitet konstitucionno-monarchičeskich partij (Vereinigtes Komitee der konstitutionell-monarchistischen Parteien). Gründung: Dez. 1905. Zusammenschluß des → Sojuz 17 Oktjabrja (Bund des 17. Oktober), der → Progressivnaja Ėkonomičeskaja Partija (Progressiv-ökonomische Partei), des → Vserossijskij Torgowo-Promyschljennyj Ssojus (Allrussischer Handels- und Industriebund), des → Demokratičeskij Sojuz Konstitucionalistov (Demokratischer Bund der Konstitutionalisten), des → Sojuz mirnago obnovlenija (Bund der friedlichen Erneuerung) und der Liga skorejšego sozyva narodnych predstavitelej (Liga zur baldigen Einberufung der Volksvertreter) zu gemeinsamer Agitation.

Sojuz 17 Oktjabrja (Bund des 17. Oktober, Oktobristen). Gründung: 10. bzw. 14. Nov. 1905. Gründungsaufrufe Moskau bzw. St. Petersburg; Erster Parteitag: 8.–12. Febr. 1906; konservative Partei, die den rechten Flügel der Zemstvobewegung und das Industriebürgertum umfaßte; in der Ersten Duma mit anfangs über 20, später mit 13 Abgeordneten vertreten.

Sojuz mirnago obnovlenija (Bund der friedlichen Erneuerung). Gründung: Anfang 1906. Liberaler Wahlverein, der sich nach kurzer Zeit wieder auflöste.

Sojuz russkago Naroda (Verband des russischen Volkes). Gründung: Nov. 1905. Der Verband absorbierte zur Jahreswende 1905/1906 die große Mehrheit der rechtsgerichteten Gruppen und wurde zur stärksten Gruppierung der politischen Rechten; antisemitisch ausgerichtet; die Kampfverbände der „Schwarzen Hundert" (černye sotni) wurden von ihm organisiert; die Organisation zerfiel 1907.

Sojuz russkich ljudej (Verband russischer Menschen). Gründung: Frühjahr 1905. Extrem rechte, antisemitische Organisation, die im Herbst 1905 zur Formierung von Kampfverbänden (družiny) gegen die Revolution aufrief.

Sojuz Zemcev-Konstitucionalistov (Bund der Zemstvo-Konstitutionalisten). Gründung: 17.–20. Nov. 1903. Linker Flügel der Zemstvobewegung; löste sich im Oktober 1905 auf.

Sojuz Zemlevladel'cev bzw. Sojuz zemel'nych sobstvennikov (Verband der Grundbesitzer). Gründung: 17.–20. Nov. 1905 in Moskau. Rechtsstehende Organisation des grundbesitzenden Adels. Der Verband, dessen Versuch, auch nicht-adlige Landbesitzer als Mitglieder zu gewinnen, scheiterte, verlor mit der Gründung des → Sovet ob-edinnenago dvorjanstva (Rat des Vereinigten Adels) im Mai 1906 seine Bedeutung.

Sovet ob-edinennago dvorjanstva (Rat des Vereinigten Adels). Gründung: 21.–28. Mai 1906 in St. Petersburg. Hochkonservative Vereinigung des großgrundbesitzenden Adels.

Sozialdemokratische Partei → Rossijskaja Social-demokratičeskaja Rabočaja Partija.

Sozialrevolutionäre → Partija Ssozialistow-Revoljuzionerow.

Ssojus Osswoboshdjenija; Tl.: Sojuz Osvoboždenija (Befreiungsbund). Gründung: inoffiziell Juli 1902, offiziell 2.–5. Januar 1904. Linksliberale, teilweise im Exil operierende Organisation; bildete den linken Flügel der bürgerlichen Oppositionsbewegung.

Ssojus Ssojusow; Tl.: Sojuz Sojuzov (Verband der Verbände). Gründung: 8./9. Mai 1905. Berufsständische Organisation vor allem der radikalen Intelligenz. Die einzelnen Verbände besaßen weitgehende Autonomie; teils sozialistisch, teils radikalliberal orientiert; der Verband verlor nach dem Oktoberstreik 1905 seine Bedeutung.

Sswobodomyssliaschtschie; Tl.: Partija Svobodomysljaščich (Freisinnige Partei). Gründung: Mitte Nov. 1905. Gemäßigt nationalliberale Partei, in der Ersten Duma nicht vertreten.

Stronnictwo narodowo-demokratyczne (Nationaldemokratische Partei). Gründung: 1897 in Kongreßpolen, 1905 in Galizien, 1909 im preußischen Teilgebiet. Nationalistische Partei; loyal gegenüber dem Zarismus; erstrebte Autonomiestatus für Kongreßpolen; in der Ersten Duma im Polnischen Koło organisiert.

Torgowo-promyschljennaja Partija; Tl.: Torgovo-promyšlennaja Partija (Handels- und Industriepartei). Gründung: 12. Nov. 1905 in Moskau. Rechter Flügel des Industriebürgertums um G. A. Krestovnikov; bildete für die Dumawahlen vom März 1906 ein Bündnis mit dem → Sojuz 17 Oktjabrja (Bund des 17. Oktober); in der Ersten Duma mit einem Abgeordneten vertreten.

Trudowaja Gruppa: Trudowiki; Tl.: Trudovaja Gruppa: Trudoviki (Gruppe der Arbeit). Gründung: Ende April 1906. Zusammenschluß von radikalen bäuerlichen Abgeordneten sowie Mitgliedern der Sozialdemokratie und der Sozialrevolutionäre, die den Boykottbeschluß ihrer Parteien nicht befolgt hatten; vertrat hauptsächlich die Interessen der Bauern; in der Ersten Duma anfangs 96, später 107 Abgeordnete; erster Parteitag 3.–7. Okt. 1906.

Umerenno-progressivnaja Partija (Gemäßigt-progressive Partei). Gründung:

Oktober 1905. Getragen von einer Gruppe um den Moskauer Textilfabrikanten P. P. Rjabušinskij; linker Flügel des Industriebürgertums; ging Ende 1907 in der → Partija mirnawo obnowljenija (Partei der friedlichen Erneuerung) auf.

Vaterländischer Bund → Otetschestwjennyj Ssojus.
Verband der Grundbesitzer → Sojuz Zemlevladel'cev.
Verband der Kirchenfahnenträger → Obščestvo Chorugvenoscev.
Verband der Verbände → Ssojus Ssojusow.
Verband des russischen Volkes → Sojuz russkago naroda.
Verband russischer Menschen → Sojuz russkich ljudej.
Vereinigte konstitutionell-monarchische Parteien → Soedinennyj komitet konstitucionno-monarchičeskich partij.
Versammlung der russischen Leute → Sojuz russkich ljudej.
Volkssozialistische Partei → Narodno-socialističeskaja Partija.
Vserossijskij Torgowo-Promyschljennyj Ssojus; Tl.: Vserossijskij Torgovo-promyšlennyj Sojuz (Allrussischer Handels- und Industriebund). Gründung: 11. Nov. 1905 in St. Petersburg. Vertrat die Interessen mittlerer Unternehmer; suchte noch vor den Wahlen Anschluß an die → Progressivnaja Ėkonomičeskaja Partija (Progressiv-ökonomische Partei).

Zur Textkonstitution

Die vorliegende Ausgabe beruht auf dem entsprechenden Band I/10 der Max Weber-Gesamtausgabe (MWG); sie enthält die *Schriften* sowie *Berichte über die Reden und Diskussionsbeiträge* Max Webers zu den revolutionären Ereignissen in Rußland. Im Mittelpunkt stehen die beiden großen Abhandlungen zur Russischen Revolution von 1905 „Zur Lage der bürgerlichen Demokratie in Rußland" und „Rußlands Übergang zum Scheinkonstitutionalismus". Sie bilden zusammen mit einer Leserzuschrift an die russische liberale Tageszeitung Russkija Vedomosti aus dem Jahre 1909 den ersten Teil des Bandes *Schriften*. Im zweiten Teil werden einige wenige Reden und Diskussionsbeiträge mitgeteilt, die uns nur in indirekter Form überliefert sind. Mit der Zweiteilung des Bandes wird dem unterschiedlichen Status der hier mitgeteilten Texte auch äußerlich Rechnung getragen.

Im ersten Teil: *Schriften* sind durchweg Fassungen „letzter Hand" zum Abdruck gebracht, d.h. es sind alle jene Texte aufgenommen, für die wir auf die Druckfassungen von Artikeln, die von Max Weber selbst zum Druck gebracht oder doch von ihm für eine Veröffentlichung autorisiert wurden. Auf die Wiedergabe der Varianten wurde hier verzichtet; diese sind in MWG I/10 im Textkritischen Apparat präsentiert.

Im Zweiten Teil: *Berichte über Reden und Diskussionsbeiträge* werden eine frühe Stellungnahme Max Webers vom Juni 1905 und ein Bericht über seine Rede zum 50jährigen Jubiläum der Heidelberger Russischen Lesehalle aus dem Jahre 1912 veröffentlicht. Beide Äußerungen Webers liegen uns nur in Form von Presseberichten vor. Zum Abdruck kommt hier die jeweils ausführlichste Überlieferung. Für die parallelen, ebenfalls wertvollen Textzeugen sei auf Band I/10 der MWG verwiesen. Da es sich ausschließlich um Wiedergaben von dritter Seite handelt, es sich also nicht um *originale Äußerungen* Max Webers handelt, sollten die Berichte nur mit Vorsicht für eine Interpretation seiner Auffassungen herangezogen werden. Im Zweifelsfall wird es sich empfehlen, zur Kontrolle der Zuverlässigkeit der betreffenden Passagen auch die in MWG I/10 abgedruckten Parallelüberlieferungen zu konsultieren.

Die Textkonstitution folgt durchweg den Grundsätzen der MWG. Insbesondere wurden die dort vorgenommenen Emendationen übernommen; für deren Nachweis sei auf den Textkritischen Apparat von MWG I/10 verwiesen. Darüber hinaus sind in folgenden Fällen stillschweigende Texteingriffe, ebenfalls gemäß den Verfahren der MWG, vorgenommen worden:

a) Bei der Gestaltung von Überschriften, Zwischentiteln, anderen Gliede rungsmerkmalen (z. B. Paragraphen) sowie Hervorhebungen: Sie werden typographisch vereinheitlicht.

b) Bei Umlauten: Sie werden – soweit die Folge der zu Webers Zeiten üblichen Drucktechniken sind – der heutigen Schreibweise angeglichen (Ä statt Ae). Die Schreibweise ss für ß wird zu ß vereinheitlicht.

c) Bei Abkürzungen: Sie werden, sofern sie schwer verständlich und heute nicht mehr üblich sind, in eckigen Klammern ausgeschrieben.

d) bei offensichtlichen Druckfehlern: Sie werden stillschweigend korrigiert (z. B. „Beratnng", „Okobermanifest")

e) Bei offensichtlichen Versehen Webers: Sie werden stillschweigend korrigiert (z. B. russische Namen und Begriffe)

f) Bei Datenangaben bzw. Zahlen, die offensichtlich falsch sind, sei es infolge von Setzerfehlern, sei es infolge von Irrtümern Max Webers. Diese werden stillschweigend korrigiert, sofern sie eindeutig verifizierbar sind. Von Eingriffen in Angaben über die relative Stärke von Parteien etc. sowie in statistische Aufstellungen ist, auch wenn hier zweifelsfrei identifizierbare Rechenfehler oder Irrtümer Max Webers vorliegen, hingegen Abstand genommen worden; dafür sei auf den Erläuterungsapparat MWG I/10 verwiesen.

g) Bei Interpunktionsfehlern: Sie werden bei der Reihung von Hauptsätzen, Aufzählungen, Relativsätzen und „daß"-Sätzen entsprechend korrigiert.

h) Nachträge Webers sind, soweit diese dem Text eindeutig zugeordnet werden können, in den Text eingearbeitet; sofern dies nicht möglich ist, werden sie im Anschluß an die Texte unter „Nachträge" mitgeteilt.

Uneinheitlichkeiten in der Schreibweise von Namen und einzelnen Begriffen wurden so weit wie möglich vereinheitlicht.

Entgegen den Gepflogenheiten der MWG ist in diesem Band darauf verzichtet worden, die im Text gekürzten Vornamen aufzulösen, da sich diese in vielen Fällen nicht ermitteln ließen bzw. eine eindeutige Identifikation der betreffenden Personen nicht möglich war.

Die von Weber benutzte Transliteration russischer Wörter ist im Text beibehalten worden und wurde nicht vereinheitlicht. Im Text erscheint beispielsweise der Name Tolstoj als Tolstoi oder Tolstoj; das russische Namensende -ij wird wechselweise als i, als y oder als ij, das russische v als w oder v wiedergegeben. Die Verzeichnisse und Register berücksichtigen sämtliche Schreibweisen und Verzeichnen, falls Mißverständnisse möglich sind, alle Wortformen. Ebenso sind Irrtümer Max Webers bei der Wiedergabe des grammatischen Geschlechts russischer Wörter nicht korrigiert worden.

Die Datierungen Max Webers beziehen sich fast immer auf den damals im Russischen Reich gültigen Julianischen Kalender, der im 19. Jahrhundert 12 und im 20. Jahrhundert 13 Tage hinter dem Gregorianischen Kalender zurückblieb.

Zur Entstehung und Überlieferung der Texte

Zur Lage der bürgerlichen Demokratie in Rußland (Seite 1–104)

Die russische Revolution von 1905 zog im übrigen Europa, insbesondere im Deutschen Reich, große Aufmerksamkeit auf sich. Von liberaler, konservativer und sozialistischer Seite wurde den revolutionären Ereignissen große Beachtung zuteil, eröffnete sich doch hier die Aussicht, daß Rußland sich westlichen verfassungspolitischen Verhältnissen annähern und seinen Ruf, das reaktionäre Schlußlicht in der europäischen Politik zu sein, abschütteln könne. Die deutsche Presse berichtete über den Verlauf der Revolution nur höchst lückenhaft. Dies gab Max Weber den Anstoß dazu, in kürzester Frist – vermutlich seit dem Frühjahr 1905 – Russisch zu lernen, um anhand der Lektüre der russischen Presse die Ereignisse aus größerer Nähe verfolgen zu können. Innerhalb des zeitgenössischen Schrifttums über die Revolution, das in diesen Monaten in Deutschland publiziert wurde, nimmt seine Abhandlung „Zur Lage der bürgerlichen Demokratie in Rußland" einen hervorragenden Platz ein.

Große Bedeutung für Max Webers Interesse an der inneren Entwicklung Rußlands kommt in diesem Zusammenhang seiner persönlichen Bekanntschaft mit zahlreichen in Heidelberg lebenden russischen Studenten und jüngeren Wissenschaftlern zu. Hier ist insbesondere Bogdan Kistjakovskij zu nennen, der bei Wilhelm Windelband in Straßburg und bei Georg Simmel in Berlin studiert und dort 1899 promoviert hatte. Wie zahlreiche andere russische Gelehrte setzte Kistjakovskij, da ihm in Rußland eine Universitätslaufbahn verweigert wurde, seine Studien in Deutschland fort und immatrikulierte sich vom Sommersemester 1901 bis zum Sommersemester 1903 und im Wintersemester 1905/06 in Heidelberg. Zum Kreis der russischen Studenten und Wissenschaftler, die zumeist in enger Beziehung zur sogenannten russischen Lesehalle standen, gehörten auch Sergej I. Živago (Giwago), Fedor Stepun, Nikolaj Bubnov und Sergej I. Gessen (Hessen), der Sohn eines der Herausgeber der Zeitschrift Pravo. Mit ihnen hat Weber, so steht zu vermuten, während der Zeit der Abfassung seiner Rußlandaufsätze in enger Verbindung gestanden. Zudem korrespondierte er mit dem polnischen Nationalökonomen Ladislaus von Bortkiewicz, der seit 1901 in Berlin lehrte, über die Probleme der Statistik in Rußland und den Idealismus der russischen „erkenntnistheoretischen Politiker".

Den Anstoß zur Abfassung der folgenden Abhandlung gab der Verfassungsentwurf des Sojuz Osvoboždenija (Befreiungsbund), der im März 1905 in russischer und im August 1905 in französischer Fassung erschienen war. Möglicherweise hat Max Weber selbst eine Besprechung dieses Entwurfs im Archiv für

Sozialwissenschaft und Sozialpolitik durch S. I. Živago (S. J. Giwago) veranlaßt, einen jüngeren russischen Wissenschaftler, der seine Studien in Heidelberg nach der Promotion fortsetzte und der mit Bogdan Kistjakovskij und Fedor Stepun eng befreundet war. Živagos Rezension behandelte in knapper Form die Grundgedanken dieses Verfassungsentwurfs, der Rußland zu einer konstitutionellen Monarchie umgestalten wollte, enthielt sich jedoch sowohl einer Einordnung des Entwurfs in die westeuropäische Verfassungsentwicklung als auch einer eingehenden Darstellung seiner Entstehung. Vermutlich hielt Max Weber es auch deshalb für geboten, dieser Besprechung eine Stellungnahme aus seiner Feder beizugeben.

Ausgehend von dem Verfassungsentwurf des Sojuz Osvoboždenija, auf den Weber sich mehrmals direkt bezieht, wuchs sich seine Abhandlung „Zur Lage der bürgerlichen Demokratie in Rußland" zu einer umfassenden Darstellung der politischen Strömungen in Rußland vor und während des Jahres 1905 aus. Besonderes Gewicht wurde darin auf die Geschichte des Sojuz Osvoboždenija gelegt, in dessen Namen dieser Verfassungsentwurf publiziert worden ist, sowie auf die Geschichte des sogenannten Zemstvo-Liberalismus, aus dessen Reihen die Verfasser dieses Entwurfs, die Staatsrechtler F. F. Kokoškin und S. Kotljarevskij, hervorgegangen waren.

Weber wurde bei der Abfassung des Artikels von Bogdan Kistjakovskij unterstützt, mit dem ihn auch in den folgenden Jahren eine freundschaftliche Beziehung verband. Über den Anteil Kistjakovskijs an der Abhandlung läßt sich nach dem Stande unseres Wissens jedoch leider nichts Genaues sagen. Weber berichtet selbst, daß er „unter Beisetesetzung aller Rücksichten" eine „schonungslose Plünderung der Sach- und Personenkenntnis des Herrn Dr. Th. Kistiakowski" vorgenommen habe. Durch Vermittlung Kistjakovskijs, der mit zahlreichen jüngeren russischen Ökonomen und Rechtswissenschaftlern, so u. a. mit P. I.-. Novgorodcev, P. B. Struve, N. S. Bulgakov, N. A. Berdjaev und S. L. Frank in Kontakt stand – sie alle gehörten zum Sojuz Osvoboždenija oder standen ihm nahe –, hat Weber vermutlich von einigen dieser russischen Wissenschaftler zusätzliche Informationen erhalten. Dies läßt sich einem Brief Edgar Jaffés an Paul Siebeck entnehmen, in dem Jaffé darum bittet, Max Weber 70 Sonderdrukke seiner Abhandlung zu übersenden, von denen „20–30 durch einen Freund Webers in Rußland an beteiligte Professoren, Zeitungen und Zeitschriften verteilt" werden sollten. Dieser „Freund" dürfte mit hoher Wahrscheinlichkeit Bogdan Kistjakovskij gewesen sein.

Weber hat seine Abhandlung als eine „‚journalistische Arbeit' (in Gänsefüßchen)" verstanden und sie im Sinne einer Chronik der laufenden Ereignisse, allerdings unter beständigem Rückgriff auf die Geschichte der liberalen Bewegung Rußlands, geschrieben. Er selbst beurteilte sie gegenüber Lujo Brentano mit erheblicher Zurückhaltung: „Mein Rußland-Artikel ist aber *nur* ganz provisorische Arbeit, sicher nicht frei von Einzelirrtümern, da die Quellen allzu lückenhaft waren und die Sprache, die ich erst gelernt habe und vorerst nur lesen, nicht sprechen kann, mir Mühe machte." Davon abgesehen betonte er wiederholt die Lückenhaftigkeit des ihm zugänglichen Materials; ja mehr noch, er sprach davon, daß seine Darlegungen raschem Veralten unterworfen seien.

Das Material, das er für den Artikel benutzte, fand Weber hauptsächlich in der „Heidelberger russischen Lesehalle". Im wesentlichen handelte es sich um russische Tageszeitungen und Zeitschriften, insbesondere um Russkija Vedomosti, Rus', Naša Žizn' und Pravo, die der liberalen Bewegung nahestanden, sowie um die von Petr Struve im Ausland herausgegebene Zeitschrift Osvoboždenie. Darüber hinaus hat Weber auch die Blätter der russischen sozialdemokratischen Bewegung benutzt, wie Plechanovs Dnevnik Social-demokrata, das menschewistische Načalo, die bolschewistische Novaja Žizn' und die Iskra, sowie den Syn otečestva, der ab November 1905 zum Parteiorgan der Partei der Sozialrevolutionäre wurde. Außerdem zog er die Blätter der reaktionären Rechten wie den Graždanin des Fürsten Meščerskij und die Moskovskija Vedomosti von Gringmut heran.

Aus einem ursprünglich eng begrenzten Projekt Max Webers, der Rezension S. I. Živagos (Giwago) einige ergänzende Bemerkungen hinzuzufügen, ist dann schließlich die nachstehende umfangreiche Abhandlung hervorgegangen. Dies wird in einem Brief von Marianne Weber an Sophie Rickert bezeugt, in dem es heißt: „Max geht es noch immer befriedigend und er korrigiert und schimpft über seinen russischen Aufsatz, der sich aus einer ‚Anmerkung', als welcher er ursprünglich geplant war, zu 7 Bogen engem Druck ausgewachsen hat." Darüber hinaus geht dies auch aus einem ersten Titelvorschlag hervor, den der Mitherausgeber des „Archivs", Edgar Jaffé, dem Verleger Paul Siebeck Anfang Dezember 1905 unterbreitete. Danach sollte Webers Abhandlung ursprünglich unter der Überschrift „Zusätzliche Bemerkungen über die demokratische Bewegung in Rußland" veröffentlicht werden. Max Weber machte Mitte Januar 1906 den Vorschlag, den Titel des Heftes wie üblich zu gestalten und nur auf der Titelseite unten die Worte beizufügen: „Ergänzung zu Heft XX,1: Zur politischen Bewegung in Rußland, von S. J. Giwago und Max Weber." Einige Tage später schlug er für eine Voranzeige den Titel vor: „Giwago und Weber, Zur Beurteilung der russischen liberalen Bewegung", fuhr dann jedoch fort, daß er die „Sorge" darüber, wie in diesem Punkt zu verfahren sei, seinem Verleger Paul Siebeck überlasse, der „dies am besten" wisse. Die Umschlagentwürfe für das Beiheft, die von Edgar Jaffé und Paul Siebeck gemacht wurden und aus denen sich die endgültige Titelgestaltung rekonstruieren ließe, sind leider nicht mehr vorhanden. Die Abhandlung Webers erschien schließlich gemeinsam mit der Rezension Živagos als Beiheft zu Heft 1 des 22. Bandes des Archivs für Sozialwissenschaft und Sozialpolitik. Dieses trug den Titel „Zur Beurteilung der gegenwärtigen politischen Entwicklung Rußlands". Unter diesem Titel wurde für die Abhandlung auch vom Verlag geworben. Der Beitrag Max Webers selbst trug jedoch den Titel: „Zur Lage der bürgerlichen Demokratie in Rußland". Paul Siebeck hatte Weber zugesichert, das Beiheft „wie jede andere Neuigkeit" seines Verlages anzuzeigen, um für eine möglichst weite Verbreitung zu sorgen.

Max Weber hatte dem Verleger Paul Siebeck bereits in einem Brief vom

26. November mitgeteilt, daß er seine Abhandlung als „ein Präsent für das Archiv", als einen „ballon d'essai", betrachte. Er verzichtete deshalb auf sein Honorar und bestand darauf, daß die Abhandlung auf seine Kosten gedruckt werden solle. Von derartigen „sozialpolitischen Berichten", die aktuelle Ereignisse in den wichtigsten Ländern aufgreifen sollten, erhoffte er sich u. a. auch eine Erhöhung der Auflage des „Archivs". Wie Weber Siebeck Mitte Januar 1906 mitteilte, betrachtete er dieses Beilageheft als „Reklame" für das Archiv für Sozialwissenschaft und Sozialpolitik; es sei durchaus geeignet, neue Abonnenten für die Zeitschrift zu werben.

Im Dezember 1905 machte Edgar Jaffé den Vorschlag, die Abhandlung nicht im „Archiv", sondern als Separatausgabe herauszugeben. Jaffé schrieb: „Meines Ermessens würde sich dieser Aufsatz ganz vorzüglich eignen als Separatabdruck herausgegeben zu werden. Weber ist vielleicht der einzige Mensch in Deutschland, der sich aus eigener Kenntnis der russischen Sprache, mit dieser neuesten Entwicklung beschäftigt hat und hier zum ersten Mal einen klaren Überblick über diese uns gänzlich unbekannten Verhältnisse gibt." Diesem Vorschlag stimmte Siebeck sofort zu, jedoch lehnte Weber diesen ab und bestand auf einer Veröffentlichung im „Archiv", weil er auf diese Weise ein breiteres Publikum zu erreichen hoffte. Daneben dürfte vermutlich das Motiv eine Rolle gespielt haben, daß eine Separatausgabe nicht in gleichem Maße eilbedürftig gewesen wäre und eine Überarbeitung des Manuskripts erfordert hätte. Vor dieser aufwendigen zusätzlichen Arbeit scheute Weber augenscheinlich zurück. Auch späterhin lehnte er eine eigenständige Veröffentlichung seiner beiden Rußlandschriften ab.

Da bis Mitte Dezember noch nicht abzusehen war, daß die Abhandlung einen derart großen Umfang annehmen würde, erwog Siebeck, die „Zusätzlichen Bemerkungen", sofern sie nur „kurz genug" seien, „an den neuen Prospekt des Archivs anzudrucken und so zur Reklame zu verwenden." Der Plan, die Abhandlung als Beiheft erscheinen zu lassen, geht wohl im wesentlichen auf Max Weber selbst zurück. Edgar Jaffé stimmte diesem erst nach einigem Zögern zu. Zu Meinungsverschiedenheiten zwischen beiden kam es jedoch über die Frage der Gestaltung des Umschlagblattes dieses Beiheftes. Max Weber wollte den Titel der Beilage an hervorgehobener Stelle und deutlich gekennzeichnet gedruckt wissen, was Jaffé augenscheinlich ablehnte, der sich mit seinen Vorstellungen schließlich durchsetzte. Beide plädierten jedoch gleichermaßen dafür, dieses „Ergänzungsheft" den Abonnenten gratis zukommen zu lassen. Dieser Gratisausgabe stimmte Paul Siebeck, der darin einen möglichen Präzedenzfall sah, nur zögernd zu. Ebenso trug er einem weiteren Wunsche Max Webers Rechnung, der daran interessiert war, daß das Beiheft im freien Verkauf den nötigen Absatz fand, und vorgeschlagen hatte, es zu einem möglichst niedrigen Preis, der 2 Mark nicht übersteigen sollte, abzugeben.

Ein erstes Manuskript sandte Weber am 26. November 1905 an den Verleger Paul Siebeck, der es am 1. Dezember in Satz gab. Bereits bei der Übersendung des Manuskriptes wies Weber darauf hin, daß während der Korrektur noch

Ergänzungen vorgenommen werden müßten, um die Abhandlung auf den aktuellen Stand zu halten. Da die Druckerei sich augenscheinlich nicht in der Lage sah, das handschriftliche Manuskript zu setzen, forderte Weber es zurück und diktierte es im Dezember in die Maschine. Das nunmehr neugeschriebene Manuskript ging Ende Dezember 1905 erneut an die Druckerei. Noch während des Satzes hat Weber die Darstellung bis in die ersten Januartage hinein erweitert. Die letzten Korrekturen gingen am 29. Januar an die Druckerei.

Die Drucklegung der Abhandlung brachte erhebliche Schwierigkeiten mit sich, und Weber war über die Arbeit der Druckerei zeitweilig äußerst verbittert. Insbesondere beklagte er sich über die seiner Ansicht nach zu langsamen Satzarbeiten und die zahlreichen Setzerfehler. Im März 1906 schrieb er darüber an seinen Verleger Paul Siebeck: „Die Vorgänge beim Druck meiner ‚Beilage' zum Januar-Heft des ‚Archiv' waren so, daß ich Herrn Dr. Jaffé erklärt habe, *nicht mehr mitzuarbeiten*, wenn mir dieses Maß von Verärgerung durch die Druckerei nicht erspart werden könne." Zusätzlichen Ärger bereitete Weber, daß Jaffé als der verantwortliche Herausgeber des „Archivs" es sich vorbehielt, jeden Druckbogen zu imprimieren, obwohl dies zu zusätzlichen Verzögerungen führte. Der Artikel erschien mit einiger Verspätung am 6. Februar 1906 mit einer Gesamtauflage von 2000 Exemplaren. 1200 wurden als Beiheft dem Heft 1 des 22. Bandes angeheftet; die übrigen 800 Exemplare gelangten zum freien Verkauf.

Ein Manuskript ist nicht überliefert. Der Abdruck folgt dem Erstdruck, der unter dem Titel: „Zur Lage der bürgerlichen Demokratie in Rußland" in der Beilage zum 1. Heft des 22. Bandes des Archivs für Sozialwissenschaft und Sozialpolitik, 1906, S. 234 (6) – S. 353 (125) erschienen ist. Die dort benutzten Kolumnentitel stammen von Edgar Jaffé. Verzichtet wurde auf den im Originaltext auf der linken Seite plazierten Kolumnentitel „Literatur", der auf eine irrtümliche Anweisung des Verlages zurückgeht und schon von Edgar Jaffé als „Schönheitsfehler der Separatausgabe" bezeichnet wurde.

Die Abhandlung wurde in Rußland bereits unmittelbar nach ihrem Erscheinen bekannt. Im Laufe des Jahres 1906 wurde eine russische Übersetzung unter dem Titel „Istoričeskij očerk osvoboditel'nago dviženija v Rossii i položenie buržuaznoj demokratii" (Historischer Abriß der Befreiungsbewegung in Rußland und die Lage der bürgerlichen Demokratie) im Kiever Verlag I. I. Čokolov publiziert. Über die Hintergründe und die Entstehung dieser Übersetzung ist nichts bekannt. Es entzieht sich auch unserer Kenntnis, ob die russische Fassung von Weber autorisiert worden ist. Fest steht jedoch, daß die Übersetzung von fremder Hand stammt.

Rußlands Übergang zum Scheinkonstitutionalismus *(Seite 105–328)*

Seit dem Jahre 1905 hatte Max Weber den Plan verfolgt, im Archiv für Sozialwissenschaft und Sozialpolitik, über dessen eigentlich wissenschaftliches Publikationsprogramm hinaus, regelmäßig „sozialpolitische Berichte" über wichtige Vorgänge in anderen Ländern zu veröffentlichen. Auf dem Umschlag der Beilage vom Januar 1906, die Max Webers Abhandlung „Zur Lage der bürgerlichen Demokratie in Rußland" enthielt, findet sich ein Hinweis, daß „für die Zukunft regelmäßige Beilagenhefte mit Berichten über die soziale Lage der großen Kulturstaaten in der Art des vorliegenden über Rußland geplant" seien. Dabei erschien Max Weber freilich äußerste Aktualität und demgemäß große Schnelligkeit der Herstellung unbedingt geboten. Seine eigenen Erfahrungen mit der Herstellung der Abhandlung „Zur Lage der bürgerlichen Demokratie in Rußland" ließen in dieser Hinsicht nichts Gutes erwarten. In einem Brief an Paul Siebeck vom 15. März 1906 verlangte Weber eine Reorganisation der Produktion für derartige Texte, unter anderem die Suche nach einer Druckerei in Tübingen selbst: „Denn *ohne* dies können wir die gegebene Zusage: sozialpolitische Berichte zu bringen, *nicht* halten. Derartige Manuskripte laufen oft im letzten Moment ein und veralten, wenn sie nicht alsbald gedruckt und schnell versendet werden können." Damals plante Max Weber bereits, einen Bericht über die verfassungspolitische Entwicklung in Rußland herauszubringen, der sich an seinen ersten Bericht unmittelbar anschließen sollte. Versuche, dafür einen anderen Autor, möglichst einen solchen russischer Nationalität, zu gewinnen, scheiterten jedoch, wie es scheint, bereits im Ansatz. Daraufhin entschloß sich Max Weber, diese Arbeit wiederum selbst auf sich zu nehmen, ungeachtet der frustrierenden Erfahrungen, die er mit seiner ersten Abhandlung hatte machen müssen. Er schrieb in diesen Tagen an den polnischen Nationalökonomen Ladislaus von Bortkiewicz: „Leider werde ich noch eine solche journalistische Leistung von mir geben müssen, denn es ist in Rußland selbst Niemand zu gewinnen." Max Weber sah darin wiederum eher eine journalistische als eine wissenschaftliche Aufgabe. Seiner eigenen Einschätzung nach ging es dabei um ein „Festhalten des dem vorläufigen Eindruck nach Wesentlichen und Charakteristischen", denn für die Zeitgenossen sei dies „ein Vorgang der fast unmittelbaren Gegenwart", nicht aber schon Geschichte. Gleichwohl war Weber zutiefst davon überzeugt, daß diese Aufgabe unbedingt erfüllt werden müsse.

Dies wirft ein bezeichnendes Licht auf Max Webers Einstellung gegenüber den revolutionären Vorgängen im zarischen Rußland. Obschon im März 1906 der Höhepunkt der revolutionären Bewegung bereits überschritten war, verfolgte er die Ereignisse weiterhin mit größter Aufmerksamkeit. Der Frage, ob sich die liberale Verfassungsbewegung in Rußland werde durchsetzen können oder nicht, maß er gesamteuropäische Bedeutung zu. Deshalb stürzte er sich erneut in ein intensives Studium aller erreichbaren Quellen und Materialien, die über die Vorgänge in Rußland und deren gesellschaftspolitische Hintergründe Auskunft zu geben versprachen. An erster Stelle stand hier die Auswertung der Max Weber erreichbaren russischen Presse, vor allem der großen Tageszeitungen Russkija Vedomosti und Novoe Vremja. Darüber hinaus zog Weber nahezu alle ihm in Heidelberg – vor allem durch Vermittlung der dortigen russischen Lesehalle – zugänglichen Presseorgane heran. Außerdem bemühte er sich um die Erschließung der einschlägigen russischen sozialwissenschaftlichen und statistischen Literatur.

Soweit wir wissen, dürfte Max Weber Mitte März 1906 mit der Arbeit an der Abhandlung „Rußlands Übergang zum Scheinkonstitutionalismus" begonnen haben. Im Mittelpunkt seines Interesses stand wiederum die russische „Befreiungsbewegung". Zu diesem Zeitpunkt hatte die zarische Autokratie wieder die Oberhand gewonnen und setzte alles daran, der revolutionären Bewegung mit Hilfe eines begrenzten Maßes von Konzessionen an die liberalen Parteien endgültig Herr zu werden. Demgemäß verlagerte sich Webers Interesse zunehmend auf die kritische Beleuchtung der Politik der zarischen Regierung. Im Zentrum seiner Darlegungen stand die Analyse der politischen Motive der Gesetzgebung der Jahre 1905/06 und ihrer mutmaßlichen Auswirkungen. Gestützt vor allem auf zahlreiche Berichte in der russischen Presse schilderte er eingehend den Ablauf der politischen Ereignisse in Rußland vom Januar 1906 bis zur Auflösung der Ersten Duma am 9. Juli 1906. Er schlüpfte gleichsam in die Rolle eines Chronisten, der über Ereignisse von unmittelbarer Aktualität berichtete und diese zugleich kritisch interpretierte. Gleichzeitig bemühte er sich jedoch, die Vorgänge in Rußland in historischer Perspektive darzustellen und deutlich zu machen, daß ihr Verlauf in hohem Maße durch die dort bestehenden besonderen sozialen und gesellschaftlichen Verhältnisse bedingt sei. Sein besonderes Interesse galt den Bestrebungen der Autokratie, ein konstitutionelles System nach westlichem Muster zu verhindern.

Die Abhandlung war anfangs offenbar keineswegs so umfänglich angelegt, wie sich dies am Ende ergeben sollte. Überdies hatte Weber augenscheinlich eine weit raschere Fertigstellung angestrebt, als sich dies schließlich ermöglichen ließ. Die wenigen uns überlieferten Äußerungen lassen darauf schließen, daß er sich selbst zur Eile antrieb und unter einen erheblichen Zeitdruck setzte. Mitte Mai 1906 schrieb er an Robert Michels, er stecke „in ganz unaufschiebbarer Arbeit tief vergraben". Zwei Wochen später klagte er bitter, daß er „immer noch in dem Bericht über Rußland" stecke, „der rechtzeitig fertig werden muß, um gedruckt werden zu können".

Bei der Abfassung seines zweiten „sozialpolitischen Berichts" – der Titel „Rußlands Übergang zum Scheinkonstitutionalismus" dürfte erst gegen Ende der Arbeiten konzipiert worden sein – hat Weber wiederum die Hilfe von in Heidelberg lebenden Russen, zumeist Studenten im Umkreis Jellineks und Windelbands, in Anspruch genommen. Doch sind uns diese nahezu durchweg nicht namentlich bekannt. Ebenso läßt sich nichts Sicheres über deren Anteil an der Entstehung des Textes sagen. Es scheint jedoch, daß sie Weber in erster Linie durch die Zulieferung von Informationen und Quellenmaterial unterschiedlichster Art unterstützt haben; seine Sprachkenntnisse des Russischen waren zu diesem Zeitpunkt mit Sicherheit so vervollkommnet, daß er ohne fremde Hilfe auszukommen vermochte. Wir verfügen nur über wenige indirekte Hinweise, die es nicht erlauben, den Kreis der in Frage kommenden Personen näher einzugrenzen. In jedem Falle bestanden Verbindungen zu Fedor Stepun, der in dieser Zeit an einer Solov'ev-Übersetzung arbeitete. Weber verwandte sich bei Paul Siebeck für diesen und legte ihm eine Veröffentlichung der Übersetzung nahe. Außerdem korrespondierte er mit einer Reihe von russischen Wissenschaftlern, wie aus Hinweisen im Text hervorgeht. Max Weber stand mit Bogdan Kistjakovskij, der im Herbst 1905 nach Rußland zurückgekehrt war, in brieflichem Gedankenaustausch, ebenso auch mit Aleksandr Kaufman, einem der Agrarexperten der Konstitutionellen-Demokraten. Des weiteren ist zu vermuten, daß er auch mit einem weiteren Agrarexperten der Partei der Konstitutionellen-Demokraten, Michail Gercenštejn, der für das „Archiv" einen Beitrag über die Agrarfrage in Rußland verfassen sollte, mit dem Nationalökonomen Sergej Bulgakov, dem Statistiker V. V. Svjatlovskij und dem Historiker Ivan M. Grevs korrespondiert hat.

Angesichts der Aktualität des von ihm behandelten Gegenstandes hatte Weber, wie bereits erwähnt, bereits im März darauf gedrängt, daß die Satzarbeiten mit größter Beschleunigung durchgeführt würden. Ende Mai sandte er den ersten Teil des Manuskripts an den Verleger Paul Siebeck, in der Erwartung, daß unverzüglich mit den Satzarbeiten begonnen würde. Darin sollte sich Weber freilich getäuscht sehen, da Siebeck erst nach Eingang dieses Manuskriptteils Verhandlungen mit der Druckerei aufnahm. Allerdings bestand von vornherein Klarheit darüber, daß die Abhandlung, ebenso wie der erste „sozialpolitische Bericht" „Zur Lage der bürgerlichen Demokratie in Rußland", wiederum als Beilage zum „Archiv" erscheinen sollte. Auch in diesem Falle hatte sich Weber bereit erklärt, die Herstellungskosten aus seiner eigenen Tasche zu bezahlen; eine Entscheidung, die er später bitter bereuen sollte, denn bereits die Kosten für seine erste Abhandlung über Rußland beliefen sich auf 857,– Mark, was einem Viertel seiner Jahreseinnahmen entsprach.

Wie umfangreich der Ende Mai übersandte Manuskriptteil war, ist uns nicht bekannt. Es muß sich aber, wie aus der nachfolgenden Korrespondenz hervorgeht, um etwa zwei Drittel des gesamten Manuskripts gehandelt haben. In der Folge kam es zu einer heftigen Auseinandersetzung mit dem Verlag und mit dem Mitherausgeber des Archivs Edgar Jaffé über die nach Webers Ansicht unvertretbare Langsamkeit der Setzarbeiten. Dabei spielte eine Rolle, daß Webers handgeschriebenes Manuskript nur schwer lesbar war; daneben führten technische Schwierigkeiten, insbesondere fehlende Typen wegen des überreichlichen Gebrauchs des Petitsatzes und Papiermangel, wiederholt zu Verzögerungen. Es kam hinzu, daß Edgar Jaffé und Paul Siebeck entgegen Webers Wunsch anfänglich darauf bestanden, das Manuskript vor Satzbeginn mit ihrem Imprimatur zu versehen, was wegen des Postweges über Tübingen zur Druckerei nach Altenburg weitere Zeit in Anspruch nahm.

Aus Briefen Marianne Webers geht Webers Verärgerung über den zögerlichen Ablauf der Satzarbeiten deutlich hervor: „[...] daß der Druck sich z.T. wegen Jaffé's und Siebeck's Pedanterie und Energielosigkeit, z.T. aber auch wohl wegen seiner Handschrift so endlos herauszögert; das Warten auf die Korrekturbogen erregt und verbittert ihn jetzt täglich. Es ist gut, daß ich allein sein Wettern über die Leute höre." Siebeck, der auf Anraten Webers die Druckerei gewechselt hatte, schrieb über die Vorgänge während der Drucklegung an Edgar Jaffé: „Nachgerade lassen aber auch mich meine Nerven spüren, daß sie diese fortgesetzten Beschwerden über Dinge, an denen *ich* unschuldig bin, nicht mehr lange vertragen. Sollte mir auch weiterhin dadurch die Freudigkeit genommen werden, mit welcher ich den Verlag des ‚Archivs' übernommen und seither h.c. geführt habe, so werde ich es mir ernstlich überlegen, ob ich mich noch länger solchen Aufregungen aussetzen soll. [...] Allem Anschein nach ist das Weber'sche Manuskript doch so, daß keine Druckerei, mag sie sonst noch so leistungsfähig sein, ohne Schwierigkeiten damit fertig würde, geschweige denn es schnell absetzen könnte. [...] Versagt auch Pierer, dann steht mir überhaupt keine Setzerei mit erschwingbaren Preisen für Archiv-Manuskripte des Herrn Professor Weber weiter zur Verfügung".

Der zweite Teil des Manuskriptes ging am 12. Juni 1906 an den Verlag. Bis zum 26. Juni hatte die Druckerei die ersten vierzig Druckseiten gesetzt. Da nach Ansicht Max Webers der Satz dennoch nicht schnell genug vonstatten ging, forderte er Ende Juni 1906 „das ganze noch nicht abgesetzte Manuskript zwecks Vornahme von Änderungen" von der Druckerei zurück, ohne den Verlag darüber zu informieren. Wie Edgar Jaffé an Paul Siebeck schrieb, handelte es sich dabei um „den Teil des Manuskriptes von S. 60 an [...], welcher dem Setzer besondere Schwierigkeiten geboten hätte, um diesen in die Maschine zu diktieren". Diesen Teil des Manuskriptes sandte Weber jedoch bereits zwei Tage später an die Druckerei zurück. Offensichtlich hatte er den Text nicht „in die Maschine" diktiert, sondern nur Ergänzungen daran vorgenommen, wie er Siebeck einige Tage später mitteilte. „Das Manuskript war bei der zweiten Übersendung nur insofern in einem anderen Zustand, als eine Anzahl Fußnoten, auf *besonderen Blättern,* eingefügt waren. Schwieriger, als es – leider – ohnehin war, ist es also schwerlich geworden." Fast verzweifelt über die Situation hatte er einige Tage zuvor an Paul Siebeck geschrieben: „Wie das mit der *Russen*-Sache im ‚Archiv' werden soll, weiß ich nicht. Geht die Sache nicht schneller als jetzt, dann stehe ich nicht dafür, daß ich aushalte. Muß ich unterbrechen, so steht der Satz bis Herbst und die Sache ist entwertet. [...] Ich habe so viel Arbeit, Gesundheit und auch Lebensfreude in diese Arbeit, von der ich nichts habe, hineingestampft, daß ich nicht ohne die äußerste Erbitterung *diesen* Gang der Dinge erlebe." Siebeck trieb daraufhin die Druckerei zu noch größerer Eile an und verzichtete schließlich ebenso wie Edgar Jaffé darauf, die Druckbogen zu imprimieren. Dennoch war die Abhandlung erst Ende Juli 1906 im Satz abgeschlossen. Am 24. Juli sandte die Druckerei die Fahnen des letzten Teils an Weber zur Korrektur. Um die Aktualität der Abhandlung zu erhöhen, nahm Weber auch in diesem Stadium nochmals „umfangreiche Korrekturen" am Text vor. Auch die der Abhandlung beigegebenen Nachträge machen die Bemühungen Webers um größtmögliche Aktualität deutlich. Die letzten Korrekturbögen übersandte Weber am 6. August 1906 an den Verleger Paul Siebeck mit der Bemerkung: „Gleichzeitig hiermit sende ich die Revision der letzten Blätter mit ‚Imprimatur'. [...] Das Heft kann nun endlich! schleunigst ganz fertig gestellt und versendet werden." Der Artikel erschien unter dem Datum des 25. August 1906 als Beilage zu Heft 1 des 23. Bandes des Archivs für Sozialwissenschaft und Sozialpolitik in einer Auflage von 2000 Exemplaren; hiervon wurden 1200 dem ‚Archiv' beigeheftet, die für die Abonnenten wiederum unberechnet blieben, während 800 in den freien Verkauf gelangten.

Max Weber fühlte sich überdies bei der äußeren Gestaltung des Beiheftes von Edgar Jaffé übergangen, wie er noch Monate später in einem Brief an Paul Siebeck monierte. Er hatte gewünscht, daß der Titel oben auf der Titelseite angeordnet und der Zusatz „Beilage" unten hinzugefügt würde. Doch hatte Jaffé die Einwände Webers weitgehend ignoriert. Über diese Vorgehensweise schrieb Weber an Siebeck: „Ich wurde dann so *gelegentlich,* im Beisein Anderer, benachrichtigt, was geschehen war: ‚es müsse doch gleichmäßig aussehen!'" Den Wünschen Max Webers war nur insoweit Rechnung getragen worden, als der Titel nunmehr in Fettdruck gesetzt war.

Zudem hielt Weber es für „sehr wünschenswert, auf dem Umschlag des 2. Beiheftes einen recht ins Auge fallenden Hinweis auf das 1. Beilageheft" zu bringen, um hervorzuheben, daß diese Abhandlung als Fortsetzung seines ersten Beitrages gedacht war. Diese Anregung Webers wurde auch umgesetzt. Auf der zweiten Umschlagseite wurde ein Verweis auf seine Abhandlung „Zur Lage der bürgerlichen Demokratie in Rußland" aufgenommen. Wie bereits bei der ersten Abhandlung wurde der Titel wohl erst kurz vor dem Erscheinen festgelegt. Auch in diesem Falle sind die Umschlagentwürfe, die insbesondere von Edgar Jaffé in Absprache mit Paul Siebeck gestaltet wurden, nicht erhalten. Der Verlag warb im Mai 1906 für die zweite Abhandlung mit dem Titel: „Das Interimsministerium und der Übergang zum ‚konstitutionellen' Regime in Rußland."

Max Weber hat die Arbeit an den Korrekturen dieser Abhandlung als einen „Alp" bezeichnet. Seine Verbitterung über den zögerlichen Verlauf der Drucklegung führte dazu, daß er seine Arbeit selbst äußerst negativ einschätzte. So heißt es in einem Brief an Werner Sombart: „Natürlich veraltet diese wesentlich publizistische Leistung wieder, wie das vorige Mal, völlig, und zu 75% ist die pomadige Tüftelei des Apparats daran schuld, wenn ich mich so allmählich lächerlich mache." Kurz vor dem Erscheinen des Beiheftes schrieb er noch immer voller Verärgerung an Werner Sombart: „Ich habe nun neun Monate, die ich nicht noch einmal lebe, *lediglich* im Dienste des Archivs gearbeitet, an Dingen, die weder ich noch sonst jemand als wissenschaftliche Leistung rechnen wird." Er dachte damals ernsthaft daran, seine Mitherausgeberschaft des ‚Archivs' aufzugeben, „denn ich leide unter der, wie ich einsehe, bei der Natur Siebecks (den ich sehr schätze) und Jaffés (dito) Langsamkeit, mit der unser Apparat funktioniert, nachgerade übermäßig." Zu seiner Verärgerung über die Vorgänge beim Druck seiner Abhandlungen kam noch hinzu, daß sie in Deutschland nur eine geringe Resonanz fanden.

Ein Manuskript ist nicht überliefert. Der Abdruck folgt dem Erstdruck, der unter dem Titel: „Rußlands Übergang zum Scheinkonstitutionalismus" als Beilage zum 1. Heft des 23. Bandes des Archivs für Sozialwissenschaft und Sozialpolitik, 1906, S. 165(1)–401(237) am 25. August 1906 erschienen ist.

Der im Archiv für Sozialwissenschaft erschienenen Fassung hat Max Weber eine größere Zahl von Nachträgen angefügt, die dem bereits im Druck befindlichen Manuskript in letzter Minute beigegeben worden sind. Soweit sich diese Nachträge dem Text eindeutig zuordnen lassen, sind diese an der entsprechenden Stelle in den Text eingefügt worden. Zwei Nachträge beziehen sich jedoch gleichzeitig auf mehrere Stellen des Textes. Diese werden am Ende des Textes mitgeteilt. Dabei werden den Seitenangaben des Erstdrucks, die sich auf die gesonderte Paginierung des Beiheftes beziehen, die der Paginierung der gegenwärtigen Ausgabe entsprechenden Seitenzahlen in eckigen Klammern hinzugefügt.

Bereits der Erstdruck enthielt ein Druckfehlerverzeichnis, in dem seinerzeit freilich nur ein geringer Teil der Druckfehler und Textverderbnisse erfaßt wurde, die im Zuge des äußerst eiligen Herstellungsprozesses aufgetreten waren. Die hier aufgelisteten Druckfehler sind im Text berichtigt worden. Auf einen erneuten Abdruck des Druckfehlerverzeichnisses wird verzichtet; siehe dafür MWG I/10, S. 680. Außerdem sind die zahlreichen Druckfehler und Textverderbnisse, die angesichts des seinerzeit mit größter Eile durchgeführten Drucks von Max Weber selbst nicht mehr beseitigt werden konnten, emendiert worden.

Gegenüber dem Erstdruck ist ferner eine Änderung in drucktechnischer Hinsicht vorgenommen worden. Seinerzeit ist der Originaltext, vermutlich auf Wunsch Webers, zu großen Teilen in Petit gesetzt worden, offenbar um den Umfang der Abhandlung möglichst gering zu halten und Kosten zu sparen. So teilte Paul Siebeck im Juni 1906 Edgar Jaffé mit, daß die Druckerei Pierer wegen der Petitschrift in Verlegenheit gekommen sei, weil sie „nicht hätte vermuten können, daß sie bei Weber so starke Anwendung finden würde." Da der Petit-Satz augenscheinlich nicht aus inhaltlichen Gründen zur Anwendung gekommen ist, wurde er hier nicht beibehalten.

Der Erstdruck enthält auf den Seiten 165 und 166 (1 und 2; hier S. 105) eine ausführliche, allerdings sehr eng und unübersichtlich gedruckte Inhaltsangabe, deren Seitenzählung sich auf die gesonderte Paginierung des Beiheftes bezieht. Diese Inhaltsangabe wird hier wiederum dem Text vorangestellt, unter Emendation der Textverderbnisse. Zugleich ist ihr eine etwas übersichtlichere Form gegeben worden; insbesondere wurde eine optische Entzerrung derselben vorgenommen und die Hauptkapitel jeweils in einer eigenen Zeile wiedergegeben. Schließlich sind die der Paginierung dieser Ausgabe entsprechenden Seitenzahlen hinzugefügt worden.

Das Inhaltsverzeichnis der Erstausgabe weist Uneinheitlichkeiten auf und stimmt darüber hinaus nicht immer mit der Anordnung des Textes selbst überein. Im Inhaltsverzeichnis sind die acht Hauptkapitel mit römischen Ziffern bezeichnet und mit eigenen Überschriften versehen worden. Im Text selbst finden sich jedoch nur die römischen Bezifferungen, nicht jedoch die dazugehörenden Überschriften; vermutlich ist die Einfügung der letzteren an den entsprechenden Stellen wegen der Eile der Herstellung unterblieben. Um die Übersichtlichkeit zu verbessern, sind die Überschriften dieser Hauptkapitel hier zusätzlich in den Text aufgenommen worden.

Die in Kapitel II (Analyse der allgemeinpolitischen Gesetzgebung des Interimsministeriums) der Inhaltsangabe des Erstdrucks vorgesehene Untergliederung unter Verwendung von arabischen Ziffern ist im Text selbst mit römischen Ziffern vorgenommen worden. Hier ist seitens des Herausgebers im Text die römische durch eine arabische Zählung ersetzt worden. Im übrigen ist davon Abstand genommen worden, die in der Inhaltsangabe mit arabischen Ziffern bzw. mit Kleinbuchstaben ausgewiesenen Untertitelungen der einzelnen Kapitel im Text selbst wieder aufzunehmen, da sie diesem entweder nicht eindeutig zugeordnet werden können oder entsprechende Untergliederungen bzw. Absätze gänzlich fehlen. Auch diese Unstimmigkeiten in der Anordnung des Erstdrucks, die sich nicht ohne nachträgliche Texteingriffe beseitigen lassen, erklären sich aus der äußersten Eile der Herstellung des Erstdrucks. Es ist dabei zu berücksichtigen, daß Max Weber niemals eine vollständige Fassung der Fahnenkorrektur des Erstdrucks vorgelegen hat und eine Vereinheitlichung der Titulatur schon aus diesem Grunde unterblieben sein dürfte.

Über Deutschland und das freie Rußland (Seite 329–330)

Am 30. November 1908 hielt der Heidelberger Staatsrechtslehrer Georg Jellinek in einer Versammlung der Nationalliberalen Partei in Heidelberg einen öffentlichen Vortrag über „Kaiser und Reichsverfassung". Zum ersten Male seit zehn Jahren besuchte Max Weber aus diesem Anlaß wieder eine öffentliche Parteiversammlung. Im Anschluß an Jellineks Rede beteiligte er sich – gemeinsam mit Eberhard Gothein – an der Diskussion. Weber sprach sich für eine Parlamentarisierung des Deutschen Reiches aus und charakterisierte die Politik der parlamentarischen Monarchien als weitaus erfolgreicher als jene des Deutschen Reiches. Auf Rußland bezugnehmend erklärte er: „Hätte das gewaltige Rußland eine demokratische Verfassung, hätte es einen Parlamentarismus, so könnte man etwas erleben; es wäre die furchtbarste Macht, die jetzt nur dadurch klein gehalten wird, daß in Rußland Parlament und Verfassung keinerlei Bedeutung haben."

Einige Monate später, Ende Februar/Anfang März 1909, wurden in Sachsen einige russische Studenten wegen Mitgliedschaft in verbotenen Organisationen festgenommen. Diese Vorgänge gaben Anlaß zu einem Kommentar in der russischen liberalen Tageszeitung Russkija Vedomosti vom 3. März 1909 über das Verhalten Deutschlands gegenüber der fortschrittlichen Bewegung in Rußland. Sie zitierte in diesem Zusammenhang Max Webers Äußerung vom November 1908 wie folgt: „Es sei ein großes Glück für Deutschland, daß in Rußland sich die gegenwärtige Verfassung noch nicht fest verankert und die Stunde der russischen Erneuerung noch nicht geschlagen habe. Ein erneuertes Rußland würde eine solche Kraft und Macht auf den Stützen einer moralischen Stimmung und Begeisterung erlangen, die unvergleichbar wäre mit jeder anderen Macht auf dem Kontinent." Zwei Tage nach dem Erscheinen dieses Artikels wandte sich der Berliner Korrespondent der Russkija Vedomosti, Grigorij Grossman, an Max Weber mit der Bitte um eine klärende Stellungnahme. In seinem Schreiben legte er den Sachverhalt folgendermaßen dar: „In der angesehenen Moskauer Zeitung ‚Russkija Wedomosti‘, deren Berliner Vertreter ich bin, werden in einem selbständigen Artikel die letzten Maßregeln der russischen Studenten Seitens der Berliner und Dresdner Polizei besprochen und die traurige Thatsache einer ‚deutsch-russischen Polizei-Alliance‘ konstatiert. Die Furcht Deutschlands vor einem freien Rußland wird merkwürdigerweise durch eine angebliche Äußerung von ‚Professor Max Weber‘ beleuchtet, ‚der gelegentlich einer Diskussion‘ gesagt haben soll, es sei ein großes Glück für Deutschland, daß Rußland noch keine wahrhafte Verfassung besäße und die Stunde der russischen Befreiung noch nicht geschlagen hätte. ‚Ein erneuertes Rußland‘, – sollten Sie gesagt haben, – ‚würde eine solche neue Kraft und Macht in den Grundfesten seiner moralischen Strömung und Begeisterung gewinnen, daß dagegen keine andere Macht auf dem Kontinent aufkommen könnte.‘ Der betreffende Passus in dem russischen Artikel ist so gefaßt, daß man daraus schließen kann, auch Sie, hoch geehrter Herr Professor, teilen die Befürchtung von einem freien Rußland. Diese Schlußfolgerung ist so ungeheuer, daß ich Sie nur auf eine freche Mißdeutung Ihrer Worte zurückführen kann. Es ist wohl möglich, daß irgendein russisches reaktionäres Blatt eine Äußerung von Ihnen für seine speziellen Zwecke zurechtstutzte und die ‚Russkija Wedomosti‘, die doch Ihre Ansichten und Schriften über Rußland wissen müßten, auf den Trick hereinfielen. In Moskau leben viele Ihrer Schüler und Freunde, darunter auch mein alter Freund Dr. Kistjakowsky, und die werden sicher die Redaktion auf den bedauerlichen Irrtum aufmerksam machen, wenn sie den Artikel zu Gesicht bekommen. Auf alle Fälle möchte ich mir erlauben, Sie zu bitten, mir eine authentische Mitteilung zukommen zu lassen über den Sinn und den Inhalt Ihrer Äußerung, auf die in dem Artikel Bezug genommen wird, damit ich umgehend auf die falsche Auffassung Ihrer Worte hinweisen kann. [...]."

Offensichtlich hat Max Weber daraufhin die nachstehend abgedruckte Zuschrift für die Russkija Vedomosti verfaßt, die uns im Original nicht überliefert ist. Mit großer Wahrscheinlichkeit ist davon auszugehen, daß diese Zuschrift von Grossman ins Russische übersetzt und in dieser Fassung von Weber autorisiert worden ist. Die Zuschrift Max Webers wurde am 17. (30.) März 1909 in der Russkija Vedomosti veröffentlicht, mit einer redaktionellen Vorbemerkung, die in deutscher Übersetzung lautet: „In den von uns veröffentlichten Bemerkungen über die Verfolgung, die von der deutschen Polizei auf die in Deutschland studierenden Russen ausgeübt wird, wurden unter anderem die Worte des bekannten Professors der Heidelberger Universität, Max Weber, zitiert, welche er anläßlich eines einige Monate zurückliegenden öffentlichen Vortrages von Professor Jellinek in Heidelberg über die ‚konstitutionelle Krise' in Deutschland äußerte: ‚Es ist ein großes Glück für Deutschland, daß in Rußland noch keine wahrhafte Verfassung verwirklicht worden ist; ein erneuertes Rußland würde eine solche neue Kraft und Macht auf der Basis moralischer Verfassung und Begeisterung erlangen, daß es mit keiner anderen Macht auf dem Kontinent verglichen werden könnte.' Aus diesem Anlaß teilt uns der geehrte Professor, der einer unserer Abonnenten ist (er beherrscht die russische Sprache fließend), in dem unten wiedergegebenen Brief mit, daß diese aus dem allgemeinen Zusammenhang gerissenen Worte einen falschen Eindruck über sein Verhältnis zu einem freien Rußland wie zu dem Nachbarn Deutschland hervorrufen könnte, und macht uns mit seiner geschätzten Ansicht über diese Frage vertraut."

Etwas anders liegt der Fall bei der deutschen Wiedergabe der Zuschrift, die die Neue Badische Landeszeitung am 4. April 1909 veröffentlichte. Die Neue Badische Landeszeitung bezeichnete ihre Übersetzung als „wortgetreu", doch weist der Text gegenüber der russischen Fassung Unterschiede in den Hervorhebungen auf. Die Tatsache ferner, daß der Text gegenüber der russischsprachigen Fassung einige für Weber untypische Formulierungen (so wird osvoboditel'noe dviženie mit Freiheitsbewegung, und nicht, wie bei Weber üblich, mit Befreiungsbewegung übersetzt) enthält, läßt den Schluß zu, daß diese Fassung nicht auf ihn selbst zurückgeht. Da eine Autorisierung durch Weber jedoch nicht gänzlich ausgeschlossen werden kann, wird dieser Text im folgenden gleichwohl abgedruckt.

Über die näheren Umstände der Veröffentlichung und die Übersetzer ist nichts bekannt. Dem Text war die folgende redaktionelle Vorbemerkung vorangestellt: „Gelegentlich einer Notiz über das Verhalten der *deutschen Behörden* gegenüber den *russischen Studierenden* hatte die ‚*Rußkija Wjedomosti*' u. a. eine in Rußland mit Befremden aufgenommene Äußerung des bekannten *Heidelberger Universitätslehrers* Max Weber gebracht. Danach sollte dieser in öffentlicher Debatte gesagt haben, es sei für Deutschland ein großes Glück, daß in Rußland noch keine wahrhafte Verfassung sich eingebürgert habe; das erneuerte Rußland würde in moralischer Gesinnung und Begeisterung zu solch neuer Kraft emporsteigen, daß keine Macht des Kontinents mit ihr einen Vergleich würde aushalten können. Da diese Mitteilung auf Mißverständnisse stieß, so richtete Prof. Weber folgendes Schreiben, das wir aus dem Russischen wortgetreu wiedergeben, an die genannte Zeitung."

Weder ein russisches noch ein deutsches Manuskript sind überliefert. Der Abdruck des russischen Textes folgt der Fassung, die unter der Überschrift „Maks Veber o Germanii i svobodnoj Rossii" in der Russkija Vedomosti, Nr. 62 vom 17. (30.) März 1909, S. 5, erschienen ist. Der russische Text wird in der vor der Rechtschreibreform von 1918 in Rußland gebräuchlichen Orthographie abgedruckt, jedoch werden die Buchstaben i und ě als u und e wiedergegeben. Der Abdruck der deutschen Fassung folgt dem Text, der unter der Überschrift „Rußland. Prof. Weber-Heidelberg über die Erneuerung Rußlands" in der Neuen Badischen Landeszeitung, Nr. 158 vom 4. April 1909, 1. Mo. bl., erschienen ist. Für die Abweichungen gegenüber dem russischen Originaltext siehe den Textkritischen Apparat MWG I/10, S. 691f. Da kein vollständiges Exemplar der Neuen Badischen Landeszeitung mehr vorhanden ist, ist uns dieser Artikel nur durch den in der Personalakte Weber, Badisches Generallandesarchiv Karlsruhe, GLA 235, Nr. 2643, Bl. 79, vorhandenen Ausschnitt bekannt. Als Titel des Textes wurde die Überschrift der Russkija Vedomosti vom Herausgeber übernommen; der Titel der deutschen Übersetzung ist in Anlehnung an die Überschrift der Neuen Badischen Landeszeitung gewählt.

Zur Rede Alfred Hettners über „Das europäische Rußland. Volk, Staat und Kultur" (Seite 333)
Diskussionsbeitrag am 5. Juni 1905 in Heidelberg

Im Laufe des Jahres 1905 führte der Nationalsoziale Verein in Heidelberg eine Vortragsreihe über „Die Großen Kulturen der Welt" durch. Im Januar fand eine Veranstaltung über Amerika statt, auf der Ernst Troeltsch sowie Marianne und Max Weber über die Erfahrungen berichteten, die sie in den Vereinigten Staaten auf ihrer Amerikareise anläßlich des „Congress of Arts and Science" während der Weltausstellung in St. Louis im Jahre 1904 gemacht hatten. Im Frühjahr 1905 folgte eine Veranstaltung über Japan. Am 5. Juni 1905 wurde eine weitere Veranstaltung durchgeführt, die dem Thema Rußland gewidmet war. Der Hauptredner war der Geograph Alfred Hettner, ein Kollege Max Webers in Heidelberg, der über „Das europäische Rußland. Volk, Staat und Kultur" referierte. Die Veranstaltung wurde von dem Theologen Adolf Deißmann, dem Vorsitzenden des Nationalsozialen Vereins, eröffnet. Deißmann stellte bei dieser Gelegenheit die politischen Ziele des Nationalsozialen Vereins vor und betonte die Notwendigkeit einer Einigung aller liberalen Parteien;

auf die „Bedeutung des russischen Problems" ging er hingegen nur beiläufig ein.

Alfred Hettner, der das Zarenreich im Jahre 1897 anläßlich des internationalen Geographen-Kongresses besucht hatte, behandelte in seinem Vortrag die geographischen und kulturellen Verhältnisse Rußlands. Er gab zunächst einen Überblick über die geographischen Bedingungen Rußlands und wandte sich dann der Frage zu, welche kulturellen Einflüsse auf das heutige Rußland eingewirkt hätten. Das Zarenreich sei insbesondere von der byzantinischen Kultur geprägt worden, die die „Despotie" gebracht habe, darüber hinaus aber von mongolischen Einflüssen, „der Beimischung gelben Blutes in der großrussischen Bevölkerung." Erst seit dem 16. Jahrhundert habe eine Europäisierung eingesetzt, doch sei diese schwach gewesen und habe nur „die oberen Klassen" erfaßt. Hettner ging sodann auf die „große Expansionskraft der russischen Nation und des russischen Wesens" sowie auf die imperialistische Politik Rußlands ein. Der russische Imperialismus sei, so meinte Hettner, auf die Unterwerfung ganz Asiens gerichtet; er verfolge das Ziel, einen großen, gegenüber der übrigen Welt abgeschlossenen Wirtschaftsraum zu schaffen. Die wirtschaftliche Lage des Russischen Reiches sei allerdings ausgesprochen schlecht und die politischen Verhältnisse verworren.

In der Diskussion, die sich an Hettners Vortrag anschloß, nahm Max Weber zu den revolutionären Ereignissen in Rußland Stellung, denen er damals seine ganze Aufmerksamkeit zugewandt hatte, und erläuterte die Ziele der russischen konstitutionellen Bewegung. Insbesondere ging er auf das Programm der in Entstehung begriffenen Konstitutionell Demokratischen Partei ein. Dieses Programm des Sojuz Osvoboždenija war zwei Monate zuvor erstmals legal in der russischen Presse sowie gleichzeitig in der von P. Struve in Paris herausgegebenen Zeitschrift der Bewegung Osvoboždenie veröffentlicht worden. Weber dürfte hauptsächlich die wirtschaftspolitischen Aspekte des Programms kritisiert haben, in Anlehnung, so steht zu vermuten, an die diesbezügliche Kritik Petr Struves, die in derselben Nummer des Osvoboždenie erschienen war. Nachträglich berichtete Weber seiner Frau: „Gestern abend blieb ich bis 12 im ‚Rußland-Abend' und natürlich – riskierte ich ‚eine Lippe'. Es war übrigens wenig interessant und natürlich konnte auch ich nicht viel sagen." Das Heidelberger Tageblatt vom 6. Juni 1905 kommentierte Webers Vortrag mit den Worten: „Prof. Webers Darlegungen waren eine wertvolle Ergänzung des Prof. Hettner'schen Referats."

Ein Manuskript ist nicht überliefert. Über die Diskussionsbeiträge Webers liegen die folgenden Presseberichte vor:
1. „Rußland-Abend im nationalsozialen Verein", Heidelberger Zeitung, Nr. 131 vom 6. Juni 1905, 1. Bl., S. 1;
2. „Rußland-Abend", Heidelberger Tageblatt, Nr. 131 vom 6. Juni 1905, 1. Mo.bl., S. 2.

Im vorstehenden sind Webers Ausführungen nach dem vergleichsweise ausführlichen Bericht der Heidelberger Zeitung wiedergegeben. Für den Bericht des Heidelberger Tageblatts siehe MWG I/10, S. 700.

Zum 50jährigen Jubiläum der Heidelberger Russischen Lesehalle (Seite 334

Rede am 20. Dezember 1912 in Heidelberg

Im Winter 1912 kam es an der Universität in Halle zu Aktionen deutscher Studenten gegen ihre russischen Kommilitonen in der medizinischen Fakultät, da sie angeblich von den Universitätsbehörden bevorzugt würden und den deutschen Studenten die Laborplätze wegnähmen. Diese Auseinandersetzungen gaben einige Monate später, im April 1913, Anlaß zu einer Debatte im preußischen Abgeordnetenhaus über die angebliche Überfüllung der Universitäten durch Ausländer.

Auch unter außenpolitischen Gesichtspunkten waren rußlandfeindliche Tendenzen in der deutschen Öffentlichkeit verstärkt hervorgetreten. Im Dezember 1912 befand sich Europa auf dem Höhepunkt einer schweren internationalen Krise. Österreich-Ungarn widersetzte sich der Bildung eines großserbischen Staates als Folge des ersten Balkankrieges und verlangte die Schaffung eines selbständigen albanischen Pufferstaates, um Serbien den Zugang zur Adria zu verlegen. Während die russische Diplomatie die serbischen Ansprüche nachdrücklich unterstützte, warf das Deutsche Reich sein ganzes Gewicht zugunsten Österreich-Ungarns in die Waagschale, um ein Zurückweichen Rußlands auch auf die Gefahr eines europäischen Krieges hin zu erzwingen. In Deutschland galt das Russische Reich allgemein als der Hauptverantwortliche der Krise, die hart an den Rand eines europäischen Krieges heranführte.

Diese politische Lage überschattete auch die Jubiläumsveranstaltung der Heidelberger russischen Lesehalle, der sog. Pirogovschen Lesehalle, vom 20. Dezember 1912 aus Anlaß ihres 50jährigen Bestehens. Bei dieser Gelegenheit bat der Vorstand der Lesehalle Gustav Radbruch, Alfred Weber und Max Weber zu Festvorträgen.

Die Ansprache des Rechtslehrers Gustav Radbruch ist am besten dokumentiert. Er verteidigte die russischen Studenten an den deutschen Universitäten gegen Angriffe aus den Reihen deutscher Studenten und Professoren; ihnen war vor allem vorgeworfen worden, sich der Integration in den deutschen Kulturkreis zu widersetzen. Radbruch bezeichnete die russischen Studenten der juristischen Fakultät der Universität als „Juristen aus Freiheitssinn", im Unterschied zu den „Juristen aus Ordnungssinn". Die Aufgabe der russischen Studenten sei es, diesen Freiheitssinn auch bei den deutschen Studenten zu wecken und „das Pathos des Rechts" zu stärken. Über die Rede Alfred Webers ist so gut wie nichts bekannt. Auch die Äußerungen Max Webers sind nur bruchstückhaft überliefert. Marianne Weber berichtet im Lebensbild, daß Weber seit langen Jahren zum ersten Male wieder in der Öffentlichkeit außerhalb wissenschaftlicher Gesellschaften aufgetreten sei. „Es war das erstemal, daß er festgelegt und verpflichtet hier wieder öffentlich geredet hat." Sie berichtet über den Verlauf des Abends: „Max mußte seine Rede leider einen Torso bleiben lassen, weil es so spät wurde und er auch Hemmungen hatte, die tiefsten Dinge im Ballsaal zu sagen [...]. Er war ein wenig müde, rang sich aber doch etwas auf Vollendung angelegtes ab. Nur jammerschade, daß er vor dem entscheidenden Punkt aufhörte."

In den Erinnerungen von Paul Honigsheim, der damals in Heidelberg studierte, findet sich Näheres über die Veranstaltung: „In typischer russischer Studentenweise kam er [d. h. Max Weber] erst gegen Mitternacht zu Wort. Dann aber hielt er seine Rede im Gesellschaftsanzug und mit seinen eleganten Handbewegungen, dabei aber grabesernst, vor einem totenstillen Auditorium, in dem man eine Nadel hätte fallen hören können. Es war eine Rede von einer Abgründigkeit, neben welcher die Ausführungen von Radbruch und Alfred Weber, so bedeutend sie an sich waren, einfach verblaßten. Diese Rede enthüllte nämlich die ganze Spannweite von Webers Einstellung. Denn er unterstrich die welthistorische Bedeutung und Größe der russischen Revolutionäre, aber nicht ohne hinzuzufügen: ‚Sollten die Spannungen zwischen den Staaten sich bis zum Platzen steigern und Russen sich verpflichtet fühlen, für Serbien einzustehen, dann – auf Wiedersehen auf dem Felde der Ehre.'"

Den ausführlichsten Bericht über Max Webers Rede verdanken wir dem Deutschland-Korrespondenten der Russkija Vedomosti, Grigorij Grossman, mit dem Weber seit 1909 in Kontakt stand. Grossman schickte diesem Artikel einen Überblick über die Geschichte der Heidelberger Lesehalle voraus und teilte im folgenden mit, daß geplant sei, die Festreden in einem Sammelband (Gejdelbergskij Sbornik) unter Federführung von S. G. Svatikov herauszugeben. Der Band sollte die Beiträge von Gustav Radbruch sowie Max und Alfred Weber enthalten, die alle der Thematik der russisch-deutschen Kulturbeziehungen gewidmet sein sollten. Doch ist dieses Projekt augenscheinlich nicht über das Stadium der Planung hinausgelangt; ein derartiger Band ist nicht erschienen.

Von den drei Heidelberger Tageszeitungen berichtete nur das Heidelberger Tageblatt ausführlicher über die Veranstaltung. Während die Heidelberger Zeitung auf die Reden überhaupt nicht einging, heißt es in den Heidelberger Neuesten Nachrichten nur: „In längeren Ausführungen erläuterte Herr Prof. Max Weber das russische Wesen und er zog hierbei Vergleiche zwischen ost- und westeuropäischer Kultur."

Ein Manuskript der Rede Webers ist nicht überliefert. Im vorstehenden kommt der Bericht der Russkija Vedomosti (hier in deutscher Übersetzung) zum Abdruck. Er ist in dem Artikel von Grigorij Grossman, „Redkoe toržestvo", enthalten, der in: Russkija Vedomosti, Nr. 290 vom 16. (29.) Dezember 1912, S. 6f., erschienen ist. Für den Bericht des Heidelberger Tageblatts, der unter der Überschrift: „Jubiläumsfest der russischen Pirogoff-Lesehalle" in der Ausgabe Nr. 300 vom 21. Dezember 1912, S. 4, erschienen ist, vergleiche MWG I/10, S. 704.

Personenverzeichnis

Dieses Verzeichnis berücksichtigt nur Personen, die in den Texten Webers selbst Erwähnung finden, mit Ausnahme allgemein bekannter Persönlichkeiten. Russische Namen werden zuerst in der von Max Weber benutzten Form, sodann in der heutigen wissenschaftlichen Transliteration aufgeführt. Diese Regelung ist zur Vereinheitlichung auch bei denjenigen Personen benutzt worden, die zwar deutsche Namen trugen, aber russische Staatsangehörige waren. Die Wiedergabe der transliterierten Namensform entfällt, wenn sie mit der Weberschen Schreibweise übereinstimmt. Bei allen russischen Staatsbürgern entfällt die Angabe der Nationalität. Ihre Lebensdaten sind gemäß dem bis zum Februar 1918 in Rußland gültigen Julianischen Kalender angegeben, der im 19. Jahrhundert um 12 und im 20. Jahrhundert um 13 Tage hinter dem Gregorianischen Kalender zurückblieb. In einer Reihe von Fällen konnten biographische Angaben oder die korrekten Namensformen nur teilweise bzw. überhaupt nicht ermittelt werden. Entsprechende Lücken sind, sofern sich dies nicht von selbst ergibt, durch Fragezeichen kenntlich gemacht.

Abramow; Tl.: Abramov (?–1.4.1906). Stabskapitän der Kosaken; wegen Mißhandlung der sozialrevolutionären Attentäterin Marija Spiridonova (→ Spiridonowa) ermordet.

Adler, Victor (24.6.1852–11.11.1918). Österreichischer Sozialdemokrat; 1888/89 gelang ihm auf dem Hainfelder Parteitag die Einigung der zersplitterten Sozialdemokratischen Partei, deren Führer er bis zu seinem Tode blieb; Verfasser des Brünner Programms von 1899; 1918 Staatssekretär des Auswärtigen.

Akimow, Michael G.; Tl.: Akimov, Michail Grigor'evič (1847–11.8.1914). Jurist; Justizminister (1905/1906); seit 1906 Mitglied des Staatsrates; Vorsitzender des Reichsrates (1907–1914).

Aksakow, Iwan S.; Tl.: Aksakov, Ivan Sergeevič (26.9.1823–27.1.1886). Staatstheoretiker und Publizist; 1858–1878 führendes Mitglied des Moskauer Slavischen Wohlfahrtskomitees; einer der führenden Nationalisten und Panslavisten.

Aksel'rod, P. B. → Axelrod, P. B.

Akssakow; Tl.: Aksakov. Adelsfamilie.

Akssakow, Nikolai, P.; Tl.: Aksakov, Nikolaj Petrovič (17.6.1848–5.4.1909). Publizist und Schriftsteller; Vertreter des Slavophilismus.

Akwilonow, E. P.; Tl.: Akvilonov, Evgenij Petrovič (4.11.1861–30.3.1911). Professor an der geistlichen Akademie in St. Petersburg.

Aladjin, A. F.; Tl.: Alad'in, Aleksej Fedorovič (1873–?). Organisator der „trudovaja gruppa", Mitglied der Ersten Duma.

Alexander I.; Tl.: Aleksandr I. (23.12.1777–1.12.1825). Kaiser von Rußland; Regierungszeit 1801–1825.

Alexander II.; Tl.: Aleksandr II. (29.4.1818–13.3.1881). Kaiser von Rußland; Regierungszeit 1855–1881.

Alexander III.; Tl.: Aleksandr III. (10.3.1845–1.11.1894). Kaiser von Rußland; Regierungszeit 1881–1894.

Anastasij (1861–6.7.1913). Bischof; Archimandrit; Mitglied des „Sojuz russkich ljudej" (1905).

Anikin, Stepan Vasil'evič (1869–5.3.1919). Lehrer und Journalist; Trudovik; Mitglied des „Krest'janskij Sojuz"; Mitglied der Ersten Duma.

Annenskij, Nikolaj Fedorovič (28.3.1843–26.7.1912). Ökonom, Statistiker und Publizist; seit den 1870er Jahren in der populistischen Bewegung (Narodniki) aktiv; seit 1900 Herausgeber der Zeitschrift „Russkoe Bogatstvo", Mitgründer der Zeitschrift „Osvoboždenie" und führendes Mitglied des „Sojuz Osvoboždenija"; 1906 Mitgründer der Partei der Volkssozialisten (Narodno-socialističeskaja partija) und deren Vorsitzender von 1906-1912.

Antonij (Vadkovskij, Aleksandr Vasil'evič) (3. 8. 1846-2. 11. 1912). Erzbischof von Finnland (1892-1898); Metropolit von St. Petersburg (1898-1912); Mitglied des Reichsrates (seit 1906).

Antonin (Granovskij, Aleksandr A.) (21. 11. 1865-14. 1. 1927). Bischof von Narva.

Antonowitsch, Wladimir B.; Tl.: Antonovič, Vladimir Bonifatievič (6. 1. 1834-8. 3. 1908). Historiker, Archäologe und Ethnologe; Dozent (1870) und Professor (1878) an der Universität Kiev; Zusammenarbeit mit Michail Dragomanov; aktiv in der ukrainischen Nationalbewegung seit Anfang der 1860er Jahre.

Arons, Martin Leo (15. 2. 1860-10. 10. 1919). Deutscher Physiker und sozialdemokratischer Politiker; Privatdozent an der Universität Berlin; 1899 suspendiert; 1900 wurde ihm wegen Mitgliedschaft in der sozialdemokratischen Partei die Venia legendi entzogen.

Arssenij; Tl.: Arsenij (Stadnickij, Avksentij Georgievič) (1862-?). Priester; Mitunterzeichner des Manifests des „Sojuz russkich ljudej" (1905).

Arssenjew, W.; Tl.: Arsen'ev, Jurij Vasil'evič (3. 2. 1857-4. 2. 1919). Historiker und Journalist; Mitunterzeichner des Manifests des „Sojuz russkich ljudej" (1905).

Asantschejew, W.; Tl.: Azančeev-Azančevskij, Vsevolod Konstantinovič. Gouverneur von Tomsk (1905).

Avenarius, Richard (19. 11. 1843-18. 8. 1896). Deutscher Philosoph; 1876 Habilitation in Leipzig; seit 1877 Professor an der Universität Zürich; entwickelte eine Theorie der „reinen Erfahrung", den sogenannten Empiriokritizismus.

Awdakow, N. S.; Tl.: Avdakov, Nikolaj Stepanovič (16. 2. 1847-1915). Industrieller; Vorsitzender des Verbandes der Bergbauindustriellen Südrußlands; Mitglied des Reichsrates (seit 1906).

Axelrod, P. B.; Tl.: Aksel'rod, Pavel Borisovič (1850-16. 4. 1928). Sozialistischer Theoretiker und Politiker; Mitglied der „Narodnaja Volja"; gründete 1880 in Genf gemeinsam mit Plechanov (→ Plechanow) und V. Zasulič (→ Sassulitsch) den „Bund zur Befreiung der Arbeit"; Mitbegründer der russischen sozialdemokratischen Partei; nach der Parteispaltung von 1903 Men'ševik; seit 1900 in der Redaktion der „Iskra" und „Zarja".

Bebel, August (22. 2. 1840-13. 8. 1913). Deutscher sozialdemokratischer Politiker; 1867-1869 Mitglied des Norddeutschen Reichstages für die von ihm mitbegründete Sächsische Volkspartei; 1869 Mitbegründer und Vorsitzender der Sozialdemokratischen Arbeiterpartei; ab 1871 MdR; von 1875 bis zu seinem Tod Führer der Sozialdemokratischen Partei.

Bennigsen, Rudolf von (10. 7. 1824-7. 8. 1902). Deutscher Jurist und Politiker; mit → Johannes von Miquel Gründer des Deutschen Nationalvereins; Mitbegründer und Führer der Nationalliberalen Partei; Mitglied des Reichstages des Norddeutschen Bundes 1867-1871; MdR 1871-1883 und 1887-1898; MdprAH 1867-1883; Oberpräsident von Hannover 1888-1897; lehnte 1877/78 die Übernahme eines Ministeramtes zu den von Bismarck angebotenen Bedingungen ab.

Bielokonskij, I. P.; Tl.: Belokonskij, Ivan Petrovič (25. 5. 1855-7. 2. 1931). Statistiker und Journalist; Historiker der Zemstvobewegung, Mitglied des „Sojuz Osvoboždenija"; 1899-1901 Sekretär des Char'kover Zemstvo; seit 1905 Mitglied der Konstitutionellen-Demokraten.

Bjechtjejew, S. S.; Tl.: Bechteev, Sergej Sergeevič (4. 5. 1844-8. 7. 1911). Ökonom; Leiter der „Zemstvo-Abteilung" im Innenministerium (1902-1904); Mitglied des Reichsrates (seit 1906).

Bjelokonskij → Bielokonskij, I. P.

Bleklow, S. M.; Tl.: Bleklov, Stepan Michajlovič (7. 11. 1860-15. 5. 1913). Zemstvostatistiker; Mitglied der Partei der Sozialrevolutionäre.

Bobrinskij, Aleksej Aleksandrovič Graf (19. 5. 1852-1927). Großgrundbesitzer, Industrieller und Archäologe; Vorsitzender des „Rates des Vereinigten Adels" (1906-1917); Mitglied der Dritten Duma; danach Mitglied des Reichsrates (1912).

Bobrinskij, Vladimir Alekseevič Graf (1867-1927). Großgrundbesitzer und Industrieller; Mitglied des Zemstvo in Tula; Abgeordneter der Zweiten, Dritten und Vierten Duma; einer der Führer der Nationalisten.

Bobrischtschew-Puschkin; Tl.: Bobriščev-Puškin, Aleksandr Vladimirovič (25. 11. 1875–?). Rechtsanwalt, Publizist; Mitbegründer der Partei der Rechtsordnung.

Bogdanow, A.; Tl.: Bogdanov, Aleksandr Aleksandrovič (eigentlich: Malinovskij, A. A.) (10. 8. 1873–7. 4. 1928). Arzt, Philosoph und Soziologe; Mitglied der sozialdemokratischen Partei; seit 1903 Anhänger der Bol'ševiki; Vertreter des Empiriomonismus.

Bogutscharskij, W.; Tl.: Bogučarskij, Vasilij Jakovlevič (Pseudonym) → Jakowljow, W.

Bondarew, S. I.; Tl.: Bondarev, Sergej Ivanovič (1872–?). Publizist; Mitglied der „trudovaja-gruppa" der Ersten Duma.

Brjuchatow, L. D.; Tl.: Brjuchatov, Lev Dmitrievič. Journalist und Grundbesitzer; Mitglied des Gouvernementszemstvo Tambov; Mitglied des „Sojuz Osvoboždenija".

Bryce, James Viscount of Dechmont (10. 5. 1838–22. 1. 1922). Britischer Politiker und Staatsrechtler; 1870 Professor für Zivilrecht in Oxford; seit 1880 für die liberale Partei Mitglied des Unterhauses; 1894/1895 Handelsminister; 1905/1906 Staatssekretär für Irland.

Budilowitsch, A. S.; Tl.: Budilovič, Anton Semenovič (24. 5. 1846–12. 12. 1908). Slavist und Sprachwissenschaftler; Professor an der Universität Jur'ev (Dorpat).

Bulgakow, S. N.; Tl.: Bulgakov, Sergej Nikolaevič (16. 6. 1871–13. 7. 1944). Nationalökonom, Philosoph und Theologe; 1901–1906 Professor für Nationalökonomie am Polytechnikum Kiev, 1906–1917 an der Handelshochschule Moskau und 1917–1919 an der Universität Moskau; Mitglied des „Sojuz Osvoboždenija" und der Konstitutionellen-Demokraten; Abgeordneter der Zweiten Duma; entwickelte sich vom Marxisten zum Neo-Kantianer und – unter dem Einfluß von V. Solov'ev (→ Ssolowjow) – zum religiösen Mystiker; 1918 Priesterweihe; 1925–1944 Professor am theologischen Institut des Hl. Sergius in Paris; stand seit 1912 in Briefwechsel mit Max Weber.

Bulygin, Aleksandr Grigor'evič (1851–1919). Beamter und Politiker; 1893–1900 Gouverneur von Moskau; stellvertretender Generalgouverneur von Moskau (1902–1904); Innenminister (22. 1. 1905–22. 10. 1905); seit 1905 Mitglied des Reichsrates.

Bunge, Nikolaj Christianovič (11. 11. 1823–3. 6. 1895). Nationalökonom; Professor an der Universität Kiev (seit 1850); stellvertretender Finanzminister (1879–1881); Finanzminister (1881–1886); Vorsitzender des Ministerkomitees (1887–1895).

Burns, John (20. 10. 1858–24. 1. 1943). Britischer Gewerkschafter; 1889 Führer des Dockarbeiterstreiks; 1906–1914 Minister in den liberalen Regierungen → von Campbell-Bannerman und Asquith; im August 1914 verließ er aus Protest gegen den Kriegseintritt das Kabinett, um sich anschließend völlig aus der Politik zurückzuziehen.

Campbell-Bannerman, Sir Henry (7. 9. 1836–22. 4. 1908). Britischer Politiker; seit 1868 Mitglied des House of Commons; 1886, 1892–95 Kriegsminister in der Regierung Gladstone; seit 1899 Führer der Liberal Party; Premierminister 1905–1908.

Carlyle, Thomas (4. 12. 1795–5. 2. 1881). Britischer Schriftsteller und Historiker.

Carnot, Lazare Nicolas Comte (13. 5. 1753–2. 8. 1823). Französischer Mathematiker, Militäringenieur und Politiker; Organisator der französischen Revolutionsheere; Mitglied der Verfassunggebenden Versammlung von 1791; seit 1793 im Wohlfahrtsausschuß für das Kriegswesen zuständig; erließ den Aufruf zur levée en masse; 1795 Mitglied des Direktoriums; während der Hundert Tage von Napoléon I. Innenminister; lebte nach der Rückkehr der Bourbonen im Exil.

Černov, V. M. → Tschernow, W. M.

Černyševskij, N. G. → Tschernyschewski, N. G.

Četverikov, S. I. → Tschetwerikow, S. J.

Charitonow, P. A.; Tl.: Charitonov, Petr Alekseevič (1852–1916). Senator; stellvertretender Staatssekretär des Zaren (1904–1906); Reichskontrolleur (1907–1916); Mitglied des Reichsrates.

Chishnjakow, W. M.; Tl.: Chižnjakov, Vasilij Michajlovič (1842–1917). Grundbesitzer; Mitglied des Gouvernementszemstvo Černigov, zeitweilig dessen Vorsitzender.

Chodskij, Leonid Vladimirovič (1854–1918). Nationalökonom; Professor an der Universität St. Petersburg; Herausgeber von „Narodnoe Chozjajstvo" (1900–1905) und „Naša Žizn'" (1904).

Chomjakow, D. A.; Tl.: Chomjakov, Dmitrij Alekseevič. Mitglied des „Sojuz russkich ljudej" (1905/1906).

Chrustaljow-Nossarj, G. S.; Tl.: Chrustalev-Nosar', Grigorij Stepanovič (eigentlich: Nosar',

Grigorij Stepanovič) (1879-1919). Jurist und Politiker; Vorsitzender des Petersburger Sovet der Arbeiterdeputierten (1905); Mitglied der Men'ševiki.
Čičerin, B. N. → Tschitscherin, B. N.
Cindel', E. → Zindel, E.
Čistjakov, P. S. → Tschistiakow, P. S.
Cromwell, Oliver (25. 4. 1599-3. 9. 1658). Englischer Staatsmann; seit 1628 Mitglied des Unterhauses; 1640 Mitglied des „Langen Parlamentes" und einer der Führer gegen die absolutistische Politik Karls I.; als Haupt des Staatsrats ließ er 1649 den König hinrichten und proklamierte das Commonwealth of England; seit 1655 Lord-Protector.
Čuprov, A. A. → Tschuprow, A. A.
Čuprov, A. I. → Tschuprow, A. I.
Danijlsson, N. F.; Tl.: Daniel'son, Nikolaj Francevič (Pseudonym: Nikolajon) (1844-1918). Ökonom und Publizist; Theoretiker des Narodničestvo; Übersetzer des Marxschen „Kapital".
Davydow, Alexandra; Tl.: Davydova, Aleksandra Arkad'evna (13. 12. 1848-24. 2. 1902). Herausgeberin des „Mir Božij".
Davydova, Lidija Karlovna (1869-1900). Ehefrau von → Michail Tugan-Baranovskij, Tochter der Vorstehenden.
Davydova, Marija Karlovna (25. 3. 1881-1966). Schwester der Vorstehenden; Tochter von A. Davydova (→ Davydow, A.), → auch Kuprina-Iordanskaja, M. K.
Déak, Franz (Ferenc) (17. 10. 1803-29. 1. 1876). Ungarischer Politiker und Jurist; anfangs Rechtsanwalt, später Komitatsbeamter; seit den Reichstagen von 1833-1836 und 1839/1840 Führer der gemäßigten Reformer; Justizminister (März bis Dezember 1848); nach 1849 einer der Führer der konstitutionellen Bewegung in Ungarn und Wegbereiter des Ausgleichs von 1867.
Dehn, W. E.; Tl.: Den, Vladimir Eduardovič fon (15. 12. 1867-1933). Baltischer Nationalökonom; 1898 Dozent an der Universität Moskau; seit 1902 Professor in St. Petersburg; Mitglied des „Sojuz Osvoboždenija".
Digo, N. Nationalökonom und Publizist.
Döllinger, Johann Joseph Ignaz von (28. 2. 1799-10. 1. 1890). Deutscher katholischer Theologe und Historiker; Professor am Lyceum in Aschaffenburg (1823) und an der Universität München (1826); als unbedingter Gegner des Unfehlbarkeitsdogmas von 1870 im folgenden Jahr exkommuniziert; Anreger der altkatholischen Bewegung, deren Kirche er jedoch nicht beitrat; seit 1873 Präsident der Bayerischen Akademie der Wissenschaften.
Dolgorukow, Paul Fürst; Tl.: Dolgorukov, Pavel Dmitrievič Knjaz' (9. 5. 1866-1927). Zemstvomitglied; 1893-1908 Distriktsadelsmarschall in Ruza (Gouvernement Moskau); Mitbegründer des „Beseda-Kreises"; Mitbegründer des „Sojuz Osvoboždenija"; Gründungsmitglied der Konstitutionellen-Demokraten und Vorsitzender ihres Zentralkomitees (1905-1911); Abgeordneter der Zweiten Duma.
Dolgorukow, Peter Fürst; Tl.: Dolgorukov, Petr Dmitrievič Knjaz' (9. 5. 1866-1945). Bruder des Vorstehenden; Zemstvomitglied; Vorsitzender des Distrikts-Zemstvo in Sudža (Gouvernement Kursk); Mitgründer des „Beseda-Kreises" und der Zeitschrift „Osvoboždenie"; Mitglied des „Sojuz Osvoboždenija"; Mitglied der Konstitutionellen-Demokraten und ihres Zentralkomitees; Abgeordneter der Ersten Duma.
Dorrer, Vladimir Filippovič Graf (1862-16. 8. 1909). Adelsmarschall des Gouvernements Kursk; Kammerherr; Mitglied der Dritten Duma; einer der Führer der russischen Rechten.
Dragomanow, M. P.; Tl.: Dragomanov, Michail Petrovič (Drahomaniv, Michajlo P.) (18. 9. 1841-20. 6. 1895). Ukrainischer Publizist und Historiker; 1875 von der Universität Kiev entlassen; 1876 in die Schweiz emigriert; seit 1889 Professor in Sofia; vertrat ein Programm der kulturellen Autonomie der Völker Rußlands und der föderativen Umgestaltung des Russischen Reiches.
Druzkoj-Ssokolinskoj, W. M. Fürst; Tl.: Druckoj-Sokolinskij, V. M. Knjaz'. Mitunterzeichner des Manifests des „Sojuz russkich ljudej" (1905).
Dubassow, F. W.; Tl.: Dubasov, Fedor Vasil'evič (21. 6. 1845-19. 6. 1912). Admiral; 1905 Kommandeur der Truppen in den Gouvernements Černigov, Poltava und Kursk während der Agrarunruhen; Generalgouverneur von Moskau von November 1905 bis April 1906, während dieser Zeit Niederschlagung des Moskauer Aufstandes; Mitglied des Reichsrates (seit 1906).

Durnowo, I. N.; Tl.: Durnovo, Ivan Nikolaevič (1830–1903). Stellvertretender Innenminister (1882–1885); Innenminister (1889–1895); Vorsitzender des Ministerkomitees (1895–1903).
Durnowo, P. N.; Tl.: Durnovo, Petr Nikolaevič (1844–11. 9. 1915). Jurist und Politiker; 1884–1893 Direktor des Polizeidepartements; seit 1893 Mitglied des Senats; 1900–1905 stellvertretender Innenminister; Innenminister in der Regierung Vitte (→ Witte) (Oktober 1905 bis April 1906); Mitglied des Reichsrates (seit 1905).
Durnowo, P. P.; Tl.: Durnovo, Petr Pavlovič (1835–?). General; Generalgouverneur von Moskau von Juli bis November 1905; Mitglied des Reichsrates (seit 1904).
Edward VII.; (9. 11. 1841–6. 5. 1910). König von Großbritannien und Irland; Regierungszeit 1901–1910.
Eggert, W. W.; Tl.: Egert, Vasilij Petrovič fon. Jurist; Wirklicher Staatsrat; Mitglied des Zentralkomitees der Partei der Rechtsordnung (1906).
Ekaterina II. → Katharina II.
Ermolov, A. S. → Jermolow, A. S.
Ezerskij, N. F. → Jeserskij, J. N.
Fedorow, M. M.; Tl.: Fedorov, Michail Michajlovič (1858–1948). Beamter und Politiker; stellvertretender Minister für Handel und Industrie (1905/1906), Minister für Handel und Industrie (1906), nach seinem Ausscheiden aus dem Amt Mitglied der Kadetten.
Fichte, Johann Gottlieb (19. 5. 1762–29. 1. 1814). Deutscher Philosoph des Idealismus; Professor in Jena und Erlangen; seit 1810 erster gewählter Rektor der Universität Berlin.
Filonow, F. W.; Tl.: Filonov, Fedor Vasil'evič (1858–18. 1. 1906). Staatsrat; Beamter der Gouvernementsverwaltung Poltava; von Mitgliedern der Partei der Sozialrevolutionäre ermordet.
Fischhof, Adolf (8. 12. 1816–23. 3. 1893). Österreichisch-ungarischer Politiker, Schriftsteller und Arzt; in der Märzrevolution von 1848 Führer der Wiener Studenten; Mitglied des Wiener und des Kremsier Reichstages; trat für eine föderalistische Neugliederung Österreichs und den Ausgleich mit Ungarn ein.
Frank, Semen Ludvigovič (16. 1. 1877–10. 12. 1950). Philosoph und Publizist; enger Freund → P. Struves, mit dem er 1905/1906 die Zeitschriften Poljarnaja Zvezda und Svoboda i Kul'tura herausgab; danach führend beteiligt an der Zeitschrift Russkaja Mysl'; 1912–1917 Privatdozent in St. Petersburg; 1917–1919 Professor in Saratov; einer der bedeutendsten Vertreter der russischen Religionsphilosophie des 20. Jahrhunderts; Mitglied der Konstitutionellen-Demokraten.
Frensdorff, Ferdinand (17. 6. 1833–31. 5. 1931). Deutscher Jurist und Historiker; seit 1873 Professor für deutsches Recht in Göttingen; akademischer Lehrer Max Webers während dessen Studium in Göttingen 1885/1886.
Friedrich Wilhelm IV. (15. 10. 1795–2. 1. 1861). Preußischer König, Regierungszeit 1840–1858.
Gagarin, Grigorij Grigor'evič Fürst (1866–?). Kammerherr; Mitglied der Ersten Duma; Mitunterzeichner des Manifests des „Sojuz russkich ljudej" (1905).
Gapon, Georgij Appolonovič (1870–28. 3. 1906). Priester und Arbeiterführer; leitete die im Einvernehmen mit der zarischen Regierung gegründete „Versammlung der russischen Fabrik- und Mühlenarbeiter der Stadt St. Petersburg" seit 1903; Organisator der Demonstration vom 9. (22.) Januar 1905; 1906 von einem Mitglied der PSR wegen geheimer Kontakte zur Regierung und zur Geheimpolizei (Ochrana) ohne direkte Zustimmung der Partei ermordet.
Gejden, P. A. → Heyden, P. A.
Gel'fand, I. L. → Helphant, A.
George, Henry (2. 9. 1839–29. 10. 1897). Amerikanischer Volkswirtschaftler; forderte die Abschaffung des privaten Bodenbesitzes und die Einführung einer „single tax" auf die Grundrente; beeinflußte die deutsche und britische Bodenreformbewegung sowie die russischen sozialrevolutionären Denker.
Gercen, A. I. → Herzen, A. J.
Gercenštein, M. J. → Herzenstein, M. J.
Gessen, I. V. → Hessen, I. W.
Gessen, V. M. → Hessen, W. M.
Gierke, Otto von (11. 1. 1841–10. 10. 1921). Deutscher Staats- und Genossenschaftstheoretiker; 1867 Privatdozent; 1871 a. o. Prof. in Berlin; 1872 o. Prof. in Breslau, 1884 in Heidelberg und 1887 in Berlin; galt als der führende Theoretiker des deutschen Genossenschaftsrechts.

Giwago, Sergius J.; Tl.: Živago, Sergej Ivanovič (16. 11. 1870–?). Jurist; studierte im Wintersemester 1905/1906 in Heidelberg; Bekanntschaft mit Max Weber; 1913 Privatdozent für Rechtsphilosophie an der Universität Moskau.
Glinka, Grigorij Vjačeslavovič (1862–1934). Beamter im Landwirtschaftsministerium (1905/1906); stellvertretender Landwirtschaftsminister 1915/1916.
Golizyn, A. D. Fürst; Tl.: Golicyn, Aleksej Dmitrievič Knjaz' (1847–1925). Mitglied der Union des 17. Oktober; Abgeordneter der Dritten Duma; Mitunterzeichner des Manifests des „Sojuz russkich ljudej" (1905).
Golizyn, W. A. Fürst; Tl.: Golicyn, Vladimir Aleksandrovič Knjaz' (4. 6. 1857–6. 3. 1923). Wirklicher Staatsrat; Mitunterzeichner des Manifests des „Sojuz russkich ljudej" (1905).
Golizyn, W. D. Fürst; Tl.: Golicyn, Vasilij Dmitrievič Knjaz' (27. 2. 1857–1926). Kaiserlicher Stallmeister; Adelsmarschall von Černigov; Mitunterzeichner des Manifests des „Sojuz russkich ljudej" (1905).
Golowin, F. A.; Tl.: Golovin, Fedor Aleksandrovič (1867–?). Mitglied der Zemstvobewegung; Mitglied des „Beseda-Kreises" und des „Sojuz Osvoboždenija"; Vorsitzender des Moskauer Zemstvo (1904–1906); Gründungsmitglied der Konstitutionellen-Demokraten und Mitglied ihres Zentralkomitees; Vorsitzender der Zweiten Duma.
Goremykin, Ivan Logginovič (1839–16. 12. 1917). Senator; Innenminister (1895–1899); Ministerpräsident (Mai bis Juli 1906 und Januar 1914 bis Januar 1916); Mitglied des Reichsrates (seit 1899).
Gorkij, Maxim; Tl.: Gor'kij, Maksim (eigentlich: Peškov, Aleksej Maksimovič) (16. 3. 1868–18. 6. 1936). Schriftsteller.
Gredeskul, Nikolaj Andreevič (20. 4. 1865–?). Jurist; Professor in Char'kov und St. Petersburg; Zentralkomiteemitglied der Konstitutionellen-Demokraten; Mitglied der Ersten und Zweiten Duma; stellvertretender Vorsitzender der Ersten Duma.
Grews, I. M.; Tl.: Grevs, Ivan Michajlovič (4. 5. 1860–16. 5. 1941). Historiker; seit 1889 Dozent, dann (1892) Professor in St. Petersburg; 1899 aus politischen Gründen entlassen; 1902 Wiedereinstellung; Mitglied des „Sojuz Osvoboždenija" und der Konstitutionellen-Demokraten; stand seit 1906 in Briefwechsel mit Max Weber.
Gringmut, Wladimir Andrejewitsch; Tl.: Gringmut, Vladimir Andreevič (3. 3. 1851–28. 9. 1907). Publizist; Herausgeber der „Moskovskija Vedomosti" (1897–1907); Gründer und Führer der „Monarchistischen Partei".
Grusenberg, O. O.; Tl.: Gruzenberg, Oskar Osipovič (1866–1940). Jurist; Rechtsanwalt; Verteidiger in politischen Prozessen, u. a. im Prozeß gegen den St. Petersburger Sovet 1906.
Gurjewitsch, I. I.; Tl.: Gurevič, Jakov Jakovlevič (25. 3. 1869–?). Publizist und Pädagoge; Zemstvomitglied.
Gurko, Vladimir Iosifovič (1862–18. 2. 1927). Beamter, Agrarexperte; stellvertretender Innenminister (1902–1906) und Leiter der Zemstvo-Abteilung im Innenministerium; seit 1912 Mitglied des Reichsrates.
Gutschkow, A. J.; Tl.: Gučkov, Aleksandr Ivanovič (14. 10. 1862–14. 2. 1936). Industrieller und Politiker; Gründer und Führer der Union des 17. Oktober; 1906 Mitglied des Reichsrates; 1907 Mitglied der Dritten Duma und deren Vorsitzender 1910–1911.
Hayes, Rutherford B. (4. 10. 1822–17. 1. 1893). 19. Präsident der USA 1877–1881.
Helphant, A.; Tl.: Gel'fand, Israel Lazarevič (Pseudonym: Parvus) (27. 8. 1867–12. 12. 1923). Sozialistischer Theoretiker, Journalist und Publizist; lebte seit 1891 als Geschäftsmann und Journalist in Deutschland und der Türkei; 1905 gab er in St. Petersburg gemeinsam mit L. Trockij die Zeitung „Russkaja Gazeta" heraus; führender Vertreter der „Theorie der permanenten Revolution".
Hertzenstein, M. J. → Herzenstein, M. J.
Herzen, A. J.; Tl.: Gercen, Aleksandr Ivanovič (25. 3. 1812–9. 1. 1870). Sozialistischer Schriftsteller und Publizist; lebte seit 1847 in Frankreich und England im Exil; Herausgeber der Zeitschriften „Poljarnaja Zvezda" (Der Polarstern) und „Kolokol" (Die Glocke).
Herzenstein, M. J.; Tl.: Gercenštejn, Michail Jakovlevič (16. 4. 1859–18. 7. 1906). Professor an der Universität Moskau, Agrarexperte; Gründungsmitglied der Konstitutionellen-Demokraten und Mitglied ihres Zentralkomitees; Mitglied der Ersten Duma; von Schwarzhundertern in Terioki (Finnland) ermordet.
Hessen, I. W.; Tl.: Gessen, Iosif Vladimirovič (2. 4. 1866–1943). Rechtsanwalt; Mitherausgeber

der Zeitschrift „Pravo" (seit 1898); Mitglied des „Sojuz Osvoboždenija"; Gründungsmitglied der Konstitutionellen-Demokraten und Mitglied ihres Zentralkomitees; Abgeordneter der Zweiten Duma.

Hessen, W. M.; Tl.: Gessen, Vladimir Matveevič (1868–1920). Jurist; Mitherausgeber der Zeitschrift „Pravo"; Professor in St. Petersburg; Mitglied der Konstitutionellen-Demokraten und ihres Zentralkomitees.

Heyden, P. A.; Tl.: Gejden, Petr Aleksandrovič Graf (1840–1907). Teilnehmer der Zemstvobewegung; 1895–1907 Präsident der Kaiserlichen Freien Ökonomischen Gesellschaft; Mitglied des „Beseda-Kreises" und des „Bundes der Zemstvo-Konstitutionalisten"; 1905 Mitglied der Union des 17. Oktober; dann Mitgründer der „Partei der friedlichen Erneuerung" (1906); Mitglied der Ersten Duma.

Ignatiew, A. P.; Tl.: Ignat'ev, Aleksej Pavlovič Graf (1842–9. 12. 1906). General; Generalgouverneur von Kiev, Podolien und Volhynien (1889–1896); 1905/1906 Vorsitzender der „Besonderen Kommission über religiöse Toleranz"; Mitglied des Reichsrates (seit 1896); von einem Mitglied der PSR ermordet.

Iliodor (Trufanov, Sergej Michajlovič) (1880–?). Mönch, 1905 Agitator der extremen Rechten.

Iollos, G. B. → Jollos, G. B.

Isgojew, A. S.; Tl.: Izgoev, Aleksandr Solomonovič (Pseudonym für: A. S. Lande) (1872–1935). Journalist und Publizist; Mitglied des „Sojuz Osvoboždenija"; Mitglied der Konstitutionellen-Demokraten und ihres Zentralkomitees.

Isidor (Kolokolov, Petr) (3. 4. 1866–1918). Bischof von Balachna; Vikar des Bistums Nižnij-Novgorod.

Issajew, A. A.; Tl.: Isaev, Andrej Alekseevič (19. 10. 1851–März 1919). Nationalökonom; Professor in St. Petersburg.

Iwan IV. der Schreckliche; Tl.: Ivan IV. Groznyj (25. 8. 1530–28. 3. 1584). Russischer Zar; Regierungszeit 1547–1584.

Jakowljow, W.; Tl.: Jakovlev, Vasilij Jakovlevič (19. 12. 1861–8. 5. 1915). (Pseudonym: Bogutscharskij, W.). Publizist und Journalist; seit 1880 Teilnahme an populistischen Gruppen; später (1895) Hinwendung zum Marxismus; Mitglied des „Sojuz Osvoboždenija", einer der Führer des Petersburger Verbandes der Schriftsteller (1905/1906); gehörte Ende 1905 zur Gruppe „Bez Zaglavija" um S. N. Prokopovič (→ Prokopowitsch, S. N.) und E. D. Kuskova (→ Kuskow), die links von den Konstitutionellen-Demokraten stand.

Jakuschkin, W. E.; Tl.: Jakuškin, Vjačeslav Evgen'evič (4. 10. 1856–2. 12. 1912). Historiker und Literaturwissenschaftler; Dozent an der Universität Moskau; Mitherausgeber der „Russkija Vedomosti"; Mitglied des Bundes der Zemstvo-Konstitutionalisten, Mitgründer der Konstitutionellen-Demokraten und Mitglied im Zentralkomitee; Abgeordneter der Ersten Duma.

Janshul, I. I.; Tl.: Janžul, Ivan Ivanovič (2. 6. 1846–8. 10. 1914). Ökonom, Statistiker und Historiker; Professor in Moskau; Mitglied des Zentralkomitees der Partei der Rechtsordnung (1906).

Jasnopolski, L. N.; Tl.: Jasnopol'skij, Leonid Nikolaevič (1873–?). Jurist und Nationalökonom, Statistiker; Professor an der Universität Kiev; Mitglied der Konstitutionellen-Demokraten; Abgeordneter der Ersten Duma.

Jaurès, Jean (3. 9. 1859–31. 7. 1914). Französischer sozialistischer Politiker und Theoretiker; 1885–1889 republikanischer Abgeordneter, 1893–1898 und 1902–1914 sozialistischer Abgeordneter im Parlament; 1904 Gründer und Herausgeber der L'Humanité; Anhänger eines deutsch-französischen Ausgleichs; Führer der französischen Sozialisten in der Zweiten Internationale; 1914 ermordet.

Jellinek, Georg (16. 6. 1851–12. 1. 1911). Deutscher Jurist; Professor für Staatsrecht in Wien (1883), Basel (1889) und Heidelberg (1891–1911); stand seit Mitte der 1890er Jahre in engem wissenschaftlichem und persönlichem Kontakt mit Max Weber, dessen Werk er in nicht unerheblichem Maße beeinflußte, insbesondere durch seine „allgemeine Staatslehre", der Max Weber wesentliche Anregungen für die Begründung seiner Soziologie verdankte.

Jermolow, A. S.; Tl.: Ermolov, Aleksej Sergeevič (12. 11. 1846–1917). Beamter und Politiker; 1892/93 stellvertretender Finanzminister; 1893–1905 Landwirtschaftsminister; 1905–1917 Mitglied des Reichsrates.

Jeserskij, J. N.; Tl.: Ezerskij, Nikolaj Fedorovič (1870–?). Schulinspektor, später Publizist; Mitglied der Konstitutionellen-Demokraten; Abgeordneter der Ersten Duma.
Jollos, G. B.; Tl.: Iollos, Grigorij Borisovič (1859–14. 3. 1907). Publizist und Jurist; Berliner Korrespondent der „Russkija Vedomosti" und später deren Mitherausgeber; Mitglied der Konstitutionellen-Demokraten; Abgeordneter der Ersten Duma; von einem Mitglied der Schwarzhunderter ermordet.
Jurizyn, S. P.; Tl.: Juricyn, Sergej Petrovič (1873–?). Verleger; Herausgeber des „Syn Otečestva".
Kaminka, Avgust Isaakovič (1865–?). Professor für Handelsrecht in St. Petersburg; Mitherausgeber der Zeitschrift „Pravo".
Karl I. (19. 11. 1600–30. 1. 1649). Englischer König; Regierungszeit 1625–1649; hingerichtet.
Kaschkarow, W. M.; Tl.: Kaškarov, V. M. Geograph und Archäologe; Zemstvomitglied.
Kassatkin-Rostowskij, N. F. Fürst; Tl.: Kasatkin-Rostovskij, Nikolaj Fedorovič Knjaz' (21. 10. 1848–26. 10. 1908). Adelsmarschall in Kursk; Mitglied des Reichsrates seit 1906; Mitgründer des „Rates des Vereinigten Adels".
Katharina II.; Tl.: Ekaterina II. (21. 4. 1729/2. 5. 1729–6. 11. 1796). Kaiserin von Rußland, geb. Prinzessin Sophie Friederike von Anhalt-Zerbst; Regierungszeit 1762–1796.
Katkow, A. M.; Tl.: Katkov, A. M. Mitglied des „Sojuz russkich ljudej" (1905/1906).
Katkow, M. N.; Tl.: Katkov, Michail Nikiforovič (1. 11. 1818–20. 7. 1887). Philosoph und Publizist; 1845–1850 Professor der Philosophie in Moskau; Herausgeber der „Moskovskija Vedomosti" seit 1851; einer der führenden Vertreter des Slavophilismus.
Kaufmann, A. A.; Tl.: Kaufman, Aleksandr Arkad'evič (12. 3. 1864–1919). Nationalökonom und Agrarstatistiker; Professor in St. Petersburg; Mitglied der Konstitutionellen-Demokraten und ihres Zentralkomitees. Er stand seit 1906 in brieflichem Kontakt mit Max Weber.
Kautsky, Karl (16. 10. 1854–17. 10. 1938). Deutsch-österreichischer sozialdemokratischer Politiker und Publizist; 1875 Mitglied der Sozialdemokratischen Partei in Wien; 1881/1882 Privatsekretär von Friedrich Engels in London; 1883–1917 Gründer und Herausgeber der Zeitschrift „Die Neue Zeit"; 1891 Hauptverfasser des Erfurter Programms der SPD; 1917 Mitglied der USPD.
Kisseljew, P. D.; Tl.: Kiselev, Pavel Dmitrievič Graf (8. 1. 1788–14. 11. 1872). Offizier und Politiker; 1814 Flügeladjutant Alexanders I.; 1819 Oberkommandierender in der Ukraine; 1828/1829 mit der Verwaltung Moldaviens und der Walachei beauftragt; seit 1835 Mitglied aller geheim tagenden Komitees über Fragen der Aufhebung der Leibeigenschaft; 1837–1856 Domänenminister; führte 1837–1841 eine Reform der Verwaltung der Staatsbauern durch; 1856–1862 Gesandter in Paris.
Kistiakowski, Th. A.; Tl.: Kistjakovskij, Bogdan Aleksandrovič (4. 11. 1868–Mai 1920). Soziologe und Jurist; Schüler von → Georg Simmel, → Wilhelm Windelband und → Georg Jellinek; Vertreter des Neokantianismus; studierte 1901–1905 mit Unterbrechungen an der Universität Heidelberg; seit Anfang 1905 in enger Beziehung zu Max Weber; Dozent an der Handelshochschule Moskau (1906–1909); Privatdozent für öffentliches Recht an der Universität Moskau (1909–1911); 1911–1917 Unterricht am Demidovskij-Lyceum in Jaroslavl'; Professor an der Universität Kiev (1916–1920); Mitglied des „Sojuz Osvoboždenija"; Herausgeber des „Kritičeskoe Obozrenie" und des „Juridičeskij Vestnik".
Klado, Nikolaj Lavrent'evič (1862–10. 7. 1919). Oberst; Militärtheoretiker und -schriftsteller; Militärkorrespondent des „Novoe Vremja" (1904/1905); Mitglied des Zentralkomitees der Partei der Rechtsordnung (Partija pravovogo porjadka) (1906).
Kleinbort, L. M.; Tl.: Klejnbort, Lev Maksimovič (15. 11. 1875–1950). Publizist; Mitglied der Sozialdemokraten.
Knapp, Georg Friedrich (7. 3. 1842–20. 2. 1926). Deutscher Nationalökonom, Statistiker und Agrarhistoriker; 1867 Leiter des statistischen Amtes der Stadt Leipzig; 1869–1874 a. o. Prof. für Nationalökonomie und Statistik in Leipzig; 1874–1918 o. Prof. in Straßburg; Gründungsmitglied des Vereins für Socialpolitik; Vertreter der jüngeren historischen Schule der Nationalökonomie; Lehrer von Aleksandr A. Čuprov (→ Tschuprow).
Kokoschkin, F. F.; Tl.: Kokoškin, Fedor Fedorovič (14. 7. 1871–7. 1. 1918). Jurist; Anfang der 1890er Jahre Studium an der Universität Heidelberg; Dozent an der Universität Moskau (1900–1911); Mitglied des „Sojuz Osvoboždenija", Gründungs- und Zentralkomitee-Mitglied der Konstitutionellen-Demokraten; Abgeordneter der Ersten Duma; mit S. A. Murom-

cev (→ Muromzew) einer der Autoren des Verfassungsentwurfs des „Sojuz Osvoboždenija"; von Matrosen ermordet.

Kokowzew, W. N.; Tl.: Kokovcov, Vladimir Nikolaevič Graf (6.4.1853–1943). Beamter und Politiker; 1873–1890 Tätigkeit im Justizministerium; 1892–1902 stellvertretender Finanzminister; 1904/1905 und 1906–1914 Finanzminister; 1911–1914 Ministerpräsident; seit 1905 Mitglied des Reichsrates.

Koljubakin, Aleksandr Michajlovič (1868–1915). Großgrundbesitzer; Mitglied des Gouvernementszemstvo Novgorod; Mitglied der Konstitutionellen-Demokraten und ihres Zentralkomitees; Abgeordneter der Dritten Duma.

Koljubakin, Boris Michajlovič (1853–?). Offizier im Generalstab; Militärhistoriker; Professor an der Militärakademie.

Korf, Pavel Leopol'dovič Baron (1836–16.3.1913). Industrieller und Großgrundbesitzer; Bürgermeister von St. Petersburg; Zemstvo- und Stadtduma-Mitglied; Vorsitzender des Petersburger Zentralkomitees der Union des 17. Oktober.

Korjenew, W. I.; Tl.: Korenev, Vasilij Ivanovič. Vorsitzender des Bauernbundes „Narodnyj Mir" (1906).

Korkunow, N. M.; Tl.: Korkunov, Nikolaj Michajlovič (14.4.1853–29.11.1904). Professor für Verfassungsrecht und Rechtsphilosophie in St. Petersburg (1879–1904).

Kornilow, A. A.; Tl.: Kornilov, Aleksandr Aleksandrovič (18.11.1862–26.4.1925). Historiker; seit 1909 Professor am Polytechnikum in St. Petersburg; Mitglied des „Sojuz Osvoboždenija"; Mitarbeiter des „Osvoboždenie"; Sekretär des Zentralkomitees der Konstitutionellen-Demokraten (1906–1909).

Koroljenko, W. G.; Tl.: Korolenko, Vladimir Galaktionovič (15.7.1853–25.12.1921). Schriftsteller, Publizist; Herausgeber des „Russkoe Bogatstvo".

Koschewnikow, W.; Tl.: Koževnikov, Valentin Alekseevič (1850–1917). Philosoph; Herausgeber der philosophischen Zeitschrift „Pravda" 1904/1905.

Kotljarewskij, S. A.; Tl.: Kotljarevskij, Sergej Andreevič (1873–1940). Historiker und Jurist; seit 1901 Dozent, dann Professor für öffentliches Recht an der Universität Moskau; aktiv in der Zemstvobewegung; Mitglied des „Beseda-Kreises" und des „Sojuz Osvoboždenija"; Mitglied der Konstitutionellen-Demokraten und ihres Zentralkomitees; Abgeordneter der Ersten Duma.

Kotzebue, Theodor K.; Tl.: Kocebu-Pilar fon Pilchau, Fedor Karlovič Graf (5.7.1848–7.8.1911). Generalleutnant; Stadthauptmann von Rostov (1904–1905).

Kowalewskij, Maxim → Kowaljewski, M.

Kowaljewski, M. M.; Tl.: Kovalevskij, Maksim Maksimovič (27.8.1851–23.3.1916). Jurist und Soziologe; ab 1877 Dozent und ab 1880 Professor an der Universität Moskau; 1887 wegen politischer Unzuverlässigkeit entlassen; 1887–1901 Tätigkeit an Universitäten in Schweden, England, Belgien, Italien und den USA; 1901 Mitgründer der École Russe des Hautes Études Sociales in Paris; 1905 Rückkehr nach Rußland; Professuren in Moskau und St. Petersburg; am dortigen Polytechnischen Institut Inhaber des ersten Lehrstuhls für Soziologie in Rußland; Herausgeber des „Vestnik Evropy" und der „Strana"; 1906 Gründer der „Partei der demokratischen Reform"; Abgeordneter der Ersten Duma; ab 1907 Mitglied des Reichsrates.

Kowaljewskij, N. N.; Tl.: Kovalevskij, Nikolaj Nikolaevič (1858–?). Großgrundbesitzer; Zemstvomitglied; Mitglied des „Beseda-Kreises" und des „Sojuz Osvoboždenija"; Mitglied der Konstitutionellen-Demokraten; Abgeordneter der Ersten Duma.

Krassowskij, M. W.; Tl.: Krasovskij, Michail Vasil'evič (1851–24.4.1911). Jurist; Zemstvomitglied; Ende 1905 Mitglied der Partei der Rechtsordnung (Partija pravovogo porjadka), dann Mitglied des Moskauer Zentralkomitees der Union des 17. Oktober; leitende Tätigkeit im Senat; Mitglied des Reichsrates.

Krestownikow, G. A.; Tl.: Krestovnikov, Grigorij Aleksandrovič (1855–1918). Textilindustrieller; Vorsitzender der „Handels- und Industriepartei" (1905/1906); danach Mitglied der Union des 17. Oktober; Präsident des Moskauer Börsenkomitees.

Kudrin, N. (Pseudonym) → Rusanow, Nikolaj S.

Kuprina-Iordanskaja, Marija Karlovna (25.3.1881–1966). Herausgeberin des „Mir Božij", Mitherausgeberin des „Sovremennyj Mir", → auch Davydova, Marija Karlovna.

Kurakin, Michail Anatol'evič Knjaz' (25.10.1872–16.3.1930). Offizier; Mitunterzeichner des Manifests des „Sojuz russkich ljudej" (1905).

Kurlow, P. G.; Tl.: Kurlov, Pavel Grigor'evič (1860–1923). Generalleutnant; Vizegouverneur in Kursk (1903–1905); Gouverneur in Minsk (1905/1906); Direktor des Polizeidepartements (1907–1909); stellvertretender Innenminister (1909–1911 und 1916).
Kuskow, Jekaterina; Tl.: Kuskova, Ekaterina Dmitrievna (1869–22.12.1958). Publizistin; in den 90er Jahren des 19. Jahrhunderts der russischen Sozialdemokratie nahestehend; später auf dem linken Flügel der liberalen Bewegung; Mitglied des „Sojuz Osvoboždenija"; Teilnahme am „Sojuz Sojuzov" und der Gewerkschaftsbewegung 1905; gründete Ende 1905 gemeinsam mit S. N. Prokopovič (→ Prokopowitsch, S. N.) und Bogučarskij (V. Jakovlev) (→ Jakowljow) die Gruppe „Bez Zaglavija".
Kusmin-Karawajew, W. D.; Tl.: Kuz'min-Karavaev, Vladimir Dmitrievič (28.11.1859–1928). Jurist; Professor der Rechtswissenschaft an der Militärakademie (1890–1903) und an der Universität St. Petersburg (1909–1913); Zemstvomitglied; 1905 Mitglied der Konstitutionellen-Demokraten; später Mitgründer der „Partei der demokratischen Reform"; Abgeordneter der Ersten und Zweiten Duma.
Kusminski, A. M.; Tl.: Kuzminskij, Aleksandr Michajlovič (22.3.1844–1917). Jurist; Senator; 1905/1906 mit der Untersuchung über die Judenpogrome beauftragt.
Kutler, Nikolaj Nikolaevič (1859–1924). Jurist und Politiker; 1899–1904 leitender Beamter im Finanzministerium; 1904 stellvertretender Innenminister; Minister für Landwirtschaft (1905/1906); nach dem Ausscheiden aus dem Ministeramt Mitglied der Konstitutionellen-Demokraten; einer der führenden Agrarexperten der Partei; Abgeordneter der Zweiten und Dritten Duma.
Lafayette, Marie Joseph, Marquis de (6.9.1757–20.5.1834). Französischer Politiker; seit 1777 als General im Unabhängigkeitskrieg der Vereinigten Staaten von Amerika aktiv; 1789 Mitglied der Generalstände; einer der führenden Politiker der französischen Revolution von 1789.
Lassalle, Ferdinand (11.4.1825–31.8.1864). Mitbegründer der deutschen Arbeiterbewegung; 1849 Mitarbeiter von Karl Marx und Friedrich Engels bei der „Neuen Rheinischen Zeitung"; 1863 Gründer des „Allgemeinen Deutschen Arbeitervereins"; Befürworter eines preußisch-deutschen Nationalstaates.
Launitz, W. F. von der; Tl.: Launic, Vladimir Fedorovič Šmidt fon der (1855–21.12.1906). Gouverneur von Tambov (1902–1905); Stadthauptmann von St. Petersburg (seit 31. Dez. 1905); von Mitgliedern der PSR ermordet.
Lawrow, P. L.; Tl.: Lavrov, Petr Lavrovič (14.6.1823–6.2.1900). Sozialistischer Theoretiker; einer der Führer des Narodničestvo; 1870 Emigration ins Ausland; Herausgeber des „Vpered" (1873–1886), zunächst in Zürich, dann in London; Teilnahme an der Pariser Kommune.
Lawrow, S. W.; Tl.: Lavrov, S. V. Mitglied der Partei der Rechtsordnung (1906).
Lebœuf, Edmond (6.12.1809–7.6.1888). Französischer Marschall (seit 1870); Kriegsminister vom 2.1. bis 9.8.1870.
Leontjew, Nikolai K.; Tl.: Leont'ev, Konstantin Nikolaevič (13.1.1831–12.11.1891). Schriftsteller, Publizist und Arzt; während des Krimkrieges 1854/1855 Militärarzt; danach im diplomatischen Dienst (1868–1873); von 1880–1887 als Zensor tätig; verbrachte die letzten Jahre seines Lebens als Einsiedler und wurde kurz vor seinem Tode Mönch; seine Anschauungen sind gekennzeichnet von der strikten Ablehnung westlicher Zivilisation und der Betonung der Eigenart Rußlands, die auf der byzantinisch-orthodoxen Tradition beruht.
Leroy-Beaulieu, Henri Jean-Baptiste Anatole (1842–1912). Französischer Historiker; Verfasser mehrerer Arbeiten über Rußland; 1906 Direktor der École des sciences politiques.
Ljebjedjew, I. A.; Tl.: Lebedev, Ivan A. Industrieller.
Ljwow, G. E. Fürst; Tl.: L'vov, Georgij Evgen'evič Knjaz' (1861–6.3.1925). Zemstvomitglied; Mitglied der Konstitutionellen-Demokraten; Abgeordneter der Ersten Duma; während des russisch-japanischen Krieges 1904/1905 und während des Ersten Weltkrieges (1914–1917) Vorsitzender des allrussischen Zemstvo-Verbandes; erster Ministerpräsident der Provisorischen Regierung 1917.
Ljwow, N. N.; Tl.: L'vov, Nikolaj Nikolaevič (1867–1944). Großgrundbesitzer im Gouvernement Saratov; Teilnehmer der Zemstvobewegung; 1893–1900 Adelsmarschall in Saratov; Mitglied des „Beseda-Kreises" und des „Sojuz Osvoboždenija"; 1905 Mitglied der Konstitutionellen-Demokraten; 1906 Gründungsmitglied der „Partei der friedlichen Erneuerung"; Abgeordneter der Ersten Duma.

Lokot, T. W.; Tl.: Lokot', Timofej Vasil'evič (19. 1. 1869–?). Agrarwissenschaftler; Professor an der Landwirtschaftshochschule Novo-Aleksandrovsk; Mitglied der „trudovaja gruppa"; Abgeordneter der Ersten Duma.
Lossitzkij, A. E.; Tl.: Losickij, Aleksej Emil'janovič. Ökonom; Wirtschafts- und Finanzpublizist.
Losski, N. O.; Tl.: Losskij, Nikolaj Onufrievič (6. 12. 1870–4. 1. 1965). Philosoph; Privatdozent, dann Professor in St. Petersburg (1907–1921); lehrte danach in Prag und Bratislava; Begründer des sog. Intuitivismus und des Ideal-Realismus.
Ludwig XVI. (23. 5. 1754–21. 1. 1793). Französischer König; Regierungszeit 1774–1792.
Lutschizkij, I. W.; Tl.: Lučickij, Ivan Vasil'evič (2. 6. 1845–22. 8. 1918). Historiker; Professor an der Universität Kiev (1877–1907) und der Universität St. Petersburg (1907–1918); Zemstvomitglied; Mitglied der Konstitutionellen-Demokraten; Abgeordneter der Dritten Duma.
Luxemburg, Rosa (5. 3. 1871–15. 1. 1919). Deutsch-polnische sozialistische Politikerin und Theoretikerin; Studium der Nationalökonomie in Zürich; Mitgründerin der „Sozialdemokratischen Partei des Königreichs Polen und Litauen"; lebte seit 1897 in Deutschland; 1905/1906 Teilnahme an den revolutionären Ereignissen in Warschau; 1916 Mitgründerin des Spartakusbundes; Ende 1918/Anfang 1919 Mitgründerin der KPD; nach dem Berliner Januaraufstand 1919 von Angehörigen der Reichswehr ermordet.
Mach, Ernst (18. 2. 1838–19. 2. 1916). Österreichischer Physiker und Philosoph; Professor der Physik in Graz (1864) und Prag (1867); 1895–1901 Professor der Philosophie in Wien; vertrat eine radikal empiristische Auffassung, die jegliche Metaphysik ablehnte.
Malinowskij → Bogdanow, A. A.
Malzow, S. I.; Tl.: Mal'cov, Sergej Ivanovič (1801–1893). Industrieller; baute in den 1860er und 1870er Jahren eine der größten Unternehmensgruppen in Rußland auf, die u. a. Fabriken der Maschinen-, Holz- und Papierindustrie umfaßte.
Manuilow, A. A.; Tl.: Manuilov, Aleksandr Apollonovič (1861–1929). Nationalökonom; Professor an der Universität Moskau (1901–1911) und deren Rektor (1905–1911); anfangs dem Narodničestvo nahestehend; Mitglied der Konstitutionellen-Demokraten und ihres Zentralkomitees; Agrarexperte der Partei; leitender Redakteur der „Russkija Vedomosti"; 1907–1911 Mitglied des Reichsrates; 1911 mußte er auf ministeriellen Druck seine Professur aufgeben; 1917 Bildungsminister in der Provisorischen Regierung.
Martow, L.; Tl.: Martov, L. (eigentlich: Cederbaum, Julij Osipovič) (24. 11. 1873–4. 4. 1923). Sozialistischer Theoretiker und Politiker; Mitgründer der russischen Sozialdemokratie; 1895 Mitgründer des St. Petersburger „Kampfbund zur Befreiung der Arbeit"; Mitgründer der „Iskra" und „Zarja"; nach der Parteispaltung von 1903 Führer der Men'ševiki; 1905 Mitarbeit im St. Petersburger Sovet; seit 1920 im Exil.
Masslow, P. P.; Tl.: Maslov, Petr Pavlovič (15. 7. 1887–4. 6. 1946). Ökonom; Agrarexperte; Mitglied der Sozialdemokraten (Men'ševik).
Mehring, Franz (27. 2. 1846–28. 1. 1919). Deutscher sozialdemokratischer Politiker und Journalist; Vertreter des linken Flügels der Sozialdemokratie; schloß sich im Ersten Weltkrieg dem Spartakusbund an; Reichstagsabgeordneter der USPD.
Menger, Anton (12. 9. 1841–6. 2. 1906). Österreichischer Jurist, Ökonom und Sozialpolitiker; 1877–1899 Professor der Rechte an der Universität Wien.
Menschikow, M.; Tl.: Men'šikov, Michail Osipovič (30. 9. 1859–1919). Journalist; Redakteur des Novoe Vremja.
Meschtscherski, S. B. Fürst; Tl.: Meščerskij, S. B. Knjaz'. Mitglied des Moskauer Gouvernementszemstvo; Mitunterzeichner des Manifests des „Sojuz russkich ljudej" (1905).
Meschtscherski, W. P. Fürst; Tl.: Meščerskij, Vladimir Petrovič Knjaz' (11. 1. 1839–10. 7. 1914). Publizist; Verleger und Redakteur des „Graždanin"; stand in enger Beziehung zu Zar → Alexander III.
Meyendorf, Alexander Freiherr von; Tl.: Mejendorf, Aleksandr Feliksovič Baron (30. 4. 1869–20. 2. 1964). Baltischer Jurist und Politiker; Mitarbeiter im Innenministerium (seit 1899); Dumaabgeordneter (1907–1917); Mitglied der Union des 17. Oktober.
Michailowskij, N. K.; Tl.: Michajlovskij, Nikolaj Konstantinovič (27. 11. 1842–10. 2. 1904). Publizist und Soziologe; führender Theoretiker des Narodničestvo; seit Beginn der 1880er Jahre Mitglied in der „Narodnaja Volja"; Herausgeber der „Otečestvennye Zapiski" (1869–1894) und des „Russkoe Bogatstvo" (seit 1894).

Michalin. Mitglied der Schwarzen Hundert; ermordete im Oktober 1905 den russischen Sozialdemokraten Nikolaj F. Bauman.
Migulin, Petr Petrovič (12. 8. 1870–?). Professor für Wirtschaftswissenschaft in Char'kov und in St. Petersburg.
Miklaschewskij, A. N.; Tl.: Miklaševskij, Aleksandr Nikolaevič (8. 12. 1864–1911). Ökonom; Privatdozent an der Universität Moskau.
Miklashewskij, M. P.; Tl.: Miklaševskij, Michail Petrovič. Arzt; Mitglied des „Sojuz Osvoboždenija" in St. Petersburg.
Miljukow, P. N.; Tl.: Miljukov, Pavel Nikolaevič (15. 1. 1859–31. 3. 1943). Historiker und Politiker; 1886–1895 Privatdozent an der Universität Moskau, dort 1895 im Zusammenhang mit studentischen Unruhen entlassen; lebte 1897–1905 im Exil in Bulgarien, der Türkei und den USA, lehrte dort an den Universitäten Sofia und Chicago; 1905 Rückkehr nach Rußland; Mitglied des „Sojuz Osvoboždenija"; 1905 Mitgründer und Führer der Kadetten, seit 1907 Vorsitzender der Partei, seit 1906 leitender Redakteur des Parteiorgans Reč'; Mitglied der Dritten und Vierten Duma; von März bis Mai 1917 Außenminister der Provisorischen Regierung.
Miljutin, Jurij Nikolaevič (1856–8. 1. 1912). Publizist; Mitglied der Oktobristen und ihres Zentralkomitees (seit 1905).
Miquel, Johannes von (19. 2. 1828–8. 9. 1901). Deutscher nationalliberaler Politiker und Jurist; 1859 Mitgründer und Ausschußmitglied des Deutschen Nationalvereins; 1867–1871 Mitglied des Reichstages des Norddeutschen Bundes; 1871–1877 und 1887–1890 MdR; 1865–1870 und 1876–1880 Bürgermeister bzw. Oberbürgermeister von Osnabrück; 1880 Oberbürgermeister in Frankfurt a. M.; 1890–1901 preußischer Finanzminister; Exponent der gegen die Sozialdemokratie gerichteten konservativ-liberalen „Sammlungspolitik"; 1899 publizistische Kontroverse mit Max Weber über die Bedeutung der 1891/1892 vom Verein für Socialpolitik durchgeführten Erhebung über die Lage der Landarbeiter.
Mirabeau, Honoré Gabriel de Riqueti Comte (9. 3. 1749–2. 4. 1791). Französischer politischer Publizist, Politiker und Schriftsteller; Mitglied der Nationalversammlung; Jakobiner; seit Februar 1791 Präsident der Nationalversammlung.
Mischtschenko, L. L.; Tl.: Miščenko, Leon Leonovič (17. 6. 1882–?). Journalist; Herausgeber der Zeitung „Rabočaja Mysl'"; Mitgründer der „Liga Truda".
Mjakotin, W. A.; Tl.: Mjakotin, Venedikt Aleksandrovič (25. 3. 1867–24. 9. 1937). Historiker und Publizist; Mitherausgeber des „Russkoe Bogatstvo"; Mitglied des „Sojuz Osvoboždenija"; Mitgründer der „Volkssozialistischen Partei" (1906).
Moritz, Friedrich Erwin; Tl.: Moric, Fridrich Ervinovič (29. 11. 1842–8. 11. 1907). Baltischer Jurist und Politiker; Vorsitzender des Ausschusses der „Baltischen Konstitutionellen Partei" (1905).
Morosow, A. I.; Tl.: Morozov, Arsenij Ivanovič (1850–1929). Industrieller; einer der Führer der Altgläubigen.
Morosow, S. T.; Tl.: Morozov, Savva Timofeevič (1862–13. 5. 1905). Textilindustrieller; Sprecher des reformfreundlichen Flügels des Moskauer Börsenkomitees; Mäzen Maksim Gor'kijs (→ Gorkij); unterstützte finanziell die russische Sozialdemokratie; verübte Selbstmord in Cannes.
Muromzew, S. A.; Tl.: Muromcev, Sergej Andreevič (23. 9. 1850–5. 10. 1910). Jurist; Professor für römisches Recht an der Universität Moskau (seit 1877); 1884 aus politischen Gründen entlassen; danach Rechtsanwalt; Präsident der Moskauer juristischen Gesellschaft (seit 1880); Herausgeber des „Juridičeskij Vestnik" (seit 1876); zog sich 1884 von politischen Aktivitäten zurück; seit 1904 Mitglied des „Sojuz Osvoboždenija"; Mitglied der Zemstvobewegung; Verfasser des revidierten Verfassungsentwurfs des „Sojuz Osvoboždenija" vom Juli 1905; Mitglied des Zentralkomitees der Konstitutionellen-Demokraten; Abgeordneter der Ersten Duma und deren Präsident.
Napoleon III. (20. 4. 1808–9. 1. 1873). Kaiser von Frankreich; Regierungszeit 1852–1870.
Nardow, K. N.; Tl.: Nardov, K. N. Mitarbeiter der Bauernbank.
Naryschkin, W. L. Fürst; Tl.: Naryškin, Vasilij L'vovič Knjaz' (28. 12. 1841–25. 5. 1906). Großgrundbesitzer.
Nasarenko, D.; Tl.: Nazarenko, Dmitrij Illarionovič (1861–?). Abgeordneter der Ersten Duma; Mitglied der „trudovaja gruppa".

Neidhardt, A. B.; Tl.: Nejdgart, Aleksej Borisovič (1863–1918). Gouverneur von Ekaterinoslav 1904/1905; Führer der gemäßigt rechten „Zentrumsgruppe" im Reichsrat (1906–1917).
Neidhardt, D. B.; Tl.: Nejdgart, Dmitrij Borisovič (1861–1942). Stadthauptmann von Odessa (1903–1905 und 1907); Mitglied des Senats seit 1907.
Nicolaus I. → Nikolaus I.
Nikolajon, Tl.: Nikolaj-on (Pseudonym) → Danijlsson, N. F.
Nikolaus I.; Tl.: Nikolaj I. (6. 7. 1796–2. 3. 1855). Kaiser von Rußland; Regierungszeit 1825–1855.
Nikolaus II.; Tl.: Nikolaj II. (18. 5. 1868–16. 7. 1918). Kaiser von Rußland; Regierungszeit 1894–1917.
Nikolskij, A. P.; Tl.: Nikol'skij, Aleksandr Petrovič (1851–?). Direktor der staatlichen Sparkasse (1893–1906); Landwirtschaftsminister (1906); Mitglied des Reichsrates (seit 1906).
Nikon (2. 5. 1605–16. 8. 1681). Patriarch (seit 1652) während der Kirchenreform und der Kirchenspaltung im 17. Jahrhundert; 1646 Archimandrit; 1648 Metropolit in Novgorod; seit 1646 Ratgeber des Zaren Aleksej Michajlovič; 1658 endgültiges Zerwürfnis mit dem Zaren über die Frage des Verhältnisses von Kirche und Staat; Resignation Nikons; 1666/1667 von einer Synode endgültig abgesetzt und in ein Kloster am Weißen Meer verbannt.
Nobel, E. L.; Tl.: Nobel', Emanuil Ludvigovič (22. 6. 1859–31. 5. 1932). Industrieller; Leiter der Unternehmensgruppe der Gebrüder Nobel' (1888–1917).
Nowgorodzew, P. I.; Tl.: Novgorodcev, Pavel Ivanovič (1866–24. 4. 1924). Professor für Rechtsphilosophie in Moskau (seit 1904); Mitglied des „Sojuz Osvoboždenija" und der Konstitutionellen-Demokraten; Abgeordneter der Ersten Duma.
Nowossilzew, Ju. A.; Tl.: Novosil'cev, Jurij Aleksandrovič (1853–?). Zemstvomitglied; Mitglied des Beseda-Kreises, des Bundes der Zemstvo-Konstitutionalisten und der Konstitutionellen-Demokraten.
Nowotorshskij, G.; Tl.: Novotoržskij, G. Mitglied der Partei der Sozialisten-Revolutionäre.
Oboljenskij, A. D. Fürst; Tl.: Obolenskij, Aleksej Dmitrievič Knjaz' (1855–Sept. 1933). Beamter und Politiker; stellvertretender Innenminister (1897–1901); stellvertretender Finanzminister (1902–1905); Oberprokuror des Heiligen Synod (Okt. 1905 bis April 1906); Mitglied des Reichsrates; entwarf den Text des Oktobermanifestes (1905).
Oljssufjew; Tl.: Olsuf'ev. Russisches Adelsgeschlecht.
Oljssufjew, D. A.; Tl.: Olsuf'ev, Dmitrij Adamovič Graf (2. 10. 1862–10. 2. 1937). Vorsitzender des Zemstvo der Provinz Saratov (1902–1904); Mitglied des Reichsrates (seit 1906); Mitglied der Union des 17. Oktober; führendes Mitglied im „Rat des Vereinigten Adels".
Onipko, Fedor Michajlovič (1880–?). Mitglied der „trudovaja gruppa"; Abgeordneter der Ersten Duma; Redakteur der Zeitschrift „Trudovaja Rossija"; lebte von 1906–1917 im Exil im Ausland.
Orlow-Dawydow, W. W.; Tl.: Orlov-Davydov, V. P. Graf. Mitglied des Verbandes der Großgrundbesitzer; Zemstvo-Mitglied; Mitunterzeichner des Manifests des „Sojuz russkich ljudej" (1905).
Oserow, I. Ch.; Tl.: Ozerov, Ivan Christoforovič (1869–1942). Professor für Nationalökonomie; Publizist; Mitglied des Reichsrates.
Ostrogorski, W. P.; Tl.: Ostrogorskij, Viktor Petrovič (16. 2. 1840–31. 3. 1902). Pädagoge, Schriftsteller, Mitherausgeber des „Mir Božij" und des „Obrazovanie".
Parvus (Pseudonym) → Helphant, Alexander.
Pawlow, W. P.; Tl.: Pavlov, Vladimir Petrovič (?–27. 12. 1906). Generalleutnant; oberster Militäranklager, von Mitgliedern der PSR ermordet.
Pestrzecki, P. I.; Tl.: Pestržeckij, D. I. Publizist; Mitglied des Zentralkomitees der Partei der Rechtsordnung (1906).
Peter I.; Tl.: Petr I. (9. 6. 1672–8. 2. 1725). Kaiser von Rußland; Regierungszeit 1682–1725.
Petrazycki, L. I.; Tl.: Petražickij, Lev Iosifovič (13. 4. 1867–15. 5. 1931). Jurist; Professor für Rechtsphilosophie und bürgerliches Recht an der Universität St. Petersburg (1897–1917); Abgeordneter der Konstitutionellen-Demokraten in der Ersten Duma.
Petrow, G. S.; Tl.: Petrov, Grigorij Spiridonovič (1867–1925). Priester und Publizist; Theologieprofessor am St. Petersburger Polytechnikum; gründete im Oktober 1905 die „christlich-konstitutionelle Partei"; später Mitglied der Konstitutionellen-Demokraten und Abgeordneter der Zweiten Duma.

Petrunkjewitsch, J. J.; Tl.: Petrunkevič, Ivan Il'ič (1844–14. 6. 1928). Großgrundbesitzer und Politiker; seit 1868 aktiv in der Zemstvobewegung; 1878/1879 Initiator der sogenannten „Ersten Zemstvobewegung"; 1879 verhaftet und nach Kostroma verbannt; seit 1891 aktiv im Tver'schen Zemstvo; führende Rolle in der Organisation der Zemstvo-Kongresse der Jahre 1904/1905; Organisator des „Sojuz Osvoboždenija"; einer der Gründer und Führer der Konstitutionellen-Demokraten; Abgeordneter der Ersten Duma; Vorsitzender des Zentralkomitees der Konstitutionellen-Demokraten (1911–1915).
Petrunkjewitsch, M. I.; Tl.: Petrunkevič, Michail Il'ič (1845–1912). Bruder des Vorstehenden; Teilnehmer der Zemstvobewegung; Zemstvo-Arzt seit 1892; seit 1899 Fabrikdirektor in St. Petersburg; Mitglied der St. Petersburger Stadtduma seit 1898; Mitglied des „Sojuz Osvoboždenija" und der Konstitutionellen-Demokraten; Abgeordneter der Ersten Duma.
Philin; Tl.: Filin. Mitglied der Partei der Rechtsordnung (1906).
Philipp; Tl.: Filipp (1507–23. 12. 1569). 1548 Abt des Soloveckij-Klosters; Metropolit (seit 1566); wegen öffentlicher Kritik an der Opričnina Zar Ivans IV. (→ Iwan IV.) von diesem 1568 abgesetzt und verbannt; von einem Mitglied der Opričnina an seinem Verbannungsort ermordet.
Pichno, Dmitrij Ivanovič (1. 1. 1853–29. 7. 1913). Nationalökonom und Publizist; Professor an der Universität Kiev (1877–?); Zemstvomitglied; Herausgeber des „Kievljanin" (1879–1907); seit 1907 Mitglied des Reichsrates.
Pilenko, A. → Piljenko, A.
Piljenko, A. A.; Tl.: Pilenko, Aleksandr Aleksandrovič (1873–?). Jurist und Publizist; Professor für internationales Recht an der Universität St. Petersburg; Mitglied der Union des 17. Oktober bis Ende April 1906.
Pjeschechonow, A. W.; Tl.: Pešechonov, Aleksej Vasil'evič (21. 1. 1867–3. 4. 1933). Politiker, Publizist und Zemstvostatistiker; Mitarbeiter des „Russkoe Bogatstvo" seit 1899, ab 1904 Herausgeber; Vertreter des liberalen Narodničestvo; Mitglied des „Sojuz Osvoboždenija"; Mitgründer der „Partei der Volkssozialisten" (1906).
Plansson, W. A.; Tl.: Planson, Viktor Antonovič de. Rechtsanwalt; Vorsitzender der „Liga Truda" (1906).
Plechanow, G. W.; Tl.: Plechanov, Georgij Valentinovič (29. 11. 1856–30. 5. 1918). Sozialistischer Theoretiker und Politiker; zunächst Mitglied der Narodniki; Mitbegründer der russischen Sozialdemokratie; seit 1880 im Exil; gründete 1880 in Genf gemeinsam mit P. Aksel'rod (→ Axelrod) und Vera Zasulič (→ Sassulitsch) den marxistischen „Bund zur Befreiung der Arbeit"; Mitgründer der „Iskra"; nach der Parteispaltung 1903 anfangs den Bol'ševiki nahestehend; später den Men'ševiki; kehrte 1917 nach fast 40jährigem Exil nach Rußland zurück; Gegner der Politik den Bol'ševiki 1917.
Plehwe, W. K. von; Tl.: Pleve, Vjačeslav Konstantinovič fon (20. 4. 1846–15. 7. 1904). Beamter und Politiker; Direktor des Polizeidepartements (1881–1884); stellvertretender Innenminister (1884–1894); Innenminister und Chef der Gendarmerie (1902–1904); galt als Repräsentant eines reaktionären Kurses in der Innenpolitik; Gegner Vittes (→ Witte); von Mitgliedern der Sozialrevolutionäre ermordet.
Pobjedonosszew, K. P.; Tl.: Pobedonoscev, Konstantin Petrovič (21. 5. 1827–10. 3. 1907). Jurist und Politiker; 1860–1865 Professor für Zivilrecht an der Universität Moskau; Oberprokuror des Heiligen Synod (1880–1905); Mitglied des Staatsrates (1872–1905); Lehrer → Alexander III. und → Nikolaus II.; Ratgeber Alexander III. und Nikolaj II. in den ersten Jahren von dessen Regierung; Vertreter einer konservativen Politik.
Postnikow, W. E.; Tl.: Postnikov, Vladimir Efimovič (1844–1908). Ökonom und Statistiker; Beamter im Landwirtschaftsministerium.
Potocki, J. A.; Tl.: Potockij, Iosif Al'fredovič Graf (1862–?). Jurist und Großgrundbesitzer im Gouvernement Volhynien; Abgeordneter der Ersten Duma.
Potressow, A. N.; Tl.: Potresov, Aleksandr Nikolaevič (Pseudonym: Starowjer; Tl.: Starov'er) (19. 8. 1869–1934). Sozialdemokratischer Politiker und Publizist; einer der Führer der Men'ševiki; Mitherausgeber der „Iskra" und „Zarja".
Prokopowitsch, F.; Tl.: Prokopovič, Feofan (8. 6. 1681–8. 9. 1736). 1718 Bischof von Pskov; seit 1724 Erzbischof von Novgorod; seit 1716 enger Berater Peters I. bei dessen Reformen; 1721 Vizepräsident des Synod; Mitgründer der Akademie der Wissenschaften; rechtfertigte in seinen Schriften die absolute Monarchie und die Machtstellung des Staates.

Prokopowitsch, S. N.; Tl.: Prokopovič, Sergej Nikolaevič (1871–1955). Nationalökonom und Publizist; anfangs dem Narodničestvo nahestehend; seit 1892 Hinwendung zum Marxismus; im Exil von 1894 bis 1899; Mitglied des „Sojuz Osvoboždenija"; stand der Gruppe um „Russkoe Bogatstvo" nahe; 1905 aktiv im „Sojuz Sojuzov" und der Gewerkschaftsbewegung; Mitgründer der Gruppe „Bez Zaglavija" und der Zeitschrift gleichen Namens; später Herausgeber des „Tovarišč"'.
Pustoschkin; Tl.: Pustoškin. Industrieller.
Putjatin, N. S. Fürst; Tl.: Putjatin, N. S. Knjaz'. General; Mitglied des Tverschen Zemstvo; Mitunterzeichner des Manifests des „Sojuz russkich ljudej" (1905).
Puttkamer-Plauth, Robert von (5. 5. 1828–15. 3. 1900). Deutscher Politiker; seit 1877 Oberpräsident von Schlesien; 1879 preußischer Kultusminister; 1881 Innenminister und Vizepräsident des Staatsministeriums; verfolgte einen äußerst konservativen Kurs; 1888 von Kaiser Friedrich entlassen; 1891–1899 Oberpräsident von Pommern.
Rajljan, Foma Rodionovič. Mitglied des Zentralkomitees der Partei der Rechtsordnung (1906).
Rappoport, Charles Léon (14. 6. 1865–17. 11. 1941). Russisch-französischer Sozialist.
Reinhardt, L. W.; Tl.: Rejngart, Ludvig Vasil'evič (1847–1912). Professor der Botanik; 1905/ 1906 Rektor der Universität Char'kov.
Richter, Dmitrij Ivanovič (1848–1919). Ökonom, Statistiker und Geograph; zeitweise Sekretär der Kaiserlichen Freien Ökonomischen Gesellschaft.
Rittich, Aleksandr Aleksandrovič (1868–1930). Ministerialbeamter; Agrarexperte und enger Mitarbeiter Stolypins; Landwirtschaftsminister (1916/1917).
Roberti, E. W. und S. W. de → Roberty.
Roberty, E. W. de; Tl.: Roberti, Evgenij Valentinovič de (13. 12. 1843–24. 4. 1915). Philosoph und Soziologe; 1887 Emigration aufgrund seiner Aktivitäten in der Zemstvobewegung; 1894–1907 Professor an der Universität Brüssel; 1908–1915 Professor in St. Petersburg.
Roberty, S. W. de; Tl.: Roberti, Sergej Valentinovič de (1843–?). Bruder des Vorstehenden; Gutsbesitzer im Gouvernement Tver', Mitglied der Zemstvobewegung.
Roditschew, F. I.; Tl.: Rodičev, Fedor Izmailovič (9. 2. 1854–28. 2. 1933). Jurist; Mitglied der Zemstvobewegung; 1878–1890 Distriktsadelsmarschall in Ves'egonsk (Gouvernement Tver'); führend an den konstitutionellen Resolutionen des Tver'schen Zemstvo von 1878, 1881 und 1894 beteiligt; wegen Beteiligung an der Resolution von 1894 von allen öffentlichen Ämtern ausgeschlossen; Mitglied des „Sojuz Osvoboždenija" und des Bundes der Zemstvo-Konstitutionalisten; Mitglied der Konstitutionellen-Demokraten und ihres Zentralkomitees; Abgeordneter der Ersten bis Vierten Duma.
Romanowskij-Romanjko, A.; Tl.: Romanovskij-Roman'ko, A. 1905/1906 Vorsitzender der Freisinnigen Partei (Partija Svobodomysljaščich).
Roosevelt, Theodore (27. 10. 1858–6. 1. 1919). 26. Präsident der USA 1901–1909.
Ropp, Eduard Michael Johann Maria Baron von der; Tl.: Ropp, Eduard Emerichovič Baron fon der (14. 12. 1851–Juli 1939). Baltischer Geistlicher; römisch-katholischer Erzbischof von Vil'na (bis 1917); Erzbischof von Mogilev 1917–1919; Abgeordneter der Ersten Duma.
Rusanow, N. S.; Tl.: Rusanov, Nikolaj Sergeevič (Pseudonym: N. Kudrin) (1859–1939). Publizist; Mitglied der „Narodnaja Volja"; später der Sozialrevolutionäre.
Šachovskoj, D. I. und M. → Schachowskoj.
Sagrebin, T. A.; Tl.: Zagrebin, T. A. Mitglied der Handels- und Industriepartei (1906).
Samarin → Ssamarin.
Sassulitsch, W. J.; Tl.: Zasulič, Vera Ivanovna (27. 7. 1849–8. 5. 1919). Mitglied der Narodniki-Bewegung; 1878 Attentat auf den Stadthauptmann von St. Petersburg, Trepov; vom Schwurgericht freigesprochen; Emigration in die Schweiz; Hinwendung zum Marxismus (seit 1883); Mitgründerin der russischen sozialdemokratischen Bewegung; Mitarbeit an der „Iskra" und „Zarja"; nach der Spaltung der russischen Sozialdemokratie Mitglied der Men'ševiki.
Ščepkin, E. N. → Schtschepkin, E. N.
Ščerbakov, S. → Schtscherbakow, S.
Ščerbatov, A. G. → Schtscherbatow, A. G.
Schachowskoj, D. I. Fürst; Tl.: Šachovskoj, Dmitrij Ivanovič Knjaz' (1861–1939). Zemstvo-Aktivist; Mitglied des „Beseda-Kreises"; Mitglied des „Sojuz Osvoboždenija", an der Gründung der Zeitschrift „Osvoboždenie" führend beteiligt; Mitglied der Konstitutionellen-Demokraten und ihres Zentralkomitees; Abgeordneter der Ersten Duma.

Schachowskoj, Michael Fürst; Tl.: Šachovskoj, Michail L' vovič Knjaz'. Zemstvomitglied und Publizist.
Schäffle, Albert Eberhard Friedrich (24. 2. 1831–25. 12. 1903). Deutscher Nationalökonom und Soziologe; 1860 Privatdozent für Staatswissenschaften in Tübingen; seitdem Herausgeber der „Zeitschrift für die gesamte Staatswissenschaft"; 1861–1865 Mitglied des württembergischen Landtages; 1868 Berufung als Professor an die Universität Wien.
Scheremetjew; Tl.: Šeremetev. Russische Adelsfamilie.
Scheremetjew, P. S.; Tl.: Šeremetev, Pavel Sergeevič (1871–1942). Distriktsadelsmarschall von Zvenigorod; Mitglied des „Sojuz russkich ljudej" (1905/1906).
Schestakow, P. M.; Tl.: Šestakov, P. M. Ökonom und Publizist.
Schidlowskij, N. W.; Tl.: Šidlovskij, Nikolaj Vladimirovič (1843–1907). Senator; Mitglied des Reichsrates; Vorsitzender der im Januar 1905 eingesetzten Untersuchungskommission über die Gründe der Unzufriedenheit der Arbeiter.
Schipow, D. N.; Tl.: Šipov, Dmitrij Nikolaevič (1851–31. 10. 1920). Zemstvo-Aktivist; 1893–1904 Vorsitzender des Gouvernementszemstvo Moskau; Mitglied des „Beseda-Kreises"; Führer des rechten Flügels der Zemstvobewegung; Mitgründer der Union des 17. Oktober, später der Partei der friedlichen Erneuerung; Mitglied des Reichsrates (1906–1909); zog sich 1911 von politischen Aktivitäten zurück.
Schirinskij-Schichmatow, A. A. Fürst; Tl.: Širinskij-Šichmatov, Aleksej Aleksandrovič Knjaz' (1862–Dez. 1920). Senator; Mitglied des Reichsrates (seit 1906); 1906 Oberprokuror des Heiligen Synod.
Schmidt, Heinrich Julian (7. 3. 1818–27. 3. 1886). Deutscher Publizist und Literaturhistoriker; Freund der Familie Weber in Berlin; Bekanntschaft mit Ivan Turgenev.
Schmidt, P. P.; Tl.: Šmidt, Petr Petrovič (5. 2. 1867–6. 3. 1906). Leutnant der russischen Armee; führende Teilnahme am Sevastopol'-Aufstand (11. 11.–16. 11. 1905); nach dessen Niederschlagung verhaftet, zum Tode verurteilt und standrechtlich erschossen.
Schrejder, G. J.; Tl.: Šrejder, Grigorij Il'ič (28. 3. 1860–?). Publizist; Teilnehmer der Zemstvobewegung; der Gruppe um „Russkoe Bogatstvo" und den Sozialrevolutionären nahestehend.
Schtschepkin, E. N.; Tl.: Ščepkin, Evgenij Nikolaevič (13. 5. 1860–12. 11. 1920). Historiker; Professor an der Universität Odessa; Mitglied der Konstitutionellen-Demokraten und ihres Zentralkomitees.
Schtscherbakow, S.; Tl.: Ščerbakov, S. Jurist und Publizist.
Schtscherbatow, A. G. Fürst; Tl.: Ščerbatov, Aleksej Grigor'evič Knjaz' (20. 9. 1848–19. 2. 1912). Führendes Mitglied und Mitbegründer des „Sojuz russkich ljudej"; Gründungsmitglied der „Union der Großgrundbesitzer" (Sojuz zemlevladel'cev).
Schulze-Gävernitz, Gerhart von (25. 7. 1864–10. 7. 1943). Deutscher Nationalökonom; 1890 Privatdozent in Leipzig; 1893 a. o. Prof. und von 1896–1923 o. Prof. in Freiburg/Br., danach aus Krankheitsgründen von den Amtspflichten entbunden; 1912–1920 Reichstagsabgeordneter der Fortschrittlichen Volkspartei und der Deutschen Demokratischen Partei; seit Max Webers Professur in Freiburg freundschaftliches Verhältnis zu ihm.
Schuwalow, I. E.; Tl.: Šuvalov, Ivan Evseevič (1875–?). Abgeordneter der Ersten Duma; den Konstitutionellen-Demokraten nahestehend.
Šeremetev, P. S. → Scheremetjew, P. S.
Sergej Aleksandrovič → Ssergjej.
Sergij → Ssergjej.
Šestakov, P. M. → Schestakow, P. M.
Shilkin, I. W.; Tl.: Žilkin, Ivan Vasil'evič (1874–?). Journalist; Mitglied der Trudoviki; Abgeordneter der Ersten Duma.
Shishilenko, A. A.; Tl.: Žižilenko, Aleksandr Aleksandrovič (1873–?). Professor der Rechte in St. Petersburg.
Shukowskij, D. E.; Tl.: Žukovskij, Dmitrij Evgen'evič. Verleger; Zemstvomitglied.
Shukowsky, D. E. → Shukowskij, D. E.
Šidlovskij, N. V. → Schidlowskij, N. W.
Sienkiewicz, Henryk (5. 5. 1846–15. 11. 1916). Polnischer Schriftsteller und Journalist; Literaturnobelpreisträger 1905.
Simkhowitsch, Wladimir G.; Tl.: Zimchovič, Vladimir Grigor'evič (1. 10. 1874–10. 12. 1959).

Russisch-amerikanischer Nationalökonom; 1898 Promotion in Halle; seit 1904 Professor für Wirtschaftsgeschichte an der Columbia-Universität, New York.

Simmel, Georg (1. 3. 1858–26. 9. 1918). Deutscher Philosoph und Soziologe; 1900 Professor in Berlin; seit 1914 Professor in Straßburg; einer der Begründer der Soziologie in Deutschland; von Max Weber wissenschaftlich hoch geschätzt; es bestanden auch enge persönliche Beziehungen.

Šipov, D. N. → Schipow, D. N.

Širinskij-Šichmatov, A. A. → Schirinskij-Schichmatow, A. A.

Sirotkin, D. V. → Ssirotkin, D. W.

Skalon, Georgij Antonovič (1848–1914). Generalleutnant; General-Gouverneur von Warschau (1905–1914).

Šmidt, P. P. → Schmidt, P. P.

Sokolov, D. V., N. D., S. I. → Ssokolow, D. W., N. D, S. I.

Solov'ev, V. S. → Ssolowjow, W. S.

Sol'skij, D. M. → Ssolskij, D. M.

Sombart, Werner (19. 1. 1863–18. 5. 1941). Deutscher Nationalökonom und Soziologe; Repräsentant des linken Flügels im Verein für Socialpolitik; 1890 Extraordinarius in Breslau; seit 1906 Professor an der Handelshochschule in Berlin; 1918–1931 Professor an der Universität Berlin; 1896–1902 parteiloser Stadtverordneter in Breslau; gab seit 1904 gemeinsam mit Max Weber und Edgar Jaffé das „Archiv für Sozialwissenschaft und Sozialpolitik" heraus.

Spasskij, Jurij A. Teilnehmer der Zemstvobewegung; Mitglied des „Sojuz Osvoboždenija".

Speranskij, M. M.; Tl.: Speranskij, Michail Michajlovič Graf (12. 1. 1772–23. 2. 1839). Staatsmann; seit 1797 im Staatsdienst; 1803–1807 Tätigkeit im Innenministerium; 1807 Staatssekretär Alexanders I.; 1810–1812 Reichssekretär; 1812 Verbannung nach Nižnij-Novgorod; später nach Perm; 1816 Gouverneur von Penza; 1819 General-Gouverneur von Sibirien; 1821 Rückkehr nach St. Petersburg; Mitglied des Reichsrates; seit seiner Tätigkeit im Innenministerium Ausarbeitung zahlreicher Projekte zur Staats- und Regierungsreform; 1809 Projekt zur Umgestaltung des Russischen Reiches in eine konstitutionelle Monarchie; ab 1826 Leitung der Arbeiten zur Kodifizierung des russischen Rechts.

Spiridonowa, M. A.; Tl.: Spiridonova, Marija Aleksandrovna (16. 10. 1884–1941). Mitglied der Partei der Sozialisten-Revolutionäre; verübte 1905 ein Attentat auf einen Regierungsrat; bis 1917 inhaftiert; Mitglied des Zentralkomitees der linken Sozialrevolutionäre 1917/1918; in der UdSSR bis ca. 1930 inhaftiert, dann amnestiert.

Šrejder, G. I. → Schrejder, G. J.

Ssamarin, A. D.; Tl.: Samarin, Aleksandr Dmitrievič (30. 1. 1868–17. 2. 1932). Adelsmarschall von Bogorodsk (1899–1908); Gouvernementsadelsmarschall von Moskau (1908–1917); Mitglied des Reichsrates seit 1899.

Ssamarin, F. D.; Tl.: Samarin, Fedor Dmitrievič (4. 2. 1858–23. 10. 1916). Bruder des Vorstehenden; Philosoph; Adelsmarschall von Bogorodsk (1875–1884); Vorsitzender des Moskauer Gouvernementszemstvo (1886–1903); Mitglied des Reichsrates seit 1906.

Ssamarin, J. F.; Tl.: Samarin, Jurij Fedorovič (21. 4. 1819–19. 3. 1876). Historiker und Publizist; führender Vertreter des Slavophilismus; an der Vorbereitung und Durchführung der Bauernbefreiung von 1861 führend beteiligt.

Ssergjej; Tl.: Sergej Aleksandrovič (29. 4. 1857–4. 2. 1905). Großfürst; Generalgouverneur von Moskau; Onkel des Zaren Nikolaj II.; von Mitgliedern der Partei der Sozialisten-Revolutionäre ermordet.

Ssergjej; Tl.: Sergij (Ivan Nikolaevič Stragorodskij) (1867–1944). Bischof von Jamburg; Erzbischof von Finnland (seit 1905).

Ssirotkin, D. W.; Tl.: Sirotkin, Dmitrij Vasil'evič. Großindustrieller; Führer der Altgläubigen.

Ssokolow, N. D.; Tl.: Sokolov, Nikolaj Dmitrievič (1870–1928). Rechtsanwalt; Mitglied des „Sojuz Sojuzov".

Ssokolow, S. I.; Tl.: Sokolov, S. I. Beamter des Innenministeriums; Zensor.

Ssokolow, W. A.; Tl.: Sokolov, Vasilij Aleksandrovič (1851–1918). Professor an der Geistlichen Akademie in Moskau.

Ssolowjow, W. S.; Tl.: Solov'ev, Vladimir Sergeevič (16. 1. 1853–31. 7. 1900). Philosoph, Publizist und Dichter; 1877–1881 Dozent für Philosophie an der Moskauer Universität; 1881 nach öffentlichem Eintreten für die Begnadigung der Mörder Alexanders II. vom akademischen

Lehramt suspendiert; trat für eine Überwindung der christlichen Kirchenspaltung ein; Wegbereiter der ökumenischen Bewegung; in seinen philosophischen Werken strebte er nach einer Synthese des Glaubens des christlichen Ostens mit der Philosophie des deutschen Idealismus.

Ssolskij, D. M.; Tl.: Sol'skij, Dmitrij Martynovič Graf (1833–1910). Beamter und Politiker; seit 1852 im Staatsdienst; 1867–1878 Reichssekretär; 1878–1889 Reichskontrolleur; Mitglied des Reichsrates (seit 1889); Vorsitzender des Reichsrates (1905–1906).

Ssuchomlinow, W. A.; Tl.: Suchomlinov, Vladimir Aleksandrovič (4. 8. 1848–2. 2. 1926). General; kommandierender General in Kiev (1904–1908); seit 1908 im Generalstab; Kriegsminister (1909–1915); Mitglied des Reichsrates.

Ssuworin, A. A.; Tl.: Suvorin, Aleksej Alekseevič (1862–?). Verleger; Herausgeber der „Rus'".

Ssuworin, A. S.; Tl.: Suvorin, Aleksej Sergeevič (11. 9. 1834–11. 8. 1912). Vater des Vorstehenden; Verleger und Publizist; Herausgeber des „Novoe Vremja".

Sswjätlowskij, W. W.; Tl.: Svjatlovskij, Vladimir Vladimirovič (1869–22. 11. 1927). Historiker und Ökonom; seit 1898 Dozent an der St. Petersburger Universität; stand seit 1906 in Briefwechsel mit Max Weber.

Stachowitsch, A. A.; Tl.: Stachovič, Aleksandr Aleksandrovič Graf (3. 4. 1858–5. 4. 1915). Zemstvo-Teilnehmer; 1895–1904 Distriktsadelsmarschall in Elec (Gouvernement Orel); Mitglied des „Sojuz Osvoboždenija" und des Bundes der Zemstvo-Konstitutionalisten; Mitglied der Konstitutionellen-Demokraten; Abgeordneter der Zweiten Duma.

Stachowitsch, M. A.; Tl.: Stachovič, Michail Aleksandrovič Graf (8. 1. 1861–23. 9. 1923). Bruder des Vorstehenden; Zemstvo-Teilnehmer; seit 1895 Adelsmarschall von Orel; Mitglied im „Beseda-Kreis"; seit 1905 Mitglied der Oktobristen, dann 1906 Mitgründer der „Partei der friedlichen Erneuerung"; Abgeordneter der Ersten und Zweiten Duma; seit 1907 Mitglied des Reichsrats.

Stammler, Rudolf (19. 2. 1856–25. 4. 1938). Deutscher Rechtsphilosoph; 1882 Professor in Marburg, 1884 in Gießen, 1885 in Halle und von 1916–1923 in Berlin; seine Rechtsphilosophie steht der Marburger Schule des Neokantianismus nahe.

Starowjer; Tl.: Starov'er (Pseudonym) → Potressow, A. A.

Stenbok-Fermor, V. V. Graf. Großgrundbesitzer aus Cherson; Zemstvomitglied; Vorsitzender des Gouvernementszemstvo Cherson 1905.

Stischinski, A. S.; Tl.: Stišinskij, Aleksandr Semenovič (1851–1920). Beamter im Innenministerium seit 1872; stellvertretender Innenminister (1899–1904); Landwirtschaftsminister (April-–Juli 1906); Mitglied des Reichsrates seit 1904.

Stolypin, Petr Arkad'evič (2. 4. 1862–5. 9. 1911). Politiker; 1887–1902 Adelsmarschall in Kovno; 1902/1903 Gouverneur von Grodno; 1903–1906 Gouverneur von Saratov; ab April 1906 Innenminister, seit Juli 1906 zugleich Ministerpräsident; im September 1911 ermordet; mit einer Mischung aus Repression und Reform suchte er die Unruhen im Russischen Reich zu unterdrücken; führte insbesondere im Agrarbereich (Auflösung der Obščina) eine Reihe von Reformen durch.

Stratonizkij, K. A.; Tl.: Stratonickij, K. A. Privatdozent; Mitunterzeichner des Manifests des „Sojuz russkich ljudej" (1905).

Struve, P. B.; Tl.: Struve, Petr Berngardovič (26. 1. 1870–26. 2. 1944). Publizist, Ökonom und Politiker; in den 1890er Jahren „legaler Marxist"; Verfasser des ersten Manifests der RSDRP; Mitarbeit an den ersten Nummern der „Iskra"; dann Mitgründer des „Sojuz Osvoboždenija"; Herausgeber der Zeitschrift „Osvoboždenie", zuerst in Stuttgart, dann seit Ende 1904 in Paris; Mitglied des Zentralkomitees der Konstitutionellen-Demokraten, zu deren rechtem Flügel er gehörte; 1920 Mitglied der Regierung des Barons P. N. Vrangel'.

Subatow, S. V.; Tl.: Zubatov, Sergej Vasil'evič (1864–3. 3. 1917). Seit den 1880er Jahren Mitarbeiter und von 1896 bis 1903 Leiter der Moskauer Abteilung der Ochrana (Geheimpolizei); Initiator und Förderer einer von der Regierung gesteuerten Arbeiterbewegung.

Subrilin, A. A.; Tl.: Zubrilin, Aleksandr Arsen'evič (8. 3. 1868–1948). Zemstvo-Angestellter, Agrarwissenschaftler.

Suchomlinov, V. A. → Ssuchomlinow, W. A.

Šuvalov, I. E. → Schuwalow, I. E.

Suvorin, A. A. und A. S. → Ssuworin, A. A. und A. S.

Svjatlovskij, V. V. → Sswjätlowskij, W. W.
Swiatopolk-Mirski, P. D. Fürst; Tl.: Svjatopolk-Mirskij, Petr Dmitrievič Knjaz' (18. 8. 1857–16. 5. 1914). Beamter und Politiker; stellvertretender Innenminister (1900–1902); Innenminister (1904/1905).
Taganzew, N. S.; Tl.: Tagancev, Nikolaj Stepanovič (1843–1923). Jurist; Professor in St. Petersburg (1868–?); Senator (seit 1887); Mitglied des Reichsrates (seit 1906); Verfasser des Strafgesetzbuches von 1903.
Tarassow, A. A.; Tl.: Tarasov, A. A. Mitglied des Zentralkomitees der Partei der Rechtsordnung.
Tarassow, I. T.; Tl.: Tarasov, Ivan Trofimovič (1849–?). Jurist; Professor für Polizeirecht an der Universität Moskau (1889–?); Mitunterzeichner des Manifests des „Sojuz russkich ljudej" (1905).
Tatischtschew, I. D.; Tl.: Tatiščev, Ivan Dmitrievič Graf (1872–1915). Mitunterzeichner des Manifests des „Sojuz russkich ljudej" (1905).
Tiesenhausen, W. A.; Tl.: Tizengausen, V. A. Baron (5. 9. 1845–30. 1. 1915). Mitgründer der Partei der Rechtsordnung; dann Mitglied der Union des 17. Oktober; Abgeordneter der Ersten Duma.
Timirjasjew, W. I.; Tl.: Timirjazev, Vasilij Ivanovič (19. 3. 1849–1919). Seit 1873 im Finanzministerium tätig; stellvertretender Finanzminister (1902–1905); Minister für Handel und Industrie (28. 10. 1905–6. 2. 1906); Mitglied des Reichsrates (seit 1906); nach seinem Rücktritt in der Wirtschaft tätig; Januar 1909 bis November 1909 erneut Minister für Handel und Industrie.
Tizengausen, V. A. → Tiesenhausen, W. A.
Tolstoj, I. I.; Tl.: Tolstoj, Ivan Ivanovič Graf (1858–1916). Archäologe und Numismatiker; Vizepräsident der kaiserlichen Akademie der Künste (1893–1905); Minister für Volksaufklärung (Oktober 1905–April 1906).
Tolstoj, Leo; Tl.: Tolstoj, Lev Nikolaevič Graf (28. 8. 1828–7. 11. 1910). Schriftsteller.
Tolstoj, P. M.; Tl.: Tolstoj, P. M. Graf. Beamter des Reichsrates.
Totomianz, W. F.; Tl.: Totomianc, Vachtang Fomič (21. 1. 1875–9. 5. 1964). Nationalökonom und Theoretiker der Genossenschaftsbewegung.
Trepow, D. F.; Tl.: Trepov, Dmitrij Fedorovič (2. 12. 1855–2. 9. 1906). Generalmajor; Oberpolizeimeister in Moskau (1896–1905); Generalgouverneur von Petersburg (11. Jan. 1905–Okt. 1905); stellvertretender Innenminister (April 1905–Oktober 1905); ab Oktober 1905 Palastkommandant; einer der engsten Ratgeber des Zaren während der Jahre 1905/1906; galt als „Graue Eminenz" am Kaiserlichen Hof.
Troeltsch, Ernst (17. 2. 1865–1. 2. 1923). Deutscher evangelischer Theologe und Philosoph; 1892 a. o. Prof. in Bonn, 1894 o. Prof. in Heidelberg (jeweils für Systematische Theologie); seit 1915 Nachfolger Diltheys als o. Prof. für Philosophie an der Universität Berlin; 1918 Mitgründer der Deutschen Demokratischen Partei; wohnte in Heidelberg einige Jahre im gleichen Hause wie Max Weber, zu dem enge wissenschaftliche Beziehungen bestanden.
Trubezkoj, E. N. (Jewgenij) Fürst; Tl.: Trubeckoj, Evgenij Nikolaevič Knjaz' (23. 9. 1863–23. 1. 1920). Philosoph und Historiker; Professor für Rechtsphilosophie in Kiev (1894–1906) und Moskau (1906–?); Mitglied des „Sojuz Osvoboždenija"; 1905 Mitglied der Konstitutionellen-Demokraten, die er Anfang 1906 wieder verließ und der Partei der friedlichen Erneuerung beitrat; Mitglied des Reichsrates, dort 1906 einer der Führer der „akademischen Gruppe"; Herausgeber des „Moskovskij Eženedel'nik" (1906–1910); Vertreter einer religiös-mystischen Philosophie, die das Werk von V. S. Solov'ev (→ Ssolowjow) fortsetzte.
Trubezkoj, Peter N. Fürst; Tl.: Trubeckoj, Petr Nikolaevič Knjaz' (1858–1911). Bruder des Vorstehenden; Adelsmarschall von Moskau (1893–1906); Mitglied des „Sojuz russkich ljudej" (1905/1906); Mitglied des Reichsrates seit 1906; dort einer der Führer der sog. Zentrumsgruppe, die der Union des 17. Oktober nahestand.
Trubezkoj, Ssergjej Fürst; Tl.: Trubeckoj, Sergej Nikolaevič Knjaz' (23. 7. 1862–29. 9. 1905). Bruder der Vorstehenden; Philosoph; Dozent und Professor für Philosophie an der Universität Moskau (1888–1905); 1905 erster gewählter Rektor der Universität Moskau; führender Vertreter der liberalen Reformbewegung; Freundschaft mit V. S. Solov'ev (→ Ssolowjow), von dessen Denken er stark beeinflußt war.
Tschernow, W. M.; Tl.: Černov, Viktor Michajlovič (19. 11. 1873–15. 4. 1952). Sozialistischer

Theoretiker und Politiker; Führer der Partei der Sozialrevolutionäre; seit Ende der 80er Jahre des 19. Jahrhunderts aktiv in populistischen Zirkeln; 1899 Emigration nach Paris; Gründungsmitglied der „Agrarsozialistischen Liga" (1900) und der „Partei der Sozialisten-Revolutionäre" (1901/1902); Redakteur der „Revoljucionnaja Rossija"; seit 1917 Führer des linken Flügels der PSR; Mai-August 1917 Landwirtschaftsminister in der Provisorischen Regierung; 1920 Emigration.

Tschernyschewski, N. G.; Tl.: Černyševskij, Nikolaj Gavrilovič (12. 7. 1828-17. 10. 1889). Schriftsteller und Publizist; Vertreter radikal-sozialistischer Ideen; Mitarbeiter der Zeitschrift „Sovremennik"; Verfasser des Romans „Was tun?" („Čto delat'"), der großen Einfluß auf die studentische Jugend ausübte; 1862 verhaftet, 1864 nach Sibirien verbannt.

Tschetwerikow, S. J.; Tl.: Četverikov, Sergej Ivanovič (1857-1929). Textilfabrikant; Mitglied des Moskauer Börsenkomitees; 1905 Gründungsmitglied der Union des 17. Oktober; 1906 Gründungsmitglied der „Partei der friedlichen Erneuerung" (Partija mirnogo obnovlenija).

Tschistiakow, P. S.; Tl.: Čistjakov, P. S. Rechtsanwalt; Direktor der russischen Erdölvereinigung; Mitglied der Union des 17. Oktober.

Tschitscherin, B. N.; Tl.: Čičerin, Boris Nikolaevič (26. 5. 1828-3. 2. 1904). Jurist, Philosoph und Historiker; Professor an der Universität Moskau (1861-1868); wegen radikaler Ansichten entlassen; Bürgermeister von Moskau (1881-1883), zum Rücktritt gezwungen.

Tschuprow, A. A.; Tl.: Čuprov, Aleksandr Aleksandrovič (6. 2. 1874-19. 4. 1926). Statistiker und Nationalökonom; Agrarexperte; Schüler → Georg Friedrich Knapps; 1902-1917 Professor in St. Petersburg.

Tschuprow, A. I.; Tl.: Čuprov, Aleksandr Ivanovič (6. 2. 1842-24. 2. 1908). Vater des Vorstehenden; Nationalökonom, Statistiker und Publizist; Professor an der Universität Moskau (1878-1889); Teilnehmer der Zemstvobewegung.

Tugan-Baranowski, M. von; Tl.: Tugan-Baranovskij, Michail Ivanovič (1865-24. 1. 1919). Nationalökonom; Professor in St. Petersburg 1895-1899 und 1905-1907; ab 1918 in Kiev; Mitglied der Konstitutionellen-Demokraten; seit 1906 Mitglied des Reichsrates; einer der bedeutendsten russischen Nationalökonomen; Theoretiker der Genossenschaftsbewegung.

Turgeniew, Iwan S.; Tl.: Turgenev, Ivan Sergeevič (28. 10. 1818-22. 8. 1883). Schriftsteller.

Twesten, Karl (22. 4. 1820-14. 10. 1870). Deutscher Jurist und Politiker; einer der Führer der „Fortschrittspartei" im preußischen Abgeordnetenhaus.

Uljanow, G. K.; Tl.: Ul'janov, Grigorij Karpovič (1864-?). Mitglied der „trudovaja gruppa"; Abgeordneter der Ersten Duma.

Urussow, S. D. Fürst; Tl.: Urusov, Sergej Dmitrievič Knjaz' (7. 3. 1862-?). Beamter und Politiker; seit 1900 im Innenministerium tätig; Vize-Gouverneur von Tambov (1903); Gouverneur von Bessarabien (1903/1904) und Tver' (1904); stellvertretender Innenminister unter Vitte (→ Witte) (1905/1906); Mitglied der Zemstvobewegung; Mitglied der Konstitutionellen-Demokraten; Abgeordneter der Ersten Duma.

Uschakow, M. A.; Tl.: Ušakov, Michail A. Arbeiter; Mitarbeiter von S. V. Zubatov (→ Subatow); versuchte von 1902-1908 erfolglos, in St. Petersburg und anderen russischen Städten eine von oben gelenkte Arbeiterbewegung zu initiieren.

Vannovskij, P. S. → Wannowski, P. S.
Varzar, V. E. → Warsar, W. E.
Vernadskij, V. I. → Wjernadskij, W. J.
Vinaver, M. M. → Winawer, M. M.
Vincke, Georg Freiherr von (15. 5. 1811-3. 6. 1875). Deutscher Politiker; Mitglied des preußischen Vereinigten Landtages von 1847; Mitglied der Frankfurter Nationalversammlung; von 1849-1867 Führer der Altliberalen im preußischen Abgeordnetenhaus.
Vitte, S. J. → Witte, S. Ju.
Volkonskij, N. S. → Wolkonskij, N. S.
Vorob'ev, N. I. → Worobjew, N. J.
Voroncov, V. P. → Woronzow, W. P.
Voroncov-Daškov, I. I. → Woronzow-Daschkow, I. I.
Wannowski, P. S.; Tl.: Vannovskij, Petr Semenovič (24. 11. 1822-17. 2. 1904). General; Kriegsminister (1881-1889); Minister für Volksaufklärung (1901/1902).
Warsar, W. E.; Tl.: Varzar, Vasilij Egorovič (16. 12. 1851-1910). Statistiker; Narodnik der 70er Jahre des 19. Jahrhunderts; ab 1894 im Finanzministerium als Fabrikinspektor tätig.

Winawer, M. M.; Tl.: Vinaver, Maksim Moiseevič (4.4.1863–1926). Rechtsanwalt; Gründungsmitglied der Konstitutionellen-Demokraten und Mitglied ihres Zentralkomitees; Abgeordneter der Ersten Duma.
Windelband, Wilhelm (11.5.1848–22.10.1915). Deutscher Philosoph; nach Professuren in Zürich, Freiburg und Straßburg seit 1903 Professor in Heidelberg; mit Heinrich Rickert einer der Begründer der sogenannten südwestdeutschen Schule des Neokantianismus.
Witte, S. Ju.; Tl.: Vitte, Sergej Jul'evič Graf (17.6.1849–28.2.1915). Politiker; Finanzminister (1892–1903); Vorsitzender des Ministerkomitees (1903); Vorsitzender des Ministerrates und Ministerpräsident (Oktober 1905–April 1906); seine wirtschaftlichen Reformen bildeten die Grundlage für eine verstärkte Industrialisierung Rußlands.
Wjernadskij, W. J.; Tl.: Vernadskij, Vladimir Ivanovič (28.2.1863–6.1.1945). Seit 1890 Professor der Geologie und Mineralogie an der Universität Moskau; Mitglied des „Sojuz Osvoboždenija" und des Bundes der Zemstvo-Konstitutionalisten; Mitglied der Konstitutionellen-Demokraten und ihres Zentralkomitees; 1906–1911 Mitglied des Reichsrats.
Wolkonskij, N. S. Fürst; Tl.: Volkonskij, Nikolaj Sergeevič Knjaz' (1848–1910). Zemstvomitglied; Mitglied der Union des 17. Oktober; Abgeordneter der Ersten und Dritten Duma.
Worobjew, N. J.; Tl.: Vorob'ev, Nikolai I. Zemstvo-Statistiker und Publizist.
Woronzow, W. P.; Tl.: Voroncov, Vasilij Pavlovič (Pseudonym: V. V.) (1847–1918). Nationalökonom und Publizist; Theoretiker des Narodničestvo.
Woronzow-Daschkow, I. I.; Tl.: Voroncov-Daškov, Illarion Ivanovič Graf (27.5. 1837–1916). General; Minister des Kaiserlichen Hofes (1881–1897); Mitglied des Reichsrates (seit 1887); Vorsitzender des Roten Kreuzes (1904/1905); Oberkommandierender im Kaukasus (1905–1915).
Zagrebin, T. A. → Sagrebin, T. A.
Zasulič, V. I. → Sassulitsch, W. J.
Zetkin, Klara (5.7.1857–20.6.1933). Deutsche sozialistische Politikerin; 1891–1916 Redakteurin der sozialdemokratischen Zeitschrift „Die Gleichheit"; seit 1919 Mitglied der KPD; 1920–1933 Mitglied des Reichstages.
Žilkin, I. V. → Shilkin, I. W.
Zindel, Emil; Tl.: Cindel', Emil (1811–1874). Elsässisch-russischer Textilunternehmer.
Žižilenko, A. A. → Shishilenko, A. A.
Zubatov, S. V. → Subatow, S. V.
Zubrilin, A. A. → Subrilin, A. A.
Žukovskij, D. E. → Shukowskij, D. E.

Verzeichnis der von Max Weber zitierten Literatur

In das Verzeichnis ist die von Weber zitierte Literatur (Bücher und Broschüren, Einzel- und Sammelschriften, sowie in Zeitschriften publizierte Aufsätze und Denkschriften, nicht aber Zeitungsartikel) aufgenommen worden. Abhandlungen ohne Verfassernamen sind nach dem ersten Substantiv eingeordnet.

Aksakow, I. S.; Tl.: Aksakov, Ivan S., Aksakov v ego pis'mach, tom IV, čast' II. – S.-Peterburg: Imperatorskaja publičnaja biblioteka 1896.

–, Pol'skij vopros i zapadno-russkoe delo, in: ders., Sočinenija, Tom 3. – S.-Peterburg: Imperatorskaja publičnaja biblioteka 1900.

Der erste allrussische Bauernkongreß, in: Die Neue Zeit, 24. Jg., Band 1, Nr. 10 vom 29. Nov. 1905, S. 327–334.

Bernstein, Eduard, Ferdinand Lassalle und seine Bedeutung in der Geschichte der Sozialdemokratie, in: Ferdinand Lassalle's Reden und Schriften. Neue Gesammt-Ausgabe. Mit einer biographischen Einleitung hg. von Eduard Bernstein, Bd. 1. – Berlin: Vorwärts 1892, S. 5–185.

Berufsstatistik von 1897 → Pervaja vseobščaja perepis' naselenija, obščij svod.

Bjechtjejew, S. S.; Tl.: Bechteev, S. S., Chozjajstvennye itogi istekšago sorokopjatiletija, tom 2: Vopros zemel'nyj. – S.-Peterburg: B. M. Vol'f 1906.

Bleklow, S.; Tl.: Bleklov, Stepan M., Krest'janskij Sojuz, in: Pravo, Nr. 38 vom 25. Sept. 1905, S. 3142–3153.

Bryce, James, The American Commonwealth, 2 Vols., third edition, London: Macmillan 1893.

Bulgakow, S. → L.

Chvostov, V. M., Vopros ob avtonomii universitetov na s-ezde professorov, in: Russkaja Mysl', Jg. 1906, Nr. 3, S. 78–99.

Čičerin → Tschitscherin.

Čislennost' i sostav rabočich v Rossii → Tschisljenost i ssostaw rabotschich w Rossii.

Čuprov, A. → Tschuprow.

Danijlsson, N. F.; Tl.: Daniel'son, Nikolaj F. → Nikolajon.

Glavnejšija dannyja pozemel'noj statistiki po obsledovaniju 1887 goda, vyp. 1, 3–11, 13–20, 22–29, 31–60. Statistika Rossijskoj Imperii XXII. – S.-Peterburg: Tipografija Ministerstva Vnutrennych Del 1885–1901.

Dehn, W.; Tl.: Den, V. E., K voprosu o dopolnitel'nom nadelenii. (Po povodu rabot A. A. Čuprova i A. A. Kaufmana), in: Pravo, Nr. 15 vom 16. April 1906, S. 1350–1360, und Nr. 16 vom 23. April 1906, S. 1442–1454.

Digo, N., Zur Frage der Umsiedlung innerhalb des Gebietes des europäischen Rußland; Tl.: Digo, N., K voprosu o pereselenii v predelach Evropejskoj Rossii, in: Vestnik sel'skago chozjajstva, Nr. 7 vom 12. Febr. 1906, S. 8–11.

Doklad organizacionnago bjuro s-ezdu zemskich i gorodskich dejatelej po voprosu o pravach nacional'nostej i o decentralizacii upravlenija i zakonodatel'stva, in: Pravo, Nr. 40 vom 9. Okt. 1905, S. 3321–3342.

Dolgorukow, P. D.; Tl.: Dolgorukov, P. D., Agrarnyj vopros s točki zrenija krupnago zemlevladenija, in: Dolgorukov, Pavel D. und Petrunkevič, Ivan I. (Hg.), Agrarnyj vopros. Sbornik statej.-Moskva: O. L. Somov 1905, S. 1–10.

–, und Ivan I. Petrunkevič (Hg.), Agrarnyj vopros. Sbornik statej.-Moskva: O. L. Somov 1905.

–, und Ivan I. Petrunkevič (Hg.), Agrarnyj vopros. Sbornik statej, 2-oe izdanie. – Moskva: Beseda 1906.

Dragomanow, M. P.; Tl.: Dragomanov, Michail P., Istoričeskaja Pol'ša i velikorusskaja demo-

kratija, in: ders., Sobranie političeskich sočinenij, tom 1.-Paris: Société Nouvelle de Librairie et d'Édition 1905, S. 3-268.
-, Politische Schriften, Band I; Tl.: Dragomanov, Michail P., Sobranie političeskich sočinenij, tom 1. - Paris: Société Nouvelle de Librairie et d'Édition 1905.
-, Vol'nyj sojuz. Opyt ukrainskoj politiko-social'noj programmy, in: ders., Sobranie političeskich sočinenij, tom 1. - Paris: Société Nouvelle de Librairie et d'Édition 1905, S. 275-375.
Krest'janskoe dviženie, in: Revoljucionnaja Rossija, Nr. 8 vom 25. Juni 1902, S. 1-5.
Rabočee dviženie i naši taktičeskija zadači, in: Revoljucionnaja Rossija, Nr. 10 vom August 1902, S. 3-7.
Erhebung von 1877/78 über das Grundeigentum → Statistika pozemel'noj sobstvennosti.
Erhebung von 1887 über das Grundeigentum → Glavnejšija dannyja pozemel'noj statistiki.
Ermolov → Jermolow.
Ežegodnik Rossii → Jeshegodnik Rossii.
Gercenštejn → Herzenstein.
Hegel, Georg W. F., Vorlesungen über die Geschichte der Philosophie, 1. Band (Ders., Vollständige Ausgabe durch einen Verein von Freunden des Verewigten, Band 13, 2. Aufl.). - Berlin: Duncker & Humblot 1840.
Helphant, A. → Parvus.
Herzenstein, M.; Tl.: Gercenštejn, Michail Ja., Krest'janskij bank, in: Dolgorukov, Pavel D. und Petrunkevič, Ivan I. (Hg.), Agrarnyj vopros. Sbornik statej. - Moskva: O. L. Somov 1905, S. 170-197.
-, Neskol'ko zamečanij po povodu agrarnoj programmy konstitucionno-demokratičeskoj partii, in: Vestnik sel'skago chozjajstva, Nr. 4 vom 22. Jan. 1906, S. 3-6, und Nr. 5 vom 29. Jan. 1906, S. 3-7.
Isgojew, A.; Tl.: Izgoev, A. S., Obščinnoe pravo. Opyt social'no-juridičeskago analiza obščinnago zemlevladenija kak instituta graždanskago prava. - S.-Peterburg: Nadežda 1906.
Issajew, A., Grundlagen der politischen Ökonomie; Tl.: Isaev, Andrej A., Načala političeskoj èkonomii, 6-oe izd. - S.-Peterburg: A. E. Cinzerling 1905.
Nekotorye itogi Parižskoj konferencii, in: Revoljucionnaja Rossija, Nr. 61 vom 15. März 1905, S. 2-6.
Izvlečenie iz vysočajše utverždennago 1 Maja 1905 g. osobago žurnala komiteta ministrov 15, 22 i 23 marta 1905 g. po delu o porjadke vypolnenija punkta 7-ogo Imennago ukaza 12 dekabrja 1904 g. v otnošenii devjati zapadnych gubernij, in: Pravo, Nr. 19 vom 14. Mai 1905, S. 1571-1591.
Jasnopolski, N. P.; Tl.: Jasnopol'skij, N. P., O geografičeskom raspredelenii gosudarstvennych raschodov Rossii, 2 toma. - Kiev: V. I. Zavadskij 1897.
Jellinek, Georg, Die Erklärung der Menschen- und Bürgerrechte. Ein Beitrag zur modernen Verfassungsgeschichte. 2. erw. Aufl. - Leipzig: Duncker & Humblot 1904.
Jermolow, A. S., Nasch semeljnyj wopross; Tl.: Ermolov, Aleksej S., Naš zemel'nyj vopros. - S.-Peterburg: V. Kiršbaum 1906.
Jeshegodnik Rossii; Tl.: Ežegodnik Rossii 1904g., izd. Central'nyj statističeskij komitet Ministerstva Vnutrennych Del. - S.-Peterburg: Meščerskij 1905.
J. L. N. (Pseudonym nicht auflösbar), Der ultranationalistische Standpunkt der russischen Oppositionspartei, in: Ruthenische Revue, 3. Jg., Nr. 13, 1. Juliheft 1905, S. 313-314.
Kaminka, A., Pravila 4-go marta ob obščestvach, sojuzach i sobranijach, in: Pravo, Nr. 10 vom 12. März 1906, S. 866-876, und Nr. 13 vom 1. April 1906, S. 1187-1193.
Kaufmann, Alexander, Beiträge zur Kenntnis der Feldgemeinschaft in Sibirien, in: ASGS, Band 9, 1896, S. 108-154.
-, Das russische Übersiedlungs- und Kolonisationsgesetz vom 6./19. Juni 1904 und die Aussichten der inneren Kolonisation, in: AfSS, Band 22, 1906, S. 371-423.
-; Tl.: Kaufman, Aleksandr A., Pereselenie. Mečty i dejstvitel'nost', in: Žurnal dlja vsech, 10-yj god, Nr. 10, 1905, S. 637-641.
-, Pereselenie i ego rol' v agrarnoj programme, in: Dolgorukov, Pavel D. und Petrunkevič, Ivan I. (Hg.), Agrarnyj vopros. Sbornik statej. - Moskva: O. L. Somov 1905, S. 134-169.
-, Pereselenija i kolonizacija. - S.-Peterburg: Obščestvennaja Pol'za 1905.
-, Agrarnyj vopros na III s-ezde partii narodnoj svobody, in: Pravo, Nr. 18 vom 6. Mai 1906, S. 1636-1644.

–, K voprosu o dopolnitel'nom nadelenii, in: Pravo, Nr. 1 vom 9. Jan. 1906, S. 12–24.
Kautsky, Karl, Die Agrarfrage. Eine Übersicht über die Tendenzen der modernen Landwirtschaft und die Agrarpolitik der Sozialdemokratie. – Stuttgart: Dietz 1899.
–, Die Agrarfrage in Rußland, in: Die Neue Zeit, 24. Jg., Band 1, Nr. 15 vom 20. Dez. 1905, S. 412–423.
–, Ethik und materialistische Geschichtsauffassung. – Stuttgart: Dietz 1906.
Kistiakowski, Th.; Tl.: Kistjakovskij, Bogdan A. → Ukrainec.
Kleinbort, L.; Tl.: Klejnbort, Lev M., Dviženija sel'skochozjajstvennych rabočich, in: Obrazovanie, 14-yj god, 1905, Nr. 9, otdel 2, S. 16–31.
Pervaja konferencija gruzinskich revoljucionnych frakcii, in: Revoljucionnaja Rossija, Nr. 46 vom 5. Mai 1904, S. 8–11.
Korkunow, N. M.; Tl.: Korkunov, Nikolaj M., Russkoe gosudarstvennoe pravo, 2 toma, 4-oe izd. – S.-Peterburg: M. M. Stasjulevič 1903.
Kornilow, A.; Tl.: Kornilov, Aleksandr A., Faktičeskija dannye v nastroenie krest'jan, in: Pravo, Nr. 23 vom 21. Aug. 1905, S. 2689–2699.
Koroljenko, W. G.; Tl.: Korolenko, Vladimir G., Otkrytoe pis'mo statskomu sovetniku Filonovu, in: Pravo, Nr. 3 vom 22. Jan. 1906, S. 214–220.
Kotljarewskij, S.; Tl.: Kotljarevskij, S., Rossija, Francija i Anglija, in: Poljarnaja Zvezda, 1. Jg., Nr. 10 vom 17. Febr. 1906, S. 667–677.
Kovalevsky, Maxime, Les partis politiques en Russie, in: La Revue de Paris, 13. Jg., 1906, Band 1, S. 646–676.
Krasnoperov, I. M., Krest'janskija ženščiny pred volostnym sudom, in: Sbornik pravovedenija i obščestvennych znanij, tom 1: Trudy juridičeskago obščestva, sostojaščago pri Imperatorskom Moskovskom Universitete. – S.-Peterburg: M. M. Stasjulevič 1893, S. 268–289.
L. (Pseudonym für Bulgakow, S.), K agrarnomu voprosu, in: Osvoboždenie, Nr. 9 vom 19. Okt. 1903, S. 153–158.
Leroy-Beaulieu, Anatole, The Empire of the Tsars and the Russians. 3 vols.-New York/London: G. B. Putnam 1905.
Ljwow, N. N. und Stachowitsch, A. A. (Hg.), Nushdy djerewni; Tl.: L'vov, N. N. und Stachovič, A. A. (Hg.), Nuždy derevni po rabotam komitetov o nuždach sel'skochozjajstvennoj promyšlennosti. Sbornik statej, 2 toma. – S.-Peterburg: Slovo 1904.
Loi fondamentale de l'Empire Russe. Projet d'une constitution russe élaboré par un groupe de la Ligue de l'Affranchissement (constitutionalistes-démocrates russes). Préface de Pierre Struve, Directeur de l'Oswobojdenie.-Paris: Société nouvelle de librairie et d'Édition 1905.
Lossitzkij, A.; Tl.: Losickij, Aleksej S. → Materialy po statistike 12.
Luxemburg, Rosa; Tl.: Luksemburg, Rosa, Promyšlennoe razvitie Pol'ša. – S.-Peterburg: Komelov 1899.
Manuilow, A. A.; Tl.: Manuilov, A. A., Pozemel'nyj vopros v Rossii, in: Dolgorukov, Pavel D. und Petrunkevič, Ivan I. (Hg.), Agrarnyj vopros. Sbornik statej.-Moskva: O. L. Somov 1905, S. 11–83.
Marx, Karl, Zweite Adresse des Generalrates über den Deutsch-Französischen Krieg, in: ders., Der Bürgerkrieg in Frankreich. Adresse des Generalrates der internationalen Arbeiter-Assoziation, 3. dt. Aufl. vermehrt durch die beiden Adressen des Generalrates über den deutsch-französischen Krieg und durch eine Einleitung von Friedrich Engels. – Berlin: Vorwärts 1891, S. 19–26.
–, Adresse des Generalrats über den Bürgerkrieg in Frankreich 1871, ebd., S. 27–68.
Masslow, P.; Tl.: Maslov, Petr P., Agrarnyj vopros v Rossii, tom 1: Uslovija razvitija krest'janskago chozjajstva v Rossii, 2-oe izd. – S.-Peterburg: Obščestvennaja Pol'za 1906.
–, Ob agrarnych programmach, in: Pravda, Nr. 9/10, 1905, S. 256–267.
Materialien der Zentrumskommission → Materialy vysočajše učreždennoj [...].
Materialien zur Frage der Grundbesitzbewegung → Materialy po statistike 12.
Materialien zur Statistik der Bodenbewegung, Band 4 → Materialy po statistike 4.
Materialy komissii o centre → Materialy vysočajše učreždennoj [...].
Materialy po statistike dviženija zemlevladenija v Rossii. Vyp. 4: Svod dannych o kuple-prodaže zemel' v 45 gubernijach Evropejskoj Rossii za tridcatiletie 1863–1892 gg. – S.-Peterburg: V. Kiršbaum 1901.

–, Vyp. 7: Kuplja-prodaža zemel' v Evropejskoj Rossii za tridcatiletie: 1863–1892 gg. – S.-Peterburg: V. Kiršbaum 1903.
–, Vyp. 11: Kuplja-prodaža zemel' v Evropejskoj Rossii v 1897 g. Obzor mobilizacii za pjatiletie: 1892–1897 gg. – S.-Peterburg: V. Kiršbaum 1905.
–, Vyp. 12: Kuplja-prodaža zemel' v Evropejskoj Rossii v 1898 g. – S.-Peterburg: V. Kiršbaum 1905.
Materialy vysočajše učreždennoj 16 nojabrja 1901 g. komissii po izsledovanija voprosa o dviženii s 1861 g. po 1900 g. blagosostojanija sel'skago naselenija srednezemledel'českich gubernij sravnitel'no s drugimi mestnostjami Evropejskoj Rossii („Komissija o centre") razrabotano departamentom okladnych sborov, 3 Vypuska. – S.-Peterburg: P. P. Sojkin 1903
Das staatsrechtliche Memorandum der Ukraine auf dem Semstwotage zu Moskau am 18. August des Jahres, in: Ruthenische Revue, Jg. 3, Nr. 17, 1. Septemberheft 1905, S. 419–423.
Menger, Anton, Neue Sittenlehre. – Jena: G. Fischer 1905.
Miklaschewskij, A. N.; Tl.: Miklaševskij, A. N., Gosudarstvennyj zemel'nyj fond i social'naja reforma, in: Pravo, Nr. 26 vom 2. Juli 1906, S. 2268–2278.
Miljukow, P.; Tl.: Miljukov, Pavel N., Evgenij Trubeckoj i probuždenie cerkvi, in: Pravo, Nr. 16 vom 24. April 1905, S. 1260–1262.
–, Otscherki; Tl.: Miljukov, Pavel N., Očerki po istorii russkoj kul'tury. 3-e izd.-č. 2. – S.-Peterburg: I. S. Skorochodov 1902. [Deutsche Übersetzung: ders., Skizzen zur russischen Kulturgeschichte, 3 Bände. – Leipzig: E. Wigand 1898–1901].
–, Po povodu ‚otveta' kn. Evgenija Trubeckago, in: Pravo, Nr. 22 vom 8. Juni 1905, S. 1792–1793.
Nikolajon; Tl.: Nikolaj-on (Pseudonym für: Daniel'son, Nikolaj F.), Očerki našego poreformennago obščestvennago chozjajstva. – S.-Peterburg: Benke 1893. [Deutsche Übersetzung: Nicolaj-on, Die Volkswirtschaft in Rußland nach der Bauernemanzipation. – München: H. Lukaschik 1899].
Nowgorodzew, P.; Tl.: Novgorodcev, Pavel I. → Problemy Idealisma.
Nowotorshskij, G.; Tl.: Novotoržskij, G., Otkrytoe pis'mo A. V. Pešechonovu, in: Russkoe Bogatstvo, Nr. 8, August 1905, otdel 2, S. 99–109.
Nushdy djerewni; Tl.: Nuždy derevni → Ljwow, N. N.
Nuždy derevni → Ljwow, N. N.
Obzor dejatel'nosti krest'janskago pozemel'nago banka za 1883–1904 gg. – S.-Peterburg: A. S. Suvorin 1906.
Osnovnoj gosudarstvennyj zakon Rossijskoj Imperii. Materialy po vyrabotke Russkoj konstitucii. Vypusk I. Proekt, vyrabotannyj gruppoj členov ‚Sojuza Osvoboždenija'. – Paris: Société nouvelle de librairie et d'Édition 1905.
Die Ukrainische Radikale Partei in Rußland, in: Ruthenische Revue, Jg. 3, Nr. 13, 1905, S. 315–319.
Čego želaet Kurskaja narodnaja partija porjadka i čego trebuet partija konstitucionnych demokratov, in: Pravo, Nr. 45/46 vom 20. Nov. 1905, S. 3738–3741.
Parvus (Pseudonym für: Helphant, A.), Die gegenwärtige Lage Rußlands und die Aussichten für die Zukunft, in: Die Neue Zeit, 24. Jg., Band 2, Nr. 30 vom 18. April 1906, S. 108–120.
Pervaja vseobščaja perepis' naselenija Rossijskoj Imperii 1897 g., toma 1–89. – S.-Peterburg: N. L. Nyrkin 1899–1905.
Pervaja vseobščaja perepis' naselenija Rossijskoj Imperii 1897 g. Obščij svod po imperii rezultatov razrabotki dannych pervoj vseobščej perepisi naselenija, proizvedennoj 28 janvarja 1897 g., 2 toma. – S.-Peterburg: N. L. Nyrkin 1905.
Pestrzecki, D., Opytt agrarnoj programmy; Tl.: Pestržeckij, Dmitrij I., Opyt agrarnoj programmy. – S.-Peterburg: V. Kiršbaum 1906.
Petrunkevič → Dolgorukow, P. D.
Pichno, D. I., W ossadje; Tl.: Pichno, Dmitrij I., V Osade, Političeskija Stat'i.-Kiev: I. N. Kušner 1905.
Otkrytoe pis'mo byvšemu gubernatoru gospodinu Azančeev-Azančevskomu, in: Pravo, Nr. 4 vom 29. Jan. 1906, S. 316–317.
Pjeschechonow, A.; Tl.: Pešechonov, Aleksej V., Obščina i godusarstvo (otvet g. Novotoržskomu), in: Russkoe Bogatstvo, Nr. 8, August 1905, otdel II, S. 147–158.

–, Agrarnaja reforma s točki zrenija rynka, in: Russkoe Bogatstvo, Nr. 8, August 1905, otdel II, S. 114–124.
Plechanow, G. W., Tl.: Plechanov, Grigorij V., Naše Položenie, in: Dnevnik Social-demokrata, Nr. 3, November 1905, S. 1–23.
Pobjedonosszew, K.; Tl.: Pobedonoscev, K. P., Kurs graždanskago prava. I. Pervaja čast', Votčinnyja Prava. – S.-Peterburg: Sinodal'naja tipografija 1896.
Problemy Idealisma; Tl.: Problemy idealizma. Sbornik statej pod redakciej P. I. Novgorodceva.
– Moskva: Moskovskoe psichologičeskoe obščestvo 1903.
Probuždenie krest'jan, in: Osvoboždenie, Nr. 73 vom 6. (19.) Juli 1905, S. 381–382.
Proekt instrukcii v podgotovitel'noj rabote i boevoj taktike P. S. R. I. Teoretičeskaja čast', in: Priloženie k No. 67 Revoljucionnoj Rossii vom 15. Mai 1905, S. 1–3.
Proekt osnovnych načal „položenija o zemskich učreždenijach v Sibiri", in: Pravo, Nr. 25 vom 26. Juni 1905, S. 2069–2073.
Proekt programmy partii socialistov-revoljucionerov, vyrabotannyj redakciej „Revoljucionnoj Rossii", in: Revoljucionnaja Rossija, Nr. 46 vom 5. Mai 1904, S. 1–3.
Proekt Osnovnago Zakona Rossijskoj Imperii. Vyrabotan komissiej bjuro obščezemskich s-ezdov. – Paris: Société Nouvelle de Librairie et d'Édition 1905.
Programma konstitucionno-demokratičeskoj partii, vyrabotannaja učrežditeľ'nym s-ezdom partii 12–18 oktjabrja 1905 g., in: Pravo, Nr. 41 vom 25. Okt. 1905, S. 3424–3432.
Programma Sojuza Osvoboždenija, in: Osvoboždenie, Nr. 69/70 vom 7. (20.) Mai 1905, S. 305–306.
Prokopowitsch, S. N.; Prokopovič, Sergej N., Dekabr'skoe vozstanie, in: Bez zaglavija, Nr. 2 vom 29. Jan. 1906, S. 51–59, und Nr. 3 vom 5. Febr. 1906, S. 97–106.
P. S. (Pseudonym für: → Struve, Petr B.).
Schäffle, Albert, Die Inkorporation des Hypothekarkredits.-Tübingen: H. H. Laupp 1883.
Schestakow, P.; Šestakov, P. M., Rabočie na manufakture T-va „Emil' Cindel'". – Moskva: A. I. Mamontov 1900.
Schtscherbakow, S.; Tl.: Ščerbakov, S., Juridičeskoe položenie kazakov, in: Pravo, Nr. 7 vom 19. Febr. 1906, S. 581–593.
Schulze-Gävernitz, Gerhart von, Der Nationalismus in Rußland und seine wirtschaftlichen Träger. Zugleich ein Beitrag zur Handelsvertragsfrage, in: Preußische Jahrbücher, Band 75, 1894, S. 1–31, 337–364 und 496–528.
–, Volkswirtschaftliche Studien aus Rußland. – Leipzig: Duncker & Humblot 1899
Pervyj vserossijskij s-ezd krest'jan. Protokol učrežditeľ'nago s-ezda vserossijskogo krest'janskago sojuza, [Folge 1] in: Osvoboždenie, Nr. 77 vom 13. (26.) Sept. 1905, S. 470–472; [Folge 2] ebd., Nr. 78/79 vom 5. (18.) Okt. 1905, S. 489–495.
Tretij s-ezd delegatov partii narodnoj svobody, in: Pravo, Nr. 18 vom 6. Mai 1906, S. 1667–1697.
Zemskij s-ezd i poljaki. Doklad bjuro zemskago s-ezda, sdelannyj ego upolnomočennymi 26–27 ijulja, in: Osvoboždenie, Nr. 77 vom 13. (26.) Sept. 1905, S. 472–473.
Shishilenko, A.; Tl.: Žižilenko, A., Zakon 14 marta 1906 goda v vvedenii v dejstvie novago ugolovnago uloženija dlja prestuplenij religioznych, in: Pravo, Nr. 15 vom 16. April 1906, S. 1341–1346, und Nr. 16 vom 23. April 1906, S. 1435–1442.
Simkhowitsch, Wladimir G., Die Feldgemeinschaft in Rußland. Ein Beitrag zur Sozialgeschichte und zur Kenntnis der gegenwärtigen wirtschaftlichen Lage des russischen Bauernstandes. – Jena: G. Fischer 1898.
Polnoe Sobranie Zakonov Rossijskoj Imperii, 2-e sobranie 1825–1881, 55 toma. – S.-Peterburg: Gosudarstvennaja Tipografija 1830–1884.
–, 3-e sobranie 1881–1913, 33 toma. – S.-Peterburg: Gosudarstvennaja Tipografija 1885–1916.
Sojuz russkich ljudej, in: Pravo, Nr. 22 vom 8. Juni 1905, S. 1820–1821.
Krest'janskij Sojuz, in: Pravo, Nr. 44 vom 13. Nov. 1905, S. 3630–3639.
Sojuz Sojuzov, in: Pravo, Nr. 20 vom 22. Mai 1905, S. 1664–1665.
Sojuz železnodorožnych služaščich, in: Pravo, Nr. 17 vom 1. Mai 1905, S. 1397–1399.
Sojuz zemskich služaščich, in: Pravo, Nr. 19 vom 14. Mai 1905, S. 1594–1599.
Ot krest'janskago sojuza partii socialistov-revoljucionerov ko vsem rabotnikam revoljucionnago socializma v Rossii, in: Revoljucionnaja Rossija, Nr. 8 vom 25. Juni 1902, S. 5–14.
Soobščenie ministerstva justicii po delu Marii Spiridonovoj, in: Pravo, Nr. 15 vom 16. April 1906, S. 1366–1368.

Sombart, Werner, Sozialismus und soziale Bewegung. 5. Aufl. – Jena: G. Fischer 1905.
–, Der moderne Kapitalismus, Band 1. – Leipzig: Duncker & Humblot 1902.
Ssbornik Prawowjedjenija I; Tl.: Sbornik pravovedenija i obščestvennych znanij, tom 1 → Krasnoperov, I. M.
Ssolowjow, Wl. S.; Tl.: Solov'ev, Vladimir S., Nacional'nyj vopros v Rossii, Vyp. I, in: ders., Sobranie Sočinenij, tom V: 1883–1897. – S.-Peterburg: Obščestvennaja Pol'za o.J., S. I–IV und 5–20.
–, Zamečanija na lekciju P. N. Miljukova, ebd., S. 458–462.
Sswjätlowskij, W., Tl.: Svjatlovskij, Vladimir V. [Vorwort zur Frage der Grundbesitzbewegung in Rußland] → Materialy po statistike 7.
Sswod Sakonow; Tl.: Svod Zakonov Rossijskoj Imperii. 16 toma. – S.-Peterburg: Gosudarstvennaja Tipografija 1892, 1900, 1903 und 1906.
Statistika pozemel'noj sobstvennosti i naselennych mest Evropejskoj Rossii, 8 Vypuska. – S.-Peterburg: Tipografija Ministerstva Vnutrennych Del 1880–1886.
Struve, P. B.; Tl.: Struve, Petr B., Moim kritikam, in: ders., Na raznyja temy (1893–1901 gg.). Sbornik statej. – S.-Peterburg: Kol'pinskij 1902, S. 1–59.
–, Russkaja revoljucija i mir. Otkrytoe pis'mo k Žanu Žoresu, in: Osvoboždenie, Nr. 72 vom 8. (21.) Mai 1905, S. 353–355.
–, Iz ruk carja – iz ruk Mikado i Anglii, in: Osvoboždenie, Nr. 76 vom 2. (15.) Mai 1905, S. 441–444.
–, Na raznyja temy (1893–1901 gg.). Sbornik statej. – S.-Peterburg: Kol'pinskij 1902.
–, Kritičeskija zametki k voprosu ob ėkonomičeskom razvitii Rossii. – S.-Peterburg: Skorochodov 1894.
S[truve], P[etr], K programme Sojuza Osvoboždenija, in: Osvoboždenie, Nr. 69/70 vom 7. (20.) Mai 1905, S. 307–308. → auch: Loi fondamentale.
Svjatlovskij → Sswjätlowskij.
Svod Zakonow → Sswod Sakonow.
Tablicy mestnostej Rossii, nachodjaščichsja na isključitel'nom položenii, in: Pravo, Nr. 10 vom 12. März 1906, S. 909–916.
Tagancev, N. S. (Hg.), Ugolovnoe uloženie 22 marta 1903 g. – S.-Peterburg: Feniks 1906.
–, (Hg.), Uloženie o nakazanijach ugolovnych i ispravitel'nych, 8-oe izd. – S.-Peterburg: M. Merkušev 1895.
Teslenko, N. V., Otvet na soobščenie ministerstva justicii po delu M. A. Spiridonovoj, in: Pravo, Nr. 15 vom 16. April 1906, S. 1387–1391.
Tolstoj, Leo, Die Auferstehung, 3 Bände. – Jena: E. Diederichs 1900.
–, Wjelikij grjech; Tl.: Tolstoj, Lev N., Velikij grech, in: Russkaja Mysl', 26. Jg., Juli 1905, otdel II, S. 247–266.
Troeltsch, Ernst, Protestantisches Christentum und Kirche in der Neuzeit, in: Paul Hinneberg (Hg.), Die Kultur der Gegenwart. Ihre Entwicklung und ihre Ziele, Teil I, Abt. IV: Die christliche Religion mit Einschluß der israelitisch-jüdischen Religion, 1. Hälfte: Geschichte der christlichen Religion. – Berlin und Leipzig: B. G. Teubner 1906, S. 253–458.
Trubetzkoi, Eugen, Die Universitätsfrage, in: Melnik, Josef (Hg.), Russen über Rußland. Ein Sammelwerk. – Frankfurt/M.: Rütten & Loening 1906, S. 16–53.
–; Tl.: Trubeckoj, Evgenij N., Otvet P. N. Miljukovu, in: Pravo, Nr. 20 vom 22. Mai 1905, S.-Peterburg, S. 1659–1660.
–, Cerkov i sovremennoe obščestvennoe dviženie, in: Pravo, Nr. 15 vom 15. April 1905, S. 1170–1175.
Trubezkoj, Jewgenij → Trubetzkoi, Eugen.
Tschisljenost i ssostaw rabotschich w Rossii 1906; Tl.: Čislennost' i sostav rabočich v Rossii na osnovanii dannych pervoj vseobščej perepisi naselenija Rossijskoj Imperii 1897 g. sostavleno po poručenija Ministerstv Finansov, Torgovli i Promyšlennosti, 2 toma. – S.-Peterburg: N. L. Nyrkin 1906.
Tschitscherin, B. N.; Tl.: Čičerin, B. N., Pol'skij i evrejskij vopros. Otvet na otkrytija pis'ma N. K. Rennenkampfa, 2-oe izd. – Berlin: H. Steinitz 1901.
Tschuprow, A., Die Feldgemeinschaft. Eine morphologische Untersuchung. (Abhandlungen aus dem staatswissenschaftlichen Seminar in Straßburg i. E., Heft XVIII). – Straßburg: Karl J. Trübner 1902.

–, Obschtschinnoje semljewladjenije; Tl.: Čuprov, Aleksandr A., Obščinnoe zemlevladenie, in: L'vov, N. N. und Stachovič, A. A. (Hg.), Nuždy derevni po rabotam komitetov nuždach sel'skochozjajstvennych promyšlennosti. Sbornik statej, tom II. – S.-Peterburg: Slovo 1904, S. 116–232.

–, K voprosu o dopolnitel'nom nadelenii malozemel'nych krest'jan, in: Dolgorukov, Pavel D. und Petrunkevič, Ivan I. (Hg.), Agrarnyj vopros. Sbornik statej.-Moskva: O. L. Somov 1905, S. 225–247.

–, K voprosu o zemel'nom balanse agrarnoj reforme, in: Pravo, Nr. 29 vom 23. Juli 1906, S. 2397–2409.

Tugan-Baranowski, Michael; Tl.: Tugan-Baranovskij, Michail I., Russkaja fabrika v prošlom i nastojaščem. Istoriko-ėkonomičeskoe izsledovanie, tom 1, 2-oe, značitel'no dopolnennoe izd. – S.-Peterburg: O. N. Popov 1900.

–, Zemel'naja reforma: očerk dviženija pol'zu zemel'noj reformy i praktičeskie vyvody. – S.-Peterburg: Mir Božij 1905.

Ugolownoje uloshenije; Tl.: Ugolovnoe uloženie → Tagancev, N. S. (Hg.), Ugolovnoe uloženie.

Ukrainec (Pseudonym für: Kistjakovskij, Bogdan A.), Russkija opposicionnyja partii i Ukraincy, in: Osvoboždenie, Nr. 77 vom 13. (26.) Sept. 1905, S. 467–470.

Uloshenije o nakasanijach ugolownych; Tl.: Uloženie o nakazanijach ugolovnych → Tagancev, N. S. (Hg.), Uloženie o nakazanijach.

Verujuščie protiv samoderžavija, in: Osvoboždenie, Nr. 73 vom 6. (19.) Juli 1905, S. 386–391.

Volkszählung von 1897 → Pervaja vseobščaja perepis' naselenija.

Agrarnyj vopros[1] → Dolgorukov, P. D.

Agrarnyj vopros[2] → Dolgorukov, P. D.

Agrarnyj wopross; Tl.: Agrarnyj vopros → Dolgorukov, P. D.

K pol'skomu voprosu, in: Osvoboždenie, Nr. 69/70 vom 7. (20.) Mai 1905, S. 315.

Vorob'ev → Worobjew.

Warsar, W.; Tl.: Varzar, V. E. (Hg.), Statističeskija svedenija o stačkach rabočich na fabrikach i zavodach za desjatiletie, 1895–1904 goda. – S.-Peterburg: V. Kiršbaum 1905.

Witte, S.; Tl.: Vitte, Sergej Ju., Samoderžavie i Zemstvo. Konfidencial'naja zapiska Ministra Finansov s predisloviem P. B. Struve, 1. Aufl. – Stuttgart: Dietz 1901; 2. Aufl. – Stuttgart: Dietz 1903.

Weber, Max, Agrarstatistische und sozialpolitische Betrachtungen zur Fideikommißfrage in Preußen, in: AfSS, Band 19, 1904, S. 503–574. (MWG I/9)

–, Die protestantische Ethik und der „Geist" des Kapitalismus, in: AfSS, Band 20, 1905, S. 1–54, und Band 21, 1905, S. 1–110. (MWG I/9 und I/18)

Worobjew, N.; Tl.: Vorob'ev, N. I., Krest'janskoe malozemel'e v Vladimirskoj gubernii, in: Vestnik sel'skago chozjajstva, Nr. 8 vom 19. Febr. 1906, S. 6–8, und Nr. 9 vom 26. Febr. 1906, S. 7–9.

Dokladnaja zapiska gruppy fabrikantov i zavodčikov central'nago rajona, in: Pravo, Nr. 8 vom 26. Febr. 1905, S. 588–593.

Pamjatnaja zapiska kostromskago komiteta torgovli i manufakture, in: Pravo, Nr. 16 vom 24. April 1905, S. 1290–1293.

Dokladnaja zapiska s.-peterburgskich zavodčikov i fabrikantov gospodinu ministru finansov, in: Pravo, Nr. 6 vom 13. Febr. 1905, S. 430–434.

Zapiska varšavskich zavodčikov, in: Pravo, Nr. 7 vom 20. Febr. 1905, S. 504.

Žižilenko → Shishilenko.

Verzeichnis der von Max Weber zitierten Zeitungen und Zeitschriften

Die Namen der Periodika werden zuerst in Webers Schreibweise, dann in der heute gültigen wissenschaftlichen Transliteration aufgeführt. Zusätzlich werden hier Informationen über Form und Zeitraum des Erscheinens sowie über die politische Richtung gegeben.

Abendbeilage des Prawitjelstwjennyj Wjestnik → Večernee pribavlenie.
Birschewyja Wjedomosti; Tl.: Birževyja Vedomosti. Eževnevnaja političeskaja, obščestvennaja i literaturnaja gazeta, hg. von S. M. Propper. – S.-Peterburg: 1880–1917. Erschien seit 1885 täglich, seit 1901 zweimal täglich und seit 1903 dreimal täglich. Bürgerlich-liberal, den Kadetten nahestehend.
Bjes saglavija; Tl.: Bez zaglavija. Političeskij eženedel'nik, red. von S. N. Prokopovič, hg. von E. D. Kuskova, Nr. 1–16. – S.-Peterburg 1906. Erschien wöchentlich. Sozialdemokratisch orientiert.
Civiltà cattolica. – Rom 1850ff. Organ der Jesuiten.
Dnjewnik Ssozialdemokrata; Tl.: Dnevnik Social-demokrata, hg. von G. B. Plechanov, Nr. 1–8, 1905–1906, Nr. 1, 1916. – S.-Peterburg. Erschien unregelmäßig als Einzelunternehmung Plechanovs.
Dwadzatyj Wjek; Tl.: Dvadcatyj Vek. – S.-Peterburg 1906. Bürgerlich-liberale Tageszeitung; erschien anstelle der verbotenen Molwa; Tl.: Molva vom 25. März 1906–1. Aug. 1906.
Düna-Zeitung, red. von Ernst Seraphim. – Riga 1888–?. Erschien täglich.
Ekonomitscheskaja Gasjeta; Tl.: Ėkonomičeskaja gazeta, hg. von G. I. Šrejder. – S.-Peterburg 1904–1905. Erschien wöchentlich.
Golos Staroobrjadca → Narodnaja Gazeta.
Goniec. Warschau 1903–1918. Erschien zweimal täglich: morgens als Goniec poranny und abends als Goniec wieczorny. Organ der polnischen Nationaldemokratischen Partei.
Grashdanin; Tl.: Graždanin. Žurnal političeskij i literaturnyj. – S.-Peterburg 1872–1914. Von Fürst V. P. Meščerskij gegründet; erschien seit 1885 zweimal wöchentlich; den Monarchisten nahestehend.
Iskra; Tl.: Iskra. Central'nyj organ Rossijskoj Social-demokratičeskoj Rabočej Partii, Nr. 1–112. – Leipzig–München–London–Genf 1900–1905.
Iswjestija; Tl.: Izvestija Soveta rabočich deputatov, Nr. 1–10. – S.-Peterburg 1905. Vom 17. Oktober bis 14. Dezember 1905 erschienen 10 Nummern, Nr. 11 vom 25. Dez. 1905 wurde während des Drucks beschlagnahmt.
Iswjestija; Tl.: Izvestija Moskovskago Soveta rabočich deputatov. – Moskva 1905. Erschien täglich zwischen dem 7. und 12. Dezember 1905 mit insgesamt 6 Nummern.
Jeshenjedjelnyj Shurnal dlja wssjech; Tl.: Žurnal dlja vsech. Ežemesjačnyj illjustrirovannyj literaturnyj i naučno-populjarnyj. – S.-Peterburg 1896–1906. Erschien monatlich.
Jushnij Kurjer → Jushny Kurjer.
Jushny Kurjer; Tl.: Južnyj Kur'er. – Kerč 1901–1906. Erschien täglich.
Kijewljanin; Tl.: Kievljanin. Literaturnaja i političeskaja gazeta jugozapadnago kraja, hg. von D. I. Pichno. – Kiev 1864–1919. Erschien täglich; den Monarchisten nahestehend.
Kijewskije Otkliki; Tl.: Kievskie Otkliki. Eževnevnaja literaturno-političeskaja, ėkonomičeskaja i obščestvennaja gazeta, hg. von I. V. Lučickij u. a. – Kiev 1903–1907. Erschien täglich.
Mir Boshij; Tl.: Mir Božij. Eževmesjačnyj literaturnyj i naučno-populjarnyj žurnal dlja samoobrazovanija, hg. von A. A. Davydova, seit Nr. 4 (1902) von M. K. Kuprina-Davydova. – S.-Peterburg 1892–1906. Erschien monatlich; war bis 1893 ein Journal für die Jugend.

Molwa; Tl.: Molva. – S.-Peterburg 1905–1906. Erschien täglich vom 5. Dez. 1905 bis 16. Jan. 1906 und vom 21. März bis 23. März 1906 anstelle der verbotenen Rus'; bürgerlich-liberal.
Moskauer Zeitung → Moskowskija Wjedomosti.
Moskowskija Wjedomosti; Tl.: Moskovskija Vedomosti. – Moskva 1756–1917. Erschien täglich; den Monarchisten nahestehend.
Narodnaja Gasjeta; Tl.: Narodnaja Gazeta, hg. von F. E. Mel'nikov. – Moskva 1906. Erschien täglich. Vom 15. Januar bis 8. Oktober 1906 erschien zweimal wöchentlich als Beilage Golos Staroobrjadca; den Altgläubigen nahestehend, von der Zensur verboten.
Narodnoje Chasjaistwo; Tl.: Narodnoe Chozjajstvo, hg. von L. V. Chodskij. – S.-Peterburg 1901–1905. Erschien zweimonatlich.
Narodnoje Chasjaistwo; Tl.: Narodnoe Chozjajstvo, hg. von L. V. Chodskij. – S.-Peterburg 1905–1906. Erschien täglich vom 2. Dezember 1905 bis 22. Januar 1906 anstelle der von der Zensur verbotenen Nasha Shisnj; Tl.: Naša Žizn'.
Nasha Shisnj; Tl.: Naša Žizn', hg. von L. V. Chodskij. – S.-Peterburg 1904–1906. Erschien täglich vom 6. November 1904 bis 11. Juli 1906; zwischen dem 2. Dezember 1905 und dem 22. Januar 1906 von der Zensur verboten, statt dessen erschien Narodnoje Chasjaistwo; Tl.: Narodnoe Chozjajstvo.
Nashi Dni; Tl.: Naši Dni, hg. von S. P. Juricyn. – S.-Peterburg 1904–1905. Erschien täglich anstelle des Ssyn Otjetschestwa; Tl.: Syn otečestva.
Natschalo; Tl.: Načalo. Rossijskaja social-demokratičeskaja rabočaja partija. – S.-Peterburg 1905. Erschien täglich, den Men'ševiki nahestehend.
Natschalo; Tl.: Načalo. Žurnal literatury, nauki i politiki, red. von P. B. Struve und M. I. Tugan-Baranovskij. – S.-Peterburg 1899. Erschien monatlich.
Die Neue Zeit, red. von Karl Kautsky. – Berlin 1883–1922/23. Wochenschrift der Deutschen Sozialdemokratie.
Nowaja Shisnj; Tl.: Novaja Žizn'. – S.-Peterburg 1905. Erschien täglich vom 27. Oktober bis 3. Dezember 1905; erste legale Zeitung der Bol'ševiki.
Nowoje Slowo; Tl.: Novoe Slovo, 1897 hg. von P. B. Struve und M. I. Tugan-Baranovskij. – S.-Peterburg 1894–1897. Erschien monatlich.
Nowoje Wremja; Tl.: Novoe Vremja, hg. von A. S. Suvorin (seit 1876). – S.-Peterburg 1868–1917. Erschien täglich; den Oktobristen nahestehend.
Nowosti i birschewaja gasjeta; Tl.: Novosti i birževaja gazeta. – S.-Peterburg 1880–1906. Erschien täglich bis 1883, dann zweimal täglich bis 25. November 1905, die letzte Nummer erschien am 12. Februar 1906. Fortgesetzt bis 31. März 1906 unter dem Titel: Nowosti; Tl.: Novosti. Eżednevnaja političeskaja, literaturnaja i ėkonomičeskaja gazeta. – S.-Peterburg 1906.
Obrasowanije; Tl.: Obrazovanie. Žurnal literaturnyj i obščestvenno-političeskij. – S.-Peterburg 1892–1909. Erschien monatlich.
Osswoboshdjenije; Tl.: Osvoboždenie, hg. von P. B. Struve. – Stuttgart, Paris 1902–1905. Organ des Sojuz Osvoboždenija.
Poljarnaja Swjesda; Tl.: Poljarnaja Zvezda. Eženedel'noe obščestvenno-političeskoe i kul'turno-filosovskoe izdanie, hg. von P. B. Struve. – S.-Peterburg 1905–1906. Erschien wöchentlich.
Prawda; Tl.: Pravda. Eżemesjačnyj žurnal iskusstva, literatury i zizni obščestvennoj, hg. von V. A. Koževnikov. – Moskva 1904–1906. Erschien monatlich.
Prawda Boshija; Tl.: Pravda Božija, hg. von G. S. Petrov. – Moskva 1906. Erschien täglich vom 1. Januar bis 6. Juni 1906.
Prawitjelstwjennyj Wjestnik; Tl.: Pravitel'stvennyj Vestnik. – S.-Peterburg 1869–1917. Erschien täglich; offiziöses Organ der Regierung.
Prawo; Tl.: Pravo. Eżenedel'naja, juridičeskaja gazeta, hg. von V. M. Gessen u. a. – S.-Peterburg 1898–1917. Erschien wöchentlich; den Kadetten nahestehend.
Pridnjeprowskij Kraj; Tl.: Pridneprovskij Kraj. Eżednevnaja naučno-literaturnaja, političeskaja i ėkonomičeskaja gazeta, hg. von M. S. Kopylov. – Ekaterinoslav 1901–1916. Erschien täglich.
Professionalnyj Ssojus; Tl.: Professional'nyj Sojuz. – S.-Peterburg 1905–1906. Erschien wöchentlich. Organ des Zentralbüros der St. Petersburger Gewerkschaften.
Proletarij; Tl.: Proletarij. Central'nyj organ Rossijskoj Social-demokratičeskoj Rabočej Partii,

red. von V. I. Lenin. – Genf 1905. Wochenzeitung der Bol'ševiki, erschien vom 14. Mai bis 12. November 1905.
Rabotschaja Gasjeta; Tl.: Rabočaja Gazeta. Organ nezavisimoj social'noj rabočej partii, hg. von M. A. Ušakov. – S.-Peterburg 1906 und 1908. Erschien täglich.
Rabotscheje Slowo; Tl.: Rabočee Slovo. Ežednevnaja obščedostupnaja, obščestvenno-političeskaja i literaturnaja gazeta, hg. von V. I. Venediktov. – S.-Peterburg 1906. Erschien wöchentlich vom 31. März bis 16. Mai 1906.
La Revue de Paris. – Paris 1894–1970.
Revoljuzionnaja Rossija; Tl.: Revoljucionnaja Rossija. – Kuokkala – Tomsk – Genf – London – Paris 1900–1905. Organ des Sojuz Socialistov-Revoljucionerov, dann der Partija Socialistov-Revoljucionerov. Es erschienen 76 Nummern.
Rjetsch; Tl.: Reč'. – S.-Peterburg 1906–1917. Erschien täglich. Organ der konstitutionell-demokratischen Partei.
Rossija; Tl.: Rossija. Gazeta političeskaja i literaturnaja. – S.-Peterburg 1905–1914. Erschien täglich, ab Juni 1906 offiziöses Organ der Regierung.
Russj; Tl.: Rus', hg. von A. A. Suvorin. – S.-Peterburg 1903–1906. Erschien von Dezember 1903 bis 2. Dezember 1905 und vom 17. Januar bis 21. März 1906 täglich, außer vom 19. Juli 1905 bis 18. März 1906 zweimal täglich; bürgerlich-liberale Tageszeitung.
Russkaja Myssl; Tl.: Russkaja Mysl'. Žurnal naučnyj, literaturnyj i političeskij. – Moskva 1880–1917. Erschien monatlich.
Russkija Wjedomosti; Tl.: Russkija Vedomosti. – Moskva 1863–1918. Erschien täglich. Bürgerlich-liberal, den Kadetten nahestehend.
Russkoje Bogatstwo; Tl.: Russkoe Bogatstvo. Ežemesjačnyj literaturnyj i naučnyj žurnal, hg. von N. K. Michajlovskij und V. G. Korolenko. – S.-Peterburg 1879–1914. Erschien monatlich; erschien von Januar bis Mai 1906 als Sovremennye Zapiski und Sovremennost'.
Russkoje Gossudarstwo; Tl.: Russkoe Gosudarstvo. – S.-Peterburg 1906. Erschien täglich vom 1. Februar bis 15. Mai 1906 abends als Beilage des Pravitel'stvennyj Vestnik.
Russkoje Krestjanstwo; Tl.: Russkoe Krest'janstvo, hg. von A. G. Ščerbatov. – Moskva 1905. Erschien monatlich; es erschienen nur zwei Nummern im Oktober und November 1905.
Russkoje Sslowo; Tl.: Russkoe Slovo. Ežednevnaja gazeta bez predvaritel'noj cenzury. – Moskva 1894–1917. Erschien täglich.
Ruthenische Revue, hg. von V. Javorskij, A. Kos und R. Sembratovicz. – Wien 1903–1905. Erschien vierzehntäglich.
Sarja; Tl.: Zarja. Social-demokratičeskij naučno-političeskij žurnal, Nr. 1–4. – Stuttgart 1901–1902.
Sovremennye Zapiski, Sovremennost' → Russkoje Bogatstwo.
Ssaratowskaja Semskaja Njedjelja; Tl.: Saratovskaja zemskaja nedelja, red. von N. N. L'vov. – Saratov 1898–1905. Erschien bis 1905 wöchentlich, dann monatlich.
Sslowo; Tl.: Slovo. – S.-Peterburg 1903–1909. Erschien täglich, bürgerlich-liberal.
Ssyn Otjetschestwa; Tl.: Syn otečestva. Ežednevnaja obščestvennaja, političeskaja i literaturnaja gazeta, hg. von S. P. Juricyn. – S.-Peterburg 1862–1905. 1901 bis 1903 nicht erschienen. Seit dem 15. November 1905 Parteiorgan der Sozialisten-Revolutionäre. → Nashi Dni.
Strana; Tl.: Strana, hg. von M. M. Kovalevskij. – S.-Peterburg 1906–1907. Erschien täglich; bürgerlich-liberale Tageszeitung.
Torgowo-promyschljennaja Gasjeta; Tl.: Torgovo-promyšlennaja Gazeta. – S.-Peterburg 1893–1918. Erschien täglich. Organ des Finanzministeriums.
La Tribune Russe. Bulletin bi-mensuel du mouvement Socialiste Revolutionnaire, hg. von E. Roubanovitch. – Paris 1904–1905, 1907–1909 und 1912–1913.
Večernee pribavlenie k Pravitel'stvennomu Vestniku. – S.-Peterburg 1906–1907. Erschien täglich; offiziöses Organ der Regierung.
Vperiod; Tl.: Vpered. Rossijskaja Social-demokratičeskaja Partija. – Genf 1904–1905. Erschien vom 22. Dezember 1904 bis 5. Mai 1905 als illegale bolschewistische Wochenschrift.
Wjestnik Jewropy; Tl.: Vestnik Evropy. Žurnal istorii-politiki-literatury, hg. von M. M. Kovalevskij. – S.-Peterburg 1866–1918. Erschien monatlich.
Wjestnik sselskawo chosjaistwa; Tl.: Vestnik sel'skago chozjajstva. Eženedel'noe izdanie Moskovskago obščestva sel'skago chozjajstva po vsem voprosam sel'skago chozjajstva, zemskoj agronomičeskoj dejatel'nosti i mel'kago kredita. – Moskva 1900–1929. Erschien wöchentlich.

Wjetschernij Goloss; Tl.: Večernij Golos. – S.-Peterburg 1905–1906. Erschien täglich; den Kadetten nahestehend.
Woprossi Shisni; Tl.: Voprosy Žizni. Ežemesjačnyj literaturno-obščestvennyj žurnal, Nr. 1–5 hg. von N. O. Losskij, ab Nr. 6 hg. von D. E. Žukovskij. – S.-Peterburg 1905. Erschien monatlich.
Zerkownyj Wjestnik; Tl.: Cerkovnyj Vestnik. – S.-Peterburg 1875–1917. Erschien wöchentlich; inoffizielles Organ der St. Petersburger Geistlichen Akademie.

Glossar

Adelsmarschall. Predvoditel' dvorjanstva. Seit 1775 (Statut über Gouvernementsverwaltung) und 1785 (Gnadenurkunde für den Adel) bildete der Adel jedes Gouvernements die dvorjanskoe obščestvo (Adelskorporation), die den Gouvernementsadelsmarschall wählte. Daneben gab es auch den Adelsmarschall auf Distriktsebene (uedznyj predovditel' dvorjanstva). Den Adelsmarschällen oblagen wichtige Funktionen innerhalb der Verwaltung der Gouvernements und der Distrikte, und seit der Errichtung der Zemstva 1864 waren sie ex officio Mitglieder der Zemstvoversammlungen.

Altgläubige →Raskol.

Akme. (griechisch) die Blüte, die Spitze; bezeichnet den Höhepunkt einer Krankheit, besonders des Fiebers.

Archierej. Kirchlicher Würdenträger: Bischof, Erzbischof, Metropolit.

Arteli →Kustar.

Ataman. Gewählter, späterhin von der kaiserlich-russischen Regierung ernannter Anführer der Donkosaken.

Bauernbank, Bauernlandbank →Krestjanskij posemelnyj bank.

Beseda-Kreis. Beseda (russ. das Gespräch, der Meinungsaustausch). Der Beseda-Kreis war ein von 1889 bis 1905 bestehender loser Zusammenschluß von Zemstvomännern, die sich mehrmals im Jahr trafen. Dem Kreis gehörten sowohl D. N. Šipov und M. A. Stachovič, die zum slavophilen Flügel, als auch die beiden Dolgorukovs und D. I. Šachovskoj an, die zum linken Flügel der Zemstvobewegung zu rechnen sind. Die Gruppe war anfangs gedacht als ein Diskussionszirkel, der zunächst nur die Politik der Zemstva gegenüber der Regierung zu koordinieren versuchte, späterhin jedoch auch die Probleme der politischen Reform des zarischen Rußland diskutierte. Die Gruppe löste sich im Laufe des Jahres 1905 im Zuge des Zerfalls der Zemstvobewegung auf.

Bjeglopopowzyje; Tl.: beglopopovcye. Eigentlich abschätzig gemeint: die, die weggelaufene Priester haben; gemeint ist der Teil der Altgläubigen, der Priester hatte, und zwar zumeist der orthodoxen Kirche entlaufene, im Gegensatz zu den „Bezpopovcy", die keine Priester akzeptierten. →Jedinowerije, →Raskol.

Bulyginsche Duma. Sie war durch Manifest und Statut vom 6. August 1905 als Reichsduma mit nur beratender Funktion gedacht und sollte auf der Grundlage eines indirekten Kurienwahlsystems, das auf einem gemäß der Steuerleistung bemessenen Zensus basierte, gebildet werden. Benannt nach dem Innenminister A. G. Bulygin, der die Kommission leitete, die die Statuten der Duma ausarbeitete.

bunt. Aufruhr, Unruhe, Empörung.

Bytt po ssjemu; Tl.: byt' po semu. Es sei! Dem sei also! Bekräftigungsformel.

Cäsareopapismus/Cäsaropapismus. Die Verbindung von staatlichem und kirchlichem Regiment, bei der dem weltlichen Herrscher aufgrund seiner göttlichen Weihe auch in innerkirchlichen Fragen die oberste Leitung der Kirche zukommt. Der Begriff wurde erst im 18. Jahrhundert vor allem auf das spät-römische und byzantinische Kirchensystem angewandt, in dem die Einheit des geistlich-weltlichen Reiches bestand. Er wurde und wird auch auf die Entwicklung in Rußland bezogen, insbesondere seit der Abschaffung des Patriarchats durch Peter I. (1721) und die Einsetzung des → Hl. Synod als staatlicher Kontrollinstanz über die Kirche.

Chodok. Von Bauern gewählter und mit einer Petition oder einem Auftrag entsandter Bote.

Chutor. Ein eigenständiges, außerhalb des Dorfes gelegenes Bauerngehöft, etwa einer amerikanischen Farm vergleichbar, auf dem der Bauer inmitten seiner Felder wohnte.

chutorskije utschastky; Tl.: chutorskie učastki. Landanteile, die zu einem chutor gehören.

chutorskoje chasjaistwo; Tl.: chutorskoe chozjajstvo. Chutor-Wirtschaft.

Deßjätine, Dessjätine; Tl.: desjatina. Russisches Flächenmaß: 1,09 Hektar.
Djejateli; Tl.: dejateli. Männer des öffentlichen Lebens; gesellschaftlich aktiv Handelnde.
dopolnitjelnyj Nadjel; Tl.: dopolnitel'nyj nadel. Landanteil, der dem Land der Bauern hinzugefügt (ergänzt) werden muß oder soll, um ihren Lebensunterhalt zu sichern oder zu ermöglichen.
Dopolnjenije; Tl.: dopolnenie. Wörtlich: Ergänzung.
drittes Element →trety element.
Dwornik; Tl.: dvornik. Hausmeister.
Duma. Eigentlich: Gedanke oder Denken, dann: Rat oder Ratschlag, schließlich: eine Gruppe oder Versammlung von Ratgebern. Gorodskaja duma: Stadtduma, seit 1870, geändert 1892, wurde die Stadtduma nach einem Zensuswahlrecht gewählt. Die Stadtduma wählte den Bürgermeister. Ihre Aufgaben waren vor allem auf wirtschaftliche, medizinische und schulische Probleme beschränkt. Seit 1906 auch die Bezeichnung für das russische Parlament: Gosudarstvennaja Duma: Reichs- oder Staatsduma. →Bulyginsche Duma, →ssojusnaja Duma.
Eparchie. Diözese.
Glassnyj; Tl.: glasnyj. Mitglied der örtlichen Selbstverwaltung. Nach den Statuten über die örtliche Selbstverwaltung von 1879, respektive 1892, die von der dazu qualifizierten Stadtversammlung gewählten Mitglieder des Stadtrates. Zemskij glasnyj, nach den Zemstvostatuten von 1864 bzw. 1890 gewählte Mitglieder der Zemstvoversammlung.
glawnyj uprawljajuschtschij; Tl.: glavnoupravljajuščij. Leiter einer Regierungsbehörde, in einigen Fällen ranggleich mit einem Minister.
gmina. (polnisch) Gemeinde, entsprach dem russischen volost'.
gorodskaja duma →Duma.
gosudarstvennaja Duma →Duma.
Gradonatschalnik; Tl.: gradonačal'nik. Beamter, der eine Stadt und das dazugehörige Gebiet mit den einem Gouverneur vergleichbaren Vollmachten verwaltete.
gramota. Schriftstück, Brief oder Charta; im allgemeinen jedes geschriebene, private oder öffentliche Dokument.
Heiliger Synod. Russisch: Svjatejšij Sinod. Seit 1721 das oberste Verwaltungsorgan der russischen orthodoxen Kirche.
Hetman. Gewählter, späterhin von der kaiserlichen Regierung ernannter Anführer der Dneprkosaken.
igumen. Abt, Klostervorsteher.
Inorodtsy; Tl.: inorodcy. Ethnische Gruppen, die einen besonderen rechtlichen Status hatten; dazu gehörten die indigenen Stämme in Sibirien, Zentralasien und Transkaspien sowie die Juden.
Jawotschnyj porjadok; Tl.: javočnym porjadkom. Wörtlich: ohne vorherige Erlaubnis. Gemeint ist damit, daß die Gründung von Vereinen oder Verbänden nicht mehr der vorherigen Genehmigung durch die Behörden bedurfte, sondern daß sie ihre Statuten nachträglich zur Genehmigung bei den Behörden einreichen mußten. Dies galt analog für Pressepublikationen.
Jedinowjerije; Tl.: edinoverie. Der Teil der Altgläubigen, der Priester akzeptierte, schloß in den Jahren 1788–1801 Abkommen mit der orthodoxen Kirche, in denen ihm das Recht auf Gottesdienst nach alten Riten und die Benutzung der vor der Nikonschen Reform von 1654/55 gedruckten Bücher zugesichert wurde, wenn er von der orthodoxen Kirche ordinierte Priester übernahm. →Raskol, →Altgläubige.
Jedinowjerzi →Jedinowerije.
Jedoki; Tl.: edoki. Wörtlich: Esser; Bezeichnung für die Mitglieder einer Bauernfamilie.
Jeromonach; Tl.: ieromonach. Als Priester ordinierter Mönch.
Kleinrußland, Kleinrussen. Bezeichnung für die Ukraine bzw. die Ukrainer.
Kolo; Tl.: Koło. (polnisch) Der Ring, der Kreis. Die überwiegende Zahl der in den polnischen Gouvernements gewählten Abgeordneten der Ersten Duma schloß sich zum polnischen Koło zusammen.
komitet po semljeustroitelnym djelam; Tl.: komitet po zemleustroitel'nym delam. Komitee für Angelegenheiten der Landeinrichtung, entstand Anfang 1906 innerhalb der Hauptverwaltung für Landeinrichtung und Landwirtschaft (glavnoe upravlenie zemleustrojstva i zemlede-

lie) – dem 1905 umgestalteten alten Ministerium für Landwirtschaft – für Fragen der Umsiedlung der Bauern nach Sibirien, Mittelasien und dem Kaukasus sowie zur Vorbereitung einer Agrarreform. Der Ministerpräsident P. Stolypin benutzte es ab November 1906 zur Durchführung seiner Agrarreform.

kraj. Land, Gebiet, Randgebiet.

kramola. Verschwörung, Aufruhr oder Aufstand.

Krestjanskij posemelnyj bank; Tl.: krest'janskij pozemel'nyj bank. Bauernbank oder Bauernlandbank. Durch das Gesetz vom 18. Mai 1882 gegründete staatliche Hypothekenbank, die das Ziel verfolgte, den Bauern – einzeln oder in Gruppen – durch Gewährung günstiger Kredite den Landerwerb zu ermöglichen. Die Darlehen, bis zu 75% des Bodenwertes, hatten eine Laufzeit von 24½ oder 34½ Jahren; der Zinssatz betrug 2¾%.

krugovaja poruka. Solidarhaftung. Gemeinsame Verantwortung der Bauerngemeinde gemäß dem Gesetz vom 19. Februar 1861 für die Zahlung der Steuern und die Erfüllung anderer Verpflichtungen gegenüber dem Staat.

kulak. Wörtlich: Faust, Großbauer, auch ländlicher Wucherer.

Kulatschestwo; Tl.: kulačestvo. Kulakentum, Großbauerntum.

Kustar; Tl.: kustar'. Bauer, der in Heimarbeit tätig ist. Die Kustar'-Industrie war von großer Bedeutung in Rußland, vor allem in der Textil-, Metall- und Holzindustrie. Oftmals schlossen sich die kustari zu arteli zusammen, freiwilligen Kooperativ-Organisationen, die einen gewählten Ältesten an der Spitze hatten.

Mir. Bauerngemeinde, die ihre eigenen Angelegenheiten selbst verwaltete. In Abgrenzung zum Begriff → Obschtschina eher die Menschen bezeichnend.

Nadjel; Tl.: nadel. Landanteil, der einer Bauernfamilie aus dem Gemeindeland zur Nutzung überlassen wurde. →dopolnitjelnyj Nadjel.

Nakas; Tl.: nakaz. Instruktion, Befehl.

Narodnaja Rada. Volksrat.

Narodnaja Wolja; Tl.: narodnaja volja. Von einem Teil der Narodniki in den 1870er Jahren gegründete Organisation, die durch revolutionären Terror einen Umsturz der Verhältnisse in Rußland herbeiführen wollte. Prominentestes Opfer dieser Bewegung war im Jahre 1881 Zar Alexander II.

Narodnitschestwo; Tl.: narodničestvo. Strömung in der russischen Intelligenz seit den 1870er Jahren (Populismus). Durch Propaganda im Volk (narod) sollte politische Aufklärung betrieben werden, um eine Veränderung der Verhältnisse zu erreichen. Die Theorien des Narodničestvo basierten auf der Ansicht, daß im russischen Mir die Keimzelle für eine sozialistische Organisation der Gesellschaft gegeben sei, aber auch auf modifizierten Marxschen Gedanken und Ideen von Mill, Comte und Spencer. Nach den Vorstellungen der Narodniki war die Herausbildung des westlichen Kapitalismus in Rußland insbesondere deshalb vermeidbar, weil der Mir sozialistische Organisationsformen bereits in sich barg. Die Aktivitäten der Narodniki führten Ende der 1860er Jahre zu einem massenhaften „Gehen ins Volk" (idti v narod), dem eine Verhaftungswelle nach einiger Zeit ein Ende bereitete. Aus der Bewegung heraus wurde 1876 eine geheime Organisation „Zemla i Volja" gegründet, die die Veränderung der Gesellschaft nun statt durch friedliche Propaganda durch terroristische und konspirative Aktionen herbeiführen wollte. „Zemla i Volja" spaltete sich 1879 in „Černyj peredel" und „Narodnaja Volja", einen gemäßigten und einen radikalen Flügel auf.

njeogranitschennyj; Tl.: neograničennyj. Wörtlich: unumschränkt. Bis zu den Staatsgrundgesetzen vom 23. April 1906 war der russische Zar „ein selbstherrschender und unumschränkter Monarch". Das Wort „unumschränkt" fehlt im Staatsgrundgesetz vom April 1906.

Oberprokuror; Tl.: Ober-Prokuror Svjatejšego Sinoda. Oberprokuror des Heiligen Synod. Seit 1722 Regierungsvertreter im Heiligen Synod, der anfänglich nur die Tätigkeit dieses Gremiums der Kirchenleitung als staatlicher Beauftragter überwachen sollte, nach kurzer Zeit jedoch der bevollmächtigte Minister für Kirchenverwaltung wurde. Dieses Amt existierte bis 1917.

Oblastj; Tl.: oblast'. Im kaiserlichen Rußland eine territoriale Verwaltungseinheit, die einem Gouvernement entsprach. Im europäischen Rußland gab es nur den Oblast' Voiska Donskogo (das Gebiet der Donkosaken); weitere oblasti gab es im Kaukasus, in Zentralasien, in Ostsibirien und im Fernen Osten.

Obrjeski; Tl.: obrezki; auch: otrezki. Land, das die Bauern infolge der Bauernbefreiung von

1861 verloren. Die obrezki wurden in zahlreichen Gouvernements nach der Reform von 1861 vom Anteilland der Bauern genommen, falls ihr Pro-Kopf-Anteil an Land das für das Gebiet festgesetzte Maß überschritt oder dem Gutsbesitzer weniger als ⅓ des guten Ackerbodens zur Nutzung blieb.

obrok. Vor der Bauernemanzipation von 1861 von den Bauern an die Gutsbesitzer oder den Staat zu zahlender Zins in Naturalien oder Geld.

Obschtschina; Tl.: obščina. Bauerngemeinde. Die Obščina sorgte für die Umteilung des kommunalen Landbesitzes und der Weiden und war bis 1903 kollektiv für die Steuerzahlung verantwortlich. Ihr oblag gleichfalls die Aufrechterhaltung der Ordnung innerhalb des Dorfes.

obschtschinnoe Obschtschestwo; Tl.: obščinnoe obščestvo. Offizielle Bezeichnung für die Dorfgemeinde als selbstverwaltende Organisation der Bauern.

österreichische Hierarchie. Eine Gruppe der Altgläubigen, deren Bischöfe 1847 durch den bosnischen Metropoliten Amvrosij in Belaja Krinica geweiht worden waren. Auch als „österreichische Denomination" bezeichnet.

österreichische Observanz → österreichische Hierarchie.

Okrushniki; Tl.: okružniki. Wörtlich: die, die dem Rundschreiben anhängen. So bezeichnet nach dem Rundschreiben des Bischofsrates eines Teils der Altgläubigen aus dem Jahre 1862, in dem dieser Bischofsrat eine friedliche Koexistenz zwischen den Altgläubigen und der orthodoxen Kirche befürwortete.

Osswoboshdentsy; Tl.: Osvoboždency. Mitglieder des Sojuz Osvoboždenija.

ostseejskij ryzar; Tl.: ostzejskij rycar'. Ostseeritter. Abwertende Bezeichnung für die Deutschbalten seit den 1890er Jahren.

Pjeredjel; Tl.: peredel. Umteilung des Bodens.

podatnoje ssostojanie; Tl.: podatnoe sostojanie. Offizielle Bezeichnung für die niederen Klassen der Bevölkerung, die die „podušnaja podat'" (die Kopfsteuer) bezahlten und Rekruten für die Armee stellen mußten. Die Militärreform von 1874 führte die allgemeine Dienstpflicht ein; in den Jahren 1883–1886 wurde die Kopfsteuer abgeschafft, doch blieb die formale Trennung der Bevölkerung in Stände ebenso wie die alte Bezeichnung bis 1917 erhalten.

podwornoje semljewladjenije; Tl.: podvornoe zemlvladenie. Einzelhofbesitz, insbesondere in den westlichen Gouvernements Rußlands, der nicht der Umteilung unterlag und erblich war.

podwornoje wladjenije; Tl.: podvornoe vladenie = podwornoje semljewladjenije.

Poljessien. Auch Polessien; Sumpflandschaft im Gebiet der Pripet-Sümpfe.

poloshenije; Tl.: položenie. Statut, das den gesetzlichen Status und die Tätigkeiten einer Verwaltungsbehörde regelte, ebenso den Status einer Schicht der Bevölkerung oder den einer sich selbstverwaltenden Institution.

poloshenije o gubernskich i ujesdnych semskich utschreshdenijach; Tl.: položenie o gubernskich i uezdnych zemskich učreždenijach. Zemstvostatut von 1864. → Semstwo.

potrebitjelnaja norma; Tl.: potrebitel'naja norma. Konsumnorm, d. h. die Grundbesitzeinheit, die notwendig war, um einer bäuerlichen Familie das Auskommen zu sichern.

powjeljenije; Tl.: povelenie. Befehl, Entscheidung; vysočajše povelenie = Allerhöchster (kaiserlicher) Befehl.

predvoditel' dvorjanstva → Adelsmarschall.

Priesterlose → Raskol.

Prigowor; Tl.: prigovor. Gerichtsurteil. Auch die Entscheidung einer Dorfversammlung: prigovor sel'skogo schoda.

prikas; Tl.: prikas. Befehl, Anordnung.

prissutstwije; Tl.: prisutstvie. In der Behördensprache des kaiserlichen Rußland eine ständige Regierungsinstitution, die bestimmte Angelegenheiten verwaltete oder beaufsichtigte.

prodowolstwjennaja norma; Tl.: prodovol'stvennaja norma. Selbstversorgungsnorm.

Rasdornik; Tl.: razdornik. Der Unruhestifter, der Störenfried.

Raskol. Offizielle Bezeichnung für die Spaltung der orthodoxen Kirche in der zweiten Hälfte des 17. Jahrhunderts, bei der sich die sog. Altgläubigen (raskol'niki oder staroobrjadcy), die an den alten Riten festhielten, von der offiziellen Kirche trennten. Die Altgläubigen spalteten sich später in eine Gruppe, die an einer priesterlichen Ordnung festhielt (popovščina), und eine Gruppe, die jede Form priesterlicher Ordnung ablehnte (bezpopovščina). Die letztere zerfiel in zahlreiche Sekten. → jedinowjerije, → Bjeglopopowzyje.

Raskolnik; Tl.: raskol'nik. Offizielle Bezeichnung für die Altgläubigen bis zum sog. Toleranzedikt vom 17. April 1905.
rasrjeschenije; Tl.: razrešenie. Erlaubnis, die sich auf das Übersiedlungsgesetz vom Juni 1904 bezieht. Dem Übersiedler, z. B. nach Sibirien, wurde in einer Art Bescheinigung das Recht auf staatliche Beihilfe zuerkannt (razrešenie na pereselenie s sodejstviem pravitel'stva).
raswjerstanije; Tl.: razverstanie ugodii. Flurbereinigung, Arrondierung.
raznočinec. Bezeichnung des 18. und 19. Jahrhunderts für Personen zwischen den Ständen oder Personen „verschiedener Ränge". Diejenigen, die die Klasse oder die Schicht der Eltern verlassen hatten, aber formal keiner anderen angehörten.
Reichsduma →Duma.
Sakon; Tl.: zakon. Gesetz, Statut.
Schlachtize; Tl.: szlachcic. (polnisch) Adliger.
schwarze Hundert →Tschernye ssotni.
sel'skoe obščestvo. Seit 1861 die offizielle Bezeichnung für die Dorfgemeinde.
semljeustroitjelnija kommissija; Tl.: zemleustroitel'naja komissija. Grundbesitzregulierungs- oder Landbesiedlungskommission. Geschaffen durch Verordnung vom 4. März 1906 auf Gouvernements- und Distriktsebene (gubernskie und uezdnye), die die Landbesiedlung überwachen sollte. Von Bedeutung besonders nach dem Dekret vom 9. November 1906, nach dem diese Kommissionen die Umwandlung der Landanteile von Gemeinde- in Privatbesitz überwachten.
Semskij Natschalnik; Tl.: zemskij načalnik. Landhauptmann. Seit der Reform des 1864 erlassenen Zemstvostatuts vom 12. Juni 1890 von der Regierung ernannter Beamter – zumeist aus dem lokalen Adel –, der die Entscheidungen der Obščina kontrollierte. Er besaß sowohl juridische als auch administrative Funktionen.
Semskij Ssobor; Tl.: Zemskij Sobor. Reichs- oder Landesversammlung. Der Begriff wurde von dem Slavophilen Konstantin Aksakov 1850 erfunden und von S. M. Solov'ev in die Wissenschaftssprache übernommen. In den Quellen wird von „sobory" (Versammlungen), von „sovet vseia zemli" (Rat des ganzen Landes) oder nur von „vsja zemlja" (das ganze Land) gesprochen. Die Reichsversammlungen umfaßten jedoch fast nie das ganze Land, sondern nur einige Gruppen, so die Bojarenduma →Duma, die Vertreter der Moskauer Stadtbevölkerung und militärische Amtsinhaber der Provinz. Der erste sogenannte Zemskij Sobor fand 1549 in der Regierungszeit Ivans IV. (des Schrecklichen) statt. Die sobory der Folgezeit waren zumeist nur Informations- und Akklamationsversammlungen, keine ständisch repräsentativen Institutionen. Am Zemskij Sobor des Jahres 1613, der den Zaren Michail Fedorovič aus dem Hause Romanov wählte, nahmen zum einzigen Male auch Bauern teil. Der letzte Sobor tagte 1653.
Semstwo; Tl.: Zemstvo. Offizielle Bezeichnung: zemskoe učreždenie. Organ der Selbstverwaltung im ländlichen Rußland, geschaffen durch Statut vom 1. Januar 1864, in 34 Gouvernements des europäischen Rußland. Dem Zemstvo oblagen u. a. Bau und Reparatur der Straßen, Entwicklung des örtlichen Handels und der Industrie, Unterstützung der öffentlichen Erziehung und der medizinischen Versorgung der Bevölkerung, tierärztliche Versorgung, Steuerschätzung des örtlichen Besitzes sowie die Wahl der exekutiven Organe des Zemstvo. Die Distrikts- und Gouvernementszemstva hielten regelmäßige Versammlungen ab, die – für jeweils 3 Jahre – ein Exekutivorgan, die sog. uezdnaja zemskaja uprava und die gubernskaja zemskaja uprava wählten. Ex officio waren die Distrikts- und Gouvernementsadelsmarschälle Mitglieder dieser Organe. Die Vorsitzenden der uprava wurden vom Gouverneur bzw. vom Innenminister in ihren Ämtern bestätigt. Die Abgeordneten zur Distriktszemstvoversammlung wurden von folgenden Wählergruppen gewählt: 1. private Landbesitzer von einer bestimmten Größe des Landbesitzes an, 2. die Dorfgemeinde und 3. städtische Besitzer nach einem festgelegten Zensus. In der Regierungszeit Alexanders III. wurde 1890 das Wahlrecht geändert und dem adeligen Gutsbesitz ein höherer Anteil an den Abgeordnetensitzen zugebilligt. Gleichzeitig mußten seitdem alle Mitglieder der uprava vom Gouverneur bestätigt werden. Zur Überwachung der Zemstvoaktivitäten wurde die gubernskoe po zemskim delam prisutstvie unter Vorsitz des Gouverneurs geschaffen.
Senat. Eigentlich: pravitel'stvujuščij senat (regierender Senat). 1711 als oberste Reichsbehörde für die innere Verwaltung und die Justiz geschaffen. Seit der Justizreform von 1864 war der Senat hauptsächlich Kassationsgerichtshof. Er führte die Aufsicht über die Lokalverwaltung

und die Gerichte, veröffentlichte die Gesetze und war für deren Auslegung zuständig. Er bestand seit 1898 aus sechs Departements.
skit. Kloster der Altgläubigen.
smuta. Aufruhr, Unruhe; Bezeichnung für die „Zeit der Wirren" von 1605-1613.
ssamodershawnyj →Ssamodershez.
Ssamodershez; Tl.: Samoderžec. Einer der Titel des russischen Monarchen: Selbstherrscher (Autokrator).
Sschod; Tl.: schod. Dorfversammlung.
Ssejm; Tl.: sejm. (polnisch) Reichstag; auch der finnische Landtag wurde so genannt.
ssjelenija; Tl.: selenija. Ländliche Siedlungen.
sskrjepljenije; Tl.: skreplenie. Kontrasignierung, Bekräftigung, Beglaubigung (durch Unterschrift).
Ssobor; Tl.: sobor. Rat, Versammlung, auch im Sinne von Kirchenkonzil.
Ssobornostj; Tl.: sobornost'. Theologischer Hauptbegriff der russischen Orthodoxie, ursprünglich die kirchenstarische Übersetzung von ekklesia = Kirche, bezeichnet die Gemeinschaft in Christus.
ssojusnaja Duma; Tl.: sojuznaja Duma. Bundesversammlung; im Verfassungsentwurf Dragomanovs von 1884 als oberstes repräsentatives Organ gedacht.
Sswod Sakonow; Tl.: Svod Zakonov Rossijskoj Imperii. Gesetzessammlung des Russischen Reiches. Sie war seit 1. Januar 1836 in Kraft, anfangs aus 15, seit 1864 aus 16 Bänden bestehend. Der Svod enthielt alle gültigen Gesetze, die systematisch angeordnet waren.
Stadtduma →Duma.
Stanitschnyj Sschod; Tl.: Staničnyj schod. Gemeint ist wohl staničnyj sbor, die Dorfversammlung einer stanica.
Stanitza; Tl.: stanica. Siedlung der Kosaken, aus einem oder mehreren Dörfern bestehend; auf der Verwaltungsebene bestand eine Selbstverwaltung.
Staroobrjadschestwo; Tl.: staroobrjadšestvo. Altgläubigentum.
Staroobrjadshik; Tl.: staroobrjadšik. Altgläubiger, Altritueller; seit dem Toleranzedikt vom 17. April 1905 wurde die Bezeichnung Raskol'nik durch Staroobrjadšik ersetzt.
Starost; Tl.: sel'skij starosta. Nach der Bauernbefreiung von 1861 der von der Dorfgemeinde gewählte Dorfvorsteher.
Starschina; Tl.: staršina. Nach der Bauernbefreiung von 1861 das gewählte Oberhaupt der Volost'-Versammlung. →Wolost-Sschod.
Subatowschtschina; Tl.: Zubatovščina. Bezeichnung für den von S. V. Zubatov, dem Leiter der Moskauer Abteilung der Ochrana (Geheimpolizei), mit Billigung der Regierung Ende des 19. und Anfang des 20. Jahrhunderts unternommene Versuch, Arbeiterorganisationen zu etablieren, um vor allem den Einfluß revolutionärer Propaganda einzudämmen. Die Regierung beendete diese Unternehmung, die auf scharfen Widerstand von seiten der Unternehmer stieß, im Jahre 1903.
Subhastation. Zwangsversteigerung.
tolstowstwo; Tl.: tolstovstvo. Tolstojanertum; Anhänger der Lehren Lev Tolstojs.
Towarischtschestwo; Tl.: tovariščestvo. Genossenschaft.
trety element; Tl.: tretij element. Wörtlich: drittes Element. Bezeichnung für die Zemstvo-Angestellten, Ärzte, Statistiker etc., seit dem Beginn des 20. Jahrhunderts, die weder zur Verwaltung noch zu den Ständevertretern im Zemstvo gehörten und als besonders radikal galten.
trudowaja norma; Tl.: trudovaja norma. Arbeitsnorm, d.h. die Besitzgröße, die ein Bauer mit den Familienangehörigen bearbeiten konnte.
Tschernye ssotni; Tl.: černye sotni. Schwarze Hundertschaften. Bezeichnung für die rechtsradikalen Kampfverbände, die seit dem Frühjahr 1905 mit teilweiser Billigung von Regierungskreisen operierten. Sowohl pejorativ als auch im Selbstverständnis gebraucht. Häufig auch für die gesamte politische Rechte benutzt.
Tschernyj pjeredjel; Tl.: černyj peredel. Wörtlich: schwarze Umteilung; Verteilung des Bodens an die arbeitenden Menschen des ganzen Landes. Bezeichnung für die von G. Plechanov u. a. gegründete Gruppe (1878-1881) innerhalb der Partei „Zemlja i Volja", die terroristische Aktionen ablehnte. →Narodnitschestwo.
Tschin; Tl.: čin. Rang. Im 18. und 19. Jahrhundert der Rang eines Militärs oder eines Regie-

rungsbeamten nach dem „Tabel' o rangach" Peters des Großen von 1722, der Militär, Hof- und Zivilbeamte in 14 Rangklassen ordnete.

Tschinownik; Tl.: činovnik. Der Inhaber eines „čin". Beamter, Staatsangestellter; auch verächtlich „Bürokrat".

Ugolownoje Uloshenije; Tl.: ugolovnoe uloženie. Kriminalprozeßordnung.

Ujesd; Tl.: uezd. Distrikt oder Kreis, kleinere Verwaltungseinheit innerhalb eines Gouvernements.

Ukas; Tl.: ukaz. Dekret, Befehl. Ein kaiserlicher Befehl (immenoj ukaz) mit Gesetzeskraft.

Uloshenije; Tl.: uloženie. Statuten, Verordnungen, Gesetzessammlungen.

Uloshenije o nakasaniach ugolwnych; Tl.: uloženie o nakazanijach ugolovnych. Strafgesetzbuch.

Uprawa; Tl.: uprava. Bezeichnung für Verwaltungsorgane. →auch: Semstwo.

Ustaw; Tl.: ustav. Instruktion, Charta, Statut für öffentliche Institutionen oder für verschiedene Teile der Verwaltungsbehörden.

ustaw grashdanskawo ssudoproizwodstwa; Tl.: ustav graždanskago sudoproizvodstva. Statut des bürgerlichen Gerichtsverfahrens (Bürgerliches Gesetzbuch).

Ustaw o predupreshdenii i pressetschenii prestupljenija; Tl.: ustav o predupreždenii i presečenii prestuplenija. Statut, Vorschriften über die Verhütung und Unterbindung von Verbrechen.

Usukapion. Im römischen Recht der Eigentumserwerb kraft Ersitzung.

utschastkowoje obschtschestwo; Tl.: učastkovoe obščestvo. Diejenige bäuerliche Gemeinde, deren Felder separiert worden waren.

utschastkowoje semljewladjenije; Tl.: učastkovoe zemlevladenie. Seit 1906 in der Bedeutung von →podwornoje semljewladjenije.

utschastok; Tl.: učastok. Teil, Anteil an Land.

utschreshdjenije; Tl.: učreždenie. Bezeichnung für verschiedene Statute und Verordnungen.

vysočajše povelenie →powjeljenije.

Werst; Tl.: versta. Russisches Längenmaß: 1,067 Kilometer.

wjedjenije; Tl.: vvedenie. Einleitung, Einführung.

Wlast uprawlenija; Tl.: vlast' upravlenija. Macht der Verwaltung.

wolost; Tl.: volost'. Nach der Bauernbefreiung von 1861 wurden mehrere Dörfer oder Weiler zu einem volost' mit einer Bevölkerung von 300 bis maximal 2000 männlichen Seelen zusammengefaßt. →Wolost-Sschod.

Wolost-Sschod; Tl.: volostnoj schod. Die Volost'-Versammlung (volostnoj schod) setzte sich aus den von den Bauern gewählten Beamten und Bauernvertretern zusammen. Sie wählte das bäuerliche Gericht und die Verwaltungsinstitution (volostnoe pravlenie).

Zemlja i Volja →Narodnitschestwo.

Siglen, Zeichen, Abkürzungen

[ ] Hinzufügung des Editors
[1]), [2]), [3]) Indices bei Anmerkungen Max Webers
a.a.O. am angegebenen Ort
Abs. Absatz
Abt. Abteilung
A.D.R. Arbeiterdeputiertenrat
Anm. Anmerkung
a.o.Prof. außerordentlicher Professor
Aufl. Auflage
Aug. August
Bd. Band
Bearb., bearb. Bearbeiter, bearbeitet
betr. betreffend, betrifft
bez., bezw., bzw. beziehungsweise
Bl. Blatt
ca. circa
CK Central'nyj komitet (Zentralkomitee)
das. daselbst
dass. dasselbe
dergl., dgl. dergleichen
ders. derselbe
Dez. Dezember
d.h. das heißt
Dr. Doktor
dt. deutsch
ebd. ebenda
ed. edition, edited
etc. et cetera
eventl., evtl. eventuell
f., ff. folgende
Febr. Februar
Frhr. Freiherr
GPS[1] Weber, Max, Gesammelte Politische Schriften, hg. von Marianne Weber. – München: Drei Masken Verlag 1921[1].
GPS[2, 3, 4] Weber, Max, Gesammelte Politische Schriften, hg. von Johannes Winckelmann. – Tübingen: J.C.B. Mohr (Paul Siebeck) 1958[2], 1971[3], 1980[4].
Ha., ha Hektar
h.c. honoris causa
Hg., hg. Herausgeber, herausgegeben
inkl. inklusive
Jan. Januar
JfGO Jahrbücher für Geschichte Osteuropas
Jg. Jahrgang
jun. junior
Kadetten →K.D.P.

Kap. Kapitel
K.D.P. Konstitucionno-demokratičeskaja partija (Konstitutionell-demokratische Partei, Kadetten)
kgl., königl. königlich
KPSS Kommunističeskaja Partija Sovetskogo Sojuza (Kommunistische Partei der Sovetunion)
k.u.k. kaiserlich und königlich
Mk, Mk. Mark
MWG Max Weber-Gesamtausgabe
NF, N.F. Neue Folge
Nl. Nachlaß
No., N°, NO., Nr. Nummer
Nov. November
o.J. ohne Jahr
Okt. Oktober
o.O. ohne Ort
o.Prof. ordentlicher Professor
P.P.S. Polska Partia Socjalistyczna (Polnische sozialistische Partei)
Prof. Professor
PSR Partija Socialistov-Revoljucionerov (Partei der Sozialisten-Revolutionäre)
R., Rbl. Rubel
resp. respektive
RSDRP Rossijskaja Social-demokratičeskaja Rabočaja Partija (Russische sozialdemokratische Arbeiterpartei)
S. Seite
SDAPR Sozialdemokratische Arbeiterpartei Rußlands
Sept. September
S.N.D. Stronnictwo narodowo demokratyczne (Nationaldemokratische Partei)
s.o. siehe oben
sog., sogen. sogenannt
Sp. Spalte
S.R.D. Sovet Rabočich Deputatov (Rat der Arbeiterdeputierten)
S.R.P. Sozialrevolutionäre Partei
s.u. siehe unten
Tl. Transliteration
u.a. unter anderem, und andere
u.dgl., u.dergl. und dergleichen
USPD Unabhängige Sozialdemokratische Partei Deutschlands
usw. und so weiter
v. von

vergl., vgl. vergleiche
Weber, Marianne,
  Lebensbild[1] Weber, Marianne, Max Weber. Ein Lebensbild. – Tübingen: J. C. B. Mohr (Paul Siebeck) 1926[1] (Nachdruck = Tübingen 1984[3]).

Z. Zeile
z. B. zum Beispiel
ZK Zentralkomitee
z. Z., z. Zt. zur Zeit

Personenregister

Abramov → Abramow
Abramow, russischer Polizeioffizier 118
Adler, Victor 43
Akimov, Michail Grigor'evič → Akimow, M. G.
Akimow, M. G. 107
Aksakov, Ivan Sergeevič → Aksakow, I. S.
Aksakov, Nikolaj Petrovič → Akssakow, N. P.
Aksakow, I. S. 22
Aksel'rod, Pavel Borisovič → Axelrod, P. B.
Akssakow, N. P. 133
Akssakow, russische Adelsfamilie 89
Akvilonov, Evgenij Petrovič → Akwilonow, E. P.
Akwilonow, E. P. 134
Alad'in, Aleksej Fedorovič → Aladjin, A. F.
Aladjin, A. F. 307, 308, 313
Alexander I., russischer Kaiser 103
Alexander II., russischer Kaiser 114, 164, 195
Alexander III., russischer Kaiser 61, 65, 80, 124, 145, 266, 310, 322
Anastasij, Bischof 93
Anikin, Stepan Vasil'evič 307f.
Annenskij, Nikolaj Fedorovič 3, 47
Antonij, Metropolit 123–125, 132, 135
Antonin, Bischof 134, 136
Antonovič, Vladimir Bonifatievič → Antonowitsch, W. B.
Antonowitsch, W. B. 32
Arons, Leo 148
Arsen'ev, Jurij Vasil'evič → Arssenjew, W.
Arssenij, Priester 93, 136
Arssenjew, W. 93
Asantschejew, W. K. 119
Avdakov, Nikolaj Stepanovič → Awdakow, N. S.
Avenarius, Richard 5
Awdakow, N. S. 9, 289, 313
Axelrod, P. B. 41, 43
Azančeev-Azančevskij, Vsevolod Konstantinovič → Asantschejew, W. K.

Bebel, August 42f.
Bechteev, Sergej Sergeevič → Bjechtjejew, S. S.
Belokonskij, Ivan Petrovič → Bjelokonskij, I. P.
Bennigsen, Rudolf von 96

Bismarck, Otto Fürst von 96, 167, 169, 180, 188
Bjechtjejew, S. S. 226, 236
Bjelokonskij, I. P. 218
Bleklov, Stepan Michajlovič → Bleklow, S. M.
Bleklow, S. M. 79
Bobrinskij, Aleksej Aleksandrovič Graf 266
Bobrinskij, Vladimir Alekseevič Graf 283
Bobriščev-Puškin, Aleksandr Vladimirovič → Bobrischtschew-Puschkin, A. W.
Bobrischtschew-Puschkin, A. W. 260
Bogdanov, Aleksandr Aleksandrovič → Bogdanow, A. A.
Bogdanow, A. A. (Pseudonym: Malinowskij) 6, 43
Bogutscharskij, W. J. → Jakowljow, W.
Bondarev, Sergej Ivanovič → Bondarew, S. I.
Bondarew, S. I. 307
Brjuchatov, Lev Dmitrievič → Brjuchatow, L. D.
Brjuchatow, L. D. 3
Brunhilde 171
Bryce, James Viscount of Dechmont 20
Budilovič, Anton Semenovič → Budilowitsch, A. S.
Budilowitsch, A. S. 292
Bulgakov, Sergej Nikolaevič → Bulgakow, S. N.
Bulgakow, S. N. 3, 52
Bulygin, Aleksandr Grigor'evič 7, 9, 16, 47, 94, 159, 172, 175, 178, 188, 190, 194, 208
Bunge, Nikolaj Christianovič 31
Burns, John 169

Carlyle, Thomas 63, 101
Carnot, Lazare 325
Černov, Viktor Michajlovič → Tschernow, W. M.
Černyševskij, Nikolaj Gavrilovič → Tschernyschewski, N. G.
Četverikov, Sergej Ivanovič → Tschetwerikow, S. J.
Charitonov, Petr Alekseevič → Charitonow, P. A.
Charitonow, P. A. 182
Chishnjakow, W. M. 9
Chižnjakov, Vasilij Michajlovič → Chishnjakow, W. M.
Chodskij, Leonid Vladimirovič 5

Personenregister

Chomjakov, Dmitrij Alekseevič → Chomjakow, D. A.
Chomjakow, D. A. 93, 133
Chrustalev-Nosar', Grigorij Stepanovič → Chrustaljow-Nossarj, G. S.
Chrustaljow-Nossarj, G. S. 46, 108
Čičerin, Boris Nikolaevič → Tschitscherin, B. N.
Cindel', Emil → Zindel, E.
Čistjakov, P. S. → Tschistjakow, P. S.
Cromwell, Oliver 100, 324
Čuprov, Aleksandr Alexandrovič → Tschuprow, A. A.
Čuprov, Aleksandr Ivanovič → Tschuprow, A. J.

Daniel'son, Nikolaj Francevič → Danijlsson, N. F.
Danijlsson, N. F. (Pseudonym: Nikolajon) 70
Davydova, Aleksandra Arkad'evna → Davydow, A.
Davydow, A. 5
Déak, Franz 29
Dehn, W. E. 236, 238, 244
Den, Vladimir Eduardovič fon → Dehn, W. E.
Digo, N. 241
Diocletian, römischer Kaiser 11
Döllinger, Ignaz von 138
Dolgorukov, Pavel Dmitrievič → Dolgorukow, Paul D.
Dolgorukov, Petr Dmitrievič → Dolgorukow, Peter D.
Dolgorukow, Paul D. Fürst 3, 95, 192, 287, 308
Dolgorukow, Peter D. Fürst 3, 29, 55, 88, 95
Dorrer, Vladimir Filippovič Graf 12, 16, 35, 86
Dragomanov, Michail Petrovič → Dragomanow, M. P.
Dragomanow, M. P. 2, 3, 13f., 24f., 29–32, 72, 141
Drahomaniv, Michajlo P. → Dragomanow, M. P.
Druckoj-Sokolinskij, V. M. → Druzkoj-Ssokolinskoj, W. M.
Druzkoj-Ssokolinskoj, W. M. Fürst 93
Durnovo, Petr Nikolaevič → Durnowo, P. N.
Durnovo, Petr Pavlovič → Durnowo, P. P.
Durnowo, P. N. 89, 95, 97, 107, 112, 116, 118, 157, 160, 162f., 171, 182f., 214, 216f., 258, 261, 268, 275, 281f., 291, 302, 321
Durnowo, P. P. 290

Egert, Vasilij Petrovič fon → Eggert, W. P.
Eggert, W. P. 259
Ekaterina II. → Katharina II.

Ermolov, Aleksej Sergeevič → Jermolow, A. S.
Ezerskij, Nikolaj Fedorovič → Jeserskij, N. F.

Fedorov, Michail Michajlovič → Fedorow, M. M.
Fedorow, M. M. 171, 303
Fichte, Johann Gottlieb 4, 32
Filonov, Fedor Vasil'evič → Filonow, F. W.
Filonow, F. W. 118
Fischhof, Adolf 29
Frank, Semen Ludvigovič 4
Frensdorff, Friedrich 48
Friedrich II., der Große, König von Preußen 32
Friedrich Wilhelm IV., König von Preußen 93, 167

Gagarin, Grigorij Grigor'evič Fürst 93
Gapon, Georgij Appolonovič 36, 50f., 216f.
Gejden, Petr Aleksandrovič → Heyden, P. A.
Gel'fand, Israel Lazarevič → Helphant, A.
George, Henry 60, 63, 67, 87, 247
Gercen, Aleksandr Ivanovič → Herzen, A. I.
Gercenštejn, Michail Jakovlevič → Herzenstein, M. J.
Gessen, Iosif Vladimirovič → Hessen, I. W.
Gessen, Vladimir Matveevič → Hessen, W. M.
Gierke, Otto von 268
Giwago, S. J. 335
Glinka, Grigorij Wjačeslavovič 266
Golizyn, A. D. Fürst 93
Golizyn, W. A. Fürst 93
Golizyn, W. D. Fürst 93
Golovin, Fedor Aleksandrovič → Golowin, F. A.
Golowin, F. A. 8, 97, 282
Goremykin, Ivan Logginovič 266, 290, 309, 312f.
Gorkij, M. 111
Gor'kij, Maksim → Gorkij, M.
Gredeskul, Nikolaj Andreevič 176, 311
Grevs, Ivan Michajlovič → Grews, I. M.
Grews, I. M. 3f.
Gringmut Vladimir Andreevič 2, 92, 94, 96, 209
Grusenberg, O. O. 47
Gruzenberg, Oskar Osipovič → Grusenberg, O. O.
Gučkov, Aleksandr Ivanovič → Gutschkow, A. J.
Gunther 171
Gurevič, Jakov Jakovlevič → Gurjewitsch, J. J.
Gurjewitsch, J. J. 245

Personenregister

Gurko, Vladimir Iosifovič 231, 239, 314, 318, 380
Gutschkow, A. J. 14, 93, 97, 102, 102, 192, 252, 255, 262, 282

Hegel, Georg Wilhelm Friedrich 42
Helphant, A. (Pseudonym: Parvus) 43, 215
Herzen, A. I. 42, 131
Herzenstein, M. J. 55, 59, 192, 231, 236, 238, 241f., 284, 308, 314
Hessen, I. W. 4, 308
Heyden, P. A. Graf 3, 14, 93, 252, 297, 299, 302, 304f., 308, 311, 315, 317f.
Hinneberg, Paul 40

Ignat'ev, Aleksej Petrovič → Ignatiew, A. P.
Ignatiew, A. P. Graf 130, 266
Iliodor, russischer Priester 134
Iollos, Grigorij Borisovič → Jollos, G. B.
Isaev, Andrej Alekseevič → Issajew, A. A.
Isgojew, A. S. (Pseudonym für A. S. Lande) 268
Isidor, Bischof 34
Issajew, A. A. 266, 270
Ivan IV. Groznyj → Iwan IV.
Iwan IV., der Schreckliche, russischer Zar 34, 136
Izgoev, Aleksandr Solomonovič → Isgojew, A. S.

Jakovlev, Vasilij Jakovlevič → Jakowljow, W. J.
Jakowljow, W. (Pseudonym: W. J. Bogutscharskij) 3
Jakuschkin, W. E. 9
Jakuškin, Vjačeslav Evgen'evič → Jakuschkin, W. E.
Janshul, I. I. 93, 259
Janžul, Ivan Ivanovič → Janshul, I. I.
Jasnopolski, L. N. 22
Jasnopol'skij, Leonid Nikolaevič → Jasnopolski, L. N.
Jellinek, Georg 40
Jermolow, A. S. 239, 266, 290
Jeserskij, J. N. 308
Jesus Christus 37, 137
Johannes, Apostel 38
Jollos, G. B. 4f., 141f.
Juricyn, Sergej Petrovič → Jurizyn, S. P.
Jurizyn, S. P. 117

Kaminka, Avgust Isaakovič 158
Kant, Immanuel 116
Karl I., König von England 39, 120
Kasatkin-Rostovskij, Nikolaj Fedorovič → Kassatkin-Rostowskij, N. F.

Kaschkarow, W. M. 281
Kaškarov, V. M. → Kaschkarow, W. M.
Kassatkin-Rostowskij, N. F. Fürst 35, 266
Katharina II., russische Kaiserin 3, 83, 286
Katkov, A. M. → Katkow, A. M.
Katkov, Michail Nikiforovič → Katkow, M. N.
Katkow, A. M. 93
Katkow, M. N. 22, 29
Kaufman, Aleksandr Arkad'evič → Kaufmann, A. A.
Kaufmann, A. A. 4, 55, 59, 226, 235, 238, 240, 242, 266
Kautsky, Karl 43, 81, 122
Kiselev, Pavel Dmitrievič → Kisseljew, P. D.
Kisseljew, P. D. Graf 76
Kistiakowski, Th. A. (Pseudonym: Ukrainec) 3f., 13, 31
Kistjakovskij, Bogdan Aleksandrovič → Kistiakowski, Theodor A.
Kleinbort, L. M. 75
Klejnbort, Lev Maksimovič → Kleinbort, L. M.
Knapp, Georg Friedrich 57
Kocebu-Pilar fon Pilchau, Fedor Karlovič → Kotzebue, F. K.
Kokoschkin, F. F. 97, 281
Kokoškin, Fedor Fedorovič → Kokoschkin, F. F.
Kokovcov, Vladimir Nikolaevič → Kokowzew, W. N.
Kokowzew, W. N. Graf 155ff., 253, 317
Koljubakin, Aleksandr Michajlovič 58, 281
Koljubakin, Boris Michajlovič 252
Korenev, Vasilij Ivanovič → Korjenew, W. I.
Korf, Pavel Leopoldovič Baron 290
Korjenew, W. I. 261
Korkunov, Nikolaj Michajlovič → Korkunow, N. M.
Korkunow, N. M. 13, 36, 178
Kornilov, Aleksandr Aleksandrovič → Kornilow, A. A.
Kornilow, A. A. 77
Korolenko, Vladimir Galaktionovič → Koroljenko, W. G.
Koroljenko, W. G. 3, 5, 118
Koschewnikow, W. A. 5
Kotljarevskij, Sergej Andreevič → Kotljarewskij, S. A.
Kotljarewskij, S. A. 3f., 223, 316
Kotzebue, F. K. Graf 112
Kovalevskij, Maksim Maksimovič → Kowaljewski, M. M.
Kovalevskij, Nikolaj Nikolaevič → Kowaljewski, N. N.
Kowaljewski, M. M. 3, 29, 49, 251, 259, 280
Kowaljewski, N. N. 9

Koževnikov, Valentin Alekseevič → Koschewnikow, W. A.
Krasovskij, Michail Vasil'evič → Krassowski, M. W.
Krassowski, M. W. 93, 259
Krestovnikov, Grigorij Aleksandrovič → Krestownikow, G. A.
Krestownikow, G. A. 256, 289, 303
Kudrin, N. → Rusanow, N. S.
Kurakin, Michail Anatol'evič Fürst 93
Kurlov, Pavel Grigor'evič → Kurlow, P. G.
Kurlow, P. G. 112
Kuskova, Ekaterina Dmitrievna → Kuskow, J. D.
Kuskow, J. D. 10
Kusmin-Karawajew, W. D. 14, 27f.
Kusminski, A. M. 112
Kutler, Nikolaj Nikolaevič 112, 230, 241, 263f., 266, 268, 276, 285
Kuz'min-Karavaev, Vladimir Dmitrievič → Kusmin-Karawajew, W. D.
Kuzminskij, Aleksandr Michajlovič → Kusminski, A. M.

Lassalle, Ferdinand 6, 17, 218
Lande, A. S. → Isgojew, A. S.
Launic, Vladimir Fedorovič Šmidt fon der → Launitz, W. F.
Launitz, W. F. von der 112
Lavrov, Petr Lavrovič → Lawrow, P. L.
Lavrov, S. V. → Lawrow, S. W.
Lawrow, P. L. 42, 70f.
Lawrow, S. W. 259
Lebedev, Ivan A. → Ljebjedjew, I. A.
Lebœuf, Edmond 44
Lenin, Vladimir Ivanovič → Ljenin, W. I.
Leont'ev, Konstantin Nikolaevič → Leontjew, N. K.
Leontjew, N. K. 29, 39
Leroy-Beaulieu, Anatole 40, 167
Ljebjedjew, I. A. 258
Ljenin, W. I. 4, 41−43, 48, 50, 75, 95, 221, 306
Ljwow, G. E. Fürst 3, 97
Ljwow, N. N. 3, 247, 268, 305
Lokot', Timofej Vasil'evič → Lokot, T. W.
Lokot, T. W. 307
Losickij, Aleksej Emiljanovič → Lossitzkij, A. E.
Lossitzkij, A. E. 230f., 249
Losski, N. O. 5
Losskij, Nikolaj Onufrievič → Losski, N. O.
Lučickij, Ivan Vasil'evič → Lutschitzkij, I. W.
Ludwig XVI., französischer König 96
Luksemburg, Rosa → Luxemburg, Rosa
Lutschizkij, I. W. 8, 224
Luxemburg, Rosa 22, 43
L'vov, Georgij Evgen'evič → Ljwow, G. E.
L'vov, Nikolaj Nikolaevič → Ljwow, N. N.

Mach, Ernst 5
Mal'cov, Sergej Ivanovič → Malzow, S. I.
Malinowskij → Bogdanow, A. A.
Malzow, S. I. 3
Manuilov, Aleksandr Appollonovič → Manuilow, A. A.
Manuilow, A. A. 55, 59, 68, 130, 232, 235f., 244, 535
Martov, L. → Martow, L.
Martow, L. 41, 43
Marx, Karl 4, 42, 60, 63, 67, 69, 256
Maslov, Petr Pavlovič → Masslow, P. P.
Masslow, P. P. 82, 230
Matthäus, Apostel 123
Mehring, Franz 43
Menger, Anton 122
Meščerskij, S. B. → Meschtscherski, S. B.
Meschtscherski, S. B. Fürst 93, 284
Mejendorf, Aleksandr Feliksovič Baron → Meyendorf, A. F.
Meyendorf, A. F. Freiherr von 252, 254
Michajlovskij, Nikolaj Konstantinovič → Michajlowskij, N. K.
Michailowskij, N. K. 3, 47, 60, 64, 69f.
Michalin, russischer Bauer 324
Migulin, Petr Petrovič 266
Miklaschewskij, A. N. 244
Miklaševskij, Aleksandr Nikolaevič → Miklaschewskij, A. N.
Miklaševskij, Michail Petrovič → Miklashewskij, M. P.
Miklashewskij, M. P. 47
Miljukov, Pavel Nikolaevič → Miljukow, P. N.
Miljukow, P. N. 3−5, 10, 38, 49, 191, 245, 251, 300, 308
Miljutin, Jurij Nikolaevič 252
Miquel, Johannes von 170
Mirabeau, Honoré Comte de 324
Miščenko, Leon Leonovič → Mischtschenko, L. L.
Mischtschenko, L. L. 220
Mjakotin, W. A. 47, 70
Mjakotin, Venedikt Aleksandrovič → Mjäkotin, W. A.
Moritz, Friedrich Erwin 94
Morosow, A. I. 130
Morosow, S. T. 9
Morozov, Arsenij I. → Morozow, A. I.
Morozov, Savva Timofeevič → Morosow, S. T.
Muromcev, Sergej Andreevič → Muromzew, S. A.
Muromzew, S. A. 3, 188, 311

Napoleon III., Kaiser der Franzosen 327
Nardov, K. N. → Nardow, K. N.

Nardow, K. N. 265
Nasarenko, D. I. 313
Nazarenko, Dmitrij Illarionovič → Nasarenko, D. I.
Neidhardt, A. B. 266f.
Nejdgart, Aleksej Borisovič → Neidhardt, A. B.
Nikolaj I., russischer Kaiser → Nikolaus I.
Nikolaj II., russischer Kaiser → Nikolaus II.
Nikolajon → Danijlsson, N. F.
Nikolaus I., russischer Kaiser 2, 76, 88
Nikolaus II., russischer Kaiser 7f., 23, 39, 80f., 86, 92, 94, 97, 104, 107, 110f., 113f., 129, 136, 155, 157, 164, 168, 171, 182, 208, 217, 252–254, 261, 266, 287, 290, 310f., 317f., 320f., 326
Nikol'skij, Aleksandr Petrovič → Nikolskij, A. P.
Nikolskij, A. P. 268
Nikon, Patriarch 39, 136
Nobel', Emanuil Ludvigovič → Nobel, E. L.
Nobel, E. L. 9
Novgorodcev, Pavel Ivanovič → Nowgorodzew, P. I.
Novosil'cev, Jurij Aleksandrovič → Nowossilzew, J. A.
Novotoržskij, G. → Nowotorshskij, G.
Nowgorodzew, P. I. 3–5
Nowossilzew, J. A. 9
Nowotorshskij, G. 66, 71

Obolenskij, Aleksej Dmitrievič → Oboljenskij, A. D.
Oboljenskij, A. D. Fürst 135–137, 261
Oljssufjew, russische Adelsfamilie 93
Oljssufjew, D. A. Graf 290
Olsuf'ev, Dmitrij Adamovič → Oljssufjew, D. A.
Onipko, Fedor Michajlovič 307
Orlov-Davydov, V. P. → Orlow-Dawydow, W. W.
Orlow-Dawydow, W. W. Graf 93
Oserow, I. Ch. 261
Ostrogorskij, W. P. 5
Ostrogorskij, Viktor Petrovič → Ostrogorski, W. P.
Ozerov, Ivan Christoforovič → Oserow, I. Ch.

Parvus → Helphant, A.
Pavlov, Vladimir Petrovič → Pawlow, W. P.
Pawlow, W. P. 315
Pešechonov, Aleksej Vasil'evič → Pjeschechonow, A. W.
Pestrzecki, D. I. 130, 226, 236, 240, 248, 259, 267
Pestržeckij, D. I. → Pestrzecki, D. I.

Peter I., der Große, russischer Kaiser 34
Petražickij, Lev Iosifovič → Petrazycki, L. I.
Petrazycki, L. I. 308
Petrov, Grigorij Spiridonovič → Petrow, G. S.
Petrow, G. S. 137
Petrunkevič, Ivan Il'ič → Petrunkjewitsch, J. J.
Petrunkevič, Michail Il'ič → Petrunkjewitsch, M. J.
Petrunkjewitsch, J. J. 3f., 8, 55, 311, 318f., 320, 325
Petrunkjewitsch, M. J. 3
Petrus, Apostel 37
Philin, 51
Philipp, Metropolit 136
Pichno, Dmitrij Ivanovič 31, 94, 107f., 259, 292
Pilenko, Aleksandr Aleksandrovič → Piljenko, A. A.
Piljenko, A. A. 28, 252, 255, 261, 304
Pjeschechonow, A. W. 3, 64, 67f., 70–72, 82, 247
Planson, Viktor Antonovič → Plansson, W. A.
Plansson, W. A. 220
Plechanov, Georgij Valentinovič → Plechanow, G. W.
Plechanow, G. W. 4, 41–44, 46, 48, 81, 221f., 306
Plehwe, W. K. von 2, 6, 8f., 12f., 16, 51, 77, 90f., 94, 112, 154, 167
Pleve, Vjačeslav Konstantinovič fon → Plehwe, W. K. von
Pobedonoscev, Konstantin Petrovič → Pobjedonosszew, K. P.
Pobjedonosszew, K. P. 39, 77, 94, 123, 133, 136, 268
Postnikov, Vladimir Efimovič → Postnikow, W. E.
Postnikow, W. E. 68
Potocki, J. A. Graf 298
Potockij, Iosif Al'fredovič → Potocki, J. A.
Potressow, Aleksandr Nikolaevič (Pseudonym: Starowjer) 41–43
Prokopovič, Feofan → Prokopowitsch, F.
Prokopovič, Sergej Nikolaevič → Prokopowitsch, S. N.
Prokopowitsch, F. 136
Prokopowitsch, S. N. 3, 108
Pustoschkin, Industrieller 218
Putjatin, N. S. Fürst 93
Puttkamer-Plauth, Robert von 155, 214

Radbruch, Gustav 334
Rajljan, Foma Rodionovič 259
Rappoport, Charles Léon 43

Reinhardt, L. W. 103
Rejngard, Ludvig Vasil'evič → Reinhardt, L. W.
Richter, Dmitrij Ivanovič 281
Rittich, Aleksandr Aleksandrovič 266
Roberti, Evgenij Valentinovič de → Roberty, E. W.
Roberti, Sergej Valentinovič de → Roberty, S. W.
Roberty, E. W. de 3, 287
Roberty, S. W. de 8
Rodičev, Fedor Izmailovič → Roditschew, F. I.
Roditschew, F. I. 3, 28
Romanowskij-Romanjko, A. 20
Roosevelt, Theodor 169
Ropp, Eduard Michael Baron von 132, 141, 298
Rusanow, Nikolaj Sergeevič (Pseudonym: N. Kudrin) 70

Šachovskoj, Dmitrij Ivanovič → Schachowskoj, D. J.
Šachovskoj, Michail → Schachowskoj, M.
Sagrebin, T. A. 256
Samarin, Aleksandr Dmitrievič → Ssamarin, A. D.
Samarin, Fedor Dmitrievič → Ssamarin, F. D.
Samarin, Jurij Fedorovič → Ssamarin, J. F.
Sassulitsch, W. J. 41, 43
Ščerbakov, S. → Schtscherbakov, S.
Ščerbatov, Aleksej Grigor'evič → Schtscherbatow, A. G.
Schachowskoj, russische Adelsfamilie 286
Schachowskoj, D. J. Fürst 3, 286f.
Schachowskoj, M. Fürst 107
Schäffle, Albert 273
Scheremetjew, P. S. 93f.
Schestakow, P. M. 195f.
Schidlowskij, N. W. 45f., 214
Schipow, D. N. 6–8, 14, 52, 88, 93, 102, 107, 170, 175, 187, 192, 252–255, 261, 264, 282, 289, 291, 300, 316
Schmidt, Heinrich Julian 1
Schmidt, P. P. 133
Schrejder, G. J. 3, 5, 70
Schtscherbakow, S. 113
Schtscherbatow, A. G. Fürst 89, 93, 113, 266, 280, 287
Schukowski, D. E. → Shukowskij, D. E.
Schulze-Gävernitz, Gerhart von 51, 59, 65
Schuwalow, I. E. 247
Šeremetev, Pavel Sergeevič → Scheremetjew, P. S.
Sergej Aleksandrovič, russischer Großfürst → Ssergjej
Sergij → Ssergjej

Šestakov, P. M. → Schestakow, P. M.
Shilkin, I. W. 307, 319
Shishilenko, A. A. 128
Shukowskij, D. E. 3–5
Šidlovskij, Nikolaj Vladimirovič → Schidlowskij, N. W.
Sienkiewicz, Henryk 28
Simkhowitsch, W. G. 59
Simmel, Georg 5
Šipov, Dmitrij Nikolaevič → Schipow, D. N.
Sirotkin, Dmitrij Vasil'evič → Ssirotkin, D. W.
Skalon, Georgij Antonovič 320
Šmidt, Petr Petrovič → Schmidt, P. P.
Sokolov, Nikolaj Dmitrievič → Ssokolow, N. D.
Sokolov, S. I. → Ssokolow, S. I.
Sokolov, Vasilij Aleksandrovič → Ssokolow, W. A.
Solov'ev, Vladimir Sergeevič → Ssolowjow, W. S.
Sol'skij, Dmitrij Martynovič → Ssolskij, D. M.
Sombart, Werner 42, 100
Sophie Friederike von Anhalt-Zerbst → Katharina II.
Spasskij, Jurij A. 3
Speranski, M. M. Graf 103, 287
Speranskij, Michail Michajlovič → Speranski, M. M.
Spiridonova, Marija Aleksandrovna → Spiridonowa, M. A.
Spiridonowa, M. A. 118
Šrejder, Grigorij Il'ič → Schrejder, G. J.
Ssamarin, A. D. 79, 136
Ssamarin, F. D. 133, 138, 268, 288, 290, 313, 317
Ssamarin, J. F. 286
Ssergjej, Großfürst von Rußland 90, 155
Ssergjej, Erzbischof 133
Ssirotkin, D. W. 130
Ssokolow, N. D. 3, 47
Ssokolow, S. I. 116
Ssokolow, W. A. 134
Ssolowjow, W. S. 4, 18, 29
Ssolskij, D. M. Graf 182
Ssuchomlinow, W. A. 288
Ssuworin, A. A. 5
Ssuworin, A. S. 5
Sswjätlowskij, W. W. 229, 286
Stachovič, Aleksandr Aleksandrovič → Stachowitsch, A. A.
Stachovič, Michail Aleksandrovič → Stachowitsch, M. A.
Stachowitsch, A. A. Graf 268, 298
Stachowitsch, M. A. Graf 14, 252, 254, 297, 308, 316, 318

Stammler, Rudolf 6
Starov'er → Starowjer
Starowjer → Potressow, A. N.
Stenbok-Fermor, V. V. Graf 7
Stischinski, A. S. 239
Stišinskij, Aleksandr Semenovič → Stischinski, A. S.
Stolypin, Petr Arkad'evič 310, 312, 314, 319, 321, 324
Stratonizkij, K. A. 93
Struve, Petr B. 4f., 10, 17, 19, 21f., 24, 32f., 40, 44, 52f., 76, 81, 88, 91f., 97, 102, 217, 223, 245, 306, 308
Subatow, S. W. 154, 291
Subrilin, A. A. 245
Suchomlinov, Vladimir Aleksandrovič → Ssuchomlinow, W. A.
Šuvalov, Ivan Evseevič → Schuwalow, I. E.
Suvorin, Aleksej Alekseevič → Ssuworin, A. A.
Suvorin, Aleksej Sergeevič → Ssuworin, A. S.
Svjatlovskij, Vladimir Vladimirovič → Sswjätlowskij, W. W.
Svjatopolk-Mirskij, Petr Dmitrievič → Swiatopolk-Mirski, P. D.
Swiatopolk-Mirski, P. D. Fürst 7

Tagancev, Nikolaj Stepanovič → Taganzew, N. S.
Taganzew, N. S. 118, 290
Tarasov, A. A. → Tarassow, A. A.
Tarasov, Ivan Trofimovič → Tarassow, I. T.
Tarassow, A. A. 259
Tarassow, I. T. 93
Tatiščev, Ivan Dmitrievič → Tatischtschew, I. D.
Tatischtschew, I. D. Graf 93
Tiesenhausen, W. A. Graf 260
Timirjasjew, W. I. 90, 112, 156f., 168, 289f., 291
Timirjazev, Vasilij Ivanovič → Timirjasjew, W. I.
Titus, Bischof 123
Tizengausen, V. A. → Tiesenhausen, W. A.
Tolstoj, Ivan Ivanovič Graf 146
Tolstoj, Lev Nikolaevič Graf 18, 85, 87, 326
Tolstoj, P. M. Graf 46
Totomianc, Vachtang Fomič → Totomianz, W. F.
Totomianz, W. F. 43
Trepov, Dmitrij Fedorovič → Trepow, D. F.
Trepow, D. F. 97, 107, 159, 291
Troeltsch, Ernst 40
Trubeckoj, Evgenij Nikolaevič → Trubezkoj, E. N.
Trubeckoj, Petr Nikolaevič → Trubezkoj, P. N.
Trubeckoj, Sergej Nikolaevič → Trubezkoj, S. N.
Trubezkoj, E. N. Fürst 4, 8, 14, 31, 39, 56, 88, 97, 107, 133, 144, 158, 199, 251
Trubezkoj, P. N. Fürst 8, 93, 264, 287f.
Trubezkoj, S. N. Fürst 8
Tschernow, W. M. 70
Tschernyschewski, N. G. 70
Tschetwerikow, S. J. 258
Tschistiakow, P. S. 255
Tschitscherin, B. N. 22
Tschuprow, A. A. 4, 55−57, 59, 73, 88, 232, 238, 241, 243, 268, 270
Tschuprow, A. J. 232
Tugan-Baranovskij, Michail Ivanovič → Tugan-Baranowski, M. von
Tugan-Baranowski, M. von 3f., 196, 233
Turgenev, Ivan Sergeevič → Turgeniew, I. S.
Turgeniew, I. S. 1
Twesten, Karl 176

Ukrainec → Kistiakowski, Th. A.
Ul'janov, Grigorij Karpovič → Uljanow, G. K.
Uljanow, G. K. 176, 301
Uljanow, W. J. → Ljenin, W. I.
Urusov, Sergej Dmitrievič → Urussow, S. D.
Urussow, S. D. Fürst 116
Ušakov, Michail A. → Uschakow, M. A.
Uschakow, M. A. 155, 216f., 293

Vannovskij, Petr Semenovič → Wannowski, P. S.
Varzar, Vasilij Egorovič → Warsar, W. E.
Vernadskij, Vladimir Ivanovič → Wjernadskij, W. J.
Vinaver, Maksim Moiseevič → Winawer, M. M.
Vincke, Georg Freiherr von 96
Vitte, Sergej Jul'evič → Witte, S. J.
Volkonskij, Nikolaj Sergeevič → Wolkonskij, N. S.
Vorob'ev, Nikolaj I. → Worobjew, N. J.
Voroncov, Vasilij Pavlovič → Woronzow, W. P.
Voroncov-Daškov, Illarion Illarionovič → Woronzow-Daschkow, I. I.

Wannowski, P. S. 144
Warsar, W. E. 154
Washington, George 248
Wilhelm II., deutscher Kaiser 2, 253
Winawer, M. M. 142
Windelband, Wilhelm 5f.
Witte, S. J. Graf 3, 6f., 13, 28, 48f., 52, 76, 84, 86, 90, 94−97, 103, 106f., 110, 116, 122, 136, 142, 155, 162, 164, 168f., 171, 182,

202f., 252f., 261, 267f., 280, 282, 289, 291, 309, 313, 322
Wjernadskij, W. J. 3f.
Wolkonskij, N. S. Fürst 58
Worobjew, N. J. 241
Woronzow, W. P. 60, 64, 69, 308
Woronzow-Daschkow, I. I. Graf 89, 130

Zagrebin, T. A. → Sagrebin, T. A.
Zasulič, Vera Ivanovna → Sassulitsch, W. J.
Zetkin, Klara 43
Žilkin, Ivan Vasil'evič → Shilkin, I. W.

Zimchovič, Vladimir Grigor'evič → Simkhowitsch, W. G.
Zindel, Emil 195, 220, 233
Živago, Sergej Ivanovič → Giwago, S. J.
Žižilenko, Aleksandr Aleksandrovič → Shishilenko, A. A.
Zubatov, Sergej Vasil'evič → Subatow, S. W.
Zubrilin, Aleksandr Arsen'evič → Subrilin, A. A.
Žukovskij, Dmitrij Evgen'evič → Shukowskij, D. E.

Sachregister

Absolutismus 12, 172, 322
Achtstundentag 41, 51, 62, 70, 106f., 221
Ackerland 271, 274, 307, 318
Adel, Adlige 8, 23, 30, 36, 84, 88, 130, 175, 194, 229, 231, 243, 247, 250, 259, 262, 263, 265f., 274, 287, 289, 290, 296, 298
→ auch: Rat des Vereinigten Adels
–, baltischer 288
–, Beamtentum des 16
–, Deklassierung des 286
–, Grundbesitz des 56, 230, 243, 266, 284
–, Interessen des 279
–, Kongresse des 226f., 267, 286, 288
–, Korporationen des 103, 288f.
–, liberaler 56, 88
–, ökonomische Differenzierung des 286
–, reaktionärer 16
–, Rechte des, Abschaffung der 287
–, soziale Differenzierung des 286, 288
–, ständisch privilegierter 286
–, Versammlungen des 121
–, Vorrechte des 194
–, Wahlen des 288
–, Zusammenschluß des 286
Adelsbank 236, 265
–, Gesetze über 277
Adelslandbank → Adelsbank
Adelsmarschall, Adelsmarschälle 3, 8, 14f., 23, 86f., 102, 159, 194, 264, 267, 287f.
–, Kongresse der 14, 264f., 267
–, Wahl der 287
Administration 115, 271
–, Gewalt der 290
–, Machtbefugnisse der 115
–, Verfügungen der 143
–, Willkür der 112, 124, 158, 164, 254, 308
Administrativjustiz 158
Administratoren 194, 197, 199, 201
Ägypten 247
agents provocateurs 161
Agitation 60, 85, 87, 163, 202, 205, 208, 210, 212, 215, 222, 256, 260f., 266
–, autoritäre 84
–, monarchistische 292
–, politische 281
–, radikale 300
–, sozialistische 41
Agrarfrage 26, 88f., 98f., 102, 130, 192, 209, 230, 251, 253, 255, 263, 267, 314, 319
Agrargesetze 264, 318

Agrarkapitalismus 61, 69, 75, 201, 249, 266, 270, 274
Agrarkommunismus 18, 76f., 201, 215
Agrarkongreß → Semstwokongresse
Agrarkrisis 71
Agrarpolitik 54f., 64, 70, 89, 245, 249, 262, 265, 274, 276
–, Lage der 226
–, Probleme der 54
–, der Regierung 267, 271, 278, 285
Agrarpolitiker 59, 192, 232, 253
Agrarprogramm 249
–, individualistisches 73
–, liberales 84
Agrarreform 41, 52, 56, 58f., 61, 74, 89, 248, 267, 314
–, liberale 52
–, radikale 78, 246, 294
Agrarrevolution 85
Agrarstatistik 230, 237, 249, 270, 280
→ auch: Statistik
–, Erhebung von 234, 239
Agrarunruhen 38, 75, 94, 107, 115, 117, 261f., 275, 208, 315
Agrarverfassung 54, 75, 220, 226, 228, 273, 314
–, Starrheit der 271
–, westliche 202
Agrarverhältnisse 74, 310
Agronomen 10, 216, 270
Akademiker 134, 143f., 151, 192
Akademischer Bund 145f., 216
Akademitscheskij Ssojus → Akademischer Bund
Aktiengesellschaften 166, 178
Akzise 24, 26
Alleinherrschaft → Autokratie
Allgemeiner jüdischer Arbeiterbund in Litauen, Polen und Rußland 50, 63, 142, 213
Allmende 66, 271
Allrussische Arbeiterparteikonferenz 41
Allrussischer Bauernbund → Bauernbund, Allrussischer
Allrussischer Bund der Grundbesitzer → Verband der Grundbesitzer
Allrussischer Handels- und Industriebund → Handels- und Industriebund
Altgläubige, Altgläubigentum 37, 40, 102, 123f., 128f., 133, 140f., 298
→ auch: Raskol

–, Bauern 202
–, Bourgeoisie 129
–, Deputationen der 129
–, Gesetze über die 124 f.
–, Kongresse der 102, 129 f., 248
–, Kosaken 130
–, Rat der 130
Altkatholizismus 138
Altruismus 81, 100
American Federation of Labour 45
Amerika, Vereinigte Staaten von 11, 80, 87, 99, 101, 117, 142, 238
–, Arbeiter 99
–, Bürgerkrieg 21
–, Civil Service Reform 99
–, Legislaturen 87
–, Senat 14
–, Supreme Court 20
–, Verfassung 184
Amnestie 123, 128, 164, 188, 311, 313
–, Proteste gegen 313
Amtsentsetzung 191
Amtshandlungen 146, 183
Amtsverbrechen 186
Analphabeten, Analphabetentum 53, 137, 141, 295, 298
Anarchie 49, 87, 95 f., 101, 107 f.
Anarchosozialismus 59
Anathem 136
Ancien régime 12, 129, 135, 159, 164 f., 170, 259, 310, 320
Anerben-Politiker 88
Anleihen 284
Antagonismen, nationale 329, 331
antike Polis 114
Antisemitismus 293, 295, 297
Apanagegüter, Apanageländerei 55, 130, 229, 235, 239 f., 250, 264
Apanagen 168, 234, 238, 255
Apanagenverwaltung 194, 250, 278
Apolitismus 65, 131, 326
Apostasie 123, 127 f.
Arbeit 69, 75, 155, 158, 217, 227, 231, 248 f., 271
Arbeiter 15–17, 30, 42, 46, 75, 102, 106 f., 140, 192, 195 f., 198 f., 203 f., 206 f., 210, 213–217, 219, 221, 230, 237, 249, 259, 293, 298, 300
–, Ausschüsse der 154
–, Ausweisung von 307
–, Band mit dem Dorf 195 f.
–, Bevollmächtigte der 206
–, Doppelwahlrecht der 17, 193, 198
–, Elite der 45
–, geistige 256
–, Genossenschaften der 308
–, Kurie der 94, 300

–, Organisationen der 158, 216, 293
–, reaktionäre 207
–, Rechte der 303
–, Versammlungen der 292
–, Versicherung der 254
–, Vertretung der 106, 204
–, Wahlmänner der 192, 203, 293
–, Wohnungen der 132, 153, 220
–, Zeitungen der 209
Arbeiterbewegung 50, 155, 214, 215 f., 219
→ auch: Gewerkschaften; Gewerkvereine
–, politische 293
–, professionelle 293
Arbeiterbörsen 214
Arbeiterdeputiertenrat 45 f., 50 f., 86, 106–108, 214, 216, 219
Arbeiterfrage 253 f.
Arbeitergesetzgebung 53, 171, 312
–, westeuropäische 303
Arbeiterklasse 97
Arbeiterschaft 60, 107, 214, 219 f., 258, 292, 303
–, Maifeier der 214, 221
–, sozialistische Stimmung der 326
–, Unterstützung der Duma 306
Arbeiterschutzgesetzgebung 74, 254
Arbeiterversicherung 132, 258
Arbeitgeber 155, 216, 237
Arbeitgeberverbände 158, 220, 258, 303
Arbeitsertrag, Recht auf 61
Arbeitskräfte 227, 232, 234, 237, 263, 269
Arbeitslose 116, 214, 216 f., 219, 221
–, Unterstützung der 219
Arbeitsnorm → trudovaja norma
Arbeitsstaat 65
Arbeitstag 215, 258
–, zehnstündiger 171, 304
–, zwölfstündiger 304
Arbeitszeit 154, 215
Archangelsk 176, 194, 203, 235, 239, 246, 296, 311
–, Gouvernement 197
Archierej → Bischof
Archiv für Sozialwissenschaft und Sozialpolitik 141, 248, 274, 281, 308, 310
Aristokratie 2, 32, 99
Armee 13, 25, 28, 30, 32, 90, 109, 114 f., 153, 173, 182 f., 186, 259, 275, 312, 315
–, Meutereien der 90, 94, 115, 133, 315
–, Reform der 326
Armenien 2, 33, 50, 136, 142
Armenische Revolutionäre Föderation 50
Armenische Sozialdemokratische Organisation 50
Armenpflege 153
Artel', Artjel 218
Asiatentücke 325

Sachregister

Asien 29, 140, 176, 190, 193, 202, 249
Askese 38f., 40, 132
–, innerweltliche 40
Astrachan → Astrachanj
Astrachanj 190, 203, 226, 240, 251, 296
–, Gouvernement 226
Ataman 113f.
Attentate 118f., 154f., 325
–, politische 118, 324
Aufklärung 40, 102
Aufsichtsräte 168
Aufstände 41, 46, 49f., 64, 75, 80, 84, 90f., 95, 109, 112, 116f., 119, 143, 145, 162, 171f., 209, 222, 254, 275, 279, 292, 308
Ausbeutung 62, 73, 273
Auseinandersiedlung 250, 274
Auslese 152, 263
–, ökonomische 57, 77, 90, 242, 249, 265
Ausnahmegesetze 161, 184, 253f.
–, Beseitigung der 300
Ausnahmezustand 107, 115f., 184, 281f.
–, Aufhebung des 282
Außenpolitik 168, 223
Aussiedelung 67f.
Aussperrung 145, 156, 220, 258
Auswanderung 66
Autokratie 15, 29, 36–38, 42, 48, 50, 60, 63, 86f., 90f., 93, 96f., 103f., 107, 129, 136, 164, 167f., 172f., 175, 178, 182, 187, 259f., 269
–, Fortbestand der 252
–, patriarchale 167
–, Sturz der 62
–, Zertrümmerung der 91
autonome Gebiete 24, 27, 31
Autonomie 20f., 24, 26f., 30f., 33, 94, 140, 146, 152, 182, 252, 259
–, Frage der 146
–, lokale 2, 27
–, nationale 222
–, politische 25
–, religiöse 142
Autonomisten 298, 302
Autonomisten-Föderalisten 33

Baden 169, 271
–, Wahlen 211
Baisse
–, der Bodenpreise 285
–, künstliche 265
Baku 107, 154, 191
Balaschew 135
Ballotage, Ballotierung 147, 205f.
Baltikum, Balten 2, 30, 32, 292
–, Baltendeutsche 32, 141, 292
–, Baltische konstitutionelle Partei 93, 141, 252, 289f.

–, deutscher Liberalismus in 93
–, Provinzen 30, 139, 141, 203, 294
Banken 90, 110, 171, 231, 236, 292, 309, 321, 328
Bankiers 94, 111
Baschkiren 298
Basel 148
Batum 154
Bauern 11, 15–18, 23, 27, 30, 40f., 52f., 59f., 67, 72, 78, 84, 138f., 176, 189f., 195–197, 200–204, 206, 209, 211, 213, 226, 228–231, 237, 239, 243, 248, 255f., 259, 261f., 264f., 269, 272, 275, 278, 280, 284f., 292–294, 297–301, 308, 317, 321, 324, 330f.
→ auch: Agrarunruhen; Parteien, bäuerliche; Wolost
–, Agitatoren der 79
–, Agrarprogramm der 259
–, Arbeit der 75, 87, 296
–, Beamte der 197
–, Wahl der 284
–, Befragung der 209
–, Betriebe der 202, 227
–, Bodenerwerb 229f.
–, Deputierte der 79, 196, 250, 307
–, Doppelwahlrecht der 200
–, Dummheit der 286
–, Eigentum der 246
–, Forderungen der 77f., 88, 130, 241f.
–, gemeinschaftlicher Besitz der 333
–, Ideale der 326
–, Interessen der 317
–, Inventar der 243
–, konservative 87
–, Kurie der 299
–, Masse der 311
–, mittlere 295
–, Obstruktion der 283
–, Privatbesitz der 76, 91, 239–241, 269, 273, 318, 333
–, radikale 307
–, Reformideale der 234
–, Repressionen gegen 292
–, Resolutionen der 78, 80, 86, 213
–, revolutionäre 41, 85
–, sozialrevolutionäre 232, 296, 301, 326
–, ständische Selbstverwaltung der 195f., 312
–, Streiks der 116, 258, 267, 275, 328
–, Vorwahlrecht der 17
–, Wahlboykott der 294
–, Wahlen der 87, 196, 211, 298
–, Wahlmänner der 16, 203f.
Bauernbank 55, 88f., 130, 229, 231, 235f., 239, 247–250, 263–265, 272, 276–280, 284f., 312, 328
–, Gesetze über die 55, 230, 263, 278, 310
–, Haltung der Bauern zur 285

–, Preispolitik der 279
Bauernbefreiung 41, 56, 89, 130, 229, 233, 240, 243, 272
–, Gesetze über die 56, 195
–, Norm der 235f., 238
Bauernbewegung 75, 85, 245
Bauernbünde 261
–, mittelparteiliche 300
–, reaktionäre 300
Bauernbund, Allrussischer 45f., 49, 79f., 84, 86, 108, 209, 213, 216, 253, 261, 283
→ auch: Bauernkongreß; Narodnyj Mir
–, Büro des 86
–, Resolutionen des 84
Bauernbund auf dem Boden des Manifestes vom 17.Oktober 209, 253, 301
Bauernbund der Partei der Rechtsordnung 260, 301
Bauernbund der Partija pravovogo porjadka → Bauernbund der Partei der Rechtsordnung
Bauernbund des 17.Oktober → Bauernbund auf dem Boden des Manifestes vom 17.Oktober
Bauernfamilie 237, 239
Bauerngemeinde 110, 233
Bauern-Ghetto 67, 71
Bauernintelligenz 212, 301
Bauernkomitees 222
Bauernkongreß 33, 35, 79f., 84, 108, 129
–, zweiter 36, 85f., 108, 300
Bauernkriege 112, 296
Bauernland 58, 82, 226, 231, 234, 241, 250, 265, 271, 312
–, Verbot des Erwerbs von 280
Bauernlandbank → Bauernbank
Bauernpacht 295f.
Bauernpolitik 88
–, egoistische 285
–, radikale 64
Bauernschaft 79, 118, 140, 200, 228, 234, 237, 247, 251, 263, 271–273, 322
–, individualistische 274
Bauernstand 194f., 233, 238, 273
–, konservativer 23
Bauernversammlungen 211
Bauernvertreter 79, 203
Bauernwirtschaft 68, 226, 228, 230, 232, 243, 278
–, betriebstechnische Organisation der 225–228
Beamte 15, 18, 20, 25, 38, 56, 60, 76, 78, 80, 84, 86f., 89, 95, 108, 110–112, 115, 117f., 121, 138, 146, 183, 186, 189, 191, 197, 204, 229, 256, 260, 315
–, altkonservative 94
–, autoritäre 77

–, Entlassung von 183
–, Ernennung von 182f.
–, Gehälter der 300
–, gesetzwidrige Handlungen der 315
–, gewählte 19
–, Herrschaft der 39
–, konservative 310
–, ländliche 78f.
–, liberale 76, 191
–, reaktionäre 2
–, Verantwortlichkeit der 260, 312, 324
–, Verfügungen der 323
–, Willkür der 15, 252
Beamtenklasse 84
Beamtenschaft 15f., 36, 78, 84, 86, 96, 167, 171, 325
–, reaktionäre 92
–, zentralistische 91
Bedarfsdeckung 225
–, bäuerliche 227
Bedarfsprinzip 232
Befreiungsbewegung 105, 137, 144, 311, 329f.
Befreiungsbund → Ssojus Osswoboshdjenija
Befreiungskriege 223
Behörde 76, 120, 137, 157, 162f., 176, 186, 210
–, direkter Verkehr mit den 300
–, Eingriffe der 282
–, liberale 201
–, lokale 22, 198, 209, 320
–, Willkür der 176, 282
Behördenorganisationen 178
–, Ungesetzlichkeiten der 320
Belagerungszustand 222
Belaja Krinica 129
Belgien 39, 45
Belgium Scheme 45
Belostok → Bjelostok
benevolent feudalism 99
Bergbau, südrussischer 9
Bergwerke 154f., 180, 197, 199, 289
Berlin 5, 9, 110, 253
Berliner Kongreß 2
Berliner Nationalversammlung → Preußen, Nationalversammlung
Berufe, freie 50
–, liberale 46, 48
Berufsarbeit 326
Berufsbeamtentum 99
Berufsvereine 157
Berufsvereinsorganisation 85
Besiedlung 241, 244
Besitz 190f., 197, 208, 230, 239–241, 250, 272
–, beweglicher 189f., 199, 256
–, kleinbäuerlicher 246
Besitzende 92, 317, 326
Besitzerkurie 299

Sachregister

Besitzrecht 273
Besitzverteilung 199, 273
Besitzzählung 235
Besondere Kommissionen 124, 126, 132, 161, 166, 182, 202, 234, 264, 266, 268
Besondere Konferenz über die Bedürfnisse der Landwirtschaft 3, 6
Bessarabien 142, 202, 240 f., 272, 295, 297
Besteuerung 53, 196, 247
Betriebsausmaß 227, 245
Betriebsintensität 238
Bettellandanteil 55
Bez Zaglavija → Bjes saglavija
Białystok → Bjelostok
Bildung und Besitz 40
Bildungszensus 15, 145, 288
Birshewyja Wjedomosti 5, 223
Bischof 35 f., 37 f., 131, 135, 137 f.
–, Rechte des 132
–, Wahl des 34
Bittgesuche → Petitionen
Bjelostok 107, 178, 315
–, Pogrom in 315
Bjes saglavija 108
Blutsonntag 44, 50, 106, 145, 213
Boden 68, 71, 74 f., 77, 227, 230, 233 f., 245, 263, 271 f.
–, Aufteilung des 270, 318
–, freier 99
–, gutsherrlicher 279
–, Kauf von 230, 237, 249, 271, 279, 286
–, Preishausse des 285
Bodenanteile 73, 232, 244
Bodenbesitz 70, 74, 191, 197, 232, 244, 246, 249 f., 272 f.
Bodeneigentum 65, 69 f., 87, 280, 305
–, Abschaffung des 314
–, Heiligkeit des 314
Bodenkonzentration 305
Boden-Kulturverhältnisse 234
Bodenpreis 23, 55, 224 f., 266
–, Hochhaltung des 279
Bodenreformer 54, 70, 75, 90
–, sozialrevolutionäre 67
Bodenregulierungsakte 273
Bodenrente 71
Bodensteuer 244
Bodenverstaatlichung 55
Bodenwert 238
Bodenwucher 231, 263
Böhmen 331
Börse 90, 95, 103, 109, 111, 170, 257, 288
Börsenkomitee 256, 289
Bolschewiki 306
Bol'ševiki → Bolschewiki
Bourgeois-Revolution 61
Bourgeoisie 6, 9, 44, 48, 51, 62, 82, 94, 111, 118, 140, 165, 171, 189, 201, 256, 289, 297, 299 f.
–, industrielle 201
–, Klassenvertretung der 289
–, ländliche 252
–, ökonomische Interessen der 304
–, Verzicht auf parlamentarische Vertretung 303
Bourgeoisiepartei 257
Bourgeoisiewahlrecht 200
Bourgeoispresse 140
bracchium saeculare 123
Brest-Litowsk 116
Buchbinder 216, 221
–, Verband der 219
Buchhändler 117
Budget 15, 172, 178–181, 186 f., 242
–, Gesetz über 179, 181, 185
–, legales 187
Budgetrecht 19, 181, 187
Büdner 195
Bürger 47, 88, 90, 98, 141, 215
Bürgerkrieg 95, 106, 114
–, chronischer 119, 172
bürgerliche Demokratie 4, 42, 48, 50, 52, 59, 63, 76, 88, 222, 301
bürgerliche Gewalt 136
bürgerliche Rechte 127, 183, 259, 272
bürgerliche Schichten 301
Bürgerliches Gesetzbuch 157
Bürgermeister 141, 158 f., 160, 194, 288
Bürgerpflichten 183
Bürgerrechte 40
Bürgertum 33, 44, 48, 91, 108, 112, 221, 250, 289, 324
Bürokratie → Bureaukratie
Bürokratisierung → Bureaukratisierung
Bulgarien 19, 298
Bund → Allgemeiner jüdischer Arbeiterbund in Litauen, Polen und Rußland
Bund der Eigentümer → Verband der Grundbesitzer
Bund der friedlichen Erneuerung 260
Bund der Grundbesitzer → Verband der Grundbesitzer
Bund der kirchlichen Erneuerung 39, 133 f.
Bund der Kontoristen 214
Bund der Metallarbeiter 214
Bund der Semstwoangestellten 10, 47, 84
Bund der Semstwoleute 7–10, 20, 25, 94, 97, 216
→ auch: Semstwokonstitutionelle
Bund der Zemstvo-Konstitutionalisten → Bund der Semstwoleute
Bund des russischen Volkes → Verband des russischen Volkes
Bund des 17. Oktober 51, 93, 102 f., 129, 141,

205, 209, 252 f., 255-261, 282, 289, 292, 295, 297, 300, 303 f.
-, Agrarprogramm des 256, 260
-, Kongresse des 254 f.
-, Liste des 292
-, Nationalitätenprogramm des 304
-, Parteikonferenzen des 192, 304
-, Zentralkomitee des 225, 304
Bund des Volksfriedens → Narodnyj Mir
Bund russischer Männer → Verband russischer Menschen
Bund russischer Menschen → Verband russischer Menschen
Bureaukratie 2 f., 13, 18, 36, 59, 61, 86 f., 94, 96, 103, 111, 113, 119, 123, 129, 133, 135, 138, 148, 162, 164, 167, 169-171, 175, 179, 187-189, 207, 210, 256, 261, 267, 269, 278, 286, 290, 292, 297, 304, 306, 310, 322, 324
-, aufgeklärte 12, 103
-, hierarchische 139
-, Kapitulation der 317
-, liberale 12
-, Machtinteressen der 104, 111, 175
-, Machtstellung der 119
-, modern gesinnte 289
-, ökonomisch liberale 291
-, Produkt der 245
-, rationelle 172
-, reaktionäre 91
-, Willkür der 181
-, Zusammenbruch der 309
bureaukratische Arbeit 172
bureaukratische Beaufsichtigung 86
bureaukratische Herrschaft 171
bureaukratische Interessen 168
bureaukratische Knechtung 134
bureaukratische Kontrolle 257
bureaukratische Rationalisierung 168, 172
bureaukratische Regierung 168
bureaukratischer Rationalismus 164, 167
bureaukratischer Zentralismus 13, 73, 102
bureaukratisches Produkt 245
bureaukratisches Regime 179, 211
bureaukratisches Regiment 247
Bureaukratisierung 18, 104
Bureaukratismus 171

Cäsareopapismus, Cäsaropapismus 34 f., 38, 135 f.
-, parlamentarischer 35
cahiers → Prigowor
Calvinismus, Calvinisten 44
Černigov → Tschernigow
černye sotni → Schwarze Hundert
černyj peredel → schwarze Umteilung
Char'kov → Charkow
Charkow 9, 30, 51, 103, 107, 119, 134 f., 137, 190, 213 f., 217, 219, 240 f., 251, 277, 280, 289, 293, 295, 303
-, Gouvernement 78, 300
-, Universität 103
Chauvinismus 26, 28, 33
Cherson → Chersson
Chersson 7, 36, 53, 189, 240 f., 277, 295, 297
Chlysten 124, 128
Chodok, chodoki → Kundschafter
Cholm 193, 202
Christentum 37, 123, 126-128
christliche Bewegung 37 f.
Christovery → Chlysten
chutorskije utschastky 272
chutorskoe chozjajstvo → chutorskoje chasjaistwo
chutorskoje chasjaistwo 68, 259, 267
čin → Tschin
činovnik → Tschinownik
Civiltà Cattolica 34
Clubismus 306, 308
contrarevolutionäre Banden → Schwarze Hundert
Coupon- und Dividendeninteressen 253

Dagestan 207
Dekabristen 286
Demagogie 89, 104, 211, 267, 300
-, reaktionäre 211
Demokratenfeindschaft 327
Demokratičeskij Sojuz Konstitucionalistov → Demokratischer Bund der Konstitutionalisten
Demokratie 2, 15, 19, 32, 50 f., 72, 88, 90, 99, 101, 131, 134, 137, 140 f., 168, 175, 192, 208 f., 213, 222, 242, 251, 261, 263, 265, 293 f., 300 f.
-, bürgerliche 301
-, dezentralistische 246
-, Haß gegen 286
-, ideologische 293
-, konstitutionelle 292, 295, 302
-, revolutionäre 91
-, sozialrevolutionäre 295
Demokratischer Bund der Konstitutionalisten 260
Demokratischer Bund der Konstitutionellen → Demokratischer Bund der Konstitutionalisten
Demokratisierung 201
-, politische 266, 329, 331
-, soziale 266
Demonstrationen
-, politische 144
Despotismus
-, aufgeklärter 102
Deutsche Rundschau 5

Sachregister

Deutschenhaß 292
Deutsches Reich 2–5, 7, 14, 22, 32, 35, 84, 90, 93, 98, 102, 122, 147–151, 154f., 166, 187, 209, 215, 221, 223, 235–237, 320, 329, 331
–, Arbeitergesetzgebung 303
–, Außenpolitik 19
–, Bauern 74
–, Bürger 104
–, Bund der Landwirte 209
–, Dynastie 2
–, Einzelstaaten 26, 161
–, Heeresvorlagen 106
–, Intervention in Rußland 320
–, Kapitalmarkt 103
–, Kultur 94, 209, 327
–, Nationalliberale Partei 209
–, Osten 23, 237
–, Ostgrenze 330f.
–, Polenpolitik 33
–, Polizei 2, 4, 330f.
–, Presse 305, 327
–, Professorenschaft 210
–, Realpolitiker 327
–, Schule 270
–, Sozialdemokratie 8, 17, 43, 60f., 82, 92, 221, 320
–, Sozialistengesetz 155, 161
–, Sozialpolitik 3
–, Universitäten 109
–, Zentralverband Deutscher Industrieller 209
–, Zentrum 187
Deutschtum 32
Dezentralisation 14, 25f., 31, 242, 260
Diäten 173, 211, 298
Dienstboten 192, 216, 221
Dienstpflicht 114, 157
Differenzialrenten 67, 70f.
Dilettanten, Dilettantismus 109, 170
Diplomaten, Diplomatie 19, 168
Dividendenkonsumenten 253
→ Rentiers
Dnevnik Social-demokrata → Dnjewnik Ssozialdemokrata
Dnjepr 225
Dnjewnik Ssozialdemokrata 46, 81
Domänen 55, 88, 194, 234f., 239, 240, 250, 255, 264, 266, 276, 312
–, Verpachtung der 278
–, Verwaltung der 279
Domänenbesitz 53, 74, 186
Donezgebiet 79
Dongebiet 290
Donkosaken
–, Heer 114, 203, 235, 295
Dorf 15, 195, 211, 229, 233–235
Dorfbevölkerung 229, 275

Dorfbourgeoisie 15, 41, 66, 231
Dorfgemeinde 15, 42, 114, 190, 195f., 231, 263, 265, 274
–, Austritt aus der 72
–, Eingaben der 53, 213, 300
–, Kommunismus der 42, 61, 63, 76
Dorfgemeinschaft 65, 67, 72–74, 146, 235, 273f.
Dorfgenossenschaften 73, 76, 82, 272
Dorfproletariat 41
Dorfversammlung 80f.
Dorpat, Universität 94, 311, 323
Dreifelderwirtschaft 227
drittes Element 9f., 18, 47, 84, 103, 200, 212, 281, 283f., 291
–, Verhaftungen des 103
Drittes Rom 35
Drucker 106, 207, 214f., 218f., 220f., 293
–, Verbände der 214, 216, 219–221
družiny → Schwarze Hundert
Duchoborzen 124, 128
Duma 6, 8f., 14f., 16, 18f., 21, 24f., 27f., 32f., 49, 84, 86f., 89, 94, 97, 103, 108, 111, 114, 117f., 120, 122, 131f., 136, 141f., 145f., 153, 161, 163–165, 168, 170, 172–193, 199, 203, 207f., 212f., 218, 222–224, 232, 236, 239, 241f., 244, 252, 254f., 264, 269, 272–274, 279, 289, 293, 297, 304, 306, 308, 313, 315–317, 319, 322f.
–, Abgeordnete der 2, 16, 142, 161, 173, 186, 189–196, 198, 202f., 205f., 211f., 247, 276, 296–299, 302, 311, 314–316, 320f.
–, Immunität der 316
–, Agrarkommission der 244, 318f.
–, Agrarprojekt der 316, 318
–, antibureaukratische Elemente in 308
–, Antwortadresse der 164, 297, 311–313, 318
–, Auflösung der 302, 320f., 324
–, Boykott der 176, 193, 222f., 307
–, Bulyginsche 5, 7, 16, 47, 140, 172, 175, 178, 188f., 190, 194, 208
–, Einberufung der 185, 254, 309, 311, 313, 321
–, Erklärung der 318–321
–, Eröffnung der 171, 186, 207, 222, 251, 275, 285, 297, 306f., 310, 312
–, Gesetze über 159, 165f., 170, 172–177, 179, 186, 201, 207, 287
–, Gesetzesprojekte der 316
–, Interpellationen der 177, 297, 309, 312f., 315, 320
–, Kommissionen der 250, 316
–, Mißtrauensvotum der 324
–, Ordnung der 173f., 176, 311, 314, 316
–, Präsident der 173, 311, 314

–, Protokolle der 312f.
–, Reglement der 173, 188
–, Spaltung der 320
–, Verhandlungen der 118, 231, 239, 244, 247, 266, 310–320
–, Verhöhnung der 311
–, Vertagung der 313
–, Wirtschaftskomitee der 298, 302
–, Zusammensetzung der 298f.
Dumawahlen 86, 145, 159, 161, 190, 196, 222, 291
→ auch: Wahlen
–, Boykott der 140, 142, 207f., 212f., 222, 292f.
Dumawahlrecht 194, 289
→ auch: Wahlrecht
Dvadcatyj Vek → Dwadzatyj Wjek
Dwadzatyj Wjek 317
Dynastie Romanow 3, 287
dynastische Ambitionen 97, 169, 326
dynastische Eitelkeit 170, 208

Ehrenbürger 229f., 298
Eigentümer, Antistreikverbände der 280
Eigentum 76, 82, 191, 197, 199, 238, 244, 250, 272f., 292, 321
–, Heiligkeit des 273, 294, 305f., 317
–, persönliches 58, 274, 305
–, unbewegliches 288
–, Unverletzlichkeit des 266f., 306, 317
Einheitsgedanke 20, 28, 136, 183, 255, 257, 259
Einkommensteuer 53f., 75, 82, 94, 276, 312
Einsiedelung 67f.
Einwanderung 101
Einzelhöfe 66, 267, 272, 274
Eisenbahn 17, 24, 28, 65, 67, 71, 107f., 140, 154, 156, 180, 186, 191, 196, 198, 264, 272
–, private 157
Eisenbahnarbeiter 109, 113, 140, 167, 196, 214, 259, 261, 301
Eisenbahnerbund 48, 108, 216, 219
Ekaterinoslav → Jekaterinosslaw
Elite 228
Empiriokritiker 43
England, Engländer 16, 33, 39, 154, 210, 220, 223
–, Parlament 20
–, Recht 200
–, Wahlrecht 200
Enteignung 55f., 74f., 81, 83, 86, 129f., 224, 234, 239, 244–248, 259f., 264, 268, 273, 294, 298, 305, 312, 317f.
→ auch: Konfiskation, Expropriation
–, Entschädigung bei 83f.
–, Maximalumfang der 279
Entwicklungsgeschichte 82

Entwicklungsgesetze 57
Entwicklungslehre 70, 98
Entwicklungstheorie 42, 59, 62, 102
Eparchialrat 38, 135
Eparchialsynode 135
Eparchialverfügung 36
Eparchie 35, 133, 134f., 137f.
Erbhufenbesitz 224, 226, 233, 272f.
Erbrecht 267, 271, 273
Erkenntnistheorie 5
Ernte 226, 231
Erste Duma → Duma
Ertragswert 230f., 236, 305
Ertragswert-Prinzip 88
Erziehung 242
Eschatologie 85, 101
Est(h)land, Est(h)en 2, 32f., 202, 298
–, Gouvernements 189
–, Parteien 141
Etat 178, 180f., 183, 185f., 309, 321
Ethik 19, 32, 82, 100, 122, 134, 228, 242, 244, 248
–, kommunistische 57
–, ökonomische 40
–, politische 40
Europa 249
–, Entwicklung 101
–, katholisches 35
–, Krieg 91
–, Revolutionen 87
Evolution 70
Exekutive 20, 183
–, parlamentarische Kontrolle der 312
Exekutivgewalt 178, 183
Expansion 65
–, überseeische 100
Exporte 57, 89, 227f., 230, 242
Expropriation 53, 60, 72, 74, 81, 130, 223, 232, 236, 239, 241, 243, 251, 253, 264, 266, 267, 296
→ auch: Enteignung
–, Ablehnung der 312, 317
Ežemesjačnyj Žurnal dlja vsech → Jeshenjedeljelnyj Shurnal dlja wssjech

Fabian Society, Fabier 10
Fabrik 17, 81, 107, 198, 220
–, Übernahme der 308
–, Verwaltung der 62
Fabrikanten 51, 109, 154, 171, 206, 215, 258, 298, 303f.
Fabrikarbeiter, Fabrikarbeiterschaft 66, 193, 198, 204, 215, 219, 233
Fabrikgesetzgebung 214, 304
Fabrikinspektion 75, 159, 171, 255, 303f.
Fabrikläden 304
Fabrikordnung 99, 304

Sachregister

Fabrikstaroste 214
Fabrikwohnungen 220
Familie 238, 269
Familieneigentum 273
Farmertyp 272
Feldbereinigung 55, 249, 267, 270, 272
Feldgemeinschaft 11, 15, 42, 54, 57, 59, 63, 73, 80, 82, 224, 244, 249, 265, 270 f., 274, 296
–, Besitz der 244, 273, 305
–, Dorfgemeinde 200, 233, 272
–, Rechte der 273
–, Zuteilungen der 74
Fideikommisse 33, 230
Finanzen 22, 28, 32, 53, 74, 111
Finnländische Partei des aktiven Widerstandes 50
finnische Frage 11
Finnland 21, 49 f., 176, 183, 215, 306
–, Deputierter 172, 176
–, Verfassung 27
Fiskus 183, 218, 249
Flurzwang 270, 273
Föderalismus 2, 29, 72, 102
–, politischer 308
Fortschritt 61, 68 f., 72, 270
–, technischer 89, 270
–, technisch-ökonomischer 99
Fortschrittlich-demokratische Partei → Polska progresywno demokratyczna partia
Fortschrittliche Wirtschaftspartei → Progressiv-ökonomische Partei
Fortwanderung 67, 267, 276
Frankfurter Nationalversammlung → Nationalversammlung, Frankfurter
Frankreich, Franzosen 18, 39, 91, 116, 154, 168, 210
–, Bündnis mit Rußland 91
–, Kommuneaufstand 42
–, Minister 168
–, Parlament 319
–, Parlamentarismus 20
–, Revolution 223, 326
–, vor 1789 12
–, Wahlen 116
Frauenarbeit 70, 198
Frauenbünde 46, 209
Frauenstimmrecht 81, 223, 308
Freihandel 148
Freiheit 52, 99 f., 164, 255, 280
–, akademische 133 f., 143 f., 146
–, persönliche 7, 87, 94
–, politische 61
Freiheitsbewegung 96, 326
Freiheitskampf 324
Freiheitsrechte 35, 40 f., 86, 106, 120
Freisinnige Partei → Sswobodomys sliaschtschie

Freitische 116, 153, 209, 219, 291
Freizügigkeit 163
Fremdvölker 33, 202, 317
Friedensgerichte 20, 28, 291
–, Gesetzentwurf über 323
Friedensrichter 20, 153, 164, 288
–, Kongreß der 278, 312
Frühkapitalismus 100
Führer 19
–, großer 324
–, politischer 324

Gefängnis 116 f., 119, 216, 310
–, Revision der 312
–, Verwaltung der 119
Gefangene
–, politische 117, 119, 133
Gehäuse der Hörigkeit 99
Geistliche, Geistlichkeit 35, 37, 80, 85 f., 109, 116, 125, 131, 133 f., 136 f., 175, 197, 199, 201, 204, 206, 229, 252, 261, 280, 287, 294, 297 f., 300
–, schwarze 35 f., 38 f., 103, 288
–, Versammlungen der 135
–, weiße 35, 38 f., 288
Geistliche Akademien 133 f., 136
Geld 110, 171, 262, 280, 284
–, Macht des 325
Geldmächte 90
Geldwirtschaft 89, 228, 242
Gelehrte 130, 152, 270
Gemeinde 18, 54, 58, 65, 67, 73, 81, 133, 138 f., 163, 195 f., 204, 230, 133, 248, 269 f., 272 f.
–, Ausschluß aus der 272
–, Versammlung der 79, 85, 135, 196
Gemengelage 88, 130, 233, 244, 250, 270, 273, 278, 294, 305
Gendarm, Gendarmerie 78, 90
Generalstreik 46, 50, 94, 96, 106 f., 109, 112, 118, 120, 208
–, politischer 46
Genf 41
Genossenschaften 39, 45, 58, 66, 71 f., 76, 194, 218, 229, 231, 249, 263, 265, 268, 271
–, ländliche 78
–, private 271
Genossenschaftsbewegung 77
Gentry
–, ideologische 95
Gerichte 14, 20 f., 75, 85, 111, 117, 143, 158, 162, 173, 183, 186, 254, 278, 313
–, ordentliche 111, 118
Gerichtshof 11, 25, 173
–, politischer 144
Gerichtsverfahren 116, 121
–, Abänderung des 316

Sachregister

Gerichtsverfassung 116, 162
–, Abänderung der 316
Germanisierung 33
Geschäftsleute 77, 202
Geschichte 105, 139
Geschichtsdeutung
–, ökonomische 38
Geschichtsmaterialismus 5
Gesellschaft 51, 60f., 95, 139, 162, 171, 208, 261, 294, 309
–, sozialistische 60
Gesellschaft für soziale Reform 220
Gesellschaftsordnung 249
Gesetzgebung 7, 13, 19, 24f., 27, 76, 92, 103, 105f., 162, 165f., 172–185, 190, 201, 208, 224, 237, 249–251, 255, 266, 271f., 275, 278, 289, 314, 316
Gesetzmäßigkeit 146
Getreide 75, 89, 196, 225–228, 238, 242
Getreidezölle 33
Gewerbe 17, 175, 190f., 194, 196, 199
Gewerbebetriebe 198
Gewerbesteuer 191, 195
Gewerkschaft, Gewerkschaften 48, 153, 208f., 213–221, 254
–, Büro der 214, 219–221
–, Delegiertenkongreß der 221f.
–, Parteilosigkeit der 222
–, unpolitische 219
Gewerkschaftsbewegung 218f.
Gewerkvereine 41, 45, 48, 155f., 159, 209, 214, 216, 219, 221
–, Büro der 216
Gewerkvereinsbewegung 220
Gewerkvereinsbildung 41
Gewerkvereinsführer 216
Gewerkvereinsrecht 221
Gewinn 99
Gewissensfreiheit 78, 119, 123, 316
Gewohnheitsrecht 273
glavnoupravljajuščij, glawnyj uprawljajuschtschij 183
Gleichheit 259
–, bürgerliche 7, 316
–, vor dem Gesetz 312
Gmina 196
Göttingen 48
Goniec 28
Gosudarstvennaja Duma → Duma
Gosudarstvennyj dvorjanskij zemel'nyj bank → Adelsbank
Gosudarstvennyj Sovet → Reichsrat
Gottesgnadentum 110
Gottmenschentum 37
Gottmenschheit 18
Gouvernements 2, 79, 188f., 193–195
–, altrussische 203, 286
–, europäisch-russische 17, 117, 194, 196f., 203, 226, 229, 235, 237, 239, 249, 260f., 276, 292
–, industrielle 202
–, innere 250
–, nördliche 129, 203, 226, 235, 237, 239, 294, 297
–, östliche 294
–, südliche 40, 74, 106, 224f., 296
–, südöstliche 55, 88
–, südwestliche 224, 258, 267
–, westliche 28, 75, 132, 137, 139f., 202, 288f., 291, 294–296, 299
–, zentrale 238, 297f.
Gouvernementsrat 155, 262, 278
–, bürokratischer 158, 278
Gouvernementswahlversammlung 193, 198f., 202f., 294
Gouverneur 112, 118, 158, 160f., 163, 191, 291, 315
–, Ernennungsrecht des 194
–, gesetzwidrige Handlungen der 310
Gradonačal'nik → Stadthauptmann
Gradonatschalnik → Stadthauptmann
Grashdanin 3, 92
Graždanin → Grashdanin
Grenzgebiete 28, 140, 254
Grenzländer 140, 202, 252, 306, 312
–, westliche 226
Grenznutzentheorie 225
Grodno 22, 141, 240f., 294
Großbesitz 201, 243
Großbetrieb 224, 226f., 230f., 237, 243f., 307
–, industrieller 199
Großbritannien → England
Großbürgertum → Bürgertum
Großfürst 82, 90, 169
Großfürstenschaft 88
Großgrundbesitz 189, 201, 203, 297
Großgrundbesitzer 130, 140, 197, 199, 201, 204f., 262, 300
–, Interessen der 276
Großindustrie 154, 198, 203, 257f., 289
Großindustrielle 9, 94, 171, 199, 256, 258, 313
Großkapitalismus 9, 171, 326
Großmacht, Großmächte 309
Großmachtpolitik 243
Großrußland 27, 29, 54, 141, 190, 203, 226, 233, 245, 298
–, Hegemonie 30
Großstadt 194, 204
Grund und Boden 246
Grundbesitz, Grundbesitzer 11, 16, 23, 53, 56, 67, 75, 93, 188f., 194–197, 200–203, 222, 234–236, 239, 243, 245, 251f., 256, 262–264, 273, 276f., 279, 288, 294, 297f.
–, Interessen des 256, 258, 317

–, Klassenstandpunkt der 284
–, privater 299, 301
–, Schutzmilizen für 284
Grundbesitzerklasse 23, 141, 197, 247, 269
Grundbesitzerkurie 140, 287, 299 f.
Grundbesitzerverbände 258, 267
Grundbesitzzensus 194, 288
Grundeigentum 56, 234, 310
–, Unverletzlichkeit des 280
Grundgesetze → Staatsgrundgesetze
Grundherren 200, 220, 230, 285
Grundrechte 27, 177
Grundrente 67, 82, 220, 280, 285
Grundrenteninteressenten 285
Gruppe der Arbeit → Trudowaja Gruppa
Gruppe der westlichen Grenzgebiete 298
Grusien, Grusier 33
Grusische Partei der Sozialistisch-Föderalistischen Revolutionäre 50
Grusische Sozialrevolutionäre Partei 72
Guerilla 119
Güter 235, 269, 295
–, Übernahme von 277
–, Verschuldung der 277
Gutsbesitz, Gutsbesitzer 15, 23, 56 f., 82, 84 f., 118, 196, 204, 263
–, Interesse des 89
–, konservative 137
–, Schutz der 283
Gutsbesitzerklasse 33
Gutsbezirke 310
Gutsherr 61, 75, 80, 89, 229, 237, 247, 278
Gutsland 55, 75, 230 f., 249, 275
Gutswirtschaft 230

Habeas Corpus Act 147, 149, 162, 274
Händler 256, 289, 298
Häresie, Häretiker 37, 123, 126
Häusler 17, 195
Hamburger Nachrichten 253
Handarbeit 69
Handels- und Industriebund 256 f.
–, Kongreß des 257
Handels- und Industriepartei 102, 171, 205, 256, 258–261, 289, 297, 300, 302–304, 315
–, Kongreß der 260
–, Mitglieder der 293
Handels- und Industrieverbände 288
Handels- und Manufakturkomitee 257
Handelsbilanz 242
Handelsgesellschaften 194
Handelskammer 103, 288
Handelsminister 112, 289, 303
–, sozialpolitisches Programm des 303
Handelsrat 289
Handlungsgehilfen 109, 216, 256
–, Verband der 216

Handwerk 15, 256
Handwerker 189, 192, 229, 254, 256 f.
Handwerkergesetzgebung 256
Handwerkerpartei 256
Handwerkerverbände 132
Hauptstadt 139, 160, 191, 209, 216, 259, 292
Hausagrarier 189
Hausfleiß 89, 228
Hausindustrie, Hausindustrielle 69, 196, 257
→ auch: Kustar
Hausse 91, 266
–, der Bodenpreise 317
Heer 24, 111, 113, 115, 168, 184, 191
→ auch: Armee
–, Disziplin des 90, 143, 318
Heidelberg 187
–, russische Lesehalle 1
Heiliger Synod 34, 39, 103, 108, 124 f., 133–138, 261
–, Oberprokuror des 123, 135–137
Herrenrecht 154
Herrschaft 99, 258
–, zentralisierte 167
Herrschaftsverbände 72
Heterodoxie 127
Hilfskassen 143, 214, 218
Historismus 14
Hochkapitalismus 99 f.
→ auch: Kapitalismus
Hörigkeit, Gehäuse der 99
Hofbesitz 197, 228
Hüttenwerk 198, 218
Hufe 114, 272 f.
Humanität 84
Hunger, Hungersnot 184, 231, 262, 309
Hungergebiete 116, 290
Hungerstreik 117
Hypothek, Hypotheken 277
Hypothekenbank, private 277
Hypothekenrente 218

Ideale
–, demokratische 247, 330 f.
–, humanitäre 262
–, nationale 292
–, patriarchale 172
–, populäre 274
–, sittliche 92
Idealismus 325, 327
–, politischer 9, 95
Ideologie, Ideologe 19, 109, 249, 262
–, bürgerliche 300
–, radikale 10
Immunität 176
Immunitätsrecht 173
imperatives Mandat 13, 24
Imperatorskoe Vol'noe Ėkonomičeskoe

Obščestvo → Kaiserliche freie ökonomische Gesellschaft
Imperialismus 59, 65
Individualismus 32, 40, 52, 54, 76f., 99
–, bürgerlicher 40
–, demokratischer 99
–, ökonomischer 259
Individualkauf 263
Individualrechte 184, 268
Individuum 69, 101, 134
Industrie 22, 53, 91, 214, 225, 255, 258, 272, 289, 300
–, Beaufsichtigung der 303
–, Entwicklung der 71
–, Interessenvertretung der 303
–, nationale 65
Industriearbeiter 46
Industriebetrieb 155
Industriebürgertum → Bürgertum
Industriegebiet 79, 86, 154, 230, 271
–, zentrales 231, 296, 300
Industriekrisis 231
Industrielle 259, 289, 304
Industrieunternehmen 190
Ingenieurverband 47, 213
Ingenieurwesen 180, 298
Innenminister, Innenministerium 107, 117f., 120, 137, 140, 157f., 212, 239, 268, 320, 323
Innenpolitik 91, 106, 111, 168, 263
Inorodtsy → Fremdvölker
Instverfassung 295
Intelligencija, Intelligenz 8, 12, 17, 30, 47, 61, 63, 72, 77, 79f., 84, 95, 98, 136, 189, 191, 201, 212, 215, 281, 301
–, akademische 8, 222, 252
–, bürgerliche 9, 17, 103
–, grundbesitzende 202
–, Kongreß der 85
–, ländliche 200
–, liberale 6, 101, 104
–, privilegierte 289
–, proletarische 49
–, proletaroide 9, 11, 17, 98
–, radikale 48f., 79, 249, 307
–, sozialrevolutionäre 17, 77, 307
Interessen
–, historische 106
–, materielle 95, 99
–, nationale 101, 130, 254
–, ökonomische 15, 38, 52, 155, 257, 262, 299, 303, 326
Interessenkonstellationen 99
–, nationale 292
Interessenten 10, 148
–, private 314
Interessentenkorporationen 13

Interessenvertretung
–, ökonomische 257
Interimsministerium 162, 164, 172, 182, 322
Irkutsk 191
Irland
–, Agrarreform 74
–, Landgesetzgebung 249
Irrlehren 128
Iskra 41, 60, 63, 83
Iswjestija 46, 109, 167
Izvestija → Iswjestija

Jakobiner 72, 98, 295
Jalta 137
Jamburg 133
Jaroslavl', Jarosslawlj 36, 133, 190, 240, 280, 286, 290, 296, 299
–, Adelsversammlung 286
–, Gouvernement 3
jawotschnyj porjadok 120, 127, 155, 157–159, 164
Jekaterinosslaw 107, 190, 214, 240f., 292, 295, 297, 299
–, Eparchie 35, 137
–, Gouvernement 202
–, Semstwo 284
Jekatherinburg 218
Jelissawetgrad
–, Semstwo 266
Jena 148
Jeshenjedjelnyj Shurnal dlja wssjech 55, 308
Jesuiten, Jesuitismus 44, 168
Journalisten
–, Kongresse der 82
Judaisten 124, 128
Juden, Judentum 33, 109, 123, 136, 140–142, 153, 169, 209, 223, 259f., 292, 294f., 298, 300
–, Ansiedlungsrayon der 33
–, Abgeordnete der 142
–, Ausschluß vom Wahlrecht 306
–, Emanzipation der 33
–, Gesetze über die 142
–, Gleichberechtigung der 308
–, grundbesitzende 202
–, Wahlrecht der 94
Judenfeindschaft 51
Judenpogrome 94, 106, 110f., 116, 315
Judenrechtsbund 46, 213
judicium parium 10
Jur'ev → Dorpat
jus circa sacra 138
Jushny Kurjer 1, 90
Justizminister, Justizministerium 107, 118, 155, 161, 275, 323
Južnyj Kur'er → Jushny Kurjer

Sachregister

Kabinett 166–168, 253
–, Schaffung des 166 f., 170
–, Vittes 109–119, 162
Kadetten → Partei der Konstitutionellen-Demokraten
Kaiser 24, 34, 163, 165, 172, 174, 177–179, 181–187, 264, 320 f.
→ auch: Zar
–, Hof des 95, 168, 181
–, Initiative des 184
–, Rechte des 166, 183 f.
–, Stellung des 183
–, Versprechen des 110
kaiserliche Familie 179, 181 f.
–, Besitz der 266
Kaiserliche freie ökonomische Gesellschaft 3
Kaiserreich, deutsches → Deutsches Reich
Kaiserreich, römisches 114
Kalisch (Gouvernement) 154
Kalmücken 142, 193, 298
Kaluga 240, 280, 289, 296 f.
–, Gouvernement 238, 262, 281
Kapital 10, 38, 68, 71, 82 f., 88, 103, 189, 225, 228, 231, 236, 243, 246, 257, 310
–, fremdes 306
Kapitalamortisation 265
Kapitalisierung 266
Kapitalismus 4, 15, 38, 40, 42, 56, 59, 62, 64 f., 68–72, 74, 77, 81, 89, 91, 101, 103, 131, 223, 226, 232, 239, 248, 256, 265, 271, 296, 300, 303, 310
→ auch: Großkapitalismus; Hochkapitalismus; Rentenkapitalismus
–, landwirtschaftlicher 82
–, Siegeszug des 64
Kapitalisten
–, deutsche 324
Kapitalleihe 68
Kartelle 102, 171, 297
Kasakenchargierter 80
→ auch: Kosaken
Kasaken-Dörfer 86, 90
Kasakengebiet 85, 288
Kasanj 30, 79, 134, 142, 146, 190, 203, 241, 269, 271, 281, 289, 295
–, Pastorenversammlung in 135
–, Semstwo in 265
Kaspisches Meer 279
Kassationshof 20
Katholiken, katholische Kirche 23, 35, 38, 129, 131 f., 137, 140, 298
Katholizismus 38, 132, 140
–, orientalischer 138
Kaufkraft 69, 81, 225, 228, 230, 263
Kaufland 239 f., 250
Kaufleute 130, 204, 229 f., 288, 298
–, grundbesitzende 202

Kaufpreis 83, 243, 263, 279
Kaukasus 30, 142, 154, 176, 190 f., 193, 203, 288, 298, 302
–, Gouvernement 203, 294
Kazan' → Kasanj
Kertsch 90
Kiev → Kiew
Kievljanin → Kiewljanin
Kievskie Otkliki → Kijewskije Otkliki
Kiew 3, 9, 16, 30 f., 102, 107, 116, 133 f., 141, 191, 194, 199, 224, 226, 230, 240, 251, 290, 292, 294, 296
–, Gouvernement 295
–, Seminaristen 136
Kiewljanin 108, 292
Kijew → Kiew
Kijewskije Otkliki 84
Kingdom of influence 169
Kingdom of prerogative 169
Kirche 132, 184
–, Eigentum der 132 f.
–, Gerichtsbarkeit der 132
–, griechische 35
–, hierarchische 38 f.
–, rumänische 35
Kirchenbehörde 126
Kircheneinkünfte 135
Kirchenfrage 253, 255
Kirchengüter 199, 234, 239 f., 267
Kirchenland 130, 135, 240, 250, 266
Kirchenrecht 136
Kirchenreform 139
Kirchenregiment 137
Kirchenstaatsrecht 123
Kirchenstarost 135
Kirchenverwaltung 133
Kirchspiel, Kirchspiel-Komitee 135, 138
Kirgisen 2, 33, 142, 193, 223, 298
Kischinew 142, 191, 205
Kišinev → Kischinew
Klasse, Klassen 15, 32, 40, 77, 108, 140, 199, 201, 233, 256
–, besitzende 15, 48, 91, 161 f., 262, 276
–, herrschende 59 f., 141, 267
–, privilegierte 287, 290
Klassenbewegung 220
Klassenbewußtsein 219, 256
Klassenbildung 15
Klassenforderungen 298
Klassengegensatz 266, 284–287, 316, 322
Klassengerichte 162
Klasseninteresse 73, 106, 162, 250, 256, 262, 269, 275, 284 f., 291, 301
–, bürgerliches 168
–, Verschärfung des 279, 302
Klassenkampf 73, 76
Klassenrache 118

Klassenscheidungen 215
Klassensolidarität 219
Klassenvertretung 171, 251, 256
Klassenwahlrecht 208
Kleinbauern 65f., 68f., 226, 240, 249, 273
Kleinbesitz 238, 240
Kleinbetrieb 224, 230f.
–, ländlicher 224
Kleinbürger, Kleinbürgertum 16, 40, 51, 130, 142, 169, 229f., 248, 256, 298
–, Organisationen der 93, 261
–, radikale 293
Kleineigentümer 69, 189, 199–201
Kleingrundbesitz, Kleingrundbesitzer 142, 197–199, 201, 204, 210, 243, 249, 272, 294, 296
Kleinhändler 195
Kleinkapitalist 15, 225
–, ländlicher 66
Kleinrußland, Kleinrussen 2, 13, 16, 22f., 29–33, 40, 54, 66, 85, 89, 141, 202, 226, 251, 298f.
–, Bauern in 202f.
–, Departements in 295
–, Gouvernements in 13, 288, 294, 296
→ auch: Ukraine
Klerikalismus 39, 139, 211
Kloster 36, 81f., 128, 132, 137, 236, 266
Kloster- und Ordensgesetzgebung 131
Klostergüter, Klosterländerei 81, 130, 239, 267
Klub der Unabhängigen 158, 251
Knishnij Wjestnik 98, 122
Koalitionsrecht 51
Körperschaft 177f., 180, 183, 289
–, öffentliche 160
Koło → Polen, Koło
Kolonenstand 247
Kolonisation 55
–, bäuerliche 279, 296
–, deutsche 296, 306
–, innere 53, 58
Kolonisationsdepartement 266
Kolonisationsgebiete 203, 296
Kolonisten 142, 229, 236, 250
–, deutsche 142, 202, 296
Kommassation 246
Kommerzienräte 229
Kommunismus 36, 42, 57, 73, 75, 81f., 101, 248f., 270
–, bäuerlicher 75, 90, 326
Komnenen 34
Kompetenz-Kompetenz 28
Konfessionen 123, 127, 191, 194, 294, 298
–, Wahl der 123
Konfiskation 41f., 74, 88, 222
Kongreßpolen 21f., 28, 30

→ auch: Polen
–, Autonomie 23
–, Konstitution von 1815 22
Konservatismus
–, kommunistischer 101
Konservative 92f., 96, 133, 142, 260f., 280, 285, 288
Konstituante 9, 20, 25, 49, 86, 223, 255, 302
–, Einberufung der 50
Konstitucionno-Demokratičeskaja Partija → Partei der Konstitutionellen-Demokraten
Konstitucionno-monarchičeskaja partija rabočich → Konstitutionell-monarchische Arbeiterpartei
Konstitucionno-monarchičeskij pravovoj Sojuz → Konstitutionell-monarchischer Rechtsbund
Konstitution 87, 90, 94, 97, 103f., 111, 136, 162, 164f., 169, 173, 184, 187, 208, 253f., 257f., 260, 263, 310, 315
→ auch: Verfassung
Konstitutionalismus 7, 20, 113, 134, 180, 187, 253, 333
konstitutionell-demokratische Bewegung 3f., 6, 14, 20, 27, 50, 52, 97, 102, 104, 107, 257, 290
–, Programm der 27, 34, 84, 88, 220, 250
Konstitutionell-demokratische Partei → Partei der Konstitutionellen-Demokraten
Konstitutionell-katholische Partei 132, 141
Konstitutionell-monarchische Arbeiterpartei 259
Konstitutionell-monarchischer Rechtsbund 260, 306
Konterrevolution 106
Kontinent 101
–, nordamerikanischer 99
Kontraktbruch 155, 275
Kontraktbruchstrafe 75, 153f.
Kontrasignatur 165, 183f.
Konversion 130, 140
Konzessionspflicht 120
Konzessionssystem 120, 155, 158
Konzil 34f., 38, 133f., 138, 250
–, Einberufung des 34, 133
–, Jurisdiktion des 138
–, Kommissionen des 138
–, Vorbereitung des 138
Konziliarismus 134, 138
Kooperativgesellschaften 218, 220
Korporationen 143, 151, 170, 287
Korporationsbildung 55
Kosaken 30, 113–115, 118, 203, 229, 235
–, Abgeordnete der 114
–, Abteilungen der 119
–, Ataman der 252
–, Donative an 309

Sachregister

–, Freiheit der 114
–, Heer der 114f.
–, Miliz der 283
–, Offiziere der 118
–, Wachen der 118, 247, 279
–, Wählerschaft der 115
Kosmopolitismus 113, 140
Kostroma 3, 45, 102, 136, 240, 280f., 287, 293, 296f.
–, Adel von 287
–, Gouvernement 314
Kovno, Kowno 22, 141, 240f.
Krankenkassen 143
Krassnojarsk 107
Kredit 39, 181, 247, 263
Kreditgenossenschaften 65
Kreditinstitut 220, 228, 236
Kreditwirtschaft 186
Kreditwürdigkeit 119, 228, 263, 273
Krementschug 107
Krestjanskij posemelnyj bank → Bauernbank
Krest'janskij Pozemel'nyj Bank → Bauernbank
Krest'janskij Sojuz → Bauernbund, Allrussischer
Krest'janskij Sojuz pravovogo porjadka → Bauernbund der Partei der Rechtsordnung
Krieg 64, 290, 327
–, russisch-japanischer 1904/05 13, 309
Kriegsgericht 115, 117, 184
Kriegskanzlei 180
Kriegskredite 186
Kriegsministerium 172
Kriegsrecht 115
Kriegszustand 28, 107, 115, 117, 166, 184, 252, 254, 281
–, Verschärfung des 324
Krone 172, 179, 187, 236
–, Autorität der 187
–, Notverordnungsrecht der 179
Kronrat 166
–, Funktion des 289
Kronstadt 115
Kulaken 15, 61f., 72, 80, 83, 228, 273, 301
Kultur 2, 67, 243, 270
–, bäuerliche 242
–, Fortschritt der 18
–, freie 101
–, individualistische 90
–, politische 226
–, westliche 100
Kulturaufgaben 330f.
Kulturbedeutung 243
Kulturbegriff 32
Kulturbewertung 243
Kulturintensität 242
Kulturmenschen 84

Kulturschicht
–, aristokratische 32
Kulturselbständigkeit 27, 30f.
Kulturstand 238
Kulturträger 30
Kulturverwüstung 32
Kulturwert 100, 326
Kulturwissenschaft 334
Kulturziele 285
Kundschafter 276
Kursk 3, 10, 15, 35, 86, 88, 135, 190, 203, 238, 240, 295, 299
–, Gouvernement 86, 251, 266
Kustar 60, 69, 89, 196, 231, 296

Land 15, 55f., 67, 74, 78, 82, 88, 200, 204, 212, 224, 225, 230–240, 243–247, 251, 258, 263, 273, 279, 286
–, besätes 241
–, Kauf von 23, 72, 82f., 132, 229–231, 241, 247, 249, 265, 271f., 276
–, kolonisierbares 88
–, Sozialisierung des 62, 65, 70
–, Wert des 278
Landanteil 52f., 55, 57, 66, 226, 233, 269f., 273
Landarbeiter 53, 200, 227, 233, 275
–, Gesetz über 310
Landarmut 129, 132, 226, 233, 235, 238, 242, 244, 249f., 264f., 301
Landbank → Bauernbank
Landbesiedelungskommission 250, 278–281
Landbesitz, Landbesitzer 73, 84, 229, 231, 233, 239, 244, 250, 264, 270, 274, 279, 321
Landbourgeoisie 62
Landfonds 55, 244, 246, 249–251, 264, 272, 305
–, staatlicher 53, 55, 224, 244, 250, 294
Landfrage 81, 114, 242, 307
–, Lösung der 295
–, Regelung der 285
Landgemeinde 272, 310, 323
Landhauptmann 18f., 78, 84, 113, 130, 197, 212, 259, 278, 301, 310
Landhunger 63, 204, 224f., 230, 235, 241, 263
Landlose 17, 55, 237f., 242, 244, 249f.
Landmangel 85, 200, 206, 209, 234, 244, 246
Landmanifest 85, 137
Landnot 130, 224, 226, 228, 245, 267, 278, 295, 308
–, Leugnung der 280
Landpreis 247, 265
Landschaften 277
Landsmannschaften 144
Landspekulanten 263
Landstädte 194, 300
Landstücke → Obrjeski

Landtag 2, 24
Landversorgung 234, 236, 239, 274
Landvorrat 236, 239 f., 246
Landwirte 71, 197, 199, 201, 204, 272, 275, 298 f.
–, kleine 202
Landwirte-Kongreß → Verband der Grundbesitzer
Landwirtschaft 9, 53–55, 57, 68, 82, 194, 225, 233, 235, 237, 240, 243, 264, 271
–, Exporte der 295
Landwirtschaftsminister 112, 264, 276
Landwirtschaftsministerium 107, 239, 241, 243, 249, 263, 274, 278
–, Agrarprojekt des 249, 264, 266, 323
Landwirtschaftsrayon 271
–, zentraler 231
Landzuteilung 129, 224, 231, 233 f., 247, 269, 273
–, staatliche 279
–, unentgeltliche 300
Latifundien 279, 305
Latifundienbildung 286
Legalität, formale 319
leges saturae 180
Legislative 20, 170
–, Gewalt der 179
Legislaturperiode 293
Lehrerverbände 157, 213
Leibeigenschaft 53, 296
–, Aufhebung der 58
Leinenindustrie 257
Lettische Sozialdemokratische Arbeiterpartei 50
Lettischer Sozialdemokratischer Bund 50
Lettland, Lette 2, 32 f., 94, 141, 298
–, Bürgertum 141
–, Parteien 50, 141
lex Arons 148
Liberale 8–11, 16, 27, 30, 39 f., 42 f., 48, 51, 53, 59, 63, 86, 90, 95 f., 98, 102, 107, 133, 168, 218, 282, 284, 288
liberale Bewegung 7 f., 22
Liberalismus 15, 21, 39, 77, 92, 96, 98
–, ideologischer 98
–, ökonomischer 98
–, sozialer 5
Liga der Arbeit 220
Liga Truda → Liga der Arbeit
Linke 95, 175, 208, 289, 296 f., 315, 319 f.
–, äußerste 140, 142, 244, 248, 292 f., 297
–, radikale 302
–, revolutionäre Leidenschaft der 307
Lit(h)auen, Lit(h)auer 2, 22 f., 30 f., 33, 129, 141, 295, 298
–, Sprache der 23, 139
Literaten 109, 299

Lodz 17, 154, 191, 193, 257
Lohn 154, 246, 300, 307
Lohnarbeit 66 f., 72, 264
Lohnarbeiter 65, 264
Lokalgerichtsbarkeit 291, 323
Lokalverwaltung 11, 21, 26, 129
–, Reform der 310
Loskauf 66, 83, 89, 52
–, Gesetze über 52 f., 129, 262, 267, 269, 276 f., 285
Loskaufgelder 63, 74, 88 f., 243, 263, 267 f., 270, 276
Loskaufzahlungen 52, 76, 83, 89, 129, 263, 267 f., 309
Lublin (Gouvernement) 202
Lumpenproletariat 63
Lutheraner 39, 124, 136, 298

Mandarinentum 99
Mandschurei 115
Mandschureiarmee 113
Manifest vom 17. Oktober 5, 7, 17, 21, 39 f., 48, 89 f., 93–95, 97, 103, 106 f., 110–114, 120–123, 129, 132, 137, 153, 156–158, 161, 163 f., 172, 175, 182, 190, 193, 200, 206, 254 f., 257 f., 263, 280
Manufakturen 74
Mariaviten 132
Markt 22, 67, 69, 71, 75, 228, 230, 249, 257
–, freier 99
–, lokaler 228
Marktproduktion 59, 70, 228
Marktwert 74, 88
Marxismus 4, 6, 29, 42, 54, 64, 68, 70, 82, 99, 230
–, Zweiseelen-Charakter des 42
Masse, Massen 15, 19, 32, 40, 98, 100, 115, 188, 211, 256, 270, 295
–, Diktatur der 50
–, Haß der 327
–, Instinkte der 327
–, Interessen der 72, 314
Massenelend 54
Massenkonsumartikel 53
Massenpsychologie 267
Massenstreik 154
Massenstreikspektakel 101
Meinungsfreiheit 173
Meliorationen 53, 74, 83, 88, 244, 270
Menschengeschichte, Zukunft der 101
Menschenrechte 17, 32, 40, 52, 98
Menschenwürde 118, 167, 286
Menschewismus, Menschewiki 221, 306
Men'ševiki → Menschewismus, Menschewiki
Metallindustrie 154, 257
Metropoliten 36

Mißernte 226, 231, 317
Militärdiktatur 91, 315
Militärgrenze 202
Militärmonarchien 223
Militarismus 259
Minderheiten, nationale 25, 27
Minimalzensus 16, 188, 200
Minister 80, 163, 165, 167, 173, 177, 183, 186
–, Anklage der 20
–, Beratungen der 97
–, Verantwortlichkeit der 19, 21, 312
–, Verfügungen der 124, 139, 163, 165, 190, 193, 207, 212, 275
Ministerialkonferenz 131
Ministerium 51, 96, 107, 111, 136, 143, 153, 165, 168, 174, 182, 185, 240, 254, 256, 261, 267, 290, 302, 309, 314, 319
–, demokratisches 247
–, Erklärung des 313, 318f.
–, konstitutionelles 304
–, liberales 316
–, Niederlage des 317
–, Polemik des 318
–, Projekte des 316
Ministerium des Kaiserlichen Hofes 278
Ministerkomitee 123f., 158, 166, 168, 253
Ministerkonseil 17, 49, 93, 112, 157, 169
Ministerpräsident 167
Ministerrat 111f., 116, 166–170, 181f., 185, 264, 266
Minoritätenschutz 32, 254
Minsk 22, 112, 141, 202, 240, 241, 292, 294, 297, 299
Mir 54, 61, 66, 76, 146, 275
–, Rechte des 163, 275
Mir Boshij 4f.
Mir Božij → Mir Boshij
Mission, innere 34, 93
Mittelalter 10, 142, 163
Mittelpartei, Mittelparteien 112, 129, 168, 192, 209, 260f., 280, 292, 296, 302, 306, 310
–, Bauernbünde der 300
–, Blätter der 140
–, rechter Flügel der 288
Mittelstädte 220
Mittelstand 189, 206
Mjenschewiki → Menschewismus
Mönch, Mönchtum 37, 39, 138
–, politisches 34
Mogilev → Mohilew
Mohammedaner 123, 136, 142, 298
Mohilew 22, 141, 202, 240, 294, 299
Mohiljow → Mohilew
Molokanen 125
Molva, Molwa 33
Monarch, Monarchen 20, 88, 104, 165–167, 169, 172, 323

–, als militärischer Fachmann 326
–, als politischer Dilettant 326
–, konstitutioneller 169
–, unumschränkter 175, 182
Monarchičeskaja Partija → Monarchistische Partei
Monarchie 11, 129, 155, 321
–, konstitutionelle 20, 129
–, legitime 248
Monarchismus 326
Monarchisten 286f., 292, 296f., 300, 302
→ auch: Monarchistische Partei
–, Kongreß der 261, 305
–, Programm 92
Monarchistische Partei 92f., 209, 253, 260
→ auch: Monarchisten
–, Zentralbüro der 92
Mongolentücke 187
Moskau 3f., 6, 8, 10, 17, 27, 30, 32f., 36, 44, 47, 54, 79, 84, 88, 90f., 102f., 106–110, 129, 134, 137f., 154, 158, 165, 190, 193, 199, 202, 214, 216f., 219f., 240, 252f., 255, 257f., 261, 264, 280f., 284, 288–293, 296, 299, 306
–, Adelsklub 286
–, Agrarkongreß 68
–, Aufstand 106, 208, 216, 219, 222, 260f.
–, Börsenkomitee 288, 303
–, Deutsche in 292
–, Druckereiarbeiter 220
–, Eisenbahnen 48
–, Gewerkvereine 216
–, Gouvernement 203, 205, 287, 296, 301
–, Gradonatschalnik 31
–, Großindustrie 51
–, Grundbesitzerkongreß 93
–, Landwirte-Kongreß 75
–, Monarchisten 324
–, professionelle Verbände 214
–, Semstwo 8, 281f., 284
–, Sozialdemokraten 86
–, Stadtduma 210, 281
–, Stadtverwaltung 206
–, Steuergesetzgebung 76
–, Streik 155
–, Typographenstreik 219
–, Universität 16, 144f.
–, Uprawa 8, 49, 97, 281–283
Moskauer Juristische Gesellschaft 3
Moskauer Zeitung → Moskowskija Wjedomosti
Moskovskija Vedomosti → Moskowskija Wjedomosti
Moskovskoe juridičeskoe obščestvo → Moskauer Juristische Gesellschaft
Moskowskija Wjedomosti 2f., 40, 92, 96
Moslem → Mohammedaner

Müller 196, 216 f.
Munizipalisation 70, 72, 222

Načalo → Natschalo
Nadel, Nadjel 52, 56, 72, 88, 130, 196, 227, 231, 233, 234, 237–240, 246 f., 250, 265, 268, 272, 276, 296, 323
Nadjel-Ergänzung 74, 222, 259
Nadjelland 190, 229, 231, 233 f., 239, 246, 251, 271 f., 276, 301, 305, 323
–, Enteignung des 318
Nahrungsprinzip 68 f.
Nahrungsstandpunkt 68 f., 232
Nakas 179
Nakaz → Nakas
Narodnaja Gasjeta, Narodnaja Gazeta 129
Narodnaja Partija → Nationale Ordnungspartei
Narodnaja Volja → Narodnaja Wolja
Narodnaja Wolja 59 f., 70
Narodničestvo → Narodnitschestwo
Narodnik, Narodniki 60, 64
Narodnitschestwo 42, 46, 59 f., 63 f., 66 f., 72, 77, 218, 224, 249, 268, 273 f., 307 f.
Narodnoe Chozjajstvo → Narodnoje Chasjaistwo
Narodnoje Chasjaistwo 5
Narodnyj Mir 300
Narwa 134
Naša Žizn' → Nasha Shisnj
Nasha Shisnj 5, 75
Nashi Dni 5
Nation 18 f., 23, 99, 248
Nationaldemokratische Partei → Polen, Nationaldemokratische Partei
nationale Frage 139, 252 f., 259, 294
Nationale Ordnungspartei 10, 28, 35, 88
–, Agrarprogramm der 88
–, Manifest der 12
Nationalisation, der Produktionsmittel 70
–, der Volkswirtschaft 62
–, des Bodens 65, 81 f., 224 f., 245, 305, 308
Nationalismus 2, 4, 32, 51
–, extremer 60
Nationalisten 29, 140, 295, 298
–, bürgerliche 295
Nationalitäten 20, 24 f., 27, 29, 32, 129, 140, 298
–, Gleichstellung der 255, 259
–, Kulturselbständigkeit der 312
–, Rechte der 27
Nationalitätenfrage 25, 29, 31, 33, 140, 202, 222
Nationalitätenproblem 14, 21, 25, 29
Nationalliberale Partei → Deutsches Reich; Baden; Polen
Nationalökonomie, Nationalökonom 71, 148

Nationalsozialer Verein 9
Nationalversammlung, Frankfurter 9, 98
Natschalo 4, 43 f., 90, 92
Naturrecht 66, 73, 83, 99, 242, 246, 248–250, 268
–, bäuerliches 249
Neo-Aristokratismus 33
Neo-Idealismus 6
Nepotismus 146
Neue Zeit 81
Neurußland 233
Neusiedelungsgebiete 225, 227, 294
New York 33
Nicht-Interessenten 9, 271
Nichtschwarzerdegebiet 230 f., 263
Nishnij-Nowgorod 30, 35, 190, 214, 216, 238, 240, 289, 293, 296 f.
–, Gouvernement 137
Nižnij-Novgorod → Nishnij-Nowgorod
Nobilitierung 229 f.
Notstandsgebiete 35, 86, 227, 235, 250
Novaja Žizn' → Nowaja Shisnj
Novgorod → Nowgorod
Novoe Vremja → Nowoje Wremja
Novosti i birževaja gazeta → Nowosti
Nowaja Shisnj 43
Nowgorod 58, 78, 238, 241, 281, 283, 289, 296 f., 299
–, Bauern 78
Nowoje Wremja 1, 5, 28, 91, 103, 110, 113 f., 117, 121 f., 124, 127, 129 f., 132 f., 135, 138, 140, 155, 158, 160 f., 164, 182, 209, 213, 220, 226, 240, 250, 255, 264, 269, 278, 281–283, 287, 300, 302–306, 309, 313
Noworossijsk 107
Nowosti 1, 46, 333
Nürnberg 111
Nutzfläche 232, 238 f., 241
Nutzung, Nutzungsrecht 62, 197, 199, 244

Obrasowanije 5, 75
Obrazovanie → Obrasowanije
Obrjeski 41, 56, 77, 83
Obrok 53, 83, 250
Obščestvo Chorugvenoscev → Verband der Kirchenfahnenträger
Obschtschina 54, 57–60, 65–67, 71, 73, 77, 130, 163, 200, 226, 259 f., 267–271, 274 f.
–, als administrativer Zwangsverband 271
–, Auflösung der 269, 271
–, Austritt aus der 265, 268 f.
–, Differenzierung der 270 f.
–, Erhaltung der 270
–, Gebiet der 15
–, Sprengung der 265
–, Zukunft der 270
Obščina → Obschtschina

Sachregister 463

Ochlokratie 18
Odessa 30, 51, 112, 155, 191, 214, 218, 293
öffentliche Meinung 9, 26, 59, 96, 182
Öffentlichkeit 319
Ökonomie, moderne 99
Ökonomische Fortschrittspartei → Progressiv-ökonomische Partei
Ökonomismus 43
Österreich-Ungarn 25, 29, 154, 320
–, Intervention in Rußland 320f.
–, Sprachenproblem 25
–, Wahlrecht 329
Offizier, Offizierkorps 90f., 113, 229, 252
Oktobermanifest → Manifest vom 17. Oktober
Oktobristen → Bund des 17.Oktober
Olonec, Olonetz 189, 203, 226, 239, 246, 296f., 298
opiniones temerariae 82
Ordenswesen 39
Orel → Orjol
Orenburg 203, 232, 235, 240f., 251, 277, 296
–, Steppe 226
Orjol 79, 190, 238, 240, 251, 295, 297, 298
–, Geistlichkeit 134
orthodoxe Kirche 11, 34–39, 84, 92, 123f., 125–129, 131, 136, 138, 140f., 209, 236, 287, 317
–, Kirchenkonzil 129
–, Mitglieder der 298
–, Spaltung der 39, 125–127
Orthodoxie 36, 42f., 59, 81, 124, 126f., 131
Osswoboshdjenije 4, 11, 13, 21, 24, 31, 33, 36, 52, 81
Osteuropa 101
Ostpreußen, Ständevertreter 12
Ostseeprovinzen 6, 32, 106, 110, 140, 191, 235, 306
Osvoboždenie → Osswoboshdjenije
Otečestvennyj Sojuz → Vaterländischer Bund
Otetschestwjennyj Ssojus → Vaterländischer Bund

Pacht, Pächter 57, 65–67, 74, 79, 130, 194, 197, 199–201, 225, 230, 233, 235f., 239, 244–251, 264, 272, 276, 278, 294, 300
–, Ablösung der 248
–, Bedingungen der 55, 224
–, kapitalistische 225
–, Zahlung der 53, 218
Pachtpreis 61, 74, 80, 218, 224f., 239, 250, 278
–, Regulierung des 305
Pachtrecht 53
Paganismus 134
Panmoralismus 19
Papst, Papsttum 37, 39, 132, 139
Paris 11, 49, 110, 217, 320

Parlament 135, 168, 170, 172, 176f., 178–180, 185, 187f., 208, 246, 248, 315f., 319, 322
–, Enquete des 314
–, Geschäftsordnung des 170
–, Kommission des 314
–, Majoritätsherrschaft des 20
–, Parteiregierung des 18
–, Recht des 180
–, Theorie des 281
Parlamentarismus 19f., 27, 63, 86, 173, 187
–, Kritik des 323
–, Überlebtheit des 19
Parlamentsfraktion 245
Parochien 132, 135
Partei, Parteien 14, 21, 32, 42, 54, 63, 70, 84, 86, 116, 129, 136, 160, 192f., 201, 205, 208–212, 224, 234f., 244f., 248, 254, 256, 260, 295, 315, 322f.
→ auch: Mittelpartei
–, bürgerliche 92, 175, 293
–, demokratische 15, 48
–, gemäßigte 92, 205
–, Kandidatenlisten der 293
–, konservative 93, 259f.
–, konstitutionelle 160, 260
–, konstitutionell-monarchische 103, 290, 292, 297
–, linke 135, 315
–, mittlere 135
–, monarchische 102
–, muselmännische 142
–, politische 21, 93, 130, 148, 257
–, radikale 33, 59, 60
–, rechte 135, 304
–, revolutionäre 50
–, sozialdemokratische 42, 293
–, soziale 21
–, sozialistische 221
–, Tickets der 308
Partei der auf dem Boden des Manifestes vom 17.Oktober vereinigten Bauern → Bauernbund auf dem Boden des Manifestes vom 17.Oktober
Partei der Demokratischen Reform 251, 260, 302
Partei der friedlichen Erneuerung 302
–, Agrarprogramm der 305f.
–, Entstehung der 315
Partei der Konstitutionellen-Demokraten 10, 14, 20, 47, 49, 51, 74, 84, 96, 102, 142, 158, 160, 192, 209, 211, 213, 222f., 234, 245,, 249–255, 259, 260f., 266, 287, 289, 296f., 304, 306, 315, 318f.
–, Abgeordnete der 305
–, Agrarkommission 233
–, Agrarprogramm der 74–76, 153, 223, 238, 249, 251, 259, 302, 308, 314

–, Agrarprojekt der 224, 233, 239, 241–247, 304–306, 314, 316
–, Arbeiterfrage 302
–, dritter Parteitag der 192, 223 f., 243–245, 302
–, Entstehung der 10
–, Gründungsparteitag der 21, 96
–, Isolierung der 320
–, Programm der 14, 20, 27, 33 f., 49, 53, 81, 84, 88, 220, 223, 250, 259
–, Radikalismus der 303
–, rechter Flügel der 251, 315
–, Übernahme der Regierung durch 316
–, Überwachung der 314
–, Wähler der 293
–, Wahlaufruf der 300
–, Wahlsieg der 309
–, Zentralkomitee der 192, 305
–, zweiter Parteitag der 102, 222–224
Partei der Rechtsordnung 11, 27, 51, 93, 102, 253, 258 f., 261, 288, 296, 302
–, Agrarprogramm der 259
–, Kongreß der 303
Partei der Sozialisten-Revolutionäre → Partei der Sozialrevolutionäre
Partei der Sozialrevolutionäre 5, 50 f., 60 f., 63, 70, 79
→ auch: Sozialrevolutionäre
–, Agrarprogramm der 63
–, erster Parteitag der 62
–, Kampforganisation der 308
–, Parteivertretung der 307
–, Programm der 4, 60–63, 84
Partei der Volksfreiheit → Partei der Konstitutionellen-Demokraten
Partei der Volkssozialisten → Volkssozialistische Partei
Partei-Patronage 148
Parteidisziplin 206, 208
Partija Demokratičeskich Reform → Partei der Demokratischen Reform
Partija krest'jan, ob-edinennych na počve manifesta → Bauernbund auf dem Boden des Manifestes vom 17. Oktober
Partija mirnago obnovlenija → Partei der friedlichen Erneuerung
Partija mirnawo obnowljenija → Partei der friedlichen Erneuerung
Partija narodnoj sswobody → Partei der Konstitutionellen-Demokraten
Partija Narodnoj Svobody → Partei der Konstitutionellen-Demokraten
Partija pravovogo porjadka → Partei der Rechtsordnung
Partija prawowowo porjadka → Partei der Rechtsordnung
Partija Socialistov-Revoljucionerov → Partei der Sozialrevolutionäre

Partija Ssozialistov-Revoljuzionerow → Partei der Sozialrevolutionäre
Partija Svobodomysljaščich → Sswobodomyssliaschtschie
Parzellen 225, 233, 280
Parzellierung 244, 273, 279
Paschawirtschaft 150
Paßwesen 51, 58, 66, 162 f.
Patriarch, Patriarchat 34, 37, 39, 135, 138
Patriotische Liga → Vaterländischer Bund
Pensa, Penza 203, 241, 251, 271, 278, 285, 289, 296 f.
–, Wahlen in 299
Perejaslawl
–, Vertrag von 1656 30, 32
Perm 226, 240 f., 246, 277, 290, 296 f.
–, Gouvernement 230
persönliches Regiment 2, 19, 97
Persönlichkeit 325
–, Universalität der 100
Persönlichkeitsgarantien 94, 257, 260, 312
Persönlichkeitsglaube 101
Persönlichkeitsrechte 111, 205
Person
–, Unantastbarkeit der 119, 161, 316
Peterhof 7 f.
Petersburg → Sankt Petersburg
Petition, Petitionen 80, 86, 131, 176 f., 179, 185, 211
–, bäuerliche 53
–, Gesetze über 15, 80, 93, 107, 159, 207
–, kollektive 151
Petitionsrecht 15, 159, 312
Petrokov, Petrokow 202
Philister, deutsche 323
Philosophie 5, 134
Physiokratie 53
Pietismus 124
Pirogov-Lesehalle → Heidelberg, russische Lesehalle
Pjetrokow → Petrokow
Plutokratie 16, 200
Podolien 16, 22, 141, 226, 240, 251, 290, 294
–, Bauern 137
podvornoe zemlevladenie → podwornoje semljewladjenije
podwornoje semljewladjenije 224, 244, 267, 272
Pogrom → Judenpogrome
Polen 2, 9, 22–33, 49 f., 107, 132 f., 136, 139–141, 190–193, 196, 202, 221, 235, 237, 252, 254, 267, 288, 290, 292, 294, 298, 305
→ auch: Kongreßpolen
–, Adel 23
–, Aufstände 129
–, Autonomie 22, 26, 28, 222
–, Bevölkerung 23

Sachregister 465

–, Bürgertum 295
–, Eisenbahntarifhoheit 29
–, Gouvernements 103, 202
–, Grenzgebiete zu Rußland 140
–, Grundbesitz 23, 141, 294
–, Großgrundbesitzer 202
–, Gutsbesitzer 140
–, Heer 28
–, Industrie 257
–, Königreich 27, 131
–, Koło 298
–, Landtag 24, 27, 30, 140, 295
–, Liberale 22
–, Nationaldemokratische Partei 24, 28, 140
–, Nationalismus 28
–, Parteien 23, 140
–, Rekruten 28
–, Sejm 27
–, Selbständigkeit 22
–, Sozialdemokratie 23, 50, 140
–, Sprache 23, 28, 139
–, Zartum 27 f.
Polentum 29
Polessien → Poljessien
Politik, ideologische 96
–, liberale 58, 91
Politiker 40
Polizei 2, 12, 16, 78, 84, 86, 90, 92, 95, 107, 110, 113, 115, 137, 159, 161, 162, 191, 193, 197, 205, 207, 210, 212, 255, 275, 307, 309, 314, 325
–, Organe der 106, 138
–, politische 116, 144, 155
–, Selbsterhaltung der 326
–, Spionage der 51
–, Willkür der 205, 211, 286, 308, 316, 322, 324
Polizeiabsolutismus 322
Polizeibureaukratie 95, 102, 212
Polizeiinteressen 13, 111, 158
Polizeisozialismus 214
Polizeistaat 35, 65, 67, 127
Polizeisystem 321
Poljarnaja Swjesda 4, 223
Poljessien 146
polnische Frage 11, 21, 32
Polnische Sozialistische Partei → Polska Partia Socialistyczna
Polska Partia Socialistyczna 23
Polska progresywno demokratyczna partia 23
Poltava, Poltawa 16, 31, 134, 141, 202, 232, 240, 251, 259, 276 f., 283, 294 f.
–, Gouvernement 203, 238, 277 f., 299 f.
Popen → Geistliche
Port Arthur 208
Posen (Provinz) 247
Possessionsrecht 194, 197

Post- und Telegraphenangestellte 28, 108 f., 113, 218, 309
–, Bund der 108
–, Streik der 94, 108, 156
potrebitjelnaja norma 232, 238 f., 242, 245
Prärogative 169
Pravda → Prawda
Pravda Božija → Prawda Boshija
Pravitel'stvennyj Vestnik → Prawitjelstwjennyj Wjestnik
Pravo → Prawo
Prawda 6, 30
Prawda Boshija 137
Prawitjelstwjennyj Wjestnik 118, 165, 189, 249, 264, 277, 311–313, 318 f.
Prawo 1, 4, 9, 24, 35, 47–49, 51, 74, 77, 79, 85, 92, 112–114, 119, 128, 135 f., 137, 158, 169, 212, 235, 238, 244, 278, 302
Preis 229, 231
–, gerechter 74, 130, 223, 305
Premierminister 166, 168, 170
Presse 33, 84, 103, 120 f., 139, 168, 174, 202, 222, 255
–, bürgerliche 139, 250, 295
–, demokratische 146, 202, 212
–, konservative 3
–, linke 269
–, politische 32
–, sozialistische 50, 120
–, Vergehen der 191
Pressefreiheit 6, 42, 94, 120 f., 312
Pressegesetz 120 f., 158
Preußen 96, 148, 163, 166 f., 169, 187, 244, 275, 328
–, Abgeordnetenhaus 104, 180
–, Fideikommißfrage 69
–, Kabinett, Entstehung des 167
–, Kanalrebellen 95
–, Konservative 94
–, Kreisordnung 310
–, Landratskammer 104, 188
–, Märzministerium 98
–, Militärvorlage 96
–, Rechte der 184
–, Regierungsbezirk 18, 201, 211
–, Royalisten 92
–, summus episcopus 34
–, Verfassung 184
Priestertum, königliches 37
Prigovor, Prigowor 77 f., 80, 83, 85, 137, 300
Prissutstwije 111, 155, 158 f., 161, 163
prisutstvie → Prissutstwije
Privatbesitz 62, 65, 82, 88, 130, 189, 194, 231, 234, 238 f., 243, 246, 271, 301
Privateigentum 15, 38, 62, 71, 75, 81, 89, 240, 251, 262, 266, 268, 270, 273 f., 318
–, Abschaffung des 246, 315

–, Unantastbarkeit des 253, 256, 267
Privilegien 179
prodowolstwennaja arenda → Pacht
prodowolstwennaja norma → Selbstversorgungsnorm
Produktion 68, 100, 227, 242
–, Anarchie der 101
–, standardization 100
Produktionsmittel 59, 63, 68, 70, 81 f., 225, 227, 291
Produktivkräfte 53
professionelle Verbände → Gewerkschaft
Professor, Professorenschaft 116, 143−145, 149 f., 152, 298
–, außerordentliche 148
Professorenbund → Akademischer Bund
Professorengericht 144 f.
Progressisten 290, 296 f.
Progressistengruppe → Partei der friedlichen Erneuerung
Progressiv-demokratische Partei → Polska progresywno demokratyczna Partia
Progressiv-ökonomische Partei 260 f.
Progressivnaja Ėkonomičeskaja Partija → Progressiv-ökonomische Partei
Proletariat 15, 43, 47, 59, 77, 91, 189, 214, 256
–, industrielles 326
–, Klassencharakter des 15
–, ländliches 300
–, moderne Gedankenwelt des 64
Proletarij 41
Proletarisierung 71, 244, 270
Pronunziamento 118, 318
Propaganda 215, 269
–, politische 283
–, revolutionäre 315
Protektionismus 51, 53, 148, 255, 257
Protestantismus 23
–, pietistischer 124
–, Sekten 40
Prozesse 183
–, politische 187
Pskov, Pskow 189, 241, 296 f., 299
Puritanismus 40, 100
Putilow-Werke 207
Putsch 44, 60, 106
Putschismus 42, 94

Quorum 176

Radikale Partei 20
Radikalismus 33, 49, 63, 73, 84, 87, 215, 234, 324, 327
–, romantischer 77
–, Wahlerfolg des 306
Radikal'naja Partija → Radikale Partei
Rangklassen 163, 186

Raskol 37, 39 f., 123 f., 126, 131
→ auch: Altgläubige
–, innerweltliche Askese des 40
–, Gemeinden des 125
Rasse 191, 294
Rat der Arbeiterdeputierten → Arbeiterdeputiertenrat
Rat des Vereinigten Adels 266 f.
Rationalisierung 39, 171
Rationalismus 167
–, pragmatischer 42, 70, 72
Rationalität 12, 96, 100
Reaktion, Reaktionäre 8, 77, 91, 96, 106, 136, 146, 209, 211, 261, 266, 284, 286, 294−296, 330
–, politische 87
Realpolitik, Realpolitiker 4, 20, 32, 81, 90, 327
Reč' → Rjetsch
Rechenhaftigkeit 77
Recht, Rechte 127, 183 f., 203, 232, 268, 272, 323
–, erworbene 76, 83, 246, 267−269
–, göttliches 134, 136
–, historisches 83, 146
–, objektives 52
–, positives 184
–, subjektives 52
–, wohlerworbene 76, 83
Recht auf Land 56, 58 f., 74, 233 f., 246, 269, 308
Rechte, Rechtsparteien 260, 289, 297, 319
Rechtlosigkeit 324
Rechtsordnungspartei → Partei der Rechtsordnung
Rechtspersönlichkeit 157 f., 272
Rechtsstaat 91, 111, 134, 184
–, demokratischer 65
–, konstitutioneller 41
Redefreiheit 120, 312
Reform, Reformen 76, 89, 97, 102, 229, 244, 247
– politische 52, 58
–, Ukaz über 23, 123
Regierung 7, 20, 50 f., 75, 89, 90, 95, 98, 102, 106 f., 109, 129, 140, 153, 155, 176 f., 181, 188, 192, 250, 265, 282, 290, 300, 304, 313−315, 323
–, Agrarprogramm der 250, 264, 269, 272, 274, 317, 324
–, Demagogie der 316
–, despotische 247
–, Gesetzentwürfe der 311 f., 323
–, Gesetzwidrigkeiten der 319
–, Haltung der 319
–, konstitutionelle 134, 319
–, Kritik an der 315

–, Lage der 309
–, Mißtrauen gegen die 282
–, Obstruktion der 316
–, Politik der 294
–, reaktionäre 52, 88
–, revolutionäre 41
–, Volkstümlichkeit der 308
–, Wahlpolitik der 308
Regierungscommuniqué 318
–, Verlogenheit des 319
Regierungsform 87
–, konstitutionelle 110
Regierungskapitalismus 62
Regime 112
–, dynastisches 322
–, konstitutionelles 95, 323
–, liberales 39, 91
–, parlamentarisches 223
Regulierungsgesetzgebung 248
Reichsduma → Duma
Reichseinheit 27, 49
Reichskontrolleur 278
Reichsrat 46, 103, 111, 114, 118, 120, 122f., 127, 139, 156, 158, 163, 165, 168, 170, 172–177, 179f., 183f., 187, 268, 277, 287–291, 316
–, Adresse des 313
–, akademische Gruppe im 313
–, des ancien régime 304
–, Beseitigung des 312
–, Bureaukratie des 175
–, Departements des 173f., 186, 320
–, Gesetze über 103, 170, 172–176, 179, 186, 287
–, Gruppe des Zentrums im 290, 313, 317
–, Gutachten des 111, 126, 162, 165, 277, 291
–, Mitglieder des 116, 173, 175, 186, 252, 287, 289f.
–, Ordnung des 163, 166, 173, 176–178, 186
–, Präsident des 165, 170, 174, 177–179, 184, 313
–, Sitzungen des 174
–, Speranskijscher 287
–, Umwandlung des 175, 289
–, Vertagung des 320
–, Zusammensetzung des 290
Reichsratswahlen 287–290
Reichsreform 29
Reichssekretär 184
Reichsverfassung
–, Dragomanovsche 26
Reinertrag 226, 239, 250
Religionsgemeinschaft 36, 124, 127f., 164
Religionsgeschichte 152
Religionsgesetzgebung 128, 130
Remeslennaja Partija → Handwerkerpartei
Remonstranten 44

Renaissance 170
–, hellenistische 39
–, papalistische 39
Rente 67, 70f., 82, 230, 239, 244, 267
–, Kurssturz der 309
–, Sieg der 99
Rentengüter 244
Rentenkapitalismus, agrarischer 296
Rentiers 10, 75, 206, 292
Repressionspolitik 111f., 164, 214, 282, 291
Revoljucionnaja Rossija → Rewoljuzionnaja Rossija
Revolte 95, 109, 115, 254
Revolution 43f., 63, 75, 82, 92, 107, 109, 118, 154, 159, 213f., 219, 223, 267, 285, 287, 290, 324
–, bürgerliche 61
–, demokratische 60
–, Furcht vor der 290
–, geistige 101
–, Haß gegen die 282
–, moderne 87, 325
–, ökonomische 82, 101
–, politische 82
–, Vergleich von 326
Revolutionäre 63, 109, 117f., 137, 217, 275
–, notorische 287
Revolutionarismus 42
Revolutionsromantik 77, 109
La Revue de Paris 259
Rewoljuzionnaja Rossija 60, 62, 72, 75, 79
Richter 143, 162, 164, 182
–, gewählte 312
–, Unabsetzbarkeit der 182
Riga 94, 141, 191, 219, 289, 292, 295
Rittergüter 22, 75
Rjäsanj 240, 251, 295–297
Rjazan' → Rjäsanj
Rjetsch 134, 182, 212, 302
Rochdale Scheme 45
Rom 35, 114, 247
Rossija 320
Rossijskaja Social-demokratičeskaja Rabočaja Partija → Russische Sozialdemokratische Arbeiterpartei
Rostov, Rostow 107, 112, 191
Rotes Kreuz 13, 290
Rückständigkeit, technische 238, 243
Rumänien
–, Grenze 295
–, Kirche 35
Rus' → Russj
Rusa 301
Russentum 18, 59
Russifizierungspolitik 22, 131, 141, 245
Russische Sozialdemokratische Arbeiterpartei 3, 41–45, 48–51, 60–63, 72, 75,

81 f., 85 f., 90, 92, 102, 108, 117, 207, 213, 216, 219, 221 f., 292 f., 301, 306 f., 316, 319 f., 324
–, Agrarprogramm der 41, 82, 233
–, Arbeiter und 193
–, Aufruf der 315
–, Dogmen der 101, 221
–, dritter Parteitag der 14, 41
–, Föderativrat der 43
–, Fraktion der 306
–, Kongreß der 41
–, orthodoxe 43, 50
–, Presse der 44, 90
–, Programm der 41–43, 76, 83
–, Spaltung der 41 f.
–, und Duma 297, 299, 302
–, Vereinigungsparteitag der 221 f., 306
–, Zentralismus der 306
–, zweiter Kongreß der 42
Russische Vereinigung → Russische Einung
Russj 5, 16, 28 f., 32, 34, 38, 46, 48–51, 79, 97
Russkaja monarchičeskaja partija → Monarchistische Partei
Russkaja Mysl' → Russkaja Mysslj
Russkaja Mysslj 87
Russkija Vedomosti → Russkija Wjedomosti
Russkija Wjedomosti 1, 5, 17, 40, 102 f., 109–113, 116 f., 119, 121 f., 130, 133, 151, 160, 213 f., 221 f., 238, 281, 283–287, 300, 302, 305–308, 314
Russkoe Bogatstvo → Russkoje Bogatstwo
Russkoe Gosudarstvo → Russkoje Gossudarstwo
Russkoe Krest'janstvo → Russkoje Krestjanstwo
Russkoe Slovo → Russkoje Sslowo
Russkoje Bogatstwo 3, 5, 64, 67, 70, 118, 246, 308
Russkoje Gossudarstwo 168, 282, 289, 313
Russkoje Krestjanstwo 93
Russkoje Sslowo 36
Ruthenien 294
–, Bücher 31
–, Separatisten 141
Ruthenische Revue 30, 32
Ruza → Rusa
Rybinsk 214

Samara → Ssamara
Samarkand 202
Sammlungspolitik 103
sanctio pragmatica 179
Sankt Petersburg 2–4, 6, 9, 17, 28, 37 f., 43, 45, 47 f., 89, 93, 102, 107 f., 113, 116, 123 f., 132–134, 136, 138, 142, 154, 160, 173, 190, 193, 209, 211, 215 f., 219 f., 240, 252 f., 257,

259, 264, 288 f., 292 f., 297, 307, 309
–, Befreiungsbund in 10
–, Demokraten 28
–, Deutsche in 292
–, Fabrikanten 45
–, Firmen 51
–, Friedensrichter 312
–, geistliche Akademie 133
–, Geistlichkeit 133, 135
–, Kirche 37 f.
–, Komitee 222
–, Partei der Rechtsordnung in 93
–, Parteigruppe 259
–, Presse 70, 311
–, Rechtsordnungsverband 94
–, Semstwo 226
–, Sovet → Arbeiterdeputiertenrat
–, Sozialdemokratie 306
–, Stadtduma 16, 259
–, Studenten 133
–, Zensuswähler 94
St. Petersburger Telegraphenagentur
–, Boykott der 85
Saratov → Ssaratow
Saratovskaja zemskaja nedelja → Ssaratowskaja Semskaja Njedjelja
Satrapien 112, 166
satte Völker 325
Scheinkonstitutionalismus 91, 102 f., 169, 171, 187, 208
Schichten 200, 258
–, herrschende 292
Schisma 34, 126
Schitomir 141
Schlesische Zeitung 253
Schneider 214, 216, 217
schod → Wolost-Sschod
Schulbehörde 133
Schule 13, 22 f., 25, 28, 30, 33, 78, 125, 129, 139, 142, 145, 158, 254, 256, 285, 287 f., 298 f.
–, Autonomie der 24
–, Frage der 33, 259
–, geistliche 33 f., 132 f.
–, Gründung von 13, 78
–, Sprache in 259
–, unentgeltliche 312
–, Verwaltung der 116
Schullehrer 116, 196
Schuster 214, 216, 221
Schwarze Hundert 16, 18, 36, 51, 85, 94, 106, 116, 119, 253, 276
schwarze Umteilung 59
→ auch: Umteilung
Schwarzerde, Schwarzerdegebiet 53 f., 72, 75, 78 f., 82, 225 f., 230 f., 237, 240, 244, 249, 251, 263, 294 f.

–, Gouvernements 230
Schwarzes Meer 82
Schwarzhunderter → Schwarze Hundert
Schweiz
–, Sozialdemokratie 148
Sedlec → Sjedlec
Sekten 40, 44, 61, 123–126, 128 f., 131, 133
–, pneumatische 40
Selbstherrschaft → Autokratie
Selbstversorgungsnorm 246
Selbstverwaltung 11, 13 f., 18, 25, 30, 35, 36, 98, 132, 146, 168, 184, 226, 305
–, Frage der 305
–, historische Verwurzelung der 11
–, lokale 28, 31
–, Praxis der 325
–, Reform der 271, 312
Selbstverwaltungskörper, Selbstverwaltungskörperschaften 11–13, 26 f., 30, 34, 74, 96, 141, 159, 161, 252, 279, 312
Seminar, Seminarist 133 f., 196
–, Kongreß der 134
semljeustroitelnija kommissii → Landbesiedelungskommission
Semskij Natschalnik → Landhauptmann
Semskij Ssobor 63, 93
Semstwo 2 f., 5–15, 18, 21, 25, 27, 36, 47, 49, 52, 61, 63, 72, 81 f., 92, 95 f., 103, 116, 121, 130, 141, 164, 170, 175, 178, 191, 194, 213, 252, 256, 259, 261–263, 265, 269, 278, 280 f., 283–291, 294, 298, 301
→ auch: Bund der Semstwoleute; Bund der Semstwoangestellten
–, Budget der 13, 281, 283
–, Denkschrift der 9
–, Gebiete ohne 287 f., 294, 301
–, Haß gegen die 290
–, Linke in 102, 222
–, Parteigegensätze in 286
–, politische Physiognomie der 279
–, Rechte in 256
–, Reform der 36
–, Resolution der 7
–, Selbstgefühl der 291
–, Selbstverwaltung der 95, 310
–, Verfassung des 7, 13, 97, 285 f., 291
–, Wahlen des 89, 130, 188 f., 193, 195, 263, 280, 285, 287
Semstwoangestellte, Semstwobeamte 9, 18, 84, 109, 281–283, 298
→ auch: drittes Element
–, Anstellung von 281
–, Entlassung von 281
Semstwobewegung 3, 9, 21, 51
–, Agrarprogramm der 52 f., 55
–, konstitutionelle 282
Semstwohonoratioren 6

Semstwokongresse 2, 6–9, 24, 27–30, 32, 52, 93 f., 102, 262, 279, 287–289
–, Agrarkongreß 55–57, 63, 74, 88
–, Aprilkongreß 1905 7, 11, 21
–, Büro der 6, 8, 11, 24–26, 28, 31, 49
–, Deputation der 7
–, Februarkongreß 1905 7, 52
–, Julikongreß 1905 7, 10, 21, 24, 31
–, Maikongreß 1902 6
–, Novemberkongreß 1904 6, 14
–, Novemberkongreß 1905 7, 9, 14, 32, 49, 252, 280
–, Septemberkongreß 1905 27 f., 252, 259
Semstwokonstitutionelle 5, 10, 49, 290
Semstwoliberalismus 8, 81, 93, 96, 98, 262, 305, 322
Semstwomitglieder 3, 9 f., 18, 129, 161, 194, 196, 281, 284 f., 291
–, bäuerliche 285
–, gutsbesitzerliche 285
–, reaktionäre 281
Semstwoorganisation 7–9, 282
–, karitative 13, 291
–, Repression der 291
Semstwostatistik 3, 10, 234, 238, 284
Semstwosteuer 190, 283
Semstwouprawa 3, 6, 8 f., 26, 49, 85, 196, 278, 288
–, Vorsitzender der 278
Semstwozelle
–, kleine 18, 78
Senat 112, 121, 128, 158, 184
–, Entscheidungen des 155, 198
–, erste Abteilung des 112, 162, 173
Separation 31, 88, 250, 274, 300
Separatismus 23, 29, 31, 33
Servitutablösung 267, 294
Sevastopol' → Sewastopol
Sewastopol 106, 115
–, Meuterei in 93
Sibirien 9, 25, 30, 47, 55, 57, 61, 88, 176, 182, 190, 203, 225, 241, 246, 275, 276, 302, 311
–, Deputierte aus 298
–, Eisenbahn in 277
–, Gouvernements 193, 203
–, Kosaken in 115
Sidlovskij-Kommission 45, 214
Simferopol 290
Sindakalismus 214 f., 221, 306
Sinekurist 166
Single tax 71
Skopzen 124, 128
Slavenbund 29
Slaventum 29
slawische Föderation 29
slawische Völker 29
Slawophile, Slawophilentum 7 f., 14, 29, 54,

59, 79, 86, 91, 93, 95, 97, 166, 170, 172, 175, 183, 187, 225, 267, 290, 306
–, Ideale der 171
–, Romantik der 326
Slovo → Sslowo
Smolensk 107, 135, 240, 282, 293
–, Geistlichkeit 135
–, Gouvernement 243
Soedinennyj komitet konstucionno-monarchičeskich partij → Vereinigtes Komitee der konstitutionell-monarchischen Parteien
Sojuz 17 Oktjabrja → Bund des 17. Oktober
Sojuz domovladel'cev-arendatorov → Verein der Moskauer Häuser-Arrendatoren
Sojuz mirnago obnovlenija → Bund der friedlichen Erneuerung
Sojuz Osvoboždenija → Ssojus Osswoboshdjenija
Sojuz russkago naroda → Verband des russischen Volkes
Sojuz russkich ljudej → Verband russischer Menschen
Sojuz Sojuzov → Verband der Verbände
Sojuz Zemcev-Konstitucionalistov → Bund der Semstwoleute
Sojuz zemel'nych sobstvennikov → Verband der Grundbesitzer
Sojuz zemlevladel'cev → Verband der Grundbesitzer
Solidarhaft 11, 58, 66, 270, 275
Sovet ob-edinennago dvorjanstva → Rat des Vereinigten Adels
Sovet Rabočich Deputatov → Arbeiterdeputiertenrat
Sozialdemokratie 17, 45
→ auch: Russische Sozialdemokratische Arbeiterpartei; Deutsches Reich, Sozialdemokratie; Polen, Sozialdemokratie
–, Sektencharakter der 20, 44
Sozialgesetzgebung 258, 310
Sozialismus 42f., 47, 65, 70, 77, 92, 120, 122, 219
–, ultraevolutionistischer 63
–, voluntaristischer 90
Sozialisten 4, 29, 45, 54, 72, 81, 86, 92, 106, 134, 211, 215, 222, 256f., 293
–, offiziöse 293
Sozialpolitik 10, 51, 54, 60, 73, 94, 153, 219, 159, 270, 279, 294, 303
Sozialpolitiker 54, 81, 245
Sozialreform 4, 41, 75, 89
–, radikale 50, 75
Sozialrevolutionäre 3, 5, 41, 44, 47–50, 54, 59–64, 71–76, 79, 83, 85, 90, 95, 109, 140, 176, 213, 218, 221, 224, 242, 246, 249, 251, 263, 325

→ auch: Partei der Sozialrevolutionäre
–, legale 308
–, Organisationen der 72, 315, 324
–, und Wahlen 296
Sozialverfassung 68, 73
Soziologenschule 59
Soziologie 70
Spätantike 100
Spekulationsgewinne 89, 296
Spießbürgertum 187
Sprache 22f., 25, 28, 30f., 94, 139, 183, 191, 254
Sprachenfrage 25, 32f., 139, 305
Sprachengesetzgebung 24f., 28, 139
Ssamara 190, 203, 216, 240f., 251, 278, 295, 301
–, Wahlen in 299
Ssaratow 3, 30, 36, 107, 130, 191, 214, 217, 238f., 241, 251, 271, 278, 280, 287, 295
–, Adel 287
–, Gouvernement 89, 130, 137
–, Semstwo 280
–, Uprawa 281
Ssaratowskaja Semskaja Njedjelja 280
Sschod → Wolost-Sschod
Ssimbirsk 240, 251, 271, 295
–, Wahlen in 299
Sslowo 129, 134, 253
Ssojus Osswoboshdjenija 2, 8, 30f., 44f., 47, 48, 51f., 58, 63, 70, 74, 81
→ auch: Verfassungsentwurf
–, Konstituierung des 311
–, Programm des 29, 32f.
Ssojus Ssojusow → Verband der Verbände
Ssowjet Rabotschich Deputatow → Arbeiterdeputiertenrat
Sswobodomyssliaschtschie 20
Ssyn Otjechestwa 1, 5, 70, 80
Ssysra, Semstwo 285
Staat 34, 45, 55, 65, 67, 71, 132, 139, 168, 171, 173, 178, 181, 218, 221, 229, 236, 238, 244, 246, 267, 291, 304
–, altmoskowitischer 11, 75
–, christlicher Charakter des 123, 134
–, Organe des 165
–, Rechte des 13
Staatsallmacht 72
Staatsanleihe 186
–, russische von 1906 110, 171, 309
–, Kurssturz der 321
–, Zeichnung der 119
Staatsaufsicht 131, 146
Staatsbankrott 50
Staatsbauern 229, 237
–, Reform der 76
Staatsbürger 164, 177
–, Rechte der 136

Sachregister

Staatsdienst 125, 173, 182, 195, 259, 298
Staatsgesinnung 159
Staatsgewalt 12, 82, 111, 120, 136, 162, 172, 176, 215, 259, 283, 304
Staatsgrundgesetze 165, 172, 176, 178f., 182–187, 304, 320
–, vor 1906 178, 185
–, Nichtrevision der 306
–, Projekt der 181f., 310
Staatshaushalt → Budget
Staatsinteresse 20, 251
Staatskasse 135, 179, 275
Staatskirche 110, 178
Staatskredit 55, 171
Staatsland, -ländereien 178, 240, 249
Staatsmann, Staatsmänner 97, 170, 326
Staatsmechanismus 104, 115
Staatsministerium 166
Staatsräson 12
Staatsrat → Reichsrat
Staatsrecht 19, 166, 319
Staatssklaverei 39
Staatssozialismus 62, 77, 98
Staatstheorie 172
Staatsverwaltung 14, 183, 283
Staatswesen 112, 165, 211, 318
Stadt, Städte 14, 121, 189, 204, 218, 252, 259
–, Arbeiter, Arbeiterschaft 50, 214
–, Bewohner 294
–, Einrichtungen der 14
–, Finanzlage 283
–, Gebiet 237
–, Hausbesitz 189
–, Klasse 189
–, Korporationen 191
–, Mittelstand 15
–, Proletariat 60
–, Wahlen 16, 137, 189, 194, 199f., 202–204, 292
–, Wahlrecht 16, 200, 204
–, Zensusklasse 189
–, Zensuswähler 200
Stadtduma 178, 281
Städtevertreter 7
–, Kongresse der 2, 7, 24, 27, 32
Stadthauptmann, Stadthauptleute 158, 160, 219
Stand, Stände 11, 129, 137, 140, 162, 179, 188, 191, 195f., 229, 230, 252, 255f., 260, 266, 272, 274, 294, 301
Starost 197, 261, 271, 300
Statistik 12, 221, 230f., 234, 237, 249
→ auch: Agrarstatistik; Semstwostatistik
Stavropol', Stawropol 203, 265
–, Wahlen in 299
Steppengebiete 238, 296
Steuer, Steuern 12, 17, 53, 57, 71, 75, 78, 83, 108, 130, 189–191, 193–195, 203, 218, 224, 228, 236, 242, 246, 270, 272, 283, 312
–, außeretatmäßige 180
–, direkte 53, 195, 283
–, Herabsetzung der 78
–, indirekte 53, 333
–, lokale 178
–, Nichteingang der 283
–, Nichtzahlung der 321
Steuerbehörde 193, 234
Steuerboykott 108, 137, 283, 287, 309
Steuergesetz 76, 181, 185, 323
Steuerreform 236, 312
Steuerrepartierung 178, 263, 281, 284
Steuerrückstände 226, 272, 283
Stimmrecht 15, 196, 199, 201, 203–205, 259
Stockholm 222, 306
Strafrecht 112, 120, 122, 126–128, 131, 153
Streik 10, 38, 48, 85, 107f., 133, 143, 145, 153–157, 215–217, 220f., 258f., 304, 312
–, Ausbruch von 275
–, der Druckereiarbeiter 220f.
–, der Eisenbahner 108, 156
–, der Post- und Telegraphenangestellten 1
–, Gesetze über 154–157
–, politischer 106, 156, 282, 315
–, sozialer 154
–, Statistik über 154
Streikbewegung 106, 153
Streikbrecher 94, 220
Streikfonds 214, 219
Streikkomitee 258, 267
Streikverbot 155, 259
Stronnictwo narodowo demokratyczne 23
Stronnictwo Postępowo Demokratyczne →
Polska progresywno demokratyczna partia
Student, Studentenschaft 77, 109, 143–145, 152, 196
–, Streiks der 133, 143
–, Unruhen der 209
–, Verbindungen 143, 145, 152
Stunda, Stundismus 34, 40, 124, 128
Stuttgart 97
Subátowschtschina 154, 171, 214, 265
Subhastation 272
Süddeutsche Monatshefte 5
Superstition 139, 206
Syn Otečestva → Ssyn Otjetschestwa
Syndikalismus → Sindakalismus
Syndikate 304
Synod → Heiliger Synod
Synode 34f.
Syr-Darja 203

Tabakarbeiter 216, 221
Taganrog 107
Tagelöhner 217

Tambov, Tambow 203, 240, 251, 296
-, Gouvernement 295
-, Wahlen in 299
Tarifvertrag 216, 219
Taschkent 191, 203
Tataren 2, 33, 142, 223, 298
-, liberale Zeitung 142
Tatarenzeit 11
Taurien 232, 240, 295
Techniker 109, 221
Telegrammkampagne 313
tenant right 220
Territorialverbände 70, 74
Territorien 115
Terror, Terroristen 59, 63, 115, 324
Textilindustrie 154
Tiflis 154, 191, 293
Tischler 214, 216, 293
-, Verband der 216
Todesstrafe 116, 134, 136f., 253, 307, 317
-, Abschaffung der 300, 312, 314, 316
Todesurteile 118
Toleranz, religiöse 123, 259
Toleranz-Gesetzgebung 39f., 123, 126−129, 136, 139, 171
Tomsk 119
-, Geistliches Seminar 134
Torgovo-Promyšlennaja Gazeta → Torgowo-promyschljennaja Gasjeta
Torgovo-promyšlennaja Partija → Handels- und Industriepartei
Torgovo-promyšlennyj Sojuz → Handels- und Industriebund
Torgowo-promyschljennaja Gasjeta 221, 258, 267, 302, 316, 319
Torgowo-promyschljennaja Partija → Handels- und Industriepartei
Transkaspien 202
Transkaukasien 9, 22, 31f.
La Tribune Russe 81
Trud 5
Trudovaja Gruppa → Trudowaja Gruppa
trudovaja norma → trudowaja norma
Trudovik, Trudoviki → Trudowaja Gruppa
Trudowaja Gruppa, Trudowiki 142, 244, 246, 297f., 314, 319, 325
-, Agrarprojekt der 246, 314f.
-, Parteitaktik der 325
-, rechter Flügel der 308, 315
-, Zusammensetzung der 307
Trudowaja narodno-ssocialistitscheskaja partija → Volkssozialistische Partei
trudowaja norma 232, 234, 237, 239, 243, 246, 263, 307
Trust 168, 170
Tschechen 188
Tschernigow 7, 9, 16, 226, 240, 276, 295f.

-, Geistlichkeit 85
-, Gouvernement 2, 81, 86
-, Semstwo 93, 285
Tschernye ssotni → Schwarze Hundert
tschernyj peredjel → schwarze Umteilung
Tschin 229, 288
Tschinownik, Tschinowniki 104
Tsushima, Schlacht bei 7
Türkei 29, 142, 223, 313
Tula 79, 190, 199, 220, 240, 241, 251, 283f., 295
-, Adel 287
-, Gouvernement 238
-, Semstwo 283
Tver', Twer 240
-, Adelsversammlung 287
-, Gouvernement 2f., 296
-, Semstwo 2, 8, 119, 280

učastkovoe obščestvo → Utschastkowoje Obschtschestwo
Übersiedelung 72, 226, 229, 235, 239, 241, 249, 255, 276, 305
-, Gesetze über 195
Ufa 203, 240, 296
-, Wahlen in 299
Ukraine 13, 30−32, 79, 82
-, Landtag 31, 74
-, Narodnaja Rada 31
-, Nationalismus 141f.
-, Schlachtizen 32
-, Vertretung in der Duma 297f.
Ukrainische Demokratische Partei 31, 74
Ukrainische Radikale Partei 32, 74
Ukrainophile 121, 295
Umsiedelung 56, 88, 180, 233, 241, 250, 276, 312
Umteilung 56, 59, 61, 73, 76, 83, 241, 268−270, 272f.
Umteilungsbeschluß 76, 273
Ungarn 28
-, Honveds 28
Uniformierung
-, des Lebensstils 100
Union der Grundbesitzer → Verband der Grundbesitzer
Union des 17. Oktober → Bund des 17. Oktober
Union des russischen Volkes → Verband des russischen Volkes
Union russischer Menschen → Verband russischer Menschen
Universität 31, 103, 133, 142−153, 175, 195, 210, 254, 288f.
-, Autonomie der 33, 143
-, Boykott der 145f.
-, Fakultäten 143, 145, 147, 151f.

Sachregister

–, Gesetze über 143–145
–, Lehrkörper der 143, 145–148, 150–152
–, Reform der 143, 146
–, Revolutionierung der 143
–, Statuten der 157
University extension 209
Unteilbarkeit, des Russischen Reiches 183, 255
Unternehmer 53, 171, 214, 216, 218, 220f., 258
Unternehmer-Bourgeoisie 291
Unternehmerverbände 51, 257, 289
Unterschichten 234
Unterstützungskassen 132, 158, 217
Unterstützungswesen 144
Uprava, Uprawa 3, 6, 8f., 26, 49, 78, 262
–, Vorsitzender der 158, 278, 281
Ural 30, 218, 295, 297
Urwähler 159, 204
Uschakowzy 214
Usukapion 83
Utopie, politische 223
Utopismus 81
–, romantischer 64
Utschastkowoje Obschtschestwo 272
utschastkowoje semljewladjenije 272

Večernij Gološ → Wjetschernyj Goloss
Verband, Verbände 86, 136, 157f., 163, 213, 216f., 219, 256
–, Gründung von 221
–, konservative 260
–, Recht der 157
Verband der Grundbesitzer 266, 280
–, Kongresse des 93
Verband der Kirchenfahnenträger 93
Verband der konstitutionell-monarchischen Arbeiter → Konstitutionell-monarchische Arbeiterpartei
Verband der Landbesitzer → Verband der Grundbesitzer
Verband der Maurer 220
Verband der Mittelschüler 48
Verband der Staatsbediensteten 213
Verband der Verbände 10, 42, 45f., 49, 79, 85f., 102, 145, 213f.
–, Kongresse des 47
–, Zentralkomitee des 47
Verband der Veterinäre 47
Verband der Wolgaarbeiter 217
Verband der Zemstvo-Konstitutionalisten → Bund der Semstwoleute
Verband des 17. Oktober → Bund des 17. Oktober
Verband des russischen Volkes 110
Verband russischer Menschen 92f., 134, 136, 260, 306

Verbrechen, Verbrecher 173, 191, 313
–, politische 164, 191
Verein, Vereine 9, 113, 119, 153, 155, 157–159, 164, 194, 209, 214, 219
–, Freiheit der 312
–, konservative 93
–, politische 92
–, Registrierung von 153, 157, 159
–, Statut 157
–, statutenpflichtige 157
–, Verbot von 92, 143, 157
Verein der kirchlichen Erneuerung → Bund der kirchlichen Erneuerung
Verein der Moskauer Häuser-Arrendatoren 220
Verein der Moskauer Kirchenfahnenträger → Verband der Kirchenfahnenträger
Verein für Socialpolitik 171
Vereinigte Staaten von Amerika → Amerika
Vereinigter Adel → Rat des Vereinigten Adels
Vereinigtes Komitee der konstitutionell-monarchischen Parteien 260
Vereinödung 68f., 267, 272f.
Vereinsbildung 157
Vereinsfreiheit 7, 153
Vereinsgesetz 111, 156f., 159–161, 171, 214, 251
Vereinsrecht 153, 316
Verfahren, objektives 78
Verfassung 2, 20, 24, 27, 34, 47, 109, 111, 176, 179, 182f., 323
→ auch: Konstitution
–, Änderung der 24
Verfassunggebende Versammlung → Konstituante
Verfassungsbewegung 34
Verfassungsentwicklung 109
Verfassungsentwurf, des Befreiungsbundes 4, 11, 13–15, 17, 19, 21–24, 31, 33, 52f., 333
→ auch: Ssojus Osswoboshdjenija
Verfassungsfragen 21
Verfassungsmäßigkeit 13, 174
Verfassungsrecht 11
Verfassungsstaat 34, 333
Verfassungsstruktur 31
Vergesellschaftung 61f., 70, 100
–, der Produktionsmittel 70, 81
–, kapitalistische 69
Verhaftungen 103, 108, 117, 137, 154, 173, 191, 212, 214, 281, 293, 301, 310, 313, 324
Vermögen 191
Verpflegungskapitalien 184, 226, 262
Verpflegungswesen 12f.
Versammlung der russischen Fabrik- und Mühlenarbeiter 217
Versammlung der russischen Leute → Verband russischer Menschen

Versammlungen 119, 144f., 153, 159, 195, 197, 262
–, politische 144, 160
–, private 195
–, Regeln über 159f.
–, Verbot von 80, 104, 160, 222, 255f.
Versammlungsfreiheit 7, 159, 316
Versammlungspraxis 157
Versammlungsrecht 144, 159f.
Verschickung 52, 126, 154, 163f., 176, 275, 281, 310, 313, 324
–, administrative 116, 143
Versicherung 10, 62, 70, 220
Versorgungsnorm → potrebitjelnaja norma
Versorgungspacht 225
Verstaatlichung 99
Verstadtlichung 99
Verwaltung 12, 25, 99, 119, 169, 179, 181–183, 271, 291f.
–, Gesetzwidrigkeiten der 314
–, Kontrolle der 7, 315
–, Willkür der 258, 281, 287
Verwaltungs-Dezentralisation 25
Verwaltungsautonomie 22, 25, 222
Verwaltungsbehörde 138, 160, 271, 275
Verwaltungsreform 8
Vestnik Evropy → Wjestnik Jewropy
Vestnik sel'skago chozjajstva → Wjestnik sselskawo chasjaistwa
Veto 169, 175
Vierte Duma → Duma, Vierte
Vil'na → Wilna
Vitebsk → Witebsk
Vjatka → Wjatka
Volga → Wolga
Volhynien → Wolhynien
Volk 18, 99, 106, 110
Volksbildung 12, 153, 218, 226, 258
Volkspartei → Nationale Ordnungspartei
Volkssouveränität 20, 49, 219, 308
Volkssozialistische Partei 308
Volkstümler 4, 47, 54, 56, 60f., 64, 67, 70, 75, 89, 98, 234
Volkstümlertum 63, 66, 69, 73, 82, 90
Volksvertreter 86, 96, 181
Volksvertretung 14, 104, 158, 176, 208, 211, 252
–, Gegensatz zur Regierung 314
Volkswirtschaft 62, 72, 228, 309
Vologda → Wologda
volost' → Wolost
Voprosy Žizni → Woprossi Shisni
Vpered, Vpjeriod 41
Vseobščij Evrejskij Rabočij Sojuz v Litve, Pol'še i Rossii → Allgemeiner Jüdischer Arbeiterbund in Litauen, Polen und Rußland

Vserossijskij Akademičeskij Sojuz → Akademischer Bund
Vserossijskij Krest'janskij Sojuz → Bauernbund, Allrussischer
Vserossijskij s-ezd sojuza zemlevladel'cev → Verband der Grundbesitzer
Vserossijskij Sojuz zemlevladel'cev → Verband der Grundbesitzer
Vserossijskij Torgovo-promyšlennyj Sojuz → Handels- und Industriebund
Vserossijskij Torgowo-Promyschljennyj Ssojus → Handels- und Industriebund
Vyborg → Wiborg

Wählbarkeit 16, 191f., 212
Wähler 17, 87, 102, 173, 190, 193f., 196, 198, 200, 204, 207f., 210f.296, 299f.
–, ländliche 189, 195, 197, 199f.
–, Listen der 102, 193, 196, 206, 208, 210, 213
–, privatgrundbesitzerliche 299
–, sozialdemokratische 292f.
–, städtische 300
–, Versammlungen der 35, 87, 102f., 194, 197, 212
Wahlagitation 87, 102, 132, 159, 208, 261, 293, 297
Wahlberechtigung 15, 87, 102, 159, 161, 173, 191–197, 202f., 206, 212, 292
Wahlbeteiligung 201f., 292f.
Wahlbewegung 160, 222, 251, 293, 300
Wahlbezirke 16, 189f., 211, 298
Wahlen 43f., 49, 70, 86, 102f., 111, 114, 116, 119, 135–137, 140f., 158, 160f., 173, 176, 179, 188–199, 201, 203–215, 223, 250, 252, 258, 260, 266, 286, 288f., 291–295, 298, 301f., 305, 310, 324
→ auch: Dumawahlen; Reichsratswahlen; Gouvernementswahlversammlung
–, aus der eigenen Mitte 189, 205, 308
–, Boykott der 142, 219, 292, 306
–, der Bevollmächtigten 18, 159, 189, 193f., 196–199, 201, 203–205, 210, 291, 293
–, Verhaftungen der 301
–, der Landstädte 292
–, der Wahlmänner 16f., 87, 102, 140f., 159, 189–205, 207, 210, 260, 287f., 291–296, 299
–, der Grundbesitzer 17
–, der Städte 196, 293f.
–, Versammlung der 161, 192f., 196, 203
–, Listen der 260, 292
–, Zahl der 203, 299
–, Ergebnisse der 106, 291, 299, 301f., 308, 324
–, Fälschung der 322, 324
–, Freiheit der 324
–, hauptstädtische 304

Sachregister

–, Kassation von 207, 298 f.
–, Störung der 293
–, Verfahren der 89, 190, 192, 194, 204, 210, 252
Wahlgesetze 17, 49, 87, 94, 102, 140, 159, 161, 171, 175 f., 188–191, 193, 195, 198, 200, 202 f., 206–208, 261, 299
Wahlkampagne 121, 192, 208, 210, 213, 261, 266, 294
Wahlkörper 9, 17, 33, 159, 172, 189, 191, 194, 202, 204, 302
–, ländlicher 190
Wahlkreise 192, 198, 210, 295, 315
Wahlrecht 14 f., 16–19, 51, 80, 94, 97, 108, 119, 142, 185, 190, 191, 192–199, 202 f., 223, 246, 252, 257–261, 291, 294, 297, 325
→ auch: Dumawahlrecht
–, aktives 191, 199, 200
–, allgemeines 8, 17, 19, 40, 58, 137, 192
–, gesondertes 192, 198, 202, 204, 210
–, gleiches 14, 19, 285, 300
–, indirektes 14, 138, 192, 211
–, kuriales 16 f., 132, 189, 201, 205, 300
–, ländliches 193
–, passives 8, 191, 194, 198, 288
–, viergliederiges 14, 17, 41, 48, 93, 97, 222, 298, 312, 314
–, Zensuswahlrecht 14–17, 52, 94, 173, 175, 194, 197, 199 f., 204, 208, 288
Warschau 190, 193, 202
–, Generalgouverneur von 131
Weißes Meer 136
Weißrussische Sozialistische Gromada 50
Weißrußland 23, 30, 33, 80, 139, 141, 298
–, Bauern 226
–, Gouvernements 6, 13, 288
–, Sprache 31
Weltpolitik 19, 32
Wert-Gesichtspunkt 271
Werte 18, 100
–, ideale 100
Werturteile 21
Westeuropa 11, 15, 37, 41, 52, 70, 98, 168, 173, 211, 214
Wiborg 321
–, Manifest von 321
Wien 30
Willkür 120, 161, 302
Willkürakte 325
Willkürregiment 8, 103
Wilna 51, 129, 141, 191, 214, 240 f., 290, 294
–, Bischof 141
–, Gouvernement 202
–, Großgrundbesitzer 22
–, Wahlen in 299
Wirtschaft 99, 114, 243, 273
–, extensive 242

–, private 72, 225, 268
–, Zweck der 232
Wirtschaftsbürgertum → Bürgertum
Wirtschaftsführung 250, 271
Wirtschaftsleben 100
Wirtschaftspolitik 91
Wirtschaftssystem 67
Wissenschaft, Wissenschaftler 100, 271
Witebsk 23, 141, 202, 240, 294
Wjatka 82, 194, 203, 239, 241, 246, 290, 296 f.
Wjestnik sselskawo chasjaistwa 238, 241, 264 f., 275
Wjetschernyj Goloss 121
Wladimir 17, 79, 81, 84, 202 f., 240, 280, 289, 296, 300
–, Gouvernement 239
–, Semstwo 280
Wohlfahrtseinrichtungen 99, 207, 258
Wohnungssteuer 190 f., 194, 198–200, 211
Wolga
–, Gebiet der 89, 251, 271, 279, 295
Wolhynien 16, 23, 141, 202, 240, 290, 294, 297
–, Bauern 137
–, Wahlen in 299
Wologda 79, 82, 203, 230, 239, 296
–, Gouvernement 243
–, Wahlen in 299
Wolokolamsk 245
–, Bauern 130
Wolost 13, 18, 194–196, 205, 300, 310
–, -Beamte 207
–, -Gerichte 20, 28, 80, 88
–, -Richter 196
–, -Schreiber 196
–, -Sschod 79 f., 86, 113, 195 f., 278
–, -Versammlung 16, 78, 198, 204, 206
–, -Verwaltung 23
–, -Vorsteher 196
–, -Wahlen 291
Woprossi Shisni 5
Worobjewa Gora 93
Woronesh 190, 203, 238, 240, 257, 295
–, Eparchialversammlung 137
–, Wahlen in 299

Zar 11, 15, 19 f., 34 f., 59, 61, 80, 82, 96, 110, 136, 158, 169, 170, 174, 178 f., 287, 301, 304, 310, 317, 322, 326
→ auch: Kaiser
–, Angriffe auf 311
–, Begnadigungsrecht des 183
–, Macht des 92
–, Thronrede des 310
–, Ukaze des 45, 123, 156, 165, 170, 175, 179, 182 f., 190, 278
–, Verfügungen des 165, 167, 172, 174 f., 178, 183 f., 190, 198

Zarenromantik 311
Zarentum 36, 170
–, Idee des 188
Zarismus 97, 188
Zarja → Sarja
Zartum 1f., 193. 258
Zemleustroitel'naja komissija → Landbesiedelungskommission
Zemskij Načal'nik → Landhauptmann
Zemskij Sobor → Semskij Ssobor
Zemstvo, Zemstva → Semstwo
Zemstvo-Konstitutionalisten → Bund der Semstwoleute
Zemstvo-Liberalismus → Semstwoliberalismus
Zemstvobewegung → Semstwobewegung
Zensur 98, 116, 120–122, 128, 280
–, Beseitigung der 122
Zensus 6, 15–17, 80, 94, 189, 194, 197, 200, 288
Zensusklasse 17, 194, 197, 199, 201, 202
–, ländliche 189
Zentralasien 142, 190, 193, 302
Zentralismus 258

–, jakobinischer 98
Zentralverwaltung 25, 103
–, Budget der 31
Zentrumskommission 225, 231, 234f., 239
Zentrumspartei 132
Zerkownyj Wjestnik 135f.
Zigeuner 191
Zionismus 141, 298
Zisleithanien 236
Zivilisation 208
Zivilliste 88
Zivilrecht 155, 275
Zölibatäre 36, 137
Zölle 22, 24f., 53, 71, 180, 255
–, Abschaffung der 333
Zubatovščina → Subatowschtschina
Zuchthausgesetz 156
Zünfte 256
Zürich 148
Zukunftsrecht
–, konstitutionelles 179
Žurnal dlja vsech → Jeshenjedjelnyj Shurnal dlja wssjech
Zweite Duma → Duma, Zweite